合同司法观点
总梳理系列

民间借贷合同

07

纠纷处理司法观点总梳理

王　军／编著

法律出版社
LAW PRESS·CHINA
北京

图书在版编目(CIP)数据

民间借贷合同纠纷处理司法观点总梳理 / 王军编著
. -- 北京 : 法律出版社, 2024
ISBN 978-7-5197-8751-6

Ⅰ. ①民… Ⅱ. ①王… Ⅲ. ①民间借贷-合同纠纷-处理-中国 Ⅳ. ①D923.6

中国国家版本馆 CIP 数据核字(2024)第 023119 号

民间借贷合同纠纷处理司法观点总梳理
MINJIAN JIEDAI HETONG JIUFEN CHULI
SIFA GUANDIAN ZONGSHULI

王 军 编著

策划编辑 朱海波 杨雨晴
责任编辑 朱海波 杨雨晴
装帧设计 汪奇峰 臧晓飞

出版发行 法律出版社
编辑统筹 法律应用出版分社
责任校对 蒋 橙
责任印制 刘晓伟
经 销 新华书店

开本 710 毫米×1000 毫米 1/16
印张 57.75 字数 1060 千
版本 2024 年 5 月第 1 版
印次 2024 年 5 月第 1 次印刷
印刷 固安华明印业有限公司

地址:北京市丰台区莲花池西里 7 号(100073)
网址:www.lawpress.com.cn
投稿邮箱:info@lawpress.com.cn
举报盗版邮箱:jbwq@lawpress.com.cn

销售电话:010-83938349
客服电话:010-83938350
咨询电话:010-63939796

书号:ISBN 978-7-5197-8751-6
定价:218.00 元

序　言

随着现代市场经济的快速发展,民间借贷市场的日益发展是其历史必然,民间借贷是社会生活中的重要内容。民间借贷与“互联网+”深度融合,以其手续简便、门槛较低、放款灵活、收益可观等优势而日趋活跃。随着民间借贷市场的发展,民间借贷形式日益多样,民间借贷合同纠纷案件日益增多。民间借贷市场也出现了诸多新情况、新问题,在这种情况下,最高人民法院于2015年8月6日颁布了《民间借贷规定》该司法解释颁布实施后,有力促使了“同案同判”的法律效果成为现实,最终达到统一执法标准的目标。但也应清醒地看到,法律滞后于经济发展和社会实践,现行法律规定和《民间借贷规定》与社会发展不适应和尚未规定的情况不断出现,对现有条文理解出现不同意见,这是当前的现状。由于各种原因的制约,如何正确理解、准确适用《民间借贷规定》的规定,把握条款的内容含义,考量个案的实际情况,从平衡利益、鼓励交易、实现社会效果等因素考量案件裁判效果尚难达到预期目标,尚需继续努力。在2020年5月28日颁布的《民法典》中将原《合同法》、《物权法》的内容归入《民法典》中,但仍分为不同编,其合同编对原《合同法》诸多内容进行了修改、补充和完善。2020年8月18日最高人民法院对《民间借贷规定》进行了第一次修正,2020年12月29日又进行了第二次修正。2023年12月4日最高人民法院颁布《民法典合同编通则解释》。本书根据新的《民间借贷规定》、《民法典合同编通则解释》进行了撰写。需要提醒的是,本书正文论述部分引用的相关法律法规、司法解释等的名称和条文序号为图书出版时生效的规定。而选取的案例中,为体现案例说理和裁判的真实情况,其涉及的法律法规、司法解释等的名称和条文序号原则上为裁判生效时的相关规定,请读者朋友在参考时注意。

在民事法律实务图书市场,主要有三类书籍形式。第一类是裁判规则类,对民事纠纷归纳各类裁判规则,简单明确,让法官、律师和广大读者对号入座争议类型进行类案参考,节约大量时间,提高效率。但不容忽视的是,现实生活中鲜活的案例绝没有百分之百的等同,任何一个细节忽视都可能造成处理上的偏差,完全照搬规则受到一定限制。第二类是问答类,对司法实践中出现的疑难问题和多发争议,采用问答的形式,做出自己理解的解答,是很受欢迎的形式之一,但不可避免地因缺少鲜活案例诠释法律，容易造成理解上的偏差。第三类是依据法律条文的顺序进行编排，虽附有一定案例或对同一个问题也有一定案例辅助阐述，但现实社会生活对一个法条或同一个争议反映出争议纠纷呈现多样化，一个争议法院判决出现不同观点，执法尺度并不统一，呈现的面和深度并不能满足实际需求。笔者从检察院、法院再到退休后法律服务的阅历和几十年感悟，试图从另一种途径寻找出有用、实效的办法，从法律理解、法律适用、纠纷处理三个角度诠释鲜活案例反映的实际疑难纠纷。

本书针对民间借贷法律关系适用有很强实践性与复杂性、借款合同的独有特点和立法及司法现状之难点展开，基于上述背景和现状，确立了笔者编写的指导思想和本书的定位。笔者撷取民间借款合同司法实践中存在争议的热点、疑点、难点问题，以司法实践和理论相结合为基础进行探讨。本书坚持以问题为导向与纠纷案件处理思路相结合，对已判决生效的纠纷案件进行总结、梳理进而把握适用法律精髓。本书以现行法律规定和合同法律理论为基础，对民间借贷合同纠纷中存在的问题选择某一部分重点探讨，未展开至该类合同纠纷的全部内容。在全书编写中笔者力争贯穿一个写作指导思想，即选材上的典型性、广泛性；使用上的实用性、方便性；效果上的准确性、有效性。笔者在思考并实践如何选择存生效判决中，注重研究对纠纷裁判规则有效利用的方式和程度，使之对纠纷解决、理论的更新和发展起到更大的积极作用。也就是说，笔者始终追求好读、有用、实用进而解决实际问题。

本书专题设计是以司法实践中多发争议和疑难问题确定纠纷类型，分为十二个专题。第一专题为民间借贷合同认定纠纷概述，较为全面地介绍分析了民间借贷合同一般性问题如理解、适用等，以及未归进专题中的内容、形式、成立、职业放贷人、诉讼时效、借款归还顺序、借款涉及执行的处理等内容。其后依次分为合同关系、合同主体、合同效力、合同责任、借款本金、借款利息、借款担保、刑民交叉、夫妻共同债务、诉讼程序及其他借款纠纷共十二个专题。在每一专题中，基本上是从该类专题理解、法律适用以及纠纷处理三大部分展开分析，便于读者有重点地查阅。围绕专题的纠纷类型特点且又进一步分类确定具体内涵。每一部分针对实践中存在的问题和争议进行剖析，用案例佐证阐述。在每一专题三大部分之下，根据笔者要分析问题的多少划分若干细目以供阅读。其阐明的观点均有一至三个案例实证。

本书有以下特点：(1)在本书中，笔者省略案情介绍部分直接提取其判决理由，突出生效判决的重点内容，简明扼要又信息量大；注重实务处理路径，减少对过于学术性的概念、术语的理论阐述，以及追求理论上的深度。(2)在每一专题中，笔者首先确定该类纠纷的争议焦点，即从实务纠纷中选择多发和疑难的问题，然后依据现行法律和司法解释规定、民事理论，再辅之以最高人民法院公布或认可的案例，对其进行深入分析，力争使法律条文变为看得见、摸得着的鲜活的规则，希望能给法官、律师办理民间借贷合同纠纷案件提供有价值的参考与借鉴。(3)本书载明分析的案例有 1156 个，以大容量展示民间借贷纠纷案件裁判的形态。(4)笔者对生效判决中争议的焦点进行分类拆分梳理，而不是展现判决全部内容，尤其是最高人民法院审理的案件和复杂疑难案件往往有几个争议焦点，对其多个争议焦点分别归置在笔者分类的专题中，力求实现笔者追求的对热点、疑点、难点研讨重点目标，减少重复或避免全部判决理由归置在一个规则下的不利因素，实现有限阅读和理解最大化。(5)在本书中，选择列出了就同一争议法院内部不同判决，有利于清醒客观地认识现状，并提高进一步完善法律、取得共识、统一执法尺度的迫切性的认识。

众所周知，“法律的生命不在于逻辑，而在于经验”。社会在发展，经济在发展，法律也随之发展，《民法典》的颁布就是新的发展，新的发展需要新的实践，新的经验，笔者也在随着社会、法律的发展而不断地前进。虽然笔者不断地刻苦学习，努力探索，但因水平有限，本书可能有诸多不足，恳请各位给予批评指正，使笔者能为法治建设、社会和谐作出自己应有的贡献。

王 军

2024 年春节

法律法规简称表

全称	简称
《中华人民共和国民法典》	《民法典》
《中华人民共和国民事诉讼法》	《民事诉讼法》
《中华人民共和国公司法》	《公司法》
《中华人民共和国刑法》	《刑法》
《中华人民共和国劳动法》	《劳动法》
《中华人民共和国劳动合同法》	《劳动合同法》
《中华人民共和国保险法》	《保险法》
《中华人民共和国企业破产法》	《企业破产法》
《中华人民共和国消费者权益保护法》	《消费者权益保护法》
《最高人民法院关于适用〈中华人民共和国民法典〉总则编若干问题的解释》(法释〔2022〕6 号)	《民法典总则编解释》
《最高人民法院关于适用〈中华人民共和国民法典〉时间效力的若干规定》(法释〔2020〕15 号)	《民法典时间效力规定》
《最高人民法院关于适用〈中华人民共和国民法典〉合同编通则若干问题的解释》(法释〔2023〕13 号)	《民法典合同编通则解释》
《最高人民法院关于适用〈中华人民共和国民法典〉有关担保制度的解释》(法释〔2020〕28 号)	《民法典担保解释》
《最高人民法院关于审理民间借贷案件适用法律若干问题的规定》(2020 第二次修正)	《民间借贷规定》
《最高人民法院关于适用〈中华人民共和国民法典〉物权编的解释(一)》(法释〔2020〕24 号)	《民法典物权编解释(一)》
《最高人民法院关于适用〈中华人民共和国民法典〉婚姻家庭编的解释(一)》(法释〔2020〕22 号)	《民法典婚姻家庭编解释(一)》

续表

全称	简称
《最高人民法院关于适用〈中华人民共和国婚姻法〉若干问题的解释(三)》(法释〔2011〕18 号)(已失效)	《婚姻法解释(三)》
《最高人民法院关于适用〈中华人民共和国婚姻法〉若干问题的解释(二)》(2017 修正)(法释〔2017〕6 号)(已失效)	《婚姻法解释(二)》
《最高人民法院关于适用〈中华人民共和国婚姻法〉若干问题的解释(一)》(法释〔2001〕30 号)(已失效)	《婚姻法解释(一)》
《全国法院民商事审判工作会议纪要》(法〔2019〕254 号)	《九民纪要》
《第八次全国法院民事商事审判工作会议(民事部分)纪要》(法〔2016〕399 号)	《八民纪要》
《最高人民法院关于适用〈中华人民共和国民事诉讼法〉的解释》(2022 修正)	《民事诉讼法解释》
《最高人民法院关于民事诉讼证据的若干规定》(2019 修正)	《民事证据规定》
《最高人民法院关于人民法院办理执行异议和复议案件若干问题的规定》(2020 修正)	《执行异议和复议规定》
《最高人民法院关于人民法院民事执行中查封、扣押、冻结财产的规定》(2020 修正)	《查封、扣押、冻结规定》
《最高人民法院关于审理民事案件适用诉讼时效制度若干问题的规定》(2020 修正)	《诉讼时效规定》
《最高人民法院关于审理买卖合同纠纷案件适用法律问题的解释》(2020 修正)	《买卖合同解释》
《最高人民法院关于适用〈中华人民共和国合同法〉若干问题的解释(二)》(法释〔2009〕5 号)(已失效)	《合同法解释(二)》
《最高人民法院关于适用〈中华人民共和国合同法〉若干问题的解释(一)》(法释〔1999〕19 号)(已失效)	《合同法解释(一)》
《最高人民法院关于审理建设工程施工合同纠纷案件适用法律问题的解释(一)》(法释〔2020〕25 号)	《建设工程解释(一)》
《最高人民法院关于审理建设工程施工合同纠纷案件适用法律问题的解释(二)》(法释〔2018〕20 号)(已失效)	《建设工程解释(二)》

续表

全称	简称
《最高人民法院关于审理建设工程施工合同纠纷案件适用法律问题的解释》(法释〔2004〕14号)(已失效)	《建设工程解释》
《最高人民法院关于审理技术合同纠纷案件适用法律若干问题的解释》(2020修正)	《技术合同解释》
《最高人民法院关于审理城镇房屋租赁合同纠纷案件具体应用法律若干问题的解释》(2020修正)	《房屋租赁合同解释》
《最高人民法院关于审理商品房买卖合同纠纷案件适用法律若干问题的解释》(2020修正)	《房屋买卖合同解释》
《最高人民法院关于审理融资租赁合同纠纷案件适用法律问题的解释》(2020修正)	《融资租赁合同解释》
《最高人民法院关于适用〈中华人民共和国保险法〉若干问题的解释(四)》(2020修正)	《保险法解释(四)》
《最高人民法院关于适用〈中华人民共和国保险法〉若干问题的解释(三)》(2020修正)	《保险法解释(三)》
《最高人民法院关于适用〈中华人民共和国保险法〉若干问题的解释(二)》(2020修正)	《保险法解释(二)》
《最高人民法院关于适用〈中华人民共和国保险法〉若干问题的解释(一)》(法释〔2009〕12号)	《保险法解释(一)》
《最高人民法院关于审理海上保险纠纷案件若干问题的规定》(2020修正)	《海上保险案件规定》
《最高人民法院关于审理劳动争议案件适用法律问题的解释(一)》(法释〔2020〕26号)	《劳动争议解释(一)》
《最高人民法院关于审理劳动争议案件适用法律若干问题的解释(四)》(法释〔2013〕4号)(已失效)	《劳动争议解释(四)》
《最高人民法院关于审理劳动争议案件适用法律若干问题的解释(三)》(法释〔2010〕12号)(已失效)	《劳动争议解释(三)》
《最高人民法院关于审理劳动争议案件适用法律若干问题的解释》(2008调整)(已失效)	《2008年劳动争议解释》

续表

全称	简称
《最高人民法院关于审理劳动争议案件适用法律若干问题的解释(二)》(法释〔2006〕6 号)(已失效)	《劳动争议解释(二)》
《最高人民法院关于审理劳动争议案件适用法律若干问题的解释》(法释〔2001〕14 号)(已失效)	《劳动争议解释》
《最高人民法院关于审理工伤保险行政案件若干问题的规定》(法释〔2014〕9 号)	《工伤保险案件规定》
《最高人民法院关于审理物业服务纠纷案件适用法律若干问题的解释》(2020 修正)	《物业服务解释》
《最高人民法院关于审理建筑物区分所有权纠纷案件适用法律若干问题的解释》(2020 修正)	《建筑物区分所有权解释》

contents 目录

专题一　民间借贷合同认定纠纷

专题二　民间借贷合同关系纠纷

专题三 民间借贷合同主体纠纷

专题四 民间借贷合同效力纠纷

专题五　民间借贷合同责任纠纷

专题六 借款本金纠纷

专题七　借款利息纠纷

专题八 借款担保纠纷

专题九　借款涉及刑民交叉纠纷

专题十　借款涉及夫妻共同债务纠纷

专题十一　借款案件诉讼程序

专题十二　其他借款纠纷

专题一　民间借贷合同认定纠纷

民间借贷既是一种经济现象，也是一种法律现象。在民间借贷趋向市场化、职业化的背景下，应当重视新类型民事关系、新类型犯罪的新特点及相互关联，不能以简单的民事审判视角处理当事人借款合同纠纷，司法活动中亦应展现保护弱者、化解社会矛盾的功能。借款合同纠纷是当前社会生活中多发现象之一，该类合同纠纷具有合同纠纷的共性，也有其类型合同的个性，其类型多样、涉及的法律关系复杂、案件带有群体性特征，导致处理难度较大。

本专题只阐述民间借贷合同的一般性问题，对于民间借贷合同关系、主体、效力、违约与损害赔偿等专门问题，分专题阐述。

一、民间借贷合同理解

（一）民间借贷合同含义

民间借贷，是指自然人、法人、其他组织之间及其相互之间进行资金融通的行为。民间借贷在我国并非一个立法层面的概念，长期以来，是最高人民法院通过制定相关司法解释以及司法政策性文件，在司法实务层面将借贷行为区分为金融借贷和民间借贷，适用不同的裁判规则和利率保护标准。[1]

民间借贷合同是指公民之间、公民与非金融机构企业之间基于借款意思表示而形成合意的外在行为载体。

自然人是民间借贷法律关系最为原始和传统的行为主体。民间借贷的发端也是自然人基于个人或家庭生活、生产等基本消费需求，和存在血缘、地缘等密切关系的亲朋好友之间进行的少量资金借贷活动。这是人类社会最初的民间借贷活动，当然自然人之间的借贷不仅包括自然人之间，广义上还应当包括家庭之间的借贷。随着社会的不断进步和经济的发展，人类生活也发生了根本性变化，民间借贷也从以往为基本生活而进行的借贷演变为以生产经营、风险投资等获取高额利润为目的的借贷。

《民法典》合同编借款合同章共十四条，具体条文为第六百六十七条至第六百八十条，主要调整金融机构与自然人、法人、非法人组织，以及法人、非法人、自然人相互之间的借款合同关系，对借款合同的概念、形式及内容、贷款人和借款人双方的权利义务以及当事人违反合同的责任等内容作出了规定。

关于借款合同的概念，《民法典》第六百六十七条和《合同法》第一百九十六条都规定，借款合同是借款人向贷款人借款，到期返还借款并支付利息的合同。据此看来，似乎《民法典》中借款合同的适用范围并没有发生变化。然而，《合同法》第二百一十一条规定："自然人之间的借款合同对支付利息没有约定或者约定不明确的，视为不支付利息。自然人之间的借款合同约定支付利息的，借款的

---

〔1〕 参见最高人民法院民事审判第一庭编：《民事审判指导与参考》2020年第3辑（总第83辑），人民法院出版社2021年版，第11页。

利率不得违反国家有关限制借款利率的规定。”而《民法典》第六百八十条规定：“禁止高利放贷，借款的利率不得违反国家有关规定。借款合同对支付利息没有约定的，视为没有利息。借款合同对支付利息约定不明确，当事人不能达成补充协议的，按照当地或者当事人的交易方式、交易习惯、市场利率等因素确定利息；自然人之间借款的，视为没有利息。”同时，《民法典》删去了《合同法》第二百零四条有关金融贷款利率上下限的规定。据此表明，《民法典》合同编借款合同章有关利率和利息的规定，其适用范围已经从合同法金融借款合同和自然人之间的借款合同，扩展到所有民事主体之间的借款合同。基于利率和利息是借款合同的重要内容，因此借款合同章的适用范围，必然会相应地发生变化。《民法典》借款合同章适用的范围之所以有所扩大，是基于实践发展的客观需要。

（二）民间借贷合同及纠纷案件的特征

其一，民间借贷发生很大变化。从主体层面讲，由单纯的自然人之间逐渐变为自然人与企业之间、企业与企业之间、企业负责人以自然人身份借贷等多种情况。从法律层面讲，民间借贷由单纯的民事关系逐渐变为民刑交叉、民商交叉。从内容层面讲，民间借贷由主要的生活性借贷逐渐变为生产经营性借贷。从借贷行为讲，民间借贷人往往以放贷盈利为主业，并采取格式化合同和专业化放贷手段，职业化程度高。

其二，民间借贷系资金融通行为，系自发的、非官方的，难以通过国家金融体系调控的金融行为，具有粗放、隐蔽、无序且任意性强、规范性差以及不利监管的特点，由此决定了借款合同自然带有这些特征。不少模式打着金融创新的口号，规避政策监管，与民间借贷之间的界限日益模糊。如有的委托理财中明显违反监管规定设固定收益保本保息，以此吸引客户；有的私募基金名为合伙投资，实际利用第三方担保等方式承诺投资者高额收益。形色各异的金融创新实为民间借贷，混淆不同金融业务与借贷的界限，带来了政府监管难、法律纠纷处理难等一系列新问题。

其三，担保合同通常伴随着借款合同出现，很多担保存在较为严重的不规范性，担保方式往往都不明确。随着人们法律意识的增强，一些民间借贷的担保方式也比较规范，对物的担保和人的保证的范围、期间都作出了比较规范的约定。

其四，借款合同时常与非法吸收公众存款罪、套路贷诈骗等犯罪交织在一起。非法吸收公众存款罪更多表现为犯罪嫌疑人与不特定公众存在一系列的借款合同，因此该罪名下的犯罪行为涉及非法吸收存款参与人的多个合同，呈现出罪名整体化与行为分散化的特点，即实施非法吸收公众存款行为的主体系因违反市场准入制度构成犯罪，但参与存款的主体，除却以放贷为业的情况，并未违反前述制度，且一般而言，出借人行为对国家经济秩序和金融秩序没有直接影响，同时，当前环境下，民间借贷行为具有商事行为特征，一概认定出借人与犯罪嫌疑人的借贷合同无效，不利于对商事行为及交易规则的保护，故不宜把具体借贷合同认定为无效合同，更不应认定出借行为为共同犯罪行为。

其五，出借人为规避法律规定，提前扣除利息的手段日益多样化、隐蔽化，如出借人为规避《民法典》之规定，虽按合同约定金额出借款项，但是却在出借前要求借款人预先支付利息。也有用合同约定的方式让借款人提前支付利息。

其六，民间借贷合同的不规范性为事实查明带来困难，借贷主体法律意识淡薄，交易极不规范。

其七，民间借贷中夫妻共同债务的区分认定相当困难，一方债务和离婚、分居形成的债务都是司法实践中争议的焦点。

其八，婚姻关系存续期间，夫妻一方向对方出具欠条、借条借贷关系的形成和形态比一般民间借贷更为复杂，其借款来源和借款用途是案件审查和处理的重点。

其九，引发借贷纠纷的原因错综复杂、五花八门，尤其是发生在恋爱、同居、婚外情等有特殊身份当事人之间的借贷案件，许多案件中还掺杂着其他法律关系，对于这类案件，要查明当事人的真实意思表示确有一定难度。当事人在行为发生时往往缺乏明确的约定，尤其他们之间大额的经济往来是什么样的法律关系令人难以判断。

其十，法官审理民间借贷纠纷案件难度不断加大，上下级法院之间对案件认识差异，同案不同判等现象存在。在当事人主张的事实不明时，在不能拒绝裁判的情形下，法官需要凭借自身的智慧，通过分析当事人诉讼主张和请求在实体法上的性质和特点，按照法律要件说的基本原理，运用证明责任的一般规则分配当事人的举证责任，确定客观证明责任的承担者，从而对案件事实作出正确的判定。

（三）民间借贷合同用途

借款合同用途，是判断合同是否合法的分界线。借款用途合法的合同关系受法律保护，反之用途不合法的合同关系不受保护。

通常而言，借款人的目的在于获得借款（货币）的所有权以供自己使用支配，在交付借款后，借款人即应获得借款的所有权，可以行使对该借款的完全的支配权而不受限制。货币的“所有和占有一致”原则只是《民法典》物权编的一般规则，不完全适用于各种复杂的交易关系，尤其是一些特殊的商事关系。借款关系中,借款人行使对借款的占有、使用、处分权,在特定的借款用途条件下,也要受到一定的限制,此时借款人对借款的占有、使用、处分权应做特别解释。也就是说,借贷双方在合同中对借款的用途作了特殊约定的,借款人未按约定使用借款的应承担相应责任。

【案例1-1】 魏某某诉史某某民间借贷纠纷案

一审法院认为,魏某某与史某某之间成立对借款用途有特殊约定的借款关系;依约,自魏某某将借款汇入指定账户时,已视为其完成了借贷的交付行为,借款关系生效。魏某某于2010年2月5日更改密码收回账户资金的行为视为其依约提前收回本金。此后其自行操作账户内资金,产生的后果与史某某无关。故魏某某仅有权要求史某某返还借款本金1,411,040元及其相应利息。魏某某的其余诉讼请求,于法无据,予以驳回。判决:史某某偿还魏某某借款本金1,411,040元及利息损失。二审法院认为,史某某认可借款已支付至指定账户,并已使用上述款项用于股票交易。《借款协议》已经得到签订双方的实际履行,双方之间借款关系成立并生效。原审法院以魏某某实际控制账户之日计算魏某某之实际损失,并无不当。判决:驳回上诉,维持原判。〔1〕本案中,魏某某与史某某之间约定借款用途为股票买卖,并将借款汇入股票账户内,避免借款被挪作他用。

在民间借贷合同中,当事人可以根据意思自治约定借款用途、借款期限及利息等内容。

【案例1-2】 王某某诉豪骏公司民间借贷纠纷案

最高人民法院认为,豪骏公司没有证据证明民间借贷领域存在该行业习惯。借款人未按照约定用途使用借款,贷款人可以停止发放借款,提前收回借款或者解除合同。可见,约定借款用途的目的是确保出借资金的安全。就此而言,民间借贷亦应如此。因此,约定借款用途并不违反民间借贷行业习惯。豪骏公司上诉提交的证据不足以证明案涉款项6000万元不是用于购买临沂市经济开发区的某块土地。豪骏公司证明案涉6000万元与临沂市经济开发区的某块土地没有联系的依据是,豪骏公司借入案涉借款后闲置4个多月才用于购地不符合常理。但根据日常生活经验,由于各种不可预期因素的影响,借款时间和买地时间不能同步的情形确有可能发生。故不能因为借款时间和买地时间存在时间差,就得出《协议书》为事后伪造的结论。〔2〕

---

〔1〕 参见国家法官学院案例开发研究中心编:《中国法院2015年度案例》(民间借贷纠纷),中国法制出版社2015年版,第22页。北京市第三中级人民法院(2013)三中民终字第00796号民事判决书。

〔2〕 参见最高人民法院民法典贯彻实施工作领导小组编著:《中国民法典适用大全》(合同卷三),人民法院出版社2022年版,第1731页。最高人民法院(2016)民终731号民事判决书。

(四)民间借贷合同范围

这里讲的范围主要是哪些款项构成借款,哪些款项不属于借款。也就是说,区分款项性质,把符合借款的款项界定为借款范围确定借款关系。

民间借贷应当有当事人的借贷合意,分手费只是一方对另一方的补偿赠与,并不存在借贷合意,且有违公序良俗。因此,支付分手费的一方当事人以此为依据提起民间借贷诉讼,请求法官判令接受分手费的对方当事人归还本息,法官应当驳回其诉讼请求。

【案例1-3】 胡某某诉邵某某民间借贷纠纷案

二审法院认为,关于涉案20万元系借款还是分手费,胡某某与邵某某均只有本人陈述予以证明,法院应当运用逻辑推理和日常生活经验,对双方陈述有无证明力和证明力大小进行判断。本案中,胡某某只提供支付邵某某的汇款凭证,邵某某抗辩该款系胡某某为解除双方的婚外情而支付的分手费,为此,提供了:(1)其与胡某某妻子之间的短信往来,证明三方均明知邵某某与胡某某之间的婚外情;(2)2014年年初胡某某要求借款的短信,证明之前双方没有结欠的款项。结合审理过程中,胡某某自认2008年年底至2009年年初,其与邵某某共同足疗时被邵某某的前夫强行拍照,并出具了保证书;其后还被邵某某的前夫殴打;以及在被邵某某强烈质疑胡某某否认两人感情时,胡某某不敢回应的事实,法官有理由相应邵某某与胡某某之间存在婚外情,导致邵某某离婚,胡某某有可能为结束双方之间的感情而支付分手费20万元。胡某某应就双方存在借款合意承担进一步的举证责任,鉴于胡某某未提供相应证据,且未对2014年年初为何没有向邵某某催讨借款,反而向其借款作出合理解释,故应承担举证不能的不利后果。胡某某与邵某某在各自婚姻存续期间保持婚外恋情,违背社会公序良俗,胡某某主张因此而已经给付邵某某的费用,二审法院不予支持。综上,原审法院认定事实有误,二审法院予以纠正,对原审判决依法改判。判决:(1)撤销一审判决;(2)驳回胡某某的诉讼请求。[1]

认定投入公司款项的性质是投资还是借款,可通过判断原告是否为实际投资人从而考查案涉款项性质。

---

〔1〕 江苏省无锡市中级人民法院(2015)锡民终字第1116号民事判决书。

【案例1－4】 周某某与王某、叶某某民间借贷纠纷案

最高人民法院认为，从最初周某某2015年5月8日与王某、叶某某签订的《参股协议书》，到周某某2016年10月10日与王某、叶某某签署的《股权转让股东会决议》，再到周某某和叶某某在公安机关的相关陈述等诸项证据，都一致印证了周某某的实际出资人身份。反观体现案涉款项为借款性质的落款2017年7月15日的《协议》，则存在诸多不合常理之处，比如，所载借款金额未扣除周某某已收到的款项，《协议》没有法定代表人签名与永泰和公司以往处理重大事项的惯例不符，周某某陈述王某不愿意在《协议》上签名系害怕其他股东追责等。一审法院综合衡量全案证据，对于反映案涉款项为借款性质的《协议》这一孤证不予采信，认定周某某汇入款项的性质系投资款正确，本院予以确认。本案焦点问题是所涉款项是投资还是借款，故一审法院在事实层面考察案涉款项是否构成投资，通过判断周某某是否为实际投资人从而考查案涉款项性质，符合通常的认识逻辑，并未超出案件审理范围。但是，认定实际投资人与认定股东在性质上完全不同。公司的实际投资人"显名"为股东，有法定程序且属于实际投资人自主决定的范围。显然周某某参与了公司的部分经营，永泰和公司的股东在二审期间一致同意周某某"显名"股东，但由于周某某未被记载于永泰和公司股东名册，也未在本案中提起该项请求，故一审法院认定所涉款项为投资款，进一步认定周某某为"实际股东"，缺乏当事人意愿基础，影响了实际出资人的"显名"自主权，亦超出案件审理所必需，且"实际股东"并非严谨的法律概念，确有不当，本院予以纠正。[1]

（五）民间借贷合同附期限

在实践中，附有还款期限的借贷纠纷案件大量存在，对于出借人主张未到期债权的案件，法院通常会以履行期限未到为由驳回出借人的请求。这样处理从表面上看适用法律是正确的，但不利于对出借人利益的保护。因为很多借贷案件中的借款人根本不可能或压根就不愿意履行还款义务，为了拖延时间，通常以此作为抗辩理由，不同意履行未到期的债务。如果一味强调出借人到期后再主张权利，则极有可能在借款履行期真正到来后，出借人虽然能拿到胜诉的判决书，但往往到期后借款人已无财产可供执行，或者借款人为逃避债务已不见踪影。判决成为无法执行的一纸空文，难以保护出借人的利益，案件处理的社会效果不好。但

〔1〕 最高人民法院（2020）民终14号民事判决书。

上述处理模式,能够找到法律上的依据。根据《民法典》规定,当事人应当按照约定全面履行自己的义务。对请求履行未到期限的债务不予支持符合法律规定。出现上述结果有两方面的原因:一是法官只是机械地依照法律规定办案,不考虑案件处理的社会效果;二是出借人自身的原因,许多出借人不知道如何正确地行使诉讼权利来维护自己的权益。

实践中附期限的借贷合同往往分为若干期,很多出借人只有在履行期届满,借款人不履行还款义务时,才会将借款人诉至法院,但是起诉的理由却是不安抗辩权。出借人起诉的理由是,借款人到期的债务都不履行,未到期的债务更不能履行了。民事诉讼是以诉讼请求为基础的,诉讼请求是民事主体基于实体法上所保护的权利遭受侵害的事实而依法享有的一种诉讼请求权,是法院行使民事裁判的前提和基础。诉讼请求由诉的主体、标的和理由组成。出借人起诉是基于不安抗辩权,由于司法审查权是消极的、被动的,法官审查起诉的是能否行使不安抗辩权。很显然,这不属于《民法典》中不安抗辩权的规定,法官当然会驳回出借人的诉讼请求。

为了保护出借人的合法权益,可采取给付之诉的方式。在分期履行还款时,如果借款人对已经到期的债务不给付,则出借人根据借款人现在不履行到期债务的情况,可以合理推知借款人对以后的到期借款也不能按期偿还,可以通过诉讼请求借款人对可期待的债权同现实的债权一并给付。就法官而言,处理此类案件可运用《民法典》预期违约的规定和理论处理出借人提起将来给付之诉的案件。预期违约的特点是,一方表示到期后将不履行义务,预期违约侵害的是期待的债权而不是现实的债权。由于借款合同规定了履行期限,在履行期限届满前,出借人不得请求借款人提前履行债务。此时出借人享有的债权只是期待权,而不是现实的债权。但这种期待权同现实的债权一样,同样是不可侵害的,如果借款人毁约,则期待权不能实现,借款人同样应当承担违约责任。法官经过对案件的审理,能够认定借款人构成预期违约的,判决支持出借人对未到期债权的请求,确定由借款人履行未到期的债务。这样处理,能够克服就案办案的弊端,最大限度地保护出借人的利益。

借款期限届满前,债权人是否有主张债权的权利,现行法律没有明确规定。一般认为,债务人明确表示或者以自己行为表明不履行合同义务的,债权人可以即时主张权利。

【案例1-5】 周某某诉山东九洲农药有限公司等民间借贷纠纷案

判决观点,《合同法》第一百零八条规定:当事人明确表示或者以自己行为表明不履行合同义务的,对方可以在履行期限届满之前要求承担违约责任。虽然根据《证明协议》的约定,在法庭辩论终结前(2013年8月7日),还款期期限尚未届满,但被告公司已经停止经营,被告一直未按《证明协议》的约定履行支付利息义务，且在《证明协议》约定的还款期限（2013 年 8 月 8 日）到期后，被告仍未履行还款义务，原告要求被告九洲农药有限公司偿还借款的请求应予支持。[1]

〔1〕 参见国家法官学院案例开发研究中心编：《中国法院 2015 年度案例》（民间借贷纠纷），中国法制出版社 2015 年版，第 212 页。山东省枣庄市中级人民法院（2013）枣民三初字第 25 号民事判决书。

二、民间借贷合同法律适用

(一)民间借贷合同形式认定

民间借贷活动较为普遍,一般发生在亲戚朋友间。民间借贷往往是通过人情关系,为口头形式,实际操作流程中因未签订书面合同时常会缺少对重要证据的固定。自然人之间的借款合同,既可以采用书面形式,也可以采用口头形式,当事人可以根据合同是否有偿等具体情况选择订立合同的形式。自然人之间的借款如果没有采取书面形式,只要有证据能够证明借款事实的存在,即受法律保护。当然,为了避免和减少纠纷,当事人之间最好采用书面形式。

收据复写件能否作为借款有效证据直接关系案件的审理结果。法律规定证据必须提交原件,复写件与复印件是两个不同的法律概念,但它是否属于原件,法律却无明确界定。《民事诉讼法》第六十六条规定,民事证据有当事人的陈述、书证、物证等八种形式。复写件以及其承载内容反映案件的基本事实,在证据形式上,应视为书证。根据鉴定机构出具的鉴定意见,复写件上的签名为借款人签名的,在借款人签名真实的情况下,收据复写件的证明效力应当等同于原件的证明效力。

【案例1-6】 刘某某诉尹某某民间借贷纠纷案

二审法院认为,首先,复写件在日常生活中,是为了避免多次书写的麻烦而一次形成多份的文件。复写件虽然不是原件,但是其与原件同步形成,都是初始发生的,其与反复多次制作形成的复印件有根本区别。其次,复写件是书证,是以文字、符号等形式来反映客观事实情况的书面材料,复写件虽然可以有多份,但是一旦书写完成,其数量即已固定,不可再生,故复写件应属于原始证据,而非传来证据。最后,一审期间,刘某某当庭陈述,四张复写件中"只有一张一万的是我签的",而根据鉴定结论,四张复写件中"刘某某"的签名系同一人所为。综合上述分析意见,法院认为尹某某提交的四份复写件,可以作为认定其已经偿还借款的凭据。综上,一审认定事实清楚,但适用法律错误,法院予以更正。判决:撤销一审判决,尹某某偿还刘某某欠款

10,000 元及利息。[1]

合同联立是合同的特殊形式。在交易活动中,当事人为了满足复杂利益的需要,往往以合同联立等方式订立合同,目的是通过数个合同的结合实现整体交易功能,每个合同均能产生民事权利义务关系的变动又各自独立,应分别适用不同的合同规范。

【案例1-7】 牟定兄弟矿业有限责任公司与云南德胜钢铁有限公司民间借贷纠纷再审案

最高人民法院认为,双方签订《合作开发协议》实为合同联立,由合作合同和借款合同结合形成。基于有利于实现合作开发的经济交易功能,两者被订立于一个合同文本,却为两个互相独立的合同关系,各自产生不同的权利义务关系。另外,《合作开发协议》第七条明确了借款目的是解决兄弟矿业公司自身债务急需大量资金,而非用于双方合作项目,德胜钢铁公司承诺为其协调落实借款资金来源,是基于双方长期友好合作关系,而非履行合作义务分工。故《借款担保合同》独立存在,形成借款担保合同关系,不属于合作合同履行内容的一部分。[2]

(二)民间借贷合同成立认定

《民法典》第六百七十九条规定,自然人之间的借款合同,自贷款人提供借款时成立。同样的行为,《合同法》第二百一十条规定,自然人之间的借款合同,自贷款人提供借款时生效。也就是说,自然人之间发生借款时,贷款人提供借款行为的效果由导致"借款合同生效"修改为"借款合同成立"。一般认为,将自然人之间的借款合同确立为实践合同,主要理由有:其一,自然人之间的借款合同往往数额有限,内容也简单,而且当事人之间往往具有亲属、同事、朋友等特别的关系。其二,自然人之间的借款合同也不存在金融借款合同中所必需的复杂程序。其三,自然人通常不是专业机构的人士,赋予自然人借款合同以实践性可以给贷款人一定的思考时间,在实际提供借款之前,贷款人可以有反悔的机会。其四,自然人之间借款一般属于互助性质,无偿的情况也有不少,对合同的形式并不太注意,应结合实际考虑当事人的真实意思表示,不宜赋予当事人更重的责任。据此,《民

---

〔1〕 参见国家法官学院、最高人民法院司法案例研究院编:《中国法院2020年度案例》(民间借贷纠纷),中国法制出版社2020年版,第213页。河南省信阳市中级人民法院(2018)豫15民终4700号民事判决书。

〔2〕 最高人民法院(2018)民申862号民事裁定书。

法典》第六百七十九条规定,自然人之间借款的,自贷款人交付借款时成立。这样有利于确定当事人之间的权利和义务,进而预防或减少纠纷的发生。需要注意的是,《民法典》第六百七十九条规定的是自然人之间的借款,即借贷双方均是自然人的情况,如果有一方当事人并非自然人,即使属于民间借贷,也不适用该条的规定。

民间借贷合同的成立一般应符合:其一,借贷双方的真实意思表示。其二,出借人实际履行出借义务,即交付了出借款项。其三,未违反法律法规的强制性规定和公序良俗。在民间借贷案件中,主张借款合同成立的,由出借人承担举证责任。

《民间借贷规定》第九条规定:"自然人之间的借款合同具有下列情形之一的,可以视为合同成立:(一)以现金支付的,自借款人收到借款时;(二)以银行转账、网上电子汇款等形式支付的,自资金到达借款人账户时;(三)以票据交付的,自借款人依法取得票据权利时;(四)出借人将特定资金账户支配权授权给借款人的,自借款人取得对该账户实际支配权时;(五)出借人以与借款人约定的其他方式提供借款并实际履行完成时。"本条是对自然人之间借款合同的成立时间的规定。

【案例1-8】 于某某诉张某某、孙某某民间借贷纠纷案

判决观点,本案中,原告虽提供了借条欲证明原告与被告张某某之间形成了民间借贷合同关系,但庭审过程中,原告自认其并未将借款实际交付给被告,而是将借款实际交付给案外人刘某,即原告没有践行将借款实际交付给被告的合同义务,现原告作为出借人,其没有证据证明其向借款人,即本案被告提供了借款,故原、被告之间民间借贷合同未生效,所以原告要求被告张某某还款的诉讼请求,法院不予支持。关于原告要求被告孙某某承担连带责任一项,因担保合同是主合同的从合同,本案中,主合同是原告与被告张某某之间的借款合同,现原告与被告张某某之间的借款合同不生效,故担保合同亦不生效,故被告孙某某不应承担保证责任,不应向原告偿还本金及违约金。判决:驳回原告于某某的诉讼请求。〔1〕 现《民法典》将借款未交付改为合同未成立。

民间借贷合同是否已成立、生效并全面履行,应从签约和履约两方面来判断,出借人应举示借款合同、银行交易记录、对账记录等证据证明,且相关证据应能相互印证。

---

〔1〕 参见国家法官学院案例开发研究中心编:《中国法院2015年度案例》(民间借贷纠纷),中国法制出版社2015年版,第222页。辽宁省本溪市平山区人民法院(2013)平民二初字第00269号民事判决书。

【案例1－9】 黑龙江闽成投资集团有限公司与西林钢铁集团有限公司、刘某某民间借贷纠纷案

最高人民法院认为，对于案涉借款，黑龙江闽成投资集团有限公司（以下简称闽成公司）举示《借款合同》、《对账单》、《抹账协议》、《协议书》、《借据》、《补充协议书》及银行客户专用回单、银行借记通知、银行交易明细、《工程招标公告》、《收据》、《逊克县翠宏山矿业有限公司借款明细表》、《借款利息计算表》、《集团借款明细表》、《西林钢铁集团有限公司借款利息计算表》、《西钢集团灯塔矿业有限公司借款明细表》等借款合同、债权凭证、对账记录等合同类文件，以证明合同约定的借款支付到位，西林钢铁集团有限公司（以下简称西钢公司）或其指定公司账户收到上述相应款项。西钢公司对上述相应资金流入西钢公司账户并不持异议，但只认可前述共计339,244,471.52元借款本金及利息并承担还款义务。本院认为，除上述无争议借款外，其他借款本金，虽未直接汇入西钢公司账户，但已按照相关《借款合同》约定汇入西钢公司指定的相关公司账户。本案借款合同中，签约履行具有多种形态，包括：先支付借款后，再签约确认；以关联公司名义付款或收款后，通过债权或债务转让协议形式确认真实债权人或真实债务人；对一定时期发生的多笔借款本息进行对账，列明数笔借款本息数额明细，对续借或还款作出安排等，符合民间借贷签约履约特征，属于司法实践中常见的交易模式，也是民间借款有别于金融借款的行业特征。经借贷双方对账，借款数额、利率、借期、担保等民间借贷合同的主要合同条款内容基本清晰。债权人、债务人通过与案外人签订债权债务转让合同等形式，将本案债权、债务分别转移至刘某某、西钢公司名下。一审、二审诉讼中，刘某某始终确认闽成公司为真实债权人，由闽成公司行使债权。据此，从签约和履约两方面看，本案民间借贷合同成立、生效并已全面实际履行。闽成公司已向西钢公司实际支付借款合同项下款项，西钢公司至今未能依约偿还大部分借款本息，属严重违约。西钢公司以前述无争议借款以外借款资金未直接汇入西钢公司账户为由，拒绝承担还款义务，既无法律依据，亦与事实不符，本院不予支持。西钢公司应遵循诚信原则履行系列借款合同约定内容，对上述全部借款本息承担偿还义务。一审判决认定，本案借款本金数额为1,059,244,471.52元，西钢公司对于上述借款本金及利息应承担偿还责任，并无不当，本院予以认可。

西钢公司上诉主张，上述借款发生时，民间借贷各方尚未签约，案涉八份《借款合同》实际签订日期并非所署日期，亦非转账汇款前签订，而是同一时间集中补签；西钢公司与闽成公司、刘某某签订《抹账协议》《协议书》等的真实意思是为西钢公司逃避债务，符合通谋虚伪意思表示的构成要件，并非合同当事人真实意思表示，依据《民法总则》第一百四十六条规定，借款合同无效。本院认为,如上,民间借贷合同项下借款已汇入借款人或其指定账户,合同已全面实际履行。本案纠纷涉诉后,借款人以自认违法的形式,将本案正常民间借贷解读为借款人与出借人以通谋虚伪意思表示方式实施的违法行为,旨在规避法院对西钢公司仅存优质资产强制执行以逃避债务;借款人提起另案诉讼请求确认翠宏山公司股权归其享有,案外人以同一诉由两次提起请求确认借款合同无效的另案诉讼,借款人以此为据主张中止本案诉讼,借款人还以其他诉由提出延后审理本案;对收到借款款项的数额,借款人作出的数次表述均不一致。涉诉后,西钢公司的上述诉讼行为与诚信诉讼的基本原则相悖。对西钢公司提出的上述合同无效的诉请,本院不予支持。[1]

要约失效的,不能成立借款合同。

【案例 1-10】　许某某与王某某、武某某等民间借贷纠纷再审案

再审法院认为,王某某出具的书面承诺因许某某对其中的内容作出实质性变更而失效,王某某、武某某无须据此承担还款责任。本案中,既然王某某、武某某与许某某之间不存在借款合同关系,王某某出具的承诺实质为王某某就如何归还 1000 万元向许某某发出的要约,若接受许某某该要约,则双方就还款事宜达成协议,双方应依约履行义务,否则王某某不应据此承担责任。王某某出具的书面承诺载明:"小贷公司清算减资时优先归还(全额本金),最迟不超过 2016 年 6 月底",因此,该承诺是附条件、附期限的承诺,然而许某某在起诉状与庭审中均明确表明,不能接受该承诺所附期限与条件,要求王某某、武某某立即还款,从而对该承诺内容作出实质性变更,该承诺因而失效,双方未能就承诺内容达成合意,王某某、武某某因此无须对此承诺承担还款责任,许某某对王某某、武某某的还款请求不能成立。[2]

(三)借款事实认定

民间借贷案件的基本事实,包括借贷事实的发生与否、借款本金数额、利息数额及计算方式等多个方面,其中借贷事实是否真实发生是民间借贷案件的首要基本事实,也是全案展开的基本依据。民间借贷案件审理中,事实认定是此案件的

---

〔1〕 参见最高人民法院民事审判第一庭编:《民事审判指导与参考》2019 年第 2 辑(总第 78 辑),人民法院出版社 2019 年版,第 196~197 页。最高人民法院(2019)最高法民终 133 号民事判决书。

〔2〕 参见最高人民法院民法典贯彻实施工作领导小组编著:《中国民法典适用大全》(合同卷一),人民法院出版社 2022 年版,第 160 页。江苏省高级人民法院(2017)苏民再 210 号民事判决书。

关键点,也是难点所在。[1]

出借人主张大额现金借款,借款人抗辩借贷行为尚未实际发生并能作出合理说明,法官应当结合借贷金额、款项交付、当事人的经济能力、当地或者当事人之间的交易方式、交易习惯、当事人财产变动情况以及证人证言等事实和因素,综合判断借贷事实是否发生。如出借人提供的证据不能达到民事诉讼"高度盖然性"标准的,法官依法不予支持。

【案例1-11】 屈某某诉湖南福瑞德投资有限公司、湖南银日实业有限公司民间借贷纠纷再审案

最高人民法院认为,结合屈某某的再审申请事由和原审查明的事实,本案再审审查的争议焦点为屈某某所主张的2210万元现金借款事实是否实际发生。本案中,屈某某提交《借条》以及《债务情况说明》主张湖南福瑞德投资有限公司(以下简称福瑞德公司)借款本息为4987万元,但其仅有983万元转账凭证,其主张另有2210万元为现金借款,福瑞德公司并不认可。对此,应当结合借贷金额、款项交付、当事人的经济能力、当地或者当事人之间的交易方式、交易习惯、当事人财产变动情况以及证人证言等事实和因素,综合判断借贷事实是否发生。根据原审查明的事实,第一,屈某某称案涉2210万元共计37笔现金借款均在取款当天或者延迟至一至两天的时间内亲自交付给王某某,并且提供了取现记录,但湖南银日实业有限公司(以下简称银日公司)提供的证据证明在屈某某陈述的多个时间段里王某某并未在现金交付地点。第二,屈某某提交的2016年6月14日的《借条》载明,截至2016年6月14日,福瑞德公司现金借款金额共计2210万元,但是根据屈某某提交的取现记录,却存在2016年6月14日之后多次的现金借款记录。第三,2016年11月5日王某某以抢夺银日公司公章的形式在案涉《借条》《债务情况说明》中盖章,也侧面印证了《借条》的总额存疑。第四,从本案983万元的银行转账借款来看,尚不能评判双方形成了现金借款的交易习惯。第五,王某某在公安机关的多次询问以及二审法院询问中均否认2210万元的现金借款,并多次陈述借款金额为1000万元。因此,屈某某提交的现金借款证据与其陈述、银日公司提交证据所证明的事实相互矛盾,不能达到民事诉讼"高度盖然性"标准。原审判决未认定屈某某主张的2210万元现金借款,并无不当。综上,屈某某的再审申请不符合《民事诉讼法》第二百条第二项、第六项规定的情形。裁定:驳回屈某某的再审申请。[2]

---

〔1〕 参见最高人民法院民事审判第一庭编著:《最高人民法院民间借贷司法解释理解与适用》,人民法院出版社2015年版,第289页。

〔2〕 最高人民法院(2020)最高法民申1279号民事裁定书。

在缺乏借款合同的情况下，对借款事实认定，应由出借人承担举证责任。

【案例 1－12】 北京甲尼国际照明工程有限公司诉北京笨笨飞鸟商贸中心借款合同纠纷案

一审法院认为，本案中，双方对甲尼国际照明工程有限公司（以下简称甲尼国际公司）向笨笨飞鸟商贸中心（以下简称笨笨飞鸟中心）汇款 1,300,000 元的事实不持异议，但对款项性质产生异议。双方未签订书面的借款合同或借条，甲尼国际公司仅凭款项支付凭证，无法证明其与笨笨飞鸟中心之间存在借贷合意，笨笨飞鸟中心抗辩借贷行为并未发生并作出合理说明。结合本案审理查明的事实和证据，依据举证规则，甲尼国际公司仍应就借贷关系的成立承担举证责任。现甲尼国际公司无法提供其他证据证明借贷事实的发生，故其对要求笨笨飞鸟中心偿还借款的诉讼请求举证不充分，驳回原告甲尼国际公司的诉讼请求。甲尼国际公司上诉后，二审期间又撤诉。[1]

借款凭证丢失，如果出借人能够通过其他方式举证证明借款事实，或借款人在他案中对本案借款事实予以确认的，法官应予以认定。

【案例 1－13】 于某某诉秦某某借款合同纠纷案

二审法院认为，本案中，因秦某某认可 2013 年于某某曾替秦某某向他人还款，且其向于某某出具 1.5 万元的借条一张，故双方之间存在民间借贷关系，该借贷关系是双方当事人的真实意思表示，且不违反法律、行政法规的强制性规定，应属合法有效，双方当事人均应按照约定履行自己的义务，故对于某某要求秦某某返还借款 1.5 万元的诉讼请求，法院予以支持。秦某某关于于某某无法提供借条、尚未支付鉴定费给秦某某、借款应是 1.2 万元的抗辩意见，没有事实和法律依据，法院不予采信。关于于某某要求秦某某支付利息的诉讼请求，因于某某未能举证证明双方关于借款利息及借款期限的约定，故不予支持。判决：驳回上诉，维持原判。[2]

微信转账，可以认定为借款事实。

【案例 1－14】 卢某某诉黄某某民间借贷纠纷案

判决观点，关于卢某某通过微信支付借给黄某某 30,306 元的主张。卢某某提交了中国移动通信集团四川有限公司成都分公司的预付款专用收据、微信转账记录和微信聊天记录、卢某某的借记卡交易记录。预付款专用收据证明了电话号码为 1838222××××的户名是黄某某的事实；微信转账记录

---

〔1〕 参见国家法官学院案例开发研究中心编：《中国法院 2018 年度案例》（借款担保纠纷），中国法制出版社 2018 年版，第 2 页。北京市朝阳区人民法院（2016）京 0105 民初第 47580 号民事判决书。

〔2〕 北京市第一中级人民法院（2015）一中民（商）终字第 3914 号民事判决书。

证明了微信号zp045—20(昵称Ssq,0hh)绑定的电话号码为1838222××××,2015年8月至9月,卢某某通过微信转账支付给黄某某(收款方均为Ssq,0hh)共计30,360元的事实;微信聊天记录证明了卢某某和黄某某多次谈及归还借款的事实;卢某某借记卡交易记录证明了该卡账户上的发生额及时间与其通过微信支付借给黄某某的每笔数额和时间相吻合的事实。以上证据具有证据的真实性、合法性、关联性,经庭审调查核实,予以采信。对卢某某通过微信转账借给黄某某30,306元的事实,予以认定。判决:被告黄某某归还原告卢某某借款本金30,306元及利息。[1]

在数个主体间进行的闭合型循环转账中,现金流在短期内以“转出—收回—再转出”的路径进行有计划的循环流转,脱离了实际交易关系,此种异常的资金循环并不必然对应真实的借贷关系,账面的资金流转并不反映真实的资金流转情况,原告仅依据某个单独环节的转账凭证主张债权时,不宜认定存在真实的借贷关系。换言之,循环转账中借贷事实不成立。

【案例1-15】 中商吉鼎公司诉文达天星公司等借款合同纠纷案

二审法院认为,第一,从涉案资金的流转模式上看,中商宏峰公司先向中商吉鼎公司转入款项,中商吉鼎公司转至文达天星公司,文达天星公司又转至北京吉鼎公司,北京吉鼎公司再转回中商吉鼎公司,资金回收后再次循环,最终,资金在后三家公司数次循环流转,银行流水累积至2040万元。实际上,三家公司之间的转款仅系账面的资金循环,而非真实的资金增加,账面的资金流向记录并不必然对应真实的资金汇入情况。第二,从三家公司发生涉案款项流转的时间、金额上看,三家公司之间在短时间内有计划地进行循环转款,且涉案款项流转期间,谢某同时为三家公司的法定代表人,故有理由相信三家公司对循环转款系明知。第三,从双方的举证情况来看,原告主张借款但并无借款协议。综合双方举证,无论是为了增加账户银行流水抑或股权出资,文达天星公司与中商吉鼎公司提供的现有证据不足以证明双方之间存在真实的借贷关系。判决:(1)撤销一审判决;(2)驳回中商吉鼎公司的全部诉讼请求。[2]

借款事实是否真实存在,应结合具体案情确认。

---

〔1〕 参见国家法官学院案例开发研究中心编:《中国法院2018年度案例》(借款担保纠纷),中国法制出版社2018年版,第20~21页。四川省广安市邻水县人民法院(2017)川1623民初115号民事判决书。

〔2〕 参见《人民司法·案例》2019年第11期(总第850期),第61页。北京市第三中级人民法院(2017)京03民终6199号民事判决书。

【案例1－16】　周某某诉李某某民间借贷纠纷案

二审法院认为，周某某提交的借据虽然具有较强证明力，但周某某与李某某并非普通朋友，而是存在特殊关系的男女朋友，而且周某某对款项交付事实前后陈述不一，主要表现在：第一，周某某对款项来源陈述不一，一审中陈述没有存银行的习惯，10万元一直存放出租房准备开足疗房，二审中陈述从银行零星取款后存放出租房准备开美容院；第二，周某某陈述其先将钱存放出租房然后因不开店才将钱取出借给李某某，该陈述中款项存放出租房与借款给李某某存在时间上的先后，但其二审中陈述的银行取款时间却与借款给李某某的时间相重合（2013年9～10月），上述陈述相互矛盾；第三，周某某关于将10万元款项存放出租房内的陈述明显与常理不符，对于年收入只有2万～3万元的周某某，却将10万元款项存放在出租房内有悖常理；第四，周某某陈述的2013年9～10月从银行取款的次数、金额均与涉案借款缺乏关联。上述问题足以使人对借款关系真实性产生合理怀疑，周某某未能进一步提交证据证明款项交付，且周某某并未提交任何确诊的证据证明其患头痛伴记忆力差，亦不能以李某某未报警为由免除周某某的举证责任。因此，一审举证责任分配并无不当。综上，上诉人周某某的上诉请求不能成立。原审判决认定事实清楚，适用法律正确，应予维持。判决：驳回上诉，维持原判。[1]

【案例1－17】　龚某某诉侯某某民间借贷纠纷案

判决观点，龚某某为证明侯某某借款一事，提交侯某某的欠条予以证明。侯某某虽对签名的真实性认可，但对借款事实予以否认。龚某某自述其本人并未出借3万元给侯某某，其子胡某某称将3万元借给了侯某某，龚某某并未经手钱款。且侯某某亦向法院提交胡某某向其出具的欠条一张，载明的欠款数额亦为3万元。从欠条形式看，双方互欠钱款，且数额相同。就相互出具欠条的必要性及合理性而言，法院认为，如侯某某与胡某某之间互欠钱款，且数额相同，双方没有互相出具欠条的必要。因为债务人向债权人出具欠条后，债务人承担的是偿还欠款的义务，如在此之后债务人支付给了债权人相同的钱款，一般发生的是债务消灭的法律后果，债务人将欠条收回或债权人出具收条，债权人没有必要再向债务人出具欠条，此做法既无必要，也与一般常理不符。此外，本案审理过程中，法院要求龚某某或侯某某联系胡某某到庭核实借款一事，双方均表示现已联系不上胡某某。龚某某为胡某某之母，与胡某某住在同一地方，却称回家见不到胡某某，打电话也联系不上胡某某。综合双方提交的证据、陈述及案件审理情况，法院认为，龚某某主张侯某某向

---

〔1〕参见国家法官学院案例开发研究中心编：《中国法院2017年度案例》（民间借贷纠纷），中国法制出版社2017年版，第33～34页。江苏省扬州市中级人民法院（2015）扬民终字第01321号民事判决书。

胡某某借款3万元的事实不具有客观真实性，故对其要求侯某某偿还借款的诉讼请求不予支持。判决：驳回龚某某的诉讼请求。[1]

村主任依据村委会出具的借条提起民间借贷诉讼情况下，应对借贷事实是否成立严格审查。

【案例1－18】 周某诉薛家村委民间借贷纠纷案

二审法院认为，根据查明的事实，周某于2012年5月28日向薛家村委出具的1,161,174.5元借条（收款凭证），仅是其任村委主任期间出现大量外债为外欠款平账而书写的借条，该借款并未真实发生，也未实际给付，与该期间的各项账目支出不存在对应关系，周某亦未能举证证明其合法的资金来源，该借款行为系以虚假借条的形式进行账目平账，本身已违反法律规定，现周某又以该借条主张薛家村委还款，于法无据，不予支持。周某不仅在2012年5月28日向村财务出具借条平账所欠债务，还于2012年年底、2013年3月、2014年12月底多次以借条形式平账，至2014年12月31日周某担任村委主任换届时，薛家村委的外欠款为742,568元，薛家村委对周某任职期间的村委欠款作换届交接余额欠款的账目处理。一审未查明案涉借条是否真实及借款资金来源，认定事实错误，依法予以纠正。判决：(1)撤销一审民事判决；(2)驳回周某的诉讼请求。[2]

借款数额事实瑕疵认定是民间借贷疑难问题。

【案例1－19】 张某某诉赵某某民间借贷纠纷案

判决观点，原告提供第一份即2010年5月28日的借条，借款人署名为被告赵某某，内容载明借到原告张某某23,000元整，该借条载体为深圳某电子公司的一份过账清册背面，正面签收人有原告的签名为：张某某，且该过账清册的列印日期为05/28/2011，而该借条的落款时间在借条载体形成时间即列印时间之前，该借条存在瑕疵，原告又无法合理解释借条的形成过程，故法院对该借条的真实性不予确认，该份证据的证明力无法确认，而在被告对该借条予以否认的情况下，经法院释明告知，原告及被告均没有提出笔迹鉴定的申请，根据《最高人民法院关于民事诉讼证据的若干规定》第二条及第五条第一款规定，原告起诉要求被告付还借款23,000元的诉讼请求，因证据不足，法院予以驳回。对原告提供的第二份借条，虽然只有借款人署名而没有

---

〔1〕 参见国家法官学院案例开发研究中心编：《中国法院2017年度案例》（民间借贷纠纷），中国法制出版社2017年版，第61页。北京市通州区人民法院（2014）通民（商）初字第18483号民事判决书。

〔2〕 参见国家法官学院、最高人民法院司法案例研究院编：《中国法院2022年度案例》（民间借贷纠纷），中国法制出版社2022年版，第25页。山东省淄博市中级人民法院（2020）鲁03民终2262号民事判决书。

落款日期，但其内容特别载明借款时间是从2010年10月到2012年3月，因被告对该借条的借款数额52,800元没有异议，且原、被告对该借条形成时间的陈述基本一致，法院对该借款予以确认。根据法律及司法解释的规定，借款人应当按照约定的期限返还借款，由于双方对借款期限没有约定，原告可以随时向被告主张权利。上述借款经原告催讨后，被告没有付还借款，故原告起诉主张被告付还该借款的请求，理由充分，法院予以支持。但由于被告在诉讼期间已向原告支付2000元，该款在被告付还给原告的借款数额中应予以抵扣。对于原告在开庭时变更及增加的诉讼请求，因原告没有依照《最高人民法院关于民事诉讼证据的若干规定》第三十四条第三款的规定，在举证期限届满前提出，故对原告变更及增加的诉讼请求，法院不予审查，原告可另循法律途径解决。但被告当庭承认原告提交的一份交易日期为2012年4月22日，金额为1000元的银行凭证，该自认行为系被告的真实意思表示，并不违反法律规定，法院予以认可，故该1000元被告也应一并付还给原告。判决：被告赵某某付还原告张某某借款人民币51,800元。〔1〕

以借款单为主要证据的隐藏有劳资纠纷的借款事实认定是疑难问题。实践中，单位或公司起诉其员工的主要依据是借款单、欠条。借款单是单位或公司财务运行过程中的必需品，只要发生资金的流转就产生借款单的使用和留存。且借款单填写普遍不规范，其借款单位、用途等栏目填写不明确甚至没有填写。在借款单中有两类借款，一类为员工为单位或公司事宜提前领取差旅费或购买材料等的借款，另一类为员工个人或家庭急需用款的借款。前一类借款是主要且常见情形，是员工履行单位或公司任务的职务行为，其争议应经劳动争议程序解决，员工的这种借款不是民间借贷中所指的借款事实。而后一类借款单所指的借款，方构成民间借贷中的借款事实。

【案例1-20】　中唐国际旅行社有限责任公司诉凌某借款合同纠纷案

判决观点，虽然凌某没有出庭亦未提交证据，但是法庭还是对中唐国际旅行社有限责任公司（以下简称中唐公司）所陈述的事实及所提交的证据进行了全面的审查。借款单是公司财务流转过程中的一类凭证，虽名为“借款单”，但其本身不能直接证明存在借款的意思表示，仅能独立证明发生了资金流转的事实，故单就两份借款单不足以证明借款事实的存在，但是本案中，还有另外一份证据，即凌某书写的还款计划，两者结合则说明借款事实的存在。另外，鉴于中唐公司不存在金融借款的资质，故其与凌某之间的借款行为，违

---

〔1〕 参见国家法官学院案例开发研究中心编：《中国法院2016年度案例》（民间借贷纠纷），中国法制出版社2016年版，第45～46页。广东省揭阳市揭西县人民法院（2013）揭西法棉民初字第65号民事判决书。

反国家有关规定，应属无效，但凌某负有返还借款本金的义务，故中唐公司要求凌某归还60万元借款本金的诉讼请求于法有据，法院予以支持。对于中唐公司要求凌某支付逾期利息的诉讼请求，鉴于借款行为无效，但是借款毕竟被凌某占用，中唐公司存在资金占用的损失，法院在按照中国人民银行人民币活期存款利率计算的范围内予以支持。判决：(1)被告凌某与原告中唐公司之间的借款合同无效；(2)被告凌某偿还原告中唐公司本金人民币60万元；(3)被告凌某赔偿原告中唐公司相关资金的占用损失。[1] 在本案中，凌某原系中唐公司的员工，亦出具借款单但并非为公司事宜借款，而是个人借款。

为债务人垫付店铺转让款，虽无借条，借款也交付给第三人，但可根据相关生效判决内容确认借款事实。

【案例1－21】 侯某某、陶某某与顾某某民间借贷纠纷案

二审法院认为，本案争议焦点之一为宋某与顾某某之间是否存在店铺转让的事实。这是侯某某、陶某某讼争借款给付的前提条件。对此，法院结合侯某某、陶某某与顾某某双方及案外人宋某在历次诉讼中陈述的相关内容以及上海市第一中级人民法院生效判决确定的事实，可以认定宋某之子张某与顾某某之间确实存在店铺转让的事实，即顾某某存在支付给宋某一方20万元转让款的义务，据此，法院认定侯某某账户转至宋某账户的20万元系支付店面的转让款。本案争议焦点之二为转账的20万元款项性质是否为借款？之前案件诉讼中，顾某某否认其与宋某之子张某之间签订的《转让合同》及《房屋出租定金协议书》并对相关签名申请鉴定，但在法院明确告知当事人如不配合笔迹鉴定将承担不利后果的情况下，顾某某仍未到鉴定机构配合鉴定。故生效判决根据上诉人与宋某在该案一审、二审过程中其他陈述，结合顾某某拒绝配合笔迹鉴定的行为及《转让合同》、《房屋出租定金协议书》中约定的商铺转让费交付时间、金额与被上诉人汇款给宋某的时间、金额相吻合的情况，认定了《转让合同》及《房屋出租定金协议书》系张某和顾某某的真实意思表示，作为房东的宋某依法有权收取顾某某商铺转让款20万元。因此虽顾某某没有书面出具向被上诉人借款20万元的借条，但基于被上诉人以为上诉人顾某某支付案外人宋某20万元的方式交付了借款之事实，可以确认被上诉人对上诉人顾某某享有20万元的债权。判决：驳回上诉，维持原判。[2]

---

〔1〕 参见国家法官学院案例开发研究中心编：《中国法院2013年度案例》(借款担保纠纷)，中国法制出版社2013年版，第31页。北京市海淀区人民法院(2011)海民初字第26785号民事判决书。

〔2〕 上海市第一中级人民法院(2015)沪一中民一(民)终字第232号民事判决书。

(四)借款真实意思表示

这里的借款真实意思表示,是出借人与借款人对其借款的内心真实意思,不是虚假的意思,其借款合意的形成建立真实意思的基础之上。公司印章的表意行为具有对内对外两层效力,公司意思表示判定不能单纯依据公章的真实性,应先分析具体情形。在外部关系上,只要印章是真实的,应当直接依据外观主义原理认定加盖印章的文本即代表公司的意思表示。而在内部关系上,外观主义原理的运用应受到限制。加盖公司印章真实的情况下,若有证据证明不是公司的真实意思表示,则加盖印章的借款合同不成立。也就是说,实际经营者管理公司与公司之间借款是内部关系,印章控制人与公司订立涉双方借款合同不发生效力,不能对公司发生约束力。

【案例1-22】　马某某诉厦门戎堃公司等民间借贷纠纷案

一审法院认为,马某某在自行控制公章期间订立《债务清偿协议》,确认厦门戎堃公司欠马某某的债务,在厦门戎堃公司不予认可的情况下,不能代表厦门戎堃公司的真实意思表示。《债务清偿协议》未成立,对厦门戎堃公司不具有法律上的约束力。因此,马某某依据《债务清偿协议》提出债权主张并要求张某、乐保德公司承担补充清偿责任,缺乏事实及法律依据。至于马某某主张其他证据足以证明本案债权成立的问题,其中马某某个人债权的部分,马某某仅提交银行转账往来记录,无借款合意之证据,不足以证明厦门戎堃公司与马某某系借款关系。判决:驳回马某某的全部诉讼请求。二审法院判决:驳回上诉,维持原判。[1]

微信已成为当下最为常用的通信工具,在微信聊天记录中审查真实意思表示为借款纠纷争议事实认定的方式之一。

【案例1-23】　秦某诉王某民间借贷纠纷案

二审法院认为,2018年7月12日,秦某先后向王某发出微信"至于房子的事情就此放弃了,就作为我违约的罚金了""借给你的钱,就当是我的微薄心意和表示对你的歉意,在此,最后向你说声:对不起!"双方均确认交往期间所形成的债权债务关系仅有271,688.88元购房款及本案共计80,000元借

---

〔1〕参见国家法官学院、最高人民法院司法案例研究院编:《中国法院2021年度案例》(民间借贷纠纷),中国法制出版社2021年版,第103页。福建省厦门市中级人民法院(2019)闽02民终1449号民事判决书。

款，在本案中提供的全部微信聊天记录，以及二人回忆双方之间的聊天中，均未以“借款”来描述271,688.88元购房款，所以“借给你的钱”系指本案80,000元的借款，故秦某辩称前述第二条微信系双方协商彰泰红房产处置问题时所作表述，无事实依据，就较大金额的债权表示放弃的同时，就金额较小的80,000元债权表示一并放弃，并不违背秦某与王某之间的特殊关系，更符合秦某先行提出分手，在分手初期表示的歉意。根据前述第二条微信的内容，秦某作出放弃80,000元债权的意思表示之后，双方之间的债权债务关系终止，且尚无证据证实，双方就该笔债权重新达成协议。综上，秦某作出免除王某80,000元债务的意思表示真实，双方之间的债权债务关系终止，其要求王某返还本案借款80,000元，无事实、法律依据，不予支持。判决：驳回上诉，维持原判。[1]

民间借贷中，对借贷意思与给付行为之联系考量，是确认借贷双方真实借款的重要方面。

【案例1－24】 马某诉杨某、李某民间借贷纠纷案

二审法院认为，杨某给马某出具的借款65万元承诺书，该承诺书具有借据性质。根据《最高人民法院关于依法妥善审理民间借贷纠纷案件促进经济发展维护社会稳定的通知》（法〔2011〕336号）及《最高人民法院关于当前形势下加强民事审判切实保障民生若干问题的通知》（法〔2012〕40号）规定的要加强对借据真实性审查，明确举证责任，加大对各种形式高利贷的排除力度和虚假债务的审查力度的精神要求，以及自然人间的借款合同系实践性合同的规定来看，马某应当对借款交付事实承担举证责任。一方面，杨某对5月24日当天的四笔合计23.5万元借款提出异议，而马某又无证据证实此23.5万元已经实际交付，故认定此23.5万元未实际发生，应从65万元中扣除。另一方面，杨某辩称剩下的41.5万元中包含代为购买股票的12万元，但无证据予以证实，故该辩解意见不予采纳。所以借款应认定为41.5万元，而杨某已经还款22.85万元，因此杨某还欠马某18.65万元，因并无证据证实双方约定了借款利息，故马某主张四倍利息不予采信。因双方约定于2013年1月1日前一次性偿还，故杨某应自2013年1月2日起至实际支付之日止，按银行同期贷款利息支付利息损失。此外，借款发生期间，杨某与李某并未实际共同生活，且也无证据证实借款用于夫妻共同生活，故不属于共

---

〔1〕 参见国家法官学院、最高人民法院司法案例研究院编：《中国法院2021年度案例》（民间借贷纠纷），中国法制出版社2021年版，第203页。广西壮族自治区柳州市中级人民法院（2019）桂02民终2659号民事判决书。

同债务,李某不应当承担还款义务。[1]

借款人主张借款合同是受胁迫而为的意思表示,法官应根据具体案情裁量其抗辩是否成立。

【案例1-25】 赵某某诉姜某某民间借贷纠纷案

二审法院认为,本案焦点在该欠条是否真实,以及姜某某在欠条中签字捺印后是否真正取得了12万元款项。诉讼中,姜某某称欠条是2009年2月7日在章某家由章某书写,当时没有写时间和半年内还清这句话,其没有借赵某某的钱,被胁迫签字捺印后即打“110”报了案。对此有公安机关的接警记录和询问记录佐证,章某于2009年2月15日15时30分在马家堡派出所接受询问时也认可2009年2月7日姜某某与赵某某到过其家中,称因为炒股票赔了,姜某某到其家中说赔偿的事。章某虽然没认可当天写欠条一事,但至少证明了2009年2月7日姜某某到过章某家。根据章某在一审出具的书面证明和当庭证言,均称欠条上的内容除了姜某某的签字捺印外都是其书写,地点在蓝岛大厦附近车里,时间是2008年8月,但经科学技术鉴定,该欠条上的落款日期“2008年8月”以及“半年内还清”的内容,与其他字迹不是一次书写形成。在鉴定结论面前,章某、赵某某在二审中又改口称当时没有写时间,这证明了姜某某称当时没有写时间的说法成立。根据查明的事实,欠条中的时间即“2008年8月”是后补的,也就是说该欠条的形成存在瑕疵。即便是落款日期“2008年8月”以及“半年内还清”的内容当时就存在,但是哪一天给付的钱,章某、赵某某无法说清楚,章某与赵某某之间利害相关,故对章某称在蓝岛大厦附近车里亲眼看到给钱的说法,法院难以采信。综上,鉴于姜某某、赵某某及证人章某就欠条形成的时间、地点,陈述不一致,姜某某的陈述能够得到公安机关的接警记录以及赵某某、章某陈述的印证,而赵某某、章某的陈述前后矛盾且不能作出合理解释,本院认为,对涉案欠条的真实性,法院难以确认。综观全案,原审法院对本案的事实认定及判决欠妥,应予纠正。判决:(1)撤销一审判决;(2)驳回赵某某要求姜某某偿还欠款12万元并支付逾期利息的诉讼请求。[2]

农村集体经济组织与其成员间形成的借据类凭证,不宜直接认定为民间借贷合意。

---

〔1〕 参见国家法官学院案例开发研究中心编:《中国法院2017年度案例》(民间借贷纠纷),中国法制出版社2017年版,第22~23页。湖北省宜昌市中级人民法院(2014)鄂宜昌中民一终字第00325号民事判决书。

〔2〕 参见国家法官学院案例开发研究中心编:《中国法院2012年度案例》(民间借贷纠纷),中国法制出版社2012年版,第4页。北京市第一中级人民法院(2010)一中民终字第16870号民事判决书。

【案例1－26】 某村委会诉浦某民间借贷纠纷案

判决观点，合法的民间借贷关系，应当依法得到保护。本案中，一方面，某村委会明确表示案涉5000元系其作为村民集体经济组织向该集体经济组织成员因病致困所进行的"照顾"，亦即赠与而非借贷，故本案某村委会所主张的其与浦某间的民间借贷关系并不存在；即便该案为民间借贷纠纷，根据某村委会提供的证据其主张相关拆迁款已于2015年结算完毕，相应款项应于当时扣除归还，某村委会至今起诉已超过法律规定的诉讼时效，其已丧失了胜诉权。故法院对某村委会的诉讼请求予以驳回。判决：驳回某村委会的诉讼请求。[1]

借款合意是借款真实意思的核心内容，应严格审查。

【案例1－27】 初某诉李某民间借贷纠纷案

一审法院认为，初某起诉的"借条"载明："今收到初某存款1万元月息1.5分2011年6月12日经手人：李某：（姓名章）"，其实质为收款条，只能证实李某收到初某交付的1万元。至于两人之间是否存在借贷关系，需要结合其他证据予以确定。李某提交的借据内容为农业公司2011年6月15日收到初某现金1万元，借款于2012年6月15日到期，借入经办人为李某。该借据为农业公司对外出具的制式借据，其时间与初某提交的收款条时间相差不大，可以证明初某交付给李某的1万元存入了农业公司。同时，初某认可自身手中掌握时间在先的由农业公司出具的借据，该借据与本案借据高度类似，可以看出初某与李某之间存在不止一次的钱款往来。综合分析来看，初某对其交给李某的款项存入了农业公司这一事实，应当知情或至少是认可的，即初某与李某之间不存在借贷合意，具有高度可能性。合法的借贷关系应当由双方的借贷合意及款项的实际交付共同构成。本案中，初某与李某之间不构成民间借贷关系。故初某持收据要求李某偿还借款及利息的诉讼请求，没有事实和法律依据。判决：驳回初某的诉讼请求。二审法院同意一审法院裁判意见，判决：驳回上诉，维持原判。[2]

【案例1－28】 工程公司诉王某民间借贷纠纷案

二审法院认为，工程公司提供《精诚合作框架协议》作为其与王某之间

---

〔1〕 参见国家法官学院、最高人民法院司法案例研究院编：《中国法院2023年度案例》（民间借贷纠纷），中国法制出版社2023年版，第247页。江苏省无锡市锡山区人民法院（2021）苏0205民初246号民事判决书。

〔2〕 参见国家法官学院、最高人民法院司法案例研究院编：《中国法院2022年度案例》（民间借贷纠纷），中国法制出版社2022年版，第2页。山东省聊城市中级人民法院（2020）鲁15民终1048号民事判决书。

存在借贷关系的依据。王某抗辩该协议签订是在双方发生资金往来期间的后期,不足以作为认定双方关系的依据。其次,在上述协议中,工程公司的身份是建设集团的事业部,王某代表建设集团的项目部,故工程公司尽管具有法人资格但在其所主张的法律关系中并不是作为独立法人,而是作为建设集团的一个分支机构与另一个分支机构即王某项目部之间进行资产流转。工程公司在本案中也陈述,王某项目部由该公司实施管理。就王某而言,其和虞某系代表项目部与工程公司进行往来,所实施行为法律后果不由其自行承担,工程公司对其提出诉讼请求缺乏法律依据。判决:驳回上诉,维持原判。[1]

对合同条款有争议的,应当按照合同目的确定真实意思。

【案例1-29】　李某某、朱某某与贝某某、沈阳东昊地产有限公司民间借贷纠纷案

最高人民法院认为,双方当事人签订的合同为《担保借款合同》,具体到该合同第四条第一款约定的目的,是为了保证款项的出借方对款项使用情况的知情权、监督权,以便在发现借款人擅自改变款项用途或发生其他可能影响出借人权利的情况时,及时采取措施、收回款项及利息。用目的解释的原理可以得知,提供不真实的材料和报表固然会影响出借方对借款人使用款项的监督,而不提供相关材料和报表却会使得出借人无从了解案涉款项的使用情况,不利于其及时行使自己的权利。因此,借款人在借款的两年多的时间里,从未向出借人提供相关材料和报表,属于违约。合同文本采用两种以上文字订立并约定具有同等效力的,对各文本使用的词句推定具有相同含义。各文本使用的词句不一致的,应当根据合同的目的予以解释。[2]

债权人为讨要借款真意保留退还假借据给债务人,债务人随即知道债权人真意保留的,保留的真意有效。

【案例1-30】　刘某某与王某某等民间借贷纠纷案

二审法院认为,虽然刘某某提交的借据中载明借款金额为6000万元,在提供借款时预扣了一个月的利息180万元,实际提供的借款金额为5820万元。根据《合同法》第二百条"借款的利息不得预先在本金中扣除。利息预先在本金中扣除的,应当按照实际借款数额返还借款并计算利息"之规定,王

---

〔1〕　参见国家法官学院、最高人民法院司法案例研究院编:《中国法院2022年度案例》(民间借贷纠纷),中国法制出版社2022年版,第5页。江苏省南通市中级人民法院(2020)苏民终3341号民事判决书。

〔2〕　《最高人民法院公报》2015年第9期(总第227期)。最高人民法院(2014)民一终字第38号民事判决书。

某某、王某应按5820万元本金承担还款责任。借款后,王某某、王某按约定支付了7个月的利息,即支付至2011年11月25日,因为预扣一个月的利息未被认定,则借款人偿还利息的截止日期应减去一个月,即应认定为将利息清偿至2011年10月25日,在刘某某要求王某某偿还借款后,王某某提出刘某某同意只还本金,就优先给刘某某还款。刘某某回复王某某先打款,并在2012年7月31日接受了王某某所打款5350万元和所抵9辆车的钥匙及相关手续并一直持有,应视为认可了王某某、王某已足额偿还了其借款本金。故刘某某所持其并未同意以车辆抵偿借款及借款本金未全部清偿,诉请五被告偿还借款本金2126万元之理由不能成立。刘某某接受5350万元转账、价值650万元的车辆,但依据其在接受了打款其抵账车辆的钥匙和相关材料后,给王某某出具一份变造的借据,要求王某某和其算账的事实,表明其在同意接受王某某偿还本金的同时,主观上并不放弃利息。原审据此认定王某某、王某足额偿还借款本金,并无不当。虽然合同中对利息没有约定,但根据第一个月预扣利息180万元及王某某在原审庭审中陈述利息付到了2011年11月25日及利息口头约定的3%事实,原审认定利息为3%并调低至同期人民银行贷款利率的四倍,并无不当。张某某、田某某、李某作为王某某、王某该笔借款的连带责任保证人,应当对王某某、王某尚欠刘某某的利息承担连带清偿责任。原判认定事实清楚,适用法律正确,依法应予以维持。判决:驳回上诉,维持原判。[1]

(五)民间借贷合同履行不能认定

合同标的物处于被司法机关查封、扣押、冻结状态,构成法律上的标的物履行不能。若借贷双方对标的物被司法机关查封、扣押、冻结既无可归责的过错又无可预见的过错,则标的物未交付的法律后果应适用《民法典》第五百九十条关于"不可抗力"的规定。

合同履行的合法性,决定债务人应优先履行公法行为赋予的义务而非合同义务。公法行为导致合同无法履行且当事人无过错,构成阻却合同履行的不可抗力。也就是说,公法义务与合同义务冲突时,坚持公法优先原则。

---

〔1〕 参见最高人民法院中国应用法学研究所编:《人民法院案例选》2015年第4辑(总第94辑),人民法院出版社2016年版,第107~108页。陕西省高级人民法院(2015)陕民一终字第00052号民事判决书。

【案例1－31】　沈某诉盐龙街道办民间借贷纠纷案

二审法院认为,公安机关对案涉借款的查封、解封行为对合同产生何种影响应结合合同目的、当事人的行为等综合确定。第一,依据《合同法》第六十条规定,盐龙街道办在知悉借款被查封后,有义务及时告知沈某相关情况,以保障合同相对方的合法权益。第二,虽然公安机关的查封行为不影响借款资金的使用,却可能导致沈某不能按照合同约定收回借款本息。由于沈某或盐龙街道办对借款被查封均不存在过错,故参照《合同法》第一百九十六条、第九十四条第一项的规定,沈某、盐龙街道办均享有合同解除权,盐龙街道办在本案审理中既未提交证据证明其已向沈某履行了告知义务,也未证明已提出解除合同的诉求,表明其自愿按原借款合同的约定履行义务。本案诉讼前,盐龙街道办自觉、主动按合同约定支付了案涉借款被查封后至借款期限届满前的利息,对此作了进一步的印证。第三,沈某并非公安机关查封的协助义务人,由于盐龙街道办怠于通知的行为,导致其重要合同权利客观不能行使,借款人应承担由此产生的不利后果。第四,鉴于本案中客观存在公安机关对案涉借款的查封行为,以及双方当事人曾对借款进行展期的事实,加之沈某也未能提交充分证据证明其向盐龙街道办主张过权利,故不能仅因原合同约定的借期届满或公安机关解封即认定盐龙街道办应承担违约责任。综合全案情况,借款利息应按原合同约定的借期内利息的计算方式即按年利率17%计算,更符合双方签订合同的客观目的和利益。判决:撤销一审判决,盐龙街道办向沈某支付案涉借款利息3,423,611.11元。[1]

(六)出借人讨债行为认定

出借人超出正当合法权利行使范围的行为构成胁迫。非借款人因受胁迫出具债权文书,出借人的行为具有违法性而不受法律保护。

【案例1－32】　袁某某诉吕甲等民间借贷纠纷案

一审法院认为,本案中,袁某某等的行为构成胁迫行为;袁某某以激烈言辞向非债务人主张权利,存在胁迫的故意,行为具有违法性;吕甲出具房屋抵账协议书与袁某某的行为具有胁迫因果关系。因此袁某某等超出正常债权人正当合法权利行使范围的行为构成胁迫。故对吕甲关于存在胁迫情形的

〔1〕　参见国家法官学院、最高人民法院司法案例研究院编:《中国法院2021年度案例》(民间借贷纠纷),中国法制出版社2021年版,第145页。江苏省盐城市中级人民法院(2019)苏09民终284号民事判决书。

抗辩予以采信。吕甲在诉讼中主张协议因受胁迫无效的抗辩与依法行使撤销权并无二致，因系在法定期限内行使权利，故依法应予撤销。该协议因撤销而归于无效。故对袁某某要求吕甲承担连带责任的诉讼请求不予支持。判决：吕乙、孙某返还袁某某借款本金579,282元及利息146,718元。

二审法院认为，吕甲并非本案借款的借款人，本身并没有还款义务。袁某某主张吕甲承担责任基于吕甲在房屋抵账协议上的签名。但是吕甲主张签名系受到胁迫所致，并不认可该协议的效力。从公安局的调查材料也可以看出，签字当天双方发生过激烈的言语冲突，已经超出了正常协商的范围，加之事后吕甲立即报警这一举动，足以印证其当时受到胁迫的事实，在此情形下签订的协议应予撤销，其效力不能及于吕甲。因此，袁某某的上诉主张不成立，依法不予支持。判决：驳回上诉，维持原判。[1]

（七）职业放贷人认定

职业放贷人是以放贷为主要业务，在一定时间内通过向社会不特定对象提供资金以赚取高额利息，出借行为具有反复性、经常性，借款行为具有营业性，系未经批准擅自从事经常性的贷款业务，且往往伴随着高利贷、非法吸收或变相吸收他人资金、暴力收贷等违法犯罪行为。

关于职业放贷行为的认定标准。《九民纪要》规定，未依法取得放贷资格的以民间借贷为业的非法人组织或者自然人从事的民间借贷行为应当依法认定无效。同一出借人在一定期间内多次反复从事有偿民间借贷的，一般可以认定为是职业放贷人。具体来讲，对职业放贷人的认定，可从以下几个方面考量：其一，格式化合同、借据的使用。由于职业放贷人以放贷为常业，为经营管理方便，一般会使用格式化合同、借据。在印制好的合同、借据上除借款人姓名、金额、日期和利率为空白需要填充外，其余内容均提前印制好。其二，约定的利率超过法律允许的利率，甚至畸高到年72%。其三，出资资金流向明晰。职业放贷人为防止纠纷的形成以及纠纷形成后败诉，一般都把借款全额通过银行转账支付以保留支付凭证。其后，按照双方口头约定，由借款人按砍头息数额用现金支付或按指令转入其他账户。其四，违约责任和担保责任约定明确。借款合同对借款人的违约责任约定严格苛刻，还款期限具体。借款人借款，职业放贷人普遍要求其提供担保人，

〔1〕 参见国家法官学院、最高人民法院司法案例研究院编：《中国法院2021年度案例》（民间借贷纠纷），中国法制出版社2021年版，第129～130页。山东省淄博市中级人民法院（2019）鲁03民终1571号民事判决书。

甚至要求提供具有公职身份的担保人，方对外发放借款。其五，一定时期内在法院诉讼案件较多。职业放贷人甚至有专门的律师团队为其服务，在诉讼过程中对申请诉讼保全、判决、申请执行等一系列操作十分娴熟。

《河北省高级人民法院民间借贷案件审理指南（试行）》17．职业放贷行为具有反复性、经常性、营利性。审理民间借贷案件中，可以根据出借人或其关联出借人在一定期间内出借次数或所涉民间借贷案件数量、利率、借款合同格式化程度、出借金额、资金来源、借贷双方之间的关系以及出借人是否公开推介宣传或明示出借意愿等因素综合认定出借行为是否具有营利性。通常出借人只要收取利息、资金占用费、服务费、咨询费、管理费等相关费用即可认定为具有营利性，不以是否收取高利息作为营利性的认定条件。同一出借人或其关联出借人两年内向不特定多数的不同借款人以借款或其他名义出借资金6次以上的，一般可认定为职业放贷行为。个别案件即使尚未达到两年6次的一般标准，但有充分证据可以确认出借行为具有反复性、经常性、营利性的，也可以根据案件实际情况认定为职业放贷。

关于对职业放贷人的处理问题。对职业放贷人的行为，法院均持否定性评价态度。但在具体对职业放贷人责任界定上有差别，多数法院对借款本金部分予以保护，即判令借款人返还借款本金。对职业放贷人主张的借款利息，有的法院主张一概予以驳回，也有的法院主张可以调低，按照年利率4.35%或以全国银行间同业拆借中心公布的贷款市场报价利率等不同模式支付。《民法典》颁布后，《民法通则》第一百三十四条第三款“对进行非法活动的财物和非法所得，应当予以收缴”的规定已经废止，应由最高人民法院根据《民法典》作出新的相应规定。根据《关于办理“套路贷”刑事案件若干问题的意见》规定，对违法放贷行为进行严厉打击，职业放贷人违法放贷是认定为民事违法行为还是刑事犯罪的界定有待得到统一认识和规定统一执法尺度。

【案例1-33】 李某某诉梅某某等民间借贷纠纷案

二审法院认为，经二审查明，2015年11月至2018年10月，李某某作为出借人向他人多次出借款项，仅办理房屋抵押登记的就高达30次，其作为出借人在珠海市两级法院也提起5起民间借贷纠纷之诉。可见，李某某存在多次向社会上不特定的人发放借款的情形，出借行为具有反复性、经常性，借款的行为具有营业性，扰乱了我国金融市场和国家金融秩序，违反了《银行业监督管理法》第十九条规定的“未经国务院银行业监督管理机构批准，任何单位或者个人不得设立银行业金融机构或者从事银行业金融机构的业务活动”的情形，也损害了社会公共利益，符合《合同法》第五十二条规定的损害社会公共利益和违反法律、行政法规强制性规定的情形，依法应确认为无效。故依法认定李某某与梅某某于2018年7月12日签订的《房屋抵押借款合同》

无效。[1]

【案例1-34】 李某某诉张某、曹某某、韩某某等民间借贷纠纷案

一审法院认为，自然人在一定时期内频繁使用格式化借款协议、收据，协议中一般都有担保条款以及约定苛刻违约情形，多次向他人发放借款，牟取高息的，属于职业放贷人。职业放贷人对外所为的民间借贷协议，因违反禁止性规定而无效，利息仅支持资金占用期间的利息，高出部分不予支持。对确定的担保，担保人有过错的，承担不超出1/3的保证责任。判决：张某偿还李某某借款本金35,682.65元及利息，曹某某、韩某某对本判决第一项确定的还款义务张某不能清偿部分的30%承担连带保证责任。二审法院判决：驳回上诉，维持原判。[2]

职业放贷人所签订的民间借贷合同，应认定无效，按无效合同处理。

【案例1-35】 马某诉解某某、洛阳辉凯工贸有限公司等民间借贷纠纷案

二审法院认为，根据本案二审查明的事实，除本案债务人解某某之外，马某于2013年8月30日至2016年3月18日分多次向张某某、洛阳力久重型机械利有限公司、洛阳湛澜电子科技有限公司、董某某、赵某某、孙甲、孙乙、般某某等出借资金，其出借对象具有不特定性，出借行为具有反复性、经常性，出借资金数额大、利率高，符合职业放贷的法律特征。马某经常出借资金以赚取高额利息的行为扰乱了国家正常的金融秩序，损害了社会公共利益，违反了法律的禁止性规定，应认定其为从事非法业务活动的职业放贷人。本案其向解某某、洛阳辉凯工贸有限公司（以下简称辉凯公司）的出借资金的行为发生在此期间，应认定为职业放贷行为，故案涉民间借贷行为无效，解某某、辉凯公司在2015年6月16日向马某出具的《借据》亦无效。借款行为无效，借款本金应当返还，双方当事人对利息的约定也同时无效。辉凯公司通过杨某某向马某转账支付的38.5万元应认定为偿还借款本金，目前，尚余借款本金11.5万元未还。[3]

---

〔1〕 参见国家法官学院、最高人民法院司法案例研究院编：《中国法院2021年度案例》（民间借贷纠纷），中国法制出版社2021年版，第56页。广东省珠海市中级人民法院（2019）粤04民终2440号民事判决书。

〔2〕 参见国家法官学院、最高人民法院司法案例研究院编：《中国法院2021年度案例》（民间借贷纠纷），中国法制出版社2021年版，第174页。河南省焦作市中级人民法院（2019）豫08民终2695号民事判决书。

〔3〕 参见最高人民法院中国应用法学研究所编：《人民法院案例选》2019年第10辑（总第140辑），人民法院出版社2020年版，第93页。河南省洛阳市中级人民法院（2019）豫03民终286号民事判决书。

【案例 1-36】　刘某诉俞某、周某某民间借贷纠纷案

二审法院认为，首先，合法的借贷关系应受法律保护。刘某自 2011 年以来，通过向社会不特定对象提供借款以赚取高额利息，其出借行为具有经常性、反复性，借款目的具有营业性，并且刘某持有、管理、使用案外人赵某、周某某的银行卡用于出借借款及收取利息，与正常的民间借贷行为有悖。其次，民间借贷出借的本金应是出借人的自有资金。本案中，刘某自认出借给俞某的购车款是其持有的他人信用卡刷卡付款的。刘某的个人征信报告中显示，刘某在向他人出借借款期间（包括本案借款），在金融机构（其中于 2015 年 10 月 27 日、2016 年 2 月 5 日分别在农村信用合作联社抵押贷款 520,000 元和 450,000 元，于 2016 年 6 月 6 日在汽车公司抵押借款 154,560 元）抵押贷款的金额达 1,124,560 元，故刘某出借给他人包括俞某的款项很难认定为其自有资金。最后，刘某承认曾通过邮箱向俞某发送借款及利息统计表，该统计表对每一笔借款的本金及利息、借款人详细列举，利息 2% ~ 5% 不等，该统计表也与微信聊天记录、刘某银行账户历史明细的"交易摘要"及俞某有关帮助刘某放贷的辩解意见，相互印证了刘某通过俞某向不特定其他人放贷。刘某在 2019 年度以出借人的身份起诉的民间借贷纠纷案件 5 件，刘某诉请的标的额高达 3,070,360 元，出借的时间从 2011 年至 2017 年。其中，刘某诉周某某民间借贷纠纷案的利率，刘某自认月息为 2% ~ 4.5%，属于高息借款，《银行业监督管理法》第十九条规定……刘某未经批准，擅自从事经常性的贷款业务，属于从事非法金融业活动，其行为违反了上述法律的强制性规定。……一审认为刘某属于职业放贷人，其违反了法律的强制性规定，故其与俞某之间的民间借贷合同属无效合同，其出借给俞某的借款的行为属无效行为，按照无效合同进行处理正确，二审依法采纳。……判决：驳回上诉，维持原判。[1]

【案例 1-37】　甘某、杨某诉刘某 1、许某、刘某 2 民间借贷纠纷案

判决观点，本案系原、被告之间因借款行为所引发的纠纷，属于民间借贷纠纷。本案的争议焦点为被告刘某 1、许某、刘某 2 是否应共同向甘某、杨某偿还借款本金 130 万元及相应利息？……关于三被告应共同向二原告偿还多少借款本金及利息的问题。从被告提交的证据可以证实 2015 年至 2019 年，原告甘某、杨某作为原告方向景洪市人民法院提起民间借贷诉讼的案件数量达 22 件，立案标的总金额约为 2433.5844 万元，贷款对象主体众多，且

---

〔1〕 参见国家法官学院、最高人民法院司法案例研究院编：《中国法院 2022 年度案例》（民间借贷纠纷），中国法制出版社 2022 年版，第 43 ~ 44 页。广西壮族自治区钦州市中级人民法院（2020）桂 07 民终 1279 号民事判决书。

从本案涉及的多份借款合同可以看出,二原告均用统一格式的借款合同,约定的利率高于法律规定,故二原告属在一定期间内多次反复从事有偿民间借贷行为的职业放贷人。根据《银行业监督管理法》第十九条"未经国务院银行业监督管理机构批准,任何单位或者个人不得设立银行业金融机构或者从事银行业金融机构的业务活动"的规定,法院认为该规定直接关系国家金融管理秩序和社会资金安全,事关社会公共利益,属效力性强制性规定。故根据《合同法》第五十二条第五项的规定,本案原、被告于2016年6月2日签订的借条无效,三被告应向二原告返还借款128.4万元。对于二原告的利息损失,因被告刘某1向原告甘某、杨某支付的2012年6月28日至2014年5月7日的利息69.4192万元已足以弥补,故对二原告主张的利息损失,法院不予支持。判决:(1)被告刘某1、许某、刘某2共同返还原告甘某、杨某借款本金1,284,000元;(2)驳回原告甘某、杨某的其他诉讼请求。[1]

对职业放贷人的认定不应局限于涉诉记录,而应全面审查。

【案例1-38】 朱某诉林某民间借贷纠纷案

二审法院认为,朱某除本案外虽仅存在4起作为债权人起诉的民间借贷纠纷案件,但由于个案审查的局限性,法院的涉诉记录难以全面反映职业放贷的经常性、经营性的特点,还应结合其他职业放贷特性进行综合判断。本案中,朱某所提供的借据系填空式格式借据,部分款项主张系现金交付,且经审查其另案涉诉案件中20,000元的借款利息高达月2200元,朱某存在高利放贷的情形,故可认定朱某属于职业放贷人,相应的借款行为应认定无效。在当前支付手段非常便捷的情况下,职业放贷人采用现金方式交付款项往往有意为之,从而实现规避法院对虚增债务金额、高息累入本金等违法债务审查的非法目的,故应由朱某主张的第一份借条中3200元借款均系现金交付的事实承担进一步的举证责任,现朱某并未提供进一步的证据予以证明,故朱某主张2019年2月22日32,000元借条中的款项均以现金交付,依据不足,不予支持,本案朱某实际出借的金额以支付宝银行转账的11万元为准。二审中,林某对于其所主张的还款事实已经提供了相应的还款记录,朱某并未提供相应的反驳证据,故应由朱某承担举证不能的不利后果,对林某所主张的第二、第三笔借款已经还款39,500元的事实予以认定。因涉案借款合同无效,借款合同中约定的利息不应支持,借款人应当返还出借人的借款并支付资金占用期间的利息损失。故将朱某出借款项11万元与林某的还款3500元相抵后,林某尚欠朱某借款70,500元,且林某应支付朱某自款项出借

[1] 云南省勐腊县人民法院(2019)云2823民初1505号民事判决书。

之日起按照年利率6%计算的资金占用期间的利息损失,其中10,500元自2019年5月18日起算,6万元自2019年7月23日起算。综上,林某的上诉理由成立。判决:(1)撤销一审判决;(2)林某偿还朱某借款70,500元并赔偿利息损失;(3)驳回朱某的其他诉讼请求。[1]

近年来,民间借贷案件所占的比例明显增长,民间放贷的职业化、链条化和高利化倾向明显。在甄别原告属于职业放贷的基础上,应加大对借贷事实和证据的审查力度,并按照民事诉讼盖然性的证明标准,结合全案证据对现金交付事实作出综合判断。

【案例1-39】 潘某某诉杨某某民间借贷纠纷案

一审法院判决:杨某某偿还潘某某借款本金633,250元及利息,驳回潘某某的其他诉讼请求。二审法院判决:撤销一审判决,改判杨某某偿还潘某某借款本金20万元及利息,驳回潘某某的其他诉讼请求。[2]

借款人主张出借人为职业放贷人的,应当举证证明出借人在一定期间内存在多次反复从事有偿的民间借贷行为,出借行为具有反复性、经常性;出借目的具有营业性或经营性。

【案例1-40】 王某与长业公司民间借贷纠纷再审案

最高人民法院认为,长业公司主张王某多次反复从事有偿民间借贷行为,应认定为职业放贷人。就此问题,借款人主张出借人为职业放贷人,应当举证证明出借人在一定期间内存在多次反复从事有偿的民间借贷行为,出借行为具有反复性、经常性,出借目的具有营业性或者经营性。本案中,现有证据显示王某在一段时间内所涉的民间借贷案件数量仅有2件,不能证明其行为具有经常性、反复性。王某与名望公司于2012年12月7日至2017年4月30日的往来款项,涉及王某与名望公司签订的关于案涉项目投资改造的相关协议,不足以证实王某非法从事放贷业务。因此,长业公司主张王某构成职业放贷人的理由不能成立。案涉《三方协议》内容不违反法律、行政法规的禁止性规定,协议合法有效,对当事人均有拘束力。[3]

职业放贷人的认定不一定以诉讼案件个数为唯一依据,只要符合向不特定对象出借款项,赚取高额利息,擅自从事经常性借款业务的情况,就可以认定职业放

---

〔1〕 参见国家法官学院、最高人民法院司法案例研究院编:《中国法院2022年度案例》(民间借贷纠纷),中国法制出版社2022年版,第49~50页。浙江省温州市中级人民法院(2020)浙03民终4866号民事判决书。

〔2〕 参见《人民司法·案例》2022年第11期(总第958期),封三页。

〔3〕 最高人民法院最高法民申139号民事裁定书。

贷行为无效。

【案例1－41】 许某军诉许某强、刘某萍民间借贷纠纷案

判决观点，许某军在2018年至2019年，经朱某军介绍，向不特定对象出借款项，赚取高额利息，符合“未经批准，以经营性为目的，通过向社会不特定对象提供资金以赚取高额利息，擅自从事经营性借款业务的法人、非法人或自然人”的职业放贷人认定标准，故许某军应认定为职业放贷人，其职业放贷行为无效。〔1〕

非职业放贷人签订的借款合同有效。

【案例1－42】 陈某某诉陈某、浙江未名物流发展有限公司、福州市众行投资合伙企业（有限合伙）民间借贷纠纷案

最高人民法院认为，陈某、未名公司上诉主张陈某某为职业放贷人，案涉借款合同无效，故不应按约定利息标准计息。对该主张，不予支持。第一，因现有证据不足以证明陈某某出借的案涉资金来自数十个自然人。陈某、未名公司上诉主张一审调取的陈某某个人的农行银行卡（尾号为72××75）的银行流水，可证明陈某某的资金来源于数十个自然人，汇入资金从数十万元到上亿元不等。经查，该银行流水记载的陈某某与他人资金往来的情况并不能证明陈某某在本案中出借的款项均是来自他人资金。第二，陈某某与他人之间存在资金往来这一事实并不能证明其为职业放贷人。《九民纪要》第五十三条规定，同一出借人在一定期间内多次反复从事有偿民间借贷行为的，一般可以认定为职业放贷人。根据已查明事实，陈某某与他人确有多笔资金往来，仅有上述资金往来证据不足以证明其均为有偿民间借贷行为。再结合陈某某出借案涉借款的过程和出借时的行为表现，原判决根据现有证据认定陈某某不构成职业放贷人，并无不当。……综上所述，陈某、未名公司的上诉请求均不能成立，应予驳回，一审判决认定事实清楚，适用法律正确，应予维持。〔2〕

应注意的是，(1)职业放贷人既可以是法人、非法人组织，也可以是自然人，但都不具备放贷资格。(2)借贷行为以营利为目的。通常出借人只要收取利息或资金占用费等即可认定为营利，并不以收取高息作为营利的条件。(3)向社会不特定对象提供借款。此点需要结合案件事实予以认定。一般来说，在一段时期

---

〔1〕 参见国家法官学院、最高人民法院司法案例研究院编：《中国法院2023年度案例》（民间借贷纠纷），中国法制出版社2023年版，第55页。江苏省江阴市人民法院（2020）苏0281民初9746号民事判决书。

〔2〕 参见最高人民法院民事审判第一庭编：《民事指导与参考》2021年第2辑（总第86辑），人民法院出版社2021年版，第223页。

内多次向不特定的多人出借款项并收取利息或资金占用费等费用的行为，即可认定为职业放贷行为。[1]

应强调的是，法院在借贷案件中未审查出借人是否为职业放贷人、借款是否为自有资金等事实问题的，不能以此为申请再审。

【案例1－43】 唐甲与唐乙民间借贷纠纷再审案

最高人民法院认为，至于本案是否存在出借人为职业放贷人、出借资金为自有资金等事实问题，法律并无明文规定人民法院对此未予审查即属于《民事诉讼法》第二百条规定可以进入再审的事由，而唐甲亦未提交证据证明前述事实的存在，故其此项理由不能成立。综上，唐甲的再审申请因无充分的事实根据和法律依据，不能成立。裁定：驳回唐甲的再审申请。[2]

民事主体间进行借贷情形非常普遍，相较于自然人借贷，企业发生借贷行为的概率更高，企业运营中发生数次借贷行为，与职业放贷所强调的"反复、多次"有本质不同，为避免影响企业正常经营，不宜轻易将其定义为职业放贷。

【案例1－44】 中融公司与海德星公司借款合同纠纷案

最高人民法院认为，第一，现有证据不足以认定海德星公司出借案涉款项的行为属于职业放贷行为。首先，中融公司关于海德星公司为无注册资本、无营业场所、无工作人员公司的理由不能成立。其次，海德星公司放贷记录不足以证明其符合职业放贷认定标准。中融公司主张海德星公司存在多次放贷记录，符合职业放贷人"反复性、经营性"特征。根据二审庭审中中融公司的陈述，其能够提供的海德星公司放贷行为线索共有3个。即便海德星公司存在中融公司与所称的3个放贷行为，也不符合职业放贷所要求的"反复性、经常性"特征。理由在于，2019年最高人民法院公布的《全国法院民商事审判工作会议纪要》第五十三条规定，同一出借人在一定期间内多次反复从事有偿民间借贷行为的，一般可以认定为是职业放贷人。而数次借贷行为本身不符合一般人根据日常生活经验对职业放贷所需的"反复、多次"特征的认知。现实中，民事主体间进行借贷情形非常普遍。根据日常生活经验，相较于自然人借贷，企业发生借贷行为的概率更高。因此，一般情况下，企业运营中发生数次借贷行为，实属正常，与职业放贷所强调的"反复、多次"有本质不同，故不宜轻易将其定义为职业放贷，以免影响企业正常经营。此外，就数次而言，《关于办理非法放贷刑事案件若干问题的意见》第一条第二款

---

〔1〕 参见最高人民法院民事审判第一庭编：《民事审判指导与参考》2020年第3辑(总第83辑)，人民法院出版社2021年版，第37页。

〔2〕 最高人民法院(2021)民申4529号民事裁定书。

规定的“经常性地向社会不特定对象发放贷款”，是指2年内向不特定多人（包括单位和个人）以借款或其他名义出借资金10次以上。具体到本案中，即便中融公司主张的海德星公司有3次放贷行为成立，也与上述10次以上标准相距甚远。

第二，中融公司关于案涉借款合同涉嫌高利转贷无效的主张，缺乏依据。首先，中融公司关于案涉5亿元借款并非海德星公司自有资金，而是海德星公司向其他企业借款后转借给中融公司的观点，依据不足。中融公司认为，卓舶公司起诉海德星公司的1.28亿元借款的企业借贷纠纷案件以及海德星公司指示中融公司向卓舶公司法定代表人沈某多次还款以及卓舶公司起诉海德星公司案件调解计算时间与案涉借款实际出借时间一致，该案第三人中有本案收款人等事实，足以说明海德星公司是向其他企业借款后转借给中融公司。但从两笔借款的金额比较可知，两者差距很大，并非一一对应关系。而卓舶公司起诉海德星公司的是企业借贷，也即卓舶公司以自己名义出借款项给海德星公司。相应地，海德星公司还款也应还给卓舶公司。而中融公司主张的还款是中融公司按海德星公司指示向卓舶公司法定代表人沈某个人以及其他案外人还款。至于另案调解计息时间与本案实际借款之间是否存在关系，也与两笔借款之间是否存在关系没有必然联系。故现有证据不能证明海德星公司是向卓舶公司借款后转贷给中融公司。其次，中融公司在上诉状中提出依据《民间借贷规定》第十九条，要求本院调查海德星公司案涉借款的来源。但该条适用的对象是虚假民间借贷诉讼，与本案存在真实借贷诉讼，与本案存在真实借贷关系不符。最后，案涉借款合同不符合《民间借贷规定》第十四条中关于转贷无效的规定。根据海德星公司提供的二审新证据企业信用报告可知，海德星公司从未与金融机构发生过信贷关系。因此，不符合《民间借贷规定》第十四条第一项中“套现金融机构信贷资金”的要求。而根据现有证据不能证明案涉5亿元借款是由海德星公司向其他企业借款后转贷给中融公司的情形，中融公司也没有提供证据证明其满足第二项中“事先知道或者应当知道”的要件。

第三，中融公司关于案涉借款合同属于以合法形式掩盖非法目的，应当无效的主张，缺乏依据。在中融公司提交的《发回重审上诉请求的补充理由》中，中融公司还以海德星公司收费项目繁多，收款自然人众多为由，认为海德星公司逃脱监管和逃税，属于以合法形式掩盖非法目的。根据已查明事实，中融公司列举的手续费、顾问费等项目均非海德星公司收取，故中融公司主张案涉借款合同属于以合法形式掩盖非法目的，缺乏事实依据。此外，中融公司还在二审庭审中主张案涉借款合同应依据《民法总则》第一百四十三条规定，认定无效。但中融公司也并未举证证明涉案借款关系有其他不满足该条规定的民事法律行为有效要件的具体情形。[1]

对职业放贷人的认定应注意,其一,《全国法院民商事审判工作会议纪要》中使用的是“同一出借人”概念,但实践中也可能存在规避识别现象,不能机械地理解“同一出借人”必须是同一公司或同一自然人。对虽非同一出借人起诉的案件,如果该出借人与其他出借人之间具有关联关系,且符合“职业放贷人”行为特征,也应认定为“职业放贷人”。常见的关联关系包括:出借人是同一单位的实际控制人、法定代表人、股东、工作人员,或者具有其他关联关系;具有亲属、朋友或其他密切关系;出借资金来源于同一个人或单位等。其二,一般在两种情况下可以认为不属于向“社会不特定对象”出借款项:一种是出借行为主要发生于亲属之间,例如,出借人经常出借资金帮助亲友,借贷双方之间不仅认识,还存在超出一般民事交往关系的亲属关系,这种情况下出借款项的主要目的是扶亲济困、人情往来,不是谋取利益,更不是以借贷为非法营业手段。另一种是出借行为发生于公司、企业与内部员工之间,如某公司向员工普遍性提供贷款,帮助员工购房、购车或正常购买公司产品,这种情况下出借款项的主要目的是密切员工与单位之间的关系,强化单位与员工之间相互依存,本质上属于单位的内部管理行为,因此也不属于向“社会不特定对象”出借款项。而在上述两种情况之外,“未经批准擅自从事经常性的贷款业务”,意图谋取高额利息,行为具有营业性、营利性和非法性,就符合职业放贷人的认定标准。对职业放贷人应从行为和目的上进行综合认定,频繁以营利为目的对外出借款项的才能认定为职业放贷人。

(八)民间借贷合同诉讼时效

诉讼时效,是指民事权利受到侵害时权利主体在法定的时效期间不行使权利,当时效期间届满时,法院对权利人的权利不再进行保护的制度。当事人超过诉讼时效后起诉的,法院应当受理。受理后,如一方当事人提出诉讼时效抗辩且查明无中止、中断、延长的事由,法官驳回其诉讼请求。如果另一方当事人未提出诉讼时效抗辩,则视为其自动放弃该权利,法官不得依照职权主动适用诉讼时效,应当受理支持其诉讼请求。

应注意的是,诉讼时效届满后,虽义务人可拒绝履行其义务,但权利人的权利本身及请求权并不消灭,只是权利行使出现障碍。

---

〔1〕 最高人民法院(2019)民终1777号民事判决书。

1. 借款合同诉讼时效认定

【案例1-45】 谢某某诉郑某某等民间借贷纠纷案

一审法院认为，借据中关于逾期借款利息按月息6%支付的约定，以及2015年1月26日在此利息进行结算后郑某某、惠尔明公司、方某确认欠款330万元的行为无效。郑某某认可按年利率36%支付逾期利息，可确认其从借款逾期之日起按年利率36%支付逾期利息给谢某某。郑某某借款后共向谢某某还款833万元，经核算郑某某至2015年7月12日已偿清谢某某500万元借款的本息。郑某某要求谢某某返还超过36%部分的利息，其中257,800元已超过诉讼时效，不应支持，另214万元未超过诉讼时效，谢某某应予返还。二审法院同意一审法院裁判意见，判决：驳回上诉，维持原判。〔1〕

【案例1-46】 斯某某与杜某某民间借贷纠纷案

二审法院认为，依据《最高人民法院关于审理民事案件适用诉讼时效制度若干问题的规定》第四条规定，未约定履行期限的合同，依照《民法典》第五百一十条、第五百一十一条的规定，可以确定履行期限的，诉讼时效期间从履行期限届满之日起计算，不能确定履行期限的，诉讼时效期间从债权人要求债务人履行义务的宽限期届满之日起计算，但债务人在债权人第一次向其主张权利之时明确表示不履行义务的，诉讼时效期间从债务人明确表示不履行义务之日起计算。案涉款项未约定还款期限，现有证据不能证明杜某某曾于本案起诉前向斯某某主张过权利或斯某某明确表示过不履行还款义务，故本案诉讼时效应自起诉之日起计算，上诉人斯某某关于超过诉讼时效的抗辩不能成立。〔2〕

未约定还款期限的借款，出借人向借款人催讨借款时开始起算诉讼时效。而不是诉讼时效中断。其后，出借人每次向借款人催讨借款都会发生诉讼时效中断。

【案例1-47】 许某某诉谢某某民间借贷纠纷案

二审法院认为，借条、借款单均没有写明还款期限，借条下方多处记载某年某月某日到期是指利息到期，并不是指借款到期。因此，本案70万元属于未约定履行期限的借款。根据《最高人民法院关于审理民事案件适用诉讼时

---

〔1〕 参见国家法官学院、最高人民法院司法案例研究院编：《中国法院2020年度案例》（民间借贷纠纷），中国法制出版社2020年版，第168页。福建省福州市中级人民法院（2018）闽01民终5259号民事判决书。

〔2〕 参见最高人民法院民法典贯彻实施工作领导小组编著：《中国民法典适用大全》（合同卷一），人民法院出版社2022年版，第456页。

效制度若干问题的规定》第六条的规定，许某某于2011年向谢某某催讨借款，谢某某没有还款，本案没有证据证明许某某有向谢某某确定还款的宽限期，也没有证据证明谢某某当时拒绝还款，直到2016年5月3日许某某起诉前，不能认定许某某的70万元债权受到谢某某侵害，故诉讼时效未开始起算。诉讼时效尚未起算，也就没有诉讼时效中断之说。因此，许某某对本案70万元债权的起诉并未超过诉讼时效。判决：撤销原审判决，谢某某付还许某某借款本金70万元及利息。[1]

未约定履行期限的债权诉讼时效起算时间。一般认为，出借人对借款进行了催收，其诉讼时效应从请求权发生时（债权成立时）开始计算。债权人自债权成立时就可以随时主张债权，不主张就属于怠于行使，应当承担诉讼时效逾期的法律后果。因为在未约定履行期限的债权中，期限未确定或债务人未确定表示不履行债务，履行期则为任何时点，起算时间一直未确定，时效则永不届满。但如果债权人因此无时效限制，显然与诉讼时效的立法本意相违背，故在债权人一直未要求履行的情况下，自债权成立之日起经过20年即罹于时效，与《民法典》中规定的诉讼时效精神一致。

【案例1－48】　人行上饶市中支诉齐某某、陈某某民间借贷纠纷案

一审法院认为，关于20年诉讼时效的起算时间，在债权人一直未要求履行的情况下，自债权成立之日起计算。本案中齐某某的28笔借款中，从债权成立之日起至人行上饶市中支2018年3月首次催款，超过20年的有16笔共43,500元，齐某某、陈某某归还24,700元，剩余未归还的18,800元确已过20年诉讼时效，法院不予处理。齐某某提供一份与郭某某的电话录音资料内容用以证明其2007年曾收到人行上饶市中支的欠款催收函，并以此抗辩该部分借款已过3年诉讼时效。对此，法院认为，齐某某提交的郭某某的电话录音资料内容与郭某某在一审庭审时所作的证言存有一定出入，其仅凭郭某某的电话录音资料并不能达到证明其主张的目的。根据2018年3月的催款函以及EMS邮寄单上齐某某在签收人一栏签名可以认定，首次催收时间为2018年3月，人行上饶市中支的起诉时间为2018年9月，未超过3年诉讼时效。判决：齐某某、陈某某偿还人行上饶市中支借款100,000元并支付利息。二审法院同意一审法院裁判意见，判决：驳回上诉，维持原判。[2]

---

〔1〕　参见国家法官学院案例开发研究中心编：《中国法院2019年度案例》（借款担保纠纷），中国法制出版社2019年版，第79页。广东省揭阳市中级人民法院（2017）粤52民终180号民事判决书。

〔2〕　参见国家法官学院、最高人民法院司法案例研究院编：《中国法院2021年度案例》（民间借贷纠纷），中国法制出版社2021年版，第232页。江西省上饶市中级人民法院（2019）赣11民终478号民事判决书。

数项债务遵循法定抵充顺序时,除债务人在给付时或给付前已明确提出诉讼时效抗辩的外,应不受债务人在给付完成之后所提出的诉讼时效抗辩的影响。数项债务兼有费用和利息时,应当先依照《民法典》第五百六十一条规定的依次抵充全部费用利息和主债务,债权人仅主张利息之债时的诉讼时效中断效力不及于本金之债,债务人在诉讼时效期间内偿还利息时的诉讼时效中断效力也不及于本金。

【案例1-49】 重庆川九建设有限责任公司诉陈某民间借贷纠纷案

二审法院认为,本案诉争借款发生于《民法总则》施行之前,且在该法施行前已过两年,故应按照《民法通则》规定的"两年"来计算诉讼时效期间,因陈某对川九公司负有多种债务,其还款并未指定偿还哪种债务,且每宗债务均约定有利息,故要判断本案是否超过诉讼时效,应当考虑两个因素:首先,要考量诉讼时效期间内还款和诉讼时效期间经过后还款的效力差异。诉讼时效期间内还款可以中断诉讼时效,而诉讼时效期间经过后债务人还款是不能中断或者重新计算诉讼时效的。诉讼时效经过后的还款不同于诉讼经过后债务人在催款通知上签字即同意还款的情形,后一种情形可以视为债权人放弃诉讼时效抗辩,可以重新起算诉讼时效。其次,在多种债务负担利息的情形下,要考察偿还的款项是利息还是本金,如为本金还应当判断偿还的是哪种债务本金,结合考量偿还时点是在该宗本金的诉讼时效期间内还是已过诉讼时效来判断本案债权是否经过诉讼时效。债务人对同一债权人所负数宗相同种类的到期债务,且债务有利息负担时,债务人还款不能清偿所有债务及利息时,应先抵充各种债务实现债权的有关费用,其次抵充各种债务的利息,最后冲抵各种债务的本金。本案中,陈某七次还款共计5,818,400元,其在2017年9月1日最后一次还款时仍未冲抵完利息,尚未开始抵充本金。因已届清偿期的利息独立于本金债权,偿还已届清偿期的利息不能中断债权的诉讼时效。因此,川九公司主张的案涉债权已经超过诉讼时效。二审法院判决:驳回上诉,维持原判。[1]

未定还款期限,超过最长保护期限20年的,出借人不丧失胜诉权。

【案例1-50】 周某某诉张某某民间借贷纠纷案

判决观点,被告辩称借款已偿还,未提供证据予以证明,法院不予采信。被告辩称原告起诉已超过20年的诉讼时效期间,但因原、被告双方并未约定还款期限,故原告的权利被侵害之日应为原告第一次向被告提出返还借款本

---

〔1〕 参见最高人民法院中国应用法学研究所编:《人民法院案例选》2022年第7辑(总第173辑),人民法院出版社2022年版,第159页。重庆市第一中级人民法院(2021)渝01民终1356号民事判决书。

息的要求之日。而原告系于2014年9月找到被告后，要求其返还借款本息未果，遂起诉至法院，故现原告诉请被告立即返还尚欠借款本息，并未超过诉讼时效期间，被告的这一辩称理由不成立，法院不予支持。综上，现原告要求被告立即返还借款30,000元及其利息的请求合法，法院予以支持。判决：被告张某某返还原告周某某借款30,000元及其利息。[1]

出借人和借款人签订无借款期限的借款合同后，借款人偿还部分利息属于主动履行合同的义务的行为，不能作为起算诉讼时效的时间。

【案例1-51】　张某强诉陈某女、张某慧民间借贷纠纷再审案

二审法院认为，关于借款是否已超过诉讼时效问题。三笔借款没有约定还款期限，双方没有补充协议，属于履行期限不明确的情形，根据《民法通则》第一百三十五条的规定，按照“谁主张，谁举证”的原则，陈某女应举证证明张某强有提出履行义务的宽限期，且从该宽限期计算诉讼时效已超过法律规定的范围，或者举证证明张某慧在张某强向张某慧主张权利时明确表示不履行义务，但陈某女无法举证存在上述情形。至于张某慧在2012年1月20日还款4000元给张某强，属于主动履行合同义务的行为，不属于张某强向张某慧主张债权且张某慧明确表示不履行义务的情形，不能作为起算诉讼时效的时间。综上，张某强从2017年2月通过向张某慧发信息主张还款，2018年4月2日向广东省茂南区人民法院起诉张某慧、陈某女，本案三笔借款均未过诉讼时效。陈某女主张借款已过诉讼时效缺乏证据证明，不予支持。二审认定第一笔借款已过诉讼时效有误，属于认定事实错误，应予纠正。……判决：(1)撤销二审判决；(2)维持一审判决。[2]

对权利侵害人认识错误时，诉讼时效应当从债权人知道或者应当知道真正的债务履行义务人时开始计算。

【案例1-52】　张某某诉赵某、边某民间借贷纠纷案

一审法院认为，基于张某某与赵某、边某之间的借条以及张某某已将两笔500万元转入边某账户，依据合同相对性，双方形成借款合同关系，双方当事人均应按照约定履行自己的义务。张某某给付借款后，赵某、边某偿还了本金但并未给付利息，现张某某要求赵某、边某按月息2%的标准给付利息，并不违反法律规定，应予以支持。对于张某某要求赵某、边某给付逾期利息

---

〔1〕　参见国家法官学院案例开发研究中心编：《中国法院2016年度案例》（民间借贷纠纷），中国法制出版社2016年版，第268页。四川省眉山市青神县人民法院（2014）青神民初字第1210号民事判决书。

〔2〕　参见国家法官学院、最高人民法院司法案例研究院编：《中国法院2022年度案例》（民间借贷纠纷），中国法制出版社2022年版，第242页。广东省茂名市中级人民法院（2020）粤09民再10号民事判决书。

违约金一节，鉴于其所主张的利率标准已至法律所保护的上限，在此基础上，其再主张逾期付息违约金，于法无据，不予支持。关于赵某、边某辩称双方不存在债权债务关系一节，与合同相对性相悖，不予采纳；关于赵某、边某辩称王某已支付本案两笔500万元利息一节，法院生效判决已经确认王某于2013年10月28日至2019年1月2日的还款并不包含本案中张某某所主张的两笔借款于2014年9月2日前产生的利息，故对其辩称不予支持；关于赵某、边某辩称本案存在重复起诉一节，因法院生效判决并未就本案两笔500万元于2014年9月2日前所产生的利息进行处理，张某某提起本次诉讼，并不构成重复起诉，故对该辩称不予支持；关于赵某、边某辩称张某某诉请已超过诉讼时效一节，因双方均曾口头约定诉请的利息由实际用款人王某负担，而王某自2013年10月28日至2019年1月20日一直在偿还利息，直到2019年12月5日北京市第三中级人民法院生效民事判决书确认王某一方的还款行为与本案所诉请的利息无关后，张某某方知晓应偿还利息的义务人系何人，故本案诉讼请求的诉讼时效应当自该生效判决作出之日起计算，故张某某之诉讼请求并未超过三年的诉讼时效。赵某、边某应当连带偿还借款利息1,814,794.5元。判决：(1)赵某、边某连带偿还张某某利息1,814,794.5元；(2)驳回张某某的其他诉讼请求。二审法院同意一审法院裁判意见，判决：驳回上诉，维持原判。〔1〕

利息债权的诉讼时效不应与本金债权的诉讼时效分割处理。

【案例1-53】 郭某诉董某民间借贷纠纷案

二审法院认为，因利息有从属性及连续性，与主债务的诉讼时效不应分割处理，一审法院以双方约定利息三个月结付一次，郭某提供的证据无法证明其向董某催讨，故利息从2016年10月15日开始计算，存在不妥，应予以纠正。判决：(1)撤销一审判决；(2)董某偿还郭某借款30万元及利息；(3)驳回郭某的其他诉讼请求。〔2〕

一份协议中包含有借款等多项性质不同的债务，诉讼时效期间届满后，债务人自愿履行其中一项债务的，在未查清其是否作出同意偿还其他债务意思表示的情形下，不能驳回其关于其他债务时效利益的抗辩。也就是说，同一个债权凭证

---

〔1〕 参见国家法官学院、最高人民法院司法案例研究院编：《中国法院2022年度案例》（民间借贷纠纷），中国法制出版社2022年版，第232～233页。北京市第三中级人民法院（2020）京03民终12599号民事判决书。

〔2〕 参见国家法官学院、最高人民法院司法案例研究院编：《中国法院2022年度案例》（民间借贷纠纷），中国法制出版社2022年版，第246页。浙江省温州市中级人民法院（2020）浙03民终153号民事判决书。

中如果有多笔不同性质的债务，每笔债务请求权的时效是独立的。但如果是同一性质的多笔债务，时效是否独立则要结合全案事实和各方证据综合判断。

【案例1－54】　时代百货公司与中城建许昌分公司民间借贷纠纷再审案

最高人民法院认为，关于时代百货公司起诉是否超过诉讼时效。《最高人民法院关于审理民事案件适用诉讼时效制度若干问题的规定》第二十二条规定：……根据上述规定，诉讼时效期间届满后原债成为自然之债，债务人享有履行抗辩权，但债务人作出同意履行义务的意思表示或者自愿履行义务的除外。本案中，案涉《补充协议》约定：投资款1.4亿元、利润900万元、违约金3900万元及借款2000万元共计2.08亿元，中城建许昌分公司于协议签订之日起45日内付款1亿元，余款1.08亿元于2014年10月3日前归还完毕。根据上述约定，时代百货公司对中城建许昌分公司包括案涉2000万元借款在内的债权的诉讼时效应于2016年10月3日届满，时代百货公司于2019年7月2日提起诉讼已超过法定诉讼时效期间。诉讼时效期间届满后，中城建许昌分公司于2019年1月4日自愿归还时代百货公司1.4亿元投资款，系对上述部分债务的自愿履行。但该1.4亿元投资款与案涉2000万元借款系两笔不同性质的债务，二审法院在未查清中城建许昌分公司是否作出同意偿还2000万元借款的意思表示的情形下，即适用《最高人民法院关于审理民事案件适用诉讼时效制度若干问题的规定》第二十二条规定，驳回中城建许昌分公司关于2000万元借款已过诉讼时效的抗辩不当。[1]

《最高人民法院关于债务人在约定的期限届满后未履行债务而出具没有还款日期的欠款条诉讼时效期间应从何时开始计算问题的批复》（法释〔2020〕17号）：据你院报告称，双方当事人原约定，供方交货后，需方立即付款。需方收货后因无款可付，经供方同意写了没有还款日期的欠款条。根据《民法典》第一百九十五条的规定，应认定诉讼时效中断。如果供方在诉讼时效中断后一直未主张权利，诉讼时效期间则应从供方收到需方所写欠款条之日起重新计算。

2. 诉讼时效中断认定

微信催债可构成诉讼时效中断。

【案例1－55】　刘某某诉范某某、张某民间借贷纠纷案

二审法院认为，本案中范某某提供的证据不足以证明其偿还借款，2015年11月9日至12月24日，刘某某多次通过微信要求范某某回复电话，综合本案的实际情况，能够认定刘某某发微信的目的是主张债权，范某某应当知

〔1〕　最高人民法院（2021）民申7062号民事裁定书。

晓其目的，刘某某主张债权的意思表示已实际到达，此时诉讼时效发生中断，故刘某某向法院提起诉讼，并未超过诉讼时效。判决：撤销一审判决，范某某偿还刘某某借款本金15万元及利息。〔1〕

电话、短信催款及起诉后撤诉可构成诉讼时效中断。

【案例1－56】 北京新华实业总公司与中永信实业发展有限公司借款合同纠纷案

一审法院认为，在中永信实业发展有限公司（以下简称中永信公司）于2013年9月22日最后一次还款后，北京新华实业总公司（以下简称新华公司）职员赵某某及侯某与中永信公司法定代表人李某某在2015年4月至2016年10月通过手机短信及通话始终保持联络，且现无证据证明新华公司与中永信公司之间除本案借款合同关系外存在其他债权债务关系或其他往来，亦无证据证明赵某某及侯某个人与李某某个人之间存在其他关联，故可以认定上述短信及通话内容为新华公司向中永信公司主张债权，新华公司主张权利的行为产生诉讼时效中断的效力，诉讼时效期间应重新计算。因此，新华公司于2018年1月11日提起本案诉讼未过诉讼时效。中永信公司的时效抗辩意见，法院不予采纳。新华公司曾于本案诉讼前将中永信公司以借款合同纠纷一案诉至法院，后撤回起诉，故本案不属于一事不再理情形。中永信公司的此点抗辩意见，法院不予采纳。中永信公司上诉后申请撤诉，二审法院准予撤诉。〔2〕

无疑点的私录资料可以构成证明诉讼时效中断的事实依据。

【案例1－57】 蒋某某诉蒲某某民间借贷纠纷案

一审法院认为，蒋某某提交的录音证据可以证明，在两份借条的债权已过诉讼时效之后，双方对两笔借款问题进行了磋商，蒋某某向蒲某某主张债权并要求其重新出具借条，蒲某某承诺会逐步归还，并希望蒋某某减免部分债务，同时也允诺过几天补写借条。蒲某某抗辩录音未经其同意私下录制，对合法性不予认可。法院认为，上述录音发生在蒋某某与蒲某某之间，即使蒋某某未经蒲某某同意录音，也未侵犯他人合法权益，或者违反法律的禁止性规定，其合法性不存在异议，法院对蒲某某的抗辩意见不予采纳。据此法院认定双方对已过诉讼时效的两笔借款重新达成了还款意思表示，故该两笔

---

〔1〕 参见国家法官学院、最高人民法院司法案例研究院编：《中国法院2020年度案例》（民间借贷纠纷），中国法制出版社2020年版，第175页。河南省焦作市中级人民法院（2019）豫08民终1217号民事判决书。

〔2〕 参见国家法官学院、最高人民法院司法案例研究院编：《中国法院2020年度案例》（借款担保纠纷），中国法制出版社2020年版，第7页。北京市第三中级人民法院（2018）京03民终3803号民事裁定书。

借款未过诉讼时效。二审法院亦持同样意见,维持原判。[1]

出借人口头向借款人催要借款的发生诉讼时效中断,须有证据证明该事实。

【案例1-58】　邓某某与林某某民间借贷纠纷案

关于本案借款是否已超过诉讼时效。一审法院认为,首先,证人证言及原、被告双方的陈述能够证实,被告与原告及其配偶关系密切,被告经常以朋友身份到原告家中与原告夫妻及其他朋友一起打牌、吃饭。基于双方的关系以及讼争的12万元亦非巨资这事实,确实存在原告夫妻仅以口头方式向被告催讨借款之可能性。其次,在具备口头催讨便利的情况下,一般而言,口头催讨是债权人向债务人主张债权的首选方式,本案中,原、被告双方经常以友好的方式见面,原告及其妻子口头向被告催讨或主张债权既符合常理,也与双方交往的实际情况相符。最后,从2016年双方的短信往来内容也可进一步证实原告基于信任和理解对方存在一定还款困难的被告采取较为温和的口头催讨方式之可能性。两次短信内容均表明,原告信任被告关于款项是案外人吴某某实际使用,因吴某某至今未还款导致自己无法还款的辩解,但仍然希望被告及时向吴某某要回款项。综合分析,法院认为,原告所举的证据已足以证明其主张的原告夫妻以口头方式多次向被告催讨过借款的事实,具有高度盖然性,加之诉讼时效之价值在于督促及时行使债权而非倡导有违诚信原则之逃避债务,因此,对原告关于曾多次向被告催讨借款之事实主张依法应予采信,应认定原告曾多次口头向被告催讨借款。讼争借款已多次发生诉讼时效中断事由,被告关于讼争借款已超过诉讼时效的抗辩主张不能成立,应不予支持。判决:被告林某某偿还原告邓某某借款12万元及利息。二审法院同意一审法院裁判意见,判决:驳回上诉,维持原判。[2]

拨打债务人手机主张债权,不是本人接听,构成诉讼时效中断。

【案例1-59】　鸿力公司与鑫龙公司等民间借贷纠纷再审案

最高人民法院认为,本案应审查的主要问题是:原判决认定案涉借款未超过诉讼时效是否正确。根据原判决查明事实,吴某某挂靠天宇陕西分公司,以该公司名义承包了鸿力公司开发的华县怡馨英华公馆(又名怡馨苑)商业住宅项目。在施工过程中,为解决项目资金周转问题,吴某某代表天宇陕西分公司向鑫龙公司借款1300万元,鸿力公司以就案涉项目111套房产

---

〔1〕参见国家法官学院、最高人民法院司法案例研究院编:《中国法院2020年度案例》(民间借贷纠纷),中国法制出版社2020年版,第204页。江苏省无锡市中级人民法院(2018)苏02民终1245号民事判决书。

〔2〕参见国家法官学院案例开发研究中心编:《中国法院2019年度案例》(民间借贷纠纷),中国法制出版社2019年版,第227页。福建省高级人民法院(2017)闽民终257号民事判决书。

与鑫龙公司签订房屋买卖合同并办理预告登记的方式提供担保。之后，鑫龙公司依约出借款项，但天宇陕西分公司、吴某某未依约履行还款义务，鑫龙公司提起本案诉讼。二审法院依据查明事实判决天宇陕西分公司、吴某某归还借款本金1144万元及利息，鸿力公司承担相应的担保责任，鸿力公司申请再审认为鑫龙公司提起本案诉讼已经超出诉讼时效，其不应承担相应的担保责任。经审查，根据约定案涉借款期限为六个月，鑫龙公司出借的款项分多笔支付，最后一笔于2013年6月4日支付，诉讼中鑫龙公司同意利息从2013年6月5日起计算，故案涉借款诉讼时效应于2015年12月4日届满。鑫龙公司提交的手机短信显示，在该诉讼时效期间内其于2015年8月21日、8月24日、11月3日、11月23日、12月16日多次向担保人鸿力公司主张权利。同时，根据鑫龙公司提供的手机录音内容证明，2015年9月1日鸿力公司与鑫龙公司就案涉借款清偿问题商谈时，曾向吴某某手机拨打电话，即使接电话的人并非吴某某，但足以证明鑫龙公司主张债权的事实，据此原判决认定案涉借款诉讼时效于2015年9月1日中断并应从次日起重新起算，事实依据充分，并无不妥。鸿力公司申请再审理由不能成立，本院不予支持。综上，鸿力公司的再审申请不符合《民事诉讼法》第二百条第二项规定的情形。裁定：驳回鸿力公司的再审申请。[1]

夫妻一方对共同债务的确认，一般债权人足以相信其为有权代理，这导致诉讼时效中断。换言之，债权人向共同债务人中一人催缴，导致诉讼时效中断。

【案例1－60】 李某某诉王某、傅某某民间借贷纠纷案

二审法院认为，王某、傅某某在借款发生时既是夫妻，又同为鹏宇公司股东，王某、傅某某借款可能用于生产经营，也可能用于家庭生活，但无论如何，均共同享用了该借款带来的经济利益，王某、傅某某的债务构成共同债务。同时，王某在2007年《协议书》上签名并确认包括傅某某在内的借款，作为一般债权人的李某某足以相信王某有权代理傅某某对以其名义借的款5万元进行确认。此时，15万元借款诉讼时效发生中断。2009年11月2日，王某向李某某出具"本人与李某某签订的协议，将继续生效"的证明，该证明中的"协议"未专指某一个协议，因而应理解为双方之前签订的所有协议继续生效。该协议构成债务人王某对债务的承认，与上文同理，李某某有足够理由相信王某有权代理傅某某对5万元借款予以承认。故双方债权债务诉讼时效于2009年11月2日再次发生中断。2010年7月29日李某某向法院起诉

[1] 最高人民法院(2021)最高法民申2434号民事裁定书。

时未超过两年的诉讼时效。判决:驳回上诉,维持原判。[1]

3. 保证合同诉讼时效认定

在连带保证中,其多名保证人相互之间构成连带债务关系,适用法律关于连带债务诉讼时效中断的规定。部分保证人在保证期间内向债权人承担了保证责任,其他没有在保证期间内被债权人主张权利的保证人仍应在其份额之内向已经承担保证责任的保证人承担相应的份额。这是基于连带保证人之间形成的此种连带债务,债权人对其中一个保证人在保证期间主张债权,不仅对该保证人产生开始计算并中断诉讼时效的效力,而且对其他保证人也产生开始计算并中断诉讼时效的效力;同理,连带共同保证中的一人在保证期间内向债权人承担保证责任,对其产生开始计算并中断诉讼时效的效力及于其他保证人。其法理在于,根据法律规定,债权人可以向连带共同保证中的一人主张权利,任一保证人均有义务承担全部保证责任,也即债权人享有选择权,可以向一个或部分保证人主张全部保证责任。如果让债权人必须向全部保证人在各自的保证期间内主张权利,等于债权人不享有选择的权利,其即会因为保证期间及诉讼时效的原因丧失相应的权利,这与法律、司法解释关于连带共同保证的立法本意不符。应注意的是,此种连带共同保证人应当为同一时期就同一债务提供担保的保证人,如果债权人对所有保证人均未在保证期间内主张权利,所有保证人保证责任免除,即使再有当事人提供连带保证责任,债权人向该保证人主张权利或保证人主动承担保证责任的行为均不对前述因已经全部超过保证期间而免除保证责任的保证人产生开始计算并中断诉讼时效的效力。

【案例1-61】 江阴长三角农村小额贷款有限公司诉江苏龙升节能科技股份有限公司追偿权纠纷案

一审法院认为,在本案中,江阴长三角农村小额贷款有限公司(以下简称长三角公司)承担了相应的保证责任,代江苏龙升节能科技股份有限公司(以下简称龙升公司)向钱某明偿还了借款及其利息1330万元,现长三角公司要求龙升公司立即返还代偿款1330万元及该款自2018年5月2日起至实际给付之日止按照中国人民银行同期同类贷款基准利率计算的利息,依法予以支持。对于龙升公司提出的长三角公司的保证责任已于2016年5月底就消灭了,此后的还款系单方自愿行为,与其他公司无关的抗辩意见,法院认为,江苏省无锡市中级人民法院作出的(2015)锡民初字第53号民事调解书中钱某明虽未对长三角公司提起诉讼,但已对其他的连带保证人提起了诉

[1] 重庆市第五中级人民法院(2012)渝五中法民终字第00791号民事判决书。

讼，故长三角公司的保证责任并未消灭，故法院对龙升公司的上述抗辩意见依法不予采信。对于龙升公司提出的对长三角公司的代偿事实存疑、对长三角公司的付款情况毫不知情的抗辩意见，长三角公司已提供了钱某明出具的收据来证明长三角公司已履行了保证责任，而龙升公司对长三角公司代偿事实未有反证证明其主张，故法院对龙升公司的上述抗辩意见依法不予采信。对于龙升公司提出的长三角公司与钱某明存在恶意串通、虚假诉讼可能的抗辩意见，因龙升公司未提供足够的证据来证明其主张，故法院对龙升公司的上述抗辩意见依法不予采信。对于龙升公司提出的长三角公司主张的律师费超过江苏律师收费标准，且没有提供相应的付款凭证，不能证明真实的律师费支出的抗辩理由，对此，长三角公司在审理中已将律师费调整为44万元，该收费符合相应的收费标准，故法院对长三角公司要求龙升公司承担律师费44万元的诉讼请求依法予以支持。龙升公司不服一审判决，提起上诉但未在指定的期限内缴纳诉讼费，二审法院裁定按自动撤诉处理。[1]

从债权诉讼时效中断，导致主债权诉讼时效中断。

【案例1－62】 朱某诉北京玫瑰园别墅有限公司、梁某某民间借贷纠纷案

二审法院认为，根据连带保证责任制度关于权利人既可以向主债务人主张权利，也可以向保证人主张权利、保证人享有追偿权的权利平衡的立法目的和制度原理，权利人向从债务人主张权利的，应可以推出其主张主债权。因为，从债权从属于主债权，无主债权的存在也无从债权的存在，且从债权实现后从债务人行使追偿权的行为必然使主债务人承担债务清偿责任。《最高人民法院关于贯彻执行〈中华人民共和国民法通则〉若干问题的意见（试行）》第一百七十三条第二款规定，权利人向债务保证人、债务人的代理人或财产代管人主张权利的，可以认定诉讼时效中断。因此，朱某向连带责任保证人梁某某主张权利，梁某某同意履行义务，亦导致朱某对北京玫瑰园别墅有限公司（以下简称玫瑰园公司）主张诉讼时效的中断。一审法院判决据此认定朱某向玫瑰园公司主张债权并未超过诉讼时效，符合法律规定。玫瑰园公司关于一审法院判决适用法律错误的上诉主张与法律相悖，本院不予支持。综上，一审法院判决认定事实清楚，适用法律正确，应予维持。判决：驳回上诉，维持原判。[2]

---

〔1〕 参见国家法官学院、最高人民法院司法案例研究院编：《中国法院2020年度案例》（借款担保纠纷），中国法制出版社2020年版，第116页。江苏省无锡市中级人民法院（2018）苏02民终4100号民事裁定书。

〔2〕 参见国家法官学院案例开发研究中心编：《中国法院2018年度案例》（民间借贷纠纷），中国法制出版社2018年版，第252～253页。北京市高级人民法院（2015）高民（商）终字第4759号民事判决书。

连带保证中，出借人在保证期间内起诉保证人后撤诉，可以认定保证人应承担保证责任，并开始计算保证责任的诉讼时效。

【案例1－63】　林某某诉卢甲保证合同纠纷案

一审法院认为，林某某与庄乙签订的《个人借款合同》以及双方于2014年10月8日达成的《民事调解书》真实合法有效，且该调解书已发生法律效力。林某某与卢甲签订的《信誉担保合同(1)》，系双方当事人真实意思表示，且未违反有关法律法规的效力性强制性规定，应为有效合同。庄乙未按调解书的约定履行归还全部借款义务，卢甲作为连带责任保证人应承担连带保证责任。故本院对林某某要求卢甲对庄乙按照生效民事调解书所确定的尚欠林某某的借款本金及利息承担连带保证责任的请求予以支持，具体金额应当为庄乙实际未偿还部分。对于卢甲在本案中提出的林某某的保证债权已超过双方约定保证期间的辩称意见，本院认为，林某某已于保证期间内以诉讼方式向卢甲主张保证责任，其后虽撤回了对卢甲的起诉，但并未明确表示免除卢甲的保证责任。林某某在保证期间届满前主张了权利，已开始计算保证责任的诉讼时效，故根据《最高人民法院关于适用〈中华人民共和国担保法〉若干问题的解释》第三十四条第二款的规定，本案中林某某的起诉并未超过卢甲保证期间及诉讼时效，卢甲的上述辩称意见不能成立。判决：卢甲对庄乙按照(2014)丰民(商)初字第13828号民事调解书所确定的尚欠林某某债务承担连带保证责任。卢甲上诉后又在二审撤诉。[1]

债权人要实现保证期间与保证合同诉讼时效之间的转换，应注意：其一，债权人要追究保证人承担保证责任，就必须在保证期间之内也就是保证期间届满日之前提出权利主张，但是提出权利主张要区分一般保证和连带保证责任。其二，债权人在保证期间向保证人主张权利，要求保证人承担责任的保证期间就失去了作用，开始按照诉讼之规定计算诉讼时效，有关诉讼时效中止、中断以及延长也同样适用。因此一旦债权人在保证期内向保证人主张权利，即开始计算保证合同的诉讼时效。其三，作为保证人，保证期间对其的保护是一次性的，只要能证明债权人在保证期间向保证人主张了债权，保证期间就转换为保证合同的诉讼时效期间，开始适用保证合同诉讼时效期间的规定。不同方式的保证责任所引起的保证合同的诉讼时效起算点是不同的。在一般保证的情况下，一般保证人享有先诉抗辩权，只有当债权人对主债务人提起诉讼或仲裁并就主债务人财产依法强制执行仍不能满足债权的，债权人对一般保证人才可以主张权利，因此，一般保证的保证合

---

〔1〕 参见国家法官学院案例开发研究中心编：《中国法院2018年度案例》(借款担保纠纷)，中国法制出版社2018年版，第84页。北京市第二中级人民法院(2016)京02民终8783号民事判决书。

同诉讼时效从判决或者仲裁裁决生效之日起开始计算。而在连带责任保证中，由于保证人无先诉抗辩权，在主债务履行期届满时，保证人与债务人处于同等地位，连带责任保证的债权人在保证期间届满前要求保证人承担保证责任的，从债权人要求保证人承担保证责任之日起，开始计算保证合同的诉讼时效。其四，债权人在保证期间没有按照法定的方式要求保证人承担保证责任，保证人不再承担保证责任，债权人对保证人的实体请求权消灭，因此保证期间一旦经过而债权人未向保证人主张，即起到了阻碍保证合同诉讼时效起算的作用，换言之，根本不存在二者的转换。

【案例1－64】 钱某某诉李甲、杨某某、李乙、高某民间借贷纠纷案

判决观点，原告于2012年5月14日第一次向法院起诉，后因原告未能及时交纳诉讼费用被法院按撤诉处理，因被告仍未能偿还借款，原告于2014年4月29日再次诉至法院。原告第一次起诉的日期尚未超出连带责任保证人应当承担保证义务的6个月保证期间，则原告要求被告李乙、高某承担保证义务的诉讼期间应从2012年5月14日起计算2年，原告再次诉讼的日期未超出法定的诉讼时效期间，故对被告李乙、高某的该辩解不予采纳。本案在审理过程中，原告钱某某申请撤回对被告李甲、杨某某的起诉，系当事人对自身诉权的处分，且不违反法律规定，法院依法照准。判决：被告李乙、高某向原告钱某某偿还借款200,000元。[1]

4.诉讼时效抗辩

《民法典》规定，诉讼时效期间届满的，义务人可以提出不履行义务的抗辩。诉讼时效期间届满后，义务人同意履行的，不得以诉讼时效期间届满为由抗辩；义务人已经自愿履行的，不得请求返还。诉讼时效期间届满，当事人一方向对方当事人作出同意履行义务的意思表示或者自愿履行义务后，又以诉讼时效期间届满为由进行抗辩的，人民法院不予支持。

诉讼时效已逾期，借款人行使抗辩权的，受法律保护。

【案例1－65】 陈某诉黎某甲等民间借贷纠纷案

判决观点，本案中，借款发生在2015年2月15日，借款期限到2015年4月15日，原告主张权利是在2017年10月10日，2年的诉讼时效已经过，且被告在庭审过程中对此提出了诉讼时效抗辩。虽然原告的起诉是在《民法总则》颁布后，但原告之权利受到侵害的事实是发生在《民法总则》施行之前，

〔1〕 参见国家法官学院案例开发研究中心编：《中国法院2016年度案例》（民间借贷纠纷），中国法制出版社2016年版，第271页。江苏省宿迁市宿豫区人民法院（2014）宿豫皂民初字第00280号民事判决书。

按照《民法通则》的规定,诉讼时效在2017年9月30日之前已经届满的,被告已经确定取得了不履行义务的诉讼时效抗辩权,该抗辩权不因《民法总则》施行而消灭,同时,也不能因此而变更已经逾期的诉讼时效期间。所以,本案原告向人民法院请求保护债权的民事诉讼时效期间为2年。诉讼时效期间从权利人知道或者应当知道权利被侵害时起计算。故被告的抗辩事由成立,因此对原告的诉请,依法不予支持。判决:驳回原告的诉讼请求。[1]

债权已过诉讼时效,债务人自愿履行部分自然债务,能否以此认定放弃诉讼时效抗辩权,并且及于剩余债务是疑难问题。债务人自愿履行在于其无论是否知道诉讼时效期间已过的事实,只要其自愿履行了诉讼时效期间已过的债务,就应认定该履行行为有效,其不得以诉讼时效期间已过为由主张撤销,已经自动履行的部分不产生诉讼时效重新起算的效力。放弃诉讼时效抗辩权与债务人自愿履行不同,是指债务人知道或者应当知道债务已过诉讼时效,以明示或者默示的方式表明其不行使诉讼时效抗辩权,愿意履行诉讼时效期间已过的债务。债权人没有证据证明债务人放弃剩余债务的诉讼时效抗辩权的,其请求法院判令债务人支付剩余债务不受法律保护。也就是说,债务人自愿履行部分自然债务产生的效力不及于剩余自然部分的债务,债务人如未自愿履行,不构成对诉讼时效抗辩权的放弃,对其诉讼时效抗辩权放弃必须以向债权人作出明确意思表示为要件。

法律对当事人在审理阶段的举证期限、答辩期限、提出诉讼时效抗辩等期限都作出了明确规定,如果未在法定期限内行使权利,视为对自己诉讼权利的放弃。这种立法规定不仅符合法律公平公正的立法精神,而且也方便当事人行使自己的诉讼权利,如果在案件审理阶段当事人可以随时提出答辩或抗辩意见,将导致整个案件陷入不稳定状态,造成司法资源浪费。《最高人民法院关于审理民事案件适用诉讼时效制度若干问题的规定》第四条第一款规定:“当事人在一审期间未提出诉讼时效抗辩,在二审期间提出的,人民法院不予支持,但其基于新的证据能够证明对方当事人的请求权已过诉讼时效期间的情形除外。”发回重审并非完全独立的审判程序,它依赖原审诉讼程序,它与一审、二审的诉讼过程共同构成了完整的诉讼程序。发回重审适用第一审程序重新组成合议庭审理,重新编案号,但是它不是全新独立的审判程序,而是原一审诉讼程序的延续,并共同构成案件完整的审理过程。被告在原一审中未提出过诉讼时效抗辩,而且针对原告主张的债权进行了实体上的答辩。这足以表明,被告对原告超过诉讼时效的起诉是认可的。被告在一审期间不提出诉讼时效抗辩,应视为对诉讼时效利益的放弃,对原债权债务关系的承认。其案件被二审法院发回重审后,被告提出诉讼时效抗辩,

---

〔1〕 参见国家法官学院案例开发研究中心编:《中国法院2019年度案例》(民间借贷纠纷),中国法制出版社2019年版,第224页。广西壮族自治区岑溪市人民法院(2017)桂0481民初2259号民事判决书。

法官应不予支持。应注意的是,这里仅指诉讼时效抗辩,而不包括其他抗辩在内。

【案例1-66】 钟某某诉陈某某民间借贷纠纷案

二审法院认为,陈某某在一审针对钟某某主张的债权进行了实体上的答辩,并没有提出诉讼时效抗辩,本案发回重审期间,只是依法按照一审程序另行组成合议庭进行审理,并不属于新的诉讼,原审对上诉人提出的诉讼时效抗辩不予支持符合法律规定。[1]

诉讼时效期届满,借款人同意履行或自愿履行义务后又反悔的,不受法律保护。

【案例1-67】 严某某诉付某某民间借贷纠纷案

二审法院认为,法律规定诉讼时效期间届满,当事人一方向对方当事人作出同意履行义务的意思表示,又以诉讼时效期间届满为由进行抗辩的,人民法院不予支持。双方当事人就涉案债务在2014年本案一审起诉前有正式的交涉,交涉过程中付某某有同意履行的意思表示,因此,付某某此节上诉请求,二审法院不予支持。[2]

债务人在超过诉讼时效期间后归还部分债务的,不能认定为该债务人放弃对全部债务的诉讼时效的抗辩权。

【案例1-68】 某某与金色阳光公司民间借贷纠纷再审案

最高人民法院认为,关于金色阳光公司归还300万元的行为能否引起本案诉讼时效中断的问题。《最高人民法院关于审理民事案件适用诉讼时效制度若干问题的规定》第二十二条规定:"诉讼时效期间届满,当事人一方向对方当事人作出同意履行义务的意思表示或者自愿履行义务后,又以诉讼时效期间届满为由进行抗辩的,人民法院不予支持"。对于上述规定中"作出同意履行义务的意思表示"应作严格解释,即债务人应当明确表示抛弃时效利益,同意履行剩余的还款义务,如达成还款协议、签订债权确认书等。根据本案事实,金色阳光公司并未明确表示同意履行剩余借款的归还义务,双方亦未达成还款协议。故原审判决认定不能将金色阳光公司在超过诉讼时效期间后归还300万元的行为认定为该公司放弃对全部债务的诉讼时效抗辩权,并无不当。[3]

---

〔1〕 参见国家法官学院案例开发研究中心编:《中国法院2019年度案例》(借款担保纠纷),中国法制出版社2019年版,第71页。湖南省衡阳市中级人民法院(2016)湘04民终1621号民事判决书。

〔2〕 上海市第一中级人民法院(2014)沪一中民一(民)终字第3135号民事判决书。

〔3〕 最高人民法院(2019)最高法民申4337号民事裁定书。

5. 抛弃时效利益效力

义务人抛弃时效利益的行为属单方行为，不以权利人同意为条件。抛弃的意思表示形式既可以是明示，也可以是默示，还可以是推定行为。对默示的抛弃意思表示，在理论上有不同观点。抛弃方法，可以通过契约的形式，也可以通过单方意思表示的形式。时效利益抛弃主要产生以下效力：其一，对债权人的效力。债务人放弃时效利益后，即放弃了时效抗辩权，债权人重新取得了债权的胜诉权，其债权受法律强制力保障。对于诉讼时效期间届满后，债务人自愿履行已超过诉讼时效的债务，债权人有权接受，而不因此构成不当得利；债权人有权请求债务人按照双方达成的清偿协议或债务人单方放弃时效利益的意思表示履行债务，并受法律强制力保障。其二，对债务人的效力。债务人放弃时效利益后，即放弃了时效抗辩权，其在时效完成后实际履行债务或同意清偿原债务的行为具有法律效力。超过诉讼时效期间，当事人自愿履行后，不得以已超过诉讼时效为由反悔，否则法律不予支持。债务人与债权人达成的清偿协议或债务人单方放弃时效利益的意思表示具有法律效力，债务人应按照其履行债务。也就是说，时效利益一经抛弃，已经经过的诉讼时效期间归于消灭，即恢复到时效完成前之状态，诉讼时效视为未届满，诉讼时效重新计算。时效利益的抛弃行为具有不可逆转性，债务人抛弃时效利益后不得反悔或撤回，亦不得再以时效完成为由拒绝给付。

连带债务中的一人放弃诉讼时效抗辩权，不能及于其他债务人。

【案例 1－69】　黄某团诉黄某成、杜某景民间借贷纠纷案

一审法院认为，黄某团以《借条》、银行转账凭证为证，主张与黄某成、杜某景存在合法有效的借贷关系，有事实和法律依据，黄某成、杜某景亦未提出异议，本院予以确认。黄某成、杜某景系案涉借款的共同借款人。案涉借款约定还款期限为 2014 年 7 月 22 日，根据《最高人民法院关于适用〈中华人民共和国民法总则〉诉讼时效制度若干问题的解释》（法释〔2018〕12 号）第三条的规定，诉讼时效依法应为两年。黄某团主张其每年均向黄某成催讨债务，构成诉讼时效中断，并提供录音为证，拟证明确认其每年催讨的事实。案涉录音内容显示，黄某团虽数次提到“14 年后每年找你讨”，但黄某成并未作出予以认可的意思表示，故本院对黄某团的主张不予采信。黄某团未能提供证据证明其在诉讼时效期间内向黄某成或杜某景主张还款，本案不存在诉讼时效中断的事由，至在案证据黄某团显示催讨借款到 2020 年 6 月 16 日，本案诉讼时效早已届满。诉讼时效届满所导致的法律后果，是使得债务人取得时效抗辩权。2020 年 12 月，黄某团再次向黄某成催讨本案借款，黄某成口头承诺“欠的钱一定会还”等内容，应视为黄某成作出同意履行义务的意思表示，其实质是放弃诉讼时效抗辩权。现黄某成又以诉讼时效期间届满为由进行抗辩,本院不予采信。现黄某团诉求黄某成偿还借款本金 40 万元,并按年利率 15.4% 支付 2014 年 10 月 23 日至实际付款之日的利息,利率标准未违反合同约定亦未违反法律规定,可予以支持。诉讼时效抗辩权是一项实体权利,诉讼时效抗辩权的放弃应由债务人以明示或约定的默示方式作出,连带债务中的一人放弃诉讼时效抗辩权,对其他连带债务并不具有约束力。在无相反证据予以反驳的情况下,杜某景以诉讼时效期间届满为由进行抗辩,本院予以采信。黄某团诉求杜某景共同偿还案涉借款本息,不予支持。二审法院判决:驳回上诉,维持原判。[1]

6. 已过诉讼时效偿债行使追偿权

诉讼时效届满后偿还本金行为性质可从两个方面把握。超过诉讼时效期间当事人自愿履行借款本金的行为,只能认定其放弃部分债务即本金的诉讼时效抗辩权。债务人超过诉讼时效已履行的,无权要求返还,但不能认定其放弃对借款利息的诉讼时效抗辩权。倘如债权人不能提交证据证明双方诉讼时效届满后重新达成偿还借款利息的协议,则其应承担举证不能的不利后果。换言之,诉讼时效届满后,其利息诉求不受法律保护。

【案例 1 - 70】 刘某某诉某普教创新教育科技中心民间借贷纠纷案

二审法院认为,合同约定借款期限自 2006 年 10 月 10 日起至 2008 年 10 月 10 日止,利息到期随本金一次还清,故合同约定的利息履行期限为 2008 年 10 月 10 日,某普教创新教育科技中心(以下简称普教中心)未偿还利息,诉讼时效期间从知道或者应当知道权利被侵害时起计算,故刘某某请求利息保护的诉讼时效从 2008 年 10 月 11 日起算。根据《民法通则》第一百三十五条的规定,故本案诉讼时效期间为 2008 年 10 月 11 日到 2010 年 10 月 10 日。刘某某主张其在诉讼时效期间内催款,诉讼时效中断,但普教中心不予认可,辩称刘某某在诉讼时效期间届满后的 2011 年才催款,刘某某未能举证证明其在诉讼时效内催款,故其请求普教中心支付利息无事实及法律依据,法院不予支持。刘某某同时主张合同借款期间是 2006 年到 2008 年,但是普教中心于 2011 年有还款行为,说明双方重新确定了债权债务关系,应从 2011 年开始计算诉讼时效,法院认为,普教中心偿还本金的事实未发生在诉讼时效期间内,属于超过诉讼时效期间当事人的自愿履行行为,根据义务人普教中心的部分履行行为只能认定其只放弃部分债务即借款本金诉讼时效抗辩权,

---

[1] 参见国家法官学院、最高人民法院司法案例研究院编:《中国法院 2023 年度案例》(民间借贷纠纷),中国法制出版社 2023 年版,第 216 页。福建省厦门市中级人民法院(2021)闽 02 民终 5220 号民事判决书。

其超过诉讼时效已履行的，无权要求返还，但不能认定其放弃对借款利息的诉讼时效抗辩权，现刘某某未能提交证据证明双方于2011年重新达成偿还借款利息的协议，其应承担举证不能的不利后果，故该主张无事实及法律依据，法院不予支持。判决：(1)撤销一审判决；(2)驳回刘某某的诉讼请求。[1]

保证人自愿承担超过诉讼时效的债务，其不能向债务人追偿，但债务人同意偿还的，不应受到限制。

【案例1-71】 刘某诉北京市某贸易公司民间借贷纠纷案

判决观点，原告与灭火公司以书面形式订立了保证合同，该合同不违反法律、行政法规的强制性规定，应属合法有效；双方未在合同中约定保证期间，故灭火公司有权自主债务履行期届满之日起6个月内，要求原告承担连带保证责任。根据已查明的事实，灭火公司在保证期间内，即2000年8月31日要求原告承担保证责任，故应自2000年8月31日起开始计算保证合同的诉讼时效。经查，原告在2000年至2006年中分五次向灭火公司承担了保证责任，即保证债务的诉讼时效多次发生中断，但保证债务诉讼时效的中断对主债务诉讼时效无反作用，即主债务诉讼时效不中断。主债务诉讼时效期间届满，保证人享有主债务人的诉讼时效抗辩权；保证人未主张前述诉讼时效抗辩权，承担保证责任后向主债务人行使追偿权的，人民法院不予支持，但主债务人同意给付的情形除外。被告在《借条》中承诺最迟于2000年8月31日前归还全部欠款，审理中原告未提交相应的证据证明主债务诉讼时效存在中止、中断的情形，故主债务诉讼时效应于2002年8月31日届满。经查，原告有三笔还款发生在主债务诉讼时效届满之后，在被告不同意偿付的情况下，原告要求对此部分还款行使追偿权的诉讼请求，依法应予驳回。对原告在主债务诉讼时效届满前承担保证责任的部分，法院依法予以支持。审理中，被告以并非真实的借款关系等作为抗辩，但均缺乏相应的事实与法律依据，法院不予采信。判决被告北京市某贸易公司偿还原告刘某6万元。[2]本案中，北京市某贸易公司对刘某偿还15万元是认账的，愿意承担偿还责任，而法院未对此判决由北京市某贸易公司偿还刘某代偿债务的15万元，显然不妥当。

---

〔1〕 参见国家法官学院案例开发研究中心编：《中国法院2015年度案例》(民间借贷纠纷)，中国法制出版社2015年版，第242页。北京市第一中级人民法院(2013)一中民终字第3494号民事判决书。

〔2〕 参见吴庆宝主编：《最高人民法院专家法官阐释民商裁判疑难问题(合同裁判精要卷)》(增订版)，中国法制出版社2011年版，第373～374页。

7. 诉讼时效的中止

诉讼时效的中止必须发生法定中止事由，法定中止事由包括不可抗力和其他阻碍权利人行使请求权的情况。民间借贷借款人入狱服刑，出借人可以向自己的住所地人民法院起诉，住所地与经常居住地不一致的，由出借人经常居住地人民法院管辖。因此，借款人入狱服刑并不妨碍出借人向法院行使请求权，故不发生诉讼时效中止。

【案例1-72】 陆甲诉陆乙民间借贷纠纷案

一审法院认为，根据我国《民事诉讼法》第二十二条规定，虽然陆乙被监禁，但陆甲提起诉讼并不存在法律上的障碍，不符合我国《民法通则》第一百三十九条以及《最高人民法院关于审理民事案件适用诉讼时效制度若干问题的规定》第二十条关于诉讼时效中止的规定，本案的诉讼时效并未中止，另本案双方当事人均认可收条上"到桐乡后结清"是指收条出具后一个星期的时间，因此本案并不存在20年的诉讼时效。陆甲于1998年向法院起诉导致诉讼时效中断，诉讼时效重新起算，为此后2年，并不符合《最高人民法院关于贯彻执行〈中华人民共和国民法通则〉若干问题的意见(试行)》第一百六十七条之规定，综上，该抗辩意见予以采信。判决：驳回陆甲的诉讼请求。二审法院判决：驳回上诉，维持原判。[1]

8. 诉讼时效的例外

【案例1-73】 黄某某与衷某某合同、无因管理、不当得利纠纷再审案

最高人民法院认为，关于本案是否属于确认之诉以及衷某某提起本案诉讼是否超过诉讼时效的问题。确认之诉是指一方当事人请求人民法院确认某种民事法律关系存在或者不存在的诉，给付之诉是指一方当事人请求法院判令对方当事人履行一定民事义务的诉。衷某某的诉讼请求为"确认84号判决确定的被告申某某向原告衷某某连带偿付借款本金968万元及利息和律师费8万元的担保之债系申某某与黄某某夫妻共同债务"，该诉请系确认案涉债务为夫妻共同债务，没有给付内容，原审判决认定本案诉讼系确认之诉，并无不当。诉讼时效制度仅适用于请求权，本案系确认之诉，不适用诉讼时效的规定。且衷某某在案涉债务保证期间内向申某某提起本案诉讼，主张申某某应承担保证责任，故原审判决对黄某某关于本案已经超过诉讼时效以及保证期间的主张不予支持，并无不当。关于案涉债务是否系夫妻共同债务

---

〔1〕 浙江省杭州市中级人民法院(2015)浙杭商终字第36号民事判决书。

的问题。《最高人民法院关于审理涉及夫妻债务纠纷案件适用法律有关问题的解释》(已失效)第三条规定:“夫妻一方在婚姻关系存续期间以个人名义超出家庭日常生活需要所负的债务,债权人以属于夫妻共同债务为由主张权利的,人民法院不予支持,但债权人能够证明该债务用于夫妻共同生活、共同生产经营或者基于夫妻双方共同意思表示的除外。”本案中,借款人系华平公司,华平公司系自然人独资的有限责任公司,公司股东申某某及公司监事黄某某系夫妻关系,公司的经营状况决定其家庭收益,故华平公司实际是申某某和黄某某夫妻共同经营,申某某为华平公司债务提供保证担保,实际上也是为家庭利益所负债务,应当由夫妻二人共同承担责任。(2018)赣民终597号生效判决确认黄某某系华平公司监事的事实,与华平公司工商登记公示信息相一致,足以证明黄某某的监事身份,无须对工商登记档案中涉及黄某某的笔迹进行鉴定。原审判决认定本案担保债务系申某某与黄某某的共同债务有事实依据和法律依据。关于黄某某所述案涉债务属套路贷问题,案涉债务已经84号判决确认,黄某某如认为该案判决错误应另行主张。原审判决认定黄某某提交的银行交易流水等证据不足以证明其主张,并无不当。[1]

---

〔1〕 最高人民法院(2020)民申2755号民事裁定书。

三、民间借贷合同纠纷处理

(一)借款本息归还顺序处理

对于提前归还的款项,首先分析当事人的约定,其性质为本金抑或利息,在约定利息偿还期限,但对提前归还款项性质没有约定或约定不明情况下,结合利息性质,一般先认定为到期利息,剩余款项可抵扣本金,抵扣之后的本金根据约定归还本息。

【案例1-74】 杨某某与常州金迪化工有限责任公司、唐某某等民间借贷款纠纷再审案

2012年1月18日常州金迪化工有限责任公司(以下简称金迪公司)向杨某某支付的180万元,金迪公司主张为预付利息应从本金中扣除。最高人民法院认为,原判认定金迪公司与杨某某并未约定何时归还利息,可视为归还案涉借款利息不当。首先,根据《合同法》规定,借款合同是借款人向贷款人借款,到期返还借款并支付利息的合同。借款合同中,出借人的主要义务是提供借款,借款人的主要义务是偿还所借款项并支付利息。就其性质而言,利息为借款人使用的本金按约定利率计算的法定孳息,应当是借款人完全支配和使用借款本金所承担的成本。合同法对提前扣除利息采取否定性评价,《合同法》第二百条规定,借款的利息不得预先在本金中扣除。利息预先在本金中扣除的,应当按照实际借款数额返还借款并计算利息。如果事先从借款本金中扣除利息,那么借款人并没有完全支配和使用借款本金,使其创造经济效益的资金条件受到明显制约。其次,《合同法》第二百零五条规定,借款人应当按照约定的期限支付利息。根据查明事实,《借款协议书》第五条约定,金迪公司还款方式为按月付息、到期一次还本,金迪公司提前还款的,利息按实际借款期限计算(借款不满1个月的,按日平均利率计算)。根据合同约定,金迪公司偿还利息方式为按月付息,原判认定当事人并没有约定利息归还时间,属事实认定错误,最高人民法院予以纠正。根据合同约定,借款期限是2012年1月17日至2012年7月9日,月利率为20‰;利息总额为180万元。2012年1月18日,金迪公司向杨某某支付180万元,属于提前还款。金迪公司主张为归还本金，应在扣除相应利息之后予以支持，即本金1500万元、月利率为2%、利息总额180万元，2012年1月18日归还的180万元款项中的1万元为一天利息，179万元为归还本金。借款期间本金为1321万元。借款期间约定的月利率为2%，自2012年1月18日开始，应按照月利率2%标准偿还1321万元的本息，至判决给付之日止。[1]

在借贷双方并未约定本金、利息偿还顺序的情况下，借款人分批偿还的款项按何种方式抵扣是有争议的问题。主流观点认为，在借贷双方并未约定偿还顺序的情况下，对于每一笔还款，应分别根据还款时产生的利息，按照先冲抵利息后冲抵本金原则予以抵扣；而不应是将还款总额先冲抵本金所产生的利息总和后冲抵本金的原则进行抵扣。

【案例1-75】　郑某某诉蒲某某民间借贷纠纷案

二审法院认为，当事人之间没有约定本金、利息清偿顺序的，应当先冲抵利息后冲抵本金。因本案中，蒲某某与郑某某就借款未约定清偿顺序，故本院对蒲某某的四笔还款（2013年8月15日1000万元、2014年1月17日1000万元、2014年3月6日500万元、2014年11月28日290万元）分别根据还款时产生的利息，按照先冲抵利息后冲抵本金原则予以抵扣，其已偿还的超过年利率36%的利息冲抵本金。具体如下：(1)2011年4月25日至2014年1月17日，本金2300万元共产生利息1850.9万元（2011年4月25日至2013年4月4日的利息1200万元；2013年4月5日至2014年1月17日的利息为650.9万元）。故2013年8月15日归还的1000万元，冲抵利息850.9万元后剩余149.1万元冲抵本金。冲抵本金后尚欠本金2150.9万元。(2)2014年1月18日至2014年3月6日，本金2150.9万元（已自愿支付的利息按照年利率36%计算），故对于2014年3月6日还款的500万元，冲抵利息101.0923万元剩余398.9077元冲抵本金。冲抵本金后尚欠本金1751.9923万元。(3)从2014年3月7日起，以1751.9923万元为本金按照年利息36%的利息标准计算（已自愿支付的利息按照年利率36%、日息0.1%计算），2014年11月28日290万元的还款不足以偿还全部利息，按日计算已偿还利息166天，偿还期间为2014年3月7日至2014年8月19日。(4)剩余本金及利息。经上述核算，蒲某某尚欠本金1751.9923万元及利息（利息应自2014年8月20日开始，以1751.9923万元为本金按照年利率24%计算至实际付清之日）。判决：撤销一审判决，蒲某某偿还郑某某借款

---

〔1〕 参见人民法院出版社主编：《最高人民法院民商事审判指导》（第6卷），人民法院出版社2019年版，第406页。

1751.9923 万元及利息。[1]

当债务人给付不足以清偿全部债务时,债务人主张优先清偿本金的,应有合同约定、交易习惯、债权人认可或者法律规定等作为依据,否则应优先抵冲实现债权的费用、利息。

【案例1-76】 上海斐君钛晟投资管理合伙企业与厦门颉轩光电有限公司、孙某某企业借贷款纠纷案

二审法院认为,关于厦门颉轩光电有限公司(以下简称颉轩公司)向上海斐君钛晟投资管理合伙企业(以下简称斐君企业)偿还30万元的性质问题,颉轩公司提出偿还30万元系根据《补充协议》的约定所为,且有交易习惯为证;斐君企业则提出30万元已超出《补充协议》约定的还款期限,并否认存在交易习惯。相较而言,颉轩公司的主张缺乏事实和法律依据。首先,颉轩公司与斐君企业此前并无相关交易,故不存在交易习惯的先例;至于颉轩公司提出的向斐君企业支付钱款时,付款凭证上注明还款为归还本金,仅系其单方的意思表示,并未获得斐君企业的认可而形成合意,且在付款凭证上注明还款为本金而被斐君企业认可的只有一笔款项。因此,在缺乏其他有力证据佐证的情况下,难以推断出颉轩公司与斐君企业之间存在将30万元视为归还本金的交易习惯。其次,双方对归还30万元的性质事先未有约定,事后也未沟通,且归还30万元发生在福建省厦门市湖里区人民法院受理斐君企业申请支付令程序中,时间上远超出《补充协议》第二条约定的偿还期限,亦远不足以清偿颉轩公司尚欠的主债务1900万元及利息,因此,颉轩公司提出30万元系根据合同约定归还本金缺乏事实依据。判决:驳回上诉,维持原判。[2]

【案例1-77】 阿克苏天路驾驶员培训考试服务中心与陈某某民间借贷纠纷案

二审法院认为,本案中,双方当事人并未在借款合同中约定偿还本金还是先偿还利息,则上诉人已偿还的919,165元应结合上诉人实际还款情况予以分段计算后,视为先偿还利息后偿还本金。[3]

---

〔1〕 参见国家法官学院案例开发研究中心编:《中国法院2018年度案例》(民间借贷纠纷),中国法制出版社2018年版,第143~144页。北京市第三中级人民法院(2016)京03民终11237号民事判决书。

〔2〕 参见最高人民法院中国应用法学研究所编:《人民法院案例选》2019年第3辑(总第133辑),人民法院出版社2019年版,第101页。上海市高级人民法院(2018)沪民终414号民事判决书。

〔3〕 参见最高人民法院民法典贯彻实施工作领导小组编著:《中国民法典适用大全》(合同卷二),人民法院出版社2022年版,第872页。新疆维吾尔自治区阿克苏地区中级人民法院(2021)新29民终1951号民事判决书。

借款人向同一贷款人所借多笔无担保债务均到期,未足额还款时,按债务到期顺序及先抵充利息后抵充本金的顺序抵充。借款人的给付不足以清偿其对同一贷款人所负的数笔没有担保的全部到期借款债务,且按照借款到期的先后顺序抵充不会加重借款人利息负担的,应当根据双方的约定并按照借款到期的先后顺序以及先抵充利息后抵冲本金的顺序进行抵充。

【案例1-78】 杨某某诉王某辉、王某慧民间借贷纠纷案

判决观点,原告杨某某与被告王某辉、王某慧分别形成的借款合同及原告杨某某与被告王某辉、王某慧二人形成的借款合同是双方当事人的真实意思表示,具有法律约束力。被告王某辉、王某慧分多次支付原告共计77,250元现金,应当按照双方的约定并按照债务到期的先后顺序以及先利息后抵冲本金的顺序进行抵冲。本案中,首先是被告王某慧于2015年5月23日向原告借款的1万元最先到期,其次是被告王某辉于2015年4月1日向原告借款的5万元到期,再次是被告王某慧于2015年8月8日向原告借款的1万元到期,最后是被告王某辉、王某慧于2015年2月9日向原告借款的5万元到期。被告王某辉支付原告的220,000元现金,应当抵冲其2015年4月1日向原告借款5万元的本金;被告王某慧支付原告的552,500元现金,首先应当抵冲其2015年5月23日向原告借款的1万元,其次抵冲被告王某辉、王某慧于2015年2月向原告借款5万元的6个月利息6000元,再次抵冲被告王某辉、王某慧于2015年2月9日向原告借款5万元的本金29,250元。因此,被告王某辉尚欠其于2015年4月1日向原告借款5万元的本金28,000元;被告王某辉、王某慧尚欠其于2015年2月9日向原告借款的本金20,750元。本案中,因被告王某辉于2015年11月8日向原告借款13万元时,双方约定的借款利率4%超出了法律规定的2%,且双方约定按月结算,期限6个月,到期归本,故被告王某辉应当返还原告借款本金13万元,并按照月利率2%支付原告6个月利息15,600元;被告王某慧应当返还原告借款112,950元(除去抵冲的2万元)。对于被告王某慧于2016年1月15日、1月21日、6月13日通过银行卡转账方式分别为原告付款2万元、1600元、4200元三笔款项,因已在法院作出的(2016)内0928民初577号民事判决中加以认定,并在原告提供的被告王某辉、王某慧于2015年10月18日出具借条向其借款20万元中作为还款予以扣减,故不能认定这三笔款项为本案还款。因被告王某辉、王某慧系夫妻关系,且借款用于二被告共同经营的小额贷款公司,故应当对返还借款、支付利息互负连带清偿责任。判决:(1)被告王某辉返还原告杨某某借款28,000元;(2)被告王某辉、王某慧返还原告杨某某20,750元;(3)被告王某辉返还原告杨某某借款本金13万元,支付借款利息15,600元;(4)被告王某慧返还原告杨某某借款112,950元;(5)被告王某辉、王某慧对上述债务互负连带清偿责任；(6)驳回原告杨某某的其他诉讼请求。[1]

出借人与借款人存在利息的约定，借款人的还款不足以清偿全部本息时，通过先息后本的方式计算欠付的本金和利息，并无不当。

【案例1－79】 甲与乙民间借贷纠纷再审案

最高人民法院认为，关于双方是否约定利息及先息后本的计算方法问题，因出借人并未放弃利息主张，且从双方确认的三份借条内容看，确实存在利息的约定，故二审判决依据借条约定内容及法定抵充顺序，认定双方已经约定利息并通过先息后本的方式计算欠付本金和利息，并无不当。[2]

(二)借款诉讼请求处理

这里讨论的是，出借人的诉讼请求被驳回后，其再以不当得利为由另行起诉主张权利，法官应将“无法律上的原因”的举证责任分配给出借人，举证不能，应驳回诉讼请求。

【案例1－80】 穆某诉项某民间借贷纠纷案

判决观点，项某收受25万元，不符合不当得利构成要件。具体理由是：第一，不当得利是指没有合法根据(法律上的原因)，取得不当利益，造成他人损失。双方当事人对穆某已经给付项某25万元的事实(不存在给付对象错误或金额错误的情形)均无异议。为了让项某归还25万元，穆某曾以民间借贷纠纷起诉，后因证据不足被驳回。本案中，穆某仍陈述项某因儿子出国留学需要向其借款25万元，后因项某否认借款，穆某才转而主张项某不当得利。根据穆某的单方陈述，穆某当初给付项某的25万元属于借款，这说明上述两次转账并非法律上的原因。第二，不当得利的给付无法律上的原因即给付欠缺原因并非单纯的消极事实，法院在认定有无法律上的原因时，应予以具体化和类型化，使不当得利请求权建立在一个客观上可供检验的构成要件上。穆某作为不当得利请求权人，应当对欠缺给付原因的具体情形负举证责任，因为穆某主动给付该款，是使财产发生变动的主体，应当承担举证不能的风险。本案中，穆某不但没有对给付欠缺原因的具体情形予以举证证明，反而一再陈述当初项某向其借款，因此对于穆某主张的项某受领的25万元无

---

〔1〕 参见《人民司法·案例》2018年第17期(总第820期)，第45页。内蒙古自治区察哈尔右翼后旗人民法院(2016)内0928民初836号民事判决书。

〔2〕 最高人民法院(2021)最高法民申4217号民事裁定书。

法律上的原因，难以采信。判决：驳回穆某的诉讼请求。最高人民法院民一庭意见是，不当得利作为一种独立的法律制度，具有严格的构成要件及适用范围，不能作为当事人在其他具体民事法律关系中缺少证据时的请求权基础。借贷纠纷案件当事人的诉讼请求被驳回后，又以不当得利为由另行起诉主张权利的，人民法院不予支持。[1]

当事人就已经提起诉讼的事项在裁判生效后再次起诉，后诉的诉讼请求实质上系否定前诉裁判结果的，即使当事人起诉的请求权基础不同，仍应认定该后诉的请求实质上违反了一事不再理原则，构成重复诉讼。换言之，原告起诉民间借贷被法院驳回诉讼请求后，就同一事实再以不当得利起诉的，构成重复诉讼。

【案例1－81】　中天公司诉孙某某不当得利纠纷案

二审法院认为，本案与27号民事判决双方当事人相同，两案都是基于同一事实与理由，并且诉讼请求也相同。因此，本案属于重复诉讼。案件的案由是法院根据当事人诉争的法律关系性质确定的，中天公司诉称本案的案由与27号民事判决的案由不同，主张本案不属于重复起诉的理由不成立。一审裁定认定事实清楚，适用法律正确，应予维持。裁定：驳回上诉，维持原裁定。[2]

诉讼过程中，当事人主张的法律关系的性质或者民事行为的效力与法官根据案件事实作出的认定不一致的，法官应当告知当事人可以变更诉讼请求，出借人拒绝变更的，如果当事人的起诉符合起诉条件，以判决驳回诉讼请求，反之，以裁定驳回。

【案例1－82】　新疆广汇租赁服务有限公司诉曹某某民间借贷纠纷案

判决观点，结合相关规定，对涉案合同性质分析如下：第一，本案供货人与出租人之间不具有买卖合同关系，新疆广汇租赁服务有限公司（以下简称广汇公司）未提供与淮北远创汽车销售有限公司的买卖合同，且曹某某支付了近1/3的车款，显然广汇公司不是苏C×××TL车辆的买受人。第二，本案出租人对租赁物并未实际享有所有权。本案中，虽然《广汇公司汽车租赁合同》约定，自广汇公司支付购买租赁汽车所需的资金时，广汇公司即成为租赁车辆的唯一所有权人，但是在广汇公司支付了剩余车款后，案涉车辆苏C×××TL登记在曹某某名下，广汇公司又与曹某某签订抵押合同，曹某某以

---

〔1〕　参见最高人民法院民事审判第一庭编：《民事审判指导与参考》2010年第3集（总第43集），法律出版社2011年版，第135～138页。

〔2〕　参见最高人民法院民事审判第一庭编：《民事审判指导与参考》2015年第3辑（总第63辑），人民法院出版社2016年版，第162～163页。

该车辆作为抵押物为其在汽车租赁合同项下的全部债务提供担保,故租赁物苏C×××TL车辆应归曹某某所有,出租人广汇公司对租赁物并未实际享有所有权。第三,案涉合同事实上不存在真实的租赁法律关系。本案中所谓租赁物苏C×××TL车辆所有人系曹某某,曹某某单方对自己所有的车辆不可能产生租赁关系,故本案当事人签订的合同,形式上虽有租赁条款,但事实上并不存在租赁合同关系。合同还约定,由于国家增减银行利率变更租金时,广汇公司通知曹某某从国家宣布调整的次月开始执行新的租金,即双方实际上是"借钱还钱"关系。根据上述约定再结合法院前述的分析意见,法院所述主合同仅是单纯的融资,不存在融物。广汇公司与曹某某之间是借贷关系,即本案合同的性质是名为融资合同实为民间借贷。法院认定本案法律关系为民间借贷纠纷,并向广汇公司发出书面通知,告知该公司可以变更诉讼请求,但该公司拒绝变更诉讼请求。因广汇公司所主张的融资租赁关系及以该法律关系为基础的诉讼请求无事实与法律依据,故法院对广汇公司的诉讼请求不予支持。判决:驳回广汇公司的诉讼请求。[1]

当事人在借款合同中分别附加消极条件、积极条件作为债务人承担还款责任的两个条件,但并未约定消极条件、积极条件的关系及二者与该民事法律行为的关系。当其中一条件具备,另一条件不具备时,债务人可否以其一条件具备作为拒绝还款的事由,如何认定还款条件成就直接关系到出借人的诉讼请求。

【案例1-83】 厦门汉超科技有限公司诉厦门市三永鑫制品有限公司借款合同纠纷案

判决观点,原告厦门汉超科技有限公司(以下简称汉超公司)与被告厦门市三永鑫制品有限公司(以下简称三永鑫公司)签订的《借据》系双方当事人的真实意思表示,内容未违反法律法规的禁止性规定,合法、有效,当事人均应恪守。汉超公司已按合同约定,将借款本金35万元交付三永鑫公司。三永鑫公司作为借款人,应按照《借据》约定履行还款义务。现本案的争议焦点为:《借据》约定的还款条件是否已成就。汉超公司认为,其已提供证据证明宽维公司与快达公司之间的《建设工程合同》约定于2015年4月30日止"实际无法成立",三永鑫公司依法应承担还款责任及支付逾期还款利息的义务。三永鑫公司则主张,《建设工程合同》已实际成立并履行,且徐某某未支付《工程居间合同》项下的居间费70万元给刘某某,《借据》约定的还款条件尚未具备。法院认为,《借据》中约定"若宽维公司与快达公司的消防工程合同实际无法成立,三永鑫公司应无条件归还汉超公司借款35万元",现

[1] 安徽省淮北市相山区人民法院(2015)相民二初字第00291号民事判决书。

三永鑫公司主张《建设工程合同》已实际成立并履行，根据《最高人民法院关于民事诉讼证据的若干规定》第五条规定，三永鑫公司作为主张合同关系成立一方负有证明责任，否则应按《借据》约定承担如期还款的义务。汉超公司在庭审中提供《建设工程合同》《民事调解书》《法律文书生效通知书》《强制执行申请书》《受理执行案件通知书》《情况说明》，初步证明《建设工程合同》未满足《借据》约定的四个条件，即符合《借据》载明的“消防工程合同实际无法成立”，但三永鑫公司未能完成证明责任，应当承担举证不能的不利后果。故汉超公司诉求三永鑫公司偿还借款35万元并支付逾期还款利息，于法有据，法院予以支持。至于《借据》中约定的“如徐某某采用现金方式支付刘某某‘宽维（福建）科技有限公司消防工程居间合同’居间费70万元整，刘某某应在收到该笔款项的当日内归还35万元给汉超公司”，该约定与《借据》中关于“宽维公司与快达公司的消防工程实际无法成立，三永鑫公司应无条件归还汉超公司借款35万元给汉超公司”的约定实为三永鑫公司承担还款责任的两个任意性条件，即只要满足其中任一条件，三永鑫公司就应承担还款责任，并非两个约定条件同时具备，三永鑫公司辩称徐某某未支付刘某某佣金70万元，《借据》约定的还款条件未成就，缺乏事实和法律依据，法院不予采纳。双方未约定利息标准，汉超公司主张自三永鑫公司逾期还款后即2015年5月1日起按照中国人民银行贷款基准利率支付利息，未违反法律规定，可予准许。判决：被告三永鑫公司偿还原告汉超公司借款人民币35万元并支付利息。[1]

主流观点认为，对于违背社会公序良俗的借贷行为，出借人起诉要求借款人偿还借款的，法院应当判决驳回其诉讼请求。违背公序良俗的借贷行为主要为：其一，因非婚同居、不正当两性关系等行为产生“青春损失费”“分手费”等有损公序良俗的债务转化的借贷。其二，因赌博、吸毒形成的债务。其三，因托人情、找关系等请托形成的债务。其四，其他违背社会公序良俗的借贷。上述款项已经给付的部分，资金提供者主张返还的，不予支持。

当事人提起上诉需具备上诉利益，应当对当事人是否具备上诉利益进行认定。当事人对一审判决不服，一方面需对判决产生的既判力的部分提起上诉，另一方面能够对当事人实体权益获得更大保护才能认定当事人具备上诉利益。当事人上诉不具备上诉利益的，法院应当裁定驳回上诉。

---

〔1〕 参见最高人民法院中国应用法学研究所编：《人民法院案例选》2017年第10辑（总第116辑），人民法院出版社2018年版，第148页。福建省厦门市同安区人民法院（2015）同民初字2575号民事判决书。

【案例1－84】 邓某诉罗某名为投资实为借款合同纠纷案

二审法院认为，该案的争议焦点为上诉人罗某是否享有上诉利益。当事人起诉或上诉应当具有诉的利益，即法院对诉讼请求进行审判的必要性和实效性。既判力是指终局判决获得确定后，该判决即成为对诉讼请求判断规范当事人之间关系的基准而被赋予通用性或者拘束力。既判力原则上只产生于判决主文所表示的判断，判决理由中的判断原则不产生既判力。既裁判文书中有既判力的为裁判主文部分，而不包括法院查明和法院认为部分。本案一审判决主文驳回诉讼请求本身对罗某是有利的，二审程序只有上诉人通过上诉可能得到比第一审裁判更为有利的裁判结果，上诉人方具有上诉利益，罗某作为原审被告对一审判决驳回诉讼请求的案件不存在上诉利益。首先，根据《民事诉讼法》第一百六十四条第一款“当事人不服地方人民法院第一审判决的，有权在判决送达之日起十五日内向上一级人民法院提起上诉”的规定，应当系指不服判决主文，而非对判决认定事实和理由不服。其次，根据《民事诉讼法解释》第九十三条规定，裁判所确认的事实，可以被当事人的相反证据推翻。即只有裁判主文出现错误时，需要通过审判监督程序或第三人撤销之诉来纠错。裁定：驳回罗某的上诉。[1]

（三）借款律师费处理

《民间借贷规定》第三十条“其他费用”在性质上属于借款人为获得借款支付的成本或支出。而律师费等实现债权的费用系因借款人未按照约定偿还借款，导致出借人产生的费用支出和损失，非出借人基于借款合同所直接获得的金钱利益，不属于该条所规定“其他费用”的范围。换言之，意味着民间借贷利率已达到上限，合同约定的律师费也可要求借款人另行承担。

【案例1－85】 王某某与汤某某民间借贷纠纷再审案

关于律师费530,000元是否应由王某某承担的问题，最高人民法院认为，王某某未提交足以证明汤某某是职业放贷人的证据，故对王某某据此认为借款合同无效的主张，本院不予支持。依据《民间借贷规定》第三十条规定，其他费用在性质上属于借款人为获得借款支付的成本或支出。而律师费等实现债权的费用系因借款人未按照约定偿还借款，导致债权人产生的费用支出和损失，非债权人基于借款合同所直接获得的金钱利益，不属于该条所

〔1〕 参见最高人民法院中国应用法学研究所编：《人民法院案例选》2021年第7辑（总第161辑），人民法院出版社2021年版，第161页。重庆市第一中级人民法院（2020）渝01民终1369号民事裁定书。

规定其他费用的范围。故原判决依据借款合同约定认为王某某应承担律师费530,000元,不存在适用法律错误的情形。[1]

对于借条或借款合同约定对借款逾期不支付本息,由借款人承担律师费的,从其约定。

【案例1-86】　蔡某某诉福建省霞浦县新日鑫工贸有限公司等民间借贷纠纷案

判决观点,双方签订的借据明确约定福建省霞浦县新日鑫工贸有限公司应承担蔡某某为实现债权而产生的律师费、诉讼费及差旅费等费用,蔡某某为追索债权支付律师费45,000元,有票据为证,对其请求福建省霞浦县新日鑫工贸有限公司支付律师费的诉讼请求,予以支持。[2]

借款合同中约定借款人违约逾期还款承担实现债权费用的,法院支持出借人的律师费诉求。

【案例1-87】　朱某诉马某某民间借贷纠纷案

一审法院认为,因合同中明确约定,若被告违约逾期还款,需由被告支付违约金2万元,原告为实现债权而发生的费用亦由被告承担,其中包括律师费,故原告要求被告支付违约金2万元及要求被告偿付其因提起本案诉讼而造成律师费损失2.5万元的诉讼请求,合理有据,法院予以支持。判决:被告马某某支付原告朱某违约金2万元、律师费损失2.5万元。二审法院认为,一审认定事实正确,适用法律无误,故判决驳回上诉,维持原判。[3]

【案例1-88】　吕某某诉宁新公司、房某民间借贷纠纷案

判决观点,双方当事人对为实现债权支出的合理律师费用有约定的,按照约定处理。双方在借款合同第4条第3项明确约定,乙方(宁新公司)还应承担甲方(原告)为实现债权的诉讼费、保全费、执行费、律师服务等费用,双方在借款合同中对该项费用的约定并不违反法律、行政法规的强制性规定,系双方真实意思表示,且原告吕某某为支持其该主张,提供了委托代理合同、律师费发票以及《江苏省物价局、江苏省司法厅关于调整律师服务收费标准的通知》等证据,从规定的收费标准及涉案诉讼标的额来看,10万元的律师费系原告吕某某为主张自己权利而应支出的合理费用,对于该项主张,予以

[1] 人民法院案例库2023-16-2-103-014。最高人民法院(2021)最高法民申1140号民事裁定书。

[2] 参见国家法官学院案例开发研究中心编:《中国法院2019年度案例》(民间借贷纠纷),中国法制出版社2019年版,第168页。福建省宁德市霞浦县人民法院(2017)闽0921民初503号民事判决书。

[3] 参见沈志先主编:《2011年上海法院案例精选》,上海人民出版社2012年版,第118页。

支持。[1]

同一份合同中约定保证责任范围包含律师费的，可认定主债务当然包含律师费。

【案例 1－89】 陈甲诉厦门好兆头橱柜股份有限公司等民间借贷纠纷案

判决观点，在案证据可以证明，陈甲因本案支出律师代理费 165，960 元。《债转股投资协议》虽未明确债务人违约应承担债权人为追讨债权支出的律师费，但保证人的保证责任范围包括了债权人为实现债权而支出的费用。从目的解释的角度看，主债务的范围当然涵盖从债务所及的范围，故应认定讼争的主债务包括债权人为实现债权而支出的律师费。因此，厦门好兆头橱柜股份有限公司应承担陈甲因本案支出的律师费 165，960 元。陈乙、陈丙为讼争借款的连带责任保证人，保证责任期间尚未届满，讼争债权转让给陈甲后，仍应对讼争的借款本金、利息及债权人为实现债权的律师费向陈甲承担连带清偿责任。此外，根据《担保法》第三十一条的规定，保证人承担保证责任后，有权向债务人追偿，故陈乙、陈丙在承带连带责任后，有权向厦门好兆头橱柜股份有限公司追偿。[2]

一般情况下，一审原告主张的律师费能否得到法院支持，取决于诉讼请求能否成立。再审程序中新主张的律师费能否得到法院支持，取决于是否超出诉讼请求范围。

【案例 1－90】 周某与李某、华发公司民间借贷纠纷再审案

关于原审 40 万元律师代理费及再审新增加的 50 万元律师代理费法院应否支持的问题，二审法院认为，原一审、二审所涉 40 万元律师代理费的诉讼请求能否得到支持取决于周某 1500 万元欠款债权能否得到支持。现该 1500 万元主张，难获法院支持，相应的 40 万元律师代理费主张，法院亦难以支持。而对于再审中新增加的 50 万元律师代理费诉讼请求，《最高人民法院关于适用〈中华人民共和国民事诉讼法〉审判监督程序若干问题的解释》第三十三条规定，人民法院应当在具体的再审请求范围内或在抗诉支持当事人的请求的范围内审理再审案件。当事人超出原审范围增加、变更诉讼请求的，不属于再审审理范围。经法院核实，原一审、二审期间周某与浙江金正大律师事务所仅签订过一份金额为 40 万元的委托代理合同，实际付款仅 10 万元。本案再审期间新增加的关于 50 万元律师代理费的诉讼请求及所依据的

---

〔1〕 江苏省徐州市中级人民法院（2014）徐民初字第 00209 号民事判决书。

〔2〕 参见国家法官学院案例开发研究中心编：《中国法院 2018 年度案例》（借款担保纠纷），中国法制出版社 2018 年版，第 217 页。福建省厦门市集美区人民法院（2016）闽 0211 民初 497 号民事判决书。

事实均属原终审判决后新增加的独立的诉讼请求和新发生的独立的事实，超出了原审范围，故不属于本案再审审理范围。[1]

律师费等实现债权的费用，系债权人为维权所产生的诉讼成本，性质上应属于违约方造成的损失。一般认为，因合同一方存在违约，合同另一方为此聘请律师提供专业法律服务而支出的合理费用，属于违约方给守约方造成的损失，应由违约方承担。在律师费约定不明又无法证明具体支出的，应遵循公平合理原则调整。

【不同处理】　个案中，法院认为不应该支持律师费，对其诉求不予支持。

【案例1－91】　曾某某诉前方公司民间借贷款纠纷再审案

曾某某在原一审中提出前方公司赔偿律师代理费15万元的诉讼请求。对此，再审法院认为，由于律师代理费并非诉讼中必然发生的费用，曾某某是否需要聘请律师参与诉讼与前方公司未依约偿还借款之间并无必然联系，故原一审判令前方公司承担该律师代理费不符合法律规定，依法予以纠正。最高人民法院再审时维持该判项。[2]

（四）民间借贷合同解除处理

借款合同解除主要包括：其一，借款人未按约定用途使用借款，出借人行使合同解除权。其二，借款人未按约定的期限偿还利息。对于拖延借款利息，有约定的违约处理办法依约定，未作约定或约定不明，根据拖欠利息的情节轻重予以认定，若连续多次拖欠应认为根本违约，出借人有权解除合同。其三，行使不安抗辩权而解除合同。其四，约定条件成就时行使解除权。遵循合同自治原则，依《民法典》第五百六十二条的规定，当事人协商一致，可以解除合同；当事人可以约定一方解除合同的条件，解除合同的条件成就时，解除权人可以解除合同。

借款合同签订后，出借人没有履行将所借款项交付借款人的义务，双方当事人能否要求解除合同。在《民法典》颁布前，是因出借人未实际交付借款，合同未生效而有不同观点。一种观点认为，不能解除，借款合同为法定实践性合同，合同的解除系指合同成立生效后，未生效的合同是不能解除的。另一种观点认为，可以解除，现行法律并无明文规定被解除的合同必须是已经生效的合同，没有禁止解除已经成立但未生效的合同。在《民法典》颁布后，《民法典》将出借人未交付

---

〔1〕 上海市高级人民法院（2013）沪高民一（民）再终字第3号民事判决书。

〔2〕 参见最高人民法院民事审判第一庭编：《民事审判指导与参考》2014年第2辑（总第58辑），人民法院出版社2014年版，第142页。

出借款项由合同未生效改为未成立，这意味着出借人未交付借款则合同未成立，基于合同解除的法律属性，未成立的合同对当事人不发生效力，通常并不发生违约等问题，则无从提出解除。至于出借人是否承担缔约过失责任，则是另一法律问题。

当事人约定一方解除合同的条件成就时，可以解除合同。除此之外，当事人不得无故请求解除合同。

【案例1－92】 李某某、黄某某诉匡某某、宾某民间借贷纠纷案

二审法院认为，涉案借款合同及相应的抵押合同能否予以解除取决于当事人是否具备双方约定的或法律规定的解除条件，当事人是否享有解除合同的权利以及是否行使了合同解除权。第一，从双方约定的解除条件来看。本案庭审中，上诉人李某某、黄某某主张其基于双方的约定享有合同解除权，但涉案合同第三条“提前解除合同条款”约定：本合同有效期内，发生下列事项的，乙方有权在以下任何一项或多项事情发生时，宣布本合同提前到期……而涉案合同的乙方为匡某某、宾某，而非李某某、黄某某，从约定的内容来看，即便出现约定解除的条件，也是匡某某、宾某的单方解除权，而非李某某、黄某某所享有，故李某某、黄某某不享有基于双方的约定而产生的解除权。第二，从法律规定的解除条件来看。本案庭审中，上诉人李某某、黄某某又主张其享有法定解除权，其依据是匡某某、宾某未按合同约定交付借款。但匡某某、宾某提供的借款合同、借据、公证书、2011年10月26日交通银行的宾某个人转账回单、交通银行个人交易明细、证人周甲同日的交易明细、证人周甲与周乙的证言能够相互印证，能够形成证据链。尽管李某某、黄某某主张打入王某某银行卡中的钱款是王某某与匡某某、宾某之间的借款关系，与其无关，但从证据证明力的大小看，匡某某、宾某提供证据的证明力明显大于李某某、黄某某提供的证据的证明力。匡某某、宾某提供的证据能够证明，其将涉案借款打入李某某、黄某某指定的王某某银行卡，系向李某某、黄某某交付涉案借款行为。故李某某、黄某某关于其基于匡某某、宾某未交付借款而享有法定解除权的主张也不能成立。第三，从解除合同的意思表示来看。《合同法》第九十六条规定：当事人一方依照本法第九十三条第二款、第九十四条的规定主张解除合同的，应当通知对方。合同自通知到达对方时解除。据此，解除权人要求解除合同的，应当以意思表示向对方为之，通知对方。但李某某、黄某某直到二审判决前，也未提供涉案借款合同自2011年10月25日签订之日起通知对方要求解除合同的相关依据。第四，从解除合同的期限来看。《合同法》第九十五条规定：“法律规定或者当事人约定解除权行使期限，期限届满当事人不行使的，该权利消灭。法律没有规定或者当事人没有约定解除权行使期限，经对方催告后在合理期限内不行使的，该权利消灭。”

据此,解除权人应及时行使解除权,否则解除权消灭。本案中,双方当事人于2011年10月25日签订涉案借款合同,同年12月10日,双方就涉案借款又签订《借款合同》《房地产抵押合同》各一份,并于同日再次办理了公证。涉案抵押房产的房产所有权证及土地使用权证在匡某某、宾某处。李某某、黄某某在庭审中虽陈述,合同签订后要求对方打款但对方一直没有打款,李某某、黄某某明知房产所有权证及土地使用权证在匡某某、宾某处,但其在长达一年半的时间里,李某某、黄某某均没有证据证明其在合理期限内及时行使了合同解除权,故其要求解除涉案合同的权利已消灭。判决:驳回上诉,维持原判。[1]

关于行使解除权,司法实践中应以解除权人关于解除协议的意思表示是否到达相对方来判断是否已产生解除效力。个案中,虽然出借人在起诉前并未通过任何方式向借款人作出解除协议的意思表示,但其在起诉状关于事实与理由的陈述中已有关于借款人违反协议,出借人有权解除并要求立即清偿借款的表述,该表述事实上是关于解除协议的意思表示。出借人在诉状中提出的诉求及关于事实与理由的陈述已足以使借款人合理地相信出借人向其作出了解除协议的意思表示。因此,借款人收到起诉状时可认定出借人关于解除协议的意思表示到达借款人。

【案例1-93】　陈某某诉繁荣公司、萧某借款合同纠纷案

判决观点,解除协议的意思表示可以以各种足以使对方了解该意思表示的形式作出。本案原告提起诉讼要求被告以现金清偿债务的事实可认定为其关于解除协议的意思表示,被告收到起诉状时可视为原告关于解除协议的意思表示通知到达被告。因此,原告应在起诉前通知萧某解除《股权转让及债务免除协议》并非其主张萧某依该协议约定承担相应违约责任的前提条件。根据《股权转让及债务免除协议》及《补充协议》的内容,被告萧某愿意承担债务并无疑问。根据《合同法》第八十四条的规定,在本案中,被告萧某在两份协议中确认尚欠原告借款本息7,875,000元,作为债权人的原告并无明确的意思同意债务人由繁荣公司变更为萧某,因而萧某在两份协议中的确认欠款行为不能构成债务转移,即不能构成债务人的变更,而只能视为萧某同意作为新的债务人加入原告与被告繁荣公司之间的借贷关系中。现原告主张繁荣公司及萧某共同偿还借款及利息,于法有据,应予支持。判决:被告繁荣公司、被告萧某偿还原告陈某某借款7,875,000元及利息。[2]

---

〔1〕　江苏省徐州市中级人民法院(2013)徐民终字第2509号民事判决书。

〔2〕　参见国家法官学院案例开发研究中心编:《中国法院2012年度案例》(借款担保纠纷),中国法制出版社2012年版,第24页。福建省厦门市中级人民法院(2010)厦民初字第309号民事判决书。

(五)借款涉及执行处理

夫妻一方为债务人的生效民事判决未列夫妻另一方为当事人,也未确定夫妻一方(债务人)所涉债务系其夫妻共同债务,法院不得查封和执行夫妻另一方的个人财产。

【案例1-94】 刘某某与厉某某民间借贷纠纷案

最高人民法院认为,在厉某某诉王某某民间借贷纠纷一案中,刘某某并非案件当事人,法院判决亦未确认所涉债务是王某某与刘某某夫妻共同债务。刘某某与王某某已于2014年12月1日离婚,刘某某在中国建设银行七台河分行的27,000元存款,系刘某某2016年之后的工资存款,即七台河市中级人民法院(2015)七执字第40-5号执行裁定冻结的财产均是刘某某离婚后的工资收入,原审法院认定执行标的系刘某某个人财产,并停止强制执行刘某某被冻结的存款,并无不当。厉某某提供其向七台河市中级人民法院提交的申请书,七台河市中级人民法院2016年7月12日、2016年12月1日、2016年12月12日、2018年4月10日的询问笔录,2017年9月27日七台河市中级人民法院庭审笔录和2019年5月9日黑龙江省高级人民法院庭审笔录及其自己出具的证明为新证据,用以证明刘某某与王某某存在恶意逃债、假离婚的事实。但上述证据不能证明刘某某与王某某存在恶意逃债、假离婚的事实,不足以证明原判决认定的基本事实错误或判决结果错误,不符合《民事诉讼法解释》第三百八十七条规定的情形,本案不予采信。裁定:驳回厉某某的再审申请。[1]

执行程序中不应直接追加被执行人配偶为被执行人,应告知债权人另行起诉。

【案例1-95】 徐某某执行异议申请复议案

二审法院认为,《婚姻法解释(二)》第二十四条第一款规定:"债权人就婚姻关系存续期间夫妻一方以个人名义所负债务主张权利的,应当按照夫妻共同债务处理。但夫妻一方能够证明属于婚姻法第十九条第三款规定情形的除外。"该条虽然直接规定了夫妻双方所负债务按夫妻共同债务处理,但该规定属于人民法院解决当事人民事争议、确定民事责任所依据的裁判规则,不属于执行权的授权性规定。依照《最高人民法院关于人民法院执行工作若

---

〔1〕 最高人民法院(2019)最高法民申1230号民事裁定书。

干问题的规定(试行)》第八十三条“依照民事诉讼法第二百零九条,最高人民法院关于适用民事诉讼法若干问题的意见第271条至第274条及本规定裁定变更或追加被执行主体的,由执行法院的执行机构办理”的规定,根据《婚姻法解释(二)》第二十四条规定的情形,执行法院以“夫妻共同债务”为由裁定追加徐某某为被执行人于法无据。裁定:撤销追加徐某某为被执行人的执行裁定。[1]

一方完全履行分期还款和解协议,在执行程序中的处理是疑难问题。虽然该和解协议不是法院强制执行过程中达成的,不是狭义的执行程序,但可以理解为当事人在继审判程序完毕后广义执行程序中作出的处分行为,可以根据法律精神对《民事诉讼法》第二百四十一条作扩大解释。一方完全履行和解协议,尽管未如期履行或履行拖延,即使其履行行为跨越法院执行立案前后两个时间段,但在法院执行过程中履行完毕的,其无碍债权人实现债权,未出现和解协议目的根本不能实现的情形,应当认为履行合法有效,根据《民事诉讼法》第二百六十八条裁定终结执行。

【案例1-96】　邓某某与邹某某等借款合同纠纷执行异议案

执行法院认为,本案中,双方当事人就判决的履行及上诉权利的行使自愿达成的还款协议,实际应视为双方对原判决确定的权利义务的重新处分,虽异议人未完全按协议约定时间还款,但申请执行人邹某某出具承诺,约定:即使异议人违约,申请执行人仍按还款协议约定的债权金额向法院申请执行。该承诺应视为在异议人未按协议约定时间还款的条件下,申请执行人仍仅对协议约定金额申请法院强制执行。后申请执行人向法院申请强制执行。在执行中,被执行人一方已按还款协议约定的债权金额向申请执行人足额履行了还款义务,申请执行人仍要求异议人按判决确定的金额履行还款义务,申请执行人的行为违反了民事活动应当遵循的诚实信用原则。异议人请求终结本案的执行,法院予以支持。裁定:终结本院(2010)天民初字2139号民事判决的执行。[2]

以借条的形式规避执行,是防范和关注的方面。

【案例1-97】　张某某诉保定市六道口农贸商城有限公司民间借贷纠纷案

判决观点,2008年10月25日,被告保定市六道口农贸商城有限公司

---

〔1〕 参见国家法官学院案例开发研究中心编:《中国法院2016年度案例》(民间借贷纠纷),中国法制出版社2016年版,第153~154页。四川省成都市中级人民法院(2014)成执裁字第60号民事裁定书。

〔2〕 参见国家法官学院案例开发研究中心编:《中国法院2015年度案例》(借款担保纠纷),中国法制出版社2015年版,第45页。湖南省长沙市天心区人民法院(2013)天执裁字第27号执行裁定书。

（以下简称六道口商贸城）给原告出具借用20万元的借据，原、被告双方对20万元的金额没有异议，但对该20万元的性质各执一词，原告称该20万元系被告六道口商贸城借用原告的，被告六道口商贸城称被告为规避执行而以“借用”的名义收取的承包费。原告认为被告出具的借据即可证实原、被告之间的债权债务关系成立。法院认为原告主张借贷关系成立，在双方对借贷事实分歧明显的情况下，仅以借据证实证明力尚不足，还需要借据与借贷关系实际发生的事实相互印证。被告称该20万元借用款实际并非借款，而是原告向被告交纳的场地承包费用，被告提供原、被告的承包协议书，以及与借据同日作废的承包费收据，证明该时期双方存在承包关系，且原告有向被告缴纳承包费的义务。原告称作废的承包费收据与本案无关，但未否认承包费收据的真实性。结合双方的承包协议书、2008年10月25日开具的注明作废的承包费收据以及同日开具的借用收据等证据分析，在承包法律关系下，六道口商贸城为收取承包费的债权人，张某某为缴纳承包费的债务人，作为收取承包费的债权人六道口商贸城在有条件向债务人张某某主张并实现部分债权的情况下，债权人不主张债权却向债务人借款，如此的借贷事实与常理不符。作废承包费收据又于同日开具借用收据必然事出有因，原告对此缺乏合理解释，不能充分证明借贷事实的真实存在，仅凭一张借据主张借贷关系成立存在瑕疵。原告称并不欠被告的承包费用，承包费与借款不存在冲突，但未能提交已足额缴纳给被告承包费用的证明，在原告本身对被告存在给付义务的同一阶段，原告再借给被告款项，二者之间存在矛盾，原告不能就其借贷关系成立的主张提供其他证据进一步佐证，法院对原告主张被告偿还借款20万元及利息损失的请求不予支持。判决：驳回原告张某某的诉讼请求。[1]

公证机关根据债权人的申请对债权债务内容作出调整并出具执行证书，实质上是对效力有争议的原给付内容的裁断，已经超出了其法定职权，其相关的公证行为不合法，是无效的，法院应裁定不予执行。同时，基于审执分离的原理，执行部门无权对效力未定的当事人之间的债权债务内容进行认定，更不能直接予以执行。

【案例1－98】 蔡某某诉岳某某、黄某某民间借贷纠纷案

执行法院认为，本案《借款合同》中，当事人约定的利息、违约金，其性质属于民间借贷利息，两项累计已超过中国人民银行同期贷款基准利率的四倍。故该借款合同效力存在争议，公证机关不应赋予强制执行效力并作出相

〔1〕 参见国家法官学院案例开发研究中心编：《中国法院2015年度案例》（民间借贷纠纷），中国法制出版社2015年版，第42页。河北省保定市南市区人民法院（2013）南民初字第606号民事判决书。

应的执行证书。执行程序限于司法权力配置无法对该《借款合同》效力作出终局性认定。裁定:对厦门鹭江公证处作出的(2012)厦鹭证金字第00059号公证书及相应的(2012)厦鹭证执字第00049号执行证书不予执行。[1]

〔1〕 参见国家法官学院案例开发研究中心编:《中国法院2014年度案例》(民间借贷纠纷),中国法制出版社2014年版,第215页。福建省厦门市思明区人民法院(2012)思执行字第3698-1号执行裁定书。

专题二　民间借贷合同关系纠纷

实践中，民间借贷案件的具体情况极为复杂，除了《民间借贷规定》明文规定的“偿还双方之前借款”或者“其他债务”两种情况之外，双方当事人之间还可能基于赠与、合作经营、委托付款、委托理财等多种原由发生款项支付。对于这些款项支付，如付款人提出民间借贷诉讼，收款人大有可能会以实际法律关系提出抗辩。本专题就民间借贷合同关系成立、认定、区别及处理等问题进行阐述。

一、民间借贷合同关系理解

(一)民间借贷合同关系含义

民事法律关系是指由民事法律规范调整的具有民事权利义务内容的平等关系,是民事法律规范调整平等主体之间的财产关系和人身关系在法律上的表现。[1]

在民商事案件中,法律关系是责任承担的基础,法律关系的确定直接影响责任的最终分配,故认定法律关系是审理案件的首要任务。在认定法律关系时,不能简单地依据双方签订的文本名称来认定,应该结合双方当事人实施法律行为的意图、所签订的法律文本的内容及法律关系的结构要件等要素综合认定。

(二)民间借贷合同关系成立

民间借款合同的成立与生效包括两个要素:一是双方形成了借贷合意,即双方以书面或者口头形式就借款事项达成了一致意见。二是出借人实际支付了款项。这两个要素必须同时存在,缺一不可。

所谓借贷合意,即借贷双方之间关于设立借贷关系的意思表示达成一致。其表现形式多样,既有借条、欠条、收条、借据等单方出具的债权凭证,也有借款合同、借款协议等双方签订的协议。借贷合意审理重点在于各方独立的意思表示达成一致,即既有各方独立作出的意思表示,又有意思表示的一致。意思表示形式上的一致通常体现在债权凭证或借款合同等文件中,审查一般不存在困难。困难之处且易发生争议的是从独立的意思表示至达成一致的过程,即借贷关系形成的过程。

所谓借款交付,即出借人向借款人实际交付款项。交付方式也表现多样,如

---

〔1〕 参见最高人民法院民事审判第一庭编著:《最高人民法院民间借贷司法解释理解与适用》,人民法院出版社2015年版,第278页。

现金直接交付、转账、存款、指示他人代为交付、按借款人指示向代收人交付等,其凭证多表现为收条、转账记录或凭证、代为付款或代为收款一方的确认等。借款交付的审查重点在于交付凭证,无直接交付凭证,则应结合其他相关情况综合判断,如虽无交付凭证,但债权凭证或协议载明收到现金的,可结合款项金额等因素进行综合判断。

在现实生活中,借条是证明借贷关系成立与否以及借贷数额、借贷标的、借贷期限等的关键证据。

【案例2-1】 孝义市蔬菜有限公司诉山西中兴水泥有限责任公司、田某民间借贷纠纷案

关于山西中兴水泥有限责任公司(以下简称中兴公司)与孝义市蔬菜有限公司(以下简称蔬菜公司)是否形成真实的借贷关系问题,二审法院认为,案涉借条作为蔬菜公司与中兴公司借贷关系成立与否的关键证据,存在瑕疵,不足以证明中兴公司与蔬菜公司之间的借贷关系成立。从借条生成及借款交付的角度看,该借条并非蔬菜公司、中兴公司及田某三方同时在场签订的,而是由田某将已经加盖中兴公司印章,落款时间为2013年7月5日,但田某本人未签名的借条交付给蔬菜公司,蔬菜公司出于资金安全考虑,要求田某在借条签名,最终形成案涉借条。而后,蔬菜公司将借款700,000元现金交付田某而非中兴公司,借款利息均由田某给付,故中兴公司并未实际参与借款全过程,蔬菜公司亦未曾与中兴公司核实借款事宜,与常理不符。从借条中中兴公司印章的出处看,2013年7月5日,田某作为中兴公司石灰石供货商,以中兴公司申报火工品为由,要求中兴公司出具加盖该公司印章的书面凭证。中兴公司印鉴使用批单记载,2013年7月5日,该公司因"下半年火工品计划需盖章(面积1.3万平方米,火工品计划70~80吨。)""经电话请示任总同意办理",使用公司印章一次。且中兴公司负责人任某忠和中兴公司实际控制人任某文分别与田某的通话录音均证实,田某本人明确表示中兴公司未向案涉借条加盖印章,田某亦承认案涉借款并非中兴公司向蔬菜公司所借。从借条中的字迹、笔体来看,该借条中存在两种字体、两种笔迹,分别由两种书写工具完成,其中中兴公司印章处"中兴水泥有限责任公司二〇一三年七月五日"字迹为黑色碳素笔所写、借条主文及"借款人田某2013.7.5"为蓝色圆珠笔所写,且借条主文字迹与田某签名高度一致。综合上述理由,蔬菜公司与中兴公司并未就本案所涉700,000元借款达成合意,蔬菜公司亦未向中兴公司实际履行出借义务,案涉借贷行为均在蔬菜公司和田某两方之间完成,中兴公司并未实际参与其中,故中兴公司与蔬菜公司未形成真实的借贷关系。判决:撤销一审判决,驳回蔬菜公司对中兴公司原审诉讼请求，田某归还蔬菜公司700,000元及利息。[1]

借条未必是借款合同关系成立的必要条件，借款合同是一种不要式合同，不能单一地认为出具借条才符合形式要件，双方达成口头借款协议也是形式要件的一种。因借款合同具有实践性特征，所以不仅要有合意，还要有交付钱款的事实。

【案例2-2】 袁某某与文某某民间借贷纠纷案

一审法院认为，文某某向袁某某借款45,200元，偿还了5000元，仍欠40,200元。这一事实，能够通过文某某与袁某某的转账记录和保险公司保险收费记录综合认定，故袁某某、文某某之间成立民间借贷关系，袁某某要求文某某偿还借款40,200元的请求，应当予以支持；关于袁某某要求文某某支付其垫付华泰公司抵押保险合同贷款36,500元产生的资金利息1922.04元的请求，因袁某某、文某某未对借款36,500元约定利息，袁某某自行支付抵押保险合同贷款产生的利息不属于本案民间借贷关系，应另行主张权利，本案不予处理。判决：文某某偿还袁某某借款40,200元。二审法院判决：驳回上诉，维持原判。[2]

投资者向投资公司投资，投资公司业务员作为经办人，有的甚至以自己的名义向投资人出具借条，其是否构成借款关系承担还款责任，应当综合投资公司账目、制式收据、入股协议等证据进行综合判断。在投资者与业务员之间无合法借贷手续或资金流向明确的情况下，不宜判令业务员对投资者的投资款项承担还款责任。在业务员收取投资款后，仅将部分投资款汇入投资公司或时间先后存在较大差距的情况下，应当认定业务员存在借款后自己再行投资的想法，此时业务员应当对投资者承担还款责任。

【案例2-3】 张某某诉沈某某民间借贷纠纷案

一审法院认为，本案中，双方对借条真实性无异议，则双方之间是否交付借款，对双方之间借贷关系成立与否具有决定性意义。张某某对其向沈某某现金支付借款未提供任何证据。而沈某某提供的证据，使得双方之间是否实际支付借款的事实处于真伪不明的状态。另外，沈某某作为退休教师，在无合理原因的情况下密集向张某某借款，不符合常理。张某某对此亦未能作出合理的解释，故张某某虽然持有沈某某出具的借条，但不能提供充分证据证

---

〔1〕 参见国家法官学院、最高人民法院司法案例研究院编：《中国法院2020年度案例》(借款担保纠纷)，中国法制出版社2020年版，第12页。山西省吕梁市中级人民法院(2018)晋11民终1647号民事判决书。

〔2〕 参见国家法官学院、最高人民法院司法案例研究院编：《中国法院2021年度案例》(民间借贷纠纷)，中国法制出版社2021年版，第199页。四川省达州市中级人民法院(2017)川17民终1234号民事判决书。

明其向沈某某实际支付了借款,二人之间不存在合法有效的民间借贷关系。二审法院亦持同样意见,维持一审判决。[1]

自然人之间的借款合同是实践合同,[2]除借贷双方达成合意外,必须有实际的履行行为,合同才能成立。《民法典》第六百七十九条规定:"自然人之间的借款合同,自贷款人提供借款时成立。"但实践中对"提供借款"的理解并不一致。一种观点认为,"提供借款"应仅限于出借人提供现金、银行转账、交付票据等交付货币的行为,即狭义上的"提供借款"。另一种观点认为,虽然提供借款以交付货币为常态,但法律并未禁止当事人约定其他借款方式,当事人对此另有约定的,只要不违反法律禁止性规定,应当准许,即广义上的"提供借款"。《民间借贷规定》第九条规定:"自然人之间的借款合同具有下列情形之一的,可以视为合同成立:……(五)出借人以与借款人约定的其他方式提供借款并实际履行完成时。"故后一种观点符合法律规定。合同履行与履行方式是不同的法律概念。合同履行是合同债务人全面、适当地完成了合同义务。履行方式则是合同债务人完成合同义务的具体方式、方法。提供借款系借款合同的履行行为,法律强制规定自然人之间的借款合同以出借人提供借款为合同成立行为要件,但并未限定具体的履行方式。提供现金、银行转账、交付票据等交付货币的行为,以及当事人约定的其他借款方式,均是合同履行方式,只要不违反法律禁止性规定,均是应当允许的。对于适用该解释第九条第五项规定,需要符合两个构成要件,其一,出借人与借款人之间达成了以其他方式提供借款的约定。需要审查双方之间是否就其他借款方式达成了明确、一致的意思表示,以及双方的意思表示是否合法有效。其二,出借人实际履行完成了该约定。需要审查出借人是否全面、适当地实施了约定的借款方式。这两个要件是一个整体,只有两个要件同时齐备,方可认定为借款合同成立。

【案例2-4】 李某某诉张某某民间借贷纠纷再审案

再审法院认为,《合同法》第二百一十条虽然规定"提供借款",但并未限制提供借款的方式,亦未禁止合同双方对提供借款方式进行约定。故对于自然人之间的借款合同,提供借款的方式仍属于合同双方意思自治的范畴,应根据双方约定确定。出借人与借款人约定提供借款的方式并实际履行完成时,即符合"提供借款"这一生效要件。本案中,张某某出具的借条、承诺书以及李某某出具收据的行为,证明李某某与李某某之间存在李某某以直接增

---

〔1〕 参见国家法官学院、最高人民法院司法案例研究院编:《中国法院2020年度案例》(借款担保纠纷),中国法制出版社2020年版,第54页。山东省聊城市中级人民法院(2018)鲁15民终2267号民事判决书。

〔2〕 参见黄薇主编:《中华人民共和国民法典合同编释义》,法律出版社2020年版,第477页。

加世纪公司付款数额的方式提供借款,双方不再相互二次转账的明确约定,而根据世纪公司出具的函件以及明鸿公司全体股东出具的声明书,该约定已实际履行完成。故本案事实能够证明李某某与张某某约定以其他方式提供借款并已实际履行完成,借款合同生效。李某某的诉讼请求应予支持,再审予以改判。判决:撤销一审、二审判决,张某某偿还李某某借款1840万元及利息。[1]

从要件上讲,民间借贷法律关系的成立需符合形式要件和实质要件,即自然人之间的借款合同,自出借人提供借款时成立。形式要件即借贷双方达成合意的外在形式,实质要件即款项的实际交付。

【案例2-5】　李某某诉冯某某、刘某某民间借贷纠纷案

判决观点,从形式上,本案中被告冯某某未向原告李某某出具借条、未与原告李某某签订借款合同,证明借贷双方未达成借款合意;从实质上,原告李某某未向被告冯某某交付借款,该借款系左某向被告冯某某交付,被告冯某某向左某归还了利息,原告李某某与被告冯某某之间不存在借贷关系,对原告李某某要求被告冯某某归还100,000元的借款及利息的诉求不予支持。因原告李某某与被告冯某某之间的借款关系不成立,故原告李某某与被告刘某某之间的担保关系亦不成立。对原告李某某要求被告刘某某承担连带担保责任的诉求不予支持。裁定:驳回原告李某某的起诉。[2]

仅有汇款凭证不足以认定双方形成借款合意,其主张借贷关系不受法律保护。

【案例2-6】　杨某某诉姜某某、彭某某民间借贷纠纷案

判决观点,本案中,综合分析原、被告双方所提供的证据,不能认定双方存在借贷合意,其理由如下:(1)原告关于借款的过程陈述不一致。原告在诉状中陈述,2014年5月5日,被告姜某某向其借款并立有字据,且约定还款期限及利息。两被告提出抗辩后,原告在第一次庭审中陈述:“2014年5月5日,被告姜某某在扬州市江都区郭村镇大彭村卫生室挂水,王某某将被告姜某某本人出具的借条带到原告的单位,原告一看不行,没有被告姜某某的手印,后公司提供印泥由王某某去找被告姜某某,被告姜某某在借条上捺印了。当日被告姜某某也来到原告的公司,将自己的账号提供给原告,并和公司会

---

〔1〕 参见国家法官学院案例开发研究中心编:《中国法院2019年度案例》(民间借贷纠纷),中国法制出版社2019年版,第3页。北京市第二中级人民法院(2017)京02民再26号民事判决书。

〔2〕 参见国家法官学院案例开发研究中心编:《中国法院2019年度案例》(民间借贷纠纷),中国法制出版社2019年版,第111页。湖南省岳阳市湘阴县人民法院(2018)湘0624民初512号民事裁定书。

计一起到扬州江都区郭村镇信用社汇款。”鉴定结论出示后，原告在第二次庭审中陈述：“5月5日借款当天，我和姜某某没有通电话，但在4月25日左右和她通过电话，她说要还银行借款，她说‘她不好意思跟我讲（借钱的事情）’，她问‘王某某说了（借钱）没有’，我告诉她‘他说了’。5月5日，王某某到我办公室，当着我和代理人的面打电话给了姜某某，借条主文都是王某某写的，姜某某在电话里跟王某某说‘将借条拿去给她签字’。”（2）经过鉴定，原告提供的借条非被告姜某某本人签名及捺印。（3）证人王某某与本案被告姜某某、彭某某存在法律上的利害关系，在第一次开庭作证后下落不明，且证言的内容被南京师范大学司法鉴定中心的鉴定意见所否定，故对其证言的证明效力，法院不予确认。（4）原告未能提供其他证据证明其与被告姜某某存在借贷合意。综上，原、被告虽存在款项交付，但无证据证实双方存在借贷合意，原告主张与被告姜某某之间存在借贷关系的事实，依据不足，法院不予采信。对原告要求两被告偿还借款及利息的诉讼请求，依法不予支持。判决：驳回原告杨某某的诉讼请求。[1]

【案例2-7】 冯某某诉曾某某民间借贷纠纷案

一审法院认为，原告主张被告向其借款200万元，应当提供充分证据证实该借款事实，本案中，被告虽然承认收到原告支付的200万元款项，但其认为该200万元不是借款，而是原告支付给其为促成原告经营的深圳市冯某某投资发展有限公司与深圳市河背股份合作有限公司合作兴建“河背综合大楼”项目的居间费用，对此被告提供了相关的《合作协议书》以及深圳市河背股份合作有限公司出具的书面《证明》予以证实。基于此，原告对于涉案200万元确为借款的待证事实负有进一步举证证明的责任，但原告未能提供充分证据予以证明。综上，原告向本院提供的证据不足以证明涉案200万元款项确为借款，根据《民事诉讼法解释》第九十条第二款的规定，原告依法应当承担举证不能的法律后果，其要求被告偿还借款200万元并赔偿迟延还款造成损失的诉讼请求，法院不予支持。判决：驳回原告冯某某诉讼请求。二审法院判决：驳回上诉，维持原判。[2]

情侣之间的共同花费或赠与为日常生活习惯，不成立借贷关系。

【案例2-8】 周某某诉李某某民间借贷纠纷案

判决观点，结合双方的诉讼请求及答辩意见，本案的争议焦点在于周某

---

〔1〕 参见国家法官学院案例开发研究中心编：《中国法院2017年度案例》（民间借贷纠纷），中国法制出版社2017年版，第51页。江苏省扬州市江都区人民法院（2014）扬江宜民初字第00429号民事判决书。

〔2〕 参见国家法官学院案例开发研究中心编：《中国法院2017年度案例》（民间借贷纠纷），中国法制出版社2017年版，第54页。广东省河源市中级人民法院（2015）河龙法民一终字第744号民事判决书。

某与李某某是否存在民间借贷关系。李某某称其与周某某2014年夏天至2015年10月系男女朋友关系，与周某某交往期间发生的转账是二人共同花费或是周某某的赠与，并非借贷关系。根据现有证据和法庭查证的事实能够确认，周某某与李某某原系男女朋友关系，通过周某某曾将自己的借记卡交与李某某使用及二人来往的短信内容，证明二人在交往期间关系密切。法院综合庭审中当事人的陈述和证据分析论证如下：（1）2014年12月11日7000元的支出，周某某的解释有悖于常理和事实。周某某称2014年12月11日因为李某某生病，周某某不想与其交往，所以转账7000元。而2014年12月11日后，周某某不定期地给李某某转账，且二人之间往来的短信内容亲密，故周某某所述2014年12月11日不想与李某某交往与事实不符，且周某某所述的不想与李某某交往却借给其7000元的行为与一般的生活常识不符。（2）2015年3月1日997.59元的支出，周某某称该笔款项系李某某向其借款，李某某辩称是周某某主动为其交纳会员年费。法院认为，周某某使用自己的信用卡向英国特许公认会计师公会交纳997.59元，既无李某某的委托，亦无李某某向其借款的意思表示，故该款项不能认定为借款。（3）2015年3月29日3588元的支付宝转账，周某某称系李某某向其借款购买iPad，李某某辩称该笔款项的确用于购买iPad，但是周某某的赠与。法院认为，李某某使用该款项实际购买了iPad，从2015年9月29日周某某通过支付宝向李某某转账1000元用于李某某回家购买礼物可证明，周某某向其李某某转账用于购买礼物是双方交往期间的惯常做法，李某某的解释符合一般人的生活认知，故法院不将该笔款项认定为借款。（4）周某某称2015年5月9日李某某取走周某某建设银行卡内1万元，首先周某某未提交该笔款项系李某某取款的证据，其次周某某将其银行卡交与李某某持有，该行为可认定周某某认可李某某对其银行卡内存款随意支配，故法院无法对该笔取款性质认定为借贷。另外，2015年4月19日周某某通过支付宝向李某某转账2000元的款项，综合法院对周某某转账的上述论述，结合2015年7月20日李某某通过支付宝向周某某转账700元的行为及双方短信内容中周某某想与李某某成为夫妻的期待。法院认为，周某某向李某某转账系双方交往期间共同消费的花销，不能认定为借款。综上，周某某未提交充分的证据证明其与李某某之间存在民间借贷关系，故法院对周某某的诉讼请求予以驳回。[1]

情侣之间没有借贷合意的特殊含义的款项无法认定为借贷关系。

---

〔1〕 参见国家法官学院案例开发研究中心编：《中国法院2018年度案例》（民间借贷纠纷），中国法制出版社2018年版，第6～7页。北京市海淀区人民法院（2015）海民（商）初字第38333号民事判决书。

【案例2－9】 潘某诉张某民间借贷纠纷案

二审法院认为，潘某主张该款项为借款，张某则抗辩称该款项为情侣日常生活的开销、人情往来及潘某对张某的赠与。根据《民事诉讼法解释》第九十一条第一项规定："主张法律关系存在的当事人，应当对产生该法律关系的基础事实承担举证证明责任。"现潘某主张其与张某存在民间借贷关系，除证明款项已经交付外，还应对双方存在借贷的合意承担举证责任。而对于双方借贷的合意，潘某仅提供其与张某的微信聊天记录截图予以证明，但从聊天记录的内容上看，并未出现明确涉及还款及借贷关系的表达，无法直接认定2000元款项性质为借款，此外，从潘某提供的证据看，潘某向张某转款时间持续一年半，共计十几次，每次转款数额大小不等，转款中亦存在"520元""1314元""888元"等具有特殊含义的款项，且潘某从未向张某催收过款项，潘某主张以上款项均为借款不符合民间借贷的交易习惯及日常生活经验。综上所述，潘某未能完成双方存在借款合意的举证责任，应当承担举证不能的法律后果，一审法院对于款项性质认定正确，法院予以维持。判决：驳回上诉，维持原判。[1]

现实生活中，男女双方处于恋爱期间，一方有大笔资金转账给另一方，在分手后，转账方要求收款方归还，这种案例屡见不鲜。此类案件往往是出借人一方以民间借贷案由起诉，而另一方以双方之间的转账行为系恋爱期间的赠与行为进行抗辩。在转账方有证据证明款项流入收款方账户，且不能反映出对收款方有明确的赠与或其他意思表示，收款方抗辩为赠与或困难帮助，但只有单方陈述无其他证据证明的，亦认定为双方之间成立借贷法律关系。即便转账方隐瞒其婚姻状况，存在不正当男女关系，符合借贷关系构成要件的亦应认定为借贷关系。

【案例2－10】 熊某某诉胡某民间借贷纠纷案

二审法院认为，熊某某向胡某转账系发生在双方不正当男女关系期间，结合双方微信聊天内容不能反映出熊某某向胡某转款系有明确的赠与或其他意思表示，反之，从双方的微信聊天内容中能反映出胡某向熊某某要求转款时，均多次表示"借"和"还"，且熊某某转款中亦不存在表示爱意的特殊时期的特殊文字，因此，在胡某未提交相应证据证明熊某某的转款系基于其他法律关系的情况下，可以认定双方之间的借贷法律关系成立并生效。判决：

---

〔1〕 参见国家法官学院、最高人民法院司法案例研究院编：《中国法院2022年度案例》（民间借贷纠纷），中国法制出版社2022年版，第8页。广西壮族自治区柳州市中级人民法院（2020）桂02民终2648号民事判决书。

驳回上诉,维持原判。[1]

【案例2-11】 张某诉肖某民间借贷纠纷案

二审法院认为,张某凭付款记录提起民间借贷诉讼,在肖某承认是为其买车及保险而发生的支付行为,且肖某有"分期转给你"的还款承诺,足以证实双方之间的民间借贷关系成立。但是双方之间未有关于利息方面的约定,所以张某请求肖某支付利息的请求没有依据,不应支持。肖某抗辩张某支付行为系恋爱交往中的无条件赠与行为,未能提供相应证据予以证实,抗辩理由不能成立。判决:(1)撤销一审判决;(2)肖某偿还张某的借款317,264元;(3)驳回张某的其他诉讼请求。[2]

【案例2-12】 严某诉高某民间借贷纠纷案

二审法院认为,本案中,严某于2018年9月29日、2019年1月7日、1月28日、2月4日分别通过微信向高某转账15,000元、5000元、2000元、10,000元。严某据此主张上述款项均系其向高某的借款。高某则主张上述款项均系严某的赠与,应由高某对此负举证证明责任。《民事诉讼法解释》第一百零九条规定:"当事人对欺诈、胁迫、恶意串通事实的证明,以及对口头遗嘱或者争议事实的证明,人民法院确信该待证事实存在的可能性能够排除合理怀疑的,应当认定该事实存在。"涉及2018年9月29日转账的相关微信内容中并无严某向高某赠与钱款的意思表示,2019年之后的三笔转账,高某亦未提交相应的微信聊天记录等证据证明款项为赠与性质。高某未就上述款项性质系赠与尽到举证证明责任,故一审法院认为上述转账共计3.2万元应认定为借款是正确的。综上所述,高某的上诉请求不能成立,应予驳回。一审判决认定事实清楚,适用法律正确,应予维持。判决:驳回上诉,维持原判。[3]

---

〔1〕 参见国家法官学院、最高人民法院司法案例研究院编:《中国法院2021年度案例》(民间借贷纠纷),中国法制出版社2021年版,第44页。四川省成都市中级人民法院(2019)川01民终15712号民事判决书。

〔2〕 参见国家法官学院、最高人民法院司法案例研究院编:《中国法院2022年度案例》(民间借贷纠纷),中国法制出版社2022年版,第11页。广西壮族自治区来宾市中级人民法院(2021)桂13民终55号民事判决书。

〔3〕 参见国家法官学院、最高人民法院司法案例研究院编:《中国法院2022年度案例》(民间借贷纠纷),中国法制出版社2022年版,第15页。北京市第二中级人民法院(2020)京02民终10588号民事判决书。

（三）民间借贷合同关系类型

民间借款合同关系类型，从不同角度或标准可划分为不同类型。从出借对象讲，可分为自然人借款与企业借款两大类。从借款人上区分，可分为家庭成员借款和外部借款两大类。从合同关系上划分，可分为原始借款合同关系和从其他关系转化的借款合同关系。

1. 婚姻存续期间夫妻之间借款合同关系

婚姻存续期间夫妻之间借款合同关系具有一定特殊性。民间借款合同乃合同的一种，根据《民法典》第五条“民事主体从事民事活动，应当遵循自愿原则，按照自己的意思设立、变更、终止民事法律关系”和《民间借贷规定》第一条“本规定所称的民间借贷，是指自然人、法人和非法人组织之间进行资金融通的行为”之规定，法律并未禁止具有夫妻身份的主体之间订立民事合同，也不禁止夫妻之间订立民间借款合同这一法律行为。夫妻作为平等主体的自然人，在夫或妻这一身份关系之外当然具备作为独立个体享有的民事权利能力，即订立民事合同的权利。所以，婚姻关系存续期间，夫妻双方当然可以订立民间借款合同。对于此类民间借款合同是否成立关键要查明夫妻之间是否有双方真实意思表示，而判定双方是否系真实意思表示的基础是出借款项的性质及借款用途。在婚姻关系存续期间，只有夫或妻一方将个人财产出借给另一方用于个人生产经营才具备双方订立借款的真实意思表示，此类合同才真实成立并发生效力。在此基础上，作为出借人的夫或妻一方能否要求对方偿还借款的关键在于出借人的履行情况。如果出借人按约履行了出借义务，即将款项支付给了对方，则借款人应按照合同约定偿还借款。反之，如双方仅签订借款合同，但出借人并未实际履行出借义务，则其请求权基础不存在，当然也无权要求对方偿还借款。《民法典婚姻家庭编解释（一）》第八十二条规定：“夫妻之间订立借款协议，以夫妻共同财产出借给一方从事个人经营或用于其他个人事务的，应视为双方约定处分夫妻共同财产的行为，离婚时可按照借款协的约定处理。”更多的内容可见借款涉及夫妻共同债务纠纷专题部分。

在有夫妻单方自认的债务和拆迁腾退补偿款交织的情况下，判断是否成立借贷法律关系应查明借款的来源、借条的形成过程等细节。

【案例2－13】　李甲诉李乙、王某某民间借贷纠纷案

二审法院认为，本案的争议焦点是李甲与王某某、李乙之间是否存在民间借贷法律关系。首先，交付款项时并未明确属于借款，不能证明双方形成借贷合意。庭审中，王某某提出李甲交付款项时并未明确说是借款，法院认为,对事实行为进行法律评价,应以该事实行为发生时各方的真实意思表示为准,本案中,在李甲向王某某支付款项的当时,并不能确定该款项的性质,因此当时双方之间并未明确达成借贷合意。其次,关于借条事实王某某前后陈述不一致,第一次陈述事实已经经过法院认定,在无确凿相反证据的情况下,根据禁止反言的原则,应以第一次陈述事实为准。按照王某某陈述,出具借条时间是在第一次离婚诉讼前,说明第一次离婚诉讼时其与李乙对李甲已经存在150万元的债务,但是王某某在与李乙第一次离婚诉讼中表示,夫妻双方对外并无债务。再次,李乙并未在借条上签字,不能证明李乙是借款人之一。借条中载明借款人是王某某和李乙,但借款人落款处仅有王某某签字,李乙对借条真实性亦不认可。最后,借条落款时间与实际出具时间不符,不能证明双方在落款时间已经形成借贷合意。借条落款时间是2009年10月10日,庭审中王某某承认借条属事后补写,李甲对此亦认可,表示借条实际出具时间是2012年9月。综上,由于该借条在形式和内容上与常理不符,且王某某陈述前后矛盾,因此借条不能证明李甲与王某某、李乙之间存在民间借贷法律关系。另外,本案争议款项涉及房屋拆迁腾退补偿款,李甲代表被安置人领取了全部补偿款,但李乙长期居住在被拆迁房屋中,并且能够清楚地陈述被拆迁房屋的增建过程与花费,李乙作为被安置人,腾退补偿款中应有相应的份额,在腾退补偿款在被安置人之间的分配尚未明确的情况下,无法认定本案争议款项属于李甲个人所有,因此李甲主张交付款项性质为借款,依据不足。各方当事人之间关于腾退补偿款分配可能产生的纠纷,可另案起诉。综上,法院认为,李甲提供的证据不足以证明其与王某某、李乙之间存在民间借贷法律关系,李乙的上诉请求成立,法院予以支持。一审法院认定事实错误,依法应予纠正。裁定:(1)撤销一审判决;(2)驳回李甲起诉。[1]

2. 委托贷款合同关系

用人单位与劳动者签订的委托贷款合同符合委托贷款的法律特征,因此该合同实质上是用人单位和劳动者的民间借贷关系。

【案例2-14】 网之易信息技术(北京)有限公司诉万某借款合同纠纷案

一审法院认为,网之易信息技术(北京)有限公司(以下简称网之易公司)与万某签订的《委托贷款合同》系双方当事人的真实意思表示,合同内容

---

〔1〕 参见国家法官学院案例开发研究中心编:《中国法院2017年度案例》(民间借贷纠纷),中国法制出版社2017年版,第114~115页。北京市第三中级人民法院(2015)三中民终字第05310号民事判决书。

不违反法律、行政法规的强制性规定，应属合法有效。依据《委托贷款合同》的约定，万某于2014年12月19日从网之易公司离职，离职原因为自动请职，距建行华贸支行放款之日不足五年，应向网之易公司支付违约金。二审法院判决：驳回上诉，维持原判。[1]

3. 职工向单位借款关系

职工与单位往来资金性质决定法律关系。职工与单位之间经常发生资金往来，对发生争议的资金性质认定，有两种不同观点，一种是按劳动争议解决，资金系预支用于公务费用或奖金等；另一种是按民间借贷纠纷处理，资金系职工向单位申请的借款。一般认为，应根据资金往来事由确定双方的法律关系。具体来讲，其一，预支款项事由可以明确为因公务而支出，则应当认定为履行职务行为。最高人民法院在一个答复中认为，从单位预支款项处理单位事务系职务行为，其与单位之间不存在平等主体间的债权债务关系，人民法院不应将这种情形作为民事案件受理。[2] 明确此类纠纷不属于法院管辖，自然不属于民间借贷。其二，职工向单位预支款项与履行劳动合同内容相关联，则可以按照劳动合同纠纷处理。在这种情况下，职工取得资金后若与单位解除劳动关系，其与单位之间的内部挂账也因劳动合同的解除而转化为平等民事主体之间的关系，单位可向法院提起诉讼，要求归还取得的资金。其三，职工非因履行职务向单位借款，双方之间的借贷行为与履行劳动合同无关，应属于民间借贷关系范畴。其四，预支款项事由不能确定或预支事由有争议，如单位按一般民事纠纷起诉双方存在借贷关系或员工不当得利等的，应根据“谁主张，谁举证”的举证分配规则，由单位方承担主张事实的举证责任，并承担举证不能的后果。其五，职工存在恶意情形下，可能涉嫌侵占罪。职工利用职务之便，将单位提供给其的资金占有，且侵占数额达到刑事立案标准的，则涉嫌构成经济犯罪。

职工因个人原因或用途为个人事务从单位借取款项，构成借贷法律关系。

【案例2－15】 人行上饶市中支与齐某某、陈某某民间借贷纠纷案

一审法院认为，案涉款项中写明借款用途为差旅、培训的44,000元系齐某某预支用于单位工作需要，借款单的签字确认是人行上饶市中支的内部财务行为，故对该44,000元不予处理；案涉款项中写明用途为看病、住院、出院费的29,000元，确系齐某某用于个人生活，该部分债权债务关系系民间借贷

---

〔1〕 参见国家法官学院案例开发研究中心编：《中国法院2018年度案例》（借款担保纠纷），中国法制出版社2018年版，第60页。北京市第三中级人民法院（2016）京03民终12212号民事判决书。

〔2〕《最高人民法院关于职工执行公务在单位借款长期挂账发生纠纷法院是否受理问题的答复》（［1999］民他字第4号）。

纠纷引起，法院对其以民间借贷法律关系予以确认；案涉款项中未写明借款用途的80，000元，因齐某某并未举证证明该部分借款是其他法律关系引起的，故确认属民间借贷法律关系。二审法院同意一审法院裁判意见，判决：驳回上诉，维持原判。[1]

职工在职期间未冲销的款项，不能认定为借款，亦不构成借款关系。

【案例2－16】 北汽福田汽车股份有限公司北京欧辉客车分公司与马某借款合同纠纷案

二审法院认为，北汽福田汽车股份有限公司北京欧辉客车分公司（以下简称欧辉公司）以借款合同纠纷为由起诉马某，其应就双方之间存在借款合同关系的事实承担举证责任。在欧辉公司主张的借款事实发生期间，马某担任该公司销售，承接该公司在岳阳公交车项目事宜。马某虽认可在职期间从欧辉公司支取过款项，但表示该款项均用于公司的经营管理，并非其个人借款，其相关款项的支出凭证已交回欧辉公司。故本案双方当事人争议的焦点即在于马某与欧辉公司是否存在借款合同关系。欧辉公司起诉主张，本案马某的借款为业务性借款，在记账凭证中记录为业务费，业务费支付后实报实销，马某未向欧辉公司提交报销票据或者归还借款。结合上述欧辉公司的主张，以及马某在欧辉公司任职期间为公司销售的事实，可以认定，本案马某向欧辉公司的"借款"实为马某为欧辉公司经营需要而预支的业务性支出。而马某所签署的借款凭证是作为公司内部记账及结算意义上的款项支出凭证，目的不是要求"借款人"返本付息，而是需要"借款人"提供支出凭单或者报销票据用以证明款项具体用于公司哪方面的经营活动，同时在会计账册上用以冲减相关费用。从欧辉公司提交的马某其他还款凭证中亦可以看出，所谓"还款"即是马某提交支出凭单或者公司开立收据用以冲减借款。另外，从本案欧辉公司提交的借款凭证的形式和填制内容看，借款并不需要法定代表人签字盖章，而是公司负责人、财务主管、会计人员签字确认后即可支出，亦表明"借款凭证"实质上属于在公司内部财务管理和经营运作活动中，员工因公司经营需要从公司支取现金的审批程序，不是员工因私借款的情况下，马某签字并从公司支取钱款的行为，并不是平等民事主体之间的借贷行为，欧辉公司以民间借贷为由起诉马某没有事实及法律依据，不予支持。一审法院对双方法律关系的认定错误，应当纠正，马某的上诉请求有事实及法律依

---

〔1〕 参见国家法官学院、最高人民法院司法案例研究院编：《中国法院2021年度案例》（民间借贷纠纷），中国法制出版社2021年版，第232页。江西省上饶市中级人民法院（2019）赣11民终478号民事判决书。

据,应当予以支持。判决:撤销一审判决,驳回欧辉公司的全部诉讼请求。[1]

职工以暂支单形式领款,如果该款项用途是履行职务行为则不构成借贷法律关系。

【案例2-17】 上海掌尚广告公司诉刘某某民间借贷纠纷案

二审法院认为,根据双方的诉辩意见,本案二审的主要争议焦点在于上海掌尚广告公司(以下简称掌向公司)与刘某某是否存在借款关系,刘某某是否应承担本案的还款责任。正如原审法院所言,虽然掌尚公司提供了暂支单、银行转账凭证,以及刘某某的自认,可以证实刘某某收到过系争款项。但是从部分暂支单上记载的事项,以及刘某某当时在掌尚公司担任副总经理等事实,可反映刘某某收取的款项系公事所致。尽管掌尚公司还提及刘某某与掌尚公司之间存在预支工资的情形,但是刘某某对此并不予以确认,掌尚公司也未就此提供有效证据予以佐证。加之,在刘某某离职时,掌尚公司也未就此与其进行结算。根据现有证据,掌尚公司所述其与刘某某之间存在借款关系的依据并不充分,原审法院对其诉讼请求不予支持,并无不当。判决:驳回上诉,维持原判。[2]

【案例2-18】 永军公司诉林某某民间借贷纠纷案

一审法院认为,首先,暂支一般是因履行职务所需向单位支取款项,事后由暂支人按实际支出的费用或相应的票据,并按照单位的财务管理制度进行结算的行为,故其属于单位内部管理的事项,而非平等主体间的民事争议,也区别于通常意义上的借款。其次,根据13张暂支单中记载的时间、金额、次数及部分暂支单所记载的事由,并结合被告所任公司的职务及一般日常生活中的借贷情况分析,该暂支款非借款可能性大。最后,原告主张该暂支款为借款,并从被告工资中"边借边扣",但该事实在公司记账凭证中未有记载,故原告关于暂支款是借款的主张不予采信。被告主张借条中记载款项也是暂支款,但未提供相应证据,对该主张亦不予采信。判决:被告林某某归还原告永军公司借款1000元,驳回原告其他诉讼请求。

二审法院认为,本案的争议是林某某向永军公司领取的暂支单中的28,200元款项是否系借款。因涉案暂支单不符合借条的基本形式,且涉案的13张暂支单中有3张明确载明了暂支事由,现有证据无法证明双方就讼争款项达成过借贷合意,该讼争款项不能认定为借款。永军公司的上诉请

〔1〕 参见国家法官学院案例开发研究中心编:《中国法院2018年度案例》(借款担保纠纷),中国法制出版社2018年版,第13页。北京市第一中级人民法院(2016)京01民终5259号民事判决书。

〔2〕 上海市第二中级人民法院(2015)沪二中民四(商)终字第956号民事判决书。

求，因缺乏相应的事实和法律依据，不予支持。判决：驳回上诉，维持原判。[1]

4. 股东之间垫付出资款

股东之间垫付出资款，区别于传统民间借贷纠纷。在股东未签订借款合同，被垫付股东未出具借条的情况下，不能否认股东之间形成的民间借贷关系，要考虑《公司法》关于股东出资义务的相关规定以及公司设立时制定的章程对股东出资事宜的约定。换言之，股东垫付出资的性质应属于借款，是借款关系的一种特殊类型。

【案例2-19】　高某与刘某某民间借贷纠纷案

二审法院认为，嘉晨达公司是依法设立的有限责任公司，其股东与股东之间、股东与公司之间的权利义务应当依据《公司法》及嘉晨达公司章程的规定调整。工商登记材料显示，高某出资140万元，刘某某出资60万元。刘某某未实际履行股东出资义务，由高某向嘉晨达公司的入资账户注入资金200万元，包括代刘某某垫付出资款的60万元。现高某要求刘某某返还垫付的60万元股东出资款的诉讼请求，于法有据，本院应予支持。关于刘某某上诉提出，在嘉晨达公司成立过程中的所谓“垫付”行为属于赠送公司股份的行为，双方口头达成的合意。就本案而言，刘某某未能提供相应证据证明高某垫付的60万元出资款系赠送其的30%股份，且事实尚不足以作出可支持其抗辩的推定，故对刘某某的该项上诉意见，本院无法支持。判决：驳回上诉，维持原判。[2]

吸收资金未向公司登记机关办理登记，出资人与公司成立借款关系。

【案例2-20】　李某某诉玉田县中艺纸业有限公司民间借贷纠纷案

判决观点，原告李某某向被告投入资金420,000元事实清楚，证据充分。虽然玉田县中艺纸业有限公司以原告李某某入股形式吸收资金420,000元，但被告未履行法定登记义务，故不能确定原告李某某为被告玉田县中艺纸业有限公司股东。原告李某某给被告出资420,000元的行为，应认定双方形成合法有效的民间借贷关系。原告主张被告给付出资款420,000元，法院予以支持。被告无正当理由拒不到庭，应视其自愿放弃当庭享有的诉讼权利。判

---

〔1〕参见方指挥、王丽娜：《暂支单的性质认定——浙江宁波中院判决永军公司诉林某某民间借贷纠纷案》，载《人民法院报》2013年8月8日，第6版。浙江省宁波市中级人民法院(2012)浙甬商终字第617号民事判决书。

〔2〕参见国家法官学院案例开发研究中心编：《中国法院2015年度案例》(民间借贷纠纷)，中国法制出版社2015年版，第30页。北京市第二中级人民法院(2013)二中民终字第10102号民事判决书。

决：被告玉田县中艺纸业有限公司给付原告李某某借款420,000元。[1]

5. 借用信用卡构成借款关系

信用卡是商业银行向个人和单位发行的，凭此向特约单位购物、消费和向银行存取现金，具有消费信用的特制载体卡片。信用卡是银行提供给用户的一种先消费后还款的小额信贷支付工具。当持卡人的购物需求超出了其支付能力或者持卡人不希望使用现金时，即可以向银行借款，且这种借款在一定期间内无须支付利息和手续费。可见，信用卡不仅仅只是一张卡片，更是银行答应借钱给持卡人的一种凭证，其本身在一定程度上可作为金钱使用，蕴含着一定的经济价值。基于信用卡可以先消费后还款且在卡中无存款的情况下透支现金，持卡人在使用了银行借款之后即负有还款义务，且银行认为信用卡仅限于持卡人本人使用，故借用人在使用该信用卡产生的债务应当视为持卡人对银行所负债务，应由持卡人向银行偿还。但鉴于合同的相对性特征，该款项的实际借款人应为该信用卡的实际使用人，在持卡人偿还了债务后，可向实际使用人追偿。换言之，就持卡人与借用人（实际使用人）而言，持卡人即为出借人，实际使用人即为借款人，借款人使用银行卡内的存款或信用额度，二者成立借款关系。

【案例2－21】 齐某某诉张某某、于某某民间借贷纠纷案

一审法院认为，关于双方之间的法律关系性质问题。本案中，齐某某将其信用卡出借给张某某使用，虽不是出借现金，但因信用卡具有消费或取现的功能，具有一定意义的金钱性质，从表面上看是借用信用卡，但实际上却是借用了一定信用额度范围内的资金，并在一定期限内使用资金，故出借信用卡的行为即为将信用额度内的资金出借给张某某，二者构成借贷关系。二审法院准许张某某撤回上诉。[2]

【案例2－22】 张某某诉王某某民间借贷纠纷案

二审法院认为，结合双方当事人的陈述，本案的争议焦点在于，王某某与张某某之间是否存在涉案1.6万元的借贷关系，以及王某某是否已经清偿该1.6万元。根据已经查明的事实，王某某使用信用卡时明知信用卡的持卡人为张某某，并通过电话向张某某询问信用卡的密码，于某某亦表示上述款项系张某某向王某某出借，同时，王某某认可上述款项已用于进货，据此足以认

---

〔1〕 参见国家法官学院案例开发研究中心编：《中国法院2015年度案例》（民间借贷纠纷），中国法制出版社2015年版，第30页。河北省唐山市玉田县人民法院（2013）玉民初字第3657号民事判决书。

〔2〕 参见国家法官学院、最高人民法院司法案例研究院编：《中国法院2023年度案例》（民间借贷纠纷），中国法制出版社2023年版，第10页。北京市第二中级人民法院（2021）京02民终13658号民事裁定书。

定王某某知晓本案所涉1.6万元款项系由张某某提供,王某某已经使用了上述款项,故一审法院认定张某某与王某某之间存在民间借贷关系并无不当。王某某虽称已将刷卡取得的1.6万元现金交给于某某,但于某某和张某某对此均予以否认,王某某对其主张亦未提交证据予以证明,应承担举证不能的不利后果,对其上诉主张,法院依法不予采信。判决:驳回上诉,维持原判。[1]

应注意借刷信用卡的,在出借人不能证明还款人与信用卡用户之间存在民间借贷意思表示的,则不成立借贷关系。

【案例2-23】 李某诉魏某民间借贷纠纷案

二审法院认为,本案的争议焦点为李某向魏某的信用卡存入的57,600元性质为何。庭审中,双方当事人及证人谷某某均认可魏某的信用卡之所以会发生欠款,系因谷某某使用信用卡进行消费,且到期无力向银行还款。谷某某在出庭作证时陈述,其当初是向李某借款,李某自己没有,遂将魏某的信用卡交与其使用;谷某某与李某系朋友关系,他与魏某之间无任何交往;谷某某为欠款出具了欠条,欠条现在李某手中。依据上述事实,法院认为,该案所涉信用卡虽为魏某所有,但该信用卡中的欠款并非魏某本人消费所致,亦非其本人将信用卡外借所致。综上,法院认为,鉴于系谷某某向李某借款,李某往涉案信用卡中存入57,600元,该行为并非魏某还款。故魏某与李某之间不存在民间借贷关系,魏某并非本案的适格被告。裁定:驳回上诉,维持原裁定。[2]

6. 债务到期后出具保证书形成借款关系

债务到期后,向债权人出具保证书作出代为还款的承诺,形成借款关系,这与债权债务合同签订时保证人提供的担保在性质上还是有所不同的。

【案例2-24】 彭某诉王某借款合同纠纷再审案

一审法院认为,2005年12月30日,兴达木公司的借款条显示,兴达木公司从彭某处借款,借款条上有兴达木公司的印章和法定代表人王甲的签字。可见王某仅是见证人,最初的借款方是兴达木公司而非王某。但是该笔借款于2006年1月30日到期,2006年5月17日王某书写保证书时,主债务已到期,已为实际发生的债务。王某2006年5月17日作出如王甲不还清,保证自己在2006年6月底之前还清,否则负有法律责任的承诺,实际上是对到期

[1] 北京市第一中级人民法院(2015)一中民(商)终字第6428号民事判决书。
[2] 北京市第一中级人民法院(2012)一中民终字第11939号民事判决书。

债务承担偿还责任的承诺,而非一般意义上的提供担保。故王某在债务到期后代为承诺使得王某与彭某之间形成了新的债权债务关系,即王某代兴达木公司向彭某还款的法律关系。王某辩称保证书是在彭某的胁迫下写的,但未提供充分的证据证明胁迫情形的存在,故应认为该保证书是王某的真实意思表示,合法有效。根据《合同法》第八条的规定,故王某应承担向彭某还款责任。判决:被告王某向原告彭某返还借款25万元。二审法院判决:驳回上诉,维持原判。[1]

〔1〕 参见国家法官学院案例开发研究中心编:《中国法院2014年度案例》(借款担保纠纷),中国法制出版社2014年版,第138页。北京市高级人民法院(2012)高民申字第03207号民事裁定书。

二、民间借贷合同关系法律适用

(一)民间借贷合同关系认定

《民法典合同编通则解释》第十五条规定:“人民法院认定当事人之间的权利义务关系,不应当拘泥于合同使用的名称,而应当根据合同约定的内容。当事人主张的权利义务关系与根据合同内容认定的权利义务关系不一致的,人民法院应当结合缔约背景、交易目的、交易结构、履行行为以及当事人是否存在虚构交易标的等事实认定当事人之间的实际民事法律关系。”

判断当事人之间是否属于民间借贷关系应结合发生法律关系的缘由、期限、业务性质、款物交付情况,以及商业惯例、公序良俗等因素考虑。

1. 借款关系成立认定

借款真实的,双方之间存在民间借贷法律关系。

【案例2-25】 柴某某与吴某民间借贷纠纷再审案

二审法院认为,根据法院查明事实,综合分析当事人提交的证据及陈述的情况,吴某曾作为操盘手同时将自有资金放在柴某某账户中一并进行黄金投资交易的情形。但因吴某并不能提交证据证明其与柴某某之间存在包含收取佣金、分红比例等内容的书面协议,且柴某某亦不认可委托吴某代为进行黄金投资交易。故对吴某坚称为柴某某操作黄金买卖交易获取佣金等相关事实法院不予确定。涉案借条载明内容完整,吴某认可借条的真实性,二审提交的QQ聊天记录反映的是吴某与对方商量如何找人追讨款项事宜,不能证明受到胁迫出具借条的情形,事后吴某也没有采取向公安机关报案等措施,而是听之任之。吴某属于完全民事行为能力人,应当为自己的行为负责。一审判决根据双方均认可的收付款情况,确认吴某应偿还的款项并无不妥。综上所述,吴某的上诉请求应予驳回。一审判决结果并无不当,应予维持。

判决：驳回上诉，维持原判。[1]

【案例2－26】 刘某某与王某某、谭某某民间借贷纠纷案

关于原、被告之间民间借贷关系是否存在，一审法院认为，本案中，虽然原告刘某某向被告谭某某及谭某某向王某某转账的时间与出具借条的时间不一致，但并不影响双方之间的借贷关系成立。被告谭某某辩称原告刘某某向其支付48,000元系双方另有合伙协议，但是并未提供足够的证据证明。被告王某某向原告刘某某借款，并出具借条，系双方真实意思表示，法院认定该民间借贷依法成立并合法有效。二审法院判决：驳回上诉，维持原判。[2]

借款人死亡且无借据的，法官根据具体案情和查明事实，可以认定法律事实即双方成立民间借贷法律关系。

【案例2－27】 唐某某诉徐某某民间借贷纠纷案

一审法院认为，唐某某之子陈某某死亡导致贷款时二人的真实意思表示不能直接证明，但基于其特殊亲属关系，唐某某以自己的名义贷款后于当日转入陈某某账户，资金流向除陈某某取现和ATM取款外，大部分转款都是偿还债务。结合陈某某因生意周转曾多次向多人借款，唐某某只是经营日杂小摊生意的客观实际，根据民法理论的高度盖然性原理，认定唐某某贷款是为陈某某生意周转等所需，双方有借款合意更符合二人当时的真实意思表示。徐某某以贷款档案中唐某某出具的借条证明陈某某是债权人，来抗辩唐某某转账给陈某某系偿还借款。但借条原件不在债权人手中而是存放在信用社，明显不符合民间借贷的正常表现形式，唐某某、徐某某虽均未对借条形成时间申请鉴定，但综合全案能够认定该借条明显是为了满足信用社发放贷款所需的要求而形成；且徐某某也未提供其他证据证明在该借条载明的借款日期前后，陈某某实际交付借款给唐某某，或者二人之间存在其他交易关系。因此，应当认定双方形成了合法有效的民间借贷法律关系。二审法院同意一审法院裁判意见，判决：驳回上诉，维持原判。[3]

【案例2－28】 安某某等诉王某某等民间借贷纠纷案

判决观点，刘某某生前因承包稻田地向三原告借款虽未写书面借据，但

---

〔1〕 参见国家法官学院案例开发研究中心编：《中国法院2018年度案例》（民间借贷纠纷），中国法制出版社2018年版，第217页。北京市第二中级人民法院（2018）京02民再129号民事判决书。

〔2〕 参见国家法官学院案例开发研究中心编：《中国法院2017年度案例》（借款担保纠纷），中国法制出版社2017年版，第176页。湖南省株洲市中级人民法院（2015）株中法民一终字第633号民事判决书。

〔3〕 参见国家法官学院、最高人民法院司法案例研究院编：《中国法院2020年度案例》（民间借贷纠纷），中国法制出版社2020年版，第220～221页。四川省自贡市中级人民法院（2018）川03民终906号民事判决书。

证人出庭证言所证明的事实足以认定三原告与刘某某、王某某借贷关系成立,且三原告每年多次向刘某某及王某某催要借款,此借款并未超过诉讼时效。因刘某某已故,其妻王某某应偿还三原告借款,被告刘甲、刘乙、刘丙系刘某某的第一顺序继承人,理应在继承遗产范围内承担连带偿还责任。判决:被告王某某偿还原告安某某、贾某某、傅某某借款人民币46,000元(其中安某某10,000元、贾某某6000元、傅某某30,000元),被告刘甲、刘乙、刘丙对上述借款承担连带清偿责任。[1]

2. 合同名称与内容不符的认定

合同名称与实际借款内容不符的,以实际借款内容认定合同关系。

【案例2-29】　宫某某诉北京九鼎铭洋国际投资管理有限公司、北京品刚投资担保有限公司借款合同纠纷案

判决观点,北京九鼎铭洋国际投资管理有限公司(以下简称九鼎铭洋公司)与宫某某所签之合同,虽名为《合作投资管理协议》,但九鼎铭洋公司在合同条款中直接与宫某某约定了具体、固定的月收益率,该约定表明宫某某的合同预期为纯粹追求资本的固定本息回报,而对九鼎铭洋公司管理资本的行为及收益后的分成并无预期,该约定与借款合同并无二致。在合同实际履行中,九鼎铭洋公司亦未向宫某某披露款项具体走向。综上,可以认定九鼎铭洋公司与宫某某之间是借款合同关系,应按照关于借贷的规定处理,法院依法对本案的案由调整。现九鼎铭洋公司未按约定返还本金及利息,应承担相应的清偿责任。[2]

【案例2-30】　天润公司诉俊发公司、拓普公司民间借贷纠纷案

二审法院认为,《典当管理办法》对典当行为作出了实质性规定和限制,其目的是避免典当行实施名为典当实为高息借贷的违法行为。本案不符合《典当管理办法》所规定的典当行为。第一,天润公司与俊发公司没有依据《典当管理办法》第四十二条规定到有关部门先行办理抵押登记,而是签订《商品房预售合同》并办理预购商品房预告登记。双方办理预购商品房预告登记行为,不符合典当房地产抵押担保的构成要件。第二,天润公司与俊发公司没有依据《典当管理办法》第三十九条规定结清前期利息和当期费用,

---

〔1〕 参见国家法官学院案例开发研究中心编:《中国法院2018年度案例》(民间借贷纠纷),中国法制出版社2018年版,第204页。河北省滦南县人民法院(2016)冀0224民初3148号民事判决书。

〔2〕 参见国家法官学院、最高人民法院司法案例研究院编:《中国法院2020年度案例》(借款担保纠纷),中国法制出版社2020年版,第70~71页。北京市朝阳区人民法院(2018)京0105民初8314号民事判决书。

违反了典当经营应当遵守的限制性规定。第三,《典当管理办法》第四十三条第一项规定,当物估价在3万元以上的,可以按照《担保法》的有关规定处理,也可以双方事先约定绝当后由典当行委托拍卖行公开拍卖。本案天润公司未按《典当管理办法》规定的方式实现典当权利,而是以直接提起民事诉讼的方式要求俊发公司偿还欠款。综上,本案不符合典当法律关系的性质和构成要件,天润公司与俊发公司实际构成民间借贷法律关系。判决:俊发公司偿还天润公司借款本金765万元及利息。[1]

根据真实意思认定名为投资实为借贷法律关系。

【案例2-31】 张某某诉福建绿滋园农业综合开发有限公司民间借贷纠纷案

二审法院认为,民事活动中,对"投资"概念的理解比较宽泛,判断同样称为"投资"的行为,引起的法律后果是出资入股(伙)效力还是一般的债权效力,主要在于探究当事人的真实意思。从案涉《投资分红协议书》的内容及实际履行情况看,上诉人与被上诉人虽约定被上诉人投入资金及分红事宜,但未约定经营风险的承担,且被上诉人不参与经营管理,故该协议名为投资实为借款,本案应认定上诉人与被上诉人之间存在借贷关系。上诉人未依约向被上诉人支付第一年的本金回报,未按合同约定履行义务,原审法院据此判决上诉人偿还所有借款以及利息,符合双方约定及法律规定,本院予以支持。上诉人主张原审法院违反先刑后民原则,遗漏当事人,但未提供证据予以支持,应承担举证不能的后果,综上,上诉人的上诉请求及理由没有事实及法律依据,难以成立,本院不予支持。原审判决认定事实清楚,适用法律正确,程序合法。判决:驳回上诉,维持原判。[2]

【案例2-32】 申某某诉传媒公司、刘某某民间借贷纠纷案

二审法院认为,(1)传媒公司、刘某某与申某某之间法律关系的问题。首先,申某某的投资行为不能视为对传媒公司的入股。根据《公司法》第三十一条、第三十二条、第三十三条的规定,股东出资后,公司应当向其签发出资证明书,并置备股东名册,记载于股东名册的股东,方可行使股东权利。本案中,虽然三方签订的为《影视投资协议书》,但申某某并未被记载为传媒公司的股东名册,亦未向申某某签发出资证明书,故申某某的投资并不具有成

---

〔1〕 参见国家法官学院、最高人民法院司法案例研究院编:《中国法院2021年度案例》(民间借贷纠纷),中国法制出版社2021年版,第12~13页。新疆生产建设兵团第二师中级人民法院(2019)兵02民终258号民事判决书。

〔2〕 参见国家法官学院案例开发研究中心编:《中国法院2017年度案例》(民间借贷纠纷),中国法制出版社2017年版,第16页。福建省福州市中级人民法院(2015)榕民终字第3146号民事判决书。

为传媒公司的股东目的,其投资款项不能视为入股资金。其次,结合投资的特点进行分析。投资是各主体按照约定各自提供资金、实物等生产要素设立经济实体,共同经营、共担风险、共享利益而形成的权利义务关系。其本质特点是共同投资、共同经营、共享利益、共担风险。本案中,虽然申某某和传媒公司签订的为《影视投资协议书》,但根据该协议的约定,由传媒公司全权负责投资项目的一切运营,申某某不得以任何理由干涉传媒公司的运作过程,即申某某对于项目无经营权、管理权和决策权,亦不承担经营风险,不符合投资的特点。再次,结合借款合同的法律特点进行分析。根据《合同法》第一百九十六条的规定,借款合同是借款人向贷款人借款,到期返还借款并支付利息的合同。本案中,根据申某某与传媒公司签署的《影视投资协议书》《影视剧收益分红协议》的约定,申某某向传媒公司投资款项,期限六个月,到期后返还投资款项并支付固定数额的到期分红,则该收益具有保底性,且申某某不参加传媒公司的经营管理,对经营损失亦不承担风险,故双方签订的协议应为借款合同。最后,根据双方履行协议的实际情形分析。传媒公司向申某某出具的《还款计划》《证明》《承诺书》,均载明传媒公司承诺分批次向申某某还清全部借款,落款处亦显示传媒公司为“还款人”。同时,2018年1月5日传媒公司通过银行转账形式向申某某偿还的330元,银行凭证附言为“传媒公司还款”。故传媒公司与刘某某明知其与申某某之间实为借贷关系,亦是按照借款合同予以履行。故涉案协议虽名为投资协议,但在协议中约定了保底条款,不符合投资具有风险性的特点,故申某某与传媒公司、刘某某之间的法律关系性质应为借贷关系。(2)传媒公司、刘某某是否应支付利息。涉案协议书中约定了固定的到期分红,传媒公司向申某某出具的《承诺书》中亦显示传媒公司承诺偿还欠款及利息,故一审法院认为对分红的约定实为双方对借款本金在借期内利息的约定并无不当。……综上所述,传媒公司、刘某某的上诉请求均不能成立,应予驳回。一审判决认定事实清楚,适用法律正确,应予维持。判决:驳回上诉,维持原判。[1]

名为投资实为民间借贷是指以投资入股作为外在表现形式,而实质形成的是民间借贷权利义务关系的民事行为。

【案例2-33】 国通公司与缤购城公司民间借贷纠纷案

最高人民法院认为,根据各方当事人诉辩意见,并经征得各方当事人同意,本案二审争议焦点为:涉案11,258.25万元款项的性质应如何认定。对

---

〔1〕 参见国家法官学院、最高人民法院司法案例研究院编:《中国法院2022年度案例》(民间借贷纠纷),中国法制出版社2022年版,第56~58页。北京市第三中级人民法院(2020)京03民终3515号民事判决书。

于涉案11,258.25万元的性质,缤购城公司上诉主张该笔款项应为增资款而非借款。本院认为,缤购城公司的该主张不能成立,具体理由为:该笔款项虽系基于涉案《增资协议》《〈增资协议〉之补充协议》的约定支付,但对于款项性质的认定,不能仅依据协议名称进行判断,应根据合同条款所反映的当事人真实意思,并结合其签订合同真实目的以及合同履行情况等因素,进行综合认定。首先,根据《增资协议》第7.1条、第7.2条、第7.3条等条款的约定,本案中,国通公司签订上述协议的目的是通过向缤购城公司融通资金而收取相对固定的资金收益,这与一般意义上为获取具有或然性的长期股权收益而实施的增资入股行为并不相同。缤购城公司虽称根据涉案《〈增资协议〉之补充协议》第五条的约定,除固定利润之外,国通公司还有权按其投资获取利润,但该《〈增资协议〉之补充协议》第五条约定是以"《股权投资协议》约定为准",而《股权投资协议》仅涉及第4期信托计划项下的150万元款项,而涉案11,258.25万元系第1期至第3期信托计划项下款项,两者并非同一笔,故根据《〈增资协议〉之补充协议》第五条的约定,并不足以认定国通公司向缤购城公司汇入涉案11,258.25万元的目的系获得股权分红而非固定回报。其次,国通公司虽经工商变更登记为缤购城公司股东,但缤购城公司并未举证证明国通公司实际参与了缤购城公司的后续经营管理。且根据涉案《增资协议》第10.3.4条、第10.3.5条以及第10.3.10条的约定,国通公司有权在缤购城公司违约的情形下将其所持有的股权对外转让、申请减资、处置涉案项目等,故缤购城公司主张涉案《增资协议》《〈增资协议〉之补充协议》并未约定股权退出机制与事实不符,缤购城公司据此主张涉案款项并非借款亦依据不足,本院不予支持。同时需要指出的是,因本案系涉案协议各方当事人之间的内部纠纷,相关权利义务需要根据协议约定进行确认。但在国通公司未通过法定程序完成股权退出之前,因内部约定并不具有外部效力,如存在善意第三人基于信赖缤购城公司对外公示的股权结构、工商登记信息而导致利益受损情形,其可以通过诉讼另案解决。但缤购城公司以可能涉及外部关系为由主张一审判决有误理据不足,本院不予支持。最后,对于涉案款项的性质,缤购城公司不仅在涉案《债权确认协议》中认可"国通公司依据《增资协议》对缤购城公司享有的金额至少为11,408.25万元的债权",且在(2016)鄂01民初5905号案件庭审中也认可"增资扩股争议的标的额11,258.25万元加上150万元全部汇入了公司。目前我们增资扩股争议的标的额全部通过还款形式还给国通公司""确认实际上属于名股实债的关系"。本案中,缤购城公司又主张上述款项系增资款而非借款,与前述协议约定以及在另案中所作的陈述均不一致。在缤购城公司未能举证证明涉案《债权确认协议》存在无效情形的情况下,其作为《债权确认协议》一方当事人,应受到该协议的约束。另外,根据一审查明事实,涉案11,258.25万元作为第1期至第3期信托计划项下款项,缤购城公司已经偿还完毕,国通公司在(2016)鄂01民初5905号案件中对此也予以认可。同时,国通公司明确表示其提起本案诉讼所主张的债权并不包括该11,258.25万元款项,而除了涉案11,258.25万元以及150万元之外,本案所涉款项均非基于《增资协议》、《〈增资协议〉之补充协议》以及《股权投资协议》而发生,缤购城公司、国通公司对除涉案11,258.25万元以及150万元之外的其他款项系借款性质也并未表示异议,在该11,258.25万元已经清偿完毕的情况下,缤购城公司又提出该笔款项并非借款,并要求对借款本金及利息重新计算,缺乏依据,本院不予支持。[1]

当事人之间签订的《投资合作协议》并不具有共同经营、共享收益、共担风险的投资合作特征,而是约定一方出资后,无论公司经营情况如何,是否亏损,均按标准计算并享有固定投资收益。应认定双方之间法律关系的性质"名为投资,实为借贷"。

【案例2-34】 事益公司与付某借款合同纠纷再审案

最高人民法院认为,事益公司与付某签订的《投资合作协议》约定内容表明,付某所获收益是以固定回报方式计算,且约定无论公司经营情况如何,是否亏损,付某均按标准获得投资收益。因此,《投资合作协议》的约定不具有共同经营、共享收益、共担风险的投资合作特征。事益公司工商登记虽变更付某为公司股东,但事益公司并未提交证据证明付某参与了公司的实质性经营活动。付某不参与事益公司的经营管理,其投入的资金不承担任何经营风险,只收取固定数额的收益,该1300万元名为投资,实为借款。仅就事益公司与付某双方之间的法律关系而言,原审认定为民间借贷性质,并无不当。事益公司收到付某支付的1300万元后,没有按照双方协议约定按期给付利息,事益公司应当将借款偿还给付某,并按照约定支付相应的利息。原审依照《民间借贷规定》的有关规定,结合合同的内容及履行情况,并根据交易习惯、市场利率等因素确定事益公司应支付的利息标准,亦无不当。裁定:驳回事益公司的再审申请。[2]

约定固定本息的投资协议,应认定双方成立以让渡资金使用权为目的的民间借贷关系。

---

〔1〕 最高人民法院(2019)最高法民终1532号民事判决书。

〔2〕 最高人民法院(2020)最高法民申7050号民事裁定书。

【案例2－35】 耿某诉曹某某民间借贷纠纷案

一审法院认为,双方当事人争议的焦点是曹某某应否返还耿某借款。本案中,曹某某与耿某签订协议,但协议约定耿某只出资,不担风险,不符合“共同出资、共同经营、共享收益、共担风险”的合伙关系特征。耿某依约向曹某某支付款项,到期后收回成本,符合借款合同的规定,双方之间构成民间借贷法律关系。故根据民事法律关系的性质,本案案由应为民间借贷纠纷。因双方约定借款利息为“一分”,“分”在借贷关系中的意义为“利率”,即一定时期内利息额与借贷金额的比例。《新华字典》对于作为利率的“分”的解释是,“利率,月利一分按百分之一计算,年利一分按十分之一计算”。据此,双方签订协议明确约定耿某享有年利率不得少于“利息一分”,应认定不得少于年利率12%的固定收益,上述协议约定的内容已明确表达了耿某缔约目的和合同预期为追求资产固定本息回报,应认定耿某名义上为投资,实际的真实意思系以还本付息条款为核心的借款合同关系,合法的借贷关系受法律保护,耿某向曹某某支付借款134万元事实清楚,法院予以认定,因双方未约定还款期限,耿某作为债权人有权随时主张债权,故对于耿某要求曹某某归还134万元的诉讼请求,法院予以支持。关于案涉利息,双方协议约定,利息最低按照一分计算,现耿某主张曹某某支付自2017年11月16日起至2020年11月15日止利息482,400元的诉讼请求,并未违反法律规定,符合双方约定,法院予以支持。判决:(1)曹某某给付耿某借款本金134万元;(2)曹某某给付耿某利息以134万元为基数,自2017年11月16日起至2020年11月15日止利息482,400元。二审法院同意一审法院裁判意见。[1]

实际法律关系与合同约定法律关系不一致时,应以实际法律关系认定案涉法律关系。

【案例2－36】 爱华控股集团有限公司等与湖南有色国贸有限公司、常州浦源化工进出口公司借款合同纠纷案

二审法院认为,三方之间签订的包括涉案33份合同在内的《公司产品购销合同》,因没有实际货物转移,并不符合买卖合同的基本特征,其真实目的是湖南有色国贸有限公司(以下简称有色国贸公司)出借资金给常州浦源化工进出口公司(以下简称常州浦源公司)使用。故本案所涉合同性质名为买卖合同,实质为企业融资借款。但即使有色国贸公司、常州浦源公司之间存在以买卖为名的借贷,也不能简单将企业之间的借贷行为认定为无效。有色

〔1〕 参见国家法官学院、最高人民法院司法案例研究院编:《中国法院2023年度案例》(民间借贷纠纷),中国法制出版社2023年版,第92～93页。山东省青岛市中级人民法院(2021)鲁02民终3370号民事判决书。

国贸公司并未以融资业务为常业，借款给常州浦源公司也未收取高额利息。依据《民间借贷规定》规定……据此，本案借款行为应确认为有效。[1]

【案例2-37】 薛某某与陆某某、江苏苏浙皖边界市场发展有限公司、江苏明恒房地产开发有限公司委托代理合同纠纷案

最高人民法院认为，虽然薛某某与陆某某之间未签订委托收购股权并代持股权的书面合同，但薛某某向陆某某汇付款项的事实属实。对该笔款项的性质，陆某某虽然主张为借款，但未能提供任何证据证明。原判决综合全部案件事实，依据优势证据原则认定双方之间存在薛某某委托陆某某收购股权并且代持股的关系，理据充分，并无不当。[2]

认定投入到公司的款项性质是投资还是借款，应对主张借款的证据进行审查，由于认定实际投资人与认定股东在性质上完全不同，法官不能在认定所涉款项为投资款以及实际投资人的基础上进一步认定股东。

【案例2-38】 周某某与王某、叶某某合同纠纷案

最高人民法院认为，从最初周某某2012年5月8日与王某、叶某某签订的《参股协议书》，到周某某2016年10月10日与王某、叶某某签署的《股权转让股东会决议》，再到周某某和叶某某在公安机关的相关陈述等逐项证据，都一致印证了周某某实际出资人的身份，反观体现为案涉款项为借款性质的落款2017年7月15日的《协议》，则存在诸多不合常理之处，比如所载借款金额未扣除周某某已收到的款项，《协议》没有法定代表人签名与永泰和公司以往处理重大的事项的惯例不符，周某某陈述王某不愿意在《协议》签名害怕其他股东追责等。一审法院综合衡量全案证据，对于反映案涉借款性质的《协议》这一孤证不予采信，认定周某某汇入款项的性质系投资款正确，本院予以确认。本案焦点问题是所涉款项的性质是投资还是借款，故一审法院在事实层面考察案涉款项是否可构成投资、通过判断周某某是否为实际投资人，进而考察案涉款项的性质，符合通常的认识逻辑，并未超出案件审理范围。但是，认定实际投资人与认定股东在性质上完全不同。公司的实际投资人"显名"为股东，有法定程序且属于实际投资人自主决定的范围。虽然周某某参与了公司的部分经营，永泰和公司的股东在二审期间一致同意周某某"显名"为股东，但由于周某某未被记载永泰和公司股东名册，也未在本案中提起该项请求，故一审法院在认定所涉款项为投资款，周某某为实际投资人

---

〔1〕 参见人民法院出版社主编：《最高人民法院民商事审判指导》（第6卷），人民法院出版社2019年版，第438~439页。

〔2〕 参见人民法院出版社主编：《最高人民法院民商事审判指导》（第6卷），人民法院出版社2019年版，第473页。

的基础上，进一步认定周某某为“实际股东”，缺乏当事人意愿基础，影响了实际出资人的“显名”自主权，亦超出了案件审理所必需，且“实际股东”并非严谨的法律概念，确有不当，本院予以纠正。[1]

名为客房使用权出让和委托经营合同，实为民间借贷合同。

【案例2－39】 劳某诉碧雪湖公司借款合同纠纷案

二审法院认为，审查案涉合同约定之内容，劳某以获取未来收益为目的向碧雪湖公司支付一定的款项，而碧雪湖公司则负有到期返还该款项的合同义务，该合同应视为劳某与碧雪湖之间的融资行为，劳某对自身行为的投资属性亦无异议。依据案涉合同之约定，劳某可获取的未来收益包括每年的投资回报以及免费客房服务等内容，现劳某确认免费客房实际无法使用且其已经与碧雪湖公司协商将该项合同内容转化为货币形式，劳某于本案中的诉讼请求亦基于该些事实，案涉合同虽非《合同法》明文规定的合同，但其法律属性最接近贷款合同，可以参照适用现行法律体系中关于借款合同的相应规定。[2]

对名为私募基金合同，但合同内容存在投资者不适格、基金产品未备案以及保底条款等情形，不符合基金合同法律关系构成的，法官应按照其实际构成的法律关系处理，符合民间借贷法律关系构成的，按民间借贷认定。

【案例2－40】 骆某某诉深圳市骏业基金管理有限公司、何某某民间借贷纠纷案

二审法院认为，骆某某与深圳市骏业基金管理有限公司签订了《认购合同》，但骆某某不属于私募投资的合格投资者，涉及的私募基金产品没有登记备案，且合同不具备私募基金合同的构成要件，名为“私募投资”，实为“民间借贷”。[3]

“名为典当，实为借贷”的合同性质辨析需建立在典当关系与民间借贷关系的界定基础上，最为关键的是对典当关系成立的当票凭证等形式条件和交付当物质押、发放当金、收取综合费等实质条件的审查。

【案例2－41】 甘肃华屹置业有限公司与兰州云翔典当有限责任公司、武威全圣明胶有限责任公司民间借贷纠纷案

最高人民法院认为，云翔公司与华屹公司签订借款合同，系双方当事人

〔1〕 最高人民法院（2020）最高法民终14号民事判决书。
〔2〕 参见韩延斌主编：《民间借贷案件裁判要点与观点》，法律出版社2016年版，第19～20页。
〔3〕 参见最高人民法院中国应用法学研究所编：《人民法院案例选》2018年第12辑（总第130辑），人民法院出版社2019年版，第48页。广东省深圳市中级人民法院（2018）粤03民终125民事判决书。

的真实意思表示，内容不违反法律禁止性规定，一审法院确认合同有效，于法有据。虽然云翔公司于2012年11月25日向华屹公司已签发总额1.3亿元当票为名发放借款的行为违反《典当管理办法》的规定，但是这并不然影响本案涉及的五份《借款合同》（兰云借字2012年第011004～011008号）的效力，同时该当票的金额印证了八份借款合同（兰云借字2012年第011001～011008号）的借款总额。云翔公司上诉称，其已经履行了部分还款义务，仅应当支付华屹公司剩余欠款650万元。一审法院对于华屹公司在一审中提交的付款明细与票据，均结合本案的具体事实进行了质证。同时，华屹公司上诉并未提交已经履行部分还款义务的新证据，根据《民事诉讼法》第六十四条之规定，当事人对自己提出的主张，有责任提供证据。因此，华屹公司的上诉理由不能成立，本案欠款的本金数额应为6050万元。一审法院对该事实的认定，理据充分。[1]

3. 结合证据综合认定借款关系

借款人虽与出借人曾为男女朋友，其抗辩款项系赠与而又无证据证实的，应按借贷关系认定。

【案例2－42】 周某诉董某民间借贷纠纷案

判决观点，现董某并无证据证明周某给付20万元时具有无偿给予的意思表示，亦无证据表明双方就所谓赠与合同生效条件达成任何口头或者书面协议。且周某在2012年12月3日以QQ聊天的方式向董某主张20万元款项时，董某还表示在其稳定下来时会将款项给付给周某。同月，董某的父亲还代偿了5万元，双方当时并无赠与的意思表示。另外，2013年4月29日双方的聊天记录显示，周某要求董某看能不能分着先还点钱，董某表示，钱都花了，我现在什么都没有了。周某称你不想还那钱了吧，董某此时称：你要这么说，我本来就不欠你的。从双方的微信聊天记录也可以看出，董某在刚开始时是认可其欠款的事实，只是在周某意识到其不愿还款的事实后，其才改称为了跟周某在一起才取得以上款项。基于以上事实，对董某的该项辩称不予采信。综上，依据周某向董某的转账凭证及其双方的聊天记录，可以认定双方之间存在民间借贷法律关系，系双方当事人真实意思表示，且未违反国家法律、行政法规的强制性规定，应属有效。董某作为借款人，理应按期归还借款，董某长期拖欠周某借款不还的行为，属违约行为，应承担还款的违约责

〔1〕 参见最高人民法院民事审判第一庭编：《民事审判指导与参考》2017年第1辑（总第69辑），人民法院出版社2017年版，第208页。

任。周某要求董某偿还15万元借款的诉讼请求,于法有据,予以支持。判决:被告董某偿还原告周某借款15万元。〔1〕

民间借贷案件中存在出具债权凭证后又汇款及累计汇款统一出具债权凭证的情况,应根据案件事实,审查汇款时间等,认定形成借贷关系。

【案例2-43】 杨某某诉郎某民间借贷纠纷案

2014年9月30日至2015年1月27日,原告向被告个人账户及被告指定的案外人账户转款及现金支付共计135,000元,2015年2月7日,被告向原告出具欠款金额为14万元的欠条,法院认定双方形成民间借贷法律关系。被告抗辩双方非借贷关系而是赠与及投资关系,提交的证据与法院查明及确认的证据相悖,被告的抗辩,不予采纳。对原告预先在本金中扣除利息部分,不予支持。被告应按约定偿还原告借款本金135,000元,并支付逾期利息。原告主张自2016年1月11日起至借款本金实际给付之日止,按年利率6%标准计算利息,符合法律规定。关于2015年4月27日至2015年6月28日原告向被告转款72,900元的问题。原告仅有银行转账凭证而无借款凭证,被告对此抗辩是原告赠与,无证据证实。根据举证责任分配原则及结合此前原告先汇款、被告后补欠条的情形,法院认定此款系民间借贷。原告主张对于此借款被告应给付利息,因该笔借款未约定还款期限,利息应自原告起诉之日(2017年10月12日)起至被告实际给付之日止,按年利率6%计算。关于2015年2月12日至2016年1月10日原告向案外人转款15,400元的问题。原告主张此款系被告借款,因原告证据仅有给案外人转账的记录,无其他证据佐证,不能认定原告向案外人账户转款系原告按被告指示交付的借款。对原告此诉请,不予支持,证据充分可向案外人另行主张。判决:被告郎某返还原告杨某某本金207,900元及利息。郎某上诉后逾期交上诉费,二审法院裁定按自动撤回上诉处理。〔2〕

仅有转账凭证并非必然成立借贷关系,被告(借款人)抗辩否认借贷合意的案件,法官应综合法条内在精神、案件其他事实评判。

【案例2-44】 余某某、黄某某诉张某某民间借贷纠纷案

二审法院认为,本案争议的焦点问题是上诉人与被上诉人之间是否存在涉案的866万元的借贷关系。上诉人主张其提供的银行转账单及被上诉人

---

〔1〕 参见国家法官学院案例开发研究中心编:《中国法院2016年度案例》(民间借贷纠纷),中国法制出版社2016年版,第56~57页。北京市海淀区人民法院(2014)海民初字第17409号民事判决书。

〔2〕 国家法官学院案例开发研究中心编:《中国法院2019年度案例》(民间借贷纠纷),中国法制出版社2019年版,第22~23页。黑龙江省哈尔滨市中级人民法院(2018)黑01民终2485号民事裁定书。

出具的证明书等证据已经形成完整的证据链,足以证实双方之间的借贷关系成立有效。但经核实,上诉人与被上诉人之间一直以来都有经济往来,上诉人在同一时期亦多次向被上诉人借款。上诉人所提供的转账凭证并没有明确转款属于借款,且大部分的转账还注明只是往来款,单凭上诉人所提供的转账凭证并不能证实双方之间存在866万元的借贷关系。而上诉人所提供的证明书上亦没有直接证实双方就借款存在合意的内容,无法印证被上诉人向上诉人借款866万元的事实。另外,按照上诉人起诉时的主张,其自2012年4月就出借866万元给被上诉人,但既没有约定利息,也没有要求提供抵押担保,更没有要求被上诉人出具借条,至2016年8月,才向被上诉人追讨欠款,这有悖常理,也有违一般的民间借贷习惯。而且在对方未偿还借款的情况下,2013年上诉人还向被上诉人借款,这与上诉人所主张的被上诉人向其借款相矛盾。为此,一审法院结合案件实际情况,没有认定上诉人与被上诉人之间存在涉案866万元的借贷关系是正确的。综上所述,余某某、黄某某上诉请求不能成立,应予以驳回;一审判决认定事实清楚,适用法律正确,应予以维持。判决:驳回上诉,维持原判。[1]

【案例2-45】 宋某某与朱某某民间借贷纠纷案

二审法院认为,一审法院结合聊天记录中朱某某所作涉案款项由其负责归还等陈述以及宋某某打款、朱某某还款或指示他人还款的行为,认定双方之间构成民间借贷法律关系,理由充分,法院予以确认。朱某某借款后是否用于投资金某某,是否由金某某最终归还款项,均不影响朱某某与宋某某之间的民间借贷关系。即使宋某某向朱某某询问了介绍费、第三人还款等问题。也不代表宋某某免除了由朱某某作为借款人归还借款的义务。综上所述,朱某某上诉请求不能成立,应予驳回。判决:驳回上诉,维持原判。[2]

仅有借条而无交付借款证据的,法官对其借条持有人主张的民间借贷关系诉求不予支持。

【案例2-46】 杨某某诉何某某民间借贷纠纷案

一审法院认为,本案杨某某以民间借贷纠纷为由要求何某某偿还所借款项,应由杨某某提供证据证明其与何某某之间存在借贷关系。杨某某提供的

---

〔1〕 参见国家法官学院案例开发研究中心编:《中国法院2019年度案例》(借款担保纠纷),中国法制出版社2019年版,第35~36页。广西壮族自治区贵港市中级人民法院(2017)桂08民终1484号民事判决书。

〔2〕 参见国家法官学院、最高人民法院司法案例研究院编:《中国法院2021年度案例》(民间借贷纠纷),中国法制出版社2021年版,第196页。江苏省无锡市中级人民法院(2019)苏02民终71号民事判决书。

《借条》、微信聊天记录仅能够证明与何某某之间存在借贷的合意,但不能证明杨某某已按约定交付了借款11万元。杨某某主张其代何某某向黄甲、黄乙、沈某某偿还欠款,却未能提供相应的证据证明已实际交付该款项;黄甲、黄乙、沈某某亦未到庭确认该事实;且若杨某某确实代为偿还何某某拖欠黄甲、黄乙、沈某某的借款,本应将何某某出具给黄甲、黄乙、沈某某的《借条》原件还给何某某,但其未能提供证据证明已将《借条》原件还给何某某。故杨某某主张其与何某某存在借贷关系证据不足,法院对其主张不予支持。判决:驳回杨某某的诉讼请求。二审法院同意一审法院裁判意见,判决:驳回上诉,维持原判。[1]

4. 疑难情形中借款关系认定

无债权凭证时借贷合意的认定是疑难问题。一般可从出借人、借款人的身份关系、证明力等多方面入手,判断未出具借条是否符合常理,出借人提供的证据的证明力明显高于借款人的,出借人的主张得到证明。与此相对的是,借款人实际上未提供足够的证据证明自己的异议主张,异议不成立。但应注意到,借款人异议不成立并不意味着出借款人主张的正确性,应从证明责任的一般原理出发,确认出借人与借款人主张事实的真实性并作出裁判。

【案例2-47】 梁甲诉梁乙借款合同纠纷案

一审法院认为,合法的借贷关系受法律保护。原告为证明被告向其借款的事实,提供了中国银行结算业务申请书、借记卡历史交易明细清单、证人证言等证据,并陈述了借款经过。对此,法院予以认可。关于被告抗辩系争钱款为赠与款,且原告未能提供借条、未约定还款期限的问题,法院作如下评述:其一,原、被告系兄弟关系,原告为家中长兄,被告为家中幼弟,被告亦自认原告曾经在生活、经济上对其多有关照,且被告系因突发事件而向原告请求经济援助。鉴于双方关系及事发时的紧急性,原告未让被告出具借条符合人之常情,亦不违反社会常理。其二,原告提供了家中数位亲属的证言,证人证言与原告自述内容前后相符,互为印证,在证明力上明显优于被告提供的证据。其三,所谓赠与通常是指赠与人将自己的财产无偿给予受赠人,受赠人表示接受的过程。一般情况下,其是指赠与人主观上主动将己方财产给予受赠人。根据原、被告所述,本案中系被告遭逢股灾而向原告求助,原告并无主动向被告赠与钱款的动因。现原告明确否认赠与,被告亦无证据证明原告

---

〔1〕 参见国家法官学院、最高人民法院司法案例研究院编:《中国法院2021年度案例》(民间借贷纠纷),中国法制出版社2021年版,第2页。福建省厦门市中级人民法院(2019)闽02民终3149号民事判决书。

事发时有赠与的意思表示，故原告所述更符合客观真实。其四，审理过程中，被告向法院提出心理测试申请，该测试结果系经专业机构评测获得，测试结果不利于被告，而能够在一定程度上补强原告证据的证明力，分析意见可作为本案裁判的参考依据之一。原告将钱款出借给被告已两年有余，经原告口头催讨、起诉后，被告仍拒不归还，该行为显属不当。二审法院认为，一审判决认定事实清楚，法律适用正确。判决：驳回上诉，维持原判。[1]

借贷合意及交付均存在瑕疵情况下，不能认定借贷关系成立。

【案例2－48】　青溪中心诉京鼎隆公司民间借贷纠纷案

一审法院认为，案涉68万元借贷关系不存在，依据如下：(1)青溪中心主张的68万元中有55万元来源和交付存疑。①青溪中心未提交证据证明是青溪中心或郭某某向京鼎隆公司账户存入的38万元。②送存38万元的单据显示，款项“来源”系房租款，青溪中心的主张与之相悖。③案涉款项发生时，郭某某存在以京鼎隆公司名义签订合同并以青溪中心名义代京鼎隆公司收取保证金的行为，故不能排除该38万元系青溪中心代收房租的可能。④17万元的转账从青溪中心账户转出，但青溪中心并无相关财务记载或记账凭证。同时考虑到前述第3点情况，该17万元的来源亦存疑。综上，青溪中心关于该55万元来源、用途和交付的解释均与在案证据相悖，不能排除合理怀疑，故不予采信。(2)青溪中心关于13万元交付存疑。①现有证据无法反映13万元已全部实际支出。即使13万元已实际支出但亦系郭某某支出而非青溪中心。考虑到郭某某个人当时经营京鼎隆公司，13万元的来源及用途是否是郭某某的出资存疑。②按青溪中心所称，68万元均发生于2011年10月，但当月及之后三个月的财务明细并无记载。且在2012年1月之后，郭某某与其他三方多次清算京鼎隆公司账目时亦从未提及。③所谓借款发生后，郭某某参与京鼎隆公司财务核算时从未提及借款。该表现在借款不存在时更具有合理性。(3)68万元的收据在反映借贷合意方面存在重大瑕疵。①所谓借款发生时，郭某某系青溪中心的法定代表人，同时负责经营京鼎隆公司。而收据记载收款人为郭某某，交款人为焦某某（郭某某认可焦某某系其配偶），无其他人员参与。②青溪中心对京鼎隆公司无权擅自作出借款的意思表示明知，其不是善意相对人。故法院认为，虽收据加盖有京鼎隆公司财务章，但考虑到前述情节，同时结合前述关于涉案款项来源和交付的情况，无法确认加盖财务章系京鼎隆公司的公司行为，亦无法确认双方就68万元存在借贷合意。综上，青溪中心提供的证据既不足以证明其与京鼎隆公司之

---

〔1〕 参见陈昶主编：《2019年上海法院案例精选》，上海人民出版社2021年版，第7～8页。

间存在借贷合意，亦不足以证明其实际交付了所谓借款，故对其关于双方存在68万元借贷关系的主张不予采信，对其相应诉请不予支持。经审理确认另10万元借款尚欠50,903元未还。判决：京鼎隆公司返还青溪中心借款本金50,903元及利息，驳回青溪中心其他诉讼请求。二审法院同意一审法院裁判意见，判决：驳回上诉，维持原判。[1]

出借人起诉时无法提供借条原件，但其借条复印件、银行转账凭证、微信转账和微信聊天记录相互印证的，可以认定借贷关系成立。

【案例2-49】 孙某某诉高某某民间借贷纠纷案

二审法院认为，孙某某向一审法院起诉时主张高某某向其借款，提供了银行转账凭证予以证明，并提供了《借条》复印件予以佐证，还对借款金额和《借条》的形成进行合理说明。高某某在一审期间经法院传票传唤没有到庭参加诉讼，也没有提供书面答辩意见；在二审期间经传票传唤亦没有到庭参加调查询问，依法视为其对孙某某的上述主张放弃答辩的权利。由于高某某没有进行抗辩，也没有提供相应证据，根据《民间借贷规定》第十七条的规定，孙某某无须再提供其他相应证据证明其主张。一审判决以孙某某没有提供《借条》原件为由认定其没有完成举证责任，法院予以纠正。而且，孙某某在二审期间提供了新的证据微信聊天记录，证明高某某于2019年8月9日通过微信转账方式向孙某某支付500元，在当天的微信聊天中，高某某有还钱的诚意，偿还能力为每月500元。该两份新证据与孙某某一审时提供的证据相互印证，进一步证明了双方存在借贷关系。据此，孙某某请求高某某清偿借款及利息有事实和法律依据，应予支持。判决：撤销一审判决，高某某偿还借款本金9万元及利息。[2]

在借贷双方证据不能认定事实时，法官可以运用经验法则认定是否成立民间借贷关系。

【案例2-50】 刘某与贺某某、王某某民间借贷纠纷案

一审法院认为，原告以借据、收据、欠条等债权凭证为依据提起民间借贷诉讼，被告依据基础法律关系提出抗辩或者反诉，人民法院应当依法查明案件事实，按照基础法律关系审理。从本案现有证据看，不排除最初刘某、周某

---

〔1〕 参见国家法官学院、最高人民法院司法案例研究院编：《中国法院2021年度案例》（民间借贷纠纷），中国法制出版社2021年版，第7～8页。北京市第二中级人民法院（2019）京02民终5610号民事判决书。

〔2〕 参见国家法官学院、最高人民法院司法案例研究院编：《中国法院2021年度案例》（民间借贷纠纷），中国法制出版社2021年版，第206～207页。广西壮族自治区北海市中级人民法院（2019）桂05民终1059号民事判决书。

弟、刘某洁、周某向贺某某汇款时存在委托理财的意思表示，但从本金数额、还款金额上看，上述资金流转往来已在2017年1月1日通过刘某与贺某某签订《借款合同》的方式进行清算，刘某与贺某某之间是民间借贷关系。二审调解结案。[1]

在借款人抗辩借贷事实时，法官可以依据案件事实运用诚信信用原则认定是否成立民间借贷关系。

【案例2-51】 河北巨龙工业有限公司与韩某某、胡某某民间借贷纠纷案

关于韩某某与河北巨龙工业有限公司（以下简称巨龙公司）之间是否存在借贷关系问题，二审法院认为，首先，韩某某对2006年5月2日向巨龙公司出具借据的真实性认可，该借据上没有约定还款期限，巨龙公司可随时主张权利，韩某某认为该笔借款超出诉讼时效的主张，本院不予支持。其次，韩某某认可顺义县顺义镇顺鑫五金建材商店是其名下的个体工商户，曾收到过利昌公司汇入的70万元款项。利昌公司的法定代表人张某某承认该70万元款项是替巨龙公司借给韩某某的，巨龙公司可以就该款项主张相应的权利。最后，鉴于本案中韩某某对顺义县顺义镇顺鑫五金建材商店是否为其名下的个体工商户以及借据的形成过程等问题多次出现陈述不实、前后不一致的情况，韩某某对其前后主张均未提交有效的证据证明，本院不予采信，其违反了民事诉讼的诚实信用原则，应予以谴责。综上所述，本院对巨龙公司与韩某某之间存在的借贷关系予以认可。判决：驳回上诉，维持原判。[2]

无借据的亲戚之间支付的款项构成借贷关系抑或赠与，应根据具体案情而定。

【案例2-52】 杨某明诉吴某强民间借贷纠纷案

一审法院认为，本案的争议焦点在于杨某明为吴某强交纳的购车款是借款还是赠与。对于购车款，杨某明主张系借款，则有义务证明其与吴某强之间存在借贷关系，吴某强主张系赠与，则有义务证明双方之间存在赠与关系。证人杨某香、吴某丽与吴某强之间存在利害关系，故对二人的证言法院不予采信。证人彭某某与双方当事人均不存在利害关系，且其作为销售员在售车过程中有可能得知双方对300,000元款项的约定，故对其证言的真实性、合法性、关联性该院予以确认。虽然杨某明与吴某强之间对300,000元的性质

---

〔1〕 参见国家法官学院、最高人民法院司法案例研究院编：《中国法院2021年度案例》（民间借贷纠纷），中国法制出版社2021年版，第224页。北京市第三中级人民法院（2019）京03民终12900号民事调解书。

〔2〕 参见国家法官学院案例开发研究中心编：《中国法院2015年度案例》（民间借贷纠纷），中国法制出版社2015年版，第226页。北京市第二中级人民法院（2013）二中民终字第08640号民事判决书。

无书面确认，但考虑到双方的亲属关系，其未出具借条符合情理。吴某强主张双方之间存在赠与关系，但并未向该院提交证据予以证明，应承担举证不能的后果。杨某明主张的事实较吴某强主张的事实盖然性更高。根据彭某某的证言及杨某明付款的事实，法院确认杨某明与吴某强之间存在借款关系，其内容未违反国家法律、法规的强制性规定，合法有效。吴某强向杨某明借款，杨某明通过第三方刷卡的方式交付了款项。杨某明要求吴某强偿还借款的诉讼请求，于法有据，法院予以支持。吴某强提供的证据不足证明其与杨某明之间存在赠与关系，故吴某强应承担举证不能的后果，法院对赠与关系不予确认。判决：吴某强向杨某明偿还借款30万元。二审法院判决：驳回上诉，维持原判。[1]

亲属之间只有款项交付而无借贷合意瑕疵，不能认定借贷关系成立。

【案例2－53】 史某生、李某霞诉王某、史某鹏民间借贷纠纷案

二审法院认为，本案李某霞、史某生以民间借贷纠纷为由，起诉要求史某鹏、王某返还《证明》中所载款项。通观本案，争议焦点在于《证明》是否能够证明李某霞、史某生和史某鹏、王某之间存在民间借贷法律关系。依照法律规定，民间借贷法律关系需要当事人之间有民间借贷的意思表示和款项交付两个构成要件。本案中，史某生、李某霞系史某鹏父母，史某鹏和王某曾系夫妻关系。史某鹏、王某在婚姻关系存续期间，共同向李某霞、史某生借款并分别出具了20万元欠条和10万元借条。同时，从本案《证明》内容来看，前3项的内容均为某年某月某日为某种用途花费多少数额，体现的仅是钱款的用途和数额，并未体现出史某鹏、王某向李某霞、史某生借款的意思表示，特别是《证明》第4项"剩窗帘、暖气钱未交"，更不符合民间借贷的形式要件。李某霞、史某生亦未提交其他证据证明曾与王某、史某鹏有过借款的合意。根据《最高人民法院关于民事诉讼证据的若干规定》第二条、第五条的规定，本案的关键不在于《证明》中的款项是否来源于李某霞、史某生，而在于《证明》无法体现李某霞、史某生与王某、史某鹏之间的民间借贷的合意。在无法认定当事人之间存在民间借贷合意的情况下，李某霞、史某生提交的银行凭证、票据等其他证据不足以证明当事人之间存在民间借贷法律关系。裁定：(1)撤销一审判决；(2)驳回李某霞、史某生的起诉。[2]

在民商事案件审理过程中，法院发现民事行为存在行政违法时，对该行为是

[1] 参见国家法官学院案例开发研究中心编：《中国法院2015年度案例》(借款担保纠纷)，中国法制出版社2015年版，第2页。北京市第三中级人民法院(2013)三中民终字第1353号民事判决书。

[2] 参见国家法官学院案例开发研究中心编：《中国法院2015年度案例》(借款担保纠纷)，中国法制出版社2015年版，第6页。北京市第一中级人民法院(2013)一中民终字第10194号民事判决书。

否构成行政违法,是应由法院依职权直接进行认定还是应移送至有关行政主管职能部门依其职权范围进行认定,相关法律与行政法规中并没有作出详细明确规定,在法学理论上也有不同的观点,致使在司法实践中对此问题的处理不统一,较为混乱。主流观点认为,对传销行为的认定应由市场监管行政职能部门予以确认。

在数个主体间进行的闭合型循环转账中,现金流在短期内以“转出—收回—再转出”的路径进行有计划的循环流转,脱离了实际的交易关系,此种异常的资金循环并不必然对应真实的借贷关系,账面的资金流向并不反映真实的资金流转情况。原告仅依据某个单独环节的转账凭证主张债权时,不宜直接认定存在真实的借贷关系。

【案例2-54】 中商吉鼎力达(北京)农业科技发展有限公司诉北京文达天星农业科技有限公司民间借贷纠纷案

二审法院认为,第一,从涉案资金的流转模式上看,中商宏峰公司先向中商吉鼎公司转入款项,中商吉鼎公司转至文达天星公司,文达天星公司又转至北京吉鼎公司,北京吉鼎公司再转回中商吉鼎公司,资金回收后再次循环。最终,资金在后三家公司账户中数次循环流转,银行流水累计2040万元。实际上,三家公司之间的转账仅系账面的资金循环,而非真实的资金增加,账面的资金流向记录并不必然对应真实的资金流入情况。第二,从三家公司发生涉案款项流转的时间、金额上看,三家公司之间在短时间内有计划地进行循环转款,且涉案款项流转期间,谢某同时为三家公司的法定代表人,故有理由相信三家公司对于循环转款系明知。第三,从双方的举证情况来看,原告主张借款但无借款协议。综合双方举证,无论是为了增加账户银行流水抑或股权投资,文达天星公司与中商吉鼎公司在资金流转时均不存在借贷合意,中商吉鼎公司提供的现有证据不足以证明双方之间存在真实的借贷关系。判决:(1)撤销一审判决;(2)驳回中商吉鼎公司的全部诉讼请求。[1]

(二)借款关系与基础合同关系

《民间借贷规定》第十四条第一款规定:“原告以借据、收据、欠条等债权凭证为依据提起民间借贷诉讼,被告依据基础法律关系提出抗辩或者反诉,并提供证据证明债权纠纷非民间借贷行为引起的,人民法院应依据查明的案件事实,按照

---

〔1〕 参见《人民司法·案例》2019年第11期(总第850期),第61页。北京市第三中级人民法院(2017)京03民终6199号民事判决书。

基础法律关系审理。”对该条款的理解为，其一，适用的前提是涉案被告（借款人）对债权债务关系的性质提出抗辩或反诉。其二，适用的必要条件是涉案被告（借款人）提供证据证明纠纷确系由其他法律关系引起的。其三，其他法律关系为买卖、合伙、承包、承揽等合同或其他纠纷。其四，该条款约束法官应当按照基础法律关系进行案件审理，而不再按民间借贷审理。也就是说，若双方之间的债权纠纷非因借条引发的民间借贷纠纷，则法官按涉案实际法律关系审理。其五，适用的例外，即该条第二款规定：“当事人通过调解、和解或者清算达成的债权债务协议，不适用前款规定。”

【案例2－55】 王某诉区某民间借贷纠纷案

判决观点，本案中，双方当事人在资金往来期间，一直保持着不正当的男女关系，双方之间的资金转账频繁，且相互间的转账总金额大致相当。原告依据被告出具的借条主张被告向其借款100,000元的事实，应当就其自己履行了出借义务承担举证责任。现双方确认原告转账给被告的总金额为222,277.87元，被告转账给原告的总金额为244,925.52元，被告的转账金额大于原告的转账金额，原告称其转账中有三笔总额为70,000元是借款，另有30,000元借款为现金，但被告否认借款，被告称是原告逼迫被告同意分手支付的分手费。原告又称被告的转账中有两笔共40,000元系还给他的借款，还款时间只迟于原告所称的出借第一笔借款20,000元的时间两天，而早于原告所称的出借剩余80,000元的时间，这明显有悖常理。结合双方之间的特殊关系和相互转账总金额，根据现有证据不能认定为原告实际出借了100,000元的事实，双方之间的借贷关系并不成立。判决：驳回原告的全部诉讼请求。[1]

关于法官不认为是涉案民间借贷法律关系的释明问题。司法释释制定者认为，实践中，在对原告进行释明时，应当注意以下原则和方法：第一，释明应当遵循司法公开原则。第二，一般认为，释明应贯穿整个民事诉讼的全过程，但由于法律释明涉及对法律关系的判断，须以充分的证据资料和明确的事实为基础。第三，在进行法律关系释明时，应当明确告知当事人法院根据当事人提供的证据所认定的法律性质，而不应采用模棱两可的语言，影响当事人的判断，导致释明的目的无法实现。第四，释明权行使应遵循有限原则，法院对诉讼请求的释明应当基于当事人所主张的事实关系。第五，在对诉讼请求进行释明时，法院应赋予当事人相

〔1〕 参见国家法官学院案例开发研究中心编：《中国法院2019年度案例》（民间借贷纠纷），中国法制出版社2019年版，第11页。广东省广州市黄埔区人民法院（2018）粤0102民初1606号民事判决书。

应的程序保障,使当事人有机会对法院的释明发表意见。[1]

在名为借贷实为投资的情形下,被告辩称双方不存在借贷关系并举证证明基础法律关系为投资关系的,法官应当对涉案款项的性质进行实质上的甄别与审查,从而查明真实的基础关系并据此认定涉案款项的性质。

【案例2-56】　路某某诉谷某某民间借贷纠纷案

二审法院认为,谷某某提供的汇爱公司历史遗留问题统计表及投资架构图客观真实,依法应予采信,以上证据均显示路某某为汇爱公司投资者,且显示路某某的会员号、会员级别、投资时间及投资回报,该证据亦与证人詹某某、黄某某及徐某某的证人证言相印证;徐某某于2016年1月30日向路某某网上转款4074元,路某某对该款项性质在本案三次庭审过程中陈述均不一致,亦不能作出合理解释;以上证据能够形成完整的证据链,相互印证涉案款项性质实为投资款。[2]

【案例2-57】　张甲诉闵某某民间借贷纠纷案

一审法院认为,原告张甲提供了闵某某出具的借条,被告闵某某则提供了《股东协议书》等证据,因此,对于双方之间是否存在借贷关系应综合上述证据予以判断。(1)借条通常由借款本人出具,而原告张甲提供的借条是由案外人周某书写借款的内容,然后由被告闵某某签字。从被告闵某某提供的撕碎的同样由周某书写的借条,且有被告闵某某添加的内容分析,被告闵某某并非不会写字而需要他人代书,被告闵某某在周某书写借款的内容基础上添加的投资款内容应能反映其真实意思。(2)从借条记载的"今借到现金50万元"内容可以推断当天现金的交付过程应已结束,但原告张甲提供的证据是在被告闵某某出具借条之后通过转账付款。原告张甲虽有付款依据,但无法印证借条内容所述当天交付现金的事实。(3)对于被告闵某某提供的《股东协议书》,原告张甲也认可其效力,仅主张其与借款无关,但并未提供相应的证据证明另行付款履行了《股东协议书》约定的出资事项。原告张甲支付的50万元与《股东协议书》约定的金额恰好相符。综上所述,原告张甲虽有被告闵某某出具的借条,但借条无法反映借款的事实。虽然太仓伊妹儿线业有限公司中股东实际注册资本与《股东协议书》不一致,登记股东与原《股东协议书》的人员也有所变化,但被告闵某某抗辩原告张甲支付的款项是投资

---

〔1〕　参见最高人民法院民事审判第一庭编著:《最高人民法院民间借贷司法解释理解与适用》,人民法院出版社2015年版,第285~286页。

〔2〕　参见国家法官学院、最高人民法院司法案例研究院编:《中国法院2021年度案例》(民间借贷纠纷),中国法制出版社2021年版,第17页。山东省淄博市中级人民法院(2019)鲁03民终3748号民事判决书。

款，而不属于借款的意见能够成立。原告张甲应按投资协议主张相应的权利，故主张归还借款的请求不能得到支持。判决：驳回原告张甲的诉讼请求。二审法院认为，首先，根据张甲提供的借条内容反映，在该借条形成时，出借款项已交付，但事实上借条所载明款项当时未实际交付。张甲实际是在2013年1月14日向闵某某转账支付50万元。其次，张甲与闵某某、周某某、张乙四人于2013年1月4日签订《股东协议书》明确四人合伙经营及每人出资数额。除2013年1月14日向闵某某支付的50万元之外，张甲并未提供证据证明其还另行支付款项用于履行上述《股东协议书》的出资义务。张甲认为《股东协议书》仅是意向，并未实际履行，但未能提供证据证实。最后，根据周某某与太仓市飞捷染色有限公司签订的《承包协议》以及周某某、张乙、张甲、周某与案外人张丙、钱某某签订的《设备转让合同》分析，周某某对外与太仓市飞捷染色有限公司签订《承包协议》系代表全体合伙人签订，并非其个人行为，《设备转让合同》与合伙存在一定关联性。综上分析，法院认定闵某某提供的证据足以证明债权纠纷非民间借贷行为引起，张甲向闵某某支付的50万元并非借款而是投资款。故张甲以民间借贷合同关系主张要求闵某某归还借款的上诉主张不能成立，法院不予支持。原审判决并无不当，应予维持。判决：驳回上诉，维持原判。[1]

借款人对借贷事实予以否认，并提交足够的证据证明双方基础法律关系并非民间借贷法律关系的情况下，就不能仅凭出借人提出的“借条”“欠条”等判断借贷事实的存在，而应当全面、客观、公正地审核双方当事人提交的全部证据。

【案例2－58】　沈某某诉赵某某民间借贷纠纷案

一审法院认为，从沈某某提供的由赵某某署名的借条和沈某某银行账户转出资金的凭证看，符合构成借贷关系的形式要件。但赵某某提供的证据形成证据锁链，结合王某、腾某某、黄某某的证人证言，以及王某向本院提供的原始支出记录凭证，赵某某银行账户的支取情况，可以认定陈甲、陈乙、王某到云南省红河州金平县开采金矿，委托赵某某办理相关采矿手续，并委托赵某某协调地方关系，由赵某某支付办证费用和土地使用费用。对于沈某某认为其给付赵某某的本案所涉资金是其自有资金，陈甲、陈乙、王某一行到金平县开采金矿与其无关，其并未参与其中的观点，本院认为，沈某某该陈述不可信，理由如下：(1)本案所涉资金结合沈某某另案要求赵某某归还其借款56万元的主张，通过沈某某给付赵某某的资金与陈甲、陈乙、王某委托赵某某支

〔1〕 参见国家法官学院案例开发研究中心编：《中国法院2017年度案例》(民间借贷纠纷)，中国法制出版社2017年版，第255～256页。江苏省苏州市中级人民法院(2015)苏中民终字第02828号民事判决书。

付的办证费用和土地使用费用大体相当,且王某在证人证言中说“沈某某负责管钱”。(2)王某将投资款39万元汇给沈某某,并给沈某某11万元现金,可见沈某某参与开采金矿可能性较大,沈某某虽在公安部门陈述其将该款交给陈乙保管了,但没有相应依据。(3)沈某某也认可其数次到金平县,并且该期间与陈乙同住,结合其与陈乙在该期间系男女朋友关系,沈某某参与开采金矿有一定的合理性。(4)沈某某起诉之时,并未提及赵某某给付她的18.3万元,至赵某某提供依据说明是向沈某某收购砂金支付的砂金款时,沈某某才陈述该款系赵某某归还的款项,沈某某陈述的可信度大为降低。综上,本院对沈某某的主张不予采信,反之认定沈某某与陈甲、陈乙、王某一起开采金矿,通过沈某某农行账户给赵某某本案所涉的55万元资金是让赵某某用于支付办证费用和土地使用费用,赵某某虽在借条上签名捺手印,但并没有真实的借贷意思表示,其收取该款用于委托事务,故本院对沈某某主张赵某某向其借款的事实不予认定,其基于借款事实要求赵某某归还借款的诉讼请求无事实依据,本院不予支持。判决:驳回沈某某对赵某某的诉讼请求。

二审法院认为,从沈某某提供的借条及款项支付凭证来看,本案符合民间借贷关系的形式要件,但实质上,根据赵某某提供的证据及证人王某、腾某某、黄某某的证言,结合王某提供的原始支出的记录凭证,可以确认本案中,赵某某仅是接受陈乙的委托,为沈某某、陈甲、陈乙等人组成的合伙组织办理开采金矿所需要的探矿证和开工报告书等手续,本案所涉的55万元即为负责管钱的沈某某将办证费用以银行转账的方式支付给赵某某,而并非赵某某向沈某某借款。原审认定双方之间并不存在真实的借贷关系,依据充分,本院予以维持。沈某某的上诉请求缺乏依据,本院不予支持。综上,原审法院认定事实清楚,适用法律正确,程序合法,所作判决并无不当,应予维持。判决:驳回上诉,维持原判。〔1〕

【案例2-59】　王甲诉王乙民间借贷纠纷案

判决观点,该人民币16,000元应属被告向原告预支的材料款,并非借款,且该款项已经在材料款中结清。理由是:2010年3月15日,仙游县人民法院对东坪村委会主任所作的调查笔录中体现。“双方(指原、被告)只提起建房材料款5000元及吵架赔偿的事宜,没有提起双方之间的其他纠纷”,该调查笔录可证实原告王甲与被告王乙二人曾于2009年10月25日因建房材料款及吵架赔偿的事宜要求村委会调解,在调解过程中,双方未提及其他纠纷。该笔录系人民法院依照法定程序制作的,故法院对调查笔录予以确认。

---

〔1〕　参见国家法官学院案例开发研究中心编:《中国法院2016年度案例》(民间借贷纠纷),中国法制出版社2016年版,第240~241页。江苏省无锡市中级人民法院(2014)锡民终字第0397号民事判决书。

被告王乙写给原告的纸条虽有写明是借条，但也写明该16,000元系材料款，与原、被告之间运输建筑材料的交易具有一定的关系，原告在园庄镇人民调解委员会于2009年10月28日为其做的询问笔录只承认欠被告人民币5000元，且同意偿还，未提及被告欠原告人民币16,000元的事实，根据日常生活经验法则，在被告向原告催讨材料款人民币5000元的过程中，原告没有要求被告偿还人民币16,000元，或者要求予以抵扣，故法院认定，原、被告之间已对以往有关运输建筑材料形成的债权债务关系（包括本案讼争的人民币16,000元）进行了最后的结算，结算后，原告尚欠被告人民币5000元，且原告在（2010）仙民初字第437号一案中提供的补充证据目录中也承认是预支材料款16,000元。故该人民币16,000元应属于被告向原告预支的材料款，并非借款，且该款项已经在材料款中结清。综上所述，法院认为，本案讼争标的人民币16,000元系被告王乙向原告王甲预先支取的材料款，事实清楚，证据充分，足以认定，经双方对所欠的材料款进行结算后，原告尚欠被告人民币5000元，故原告关于被告向原告借款16,000元并要求被告返还的诉讼请求无理，应予驳回。被告关于本案讼争16,000元系材料款及未欠原告借款的辩解意见有理，法院予以采信。判决：驳回原告王甲的诉讼请求。〔1〕

名为房屋买卖实为借贷关系。

【案例2-60】 付某某与唐山继兴房地房产开发有限公司、董某某房屋买卖合同纠纷案

重审判决观点，本案双方争议焦点之一是双方之间是房地产买卖合同关系还是借贷关系。虽然原告与二被告签订的是《房地产买卖合同》，《收条》中也注明为交购房款，但合同约定的内容缺乏真实性，200万元购买18套底商，其平均价格与市场价格明显差距过大，不是真实意思表示，根据被告提供的录音内容，是原告丈夫郑某某向董某某提供的资金，董某某在出具的收条中确认收到付某某交购的房款，收条由董某某本人签名确认，且与原告丈夫郑某某向其提供的资金数额能够互相印证，双方实际应属于借贷关系。〔2〕

【案例2-61】 龚某某与黄某某民间借贷纠纷再审案

再审法院认为，原审原、被告之间签订的《房地产买卖合同》的标的错误，合同约定的是原审被告黄某某将坐落于宁德市蕉城区万达广场2号楼的房屋出让给原审原告龚某某，但该房屋非原审被告黄某某所有，原审被告黄

---

〔1〕 参见国家法官学院案例开发研究中心编：《中国法院2012年度案例》（民间借贷纠纷），中国法制出版社2012年版，第49～50页。福建省莆田市仙游县人民法院（2010）仙民初字第1623号民事判决书。

〔2〕 参见国家法官学院案例开发研究中心编：《中国法院2019年度案例》（房屋买卖合同纠纷），中国法制出版社2019年版，第227页。河北省唐山市丰南区人民法院（2015）丰民重初字69号民事判决书。

某某所有的房屋坐落于宁德市蕉城区万达广场15号楼。原审诉讼请求亦是办理坐落于宁德市蕉城区万达广场2号楼的过户手续。房屋买卖系大宗交易,原审原告龚某某作为房屋的买受人,对自己购买的房屋的实际情况并不知悉,不符合日常交易习惯。原审被告黄某某辩称本案名为房屋买卖合同,实为民间借贷,原审原告龚某某认可上述事实。因此原审原、被告之间具有真实意思表示的法律关系是借贷关系,而非房屋买卖合同关系,房屋买卖合同系为借款提供担保,本案应认定为民间借贷纠纷。原审原、被告之间的借贷关系不违反国家强制性规定,受法律保护,原审原告龚某某借150万元给原审被告黄某某,事实清楚,证据充分。原审原告龚某某诉请原审被告黄某某偿还上述借款,于法有据,予以支持。原审被告黄某某主张已返还部分借款,法院要求其提供相应的证据,但原审被告黄某某没有提供证据证明,故法院对该主张不予支持。原审第三人缪某某与本案处理结果没有法律上的利害关系,经传票传唤无正当理由拒不到庭,依法缺席判决。判决:(1)撤销(2014)蕉民初字第587号民事调解书;(2)原审被告黄某某偿还原审原告龚某某借款人民币150万元。〔1〕

最高人民法院民一庭意见:不签订书面借款合同,只用签订《商品房买卖合同》并登记备案的方式作担保,同时又签订回购协议,然后再用出借人向借款人实际交付款项的方式建立债权债务关系,是目前一些民间借贷当事人选择的借贷方式。判断当事人之间法律关系的性质,不能仅看合同的名称、形式和内容,更重要的是分析当事人之间法律关系的实质。如果《商品房买卖合同》中售房方并未准备实际交付房屋,而购房一方亦不关心取得所购房屋产权,且双方当事人的关注点集中在《回购协议》及其相应的违约金上,则足以证明双方之间真实的法律关系是民间借贷。〔2〕

【案例2-62】　吴某某与安华房地产开发有限公司民间借贷纠纷案

一审法院认为,关于郑某与安华房地产开发有限公司(以下简称安华公司)之间是商品房买卖关系还是借贷关系,根据双方提交的《回购协议》和安华公司提交的《成交确认书》,结合安华公司关于《回购协议》和《成交确认书》的证明目的,可以证明安华公司因竞买建设用地需要资金,遂于2011年7月25日与郑某签订一份总价款为4960万元的《商品房买卖合同》。同时,双方又签订《回购协议》,约定安华公司回购郑某所购商品房,还约定回购的

〔1〕 参见国家法官学院案例开发研究中心编:《中国法院2017年度案例》(借款担保纠纷),中国法制出版社2017年版,第29页。福建省宁德市蕉城区人民法院(2015)蕉民再初字第1号民事判决书。

〔2〕 参见最高人民法院民事审判第一庭编:《民事审判指导与参考》2014年第2辑(总第58辑),人民法院出版社2014年版,第103页。

期限及价款，郑某在收到安华公司支付的回购房款后，双方终止商品房买卖合同，郑某应立即协助安华公司办理房屋备案解除手续。故郑某签订《商品房买卖合同》的真实目的亦非出售该商品房，而是获取竞拍土地所需资金后再回购。《商品房买卖合同》及《回购协议》签订后，安华公司仅支付郑某300万元，便未再继续履行《回购协议》，也未交付商品房，故可以认定双方是以《商品房买卖合同》的形式，实现借贷4960万元的目的。《回购协议》约定的回购房款中，超出购房款的部分，实为安华公司支付占用4960万元资金的利息。此外，从郑某的《债权通知书》和《债权转让协议》的内容也可以看出，其真实意思表示不是购买商品房，而是出借资金。安华公司虽然也为郑某开具了销售不动产统一发票，但并未依约交付商品房，也未办理产权证，且郑某将所有债权转让给张某，表明其放弃了取得商品房的权利，故安华公司以商品房买卖合同手续作为抗辩的主张不能成立。

关于郑某与吴某某的债权转让对安华公司是否有法律约束力和安华公司是否负有向吴某某偿还欠款及利息的问题。虽然《商品房买卖合同》已经备案登记，但郑某并未实际取得该商品房的所有权，故其与安华公司之间存在5000万元的债权债务关系。《回购协议》约定的回购价款，实际月利息超出法律允许的民间借贷最高利率的部分不受法律保护，应以4960万元本金为基数，先按同期中国人民银行6个月至1年期贷款基准利率四倍计算利息予以冲减，再冲减本金，剩余部分本金及其利息为郑某对安华公司享有的合法债权。郑某与吴某某签订的《债权转让协议》的主要内容即郑某将其对安华公司享有的全部债权转让给吴某某，根据《合同法》第八十条"债权人转让权利的，应当通知债务人"之规定，《债权转让通知书》到达安华公司后已经产生债权转让的效力，至于郑某与吴某某之间的《债权转让协议》的内容以及是否送达安华公司，不影响债权转让的效力，吴某某的诉讼请求应予部分支持。判决：安华公司偿还吴某某4960万元及利息。二审法院维持了一审判决。[1]

同时，双方名为租赁关系实为借贷关系。

【案例2-63】 孙某某诉海纳密封制品厂、王某某民间借贷纠纷案

二审法院认为，从涉案合同的目的来看，孙某某为了保证出借资金安全，用设备买卖和租赁合同关系予以保障；从涉案合同的履行情况来看，在租赁合同签订后，没有办理任何实物、文件的交接手续；从涉案合同的公平性来

---

〔1〕 参见最高人民法院民事审判第一庭编：《民事审判指导与参考》2014年第2辑（总第58辑），人民法院出版社2014年版，第98~99页。

看，两套设备价值合同约定只有20万元，租赁合同约定20个月后还要以20万元的价格回购，这么长的时间过后设备没有一点贬值，不符合价值规律。据此，本案所发生的法律关系，并不是基于海纳密封制品厂没有资金购买设备、孙某某购买设备后出租给海纳密封制品厂的租赁合同关系，而是海纳密封制品厂有融资需要而采取的以租赁合同为表现形式的民间借贷关系。本案应当根据当事人之间设立民事法律关系的真实意思表示，作为民间借贷纠纷处理。判决：（1）撤销一审判决；（2）海纳密封制品厂、王某某支付拖欠孙某某的借款本金及利息。〔1〕

被告依据基础法律关系提出抗辩或者反诉，并提供证据证明债权纠纷并非民间借贷行为引起的，应按照基础法律关系审理。

【案例2－64】　郑州东风建筑工程有限公司诉满甲等民间借贷纠纷案

二审法院认为，2009年9月3日，郑州东风建筑工程有限公司（以下简称东风公司）与满甲签订了《投资协议》，约定由满甲承担华北水利学院新校区学生公寓楼主体工程中劳务费等的支付义务或出资义务，并承担应缴纳的税金、费用及各项基金等。满甲委托满乙向东风公司出具借据，借款用途是用于华北水利学院劳务工资及税款，并附有该工程支付明细，与《投资协议》的约定相互印证，东风公司与满甲之间并非简单的民间借贷法律关系，而是与华北水利学院新校区学生公寓楼主体工程的转包有关，所以双方应先对该工程进行结算，但至今东风公司没有提交结算的依据，仅依据借据主张债权，二审法院依法不予支持。东风公司上诉称该工程早已于2010年完工，时隔3年多，双方的工程款早已结清。但无相应的结清的证据，二审法院不予采信。判决：驳回上诉，维持原判。〔2〕

【不同处理】　个案中，有的法院对名为借贷而实为代经营者支费用而未按基础关系审理，对其被告的抗辩不予采信。

【案例2－65】　马某诉赵某彬、任某鹏民间借贷纠纷再审案

一审法院认为，原告针对借贷事实已经提供借据等予以佐证，被告赵某彬对收到173,000元的事实亦没有异议，虽然其否认收到现金70,000元的事实，但并没有对未收款却出具借款的原因作出合理的解释，据此，本院对原告与被告赵某彬之间存在243,000元的事实予以确认。针对原告陈述800元系之前所欠债务的事实，因原告未能就该款项的欠付原因等作出合理的解

〔1〕参见国家法官学院案例开发研究中心编：《中国法院2016年度案例》（民间借贷纠纷），中国法制出版社2016年版，第42页。广东省惠州市中级人民法院（2014）惠中法民一终字第293号民事判决书。

〔2〕河南省郑州市中级人民法院（2014）郑民四终字第1874号民事判决书。

释,本院对原告主张的该部分借款不予确认。关于被告赵某彬认为原、被告之间非借款合同关系,系双方合伙经营火锅店所收物业费、房租、员工工资等费用的抗辩意见,本院认为,《民事诉讼法解释》第九十条规定,当事人对自己提出的诉讼请求所依据的事实,应当提供证据加以证明。本案被告赵某彬虽然提供了火锅店经营期间需要支付物业费、房租、员工工资的证据,但原告否认双方存在合伙经营火锅店的事实,被告赵某彬亦未提供双方存在合伙经营火锅店的证据,相反,被告赵某彬出具的借据及原告要求解除火锅店经营权转让协议的告知书能够印证被告陈述的火锅店实际由其本人经营,该火锅店经营期间产生的费用应由其承担,而非原告与其共同承担,据此,被告赵某彬的上述抗辩意见证据不足,本院不予采纳。综上,因原、被告约定的还款期限已经届满,原告主张被告赵某彬偿还借款本金及逾期利息符合法律规定,扣除被告任某鹏已经支付15,000元中原告未举证证明已经退还5000元,本院支持原告主张的借款本金238,000元。判决:(1)被告赵某彬偿还原告马某借款本金238,000元;(2)被告赵某彬支付原告马某逾期利息6000元;(3)被告任某鹏对被告赵某彬承担的上述债务承担连带清偿责任。

赵某彬、任某鹏不服一审判决提起上诉,二审法院判决:驳回上诉,维持原判。

赵某彬、任某鹏不服一审、二审判决,提出再审请求。其再审请求与事实理由为:一审、二审法院在认定事实和适用法律方面存在诸多错误,主要为:

一审法院认定申请人借被申请人238,000元事实错误。真实事实为,2016年年初,找被申请人讨债的人很多。被申请人便找申请人商量签一个经营权转让协议,由申请人出面应付债权人。同年3月1日,申请人和张某(目前联系不上)与被申请人签订渔尚鱻火锅店经营权转让协议,由申请人管理后厨,张某管理前堂,但告知申请人和张某只是名义上对外,一切开支由被申请人决定,火锅店每天经营款交由被申请人聘请的会计杨某处,每天经营款通过微信转被申请人800元。协议签订后,被申请人无钱交租赁费借了申请人5万元,申请人投资6万元。5月23日火锅店开业后,申请人便与张某参与所谓管理,但管理的范围和程度均严格按被申请人的要求履行。为了便于控制,被申请人安排申请人在中国银行办卡作为经营使用,申请人兴业银行卡被申请人要求交给会计杨某使用。到了7月为了支付火锅店的场地租赁费、员工宿舍租赁费、物业管理费、员工工资等,被申请人分别在7月26日、7月29日向申请人的中国银行卡打了三笔共17.3万元,会计杨某按被申请人安排支付,具体支付的项目、数额可见被申请人财务账,申请人未见到分文,也未实际为个人使用分文。其后,被申请人找申请人说你打一个借条,对外就说你借我的,实际上是火锅店用了。申请人开始不同意写借条要写收条，但经不住被申请人一再承诺说有财务账我不会向你要，同时让任某鹏作为担保人签名。需要讲明的是，被申请人给申请人银行卡转 173,000 元后让申请人先写 243,800 元的借条，称其余的 7 万元以后再给，但始终未给。一审法院对涉案经营权转让协议是否履行并未查清。申请人与被申请人签订经营权转让协议后，被申请人并未按协议第三条第一款履行，对火锅店设备设施进行清点和交接，财务账簿一次性交付申请人。财务账簿始终控制在被申请人聘用的会计杨某手中，火锅店的每一项开支均由会计请示被申请人决定，日常购买原材料等大额款项是由被申请人直接支付，小额材料款由会计电话请示被申请人后支付，这也是被申请人在一审或其他相关联案件中多次开庭时拿不出协议约定双方交付记录、不拿会计账簿的真正原因。2016 年 9 月 5 日，被申请人因债权人讨债通知申请人不到店里，晚上让申请人签了解除经营权转让协议书告知书，并给申请人说你先顶一下前一阶段的债务。在签订经营权转让协议时，被申请人承诺给申请人一定股份；被申请人书面通知解除经营权转让时，被申请人承诺给申请人每月 15,000 元工资。申请人从 2016 年 3 月开始为被申请人工作至 12 月底离开，被申请人未给申请人分文报酬。故被申请人发出的解除经营权协议，是事先设计好的让申请人按涉案借条还款的一个圈套。所谓解除经营权协议，双方也未办理火锅店交接手续，因为经营权转让协议根本未履行，也不用交接。二审中，申请人提交了乌鲁木齐市新市区人民法院（2017）新 0104 民初 4789 号民事判决书和乌鲁木齐市中级人民法院（2018）新 01 民终 503 号民事调解书。涉案判决书是颜某雄起诉被申请人主张海鲜材料款，调解书是余某凡起诉被申请人主张蔬菜货款，在两案中被申请人均认可 2016 年在经营火锅店事实，也就证明了申请人主张的火锅店经营权转让协议未实际履行的事实。二审法院却在判决书中称其申请人在二审未提交新证据与庭审记录、录音、录像不符，其故意编造虚假事实违法。

一审法院判决申请人承担被申请人涉案所谓借条中的借款及利息属于适用法律错误。申请人并未实际借款，只不过按被申请人要求将其应由被申请人支付员工宿舍租赁费、员工工资等经营费用写成了借条，而不是申请人个人借款。申请人已经提供了部分证据，讲明借款的前后原因以及用途，但一审法院认为申请人独立经营火锅店，并非与被申请人经营，故应承担火锅店经营产生的费用，进而仍判申请人承担所谓借条中的借款，属于适用法律错误。二审中，申请人提供生效的判决书和调解书证明涉案火锅店是被申请人自己经营，而不是申请人在经营。但二审在判决书第 6 页否认对被申请人不利的判决书与调解书曾在法庭质证的事实，在法庭上被申请人承认该事实并称调解中有较大让步，其在第 7 页又称申请人出具的证据不足以否认借款行为，这岂不是自相矛盾，既然申请人没有提供判决书、调解书，那么怎么有出具的判决书、调解书不足以证明未发生真实借款的结论，其主审法官偏袒被申请人的行为客观存在。既然一审判决书查明申请人所谓借款全部用于火锅店经营中，被申请人在生效判决与调解书中承认该期间自己经营火锅店，二审判决否认另二案查明的事实和被申请人自认经营无事实和法律依据，继续维持一审判决就是适用法律错误。需要强调的是，所谓的借条上并没有约定利息，一审法院判决申请人承担被申请人涉案所谓借条中的借款利息属于适用法律错误。再审法院裁定：驳回赵某彬、任某鹏再审申请。[1]

（三）借款关系与担保关系区分

借款关系与担保关系区分是实践中的多发纠纷。

【案例2－66】 沈阳金池典当有限责任公司诉沈阳金泰隆房地产开发有限公司借款合同纠纷案

判决观点，关于本案款项性质，根据《典当管理办法》第三十条第一款规定，当票是典当行与当户之间的借贷契约，是典当行向当户支付当金的付款凭证。原告没有证据证明原、被告之间存在当票，不形成典当借贷契约。根据《典当管理办法》第三十九条的规定，典当期内或典当期限届满后5日内，经双方同意可以续当，续当一次的期限最长为6个月。续当期自典当期限或者前一次续当期限届满日起算。续当时，当户应当结算前期利息和当期费用。原、被告签订的合同第四条约定，“本合同约定的利率和综合费率不受合同借款期限的限制，乙方每月必须按时交纳利息和综合费用直至乙方清偿完债务为止”，明显不符合《典当管理办法》关于续当的规定。综上，不认可原、被告之间构成典当关系，而应为民间借贷法律关系。[2]

典当行向自然人发放保证借款，不存在“当物”的，不能认定为典当法律关系，可将其认定为民间借贷法律关系。

“名为典当，实为借贷”的合同性质辨析需建立在典当关系与民间借贷关系的基础上，最为关键的是对证明典当关系成立的当票凭证等形式条件和交付当物质押、发放当金、收取综合费等实质条件的审查。

---

〔1〕 新疆维吾尔自治区高级人民法院（2019）新民申431号民事裁定书。

〔2〕 参见国家法官学院案例开发研究中心编：《中国法院2019年度案例》（借款担保纠纷），中国法制出版社2019年版，第44页。辽宁省沈阳市沈河区人民法院（2016）辽0103民初11941号民事判决书。

【案例 2－67】　兰州云翔典当有限责任公司与甘肃华屹置业有限公司、武威全圣明胶有限责任公司、张某某等民间借贷款纠纷案

最高人民法院认为，虽然兰州云翔典当有限责任公司的企业性质属于典当行，但其在本案中发放借款的行为不符合《典当管理办法》所规定的典当特征，属于“名为典当，实为借贷”。因此，本案讼争合同性质为民间借贷合同，双方约定的综合费和滞纳金属于对借款利息数额的约定。[1]

（四）借款关系与合伙关系区分

行为人对外以合伙人身份投资入股，合伙人事后就该款项向其出具借据，不能认定双方之间存在借款关系。

【案例 2－68】　邓某某诉胡某某民间借贷纠纷案

判决观点，从双方提供的证据情况看，本案原、被告等人一同在云南经营山林，原告一开始即以合伙人身份与其他合伙人共同与转让方签订合同、支付价款，并以合伙人身份全程参与经营管理。本案讼争的 10 万元系原告的合伙投资款，并已当即支付给了转让方，原告与被告等人对外表现为合伙关系。在经营过程中，被告向原告出具借条一张，虽然该借条系被告亲自书写，但借条中明确注明了所借款项为原告入伙投资的 10 万元，原告也并未另行支付被告 10 万元。如原告入伙投资的该 10 万元转为借款于被告，则原告应退出合伙关系，但从原告提供的证据情况分析，原告自始至终均以合伙人身份参与经营管理，其他合伙人也一直认可其合伙人身份，更无退伙的事实存在。所以，虽然被告向原告出具了借条，但原、被告之间并未实际交付款项，本案讼争的 10 万元系原告入伙款项，并非被告实际向其借支的款项，故对原告的主张不予支持。判决：驳回原告邓某某对被告胡某某的诉讼请求。[2]

条据载明内容与双方约定不符时，应按双方真实意思认定其借款关系。

---

〔1〕 参见人民法院出版社主编：《最高人民法院民商事审判指导》（第 6 卷），人民法院出版社 2019 年版，第 391 页。

〔2〕 参见国家法官学院案例开发研究中心编：《中国法院 2014 年度案例》（民间借贷纠纷），中国法制出版社 2014 年版，第 22 页。四川省泸州市泸县人民法院（2012）泸民初字第 1085 号民事判决书。

【案例2－69】 戴某某与胡某民间借贷纠纷案

一审法院认为，戴某某出借款项给胡某用于民间借贷投资，虽然胡某在收条中约定该款为"合伙做生意投资"性质，但戴某某在出借款项给胡某时就约定了投资分红金额，且固定由胡某按月支付给戴某某，双方之间的"投资"行为实际为民间借贷行为，应按民间借贷纠纷处理。二审法院亦持同样意见。[1]

名为合伙，但并不参与经营，亦不承担风险，不论盈亏均按期收回本息并按期收取固定利润的，应当认定为民间借贷关系。

【案例2－70】 童某诉徐某、秦某民间借贷纠纷案

判决观点，童某与徐某、秦某签订的合同名称虽为入股协议书，但由于该协议约定童某只履行出资义务，不参与合伙经营管理，且不论盈亏每年只收取固定数额的红利，双方之间符合自然人之间借款的民间借贷关系。双方约定的年利率30%超过了法律保护的上限，超过部分不予支持。判决：徐某、秦某返还童某借款130万元，并按照年利率24%支付相应利息。[2]

经全体合伙人同意投资人退伙并将投资款转化为借款，双方之间从合伙关系转化为借贷法律关系。

【案例2－71】 沙某某诉林某某、韦某某、黄甲民间借贷纠纷案

一审法院认为，被告林某某、韦某某、黄甲合伙经营矿山生意，原告与被告林某某、韦某某签订了《钛矿山合作开采协议书》后，在合作过程中，因其他原因，双方的合作终止。双方经过协商，被告林某某、韦某某、黄甲同意将原告的投资款转化为借款，有原告和被告林某某、韦某某各提供的《借款协议》中原、被告的签字确认，且在履行过程中，被告林某某已经偿还原告20万元，被告黄甲已经偿还原告借款本金125万元及部分利息，双方之间的合伙关系转化为借贷法律关系，本案双方属于借贷法律关系，法院予以认定。被告辩称双方是合伙关系，合伙结束后，原告的投资款作为合伙债务，应由原、被告按43%：57%的比例分担的辩解意见理由不足，法院不予采纳。根据原告汇给被告林某某、韦某某、第三人黄乙的投资款情况以及《借款协议》，法院确认本案原告的借款本金是300万元，减去原告认可被告黄甲于2014年4月20日偿还的借款本金125万元，本案被告尚欠原告借款本金175万元，原

---

〔1〕 参见国家法官学院、最高人民法院司法案例研究院编：《中国法院2020年度案例》（民间借贷纠纷），中国法制出版社2020年版，第128～129页。江西省吉安市中级人民法院（2018）赣08民终2401号民事判决书。

〔2〕 参见《合同名称不影响对合同性质的认定》，载《人民法院报》2017年4月3日，第6版。湖南省平江县人民法院（2016）湘0626民初1094号民事判决书。

告要求被告偿还借款本金175万元,有事实和法律依据,法院予以支持。二审法院判决:驳回上诉,维持原判。[1]

退伙时,合伙人之间出具借条,双方的合伙关系由此转化为民间借贷关系。

【案例2-72】 彭某某等诉聂某某等民间借贷纠纷案

判决观点,(1)关于2013年10月17日被告聂某某向原告彭某某出具的借条性质问题。原告彭某某与被告聂某某签订协议,共同投资经营挖掘机生意,双方系合伙关系。2013年10月17日,原告彭某某向被告聂某某出具借条,该借条实质上是双方对合伙期间合伙财产、债权债务的最终结算,具有合同性质。虽然被告聂某某对口头商定退伙事宜予以否认,但其出具借条行为系对原告彭某某退伙及合伙结算的认可。该借条实质系被告聂某某真实意思表示,是双方将先期间合伙投入的资金转为借贷款项,形成的债权债务关系合法有效,应受到法律保护,故被告聂某某应按借条内容履行偿还欠款35万元的义务。(2)关于被告聂某某与被告熊某某是否共同偿还欠款问题。本案欠款系被告聂某某与他人合伙产生的债务,发生在被告聂某某与被告熊某某婚姻关系存续期间,根据《婚姻法解释(二)》第二十四条之规定,应当按夫妻共同债务处理,由二被告共同偿还。因为原告彭某某与原告刘某某系夫妻,本案欠款属于夫妻共同债权,故二被告应共同偿还二原告的欠款。判决:被告聂某某与被告熊某某共同偿还原告彭某某和原告刘某某欠款35万元。[2]

合伙人出资设立合伙企业,该合伙企业设立后通过增资扩股方式取得目标公司的股权,目标公司承诺向合伙企业每年支付固定收益,并在投资期满后由实际用款人以与投资本金相当的价格回购股权,故合伙人出资目的并非通过合伙企业间接持有目标公司的股权,而是通过合伙企业获取固定收益。当事人之间关于增资扩股和股权回购的约定均属于协议当事人虚伪意思表示,协议各方隐藏的真实意思是合伙企业的出资人向实际用款人出借借款。在实际用款人向合伙人作债务确认的情况下,该合伙人可以突破合同的相对性以出借人名义向实际用款人主张债权。也就是说,以获取固定利益为目的并约定一定期限回购股权的协议,可认定为民间借贷协议。

---

〔1〕 参见国家法官学院案例开发研究中心编:《中国法院2017年度案例》(民间借贷纠纷),中国法制出版社2017年版,第10~11页。广西壮族自治区百色市中级人民法院(2015)百中民一终字756号民事判决书。

〔2〕 参见最高人民法院中国应用法学研究所编:《人民法院案例选》2015年第3辑(总第93辑),人民法院出版社2016年版,第99页。湖北省当阳市人民法院(2014)鄂当阳民初字第01080号民事判决书。

【案例2-73】 沈某诉世纪电缆公司等民间借贷纠纷案

一审法院认为,福星合伙企业与中缆实业公司之间的借贷法律关系、沈某等与上善星资产公司之间的合伙关系,虽然表面上非同一法律关系,各法律关系相对独立存在,但是沈某提交的《福星基金》书面介绍、《福星合伙企业合伙协议》、《股权投资协议》、《保证合同》、林某某所书的《承诺函》等证据可以综合证明福星合伙企业以股权投资方式将合伙人的资金通过中缆实业公司出借给世纪电缆公司,在实际借款人世纪电缆公司向沈某作债务确认的情况下,沈某可以突破合同的相对性以出借人身份向世纪电缆公司主张债权,因此法院认定沈某与世纪电缆公司之间存在民间借贷法律关系。世纪电缆公司在借款到期后未清偿借款本息,构成违约,沈某基于民间借贷法律关系提出的要求世纪电缆公司偿还借款本金50万元并支付利息(自2017年12月1日起,按照年利率15%的标准计算至实际清偿之日止)的诉讼请求,一审法院予以支持。判决:世纪电缆公司偿还沈某借款本金50万元并支付利息,林某某对上述债务承担连带清偿责任。中缆实业公司未在法定期限内预交二审案件受理费,二审法院裁定:本案按中缆实业公司自动撤回上诉处理。〔1〕

(五)借款关系与委托理财区分

委托理财是一种独立的法律关系,它是一种新型的财产管理制度,它属于《民法典》规定的典型合同之外的无名合同,一般认为兼有委托、信托、行纪、融资等合同的部分特征。由于法律对委托理财缺乏明确的定性,所以与借款关系区分存在一定难度,但委托理财具有自身的特色:其一,委托投资的方向除部分资金流向国债二级市场外,受托的资金主要被投资于股票二级市场。其二,委托理财的具体方式普遍采用全权委托方式,或将受托资金打入受托人账号,或委托人自行开户其后均由受托人操作。其三,委托人的风险控制大多采用保证金制度,兼由银行或证券公司进行资金托管或监管。

借款关系与委托理财最大的区别在于,委托理财的收益存在不确定性,而民间借贷的利息收益是固定的。

在有保底条款的委托理财合同中,应注意区别与借贷合同的界限。委托人向

---

〔1〕 参见国家法官学院、最高人民法院司法案例研究院编:《中国法院2021年度案例》(民间借贷纠纷),中国法制出版社2021年版,第35页。福建省福州市中级人民法院(2019)闽01民终9495号民事裁定书。

受托人提供资金，由受托人对资金进行操作和使用，并向委托人返还本金及一部分回报，有意见认为该合同符合还本付息的借款合同本质，即双方约定委托人将一定数额的货币转移给受托人，受托人在一定期限内返还同等数额的货币给委托人并支付一定收益的借款合同。

实务中的观点是，只要当事人之间的委托理财协议涉及固定收益、固定回报、保本收益等条款，实际上就相当于给付利息，应当一律认定属于以委托理财为表现形式的民间借贷法律关系。换言之，委托理财的收益存在不确定因素，而民间借贷的收益是固定的。

【案例2－74】 王某诉胡某民间借贷合同纠纷再审案

再审法院认为，根据一审法院查明的事实，系争投资合作协议虽然名为投资理财协议，实际上是由胡某将资金支付至王某账户后，王某定期支付固定收益，同时保证胡某本金可全额赎回。故一审法院认定王某和胡某之间应属以委托理财为表现形式的民间借贷法律关系并无不当。[1]

【案例2－75】 李某某、廖某某诉谭甲、雷某某民间借贷合同纠纷案

二审法院认为，李某某、廖某某交付涉案款项后，谭甲出具的虽然是《收条》，但该收条载明月息，约定了币种、数额、利率，不符合委托合同的要件，符合借款合同的要件。从合同履行来看，谭乙系向谭甲而非李某某、廖某某出具《借条》，谭乙未支付涉案款项本息后，谭甲亦是以自己的名义以民间借贷纠纷起诉，所以谭甲以自己的名义与谭乙交易、向谭乙主张权利，而非以李某某、廖某某委托人的名义，且谭乙自2014年4月便停止向谭甲支付利息，而谭甲系自2014年6月之后才未向李某某、廖某某支付利息，表明谭乙与谭甲之间的借款关系和谭甲与李某某、廖某某之间的借款关系是相互独立的。另外，谭甲、雷某某在诉讼过程中也未能提供相关委托理财协议或者委托授权手续。故谭甲、雷某某关于本案系委托理财关系的主张不能成立，双方之间应认定为借贷关系。一审判决认定本案系委托理财关系错误，法院予以纠正。[2]

通过对方转入投资资金并领取收益，不能认定双方存在委托理财合同关系。

【案例2－76】 李某某诉白某民间委托理财合同纠纷案

一审法院认为，从资金流向看，原告李某某向被告白某支付了投资款，被

---

〔1〕 上海市高级人民法院（2018）沪民申988号民事裁定书。

〔2〕 参见国家法官学院、最高人民法院司法案例研究院编：《中国法院2020年度案例》（民间借贷纠纷），中国法制出版社2020年版，第50页。湖南省郴州市中级人民法院（2018）湘10民终619号民事判决书。

告白某向原告李某某支付了投资利润。原告据此主张双方存在委托理财法律关系。法律关系的成立应由双方达成合意,现白某不认可其受托为李某某理财,李某某认为系口头委托,但其在庭审中陈述的委托内容不符合一般委托理财内容的基本特征,白某作为从事服装生意的个人,亦不具备为他人理财的资质与能力。除转账凭证外,原告李某某无其他证据证实双方存在委托理财法律关系。经庭审调查,被告白某举证的微信截屏、聚会照片、证人证言等可形成证据链,证实原告李某某注册了“毕洛士”投资账户,参与了“毕洛士”投资经营。通过原、被告双方举证的银行流水可知,“毕洛士”投资人之间的款项转移非常频繁,这与被告白某、证人吴某某陈述的“毕洛士”注资及提取利润的操作方式相吻合。故原、被告之间投资款与利润转移应理解为基于“毕洛士”投资特点发生的原告李某某与“毕洛士”之间的投资行为,但上述行为不足以证实原告李某某与被告白某之间形成委托理财法律关系。故原告李某某要求被告白某返还投资款、支付利息的诉讼请求,无事实与法律依据。据此,判决驳回原告李某某的全部诉讼请求。二审法院亦持同样意见,维持一审判决。[1]

【案例2－77】 蓝某诉胡某某民间借贷纠纷案

一审法院认为,双方签订的讼争《委托投资理财协议》约定,蓝某出资100,000元委托胡某某进行投资理财,但该理财项目无论盈亏,胡某某均需每月向蓝某支付每月2.5%的回报,且蓝某不承担任何风险,投资期满后胡某某将蓝某投资本金退还给蓝某,即蓝某对胡某某如何进行理财以及除每月2.5%的固定回报外超额投资并无预期。胡某某2015年3月9日至2016年1月14日按月平均收益2.5%的标准向蓝某支付款项的行为,与《委托投资理财协议》约定的内容可相互印证,故可以认定双方属以委托理财为表现形式的借款合同法律关系。因蓝某向胡某某交付借款本金100,000元,胡某某按月利率2.5%支付了11个月的利息,现蓝某要求胡某某偿还借款本金100,000元及利息、逾期还款违约金的诉求,符合法律规定,应予以支持。二审法院认为,保底条款中的保本付息内容表明委托人蓝某的合同目的和合同预期是追求资产的固定本息回报,对胡某某管理资产行为及收益后的分成并无预期。该《委托投资理财协议》的性质是名为理财,实为借贷,属于民间借贷,应认定双方成立借贷合同关系。一审法院认定事实清楚,适用法律正确,

---

〔1〕 参见国家法官学院、最高人民法院司法案例研究院编:《中国法院2020年度案例》(合同纠纷),中国法制出版社2020年版,第199页。新疆维吾尔自治区乌鲁木齐市中级人民法院(2018)新01民终2459号民事判决书。

上诉人上诉理由不能成立，不予支持。[1]

虽名为委托理财，但其合同约定权利义务内容实质符合借贷法律关系构成要素的，应将双方争议的法律关系定性为借贷合同关系。艺术品的交付、收藏票的签订、集合理财计划等，均是艺术品理财或收藏的操作与表象形式，双方约定的权利义务内容实质却符合借贷法律关系的构成要素，故应认定为借款合同关系。

【案例2－78】　何某某诉南京影像壹号文化传媒有限公司苏州分公司、南京影像壹号文化传媒有限公司民间借贷纠纷案

一审法院认为，根据已查明事实，何某某投资“抗美援朝整版钞”“张喜成书法”“八骏图”，南京影像壹号文化传媒有限公司苏州分公司（以下简称南京影像苏州分公司）出具了对应的收藏票，但双方之间仅对何某某投资的“张喜成书法”“八骏图”分别签订了《艺术品转货理财产品协议书》，故案涉的两份《艺术品转货理财产品协议书》实际上系南京影像苏州分公司对2016年9月27日、9月29日何某某向其支付25，000元、65，000元款项以及当日南京影像苏州分公司出具相应收藏票这一交易缘由及性质的最终确认，双方之间应以《艺术品转货理财产品协议书》中约定的内容来界定各自的权利义务。《艺术品转货理财产品协议书》中确认了何某某的投资金额及投资期限，明确了投资到期后的最低保底收益以及南京影像苏州分公司负有向何某某兑付本金及相应理财收益的义务，故该协议书虽名为委托理财，但双方约定的权利义务内容却符合借贷关系的法律构成要素，故双方之间实质形成了借贷的法律关系。南京影像苏州分公司、南京影像壹号传媒有限公司（以下简称南京影像公司）辩称，何某某购买艺术品作为投资收藏，并在购买后与南京影像苏州分公司签订《艺术品转货理财产品协议书》，南京影像苏州分公司向其出示了风险提示，何某某在协议书上签字确认。何某某购买了艺术品，又通过转货把艺术品交给商家销售增值，但何某某一直将艺术品自己收藏，并没有把实物交割给南京影像苏州分公司。故虽然何某某与南京影像苏州分公司签订了转货理财协议，但并不具备合同的主要货物交割要件，故合同不成立。法院认为，虽然南京影像苏州分公司出具的收藏票背面“客户须知”中记载有“购买”、“销售”、不承诺对收藏品“回购、拍卖”等内容，但双方签订的《艺术品转货理财产品协议书》中约定“张喜成书法”“八骏图”作品系作为何某某投资理财产品的质押保证，该约定应认定为双方对“张喜成书法”“八骏图”作品放置在何某某处的目的与用途的明确，双方之间的真实意

---

〔1〕　参见国家法官学院、最高人民法院司法案例研究院编：《中国法院2020年度案例》（民间借贷纠纷），中国法制出版社2020年版，第18页。福建省厦门市中级人民法院（2018）闽02民终5406号民事判决书。

图显然并非转移书法等艺术品的所有权，即双方之间并无就相关艺术品达成买卖的合意，故南京影像苏州分公司的抗辩观点没有事实与法律依据，法院不予采信。二审法院亦持同样意见，维持一审判决。[1]

在确定"名为理财，实为借贷"后，应确定合同有效，利率需遵守民间借贷相关规定的限制，对超出法律规定的部分不应支持。

【案例2－79】 陈某某诉国泰世行控股集团有限公司等民间借贷纠纷案

二审法院认为，双方约定保证陈某某的投资收益率为每月3%，该条款属于"保证本息固定回报条款"。陈某某支付投资款后，对国泰世行控股集团有限公司（以下简称国泰控股公司）是否投资白银及白银价格涨跌并不关注。从国泰控股公司方面看，是否投资白银以及白银价格涨跌也并未影响其按照每月3%的标准向陈某某支付前几个月的收益。故陈某某与国泰控股公司之间的法律关系应认定为以委托理财为表现形式的借贷关系，应按照法律关于民间借贷的规定处理。[2]

（六）借款关系与公司资本区分

在有限责任公司中，如何对借款与投资款、集资款或公司资本进行区分是疑难问题。一般来讲可从两方面考量：其一，主观方面。有限责任公司的人合性是其不可或缺的信用基础，在认定股东的出资是投资款还是借款时，在主观上应注重股东的真实意思表示，如股东是否在投资后通过股东会决议对公司章程作出变更、是否签署借款协议等。其二，客观方面。应考量股东是否足额出资和是否办理变更登记两个因素。就前者而言，《公司法》第三十五条规定股东不得抽逃出资，此处的"出资"应理解为股东已经缴纳且已构成注册资本的那一部分资本数额。并非所有的股东出资都会构成公司注册资本，对于公司注册资本之外的股东出资，应当允许股东通过一定的途径主张返还，除非公司章程或股东之间有特别约定。就后者而言，根据《公司法》第四十三条第二款的规定，应经过法定程序办理变更登记，未经过法定程序变更登记的投资款、集资款不是公司资本。也就是说，未进入公司注册资本的股东投资款或集资款应定性为借款。

---

〔1〕 参见国家法官学院、最高人民法院司法案例研究院编：《中国法院2020年度案例》（民间借贷纠纷），中国法制出版社2020年版，第13～15页。江苏省苏州市中级人民法院（2018）苏05民终7560号民事判决书。

〔2〕 参见国家法官学院案例开发研究中心编：《中国法院2018年度案例》（民间借贷纠纷），中国法制出版社2018年版，第3页。北京市第三中级人民法院（2016）京03民终10495号民事判决书。

【案例2-80】 韩某某诉宜昌安琪贝儿妇产医院有限公司民间借贷纠纷案

一审法院认为,本案双方争议的焦点在于韩某某支付给宜昌安琪贝儿妇产医院有限公司(以下简称安琪贝儿公司)的280万元性质如何认定。从安琪贝儿公司出具给韩某某的《收据》上的文字表述看,安琪贝儿公司确认该笔款项为集资款,而非股东增加认缴的出资。从款项支付的时间看,该280万元的支付均发生于安琪贝儿公司登记设立之前,若在安琪贝儿公司尚处筹备设立阶段即决定增资,应与常理不合,况且韩某某亦非安琪贝儿公司的发起人或初始股东。从股东的意思表示看,安琪贝儿公司的股东并未形成过对公司增资的决议,也未修订表决过公司增资的章程,亦未对公司注册资本作相应的变更登记。综上所述,韩某某付给安琪贝儿公司的280万元应认定为借款。安琪贝儿公司提出100万元出资是不可能投资建成医院的、必须根据医院建成进度情况和建成后的运营情况增加出资投入、而不是一次性投入等辩解,根据《公司法》第三条第二款的规定,有限责任公司的股东以其认缴的出资额为限对公司承担责任,即便安琪贝儿公司的注册资本不能满足经营之需,公司股东仍享有投资自由的权利,若非自愿,不得强迫其增加出资。故安琪贝儿公司所提此项辩解不能成立,法院依法不予采纳。安琪贝儿公司另提出韩某某将其8%的股权比例出让给他人是按增加出资款金额计算股价转让的辩解,本案中韩某某以157.5万元的对价出让给他人8%的股权比例,相对同比例的注册资本额,确实溢价不少,但安琪贝儿公司据此推定溢价部分即为韩某某的增加出资,缺乏事实与法律依据,法院依法亦不予采纳。韩某某支付给安琪贝儿公司的集资款,既未约定利息,亦未约定借款期限,韩某某所提判令安琪贝儿公司自2016年7月1日起至安琪贝儿公司清偿全部集资款时止,以2,800,000元为基数、按中国人民银行发布的同期同类贷款利率支付利息的诉讼请求,缺乏事实与法律依据,但安琪贝儿公司自韩某某提起本案诉讼之日起,应赔偿韩某某的利息损失。

二审法院认为,本案争议焦点为韩某某主张返还的280万元是否属于"公司资本"范畴。根据《公司法》的规定,公司成立后,股东不得抽逃出资。此处的"出资"应理解为股东已经缴纳且已构成注册资本的那部分资本数额。并非所有的股东出资都会构成注册资本,对于公司注册资本之外的股东出资,应当允许股东通过一定的途径主张返还,除非公司章程或股东之间有特别约定。具体到本案,2016年11月22日,安琪贝儿公司股东会决议确定韩某某认缴出资额为13万元,占公司注册资本13%;2017年5月8日,安琪贝儿公司经股东会决议增加注册资本43万元,韩某某出资额为13万元,出资比例为9.09%,同时修改了章程;2017年7月3日,安琪贝儿公司经股东会决议减资43万元,韩某某出资10万元,出资比例为10%,出资截止时间为

2046年12月31日前。从前述注册资本的变化来看，无论是100万元还是143万元，都明显少于韩某某主张的280万元投资款（不包括2016年7月25日之后的投资），故法院至少可以得出这样的结论：韩某某的投资款并未全部计入公司注册资本，其要求返还并无法律上的障碍。安琪贝儿公司主张各股东已多次按照比例追加投资，即使该主张属实，但综观全案证据，公司章程或股东会决议中并未对股东除注册资本之外的出资限定条件，即股东追加投资或要求返还并无强制约束，其他股东的投资行为与韩某某要求返还投资并无关联。安琪贝儿公司在本案中拟通过宜昌玛利亚妇产医院与安琪贝儿公司的关系，说明韩某某系公司的发起人，其缴纳的出资不得主张返还，但法院注意到，宜昌玛利亚妇产医院的股东或发起人名单中并无韩某某的名字，即使韩某某通过他人代为持股，亦不能赋予其公司法意义上的发起人或股东地位，且宜昌玛利亚妇产医院设立之后已经注销，其与安琪贝儿公司系两个独立的法人，安琪贝儿公司的股东及出资情况，应根据该公司的章程或工商登记来进行认定。根据前述分析，韩某某主张返还的280万元投资款并非公司注册资本，其名称为“投资款”或“集资款”，对本案认定及实体处理不产生影响，已无甄别的必要。安琪贝儿公司认为韩某某要求返还280万元投资款的行为侵害其他股东以及公司的合法权益，但法院认为，安琪贝儿公司作为工商登记的法人单位，应依据《公司法》的规定来规范公司及股东的行为，对于包括股东投资款的性质归属在内的问题，应及时通过召开股东会、修改公司章程、办理变更登记等手段予以明确或解决，如此方能维护其合法权益。综上所述，安琪贝儿公司的上诉理由不能成立，应予驳回。判决：驳回上诉，维持原判。〔1〕

名为合资入股却不具备入股特征的投资行为应认定为民间借贷关系。

【案例2－81】 富宁县木央镇普阳村民委一小组诉富宁粤富电力公司、胡某某民间借贷纠纷案

判决观点，已不具备法定代表人身份或股东资格的法定代表人或负责人利用公司名义与他人签订《合资合作协议书》，协议约定由他方出资入股，但不参与风险投资，出资方按照约定的年利率取得分红，一定期限后可以取回本金，撤回出资，该《合资合作协议书》应认定为借款合同，约定的年利率应视为利息。借款期限届满，借款人未偿还借款，出借人将公司起诉至法院要求承担还款责任，法院认定该公司作为被告适格，同时应出借人申请将无权

〔1〕 参见国家法官学院、最高人民法院司法案例研究院编：《中国法院2020年度案例》（民间借贷纠纷），中国法制出版社2020年版，第31～33页。湖北省宜昌市中级人民法院（2018）鄂05民终2351号民事判决书。

代理人列为共同被告。经审理查明，无权代理人签订借款合同的行为构成表见代理，该公司与无权代理人对借款共同承担偿还责任。[1]

股东对公司的投资大体上可以分为股权投资与债权投资。股东一方向公司投入资金但并未对投资关系作出明确解释，股东另一方认为股东一方已将注册资本中出资款出资到位，同时股东一方也没有举证证明自己存在增资情形。在这种情形下，股东一方投入的款项显然不是股权投资，宜认定为债权投资，即股东与公司构成了事实上借贷关系。换言之，对股东投资款项性质无明确约定时应认定为借贷关系。

【案例2-82】 深圳市东方置地集团有限公司与曲靖市东方置地实业有限公司企业借贷纠纷案

最高人民法院认为，曲靖市东方置地实业有限公司（以下简称曲靖东方公司）主张收到深圳市东方置地集团有限公司（以下简称深圳东方公司）提供的6.27779亿元款项系深圳东方公司对该公司的增资款，但曲靖东方公司并未提供证据证明该公司作出了增资决议或者公司之间有增资的约定。曲靖东方公司所称的深圳东方公司与曲靖市政府签订的《项目投资协议书》中关于深圳东方公司投资数额的约定，系深圳东方公司对曲靖市政府作出的投资承诺，该承诺并不当然决定深圳东方公司向曲靖东方公司提供的上述款项的性质。《项目投资协议书》与曲靖东方公司的上述主张没有法律上的关系，故曲靖东方公司请求该院向曲靖市政府调取《项目投资协议书》，法院不予考虑。在曲靖东方公司没有证据表明上述6.27779亿元款项系深圳东方公司提供给曲靖东方公司的增资款或无须返还之款项的情形下，对于深圳东方公司要求曲靖东方公司返还上述款项的诉讼请求，法院予以支持。在返还款项时，曲靖东方公司应当支付使用该款项的费用，原审判决按照中国人民银行规定的同期同类贷款利率计算该费用并无不妥。在曲靖东方公司实际收到了涉诉款项且无正当理由不予归还的情况下，法院对借款合同、借款借据及其相应的《公证书》，以及催款函等争议事实不再予以审理。曲靖东方公司请求该院向公证机关调取上述《公证书》的公证过程及相关存档资料，法院亦不再考虑。判决：驳回上诉，维持原判。[2]

---

〔1〕 参见国家法官学院案例开发研究中心编：《中国法院2019年度案例》（民间借贷纠纷），中国法制出版社2019年版，第133页。云南省文山州市富宁县人民法院（2017）云2628民初931号民事判决书。

〔2〕 参见杜万华主编：《最高人民法院民商事案件审判指导》（第3卷），人民法院出版社2015年版，第417页。

（七）借款关系与父母赠与区分

在当前高房价的背景下，父母资助子女购买房屋已经成为社会的普遍现象。在家庭关系和谐的情况下，对父母这种出资性质的认定无关紧要，但是，一旦家庭关系不和谐、子女的夫妻关系破裂，父母出资是赠与还是借款便是争议的问题，也是实践中疑难问题。对此类纠纷应当紧密结合案情本身分析，在这种具有特殊身份关系的案件中，不能简单、机械地适用某一法条，还应当结合案件的具体情况和当下的社会背景。在当前高房价的背景下，父母资助子女购买房屋不能理所当然地认为该出资就是父母对子女的赠与，除非双方已经明确达成了赠与的合意。在很多情况下，父母的资金是他们一辈子的积蓄或者他们向自己的亲戚朋友所借，如果简单地认为该出资系赠与，父母的权益不能依法保障。因此，在父母没有明确表示该出资系赠与的情况下，出资应当认定为对子女的临时性资金出借，子女应当承担相应的偿还义务。至于事后父母是否行使自己的债权与该债权本身存在并无关系。

【案例2－83】 黄某某、廖甲诉廖乙、彭某某民间借贷纠纷案

二审法院认为，首先，《婚姻法解释（二）》第二十二条第二款规定系在父母有赠与意思表示的前提下，赠与对象不明确时的认定依据，并不适用于本案的情况。在当前高房价的背景下，部分子女经济条件有限，父母在其购房、购车等购买大宗财产时给予资助虽为常事，但子女万不能以为父母出资乃天经地义，须知父母养育子女成人已经不易，儿女成年之后要求父母继续无条件付出实为严苛，亦为法律所不能支持。因此，在父母出资时没有表示出资系赠与的情况下，应认定该出资款为对儿女的临时性资金出借，目的在于帮助儿女度过经济困难，儿女理应承担偿还义务。至于事后父母是否要求儿女偿还，属于父母行使自己的债权或者放弃自己债权的范畴，与债权本身的客观存在无关。一审判决适用该条款属于法律不当，予以纠正。其次，赠与是一种合意，是双方的法律行为，需要当事人双方一致的意思表示才能成立。而黄某某、廖甲从未明确有过赠与的意思表示，且2017年3月20日黄某某、廖甲与廖乙对2013年3月至2015年9月廖乙因买房、买车、买车位向黄某某、廖甲所借款项签订了《借款对账单》，该《借款对账单》确认的借款金额与银行转账凭证相互印证。彭某某提出《借款对账单》是虚假的，涉案的款项系赠与，彭某某应对该主张负有举证责任，彭某某所提供的证据不足以证实其主张。最后，本案中，虽然廖乙个人在《借款对账单》上签字，彭某某没有签字，但本案的涉案款项人民币2,059,078元发生在彭某某、廖乙的夫妻关系存续期间，系为购房、购车及生活所需所用，且所购买的房屋登记在彭某某名下，故本案的涉案款项人民币2,059,078元属于彭某某、廖乙的夫妻共同债务，廖乙、彭某某应承担连带清偿义务。黄某某、廖甲请求廖乙、彭某某连带偿还本金人民币2,059,078元并按同期人民银行贷款利率支付从起诉时起至还清之日止的利息有事实和法律依据，法院予以支持。综上，原判决适用法律有误导致判决错误。廖甲、黄某某的上诉请求成立，予以支持。判决：撤销一审判决，被上诉人廖乙、彭某某偿还上诉人黄某某、廖甲借款本金2,059,078元和利息。〔1〕

【案例2－84】　蒋甲、熊某某诉蒋乙、曾某民间借贷纠纷案

二审法院认为，蒋乙将蒋甲、熊某某转入其银行账户的410,500元用于购买其与曾某共有的房屋、商铺及其于2018年11月30日向熊某某借20,000元现金用于代曾某偿还信用卡欠款的事实可以确认。至于蒋乙、曾某是否应当共同偿还相应款项的问题，首先，子女成家立业后已不属于父母履行抚养义务阶段，父母没有法律义务为子女出资购买资产。在蒋乙、曾某购买房屋及商铺缺乏资金的情况下，蒋甲、熊某某作为父母提供相应款项的行为更多带有暂时资助性质，出资时未作意思表示，但不能理所应当推定为赠与，况且现蒋甲、熊某某起诉要求蒋乙、曾某偿还相应款项，并明确表示其之前的资助行为为出借并非赠与。其次，从《民事诉讼法解释》第一百零九条的规定来看，对赠与事实认定的"具有高度可能性"的证明标准高于一般事实，曾某认为即使蒋甲、熊某某确实存在出资行为，亦属于赠与行为，则在举证责任分配上，曾某应承担相应举证责任，但曾某未能提供任何证据证实蒋甲、熊某某出资时明确表示将款项赠与蒋乙、曾某，故曾某应承担举证不能的不利后果。最后，法律上的权利义务始终是对等的，父母既然没有法律义务为成年子女购买资产，那么在父母提供资金给子女让子女获得相应产权时也就设立了子女应返还款项的义务。虽然款项偿还也许并非如同普通民间借贷一样书写明确的借据并设立明确期限，甚至在子女经济困难时可无限延长还款期限，但若据此直接推定父母的出资行为为赠与，并在父母要求还款时不予归还，将有悖诚实守信及公平原则。综上，法院认为，银行转账给蒋乙用于购买夫妻共有的房屋、商铺的款项410,500元及代曾某偿还信用卡款项20,000元，合计430,500元属于借款，应由蒋乙、曾某共同向蒋甲、熊某某偿还。判决：撤销一审判决，蒋乙、曾某共同偿还蒋甲、熊某某借款本金430,500

---

〔1〕　参见国家法官学院、最高人民法院司法案例研究院编：《中国法院2020年度案例》（民间借贷纠纷），中国法制出版社2020年版，第94～95页。广东省珠海市中级人民法院(2018)粤04民终2075号民事判决书。

元及利息。[1]

父母为子女婚后购房出资,应按临时性出借定性,但明确表示赠与的除外。

【案例2-85】 郭甲、翁某某诉郭乙、张某民间借贷纠纷案

二审法院认为,关于郭甲、翁某某所支付涉案款项的性质应当如何认定,根据本案所查事实,郭甲、翁某某于2014年1月13日至2014年7月14日先后向郭乙转账共计166万元,翁某某于2014年4月13日向金宝公司支付25万元;郭乙分别于2014年1月10日、2014年3月15日向郭甲、翁某某出具载明借款45万元、90万元的借条;郭乙、张某于2014年6月1日签订商品房预售合同购买涉案房屋,其二人均认可涉案房屋首付款为180万元;郭乙于2014年3月13日在金宝公司POS机上消费30万元、2014年5月10日消费804,508元、2014年7月15日向张某转账50万元。现郭甲、翁某某持借条、转账凭证要求郭乙、张某偿还借款,一审法院综合考虑全案证据认定上述款项中支付涉案房屋首付款的部分之性质系郭甲、翁某某出借给郭乙、张某用于购买房屋的借款,并无不当,但涉案房屋的首付款为180万元,一审法院认定为185万元不妥,法院予以更正。张某虽主张依据《婚姻法解释(二)》第二十二条第二款"当事人结婚后,父母为双方购置房屋出资的,该出资应当认定为对夫妻双方的赠与,但父母明确表示赠与一方的除外"的规定,涉案款项应视为父母对郭乙的赠与,但该条款系针对当事人婚后父母为双方出资购置房屋应认定为对子女一方赠与或对夫妻双方赠与的情形,且该条款的适用均以款项系赠与性质为前提,而本案中张某未提交足以证明涉案款项并非借款而是赠与的证据,故其该项主张缺乏事实及法律依据,法院对此不予采信。涉案款项系借款,夫妻共同债务的范围应当如何界定。因郭乙、张某于婚后购买涉案房屋,且经过公证确认为二人共同所有,则相关涉案房屋首付款应认定为郭乙、张某的夫妻共同债务,在郭乙提交的录音证据中张某亦表示同意偿还郭甲、翁某某所支付购房款项。张某虽对郭乙在一审过程中提交的录音证据真实性不予认可,但经一审法院释明其明确表示不申请鉴定,故其应对此承担举证不能的不利的后果。综上,结合郭甲、翁某某向郭乙的转账记录、翁某某向金宝公司的转账记录、郭乙在金宝公司POS机上消费25万元及其向张某的转账记录,可以认定对于郭甲、翁某某向郭乙转账的166万元及翁某某向金宝公司支付的25万元,其中用于支付涉案房屋的首付款的180万元系夫妻共同债务,应由郭乙、张某共同偿还;对于其余款项,因郭甲、

---

〔1〕 参见国家法官学院、最高人民法院司法案例研究院编:《中国法院2021年度案例》(民间借贷纠纷),中国法制出版社2021年版,第94页。广西壮族自治区贺州市中级人民法院(2019)桂11民终925号民事判决书。

翁某某提交的证据不足以证明系用于购买涉案房屋,但郭乙认可借款,故应由郭乙个人偿还。对于郭甲、翁某某提出的二人为涉案房屋装修向郭乙、张某出借20万元之主张,因其并未提交充足证据证明二人曾向郭乙、张某支付过该款项,亦未提交证据证明其主张的装修款系借款,故郭甲、翁某某的该项诉讼主张证据不足,法院对二人要求郭乙、张某偿还该部分款项的诉请不予支持。张某的上诉请求部分成立,应予支持;一审判决不妥之处,法院予以更正。判决:(1)撤销一审判决第三项;(2)变更一审判决第一项为:郭乙、张某向郭甲、翁某某偿还借款180万元;(3)变更一审判决第二项为:郭乙向郭甲、翁某某偿还借款11万元。[1]

【案例2-86】　刘甲、张某某诉刘乙、申某民间借贷纠纷案

一审法院认为,张某某、刘甲系夫妻关系,张某某名下存款为夫妻共同财产,二人作为共同债权人起诉的诉讼主体符合法律规定。张某某、刘甲主张借款,申某主张赠与。根据"谁主张,谁举证"的原则,张某某、刘甲首先应提交证据证明其提供的是借款。申某认为所汇款项为赠与,应做出合理解释或者提交相应证据予以佐证。从张某某、刘甲二人提交的现有证据来看,虽然没有借条来证明款项的性质,但不能因为是父母关系而把经济往来推定为赠与,且刘乙作为收款人认可借款事实。赠与需要赠与人明确表示,故申某认为所收60万元系赠与的答辩意见,本院不予采纳,刘乙与申某尚在婚姻关系存续期间,故对上述借款承担共同还款责任。判决:被告刘乙、申某共同偿还原告张某某、刘甲借款60万元。二审法院认为,庭审中,各方当事人均认可张某某、刘甲给付给刘乙、申某的60万元拟用于支付刘乙、申某购买房屋的首付款,刘乙、申某截至目前尚未购买房屋,张某某、刘甲出于自身经济需要考虑要求刘乙、申某返还该笔款项,在申某未能举证证明张某某、刘甲明确表示该60万元赠与刘乙、申某的情况下,申某拒绝偿还该笔项缺乏事实和法律依据。判决:驳回上诉,维持原判。[2]

子女婚后买房时父母出资,除书面明确表示赠与外,应视为以帮助为目的的临时性资金出借,子女负有偿还义务。

---

〔1〕 参见国家法官学院、最高人民法院司法案例研究院编:《中国法院2021年度案例》(民间借贷纠纷),中国法制出版社2021年版,第99~100页。北京市第三中级人民法院(2019)京03民终1680号民事判决书。

〔2〕 参见国家法官学院案例开发研究中心编:《中国法院2016年度案例》(民间借贷纠纷),中国法制出版社2016年版,第12~13页。北京市第二中级人民法院(2014)二中民(商)终字第11482号民事判决书。

【案例2-87】 余某、毛某诉黄某、余某莎民间借贷纠纷再审案

2016年黄某、余某莎夫妻离婚，余某向黄某、余某莎主张70万元的借款，黄某认可收到70万元，但主张该款项是余某、毛某赠与黄某和余某莎的购房款，没有还款义务。余某、毛某不服，诉至法院，请求黄某、余某莎还款。一审法院认为，借贷关系成立。判决被告黄某、余某莎偿还余某、毛某借款本金70万元。二审法院判决：驳回上诉，维持原判。再审法院裁定：驳回黄某的再审申请。[1]

父母出资为子女购房除明确表示赠与外，应认定为借贷关系。

【案例2-88】 陈某某诉梁某、王某某民间借贷纠纷案

二审法院认为，关于争议焦点1……虽本案诉争的款项借条系梁某一人出具，没有王某某的签名，但各方当事人均认可涉案款项用于梁某、王某某婚后购买房产，可以认定陈某某对借贷关系成立的举证证明责任已完成。王某某否认上述借条或主张涉案款项系赠与，则应提供相应证据予以证明其主张，争议事实的可能性达到注意排除合理怀疑的程度。但从一审至二审期间，王某某对于其主张未能提供相应证据如赠与合同或协议予以证明，则其主张赠与的事实缺乏证据予以证明。关于争议焦点2，本案诉争的款项系梁某、王某某婚姻关系存续期间的出借，各方对于所出借款项用于梁某、王某某共同购买婚后住房不持异议，王某某并未在借条中签字，但所借款项系用于梁某、王某某的夫妻共同生活，王某某对本案诉争的款项应承担共同还款责任。[2]

家庭成员间不存在借款合意的，宜认定为赠与关系。

【案例2-89】 黄甲、郑某某诉黄乙、王某某民间借贷纠纷案

二审法院认为，综合全案事实，难以认定双方存在借贷的合意。(1)从借款的合理性看。夫妻购房舍弃支付首付款以及通过负担住房公积金贷款等利率的途径，却选择向父母借取高于公积金、商业贷款的基准利率，显然与正常理性人的生活判断相悖。(2)从借条等载明的内容来看。案涉书证的制作极其规范，让人产生刻意明确借款原因、用途以及款项来源等内容的合理怀疑。且起诉之前，黄乙、王某某的婚姻关系已经明显恶化。(3)从借条的形式来看。案涉借条是黄乙单方出具，而王某某并未签字，王某某有无借

---

〔1〕 参见《婚后子女购房父母出资性质的认定》，载《人民法院报》2018年6月14日，第6版。四川省高级人民法院(2017)川民申4120号民事裁定书。

〔2〕 参见国家法官学院、最高人民法院司法案例研究院编：《中国法院2023年度案例》(民间借贷纠纷)，中国法制出版社2023年版，第32页。福建省南平市中级人民法院(2021)闽07民终184号民事判决书。

款买房的意思表示值得商榷。(4)从借贷双方关系来看。出借人与借款人存在父母与子女的亲情关系,男方父母在子女购房过程中予以资助也是当地家庭关系中的普遍情形,代表了长辈对晚辈无私的关爱和美好生活的期盼。根据一般的生活判断,也难以认定双方具有借款买房的客观事实。判决:撤销一审判决,驳回黄甲、郑某某要求黄乙、王某某偿还借款本金75万元及相应利息的诉讼请求。[1]

赠与合同为实践性合同,在款项交付完成后,赠与合同即已生效,即使事后单方补签借条等,也不能认定出资性质已由赠与转化为借款。

【案例2-90】 吴甲诉吴乙、徐某某民间借贷纠纷案

一审法院认为,本案中,第一,原告出资时与被告并无借贷合意。2011年至2014年原告在为案涉房屋出资时未与被告约定该出资系借款,事后与被告吴乙单方办理借款手续的原因是2014年年初两被告因感情不和发生矛盾,原告因其感情不和就提出房子的事情要立下字据,因为房子不是两被告出资购买的,鉴于房子已经登记在两被告名下,所以才办理的借款手续。该补办借款手续的行为亦未征得被告徐某某的同意,原告与两被告之间关于案涉款项的出资不符合借款合同的定义,双方之间并未形成民间借贷关系。第二,根据《婚姻法解释(二)》第二十二条的规定,当事人结婚后,父母为双方购置房屋出资的,该出资应当认定为对夫妻双方的赠与,但父母明确表示赠与一方的除外。本案中,原告为登记于两被告名下的案涉房屋购买、装修、还贷进行出资,该出资应视为赠与。第三,赠与合同为实践性合同,一经交付即完成。案涉房屋已于2011年12月14日登记,案涉房屋购买、装修、还贷支出款项也已经完成,该赠与已经生效。事后,在两被告因感情不和而分居的情况下,原告与被告吴乙单方面补签了五份《借条》及《归还借款协议书》,并未通知被告徐某某参与,未征得被告徐某某的同意,该补签行为不能将出资性质由赠与转化为借款。第四,本案原告与两被告之间具有特殊身份关系,即被告吴乙系原告独女,两被告之间系夫妻关系,且补签借款材料系在两被告感情不和时形成,未经被告徐某某同意。考虑到社会风俗习惯,本院难以采信双方之间存在借贷的合意。因原告主张借贷关系证据不足,故对于原告主张两被告归还借款并支付利息的诉讼请求不予支持。判决:驳回原告吴甲

---

[1] 参见国家法官学院、最高人民法院司法案例研究院编:《中国法院2020年度案例》(民间借贷纠纷),中国法制出版社2020年版,第210页。江苏省泰州市中级人民法院(2018)苏12民终1968号民事判决书。

的全部诉讼请求。二审法院亦持同样意见,维持一审判决。[1]

夫妻一方与其父母串通虚构夫妻共同债务,符合赠与性质的,应认定为赠与。

【案例2-91】 耿甲诉耿乙、袁某某民间借贷纠纷案

判决观点,原、被告双方先前已进行两起诉讼,案涉借条形成于诉讼期间,但作为借条出具方的耿乙及持有者耿甲均未向法院提及本借条存在,且被告耿乙在另案庭审中明确表示没有夫妻共同债务,在本案中又认可夫妻共同债务的存在,其陈述前后自相矛盾,且不能做出合理解释。按照原告与被告耿乙的解释,本案债务已产生七年有余,但原告没有证据向二被告主张过债权,也没有证据证明被告袁某某诉前已知晓该借条的存在。基于原告与被告耿乙之间的特殊关系,以及二被告已经离婚,涉案借条仅依据原告父子二人的陈述不足为信。所以,法院有理由相信如原告确有出资,在无法证明其属出借的情形下,该出资理解为对被告耿乙购房的赠与更符合常理及本地习俗。此种赠与,按照相关法律法规及司法解释,应认定为原告对二被告的共同赠与。综上,法院有理由相信,本案所谓借款系由原告和被告耿乙共同虚构的不存在的债务,二当事人恶意串通的行为侵害了第三方即本案被告袁某某的合法权益,系无效的民事行为,不应产生二位当事人预期的法律效果。判决:驳回原告耿甲的诉讼请求。[2]

(八)借款关系与融资租赁区分

借款关系与融资租赁的区分认定是实践中的难点问题,其二者区别具体来讲,其一,合同主体不同。借款合同只存在双方主体,出借人与借款人,不涉及三方主体。融资租赁合同存在三方主体,出租人、承租人和出卖人。其中售后回租则存在两方合同主体,即承租人与出卖人为同一主体,存在两个合同关系,出租人与出卖人之间的买卖合同关系、出租人与承租人之间的融资租赁合同关系。两个合同是各自独立的,签订的目的不同,规定的权利义务亦不同。但两个合同的标的又是同一的,即出卖人从出租人处获得货款,而把设备交给承租人使用。其二,法律关系内容不同。从标的物上讲,借款合同的标的物是资金。融资租赁合同的标的物则是租赁物,是以融物代替融资并把借钱和借物有机结合的一种合同。从

---

〔1〕 参见国家法官学院案例开发研究中心编:《中国法院2019年度案例》(民间借贷纠纷),中国法制出版社2019年版,第82页。江苏省苏州市中级人民法院(2017)苏05民终5963号民事判决书。

〔2〕 参见国家法官学院案例开发研究中心编:《中国法院2018年度案例》(民间借贷纠纷),中国法制出版社2018年版,第89~90页。山东省茌平县人民法院(2016)鲁1523民初字2580号民事判决书。

履行合同上讲,借款合同履行,是出借人将资金的所有权转移给借款人。借款人将借款用于购置物品,其当然享有该物品的所有权,与出借人无关。借款人只有借款到期归还本息的义务,不存在返还物品的义务。在融资租赁合同中,所有权与使用权分离。合同标的物的所有权属于出租人,承租人只取得设备的占有权、使用权和收益权。租赁期满后再根据合同双方约定进行处理,可以选择由承租人取得所有权、续租或由出租人收回租赁物。其三,支付对价内容不同。在借款合同中,借款人向出借人支付的利息除合同约定外,还必须符合国家的银行贷款利率范围,其超出部分无效,本金也是在借款期限届满时一次性还清。在融资租赁合同中,承租人向出租人支付的是租金,租金的计算比借款合同的还本付息复杂。租金金额包括设备价款、融资利息、银行费用等总成本的回收及手续费、保险费等出租人的经营费用以及可得利润,具体的计算方法有附加率法、年金法等。租金是租期内分数期支付,且一般高于同期贷款本息。其四,起算时点不同。借款合同中,借款期限一般是从借款人收到借款时开始计算。融资租赁合同中,签订合同时由租赁双方约定选择以开证日、提单日、后一宗货款支付日、抵达承租人工厂或验收日等为起租日。

【案例2-92】 中车公司诉王某某民间借贷纠纷案

二审法院认为,本案争议焦点为中车公司与王某某之间的法律关系是否属于融资租赁合同关系。《最高人民法院关于审理融资租赁合同纠纷案件适用法律问题的解释》第一条规定:“人民法院应当根据合同法第二百三十七条的规定,结合标的物的性质、价值、租金的构成以及当事人的合同权利和义务,对是否构成融资租赁法律关系作出认定。对名为融资租赁合同,但实际不构成融资租赁法律关系的,人民法院应按照其实际构成的法律关系处理。”(1)融资租赁法律关系分析。根据《合同法》第二百三十七条的规定,融资租赁合同通常涉及三方合同主体(出租人、承租人、出卖人),其中售后回租则为二方合同主体,即承租人和出卖人为同一主体。且其由两个合同构成(出租人与承租人的融资租赁合同以及出租人与出卖人就租赁物签订的买卖合同),租赁物的所有权在租赁期间归出租人享有,租赁物起物权担保作用。故租赁物客观存在且所有权由出卖人转移给出租人系融资租赁合同区别于借款合同的重要特征。融资租赁交易具有融资和融物的双重属性,缺一不可。如无实际租赁物或者租赁物所有权未从出卖人处转移至出租人或者租货物的价值明显偏低无法起到对租赁债权的担保作用,应认定该类融资租赁合同没有融物属性,仅有资金空转,系以融资租赁之名行借贷之实,应属借款合同。本案中,首先,中车公司并未完全出资从承租人王某某购买涉案车辆,即作为名义上出租人中车公司与作为名义上承租人的王某某之间关于租赁物涉案车辆的买卖合同关系,承租人王某某并未向出租人中车公司让渡租赁物的价值；其次，租赁物涉案车辆所有权人登记在王某某名下，且《机动车登记证书》上载明车辆的抵押权人为中车公司，根据抵押权法律关系特点，中车公司既作为抵押权人则不可能亦为所有权人，故中车公司作为名义上的出租人不享有涉案车辆的所有权。故中车公司与王某某之间的法律关系不具备融资租赁合同“融物”属性。(2)民间借贷法律关系分析。商事交易法律关系性质的认定应从交易当事人的意思表示和交易本质来判断。本案中，首先，从双方是否均有借贷的真实意思表示来看，对于中车公司，其作为专业融资租赁公司，应知晓作为出租人应享有租赁物的所有权，本案中，其明知租赁物登记在王某某名下，故本案法律关系中，中车公司的真实意思表示并非融资租赁，而是出借款项。对于王某某，其作为租赁物的所有权人，虽名为“承租人”，但实际上不可能与自己所有的车辆发生租赁关系，其仅是从中车公司获得借款，并按合同约定还款，其真实意思表示并非售后回租，而是借款。其次，从双方是否均有实际的借贷行为来看，中车公司已代王某某向涉案车辆的经销商支付了合同约定的剩余车款，王某某亦按合同约定按月返还款项，故中车公司与王某某均有实际的资金出借与返还行为。由此可以看出，案涉融资租赁交易，只有融资，没有融物，双方之间的真实意思表示名为融资租赁，实为借贷法律关系。故依照《最高人民法院关于审理融资租赁合同纠纷案件适用法律问题的解释》第一条之规定，案涉合同应认定为民间借贷合同。综上所述，中车公司的上诉请求不能成立，应予驳回；一审判决认定事实清楚，适用法律正确，应予维持。判决：驳回上诉，维持原判。[1]

---

〔1〕 参见国家法官学院、最高人民法院司法案例研究院编：《中国法院2021年度案例》(民间借贷纠纷)，中国法制出版社2021年版，第29～31页。北京市第三中级人民法院(2019)京03民终6755号民事判决书。

三、民间借贷合同关系纠纷处理

(一)事实借款合同关系处理

实践中,因借条借款人处是空白而发生实际借款人是谁的争议,应结合全案证据确定具体的借款人并成立事实借贷法律关系。

【案例 2-93】 王某、沈甲诉沈乙、沈丙、唐某某民间借贷纠纷案

判决观点,本案的争议焦点是双方是否存在民间借贷关系。沈乙、沈丙、唐某某称该笔款项是沈甲赠与沈乙的,沈乙不知道借款的事实,但沈乙、沈丙、唐某某确认借条中的款项用于沈乙购买房产,沈乙对该笔款项不知情不符合常理,且沈乙、沈丙、唐某某未提供证据证明赠与关系的存在,故法院对此不予采信。法院认为,虽然借条上借款人处空白,但沈乙和王某、沈甲成立事实上的借贷关系,借条对双方是有约束力的。沈丙、唐某某在借条上签字,即证明其同意对借款承担担保责任。王某、沈甲要求沈丙、唐某某对上述债务承担连带保证责任的诉讼请求,符合双方约定,法院予以支持。[1]

双方当事人虽未订立书面借款合同,但催款通知函等一系列文书有合同相对方公司公章,以证明该文书是由公司承认其效力,双方形成事实的借款关系。无书面文件确定,却产生合意,即可发生合同的效力,合同的效力来源,也反作用于合同订立双方的合意。

【案例 2-94】 司某某诉长盛公司民间借贷纠纷案

判决观点,吴某某的继承人司某某虽未能提供借款协议原件,但其持有的催款通知函上所加盖的长盛公司印章真实,且胡甲与胡乙系长盛公司工作人员,其借款行为是依职务做出的职务行为,另外银行电汇凭证亦可以佐证司某某主张借款事实,故法院对长盛公司向吴某某借款的事实予以确认。据此,法院认定吴某某虽未与长盛公司订立书面借款合同,但事实上存在借款

---

〔1〕 参见国家法官学院案例开发研究中心编:《中国法院 2016 年度案例》(民间借贷纠纷),中国法制出版社 2016 年版,第 190 页。北京市朝阳区人民法院(2015)朝民(商)初字第 43360 号民事判决书。

关系。因债权人吴某某已经去世,司某某作为吴某某继承人向长盛公司主张债权符合法律规定。司某某主张长盛公司返还借款72万元,于法有据,法院予以支持。判决:被告长盛公司返还原告司某某借款72万元及利息。[1]

在无借款合同和借款凭证的情形下,对双方争议的是否成立事实借款关系,法官根据案件事实裁定。

【案例2-95】 宋某诉上海荻宝贸易有限公司民间借贷纠纷案

一审法院认为,本案中,原告诉称,陈某某因其父经营的被告急需资金周转向原告提出借款,原告将其在长业公司宝山依云湾花园项目部的债权3,312,500元借给了被告,而被告与证人陈某某均否认与原告存在借贷关系,认为原告所述借款3,312,500元,实际是原告将该款项通过被告的账户进行转账,后被告按原告的指示已通过委托收款、开具支票的方式将款项支付给原告。同时,依法成立的合同,对当事人才具有法律约束力。原告诉请的基础是原告与被告间存在借贷的合意,而原告对此无法提供书面协议或借据等直接证据证明双方存在借贷合意,亦没有充分、有效的证据证明陈某某出具委托书通过委托收款及被告开具出300万元转账支票的行为均系归还诉争的借贷债务,且金额为3,312,500元。原告举证的手机短信仅能证明与陈某某个人之间有短信往来,但与本案缺乏关联性;原告举证的银行转账支票、支票存根仅能证明长业公司曾以银行支票转账方式转入被告账户款项3,312,500元,被告收讫该款项的事实,且该支票的用途载明为货款。综上,原告未能提供确凿充分的证据证明与被告存在借贷3,312,500元的事实,原告的诉请不能成立,一审法院难以支持。判决:驳回原告宋某要求上海荻宝贸易有限公司(以下简称荻宝公司)偿还借款人民币3,312,500元的诉讼请求。

二审法院认为,本案争议的焦点是宋某与荻宝公司之间是否存在事实上的借款关系。首先,本案中并无书面证据证明所涉款项性质为借款,亦无证据证明相关当事人间达成口头借贷合意。其次,长业公司与荻宝公司之间曾有业务往来。最后,宋某将长业公司出具的系争三张转账支票通过陈某某转交给荻宝公司,陈某某亦曾将荻宝公司出具的转账支票交给宋某,而两人间交接转账支票从无书面交接手续,亦无法从相关票据的记载内容印证所涉款项的性质。综合相关证据及以上情况分析,原审法院认为宋某提供的证据尚不足以证实本案系争款项性质为借款的意见,本院予以认同。陈某某作为相

---

〔1〕 参见国家法官学院案例开发研究中心编:《中国法院2013年度案例》(民间借贷纠纷),中国法制出版社2013年版,第5页。北京市昌平区人民法院(2011)昌民初字第10608号民事判决书。

关票据的经手人,作为本案证人到庭陈述并无不当。宋某仅以陈某某作为荻宝公司的出纳和业务员并交接过系争支票而认为其系荻宝公司的实际经营者,依据不足。另鉴于宋某与陈某某关系甚密,现两人又分别对陈某某发给宋某的"这件事情这样处理你觉得不妥当,剩余的和利息我写借条给你吧"的短信内容解读不一,又无证据证明陈某某的行为可代表荻宝公司,故对宋某认为该短信内容唯一指向就是本案系争款项的意见,二审法院难以采信。综上所述,原审认定事实清楚,判决并无不当。判决:驳回上诉,维持原判。[1]

【案例2-96】 刘某某诉王某某民间借贷纠纷案

二审法院认为,本案的争议焦点在于本案涉及的6.4万元是否为刘某某出借给王某某的借款。刘某某在一审期间为了证明其与王某某之间存在民间借贷关系,提供了三张汇款凭证及一张录音光盘,王某某认可收到上述6.4万元,并且认可录音的真实性,在录音中,刘某某要求王某某归还借款,王某某对此未予否认。根据王某某的陈述,上述录音形成在双方完成股权转让之后,同时,在本案审理过程中,王某某和刘某某均表示双方之间除本案诉争款项外没有其他款项往来。对此,法院认为,王某某虽称款项系刘某某向其支付的股权转让价款,但在双方完成股权转让后,刘某某打电话要求王某某偿还借款、出具欠条时,王某某并未否认,亦未提出双方之间往来的款项系股权转让价款的抗辩,更未提出其在本案诉讼期间所主张的录音中提到的借款是指当事人分配转让某公司相关证照所得款项这一情况。同时,王某某虽主张本案所涉款项系刘某某向其支付的股权转让款,但未提供证据予以证明,应承担举证不能的后果,故一审法院认定本案诉争款项系刘某某向王某某提供的借款,双方之间形成民间借贷法律关系并无不当。判决:驳回上诉,维持原判。[2]

(二)违法资金转化为借款处理

在社会生活中,因违法活动形成的借条,如受害人因传销受骗而要求传销人写下借条,其后持借条提起民间借贷诉讼,双方并未成立借贷关系,依据法律对违

---

〔1〕 参见国家法官学院案例开发研究中心编:《中国法院2012年度案例》(民间借贷纠纷),中国法制出版社2012年版,第10~11页。上海市第二中级人民法院(2010)沪二中民四(商)终字第597号民事判决书。

〔2〕 北京市第一中级人民法院(2013)一中民终字第11266号民事判决书。

法行为不予保护的规定,法院对原告的诉讼请求不予支持。

【案例2－97】 胡甲诉徐某民间借贷纠纷案

判决观点,原、被告之间的借条是在传销活动过程中出具的,因胡乙明知投入资金是做传销,在其女即本案原告胡甲要求父亲胡乙离开锦州的情况下,被告徐某为了胡乙能够继续从事传销活动,不被胡甲干涉及举报而出具的双方之间并不存在实际的借贷关系,原告胡甲之父胡乙在传销活动中把钱交给了传销组织,并不是被告徐某向原告胡甲借款,被告在其中充当的是传销组织中的介绍人,胡乙在传销活动中受到的损失,不受法律保护。被告徐某给原告胡甲出具的借条因实质违反国家法律应认定无效。故对原告胡甲要求被告徐某偿还借款本金及利息的诉讼请求,法院依法不予支持。判决:驳回原告胡甲的诉讼请求。[1]

(三)借款关系中特殊情形处理

(1)实践中,经常出现主借款合同对多笔借款进行结算并重新出具借条,新借条是否产生新的借贷关系,要注意区分不同情况。若双方当事人仅对借款本金和利息进行结算,而重新出具借条或者欠条,不产生新贷,则不成立新的借款合同关系。若双方当事人重新出具的借条是旧借条本金和利息之和,旧借条利息转为新借条本金的部分属于新贷,成立新的借款合同关系。若保证人未在新借条上签字,保证人对新贷部分无须承担保证责任,仅就其签字的旧条承担保证责任。

(2)债权人与债务人约定债务由第三人代为履行的情况下,并未突破合同的相对性,假使第三人未能依照约定完成代为履行的义务,原本的债权人也并不存在直接向第三人请求支付的权利,只能继续向债务人请求履行,而债务人与第三人之间的约定也并不对债权人的权利状态造成影响,仅对债务人和第三人产生效力。换言之,出借人依借款人与第三人的约定代为履行义务的,虽出借人未能提供支付证明,但第三人予以承认的,借款人应按照借款合同约定偿还借款。

【案例2－98】 谢某某诉陈某某、王某某、官某某民间借贷纠纷案

二审法院认为,本案中,官某某将其以星华公司名义持有的金草集团100万股股份以总价300万元转让给陈某某,陈某某支付官某某的股价转让对价300万元,即陈某某向谢某某借的300万元,并指示其直接将该300万

〔1〕 参见国家法官学院案例开发研究中心编:《中国法院2015年度案例》(民间借贷纠纷),中国法制出版社2015年版,第36页。湖南省常德市武陵区人民法院(2013)武民初字第01147号民事判决书。

元支付给官某某，该事实有陈某某于2015年4月1日出具给谢某某的《借条》及双方当事人的陈述证明，且陈某某又于2017年3月15日在上述借条复印件上再次书写确认尚欠谢某某借款300万元及利息。官某某确认收到谢某某300万元款项，依约向陈某某指定的人转让100万股股份，并办理了工商登记变更手续，官某某与陈某某之间的股权转让协议已履行完毕。因此，陈某某与谢某某之间存在民间借贷关系，事实清楚、证据充分，应予认定。陈某某向谢某某借款300万元，谢某某主张陈某某偿还借款300万元并支付利息，具有事实和法律依据，应予支持。一审法院认定本案系股权转让纠纷，并向谢某某释明不当，应予纠正，本案案由应确定为民间借贷纠纷。一审法院认定陈某某与谢某某之间系股权转让纠纷不当，但其判决陈某某应向谢某某偿还300万元并支付利息正确且未超出谢某某一审诉讼请求范围。判决：驳回上诉，维持原判。[1]

（3）建设工程施工过程中，以出具借条的形式预支工程款的情形较为常见。通常情况下，工程完工结算后，借条涉及的款项在应付工程款予以扣除。对建设工程中出具的借条的性质是借款还是预付款的认证应考查以下因素：其一，借条出具的时间。借条出具时双方是否存在工程施工关系。其二，是否存在借款事实，即当事人出具借条依据的事实。如果原告主张存在借贷关系，则应就被告存在工程款支付之外的应向其偿还的其他事实举证。其三，借条出具人的身份。预支工程款时，借条通常由工程施工人或其授权的其他人出具，对上述人员之外的人出具的借条，应结合双方交易习惯认定。其四，支付方式。主张借贷关系的一方应就支付方式举证，同时应提交借条出具期间的财务凭证印证付款目的。其五，双方是否已经结算。如双方已结算，应审查借条涉及款项是否已经扣除；如未办理结算，应根据应付及已付款情况确定借条中款项的性质。其六，正确分配举证责任。如果双方在借款时存在工程施工关系，则主张借贷关系的一方应就借条出具人应向其个人偿还债务的借款目的进行举证。换言之，对建设工程中因预支工程款出具的借条与民间借贷关系的区分认定，应根据双方是否有借贷合意及款项是否已在工程款中抵扣。

【案例2-99】 郭某某诉马某某民间借贷纠纷案

一审法院认为，郭某某与马某某对借条涉及的款项没有实际支付，而是用该工程款冲抵购房款的事实没有异议。马某某与三庆公司并无直接的工程承包关系，不存在工程款抵顶问题。根据三庆公司、中扶公司、郭某某、马

---

〔1〕 参见国家法官学院、最高人民法院司法案例研究院编：《中国法院2021年度案例》（民间借贷纠纷），中国法制出版社2021年版，第48页。福建省泉州市中级人民法院（2019）闽05民终2541号民事判决书。

某某之间的工程承包关系，可以推定马某某抵顶房款的工程款应是马某某对郭某某所享有的。在建筑行业中，以出具借条的形式预支工程款，工程完工结算后再予以扣除的情形较为常见。郭某某与马某某之间实际是工程承包关系，自2004年之后不再合作，故不存在新的工程款问题，且马某某以工程款抵购房款的事实发生于2004年，借条中注明“化纤厂房款”，显然并非指新发生的抵款事实。故马某某用于抵顶购房款的208,570元工程款，应是马某某在2004年以前于新馨家园20号楼工程承包合同中的工程款。郭某某主张马某某为其出具的借条说明以债权抵房款的208,570元，是工程款之外应由马某某向郭某某个人偿还的款项证据不足。判决：驳回原告郭某某诉讼请求。二审法院维持原判。[1]

(4)在建设工程领域中，项目部经理即实际承包人持有加盖项目部印章的欠条主张权利，因实际承包人与公司是挂靠与被挂靠关系且自负盈亏，故实际承包人与被挂靠公司不成立借贷关系。

【案例2－100】 胡某某诉湖南第四工程有限公司民间借贷纠纷案

二审法院认为，本案争议的焦点之一是胡某某是否是项目经理即实际承包人。胡某某虽然否认其为项目经理即实际承包人，但胡某某与湖南第四工程有限公司（以下简称湖南四建）签订《工程承包合同》，其以项目经理身份对外签订合同、出具欠条、参与诉讼，在项目部财务支出凭证上签字审批的事实，胡某某以项目经理身份同精河县水利管理处结算工程价款的事实，足以认定胡某某项目经理的身份，即胡某某为工程项目的实际承包人。在工程管理过程中，虽然湖南四建对项目部财务进了管理和控制，但绝大部分财务开支要经过胡某某或易某某签字认可，虽然对同一工程湖南四建同胡某某签订的《工程承包合同》落款时间比湖南四建同精河县水利管理处签订的《水利水电土建工程施工合同》的落款时间早了一天，但仅凭时间上的先后不能证明双方之间签订的《工程承包合同》没有实际履行，且上述合同是否属于无效合同的问题与认定胡某某是否为项目承包人的问题无关。胡某某称其为湖南四建内部职工，但没有提供相应证据证明。故对胡某某该部分辩称本院不予采信。依据胡某某与湖南四建签订的《工程承包合同》的约定，胡某某对工程项目应自负盈亏。胡某某所提供的2008年1月4日的“欠条”没有湖南四建责任人的署名，胡某某本人亦不能说清“欠条”是由何人书写，何人向其交付，该“欠条”存在明显瑕疵。在胡某某作为工程项目实际承包人自负

---

〔1〕 参见国家法官学院案例开发研究中心编：《中国法院2015年度案例》（民间借贷纠纷），中国法制出版社2015年版，第8页。山东省济南市中级人民法院（2013）济民五终字第118号民事判决书。

盈亏的情况下,其为项目部“垫付”资金的主张不能成立。胡某某主张其与湖南四建之间存在民间借贷法律关系,要求湖南四建偿还垫付的工程材料费和生活费169,910.27元并支付利息60,046元的诉请,缺乏事实和法律依据,本院不予支持。原判决认定湖南四建同胡某某之间形成民间借贷法律关系,属事实认定错误,本院依法予以纠正。上诉人湖南四建的上诉理由成立,本院予以支持。判决:撤销一审判决,驳回被上诉人胡某某的诉讼请求。[1]

在建设工程合同的实际履行中,发包方通过出借款项形式向施工方支付工程款,应以真实的施工合同关系认定款项性质并不转化为借款合同关系。

【案例2－101】 建设公司诉曹某、建筑装饰公司民间借贷纠纷案

二审法院认为,曹某所主张的款项性质属于工程款(工人工资)并非借款性质,建设公司关于是否足额或超额支付工程款(工人工资)有争议可另行选择其他法律关系起诉主张权利。[2]

【案例2－102】 周某某诉卢某某借款合同纠纷再审案

最高人民法院认为,依照《投资框架协议》第4.1条的约定,周某某向卢某某提供款项的性质首先是借款,待周某某确定其境外投资主体后转为该主体对上市主体的投资款,然而是附有条件的,即需周某某确定境外投资主体及上市主体。《合同法》第四十五条规定……原审查明,由于周某某未确定境外投资主体及协议约定的上市主体的股权重组亦未完成,故该款项成为投资款的条件并未成就。卢某某主张周某某境外投资主体及上市主体已经确定,但卢某某已提供的证据尚不足以证明其主张。且从某某公司总裁办免除周某某担任的某某公司董事长兼总裁的职务,双方曾就终止履行协议进行磋商等情形判断,双方之间的矛盾纠纷已深,该投资款法律关系所附条件在事实上亦难以成就。原审据此认定案涉3000万元款项系借款,并判令卢某某向周某某承担相关责任,尚属合理。综上,裁定驳回卢某某的再审申请。[3]

当事人之间最初存在多种法律关系,但最终形成的证据显示法律关系的性质为借款,应当根据当事人的最终约定认定双方之间法律关系的性质。

---

〔1〕 参见国家法官学院案例开发研究中心编:《中国法院2015年度案例》(民间借贷纠纷),中国法制出版社2015年版,第26～27页。新疆维吾尔自治区博尔塔拉蒙古自治州中级人民法院(2013)博中民二终字第31号民事判决书。

〔2〕 参见国家法官学院、最高人民法院司法案例研究院编:《中国法院2023年度案例》(民间借贷纠纷),中国法制出版社2023年版,第88页。北京市第三中级人民法院(2021)京03民终15688号民事判决书。

〔3〕 最高人民法院(2016)最高法民申字第1146号民事裁定书。

【案例2－103】 张某某诉佳垒公司、刘某旭、刘某民间借贷纠纷案

最高人民法院认为，张某某自2006年6月13日至2007年9月29日通过其控制的公司共向佳垒公司汇付款项3167万元，佳垒公司如数确认。张某某通过其控制的公司先后于2006年、2007年签订《股权转让协议》《借款协议书》《协议书》，分别明确上述全部或者部分款项拟用于约定建设项目投资款或借款，双方对于款项用途存在不同约定。最终，佳垒公司、刘某旭、刘某于2012年5月7日出具的《证明》和佳垒公司、刘某旭与张某某、刘某花于2013年4月18日签订的《还款协议》均明确约定上述款项为借款。一审法院根据当事人的最终约定认定本案当事人之间法律关系为民间借贷法律关系，并无不当。刘某、刘某旭、佳垒公司在2012年5月7日出具的《证明》中，首先明确案涉3167万元款项的性质为张某某、刘某花对刘某的借款，然后在此前提下将该3167万元本息按65,082,356元折算成佳垒公司16.98%股权。该《证明》为刘某、刘某旭、佳垒公司单方出具的文件，其中并无张某某、刘某花签字；该16.98%股权变更登记在张某某名下时的股权转让协议等工商登记档案材料中“张某某”的签名亦非张某某本人所签。该证据及相关事实不能证明张某某当时曾作出以3167万元对价取得佳垒公司16.98%股权的真实意思表示。在佳垒公司、刘某旭与张某某、刘某花于2013年4月18日签订的《还款协议》中除约定分期还款的时间外，还约定还款后将佳垒公司16.98%股权按还款比例返还给佳垒公司、刘某旭。由此，可以认定刘某、刘某旭、佳垒公司将佳垒公司、刘某旭16.98%股权登记在张某某名下，在性质上是作为偿还借款的担保。[1]

（四）其他合同转化为借款合同处理

借款合同与借贷关系并非一一对应的关系，借贷关系也可能由股权投资等其他基础法律关系转化而来。因此，当原告以借款合同为依据提起民间借贷诉讼，被告以借贷关系并非基础法律关系为由进行抗辩时，法官应当在审查认定双方当事人提交的证据的基础上查明案件事实，对双方存在的基础法律关系进行认定。与此同时，对当事人之间通过意思自治变更债权债务关系也不能一概予以否定。

【案例2－104】 谭某某诉骆某某、高某某民间借贷纠纷案

二审法院认为，2017年1月，量子公司的重组仍在进行中，谭某某提出

---

〔1〕 最高人民法院（2019）最高法民终1165号民事判决书。

解除《股权转让协议》,双方将量子公司 0.65% 股权价款金额确定为 292.5 万元,并签订《借款合同》约定延期支付。双方均认可《借款合同》实际约定的是股权回购款,故双方当事人的基础法律关系应为股权转让合同,二审将案由调整为股权转让纠纷。关于股权回购金额的认定问题,首先,应确认《借款合同》系《股权转让协议》之后签订的新协议。《借款合同》签订之时,量子公司的重组仍在进行中,并未发生重组失败的情况,《借款合同》系双方的真实意思表示,应是重新达成量子公司 0.65% 股权的转让协议,即骆某某同意以 292.5 万元收购谭某某持有的量子公司 0.65% 的股权,该股权转让法律关系已经成立且生效,故骆某某应向谭某某支付双方新商定的股权回购款 292.5 万元。其次,《借款合同》并未约定如量子公司重组不能成功,需对股权转价款进行调整,故对骆某某关于重组失败不应再按照原有价款支付的抗辩意见,不予支持。判决:撤销一审判决,骆某某向谭某某支付股权转让款 292.5 万元及逾期付款违约金,骆某某赔偿谭某某律师费 50,000 元,高某某对骆某某的债务承担连带清偿责任。[1]

双方基于合作关系一方出资一方出物,因出物方原因导致合作无法继续,经该方认可,出资一方的出资款可转化为借款。

【案例 2-105】　金某某诉郑某某、陈某某民间借贷纠纷案

二审法院认为,关于金某某与郑某某之间法律关系的认定问题,各方当事人对金某某支付给郑某某和某公司 1700 万元合作款,为郑某某垫付 535 万元,合计 2235 万元均无异议。郑某某主张案涉 2235 万元并非借款,其与金某某之间的关系应为合作关系,郑某某从 2008 年开始就陆续归还金某某合作款。郑某某控股的某公司与金某某于 2007 年 12 月 23 日签订协议书,金某某依据协议书先后支付给郑某某和某公司 1700 万元合作款,后因郑某某个人原因,导致协议没有继续履行,应依照协议书约定承担违约责任,郑某某也从 2008 年 11 月起先后偿还部分款项。但 2012 年 3 月 30 日郑某某向金某某出具承诺书,表示由其个人向金某某偿还包括 1700 万元合作款和 535 万元垫付款在内的共计 2235 万元欠款,并自收款之日起计算利息,金某某亦予以认可,应视为双方对 2235 万元欠款的性质、归还达成新的合意,该承诺书系双方的真实意思表示,应为有效。郑某某应依承诺书对尚欠款项承担还款责任。故本案 1700 万元债务虽与双方的合作协议有联系,但之后郑某某自愿将上述款项作为欠款向金某某偿还,原审法院据此将本案的法律关系定

---

〔1〕 参见国家法官学院、最高人民法院司法案例研究院编:《中国法院 2021 年度案例》(民间借贷纠纷),中国法制出版社 2021 年版,第 22 页。北京市第一中级人民法院(2019)京 01 民终 4635 号民事判决书。

性为民间借贷并无不当。[1]

合伙投资款因附条件转为借款。

【案例2－106】 魏某某诉易某某民间借贷纠纷案

判决观点，原、被告及范某某在合伙协议中约定“如未签订注资协议书，范、魏两人的投资转作易某某借款，壹年内归还”，实质是借款合同的附条件条款。三人的该项意思表示真实，约定的内容不违反法律、法规的强制性规定，且形式合法，故依法有效。由于在专营店开业后三人未能补签注资协议书，也无充分证据证明其业已形成共同经营、共负盈亏的合伙局面，故该项约定所附条件已告成就，原告提供的出资按约定应被视为原告对被告的借贷。根据“债务应当清偿”的民法原则，法院确认易某某未及时足额偿还欠款是酿成本次纠纷的根本原因，应当承担相应的违约责任。判决：被告易某某偿付原告魏某某借款本金余额21,400元。[2]

双方公司法定代表人合意将其公司欠款变更为个人借款的，不违反法律的强制性规定，法律确认双方成立借款合同关系。

【案例2－107】 庾某某诉陈某、南宁市喜阅图书有限责任公司民间借贷纠纷案

判决观点，南宁市喜阅图书有限责任公司（以下简称南宁市喜阅公司）承租南宁市求学公司的铺面，承租该铺面的租金等费用71,353.2元由柳州市金钥匙教科普书店职员吕某某通过银行转入南宁市求学公司。2013年4月12日，作为南宁市喜阅公司法定代表人的陈某向柳州市金钥匙教科普书店的法定代表人庾某某出具《欠条》，以欠条的形式将柳州市金钥匙教科普书店向南宁市求学公司支付的费用71,353.2元转化为陈某个人与庾某某个人之间的债务。被告陈某与原告庾某某均为完全民事行为能力人，应当知道出具欠条的行为性质及法律后果，故陈某与庾某某合意将公司之间的债务转化为个人债务，出于双方自愿，且不违反法律、行政法规的规定，应属合法有效。原告庾某某主张欠条中的欠款已经转化为借款，法院予以采信，认定庾某某与陈某签订欠条的形式是拟制交付，形成新的法律关系，即借款合同关系。至于被告陈某主张本案欠款为合作款，但未提交任何证据证明原告与陈某之间存在合作关系，故法院不予采信。[3]

---

〔1〕 浙江省高级人民法院（2014）浙商终字第18号民事判决书。

〔2〕 湖南省长沙市芙蓉区人民法院（2012）芙民初字第34号民事判决书。

〔3〕 参见国家法官学院案例开发研究中心编：《中国法院2017年度案例》（民间借贷纠纷），中国法制出版社2017年版，第140页。广西壮族自治区南宁市西乡塘区人民法院（2015）西民一初字第914号民事判决书。

退伙时,合伙人将应退份额约定为债务关系并将红利约定为利息而出具借条,在债权人持借条主张权利时,原合伙关系转化为借款关系。

【案例2-108】 杜某某诉孙某某民间借贷纠纷案

判决观点,杜某某、孙某某双方于2005年3月20日签订镇胜高速公路21标段桩基工程退股协议书,该协议书已明确约定双方的权利、义务,即杜某某投入的80,000元工程款和应享受的红利80,000元,由承包人孙某某负责偿还,并开出了借据。该退股协议书系双方当事人的真实意思表示,没有违反法律规定,该退股协议真实、合法、有效。孙某某理应按约定履行偿还债务的法律义务。杜某某起诉要求孙某某偿还本金77,000元及利息,对于其本金77,000元追偿应予支持,至于利息因双方已约定80,000元的红利,已包含利息,再支付利息系重复计息,依法不应予以支付。判决:孙某某偿还杜某某借款本金77,000元及红利80,000元,共计157,000元。[1]

投资人投给公司资金未成为股东,公司将其投资变为借款,双方由投资关系转变为借款关系。

【案例2-109】 秦某某诉蔡家湾水电有限公司民间借贷纠纷案

判决观点,本案争议焦点为,蔡家湾水电有限公司章程、注册登记、股东名册均没有记载秦某某为股东,秦某某的投资款是认定为股金,还是认定为借款,秦某某退出投资时,是否应按公司法的规定担责。法院认为,蔡家湾水电有限公司没有记载秦某某为公司股东,秦某某不享有股东权利也不承担股东义务。虽然秦某某向蔡家湾水电有限公司投入资金由其使用,财务上记载为"股金",但秦某某是否为蔡家湾水电有限公司股东尚为待定阶段。后因秦某某退出投资,由其法定代表人将秦某某的出资按借款处理,其民事行为有效,也符合实际,客观上蔡家湾水电有限公司已分期向秦某某还款835,000元,故认定秦某某投入的资金按借款对待,蔡家湾水电有限公司应履行合同约定义务,返还借款并支付利息。按银行同期贷款利率计算,至2010年8月18日,蔡家湾水电有限公司应向秦某某返还借款本金112,419.66元,支付利息4991.43元。[2]

借款系由双方当事人协商支付工程款欠款转化而来,是在债权人向债务人出具收到工程款的收条的前提下,由债务人向债权人出具借条,该笔借款系双方真

---

〔1〕 参见国家法官学院案例开发研究中心编:《中国法院2013年度案例》(民间借贷纠纷),中国法制出版社2013年版,第34页。湖南省怀化市芷江侗族自治县人民法院(2008)芷民一初字第138号民事判决书。

〔2〕 参见国家法官学院案例开发研究中心编:《中国法院2012年度案例》(民间借贷纠纷),中国法制出版社2012年版,第29页。湖北省长阳土家族自治县人民法院(2010)长民初字第713号民事判决书。

实意思表示,应成立借贷关系。

【案例2-110】 张某某诉吴甲、吴乙借款合同纠纷案

二审法院认为,吴甲应否对涉案10万元本金及利息进行清偿,取决于涉案款项的性质以及是否结算完毕。上诉人吴甲主张其出具借条的真正目的并不是向张某某借款,而是让张某某向他人借款支付工人工资,吴甲贴补此借款的利息;被上诉人张某某认可因吴甲没有那么多现金,遂要求张某某到外面借款10万元先发工人的工资,然而由会计吴乙给张某某出具涉案借条。吴甲虽主张,出具借条时张某某并未向吴甲出具10万元工程款的收条,但会计吴乙在原审庭审时陈述"张某某在外面借10万元算我们借的,这笔钱算张某某的工程款,当时张某某给打一个收到工程款的条子",因此,吴甲的主张与会计吴乙的陈述相互矛盾。吴甲承认"条子是我让吴乙写的……是欠他的工程款",由此可见,涉案款项系由双方协商支付工程欠款转化而来,同时也表明吴甲应向张某某支付10万元的工程款但因无钱支付,而由张某某借款冲抵后,而由吴甲方向张某某出具10万元的借条。张某某与吴甲、南通三建集团有限公司之间的工程款问题虽通过诉讼解决,但相关的民事判决中对涉案10万元借款表述为"原告主张被告欠其10万元借款的意见,与本案不是同一法律关系,本案不予涉理"。吴甲对上述判决不服并提起上诉,二审中,吴甲与张某某就工程款欠款达成《庭外和解协议》,该协议的第三条内容为"本案相互抵销的款项不包括在(2012)睢民初字第00870号案件中,张某某主张吴甲欠其10万元的借款。对此,张某某保留诉权",因此,对于由双方协商支付工程款欠款转化而来的涉案款项双方并未清偿。吴甲虽主张其与张某某的工程款已结清,并已实际支付涉案10万元的工程款,但并未提供证据证言,且庭审中吴甲也承认10万元的借条未收回,原审法院认定吴甲对涉案10万元款项及利息承担清偿责任并无不当。判决:驳回上诉,维持原判。[1]

因买卖关系预付货款,后未实际交付货物,经双方协商该货款可转为借款,此时由买卖合同关系转变为借款合同关系,卖方转变为借款人,买方转变为出借人。

【案例2-111】 朱某某、陈某某等诉齐某民间借贷纠纷案

二审法院认为,本案的争议在于双方之间是否存在借贷的事实,即本案讼争的15万元的定性问题。被上诉人主张讼争的15万元为齐某向原金凯公司的短期借款,要求齐某归还借款,为此向法院提供了注明领款用途为"借款",由齐某签名的15万元的领款凭证予以证实,原再审据此判令齐某承担还款责任并无不当。齐某上诉否认借款事实,主张该15万元为原金凯公司

---

〔1〕 江苏省徐州市中级人民法院(2013)徐民终字第2597号民事判决书。

向其购买挖掘机的货款。原金凯公司与齐某并未订立过挖掘机买卖的书面合同，挖掘机也未实际交付；诉讼中，齐某也未就其主张的该项事实能提供充分证据予以证实，故齐某的上诉请求，缺乏事实依据，法院不予支持。判决：驳回上诉，维持原判。[1]

借款转为购房款法律关系问题。当事人以签订买卖合同作为民间借贷合同的担保，借款到期后借款人不能还款，出借人请求履行买卖合同的，法官应当按照民间借贷关系审理，并向当事人释明变更诉讼请求。当事人拒绝变更的，法官裁定驳回起诉。但是，民间借贷合同到期后，双方签订商品房买卖合同并把借款转为购房款，民间借贷双方当事人的关系已经转为商品房买卖合同法律关系，除非存在无效或可撤销的情形，应认定合同有效，并支持履行合同的请求。

【案例2-112】　赵某某诉浙江义乌市天元置业有限公司、朱某某等房屋买卖合同纠纷案

一审法院认为，赵某某与浙江义乌市天元置业有限公司（以下简称义乌天元公司）签订了《借款协议》，赵某某向义乌天元公司汇款6000万元，履行了义务。借款到期后，义乌天元公司未能归还借款。因此，双方依据《借款协议》中的约定，签订了《商品房买卖合同》，约定交房日期为2009年9月30日，并将借款转为商品房购房款，义乌天元公司为此开具了购房款收据并承诺保证赵某某系所购房屋的唯一买受人。之后，又达成了《和解协议》《补充协议》等，在上述两份协议中，赵某某与义乌天元公司确认涉案商品房在2009年9月30日前，义乌天元公司可以商品房买卖合同约定的价格进行回购，这实质上是对商品房买卖是否履行给予了一定的宽限期，同时协议也明确了逾期则义乌天元公司无权回购，而到期后义乌天元公司未能回购。上述事实证实《商品房买卖合同》《和解协议》《补充协议》均是在《借款协议》的前提下，经过双方不断的协商逐渐形成的，此过程中义乌天元公司并无受欺诈、胁迫或重大误解之情形，符合意思自治原则，且涉案的商品房已向房管部门办理了预售登记手续，双方应按约定履行。杨某某、朱某某提出《借款协议》《商品房买卖合同》无效的抗辩理由不能成立。赵某某向义乌天元公司、杨某某、朱某某发函，义乌天元公司、杨某某、朱某某在2010年5月14日回函说明无法交付及办理房屋产权的原因。2010年8月10日赵某某与义乌天元公司、杨某某、朱某某达成《补充协议》，对退款作了约定，即2011年4月30日还100万元，以后每月逢30日退还100万元，至2011年11月30日前全部还清本息。到期未退款后，2011年7月17日赵某某向朱某某进行了催

[1] 浙江省舟山市中级人民法院(2010)浙舟商再终字第2号民事判决书。

收,2013年3月23日赵某某又与朱某某达成了《借款债务偿还意向书》,朱某某亦认可赵某某的上述催讨行为。……判决:(1)义乌天元公司协助赵某某办理所购买的44套房产(房号见附件)过户登记手续;(2)由义乌天元公司支付给赵某某逾期交房违约金4,830,867元;(3)由义乌天元公司支付给赵某某逾期办证违约金62,333.78元;(4)杨某某、朱某某对第二项、第三项承担连带保证责任。二审法院判决:驳回上诉,维持原判。[1]

当事人双方约定将其他债权债务转化为民间借贷债权债务的,遵照民事活动意思自治原则,只要该约定是双方当事人的真实意思表示,不存在损害第三人、集体、国家或社会利益,不违反法律和公序良俗,应当予以尊重,按民间借贷纠纷处理双方的争议。

【案例2-113】 秦某诉高某民间借贷纠纷案

关于高某主张借款中2000元属于手机赔偿款,不应按照民间借贷关系审理的上诉理由,二审法院认为,双方均认可借条中有2000元是高某对秦某的手机赔偿,双方通过借条将手机赔偿款转化为借款,该种处理方式是当事人之间的真实意思表示,未改变债权债务主体和金额,亦不违反法律规定,合法有效。故高某该项上诉理由没有法律依据,二审法院对此不予采信。[2]

当事人通过清算形成的债权债务,虽然非因民间借贷行为引起,但其内容符合民间借贷法律关系的特征,当事人依据民间借贷关系主张权利的,法院应按照民间借贷法律关系进行审理。

【案例2-114】 阮某某诉高某某民间借贷纠纷案

一审法院认为,本案所涉结账单系通过结算达成,是当事人的真实意思表示,也是当事人意思自治的结果,可根据或通过债权债务协议确定各方当事人的权利和义务。本案借条所载债务系结账单所载债务的延续,亦可确定为清算债务。现高某某承诺的6个月还款期限已过,涉案欠条按其承诺转为借条,阮某某按民间借贷关系向法院主张权利,并无不妥。本案法院以民间借贷关系审理,符合《民间借贷规定》第十五条的规定。高某某尚欠阮某某借款本金90.5万元及相应利息,理应及时给付。高某某的相关辩称,无事实和法律依据。判决:高某某归还阮某某借款本金90.5万元,并按约定支付相应的利息。二审法院判决:驳回上诉,维持原判。[3]

---

〔1〕 浙江省高级人民法院(2014)浙民终字第9号民事判决书。

〔2〕 北京市第三中级人民法院(2015)三中民(商)终字第09145号民事判决书。

〔3〕 参见《清算债务转民间借贷案件的裁判思路》,载《人民法院报》2018年6月14日,第6版。浙江省宁波市中级人民法院(2017)浙02民终2402号民事判决书。

专题三　民间借贷合同主体纠纷

本专题是对民间借贷合同主体的阐述，实践中关于借款主体的纠纷不断，有必要加以深刻剖析。

一、民间借贷合同主体理解

（一）民间借贷合同主体含义

《民间借贷规定》第一条第一款规定："本规定所称的民间借贷，是指自然人、法人和非法人组织之间进行资金融通的行为。"第二款规定："经金融监管部门批准设立的从事贷款业务的金融机构及其分支机构，因发放贷款等相关金融业务引发的纠纷，不适用本规定。"该条对主体范围、借贷行为予以明确界定。

（二）民间借贷合同主体范围

就民间借贷主体范围而言，其一，自然人，即民间借贷法律关系最为原始和传统的行为主体。其二，法人。其三，其他组织。其四，小额贷款公司。司法解释制定者认为，虽然小额贷款公司确实非同于一般的工商业企业，是经过政府金融主管部门批准设立并持有金融贷款业务经营牌照，专门从事贷款发放的非金融机构法人，但其从本质上看，其尚不属于正规金融机构的范畴，正如《关于小额贷款公司试点的指导意见》中明确规定的，小额贷款公司是由自然人、企业法人与其他社会组织投资设立，不吸收公众存款，经营小额贷款业务的有限责任公司或股份有限公司，是一个企业法人，只是其在设立上需要特别的程序，即政府金融管理部门批准，所从事的专项贷款业务接受中国银行业监督管理委员会（现为国家金融监管总局）和中国人民银行指导。既然如此，根据《关于小额贷款公司试点的指导意见》中就小额贷款公司提供的贷款利率不得超过司法部门规定上限的指导意见，《民间借贷规定》所规定的利率规制就应当适用于小额贷款公司。[1]

【案例3-1】 陈某某与某某小额贷款分公司等民间借贷款纠纷再审案

最高人民法院认为，小额贷款公司是经金融主管部门批准设立的，获取

---

〔1〕 参见最高人民法院民事审判第一庭编著：《最高人民法院民间借贷司法解释理解与适用》，人民法院出版社2015年版，第54～55页。

了贷款发放的资格，但其性质并不是金融机构，某某小额贷款分公司不属于《民间借贷规定》第一条第二款规定的"经金融监管部门批准设立的从事贷款业务的金融机构及其分支机构"，因其发放贷款引发的纠纷，应当适用该规定。关于利息和罚息的计算是否超出规定范围的问题，由于某某小额贷款分公司并非金融机构的分支机构，故原判决根据民间借贷的相关规定认定"罚息应以剩余本金为基数，按照中国人民银行同期贷款基准利率四倍计算，超出部分不予支持"是正确的。涉案利率及罚息未超出规定范围。因此，原判决适用民间借贷的相关规定认定本案贷款利率及罚息的上限并无不当，不存在适用法律错误的情形。裁定：驳回陈某某的再审申请。[1]

实践中，抗辩主体范围确定是疑难多发问题。出借人仅凭银行转账凭证提起民间借贷诉讼，被告抗辩转账系偿还之前借款或其他债务时，应确定被告抗辩的主体范围。《民间借贷规定》第十六条规定："原告仅依据金融机构的转账凭证提起民间借贷诉讼，被告抗辩转账系偿还双方之前借款或其他债务，被告应对其主张提供证据证明。被告提供相应证据证明其主张后，原告仍应就借贷关系的成立承担举证证明责任。"该条规定旨在解决欠缺借款合同案件的举证证明责任问题，同时亦涉及"被告"范围的理解。该条规定的被告，从文意及立法目的分析，应采用狭义解释原则，将被告理解为民间借贷一方，而不宜广义解释及于他人。如果把被告范围理解为包括借款人之外的其他人，无限放大被告范围，使负有抗辩责任的主体处于不确定状态，就会严重损害法律实施的稳定性。在这种情况下，出借人负有提供其他证据进一步证明借贷关系成立的义务，法官应对借款人或非借款人加以区分。

【案例3-2】 赵某甲诉黄某、赵某乙等民间借贷纠纷案

判决观点，从现有证据分析，原告没有提供充分证据证明在借款时与被告黄某联系过借款事项，因此被告黄某不是原告诉称的借款合同一方当事人。被告黄某辩称原告转款系偿还之前借款，未提供有力证据予以证实，法院不予采信。因被告黄某不是借款合同的一方当事人，其在诉讼中是否抗辩转账系原告偿还之前借款，以及该抗辩是否成立，对原告与被告黄某之间借贷关系的成立与否没有影响。被告赵某丙、张某某作为被告黄某的公公、婆婆，对原告向赵丁、黄某的转账系用于购买房屋的事实予以认可，从正常情理分析，被告赵某丙、张某某与被告黄某之间的亲属关系较为紧密，而且被告黄某与赵丁在婚姻期间还生有一女儿赵某乙，被告赵某丙、张某某的此项主张本应具有较大可信性，但由于赵丁死亡后，因家庭矛盾被告赵某丙、张某某与

---

〔1〕 最高人民法院(2016)民申字第2827号民事裁定书。

被告黄某之间的关系较为紧张,同时原告与被告赵某丙之间的身份与利益关系较为紧密,因此被告赵某丙、张某某认可原告与被告黄某借贷关系的陈述,其可信性存疑,难以证实原告与被告黄某之间的借贷关系。原告所转三笔款项中,其中50,000元明确标明为工资,原告以借贷关系主张权利缺乏事实和法律依据,应不予支持。另外两笔转款200,000元,因赵丁已死亡,原告未提供赵丁生前出具的借据,也未提供其他证据予以佐证,其诉称与被告黄某之间存在借贷关系,法院不予支持。原告要求被告黄某偿还借款250,000元,以及要求被告赵某乙、赵某丙、张某某在继承赵丁遗产范围内承担连带责任的主张,理由不足,应不予采信。判决:驳回原告赵某甲的诉讼请求。[1]

(三)民间借贷合同主体甄别

1. 填空格式借款合同主体甄别

对填空格式借款合同中出借人资格确认是实践中的疑难问题。采用填空式借据是民间职业放贷的常见套路。职业放贷人常常有许多外衣,利用填空式的格式合同在起诉前任意添加出借人,这是因为,一是规避法院对职业放贷群体管理;二是实际出借人自身负债累累,借用清洁外衣起诉,目的是逃避债务承担;三是实现收付错位,即债权或借款给付与还款收息经手人往往不是同一人,从而否认涉案借款实际收取高息及还款事实。在此类案件中,若原、被告不存在熟人关系或其他客观借贷表象,被告又提供了其与案外人的借贷合意、还贷付息、催款记录等相应证据印证的,可认定被告提出的债权人资格异议成立盖然性高,以达到让实际的债权人来起诉从而使债务准确结算的目的。填空格式借款合同背离合同一次性形成原则,出现争议由合同提供人或保管人承担举证不利后果,具有举证责任分配的合理性,有利于民间借贷合同行为规范化。

【案例3-3】 李某诉张某民间借贷纠纷案

二审法院认为,李某所提供的借条系出借人填空式的格式合同,且经该院审查李某涉案较多,具有职业放贷人的迹象,本案系存在"套路放贷行为"表象的案件,但张某一审中提供了未载明出借人身份的借条照片,且李某亦确认其所持借条中的出借人身份是在事后填写,在张某出具借条时借条上并

---

〔1〕 参见国家法官学院案例开发研究中心编:《中国法院2018年度案例》(民间借贷纠纷),中国法制出版社2018年版,第132~133页。河南省安阳市殷都区人民法院(2016)豫0505民初1043号民事判决书。

未载明债权人，因此，李某所持有的借条是没有载明债权人的债权凭证，现张某主张本案的债权人系刘某某而非李某，并提供了相应的证据予以佐证，故张某提出债权人资格异议成立盖然性高，予以支持。另外，若本案存在违法犯罪行为，应由公安机关进行处理。裁定：撤销一审判决，驳回李某的起诉。〔1〕

2. 自然人和公司主体甄别

在借据中，自然人签名在前其公司名称在后用括号注明且未加盖公司印章的，应认定自然人为出借人。

【案例3－4】 杨某某与常州金迪化工有限责任公司、唐某某等民间借贷款纠纷再审案

最高人民法院认为，杨某某是本案适格原告。首先，从协议内容分析，案涉《借款协议书》《担保协议书》出借人甲方一栏杨某某作为自然人其姓名在前，而常州方略商贸有限公司（以下简称方略公司）的名称是在杨某某的姓名之后用括号注明，协议上亦未加盖方略公司的印章。其次，从收条内容分析，常州金迪化工有限责任公司（以下简称金迪公司）出具的收条载明：现收到杨某某（方略公司）借款人民币1500万元整，金迪公司收到的三张银行承兑汇票中载明收款人为方略公司，但银行承兑汇票仅是债权人交付借款的方式，不能将票据上的收款人等同于出借人。最后，从还款情况分析，金迪公司向杨某某委托的收款人进行还款，也可证明金迪公司认可本案所涉款项系杨某某出借。综上，金迪公司认为本案借款的出借人为方略公司，杨某某并非本案适格主体申请再审理由不能成立，原判认定杨某某为适格债权主体正确。〔2〕

3. 借款人与担保人主体甄别

在借条中，对“共同借款人或担保人”的主体甄别是多发问题。“共同借款人”和“担保人”并不是同一概念，他们的法律地位不同，共同借款人是基于借款合同而负有债务清偿责任的主债务人，担保人则是基于担保从合同而负有债务清偿责任的从债务人。“共同借款人”和“担保人”的相互排斥性，决定了其身份的

---

〔1〕 参见国家法官学院、最高人民法院司法案例研究院编：《中国法院2020年度案例》（民间借贷纠纷），中国法制出版社2020年版，第106～107页。浙江省温州市中级人民法院（2018）浙03民终5087号民事裁定书。

〔2〕 参见人民法院出版社主编：《最高人民法院民商事审判指导》（第6卷），人民法院出版社2019年版，第404～405页。

重合不具备法律上的可能性,不可能既是借款人又是担保人。换言之,在上述情形下,要认定主体为共同借款人,则他们应有共同意思表示,且其行为要符合民间借贷的通常惯例。

【案例3-5】　张某诉杨某等民甲借贷纠纷案

判决观点,本案中,张甲提供的三张借条中的正文部分载明借款人为杨某,故法院确定杨某与张甲形成民间借贷法律关系。双方达成的借贷合意,系双方当事人的真实意思表示,未违反国家法律、行政法规的强制性规定,应属有效,双方当事人均应履行各自的义务。故张甲要求杨某承担还款责任的诉讼请求,法院予以支持。张乙虽在三张借条上签字并捺印,但张甲并未提供有效证据证明张乙系本案共同借款人,理由如下:(1)张乙在共同借款人或担保人处签字并捺印,即张乙有为共同借款人之可能,亦有为借款担保人之可能,三张借条落款处的"共同借款人或担保人"的"或担保人"有涂抹痕迹,该处涂抹仅为笔墨所划,并无当事人捺印予以确认。综观三张借条,凡涉及姓名、身份证号码、借款金额等重要内容均有捺印予以确认,而唯有此处涂抹并无当事人捺印,显与常理不符。(2)三张借条正文中借款人的填写处明确约定借款人为杨某,并无关于借款人为张乙的记载,根据借条文义可以确定该笔借款的借款人应为杨某。据此,张甲关于张乙为共同借款人的主张,证据不足,法院不予支持。当事人对自己提出的诉讼请求所依据的事实或反驳对方诉讼请求所依据的事实有责任提供证据加以证明。没有证据或者证据不足以证明当事人主张的,由负有举证责任的当事人承担不利后果。张甲关于要求张乙承担共同还款责任及赵某某对张乙的夫妻共同债务承担还款责任的主张,因其未能向法院提供有效证据证明张乙系本案共同借款人、该笔债务系张乙与赵某某夫妻共同债务,法院不予支持。判决:杨某偿还张甲借款26万元及利息。[1]

名为担保人实为借款人是实践中需要甄别的类型,也是多发争议的情形。一般认为,保证人实际接受了出借人的借款的,应认定为借款人。

【案例3-6】　李某某与山东省润发担保有限公司、山东宇宏太阳能光电科技有限公司民间借贷纠纷案

一审法院认为,关于山东省润发担保有限公司(以下简称润发公司)是借款人还是保证人问题,原告李某某所持39份借据中,均记载借款人姓名并有借款人签名字样,润发公司印章均加盖于借据的担保档内,借据"说明"栏

---

〔1〕 参见国家法官学院案例开发研究中心编:《中国法院2019年度案例》(民间借贷纠纷),中国法制出版社2019年版,第96~97页。北京市密云区人民法院(2018)京0118民初145号民事判决书。

内容亦载明润发公司系为借款提供担保。根据借据记载内容,润发公司应属于为借款提供担保的担保人即保证人,而非借款人。原告李某某主张,润发公司名为担保人实为借款人,其理由主要是19位出借人均把借款交给润发公司从未见过润发公司所出具借据中记载的借款人。本院认为,借贷关系中的借款人和保证人虽均属向出借人承担义务的债务人,但二者法律特征明显不同。保证人是向出借人承诺,当借款人不履行还款义务时由其还款或承担责任的人。借款人是接受借款,到期向出借人承担还款义务的人。润发公司属借款人还是保证人,通过确定接受借款之人是润发公司还是借据所记载借款人即可判定。原告李某某主张19位出借人均将借款交给润发公司,润发公司收款后为出借人出具借据,该主张与韩某某等另外18位出借人的陈述一致,且有经办该39笔借款业务的润发公司业务经理陈某某的陈述佐证。润发公司虽主张其是担保人而非借款人,但对原告李某某所持19位出借人将借款交给润发公司的主张未予明确否认。由上,对原告李某某主张的19位出借人均将借款交给润发公司、润发公司收款后为出借人出具借据事实,本院予以认定。被告润发公司所持其属担保人而非借款人的主张,含有19位出借人的借款由借据记载的借款人接受之意。结合借据"说明"栏记载的内容,本案存在润发公司将收到的出借人资金转交给借据所记载借款人的可能。由于19位出借人均否认办理借贷过程中见过借据所记载的借款人,而39份借据均属润发公司向19位出借人出具,本院认为,借据所记载借款人签名是否真实和该借款人是否收到借款事实的证明义务,应分配给润发公司承担。本案审理中,润发公司未举证证明39份借据所记载的借款人签名真实,亦未举证证明其已将收取19位出借人的277万元借款转交给借据所记载的借款人,故本案不能认定借据所记载的借款人接受了李某某等19人的借款。综上,润发公司为实际接受李某某等19人借款之人,其与李某某等19人之间成立民间借贷关系。润发公司在借据等证据中虽记载为担保人,但因其实际接受了出借人的借款,应认定是借款人而非保证人。二审法院判决:驳回上诉,维持原判。[1]

作为共同债务人的合同当事人,仅能基于债务人的地位,依据合同约定或者法律规定向债权人行使抗辩权。与此不同的是,基于保证之债的从属性,保证人既可以行使债务人对于债权人的抗辩权,也可以行使其自己作为保证人的身份根据法律规定或者合同约定所享有的抗辩权。在对于当事人之间有关权利义务难以确定其性质时,除非有明确的例外规定,法律适用的一般原则是,应当作有利于

〔1〕 参见国家法官学院案例开发研究中心编:《中国法院2015年度案例》(民间借贷纠纷),中国法制出版社2015年版,第205~206页。山东省枣庄市中级人民法院(2013)枣民一终字第230号民事判决书。

债务人的解释。

【案例3-7】 诚创公司与兴富公司民间借贷纠纷再审案

最高人民法院认为,关于兴富公司在案涉借款关系中应为共同借款人还是案涉借款保证人的问题。诚创公司一审起诉兴富公司要求其承担无限连带保证责任或者共同还款责任,主要依据为兴富公司法定代表人郭某某以兴富公司名义签署了与案涉借款有关的《承诺书》《协议书》《确认书》。对于上述郭某某代表兴富公司实施的民事行为应如何认定,各方当事人以及原审法院均有不同的理解。诚创公司起诉要求兴富公司对通达公司的债务承担无限连带保证责任及共同还款人的责任,一审庭审中诚创公司主张为无限连带保证责任或共同责任,二审以及再审程序中诚创公司认为兴富公司为共同借款人应承担共同还款责任;兴富公司主张郭某某的该上述行为属于公司法定代表人的越权担保行为。一审、二审法院根据诚创公司的主张认为兴富公司为共同借款人,应与通达公司共同承担还款责任。本院认为,从当事人之间权利义务关系的设立分析,多数人之债的成立应基于合同约定、法律规定或者可以推定的当事人的行为。当事人一方为两人以上的,当然可以形成多数人之债。但从本案事实看,前述两笔借款发生时,并无证据证明兴富公司以其意思表示或者具体行为参加到诚创公司与通达公司之间的借款法律关系中去。从权利义务的性质分析,不同性质的权利义务关系,当事人仅能根据合同约定或者法律规定行使权利、履行义务,当事人所能行使的请求权以及能够提出的抗辩权,应受法律关系的性质的限制。作为共同债务人的合同当事人,仅能基于债务人的地位,依据合同约定或者法律规定向债权人行使抗辩权。与此不同的是,基于保证之债的从属性,保证人既可以行使债务人对于债权人的抗辩权,也可以行使其自己作为保证人的身份根据法律规定或者合同约定所享有的抗辩权。在对于当事人之间有关权利义务难以确定其性质时,除非有明确的例外规定,法律适用的一般原则是,应当作有利于债务人的解释。本案中,有关郭某某代表兴富公司实施的行为究竟应当认定为共同借款行为还是保证行为存在不同理解时,如果无法确认具有明确的共同承担债务或者债务加入的意思表示的,应当将其认定为保证的意思表示。从当事人之间权利义务的内容分析,兴富公司法定代表人郭某某以公司名义签署的《承诺书》《协议书》《确认书》载明:“兴富公司自愿为通达公司所付4500万元借款本金及全部利息的债务提供连带保证并承担共同还款人的还款责任……保证责任期限为至主债务本息还清”“如通达公司未能在上述规定时间内履行还款义务,兴富公司愿承担连带支付责任”。上述内容,足以表明当事人的真实意思为在通达公司不能清偿债务的情况下,兴富公司为其承担连带保证责任,而非诚创公司主张的兴富公司有共同借款的意思表示。至于兴富公司是否最终实际使用了案涉借款,并不能以此作为判断其为共同借款人还是保证人的依据或理由。本院综合前述分析,认定兴富公司为案涉借款的保证人。原审法院根据债权人诚创公司的主张认定兴富公司为案涉借款的共同借款人,属于适用法律错误,本院予以纠正。[1]

4. 借款人与见证人主体甄别

借款人与见证人争议是司法实践中的常见纠纷,应由法官根据具体案情认定。

【案例3-8】 张某友诉纪某涛、邢某平民间借贷纠纷案

判决观点,本案的主要争议焦点是欠款数额的认定,纪某涛承担责任的认定。通过邢某平向张某友出具的2012年6月7日的借条、邢某平儿子向张某友转款、张某友出具邢某平的收条,以及邢某平陈述认可借款的事实,足以确认邢某平与张某友之间存在民间借贷法律关系。

本案中,张某友提交借条主张向邢某平与纪某涛共同提供借款60万元,邢某平、纪某涛对借款数额均不认可。张某友陈述提供的现金,没有转账记录。对此借款数额的认定,应当结合借贷金额、款项交付、当事人的经济能力、当地或者当事人之间的交易方式、交易习惯、当事人财产变动情况以及证人证言等事实和因素,综合判断借贷事实是否发生。纪某涛、邢某平均在借条上签字,且纪某涛在张某友提供的对话记录上签字,一定程度上反映了双方存在大额借款的事实。此后,2012年7月11日张某友出具的13万元收条,以及2013年6月9日邢某平儿子的转账记录,证明了双方之间存在大额现金交易给付的事实。邢某平、纪某涛虽然抗辩称交付数额不清的抗辩理由,未有相应的证据予以佐证,以及合理的解释事由。依照《民事诉讼法解释》第一百零八条第一款规定,"对负有举证证明责任的当事人提供的证据,人民法院经审查并结合相关事实,确信待证事实的存在具有高度可能性,应当认定该事实存在。"邢某平、纪某涛虽然对该60万元借款数额不认可,但不能做出合理的解释,或出示相关的证据予以反驳。邢某平、纪某涛作为从事经营的完全民事行为能力人,其应当知晓出具借条,以及在借条上签字所应当承担的法律后果。因此,基于双方的陈述及书面证据,以及邢某平现金还款的事实,认定双方案涉借款数额为60万元,具有证据优势和高度盖然性。对张某友出借款项数额60万元的主张,法院予以采纳。邢某平提出曾归还37.5万元的抗辩,未能提供相应的证据予以佐证或合理解释相互印证,法院

---

[1] 最高人民法院(2022)民再259号民事判决书。

不予采纳。张某友对偿还20万元无异议,对偿还13万元系纪某涛归还的纪某涛个人债务的抗辩,法院认为,2012年7月11日张某友出具的收条记载内容为:"今收到邢某平交来现金计人民币壹拾叁万元整。"该收条明确了偿还债务主体是邢某平,故对张某友称纪某涛偿还个人债务的抗辩理由,法院不予采纳。由此推定该笔借款项下尚欠27万元(60万元-33万元)。

张某友自认邢某平是通过纪某涛认识,双方之间对三笔借款累计60万元的借条,并未有任何抵押或担保。借条上也未约定利息、借款期限等内容。张某友陈述双方之间的借款期限少是十天半个月,多则一两个月的短期借款。在张某友自己提供的与纪某涛对话记录中,也记载纪某涛陈述是证明人、见证人。张某友自己提供的对话录音中该部分内容与张某友主张系邢某平、纪某涛共同借款相矛盾。况且,纪某涛提出诉讼时效已过的抗辩。自邢某平最后一笔还款2013年6月9日至张某友主张之时,张某友未能证明诉讼时效发生中断的事实。综上,张某友要求纪某涛承担民事责任的诉讼请求,因已过诉讼时效,且证据内容与其主张相矛盾。故对纪某涛的抗辩理由,法院予以采纳。张某友提供录音资料、证人证言均不能明确证明借款履行的具体情况,对张某友提供证人证言证明的问题,亦无法明确予以证明。另外,2012年7月18日署名邢某平的借条,因系复印件,法院对证据真实性亦不予确认。

综上所述,张某友对邢某平承担民事责任的部分诉讼请求,法院予以支持;对纪某涛承担民事责任的诉讼请求,法院不予支持。判决:(1)被告邢某平向原告张某友偿还借款27万元;(2)驳回原告张某友要求纪某涛共同承担还款责任的诉讼请求。[1]

5. 担保人与证明人主体甄别

如何确定是担保人还是证明人,是司法实践中多发争议。个案中,应着重审查原、被告双方的真实意思表示及借据形成的背景。

【案例3-9】　王某某诉于甲、孙某某、于乙民间借贷纠纷案

判决观点,原告王某某与被告于甲、孙某某之间的借款关系事实清楚,权利义务关系明确,被告于甲、孙某某在王某某索要借款后理应偿还,其无正当理由拖欠未付是无理的,王某某要求其偿还借款及利息有事实和法律依据,法院予以支持。被告于乙根据王某某的要求,在王某某书写的担保人处签字,视为其接受王某某要求其承担保证责任的请求。庭审中,于乙提出其在

---

〔1〕 新疆维吾尔自治区乌鲁木齐市新市区人民法院(2020)新0104民初7639号民事判决书。

担保人处签字后,随即又填写了“证明人”字样的目的是否定承担保证责任的意思表示,但庭审中其提出的抗辩理由仅系本人陈述,没有有效证据佐证其陈述意见,且王某某亦不认可。因此,其提出不承担保证责任的抗辩主张,法院不予支持。判决:被告于甲、孙某某偿还原告王某某借款本金70,000元、利息2000元,被告于乙承担前述款项的连带清偿责任。[1]

【案例3-10】 何甲诉徐某某、何乙民间借贷纠纷案

判决观点,被告何乙抗辩称其是作为被告徐某某向原告借款的见证人所签。但被告何乙在签名时已经知道该条子系借条,且被告徐某某已经在该借条的保证人项内签上了“何乙”两个字,在上述情形下,被告何乙仍在借条下方的空白处签名,应视为其对被告徐某某代其在担保人项内签名这一行为的追认,如被告何乙只是作为借款人的见证人签名,则应通过合理的方式对其见证人的身份予以明示,但被告何乙并未在借条上明示其是见证人,在审理过程中亦未提供证据对此予以证明,应依法承担举证不能的法律后果。判决:(1)被告徐某某偿还原告何甲借款本金人民币50,000元及利息。(2)被告何乙对上述款项承担连带清偿责任。(3)被告何乙承担保证责任后,有权向被告徐某某追偿。[2]

6.股东与公司主体甄别

借条上有股东个人签名和公司加盖印章的,无证据证明股东个人借款的,应认定为公司借款。

【案例3-11】 吴某某与华欧置业公司、王某某民间借贷纠纷案

二审法院认为,华欧置业公司、王某某对所有借条落款处加盖的华欧服饰公司印章的真实性均无异议。华欧置业公司辩称其对王某某出具借条及加盖华欧服饰公司印章不知情,吴某某与王某某明知公司已变更,还在个人借款上加盖已作废的公司印章,系串通危害公司利益。王某某辩称其不存在恶意危害公司利益的行为,在3张借条上的个人签名均是出于借款人的意思表示,华欧服饰公司的印章是应吴某某的要求才加盖的。吴某某主张无论是华欧服饰公司还是华欧置业公司,借款发生时法定代表人都是王某某,借条上有个人签名还有公司印章,其借款给王某某也就是借款给公司,而且出具借条时其并未发现加盖的印章是华欧服饰公司的,发现之后其要求王某某重

---

〔1〕 参见国家法官学院案例开发研究中心编:《中国法院2017年度案例》(民间借贷纠纷),中国法制出版社2017年版,第137页。黑龙江省密山市人民法院(2015)密商初字第47号民事判决书。

〔2〕 参见国家法官学院案例开发研究中心编:《中国法院2014年度案例》(民间借贷纠纷),中国法制出版社2014年版,第107页。浙江省台州市三门县人民法院(2012)台三健商初字第83号民事判决书。

新加盖华欧置业公司印章的借条,王某某不同意。原审法院认为,在2012年7月30日之前王某某为吴某某出具的16张借条中,其中6张借条加盖了华欧服饰公司的印章。2012年7月30日,吴某某与王某某在之前16张借条的基础上对双方所有款项进行结算并出具借条,借条载明“该款由华欧置业公司所有资产做第一抵押担保偿还”“在2012年7月30日前由王某某写的所有借条全部作废”,借条落款处写的是“借款人:华欧置业公司”,只是加盖的印章是华欧服饰公司的印章。王某某系华欧服饰公司及更名后的华欧置业公司法定代表人。从当事人之间履行借款的过程来看,并无对借款人是王某某个人或作为公司法定代表人的严格划分,存在混同情形。故原审判决认定2011年2月至2012年3月,王某某、华欧服饰公司多次单独或共同向吴某某借款并出具借条,并无不当。判决:驳回上诉,维持原判。[1]

公司与个人分别在借条的借款人处盖章、签名,符合多个借款人共同落款的借条书写格式,依法应认定为共同借款人。经出借人催讨后,签名者在借条下方注明款项未还,并以担保人身份签名担保款项偿还,并不影响出借人向个人签名者主张其作为借款人所应承担的清偿责任,签名者仍应就其借款与公司共同承担偿还责任。换言之,签名者是否提供担保不影响其借款人的身份和责任认定。

【案例3-12】 张甲诉厦门翘康工贸有限公司等民间借贷纠纷案

判决观点,关于张乙在本案借款中是借款人还是担保人,张乙应承担何种责任的问题,原告张甲主张被告张乙、厦门翘康工贸有限公司(以下简称翘康公司)为共同借款人。被告张乙主张其为保证人,借款人是翘康公司。张乙、余某认为翘康公司日常生产经营都是张乙负责,张乙是经办人而非借款人。法院认为,根据借条记载,2010年11月25日出具借条时,翘康公司和张乙分别在借条的借款人处盖章、签名,符合多个借款人共同落款的借条书写格式,张乙与翘康公司为共同借款人。2012年12月2日,经张甲催讨,张乙在借条下方注明款项未还,并以担保人身份签名担保款项偿还,但张乙是否担保款项偿还并不影响原告张甲向被告张乙主张其作为借款人所应承担的清偿责任,张乙仍应就本案借款与翘康公司共同承担偿还责任。张乙、余某提出张乙在本案借款中是经办人,根据“谁主张,谁举证”原则,张乙、余某应当提供证据予以证明,但张乙、余某未提供证据予以证明,且张乙作为完全民事行为能力人,知道或应当知道其作为担保人、见证人或经办人签名与作为借款人签名在法律上承担不同的责任和后果,但张乙出具借条时并未在其姓

---

〔1〕 参见韩延斌主编:《民间借贷案例裁判要点与观点》,法律出版社2016年版,第145~146页。浙江省高级人民法院(2013)浙商外终字第82号民事判决书。

名前注明自己为经办人,而是在借条的借款人处翘康公司名称的下方、借条落款日期的上方签名,其书写格式符合多个债务人共同借款的借条书写格式,可见张乙对其借款人身份明知,故法院对被告张乙、余某的辩解不予采信。[1]

公司的财务人员以公司名义出具借条,借款却由股东个人收取,属于公司财产与股东个人财产发生混同,应认定公司与其股东为共同借款人。

【案例3-13】 韦某某与陈某、梁某某、南宁昊仁居装饰工程有限公司等民间借贷款纠纷案

一审法院认为,因为本案所涉的282,000元借款的账目在南宁昊仁居装饰工程有限公司(以下简称南宁昊仁居公司)与陈某个人之间相混合,不能明晰,陈某亦未能举证证明其行为系履行公司职务,据此,应认定南宁昊仁居公司与陈某为共同借款人,承担共同还款责任。陈某所负债务在其与梁某某的婚姻关系存续期间,梁某某对陈某所负的债务承担共同偿还责任。判决:由南宁昊仁居公司、陈某、梁某某共同偿还给原告韦某某借款本金282,000元。二审法院认为,从查明的事实看,本案的借贷除现金交付以外,转账的资金均发生在韦某某与陈某之间,且出借人韦某某从未与陈某夫妇开办的公司有过业务往来。陈某、梁某某夫妇作为南宁昊仁居公司的股东,在管理公司过程中,出现财产混同的情况。二审期间法院曾责成陈某、梁某某向法庭提供南宁昊仁居公司经营的流水账,明确282,000元借款是否进入了南宁昊仁居公司的账户,但陈某、梁某某未予提供。因此,可确定陈某以个人身份收取了韦某某的借款,系本案实际借款人。而南宁昊仁居公司财务人员以公司名义出具借条,该公司并未否认,表明该公司同意对陈某个人借款共同承担责任。因陈某所负债务在其与梁某某的婚姻关系存续期间,梁某某并无证据证明陈某所借的款项未用于家庭生活开支,因此梁某某应与陈某、南宁昊仁居公司共同承担本案282,000元债务的清偿责任。一审法院查明事实清楚、实体判决正确;上诉人陈某、梁某某的上诉理由不能成立,故不予支持。判决:驳回上诉,维持原判。[2]

---

〔1〕 参见国家法官学院案例开发研究中心编:《中国法院2019年度案例》(借款担保纠纷),中国法制出版社2019年版,第58页。福建省厦门市集美区人民法院(2017)闽0211民883号民事判决书。

〔2〕 参见国家法官学院案例开发研究中心编:《中国法院2016年度案例》(民间借贷纠纷),中国法制出版社2016年版,第158~159页。广西壮族自治区河池市中级人民法院(2014)河市民三终字第58号民事判决书。

7. 签名位置主体甄别

签名人在他人借条上签名，且签名位置在借款人签名正下方处，虽然在签名的前面没有列明借款人，但亦可以认定签名人为共同借款人。

【案例3－14】　孔某与王某、张某、朱某民间借贷纠纷案

二审法院认为，本案中，原审法院认定有效的8份借款协议或借条上均有王某的签字，王某对上述签字不持异议，表明上述借款协议或借条均真实有效。王某提出部分借款协议或借条上的签字是之后补签的，但王某对于其补签的事实未提交证据予以证实，即使是其之后补签的字，该补签行为视为其对张某借款的一种追认，而且上述借款协议或借条上王某的签字并无任何特殊说明，王某的签字是在"借款人"后面或下面，故王某认为其不是借款人，而只是借款关系的介绍人的依据不足，本院不予采信。综上，王某、朱某的上诉请求，本院不予支持。原审法院判决认定事实清楚，适用法律正确。判决：驳回上诉，维持原判。[1]

行为人在借款栏中盖章是共同借款人而不是见证人。

【案例3－15】　黄某某与陈某某、某某包装公司民间借贷纠纷再审案

再审法院认为，在本案40万元借条中，某某包装公司在借款人陈某某签名处下方盖章，未注明其系证人。某某包装公司认为其在该借条中的身份为见证人，黄某某不予认可，某某包装公司未能提供其他证据证实，其主张不能成立。某某包装公司主张在该40万元借条上盖章及陈某某签名，与借条内容不是同时形成，无证据证实。但无论某某包装公司盖章时间是否与借条同时形成，在某某包装公司不能提供证据证明其身份为见证人的情况下，一审、二审根据某某包装公司盖章位置在借款人签名处的事实，认定某某包装公司为共同借款人并无不当。某某包装公司该项申请再审的理由不能成立。裁定：驳回某某包装公司的再审申请。[2]

【不同处理】　有的法院认为，签名人在他人借条上签名，且签名位置在借款人签名正下方处的，不能证明是借款人，也不能认定是担保人，只能认定为见证人。

【案例3－16】　薛某某与沈甲、沈乙、张某某民间借贷纠纷案

关于上诉人沈乙对本案借款150,000元是否应承担偿还责任，薛某某认

---

〔1〕 江苏省南京市中级人民法院(2014)宁民终字第5129号民事判决书。

〔2〕 江苏省高级人民法院(2014)苏审二商申字第79号民事裁定书。

为沈乙在原借条上签名表明其同意对借款承担清偿责任,其身份应认定为共同借款人。二审法院认为,该诉讼主张缺乏事实和法律依据。一是沈甲与薛某某发生借贷行为时,沈乙并不在场,在薛某某要求其在借条上签字之前也不知情,且无证据证明薛某某向沈甲支付的150,000元借款是用于沈乙经营的江南公司生产经营。二是沈甲向薛某某出具借条的时间是2013年12月24日,沈乙是在薛某某的要求下,在该借条上签名。其签名位于借款人签名落款的下方,并无表明签名人的身份性质。薛某某关于沈乙是作为共同借款人签名的诉讼主张无相应的证据予以佐证。且沈乙于2013年12月24日在借条上签名后,薛某某和沈甲先后于2014年3月30日和2014年6月18日,就上述借款分别达成延期偿还协议的情况并未通知沈乙,也未要求沈乙偿还借款。三是沈乙的签名既不能认定为借款人,也不能认定为担保人。借款合同是借款人向贷款人借款,到期返还借款并支付利息的合同。本案实际借款人是沈甲,而非沈乙;沈甲与薛某某于2013年3月30日签订的借款合同,借款人只有沈甲签名,并没有沈乙签名,且合同内容亦未涉及沈乙;沈乙在原借条上签名,是在沈甲、张某某签名落款的下方,并没有表明借款人的身份,因此,认定沈乙为共同借款人的证据不足。本案中,沈甲与薛某某签订的借款合同及借据上均没有关于沈乙为保证人的条款约定,薛某某与沈乙也未就该借款单独签订保证合同,沈乙在原借条上的签名亦未表明保证人身份。因此,沈乙在原借条上签名既不能认定为借款人,也不能认定为担保人,只能视为见证人。原审将沈乙认定为共同借款人并判决其承担借款本息清偿责任不当。故对薛某某要求沈乙对150,000元借款本息共同承担偿还责任的诉讼请求,二审法院不予支持。[1]

8.其他情形主体甄别

(1)个案中,法官应根据具体案情确认出借人和借款人。

【案例3-17】 许某某与郑某某、华瀚科技有限公司等民间借贷款纠纷案

最高人民法院认为,关于出借主体,涉案《借款合同》《借据》《收款确认书》明确记载,华瀚科技有限公司(以下简称华瀚公司)、郑某某共同向许某某借款,且本案借款的实际出款单位宏德辉公司和达源公司系受许某某指定,这足以证明许某某是合同出借人,宏德辉公司和达源公司接受委托实际出款的事实并不能否定许某某作为出借人的法律地位。郑某某还要求许某某举证证明其对宏德辉公司和达源公司所转款项享有支配权利,并无法律依

〔1〕 湖南省常德市中级人民法院(2015)常民四终字第186号民事判决书。

据。关于借款主体，尽管《借款合同》约定借款的用途是用于华瀚公司的经营，但郑某某已明确以个人名义与华瀚公司一起作为共同借款人签署《借款合同》《借据》《收款确认书》，其再抗辩仅仅作为华瀚公司法定代表人履行职务行为的说法不能成立。故郑某某、华瀚公司是共同的借款人。至于案由，本案借款合同发生在许某某和郑某某、华瀚公司之间，属于自然人与自然人、企业之间就借款事实产生的争议，一审判决据此认定本案案由为民间借贷纠纷，并无不当。[1]

(2)借贷双方通过“拍拍贷”等网贷平台达成借贷合意并交付借款，出借人逾期未收到还款，起诉网络借贷平台和借款人要求连带归还借款本金及利息的处理。2015年7月14日中国人民银行等十部委发布《关于促进互联网金融健康发展的指导意见》，明确P2P网络借贷的性质，即该类借贷行为属于民间借贷，个体网络借贷平台定位是提供金融服务的信息中介，而不是信用中介。因此，其行为应由《民法典》和相关司法解释加以规范，其不是上述借贷关系中的还款主体。

【案例3-18】　唐某诉李某某、上海拍拍贷金融信息服务有限公司等民间借贷款纠纷案

判决观点，原告与被告李某某之间的民间借贷合同关系有网上借款协议为证，该民间借贷合同关系明确、合法，应受法律保护。本案的争议焦点主要在于被告拍拍贷公司是不是该笔借款的还款主体。依据借款协议、原告及被告拍拍贷公司在庭审中的陈述，被告拍拍贷公司在本起借款关系中主要行为是提供平台、审核信息，其地位应为居间人，而非借款方或保证人，原告关于被告拍拍贷公司应承担连带还款责任的请求无依据，法院不予支持。依据《借出人注册协议》，原告在借出钱款时，对不能知晓借款人的真实姓名和地址的情况应属明知，相应风险由其自行负担。剩余借款本金共计6774.39元、利息共计636.31元，应由被告李某某予以偿付。判决：被告李某某归还原告唐某借款本金共计6774.39元及利息。[2]

(3)借款人与用款人、还款人之间的特定身份关系不影响依据借款合同对借款主体的认定。

【案例3-19】　川信公司诉祝某某、张某某、华通公司等借款合同纠纷案

判决观点，合同相对性原则在商事交易中是为维持交易秩序，确保商事交易安全、稳定的一项基本规则。借款合同在订立后，其体现的借贷法律关

---

〔1〕 参见人民法院出版社主编：《最高人民法院民商事审判指导》(第6卷)，人民法院出版社2019年版，第423~424页。

〔2〕 参见郭伟清主编：《2016年上海法院案例精选》，上海人民出版社2017年版，第90页。

系的主体，不因实际用款人或还款人为合同当事人以外的人而改变原有基础法律关系所约束的主体对象。无论祝某某与华通公司之间是否存在身份上的隶属关系，也不论华通公司是否是实际用款人，抑或是否是以华通公司的名义归还借款，均不能改变川信公司与祝某某因订立借款合同所形成的借款关系。〔1〕

（4）合同具有相对性，发生在特定主体之间，只有合同当事人才能享有合同规定的权利，并承担该合同规定的义务，除非法律、合同另有规定，否则当事人以外的任何第三人不能主张权利，更不负担合同中规定的义务。也就是说，借款用途不影响借款人的身份。

【案例 3－20】 罗某与屈某民间借贷款纠纷案

二审法院认为，屈某上诉主张涉案借款是其职务行为，认为 90 万元借款实际借款人是星石互动公司，屈某不承担还款责任。对此，本院认为，根据《借款合同》及《收据》上记载的内容以及相关款项的往来情况，足以认定涉案款项的出借人为罗某、借款人为屈某。星石互动公司在一审期间出具证明称屈某系代公司借款，但证据不足以证明在涉案款项出借时罗某与星石互动公司之间达成了借款的合意，涉案借款是否实际由星石互动公司使用，并不影响屈某在涉案《借款合同》中的借款人身份及其应承担的还款责任。因此，本院对屈某的上诉主张不予采纳。判决：驳回上诉，维持原判。〔2〕

一方作为企业承包人，约定以企业为主体向另一方借款，且收到款项后进行了使用，其为实际借款主体。

【案例 3－21】 丰鑫源公司诉付某某、刘某某借款合同纠纷案

最高人民法院认为，2014 年 1 月 22 日，丰鑫源公司与付某某、刘某某签订《责任书》约定，黄家山煤矿、四合煤矿交由付某某、刘某某经营管理；从 2013 年 8 月 27 日起黄家山煤矿、四合煤矿为主体向丰鑫源公司借款。2013 年 9 月 5 日至 2014 年 4 月 19 日，丰鑫源公司与黄家山煤矿、四合煤矿先后签订了 11 份《借款协议》，丰鑫源公司亦按照协议约定出借了款项 74,921,806.67 元。2015 年 4 月 20 日，丰鑫源公司又与刘某某签订了《借款协议》，由丰鑫源公司代为向浦发银行偿还了 5300 万元贷款。虽然前述 11 份《借款协议》的签订主体为丰鑫源公司与黄家山煤矿、四合煤矿，但各方当

---

〔1〕 参见国家法官学院案例开发研究中心编：《中国法院 2016 年度案例》（民间借贷纠纷），中国法制出版社 2016 年版，第 166 页。四川省眉山市中级人民法院（2014）眉民初字第 95 号民事判决书。

〔2〕 参见国家法官学院案例开发研究中心编：《中国法院 2015 年度案例》（民间借贷纠纷），中国法制出版社 2015 年版，第 154 页。北京市第二中级人民法院（2013）二中民终字第 16402 号民事判决书。

事人在《责任书》中约定，付某某、刘某某对承包黄家山煤矿、四合煤矿自负盈亏；在2015年4月20日的《借款协议》中约定，丰鑫源公司代偿后，该已偿还的5300万元转为《责任书》中约定的刘某某及付某某向丰鑫源公司的经营借款；2015年6月30日丰鑫源公司出具的两份《对账函》中载明"付某某、刘某某应付我司借款本金及利息27,009,424.6161元""付某某、刘某某向丰鑫源公司借款本金及利息合计84,496,153.61元"，刘某某在两份《对账函》上签字。以上事实可以认定，付某某、刘某某作为黄家山煤矿、四合煤矿的承包人，在生产经营过程中向丰鑫源公司借款，且收到款项后进行了使用，其为实际借款主体。因此，一审法院认为丰鑫源公司与付某某、刘某某之间存在真实有效的民间借贷法律关系，并无不当，本院予以维持。[1]

具有亲属关系的多人向他人借款时，构成共同借款人。家人作为借款续用人在原借条上签字划掉借款人名字，并不代表否定前借款人的借款意图。

【案例3－22】　鞠某风诉谭某刚、谭某南民间借贷纠纷案

一审法院认为，谭某刚是否为共同借款人。法院认为诉争80万元借款应为谭某刚与谭某南的共同借款，双方均应承担还款责任。因为虽然民间借贷合同应为实践合同，合同成立要件包括意思表示一致及款项的交付。但贷款款项直接转入借款人账户并非民间借贷法律关系存在的必要条件，款项直接转入借款人指定账户亦可视为交付，借贷合同成立。谭某刚在80万元借贷过程中，曾向鞠某风出具过两张借条，尤其在2012年3月20日借条中明确表示借款金额为80万元，虽然在履行过程中，只有10万元直接转入谭某刚账户，但是基于谭某刚与谭某南和鞠某风的关系，综合分析全部证据，法院认为70万元可以推定为谭某刚指定转入班某及谭某南的账户，所以鞠某风与谭某刚之间就80万元存在民间借贷法律关系。理由如下：(1)谭某南于2013年3月20日在谭某刚所写借条的下面明确表示"续用一年"，按照常理推定，谭某南书写时，谭某刚于2012年3月20日书写的借条尚未被划掉。(2)谭某刚、谭某南否认其于2012年2月1日所写的30万元借条及上述80万元借条的效力，亦未出示相反证据予以证明，亦应承担举证不能的责任。法院认为其书写借条的行为就是为了确认之前借款的存在。(3)证人证言能够佐证70万元系谭某刚指定转入他人账户。班某前后证言不一致，但未出示合理原因及证据推翻首次证言，且班某身份为谭某南的雇员，故法院采信首次证言的效力，即20万元系谭某刚让其代收。证人魏某风系鞠某风与谭某南的同学，其证言证明力较强，其称谭某刚将其款项要求转入班某账户

---

〔1〕 最高人民法院(2020)民终21号民事判决书。

的行为，可以佐证本案中存在此类行为。

二审法院认为，关于谭某刚是否应承担还款责任。根据已查明的事实，谭某刚认可其曾向鞠某风出具过两张借条，其中2012年3月20日出具的80万元借条，谭某刚表示其已用画叉的方式表明其不承担还款责任的态度，但该借条原件现保存于债权人鞠某风手中，鞠某风不认可谭某刚的主张，且画叉行为本身并不能得出否定其还款责任的唯一结论，其可以不把借条交付鞠某风或在借条上明确表明不承担责任的态度；另外，在二审审理过程中，谭某刚亦明确表示其出具借条的用意为如果谭某南不能还款其会帮助谭某南承担责任，结合上述事实，谭某刚应当为其出具借条的行为承担责任。综上所述，谭某刚的上诉请求不能成立，应予驳回；一审判决认定事实清楚，适用法律正确，应予维持。判决：驳回上诉，维持原判。[1]

第三方收款人实际占有并使用借款且无法证明款项去向，应认定其与债务人为共同借款人，对债务承担共同还款责任。

【案例3-23】 张某春诉张某媛、石某方民间借贷纠纷案

一审法院认为，石某方向张某春借款，张某春将借款款项转账至石某方指定的张某媛名下银行账户且石某方向张某春出具了《借条》，双方之间民间借贷关系依法成立并生效，石某方应当履行归还借款本金及利息的义务。双方口头约定了月息为1.5分，现张某春主张自起诉之日（2019年4月22日）起至清偿之日止，按年利率6%标准计算利息，法院予以支持。张某媛称其仅是代收人，不是借款人，其均是按照石某方的指示收款、转款或者提现。既然张某媛为石某方代收款项，那么该款项的最终使用人仍应为石某方，但其账户在收款后直至2020年10月14日一直持续不间断的消费和使用，其中包括向其父进行220万元大额转账以及购买衣物等消费，且张某媛对借款款项由谁使用、如何使用以及使用用途都无法准确地进行说明，该账户内款项与石某方所借款项存在混同情况，故张某媛应对石某方本案债务承担连带清偿责任。判决：(1)石某方偿还张某春借款本金200万元及利息；(2)张某媛对石某方上述第一项付款义务承担连带清偿责任；(3)驳回张某春的其他诉讼请求。二审法院同意一审裁判意见，判决：驳回上诉，维持原判。[2]

---

〔1〕 参见国家法官学院、最高人民法院司法案例研究院编：《中国法院2022年度案例》（民间借贷纠纷），中国法制出版社2022年版，第98～99页。北京市第二中级人民法院（2020）京02民终3035号民事判决书。

〔2〕 参见国家法官学院、最高人民法院司法案例研究院编：《中国法院2022年度案例》（民间借贷纠纷），中国法制出版社2022年版，第102～103页。河北省邢台市中级人民法院（2021）冀05民终418号民事判决书。

二、民间借贷合同主体法律适用

（一）合伙人员借款认定

个人合伙是指两个或两个以上公民按照协议，各自提供资金、实物、技术等，共同经营、共同劳动、共担风险、共负盈亏的自愿联合。对于合伙债务，合伙人承担无限连带清偿责任。

合伙负责人或其他人员借款，根据法律规定视为全体合伙人借款。

【案例 3－24】 郭某青与武陟县美亿佳生活广场等民间借贷纠纷案

二审法院认为，合伙人可以推荐负责人，合伙负责人和其他人员的经营活动，由全体合伙人承担民事责任。本案中，2013 年 5 月，史某林、翟某建、郭某豹三人合伙出资筹建武陟县美亿佳生活广场，并共同推荐史某林为负责人，郭某青所提供的 30,000 元收据加盖武陟县美亿佳生活广场财务专用章，可以认定郭某青将款项借给了武陟县美亿佳生活广场，本案借款发生在史某林、翟某建、郭某豹三人合伙期间，史某林、翟某建、郭某豹应当对该借款承担连带清偿责任。[1]

合伙人虽以其本人名义写借条，但有证据证明为合伙使用的，亦认可为全体合伙人借款。

【案例 3－25】 吴某坚诉韩某林民间借贷纠纷案

判决观点，吴某坚向法院提交了五张借条原件，用以证明被告韩某林曾向自己借支了 57,800 元。被告韩某林对五张借条及金额的真实性无异议，但是辩称借款 57,800 元是被告韩某林以会计身份向华蓥山幺妹食品厂所借，并且是用于支付企业人工工资，而非原告吴某坚的个人债权。为此向法院提交了材料明细分类账目及人工工资表复印件一份。双方在庭审中均表示现金流水账本是原告吴某坚和被告之父韩某君合伙经营期间公司的出纳

---

〔1〕 参见国家法官学院案例开发研究中心编：《中国法院 2018 年度案例》（民间借贷纠纷），中国法制出版社 2018 年版，第 139 页。河南省焦作市中级人民法院（2017）豫 0823 民终 857 号民事判决书。

账，该账本上有公司出纳吴某财及会计韩某林的签字，且双方当事人对现金流水账的真实性均予以认可。因此法院认为，从现金流水账本记载的内容上看，韩某林于2012年2月12日所借的10,000元、9300元，2012年4月3日所借的2000元，4月5日所借的35,000元在公司出纳账目上均有记载。因此韩某林所借的这四笔款项共计56,300元应认定为被告韩某林向华蓥山幺妹食品厂所借，而不能认定为原告吴某坚的个人债权。韩某林于2012年4月11日向原告吴某坚所出的1500元借条，因公司现金流水账本上没有记录，故被告方所提交的证据不能证明该1500元是被告韩某林向华蓥山幺妹食品厂所借，而应认定为原告吴某坚的个人债权。被告方辩称借款用于支付人工工资，原告方反驳认为支付企业人工工资应由公司出纳吴某财直接支付并记载于现金流水账中，而不应由身为公司会计的被告韩某林以向原告吴某坚个人借款的方式支付公司人工工资，且被告方提交的人工工资表无合伙双方签字确认，而公司流水账记载其他的人工工资、材料款等都是公司出纳直接支付，被告辩称理由不成立。对此，原告吴某坚要求被告韩某林归还该笔1500元借款的主张，法院予以支持。由于借款的时候，双方未就利息作出约定，故原告主张的利息，可从起诉之日按中国人民银行同期同类人民币贷款基准利率计算。原告主张的催款损失，因其未向法院提供有效证据予以佐证，故法院不予支持。判决：被告韩某林偿还原告吴某坚借款1500元及利息。[1]

合伙人以合伙名义对外借款，在其写的借条上加盖合伙印章，虽是合伙人个人使用借款，但应由全体合伙人承担还款责任。

【案例3－26】 陈某某与胡某、黄某某民间借贷纠纷案

二审法院认为，南宁市绿草原野猪养殖场是胡某与黄某某合伙共同经营，双方对此予以认可。在合伙期间黄某某以南宁市绿草原野猪养殖场名义向陈某某借款，并在向陈某某出具的《借条》上加盖南宁市绿草原野猪养殖场印章的行为，足以使陈某某相信黄某某有权代表南宁市绿草原野猪养殖场向其借款，黄某某行为构成表见代理。因此，该代理行为对南宁市绿草原野猪养殖场有效，南宁市绿草原野猪养殖场应承担向陈某某归还借款的责任。南宁市绿草原野猪养殖场是胡某与黄某某合伙经营，胡某、黄某某对合伙债务对外承担连带清偿责任，故一审判决黄某某与胡某共同偿还陈某某借款正确，本院予以维持。胡某主张黄某某所借款项系黄某某个人借款，未用于南

〔1〕 参见国家法官学院案例开发研究中心编：《中国法院2014年度案例》（民间借贷纠纷），中国法制出版社2014年版，第39～40页。四川省华蓥市中级人民法院（2013）华蓥民初字第409号民事判决书。

宁市绿草原野猪养殖场等事由，系胡某与黄某某内部事由，应由双方另行解决。胡某主张其在本案中不应承担偿还债务责任的理由不成立，本院不予支持。一审认定事实清楚，适用法律正确，程序合法。判决：驳回上诉，维持原判。[1]

合伙关系中的一人借款行为，应由所有合伙人承担偿还借款责任，其内部协议不能对抗第三人。

退出合伙后，合伙人中均有未出现在借条中的，能否认定为未出现的主体为出借人或借款人，应根据具体案情确认。

【案例3－27】 王甲、紫某某与刘某某、爱琪贝中心、王乙民间借贷纠纷案

一审法院认为，爱琪贝中心向紫某某出具借据并在借据上加盖公章，双方借贷关系即成立。王乙提出其向紫某某出具借据是为了证明紫某某出资明显有违常理，不应被法院采信。刘某某与爱琪贝中心提出已告知王乙、王甲、紫某某关于爱琪贝中心法定代表人李某某所发生的授权书一事，但未能提供证据加以证明，故刘某某与爱琪贝中心的此项主张不应被采信。二原告认为王乙应承担还款责任，刘某某、爱琪贝中心认为应由王乙个人承担还款责任，但均未能提供证据加以证明，故法院对二原告及二被告均未采信。由于王甲和刘某某均未体现在借据上，确认王甲是否为债权人以及刘某某是否应承担还款责任均应依据紫某某和王甲所提供的录音证据进行判断。本案中，刘某某提出录音中"50～60分钟""80～90分钟"两段录音内容经过剪辑。鉴定机构由于"录音环境变化频繁"而无法对刘某某提出异议的两段录音内容的完整性作出鉴定，故法院对上述两段录音的真实性未予采信。鉴于王乙、刘某某及爱琪贝中心并未对紫某某、王甲所提交录音的其余部分提出异议，法院对除"50～60分钟""80～90分钟"两段以外的录音内容予以采信。结合录音在场人员判断，王乙以及刘某某的谈话中多次提及诸如"两个姑娘退出了，钱怎么处理？以及两人投资10万元"中的两个姑娘指的是王甲与紫某某，故王甲与紫某某均为投资主体。因此，王甲作为债权人与紫某某共同要求爱琪贝中心偿还借款并无不当。刘某某作为爱琪贝中心的实际出资人，其在录音中关于"这个钱有钱我给，没钱我先欠着"的表示，应视为刘某某自愿承担爱琪贝中心对王甲与紫某某所负有的还款责任。刘某某虽提供证人许某某的证言证明其在录音当天受到了胁迫，但证人许某某并未证明刘某某在当天受到人身威胁以至于不能自由表达真实意思。故法院对刘某

---

〔1〕 参见国家法官学院案例开发研究中心编：《中国法院2013年度案例》（民间借贷纠纷），中国法制出版社2013年版，第155页。广西壮族自治区南宁市中级人民法院（2011）南市民一终字第2495号民事判决书。

某关于其受到胁迫的主张不予采信，刘某某应与爱琪贝中心共同承担还款责任。由于各方当事人之间未对借款约定还款期限及利息，王甲、紫某某无权要求爱琪贝中心、刘某某自2012年12月1日起支付利息损失。但在王甲、紫某某起诉之日起，爱琪贝中心与刘某某应按照中国人民银行同期贷款利率支付相应利息损失。判决：被告爱琪贝中心、刘某某给付王甲、紫某某借款94,500元及相应利息损失。二审法院判决：驳回上诉，维持原判。〔1〕

个案中，应注意对合伙股金与民间借贷的区分。

【案例3-28】 刘某诉李某某合伙协议纠纷案

判决观点，原、被告经协商约定各自出资250,000元共同给怀化金大地水泥厂（湖南怀化金大地材料有限责任公司）送煤，明确约定各自占利润分配的50%的股份等，且签订了《协议书》，《协议书》中未明确亏损的承担方式，但双方已实际出资，且协议已实际履行，合伙关系成立，该协议内容没有违反国家法律规定，合法有效。双方在协议履行期间，原告决定退伙，被告同意先后两次共计退还原告合伙资金共计150,000元后向原告出具《退股据》，但却未能按《退股据》中承诺的期限退还及支付尚欠原告的100,000元股金及利润，属违约行为，应立即退还原告该股金，并按约定支付利息。对于被告在庭审中提出的合伙期间有亏损应双方承担亏损的抗辩理由，因被告未向法院提供相关证据证实，法院不予支持。对于原告在庭审中要求被告支付全部借款250,000元的利息，因其在提出该请求时已超过法定增加诉讼请求的期限，并未向法院提供相关证据证实，法院不予支持。判决：李某某付清尚欠刘某的合伙资金100,000元及利息。〔2〕

对合伙经营出资、追加投资与内部借贷的区分，应考虑双方签订的合伙协议和借条内容以及举证综合认定。

【案例3-29】 陈某与周某某民间借贷纠纷案

二审法院认为，本案中，周某某主张其与陈某系合伙关系，但陈某予以否认，双方之间没有书面合伙协议，也未经工商行政管理部门核准登记，对此，周某某应承担举证责任，以证明双方具备合伙的其他条件。但周某某在庭审中，既不能证明自己的合伙投资比例，也不能证明自己的出资数额、双方的盈余分配与债务承担等，并且以红酒折抵的100,000元活动经费还是案外人齐

〔1〕 参见国家法官学院案例开发研究中心编：《中国法院2016年度案例》（民间借贷纠纷），中国法制出版社2016年版，第162～163页。北京市第一中级人民法院（2014）一中民终字第03587号民事判决书。

〔2〕 参见国家法官学院案例开发研究中心编：《中国法院2013年度案例》（民间借贷纠纷），中国法制出版社2013年版，第36页。湖南省怀化市中方县人民法院（2011）方民二初字第2号民事判决书。

某某出资购买，周某某关于其与陈某存在合伙关系的证据不足，原审法院认为周某某与陈某之间不存在合伙关系并无不当。2012年3月25日周某某向陈某出具借条，并于2012年3月26日陈某的银行卡取款49,999元，原审法院认定周某某与陈某之间为借贷关系正确。判决：驳回上诉，维持原判。[1]

(二)法定代表人以个人名义借款认定

一般来说，法人的法定代表人的行为就是法人的行为。谁借的钱谁来偿还，是经济社会奉行的基本原则，也是确定债务人的依据。但是法人的法定代表人具有双重身份，在借贷关系中，一方面其作为自然人可能借贷，另一方面其亦可能代表法人借贷，如何区分所欠债务为个人债务还是法人的债务，是司法实践中的难题。通常情况下，以谁的名义借款，根据合同相对性原则，就由谁来偿还。法人的法定代表人以个人名义借款且个人使用的，自然应由其偿还，这不存在疑义。法人的法定代表人以个人名义借款且单位使用的，自然应由其偿还，但法定代表人基于双重身份而构成职务行为与法人共同承担连带还款责任，其对债权人的责任不能免除。法定代表人以个人名义借款用于单位的，单位同意还款的，为债的加入，应予允许。

《民间借贷规定》第二十二条第二款规定："法人的法定代表人或者非法人组织的负责人以个人名义与出借人签订民间借贷合同，所借款项用于单位生产经营，出借人请求单位与个人共同承担责任的，人民法院应予支持。"该条款是关于法人的法定代表人所签订的民间借贷合同的认定与处理的规定。公司法定代表人为个人利益以个人名义签订的合同，权利义务主体应为自然人个人。公司法定代表人为公司经营而以个人名义签订的合同，权利义务主体应为公司。

【案例3-30】 哈尔滨海升龙房地产开发集团有限责任公司诉北京马迭尔食品有限公司、北京奥奇乐工贸有限公司民间借贷纠纷案

判决观点，2015年6月29日，田某某以个人名义与李某某签订《意向协议书》，协议书签订后，案外人邵某、田某、哈尔滨海升龙房地产开发集团有限责任公司（以下简称哈尔滨海开龙公司）向北京奥奇乐工贸有限公司（以下简称北京奥奇乐公司）转账2000万元。哈尔滨海升龙公司虽向北京奥奇乐公司进行了部分转账，但结合在案证据无法证明其与被告北京奥奇乐公司、北京马迭尔食品有限公司之间成立民间借贷法律关系，故本案中哈尔滨海升

---

〔1〕 江苏省徐州市中级人民法院(2013)徐民终字第2408号民事判决书。

龙公司作为原告主体不适格。裁定：驳回原告哈尔滨海升龙公司的起诉。[1] 本案中，李某某系北京奥奇乐公司、北京马迭尔食品有限公司法定代表人，田某某系哈尔滨海升龙公司法定代表人。

【案例3－31】 北京丰盛顺华商贸中心诉北京中绿投资有限公司民间借贷纠纷案

判决观点，虽然借款合同是北京丰盛顺华商贸中心（以下简称丰盛中心）与吴某某签订的，但双方均认可吴某某是代北京中绿投资有限公司（以下简称中绿公司）签订的该合同，实际借款人是中绿公司。根据相关规定，公司间可以进行资金融通，对于中绿公司主张的公司借贷行为违法的抗辩理由法院不予采信。丰盛中心与吴某某签订的借款合同未违反法律、法规的强制性规定，合法有效。现借款已到期，丰盛中心持有借款合同及收据，中绿公司未提交已偿还本息的证据，应按约定偿还本息，丰盛中心要求中绿公司还本付息的诉讼请求，于法有据，法院予以支持。[2] 本案中，吴某某为中绿公司的董事长。

双方公司法定代表人合意将公司欠款变更为个人借款的，公司不承担还款责任。

【案例3－32】 庾某某诉陈某、南宁市喜阅图书有限责任公司民间借贷纠纷案

判决观点，关于被告南宁市喜阅图书有限责任公司（以下简称南宁市喜阅公司）应否对本案债务承担责任的问题，原告庾某某与被告陈某合意将公司之间的债务转化为个人的债务，系双方真实意思表示，且被告陈某明确其在《欠条》中的签字为其个人行为，而非南宁市喜阅公司的法定代表人的职务行为，故法院依法认定本案债务为本案被告陈某的个人债务，南宁市喜阅公司无须承担责任，原告要求南宁市喜阅公司共同承担还款责任的主张无事实依据，法院不予支持。判决：被告陈某偿还原告庾某某欠款71,353.2元，并支付资金占用费。[3]

法定代表人以个人名义借款，出具借条未加盖公司印章，但基于法定代表人

---

〔1〕 参见国家法官学院案例开发研究中心编：《中国法院2018年度案例》（民间借贷纠纷），中国法制出版社2018年版，第129页。北京市密云区人民法院（2016）京0118民初2892号民事裁定书。

〔2〕 参见国家法官学院案例开发研究中心编：《中国法院2016年度案例》（民间借贷纠纷），中国法制出版社2016年版，第187页。北京市朝阳区人民法院（2015）朝民（商）初字第45501号民事判决书。

〔3〕 参见国家法官学院案例开发研究中心编：《中国法院2017年度案例》（民间借贷纠纷），中国法制出版社2017年版，第141页。广西壮族自治区南宁市西乡塘区人民法院（2015）西民一初字第914号民事判决书。

的多重身份,法官应根据具体案情作出认定,并不能简单否定公司的还款责任。因为在某些特殊情形下,法定代表人可能因为各种原因未携带印章,此时并不能认为欠缺了印章公司就无法作出意思表示。由于法定代表人本身即代表公司,除非当事人另有特别约定,法定代表人以公司名义所作出的意思表示(如签名),即可视为公司的意思表示。

【案例3-33】 黄某某诉宁跃公司、肖某某、谢某某、众财公司、稼泰丰公司民间借贷纠纷案

二审法院认为,本案中,宁跃公司虽未在还款协议书上盖章,但其法定代表人谢某某在还款协议书上签字,结合宁跃公司与黄某某曾发生多笔借款往来的事实,应视为谢某某代表宁跃公司确认还款协议书的内容,还款协议书依法成立并生效,并不能因其签字系在丙方落款处而否定还款协议书的效力。同时,稼泰丰公司虽未在丙方落款处盖章,但其法定代表人谢某某的签字行为亦应由该公司对外承担民事法律责任,故稼泰丰公司应按约对本案款项承担连带保证责任。上诉人虽称其于2010年2月至2011年10月还款共计447,900元,但该还款行为均发生在本案还款协议书订立之前,其并未能举证证明还款协议书签订之后有相应的还款,故对该上诉意见不予采纳。综上,原审法院认定事实清楚,适用法律正确,判决结果并无不当。判决:驳回上诉,维持原判。〔1〕

法定代表人基于公司对股东的欠款以其个人名义出具借条,可视为法定代表人对公司债务的承担,股东同意并接受借条证明双方对此形成合意,该款项性质已由公司欠款变为法定代表人对股东个人债务。

【案例3-34】 陈某某诉严某某、广州市汇一粉末冶金制品有限公司民间借贷纠纷案

二审法院认为,本案争议焦点问题是本案各方当事人争议的款项是民间借贷抑或公司盈余分配。对此陈某某、严某某双方均确认《借条》的形成原因及还款过程为:由于广州市汇一粉末冶金制品有限公司(以下简称汇一公司)拖欠陈某某股东分红、工资等合法收益,各股东进行结算。担任汇一公司法定代表人、控股股东的严某某以个人名义向陈某某出具《借条》,并分别于2012年1月5日和3月3日向陈某某还款7000元、5000元,又于2012年3月17日向陈某某出具《抵押协议》并将其自有车辆及车辆行驶证交付给陈某某。以上事实有借条、收据、严某某提交的《答辩状》、二审庭审笔录为证,法

---

〔1〕 参见国家法官学院案例开发研究中心编:《中国法院2014年度案例》(民间借贷纠纷),中国法制出版社2014年版,第114页。江苏省无锡市中级人民法院(2012)锡民终字第1015号民事判决书。

院予以确认。基于以上事实，本院认为，严某某以个人名义向陈某某出具《借条》并签名予以确认，陈某某予以同意并接受《借条》，证明双方已对汇一公司所欠陈某某股东分红、工资的款项达成合意，该款性质已由公司欠款变更为严某某对陈某某的个人债务，严某某其后向陈某某归还12,000元欠款及提供《抵押协议》进一步印证了《借条》的真实性和双方已达成的还款合意。《借条》既为双方真实意思表示，亦不违反法律、行政法规的强制性规定，陈某某与严某某之间的借贷关系依法成立并生效，双方应依约履行各自的义务。严某某主张双方事实上并不存在真实的民间借贷关系，无事实和法律依据，本院不予采信。原审法院认定本案为民间借贷纠纷，定性准确，本院予以确认。判决：驳回上诉，维持原判。〔1〕

公司法定代表人对外借款，虽落款为公司，但既没有加盖公司印章，又无其他有效证据佐证，公司否认代表人的借款行为是职务行为的情况下应认定个人行为。

【案例3－35】 黄某某诉某工程监理咨询有限公司、某建筑工程监理公司东营分公司、李某某民间借贷纠纷二审案

二审法院认为，本案争议焦点为李某某向黄某某借款是职务行为还是个人行为。首先，从李某某出具的借条形式上看，虽然落款上注明“某工程监理咨询有限公司（以下简称监理公司）”，但未加盖监理公司及某建筑工程监理公司东营分公司（以下简称东营分公司）的公章，李某某向上诉人出具的借款借据，既不能表明是监理公司及其东营分公司向黄某某借款，也不能表明李某某履行的是监理公司及其东营分公司的职务行为；其次，黄某某及李某某虽均主张李某某是代表分公司的职务行为，但却均未提供相应证据予以证实，而且李某某也主张该款在东营分公司账上体现为收到李某某款项，而未体现与黄某某存在借贷关系；最后，李某某虽是东营分公司的代表人，但企业也仅对其经营行为承担民事责任，而东营分公司的经营范围为建筑监理工程技术咨询、服务。本案中李某某的借款行为仅凭其陈述不能认定为其代表公司进行经营的职务行为。

李某某向原审原告出具的借款借据，既未加盖监理公司和东营分公司的公章，又无其他有效证据佐证，在监理公司否认李某某的借款行为是代表公司职务行为的情况下，应认定该借款行为系李某某个人行为。上诉人主张被上诉人李某某向其借款是代表公司的职务行为，要求监理公司、东营分公司

---

〔1〕 参见国家法官学院案例开发研究中心编：《中国法院2014年度案例》（借款担保纠纷），中国法制出版社2014年版，第51页。广东省广州市中级人民法院（2012）穗中法民二终字第2836号民事判决书。

承担还款责任，证据不足，不予支持。上诉人要求被上诉人李某某承担还款责任，证据确实、充分，予以支付。判决：驳回上诉，维持原判。[1]

对于法定代表人以个人名义借款的承担责任主体，法官应根据出借人的诉讼请求确定。如果出借人只请求个人偿还，而放弃单位偿还责任的，法官只能根据请求判决个人偿还。如果请求单位偿还，而放弃个人偿还的，法官只能根据请求判决单位偿还。如果请求单位、个人共同偿还的，法官根据请求判决单位与个人共同偿还。

【案例3－36】　许某某诉某某房开公司、卢某民间借贷纠纷再审案

二审法院认为，本案二审争议焦点问题是某某房开公司应否和卢某共同向许某某偿还借款2300万元及利息。某某房开公司的银行明细载明2011年7月14日至8月24日，卢某从其个人账户向某某房开公司转账3620万元，卢某未提供证明向某某房开公司所转款项的来源的证据，也未对其转账来源及其所借许某某的巨额款项的去向作出合理说明，在此情况下，许某某辩称卢某借其款项通过个人账户转入某某房开公司账户，某某房开公司开发某某住宅小区的理由成立。且除某某住宅小区项目之外，某某房开公司未开发过其他项目，也未进行其他经营，某某房开公司亦未提供证据证明其开发资金的来源，故一审认定卢某所借许某某款项用于某某房开公司开发的某某住宅小区项目及公司经营并无不当。本案中，卢某作为某某房开公司法定代表人，其以个人名义所借许某某款项用于某某房开公司生产经营，原审判决某某房开公司与卢某共同承担还款责任于法有据，本院予以维持。某某房开公司主张涉案借款应由卢某个人偿还，其不应承担与卢某共同偿还责任的上诉理由不能成立，本院不予支持。判决：驳回上诉，维持原判。某某房开公司不服二审判决向最高人民法院申请再审，最高人民法院裁定驳回某某房开公司再审申请。[2]

公司法定代表人以个人名义借款用于公司生产经营的，公司应对借款承担共同还款责任。

【案例3－37】　叶某诉黄某某、厦门西华公司民间借贷纠纷案

最高人民法院认为，首先，案涉《借款合同》《不可撤销担保函》的效力问题。黄某某于2010年在《借款合同》《不可撤销担保函》签字以及西华公司在《不可撤销担保函》签章时，出借人、借款金额、借款期限、利率等主要条款均为空白，叶某未能提供充分证据证明事后填补的内容系由黄某某、西华公

〔1〕　山东省东营市人民法院(2012)东民再终字第12号民事判决书。
〔2〕　河南省高级人民法院(2016)豫民终字第280号民事判决书。

司协商一致后所形成，由此不能认定双方当事人已经达成具体明确的借贷及担保合意。一审判决认定《借款合同》《不可撤销担保函》未成立，对黄某某、西华公司不具有法律约束力，是正确的。叶某关于《借款合同》《不可撤销担保函》已成立并生效的上诉理由不能成立，应予驳回。其次，关于西华公司支付的17,436,609元是否用于偿还叶某款项的问题。叶某在接受一审法院调查询问时，确认流水账往来明细清单记载的西华公司支付给邱某某、周某某的4笔款项均是西华公司财务人员蔡某某根据叶某指示转账的，且其中付给周某某的3笔款项由叶某亲自操作，一审判决认定邱某某、周某某系受托收款人，17,436,609元应认定为黄某某对叶某还款，并无不当。最后，关于西华公司的责任问题。尽管黄某某没有与叶某签订民间借贷合同，双方之间通过借贷及还款的资金往来事实形成了民间借贷合同关系。同时，黄某某亦认可所借款项用于个人独资设立并实际控制的西华公司的生产经营，故本案构成企业法定代表人以个人名义与出借人建立民间借贷合同关系，且所借款项用于生产经营的情形，即西华公司系实际用款人及共同借款人，其依法应对黄某某的借款本息承担共同还款责任。[1]

公司的法定代表人以个人名义借款用于偿还公司债务的，公司应对该笔借款承担连带还款责任。

【案例3－38】 华健公司与豪建公司、牛某民间借贷纠纷再审案

最高人民法院认为，虽然该款项系由豪建公司当时的实际控制人牛某以个人名义从华健公司所借，但3850万元借款均转入张某、王某指定账户，用于偿还豪建公司欠张某、王某的债务。《民间借贷规定》第二十二条第二款规定："法人的法定代表人或者非法人组织的负责人以个人名义与出借人订立民间借贷合同，所借款项用于单位生产经营，出借人请求单位与个人共同承担责任的，人民法院应予支持。"据此，案涉3850万元债务应由牛某和豪建公司共同承担还款责任。从企业与个人之间的内部关系看，豪建公司为借款的实际使用人和受益人，应当承担最终还款责任。豪建公司承担本案还款责任后，在其与牛某进行清算时，相应款项无须再向牛某返还，不存在重复清偿问题。[2]

---

〔1〕 参见最高人民法院民法典贯彻实施工作领导小组编著：《中国民法典适用大全》（合同卷三），人民法院出版社2022年版，第1706页。最高人民法院（2016）民终645号民事判决书。

〔2〕 最高人民法院（2022）民申399号民事裁定书。

(三)法定代表人以企业名义借款认定

《民法典合同编通则解释》第二十条规定:"法律、行政法规为限制法人的法定代表人或者非法人组织的负责人的代表权,规定合同所涉事项应当由法人、非法人组织的权力机构或者决策机构决议,或者应当由法人、非法人组织的执行机构决定,法定代表人、负责人未取得授权而以法人、非法人组织的名义订立合同,未尽到合理审查义务的相对人主张该合同对法人、非法人组织发生效力并由其承担违约责任的,人民法院不予支持,但是法人、非法人组织有过错的,可以参照民法典第一百五十七条的规定判决其承担相应的赔偿责任。相对人已尽到合理审查义务,构成表见代表的,人民法院应当依据民法典第五百零四条的规定处理。

合同所涉事项未超越法律、行政法规规定的法定代表人或者负责人的代表权限,但是超越法人、非法人组织的章程或者权力机构等对代表权的限制,相对人主张该合同对法人、非法人组织发生效力并由其承担违约责任的,人民法院依法予以支持。但是,法人、非法人组织举证证明相对人知道或者应当知道该限制的除外。

法人、非法人组织承担民事责任后,向有过错的法定代表人、负责人追偿因越权代表行为造成的损失的,人民法院依法予以支持。法律、司法解释对法定代表人、负责人的民事责任另有规定的,依照其规定。"

《民间借贷规定》第二十二条第一款规定:"法人的法定代表人或者非法人组织的负责人以单位名义与出借人签订民间借贷合同,有证据证明所借款项系法定代表人或者负责人个人使用,出借人请求将法定代表人或者负责人列为共同被告或者第三人的,人民法院应予准许。"该条款是关于法人的法定代表人所签订的民间借贷合同的认定与处理的规定。法定代表人以单位名义借款的,原则上由法人偿还,但也存在一定的例外。民间借贷实践中,有的法定代表人虽以单位名义借款却用于个人生活和消费,单位资产被掏空成为空壳。这种情况下,不能突破合同相对性原理,应列单位和法定代表人为共同被告。

《河北省高级人民法院民间借贷案件审理指南(试行)》13. 法人的法定代表人或者非法人组织的负责人以单位名义与出借人签订民间借贷合同,所借款项实际由其个人使用,出借人主张单位承担还款责任的,予以支持。单位承担还款责任后,有权向法定代表人、负责人追偿。有证据证明出借人知道或者应当知道法定代表人或者负责人以单位名义为其本人借款,以及出借人与法定代表人或负责人恶意串通损害单位合法权益的,单位不承担还款责任,出借人请求法人的法定代表人或非法人组织的负责人承担还款责任的,应予支持。

法定代表人行为效果归属认定，在实践中时常发生争议。法定代表人是依据法律或章程产生，其代表权当然应当解释为来源于法律规定或者章程规定。也就是说，法定代表人不得超越法律或法人章程所规定的范围行使代表权。这不仅是文义解释的当然结果，更是法定代表人忠实义务的必然要求。实践中，不能简单地以《民法总则》第六十一条第二款的表面文字表述得出“法定代表人所有以法人名义实施的行为均由法人承担后果”的结论，在判断法定代表人行为是否归属于法人时，首先应当着眼于是否为职务行为，并应当结合第一款和第三款规定加以衡量。如何判断法定代表人行为是否为职务行为，一般可按照是否以法人的名义、公章是否真实等形式标准来审查，同时要将《民法总则》第六十一条置于整个民商法体系中加以理解和把握，要有团体法意识。因此，对超越法定限制的行为，法人原则上不承受该行为的效果，除非第三人能够证明自己的善意。应注意的是，法定限制与约定限制下，第三人善意证明的负担不同。在法定限制场合，相对人的善意需要自己举证证明。而在约定限制场合，交易相对人的善意是被依法推定的。《民法典》第一百七十条规定：“执行法人或者非法人组织工作任务的人员，就其职权范围内的事项，以法人或者非法人组织的名义实施的民事法律行为，对法人或者非法人组织发生法律效力。法人或者非法人组织对执行其工作的人员职权范围的限制，不得对抗善意相对人。”对于民法上关于善意的判断标准，可参考《民法典》的相关规定。

【案例 3－39】 文某某与平江县博创兴业小额贷款有限责任公司民间借贷纠纷案

一审法院认为，文某某出借的金额为 100 万元，属于较大金额的民间借贷，文某某应当尽到合理的审查义务。文某某陈述借款人为平江县博创兴业小额贷款有限责任公司（以下简称博创公司），但借条中未写明借款人为被告，而文某某也没有其他证据（公司的担保书、股东会决议等）佐证是被告借款，借款时被告其他股东并不知情，且借条上被告印文系伪造公章所盖，古某某陈述印章并非自己所盖而自认该笔借款为其个人借款，文某某也未能提供证据证实印章系博创公司的法定代表人古某某所盖以及在什么地方所盖，而且作为较大金额借贷，借条中既未约定利息，也未约定借款期限，形式过于草率。被告作为经批准成立合法经营的小额贷款公司，文某某应当知道公司对外发生借贷义务，有借款合同等要件要求，文某某没有尽到合理的审查义务，由此产生的风险责任应由文某某承担。另外，从款项流向、借款用途看，对该笔借款文某某汇款至古某某的个人账户，并未进入被告账户，虽然古某某表示：“该笔借款用于相关公司正常业务经营”，但由于古某某实际控制的公司有多家，涉案金额数额特别巨大，账目混乱，无法查清该笔借款实际用途，且文某某没有证据证实古某某该笔借款用于被告的经营。借款时文某某与古某某口头约定了利息为月利率5%,如为被告的借款,作为一个发放小额贷款的公司,借入的利息过高,有悖常理,而作为出借人的文某某是为了牟取高额的利息,更应当尽合理审查义务。借款后,按文某某陈述,利息一直由古某某个人支付,公司并没有直接偿还过文某某借款。因此,从文某某提供的证据及文某某和古某某的陈述来看,原、被告之间也没有借贷的意思表示,双方事实上没有发生过资金往来。从双方借款的意思表示、借款形式、资金交付、款项流向、借款用途、还款情况来看,本案应认定文某某与古某某个人之间的借贷关系,文某某主张原、被告之间形成了民间借贷关系,证据不足,不能支持。判决:驳回文某某对被告博创公司的诉讼请求。二审法院亦持同样意见,维持一审判决。[1]

企业法定代表人以企业名义签订民间借贷合同,但所借款项用于其个人使用,则应由个人负责偿还,企业不承担偿还责任。

【案例3-40】 宁波三唯机械工业有限公司与陈某民间借贷纠纷案

二审法院认为,根据双方当事人争议的主要内容可知,本案的争议焦点为:涉案人民币200,000元借款的实际借款人是陈某还是三盛公司。陈某向宁波三唯机械工业有限公司(以下简称宁波三唯公司)出具的借条载明:“今借宁波三唯公司人民币贰拾万元整。借具人:陈某。”陈某认为其系三盛公司法定代表人,因此,该笔借款的实际借款人为三盛公司。但根据双方交易习惯,三盛公司借款时陈某会在借条上记载系公司借款。因此,涉案借款的实际借款人应当以借条上载明内容为准。况且,如果涉案款项系三盛公司借款,三唯公司未将涉案借款汇入三盛公司账户,而是汇入案外人童某个人账户,三盛公司对此未表示异议,明显与常理不符。二审中,陈某提供的银行历史交易明细、证明以及客户回单,与本案争议内容均缺乏关联性,难以认定涉案款项系三盛公司借款。陈某认为实际借款人系三盛公司的主张,缺乏事实与法律依据,二审法院不予采信。判决:驳回上诉,维持原判。[2]

对于借款合同加盖公司印章问题,司法解释制定者认为,从法律基本原理和我国整个法律体系看,公司印章基本上是公司法定代表人表达意思的一种方式,与公司法定代表人的签字并无二致,但是,我国有的法律规范对公司印章作了强制规定,此时公司印章就不再是法定代表人表达意思的一种方式,而是公司表达意思的必备形式和必备条件,比如《公司法》第二十五条、第三十二条、第三十八

---

〔1〕 参见国家法官学院案例开发研究中心编:《中国法院2019年度案例》(民间借贷纠纷),中国法制出版社2019年版,第105~106页。湖南省岳阳市中级人民法院(2017)湘06民终2502号民事判决书。

〔2〕 浙江省宁波市中级人民法院(2014)浙甬商终字第455号民事判决书。

条、第八十六条、第一百二十九条、第一百五十六条,《票据法》第七条。因此,通常加盖公司印章不是公司文件生效的必要条件,但是如果法律作出了特别的强制规定,则未加公司印章的公司文件不能发生法律效力。我国经济生活中,很多行政机关乃至法院要求公司文件必须加盖公司印章显然是对公司印章本质的误解且无法律规定,应当予以纠正。[1]

借条上有法定代表人个人签名,又有公司加盖印章的,应认定为公司借款而不宜认定为共同借款人。

【案例3－41】 肖某诉北京世邦永辉国际贸易有限公司、李某民间借贷纠纷案

判决观点,本案中,原、被告双方对被告北京世邦永辉国际贸易有限公司(以下简称世邦永辉公司)向原告借款共计563,500.60元之事实均不持异议,双方的争议焦点在于被告李某是否为涉案款项的共同借款人。通过对包含涉案款项的两张欠条逐一分析可知,其中金额为413,500.60元的涉案欠条中,虽然被告世邦永辉公司在欠条下部"欠款人"处盖章确认,被告李某亦在"欠款人"处签字并捺印确认,但该欠条中所涉款项系被告世邦永辉公司用款,由此可以确认,该欠条中所涉款项系被告世邦永辉公司所借,与被告李某无关;金额为150,000元的涉案欠条虽然仅有被告李某签字并捺印确认,但被告李某系被告世邦永辉公司的法定代表人,其身份的特殊性应予以考虑,因该欠条所涉款项汇入被告世邦永辉公司名下账户,且二被告均认可系被告世邦永辉公司所借,原告提供的证据亦不足以证明该款项系被告李某个人所借以及汇款后由被告李某所使用,故法院确认被告李某出具该欠条之行为系其作为被告世邦永辉公司的法定代表人的职务行为,实际借款人应为被告世邦永辉公司,应由被告世邦永辉公司承担还款责任。综上,可以确认,原告与被告世邦永辉公司之间形成了借款合同关系,借款到期后,被告世邦永辉公司至今未还款付息,已构成违约,理应承担相应违约责任。判决:被告世邦永辉公司偿还原告肖某借款563,500.60元并支付利息。[2]

【案例3－42】 贺某某诉某地产有限公司民间借贷纠纷案

判决观点,在原、被告双方签订的借款合同与借据中,除加盖被告某地产有限公司的公司财务专用章外,另有其公司法定代表人张某某个人印章及张某签字,被告某地产有限公司并未对其法定代表人张某某个人印章及签字

---

〔1〕 参见最高人民法院民事审判第一庭编著:《最高人民法院民间借贷司法解释理解与适用》,人民法院出版社2015年版,第408页。

〔2〕 参见国家法官学院案例开发研究中心编:《中国法院2018年度案例》(民间借贷纠纷),中国法制出版社2018年版,第125～126页。北京市东城区人民法院(2016)京0101民初10890号民事判决书。

提出异议，即使其对公司印章的真实性提出异议，原告贺某某基于对张某某的法定代表人身份真实性的依赖，已尽到合理的审查义务，原告贺某某有理由相信作为被告某地产有限公司法定代表人的张某某履行职务义务的真实性，张某某的行为仍然能够代表被告某地产有限公司的行为，张某某作为法定代表人与原告贺某某签订借款合同及借据的行为仍有效。故对被告某地产有限公司提出的鉴定申请法院不予准许；被告某地产有限公司应当偿还原告贺某某借款及利息、违约金。判决：被告某地产有限公司偿还原告贺某某借款15万元、利息及违约金。[1]

【不同处理】 实践中，亦有判公司和法定代表人共同承担付款责任的案例。

【案例3-43】 邹某某诉王某某、荣县金鑫机械厂、自贡市嘉源机械设备有限公司民间借贷纠纷案

判决观点，王某某在该借条原件上签署添注"此借款的还款责任由自贡市嘉源机械设备有限公司和王某某同时承担。特此说明"，应视为债务从由荣县金鑫机械厂和王某某承担转移给自贡市嘉源机械设备有限公司和王某某承担，相对人有理由相信此时王某某作为自贡市嘉源机械设备有限公司的法定代表人，有权以自贡市嘉源机械设备有限公司法人名义行使职务行为，除非自贡市嘉源机械设备有限公司有证据证明此王某某非彼王某某，即该借条上荣县金鑫机械厂王某某与自贡市嘉源机械设备有限公司王某某签名捺印不是同一人，否则有违日常生活常理和交易习惯。自贡市嘉源机械设备有限公司为本案适格被告，应承担还款责任。判决：王某某、荣县金鑫机械厂、自贡市嘉源机械设备有限公司偿还原告邹某某借款本金300,000元、利息82,659元。[2]

公司借款却打入法定代表人个人银行账户的，亦应认定为公司借款。

【案例3-44】 孙某某诉刘某某、张某某、运鹏矿业民间借贷纠纷案

一审法院认为，通过庭审调查可以确定2012年10月30日在承德市双滦区海川科技小额贷款有限公司签订《借款合同》时，张某某、刘某某均在场签字，原告孙某某当时并未在场，《借款合同》第四页出借人孙某某的签名系其后补签。在签订《借款合同》之前，被告张某某与原告孙某某并不相识，其亦无向原告孙某某借款的意思表示，但签订合同当日，原告孙某某将400万

---

〔1〕 参见国家法官学院案例开发研究中心编：《中国法院2019年度案例》（民间借贷纠纷），中国法制出版社2019年版，第108～109页。河南省安阳市滑县人民法院（2017）豫05民初3231号民事判决书。

〔2〕 参见国家法官学院案例开发研究中心编：《中国法院2013年度案例》（民间借贷纠纷），中国法制出版社2013年版，第145页。四川省自贡市荣县人民法院（2011）荣民一初字第1282号民事判决书。

元打入张某某个人账户,如无该《借款合同》为依据,原告与被告张某某素不相识,更无从得知被告张某某个人账户,原告不可能将与《借款合同》无关的400万元转至被告张某某个人账户,且根据隆化县人民法院的法律文书可以认定在被告运鹏矿业生产经营期间曾有多笔借款,其中汇入公司账户的不足4000万元,其余均汇至运鹏矿业法定代表人张某某及其指定人员的个人账户。《借款合同》中第1页出借人"孙某某"及第4页"孙某某"是否为后来添加并不影响该《借款合同》的真实属性。对被告刘某某抗辩其不是为孙某某担保,而是为海川科技小额贷款有限公司担保的主张不予采信。判决:被告运鹏矿业承担还款责任,被告刘某某承担连带保证责任。二审法院调解结案。〔1〕

法定代表人与法人共同在借条上盖章、签字,确定款项为法定代表人个人所借而出借人主张法人构成债务加入的,为防止法定代表人利用控制法人印章的便利,以个人意志代替单位意志,将个人债务转嫁给法人而损害法人利益、股东利益和交易安全,司法审查应坚持审慎原则。参照《民法典》和《公司法》关于公司对外担保需履行具体决议程序的强制性规定,若出借人不能证明已对法人同意履行加入的适格决议进行合理审查的,应当认定法人缺乏独立、自由的意思表示,该债务加入对法人不发生效力,法人免责。

【案例3-45】 邹某某诉王某、怀来粮食公司民间借贷纠纷案

一审法院认为,邹某某要求王某归还400万元本金及按照年利率24%计算期内利息的诉讼请求,未超出借条约定且符合当时的法律、司法解释规定,应当予以支持。《民间借贷规定》第二十三条规定……对照该条有关借款立据人与使用人名实不符时民事责任主体如何确定的规定,反观案涉借条和邹某某的诉称,借款人落款处既有王某个人的签字,又有怀来粮食公司印章,且在明知王某是该公司法定代表人的情况下,邹某某却诉称法定代表人与公司为共同借款人,可见对于邹某某而言,在借款时即已知道借款人为复数,因此不存在"谁以谁的名义"借款一说,自然也就无适用合理信赖说确定潜在责任主体以最大化保护出借人利益实现之必要。言下之意,在确定还款责任主体时,只要查明是个人借款而是由公司作为共同借款人,还是公司借款而由个人作为共同借款人,以及两者之间是否存在共同借款的意思联络即可。因王某辩称借款是其个人行为,邹某某亦承认"款项是王某个人所借,只不过是为保证资金安全,当时要求王某加盖了公司印章。该用印是否已征得公司其

---

〔1〕 参见国家法官学院案例开发研究中心编:《中国法院2017年度案例》(借款担保纠纷),中国法制出版社2017年版,第13页。河北省唐山市中级人民法院(2015)唐民三终字第769号民事调解书。

他股东同意，邹某某表示不清楚”，加之不仅借条抬头列明的借款人只有王某个人而无公司，而且用于担保抵押物亦属王某个人财产，更为关键的是款项确实流向了王某个人账户，故经综合权衡，可以认定借贷合意发生在邹某某和王某之间。怀来粮食公司作为共同借款人的意思表示，除印章被加盖外，其他并无体现，既未能从法定代表人的主观辩称中得到彰显，也未能从款项的客观流向中得到印证，因此，为防止法定代表人滥用职权，以保管或支配公司印章为其个人债务提供增信担保，参照公司为其股东或实际控制人提供关联担保时所必须履行具体决议程序的强制性规定，司法裁判应坚持审慎原则，严格区分公司为法定代表人个人借款提供债务加入和法定代表人为公司借款提供债务加入的异同。在无证据证明款项被用于公司经营或共同借款合意至少在形式上已征得其他股东同意的情况下，为防止法定代表人利用自己的双重身份，以个人意志代表公司意志，进而避免公司、公司股东或公司债权人的利益遭受不测之害，不宜轻易凭加盖了公司印章即认定单位为共同借款人。邹某某的庭审陈述及汇款行为均表明其对借款对象及款项流向是清楚的，但对公司作为共同还款人的意思表示是否真实却未能尽到必要合理的审查义务，因而难以认定邹某某对公司存在合理信赖利益。对于要求怀来粮食公司承担还款责任的诉讼请求，不予支持。二审法院判决：驳回上诉，维持原判。[1]

借条上既有法定代表人个人签名，又有公司加盖印章的，但其后法定代表人出具承诺为个人借款的应认定为个人借款，不应再认定为公司借款。

（四）项目经理借款责任主体认定

在当前社会生活中，项目经理对外借款带有普遍性，其借款主体是否为个人抑或是公司的纠纷不断。

项目经理对外借款是个人行为而不是职务行为。

【案例3－46】　赖某某诉湖南对外建设集团有限公司南宁分公司、湖南对外建设集团有限公司、阳某民间借贷纠纷案

判决观点，被告湖南对外建设集团有限公司南宁分公司（以下简称湖南南宁分公司）在承建世客城展示中心工程后，由被告阳某担任项目经理进行

---

〔1〕 参见《人民司法·案例》2022年第29期（总第976期），第74～75页。江苏省盐城市中级人民法院（2021）苏09民终4446号民事判决书。

工程建设。《建筑施工企业项目经理资质管理办法》第六条规定："工程项目施工应建立以项目经理为首的生产经营管理系统，实行项目经理负责制，项目经理在工程项目施工中处于中心地位，对工程项目负有全面管理的责任。"由此可见，被告阳某作为项目经理负责的内容或者说其职权应当是对工程项目施工负有全面管理的责任，其作为项目负责人，不具有可以对外借款的职权或取得公司允许其对外借款的授权。另外，被告阳某出具的借条未记载借款是因"岭南客家(陆川)温泉文化城"展示中心项目部拖欠工人工资所负，该借条中也未明确表明借款用途与被告湖南南宁分公司、湖南对外建设集团有限公司有关。而且由于原告向被告阳某提供的借款均以现金形式，未汇入被告湖南南宁分公司账户，交付的方式与被告湖南南宁分公司、湖南对外建设集团有限公司无关，原告对被告借款100,000元用于支付工人工资，被告湖南南宁分公司、湖南对外建设集团有限公司系该借款行为的受益人未能进一步举证说明。因此，本案被告阳某向原告借款的行为应属个人行为而不是履行职务行为，且被告湖南南宁分公司事后对被告阳某借款行为未予认可。故被告湖南南宁分公司、湖南对外建设集团有限公司对本案债务不应承担偿还义务的抗辩理由成立，法院予以支持。被告阳某借款后，未能在约定期限偿还借款，已构成违约，因此，被告阳某应偿还100,000元给原告赖某某，原告赖某某要求被告湖南南宁分公司、湖南对外建设集团有限公司承担共同偿还义务没有法律依据，法院不予支持。判决：被告阳某偿还借款100,000元给原告赖某某。[1]

挂靠公司的项目负责人擅自以公司名义借款，出借人未谨慎审查资金流向不能证明其善意无过失，从而认定为表见代理。

【案例3－47】　刘某诉房地产公司等民间借贷纠纷再审案

再审法院认为，刘某与林某某、吴某某之间存在两笔借款，即2013年9月24日借款80万元，2014年8月13日借款45.5万元，除此各方之间还存在多笔借款，均是刘某将借款转入林某某或吴某某个人账户，还款亦是由林某某个人账户偿还，转出和转入款项均未曾经过房地产公司账户，不具有林某某代表房地产公司的表象，虽然案涉借据上加盖了房地产公司的公章，但林某某认可公章是其私刻，并认可案涉借款是其个人借款，与房地产公司无关，同时，对于款项均转入个人账户的情况，刘某从未向房地产公司进行核实。2017年刘某以案涉45.5万元中的30万元向黑龙江省富锦市人民法院

〔1〕 参见国家法官学院案例开发研究中心编：《中国法院2017年度案例》（民间借贷纠纷），中国法制出版社2017年版，第153页。广西壮族自治区玉林市陆川县人民法院（2015）陆民初字第298号民事判决书。

提起诉讼,向林某某、吴某某、房地产公司主张各方存在房屋买卖合同关系,要求林某某、吴某某、房地产公司交付房屋。综上,能够确认刘某在借款发生时知晓其将款项出借给林某某、吴某某个人,故林某某、吴某某向刘某借款行为不构成表见代理。二审判决认定房地产公司系案涉借款合同相对人,属于认定事实错误。判决:(1)撤销二审民事判决;(2)维持一审民事判决。[1]

借条上加盖项目部印章的借款主体认定是疑难问题。在一个工程项目施工过程中,施工企业项目部对外签订的文书很多,其中又以合同为主。项目部的法定职责是代表施工企业履行施工合同与履行合同相关的行为。如果没有设立单位的明确授权,项目部无权签订合同或者进行借款。仅凭借条、收条加盖项目部印章,不能认定设立项目部的施工公司授权或追认。

【案例 3-48】　徐某某与吕某、王某、湖南昌达公司民间借贷纠纷案

一审法院认为,首先,综观全案,涉案借款的借条、收条以及给付凭证行为均由吕某个人经手,且有关资金流动均通过吕某聘用人员的个人账户,而徐某某未提供证据证明湖南昌达公司对吕某或者所谓潘三项目部的借款行为予以授权或事后进行追认,且湖南昌达公司也未通过其账户向徐某某归还过借款,因此不能就此认定湖南昌达公司与吕某、王某共同向徐某某借款。其次,涉案借款的借条、收条虽然加盖了潘三项目部印章,但因吕某系涉案工程的具体承包人,并不享有以项目部名义对外借款的权限,因此吕某的上述行为不能证明代表湖南昌达公司,而徐某某又未提供相应的证据证明借款经湖南昌达公司授权或追认,因此吕某无权代理湖南昌达公司对外举债,徐某某据此要求湖南昌达公司对涉案借款承担责任无事实法律依据,法院不予采信,故仅凭借条、收条上的项目部印章,不能认定湖南昌达公司系涉案借款的共同借款人。综上,涉案借款应认定为吕某、王某夫妻的个人借款。判决:吕某、王某归还徐某某借款本金 168 万元、利息 50.6 万元,合计 218.6 万元,以及至实际给付之日利息。二审法院判决:驳回上诉,维持原判。[2]

【案例 3-49】　韦某某诉东海县星泰建筑工程有限公司民间借贷纠纷案

二审法院认为,东海县星泰建筑工程有限公司(以下简称星泰公司)与韦某某之间无借款合意,也无借款事实发生,朱某某以朱某某项目部名义与韦某某签订的借款协议书的行为,系朱某某个人行为,不是职务行为,不构成

---

〔1〕 参见国家法官学院、最高人民法院司法案例研究院编:《中国法院 2022 年度案例》(民间借贷纠纷),中国法制出版社 2022 年版,第 108 页。黑龙江省高级人民法院(2020)黑民再 194 号民事判决书。

〔2〕 参见国家法官学院、最高人民法院司法案例研究院编:《中国法院 2021 年度案例》(民间借贷纠纷),中国法制出版社 2021 年版,第 109～110 页。安徽省淮南市中级人民法院(2020)皖 04 民终 62 号民事判决书。

表见代理,所产生的法律后果不应由星泰公司承担。韦某某亦未提供证据证明其与星泰公司之间存在借款的合意以及向星泰公司交付借款的事实,因此,星泰公司与韦某某不存在借贷关系,星泰公司通过江苏银行转款给韦某某的事实,不足以证明星泰公司系在向韦某某履行偿还朱某某借款的义务。综上,韦某某主张星泰公司承担偿还借款民事责任的诉讼请求,无事实与法律依据,二审法院不予支持。原审法院认定事实清楚,适用法律正确,判决并无不妥,依法应予维持。〔1〕

在建设工程中,承包公司、项目经理或实际施工人借款涉及表见代理的案件大量存在。构成表见代理要同时具备两个条件,即代理人的无权代理行为客观上形成有权代理的表象以及合同相对人相信行为人有代理权在主观上是善意无过失,且若合同相对人主张构成表见代理则要承担举证责任。

【案例3-50】 陈某某诉郑某、四川万胜建设工程有限公司民间借贷纠纷再审案

一审法院认为,虽陈某某只提供了转账570,000元的证据,但郑某对陈某某主张的600,000元借款未作抗辩,故认定本案借款金额为600,000元;根据在案证据,法院综合认定郑某是该工程的实际出资人;本案借款用于支付该工程民工工资和材料款的证据不足。本案借款是否为建设工地实际使用,不能作为判断出借人是否构成善意无过失的决定性因素,即便陈某某能提供充分证据证明涉案借款用于支付该工程的民工工资和材料款,也不能据此认定陈某某相信郑某有代理权出于善意无过失;本案中,借款时郑某在借条和扣款委托书上加盖伪造的万胜公司公章,虽然陈某某没有对公章真伪进行实质审查和鉴定的义务,但郑某借款时向陈某某提供的建设工程合同中万胜公司的法定代表人是胡某、委托代理人是陈甲,均未显示万胜公司及该工程与郑某有关,在无其余书面材料证明的情况下,仅凭郑某持有公章不足以证明郑某的无权代理行为具有有权代理的权利表象。且陈某某在明知万胜公司在该工程的委托代理人是陈甲、郑某仅持有万胜公司公章而无其他手续的情况下,与郑某签订借款合同并将借款打入郑某个人账户而非万胜公司账户,陈某某作为合同相对人未尽到合理注意义务,陈某某不是善意无过失的合同相对人。故郑某采用加盖伪造公章的方式以万胜公司名义借款的行为不构成表见代理。因陈某某主张的表见代理不成立,故对其要求万胜公司对该借款承担赔偿责任的请求,法院不予支持。原审中,陈甲在未得到万胜公

〔1〕 参见国家法官学院案例开发研究中心编:《中国法院2016年度案例》(民间借贷纠纷),中国法制出版社2016年版,第180页。江苏省连云港市中级人民法院(2013)连民终字第1180号民事判决书。

司授权的情况下以万胜公司代理人名义参与原审调解，原审程序违法，原审民事调解书应当撤销。判决：撤销民事调解书，郑某给付陈某某借款600,000元及逾期利息。

二审法院认为，陈某某主张郑某对外的行为构成对万胜公司的表见代理的证据不充分，陈某某仅因借条和扣款委托书上加盖有万胜公司公章而未进一步核实就将款借出，陈某某有重大过错，陈某某主张郑某的行为构成表见代理的理由不成立。陈甲出具的委托扣款书系陈甲的个人行为，不能以此认定万胜公司对郑某借款行为的追认。万胜公司中标后将工程变相转包给陈甲，与陈某某借款给郑某属不同的法律关系，不能成为陈某某主张万胜公司承担还款责任的理由。故陈某某借款给郑某系双方的个人行为，与万胜公司无法律上的关联，该款应由郑某个人偿还。陈某某上诉理由与请求不能成立。原判认定基本事实清楚，适用法律正确，应予维持。判决：驳回上诉，维持原判。〔1〕

【案例3-51】　胡某某诉谢某某、中厦建设集团有限公司民间借贷纠纷案

判决观点，被告谢某某向原告胡某某出具借条时，虽表明借款原因是工程资金短缺，但借条上明确借款人为被告谢某某。原告履行付款义务时，亦是将银行承兑汇票交付给谢某某个人，部分款项转入了被告谢某某个人或指定账户，被告中厦建设集团有限公司（以下简称中厦公司）未收取原告胡某某款项。虽然借条上盖有“中厦建设集团有限公司七都项目部”章，但未加盖在借款人处，无法认定中厦公司是借款人。对原告认为“如到期不还，胡某某有权向七都悦湖花园项目部（主张）归还”内容表明中厦公司构成债务加入的主张，法院认为，被告谢某某作为七都悦湖花园项目部负责人，其职权是全面管理工程项目，资金方面仅是有权在工程项目内部使用资金，不包括以项目部名义对外借款。原告在明知被告谢某某仅是项目负责人的情况下，未审查被告谢某某是否得到对外借款的特别授权而相信被告谢某某有借款的代理权，主观上存在重大过失，故被告谢某某的行为不构成表见代理。综上认为，原告胡某某与被告谢某某之间的借款合同依法成立并生效，被告谢某某应当归还借款，逾期不还，显属不当。原告要求被告谢某某归还90万元借款及相应利息的诉讼请求，应予支持。原告胡某某与被告中厦公司不存在借款关系，对原告要求被告中厦公司归还借款并承担利息的诉讼请求不予支

〔1〕参见国家法官学院、最高人民法院司法案例研究院编：《中国法院2020年度案例》（民间借贷纠纷），中国法制出版社2020年版，第110～111页。四川省宜宾市叙州区人民法院（2018）川1521民再5号民事判决书。

持。判决：被告谢某某归还原告胡某某借款90万元并支付相应的利息。[1]

出借人知道或者应当知道借款人作为项目负责人仅有权进行与项目有关的行为，无权代表公司进行与项目无关的个人借贷行为，在无公司授权的情况下，出借人主张借款人有权代表公司对外借款，并主张应由公司承担还款责任，法院不应支持。

【案例3－52】 张某某、赵某某诉盛丰公司借款合同纠纷再审案

最高人民法院认为，首先，案涉借款由张某某、赵某某转入李某某个人账户，而非盛丰公司或其项目部账户。李某某所打两张《借条》载明的借款人均为李某某个人，其中2014年1月2日《借条》载明了李某某的身份证号码，反映出个人借贷特点。经本院释明，张某某、赵某某明确表示没有证据证明案涉借款实际用于了本案工程项目，张某某、赵某某与盛丰公司云南分公司于2015年7月23日签订的《协议书》载有"张某某、赵某某与李某某用李某某签名及加盖甲方项目部印章出具的《借条》的借贷债权债务"的表述，亦印证了案涉借款为李某某个人借款的事实。张某某、赵某某主张李某某出具的《借条》上加盖有"广西盛丰建设集团有限公司昆明商贸职业学院建设项目二程一部"印章，李某某作为项目负责人，其行为代表盛丰公司，所产生的法律后果应由盛丰公司承担。但张某某、赵某某知道或者应当知道李某某作为项目负责人仅有权进行与工程有关的行为，无权代表盛丰公司进行项目无关的个人借贷行为。在无盛丰公司授权的情况下，张某某、赵某某主张李某某有权代表盛丰公司对外借款，缺乏事实和法律依据。其次，张某某、赵某某虽称2014年11月17日《借条》所涉500万元中的400万元（其中354万元为转账支付、46万元为现金支付）为其交纳的项目保证金，但其承认案涉《建设工程施工劳务分包合同》并无关于保证金的约定，案涉《借条》上未载明该款为项目保证金。张某某、赵某某在本案中主张500万元中的另外100万元为李某某承诺支付的利息，但其在（2016）云01民初1740号张某某、赵某某诉盛丰公司、盛丰公司云南分公司、建管公司建设工程施工合同纠纷一案中称该100万元为二人代付材料款，其表述前后不一。最后，盛丰公司于2013年8月13日中标案涉昆明商贸职业学院建设项目，而张某某、赵某某提供的转账凭证显示在盛丰公司中标前二人已向李某某实际出借案涉354万元中的214万元，该借款与案涉工程的关联性不足。且张某某、赵某某称李某某于2014年9月跑路，而其持有的第二张《借条》系2014年11月17日出具，张某

---

[1] 参见国家法官学院案例开发研究中心编：《中国法院2015年度案例》（民间借贷纠纷），中国法制出版社2015年版，第165页。江苏省苏州市吴江区人民法院（2013）吴江民初字第0164号民事判决书。

某、赵某某关于该《借条》系李某某9月给付二人但落款日期写为11月的解释不符合常理。综合全案事实与证据,张某某、赵某某主张案涉354万元借款为盛丰公司借款,应由该公司承担还款责任,事实和法律依据不足。一审判决驳回张某某、赵某某的诉讼请求具有事实和法律依据,二审判决盛丰公司承担还本付息责任有误,本院予以纠正。[1]

【不同处理】 借条上加盖项目章印章的行为,应结合出具人的职务及日常管理行为、出借款项的流向等因素综合认定。

【案例3-53】 康甲诉康乙、海博建设公司民间借贷纠纷再审案

最高人民法院认为,关于如何确定案涉的主体,项目部公章的使用范围一般限于工程报告、计量、变更及决算资料方面,不包括对外借款用途。但从建筑行业现实情况来看,部分建设施工单位不规范,使用项目章公章确认原材料供货、工人劳动报酬数额等债权债务关系的情形也不鲜见,故对在借条上加盖项目章印章的行为,应结合出具人的职务及日常管理行为、出借款项的流向等因素综合认定。本案中,2014年7月28日,海博建设公司《海博建司〔2014〕010号文件》任命康乙为文帝西路项目部现场负责人;随后海博建设公司同意文帝西路项目部启用"安徽海博建设工程有限公司文帝西路(汤王大道—希夷大道)道排工程项目部"印章,虽然海博建设公司与康乙签订《项目章印章使用合同》对项目部印章使用范围进行了专门的约定,但该约定对第三方不具有直接约束力。就康乙以海博建设公司名义向康甲借款,并在有关协议、欠条上加盖"安徽海博建设工程有限公司文帝西路(汤王大道—希夷大道)道排工程项目部"印章(事后补盖)的行为,对其中与工程建设相关的垫付款项2,937,505元部分,鉴于海博建设公司在未与康乙结算工程量就接管案涉工程,系上述垫资借款的受益人,原审法院判令海博建设公司承担相应的还款责任,符合本案实际情况。海博建设公司主张康乙、康甲系亲戚,并在本案中恶意串通损害其利益,但根据海博建设公司所举的现有证据,不足以认定其主张。

关于如何确定案涉借款的具体数额。本案中,经原审法院审查,康甲主张的垫付款项中,涉及餐饮费、送礼、烟酒、招待费、李某某借款等款项共996,235.5元部分,因不能证明与案涉工程建设施工的直接关联性,原审判决从海博建设公司还款数额中扣除,由康乙自行承担还款责任。康乙、康甲就此均申请再审。本院认为,在康乙、康甲不能证明上述款项实际用于案涉项目的情况下,难以认定海博建设公司系该部分垫付款项的受益人,故海博

---

〔1〕 最高人民法院(2020)民再251民事判决书。

建设公司不应承担相应的还款责任。此外,海博建设公司还主张本案中康甲涉嫌高利转贷,但海博建设公司未举证证明康甲套取信贷资金,故其主张缺乏依据。

综上,康甲、康乙、海博建设公司的再审申请不符合《民事诉讼法》第二百条第二项、第六项、第十二项的规定。裁定:驳回康甲、康乙、海博建设公司的再审申请。〔1〕

【案例3-54】 黄某某与刘某某、中核公司民间借贷纠纷再审案

最高人民法院认为,黄某某实际履行了向刘某某借款300万元的义务,刘某某出具的借据中有本人签名和中核公司35段项目部印章,并在借据中申明借款用途为项目建设使用,刘某某和中核公司35段项目部作为共同借款人应对黄某某借款承担连带清偿责任。鉴于35段项目部为中核公司的内设机构,没有法人资格,其法律责任应由中核公司承担,二审法院对其法律责任认定正确。中核公司一直主张借款并没有打入总公司或项目部账户,中核公司及项目部对借款不知情,但该事由属于刘某某和中核公司35段项目部之间的内部关系,并不能对抗善意出借人黄某某。若中核公司能证明该笔借款实际用于刘某某个人使用而非项目工程,则中核公司可就该部分款项向刘某某追偿。裁定:驳回中核公司的再审申请。〔2〕

(五)借款担保主体认定

因借款合同或借条中与借款人共同签名的人是否为担保人发生争议的,法官应结合案件的具体实际判断,确定符合保证合同成立的构成要件是认定保证人的前提。其一,保证合同的形式要求,根据《民法典》规定,应当以书面形式订立保证合同。除正式的书面合同外,根据《最高人民法院关于适用〈中华人民共和国担保法〉若干问题的解释》第二十二条规定,第三人单方以书面形式向债权人出具担保书,债权人接受且未提出异议的,保证合同成立。主合同中虽然没有保证条款,但是保证人在主合同上以保证人的身份签字或者盖章的,保证合同成立。其二,保证合同的内容。在借贷关系形成过程中,第三人在主合同即借款合同上签名或盖章,往往基于某种原因或目的,未标明其保证人身份或者承担保证责任,此时如果仅仅以签字或盖章的形式确定保证关系的存在与否,必然会造成保证范围的不当扩张,需要针对不同的情形具体分析。第一种情形为在借款合同中仅有

---

〔1〕 最高人民法院(2020)最高法民申1735民事裁定书。
〔2〕 最高人民法院(2014)民申1357民事裁定书。

签字或者盖章，但有其他证据证明其签字或盖章具有保证意思表示。该其他证据包括借贷合同中已有第三人签字或盖章具有保证作用的条款，过往的交易习惯中签名即具有保证的意思表示，磋商过程中形成的往来函件、通信记录中已对保证形式另行进行了明确的说明或约定等。第二种情形为作为见证人、中间人或介绍人在借款合同中签名或盖章，此种情形不能认定保证关系的存在。所谓见证人，就是参与借贷过程、目睹借贷关系发生的人，将其记载于借贷合同或借贷凭证之中，目的在于防止一旦双方发生争议无相关第三方加以证明。所谓中间人，也称介绍人，是指向出借人或借款人传递信息，说合借贷，为借款关系的发生提供机会或媒介服务的人。在此两种情形下，无论是当事人订立保证合同，还是第三方单方出具保证书或以保证人身份签字或盖章，均需以第三人有明确的承担保证责任的意思为前提。若根本欠缺承担保证责任的意思内容，即使在相关债权人凭证上签字或盖章，仍然不能认定保证关系成立，自然不能认定与借款人共同签名的人为担保人。

【案例3－55】 史某某诉滑某某担保合同纠纷案

判决观点，在案中，原告提供了紫金农商银行存款凭条一份及借条一份，拟证明其出借钱款50万元给案外人唐某某、高某某，被告滑某某对借款及利息承担担保责任的事实。其中借条下方落款处签名的排序依次为滑某某、唐某某、高某某，但滑某某是最后签名的。由于滑某某的签名前未写明保证人或担保人等字样标明其保证人身份或者承担保证责任，庭审中原告也未提供其他证据证明被告在借条上签名为保证的意思表示，故原告仅依据借条中被告的签名主张被告为保证人，并要求被告对借条中50万元借款及相应利息承担连带担保责任，证据不充分，法院不予支持。判决：驳回原告史某某的诉讼请求。[1]

【案例3－56】 杨某诉鲍某某、陈某某、于某民间借贷纠纷案

二审法院认为，债权人与保证人在保证人承担保证债务上应形成合意，仅凭他人在借条上签字，不足以认定签字人即为保证人并承担保证责任。就本案而言，虽然借条中约定有保证人应对借款本息等承担连带责任的内容，亦留有“担保人签名”及相关信息的填写位置，但陈某某、于某为鲍某某的债务提供保证责任，应由上述二人进行明确的意思表示。根据已查明的事实，本案借条中明确记载了“担保人签名”“电话”“担保人身份证号码”的内容，并对应有填写信息的横线，除手写内容外，该借条的内容系事先制作完成，而

---

〔1〕 参见国家法官学院、最高人民法院司法案例研究院编：《中国法院2020年度案例》（借款担保纠纷），中国法制出版社2020年版，第111～112页。江苏省南京市六合区人民法院（2018）苏0116民初4号民事判决书。

杨某表示签订借条时其在场,作为债权人,其应明确要求其他各方在借条中相应的位置填写信息或签字、捺手印。现陈某某、于某于上述内容之外的其他位置签名、捺手印,且上述借条中对此并无修改或补充说明的内容,而陈某某、于某亦主张其作为见证人进行上述行为,故据此不足以认定二人具有作为保证人并承担保证责任的明确意思表示,杨某认为陈某某、于某在借条上签字即为保证人并应承担保证责任的主张于法无据。杨某虽主张其曾就陈某某、于某未在"担保人签名"的横线处签名,以及未填写"电话""担保人身份证号码"一事提出过异议,但并未提交确实充分的证据予以证明,同时,杨某亦未举证证明其与陈某某、于某之间就二人为鲍某某的借款提供担保进行协商,据此不足以认定陈某某、于某为保证人,对鲍某某的债务承担连带保证责任。综合以上情况,一审法院认定陈某某、于某并非本案保证人,无须承担连带保证责任,同时判令鲍某某清偿借款本息并无不当,杨某的上诉主张缺乏事实和法律依据,法院不予采信。判决:驳回上诉,维持原判。[1]

在借条上签名但无其他证据证明其为保证人的,不宜认定为借款保证人。

【案例3-57】 李某某诉王某、孙某某民间借贷纠纷案

判决观点,孙某某在借条的"借款人"处签名,并未以保证人身份签名或表明承担保证责任,孙某某在法院主持的诉前调解笔录中亦否认其为涉诉借款的保证人,且孙某某未以实际行动履行保证责任,故通过其他事实亦不能推定孙某某为涉诉借款的保证人。据此,李某某要求孙某某承担担保责任于法无据,法院不予支持。[2]

在借条上签名但未表明其保证人身份或者承担保证责任的情形下,借款担保人字样由出借人书写,在审理过程中未能提供证据对其见证人身份予以证明,其应对此承担举证不能的法律后果,应认定保证人承担保证责任。

【案例3-58】 李某某诉吴甲、吴乙、杨某某民间借贷纠纷案

判决观点,关于双方争议的第二个焦点问题,尽管在30万元的借条中杨某某签名前面"借款担保人"的字样系由原告所书写,但杨某某认可其同意为上述20万元借款本息承担担保责任,且杨某某在30万元借条中签名时已明确知悉该条子性质属借条,在此情形下,其仍在借条下方的空白处签名,如其仅是作为该笔借款的见证人签名,则应通过合理的方式对其见证人的身份予以明示,但杨某某并未在借条中明示其系见证人,在审理过程中亦未提供

---

〔1〕 北京市第一中级人民法院(2013)一中民(商)终字第7344号民事判决书。

〔2〕 参见国家法官学院案例开发研究中心编:《中国法院2018年度案例》(借款担保纠纷),中国法制出版社2018年版,第96页。北京市顺义区人民法院(2016)京0113民初16610号民事判决书。

证据对此予以证明，其应对此承担举证不能的法律后果。故法院依法认定被告杨某某系本案所诉借款的保证人。[1]

股东在借条并未注明其作为公司股东签字，且公司对外提供担保时，并无股东必须在担保合同上签字的法律强制性规定，所以应由股东个人承担担保责任。

【案例3-59】　方某某与吴甲、吴乙等民间借贷纠纷案

二审法院认为，本案的争议焦点在于吴甲、吴乙是否系案涉借款的保证人，即其是作为公司股东还是作为保证人在案涉借条上签字。吴甲、吴乙主张其系雪舫公司的股东，由于雪舫公司为案涉周某某向方某某的借款提供担保，按照雪舫公司的《印章管理办法》和《财务管理制度》的规定，公司对外担保需经股东签字后方可盖章，故其在案涉借条上签字。法院认为，吴甲、吴乙在案涉借条上并未注明其系作为公司股东签字，且公司对外提供担保时，并无股东必须在担保合同上签字的法律强制性规定；从文义解释角度，也应认定吴甲、吴乙在案涉借条上签字系个人提供担保的意思表示。吴甲、吴乙提交的雪舫公司的《印章管理办法》和《财务管理制度》真实性无法确认，且两份文件均系公司内部管理文件，并不具有公示性和对抗第三人的效力，据此，吴甲、吴乙关于其系作为雪舫公司的股东在案涉借条上签字的上诉主张缺乏事实和法律依据，不能成立。另外，吴甲、吴乙主张案涉借条其签字前的"保证人"三个字系方某某事后添加，其不应承担担保责任，但其并未能就相应事实进行充分有效的举证，根据《最高人民法院关于民事诉讼证据的若干规定》第二条的规定，应由其承担举证不能的法律后果，故对其相应的主张亦不予支持。判决：驳回上诉，维持原判。[2]

民办学校作为保证人适格性问题。民办学校是指受《民办教育促进法》规范调整，由国家机构以外的社会组织或者个人使用非国家财政性经费，面向社会举办的实施教育活动的机构。根据《民办教育促进法》第三条第一款"民办教育事业属于公益性事业，是社会主义教育事业的组成部分"、第五条第一款"民办学校与公办学校具有同等的法律地位"的规定，民办学校属于以公益为目的的法人，其所从事的教育活动是具有公益性质的活动。民办学校的出资人对学校的出资属于捐助行为，出资人对于民办学校通过教育活动取得的收益并无利润分配请求权，这些收益只能用于学校自身的发展，继续投资于教育事业；出资人对于学校终止后的剩余财产也没有剩余财产分配请求权，这些财产应当转交给具有类似功能

〔1〕　参见国家法官学院案例开发研究中心编：《中国法院2017年度案例》（借款担保纠纷），中国法制出版社2017年版，第107页。山东省济南市槐荫区人民法院（2015）槐民初字第2325号民事判决书。

〔2〕　浙江省高级人民法院（2012）浙商终字第18号民事判决书。

的公益性组织或者公共部门。以公益为目的的民办学校为他人的债务提供担保，成为保证合同的保证人，就有可能给民办学校自身的正常运转造成不良影响，甚至严重危及学校自身的生存与发展，学生合法的受教育权利就得不到保障，亦不利于社会和谐稳定。根据《民法典》的规定，应禁止民办学校做保证人。

【案例3-60】 江西新能源科技职业学院诉胡某某等民间借贷、保证合同纠纷案

二审法院认为，关于焦点一，江西新能源科技职业学院（以下简称新能源学院）没有证据证明江西太阳能科技职业学校变更后原学校公章予以收回或销毁，也没有证据证明办理了注销登记。新能源学院自述因文凭发放需要，江西太阳能科技职业学校变更为新能源学院后，江西太阳能科技职业学校的印章仍用于学生的文凭盖章，即该学校名称变更后无民事主体资格的诉请没有法律依据，不予支持。关于焦点二，2014年新能源学院与胡某某签订《借款及保证合同》《融资中介服务合同》，为张某向胡某某借款提供担保。《担保法》第九条规定："学校、幼儿园、医院等以公益为目的的事业单位、社会团体不得为保证人。"新能源学院作为民办学校，相较于公办学校，仅是投资渠道上不同，并不能因此否定其公益属性，私立学校的设施仍属于社会公益设施。根据上述法律规定，新能源学院为张某的借款提供担保的行为属依法不得为保证人的情形。由此，新能源学院与胡某某签订的保证合同为无效合同。本案中，胡某某、新能源学院对案涉保证合同无效均存在过错，对此，胡某某、新能源学院应当根据其过错程度各自承担相应的民事责任。根据《最高人民法院关于适用〈中华人民共和国担保法〉若干问题的解释》第七条的规定并结合本案具体情况，新能源学院应对张某不能清偿的债务承担1/2的赔偿责任。综上所述，新能源学院的上诉请求部分成立。一审认定事实清楚，适用法律不当，予以纠正。[1]

在诉讼或执行程序中，是否追加担保人配偶作为共同被告或被执行人为疑难问题。一般认为，应先结合具体案件的情况，审查债权债务成立过程中保证人是否受益，是否用于生产经营或家庭生活需要，保证人配偶是否知情并认可等情况，再决定是否追加保证人配偶作为被告并承担担保责任。保证人进行保证形成的保证债务是否为夫妻共同债务，保证人的配偶是否承担连带责任，其判断标准为：其一，保证人或者其配偶和家庭在债权债务形成过程中是否受益。其二，保证人的保证是否为了家庭生活需要或者生产经营需要。其三，在保证人形成债权债务

---

〔1〕 参见国家法官学院案例开发研究中心编：《中国法院2019年度案例》（借款担保纠纷），中国法制出版社2019年版，第153～154页。江西省新余市中级人民法院（2017）赣05民终318号民事判决书。

担保的情况时配偶是否知晓。

【案例 3 - 61】　沈甲诉沈乙、叶某某民间借贷纠纷案

判决观点,被告沈乙由被告叶某某提供担保,向原告沈甲借款人民币 50,000 元、借款期限自 2011 年 5 月 12 日起至 2011 年 8 月 11 日止的事实,有书面为凭,依法可予以认定。原告沈甲请求被告沈乙归还借款 50,000 元,被告叶某某承担连带清偿责任,依法应予支持。[1] 在本案审理过程中,原告提出申请,要求追加保证人叶某某的配偶作为本案的共同被告,法庭对原告的申请没有采纳。

主债务人在连带责任保证纠纷诉讼中,并非必须参加诉讼的当事人,不应追加主债务人为共同被告。

【案例 3 - 62】　刘某某诉齐某某民间借贷纠纷案

判决观点,原告刘某某与王某、汤某某签订的借款合同及被告齐某某签订的担保协议,系当事人真实意思表示,合法有效,各方当事人均应按照约定全面履行义务。借款到期后,王某、汤某某未履行还款义务,根据《担保法》第十八条第二款规定,连带责任保证的债务人在主合同规定的债务履行期届满没有履行债务的,债权人可以要求债务人履行债务,也可以要求保证人在其保证范围内承担保证责任。原告刘某某要求齐某某承担连带担保责任,履行还款义务的诉讼请求符合法律规定。被告齐某某提出应追加王某、汤某某为被告的辩论意见,法院不予采信。[2]

【案例 3 - 63】　韩某诉孙某某保证合同纠纷案

判决观点,根据相关法律规定,连带共同保证的债务人在主合同规定的债务履行期限届满没有履行债务的,债权人可以要求债务人履行债务,也可以要求任何一个保证人承担全部保证责任,故艾某不属必须参加诉讼的共同被告。现原告选择仅向被告主张权利,具有法律依据,故法院依法不予追加艾某为本案共同被告。[3]

---

〔1〕 参见国家法官学院案例开发研究中心编:《中国法院 2017 年度案例》(借款担保纠纷),中国法制出版社 2017 年版,第 86 页。福建省漳州市诏安县人民法院(2014)诏民初字 131 号民事判决书。

〔2〕 参见国家法官学院案例开发研究中心编:《中国法院 2017 年度案例》(借款担保纠纷),中国法制出版社 2017 年版,第 111 页。河北省大厂回族自治县人民法院(2015)大厂民初字 876 号民事判决书。

〔3〕 参见国家法官学院案例开发研究中心编:《中国法院 2017 年度案例》(借款担保纠纷),中国法制出版社 2017 年版,第 154 页。北京市东城区人民法院(2015)东民(商)初字第 05485 号民事判决书。

三、民间借贷合同主体纠纷处理

(一)分公司对外借款处理

实践中,对于分公司负责人的借款是属于个人借款还是公司借款,应结合借款行为是否代表公司行为、借款的流向、借款的用途等多方面综合确定。换言之,分公司的负责人在分公司成立前的借款可以构成公司的债务。

【案例3-64】 宋某与抚顺嘉宸房地产开发有限公司、抚顺嘉宸房地产开发有限公司法库分公司民间借贷纠纷案

二审法院认为,本案中宋某与张某某于2011年10月17日签订《借款协议》,双方就借贷事宜达成合意。宋某按协议约定将借款交给张某某,张某某确认收到该借款。故可以证明双方存在交付借款的事实,形成合法的借贷关系。本案中抚顺嘉宸房地产开发有限公司在法库县经营某房地产开发项目。张某某系抚顺嘉宸房地产开发有限公司在法库成立的分公司的负责人。从款项的流向来看,宋某将借款1,000,000元交给张某某,张某某又将该款项汇入抚顺嘉宸房地产开发有限公司,后抚顺嘉宸房地产开发有限公司又将该款项汇入法库县土地交易中心。从此过程可以看出张某某代表抚顺嘉宸房地产开发有限公司从宋某处借款。抚顺嘉宸房地产开发有限公司为借款的实际使用者,故还款义务应由抚顺嘉宸房地产开发有限公司负担。抚顺嘉宸房地产开发有限公司应遵守诚实信用原则按约定履行还款义务,现抚顺嘉宸房地产开发有限公司未按约定履行还款义务,系违约行为,对此应承担民事责任。现宋某要求抚顺嘉宸房地产开发有限公司偿还借款本金符合法律规定,证据充分,于法有据,一审法院予以支持,二审法院认为并无不当。上诉人抚顺嘉宸房地产开发有限公司提出的上诉理由并不充分,证据不足,本院不予支持。判决:驳回上诉,维持原判。[1]

分公司使用未经备案的公司公章出具借据,出借人可要求公司偿还借款。

---

〔1〕 参见国家法官学院案例开发研究中心编:《中国法院2019年度案例》(借款担保纠纷),中国法制出版社2019年版,第52页。辽宁省沈阳市中级人民法院(2017)辽01民终10340号民事判决书。

【案例3－65】　罗某某与松原市千大房地产开发有限公司民间借贷纠纷案

一审法院认为，松原市千大房地产开发有限公司嫩江分公司在开发建设世纪新城小区时，以公司名义向政府部门报送文件，以公司名义面向社会预售楼房，以公司名义与被拆迁户签订房屋拆迁安置协议，以及向政府部门报送文件上加盖的公章均是未经公安机关备案的没有防伪编码的公司公章，分公司负责人是否私自刻制并使用了私自刻制的公司公章，属于公司内部管理问题，对本案借贷关系成立没有影响，罗某某有理由相信分公司负责人实施的是职务行为，有理由相信松原市千大房地产开发有限公司（以下简称千大房地产公司）是借款人，故罗某某要求千大房地产公司偿还本息，证据充分，予以支持，但双方约定的利息的利率已经超出了中国人民银行同期贷款利率的四倍计算，应以中国人民银行同期贷款利率的四倍计息。判决：被告千大房地产公司给付原告罗某某借款本金18.8万元及利息。二审法院判决，驳回上诉，维持原判。[1]

虽然出借人未能提供由借款人出具的借款借据以证明其与该公司之间存在民间借贷关系，但出借人持有加盖项目部财务专用章并载明款项用途为借款的收款收据，项目部实为公司分支机构提供的证据亦显示其存在还款行为，表明出借人与借款人之间存在借款合同关系并有借款事实。

【案例3－66】　李某某诉航空港公司民间借贷纠纷再审案

二审法院认为，本案中，李某某以民间借贷纠纷为案由起诉航空港公司，要求航空港公司偿还借款本息，李某某应就其上述主张承担举证责任。综合李某某、航空港公司提供的证据情况，法院作出如下认定：

关于借款主体的认定。虽然本案中李某某未能提供航空港公司出具的借款借据以证明其与该公司之间存在民间借贷合同关系，但李某某持有入账日期为2012年3月20日、4月20日、5月31日和6月15日，金额分别为50万元、150万元、30万元、50万元的四张收据，上述收据加盖了济南项目部财务专用章并载明款项用途为借款，表明李某某与济南项目部存在借款合同关系并有借款事实。此外，航空港公司提交的证据显示，航空港公司济南项目部以转账支票、张某、王某某等个人汇款，以架管或者钢材折抵款项的形式向中亮公司支付款项，中亮公司针对上述款项开具的收款收据抬头客户名称为中铁航空港公司及其项目部，收据明细为“收借款”“还借款”“还利息”，李某某出具的收款收条载明系收到济南项目部款项，表明航空港公司及其项目部

[1] 参见国家法官学院案例开发研究中心编：《中国法院2016年度案例》（民间借贷纠纷），中国法制出版社2016年版，第170页。黑龙江省黑河市中级人民法院（2014）黑中商终字第48号民事判决书。

存在向李某某、中亮公司还款的事实。在航空港公司既未能否认项目部盖章出具收据的真实性，亦未能对其还款行为给予合理解释并提供有效证据予以佐证的情况下，应认定存在济南项目部向李某某、中亮公司借款的事实。

关于航空港公司主张本案款项均为王某、张某某个人借款，两人仅通过济南项目部账户向中亮公司还款，涉案款项未用于济南项目部经营，故与航空港公司无关的问题。法院认为，首先，根据中亮公司与航空港公司签订的钢材买卖合同，王某系以济南项目部法定代表人的名义与中亮公司签订上述合同，航空港公司亦认可王某、张某某均为项目部工作人员，故李某某、中亮公司有理由相信王某有权代表济南项目部对外签订借款合同；其次，在收到李某某、中亮公司支付钱款后，济南项目部出具收款收据，并通过项目部账户向中亮公司、李某某以汇款、开具支票等形式进行还款，且在本案审理中航空港公司不仅提供了其项目部留存的支票存根、账户汇款记录，而且出具了中亮公司开具给航空港公司及济南项目部的收据、财务资料齐备，以上事实足以说明济南项目部是借款合同的实际履行主体。航空港公司未提供有效证据证明上述借款、还款行为系个人行为，其上述主张缺乏证据支持，不予采信。

综上所述，王某、张某某作为济南项目部负责人员，以济南项目部名义与李某某、中亮公司存在借款事实，应认定济南项目部为本案借款合同适格主体，双方构成民间借贷合同关系，其内容不违反法律、行政法规的强制性规定，合法有效。济南项目部系航空港公司分支机构，不具有独立法人资格，其权利义务应由航空港公司承担，中亮公司亦将债权让与李某某，故李某某有权向航空港公司主张还款。判决：撤销一审判决，航空港公司偿还李某某借款本金2,416,617.73元及利息。[1]

分公司负责人与他人作为共同借款人签订借款协议，出具借条，并指示将出借资金转入分公司负责人个人账户，可以认定分公司系借款的共同借款人，总公司须与分公司共同承担还款责任。

【案例3－67】　祝某与盛丰公司、盛丰梧州分公司、吴某某借款合同纠纷案

最高人民法院认为，本案中，首先，案涉《借款协议书》、五张借条的“借款公司”处均加盖了盛丰梧州分公司的公章，可见盛丰梧州分公司作出的意思表示。其次，吴某某长期担任盛丰梧州分公司的负责人，盛丰梧州分公司在梧州当地也有项目进行建设。祝某有理由相信吴某某有权代表盛丰梧州分公司对外借款，其已尽到合理注意义务。盛丰公司主张其并未授权盛丰梧

[1] 北京市第一中级人民法院(2015)一中民(商)终字第3896号民事判决书。

州分公司使用分公司公章对外签订经济合同，并规定由此造成的经济损失及法律责任由分公司自行负责，但是这一规定仅系盛丰公司的内部规定，在盛丰公司未举证证明祝某对盛丰公司上述内部规定知情的情况下，该内部规定对祝某并无约束力。盛丰公司、盛丰梧州分公司主张祝某未审查盛丰公司是否有授权盛丰梧州分公司签署合同主观上并非善意，缺乏依据，本院不予支持。因此，吴某某代表盛丰梧州分公司在借条上盖章行为有效，对盛丰梧州分公司发生法律效力。祝某按照案涉《借款协议书》、五张借条的约定，将1900万元出借资金转入了吴某某的个人银行账户，可以证明祝某有出借资金的事实。因吴某某是盛丰梧州分公司时任负责人，具体负责盛丰梧州分公司的项目建设事宜，且吴某某与盛丰梧州分公司作为共同借款人同祝某签订《借款协议书》、向祝某出具借条，故祝某根据借款人的指示将出借资金转入吴某某的个人账户这一事实并不能否定盛丰梧州分公司系案涉借款的共同借款人。盛丰梧州分公司在本案中并非债务加入而是共同借款人，盛丰公司、盛丰梧州分公司主张应适用2019年《全国法院民商事审判工作会议纪要》第二十三条关于债务加入的规定，亦依据不足。盛丰梧州分公司系盛丰公司设立的不具有法人资格的分支机构，原审法院根据《公司法》第十四条第一款规定，判决盛丰公司与盛丰梧州分公司、吴某某共同承担还款责任，并无不当。[1]

（二）公司股东对外借款处理

实践中，存在借条上只有股东签名，股东将公司名称写在担保人处但未加盖公司印章的情况。公司未出现在借条上借款人处，其保证人的身份也因非真实意思表示而无法认定，但从借款的使用情况看，借款直接由出借人打入公司账户，公司则应与股东作为共同借款人承担还款责任。换言之，股东签字借条上无公司签章不必然否定公司是借款人。

【案例3-68】　曹某某诉粉豹公司、王某某民间借贷纠纷案

二审法院认为，虽然借条上担保人处粉豹公司的名字为王某某书写，但并未加盖印章，曹某某作为善意出借人，基于对王某某股东身份的认可，将款项按王某某指示转至该公司名下。粉豹公司未提供对该笔款项如何进行处分的相关证据，结合本案证据，案涉款项并未完全用于王某某个人，但从公司

〔1〕　最高人民法院（2020）民终91号民事判决书。

转出的款项,也是以借款的形式出借给了王某某,该事实与案涉款项系王某某个人之债的说法相互矛盾。参照《民间借贷规定》第二十三条第二款之规定,虽然粉豹公司不应承担担保责任,但应就案涉借款承担共同还款责任。判决:撤销一审判决,王某某、粉豹公司向曹某某偿还借款本金1,000,000元及利息,王某某向曹某某支付违约金。[1]

前股东还款承诺书中加盖公司印章,且借款实际用于公司经营的,公司应当承担连带清偿责任。

【案例3-69】 刘甲与顺达通公司、刘乙等民间借贷纠纷案

一审法院认为,在案中,刘甲持有的《承诺书》、吴某某与刘乙等自认的事实以及房屋抵押登记档案显示的情况,已经形成证据链,足以证实吴某某、刘乙多年以来以顺达通公司需要经营资金为由要求刘甲使用自己名下的房屋到相关金融机构办理抵押贷款,相关贷款实际被吴某某、刘乙用于顺达通公司的经营活动,贷款偿还的资金来源于吴某某、刘乙经营顺达通公司的所得。根据顺达通公司的工商登记档案能够确信,吴某某、刘乙在顺达通公司成立后,长期控股顺达通公司,系该公司的实际控制人。况且,刘乙与刘甲之间系姐弟关系,在吴某某、刘乙并未明确告知刘甲顺达通公司的股东及法定代表人已经变更为吴某君的情况下,刘甲基于亲属之间的高度信赖和之前多次使用自己名下的房屋向金融机构抵押贷款用于顺达通公司经营的事实,在2017年6月21日继续使用自己名下的房屋从中航公司抵押借款,并被吴某某、刘乙用于偿还顺达通公司之前的债务。吴某某、刘乙作为承诺人在刘甲持有的《承诺书》中签字确认同意其在刘甲代偿欠付的贷款本息以服务费后向刘甲、韩某某偿还相关款项,高某某、吴某昕均作为保证人签字确认承担保证责任,系前述诸位当事人真实自愿的意思表示,不违反法律规定,应属合法有效。《承诺书》中顺达通公司的公章系吴某某加盖,加之涉诉借款实际用于顺达通公司偿还相关债务,顺达通公司作为保证人承担保证责任,于法有据,于情合理,现顺达通公司以公司股东和法定代表人发生变更为由否认实际使用所借贷款,法院不予采纳。经法院询问明确,韩某某、刘乙明确表示同意由刘甲向顺达通公司等主张权利,不违反法律规定,法院照准。判决:吴某某、刘乙、高某某、吴某昕、顺达通公司连带偿还刘甲借款本金200万元、借款利息与服务费22万元,以及支付实际给付之日利息。二审法院同意一审法

---

〔1〕 参见国家法官学院、最高人民法院司法案例研究院编:《中国法院2021年度案例》(民间借贷纠纷),中国法制出版社2021年版,第106页。河南省平顶山市中级人民法院(2020)豫04民终660号民事判决书。

院裁判意见,判决:驳回上诉,维持原判。[1]

(三)表见代表借款主体处理

所谓代表行为,系指法人的法定代表人以法人的名义所实施的行为。我国的法律体系采纳了法定代表人的唯一制,一个法人只能有一个法定代表人,因此法定代表人之外的其他人不可能代表公司。[2] 这意味着其他人以公司名义借款,原则上法律不予认可。不过,法定代表人之外的其他人不能代表公司,并不意味着其他人的借款行为必然不能由公司承受代表后果,因为无权代表公司的人实施的行为可能构成表见代表。表见代表或称表见代理是指行为人没有代表权、超越代表权或者代表权终止后以被代表人名义实施法律行为,相对人有理由相信行为人有代表权,行为人实施的法律行为效果归"被代表人"承受的法律制度。

区分公司法定代表人公司职务行为与个人行为是疑难问题。例如,个人与公司签订的所谓"投资协议",当未涉及股权转让时,多数情况下仍属于民间借贷。签订"投资协议"后,公司的资产被第三人收购,公司法定代表人重签上述"投资协议"予以结算并进行二次约定,则借款债务承担主体的确定是难点。资产收购的法律后果表现为资产所有权与目标公司分离。一方面,收购款进入目标公司成为公司的收入,但股东不能从资产出售行为中直接受益;另一方面,目标公司仍可继续存续,该公司原先的债务继续存在且不发生转移。法定代表人以个人名义立约,应承担借款合同项下义务。即使公司事后追认借款债务,关于债务履行主体的选择权仍应由债权人(出借人)享有,而不宜以公司的事后追认自然推导出履约主体变化。根据《公司法》第二十条公司股东"不得滥用公司法人独立地位和股东有限责任损害公司债权人的利益"及连带责任情形规定,可推知包括借款合同在内的相关合同履行的底线在于不得损害债权人的利益,而法定代表人的经营行为当然也不得逾越上述底线。从保障债权实现角度出发,该情况下由法定代表人对原债务承担连带责任更为公允稳妥。

---

〔1〕 参见国家法官学院、最高人民法院司法案例研究院编:《中国法院2021年度案例》(民间借贷纠纷),中国法制出版社2021年版,第119~120页。北京市第三中级人民法院(2019)京03民终8164号民事判决书。

〔2〕 参见最高人民法院民事审判第一庭编著:《最高人民法院民间借贷司法解释理解与适用》,人民法院出版社2015年版,第406页。

【案例3－70】 邓某某与漳州中粮、漳州华港、彭某某、福建中粮民间借贷纠纷案

二审法院认为，漳州华港未否认收到款项的事实，且综合付息情况和第二份协议的内容可见款项已实际支付，漳州中粮主张款项没有实际支付的理由不能成立。此外，协议书中并无任何关于债务转移的约定，故漳州中粮主张第二份协议是债务转移行为的主张亦不能成立。漳州中粮与漳州华港签订资产重组并购协议，但在资产收购后并未发生主体及股权的变更，也未设立新的公司，协议中也未约定漳州中粮对本案债务承担责任，故邓某某要求漳州中粮承担责任并无法律依据，故一审法院判决漳州中粮承担连带责任不当，依法予以纠正。对于彭某某是否应当承担还款责任问题，根据第二份投资协议约定的内容可见，首先，甲方是彭某某个人签字并载有身份证号码；其次，协议中甲方虽然存在不同的指代，但整体上无法得出是指代漳州华港的结论；最后，第二份协议内容显示彭某某系以个人名义就邓某某的投资款予以确认并用于其所在集团经营。另外，漳州华港并未举证证实漳州中粮所支付购买资产款项具体去向，彭某某作为法定代表人、主要股东，亦无法举证并合理说明该款去向，严重损害了邓某某作为债权人的利益，故在漳州华港收到的5454万元收购款的范围内，彭某某应承担连带责任。漳州华港出具的关于彭某某是履行职务行为的证明不予采信。判决：(1)维持一审判决第一项；(2)撤销一审判决第二项、第三项；(3)彭某某对漳州华港的本案债务承担连带责任。〔1〕

在属于劳动争议案件的民间借贷之诉中，公司和个人认可所涉款项是基于执行职务行为产生，如支付采购费、差旅费，虽然证据以“借款单”或者“欠条”等形式表现出来，但应属于劳动争议案件。法官应向公司释明，告知公司先撤诉然后进行劳动仲裁，如其拒绝，则应驳回起诉。

【案例3－71】 迈司策略（北京）餐饮管理有限公司诉周某某民间借贷纠纷案

二审法院认为，迈司策略（北京）餐饮管理有限公司（以下简称迈司策略公司）所诉向周某某的借款，时间在周某某担任公司采购主管期间，借款用途为采购货品，因此该借款系周某某履行职务的行为，迈司策略公司与周某某个人之间不存在借贷关系。迈司策略公司认为周某某非法占有公司财产，应当通过其他途径另行解决。迈司策略公司的上诉请求缺乏事实和法律依据，

〔1〕 参见国家法官学院、最高人民法院司法案例研究院编：《中国法院2021年度案例》（民间借贷纠纷），中国法制出版社2021年版，第162页。福建省莆田市中级人民法院(2019)闽03民终1307号民事判决书。

本院不予支持。一审法院裁定驳回迈司策略公司的起诉,并无不当,应予维持。裁定:驳回上诉,维持原裁定。[1]

案外人为公司的实际控制人,其在借款协议和收条上加盖公司印章。该公司印章与其工商材料所加盖的印章不一致,但该公司印章未到公安部门进行备案,无法鉴定印章是伪造的。在公司印章真伪不明的情况下,根据具体案情,案外人借款行为应视为经公司同意并发生效力。

【案例3-72】　傅某某与英纳雪公司、薛某民间借贷纠纷案

一审法院认为,尽管傅某某提供的借款协议及收条上的"英纳雪公司"公章,经鉴定与英纳雪公司工商材料上所盖的公司公章不一致,但基于涉案550万元确实进入了英纳雪公司的账户又从该账户转出等事实,法院认定英纳雪公司同意王某以其公司名义向傅某某借款,用以偿还其向兴业银行的贷款。因此,案外人王某以英纳雪公司名义向傅某某借款的行为,对英纳雪公司发生效力,本案的借款合同发生于傅某某与英纳雪公司之间,英纳雪公司应当向傅某某承担还本付息义务。薛某在案件纠纷处理过程中,变更公司类型为非一人有限责任公司,并退出不再作为英纳雪公司的股东,涉嫌逃避其可能要承担的债务,故英纳雪公司变更公司类型、薛某退出公司,不能使薛某对公司财产独立于其财产的事实应承担的举证责任发生转移。薛某曾作为英纳雪公司的唯一股东,应当对公司的相应债务承,担连带责任。判决:英纳雪公司返还傅某某借款550万元及利息,薛某对英纳雪公司的付款义务承担连带清偿责任。二审法院同意一审法院裁判意见,判决:驳回上诉,维持原判。[2]

他人以公司名义借款,如果其行为构成表见代表,公司应当承担清偿责任。

【案例3-73】　王某与北京华体体育场馆施工有限责任公司民间借贷纠纷案

二审法院认为,马某某向王某出具借据并加盖了北京华体体育场馆施工有限责任公司(以下简称华体公司)的印章,虽经鉴定该印章与华体公司在工商行政管理部门备案的印章并非同一枚印章,但华体公司主张该印章为马某某、王某私刻仅系怀疑,并未提供充分有效的证据加以证明。已经发生法律效力的广元市中级人民法院(2014)广民终字第63号民事判决书认定,

---

〔1〕 参见国家法官学院案例开发研究中心编:《中国法院2014年度案例》(民间借贷纠纷),中国法制出版社2014年版,第10页。北京市第二中级人民法院(2012)二中民终字第16661号民事裁定书。

〔2〕 参见国家法官学院、最高人民法院司法案例研究院编:《中国法院2021年度案例》(借款担保纠纷),中国法制出版社2021年版,第2页。上海市第一中级人民法院(2019)沪01民终91号民事判决书。

2011年7月9日，马某某曾代表华体公司与华府建材公司签订钢材买卖合同并加盖华体公司广元项目部的印章。该案在审理过程中，华体公司对于该钢材买卖合同的真实性以及马某某代表其签订合同的有效性均未予否认。根据上述生效判决所认定的事实及马某某在本案一审中的陈述，可以认定马某某以华体公司项目建设需要资金周转为名向王某借款，并向王某出示了华体公司为马某某出具的法人授权书，王某已经尽到了合理的注意义务，其有理由相信马某某的行为构成表见代理，该代理行为有效，华体公司应当向王某承担还款责任。至于华体公司所提因王某与马某某在个人之间的借款行为，本案借款行为不应认定为表见代理的上诉理由不充分，二审法院不予采纳。判决：驳回上诉，维持原判。[1]

公司内部人员未获授权以其公司名义借款，构成表见代表的，则公司承担偿还责任。

【案例3－74】 任某某与北京华夏恒建设集团有限公司等民间借贷纠纷案

二审法院认为，本案中，各方当事人对李某某有无代理权存在争议，但对两份《借款合同》上加盖的"北京华夏恒建设集团有限公司月亮湾小区项目部专用章"的真实性以及华夏恒海南分公司于2012年4月18日与李某某签订的《企业内部项目管理责任书》的真实性均予以认可。在此情况下，任某某有理由相信李某某有代理权，故李某某的代理行为有效，华夏恒海南分公司作为被代理人应对李某某的代理行为承担相应的民事责任。北京华夏恒建设集团有限公司（以下简称华夏恒公司）作为华夏恒海南分公司的总公司，原审判决华夏恒公司、华夏恒海南分公司向任某某承担还款责任，并无不当。在无证据证明任某某与李某某恶意串通的情况下，李某某有无代理权不足以影响本案诉争代理行为的效力，故法院对华夏恒公司、华夏恒海南分公司提出的本案应中止审理的主张不予支持。判决：驳回上诉，维持原判。[2]

借款人不是公司股东或有权代表公司对外进行民商事活动的人，借条亦未加盖公司印章，其以公司名义借款不构成表见代表，应自行承担还款责任。

【案例3－75】 冯某某诉驿某保证金纠纷案

判决观点，本案被告驿某以有工程发包给原告施工为名收取原告保证金，在其承诺的工程不能交付给原告施工后，应将收取原告的保证金如数退还给原告。被告虽多次承诺将收取原告的保证金退还给原告，但时至今日仍拒不退还，应承担违约责任。原告要求被告退还保证金并从起诉之日承担按

---

〔1〕 北京市第二中级人民法院(2015)二中民(商)终字第00512号民事判决书。

〔2〕 海南省海口市中级人民法院(2014)海中法民一终字第2014号民事判决书。

银行同期贷款利率计算的利息，符合法律规定，法院依法予以支持。被告驿某虽在给原告的收条上书写“连云港海畔房地产开发有限公司”，但因其既不是该公司的法定代表人，也不是该公司的股东，连云港海畔房地产开发有限公司没有收取原告的保证金，故被告驿某收取原告保证金的行为，不是连云港海畔房地产开发有限公司的法人行为，应是被告驿某的个人行为，其个人应当承担退还原告保证金的义务。被告驿某经法院合法传唤，无正当理由拒不到庭参加诉讼，应视为其自动放弃抗辩权，可能产生的不利后果，应由其自行承担。判决：被告驿某退还原告冯某某保证金人民币27万元整及利息。〔1〕

内部承包人以公司名义签署借款协议，其行为属于无权代表，但相对人有理由相信其有代理权，且对此并无过失，属善意时，该签字行为构成表见代表。

【案例3－76】　向某某诉宏远建设集团有限公司民间借贷纠纷案

二审法院认为，本案争议焦点在于郦某某在系争借款协议上的签字行为是否构成表见代理。经审查，借款协议确定的借款人为宏远建设集团有限公司（以下简称宏远公司），届时签字人郦某某向出借人出示了其与宏远公司之间的内部承包协议书，借款用途明确为承建启东市恒大海上某某某项目资金需要，宏远公司又系该项目的承建方，向某某将借款汇入宏远公司账户。基于上述基本事实，尽管郦某某的签字行为属无权代理权而以宏远公司的名义订立合同，但相对人向某某有理由相信郦某某有代理权，且向某某对此并无过失，属善意的，因此郦某某的签字行为构成表见代理。宏远公司收到向某某汇付的50万元，其辩称系郦某某支付的质保金，但依据明显不充分，不足以对抗向某某的举证。原审关于利息部分的请求，向某某二审主动提出放弃，法院予以准许。综上，向某某的上诉主张，法院予以采信。原审判决认定事实清楚，但处理结果有误，应予纠正。判决：撤销一审判决，被上诉人宏远公司偿还上诉人向某某借款本金人民币50万元。〔2〕

出借人与借款人签订协议，借款人借款用于工程项目，借款人未用公司名义，公司也未加盖印章确认，借款人不构成表见代理。

【案例3－77】　杨某杰诉建设公司等民间借贷纠纷案

二审法院认为，关于238万元款项性质的认定问题。林某生与杨某杰的约定虽名为投资，实为借贷，欠付借款本金238万元。关于林某生的行为是

---

〔1〕　参见国家法官学院案例开发研究中心编：《中国法院2014年度案例》（民间借贷纠纷），中国法制出版社2014年版，第105页。江苏省连云港市连云区人民法院（2012）港商初字第751号民事判决书。

〔2〕　上海市第一中级人民法院（2014）沪一中民四（商）终字第2336号民事判决书。

否构成表见代理的问题。本案中,杨某杰主张林某生以某中学维修项目负责人的身份借款,构成表见代理,建设公司应承担还款责任;建设公司则主张林某生并非其公司职工,没有代理权,对涉案款项不知情也与其公司无关。杨某杰在一审中提供了其与林某生于2019年6月29日签订的《合伙协议》,协议中的"甲方"为林某生本人签字,林某生既未以建设公司名义签订合同,也未表明其具有公司的职务,建设公司亦未盖章确认,因此林某生系以个人名义与杨某杰签订协议,而非以建设公司名义订立合同,不符合表见代理的法定构成要件。涉案借款支付至林某生个人账户,并未支付至建设公司账户,现有证据亦无法证实建设公司实际使用涉案借款。一审法院认定林某生的行为构成表见代理,建设公司对涉案借款承担偿还责任于法无据。林某生与建设公司虽于2019年6月24日签订《建设工程内部承包经营协议》,但建设公司和林某生的继承人均认可林某生并非建设公司员工,林某生亦不属于职务行为,基于《建设工程内部承包经营协议》所产生的法律关系与本案不是同一法律关系,林某生的继承人可以另向建设公司主张权利,杨某杰可以按照《合同法》的有关规定行使债权人代位权。林某生应对涉案借款238万元承担还款责任,因林某贵、林某生已死亡,林某生的遗产均由林某龙继承,故涉案借款238万元应由林某龙以所得遗产实际价值为限向杨某杰承担偿还责任。判决:(1)撤销一审判决;(2)林某龙以其继承的林某生遗产实际价值为限向杨某杰返还借款238万元;(3)驳回杨某杰的其他诉讼请求。[1]

(四)借款诉讼主体适格处理

在部分民间借款纠纷案件中,被告辩称其虽然在借条或者借款合同上签字,但本人并非实际借款人,而是替他人借款,此时名义借款人是否为适格还款主体而具有还款责任,在司法实践中,对该问题的处理存在争议。一般认为,应当结合个案的具体案情来综合判断。如果出借人在签订借款协议时不知道实际借款人的存在,认为名义借款人就是实际借款人,事后也向名义借款人催款,则此时应当注重保护出借人的信赖利益,由名义借款人承担还款责任。如果出借人在签订借款协议时就知道实际借款人的存在,仍然与名义借款人签订借款协议,事后也向名义借款人催款,可以确认出借人的真实意思是与实际借款人建立借贷关系,可

---

〔1〕 参见国家法官学院、最高人民法院司法案例研究院编:《中国法院2022年度案例》(民间借贷纠纷),中国法制出版社2022年版,第237页。山东省济南市中级人民法院(2020)鲁01民终13473号民事判决书。

判决由实际借款人承担还款责任。在名义借款人无法举出充足证据的情况下，仍然要承担还款责任。

【案例3-78】　河北建设集团股份有限公司北京九分公司诉段某某、陈某借款合同纠纷案

判决观点，河北建设集团股份有限公司北京九分公司（以下简称九分公司）提交的其工作人员与陈某的短信记录均能证实，陈某明确告知过九分公司，段某某是代陈某领取支票的人员，九分公司也知晓段某某是来拿支票的人员。且九分公司的工作人员杨某某将10万元支票的密码告知陈某，第二笔10万元借款打入陈某的银行账户。借款出现逾期后，九分公司的工作人员也多次、明确地向陈某主张还款。陈某亦承认其是借款人和实际用款人。综上，可以确认涉案款项的实际借款人是陈某，九分公司与陈某之间的借贷关系成立。九分公司要求段某某承担还款义务，但是综合全案证据，可以证实九分公司与段某某并未就借款达成一的、真实的意思表示，没有将款项实际出借给段某某，九分公司亦无证据证明段某某系债务加入，法院对九分公司的该项主张不予支持。[1]

合同相对性是判断借款人主体适格的重要标准。

【案例3-79】　黄甲与缪某某、赵某某民间借贷纠纷案

一审法院认为，黄甲提供了缪某某出具的借据、收条，以及转账凭证，证明本案黄甲与缪某某就是本案借款合同的相对方，缪某某对其出具借据、收条、转账的过程予以认可。仅凭证人证言并不足以证明本案的贷款人为唐某某。钱款到账之后，缪某某将钱款交与黄乙使用系其自己的处分行为，并不能以此为由否定缪某某本案借款合同相对方的地位。故本案贷款人为黄甲，借款人为缪某某。二审法院认为，依据现有证据，缪某某向黄甲出具借条，黄甲依约向缪某某支付借款，双方借贷关系成立。缪某某认为实际借款人为黄乙，未能举证证明，缪某某所提供的黄乙向其出具的150,000元的借条，并不能证明黄乙为本案的实际借款人，仅说明其与黄乙之间可能存在借贷关系，故本院对缪某某的上述主张，不予采信。[2]

借款人是否为借款实际使用人，不影响其出具借条的借款主体身份。

---

〔1〕 参见国家法官学院、最高人民法院司法案例研究院编：《中国法院2020年度案例》（借款担保纠纷），中国法制出版社2020年版，第33～34页。北京市顺义区人民法院（2018）京03民初9649号民事判决书。

〔2〕 参见国家法官学院案例开发研究中心编：《中国法院2015年度案例》（借款担保纠纷），中国法制出版社2015年版，第58～59页。上海市第二中级人民法院（2013）沪二中民一（民）终字第2101号民事判决书。

【案例3－80】 杨某某诉孟某1、柴某某民间借贷纠纷案

二审法院认为，根据柴某某向杨某某出具的字据（欠条），杨某某借记卡账户历史明细清单及当事人在诉讼中的陈述，可以认定杨某某代孟某1偿还浦发银行贷款的事实，杨某某与孟某1之间形成了民间借贷法律关系，该借贷法律关系不违反法律、行政法规的强制性规定，应认定有效。孟某1、柴某某上诉主张浦发银行的贷款孟某2实际使用，孟某2承诺偿还，杨某某替孟某2归还了贷款，应向孟某2主张还款。因柴某某已书面确认杨某某代偿的款项由其偿还，故法院对孟某1、柴某某的该项上诉主张不予采纳。孟某1、柴某某提出欠条是在杨某某威胁、骚扰下迫于无奈书写等上诉主张，因现有证据不足以证实该情况，故法院对孟某1、柴某某的上诉主张采纳。〔1〕

民间借贷案件中借款合同或债权凭证往往存在合同内容拟定、签名不专业、不规范等特点，司法实践中应结合合同内容、文字逻辑和履行情况对案件事实加以考量，合理保护借贷双方的合法权益。借款合同保证人仅在借款合同首页的担保方一栏签名捺印，未在合同落款处签名捺印，其主张合同未成立的，法官应根据具体案情认定。代他人写借条，被代写人否认自己有借款意图、不是借款人是经常发生的争议。

【案例3－81】 朱某某等与陈甲、陈乙民间借贷纠纷案

一审法院认为，因被告陈甲对2003年9月10日双方就本案的还款调解协议书真实性没有异议，故对调解协议书的真实性法院予以确认。经人民调解委员会调解达成的、有民事权利义务内容，并由双方当事人签字或盖章的调解协议，具有民事合同的性质，故根据该调解协议书的规定，被告陈甲应偿还给原告借款，说明被告陈甲已承认借款的事实。本案借条是被告陈甲亲笔所写，被告陈乙虽是借条上的借款人，但陈乙未在借条上签字或捺印，故原告提供的借条不能证明本案被告陈乙有向原告母亲借款的事实。被告陈甲虽否认其系本案借款人，但没有提供证据予以证实，应承担举证不能的法律后果，故法院依法认定本案借款人应为陈甲，被告陈甲应偿还原告尚欠的借款。二审法院亦持同样意见，维持原判。〔2〕

依财务记账凭没有附件作为债权凭证起诉借款人的，其借款人主体不适格。

---

〔1〕 参见最高人民法院民法典贯彻实施工作领导小组编著：《中国民法典适用大全》（合同卷三），人民法院出版社2022年版，第1700页。北京市第二中级人民法院（2018）京02民终12670号民事判决书。

〔2〕 参见国家法官学院案例开发研究中心编：《中国法院2013年度案例》（民间借贷纠纷），中国法制出版社2013年版，第129页。福建省莆田市中级人民法院（2011）莆民终字第1236号民事判决书。

【案例3-82】　石河子开发区天业矿业有限责任公司诉董某民间借贷纠纷案

一审法院认为，天业矿业公司要求董某偿还50,000元借款，提交了借据。但借据中备注：预付煤矿30,000元，办手续20,000元，对借款用途进行了说明。董某与天业矿业公司在合资组建有限公司的协议书中明确约定“筹办合作事宜所发生的费用及债务，由双方按承诺出资额的比例分担”。董某提供合资组建有限公司的协议书、报告复印件等证据，证实原、被告之间不存在借贷关系，董某提交的证据与奚某彬的证明、高某明的证言相互印证，证明此借款并非个人借款，其中的30,000元是预付董某的煤款，20,000元借款是董某与天业矿业公司成立新公司所需的开办费用。天业矿业公司依此借据要求董某承担偿还责任于法无据。故对天业矿业公司的诉讼请求，法院不予支持。判决：驳回天业矿业公司的诉讼请求。二审法院判决：驳回上诉，维持原判。[1]

出借人仅凭银行转账凭证起诉被告借款，被告抗辩其并非借款人的，法官根据具体案情确认适格主体。

【案例3-83】　艾某某诉徐某某民间借贷款纠纷案

判决观点，本案中，原、被告及第三人对系争10万元性质属借款均无异议，各方争议焦点在于借款对象为谁。对此，法院结合在案证据，分析认为：首先，原告基于借款关系向被告主张相应权利，应提供相应的证据证明其与被告之间存在借款法律关系。然原告现提供的银行转账凭证等证据，仅能证明其资金流向，但并未就该资金流向被告的原因、用途等符合借款性质的基础性事实予以证明。其次，经审查被告提供的证据并结合当事人庭审陈述，法院认为，该系列证据能够相互印证，形成证据链，证明被告于2009年10月20日将原告转账的10万元全部交付给第三人之事实。再次，第三人自述其与被告之间不存在任何债权债务关系，故可以确认被告交付第三人10万元非履行义务之行为；且鉴于第三人对其转账给案外人裘某某的14万元钱款来源的陈述前后不一，内容矛盾，其又未提供具有证明力之证据以反驳被告所举之证据，故对于第三人所述借款之意见，法院不予采信。最后，本案所涉款项数额较大，且原、被告在转账前互不相识，若如原告所称，其仅通过第三人介绍便将10万元借予被告，却未要求被告出具任何借款凭证，该行为明显有悖常理；而第三人与原告存在亲属关系，再结合在案证据，客观上由第三人

---

〔1〕 参见国家法官学院案例开发研究中心编：《中国法院2015年度案例》（借款担保纠纷），中国法制出版社，2015年版，第34～35页。新疆生产建设兵团第八师中级人民法院（2013）兵八民一终字第88号民事判决书。

借用被告农行卡向原告借款显然更合常理。综上,法院认为现有证据尚不足以证明原、被告之间存在民间借贷法律关系,原告应另择诉讼对象进行维权。故原告所主张之诉讼请求,缺乏依据,难以支持。判决:驳回原告艾某某的全部诉讼请求。〔1〕

因实际出借人处于公司筹备阶段,而以个人名义签订借款协议,此种做法并不违反法律规定。该签约人与本案有利害关系,具有起诉的主体资格。在法院再审申请审查期间,实际出借人已就案涉借款提起诉讼,对名义签约人申请再审请求本案继续审理的主张不予支持。

【案例 3－84】 赵某某、刘某某诉韩某某等民间借贷纠纷再审案

法院生效裁判认为,案涉《借款协议》是以赵某某、刘某某的名义与借款人韩某某、担保人商某某、李某某、郭某某、东营某石油技术服务公司、东营某公司签订,并办理抵押登记的相关手续等,借款人韩某某、担保人商某某、李某某、郭某某、东营某石油技术服务公司、东营某公司出具的《借款借据》亦载明:“今借到赵某某、刘某某人民币叁仟陆佰万元正。”可见,赵某某、刘某某与本案有利害关系,具有起诉的主体资格。但经山东省高级人民法院(2019)鲁刑终48号刑事案件审理作出生效的刑事裁定认定,案款项的实际出借人为青岛某投资公司。现青岛某投资公司已向山东省青岛市中级人民法院提起诉讼,要求韩某某、郭某某偿还借款2988万元及利息。且赵某某、刘某某在法院审查过程中提交的情况说明亦自认借款之时因青岛某投资公司尚处于筹备阶段,而以其个人名义签订借款协议,案涉借款3600万元系青岛某投资公司所有。故此,对赵某某、刘某某申请再审要求本案继续审理的主张不予支持。〔2〕

个案中,应注意对一人公司与其股东的债务区分认定。

【案例 3－85】 宋某诉贾某、龙辉公司民间借贷纠纷案

二审法院认为,本案为民间借贷纠纷,争议焦点在于认定龙辉公司是否为本案适格被告。本案中,宋某主张民间借贷关系成立的依据为贾某出具的借款条,宋某亦认可为贾某个人债务,故依据合同相对性原则,龙辉公司不是本案民间借贷关系的合同主体。宋某上诉主张龙辉公司与贾某存在资产混同,故龙辉公司应对贾某的债务承担连带责任。根据《公司法》第六十三条的规定,一人有限责任公司的股东不能证明公司财产独立于股东自己的财产

〔1〕 参见国家法官学院案例开发研究中心编:《中国法院2014年度案例》(民间借贷纠纷),中国法制出版社2014年版,第188～189页。上海市闵行区人民法院(2012)闵民二(民)初字第8024号民事判决书。

〔2〕 人民法院案例库2023－01－2－103－006。最高人民法院(2019)民申5595号民事裁定书。

的，应当对公司债务承担连带责任。即使龙辉公司与贾某之间存在资产混同的情况，应当由贾某对龙辉公司的债务承担连带责任，而非龙辉公司对贾某的债务承担连带责任。综上，本案为宋某与贾某之间的民间借贷纠纷，龙辉公司不是本案的适格被告。裁定：驳回上诉，维持原裁定。[1]

变更投资人不影响诉讼主体。个人独资企业是一种介于自然人与法人之间的主体，具有相对的独立性，对于公司本身所欠债务，应当先以企业的资产进行清偿，不足部分应当由出资人承担无限责任。既然独资企业具有相对独立性，则在出资人变更的情况下，并不影响企业所欠外债的清偿。

【案例3－86】　陆某诉林口县迎春煤矿民间借贷纠纷案

判决观点，原告陆某与被告林口县迎春煤矿民间借贷法律关系明确，原告陆某基于借条及还款承诺书向被告林口县迎春煤矿主张偿还借款本金300,000元及利息596,000元（500,000元＋300,000元×2%×16个月），应予支持。首先，个人独资企业是一种介于自然人与法人之间的主体，具有相对的独立性。其次，个人独资企业受让人（现投资人）对企业转让前的债务应当承担责任。最后，原投资人也应当承担责任。关于原告的诉讼请求卖车款10万元，由于证据不足，不予支持。关于原告主张的要求被告支付违约金44,800元，违约金为2005年10月10日被告向原告出具《承诺书》中的约定，但2009年6月9日，被告向原告陆某出具的《还款承诺书》确认该款本金为30万元，结算时已经确定利息50万元（含补偿金），并重新约定了利息标准，可视为重新达成协议，应按新协议标准履行。因此关于原违约金的内容应视为发生变更，对原告主张的支付违约金44,800元的诉讼请求不予支持。由于被告林口县迎春煤矿没有及时还款，原告陆某有权要求被告林口县迎春煤矿立即还款。判决：被告林口县迎春煤矿给付原告陆某借款本金300,000元，利息596,000元。[2]

在借条上加盖学校公章和财务章的，借款是个人行为还是代表学校的职务行为，法官根据具体案情裁定。

【案例3－87】　张某某诉老南小学、韩某民间借贷纠纷案

判决观点，本案所涉的借款行为是被告韩某的个人行为还是其代表被告老南小学履行的职务行为。被告韩某辩称借条上的公章系其将包遗忘在原告家中，由原告私盖的，但对此并未提供证据予以证实，法院不予采信。根据

---

〔1〕北京市第一中级人民法院（2014）一中民（商）终字第6934号民事裁定书。

〔2〕参见国家法官学院案例开发研究中心编：《中国法院2013年度案例》（民间借贷纠纷），中国法制出版社2013年版，第141页。黑龙江省牡丹江市林甸县人民法院（2011）林商初字第84号民事判决书。

原告诉称内容,从借款的过程来看,原告主张被告韩某以被告老南小学的名义向原告借款,而被告老南小学作为一所公办学校,必定有严格的规章制度及财务操作规程,以一般人的理性判断,学校向他人借款,应当出具规范的借贷凭证,而本案中仅是由被告韩某出具了相应的借条,借条中借款人均为被告韩某,并未加盖被告老南小学的公章或任何载有被告老南小学借款的信息,且原告称后三笔款是由徐某某从原告处拿走,对此徐某某予以否认;从盖章的过程来看,原告主张其找到被告韩某要求更换借条并加盖公章,因为加盖被告老南小学公章需要校长签字故选择不在办公室盖章,而是由被告韩某携带公章在原告车上加盖,可以看出原告和被告韩某主观上均存在规避学校管理制度之故意。法院认为从原告主张的借款和盖章之经过,结合查明的该借款并未入学校账目之事实,原告应当预见本案所涉借款行为应属被告韩某的个人行为而非代表被告老南小学履行的职务行为,故该笔借款应当由被告韩某承担偿还责任,被告老南小学不承担偿还责任。判决:被告韩某偿还原告张某某借款本金50万元及利息。[1]

仲裁委员会裁决担保人对借款合同所涉债务承担连带保证责任,该裁决主文实际不能扩张至作为担保人配偶的非仲裁当事人。借款合同中的保证条款直接影响担保人配偶的财产利益。现担保人配偶对该保证条款不予追认,其与本案有直接利害关系,具有诉讼利益。故担保人配偶有权作为原告向法院诉求确认借款合同中担保条款无效,仲裁与本案不属于重复处理。

【案例3-88】 冯某某诉马某某、李某、赵某某、贾某某合同无效纠纷再审案

最高人民法院认为,关于二审裁定驳回冯某某起诉是否正确,即冯某某是否系本案适格原告的问题,冯某某本案起诉主张确认合同中保证条款无效,系为维护其自身合法权益。陕西省延安仲裁委员会(2015)延仲裁字第030号裁决书仅裁决赵某某对案涉《借款合同》的借贷债务承担连带保证责任,该裁决主文内容对《借款合同》中保证条款的效力并未作出认定,实际也不能扩张至非仲裁当事人。故该仲裁与本案不属于重复处理。赵某某与冯某某系夫妻关系,案涉《借款合同》的保证条款不仅涉及赵某某的个人财产,更重要的是涉及赵某某和冯某某的夫妻共同财产,因为在夫妻关系存续期间,除非夫妻双方有分别财产的约定,否则夫或者妻的收入都为夫妻共有财产,且为共同共有而不是按份共有,归夫或者妻一方的个人财产实际上很少。换言之,真正能起到保证作用的是夫妻共同财产,因此,该保证条款直接影响

---

〔1〕 参见国家法官学院案例开发研究中心编:《中国法院2013年度案例》(民间借贷纠纷),中国法制出版社2013年版,第151~152页。山东省济南市历城区人民法院(2011)历民初字第950号民事判决书。

到冯某某的财产利益。冯某某现对合同内容中保证条款不予追认,其与本案有直接利害关系,具有诉讼利益。依据《民事诉讼法》第一百一十九条第一项之规定,冯某某系本案适格原告。原裁定认为冯某某不具有原告主体资格,裁定驳回冯某某的起诉,确属错误,应予纠正。本案应予以审理并依法作出裁判。[1]

诉讼主体不适格的,其委托的代理人亦是不适格的。

【案例3－89】　许某某与郑某某、华瀚科技有限公司等民间借贷款纠纷案

最高人民法院认为,关于陈甲能否代表华瀚科技有限公司(以下简称华瀚公司)以及如何确定华瀚公司的委托诉讼代理人的问题,首先,根据《民法通则》第三十八条的规定,法定代表人有权依照法律或者法人组织章程规定,代表法人行使职权。陈甲于2015年5月11日在深圳市市场监督管理局登记为华瀚公司法定代表人,该登记具有法律意义。因此,从形式上看,陈甲有权代表华瀚公司以及委托吴某某律师参加诉讼。但不可否认的是,陈甲在本案中成为华瀚公司法定代表人具有特殊性,故本案应谨慎考察陈甲、吴某某的意见能否代表华瀚公司的真实意思表示。从已查明的事实看,立众公司是华瀚公司的唯一股东,而立众公司的原控股股东是郑某某。由于合同约定为还款保障的需要,郑某某将立众公司的90%股份过户给许某某、伟康德公司、陈乙、杨某某指定的淞瑞公司。立众公司作出由陈甲替代郑某某成为华瀚公司法定代表人的变更决定时,控制立众公司的股东正是许某某、伟康德公司等指定的淞瑞公司。由此可见,在现有股权结构下,许某某、伟康德公司等实际已通过立众公司控制了华瀚公司。另外,《债权转让及还款确认协议书》中还指明,陈甲是与许某某、伟康德公司等有关联的自然人。结合华瀚公司员工李某的陈述,可以推断,陈甲替代郑某某成为华瀚公司法定代表人并非华瀚公司根据自身经营需要而作的选择,陈甲与许某某、伟康德公司更具有利益上的一致性。从诉讼对抗角度看,华瀚公司本应站在许某某的对立面,但陈甲以及其委托的吴某某律师在本案中的立场实际与许某某保持一致,有悖于华瀚公司的利益。综上,最高人民法院认为,陈甲以及委托的吴某某律师提交的答辩意见并不能代表华瀚公司的真实意思表示,不宜在本案中采纳,亦不能确认吴某某为华瀚公司的委托诉讼代理人。其次,李某虽然举证证明其为华瀚公司的员工,并持有加盖华瀚公司公章的授权委托书以及华瀚公司原有企业法人营业执照、组织机构代码证副本的复印件,但从深圳市市场监督管理局查询的资料可见,立众公司作为华瀚公司股东已经登报和向

〔1〕 最高人民法院(2018)最高法民再198号民事判决书。

深圳市市场监督管理局声明，华瀚公司原有公章遗失，并重新申领了营业执照。这说明，李某持有的授权委托书中加盖的华瀚公司公章和原企业法人营业执照、组织机构代码证副本暂已失效，故本案不宜认定李某具有华瀚公司委托代理人的资格。〔1〕

在民间借贷纠纷案中，P2P平台是否具有诉讼主体资格在实践中有争议。

【案例3－90】 上海点荣金融信息服务有限责任公司诉李某某等借款合同纠纷案

判决观点，原告上海点荣金融信息服务有限责任公司（以下简称点荣公司）作为向出借人和借款人提供借贷咨询和管理服务，促成双方签订借款合同的平台，提供的确系居间服务。然而出借人与借款人签订的《借款协议》已明确约定，若借款人出现逾期还款90天或借款人在逾期后出现逃债、拒绝沟通或拒绝承认欠款事实等恶意行为的，全体出借人一致同意将本协议项下债权无偿转让给原告，由原告统一向借款人追索。该约定是合同当事人的真实意思表示，于法不悖，本案债权转让亦不属于《合同法》第七十九条所规定的债权转让的除外情形，且原告已于2014年7月11日通过电子邮件形式通知本案被告债权转让的事实，故点荣公司已成为合法债权人，在借款人不履行还款义务时，有权以自己的名义提起诉讼。〔2〕

个案中，再审申请人是否适格，由法官根据具体案情裁定。

【案例3－91】 王某与民生投资管理有限公司民间借贷款纠纷再审案

最高人民法院认为，本案中鲁萌公司既非原借款和担保关系的当事人，也非原审案件的当事人，而是东方资产公司转让的生效判决确认的债权的受让人，此时其不具有申请再审的主体资格。王某系鲁萌公司注销后的权利承继人，其承继的权利以鲁萌公司权利范围为限。在鲁萌公司不具有诉讼主体资格的情况下，王某当然也不具有申请再审的权利。但鉴于鲁萌公司已经注销，主体已不存在，应当列王某为申诉人。裁定：驳回申诉人王某的再审申请。〔3〕

最高人民法院民一庭认为，依法就生效判决享有申请再审权利的主体应为原审当事人及其权利义务承受人、法定案外人。生效判决确认的债权的受让人并非

---

〔1〕 参见人民法院出版社主编：《最高人民法院民商事审判指导》（第6卷），人民法院出版社2019年版，第423页。

〔2〕 参见国家法官学院案例开发研究中心编：《中国法院2017年度案例》（借款担保纠纷），中国法制出版社2017年版，第24页。上海市黄浦区人民法院（2014）黄浦民五（商）初字第6199号民事判决书。

〔3〕 参见最高人民法院民事审判第一庭编：《民事审判指导与参考》2011年第3辑（总第47辑），人民法院出版社2011年版，第157页。最高人民法院（2011）民提字127号民事裁定书。

原审当事人,不是适格的申请再审人。[1]

出借个人银行账户的名义借款人与实际借款人是共同承担还款责任主体。

【案例3－92】　徐某诉李某民间借贷纠纷再审案

二审法院认为,本案争议焦点一为涉案款项的实际借款人是李某还是陈某。(1)关于徐某认可案外人转款85.3万元是否算作李某还款的问题。经查,上述款项系陈某通过自己名下渤海银行账户于2014年1月26日转款给徐某80万元,通过工商银行账户于2013年4月转款给徐某5万元,另外3000元没有转款凭证,据此,可以认定陈某就案涉借款向徐某还款85万元的事实成立。陈某就案涉借款向徐某还款的行为可以证明其是实际借款人。(2)关于李某收款298.1万元的用途问题。根据李某、陈某的陈述及转款凭证,可以认定李某将收到的款项或通过其账户分别转给多名案外人,或转给陈某,或提现给陈某。现无证据证明李某将收到的款项自用,故不能依据收款情况认定李某是实际借款人。(3)关于李某通过其账户向徐某汇款的资金来源问题。根据李某、陈某的陈述及转账凭证,可以认定回笼资金或来自多名案外人的转款,或陈某交付的现金存入李某的账户。现无证据证明李某向徐某回笼的资金来源是个人财产,故不能依据回款情况认定李某是实际还款人。(4)关于陈某是否借用李某名下银行账户向徐某借款的问题。根据李某、陈某的陈述及证人证言可以认定陈某借用名下银行账户向徐某借款的事实成立。(5)关于陈某与徐某之间有无借款关系的问题。陈某认可涉案借款及其债务,并主张其已向徐某还款400万余元。综上,应认定李某出借名下银行账户用于陈某向徐某借款的事实成立。原审法院认定李某系本案借款人与事实不符,应予以纠正。本案争议焦点二为徐某主张的欠款60.7万元应由谁承担还款责任。《民事诉讼法解释》第六十五条规定,借用业务介绍信、合同专用章、盖章的空白合同书或者银行账户的出借单位和借用人为共同诉讼人。本案中,李某出借其名下银行账户用于陈某向徐某借款,可以参照上述规定予以处理。原审法院依职权将实际借款人陈某追加为第三人并无不当。因此,陈某作为本案的共同诉讼人,应当承担还款责任。虽陈某主张已经清偿徐某的借款,但就本案争议款项,因双方没有清算凭证,也不能证明双方之间的借款数额,且陈某提供的还款证据不能直接对应本案尚欠款项60.7万元,故不能依据陈某的主张认定其已清偿本案借款。关于陈某与李某之间的债务纠纷可另行解决。虽李某上诉称涉案借款系陈某所借的事实成立,但李某出借自己的银行账户,亦帮助陈某操作收款、转款其实际参

〔1〕　参见最高人民法院民事审判第一庭编:《民事审判指导与参考》2011年第1辑(总第45辑),人民法院出版社2011年版,第129页。

与了借款过程，其对于出借银行账户的风险应当预知。现陈某与徐某之间的借款纠纷长期未解决，导致债权人就本案借款的相关权益受到损害，本着保护债权人利益、避免当事人诉累、有效化解纠纷的原则，李某应与陈某共同承担还款责任。判决：(1) 撤销一审判决；(2) 李某、陈某共同偿还徐某借款60.7万元。[1]

借款账户所有人为借款人的主体认定，由法官根据具体案情裁量。

【案例3-93】 胡某某诉谷某某、何某某民间借贷纠纷案

判决观点，本案中，第一，根据银行转账记录显示，胡某某借款大部分转至谷某某的银行账户，且谷某某承认已经归还的350万元系通过其账户转至胡某某账户，而根据法律规定，以银行转账、网上电子汇款等形式支付的，自资金到达借款账户时为自然人之间的借款合同成立，即可视为胡某某与谷某某之间的借款合同成立。第二，根据双方的微信聊天记录显示，胡某某转给邵某某等人不同账户的钱款，系听从谷某某指示，根据谷某某提供的银行卡号及账户名称进行转账，即胡某某转账借款的合同相对方仍然是谷某某，谷某某主张系邵某某等人借款，但并未提交证据证明胡某某与邵某某等人存在借款协议。第三，根据胡某某提交的银行及微信转账记录显示，谷某某2017年至2019年每月定期的通过银行及微信向胡某某转账支付利息，该行为符合民间借款的通常还款操作，可视为谷某某对借款行为的默认。第四，根据谷某某提交的有借款人何某某签名的借条显示，何某某借款的利息是每月3%，并非胡某某主张的每月1.5%，且何某某当庭表示其借款是从谷某某处借的，借条也是谷某某让打的，还款也是要通过谷某某的账户，其借款行为只面向谷某某，可认定为谷某某与何某某之间存在独立的借贷关系。综上，虽然胡某某未能向法院提交借款的借条证明双方之间的借贷关系，但是综合双方之间的银行转账及微信转账记录、微信聊天记录、双方证据质证及庭审情况，法院认定胡某某与谷某某之间的借款合同成立，虽然双方没有书面约定借款利息，但有些微信转账明确注明即利息。故对胡某某要求被告谷某某归还借款本金及利息的诉讼请求，法院予以支持。判决：被告谷某某偿还原告胡某某借款本金421.5万元及利息。[2]

---

〔1〕 参见国家法官学院、最高人民法院司法案例研究院编：《中国法院2023年度案例》（民间借贷纠纷），中国法制出版社2023年版，第135～136页。北京市第三中级人民法院（2021）京03民再110号民事判决书。

〔2〕 参见国家法官学院、最高人民法院司法案例研究院编：《中国法院2023年度案例》（民间借贷纠纷），中国法制出版社2023年版，第140页。北京市密云区人民法院（2021）京0118民初4382号民事判决书。

民间借贷中,名义借款人是承担还款责任的主体。

【案例3－94】　周某诉刘某秋民间借贷纠纷案

判决观点,本案的争议焦点是刘某秋作为名义借款人是否需要偿还以自己名义出具欠条的6万元欠款。法院综合评判如下:(1)原告周某持有被告刘某秋所书写的借条原件,诉争借款遂直接汇入了第三人吴某波的账户,但原、被告陈述每次都是由被告开车拉着原告到银行进行汇款,被告对原告直接汇款给第三人是认可的,鉴于签写的借条和与原告去银行汇款行为均是刘某秋,故原告以刘某秋为被告提起诉讼并无不当。(2)刘某秋作为完全民事行为能力人,应该对自己在借款合同和借款凭证上签字所引起的法律后果自行承担法律责任,根据合同相对性原则,刘某秋作为借款合同的相对方,借款合同对刘某秋应该具有法律约束力。刘某秋在承担还款责任后,可依法向第三人吴某波进行追偿。综上,被告应当对原告起诉的借款本金91,548.88元承担还款责任。[1]

(五)出借人主体适格处理

持有未载有出借人的借条到法院起诉主张债权,其诉讼主体是否适格是有争议的问题。持有未载有出借人的借条到法院起诉主张债权,表明借款凭证上未有债权人姓名,谁持有借条,谁可成为出借人即债权人身份,如果借款人认可,则借款事实存在,但借款人以其不是出借人进行抗辩时则应依据《民间借贷规定》第二条规定处理。第二条第二款规定:“当事人持有的借据、收据、欠条等债权凭证没有载明债权人,持有债权凭证的当事人提起民间借贷诉讼的,人民法院应予受理。被告对原告的债权人资格提出有事实依据的抗辩,人民法院经审理认为原告不具有债权人资格的,裁定驳回起诉。”该条司法解释包含以下内容:其一,未载有出借人的借条的持有人可到法院提起诉讼,法院亦应对其受理而不应排除在受理范围外。其二,被告享有抗辩权,可以对出借人的资格进行抗辩。其三,法官认为原告不具有债权人资格的,因诉讼主体不适格而驳回起诉。

在此类案件中,被告对原告的债权人资格提出有事实依据的抗辩是否成立就成为争议的焦点。抗辩是指借款人依据实体法规范做出的反驳相对方主张的行为。“被告对原告的债权人资格提出有事实依据的抗辩”,要求被告人既要提出

---

〔1〕　参见国家法官学院、最高人民法院司法案例研究院编:《中国法院2023年度案例》(民间借贷纠纷),中国法制出版社2023年版,第144页。吉林省辉南县人民法院(2021)吉0523民初1443号民事判决书。

反驳的主张,又要对其主张的事实和理由提供证据。同时,抗辩作为借款人的一种防御行为,是对抗相对方主张的一种手段,与借款人在诉讼中的角色无关,因此在被告针对原告的诉讼请求进行抗辩后,原告仍然可以进行再抗辩。

【案例3－95】 张某某诉庞某某民间借贷纠纷案

判决观点,原告张某某与被告庞某某民间借贷款纠纷一案,张某某主张庞某某向其借款2万元,仅提供庞某某出具的欠据1张,欠据上没有载明债权人系张某某,庞某某否认向张某某借款,并提供了相关证据。庞某某提供的欠据、录音光碟及证人出庭作证证言能够形成证据链条,能够证明庞某某以莫某某名义向其母亲于某某借款,莫某某为庞某某母亲于某某出具了欠据,庞某某为莫某某出具了欠据。莫某某在与张某某分开时向张某某索要过欠据未果,庞某某没有为张某某出具过欠据,足以证明庞某某向张某某借款的事实不存在,张某某不具有债权人资格,而且张某某对庞某某提供的证据均不能提供相反证据,且张某某诉状中称庞某某因做生意资金紧张向其借款,庭审中张某某又称庞某某吃无限极产品没有钱向其借款,不能自圆其说,应认定张某某与庞某某之间不存在借贷法律关系。裁定:驳回原告张某某的起诉。〔1〕

【案例3－96】 深圳市建筑装饰(集团)有限公司诉王甲、雷某某民间借贷款纠纷案

一审法院认为,本案中原告和第三人主张死者王乙与原告存在劳动关系,两被告主张死者王乙与第三人存在劳动关系。死者王乙虽未签订书面劳动合同,但第三人确认死者王乙工伤赔偿事宜由其负责,并为死者王乙申报工伤,厦门市人力资源和社会保障局亦以此确认王乙工伤,且在死者王乙家属与第三人签订的《协议书》中第七条明确约定第三人与王乙劳动关系即刻终止。故根据上述事实可以认定王乙与第三人吉兴公司存在劳动关系。退一步说,即使原告才是死者王乙真正的用人单位,原告与第三人双方之间责任分担可另行协商解决,协商不成,可另行主张。第三人作为死者王乙的用人单位,应对王乙的工伤事故承担相应的工伤保险责任,第三人在王乙受伤治疗期间向王乙家属支付款项既是履行其义务也符合生活常理,且与讼争借条和收据的内容相契合:(1)借款时间。本案讼争借条和收据的借款时间发生在2011年11月10日至2014年5月9日,而该段时间正是王乙受伤后至死亡前的治疗期间。(2)借款用途。讼争借条和收据的借款用途主要为王

---

〔1〕 参见国家法官学院案例开发研究中心编:《中国法院2018年度案例》(民间借贷纠纷),中国法制出版社2018年版,第122页。黑龙江省齐齐哈尔市富拉尔基区人民法院(2015)商初258号民事裁定书。

乙(工伤)医疗费,部分为营养费、护理费、住宿费用、家属生活费、车旅费、房租费等,而这些费用正是王乙受伤治疗期间的合理支出。(3)借款金额。王乙在厦门大学附属中山医院住院期间的总费用为910,940.08元。讼争借条和收据的借款金额为930,000元,两项金额相差不到20,000元。且死者王乙家属与第三人签订的《协议书》中第三条约定:"死者王乙自工伤之日起截至本协议签订之日所实际发生的医疗费等各项花费,已由第三人全部付清(已付清),不存在任何未支付的款项或需要承担的费用。"依据该约定第三人已付清死者王乙的医疗费用等各项费用,若讼争借款为原告所支付,则原告与第三人向两被告重复支付900,000余元的费用,而原告与第三人作为王乙工伤事故的工程总分包单位均参与事故处理,重复支付如此巨额费用明显与常理不符。(4)款项支付。本案讼争收据载明两被告于2014年5月9日收到公司给王乙(工伤)营养费、生活费、住宿费等15,000元,2014年5月9日陈某某转账15,000元至被告王甲账户。2014年7月22日,陈某某代表第三人与被告雷某某等签订《补充协议书》约定吉兴公司向被告雷某某再支付部分费用,2014年7月25日陈某某转账20,000元至被告王甲账户。陈某某系第三人的员工,又参加了两份协议的签订,两次转账的时间又与上述约定付款时间点相吻合。第三人主张陈某某转账15,000元系陈某某转账给王甲,既未有陈某某本人的证人证言,也未有其他证据予以证明,明显与事实不符,本院不予支持。原告虽持有借条和收据,但该借条和收据并未载明债权人的具体名称而是简略表述为"公司"或"贵司",因此无法根据借条和收据直接确定原告为出借人。而根据前述对借款原因、借款时间、借款用途、借款金额、借款经过等因素的综合分析,原告所提供的证据尚不足以证明其为讼争借条和收据的出借人,两被告对原告的债权人资格提出抗辩认为实际债权人为第三人吉兴公司具有相应事实依据,故原告深圳市建筑装饰(集团)有限公司不是本案适格的原告。裁定:驳回原告深圳市建筑装饰(集团)有限公司的起诉。二审法院判决:驳回上诉,维持原裁定。[1]

原告持有未注明出借人欠条原件起诉,借款人抗辩其另有出借人的,一般认定持有原件者为出借人。

【案例3-97】 刘甲诉刘乙民间借贷款纠纷案

二审法院认为,本案中,刘甲向刘乙主张还款,刘乙在认可欠条真实性的情况下,否认刘甲出借人的身份。对此,本院认为,首先刘甲持有欠条原件,

---

〔1〕 参见国家法官学院案例开发研究中心编:《中国法院2018年度案例》(借款担保纠纷),中国法制出版社2018年版,第55~56页。福建省厦门市中级人民法院(2016)闽02民终1878号民事裁定书。

同时刘乙主张欠条指向的出借人为饶某某,其应当提供证据予以证明。但二审过程中,饶某某出庭作证否认其是本案出借人,称与刘乙曾有100,000元借款关系,刘乙已经偿还。刘乙虽提交相关证据,但其所提供证据不足以证明本案欠款的出借人为饶某某,故对刘甲关于其系欠条出借人的主张,本院予以认可。判决:撤销一审判决,刘乙偿还刘甲欠款15万元及利息。[1]

借条作为债权凭证,具有借款合同的特征。若无相反证据证明持有借条的人为非债权人,可推定其为债权人。

【案例3-98】 陈某与孙某民间借贷款纠纷再审案

再审法院认为,本案中被申请人陈某向法院提供的借条,虽未表明债权人的姓名,但该借条是申请再审人孙某亲笔书写且借条内容是其真实意思表示,故应认定陈某与孙某之间成立债权债务关系。虽然孙某提出此款并不是在陈某处借的,而是在李某处借的,并已偿还,但因为证人李某是孙某妻子的外甥,与孙某有利害关系,依据《最高人民法院关于民事诉讼证据的若干规定》第六十九条第二项的规定,在陈某不认可李某证言,孙某又未提供其他证据佐证的情况下,不能单独以李某的证言认定孙某与李某存在债权债务关系。另外,在原审法院向孙某送达民事起诉状时,孙某表示对欠款事实无异议,只是辩称已还3000元,并未提出是在李某处借款的辩解理由,在原审庭审时孙某却提交了李某出具的还款收条;而李某作为证人称自己当时没有钱,是从银行贷款借给孙某,在正常情况下将贷款借与他人一般都约定还款时间和利息,考虑到亲属关系不付利息也应要求尽快还款,但该借款未约定还款时间和利息,故孙某关于此款是在李某处借的并已偿还的陈述和李某证言有悖于常理,不予采信。综上,孙某的再审理由,证据不足,依法不予支持。原审判决认定清楚,适用法律正确,程序合法,应予维持。判决:维持一审判决。[2]

【案例3-99】 周某某与雄风公司、刘某某民间借贷纠纷再审案

最高人民法院认为,涉案借款的利息,是否依据利息凭条中双方当事人约定的月薪2%计算,应当依据诚信原则按照利息凭条的文义、目的和交易习惯确定。2007年11月7日的债务确认书对于本金确认为1114万元,对利息的表述为"未算在内"。利息凭条出具的时间为2007年10月24日,此外双方再未提及利率。虽未出现周某某的名字,但该凭条为周某某持有,也未

---

〔1〕 参见国家法官学院案例开发研究中心编:《中国法院2016年度案例》(民间借贷纠纷),中国法制出版社2016年版,第170页。北京市第三中级人民法院(2014)三中民终字第11122号民事判决书。

〔2〕 参见国家法官学院案例开发研究中心编:《中国法院2014年度案例》(民间借贷纠纷),中国法制出版社2014年版,第45页。黑龙江省七台河市中级人民法院(2012)七民提字第5号民事判决书。

有其他周姓自然人主张过该权利，因此“周总”应认定为周某某。结合双方之间的经济往来，时任雄风公司法定代表人的刘某某确认债务并不缺乏证据证明。利息凭条与债权确认书是对周某某与雄风公司之间关于借款本金和孳息的约定，上述证据足以认定利息凭条中的借款时间和数额。[1]

出借人不能证明出借款项系其所有、合同履行事实，应认定为出借主体不适格。

【案例3－100】 汪某与A公司民间借贷款纠纷再审案

最高人民法院认为，本案的争议焦点在于汪某是否为案涉借款的实际出借人、申请人与被申请人之间是否存在真实的借款关系。汪某持双方当事人之间的借款合同其他有关协议以及被申请人出具的收款凭证等提起本案诉讼。一审法院认可了汪某的主张并判决支持了汪某的诉讼请求。二审法院认为，汪某虽然持有上述与借款有关的证据，但综合案件的基本事实，汪某并未举证证明出借给A公司的款项系其本人所有，但有证据证明该款项系借款合同的见证方葛某出借的，且葛某向A公司出具的委托书表明其派他人到A公司取酒用于抵偿本人代A公司向外界人员借款。二审法院据此改判驳回了汪某的诉讼请求。现汪某申请再审，仍然未能举证证明出借的款项系其本人所有，也未能举证证明在合同订立过程中与借款人有过磋商，履行过程中通过以酒抵债的方式收取过借款本息。因此二审法院综合全案事实驳回汪某的诉讼请求并无不当。至于通过该借款关系被A公司实际取得并使用的款项，该款项的实际出借人可以另行向A公司主张权利。综上，汪某的再审请求与理由，不符合《民事诉讼法》第二百条规定的情形。裁定：驳回汪某的再审申请。[2]

【不同处理】 持有人手中的借条、欠条等债权凭证没有载明债权人，持有人提起民间借贷诉讼的，法院应受理。被告对原告的债权人资格提出有事实依据的抗辩，法院经审理认为原告不具有债权人资格的，裁定驳回起诉。

【案例3－101】 李甲诉郑某某、李乙民间借贷纠纷案

判决观点，本案中，原告李甲持被告郑某某所写借条提起诉讼，借条未载明出借人，并且该两笔借款系被告郑某某从第三人陆某处所借，陆某直接把款交给被告郑某某，被告郑某某给陆某出具了原告李甲所持两张借条，原告李甲所持两张借条系陆某转交，原告李甲与被告郑某某、李乙未有借贷行为，

---

〔1〕 参见最高人民法院民法典贯彻实施工作领导小组编著：《中国民法典适用大全》（合同卷三），人民法院出版社2022年版，第1701页。最高人民法院（2017）民再388号民事判决书。

〔2〕 最高人民法院（2021）民申1044号民事裁定书。

故原告不具有债权人资格，应驳回起诉。裁定：驳回原告李甲对郑某某、李乙的起诉。[1]

实际出资人依据隐名代理规定可以直接向借款人催要借款。换言之，代理人以其名义出借，出借人可以行使介入权。

【案例3-102】 黄某某诉鲍某、杨某某民间借贷纠纷案

判决观点，根据原告提供的其与江某某签订的协议，可以证明黄某某委托江某某与第三人鲍某订立借贷合同。借贷合同为双务合同，债权人具有借出款项的义务，债务人具有归还借款之义务。在受托人江某某因第三人鲍某的原因没有对委托人黄某某履行归还借款的义务时，受托人江某某应当向委托人黄某某披露第三人鲍某，黄某某因此可以行使江某某对鲍某的权利。根据《合同法》第四百零三条第一款规定的但书内容，举证责任应当归属为第三人，第三人可以提出如果知道该委托人就不会订立合同时的证据作为抗辩。如果要求委托人承担举证责任，要求委托人证明订立合同时即使第三人知道委托人仍然订立合同显然强人所难，所以原告不应承担对该但书的举证责任。现第三人鲍某未承担举证责任，故黄某某有权向鲍某主张权利。因两被告经法院合法传唤无正当理由未到庭参加诉讼，视为两被告放弃诉讼权利。判决：被告鲍某、杨某某归还原告黄某某借款170,000元。[2]

借款人因支付交通事故赔偿款向出借人借款，借款人为公司开车执行工作任务，出借人为公司法定代表人，不构成雇主责任追偿而是民间借贷。

【案例3-103】 许某某诉汤某某、施某某民间借贷纠纷案

判决观点，被告因支付交通事故赔偿款向原告借款，并出具借条，是当事人的真实意思表示。不论从借条还是借款给付上都可以看出该借款是原告以个人名义出借。原告以个人名义向被告主张还款，于法不悖，被告理应及时归还原告借款，故法院对原告要求被告归还借款420,000元的请求予以支持。对被告辩称其是为原告公司开车，是在执行工作任务中发生交通事故，应由公司承担赔偿责任的意见，法院认为本案原告许某某与同瑞公司在法律上是相互独立的主体，本案仅涉及原告的个人借款问题，被告与其所在公司对该起交通事故赔偿的责任承担问题不属于本案所涉范围，被告可另行主张。判决：被告汤某某归还原告许某某借款420,000元。[3]

---

〔1〕 安徽省蒙城县人民法院(2014)蒙民一重初字第01121号民事裁定书。

〔2〕 参见国家法官学院案例开发研究中心编：《中国法院2015年度案例》(民间借贷纠纷)，中国法制出版社2015年版，第147～148页。江苏省溧阳市人民法院(2013)溧速民初字第437号民事判决书。

〔3〕 参见国家法官学院案例开发研究中心编：《中国法院2015年度案例》(民间借贷纠纷)，中国法制出版社2015年版，第150页。江苏省太仓市人民法院(2013)太城民初字第0342号民事判决书。

【案例3-104】　邹某某与卞某、徐某民间借贷款纠纷案

二审法院认为，本案中，虽上诉人卞某主张其与被上诉人邹某某之间根本就不认识，不知晓代理的存在，且涉案两张借据上没有明确注明出借人是被上诉人邹某某，但不能因此否定客观存在的代理事实及法律效力。根据《合同法》第四百零三条第一款的规定，本案中，被上诉人邹某某作为借款的实际出资人，有权要求上诉人卞某履行债务。故本院对于上诉人卞某、徐某关于被上诉人邹某某不是实际出资人、不是适格主体的上诉主张不予采信。判决：驳回上诉，维持原判。[1]

擅自变更借条，出借人将其债权变更为他人出借的，借款人可以认为其主体不适格。

【案例3-105】　王甲诉王乙民间借贷纠纷案

判决观点，王乙是向杨某某借款，且在王乙取得借款时，杨某某并未向其明确告知出借人为王甲，同时王甲也并无证据证明其与王乙之间存在事实上的借款合同关系，故2009年年初的那笔借款，债权人应为杨某某。2010年5月8日，杨某某与王乙更换原来的借条，签订了新的借款凭证，虽然杨某某将借款凭证上的出借人署名为"王甲"，但该署名是在王乙不知情的情况下做出来的，而且王乙明确表示反对，称其只认可与杨某某之间的借款合同关系。因王乙并不赞同将其与杨某某之间的借款合同关系更改为其与王甲之间的借款合同关系。根据《合同法》第三条、第七十七条第一款之规定，本案中杨某某未经王乙的同意，擅自变更合同一方当事人的行为无效。因此，2010年5月8日的借款凭证上所注明的出借人为"王甲"与事实不符，本案所讼争的50,000元借款，债权人应为杨某某。故根据合同相对性原理，王甲无权主张权利。判决：驳回原告王甲的诉讼请求。[2]

---

〔1〕 江苏省盐州市中级人民法院(2014)盐民终字第02854号民事判决书。

〔2〕 参见国家法官学院案例开发研究中心编：《中国法院2013年度案例》(民间借贷纠纷)，中国法制出版社2013年版，第208页。福建省厦门市集美区人民法院(2011)集民初字第1861号民事判决书。

专题四　民间借贷合同效力纠纷

本专题着重阐述民间借贷合同效力、约定利率效力、借款行为能力效力以及判断效力的依据等诸多问题。

一、民间借贷合同效力理解

(一)民间借贷合同效力含义

合同效力意指已经成立的合同在当事人之间产生的法律拘束力,也就是通常所说的合同具有的法律效力。[1] 学者认为,合同效力是指合同而产生的权利义务。[2] 法官认为,合同的效力反映了法律对当事人之间的合意的评价。[3] 换言之,合同效力,是合同经过法律的评价所反映出的效果。[4] 在合同纠纷中,其合同效力争议是绕不过去且为疑难问题之一,有必要从理论和实践两个层面结合研究。

在民间借贷案件审理过程中,还有一类问题与《民法典》关系密切,即民间借贷合同的效力认定问题。《民间借贷规定》第十一条至第十四条均是依据《合同法》第五十二条的规定,对民间借贷合同的效力认定作出细化规定。《合同法》第五十二条规定:"有下列情形之一的,合同无效:(一)一方以欺诈、胁迫的手段订立合同,损害国家利益;(二)恶意串通,损害国家、集体或者第三人利益;(三)以合法形式掩盖非法目的;(四)损害社会公共利益;(五)违反法律、行政法规的强制性规定。"在《民法典》编纂过程中,根据实践和理论的发展,删去了《合同法》第五十二条第一项和第三项,自然不能再作为认定民间借贷合同效力的依据。

《民法典》中与民间借贷合同效力相关的内容主要体现在《民法典》第一百四十四条、第一百四十六条、第一百五十三条、第一百五十四条、第四百九十七条、第五百零六条。因此,《民间借贷规定》第十一条至第十四条应当依据《民法典》的上述六个条文进行修订完善,也就是说,在《民法典》施行后人民法院审理民间借贷案件时,对于民间借贷合同效力的认定,应当以《民法典》的上述六个条文以及经修订完善后的《民间借贷规定》相关条文为依据,这一点应当引起我们的足够

---

[1] 参见程国林:《合同效力状态及其转化》,载《法学杂志》2006 年第 3 期,第 53 页。

[2] 参见李仁玉等:《合同效力研究》,北京大学出版社 2006 年版,第 1 页。

[3] 参见吴庆宝主编:《最高人民法院专家法官阐释民商裁判疑难问题》(合同裁判精要卷)(增订版),中国法制出版社 2011 年版,第 75 页。

[4] 参见崔世远:《合同法总论》(第 4 版),法律出版社 2018 年版,第 196 页。

重视。

借款合同虽然约定了合同需经公证生效，但是合同签订双方当事人已经按照合同约定履行了合同，对此可理解为，当事人双方均有实际履行行为，应基于维护市场交易安全和秩序，维护诚信原则进行处理，其实际履行行为已经对合同所附的生效条件进行了修改，系双方真实意思表示，应认定合同已经成立并生效。应注意的是，合同生效可以约定附条件并对条件进行修改，但不能等同于成立条件。生效条件基于意思自治原则可以修改，修改可用意思表示也可用履行行为表明，但不能视为放弃原约定的附生效条件。

【案例4－1】 许某某诉张某民间借贷纠纷案

判决观点，原、被告签订的借款协议系双方当事人真实意思表示，虽然借款协议中有公证后生效的条款，但原告已经提供了借款，被告没有以借款协议未经公证尚未生效为由拒绝接受借款，而且已经还款，并出具借据承诺还款，通过上述行为可以推定该借款协议已实际履行，原、被告以实际行动变更了借款协议经公证生效的条款，故法院认定该借款协议已经发生法律效力，被告关于没有经过公证的借款协议未生效的主张不能成立。[1]

借款合同约定了合同需经公证生效，而双方均未到公证机关进行公证，该借款合同未生效。

【案例4－2】 罗某诉韦某民间借贷纠纷案

一审法院认为，在本案中，虽然原、被告在2009年8月31日签订的协议中提及被告尚欠原告32,700元，该协议同时还约定经公证机关公证后生效，但双方均未到公证机关办理公证手续，该协议是未生效的协议，该协议对当事人不具有法律约束力。此外，原告亦未能提供充分的证据来证明其与被告之间存在借贷关系。因此，原告的起诉证据不充分，本院不予支持。判决：驳回原告罗某的诉讼请求。二审法院判决：驳回上诉，维持原判。[2]

公证效力并不能代表借款合同效力。

【案例4－3】 刘某君诉邹某某、刘某民间借贷纠纷案

一审法院认为，原告刘某君以经过公证的借款主张权利，但公证书只对原、被告的签约行为的合法性进行了公证，并未对原告是否真实提供了借款

〔1〕 参见国家法官学院案例开发研究中心编：《中国法院2015年度案例》（民间借贷纠纷），中国法制出版社2015年版，第170～171页。北京市东城区人民法院（2013）东民初字06426号民事判决书。

〔2〕 参见国家法官学院案例开发研究中心编：《中国法院2014年度案例》（民间借贷纠纷），中国法制出版社2014年版，第33页。广西壮族自治区河池市中级人民法院（2012）河市民三终字第61号民事判决书。

进行公证。同时原告刘某君提供的借款来源的证据，无论从资金来源的时间上还是性质上都与借款合同内容及自身陈述存在矛盾，不能证明其已支付给被告280万元借款的主张。根据法律规定，自然人之间的借款合同，自贷款人提供借款时生效，因此原告刘某君的证据不足，不予支持。二审法院亦持同样意见。[1] 也就是说，自然人之间的借款合同属实践性合同，借款合同在实际交付借款之时才生效，而并非没有交付借款经公证生效。

《民法典》第六百八十条第一款规定的"禁止高利放贷"中的"禁止"，并非只是倡导性规定，正确的理解应当是且必须是法律、行政法规的强制性规定。在民间借贷纠纷的审理过程中，只要违反了国家有关借款利率的强制性规定，原则上应作否定性评价。

(二)民间借贷合同约定的利率效力

《民法典》第六百八十条规定了借款利率不得违反国家有关规定。《中国人民银行法》第五条第一款规定："中国人民银行就年度货币供应量、利率、汇率和国务院规定的其他重要事项作出的决定，报国务院批准后执行。"因此，利率标准的制定，原则上是中国人民银行的职责。在金融运行过程中，中国人民银行制定的有关利率的标准，均是与金融借款有关的利率，而对于与金融机构无关的借贷活动的利率，中国人民银行并无相关规定。这样一来，法院每年审理的大量民间借贷纠纷案件，无法从中国人民银行的相关利率规定中找到裁判利率纷争的依据。为解决办理案件的实际需要，最高人民法院在1991年颁布了《关于人民法院审理借贷案件的若干意见》，2015年又发布了《民间借贷规定》，逐步规范了民间借贷利率标准，2020年8月20日又将中国人民银行每月发布的贷款市场报价利率作为参考标准。但从保证权威性和专业性角度讲，可由中国人民银行制定民间借贷领域的最高利率标准，为法院裁判提供利率效力依据。

最高人民法院在2020年连续两次修改《民间借贷规定》中关于利率适用的时间效力规则，第一次修订的内容是在2020年8月20日施行，第二次修订的内容是在12月29日发布，自2021年1月1日起施行。第一次修订下调了原有民间借贷利率的最高保护上限，把其修订前第二十六条设立的"两线三区规则"变更为"四倍LPR规则"，此时全国银行间同业拆借中心报价利率为3.85%，其四倍为15.4%。当借款合同约定的借款利率超过15.4%时，即便该利率低于原规定的

---

[1] 参见国家法官学院案例开发研究中心编：《中国法院2014年度案例》（借款担保纠纷），中国法制出版社2014年版，第35页。天津市第二中级人民法院（2012）二中民一终字第447号民事判决书。

24%，法院对当事人请求返还该部分利息的主张也不予支持。

对于原借款合同约定利率在24%～36%，或者在15.4%～24%，其第一次修订坚持以2020年8月20日为界限，其后一律以15.4%为上限，而不论其当事人事先约定利率。第二次修订在继续肯定2020年8月20日之前受理的案件一律适用旧法两线三区规则的同时，规定之后的利率计算按四倍LPR规则。最高人民法院二次修订均涉及司法解释效力，以及与合同约定效力关系。第一次修订的溯及力实际上与合同约定的借款利率效力存在明显冲突。当事人在缔约时约定的24%的利率完全符合当时有效的两线三区规则，但于2020年8月20日后的案件一律不受法律保护，即表明在此后审判中得不到支持，信赖利益保护不足，实质上否定了合同利率约定效力。换言之，与以法律事实发生时作为基准相比，这一模式实际上扩大了新法的溯及效力。〔1〕

（三）民间借贷合同效力范围

借款合同效力范围在本文中是讲，哪些借款行为、形式或合同受法律保护。例如，非金融性质的法人或其他组织在本单位内部通过借款形式向职工筹集资金，用于木单位生产、经营，是否受法律保护？最高人民法院民一庭认为，这种单位内部向职工集资的方式属于民间借贷的一种形式。《民间借贷规定》第一条规定：本规定所称的民间借贷，是指自然人、法人和非法人组织之间进行资金融通的行为。经金融监管部门批准设立的从事贷款业务的金融机构及其分支机构，因发放贷款等相关金融业务引发的纠纷，不适用本规定。第十一条规定：法人或者非法人组织在本单位内部通过借款形式向职工筹集资金，用于本单位生产、经营，且不存在《民法典》第一百四十四条、第一百四十六条、第一百五十三条、第一百五十四条以及本规定第十三条规定的情形，当事人主张民间借贷合同有效的，人民法院应予支持。这充分表明，非金融性质的法人或其他组织的此种融资行为并不为法律所禁止，但具体融资的行为是否有效，是否受法律保护，应当进行两层审查。第一，应审查是否存在《民法典》第一百四十四条、第一百四十六条、第一百五十三条、第一百五十四条规定的合同无效的情形。第二，还应审查是否存在前述司法解释第十三条规定的情形。若上述情形均不存在，则合同有效，受法律保护。〔2〕

〔1〕 刘哲伟：《新旧法适用系列：论民事司法解释的时间效力规则——从〈民间借贷司法解释〉的两次修订展开》，载《现代法学》2021年第2期。

〔2〕 参见最高人民法院民事审判第一庭编：《民事审判实务问答》，法律出版社2021年版，第48～49页。

领卡方借助网络平台与发卡方签订协议并成为发卡方会员后，发卡方基于协议约定先行垫付领卡方在其他会员处的消费资金，其后再由领卡方在约定期限内偿还消费资金的行为，没有扰乱金融秩序，不具有违法性，属合法有效的民间借贷行为。

【案例4－4】 垫富宝投资有限公司与曾某某民间借贷纠纷案

二审法院认为，垫富宝投资有限公司（以下简称垫富宝公司）的垫付业务是依托互联网产生的新型资金融通业务，垫富宝公司通过促使特定的会员之间进行交易，由垫富宝公司基于协议先行垫付资金，再由会员按约偿还垫付资金的一系列行为，未违反法律、行政法规的禁止性规定，应属有效。由于垫富宝公司经工商行政管理部门核准的经营范围中并无开展为他人发放信用额度以及为他人垫支的金融业务，该资金融通业务亦没有取得金融监管部门的行政认可，因此，根据《民间借贷规定》第一条的规定，本案属于消费类的民间借贷纠纷。据此，曾某某认为本案不适用民间借贷相关法律规定的上诉理由不能成立。由于垫富宝公司对曾某某提交的《委托书》的真实性、合法性、关联性均不予认可，且该《委托书》不能证明鑫衔公司明确授权其与垫富宝公司签订相关领用合约，鑫衔公司亦未表明其愿意承担相关偿还责任，同时涉案消费款项需曾某某本人亲自进行验证并授权后才能在相关会员处达成交易，因此曾某某提交的证据不能证明鑫衔公司或者何某某才是合同的实际相对方。由于鑫衔公司提供的担保方式为最高额保证，其并没有用川D51101号和川D51752号车辆设立抵押权的意思表示，而曾某某虽承诺用川D51101号和川D51752号设立抵押权，但本案并没有证据证明曾某某为上述车辆的合法所有权人，因此本案没有证据证明曾某某为车牌号川D51101号和川D51752号车辆设立了合法的抵押权，故曾某某提出垫富宝公司应当通过司法途径先将约定的抵押物进行拍卖，用拍卖所得偿还本案债务的抗辩理由没有事实及法律依据。判决：驳回上诉，维持原判。[1]

应注意的是，出借主体是否适格与借款合同效力无关，主体范围不是判断合同效力的依据。

---

〔1〕 参见最高人民法院中国应用法学研究所编：《人民法院案例选》2018年第9辑（总第127辑），人民法院出版社2018年版，第135～136页。四川省攀枝花市中级人民法院（2017）川04民终881号民事判决书。

(四)借款行为能力

在实际生活中,限制民事行为能力人签订合同的现象较为常见。限制民事行为能力人可以进行与他的年龄、智力相适应的民事活动。限制民事行为能力人订立的合同经过法定代理人的追认后有效,但纯获利益的合同或者订立的与其年龄、智力、精神健康状况相适应合同,不必经法定代理人的追认。在限制民事行为能力人订立合同未经法定代理人追认的情况下,对于与其年龄、智力相适应的规定,赋予了法官一定的自由裁量权,即需根据合同涉及的金额及同龄未成年人的认知水平进行判断。

【案例4-5】 张甲与张乙民间借贷纠纷案

一审法院认为,本案中,原告张甲与被告张乙签订《借款合同》,被告张乙填写了身份证号并提供了身份证复印件,原告张甲应当知道被告张乙系未成年人,其与张乙签订的《借款合同》效力待定。被告张乙的法定代理人事后对借款本金进行追认,关于借款利息的约定无效。本案中原告张甲认可收到张乙母亲支付的现金50,000元,但认为该款项是偿还其他借款,原告未提交证据予以证明,法院对原告的上述观点不予认定。被告张乙的母亲已实际支付给原告张甲现金50,000元用于偿还被告张乙所欠债务(含本案借款30,000元及另案借款20,000元),原、被告双方权利义务已经终止。原告张甲要求被告张乙赔偿借款及利息的诉讼请求,证据不充分,法院不予支持。判决:驳回原告张甲的诉讼请求。二审法院认为,一审判决认定事实清楚,适用法律正确。判决:驳回上诉,维持原判。[1]

【案例4-6】 林某诉颜乙、颜甲、许某民间借贷纠纷案

判决观点,颜乙与林某签订《个人借贷合同》时系限制民事行为能力人。其向林某借款40,000元,金额巨大,远超其日常生活需要,明显与其年龄、智力不相适应,该行为应由其法定代理人代理或征得其法定代理人同意。颜乙母亲许某某表示对上述借款行为不予确认和追认,故该行为无效,双方签订的《个人借贷合同》亦无效。因颜乙将借款内容写明在其身份证复印件上,可见林某明知颜乙系未满18周岁的限制民事行为能力人,其未征询颜乙法定代理人的意见仍将款项借予颜乙,自身存在过错,应承担一定的责任。结

---

〔1〕 参见国家法官学院案例开发研究中心编:《中国法院2017年度案例》(民间借贷纠纷),中国法制出版社2017年版,第144页。云南省昆明市中级人民法院(2015)昆民终字第187号民事判决书。

合本案具体情况，法院酌定林某承担25%的责任。颜乙借款行为的法律后果由其法定监护人颜甲、许某负担。颜乙庭审时已满18周岁，其同意向林某承担相应的还款责任，予以照准。至于颜乙、许某主张实际借款金额为20,000元，因其未能提供相应证据予以证明，不予确认和支持。判决：被告颜乙、颜甲、许某偿还所欠林某借款本金30,000元。[1]

借款人系未成年人，其向出借人借款系父母同意，对账确认利息的行为经其父母开办的公司确认的，应视为父母的确认。

【案例4－7】 周某某与黎甲、黎乙、陆某某等民间借贷纠纷案

二审法院认为，上诉人黎甲向被上诉人周某某借款，上诉人黎乙、陆某某作为黎甲的法定代理人在借条上以担保人身份签字捺指印予以确认，借款是上诉人黎甲与被上诉人周某某的真实意思表示，未违反法律的强制性规定，双方的借贷关系合法有效。上诉人黎甲未按约定的还款期限归还借款给被上诉人周某某，已构成违约，应承担相应的民事责任。因此，被上诉人周某某请求上诉人黎甲归还借款，合法有理，本院应予支持。上诉人黎甲、黎乙、陆某某主张对账单不是利率确认，黎甲是未成年人，其确认利息的行为不具有法律效力。本院认为，上诉人黎甲与被上诉人周某某就借款利息问题核对后制作对账表，该对账表详细列明每次借款应付利息数额，载明上诉人黎甲于2013年9月3日、9月30日分别归还200,000元利息，列明总计应付利息金额为1,290,400元，已付利息400,000元，剩余利息为890,400元，上诉人黎甲于2013年12月19日写下书面约定"本人黎甲欠周某某利息捌拾玖万零肆百元整(890,400元)以付表日期为准"，两份证据是相互印证的。上诉人黎乙、陆某某开办的贵港市永旺贸易有限公司在该对账表上盖章确认，因为贵港市永旺贸易有限公司的法定代表人为上诉人黎乙，且该公司只有黎乙、陆某某两个股东，公司盖章的行为应视为得到上诉人黎乙、陆某某的授权，应视为上诉人黎甲的父母，即黎乙、陆某某对借款利息的确认，因此对上诉人的该上诉主张，本院不予支持。[2]

限制民事行为能力人写下借条的效力，应结合具体案情先对借贷关系是否有效进行判断。

---

〔1〕 参见国家法官学院案例开发研究中心编：《中国法院2014年度案例》(民间借贷纠纷)，中国法制出版社2014年版，第51页。福建省厦门市海沧区人民法院(2012)海民初字第67号民事判决书。

〔2〕 参见国家法官学院案例开发研究中心编：《中国法院2016年度案例》(民间借贷纠纷)，中国法制出版社2016年版，第194页。广西壮族自治区钦州市中级人民法院(2014)钦民一终字第196号民事判决书。

【案例4－8】 宋某某诉陆某某民间借贷纠纷案

一审法院认为，本案中，原、被告之间并不相识，被告写借条时尚未成年，系限制民事行为能力人，被告写下借条是在邵甲安排和指示下进行的，原、被告双方之间就借款也未进行过协商，而原告作为一个完全民事行为能力人，对于大额借款理应更加慎重。首先，一般情况下在借款之前会对借款人的基本情况作出初步审查及判断，邵甲与原告也仅是通过朋友介绍认识，关系一般，而被告当时是未成年人，没有经济来源，原告在未核实被告的借款用途、自身经济能力等情况下贸然将如此大笔金额的钱借给一个素不相识的人，有违常理，故本院难以认定原、被告之间就借款已达成合意；其次，民间借贷合同具有实践性特征，合同的成立，不仅要有当事人的合意，还要有交付钱款的事实。对大额借款，当事人主张是现金交付的，则还需要审查债权人自身的经济实力、债权债务人之间的关系、交易习惯及相关证人证言来判断当事人的主张是否能够成立，仅凭借条还不足以证明交付钱款的事实。本案中，原告与邵甲之间仅是一般的朋友关系，原、被告之间原本并不相识，如此大额借款应当更加谨慎，虽然原告提供了视频予以证明交付的事实，但视频未将借款完整的过程全部拍摄下来，仅有短短的13秒时间，拍下的是被告的手放在钱上，无法真实全面地反映整个借款过程，无法证实这些钱已经在被告的实际掌控之下，而根据邵甲的陈述，钱是被其拿走，用于归还被告所欠其债务（目前无法确认是否是合法有效的债务），而被告则认为是被另一名不认识的人取走，因此无法认定被告就是实际收款人，可以自由支配该笔借款，因此不能认定钱款已经交付给被告。另外，原告提供的借条上载明的日期为2012年3月2日，而根据被告、邵甲、邵乙的陈述，出具借条的时间应当是在2012年4月，借条上日期与实际时间不符，而且借条上没有约定借款利息，仅约定逾期还款的违约责任，对于一个素不相识的借款人未约定借款利息亦有违常理。综上，原告目前尚无足够证据证明原、被告之间存在合法有效的借贷合同关系，且已经将160，000元交付给被告的事实，故对原告的诉讼请求法院难以支持。判决：驳回原告宋某某要求被告陆某某归还借款160，000元、利息及律师费的诉讼请求。二审法院判决：驳回上诉，维持原判。[1]

未成年人为出借资金与成年人签订的借款合同，属于纯获利益的合同应为有效。

---

〔1〕 参见国家法官学院案例开发研究中心编：《中国法院2015年度案例》（民间借贷纠纷），中国法制出版社2015年版，第218～219页。上海市第一中级人民法院（2013）沪一中民一（民）终字第3214号民事判决书。

【案例4-9】 蔡某某与蒋某某等民间借贷纠纷案

二审法院认为,关于本案诉争的《借款合同》是否有效问题,二审查明,蔡某某外祖父同意陈某某作为代理人以蔡某某名义向借款人蒋某某提供借款2万元。蔡某某在借贷关系发生时虽然未满18周岁,但该借款合同实际上是蔡某某外祖父以蔡某某名义出借,而且蔡某某按约履行了借款交付义务,此后,蔡某某享有的只是收回借款和取得利息的权利。根据《合同法》第四十七条第一款之规定,作为限制民事行为能力人的蔡某某与蒋某某签订的《借款合同》,属于效力待定合同。因蔡某某的法定代理人母亲庄某某在二审中对蔡某某出借行为予以追认,故本案诉争的《借款合同》合法有效。原审判决认定涉案借款无效不当,本院予以纠正。〔1〕

判断公民是否有民事行为能力的标准,一是年龄,二是精神状态。关于年龄有统一的判断标准,而关于精神状态对民事行为能力的决定则依据医学上的专业认定,一般要经过诊断、鉴定等过程方可作出判断。患有抑郁症与精神病不同,抑郁症病人属于心理方面的障碍,导致情绪波动等情况,而精神病人则因大脑机能活动紊乱,导致认识能力、控制能力的欠缺。我国法律上只规定了不能辨认自己行为的精神病人是无民事行为能力人,不能完全辨认自己行为的精神病人是限制民事行为能力人,可以进行与他的精神健康状况相适应的民事活动。民法并未把心理方面的疾病与公民的民事行为能力相关联,因此借款人关于出借人患有抑郁症而影响民事行为能力的辩解不能成立。

【案例4-10】 李某诉郭某民间借贷纠纷案

判决观点,关于李某在诉讼中提交抑郁症休假证明书证明抑郁症一事,经法院核实,属心理方面问题,不影响其民事行为能力。故郭某对李某民事行为能力存在异议的意见,法院不予采信。〔2〕

患有间歇性精神病的人精神正常时的借款有效。

【案例4-11】 陈某某与汪某某民间借贷纠纷再审案

再审法院认为,本案的争议焦点在于汪某某于2007年6月20日出具的借款金额40万元的借条是否具有法律效力,案涉借款是否实际发生。(1)关于案涉借条的效力问题。借条是证明双方之间存在借贷合意的最直接证据,一般情况下不应否定其效力。汪某某于2008年9月17日被某区法院第17号民事判决宣告为限制民事行为能力人,限制民事行为能力人作出行为的效

---

〔1〕 广东省湛江市中级人民法院(2014)湛中法民一终字第359号民事判决书。

〔2〕 参见国家法官学院案例开发研究中心编:《中国法院2014年度案例》(民间借贷纠纷),中国法制出版社2014年版,第55页。北京市房山区人民法院(2011)房民初字5192号民事判决书。

力应根据其行为时的精神状态判断。根据再审查明的事实，汪某某出具借条的行为发生在其被宣告为限制民事行为能力人之前，且在出具案涉借条的行为期间，尚能从事房屋买卖、大额贷款、办理公证等行为，并无证据表明其在出具借条时处于限制民事行为能力状态，而与本案借条在同一时期出具的另外两张金额分别为13万元和28万元的借条的效力也为另案第536号生效民事判决书所认定，其关于“借条系在服用安定等药物后根据陈某某的要求书写”的说法也无相关证据予以佐证，不予采信。在汪某某不能证明其出具案涉借条时处于限制民事行为能力状态的情况下，对案涉借条的效力应予以认定。(2)关于案涉借款是否实际交付的问题。根据陈某某在一审中陈述，本案所涉40万元借款系其于2004年9月和11月通过现金的方式交付给汪某某，款项来源于其在银行的存款，并提供了2004年9月1日和11月17日分别从工行提取17万元和209,999.50元的凭证；另案中，汪某某监护人杨某某自认的事实也表明汪某某与陈某某之间曾发生借款关系，据此应认定陈某某已对款项交付时间、款项的来源等事实作了合理的说明，原审判决基于双方之间存在同居关系及汪某某的精神疾病等因素，要求陈某某继续就双方借贷发生的时间、原因、款项交付情况、出具款项的来源和用途等事实进一步举证，加重了陈某某关于款项交付的举证责任，有所不当，应予纠正。综上，原审判决认定事实不清，实体处理不当，应予纠正。陈某某的再审理由成立，予以采信。判决：(1)撤销一审、二审判决；(2)汪某某归还陈某某借款40万元，并支付利息6万元。[1]

---

〔1〕 浙江省高级人民法院(2012)浙商提字第105号民事判决书。

二、民间借贷合同效力法律适用

（一）判断民间借贷合同效力依据

判断借款合同效力依据是《民法典》的规定，在此之前是《合同法》。借款合同涉及其他行业的相关规定的，如金融行业，还应依据《商业银行法》和《银行业监督管理法》的相关规定。

《民法典》与借款合同效力相关的内容主要体现在《民法典》第一百四十四条、第一百四十六条、第一百五十三条、第一百五十四条、第四百九十七条、第五百零六条、第五百零七条。因此，在《民法典》施行后，对民间借贷合同效力的认定，以上述六个条文为依据。

《民间借贷规定》第十条规定："法人之间、非法人组织之间以及它们相互之间为生产、经营需要订立的民间借贷合同，除存在民法典第一百四十六条、第一百五十三条、第一百五十四条以及本规定第十三条规定的情形外，当事人主张民间借贷合同有效的，人民法院应予支持。"该条是关于企业借贷合同效力的规定。司法解释制定者认为，尽管本解释对企业从事经常性借贷引起的民间借贷合同的效力并未作出规定，但在制定司法解释过程中，有一种观点认为，企业从事经常性放贷业务所签订的民间借贷合同应当认定无效。本书赞同这一观点。企业借款、放贷业务，具有经常性、经营性、对象不特定性等特征。正常的企业借贷一般是为解决资金困难或生产急需偶然为之，企业不能以此为业。因为作为生产经营型企业，如果以经常放贷为主要业务，或者以此作为主要收入来源，则有可能导致该企业的性质发生变异，变为未经金融监管部门批准从事专门放贷业务的金融机构，这将严重扰乱我国金融市场，扰乱金融秩序，造成金融监管紊乱。因此，如果企业从事经常性放贷，依据《银行业监督管理法》《商业银行法》等法律规定，未经国务院银行业监督管理机构批准，任何单位或者个人不得设立银行业金融机构或者从事银行业金融机构的业务活动，否则即视为从事"非法金融业务活动"，这种行为损害了社会公共利益，必须对从事经常性放贷业务从效力上作出否定性评价。对于如何认定企业是否从事经常性放贷业务，我们认为，不宜作出"一刀切"的规定，而是应当结合企业的注册资本、流动资金、借贷数额、一年内借贷次数、借贷利息的约定、借贷收益占企业收入的比例、出借人与借款人之间的关系等，通过对自由裁定权的行使，综合认定企业是否构成从事经常性放贷业务。[1]

《民间借贷规定》第十一条规定："法人或者非法人组织在本单位内部通过借款形式向职工筹集资金，用于本单位生产、经营，且不存在民法典第一百四十四条、第一百四十六条、第一百五十三条、第一百五十四条以及本规定第十三条规定的情形，当事人主张民间借贷合同有效的，人民法院应予支持。"该条是对企业内部集资效力的规定。企业内部集资作为民间借贷的一种形式，法律承认其合法地位。企业内部集资被理解为企业与职工之间正常的借贷关系，应属合法的民间借贷行为。[2] 司法解释制定者认为，民间借贷主要为"一对一"的借款模式，行为指向特定的对象。即使在一个借款人向多数人借款的情况下，每一笔借款也都是独立存在的。企业内部集资往往与民间借贷中的个人与企业借贷相类似。这种类似民间借贷的企业内部集资是逐渐兴起的，并不具有很大的融资规模。单位向内部职工集资，只要满足两个条件，是可以作为借贷行为，认定为有效的。这两个关键的条件：一是集资对象限于单位内部职工；二是集资资金用于单位内部的经营活动。在理解和认定单位的内部集资行为是否合法时，应当认真掌握上述两个关键条件的法律要义，重点区分以下情形：第一，既向单位内部职工集资又向社会公众集资的，不应认定为合法集资。第二，"单位内部"应限定指单位内部的职工，如果出现"名义出资人"与"实际出资人"不符的情形，即表面上"出资人"都是单位内部职工，但由于某种原因（单位给职工施加压力、职工的亲友见有利可图主动要求参与等）导致大量资金来源于非单位职工，此种情形需要结合主客观情况进行综合判断。第三，将社会人员吸收为公司工作人员，继而向他们吸收资金，不属于单位内部集资。第四，非出于单位自用目的集资不属于单位内部集资。[3]

《民间借贷规定》第十二条第一款规定："借款人或者出借人的借贷行为涉嫌犯罪，或者已经生效的裁判认定构成犯罪，当事人提起民事诉讼的，民间借贷合同并不当然无效。人民法院应当依据民法典第一百四十四条、第一百四十六条、第一百五十三条、第一百五十四条以及本规定第十三条之规定，认定民间借贷合同的效力。"该条款是对涉嫌犯罪的民间借贷合同效力的规定。司法解释制定者认为，行为人构成非法吸收公众存款罪或者非法经营罪，但其与社会公众之间签订

---

〔1〕 参见最高人民法院民事审判第一庭编著：《最高人民法院民间借贷司法解释理解与适用》，人民法院出版社2015年版，第221～222页。

〔2〕 参见最高人民法院民事审判第一庭编著：《最高人民法院民间借贷司法解释理解与适用》，人民法院出版社2015年版，第228页。

〔3〕 参见最高人民法院民事审判第一庭编著：《最高人民法院民间借贷司法解释理解与适用》，人民法院出版社2015年版，第233～236页。

的民间借贷合同不应认定为无效。[1] 也就是说,违反市场准入类犯罪并不影响民间借贷合同的效力。因为该行为是由一方缔约主体单独实施,而非双方主体共同实施的。刑法所评价的是该当事人单独实施的非法经营行为(犯罪行为),而民法评价的则是双方当事人之间的合同行为。[2]

应注意的是,在《民法典》编纂过程中,根据实践和理论的发展,删去了原《合同法》第五十二条第一项和第三项,自然不能再将其作为认定民间借贷合同效力的依据。

相关规定不是判断合同效力的依据。换言之,违反规定发放贷款并不必然导致借款合同无效。

【案例4-12】 某某农村小额贷款公司与瞿某等民间借贷纠纷案

一审法院认为,关于瞿某提出的涉案借款属于以合法形式掩盖非法目的而应认定无效问题,中国人民银行、某某省人民政府金融工作办公室就小额贷款公司的资金运用、监管要求作出规定,其目的在于加强监管、控制风险,促进小额贷款公司健康、有序、可持续发展,属行业管理规范,而并不属于法律、行政法规所规定的效力性强制性规定。案涉借款合同不属以合法形式掩盖非法目的之情形,并不因此无效。某某农村小额贷款公司与瞿某签订的借款合同系双方当事人的真实意思表示,且未违反法律、行政法规的禁止性规定,应认定合法有效,瞿某应当按照合同约定承担相应的还款义务。判决:(1)瞿某偿还某某农村小额贷款公司借款本金2,861,400元;(2)张某某等对瞿某上述债务承担连带清偿责任。二审法院判决:驳回上诉,维持原判。[3]

所谓网贷行业的风险补偿金,是网贷平台与借款人约定,为保障投资人的利益,平台在每笔交易中提取一定比例的资金,一旦投资人的某笔出借资金发生逾期或坏账,投资人从风险补偿金中获得赔付。其合法性问题主要涉及是否涉嫌非法经营保险业务以及是否涉嫌平台自担保。这一运作模式、功能定位与保险制度非常类似,疑似为2016年原中国保监会等联合发布的《关于印发〈互联网保险风险专项整治工作实施方案〉的通知》的整治重点。网贷平台向借款人计提逾期风险补偿金,并用这笔资金对出借人进行赔付的行为,涉嫌构成P2P网络借贷平台利用自有资金向投资人提供担保。用逾期风险补偿金对平台的逾期债权赔付违

[1] 参见最高人民法院民事审判第一庭编著:《最高人民法院民间借贷司法解释理解与适用》,人民法院出版社2015年版,第247页。

[2] 参见最高人民法院民事审判第一庭编著:《最高人民法院民间借贷司法解释理解与适用》,人民法院出版社2015年版,第248页。

[3] 江苏省高级人民法院(2015)苏商终字第00354号民事判决书。

背了《网络借贷信息中介机构业务活动管理暂行办法》第三条网络借贷信息中介机构提供增信服务的规定。在缺乏有效法律规定的前提下,基于认定合同效力的依据等级的主流观点,上述两个文件不宜作为认定风险补偿金合同无效依据。

【案例4－13】 上海夸客金融信息服务有限公司诉姚某民间借贷纠纷案

判决观点,姚某通过原告居间介绍与出借人达成借款意向,三方签订《借款协议》,姚某另与原告签订《借款咨询与服务协议》,前述合同均系当事人真实意思表示,应属有效,各方当事人均应恪守约定并按约履行各自义务。各出借人已按约通过原告向被告姚某履行借款交付义务。然姚某收款后未按约偿还本息,构成违约,理应按照合同约定承担清偿本金及偿付利息、罚息等违约责任。关于原告从其托管的逾期风险补偿金托管专户垫付事项。按照《借款协议》第6.2条“逾期风险补偿金托管专户为借款人垫付的借款本息部分的债权,自出借人获得垫付之日起自动转让给逾期风险补偿金”之约定,原告有权主张其从该资金托管专户中为姚某向出借人垫付的部分,法院对其主张予以支持。判决:被告姚某支付给原告上海夸客金融信息服务有限公司本金81,303.29元,并向上海夸客金融信息服务有限公司托管逾期风险补偿金账户支付12,074.87元。[1]

(二)民间借贷合同效力认定

1.企业间借贷效力

在实践中,对企业借款行为采取了适度宽容且谨慎保护的态度,通常将不具备从事金融业务资质的企业之间为生产经营需要所进行的不违反国家金融管制强制性规定的临时性资金拆借行为认定为有效。

《民间借贷规定》第一条规定将企业纳入了民间借贷主体范围。但该司法解释第十条“法人之间、非法人组织之间以及它们相互之间为生产、经营需要订立的民间借贷合同,除存在民法典第一百四十六条、第一百五十三条、第一百五十四条以及本规定第十三条规定的情形,当事人主张民间借贷合同有效的,人民法院应予支持”之规定,将企业之间借贷限于为生产、经营需要的偶发性、临时性、面向特定对象的借贷活动,非金融企业对外放贷依然受到法律的严格限制,企业从事经常性放贷业务所签订的民间借贷合同应当认定为无效。若非金融企业以放贷为

---

〔1〕 参见茆荣华主编:《2018年上海法院案例精选》,上海人民出版社2020年版,第273～274页。

主要业务或以此为主要收入来源，有可能质变为未经金融监管部门批准从事专门放贷业务的金融机构，将严重扰乱金融市场和金融秩序，造成金融监管紊乱，根据《银行业监督管理法》《商业银行法》等法律规定，未经国务院银行业监督管理机构批准，任何单位或者个人不得设立银行业金融机构或者从事银行业金融机构的业务活动，否则视为从事“非法金融业务活动”。

【案例4－14】　舟山浩耀置业有限公司与恒尊集团有限公司企业借贷纠纷再审案

最高人民法院认为，舟山浩耀置业有限公司（以下简称浩耀公司）因工程开发缺乏资金，委托恒尊集团有限公司（以下简称恒尊公司）对外融资，恒尊公司所属混凝土公司与新时代公司签订贷款合同，融资1.3亿元，约定年利率18%，逾期还款加收50%的罚息。恒尊公司与浩耀公司签订《借款协议》《补充协议》，将其所融资金中的6500万元出借给浩耀公司，约定年利率为19%，与新时代公司向混凝土公司收取的利息基本一致，不存在违法获取高息之恶意。该《借款协议》《补充协议》系双方当事人的真实意思表示，即使无效，法律亦仅对高息部分不予保护，因借贷关系产生的债务仍须清偿。浩耀公司再审申请中有关协议效力的主张，不予支持。恒尊公司于2011年4月19日将6500万元汇入浩耀公司账户，即应认定其依约履行了出借义务，至于后续汇入共管账户、扣划各期款项使用和归还的操作问题，对恒尊公司出借义务履行完毕不产生影响。对恒尊公司主张其所借款项为3959万元，证据不足。综上，浩耀公司的再审申请不符合《民事诉讼法》第一百七十九条第一款第二项、第六项之规定。裁定：驳回浩耀公司的再审申请。[1]

【案例4－15】　洪泽丰润金属回收有限公司与安徽福赐德新材料有限公司企业借贷纠纷再审案

最高人民法院认为，本案中，由于出借方洪泽丰润金属回收有限公司（以下简称泽丰润公司）并不具有对外出借款项的金融许可证，故本案所涉借款合同实际属于企业之间成立的借款合同，当事人双方基于真实意思表示签订该合同。该借款行为是洪泽丰润公司为安徽福赐德新材料有限公司（以下简称福赐德公司）生产经营需要，以自有资金进行的临时性资金拆借行为，不违反国家金融管制的强制性规定的情形，因此，基于该借款行为签订的借款合同不应当认定为无效。[2]

---

〔1〕 参见杜万华主编：《最高人民法院民商事案件审判指导》（第3卷），人民法院出版社2015年版，第210页。最高人民法院（2012）民申字第1511号民事裁定书。

〔2〕 参见杜万华主编：《最高人民法院民商事案件审判指导》（第4卷），人民法院出版社2016年版，第417页。

在《民间借贷规定》施行以前，最高人民法院对企业之间借贷效力的认定亦采取根据借贷的目的、用途和后果确定其效力。

【案例4－16】 佳德公司与广厦公司企业借贷纠纷案

最高人民法院认为，根据当事人的上诉请求及理由，本案的争议焦点为双方签订的《借款协议》是否有效。广厦公司与佳德公司签订的《借款协议》是双方真实意思表示，且符合《合同法》第一百九十六条规定的借款合同的形式要件，其效力问题应按照《合同法》的相关规定予以认定。《合同法》第五十二条第五项规定违反法律、行政法规的强制性规定的合同无效，《最高人民法院关于适用〈中华人民共和国合同法〉若干问题的解释（一）》把该条中的"法律、行政法规"解释为"全国人大及其常委会制定的法律和国务院制定的行政法规"。《最高人民法院关于对企业借贷合同借款方逾期不归还借款的应如何处理的批复》认定"企业借贷合同违反有关金融法规，属无效合同"，乃针对企业之间经常性的资金融通行为可能扰乱金融秩序的情形，一审法院关于双方之间发生的实质上是一种为生产经营所进行的临时性资金拆借行为，不属于违反国家金融管制的强制性规定的情形，原审认定《借款协议》有效并无不当，本院予以确认。基于此，广厦公司、毋某关于主合同无效，从合同无效的上诉理由不能成立。关于利息及手续费、逾期付款违约金的计算方式，一审判决明确不得超过中国人民银行公布的同期同类贷款基准利率的四倍，不存在广厦公司、毋某上诉所称相当于同期银行贷款利息八倍的利息的情形。综上，某省高级人民法院认定事实清楚，适用法律正确。判决：驳回上诉，维持原判。[1]

《民间借贷规定》关于企业转贷效力，由法官根据具体案情判定。

【案例4－17】 B公司与A公司企业借贷纠纷案

最高人民法院认为，关于案涉合同效力问题，案涉借款关系除存在《民间借贷规定》第十四条规定的情形外，不应认定为无效合同。根据《民间借贷规定》第十四条第一项、第二项的规定，认定借贷合同无效需同时满足两个要件：一是出借资金的来源系"金融机构信贷资金"或者"向其他企业借贷或者向本单位职工集资取得的资金"；二是借款人事先知道或者应当知道资金的上述来源。A公司以案涉借款5亿元远超B公司注册资金3000万元，而B公司日常账户现金余额5亿元不合常理和B公司无具体经营实业为由，推论B公司出借的款项并非其自有资金，但并未提供充分证据予以证明。退一步讲，即使按照A公司的主张认为案涉5亿元并非B公司的自有资金，但认为

〔1〕 最高人民法院（2014）民一终字第39号民事判决书。

"非自有资金"并不等同于认定案涉借款属于《民间借贷规定》第十四条第一项、第二项规定的"金融机构信贷资金"或者是"向其他企业借贷或者向本单位职工集资取得的资金"。《民间借贷规定》第十四条规定的转贷无效情形并未指向所有的"非自有资金"。故A公司仅以案涉借款非B公司自有资金主张借款合同无效,缺乏法律依据。综上所述,A公司的上诉请求不能成立。判决:驳回上诉,维持原判。[1]

企业之间名为买卖实为借贷的,其合同关系依法成立并有效。

【案例4－18】　湖南有色国贸有限公司与爱华控股集团有限公司等借款合同纠纷再审案

二审法院认为,关于本案33份《公司产品购销合同》的性质及效力,买卖合同是出卖人转移标的物的所有权于买受人,买受人支付价款的合同。涉案合同约定了买卖标的物的名称、规格、数量、价款、提货期限、结算方式等,故在形式上应属于买卖合同。但根据现有证据及查明事实,湖南有色国贸有限公司(以下简称有色国贸公司)与案外人中实贸易公司签订《公司产品购销合同》买进乙二醇,又卖给以丁某为法定代表人的常州浦源公司,除单价略有上浮外,合同签订的时间、内容、数量等基本相同,且买进卖出均无货物流转证明。从三方之间《公司产品购销合同》内容及履行情况综合考虑,三方之间形成了相同产品的连环买卖关系,相互之间有合同、资金流、票据流但无货物的转移。原审认定货物交易为电子商务时代的舱单交易,有色国贸公司二审庭审陈述为仓单交易,但均无相关证据予以证明。法院认为,三方之间签订的包括涉案33份合同在内的《公司产品购销合同》,因没有实际货物转移,并不符合买卖合同的基本特征,其真实目的是有色国贸公司出借资金给常州浦源公司使用。故本案所涉合同性质名为买卖合同,实质为企业融资借款。但即使有色国贸公司、常州浦源公司之间存在以买卖为名的借贷,也不能简单将企业之间的借贷行为认定为无效。有色国贸公司并未以融资业务为常业,借款给常州浦源公司也未收取高额利息。根据《民间借贷规定》第十一条的规定,本案借款行为应确认有效。[2]

2. 企业内部融资效力

法人或者其他组织在本单位内部通过借款形式向职工筹集资金,用于本单位

---

〔1〕　最高人民法院(2016)民终字第541号民事判决书。

〔2〕　参见最高人民法院中国应用法学研究所编:《人民法院案例选》2017年第11辑(总第117辑),人民法院出版社2018年版,第125页。湖南省高级人民法院(2016)湘民终323号民事判决书。

生产经营,且不存在《民法典》和《民间借贷规定》规定无效的情形,其借款合同有效,受法律保护。

【案例4-19】 李某与八一总场企业债权转股权合同纠纷案

二审法院认为,根据本案查明事实,2003年上诉人因其金岭水泥厂拖欠建设银行贷款将被法院拍卖,于是以对水泥厂进行股份制改造为名动员全厂职工出资入股以筹集资金偿还拖欠的银行贷款。作为上诉人的职工被上诉人李某为此于当年10月分两次交付109,000元给上诉人。上诉人在筹集到职工投资款后用于解决其水泥厂资金困难,使金岭水泥厂得到正常生产经营。从表面上看,李某等上诉人的职工交付给上诉人的资金是入股款,实际上是上诉人水泥厂生产经营遇到困难,上诉人在本单位内通过借款形式向职工筹集资金,用于本单位水泥厂生产经营。因此,李某交付给上诉人的109,000元实际为上诉人向被上诉人的借款。原审法院认定上诉人向职工筹集入股资金的行为为企业向内部职工借资的行为正确。上诉人在二审庭审中也承认筹集资金入股行为开始阶段实际为向职工借款帮助企业渡过难关,但后来转为岗位风险抵押金。被上诉人则答辩称上诉人未通知其投资款转为岗位风险抵押金之事,亦未经其同意,上诉人私自转为岗位风险抵押金,违反了劳动部、公安部、全国总工会《关于加强外商投资企业和私营企业劳动管理切实保障职工合法权益的通知》(已失效)即劳部发〔1994〕118号文件关于企业不得向职工收取货币作为入厂抵押金的规定,故上诉人关于向李某的借款已经转为岗位风险抵押金的上诉意见不成立,不予支持。因此,被上诉人请求返还109,000元及利息,于法有据,二审法院予以支持。判决:驳回上诉,维持原判。[1]

【案例4-20】 邓某某与某某建筑公司民间借贷纠纷案

二审法院认为,某某建筑公司因工程需要向职工借款,虽文件说明向职工或家属借款,但实际操作中,仅有少数特定人员向公司提供借款,并不符合内部集资的特征。且从后续处理来看,对于其他职工或家属出借款项的处理,某某建筑公司依据重新达成的协议履行,协议约定期限内仍按约定支付利息。另外,某某建筑公司既主张本案属于内部集资,又主张属于高层小圈子侵吞国有资产的行为,前后矛盾,本院不予采信。因此,某某建筑公司认为本案借款属于企业内部集资的理由不成立,本院不予支持,如有证据证明本案涉及其他违反法律法规的行为,可另寻途径解决。邓某某与某某建筑公司签订的《借款协议》内容真实合法,属于当事人的真实意思表示,根据《最高

---

〔1〕 海南省第二中级人民法院(2015)海南二中民二终第45号民事判决书。

人民法院关于如何确认公民与企业之间借贷行为效力问题的批复》的规定，应认定为有效合同。原审判决认定本案借款属于民间借贷，符合法律规定，本院予以维持。综上所述，原审判决认定事实基本清楚，程序合法，实体处理正确。判决：驳回上诉，维持原判。[1]

3. 其他借款行为效力

以股票抛售款出借并约定以融资期间股票最高价偿还有效。

【案例4-21】　赵某诉董某某民间借贷纠纷案

判决观点，本案中，根据原、被告的陈述以及原告提供的证据，可以证明被告向原告借款424,350元的事实。该借贷行为是双方真实意思表示，内容未违反法律禁止性规定，应为合法有效。现被告已归还41万元，被告理应按照约定归还剩余借款，被告至今未归还，已构成违约，应承担相应的民事责任。故对原告的第1项诉请依法予以支持。原告主张的第2项诉请系借款期内原告抛售股票的损失，而非利息。因原、被告双方协议明确约定"被告按所融股票的融资期内最高价格偿还"。该约定系双方真实意思表示，被告应按约履行协议内容，故对原告的第2项诉请，法院依法予以支持。对被告关于双方约定不明确，应按不超过银行同期贷款利率四倍计算利息的辩称意见，法院不予采信。原告主张的逾期利息，于法不悖，法院一并予以支持。判决：被告董某某归还原告赵某借款14,405元、赔付损失134,601元以及逾期利息。[2]　本案中，原、被告双方协议内容为，由被告向原告融资，所融产品为股票，期限为一个月（最长不超过两个月），被告按所融股票最高价格偿还。在这一协议中原、被告双方的风险是对等的，该约定并不违背公平、等价、诚信的民法原则。而被告明知股票的特点仍然订立合同，在出现预想的情况时拒绝履行协议，显然有悖诚信原则。

行为人没有或者超越代理权实施代理行为，未经被代理人追认的不发生效力。相对人善意无过失地相信无权代理人有代理权，该代理表象是由被代理人可控制的风险导致的，是构成表见代理的要件。在这里，由被代理人可控制的风险导致的代理外观不应被强化理解为被代理人存在过错，否则表见代理的适用范围将大大削减。在相对人方面，只要客观上确实存在让其产生信赖的合理依据，法律上就推定其主观上善意、无过失，被代理人如有异议，则负有对相对人主观存在恶意证明的证明责任。在被代理人方面，只要相关风险是因其而生、其较相对人

〔1〕 广东省湛江市中级人民法院（2014）湛中法民一终字第135号民事判决书。
〔2〕 参见郭伟清主编：《2015年上海法院案例精选》，上海人民出版社2016年版，第4页。

更易控制，就应当判定其对表见代理的结果负有责任。

【案例4－22】 孙某与王某某、江苏大唐电子产品有限公司民间借贷纠纷案

二审法院认为，王某某与孙某在2013年7月18日签订最高额借款合同时任无锡分公司负责人，该合同的借款人明确是王某某与无锡分公司两方，借款人落款处由王某某签字，并盖有无锡分公司公章，故应当认定无锡分公司为共同借款人。江苏大唐电子产品有限公司（以下简称大唐公司）对无锡分公司借款是否知情和是否授权，均不影响无锡分公司对借款责任的承担。一审判决认定事实清楚，适用法律正确，应予维持。判决：驳回上诉，维持原判。〔1〕

出借人在借款人借款过程中存在欺诈故意时不行使撤销权，借款合同有效。

【案例4－23】 周某某诉陈某某、史某某等民间借贷纠纷案

判决观点，虽然案涉借款发生于被告陈某某实施非法吸收公众存款犯罪行为期间，且被告陈某某自认系犯罪事实之一，但原告周某某拒绝向公安机关报案的行为表明其向被告陈某某出借款项系其真实意思表示，因此，即便被告陈某某在向原告周某某借款过程中存在欺诈的故意，在原告周某某未主张撤销合同的情况下，案涉借款合同仍应有效。原告多次催要借款，被告陈某某至今未予归还，引起本次诉讼，被告陈某某应承担全部民事责任，故对原告要求被告陈某某归还借款本金250,000元的诉讼请求，法院依法予以支持。〔2〕

从承诺书转换来的借条效力不能对抗不存在借贷关系。

【案例4－24】 王玉某诉武全某民间借贷纠纷再审案

一审法院认为，根据王玉某、武全某的陈述和案件的具体案情，本案应定性为民间借贷纠纷。按照王玉某的陈述可以得出两个结论：一是多次陈述不一致，根据民事诉讼的禁止反言规则，无法支持王玉某的诉求；二是既然王玉某持有武全某给孙学某打的零碎借条，这些零碎借条最原始、最真实，是无须再换总条的，这是很简单的常识，所以得不出打30万元借条的结论。退一步讲武全某与孙学某生前合伙成立，经结算欠孙学某30万元，那么武全某按照常理应向王玉某出具结算单之类的手续，而非借30万元现金的借条，所以也得不出打30万元借条的结论，故亦无法支持王玉某诉求。另外，根据王玉

〔1〕 参见国家法官学院案例开发研究中心编：《中国法院2019年度案例》（民间借贷纠纷），中国法制出版社2019年版，第101～102页。江苏省无锡市中级人民法院（2017）苏02民终1946号民事判决书。

〔2〕 参见国家法官学院案例开发研究中心编：《中国法院2018年度案例》（民间借贷纠纷），中国法制出版社2018年版，第101页。江苏省溧阳市人民法院（2017）苏0481民初785号民事判决书。

某、武全某陈述,武全某原庭审中提交的证明材料录音,开封市中级人民法院对李某的询问笔录等证据综合来看,看不出王玉某或其亡夫孙学某先前借款30万元给武全某。王玉某仅提供借条一张,未提供借给武全某现金30万元的相关事实、证据,不能形成完整的证据链,故根据现有证据无法认定借款事实。《合同法》规定,自然人之间借款合同,自贷款人提供借款时生效,本案武全某有为王玉某书写借条之名,而无借款30万元之实,王玉某也未提供证据证明有借款30万元的事实,故不能认定王玉某、武全某之间存在真正的民间借贷法律关系,对其诉求不能支持。判决:驳回原告王玉某的诉讼请求。

二审法院判决:撤销一审判决,武全某给付王玉某250,000元。

再审法院认为,被申请人王玉某不论是在第一次起诉还是武全某上诉案件被发回重审以后的庭审中,主张的全是武全某向其丈夫借款30万元而形成的借贷债权债务关系。本院二审判决在查明事实后,以"借条是从承诺书而来的。因此,该借条应视为对承诺书的有效变更,系双方的真实意思表示,应为有效"为由判决武全某按借据内容还款,将王玉某未主张的事实作为认定案件事实和形成判决结果的依据,适用法律不当,再审应予纠正。判决:撤销二审判决,维持一审判决。[1]

单位出具的违反内部规定的借条有效。

【案例4-25】 谭乙与茂名市第五中学民间借贷纠纷案

二审法院认为,被上诉人谭乙主张上诉人茂名市第五中学偿还40,000元借款所举证的借条,有上诉人在借条上盖章确认,有上诉人的出纳曾某签名确认,而上诉人对印章的真实性和曾某的签名没有异议,因此,该借条的真实性应予以认定。上诉人与被上诉人的借贷关系是双方真实意思表示,没有违反法律强制性规定,没有损害国家利益,应受法律保护。对于上诉人认为该笔借款在学校的账册和账户上没有反映,借条没有经手人、校长、总务主任的签名,主张借款属虚假债务的问题,上诉人是否建账,对外借款是否应由校长、总务主任及经手人签名确认等,均是上诉人内部财务管理制度,违反内部财务管理制度是上诉人内部管理人员应承担的职务责任,但不能对抗第三人,因此,上诉人该主张没有法律依据。对于上诉人主张借条是校长谭甲、出纳曾某伙同被上诉人谭乙伪造的问题,经审查,至二审期间,上诉人均未能提供校长谭甲、出纳曾某伙同被上诉人谭乙伪造借条的证据,校长谭甲、出纳曾

---

〔1〕 参见国家法官学院案例开发研究中心编:《中国法院2016年度案例》(民间借贷纠纷),中国法制出版社2016年版,第33~34页。

某虽然因侵吞单位国有资产已被追究刑事责任，但上诉人确认在刑事案件中，没有对本案涉及的借款作出具有法律效力的审理和认定。因此，上诉人的该项主张欠缺事实依据。综上所述，原审判决认定事实清楚，适用法律准确，处理恰当，本院予以支持。上诉人的上诉，缺乏事实及法律依据，本院予以驳回。判决：驳回上诉，维持原判。〔1〕

用人单位作为委托人，银行作为代理人与劳动者作为借款人签订的委托贷款合同可以直接约束委托人和借款人，委托人可以自己名义直接向借款人主张权利。用人单位和劳动者签订的委托贷款合同中关于服务期及相应违约责任的约定，只要是双方在平等自愿、协商一致的基础上签订，且不违反法律、行政法规的效力性强制性规定，即对用人单位和劳动者发生法律效力，为有效合同。

【案例4－26】　网之易信息技术(北京)有限公司诉万某借款合同纠纷案

二审法院认为，关于焦点一，本案中，网之易信息技术(北京)有限公司(以下简称网之易公司)作为委托贷款人与借款人万某、代理人建行华贸支行签订的《委托贷款合同》，系由网之易公司提供资金，建行华贸支行根据网之易公司的委托按照约定的借款金额、借款用途、借款期限、贷款利率等向万某代为发放、协助监督使用并收回贷款，建行华贸支行并不承担信用风险，故涉案合同实质上是网之易公司与万某之间的民间借贷。万某以《委托贷款合同》签订时其与网之易公司存在劳动关系为由主张本案属于劳动争议，缺乏事实和法律依据，法院不予采信。因此，网之易公司以借款合同纠纷为由提起诉讼于法有据，法院予以确认。关于焦点二，《委托贷款合同》第十四条第十项(2)约定，不论万某是否已经偿还全部贷款和利息，只要在服务期内离职的，就应向网之易公司支付贷款本金总额的30%作为违约金。万某主张该条款违反了《劳动合同法》的强制性规定，应属无效条款。首先，《委托贷款合同》系万某与网之易公司的真实意思表示，系双方在平等自愿、协商一致的基础上签订；其次，《委托贷款合同》不同于劳动合同，其与劳动合同签订主体、订立前提、合同条件均有所不同；再次，《委托贷款合同》中明确约定网之易公司委托建行华贸支行发放贷款的前提是万某承诺并保证自第一次放贷之日起在网之易公司或其关联公司工作满5年，万某接受该条件并收到远低于银行同期贷款利率的借款；最后，建行华贸支行于2012年11月9日放款，万某于2014年12月19日从网之易公司离职，离职原因为自动请辞，此时距建行华贸支行放款之日起不足5年，万某应当依据《委托贷款合同》的约

〔1〕　参见国家法官学院案例开发研究中心编：《中国法院2014年度案例》(借款担保纠纷)，中国法制出版社2014年版，第55页。广东省茂名市中级人民法院(2012)茂中法民一终字第110号民事判决书。

定向网之易公司支付违约金。因此，万某关于上述违约金条款因违反《劳动合同法》强制性规定应属无效的上诉理由，缺乏法律依据，法院不予支持。[1]

出借人使用金融机构资金转贷的，其后及时还清贷款的，应认定借款合同有效。

【案例4－27】　王某诉余某借款合同纠纷案

一审法院认为，案涉借贷行为效力认定。王某与余某之间有利息的借贷行为，虽然最初出借资金有绝大部分来源于网贷，但王某均及时用自有资金提前还清，应认定为自有资金出借。该部分借贷行为除利率高于国家限定标准的部分约定无效外，其他部分合法有效。未约定利息的借贷行为，虽有部分资金来源于信贷资金，但因仅由余某承担分期偿还的本金、利息及手续费，出借人并无虚构事实套用信贷资金的事实，亦未牟取高息，认定为有效。……二审法院判决：驳回上诉，维持原判。[2]

大额借条的形成，并非因双方在形成之前发生了一笔大额借款往来而产生，而是双方在此前已有大量经济往来的情况下，借款人向出借人出具的债权凭证。出借人对此进一步提供了借条形成之前大量经济往来的证据，也对大额的组成作出了相对合理的陈述，借款人否认借条上记载的借款金额，并未提供充分有效证据的，法官应认定大额借条的效力。

【案例4－28】　嵇某诉黄某借款合同纠纷案

二审法院认为，黄某对500万元借条作为结算凭证予以否认，但黄某并不能提供依据证明其签署该借条时并非完全民事行为能力，其辩称醉酒，法院不予采信。一审法院以2013年2月7日时间节点确认黄某结欠嵇某借款500万元有事实和法律依据。双方当事人在2011年至2013年2月7日有多种渠道多笔借款往来，在出具结算性质的借条后，黄某诉讼中否认借条的效力不符合诚实信用的基本原则。嵇某对500万元借条的组成所作的陈述尚属合理，目前书证亦能查明在借条出具前交付黄某借款3,128,000元，而嵇某主张代黄某支付货款1,057,000元亦得到了款项流转的数个单位及某公司的认可，经手人员的证人证言和某公司的账页可以印证该事实，加之嵇某主张工程价款中包含利息亦属合乎常理，而黄某并不能推翻上述关联证据效

---

〔1〕 参见最高人民法院中国应用法学研究所编：《人民法院案例选》2017年第11辑（总第117辑），人民法院出版社2018年版，第143页。北京市第三中级人民法院（2016）京03民终12212号民事判决书。

〔2〕 参见国家法官学院、最高人民法院司法案例研究院编：《中国法院2022年度案例》（民间借贷纠纷），中国法制出版社2022年版，第33页。湖北省宜昌市中级人民法院（2020）鄂05民终2092号民事判决书。

力，故原审认可500万元借条效力并无不当。判决：驳回上诉，维持原判。[1]

在空白合同签章可视为对合同内容的无限授权。空白合同并不意味着合同的无效。若当事人选择签订一个存在空白事项的合同时，意味着当事人选择自甘风险，明知在空白合同上签字带来的法律后果，即概括授权或无限授权，认可另一方当事人无须协商，可在合同上涂抹、更改合同内容，且该合同对双方均具有约束力。当事人在空白借款合同上签字的行为应视为其清楚、理解合同内容，同时也表明其放弃核实债权人的身份信息，并愿意承担由此带来的法律后果，主观上具有与不特定的债权人成立借款关系的意思表示，空白借款合同的相关内容被明确后，理应具有约束力。

【案例4－29】 孙某某诉湖北襄阳宏远酒店有限公司民间借贷纠纷再审案

最高人民法院认为，本案的争议焦点为宏远酒店与孙某某之间是否存在民间借贷法律关系。李某新系宏远酒店的前股东，且系宏远酒店法定代表人李某远的父亲，涉案《借款协议》系李某新代表宏远酒店签订，宏远酒店对此没有异议。从宏远酒店二审期间提交的李某新的询问笔录来看，李某新对借款2400万元的事实并未否认，只是称其不认识孙某某，其是向杨某借款，并将签章后的合同交给杨某，交给杨某时，《借款协议》上的出借人及利率约定均是空白的。关于为什么合同上没写借款人，李某新回答"杨某称：没事，把钱给到位就行了"。从上述情况可以看出，李某新作为完全民事行为能力人，其在空白借款合同上签字的行为应视为其清楚、理解合同内容，同时也表明其放弃核实债权人的身份信息，并愿意承担由此带来的法律后果，主观上具有与不特定的债权人成立借款关系的意思表示，空白借款合同的相关内容被明确后，对宏远酒店理应具有约束力。二审认定李某新曾将盖有宏远酒店印章的空白借款合同提供给案外人委托其代为借款，宏远酒店将留有空白内容的合同交与合同相对方，其行为应视为对合同内容的概括性授权并无不当。本案针对同一借款事实虽存在两份《借款协议》，但无论借款期限的约定为"十天"抑或"一年"，在孙某某已经履行出借2400万元合同义务的情况下，均不影响《借款协议》的效力。如前所述，在李某新将出借人及利率约定均为空白的《借款协议》交给杨某后，《借款协议》上出借人孙某某的签名、利率"月2.4%"虽系事后添加，亦不影响双方之间《借款协议》的真实性。二审认定宏远酒店与孙某某之间存在民间借贷法律关系并无不当。本案一审、二审期间孙某某均委托了诉讼代理人代为参加诉讼，宏远酒店二审期间的诉讼代

---

〔1〕 参见国家法官学院、最高人民法院司法案例研究院编：《中国法院2022年度案例》（民间借贷纠纷），中国法制出版社2022年版，第185页。江苏省无锡市中级人民法院（2020）苏02民终2294号民事判决书。

理人已经前往看守所对李某新进行了询问，而孙某某亦认可《借款协议》上孙某某的签名及利率“月 2.4%”系事后添加，故二审法院对宏远酒店申请孙某某出庭接受质询、申请法院对李某新进行询问、申请对《借款协议》中孙某某签名及其手印、“月 2.4%”的形成时间进行鉴定未予准许并无不当。综上，宏远酒店的再审申请不符合《民事诉讼法》第二百条第二项、第三项、第五项规定的情形。裁定：驳回宏远酒店的再审申请。[1]

【案例 4－30】 军民结合产业投资基金有限公司、象山产业区投资建设有限公司民间借贷纠纷再审案

再审法院认为，李某某（军民技术研究院原法定代表人）系军民基金公司授权处理宁波郎肯节能设备制造有限公司在象山前期筹备和公司成立后初期运营管理的负责人，李某某持有军民基金公司印章，且全程参与涉案款项的借款过程，足以使象山投资公司相信李某某具有代理权，即使《债权债务协议书》系李某某私自出具，李某某盖章的行为亦构成表见代理，在空白合同上添加的合同条款效力及于军民基金公司。其次，《债权债务协议书》约定，协议的生效条件为“自各方签署后生效”，象山投资公司虽然未在该份协议中盖章，但其持有该份协议，并将其作为本案的证据向原审法院提供，其行为已表明其接受协议的条款，原审法院据此认定该份协议系三方真实意思表示，有相应依据。最后，军民基金公司已将其和军民技术研究院盖有公章的《债权债务协议书》交与象山投资公司，军民基金公司若要撤销该要约，应在象山投资公司发出承诺通知之前到达象山投资公司，而军民基金公司撤销该要约的时间发生在（2016）浙 0225 民初 6664 号案件的庭审陈述中，此时象山投资公司已接受该份协议，并作为证据提供，军民基金公司撤销该要约的时间迟于象山投资公司承诺的时间，据此认定该份协议已不能撤销，各方应按约履行各自的义务，属于原审法院通过对证据审核判断后依其法定裁量权依法作出的认定。综上，军民基金公司的再审申请不符合法律规定的再审情形，驳回军民结合产业投资基金公司的再审申请。[2]

借款人之间内部约定的对抗效力。

【案例 4－31】 焦某诉熊某民间借贷纠纷案

判决观点，在存在多个借款人、多个贷款人的借贷关系中，只有借款人和贷款人全部达成一致的债权债务份额约定才能对借款人和贷款人都有效。

---

〔1〕 最高人民法院（2020）民申 1111 号民事裁定书。

〔2〕 浙江省高级人民法院（2019）浙民申 4251 号民事裁定书。

多个借款人之间的内部分担关系不能对抗贷款人的债权。[1]

4. 村委会借款行为效力

村委会未经村民2/3讨论决定,其签订的借款合同有效,村委会抗辩合同无效的,不应予以支持。

【案例4-32】 梁某某与新昌县大市聚镇桐井村民委员会民间借贷纠纷案

二审法院认为,关于本案是否涉嫌虚假诉讼问题,上诉人虽主张根据《村民委员会组织法》第二十四条规定,本案所涉的借贷应经过村民会议讨论决定方可办理,且根据村委会的相关财务制度也是不允许时任村委会主任的徐某某向外借贷。但《村民委员会组织法》第二十四条的内容仅规定需经村民会议讨论决定的事项,并未明确未经村民会议讨论决定的事项即为无效,且该条款及村委会的相关财务制度只是约束村委会内部的相关条款,不得约束作为第三人的被上诉人。至于村委会的选举、公章上交、财务问题,系上诉人桐井村委会内部事宜,与本案缺乏关联性。上诉人亦未提供其他证据证明本案涉嫌虚假诉讼,故对上诉人该部分上诉理由,二审法院不予采纳。判决:驳回上诉,维持原判。[2]

【案例4-33】 上海友民房地产开发有限公司诉宝山区杨行镇北宗村村民委员会借款合同纠纷案

判决观点,农村集体所有制企业的资产属于村民集体所有,该企业被征收后的补偿款亦属于村民集体所有。未经村民会议授权,村民委员会擅自对外签章承诺将该村集体企业的部分财产份额或企业被征收后的部分补偿款份额转让给他人的,违反了《村民委员会组织法》的规定,该承诺或约定应属无效。[3]

5. 公章效力

民间借贷合同上的公章未进行工商备案,并非一概无效。在有证据证明是公司实际使用的公章的,应当认定为有效。

【案例4-34】 赵某某与浙江天目山酒业有限公司等民间借贷纠纷案

一审法院认为,本案的争议焦点在于涉案还款承诺书担保单位栏处盖的

---

[1] 参见最高人民法院民法典贯彻实施工作领导小组编著:《中国民法典适用大全》(合同卷一),人民法院出版社2022年版,第537页。

[2] 浙江省绍兴市中级人民法院(2014)浙绍商终字第1078号民事判决书。

[3] 参见《最高人民法院公报》2022年第5期。

英文章是否为浙江天目山酒业有限公司(以下简称天目山酒业)日常对外使用的公章。天目山酒业抗辩称其对外使用的公章在工商局做过备案登记,与备案章不一致的公章均不真实,不能体现公司意思。赵某某认为当时天目山酒业的公司章是由周某某和洪某某出示的,因为周某某与洪某某是天目山酒业的大股东,所以英文章肯定是真实有效的。周某某则认为包括备案章在内,天目山酒业日常有三套公章在使用,三套公章均能对外代表公司意思,为此,周某某提供了《情况说明》来加以证明。原审法院认为,周某某提供的《情况说明》上有三个公司印模,三个印模用肉眼即可判断出各自均不一致,公章1的印文与备案章上的印文一致,公章2的印文与法院调取的两份银行合同上的公司章印文一致,公章3的印文与英文章上的印文一致。公章1和公章2均在天目山酒业对外经济往来中予以使用,在与杭州银行环北支行的合同中,天目山酒业法定代表人余某亲自签名对公章2的效力予以确认。既然公章1和公章2的法律效力均已在实际使用中被予以认可,那么同在《情况说明》上的公章3(英文章)同样也应具备对外使用的法律效力。且天目山酒业成立于1997年,在近20年的经营过程中,公司同时使用多套章也符合常理。故原审法院认定还款承诺书上的英文章系天目山酒业日常使用的公章,具有对外的法律效力。综上,原审法院认为赵某某与洪某某、周某某之间的民间借贷法律关系事实清楚,证据确凿,现借款期限已届满,洪某某至今未归还借款,理应承担相应还款责任,故对赵某某要求洪某某、周某某归还借款本金85万元,予以支持。荣焕实业、天目山酒业在借款担保单位栏处盖章,应视其为借款的保证人,根据法律规定,当事人对保证方式没有约定的,按照连带责任保证承担保证责任。故赵某某主张荣焕实业、天目山酒业对洪某某、周某某的还款义务承担连带保证责任,于法有据,予以支持。判决:(1)洪某某、周某某归还赵某某借款85万元;(2)荣焕实业、天目山酒业对洪某某、周某某的上述还款义务承担连带保证责任;(3)荣焕实业、天目山酒业承担保证责任后,有权向洪某某、周某某追偿。二审法院判决:驳回上诉,维持原判。[1]

公司同时使用多枚印章,使用非备案的印章签订借款合同有效。

【案例4-35】　周某诉黄某杏、机械公司民间借贷纠纷案

二审法院认为,2018年6月7日,周某作为出借人与借款人机械公司、黄某杏签订了一份《借款合同》,约定由周某出借30万元给借款人机械公司、黄某杏。周某依照约定向黄某杏账号转账30万元。借款当天黄某杏向周某支

〔1〕　浙江省杭州市中级人民法院(2013)浙杭商终字第2035号民事判决书。

付12,000元,其后黄某杏分别于2009年1月31日、4月3日、6月5日向周某转账支付1万元、2万元、5000元。一审法院认定周某与机械公司、黄某杏存在借款关系并无不当,法院予以维持。根据《合同法》第二百条的规定,一审认定周某出借的借款本金为288,000元并无不当,法院予以维持。机械公司、周某借款利息的计算并未提起上诉,法院依法维持一审关于借款利息计算的认定。

根据机械公司法定代表人黄某颖在一审时所做的陈述,机械公司存在两枚印章,其中一枚印章由黄某杏持有。黄某颖表示机械公司两枚公章,分别由机械公司股东黄某强、黄某坚各持有一枚,因机械公司两位股东分别开展业务,黄某杏作为黄某坚的女儿负责其父亲的业务而持有机械公司的印章。也就是说,机械公司是一直知道公司存在两枚公章,知道黄某杏持有机械公司的印章开展公司业务。且黄某颖在一审时也承认《借款合同》上的公章为机械公司的公章,只是认为《借款合同》上的签名"黄某颖"不是其本人签名。现机械公司在二审中又认为公章为黄某杏私自刻制,与一审时黄某颖的陈述不一致。在二审期间,机械公司没有提供证据证实公章为黄某杏私自刻制。机械公司事实上存在多枚公章且公司对于公章管理存在混乱,黄某杏持有机械公司的印章并开展公司业务也是得到公司及股东同意的,因此机械公司对加盖了公司公章的《借款合同》的真实性又予以否认,法院不予采纳。本案涉案《借款合同》上"黄某颖"的签名黄某杏自认是其代签,周某则认为不知道黄某杏代黄某颖签字,因《借款合同》上有机械公司加盖的公章,其有理由相信借款是机械公司的真实意思表示。因周某无法知道涉案《借款合同》上"黄某颖"的签名是否是本人签名,而其基于信赖公章效力而出借款项,并不存在过错。机械公司认为周某在借款过程中存在恶意及与黄某杏串通的事实,应当提供充分的证据。且黄某杏二审中提供私人账户多次转款到机械公司账户的证据,可以证实黄某杏个人账户与机械公司之间存在业务往来,因此机械公司认为周某将借款转到黄某杏个人账户不能视为机械公司获得借款的主张,法院不予采纳。机械公司与黄某杏之间如何进行借款款项的流转并不能影响周某已经履行出借义务的事实。综上,法院认为2018年6月7日周某与机械公司、黄某杏签订的《借款合同》上加盖机械公司的公章,可以认定周某与机械公司存在借款关系。判决:驳回上诉,维持原判。[1]

---

〔1〕 参见国家法官学院、最高人民法院司法案例研究院编:《中国法院2022年度案例》(民间借贷纠纷),中国法制出版社2022年版,第114~115页。广西壮族自治区梧州市中级人民法院(2020)桂04民终1253号民事判决书。

6. 他案中自认效力

他案中自认属于诉讼外自认，对其效力有不同观点。现行法律、司法解释对诉讼中自认作出相关规定，但对诉讼外自认尚未有明确规定。对于民事诉讼中的自认规则应当仅限于当事人在本次诉讼过程中的自认，当事人在他案中的自认应当认定为诉讼外自认，如果他案在生效裁判未对自认事项予以确认，则他案自认不能成为免除当事人举证责任的法定事由。

【案例4－36】　曹某某诉翟某、马某某等民间借贷纠纷再审案

二审法院认为，本案的争议焦点为，涉案借款本金如何确定。被上诉人曹某某主张上诉人翟某、马某某向其偿还借款本金及利息663,170元，向法庭提交了翟某、马某某给其出具的借条及金额分别为80,000元、180,000元的银行打款凭证为证，并提交了利息计算清单，拟证明以本金260,000元为基数按月息20‰计算利息，大概一年更换一次欠条，从借款之日计算至2018年5月29日，本息合计663,170元。上诉人只认可打入账户中的80,000元，对打入原审被告黄某某账户中的180,000元不认可，认为该笔借款不包含在663,170元借条的本金中，且该笔借款已由黄某某的丈夫谭某偿还。对此，本院作如下分析：(1)上诉人马某某称向被上诉人借款是经证人袁某某介绍的，袁某某与上诉人翟某系同事关系。证人袁某某与裴某某均证实上诉人翟某与被上诉人之间存在两笔借款且利息都按月利率20‰计算的事实，证人裴某某还证实借给上诉人的第二笔款打入了原审被告黄某某的账户。(2)原审被告黄某某认可被上诉人向其账户中打入180,000元，其未向被上诉人出具过借条，亦未向被上诉人偿还过该款的事实，被上诉人与原审被告黄某某的通话录音亦可证明上述事实。一审中黄某某虽称"因为我老公没有留下条子，我猜我老公已经还掉了"，但并未向法庭提供偿还借款的证据。(3)从被上诉人提供的利息计算清单来看，以本金260,000元按月利率20‰计算，每年重新将利息计入本金月利率20‰计算利息，截至打借条时约630,000元，与借条金额基本吻合，因每年并非按准确的日期切换借条，故存在误差亦属正常。综上，上述查明事实能够相互印证，证实涉案金额为260,000元，贷款利率为月利率20‰。对上述人称借条中的663,170元是按本金80,000元，利息按10%、50‰、20‰计算，利滚利计算的意见明显不符合逻辑且无证据证实，故本院不予采信，故一审法院将被上诉人计算复利部分扣除后重新计算利息并无不当，应当予以维持。判决：驳回上诉，维持原判。

再审法院裁定：驳回马某某、翟某的再审申请。[1] 本案中的当事人同时是另一诉讼中的当事人，曹某某在两次诉讼中均为原告，均请求被告翟某、马某某偿还借款663,170元。第一次诉讼，先后经过两次庭审，第一次庭审中曹某某称，其于2013年、2014年借款280,000元，利息是两分钱，黄某某进行担保，到期后这个钱连本还息全部还清了。在第二次庭审中曹某某又做了不同的陈述，称其给诉翟某、马某某出借了260,000元，一笔80,000元，一笔180,000元。后曹某某以证据不足为由申请撤诉。现曹某某再次起诉，翟某、马某某认为曹某某在前一诉讼中已经陈述2013年、2014年的借款已经全部还清，曹某某没有其他证据证明之后还有其他借款事实，故基于曹某某的自认事实，无须举证证明已经偿还借款，也不再负有对相关借款的还款义务。但一审、二审和再审法院未认可曹某某在另案中的自认效力，未免除被告的举证责任。

7. 约定效力

自然人之间的借款合同虽然约定了该合同经签字或盖章后发生法律效力，但法律规定，自然人之间的借款合同在贷款人实际提供借款时发生法律效力。

【案例4－37】 孔某某与青春房地产公司、李某某民间借贷纠纷案

最高人民法院认为，诉争《借款合同》包含自然人之间的借款合同、保证合同与抵押合同的复合合同。依据《合同法》第二百一十条的规定，自然人之间的借款合同属于实践性合同，只有在贷款人实际提供借款时才发生法律效力。诉争《借款合同》虽然约定了该合同经签字或盖章发生法律效力，但合同效力及法律对当事人之间合意的评价，并非直接源于当事人的意志，而是源于法律的赋予，已经成立的合同只有具备法定生效要件才能生效。本案孔某某虽未在《借款合同》上签字，但已按《借款合同》的约定履行了出借款项的义务，故应认定孔某某与李某某之间的借款合同关系依法成立并生效。《借款合同》中涉及的保证合同与抵押合同属于诺成性合同，双方表示一致合同即告成立，且依法成立的合同自成立时生效。《借款合同》上列明的保证人及抵押人均在合同上签字盖章，作出了明确的担保意思表示；孔某某作为债权人、被保证人和抵押权人，其以实际行动履行了出借款项的义务，取得了金泰公司提供抵押物的他项权利证书并起诉主张担保债权，其行为主义足以表明签订《借款合同》是真实意思表示，故应认定《借款合同》中的保证合同与抵押合同是各方当事人真实意思一致的意思表示，保证合同与抵押合同

---

〔1〕 参见《新疆审判》2021年第3期（总第131期），第57～58页。

依法成立并生效。[1]

借款人之间的内部约定对贷款人并没有约束力，不影响借贷关系的成立，贷款人按照借款人的指示履行出借义务且借款人已经对出借款项进行实际处分后，借款人即负有相应的还款义务。

【案例4-38】　中龙公司与陈某某民间借贷纠纷案

二审法院认为，(1)中龙公司与尤某某、陈某某于2011年9月签订的《借款合同》约定，尤某某、陈某某因业务需要向中龙公司借款，合同还对借款种类、借款用途、借款金额、借款利率、借款期限等进行了约定，该合同由中龙公司盖章，尤某某、陈某某签字，因此，中龙公司与尤某某、陈某某之间已达成借款合意。《借款合同》中尤某某、陈某某均是借款方，他们之间对借款金额约定的一定比例并不影响借款合同的成立以及中龙公司所支付款项的性质。尤某某、陈某某之间签订的合作协议，系他们内部之间的另一法律关系，中龙公司并非《合作协议》的一方当事人，该《合作协议》对中龙公司没有约束力，陈某某以其与尤某某之间有存在《合作协议》而否认借涉案借款关系的成立，缺乏事实和法律依据。(2)中龙公司和尤某某、陈某某商定借款由中龙公司付至保罗公司，即视为中龙公司已履行合同约定的出借义务，尤某某、陈某某合作通过具备进出口贸易资格的保罗公司向国外采购葡萄酒。中龙公司通过国际信用证的方式向保罗公司付款，再由保罗公司将该款项汇至国外葡萄酒供应商，并且尤某某、陈某某在保罗公司付款至国外葡萄酒商的支款凭单上签字确认，事后尤某某、陈某某又在《借款合同》所付《借款清单》上再次签字确认。虽然中龙公司未将款项直接向尤某某、陈某某交付，但其基于合同约定交付款项至保罗公司，且尤某某、陈某某实际亦已对保罗公司账户内所借款项实际控制，并已处分，故应认定中龙公司向尤某某、陈某某提供了案涉借款，履行了合同约定的放款义务。[2]

8. 分别认定合同效力

出借的资金来源中有两部分的，应分别认定借款合同的效力。出借资金来源为其他自然人的借款合同有效。从金融机构借款转贷经过多手再出借的合同有效；反之，从金融机构套贷资金再出借的借款合同无效。

---

〔1〕　参见最高人民法院民法典贯彻实施工作领导小组编著：《中国民法典适用大全》（合同卷三），人民法院出版社2022年版，第1755页。最高人民法院（2014）民一终字第278号民事判决书。

〔2〕　参见最高人民法院民法典贯彻实施工作领导小组编著：《中国民法典适用大全》（合同卷三），人民法院出版社2022年版，第1756页。上海市高级人民法院（2017）沪民终335号民事判决书。

【案例4－39】 李某兰诉张某毅、赵某芳民间借贷纠纷案

一审法院认为，根据张某毅出具的欠条系李某兰的陈述及相关证据，涉案借款分为两个部分，一部分为张某毅使用李某兰的信用卡直接刷卡支付的费用（133，105.83元）以及李某兰使用信用卡为张某毅网上购物支付的费用（6506.06元）共计139，610.89元；另一部分为李某兰通过银行转账（323，000元）及取现（272，000元）出借给张某毅的金额，共计595，000元，该部分金额来源于李某兰的自有资金和其他自然人处的借款。根据上述事实，本院认为，该两笔借款行为的民事法律行为效力，应分别认定。第一，李某兰将其自有资金及其他自然人处的借款出借给张某毅的行为，其内容未违反法律、法规的禁止性规定，应属合法有效。被告张某毅应承担还本付息的责任。第二，另通过信用卡方式支付的金额，属于李某兰套取金融机构贷款后转贷给张某毅，根据相关法律规定，应认定借贷行为无效。因该合同无效所取得的财产应当予以返还，故张某毅应返还借款本金。李某兰要求张某毅支付该部分借款的利息，于法无据，本院不予支持。关于被告赵某芳是否承担还款责任的问题，关键在于判断涉案债务是否属于夫妻共同债务。本案中，赵某芳看到李某兰出示的欠条后有与李某兰对账及实际还款6万元（将钱转给张某毅，再由张某毅转账给李某兰）的行为仅表明赵某芳对6万元共同债务的追认，赵某芳就该6万元承担共同还款责任，赵某芳已实际支付6万元。二审法院同意一审法院裁判意见，判决：驳回上诉，维持原判。[1]

（三）民间借贷合同无效认定

1. 借款合同无效认定依据

《民法典合同编通则解释》第十七条规定："合同虽然不违反法律、行政法规的强制性规定，但是有下列情形之一，人民法院应当依据民法典第一百五十三条第二款的规定认定合同无效：（一）合同影响政治安全、经济安全、军事安全等国家安全的；（二）合同影响社会稳定、公平竞争秩序或者损害社会公共利益等违背社会公共秩序的；（三）合同背离社会公德、家庭伦理或者有损人格尊严等违背善良风俗的。人民法院在认定合同是否违背公序良俗时，应当以社会主义核心价值

---

〔1〕 参见国家法官学院、最高人民法院司法案例研究院编：《中国法院2023年度案例》（民间借贷纠纷），中国法制出版社2023年版，第66～68页。北京市第二中级人民法院（2021）京02民终15408号民事判决书。

观为导向，综合考虑当事人的主观动机和交易目的、政府部门的监管强度、一定期限内当事人从事类似交易的频次、行为的社会后果等因素，并在裁判文书中充分说理。当事人确因生活需要进行交易，未给社会公共秩序造成重大影响，且不影响国家安全，也不违背善良风俗的，人民法院不应当认定合同无效。”

《民间借贷规定》第十三条规定：“具有下列情形之一的，人民法院应当认定民间借贷合同无效：（一）套取金融机构贷款转贷的；（二）以向其他营利法人借贷、向本单位职工集资，或者以向公众非法吸收存款等方式取得的资金转贷的；（三）未依法取得放贷资格的出借人，以营利为目的向社会不特定对象提供借款的；（四）出借人事先知道或者应当知道借款人借款用于违法犯罪活动仍然提供借款的；（五）违反法律、行政法规强制性规定的；（六）违背公序良俗的。”该条是关于民间借贷合同无效的具体情形。现该条规定较之修订前的表述更加严谨、具体明确，适用性更强。对于第一项规定涉及的司法解释修改以前已经确立的“转贷无效”规则的理解，该项规定旨在加重出借人对资金来源的举重责任，但在认定是构成套取金融机构转贷的具体情形时，还应当综合出借人的贷款用途，出借人贷款与用于出借的款项是否可以区分等方面加以综合考虑。[1]

《河北省高级人民法院民间借贷案件审理指南（试行）》1. 除《最高人民法院关于审理民间借贷案件适用法律若干问题的规定》第十三条依据民间借贷合同特点规定的民间借贷合同无效的主要事由之外，对于符合《中华人民共和国民法典》规定民事法律行为无效情形的民间借贷行为，应当依据《中华人民共和国民法典》第一百四十四条、第一百四十五条、第一百四十六条、第一百五十四条等相关规定认定无效。

最高人民法院法官认为，下列民间借贷行为无效：(1)以“标会”等形式向不特定多数非法集资的，在没有明确法律约束的情况下，不宜予以支持，其合法化问题可以借鉴我国台湾地区“民法债编”关于合会的相关规定处理；(2)以向他人出借资金牟利为业的“地下钱庄”，非法投资的；(3)其他违反法律、法规强制性规定的借贷行为。对于下列非金融企业开展的借贷行为应予保护：(1)依照《公司法》等法律规定的条件和程序募集资金的；(2)为企业生产经营需要向特定的自然人进行的临时性小额借款；(3)企业非以获取高额利息为目的，临时向自然人提供的小额借款。[2]

关于借款人事先知道或者应当知道借款人用于违法犯罪仍然提供借款的合同，此种合同属以合法形式掩盖非法目的，且必然侵害社会公共利益，由此订立的

---

〔1〕 参见最高人民法院民事审判第一庭编：《民事指导与参考》2021 年第 2 辑（总第 86 辑），人民法院出版社 2021 年版，第 120 页。

〔2〕 参见最高人民法院民事审判第一庭编：《民事审判指导与参考》2012 年第 1 辑（总第 49 辑），人民法院出版社 2012 年版，第 229 页。

合同应当认定无效。从规范意义上看，规定该种协助违法或犯罪的行为无效不仅反映了法律对此的否定评价，而且也是对出借人出借行为的保护，因为出借资金一旦被用作违法、犯罪活动的资金受民事、行政甚至刑事规则的调整，不仅无法取得利息甚至连本金也难以收回。从这个意义上讲，认定合同无效属法律通过放大贷款人风险起到对违法和犯罪行为抑制和避免的一种方式。〔1〕应注意的是，在《民间借贷规定》第十三条第一项、第二项规定中删除了原第十四条“借款人事先知道或者应当知道”的无效要件，进一步放宽了民间借贷合同无效的认定标准，也就是说，今后认定借贷合同无效时对第一项、第二项情形不依此为标准。

《民法典》第一百五十三条第二款规定，违背公序良俗的民事法律行为无效。公序良俗是公共秩序和善良习俗的简称，属于不确定概念。主流观点认为，同强制性规定一样，公序良俗也体现了国家对民事领域意思自治的一种限制。因此，对公序良俗的违背也构成民事法律行为无效的理由。在司法实践中，将未达到法律、行政法规层次的行政规章或者国家政策转换为公共秩序，并作为裁判民事法律行为效力的依据，是非常具有中国特色的现实问题，也是在建立中国特色社会主义市场经济体制过程中更好发挥政府作用的必然要求，应当在司法实践中认真对待。

《河北省高级人民法院民间借贷案件审理指南（试行）》2. 存在以下情形之一的，应认定为《中华人民共和国民法典》第一百五十三条第二款规定的违背公序良俗，当事人就此签订的民间借贷合同应认定为无效：（1）因不正当两性关系产生的“青春损失费”“分手费”“精神损失费”“补偿费”等形成的债务；（2）因赌博、吸毒等非法行为形成的债务；（3）因托人情、找关系等非法请托行为形成的债务；（4）其他违背公序良俗的债务。

需要注意的是，公序良俗原则性质上为授权性规定，目的是在遇到损害国家利益、社会公益和社会道德秩序的行为，而又缺乏相应的禁止性法律规定时，法院得以直接适用公序良俗原则判决该行为无效。〔2〕

对借款合同部分无效的审查应把握以下原则：其一，严格审查出借资金交付的真实性。重点对资金的来源、交付方式、资金流向等方面进行审查，具体包括贷款人是否具有出借资金的能力，交付的方式是否符合交付习惯，出借资金是否通过合理的途径交付给借款人等。其二，适当运用经验规则，并合理运用举证责任分配原则。对审查中发现的违背交易习惯、生活常理等明显异常的资金交付方式，要求当事人做出合理解释，当事人不能做出合理解释的，考虑是否应将举证责

〔1〕参见最高人民法院民事审判第一庭编著：《最高人民法院民间借贷司法解释理解与适用》，人民法院出版社 2015 年版，第 267 页。

〔2〕参见梁慧星：《民法总论》（第 3 版），法律出版社 2007 年版，第 49 页。

任分配至不能做出合理解释一方,从而验证法官运用经验规则所作出的判断。其三,对审理中发现的涉嫌“套路贷”违法行为的线索应及时移送至公安机关侦查。

2. 借款合同无效个案认定

出借人通过制造银行流水痕迹,刻意制造借款人已经取得合同约定的全部款项的,其采用非法手段造成借款已交付的假象,该部分合同无效。

【案例4-40】　林某诉王某平等民间借贷纠纷案

一审法院认为,杨某通过受让取得债权,是本案的适格原告。本案诉争的债权转让已经通知了债务人王某琴、王某平、杨某云,故该转让对王某琴、王某平、杨某云发生效力。2014年9月30日,臧某威出借给王某琴、王某平共计40万元,应予确认。2014年11月27日、11月28日臧某威、王某琴的银行交易明细显示,臧某威向王某琴转账的款项,均来源于转账当日杨某娟、梅某、王某梅、王某兵的银行账户,而且在臧某威向王某琴银行卡转账后间隔很短的时间,这些款项就通过王某琴的银行卡转回了杨某娟、梅某、王某梅、王某兵的银行账户。臧某威当庭陈述办理上述银行转账时自己在场,中国农业银行的银行卡管理规定也并未要求进行大额转账必须持卡人本人到场或持本人有效身份证件,结合王某琴的部分银行卡转账凭单上的客户签字为臧某威等而非王某琴本人,由此可见,臧某威完全可以在持有王某琴银行卡和密码的情况下完成上述款项的转账。基于上述理由,法院认为臧某威于2014年11月27日、11月28日并未实际向王某琴出借款项。王某平、杨某云、王某琴对臧某威的上述抗辩,可以向杨某主张。二审法院亦持同样意见,维持一审判决。[1] 本案中,出借人臧某威将债权先转让给王某兵,王某兵又将债权转让给杨某。出借人臧某威对借款合同中约定的部分借款金额通过银行账户之间循环转账,制造资金走账流水,造成借款人已取得全部借款的假象,该部分应认定为无效。

企业以“垫付”为名向不特定的社会公众发放贷款,属于国家特许经营的金融活动范围,应取得金融监管部门许可,否则放贷企业与相对人之间的民间借贷行为应认定为无效。

---

〔1〕 参见国家法官学院、最高人民法院司法案例研究院编:《中国法院2020年度案例》(民间借贷纠纷),中国法制出版社2020年版,第21~22页。江苏省扬州市中级人民法院(2018)苏10民终3068号民事判决书。

【案例4－41】 垫富宝投资有限公司与黄某某、江西吉链物流有限公司民间借贷纠纷案

二审法院认为，垫富宝投资有限公司（以下简称垫富宝公司）与黄某某、江西吉链物流有限公司（以下简称吉链公司）签订了《垫付宝（垫付卡）领用合约》《卡车分期垫款服务及担保协议》、承诺函等合同，约定黄某某向吉链公司购买车辆，由垫富宝公司先代黄某某垫付购车款，黄某某分期向垫富宝公司还款，并由吉链公司提供保证担保。但事实上，黄某某与吉链公司不存在车辆买卖或挂靠关系，其车辆交易是吉链公司为了向垫富宝公司借款而虚构的。根据《民法总则》第一百四十六条规定，三方当事人签订的《卡车分期垫款服务及担保协议》中关于黄某某向吉链公司购买车辆及垫富宝公司代黄某某垫款的意思表示不真实，合同的该部分内容应为无效。当事人订立合同的真实意思表示是吉链公司向垫富宝公司借款，双方形成借款合同关系。根据本案查明的事实，垫富宝公司通过互联网平台向不特定的社会公众发生交易，其为垫付宝会员垫付消费款项的行为实质是发放贷款的金融活动。金融活动属于国家特许经营范围，垫富宝公司的营业执照登记的经营范围并未包括金融活动，也无证据证明其经营的放贷业务取得了监管部门的许可，根据《商业银行法》第十一条第二款和《银行业监督管理法》第十九条规定，其与吉链公司的借款合同应认定无效。垫富宝公司以消费垫付的形式向其会员发放贷款，不是企业之间为解决资金困难或生产经营急需的偶发性民间借贷行为，而是具有经常性、经营性和对象不特定性的行为，应否定其合同效力。垫富宝公司与吉链公司的借款合同无效，故对垫富宝公司主张的违约金不予支持，吉链公司因合同无效取得的财产即尚欠的借款本金166，660元应予返还，吉链公司还应根据当事人的过错，按照中国人民银行同期同类贷款利率向垫富宝公司支付资金占用期间的损失。判决：驳回上诉，维持原判。[1]

非金融机构企业利用电子商务专业网络平台超越经营范围对外出借资金，以借贷为业，或者以借贷作为主要收入来源，具有经常性、经营性和对象不特定性等特点的，属于违反国家特许从事非法金融活动，违反法律、行政法规的强制性规定，应当认定为无效。

【案例4－42】 垫富宝公司诉陈某某民间借贷纠纷再审案

再审法院认为，垫富宝公司借助电子商务专业网络平台开展的信用额度垫付业务，其形式和性质类似于银行开展的信用卡透支业务。垫富宝公司对

---

〔1〕 参见国家法官学院、最高人民法院司法案例研究院编：《中国法院2020年度案例》（民间借贷纠纷），中国法制出版社2020年版，第45～46页。江西省宜春市中级人民法院（2018）赣09民终410号民事判决书。

其广大会员的授信行为具有经常性、经营性和对象不特定性,其行为性质属于金融活动。金融活动属于国家特许经营的范围,而垫富宝公司营业执照登记的经营范围并未包括金融活动,其未经批准擅自从事经营性的放贷业务,属于从事非法金融业务活动,违反了《银行业监督管理法》第十九条的规定。根据《合同法解释(一)》第十条的规定,垫富宝公司未经批准从事金融活动,其发放借款的行为违反了金融监管规定,故垫富宝公司与陈某某订立的合同应依法认定为无效合同,一审法院认定《垫付宝(垫付卡)领用合约》有效系适用法律错误,法院予以纠正。根据《合同法》第五十八条的规定,涉案《垫付宝(垫付卡)领用合约》无效,陈某某应当返还垫富宝公司的垫资款。判决:撤销一审判决,陈某某返还垫富宝公司垫付款39,000元。[1]

套取银行资金转贷进而非法获利的企业借款合同无效,不受法律保护。

【案例4-43】 D公司与C公司企业借贷纠纷再审案

最高人民法院认为,关于案涉《购销合同》和企业间借贷合同的效力认定,A公司与C公司签订《购销合同》的真实目的在于从事企业之间借贷,故该合同的性质为企业之间借贷合同,当事人各方对此认定并无异议。关于企业间借贷合同效力认定,本院认为,对不具备从事金融业务资质的企业之间,为生产经营需要所进行的临时性资金拆借行为,如提供资金的一方是以自有资金进行出借,并非以资金融通为常业,不违反国家金融管制的强制性规定的情形,不应当认定借贷合同无效。本案中,尽管A公司并非以资金融通为常业,但B公司基于其与A公司签订的《购销合同》向银行申请了案涉1亿元银行承兑汇票,并将该银行承兑汇票交付给A公司后,由A公司背书转让给C公司,C公司通过持有该票据提示付款的方式从承兑行获得票款。因此,案涉资金实质是通过银行承兑汇票的方式从银行融入资金,并非出借人的自有资金。当事人具有利用银行资金进行非法营利的目的,故原审法院认定案涉企业之间的借贷合同无效,并无不当。裁定:驳回D公司的再审申请。[2]

套取金融机构贷款转贷导致民间借贷合同无效的前提是,“套取金融机构贷款”和“转贷”必须为同一法律主体。上述案件中向金融机构贷款的是公司,而出借款项的是个人,民间借贷合同效力不受影响。出借人出借款项给借款人的,因货币为种类物,且出借人与其实际控制的公司为不同的主体,即便存在公司向金

---

〔1〕 参见国家法官学院、最高人民法院司法案例研究院编:《中国法院2021年度案例》(民间借贷纠纷),中国法制出版社2021年版,第39~40页。四川省内江市中级人民法院(2019)川10民再5号民事判决书。

〔2〕 最高人民法院(2015)民申字第680号民事裁定书。

融机构贷款的情形,也不能必然以此认定民间借贷合同无效。

【案例4-44】 薛某荣与建宁公司民间借贷纠纷再审案

最高人民法院认为,因钱为种类物,且薛某荣与金象来公司为不同的主体,即便存在金象来公司向金融机构贷款,也不能必然认定为薛某荣将该贷款出借给建宁公司。此外,建宁公司在原审中也未提交证据证明其在向薛某荣借款时事先知道或者应当知道薛某荣是套取金融机构信贷资金高利转贷给建宁公司,建宁公司也未对一审法院认定《借贷协议》的效力提起上诉,根据《民事诉讼法解释》第九十五条"当事人申请调查收集的证据,与待证事实无关联、对证明待证事实无意义或者其他无调查收集必要的,人民法院不予准许"的规定,原审对建宁公司调取相关证据的申请未予准许,并无不当。[1]

一方通过自己控制的公司向银行贷款,并将该贷款转借另一方收取高额利息,已构成套取金融机构贷转贷,该借款合同依法应认定无效。

【案例4-45】 施某某、许某某诉泓信公司借款合同纠纷案

最高人民法院认为,泓信公司主张其于2014年1月3日、1月7日、1月20日、2月10日,收到的600万元、300万元、440万元、160万元,合计为1500万元的借款来源于富利友公司于2013年12月4日收到的3笔银行贷款,合计19,284,444.45元。施某某、许某某主张上述借款的来源系2014年1月3日,富利友公司向中国农业银行股份有限公司厦门翔安支行的1500万元贷款。依据施某某、许某某提供的《流动资金借款合同》,该合同约定的借款金额与泓信公司向施某某的借款金额一致,借款时间相近,且施某某也自认富利友公司向银行贷款1500万元时,其仍实际控制富利友公司,因此,应认定泓信公司的上述1500万元借款来源于2014年1月3日富利友公司向银行贷款。依据《民间借贷规定》第十三条第一项规定,施某某控制富利友公司向银行贷款,并将该贷款转借泓信公司,已构成套取金融机构贷转贷,该借款合同依法应认定无效。一审法院将上述借款的利息按月利率3%进行核算,认定事实、适用法律均有错误,应依法予以纠正。[2]

出借人明知借款用于放贷,且借款人构成职业放贷的民间借贷合同无效。

【案例4-46】 曹某军诉汤某芹、董某友民间借贷纠纷再审案

再审法院认为,本案民间借贷合同无效。(1)经查案件关联系统,自2017年以来汤某芹在全省法院作为原告涉民间借贷案件约百件,多件案件

---

〔1〕 最高人民法院(2021)民申7113号民事裁定书。

〔2〕 最高人民法院(2021)民终644号民事判决书。

被认定存在经济犯罪嫌疑,裁定驳回起诉,移送公安机关侦查。汤某芹在一审中也自认从事赚取利息的民间放贷行为。综合上述涉诉及自认情况,可以认定汤某芹未经批准,擅自从事经营性的放贷业务,其放贷行为违反了《银行业监督管理法》第十九条“不得设立银行业金融机构或者从事银行业金融机构的业务活动”规定的情形,属于违法活动。(2)一审诉讼中,曹某军明确汤某芹向其所借款是用于放贷,在明知的情况下仍然提供借款,符合《民间借贷规定》第十四条第三项“出借人事先知道或者应当知道借款人借款用于违法犯罪活动仍然提供借款的”规定,人民法院应当认定民间借贷合同无效的情形,双方之间的合同应认定为无效,一审、二审认定合同有效应予纠正。另外还认定汤某芹返还曹某军出借款项337万元,利息不予支持,董某友不承担基于夫妻共同债务的共同还款责任。判决:(1)撤销一审、二审民事判决;(2)汤某芹返还曹某军337万元;(3)驳回曹某军的其他诉讼请求。[1]

借款条中不具确定性的附期限条款无效。

【案例4-47】 杨某某与齐某、张某民间借贷纠纷再审案

最高人民法院认为,本案中的借条是基于双方当事人存在长期、多笔借款、还款的事实,而对截至2014年4月9日的欠款情况所作的约定,借条中“待齐某、张某把被某某房开公司和曹某某诈骗款追回时,第一时间偿还此款”内容,只是齐某、张某向出借人杨某某单方作出的承诺,实际上是对何时偿还欠款所表达出的一种态度,更类似于对偿还借款所附的期限。杨某某虽然接受该借条但并不认可其中所附的条件,双方之间未就该约定达成合意。而且,本案双方当事人之间是民间借贷法律关系,杨某某要求齐某、张某出具借条的目的是归还其出借的款项,齐某、张某出具借条是对双方之间欠款数额的确定,而齐某、张某以其被诈骗的款项被追回作为偿还杨某某借款的条件,按照齐某、张某的观点,如果其被诈骗款项无法追回,那么其还款条件没有成就,就不应该偿还所借款项,明显与出借方杨某某所希望的归还欠款的目的不相符,因此并非出借人的真实意思表示,且对于杨某某明显有失公平。如果说借条中约定是还款所附的期限,那么这个期限应当是确定的,是必然发生的事实,因申请人被诈骗的款项能否从他人处追回,与其申请救济的手段、方式以及他人的偿还能力有很大关系,即便其通过法律途径以法律文书的形式确定了权利,但能否实际从他人处得到清偿仍处于不确定状态,也不

---

〔1〕 参见国家法官学院、最高人民法院司法案例研究院编:《中国法院2022年度案例》(民间借贷纠纷),中国法制出版社2022年版,第30页。江苏省无锡市中级人民法院(2020)苏02民再9号民事判决书。

符合附期限的民事法律行为的特征。故原判决否定该还款条件效力，判决申请人齐某、张某按照借条约定承担还款责任，并没有违背当事人的约定，也不违反法律规定，齐某、张某主张原判决适用法律错误，本案应当再审的理由不能成立。裁定：驳回齐某、张某的再审申请。[1]

不具备向公众发放贷款资质的担保公司超出经营范围多次对外出借款项，并非偶然发生的正当民间借贷，其订立的借款合同无效。

【案例4－48】 戴某与弘鑫公司民间借贷纠纷再审案

最高人民法院认为，出借资金实为弘鑫公司提供，弘鑫公司作为担保公司，并不具备向社会公众发放贷款的资质。弘鑫公司超出经营范围多次对外出借款项，并非偶然发生的正当民间借贷，原审判决以弘鑫公司违反法律、行政法规的强制性规定为由，认定其以戴某名义订立的借款合同无效，并非以戴某系“职业放贷人”身份而否认借款合同效力，戴某的此项申请事由不成立。[2]

套取金融机构贷款转贷的民间借贷合同无效，责任承担及损失认定应结合双方过错程度判断。

【案例4－49】 朱某某诉吴某某、鲁山县某实业有限公司借款合同纠纷案

判决观点，持卡套取现金的行为构成套取银行贷款进行转贷，而套取金融机构贷款转贷的民间借贷合同无效。无效合同自始无效，有过错的当事人必须对合同无效的后果承担相应的责任，但法律保护的损失仅限于出借人基于善意出借的合法本金损失或利息损失，如出借人自身有过错，亦不能因此违法行为而获利，法院对其利息主张应不予支持。[3]

典当公司的名为典当实为借贷的合同无效。

【案例4－50】 典当有限公司诉何某等借款合同纠纷案

二审法院认为，典当有限公司在实际经营过程中，未严格按照《典当管理办法》的规定从事典当业务，在多笔交易中，存在未交付典物而径行发放借款的情形。故典当有限公司未取得国务院银行业监督管理机构的批准，从事国家特许经营的金融业务，向不特定主体发放借款，违反了法律的效力性强制性规定，应属无效。对于《典当借款合同》无效，何某、柏某作为借款人，在明知典当有限公司不具有向不特定主体出借借款的资质及未要求其提供典物

---

〔1〕 最高人民法院（2015）民申字第3109号民事裁定书。

〔2〕 最高人民法院（2021）民申7906号民事裁定书。

〔3〕 人民法院案例库2023－07－2－103－002。河南省鲁山县人民法院（2022）豫0423民初6251号民事判决书。

的情况下执意借款，主观上存在一定的过错，原、被告双方应当各自承担相应的责任。本案中，借款合同被确认无效，李某军、田某广提供的保证合同亦应认定无效。[1]

3. 违反社会公共秩序借款合同无效

由于公共秩序是具有相当弹性的概念，如果有相应的国家政策或行政规章规定，则应当单独参照具体规定的内容或者加上其他的各种因素，对民事主体的意思自治行为是否违背公共秩序作出认定。为尽量确保认定标准客观公正且便于操作，同时又符合我国的实际情况，综合以往的司法实践经验，在司法实践中判断和考量民事法律行为是否违背公共秩序，可以通过正反两方面标准加以把握。《民间借贷规定》第十三条以列举方式对借款合同无效情形作出规定，出借人明知借款人为了进行赌博等违法活动还提供借款的借贷合同，应认定为无效，不应受法律保护。

【案例 4－51】　丁某某诉王某某民间借贷纠纷案

判决观点，本案的争议焦点是丁某某与王某某之间的借贷关系性质如何认定。王某某在与他人打牌时，丁某某就坐在同一间房子里，此时丁某某应清楚王某某在从事赌博活动，王某某为了赌博前后两天共分五次向丁某某借款，每次借款 10,000 元，从借款的数额、频繁度可知王某某的行为有违常理，明显是为了打牌赌博。丁某某作为在场者，其应明知王某某借钱是用于赌博，丁某某在明知王某某正在赌博的情况下，还向王某某出借借款，丁某某的出借行为直接资助了王某某从事赌博行为。丁某某、王某某为掩盖借款性质出具了借据，双方企图用出具借据这一合法形式来掩盖借款用途的非法目的，以逃避法律的否定评价，因此不能仅凭借据来肯定双方借贷关系的合法性，丁某某与王某某之间的借贷行为依法应认定为以合法形式掩盖非法目的。根据相关法律规定，以合法形式掩盖非法目的的合同，出借人明知借款人为了进行赌博等违法活动还提供借款的借贷合同，应认定为无效。因此，丁某某、王某某之间形成的借贷合同关系应认定为无效，不应受法律保护。本案在审理中，王某某辩称其没有收到丁某某出借的金钱货币，而是丁某某用扑克牌替代方式向其出借借款的，王某某除辩称意见外没有提交其他证据予以佐证，考虑到王某某在每一次借款后都向丁某某出具了借据，法院认定实际在王某某、丁某某之间发生的借款数额为 50,000

---

〔1〕 参见国家法官学院、最高人民法院司法案例研究院编：《中国法院 2023 年度案例》（民间借贷纠纷），中国法制出版社 2023 年版，第 72 页。湖北省恩施土家族苗族自治州中级人民法院（2020）鄂 28 民终 432 号民事判决书。

元。丁某某另诉称的2014年6月20日王某某出具借据的8300元,事实上是在双方借贷关系发生后,丁某某向王某某催讨借款利息未果的情况下,王某某才出具的借据,该款项并没有在双方间实际发生,依据法律规定因违法借贷行为产生的利息也不应予以保护。王某某反诉称其于2015年2月16日迫于丁某某的催讨压力给付了5000元,该5000元属于不当得利,应予返还。因双方间的借贷行为涉及违法,王某某给付的5000元虽是从他人处筹集,但从本质上属于偿还非法债务,性质上属于进行非法活动的财物,法院将依法对王某某、丁某某从事违法借贷活动的行为予以制裁,故对王某某的反诉请求不予支持。判决:驳回原告丁某某的诉讼请求,驳回被告王某某的反诉请求。[1]

用于赌博而产生的民间借贷合同因违背公序良俗应认定无效。

【案例4-52】 邱某某与宋某某民间借贷纠纷案

判决观点,行为人事先知道相对人借款用于赌博仍然提供借款的,该借贷行为违背社会公序良俗,双方之间的民间借贷合同依法应认定为无效。[2]

出借人明知或应知借款人借款用于违法犯罪活动,但为了谋取高息仍然提供借款,其借款合同无效。

【案例4-53】 李某、王某与陈某某民间借贷纠纷案

二审法院认为,李某、王某明知陈某某借款系用于对外发放高利贷,但仍然向其提供借款资金,该行为损害了社会公共利益,根据《合同法》的相关规定,该借款行为应认定无效。借款被认定无效后,陈某某虽应返还借款本金及按中国人民银行同期同类贷款基准利率计算利息,但对于陈某某已支付的233万元利息中超过中国人民银行同期同类贷款基准利率计算的部分,应冲抵借款本金。对于冲抵后尚欠本息,陈某某应予返还。[3]

因偿还赌债而产生的民间借贷合同因违背公序良俗应认定无效。

【案例4-54】 范某诉石某某民间借贷纠纷案

二审法院认为,行为人明知相对人将借款用以偿还赌债仍然出借的,违背公序良俗,其目的意思不具有合法性,双方之间的民间借贷行为应为无效。无效民事法律行为,应自始无效。民事法律行为无效的,行为人因该行为取

---

〔1〕 参见国家法官学院案例开发研究中心编:《中国法院2018年度案例》(民间借贷纠纷),中国法制出版社2018年版,第51~52页。湖南省岳阳市云溪区人民法院(2016)湘0603民初861号民事判决书。

〔2〕 江苏省苏州市吴江区人民法院(2022)苏0509民初2237号民事判决书。

〔3〕 参见韩延斌主编:《民间借贷案件裁判要点与观点》,法律出版社2016年版,第308页。

得的财产，应当予以返还。[1]

明知传销活动而借款的借贷合同无效。

【案例4-55】　庄某泉诉江某哉民间借贷纠纷案

二审法院认为，围绕江某哉的上诉主张，分析如下：案涉款项发生在江某哉与庄某泉之间，江某哉主张案涉款项系为加入“某平台”而需交纳的入会费，但江某哉并无证据证明庄某泉参与其中。根据一审查明的事实，“某平台”属于传销组织，庄某泉明知仍向江某哉出借款项，故双方之间的借贷合同无效。庄某泉已将案涉借款实际支付，其中5万元款项转账支付给案外人刘某云，从庄某泉出具《借据》且连续多次支付利息的行为可以印证。另2万元，江某哉已在收款后出具《借条》，其主张收到款项后转给刘某云在平台的上线，并不能作为还款的抗辩事由。故双方之间的债权债务关系仍成立，江某哉应返还取得的款项。另外，案涉款项支付至刘某云账户，但庄某泉已出具的《借据》《借条》予以确认，在案证据能够证明款项的支付情况，故本案无须追加刘某云参加诉讼。综上，江某哉的上诉请求，缺乏事实和法律依据。一审判决认定事实清楚，适用法律正确，予以维持。判决：驳回上诉，维持原判。[2]

因不正当两性关系而产生的民间借贷行为因违背公序良俗应认定无效。

【案例4-56】　张某某诉邓某某民间借贷纠纷案

二审法院认为，行为人与相对人在借款时为婚外情人关系，违背了社会公序良俗，该民间借贷行为应认定为无效。按无效合同的处理原则，一方因该行为取得的财产，应当予以返还。[3]

以包养情妇为目的的借款合同无效。

【案例4-57】　村本某某诉季某民间借贷纠纷案

二审法院认为，民事活动应当尊重社会公德，不得损害社会公共利益，不合法的民事权益不受法律保护。本案当事人之间的民间借贷关系发生在包养期间，且双方因包养关系的履行矛盾不断，村本某某一直通过签订确认书等方式来维持包养关系。村本某某在明知季某来自农村，在某市无固定工作，却首次就借款8万元给季某；在发现季某使用假名字的身份证后，非但没

---

〔1〕 北京市第二中级人民法院（2023）京02民终6887号民事判决书。

〔2〕 参见国家法官学院、最高人民法院司法案例研究院编：《中国法院2023年度案例》（民间借贷纠纷），中国法制出版社2023年版，第77页。福建省厦门市中级人民法院（2021）闽02民终7193号民事判决书。

〔3〕 广东省茂名市中级人民法院（2021）粤09民终2936号民事判决书。

有向季某追要借款，相反主动书写借款合同确认书让季某签字，并约定高额利息和违约金。结合2012年4月7日借款合同书中约定季某"每个周末来村本家打扫卫生和喂狗""每个月1000块钱给村本租房子"，以及村本某某于2014年7月9日通过手机发送的短信"你应该还可以爱我吧""你已经走了你放弃了吧过来吧""你过来我不要求钱"等，可以看出，村本某某与季某的真实意图并非为了借贷，村本某某之所以违背常理借款给季某，其真实目的是想通过所谓的借贷关系来维系、巩固与季某之间的非法包养关系，而季某只是想利用包养关系从村本某某处获得更多的金钱利益。综上，一审判决认定事实清楚，程序合法，适用法律正确。判决：驳回上诉，维持原判。[1]

托人情、找关系等请托行为不构成真实合法的民间借贷关系，该法律关系因违背公序良俗应认定无效。

【案例4－58】 周某某诉王某某民间借贷纠纷案

判决观点，行为人向相对人给付款项，系请托相对人通过他人为行为人的相关人谋求非法利益，相对人向行为人出具欠款条系在请托事项未办理的情况下，向行为人承诺退还请托款项，双方之间不存在真实合法的民间借贷法律关系，该行为违背公序良俗且涉嫌违法，应属无效民事法律行为。[2]

为解除非法关系出具的借条，属无效民事行为。

【案例4－59】 王某诉李某民间借贷纠纷案

二审法院认为，主张法律关系存在的当事人，应当对产生该法律关系的基础事实承担举证证明责任。为解除非法关系出具的借条，属无效民事行为。[3]

（四）委托代理效力认定

《民法典》第一百六十一条第一款规定："民事主体可以通过代理人实施民事法律行为。"也就是说，出借人或借款人均可以委托代理人实施相关借款行为。第一百六十五条规定："委托代理授权采用书面形式的，授权委托书应当载明代理人的姓名或者名称、代理事项、权限和期限，并由被代理人签名或者盖章。"该条删除了《民法通则》第六十五条第三款，即"委托书授权不明的，被代理人应当向第三

---

〔1〕 江苏省泰州市中级人民法院（2015）泰中民四终字第00524号民事判决书。

〔2〕 北京市门头沟区人民法院（2022）京0109民初2051号民事判决书。

〔3〕 参见《人民法院报》2019年8月13日，第3版。

人承担民事责任,代理人负连带责任”。其主要在于实践中该条款内容争议太大,且有对被代理人要求过苛之嫌,有待进一步研究。

民间借贷实践中,出借人通过代理人实施法律行为时,因其自身法律意识和法律知识的缺乏,在授权委托书中填写的不规范不完整如出现“全权代表”“全权代理”等字样,此类词汇通常被视为授权不明,并由此引发诸多纠纷。

民间借贷中出借人委托他人向借款人收款,如果授权不明,他人减免债务人债务的,出借人应当接受。

【案例4-60】　王某与浙江投资管理有限公司民间借贷纠纷案

二审法院认为,本案二审争议焦点在于,吕某某作为王某代理人在收条中确认双方债权债务全清的行为,对王某有无约束力。从双方当事人之间的法律关系来看,不仅存在借款合同关系,还存在房屋租赁合同关系。借款合同关系中,卓凯公司、张某某为借款人,负有返还借款本金及支付利息的义务;房屋租赁合同中,王某为承租人,负有支付租赁费用的义务。而吕某某既是王某授权处理借款事宜的全权代表,也是王某授权处理房屋租赁事宜的全权代表。本案中,王某所出具的两份委托书中,均载明委托权限为“全权代表”,该授权应属范围不明,依照上述法律规定,吕某某作为代理人在收条中所作关于债权债务全清的确认,其效力及于王某,相应法律后果应由王某承担。另外,王某二审中认可与卓凯公司之间的《房屋租赁合同》已经终止,而其并未提供关于双方当事人通过何种方式终止租赁合同以及如何进行费用结算的依据。同时,从《终止租赁协议》中的费用结算来看,王某因提前终止租赁合同关系而应承担的费用超过340,000元,而卓凯公司、张某某所欠借款本金为200,000元,加上合理、合法的利息,王某的租赁费用债务与卓凯公司、张某某的借款债务作全清处理,对王某并无明显不利。故王某关于吕某某与卓凯公司、张某某恶意串通损害其利益的主张,不足以采信。综上,原审法院证据认证有遗漏,认定事实不全面,且法律适用错误,二审法院依法予以纠正。判决:(1)撤销一审判决;(2)驳回王某的原审诉讼请求。[1]

自然人委托放贷的行为效力,要根据案情具体确认。单纯的委托放贷的行为构成委托人—受托人—借款人的关系,委托人与受托人成立委托合同关系,而在受托人与借款人之间成立借款合同关系,在无明显违背法律禁止性规定的情形下,委托行为与借款行为均应认定为合法有效。反之,委托人委托受托人向不特定的多人或多次放贷,均明知放贷行为违反法律、行政法规的强制性规定、违背公序良俗的,其委托放贷行为无效。

---

〔1〕 浙江省杭州市中级人民法院(2014)浙杭商终字第1312号民事判决书。

【案例4-61】 谢某华诉王某雄、林某颖委托合同纠纷案

二审法院认为，本案中，谢某华与王某雄均确认如下事实：由谢某华将资金交付王某雄，委托王某雄进行放贷并收取利息，而后王某雄将利息交付谢某华。现谢某华一审诉请返还的193.53万元也属于谢某华交由王某雄进行放贷资金的一部分。据此，谢某华与王某雄之间成立委托关系。在此前提下，王某雄承担案涉193.53万元款项的返还责任的基础是王某雄对委托放贷款项存在侵占，侵害委托人谢某华权益的情形。根据王某雄提交的其向谢某华发送的电子邮件，邮件内容包括了王某雄所放贷的每一笔款项的借贷情况，其中包括案涉193.53万元所涉及的与案外人叶某、张某、徐某之间的借贷情况。谢某华在收到相关邮件后，并未质疑王某雄是否真实放贷，而是在未收到其主张的借款时，另案起诉了案外人叶某、张某、徐某，而现谢某华在本案中诉请该193.53万元的依据在于其起诉案外人叶某、张某、徐某诉讼并未得到支持，由此产生了借贷与还款之间的差额。据此，法院认为，虽与案外人叶某、张某、徐某相关联的(2018)粤1302民初3357号、(2018)粤1302民初3358号、(2018)粤1302民初3363号生效判决，未支持谢某华的全部诉请，但上述判决是基于民间借贷案件对证据的严格审查与认定标准作出的。未获支持部分，如有相关证据证明，后续仍可主张，但不能据此认定未获司法支持部分就为王某雄侵占了该款项。现有证据也无法支持谢某华认为王某雄侵占该款项的主张。此外，双方均认可，谢某华给付王某雄大额资金，目的是向他人发放贷款。且法院经过查询，2018年至2019年谢某华以原告身份在惠州市法院涉诉案件7件(不含执行、二审)，均系谢某华委托王某雄进行放贷而导致的民间借贷案件。参照《全国法院民商事审判工作会议纪要》第五十三条的规定，未依法取得放贷资格的以民间借贷为业的法人，以及以民间借贷为业的非法人组织或者自然人从事的民间借贷行为，应当依法认定无效。同一出借人在一定期间内多次反复从事有偿民间借贷行为的，一般可以认为是职业放贷人。无论是(2018)粤1302民初3357号、(2018)粤1302民初3358号、(2018)粤1302民初3363号生效判决，抑或本案谢某华诉请王某雄返还案涉193.53万元的认定，其出发点均在于保护合法的民间借贷关系。本案虽属委托合同纠纷，但谢某华明确委托事项在于通过委托王某雄进行放贷，该放贷行为违反了银行业监督管理等法律，损害了社会公共利益和扰乱了金融管理秩序，谢某华给付款项委托王某雄进行放贷行为属不法给付，双方由此产生的债权债务关系亦不受法律保护。因此，谢某华诉请由王某雄返还案涉款项，事实理由不足，法律依据不充分，法院不予支持。

另外，王某雄协助谢某华多次反复从事有偿民间借贷行为，对引发本次纠纷存在责任，法院酌定王某雄、谢某华分别承担50%的一审、二审诉讼费用。考虑到谢某华已预交一审诉讼费用,王某雄已预交二审诉讼费用,已分别承担了50%的一审、二审诉讼费用,法院不再作调整。综上所述,上诉人王某雄上诉请求成立。判决:(1)撤销一审判决;(2)驳回谢某华的诉讼请求。[1]

公司承诺偿还法定代表人或股东个人债务应经股东会决议,否则为越权代理。

【案例4-62】　韦某诉匡某、农业公司民间借贷纠纷案

一审法院认为,关于《还款承诺书》的效力问题。应当主要审查签约人于盖章之时有无代表权或者代理权,从而根据代表或代理的相关规则来确定合同的效力。农业公司向债权人表示愿意加入法定代表人匡某的债务,该约定的效力问题,应参照公司为股东或实际控制人提供担保的有关规则处理。公司加入法定代表人债务的行为不是法定代表人所能单独决定的事项,韦某应提供证据证明其在订立合同时对股东会决议进行了审查,且决议的表决有出席会议的其他股东所持表决权的过半数通过。匡某未经授权擅自让公司加入自己的债务,构成越权代表,韦某未对股东会议决议进行审查,故该《还款承诺书》无效。韦某诉请农业公司按照《还款承诺书》承担共同还款责任,没有依据,不予支持。匡某向韦某出具《借条》并实际获得了借款,匡某应当及时清偿借款本金及利息,已支付的利息应予抵扣。《借条》约定因实现债权产生的律师费由匡某承担,具有代理合同的凭证,律师费应由匡某承担。判决:(1)匡某归还韦某借款20万元及利息和违约金;(2)匡某支付韦某律师费1万元;(3)驳回韦某的其他诉讼请求。二审法院同意一审法院裁判意见,判决:驳回上诉,维持原判。[2]

(五)借条与欠条效力区分

借条是指在借用关系中债务人向出借人开具的表明债务人有到期还款赎条义务的借款凭证。借条代表的是一种借款合同关系,借条人向出借人借款,出借人给付借款。出借人只需出具借条便能证明其对借款人享有债权,且无须对债发

---

〔1〕　参见国家法官学院、最高人民法院司法案例研究院编:《中国法院2022年度案例》(合同纠纷),中国法制出版社2022年版,第201~202页。广东省惠州市中级人民法院(2020)粤13民终8376号民事判决书。

〔2〕　参见国家法官学院、最高人民法院司法案例研究院编:《中国法院2022年度案例》(民间借贷纠纷),中国法制出版社2022年版,第128~129页。广西壮族自治区柳州市中级人民法院(2020)桂02民终3525号民事判决书。

生的原因举证。

欠条是指交易过后应付账款的一方向债权人开具的证明其欠款事实,同时表明开具人有到期还款赎条义务的凭证。欠条是对以往双方经济往来的一种结算,表明自欠条形成之日起双方之间形成一种新的纯粹的债权债务关系。换言之,欠条是双方当事人之间具有债权债务关系的凭证,债权债务是欠条形成的一种原因,但不是欠条形成的唯一原因。如果债务人有足够的理由否认欠条形成原因的真实性,欠条持有人有义务向法庭提供证据证明欠条形成的事实真实存在。

收条是指在收到财物时接收人给送达人开具的证明这一交付事实的凭证。收条不会产生债权债务关系,当事人在开具收条时没有到期通过给付来赎条的意思表示。收条只能证明双方存在给付金钱和收到金钱的关系,究竟是依据什么给付金钱,需要收条持有人或出具人对基础合同关系作进一步证明。换言之,收条有可能是收取原来属于自己的东西所形成,也有可能是依约定或法律规定取自己有权收取的财产所形成,本身并不表明对双方当事人之间债权债务的确认,只是表明了一种收到款或物的事实状态,要确认双方当事人之间是否具有债权债务关系,有待于对收条产生的原因进行分析,以确定当事人是否具有权利义务关系。所以,收条产生的原因很多,不能把收条当然作为债权债务关系的凭证。

借条和欠条的法律意义不同,借条是证明借贷关系,欠条是证明欠款关系。一般而言,借款就等于是欠款,但欠款不一定就是借款,如因人身损害赔偿、追索劳动报酬等产生的欠条就不是借款。法律规定,借条与欠条的诉讼时效期限是三年,从借条与欠条上注明的还款期限之日起算诉讼时效。不同点为,对没有注明还款日期的借条,出借人可以随时向借款人主张还款,诉讼时效应从出借人主张权利的次日起算。但如果出借人在借款人出具借条后二十年内没有主张权利的,诉讼时效不再起算。欠条没有注明履行清偿欠款日期,诉讼时效从欠款人出具欠条的次日起算。在民间借贷纠纷中,从证明借款合意、借款事实成立上讲,其借条效力大于欠条、欠条效力大于收条。借条、欠条可以成立借款合同关系,但收条不能成立借款合同关系。

【案例4-63】 邓某某诉黄某某、刘某某民间借贷纠纷案

判决观点,民间借贷诉讼中,原告的诉讼请求能够得到法院的支持,原告应当提供充分的证据证明以下两方面的事实,一是当事人之间的借贷合意,二是出借款项的实际交付。对原告提供的两张收条及三张银行回单,只能表明被告收到原告交来的钱款,但该钱款是否为原告支付给被告的出借款,缺乏相应的证据证明,也即缺乏相应的证据证明双方存在借款合意。对原告提供的金额为20万元的借据,从该借据的内容来看,双方存在借款合意,但该款项是否已实际交付,原告庭审陈述是立借据当天通过银行转账支付给被告的,法院遂要求原告提供银行转账凭证或交易明细,原告应允后却未能提供,而后原告又书面补充说明不能确定是通过转账支付。因此,法院难以认定该借据约定的20万元款项已经实际支付。综上,原告主张被告向其借款6笔共61万元,所提供的证据不足以证明原、被告之间存在借款合意且已实际支付出借款项。根据《民事诉讼法解释》第九十条第二款"在作出判决前,当事人未能提供证据或者证据不足以证明其事实主张的,由负有举证证明责任的当事人承担不利的后果"的规定,原告依法应当承担举证不能的法律后果,其要求被告偿还借款61万元,法院不予支持。判决:驳回原告邓某某的诉讼请求。[1]

无因负债的字据,一般应认定为无因债权合同,现行法律并无承认无因性原理,所以即便当事人意欲创设无因债权债务,其意思表示也不被赋予法律效力。仅凭无因性欠条不能直接认定双方存在民间借贷关系。

【案例4-64】 陈某某诉黄某某民间借贷纠纷案

判决观点,本案中,原告持欠条认定双方存在借贷关系,但被告出具欠条时,地点在原告经营的彩票店内,在场人均是原告方人员,且数量又占明显优势;被告出具欠条后,当原告要求被告实际交付时,被告即以受胁迫出具为由报警。被告就案件事实申请双方测谎,并出具如原告方通过测谎,被告无条件付款的承诺,但原告拒不同意,致使测谎未能进行。综合上述因素,法院有理由对该50,000元欠条是否系被告真实意思的表示产生疑问。对于存疑的书证,作为书证提供人的原告理应配合法庭查清事实,以排除书证疑点。因双方当事人提供的证据均未能排除上述疑点,故有必要通用科技手段来解决。但被告申请测谎后,原告却不予配合,特别是经法院释明后原告仍不同意,致使上述书证的疑点不能排除,故原告应承担举证不能的后果。判决:驳回原告陈某某诉讼请求。[2]

对当事人出具的欠条应综合其他证据印证其法律性质。

【案例4-65】 北京希世铭科贸有限公司诉姜某某民间借贷纠纷案

判决观点,原、被告之间具有借贷的法律关系。理由如下:(1)被告在庭审自认并没有就与原告和万瑞公司之间的甲醇货款达成任何形式的债权债务转让协议,可认定其给原告出具的欠条所列款项不是债权债务转让款;(2)从欠条字面分析,被告虽承诺以个人和万瑞公司名下等值资产或不动产作为抵押还清上述欠款,但承诺的款项为现金220万元,并非其他款;(3)原

---

〔1〕 参见国家法官学院案例开发研究中心编:《中国法院2017年度案例》(民间借贷纠纷),中国法制出版社2017年版,第260页。广东省河源市龙川县人民法院(2015)河龙法民一初字第210号民事判决书。

〔2〕 参见国家法官学院案例开发研究中心编:《中国法院2015年度案例》(民间借贷纠纷),中国法制出版社2015年版,第6页。江苏省启东市人民法院(2013)启和民初字第0574号民事判决书。

告与万瑞公司对账函确认的货款为2,129,062.20元,而被告给原告出具的欠条表明数额为220万元,中间有差额7万余元,这与原告关于差额是给付借款利息的陈述相一致,因为根据交易习惯,只有在借贷关系中,才有将利息直接计入本金的做法;(4)从表面上来看,被告给原告出具的是形式具有瑕疵的"欠条",并非借贷明确的借条,由于被告并没有直接从原告处支取现金,而是将其任职的万瑞公司欠原告的货款直接截留作他用,从而出具了"欠条"形式的借贷凭证,符合常理;(5)自被告给原告出具欠条后,其分四次给原告归还25万元,尽管被告否认是其本人归还的,但没有提供是万瑞公司归还的相应证据。据此,由于被告不能就其给原告出具的欠条是代万瑞公司履行的职务行为自圆其说,可以认定原告与被告之间具有借贷的法律关系,鉴于本案中的一方主体为非金融企业法人,根据相应司法解释规定,原告与被告之间的借贷属于民间借贷纠纷,对原告利息请求,仅支持合理部分的利息。判决:(1)被告姜某某向原告北京希世铭科贸有限公司支付借款本金187,902.2元;(2)被告姜某某向原告北京希世铭科贸有限公司支付借款利息57,032.50元。[1]

实践中,以收条作借条起诉主张权利的,不受法律保护。

【案例4-66】 张某诉吐送江·马木提民间借贷纠纷案

二审法院认为,张某在原审时起诉吐送江·马木提的证据是收条而非借条或欠条。收条的内容并未涉及借款利率、期限、还款方式等证明借贷法律关系成立的主要内容。吐送江·马木提否认张某以收条作为借贷关系凭证的属性,认为其是在自己与张某的另外一些经济往来中、于张某起诉所确定的时间一年前形成的。对此张某代理人提出要求吐送江·马木提举出证据,否则就证明借贷关系成立。法院认为,在张某所举证据尚未证明借贷关系成立的情况下,要求通过举证责任转换来反证积极举证一方的证据为借贷关系性质,是对"谁主张,谁举证"法则的不正确理解。法院审判本案的任务并不在于查清当事人双方是否有过红枣收购关系,而在于查明双方争议的收条是借贷性质还是凭证性质的。显然,上诉人在这争议焦点或根本问题上虽经二审仍证明不能,其上诉理由不成立。原判事实清楚,对收条性质的认定正确,依法应予维持。判决:驳回上诉,维持原判。[2]

---

〔1〕 参见国家法官学院案例开发研究中心编:《中国法院2015年度案例》(民间借贷纠纷),中国法制出版社2015年版,第11页。新疆维吾尔自治区乌鲁木齐市米东区人民法院(2013)米东民二初字第373号民事判决书。

〔2〕 参见国家法官学院案例开发研究中心编:《中国法院2015年度案例》(借款担保纠纷),中国法制出版社2015年版,第30页。新疆生产建设兵团第十四师中级人民法院(2013)兵十四民终字第00003号民事判决书。

三、民间借贷合同效力纠纷处理

（一）民间借贷合同无效处理

《民法典合同编通则解释》第二十四条规定："合同不成立、无效、被撤销或者确定不发生效力，当事人请求返还财产，经审查财产能够返还的，人民法院应当根据案件具体情况，单独或者合并适用返还占有的标的物、更正登记簿册记载等方式；经审查财产不能返还或者没有必要返还的，人民法院应当以认定合同不成立、无效、被撤销或者确定不发生效力之日该财产的市场价值或者以其他合理方式计算的价值为基准判决折价补偿。

除前款规定的情形外，当事人还请求赔偿损失的，人民法院应当结合财产返还或者折价补偿的情况，综合考虑财产增值收益和贬值损失、交易成本的支出等事实，按照双方当事人的过错程度及原因力大小，根据诚信原则和公平原则，合理确定损失赔偿额。

合同不成立、无效、被撤销或者确定不发生效力，当事人的行为涉嫌违法且未经处理，可能导致一方或者双方通过违法行为获得不当利益的，人民法院应当向有关行政管理部门提出司法建议。当事人的行为涉嫌犯罪的，应当将案件线索移送刑事侦查机关；属于刑事自诉案件的，应当告知当事人可以向有管辖权的人民法院另行提起诉讼。"

根据《民法典》第一百五十七条规定，民事行为无效，行为人因该行为取得的财产应当予以返还，因此出借人可主张借款人返还借款本金。但合同无效系自始无效，因此出借人不能按照合同约定的利率主张借款利息。

《九民纪要》第三十三条至第三十五条，奠定了合同无效的情况下，在确定财产返还时要充分考虑财产增值或者贬值的因素，仅返还财产不足以弥补损失的可向对方主张损失赔偿的基础。

1. 赌博合同无效的处理

根据《民法典》第一百五十三条规定，违反法律、行政法规的强制性规定和违背公序良俗的民事法律行为无效。出借人事先知道或者应当知道借款人借款用于违法犯罪活动仍然提供借款的，应当认定借款合同无效。故出借人事先知道或者应当知道借款人借款用于赌博仍然提供借款的，属于上述规定应当认定借款合同无效的情形。根据《民法典》第一百五十五条规定，无效的民事行为，从开始起就没有法律约束力。故出借人事先知道或者应当知道借款人借款用于赌博仍然提供借款的，出借人与借款人为非法借贷关系，因该非法借贷关系而产生的债务，法律不予保护，出借人要求借款人返还本息的诉请，法院不予支持。

【案例4－67】 陆某某与华某某民间借贷纠纷案

二审法院认为，赌博是我国法律明令禁止的违法犯罪活动，因赌博而产生的债务，法律不予保护。本案中，陆某某主张华某某向其所借的20,000元系合法的民间借贷，华某某抗辩称该款系陆某某向其提供的赌资，并提供了电话录音加以佐证。在该录音资料中，华某某几次明确表示涉案20,000元借款系陆某某借给其用于赌博的，而非民间借贷，陆某某均未反驳。陆某某对该录音资料的真实性并无异议，只是认为华某某仅截取了部分录音内容，但不能说明被删减录音的具体内容。另外，根据双方陈述，双方是因一起参与赌博而结识，在本案所涉借款之前华某某曾通过陆某某借过款用于赌博。上述录音资料和双方陈述内容相互印证，从而可以认定陆某某明知华某某借款用于赌博而提供借款，相应的借款应为非法债务，法律对此不予保护。据此，陆某某要求华某某归还借款本金20,000元及相应利息的主张，无法律依据。判决：撤销一审判决，驳回陆某某一审诉讼请求。〔1〕

【案例4－68】 陈某诉苏某民间借贷纠纷案

判决观点，具体到本案，赌博行为是我国法律、行政法规所规定的非法活动，陈某明知苏某借款用于赌博活动，仍向其出借资金，由此产生的借贷关系不应受法律保护。对陈某要求苏某偿还借款本金及利息的诉讼请求，法院不予支持。判决：驳回陈某的诉讼请求。〔2〕

借款人出具的借条载明的借款系赌债，因赌债产生的债权债务不受法律保护。

【案例4－69】 穆某某诉闫某某民间借贷纠纷案

二审法院认为，穆某某主张其与闫某某之间存在民间借贷法律关系，并提交了闫某某出具的借条证明其主张。闫某某否认双方之间存在借贷关系，

---

〔1〕 参见国家法官学院案例开发研究中心编：《中国法院2019年度案例》（民间借贷纠纷），中国法制出版社2019年版，第31页。江苏省无锡市中级人民法院（2017）苏02民终1707号民事判决书。

〔2〕 参见国家法官学院案例开发研究中心编：《中国法院2019年度案例》（民间借贷纠纷），中国法制出版社2019年版，第34页。福建省永安市人民法院（2017）闽0481民初1247号民事判决书。

辩称借条涉及的3.8万元款项系因参与穆某某开设的赌局所欠的赌债，并提交了其与穆某某的录音以证明该3.8万元为赌债。对此本院认为，穆某某虽然提交了闫某某出具的借条，但在向闫某某催要钱款时，闫某某在录音中多次提到开局，穆某某并未予以否认，特别是闫某某说到："你要不输钱，你也不开这局，我也不至于输这3.8万元。……你也是输钱了，然后开局挣点钱，然后还别人。"穆某某则答到："我这也输钱了，没招了，没法弄。"上述通话内容可以表明穆某某确曾开设赌局，闫某某参加赌局并欠下了赌债。穆某某未对上述录音真实性提出异议，亦未对录音内容中涉及的开局、输钱等作出合理解释，故法院认定本案诉争的3.8万元为赌债。赌博是我国法律所禁止的行为，赌博行为之所得为违法所得，不应得到法律的保护。本案中，闫某某向穆某某出具的借条，系基于赌博行为产生的债权债务关系，不具有法律效力，不应保护，故法院对穆某某的诉讼请求不予支持。判决：撤销一审判决，驳回穆某某的全部诉讼请求。[1]

明知借款人借钱是为了赌博还借钱，出借人的借贷行为明显违反了法律的禁止性规定，应当确定该借贷关系不合法。

【案例4-70】　李某、王某诉陈某某民间借贷纠纷案

判决观点，李某、王某明知陈某某借款用于对外发放高利贷，但仍然向其提供借款资金，该行为损害了社会公共利益，根据《合同法》的相关规定，该借款行为应认定为无效。借款被认定为无效后，陈某某虽应返还借款本金及按中国人民银行同期同类贷款基准利率计算的利息，但对于陈某某已支付的233万元利息超过中国人民银行同期同类贷款基准利率计算的部分，应冲抵借款本金。对于冲抵后尚欠本息，陈某某应予返还。[2]

2. 职业放贷合同无效的处理

最高人民法院民事审判第二庭编著的《〈全国法院民商事审判工作会议纪要〉理解与适用》对此给出了更加明确的意见："法院认定职业放贷人签订的民间借贷合同无效后，借款人应当返还借款，同时应当支付资金占用期间的利息损失，法院一般按照贷款市场报价利率确定损失的数额，不应支持合同中约定的高额利息"。

---

〔1〕 参见国家法官学院案例开发研究中心编：《中国法院2018年度案例》（民间借贷纠纷），中国法制出版社2018年版，第147～148页。北京市第一中级人民法院（2016）京01民终1499号民事判决书。

〔2〕 参见最高人民法院中国应用法学研究所编：《人民法院案例选》2016年第6辑（总第100辑），人民法院出版社2016年版，第90页。

【案例4-71】 王某诉冷某、张某民间借贷纠纷案

二审法院认为，王某未经批准，未取得任何贷款业务资格，并在近几年内多次反复从事有偿民间借贷行为以赚取利息，违反了《银行业监督管理法》第十九条的效力性强制性规定，一审判决认定其与冷某签订的民间借贷合同为无效合同正确。借贷合同无效，双方在合同中约定的利率亦应无效。依据《民法总则》第一百五十七条、《合同法》第五十八条的规定，双方对于取得的财产应予返还。故冷某应当返还王某借款，同时应按中国人民银行同期同类贷款基准利率支付王某资金占用期间的利息损失。但自2019年8月20日起，中国人民银行已经授权全国银行间同业拆借中心每月20日(遇节假日顺延)9时30分公布贷款市场报价利率(LPR)，中国人民银行贷款基准利率这一标准已经取消，故一审判决2019年8月19日前按中国人民银行同期同类贷款基准利率计算利息，自2019年8月20日起按LPR计算利息正确。张某作为担保人对主合同的无效并无过错，一审依据《最高人民法院关于适用〈中华人民共和国担保法〉若干问题的解释》第八条判决张某不承担民事责任正确。综上所述，王某的上诉请求不能成立，应予驳回；一审判决认定事实清楚，适用法律正确。判决：驳回上诉，维持原判。[1]

【案例4-72】 宋某诉张某某民间借贷纠纷案

二审法院认为，法律规定，合同无效或者被撤销后，因该合同取得的财产，应当予以返还；不能返还或者没有必要返还的，应当折价补偿。有过错的一方应当赔偿对方因此所受到的损失，双方都有过错的，应当各自承担相应的责任。本案中，宋某与张某某对双方之间的民间借贷合同无效均有过错，应当各自承担相应的责任。因此张某某除应返还宋某借款本金1,500,000元外，张某某还应当赔偿宋某资金占用期间的利息损失。[2]

【案例4-73】 沈某某诉李某某民间借贷纠纷案

二审法院认为，当事人基于无效合同所取得的财产应予返还。借款人应当返还借款，同时应当支付资金占用期间的利息损失。涉案《借款合同》因沈某某职业放贷而无效，李某某应向沈某某返还相应借款本金及资金占用期间的利息损失。[3]

---

〔1〕 参见国家法官学院、最高人民法院司法案例研究院编：《中国法院2022年度案例》(民间借贷纠纷)，中国法制出版社2022年版，第39页。黑龙江省鸡西市中级人民法院(2020)黑03民终880号民事判决书。

〔2〕 北京市第二中级人民法院(2023)京02民终1155号民事判决书。

〔3〕 北京市第三中级人民法院(2021)京03民终7483号民事判决书。

3. 其他借款合同无效处理

【案例4－74】　曾某某与襄阳市前方房地产开发有限公司民间借贷纠纷案

最高人民法院认为,根据前述本院审理认定的事实,襄阳市中级人民法院在二审审理过程中,未查明案涉实际借款数额以及是否存在违法高息的情况,即以民事调解书的形式对当事人达成的和解协议予以确认,与《民事诉讼法》及《最高人民法院关于人民法院审理借贷案件的若干意见》的规定精神相悖。曾某某关于该调解协议内容不违反法律规定的申请再审主张,与事实及法律规定不符,应不予支持。湖北省高级人民法院再审判决关于依法撤销(2008)襄中民三终字第326号民事调解书的认定,于法有据,本院亦予维持。[1]

出借信用卡套现所得款项属套取金融机构转贷,借款合同应属无效。

【案例4－75】　张某诉郭某库民间借贷纠纷案

判决观点,本案中,郭某库使用张某的信用卡套现后将所得的款项归个人使用,而后向张某出具欠条,二人之间据此建立的民间借贷合同违反法律规定,应属无效。合同无效或被撤销后,因该合同取得的财产,应当予以返还。因此,郭某库应当返还实际占用张某的款项,郭某库实际占用张某款项10,632元,其应当予以返还。[2]

借款合同无效后,借款人应偿还尚欠的本金并支付按照银行规定的利息处理。

【案例4－76】　李某、王某诉陈某某借款合同纠纷案

二审法院认为,李某、王某明知陈某某借款用于对外发放高利贷,但仍然向其提供借款资金,该行为损害了社会公共利益,根据《合同法》的相关规定,该借款行为应认定为无效。借款被认定无效后,陈某某虽应返还借款本金及按中国人民银行同期同类贷款基准利率计算的利息,但对于陈某某已支付的233万元利息超过中国人民银行同期同类贷款基准利率计算的部分,应

---

〔1〕 参见最高人民法院民事审判第一庭编著:《最高人民法院民商事案件审判指导》(第4卷),人民法院出版社2016年版,第464页。

〔2〕 参见国家法官学院、最高人民法院司法案例研究院编:《中国法院2023年度案例》(民间借贷纠纷),中国法制出版社2023年版,第15页。北京市通州区人民法院(2021)京0112民初34821号民事判决书。

冲抵借款本金。对于冲抵后尚欠本息，陈某某应予返还。[1]

借名借款行为中，借名人与债权人、出名人通谋，由出名人以自己的名义向债权人实施借款行为，该法律后果由借名人承担责任。出名人与债权人的借款行为是伪装行为，其伪装行为无效，出名人不承担偿还责任。

【案例4－77】　恒信公司诉旗牌王公司、李某、席某、施某某借款合同纠纷案

二审法院认为，报告载明“旗牌王公司原以李某、黄某某名义向恒信公司借款1000万元”，与决议中载明“旗牌王公司以李某、黄某某为借款人的贷款不计利息”以及旗牌王公司出具给李某的承诺书载明“本公司因自身生产经营融资需要，借用李某的个人名义向恒信公司借款人民币伍佰万元整，并按恒信公司的格式要求，由其配偶席某为此借款提供担保”，相互印证，可以认定旗牌王公司以李某名义向恒信公司借款并签订合同，该行为是为了规避旗牌王公司作为恒信公司股东不得向恒信公司借款的公司章程规定，恒信公司与李某对此均明知。根据《民法总则》第一百四十六条规定可知，合同不是李某的真实意思表示，故其对李某而言是无效；该合同所隐藏的民事法律行为是旗牌王公司与恒信公司之间的借款行为，不违反法律法规强制性规定，应认定为有效。本案借款应当由旗牌王公司负责返还，实际上，恒信公司也向旗牌王公司管理人提出了债权申报。席某虽作为担保人在合同上签名，但其系李某的配偶，其签字行为可以理解为是配合李某的行为，现有证据无法体现席某有为旗牌王公司借款提供担保的真实意思表示，在李某不承担借款偿还责任的情形下，席某作为李某的配偶也不应当对借款承担民事责任。决议、纪要系恒信公司内部决议，恒信公司未将上面所载贷款不计利息，按其借款金额的月0.8%计收利息的内容向旗牌王公司作出意思表示，故此两项内容不对旗牌王公司发生效力，借款的利息、罚息应当按照合同的约定计算。此外，一审适用《合同法》第四百零三条进行调整，属适用法律错误。判决：(1)撤销一审判决；(2)旗牌王公司偿付恒信公司借款本金500万元和利息、罚息；(3)施某某对上述判决承担连带清偿责任，其在承担责任后，有权向旗牌王公司追偿；(4)驳回恒信公司的其他诉讼请求。[2]

《民法典》颁布前，法院根据当时的法律规定处理民间借贷无效案件，其仍然有借鉴意义。自然人之间的借款合同关于借款的约定内容部分属于成立而不生

---

〔1〕 参见最高人民法院民法典贯彻实施工作领导小组编著：《中国民法典适用大全》(合同卷三)，人民法院出版社2022年版，第1714页。重庆市第五中级人民法院。最高人民法院发布19起合同纠纷典型案例第12号。

〔2〕 参见《人民司法·案例》2019年第8期(总第847期)，第36页。福建省泉州市中级人民法院(2018)闽05民终686号民事判决书。

效的未生效约定，该未生效部分已不具备生效的可能，系自始没有法律效力，在法律后果上可比照无效合同处理。

【案例4－78】　孙某与吕某民间借贷纠纷案

关于《借款及担保协议》的效力问题，最高人民法院认为：第一，《借款及担保协议》关于担保的约定内容违反法律效力性强制性规定，应认定无效。《借款及担保协议》第6条、第7条约定将48号地块的土地使用权作为财产担保。事实上，双方在签订合同之时均不享有48号地块的国有土地使用权。签订合同之后，借款方陈某某、徐某某也未取得该地块的国有土地使用权，反而是由出借方竞拍成功，并与毕节市国土资源局签订《成交确认书》和《国有建设用地使用权出让合同》，约定48号地块的国有建设用地使用权出让给孙某。在一审法庭辩论终结前，孙某将该地块转让给甲公司，该地块土地使用权已登记在甲公司名下，甲公司从未表示该地块可作为抵押财产。由此可见，当事人约定将48号地块作为担保财产，并非设定了建立在国有土地使用权基础上的担保物权，而是创设了一种新型担保。根据《物权法》第五条"物权的种类和内容，由法律规定"的物权法定原则和《物权法》《担保法》相关规定，担保物权包括抵押权、质权、留置权，当事人无权创设法律没有规定的担保物权。因此，双方关于担保的约定内容违反了法律效力性强制性规定，根据《合同法》第五十二条的规定，应当认定无效。

第二，《借款及担保协议》关于借款的约定并未实际履行，不发生法律效力。《借款及担保协议》约定孙某出借8080万元款项给陈某某、徐某某，但实际履行中：一是该款项自始至终未打入陈某某、徐某某可以实际控制的账户，未交付给陈某某、徐某某；二是陈某某、徐某某借款的目的是获取土地使用权，但该笔款项没有由陈某某、徐某某用于购买土地使用权，而是由孙某购买土地使用权，陈某某、徐某某借款的目的未能实现；三是8080万元汇款行为不能定性为交付借款行为。根据《合同法》第二百一十条"自然人之间的借款合同，自贷款人提供借款时生效"的规定，自然人之间的借款合同属于实践性合同，贷款人提供借款是借款合同的法定生效要件。故该合同关于借款的约定内容部分属于成立而不生效的未生效约定，该未生效部分已不具备生效的可能，系自始没有法律效力，在法律后果上可比照无效合同处理。

第三，尽管陈某某、徐某某在一审诉讼中并未提出要求返还4920万元及其相应利息的诉讼请求，但是，根据《合同法》第五十八条"合同无效或者被撤销后，因该合同取得的财产，应当予以返还"的规定，一审判决孙某应当返还因《借款及担保协议》取得并长期占用的4920万元款项及其相应孳息，如此处理虽然在程序上存在瑕疵，但却有利于从根本上解决双方之间权利义务关系，减少当事人的诉累，符合实质正义的要求，亦无不可。何况，合同效力系法律对当事人合意的评价，法院可主动向当事人释明，亦可依职权作出合同无效或未生效的认定，进而“一揽子”解决因无效而产生的法律后果，不属于严重违反法律程序。〔1〕

借贷双方约定以虚拟货币抵债的协议无效，应基于双方过错程度认定债务人应承担的还款责任范围。

【案例4－79】 文某诉左某民间借贷纠纷案

二审法院认为，根据《关于防范代币发行融资风险的公告》的规定，本案中的虚拟货币既非货币，也不具有虚拟财产的属性，涉案虚拟货币项目本质上是一种未经批准非法从事代币发行融资的行为，亦可能涉嫌非法发售代币票券、非法集资、金融诈骗、传销等违法犯罪活动。虽然无法律和行政法规直接明确禁止虚拟货币的交易，但虚拟货币项目作为非法从事代币发行融资的行为已为中国人民银行等金融监管部门所明令禁止，扰乱了经济金融秩序，亦可能造成系统性金融风险，威胁人民群众的生产安全、损害社会公共利益，因此应对虚拟货币相关的（通过存入以太坊币）兑换、买卖、以币抵债以及之后延伸的相关交易行为作出否定性评价，依据《合同法》第五十二条第四项之规定，文某与左某约定以360个以太坊币抵偿债务，但实际交付的是虚拟货币，上述行为损害了社会公共利益，应认定为无效。对于涉案以虚拟货币抵债的无效协议，双方当事人均存在一定程度的过错，应当各自承担相应的法律责任。涉案虚拟货币项目在运行过程中是以虚拟货币为载体赚取利润，虽双方约定以360个以太坊币抵偿债务，但可以认定左某实际交付的虚拟货币并在交付一个月左右就失去价值，无法达到抵偿债务的法律效果，文某当时接受了该以抵债的债务清偿方式，主观上也想谋求虚拟货币市场上的高额利润，客观亦参与了涉案虚拟货币项目的炒币活动，未采取其他防范虚拟货币投资风险的措施，故文某和左某在本案中均存在过错，应各自承担相应的法律后果。综上所述，文某的上诉请求部分成立；一审判决认定事实不清，适用法律错误，依法改判。判决：（1）撤销一审判决；（2）左某偿还文某借款本金45万元；（3）驳回文某的其他诉讼请求。〔2〕

名为借贷实为场外配资导致借款协议无效。

---

〔1〕 最高人民法院（2015）民一终字第149号民事判决书。

〔2〕 参见国家法官学院、最高人民法院司法案例研究院编：《中国法院2023年度案例》（民间借贷纠纷），中国法制出版社2023年版，第163～164页。湖南省长沙市中级人民法院（2021）湘01民终6311号民事判决书。

【案例4-80】　高某某诉刘某某民间借贷纠纷案

一审法院认为,涉案《借款协议》存在配资方按杠杆比例,将自有资金出借给融资方用于买卖股票,并固定收取按盈利比例收取利息,融资方将买入的股票及保证金让与配资方作为担保,设定平仓线,融资方有权在资产市值达到平仓线后强行卖出股票以偿还本息的内容,符合场外配资合同的特征,故涉案《借款协议》名为借贷,实为场外配资。鉴于融资融券作为证券市场的主要交易方式和证券经营机构的核心业务,依法属于国家特许的经营业务,未经依法核准,任何单位和个人不得非法经营配置业务。所以,涉案《借款协议》违反法律强制性规定,损害社会公共利益,应为无效合同。……本案原、被告双方应对故意违反法律强制性规定所产生的后果,各自承担自己的损失。涉案《借款协议》约定的利息部分应属无效,被告已经支付的部分保证金及利息,应认定为返还本金。原告因未交纳上诉费,被二审法院裁定按撤回上诉处理。[1]

(二)以物抵债效力处理

《民法典合同编通则解释》第二十七条规定:"债务人或者第三人与债权人在债务履行期限届满后达成以物抵债协议,不存在影响合同效力情形的,人民法院应当认定该协议自当事人意思表示一致时生效。债务人或者第三人履行以物抵债协议后,人民法院应当认定相应的原债务同时消灭;债务人或者第三人未按照约定履行以物抵债协议,经催告后在合理期限内仍不履行,债权人选择请求履行原债务或者以物抵债协议的,人民法院应予支持,但是法律另有规定或者当事人另有约定的除外。前款规定的以物抵债协议经人民法院确认或者人民法院根据当事人达成的以物抵债协议制作成调解书,债权人主张财产权利自确认书、调解书生效时发生变动或者具有对抗善意第三人效力的,人民法院不予支持。债务人或者第三人以自己不享有所有权或者处分权的财产权利订立以物抵债协议的,依据本解释第十九条的规定处理。"

《民法典合同编通则解释》第二十八条规定:"债务人或者第三人与债权人在债务履行期限届满前达成以物抵债协议的,人民法院应当在审理债权债务关系的基础上认定该协议的效力。当事人约定债务人到期没有清偿债务,债权人可以对抵债财产拍卖、变卖、折价以实现债权的,人民法院应当认定该约定有效。当事人约定债务人到期没有清偿债务,抵债财产归债权人所有的,人民法院应当认定该

〔1〕 参见陈昶主编:《2022年上海法院案例精选》,上海人民出版社2022年版,第166页。

约定无效,但是不影响其他部分的效力;债权人请求对抵债财产拍卖、变卖、折价以实现债权的,人民法院应予支持。当事人订立前款规定的以物抵债协议后,债务人或者第三人未将财产权利转移至债权人名下,债权人主张优先受偿的,人民法院不予支持;债务人或者第三人已将财产权利转移至债权人名下的,依据《最高人民法院关于适用〈中华人民共和国民法典〉有关担保制度的解释》第六十八条的规定处理。"

在本段主要讨论以物抵借款的效力问题。理论上对以物抵债的性质及效力有两种:一种观点认为以物抵债属"负担行为",即属当事人双方达成的协议,其中又分为诺成性合同说和代物清偿要物合同说等;另一种观点认为以物抵债实则是一种"处分行为",认为若特定物未转移所有权则履行行为未完成,则以物抵债未完成,原债权债务合同继续履行。该种观点在司法实践为多数法院采信。换言之,签订以物抵偿协议后原借款合同并非消灭。

【案例4-81】 尚甲诉吴某、尚乙民间借贷纠纷案

判决观点,被告吴某向原告尚甲出具借条、欠条并收取借款,系双方当事人的真实意思表示且不违反法律、法规的禁止性规定,双方之间的民间借贷关系合法有效。借款到期后,被告吴某未按约还款、支付利息,其行为构成违约,应承担继续归还借款并支付利息的责任。对原告尚甲要求被告吴某归还借款1,000,000元并从2013年4月16日起至借款还清之日止按年利率12%支付利息的请求,法院予以支持。被告吴某辩称,双方已于2016年2月6日签订了抵偿协议,被告所欠借款已经通过以物抵债的方式结清。但因双方签订该协议后未办理房屋过户登记,协议所涉房屋所有权未转移至原告尚甲名下,原告的债权并未得到清偿,故原、被告之间的债权债务并未消灭。因此,对被告的辩称理由,不予采纳。判决:被告归还原告尚甲借款1,000,000元并支付利息。[1]

债务清偿期届满后当事人达成以物抵债协议,在尚未办理不动产转移手续前,债务人或第三人反悔不履行抵债协议,债权人要求继续履行抵债协议或要求确认所抵之物的所有权归自己的,法院应驳回其诉讼请求。但经释明,当事人要求继续履行原债权债务合同,法院应当继续审理。

【案例4-82】 王某某诉景某某、刘某某合同纠纷案

二审法院认为,本案是因债务人刘某某与债权人王某某存在债权债务关系,景某某把其所有的房屋给付给王某某抵偿债务人刘某某债务而产生的纠

〔1〕 参见国家法官学院案例开发研究中心编:《中国法院2019年度案例》(民间借贷纠纷),中国法制出版社2019年版,第6页。重庆市璧山区人民法院(2017)渝0120民初4311号民事判决书。

纷,其法律关系符合以物抵债的特征,该协议具有实践性。债务清偿期届满后当事人达成以物抵债协议,在尚未办理物权转移手续前,债务人或第三人反悔不履行抵债协议,债权人要求继续履行抵债协议或要求确认所抵之物的所有权归自己的,人民法院应驳回其诉讼请求。上诉人关于其已得到的争议房屋的所有权及赔偿损失的主张不能成立,二审法院不予支持。上诉人关于其实际占有争议房屋的诉讼主张,因提供的证据不充分,二审法院不予支持。上诉人要求将案件移送至侦查机关的请求,因本案民事纠纷是由上诉人提起的,且上诉人已向公安机关举报并已立案,法院继续审理上诉人依据过户协议所产生的纠纷并无不当,不能得到支持。判决:驳回上诉,维持原判。[1]

当事人之间借款关系明确,债权人追索借款的权利应当依法予以保护。但当事人之间直接以物抵债,损害了其他债权人的利益,该直接以物抵债协议应当认定无效。

【案例4-83】 陈某某诉甘某某借款纠纷案

最高人民法院认为,甘某某向陈某某借款109.7万元逾期未还,双方债权债务关系明确,甘某某、陈某某均无异议。甘某某未能按期还款,陈某某寻求法律保护,请求人民法院判令甘某某归还借款,陈某某追索借款的权利应当依法予以支持,甘某某应向陈某某偿还借款。岑溪市人民法院(1998)岑民初字第1369号民事调解书确认,甘某某自愿将其坐落在岑溪市玉梧路十里长街边的金隆石材总汇铺面房地产直接抵偿其欠陈某某债务,损害了其他债权人的利益,该以房地产直接抵债的协议无效。岑溪市人民法院(1998)岑民初字第1369号民事调解书对陈某某、甘某某达成的调解协议予以确认不当,该院(1999)岑民再字第1号民事判决,广西壮族自治区梧州市中级人民法院(2003)梧民再终字第4号民事判决、广西壮族自治区高级人民法院(2008)桂民再字第40号民事判决关于甘某某应向陈某某清偿借款的认定正确,判决结果正确,应予以维持。甘某某所有的位于岑溪市玉梧路十里长街地号为42320、房产证号为3901881的房地产实为同一处房地产,故陈某某称甘某某抵押给南方公司的房产和卖给陈某某的房产是两个不同标的物的理由不能成立。广西壮族自治区高级人民法院再审判决认定正确,予以维持。甘某某与陈某某、欧某某签订《转让土地使用权及房屋协议》,将其岑溪市人民法院(1998)岑民初字第1369号、第1364号民事调解书确认的抵债房产之外的部分,全部有偿转让给陈某某、欧某某,属于其与陈某某、欧某某除了以物抵债之外,又形成的房屋买卖的法律关系。该法律关系,双方当事人未形

---

[1] 黑龙江省佳木斯市中级人民法院(2015)佳民终字第229号民事判决书。

成纠纷，亦不属于本案审理的范围，本案不予涉及。判决：维持广西壮族自治区高级人民法院（2008）桂民再字第40号民事判决。[1]

根据《土地管理法》第九条规定，宅基地属于农民集体所有。非集体组织成员不享有该集体组织宅基地使用权，不能通过以物抵债方式受让该集体组织宅基地上房屋。当事人签订以物抵债协议并不必然导致原债消灭。以物抵债协议无效后，债权人请求债务人履行原债的，应予支持。

【案例4－84】 嵩县城关镇北店街社区居民委员会、嵩县城关镇人民政府与闫某某、吴甲、吴乙借款纠纷再审案

最高人民法院认为，本案再审审查的焦点问题是《还款协议》的效力。本案原债权债务关系是借款关系，改造指挥部向三江源公司借款，嵩县城关镇人民政府（以下简称城关镇政府）为担保人。为清偿借款，改造指挥部、嵩县城关镇北店街社区居民委员会（以下简称北店街居委会）与三江源公司签订《还款协议》，各方确认截至2013年12月31日，改造指挥部仍欠三江源公司本息约700万元，改造指挥部负责在于沟河建设完工后划出一层商业房700平方米交给三江源公司，用于偿还所欠所有本息。改造指挥部撤销后，权利义务由北店街居委会承担。《还款协议》约定以交付商业房代替原借款合同约定的偿还货币义务，以消灭原债权债务关系。原审查明，《还款协议》所涉及房屋属于城中村改造工程的一部分，建设在农村集体土地上，没有相关规划审批手续，至今未交付闫某某等三人。根据《物权法》第一百五十一条规定，农村集体所有的土地作为建设用地的，应当依照《土地管理法》等法律规定办理。根据地随房走的一般原则，案涉宅基地使用权将与房屋一并实现流转。根据《土地管理法》第八条规定，宅基地属于农民集体所有。吴丙及闫某某等三人均非北店街集体组织成员，不享有该集体组织宅基地使用权，不能通过以物抵债方式受让集体组织宅基地上房屋。故《还款协议》的约定违反现行法律规定。城关镇政府主张国家对宅基地流转限制呈放开趋势，但是双方签订《还款协议》时及至吴丙起诉之时，案涉农村宅基地使用权仍不能自由流转，故二审法院认定《还款协议》无效，并无不当。《还款协议》自始无效，原借款关系未消灭，闫某某等三人请求北店街居委会、城关镇政府履行原借款关系项下义务应予支持。吴丙与三江源公司签订的《债权转让协议》系当事人真实意思表示，并不违反法律规定。二审判决认定有效，亦无不

[1] 参见《最高人民法院民商事案件审判指导》（第1卷），人民法院出版社2012年版，第57页。最高人民法院（2010）民抗字第25号民事判决书。

当。裁定:驳回城关镇政府的再审申请。[1]

借贷双方预签房屋买卖合同不具有抵债效力。

【案例4-85】 刘甲与刘乙、刘丙、孙某某等民间借贷纠纷案

刘丙、孙某某、刘乙称借款时原、被告达成买卖协议,约定将被告刘丙、孙某某自己所有的位于太平村的房屋卖给刘甲,现应以此房抵债。2011年原、被告在达成借款合同关系的同时签订了房屋买合同,借款数额和约定的房屋价款一致。之后刘丙、孙某某给刘甲支付部分借款利息并在借款到期后续签借款合同,刘甲按民间借贷合同主张权利,故按民间借贷关系确定合同双方的权利义务,刘丙、孙某某、刘乙主张应以房屋抵销债务的请求不予支持。一审法院判决:刘丙、孙某某共同偿还刘甲借款本金492,000元及利息,刘乙对上述确定的债务承担连带偿还责任。二审法院认为,2011年和2012年借款合同约定的借款数额一致,借款期限均为一年,借款时间相互衔接,可认为2012年12月借款合同对2011年借款合同的借款期限进行了变更,刘丙、孙某给刘甲支付部分借款利息,并在借款到期后续签借款合同,刘甲按民间借贷合同主张权利,故按民间借贷关系确定双方的权利义务。判决:驳回上诉,维持原判。[2]

债务履行期限届满后达成的以物抵债协议,合同一经成立并生效就对各方当事人具有约束力,并不以债权人现实地受领抵债物或取得抵债物所有权、使用权等财产权利为成立或生效要件。

【案例4-86】 黄某诉四川盛源公司等民间借贷纠纷再审案

再审法院认为,黄某委托李某、重庆卓冠公司与四川盛源公司、四川佳诚公司签订《债务抵偿协议》,并明确约定原借款协议作废,故双方之间构成债的更改,形成新的债权债务关系,各方应按《债务抵偿协议》履行其义务。黄某诉请之债因债的更改而归于消灭,故对其诉请应不予支持。判决:撤销一审、二审判决,驳回黄某的诉讼请求。[3]

---

〔1〕 参见人民法院出版社主编:《最高人民法院民商事审判指导》(第6卷),人民法院出版社2019年版,第380页。

〔2〕 参见国家法官学院案例开发研究中心编:《中国法院2017年度案例》(民间借贷纠纷),中国法制出版社2017年版,第162页。辽宁省沈阳市中级人民法院(2015)沈中民四终字第329号民事判决书。

〔3〕《债务履行期届满后以物抵债协议属于诺成性合同》,载《人民法院报》2018年8月9日,第6版。重庆市高级人民法院(2017)渝民再162号民事判决书。

（三）减免债务效力处理

《民法典》第五百七十五条规定："债权人免除债务人部分或者全部债务的，债权债务部分或者全部终止，但是债务人在合理期限内拒绝的除外。"

出借人免除借款人的债务，根据出借人不同的免除意思表示，具有以下几种法律效力：其一，出借人免除借款人全部债务，包括免除利息等从债务的，整个债权债务关系消灭，借款人不再履行所有的债务。其二，出借人免除借款人部分债务的，已免除部分的债务消灭，未免除的债务仍然存在。其三，出借人表示偿还借款本金、免除利息的，借款人偿还本金后，免除利息产生效力，借款人可以不再支付利息。其四，出借人明确表示免除全部本金而未提及利息的，因为利息是从债权，通常随主债权而消灭，故可认为利息也随之免除。其五，借款债务已经设定担保，出借人免除借款人的债务的，随之相应地免除担保人的担保责任。

【案例4－87】 林丙与林甲民间借贷纠纷案

二审法院认为，上诉人林甲向被上诉人林丙借款人民币103,870元事实清楚，合法有效。根据《婚姻法》第四十一条的规定，离婚时，原为夫妻共同生活所负的债务，应当共同偿还。上诉人林甲与林乙于2011年2月17日办理结婚登记手续，上诉人林甲于2011年5月14日与林丙的借款发生在其与林乙夫妻关系存续期间，该债务为夫妻共同债务，应由林甲和林乙共同承担还款责任。债权人林丙在诉讼中明确放弃林乙对本案债务承担共同偿还责任，该行为系其真实意思表示，符合民法上的债务免除特征。本案债务系林甲与林乙的夫妻共同债务，鉴于林丙放弃对林乙的共同偿还责任，且考虑两人已经离婚，两债务人应各承担一半的偿还责任。同时，根据《合同法》第一百零五条关于"债权人免除债务人部分或者全部债务的，合同的权利义务部分或者全部终止"的规定，被上诉人林丙自愿放弃了本应由林乙共同承担的另一半债务，由此可以认定被上诉人林丙自愿放弃其中50%的债权。基于公平原则和免除行为的效力，以及从避免诉累的角度考虑，也应相应地免除上诉人林甲对林乙所应承担的那一半债务的偿还责任。综上，原审判决由上诉人林甲偿还全部借款，适用法律错误，应予纠正。上诉人林甲应偿还给被上诉人林丙借款人民币51,935元，并支付自2014年6月30日起至本款项还清之日止按中国人民银行同期同类贷款利率计算的利息。上诉人林甲关于被上诉人林丙免除林乙的债务，其对林乙应承担的份额不再承担连带责任的上诉理由成立，本院予以支持。判决：(1)撤销一审判决；(2)上诉人林甲偿还被上诉人林丙51,935元及利息。[1]

免除债务行为是一种不可撤销的行为,一旦作出就不能反悔。因此债权人在作出免债决定时应充分考虑这种行为的法律后果和风险。

【案例4-88】 张甲诉秦某、张乙民间借贷纠纷案

判决观点:(1)根据张甲提供的15万元《借条》和在《借条》之后11天内发生的两份汇票,能够证明秦某通过其母亲张乙银行账户实际收到汇款10万元,应认定双方在达成借款15万元的协议后,张甲实际履行了支付借款10万元的义务。张甲提出的15万元借款之外另向秦某追加提供借款10万元的主张,因秦某知道张甲已有合法婚姻不可能与之组建家庭及对其生育能力的顾虑决定终止妊娠措施,并在协商后由张甲于2011年12月30日向秦某出具的《收条》载明"今收秦某人民币拾伍万元整,两人无债务关系,负(互)不干扰"。该协商结果发生在10万元汇款之后,也是在双方终止"恋爱关系"时对不正当交往期间的经济往来、不当怀孕后等遗留问题的最终解决方案,理应包含双方发生的所有债权债务。故张甲主张出借给秦某25万元,因其证据不够充分,法院不予认定。(2)为结束两人之间的不正当关系,彻底解决双方之间的经济纠纷,以及对张甲在已有婚姻的情况下仍与秦某"恋爱"而导致其怀孕后的补救措施,经协议后张甲出具的《收条》中记载的"两人无债务关系,负(互)不干扰",应视为张甲对其所有的债权行使的处分权,即张甲已向秦某作出免除债务责任的意思表示,从而导致双方之间形成的民间借贷合同的权利义务终止的法律行为。公民在从事民事活动中有权对其权利进行处分,张甲系成年人,应该知道该处分权的行使所产生的权利丧失的结果。判决:驳回原告张甲的诉讼请求。[2]

民间借贷关系成立后,出借人与借款人基于刑事和解协议对相关债权债务关系的约定,可以发生原债权债务关系消灭的效力。

【案例4-89】 甲与丙民间借贷纠纷再审案

最高人民法院认为,根据原审查明的事实及当事人陈述,案涉500万元系甲通过乙转给丙的借款。2015年6月15日,乙向丙出具《委托书》,委托丙将该500万元转借给丁。丁已实际收到该500万元。2016年9月15日,甲与丙签订《和解协议》确认:(1)丙曾经在2012年9月从乙手中转款两次

---

[1] 福建省莆田市中级人民法院(2015)莆民终字第1300号民事判决书。

[2] 参见国家法官学院案例开发研究中心编:《中国法院2015年度案例》(民间借贷纠纷),中国法制出版社2015年版,第162~163页。湖北省宜昌市夷陵区人民法院(2013)鄂夷陵民初字第00159号民事判决书。

共计500万元人民币,丙已于2015年6月15日按债权人要求转到指定账户,丙愿意协助收款人把债权转给甲;(2)目前在番禺南村派出所立案的盗抢案涉及甲的关联公司四名职工,丙在过户收到两部汽车后出具《刑事谅解书》,协助在近期解决;(3)乙的500万元债权也不再追诉利息,在刑事案解决的同时,立即在一审法院撤诉。2016年9月22日,丙、丁共同署名的《承诺书》载明,丁同意把欠丙(受乙委托)500万元的债权转给甲,从2016年9月20日起计算,利息与甲本人协商。2016年9月20日以前所欠的利息与丙(受乙委托)计算并支付。原审还查明,番禺南村派出所于2016年9月29日签收了丙提交的《刑事谅解书》,且相关人员并未受到刑事追诉,所涉及的刑事案件已经终结。故原审判决认为上述证据形成了较为完整的证据链,足以证明甲通过与丙签订《和解协议》对乙委托丙将500万元转借给丁的行为进行了追认,丙亦已经履行了《和解协议》中的相关义务,甲与丙之间的债权债务关系已经消灭,并无不当。[1]

---

[1] 最高人民法院(2021)民申3017号民事裁定书。

专题五　民间借贷合同责任纠纷

本专题就民间借贷合同责任与借款担保责任纠纷予以阐述，对担保的其他问题放在借款担保纠纷阐述。

一、民间借贷合同责任理解

(一)民间借贷合同责任含义

合同责任是当事人违反涉及合同的义务,依法应当承担的不利法律后果。[1]

合同责任以合同债务不履行为前提,以过错为核心,以合同责任的承担方式和赔偿范围的确定方式为保障,构建一个健全的法律制度。[2]

合同责任是责任的一种。有学者认为,从文义上看,责任是指债务人对债权人强制干涉的服从状态,但责任也常被用于表达债务的意义。[3] 也有学者认为,责任指债务人应当给付而未给付或不完全给付时,应服从债权人之强制取得之关系。由于此种强制取得的责任关系附加于债务关系,债务才有拘束力,从而为实现债之目的,责任乃具有担保作用。[4] 合同责任主要是财产责任,但也有例外,即合同责任与侵权责任竞合时,允许当事人有选择非物质性民事责任之权利。合同责任是指违反涉及合同义务的不利后果,但其具有相对性,即发生在特定的当事人之间,这是明显区别于侵权责任的。还应该看到合同责任相对性的例外,即第三人侵害债权理论的出现。一般来讲,合同责任可以由当事人事先约定,这是基于意思自治原则,即可以由当事人在合同中事先约定违反合同义务应当承担责任的方式和方法,自然可以直接约定违反合同义务的违约金。但合同责任约定要受到法律的限制,因其归根结底是一种国家强制方式,不可能完全自由,对超出法律规定责任范围和方式的约定无效,对约定违约金过高或过低的,可以请求法官进行适当调整。在合同责任除了约定部分之外,还有相当一部分是法定责任,这是不可以由当事人自由约定的,对于强制性规范的责任,即便约定也是无效的,这并未超出意思自治原则范围。借款合同责任是合同责任的一种,自然适用合同责任的理论和制度。

---

〔1〕 参见冉富强等:《合同责任研究》,吉林大学出版社 2008 年版,第 11 页。

〔2〕 参见张礼洪:《罗马法中的合同责任及其在现代中国的发展》,载梁慧星主编:《民商法论丛》(第 5 卷),法律出版社 1996 年版,第 634 页。

〔3〕 参见王洪亮:《强制履行请求权的性质及其行使》,载《法学》2012 年第 1 期,第 104 页。

〔4〕 参见林诚二:《民法理论与问题研究》,中国政法大学出版社 2000 年版,第 208 页。

《民法典》第五百七十七条规定："当事人一方不履行合同义务或者履行合同义务不符合约定的，应当承担继履行、采取补救措施或者赔偿损失等违约责任。"第五百七十八条规定："当事人一方明确表示或者以自己的行为表明不履行合同义务的，对方可以在履行期限届满前请求其承担违约责任。"

（二）民间借贷合同责任形态

1. 出借银行卡责任形态

对于银行卡出借人在民间借贷关系中的责任形态，由于现有的法律和司法解释规定不明确，全国各地法院生效裁判观点也存在较大的差异。有不少法院直接判银行卡出借人承担责任或者共同还款责任，也有法院认为不宜"一刀切"，应根据具体案情界定责任。

在民间借贷中，银行卡出借人将其本人的银行卡交由借款人接收借款，其实质上是出借了本人的银行账户，并不能证明银行卡出借人有向出借人借款的合意。借贷行为发生后，借款人亦有用银行卡出借人的银行账户偿还借款。借款人向出借人出具借条，银行卡出借人未在借条上签名，出借人也未要求其在借条上具名，故银行卡出借人不是借贷关系的一方当事人，既不是共同借款人也不是担保人。从合同相对性原则出发，借款人和出借人的民间借贷行为对银行卡出借人不具有约束力。银行卡出借人基于亲戚、朋友、恋爱等关系出借银行卡，虽有违银行卡使用的相关管理办法，但符合生活情理。在银行卡出借人出借银行卡后，无证据证明银行卡出借人使用出借银户账户的借款资金，亦无证据证明银行卡出借人通过出借银行卡获取了其他的经济收益。故从权利义务对等的公平原则出发，不宜判处银行卡出借人承担还款责任。而连带责任的产生需要当事人之间的约定或者基于法律规定，从现有法律规范中不能得出出借银行卡必然承担还款责任这一结论，不得随意扩大连带责任的范围。银行卡出借人是否承担还款责任，承担何种责任，需要根据借款合意、合同相对性、银行卡出借人是否获益等情况，结合公平原则，进行综合判断认定。

【案例 5－1】 李甲诉李乙、李丙民间借贷纠纷案

二审法院认为，本案所涉民间借贷合同是李乙与李甲签订的，李甲按照李乙的指示将借款转入李丙账户，还款也是李乙占用该账户期间，通过该账户还款，依据合同相对性原则，该合同仅对李甲和李乙具有约束力，对李丙不具有约束力。李丙虽出借了银行账户，但本案没有证据证明李丙通过出借账户获取利益。因此根据权利义务对等的公平原则，李丙不需承担还款责任。

综上，李丙的上诉理由成立，其上诉请求应予支持。一审法院认定事实清楚，但适用法律错误，应予纠正。判决：维持一审判决第一项即李乙偿还李甲借款750,000元及利息，撤销一审判决第二项即李丙对上述借款本金与利息承担补充偿还责任。[1]

2. 个人独资企业借款债务承担责任形态

个人独资企业虽不具有法人人格，但因其自身具备设立简便、经营灵活、管制宽松等优势，发展成为独立的企业组织形式。由于个人独资企业作为商事经营实体的特殊性，其债务承担问题在司法实践中存在的争议需要厘清。根据《个人独资企业法》第二条之规定，个人独资企业投资人对企业债务应承担无限责任。在企业投资人与实际经营人不一致的情况下，企业投资人应对债务承担无限清偿责任，而非连带清偿责任。即便投资人不是实际借款人，是实际经营人对外借款，其借条上有个人独资企业印章，企业投资人也应承担无限清偿责任。换言之，在案件中，同时存在无限责任和连带责任形式，应予以区分适用。企业投资人以其个人财产对企业借款债务承担无限责任，此处的个人财产不仅包括投资人所办企业的所有财产，还包括投资人的其他个人资产，如投资人的其他动产与不动产以及夫妻共同财产中的份额等。

【案例5-2】 李某某诉张某、武汉仟信大药房、罗某民间借贷纠纷案

二审法院认为，根据《民间借贷规定》第二十三条第二款的规定，武汉仟信大药房、罗某作为共同借款人应履行还款义务。根据《个人独资企业法》第二条的规定，张某作为武汉仟信大药房的投资人，应对武汉仟信大药房的债务承担无限清偿责任。[2]

3. 涉及第三人责任形态

第三人单方表示代替债务人清偿债务，而没有达成债务转移协议的，不构成债务转移，此时第三人仅是履行主体，而不是合同当事人。第三人不履行债务或者履行债务不符合约定，则债务人应当向债权人承担违约责任。

---

〔1〕 参见国家法官学院、最高人民法院司法案例研究院编：《中国法院2021年度案例》（民间借贷纠纷），中国法制出版社2021年版，第153页。湖北省武汉市中级人民法院（2019）鄂01民终33号民事判决书。

〔2〕 参见国家法官学院、最高人民法院司法案例研究院编：《中国法院2021年度案例》（民间借贷纠纷），中国法制出版社2021年版，第149～150页。江西省宜春市中级人民法院（2019）赣09民终418号民事判决书。

【案例5-3】 许某某诉朱某民间借贷纠纷案

二审法院认为,朱某向许某某借款10万元,朱某已归还45,000元的事实,双方当事人均无异议,法院予以确认。本案二审的争议焦点是:许某某与姜某某签订的还款协议书中,姜某某系代朱某向许某某履行债务,还是原朱某的债务已转移给姜某某。由于该协议的签约主体为债权人许某某与第三人姜某某,而债务转让的主体应是债务人与第三人(新债务人),且协议约定朱某出具的借条要在款项付清后才交给姜某某,即许某某并未放弃对朱某的债务主张,故该还款协议系当事人约定由第三人姜某某向许某某履行债务。朱某认为债务已转移的上诉理由,法院不予采纳。根据我国《合同法》规定,当事人约定由第三人向债权人履行债务,第三人不履行债务或者履行债务不符合约定,债务人应当向债权人承担违约责任。由于姜某某未履行还款协议书中的付款义务,许某某主张朱某还款责任的诉讼请求,于法有据,应予支持。许某某在原审中自认2008年10月6日收到还款1万元,根据还款协议书中约定的付款时间和金额,应视为归还借款本金。故朱某尚欠借款本金45,000元。因朱某经原审法院合法传唤无正当理由拒不到庭,原审基于许某某提交的证据而认定的事实基本清楚,实体处理亦无不当。由于二审中朱某向法院新提交了证据,且许某某对朱某主张已还款45,000元的事实无异议,导致二审法院查明事实不一致,故予以改判。判决:朱某归还许某某借款本金45,000元及逾期付款利息16,808元。[1]

第三人全面、适当地履行了代为清偿债务,合同债务即消灭,原合同终止。如果第三人是部分清偿,债权人已经领受的,则发生合同债权部分消灭的后果,对尚未清偿的部分债权,合同债务人仍应承担还款责任。

【案例5-4】 崇德广业公司诉陈某某、何某、何甲、何乙、蒋某某等民间借贷纠纷案

二审法院认为,本案中,第三人兰某某与债权人崇德广业公司于2008年4月8日签订股权转让协议,并于同年5月21日办理公证后,兰某某已将其持有的裕达盛公司40%股权出让给崇德广业公司,并在深圳市工商行政管理局办理了股权变更登记手续,裕达盛公司的公司章程也作了相应修正。截至2008年5月29日股权变更登记手续完成,兰某某已经全面履行了其在股权转让协议中的义务。对于债权受偿而言,以股权转让款抵扣何某某的部分债务,属于消极履行事实,崇德广业公司实际受让兰某某在裕达盛公司的40%股权后,即可视为崇德广业公司已经领受了兰某某代为何某某清偿660

[1] 浙江省杭州市中级人民法院(2010)浙杭商终字第1215号民事判决书。

万元债务的行为,崇德广业公司对何某某的660万元债权已得以实现。据此,股权转让协议已经实际履行完毕,兰某某和崇德广业公司在股权转让协议中的合同权利义务已经终止。对已经履行完毕的合同权利义务,当事人没有正当理由不能反悔。崇德广业公司在二审中提供其与兰某某签订的补充协议,以支持其关于股权协议未履行完毕的主张,无相应法律依据。同时,在崇德广业公司已实际受让兰某某持有的裕达盛公司40%股权且没有提供证据证明崇德广业公司已向兰某某股权转让600万元的情况下,崇德广业公司向何某某的配偶及其遗产继承人主张900万元的债权,将导致重复受偿的情形,亦有失公允。据此,对崇德广业公司主张的股权转让协议尚未履行完毕的抗辩理由,不予采信。判决:撤销一审判决;陈某某偿还崇德广业公司借款本金240万元,并支付违约金;何某、何甲、何乙、蒋某某在继承何某某遗产的实际价值范围内对陈某某的前述债务承担偿还责任;北生公司对陈某某的前述债务承担连带责任。[1]

(三)民间借贷合同责任甄别

第三人同意借款人对出借人作出的优先支付承诺,其如何定性是有争议的。在实践中,第三人作出同意优先支付之类的书面承诺函,多体现为发给债权人的一种书面陈述,表明当事人对债务人清偿债务承担道义上的责任,或者督促债务人清偿债务等。但由于此类书面承诺函名称上较为含糊,形式上容易与保证函、债务承担书等类似承诺书互相混淆,故应根据其所载内容具体加以区分。

【案例5-5】 赵某某诉温岭市晶都建筑工程有限公司、林某某民间借贷纠纷案

二审法院认为,林某某向赵某某借款50万元未还是事实。本案争议的是晶都建筑公司是否应当对林某某的还款承担民事责任。晶都建筑公司经理陈某某代表公司出具的承诺优先支付书,只能表明晶都建筑公司同意林某某对到账工程款优先支付人工工资和本案借款而作出的承诺,并不能以此认为晶都建筑公司对林某某的还款提供了保证担保或愿意承担直接偿付责任。因此,赵某某要求晶都建筑公司对林某某的还款承担共同偿付责任,无事实与法律依据。况且,温岭市文化广电新闻出版局给晶都建筑公司的2,766,786.30元并非都是林某某享有的工程款,现有证据无法认定林某某

---

〔1〕 浙江省高级人民法院(2009)浙商终字第275号民事判决书。

在晶都建筑公司处的工程款已经足以支付其工人工资或晶都建筑公司将林某某应得的工程款移作他用。综上，晶都建筑公司的上诉主张成立。原审判决认定事实清楚，但适用法律不当，依法予以纠正。判决：(1)维持一审判决第一项；(2)撤销一审判决第二项，即华晶都建筑公司对上述借款及利息损失被告林某某不能偿还部分承担赔偿责任。[1]

公司的内部机构对外借款，即使印章已被收缴，公司也偿还其借款。

【案例5－6】 麻某诉舜杰公司民间借贷纠纷案

二审法院认为，就本案三方当事人签订的借款协议书的效力问题。首先，在该协议书中，舜杰公司加盖下属第五分公司的印章，而该印章系舜杰公司交付给陈某使用。陈某作为第五分公司经理，在对外经营活动中，其有权使用该印章。其次，根据已查明的事实，2009年1月21日，舜杰公司与陈某为第五分公司印章事宜签署印章收缴手续，此时舜杰公司也意识到陈某在此之前违规使用第五分公司印章而予以收缴，从而说明舜杰公司知道在收缴印章之前，第五分公司在对外使用中会产生相应法律后果及其应承担相应民事责任。最后，从时间上来看，借款协议书签订时间为2009年1月10日，而收缴印章时间为2009年1月21日，从而表明陈某在2009年1月10日完全有权代表第五分公司签订借款协议书。综上所述，第五分公司、麻某、陈某于2009年1月10日签订的借款协议书系三方真实意思表示，合法有效，第五分公司、陈某理应按协议的约定履行各自义务。但因第五分公司为舜杰公司内设机构，未经工商登记，其在经营活动中而产生的民事责任应由舜杰公司承担。原审依据查明的事实，判令舜杰公司承担还款责任并无不当，予以维持。舜杰公司现上诉称，借款协议书是无效合同，缺乏事实和法律依据，不予采信。判决：驳回上诉，维持原判。[2]

关于借款人违约责任问题。借款人迟延一天还款，应根据案情综合判断，出借人应有适度的容忍义务，以维系日常交往或经营活动的稳定，保障合同的正常履行，不应认定为违约。

【案例5－7】 赵某诉侯某、尹某民间借贷纠纷案

一审法院认为，赵某与侯某民间借贷合同合法有效，还款协议也合法有效。依据协议内容，双方的目的是要求按月偿还借款，在协议中还款期应理解为每月月底前。另外，在相互交往和经营活动中，公民有适当的容忍义务，

---

〔1〕 参见国家法官学院案例开发研究中心编：《中国法院2013年度案例》（民间借贷纠纷），中国法制出版社2013年版，第75～76页。浙江省台州市中级人民法院（2011）台中商终字第14号民事判决书。

〔2〕 上海市第一中级人民法院（2010）沪一中民四（商）终字第1614号民事判决书。

也要具有宽容的心态，以减少冲突和争执，形成良性的和谐关系，保障合同的正常履行。侯某于 12 月 31 日还款 3000 元，不违反按月还款目的。侯某在诉讼中依然积极履行还款义务，故虽然迟延一天履行义务，但是并不违反当事人约定按月还款的目的，也应在原告可以适当容忍的范围之内，不能认定侯某构成违约。判决：驳回赵某对侯某、尹某的诉讼请求。二审法院判决：驳回上诉，维持原判。[1]

《民法典》第六百七十二条规定："贷款人按照约定可以检查、监督借款的使用情况。借款人应当按照约定向贷款人定期提供有关财务会计报表或者其他资料。"该条规定了贷款人监督、检查权利，同时规定了借款人相应义务，借款人违反合同约定义务则应承担违约责任。

【案例 5－8】 李某、朱某某诉贝某公司借款合同纠纷案

最高人民法院认为，本案中，贝某公司向李某、朱某某借款 7000 万元用于房地产项目，某房地产公司承担连带担保责任，并签订《担保借款合同》。该合同第 4 条第 1 款约定出借方有权检查、监督款项使用情况，借款方有义务提供报表和相关资料，该合同还约定借款担保方提供的报表或者各项材料虚假的，或者借款方、担保方与第三者发生诉讼的，有可能无力向出借方偿付本息的，出借方有权立即收回借款本息。本案中，借款人在借款两年多内从未向出借人提供相关材料和报表，构成违约，应归还 7000 万元本息，担保人某房地产公司应承担连带责任。[2]

---

〔1〕 参见崔永峰：《合同迟延履行的适度容忍义务——江苏泗洪法院判决赵某与侯某、尹某民间借贷纠纷案》，载《人民法院报》2014 年 10 月 16 日，第 6 版。江苏省宿迁市中级人民法院（2013）宿中民终字第 906 号民事判决书。

〔2〕 最高人民法院（2014）民一终字第 38 号民事判决书。

二、借款责任法律适用

(一)委托代理责任认定

根据《民法典》规定,公民可以通过受托人实施民事法律行为。受托人在代理权限内,以委托人的名义实施民事法律行为。委托人对受托人的代理行为承担民事责任。受托人以自己的名义与第三人订立合同时,受托人因委托人的原因对第三人不履行义务,受托人应当向第三人披露委托人,第三人因此可以选择受托人或者委托人作为相对人主张其权利。无偿的委托合同,因受托人的故意或者重大过失给委托人造成损失的,委托人可以要求赔偿损失。

如果在借款行为中,受托人根据借款人的委托向出借人借款,而不是出借人委托受托人向借款人借款,出借人与受托人之间不存在委托关系。出借人通过借款人的代理人向其提供借款、收取利息,是基于受托人系借款人的代理人事实,并不造成出借人与代理人之间成立委托关系。借款人认为其通过代理人付清了出借人贷款本息,但并未提供相应的收据或支付凭证等证据予以证实,也未收回出具给出借人的借条。受托人为借款人的代理人,借款人是否将相关款项交给受托人都不影响其与出借人之间的权利义务。只有在借款人本人或受托人将相关款项支付给出借人的情况下,才会产生借款人履行相应还款义务的法律后果。借款人如认为受托人未将交付的款项支付给出借人,可基于双方之间的委托关系向受托人另行主张权利。因此,不论借款人是否已将相关款项交付给受托人,都不能以此为由对抗出借人。换言之,作为委托人的借款人不能以对受托人的抗辩事由对抗出借人。

【案例5-9】 巫某某诉张某某、于某某民间借贷纠纷案

一审法院认为,张某某、于某某于2006年12月14日共同向巫某某借款100,000元,该借款至今未予偿还的事实清楚。利息的计算时间应从2010年2月10日起算。张某某、于某某辩称其债务已经与刘某某清算完毕,巫某某所造成的损失所应由刘某某承担责任的抗辩观点与客观事实不符。刘某某仅代张某某、于某某向巫某某转交借款利息,刘某某实施的行为符合中间人的身份和作用,故刘某某不应承担偿还巫某某本息的民事责任。判决:张某某、于某某共同偿还巫某某借款本金100,000元及利息。二审中,张某某、于某某与巫某某达成和解协议,张某某、于某某申请撤回上诉,二审法院裁定予以准许。[1]

【案例5-10】 叶某某诉曾某某民间借贷纠纷案

判决观点,虽然被告辩称自己只是受案外人潘某某之托,以借款人名义出具借条,但被告也承认,原告明确要求其作为借款人出具借条,而被告最终也同意,可见原、被告双方的借贷意思表示是真实的、自愿的。故从被告出具借条的行为,应认定原、被告双方存在的借款合同成立。原告承认借条上所载日期7月12日是事后补上,并不正确,双方都认同借款发生在12月,但对具体日期均不能确定。原告根据提交的银行卡客户查询单,主张2012年12月27日取款55,000元,并加上5000元现金,是交付借款的资金来源。但查询单显示,该笔交易是发生在银行营业部窗口,是现金支取而非ATM取款,与原、被告所称借款发生在晚上,是从ATM取款的陈述不符。故对原告的主张不予采信。被告辩称原告没有交付借款,但自认自己所提交的潘某某所写材料的真实性,该材料中潘某某承认收到借款40,000元。被告与潘某某是准备结婚的恋人,而且是一同去向原告借款,填写借条时两人都在场,其对借款交付给潘某某有指示,符合日常生活情理,其盖然性较大,故可以认定借款已实际交付40,000元。对其余20,000元是否交付,原告不能提供充分证据予以证明,故不予认定。根据法律规定,自然人间的借款合同,自贷款人提供借款时生效。故应认定原、被告间借款40,000元的民间借贷关系成立,合法有效。综上,对原告叶某某要求曾某某归还借款本金60,000元并支付利息的诉讼请求,对能够认定交付的40,000元,依法予以支持,其余不能认定的20,000元,依法不予支持。判决:被告曾某某归还原告叶某某借款本金40,000元,并支付相应利息。[2]

代理人在代理权限内代借,应由借款人偿还借款。

【案例5-11】 彭某诉王某某、药业公司民间借贷纠纷案

二审法院认为,本案中,上诉人王某某以药业公司法定代表人的身份委托杨某某代理药业公司签署借款合同并履行相关职责,故杨某某在代理权限内以药业公司的名义与被上诉人彭某签订《借款合同》并接收款项,药业公司作为被代理人,应对代理人的该代理行为承担民事责任,即作为借款人向

---

〔1〕 参见国家法官学院案例开发研究中心编:《中国法院2015年度案例》(民间借贷纠纷),中国法制出版社2015年版,第182页。湖南省张家界市中级人民法院(2013)张中民一终字第20号民事裁定书。

〔2〕 浙江省景宁畲族自治县人民法院(2011)丽景商初字第123号民事判决书。

被上诉人彭某返还借款200万元并支付利息。《合同法》第四十八条规定……本案中,上诉人王某某并未授权杨某某代理上诉人王某某个人向他人借款,故杨某某以上诉人王某某个人的名义签订《借款合同》系超越代理权的行为,在被上诉人彭某认可杨某某系持有公证书与其签订《借款合同》的情况下,依照上述法律规定,《借款合同》对上诉人王某某不发生效力,上诉人王某某无须向被上诉人彭某返还借款并支付相应利息。对于利息的计算方式,因上诉人王某某和药业公司均未提出异议,故本院予以确认。综上,二审法院对一审法院认定事实清楚,适用法律及处理正确的部分,予以维持;其余部分,予以改判。判决:(1)撤销一审判决;(2)药业公司向彭某偿还借款人民币200万元并支付利息;(3)驳回彭某要求王某某共同偿还借款的诉讼请求。〔1〕

对于无授权的代借款,借款人只对追认的代借款项承担偿还责任,对不予追认的代借款项由行为人自行负责。

【案例5-12】 董某诉某某公司民间借贷纠纷再审案

最高人民法院认为,2011年9月18日,某某公司出具授权委托书,委托毕某某全权办理某某公司在融资过程中的一切手续,包括但不限于土地抵押等。该委托书虽然是复印件,但事后得到某某公司法定代表人张某某的追认,应认定合法有效。2013年4月23日,毕某某为董某出具欠条,确认截至2013年4月23日共计欠董某借款本金2090万元及利息8,384,533元,落款处毕某某作为借款人某某公司的授权代表签字,该欠条证明董某、毕某某、某某公司之间存在事实上的借款关系。因授权委托书是2011年9月18日出具,原一审、二审法院以该时间点作为毕某某与某某公司借款的分界线,并按照毕某某与某某公司对董某所负债务之比例确定对应的还款数额,符合本案客观事实,处理结果适当。综上,某某公司的再审理由依据不足,其再审申请不符合《民事诉讼法》第二百条第二项规定的再审事由。裁定:驳回某某公司的再审申请。〔2〕

(二)表见代理责任认定

《民法典合同编通则解释》第二十三条规定:"法定代表人、负责人或者代理

〔1〕 云南省昆明市中级人民法院(2015)昆民二终字第802号民事判决书。
〔2〕 最高人民法院(2014)民申字第1787号民事裁定书。

人与相对人恶意串通，以法人、非法人组织的名义订立合同，损害法人、非法人组织的合法权益，法人、非法人组织主张不承担民事责任的，人民法院应予支持。

法人、非法人组织请求法定代表人、负责人或者代理人与相对人对因此受到的损失承担连带赔偿责任的，人民法院应予支持。

根据法人、非法人组织的举证，综合考虑当事人之间的交易习惯、合同在订立时是否显失公平、相关人员是否获取了不正当利益、合同的履行情况等因素，人民法院能够认定法定代表人、负责人或者代理人与相对人存在恶意串通的高度可能性的，可以要求前述人员就合同订立、履行的过程等相关事实作出陈述或者提供相应的证据。其无正当理由拒绝作出陈述，或者所作陈述不具合理性又不能提供相应证据的，人民法院可以认定恶意串通的事实成立。”

表见代理，是指虽然行为人事实上无代理权，但相对人有理由认为行为人有代理权而与其进行法律行为，其行为的法律后果由被代理人承担的代理。从广义上讲，表见代理也是无权代理，但是为了保护善意第三人的信赖利益与交易安全，法律强制被代理人承担其法律后果。根据民法通说理论，一般认为构成表见代理需要具备以下五个要件：其一，表见代理应当符合代理的表面要件，即表见代理人须以被代理人的名义进行活动，与第三人缔结民事关系。如不符合代理的表面要件，则不称其为代理，而是表见代理人与第三人之间形成的民事法律关系，只对缔约双方存在法律效力，不涉及他人。其二，表见代理人与第三人之间的民事行为，须具备成立的有效要件，即行为人具有相应的民事行为能力、意思表示真实、内容不违背法律或公序良俗。这里的真实意思表示的领域，应扩展到第三人根据表象完全有理由相信表见代理人所实施的民事行为系其真实意思表示的领域。其三，客观上须有使第三人相信表见代理人具有代理权的情形，并能够使第三人在主观上形成该代理人具有不容怀疑的代理权的认识。要求该代理人与被代理人之间存在一种使其对该代理人的代理权达到内心确信程度的事实上或法律上的联系。其四，第三人须为善意且无过失，即第三人主观上尽到应有的注意义务，不是明知行为人没有代理权而仍与之签订合同，也不是由于自己疏忽大意，缺乏应有的谨慎而轻易将没有代理权认作有代理权，而是有正当理由相信行为人有代理权。其五，被代理人在主观上存在过失，以避免被代理人的合法权益在无过失的情况下受到损害。

【案例5－13】　杨某与云南九州建设集团有限公司、曹某某民间借贷纠纷再审案

最高人民法院亦明确其审查思路，是否应由九州公司承担清偿债务的责任，就要审查曹某某的借款行为是职务行为还是个人行为，曹某某是否构成

有权代理,是否构成表见代理。[1]

建设工程承包人以施工方名义对外借款的不构成表见代理。

【案例5-14】 陶某某、王某某诉浙江省台州市交通工程公司、张某某民间借贷纠纷案

二审法院认为,根据审理查明的事实,原审被告张某某系被上诉人浙江省台州市交通工程公司承建工程的委托管理人陈某某的分包人,其并非被上诉人员工,其向上诉人出具借条之行为并非职务行为,也并非其他有权代理行为。虽然上诉人上诉称因原审被告张某某经常出入工地且自称项目工程负责人,故其相信原审被告张某某有权代表被上诉人出具借条之行为,即应认定该行为构成对被上诉人的表见代理之行为。但我国民法通说理论认为,构成表见代理行为需具备以下五个构成要件……结合本案案情,本院进行综合分析认为,即使如上诉人所述,原审被告张某某经常出入被上诉人在建工程的工地还自称项目工程负责人,上诉人向原审被告张某某出借款项时,也应尽到善良人之注意义务,即须为善意且无过失,积极审查被上诉人对原审被告张某某出具的授权文件或任职文件,并核实项目部公章之真实性。而对此上诉人在二审中陈述称,其既未要求张某某提供被上诉人对其授权书,也未认真审查加盖在借条上公章的真实性,故上诉人之放任行为不可谓善意。况且上诉人在一审、二审中均未提供证据证明被上诉人主观上存在过失行为且因被上诉人之过失行为在客观上导致上诉人误认为张某某具有代理权,相反因上诉人之疏忽审查,原审被告张某某使用伪造的项目部印章加盖在借条上,故上诉人援引用表见代理制度主张被上诉人应承担民事责任的理由不能成立。判决:驳回上诉,维持原判。[2]

【案例5-15】 蔡某某与朱甲、朱乙、南通建工借款纠纷案

一审法院认为,朱甲作为项目经理,有权对外借款,出具借条的行为属职务行为,南通建工应承担还款责任;同时,朱甲本人是共同借款人,应承担连带清偿责任。二审法院认为,对外借款与工程现场管理没有必然的关联性,不能认定朱甲的对外借款属职务行为,也缺乏表见代理的证据,据此改判由朱甲个人承担还款责任。[3]

---

〔1〕 最高人民法院(2016)民申字第2966号民事裁定书。

〔2〕 参见国家法官学院案例开发研究中心编:《中国法院2019年度案例》(民间借贷纠纷),中国法制出版社2019年版,第128页。浙江省台州市中级人民法院(2017)浙10民终1412号民事判决书。

〔3〕 参见谷昔伟:《工程项目负责人擅自以公司名义对外借款不构成表见代理》,载《人民司法·案例》2016年第11期,第68页。

【案例5－16】 陈某某诉中天二公司、中天集团公司借款纠纷案

二审法院认为，金某某虽系被告中天二公司承建工程的项目经理，但其持有的中天二公司的技术专用章，只能应用在相应工程项目的技术工作事务中。金某某向原告陈某某借款，并未经被告中天二公司认可，其在借条上加盖项目部技术专用章的行为，并非中天二公司的意思表示。原告陈某某作为出借人，理应明知技术专用章的使用范围，且陈某某也未提供证据证明该借款实际使用于中天二公司承建的工程项目中，故陈某某以金某某加盖中天二公司项目部技术专用章的借条为据，主张系被告中天二公司借款，缺乏事实和法律依据。据此，判决撤销一审判决，驳回原告陈某某的诉讼请求。[1] 本案借款的基本事实清楚，金某某通过卜某某向原告陈某某借款10万元的事实可以认定，借条上既有经办人卜某某的签名，又加盖了工程项目部的技术专用章。有争议的问题就是借款的责任主体是金某某个人还是中天二公司，其焦点就在于金某某对外借款是否具有代理权抑或是否构成表见代理，对此两级法院作出了不同的认定。结合全案证据，二审法院认定金某某的借款行为既不属于有权代理，也不构成表见代理，而属个人行为，其认定正确。

出借人知道或者应当知道借款人作为项目负责人仅有权进行与项目有关的行为，无权代表公司进行与项目无关的个人借贷行为，在无公司授权的情况下，出借人主张借款人有权代表公司对外借款，并主张应由公司承担还款责任，法院不应支持。

【案例5－17】 张某某、赵某某与盛丰公司民间借贷纠纷再审案

最高人民法院认为，首先，案涉借款由张某某、赵某某转入李某某个人账户，而非盛丰公司或其项目部账户。李某某所打两份《借条》载明的借款人均为李某某个人，其中2014年1月2日《借条》载明了李某某的身份证号码，反映出个人借贷特点。经本院释明，张某某、赵某某明确表示没有证据证明案涉借款实际用于了本案工程项目。张某某、赵某某与盛丰公司云南分公司于2015年7月23日签订的《协议书》载有“张某某、赵某某与李某某用李某某签名及加盖甲方项目部印章出具的《借条》的借贷债权债务”的表述，亦印证了案涉借款为李某某个人借款的事实。张某某、赵某某主张李某某出具的《借条》上加盖有“广西盛丰建设集团有限公司昆明商贸职业学院建设项目工程项目一部”印章，李某某作为项目负责人，其行为代表盛丰公司，所产生的法律后果应由盛丰公司承担。但张某某、赵某某知道或者应当知道李某某

---

〔1〕 参见林晨、林恩伟：《项目经理对外借款的责任主体认定》，载《判解研究》2013年第4辑（总第66辑），人民法院出版社2014年版，第134页。

作为项目负责人仅有权进行与工程有关的行为，无权代表盛丰公司进行与项目无关的个人借贷行为。在无盛丰公司授权的情况下，张某某、赵某某主张李某某有权代表盛丰公司对外借款，缺乏事实和法律依据。其次，张某某、赵某某虽称2014年11月17日《借条》所涉500万元中的400万元（其中354万元为转账支付、46万元为现金支付）为其交纳的项目保证金，但其承认案涉《建设工程施工劳务分包合同》并无关于保证金的约定，案涉《借条》上亦未载明该款为项目保证金。张某某、赵某某在本案中主张500万元中的另外100万元为李某某承诺支付的利息，但其在（2016）云01民初1740号张某某、赵某某诉盛丰公司、盛丰公司云南分公司、建管公司建设工程施工合同纠纷一案中称该100万元为二人代付的材料款，其表述前后不一。最后，盛丰公司于2013年8月13日中标案涉昆明商贸职业学院建设项目，而张某某、赵某某提供的转账凭证显示在盛丰公司中标前二人已向李某某实际出借案涉354万元中的214万元，该借款与案涉工程的关联性不足。且张某某、赵某某称李某某于2014年9月跑路，而其持有的第二张《借条》系2014年11月17日出具，张某某、赵某某关于该《借条》系李某某9月给付二人但落款日期写为11月的解释不符合常理。综合全案事实与证据，张某某、赵某某主张案涉354万元借款为盛丰公司借款，应由该公司承担还款责任，事实和法律依据不足。一审判决驳回张某某、赵某某的诉讼请求具有事实和法律依据，二审判决由盛丰公司承担还本付息责任有误，本院予以纠正。[1]

还款协议书上加盖的虽然是伪造的公司印章，但并不能必然免除公司的责任。因为对于相对人来说，只要公司的法定代表人或实际控制人的身份真实，相对人即有理由相信还款协议书加盖的印章是真实的，加盖印章是公司的真实意思表示。

【案例5－18】 蔡某香与香炉峰公司、潘某民间借贷纠纷再审案

最高人民法院认为，案涉《还款保证书》上加盖的香炉峰公司印章已被生效的（2019）赣04刑终578号刑事判决认定为潘某伪造，本案审理的重点是潘某在案涉《还款保证书》上签字并加盖伪造的香炉峰公司印章，以香炉峰公司名义对外提供担保的行为应否认定为香炉峰公司的行为。潘某向蔡某出具《还款保证书》时，并非香炉峰公司法定代表人，且仅持有香炉峰公司5%的股权，也无香炉峰公司相应授权，且香炉峰公司对潘某的行为不予认可，故潘某当时并不具有代表或代理香炉峰公司对外提供担保、签订担保合同的权限。但生效的（2019）赣04刑终578号刑事判决已认定潘某为香炉峰

〔1〕 最高人民法院（2020）民再251号民事判决书。

公司实际经营人,且在再审过程中,潘某提交了其与香炉峰公司法定代表人万某之间的《还款协议》、香炉峰公司前法定代表人何某签字的《股权占股情况的说明》、其与香炉峰公司原股东签订的《存量房买卖合同》、关于香炉峰宾馆移交的《协议书》、香炉峰宾馆的房产证等新的证据材料,以证明其实际享有香炉峰公司75%的股权,系香炉峰公司的实际控制人。因此,本案应当在查明潘某上述主张是否属实的基础上,进一步审查潘某以香炉峰公司名义对外提供担保的行为是否构成表见代理、香炉峰公司依法应否对潘某的行为承担责任及承担何种责任。[1]

在实践中,妻子替丈夫在借条上签名的行为属于表见代理,妻子是表见代理人,丈夫是被代理人。实际借款人为丈夫,应当由其承担还款责任,妻子对借款承担共同还款责任。同时,妻子替丈夫在借条上签名行为还涉及日常家事代理关系。

【案例5-19】 林甲诉周某某、林乙民间借贷纠纷案

判决观点,原告林甲提供的日期为2009年12月1日的借条系由被告周某某签名并捺手印,内容、形式均合法,为有效债权凭证。被告周某某欠原告林甲借款30,000元的事实没有争议,应予认定。原告林甲提供的日期分别为2010年6月8日和2010年10月20日的借条,系由被告林乙书写,并代为签署被告周某某的名字,此两份借条的法律效力为本案争议焦点。从笔迹鉴定结论来看,被告林乙参与被告周某某与原告之间借款活动的事实应予认定。被告林乙在庭审中陈述,被告周某某借钱还钱给原告的过程其均未参与,与事实相悖。而且,由于被告林乙与被告周某某系为夫妻关系,两份借条由被告林乙代为书写并签名,原告林甲有理由相信被告林乙有权代理被告周某某。日期分别为2010年6月8日和2010年10月20日的借条,被告周某某应承担偿还责任。三份借条借款金额共计60,000元,原告确认被告周某某已经偿还20,000元,应予以扣除。被告周某某尚欠原告借款40,000元。原告林甲还要求被告周某某支付借款利息,但未提供相应的证据证明双方约定利息,关于利息的诉求,法院不予支持。判决:被告周某某、林乙支付所欠原告林甲的借款40,000元。[2]

---

〔1〕 最高人民法院(2022)民再115号民事判决书。

〔2〕 参见国家法官学院案例开发研究中心编:《中国法院2013年度案例》(民间借贷纠纷),中国法制出版社2013年版,第137~138页。福建省厦门市海沧区人民法院(2011)海民初字第1431号民事判决书。

(三)名义借款责任认定

在实践中,借条或者借款合同上的借款人签名与实际使用人不一致的现象带有一定普遍性。在这种情况下,名义借款人是否承担还款责任常发生争议。造成名义借款人与借款实际使用人不一致的原因多种多样,如一些个人向他人借款较多,负债率明显偏高,或资信差造成出借人不愿意借款。对于出借人而言,为防范风险、减少收账困难,出借人往往要求实际借款人找个信用度高、经济能力更强的人并以其名义借款。在社会生活中,名义借款人与借款实际使用人往往存在某种关系,比较常见的是亲戚关系、朋友关系或员工关系等。名义借款人通常是出于人情关系或为公司利益考虑,而作为借款人向出借人借款给实际使用人使用,并私下约定由借款实际使用人进行偿还。

名义借款人承担偿还责任与实际使用人之间的存在某种关系。名义借款人只是名义上的借款,与实际借款人是否构成隐名代理。《民法典》第九百二十五条规定:"受托人以自己的名义,在委托人的授权范围内与第三人订立的合同,第三人在订立合同时知道受托人与委托人之间的代理关系的,该合同直接约束委托人和第三人;但有确切证据证明该合同只约束受托人和第三人的除外。"隐名代理是指代理人在享有代理权的前提下,既不披露本人姓名也不表明自己代理人的身份,而以自己的名义与第三人发生民事法律行为,行为效果仍属于本人的法律行为。借款人与借款实际使用人之间并没有明确的委托行为,而且借款行为是否归属于借款实际使用人并不明确,借款人所称的借款实际使用人就不应认定连带责任保证人。对于出借人知道或让借款实际使用人出面找名义借款人借款的,借款合同自然约束借款实际使用人。

基于借款合同标的的特殊性,名义借款人与借款实际使用人之间即使存在委托代理关系,也不同于一般的隐名代理,而且名义借款人与借款实际使用人的关系也不影响借款合同本身的效力。借款行为虽然类似于租赁行为,利息即货币的租金,但是货币作为一般等价物,是种类物,并非特定物,所以在借款实践中,出借人借出款项,借款人取得的是对该笔借款的所有权,而非使用权,而借款人借到款项,对其享有所有权,包括如何使用、处分该笔借款,借款人完全有权决定将其款项交由第三人使用。名义借款人与借款实际使用人原则上是相互独立的,故出借人不能直接向借款实际使用人主张权利,名义借款人也不能以要求借款实际使用人还款为由对抗出借人,这也符合合同相对性原则。虽然司法解释对名义借款人与借款实际使用人不一致的情形规定了可以同时主张权利,但是在实践中往往存在举证困难的问题。《民间借贷规定》第二十二条规定:"法人的法定代表人或者非法人组织的负责人以单位名义与出借人签订民间借贷合同,有证据证明所借款项系法定代表人或者负责人个人使用,出借人请求将法定代表人或者负责人列为共同被告或者第三人的,人民法院应予准许。法人的法定代表人或者非法人组织的负责人以个人名义与出借人订立民间借贷合同,所借款项用于单位生产经营,出借人请求单位与个人共同承担责任的,人民法院应予支持。”在名义借款人与借款实际使用人不一致的情况下,出借人可以将名义借款人与借款实际使用人列为共同被告,请求其共同承担偿还责任。这个条文突破了合同的相对性原则,明显是从保护出借人的利益出发。但是,由于货币的特殊性,在司法实践中,出借人与名义借款人很难证明该笔款项的实际用处。而且该条规定了必须有证据证明,没有证据证明的则限制适用该条规定。就交易成本和交易安全而言,借款合同的效力不应该受借款用途的影响。如果要求借款合同的双方当事人明知借款的实际用途,则出借人不仅要履行出借款项的义务,同时还要监督借款的使用情况,这对于一个普通的借款人而言,既缺乏现实可操作性,又显失公平,且不合理地加重出借人责任。

【案例5－20】　玉环县苏泊尔小额贷款有限公司诉林某某等小额借款合同纠纷案

二审法院认为,上诉人林某某对其于2015年12月3日在保证借款合同中签名及当日收取的事实没有异议,其上诉称该款项的实际借款人为玉环锦盛百货有限公司。根据该保证借款合同载明的内容及上诉人收取款项的事实,上诉人林某某明显为本案借款的借款人,即使上诉人林某某收取该50万元款项交与玉环锦盛百货有限公司使用,或由玉环锦盛百货有限公司支付借款的利息,亦不能否定上诉人林某某系本案讼争借款的实际借款人的身份,因此,一审判决由上诉人林某某偿付借款本息并无不当。[1]

【案例5－21】　辛某某诉王某某民间借贷纠纷案

判决观点,本案中,被告给原告出具借条,借条写明自己向原告借款200,000元,首先具备了民间借贷关系的形式要件;根据《合同法》第二百一十条规定,自然人之间的借款合同,自贷款人提供借款时生效。原、被告双方均认可2009年11月3日原告给被告取了200,000元现金的事实,且原告提供了相关汇款凭证,故借款已经实际支付,借贷关系的实际要件也已具备,该民间借贷关系已经成立。王某某与施某某间的约定,并不影响原、被告间借贷关系的成立,原告取了现金交与被告,现金交付后被告对钱款具有支配性,

---

〔1〕 参见国家法官学院案例开发研究中心编:《中国法院2019年度案例》(借款担保纠纷),中国法制出版社2019年版,第11页。浙江省台州市中级人民法院(2017)浙10民终487号民事判决书。

其实际占有并且可以自由处理该借款,他与原告间的借贷行为实际已经完成。被告给原告出具的借条写明"借到辛某某200,000元,借款人王某某",作为完全民事行为能力人,被告对自己出具借条会产生的结果应当有预见性,根据《民法通则》的规定,完全民事行为能力人应当对自己的行为负责,故被告需承担还款责任。[1]

以他人名义出具借条,他人否认的由行为人承担偿还借款责任。

【案例5-22】 庄某某诉何某某民间借贷纠纷案

判决观点,唐某某以何某某名义向庄某某出具借条,但何某某否认唐某某代为借款一事,且唐某某也认可其没有得到庄某某的委托,故唐某某以何某某名义向庄某某出具借条产生民事责任,应由唐某某承担。本案中,庄某某虽提交了唐某某出具的5万元借条,但何某某、唐某某否认收到过借款,且根据庄某某陈述以及提交的证据,庄某某也认可没有直接向何某某或唐某某交付5万元借款。庄某某称其按照何某某的要求已将借款支付给周某某,但何某某、唐某某对委托庄某某向周某某转款一事表示否认。证人周某某虽承认收到过庄某某代何某某偿还的5万元欠款,但不能提交其与何某某之间存在债权债务关系、何某某让庄某某代为还款以及收款后债务抵销的证据,且何某某否认与周某某之间存在债权债务关系。仅凭证人周某某证言,不能认定庄某某向周某某支付5万元的行为是庄某某未履行本案借款出借义务。故对庄某某的诉讼请求,法院不予支持。判决:驳回原告庄某某的诉讼请求。[2]

借条上载明的借款人主张为他人借款的应提供证据证明,否则应承担还款责任。

【案例5-23】 韩某某诉马某某民间借贷纠纷案

二审法院认为,本案的争议焦点是上诉人马某某是本案借款人还是本案借款的证明人。……上诉人马某某主张涉案8万元借条是在特殊情况下产生的,并不存在借款事实,马某某只是何某某与韩某某之间8万元借款的证明人,不是借款人;而被上诉人韩某某辩称8万元借款直接交付给马某某,马某某出具借据,马某某是借款人。双方对马某某是借款人还是中间证明人有争议。从马某某提交的证据看,其主张2012年10月24日的付息清单最能

---

[1] 参见国家法官学院案例开发研究中心编:《中国法院2018年度案例》(民间借贷纠纷),中国法制出版社2018年版,第136页。云南省鹤庆县人民法院(2016)云2932民初466号民事判决书。

[2] 参见国家法官学院案例开发研究中心编:《中国法院2014年度案例》(民间借贷纠纷),中国法制出版社2014年版,第37页。四川省成都市青羊区人民法院(2012)青羊民初字第3514号民事判决书。

证明何某某是涉案8万元的借款人，但是该清单中利息的起算时间与涉案8万元借款的计算时间不一致，且6万元与2万元清单中利息分别计算，与涉案8万元借款双方认可的每月2400元利息也不一致。马某某主张何某某是韩某某8万元的借款人，但何某某出具的借条却由马某某持有，而不是出借人韩某某持有，明显不合常理。而韩某某提供了马某某出具的8万元借条这一关键性证据，结合韩某某借款时交付8万元现金、马某某给付利息等事实，一审法院认定马某某系涉案8万元借款债务人，符合民事诉讼高度盖然性这一证明标准。马某某上诉请求没有事实和法律依据，法院不予支持。判决：驳回上诉，维持原判。[1]

(四)倒手转借责任认定

所谓倒手转借，是指转借人实为前手借款人将其借款转借给下一手借款人。在这种模式下，前手借款人与出借人、后手借款人分别建立借贷关系。后手借款人名义上向出借人借款，但与出借人不存在直接的借贷关系。前手借款人正是以这种模式在中间赚取利息差。在后手借款人与出借人的名义借贷关系中，真正债权人是前手借款人，而在前手借款人与出借人的借贷中，真正的债务人是前手借款人。因此，出借人以其与前手借款人之间的借条起诉前手借款人还款于法有据。

前手借款人不能逃避债务责任，这是因为：其一，转借人并不等同中介人性质。中介人是指在出借人与借款人之间起介绍作用并促成双方完成借贷的人。倘若存在先低息借入，后高息借出的模式，就存在两个独立的借贷关系，一个是出借人与转借人间的借贷关系，另一个是转借人与后手借款人的借贷关系，两个借贷关系彼此独立，出借人与后手借款人之间并不存在直接的借贷关系，此时的转借人就不是居间中介人。其二，借条内容决定了实际的借贷关系。合同系合同双方当事人意思表示一致的协议。在借贷关系中，借贷双方在借款数额、借款利息、借款期限、借款方式等合同主体内容上应意思表示一致，这是合同最基本的原则。因此，在转借的多重关系中，若多个借条的借款数额、约定利息并不相同，应当分别认定各借条承载的借贷关系，不能一概认定只要是一笔钱，就简单按照一笔借贷来处理。其三，认定转借人为债务人利于平衡各方权利义务。一是保护出借人利益。在实践中转借他人之钱赚取利息差，后手借款人不还款，转借人又以自己不是实际借款人逃避责任，此时认定转借人为债务人，避免借款人利益受损。二

---

[1] 江苏省徐州市中级人民法院(2013)徐民终字第2019号民事判决书。

是敦促转借人提升担责的法律意思。转借获取利息差是转借人转借所获得的利益,根据权利义务对等原则,故承担清偿责任是其应负的义务。

【案例5－24】　赵某诉王某某民间借贷纠纷案

二审法院认为,王某某向赵某出具的借条上明确表明王某某系借款人,王某某在一审中认可所涉款项经过他的手交给常某,二审中王某某虽称部分款项是孙某直接交付给常某的,但孙某对此不予认可,王某某未对其主张提交充分证据予以证明,故可以确认所涉款项由赵某交付给了王某某。王某某与赵某既有借款合意,又有款项交付,二者之间存在合法有效的借款关系。虽然王某某提交了常某给赵某出具的借条,但是该借条一直保存在王某某处,如果王某某不提供该借条,赵某不可能依据该借条向常某主张权利;且常某给赵某出具的借条与王某某给赵某出具的借条的内容并不完全相同,二者在借款数额、利息承诺等方面存在明显差异,结合王某某关于常某退回3000元直接给了王某某的陈述可知,常某与王某某具有直接的款项交接关系,尤其是根据王某某关于二者约定利息差额部分是常某承诺给王某某的款项的解释可知,常某虽然名义上向赵某出具借条,但是实际上该借条的利益由王某某所享有。虽然赵某在王某某和王甲的协助下,在北京市朝阳区人民法院起诉了常某并获得了胜诉判决,但是不能免除王某某在其向赵某出具的借条项下所负担的相应义务,尤其是赵某二审中已明确放弃在北京市朝阳区人民法院案件中的权利,赵某在该案中亦未实际获得任何执行款项,故赵某提起本案诉讼不存在获得双倍收益之虞。王某某的上诉请求不能成立,应予驳回。判决:驳回上诉,维持原判。[1]

(五)借款担保责任认定

1.担保责任认定依据

《民间借贷规定》第八条规定:“借款人涉嫌犯罪或者生效判决认定其有罪,出借人起诉请求担保人承担民事责任的,人民法院应予受理。”对此,担保人不免除担保责任。

《民间借贷规定》第十二条第二款规定:“担保人以借款人或者出借人的借贷

〔1〕　参见国家法官学院、最高人民法院司法案例研究院编:《中国法院2020年度案例》(民间借贷纠纷),中国法制出版社2020年版,第114页。北京市第二中级人民法院(2018)京02民终6191号民事判决书。

行为涉嫌犯罪或者已经生效的裁判认定构成犯罪为由，主张不承担民事责任的，人民法院应当依据民间借贷合同与担保合同的效力、当事人的过错程度，依法确定担保人的民事责任。”该条款是对涉嫌犯罪的民间借贷合同担保人民事责任的规定。对此，应区分两种情况认定，在担保合同有效的亦应承担担保责任，在担保合同无效的应按其担保人是否有过错予以确定。

《民间借贷规定》第二十条规定：“他人在借据、收据、欠条等债权凭证或者借款合同上签字或者盖章，但是未表明其保证人身份或者承担保证责任，或者通过其他事实不能推定其为保证人，出借人请求其承担保证责任的，人民法院不予支持。”该条是关于民间借贷合同中保证条款成立的认定标准的规定。司法解释制定者认为，对如何解释他人签字盖章行为的规范意义，本条司法解释的具体内容是：(1)仅有他人签名或盖章的，不足以认定保证人身份。(2)仅有他人签名或盖章的，但表明保证人身份的，他人应承担保证责任。(3)仅有他人签名或盖章的，未表明保证人身份的，可以结合其他证据认定他人为保证人。总而言之，判断仅在债权凭证或者借款合同上签字或者盖章的第三人是否为保证人、是否承担保证责任的问题，实质上是一个合同的解释问题，需要人民法院根据合同解释的基本原则和规则，以第三人签字或者盖章所具有的规范意义为解释对象，综合债权凭证或借款合同的文义内容和体系结构，根据双方缔约过程、履约过程、交易习惯以及合同目的，判断第三人是否为保证人以及应否承担保证责任。[1]

根据《民法典》规定，建立在真实意思基础上的民间借贷合同受法律保护，在主合同(借款合同)有效，从合同(担保合同)本身无瑕疵的情况下，应属有效合同。借款人的借贷行为经生效判决认定构成犯罪，借款合同并不当然无效。在主合同与从合同均有效的情况下，担保人应当承担担保责任。

【案例5－25】　杜某某诉钟某某、沈某某保证合同纠纷案

判决观点，本案中，杜某某与钟某某在对保证方式没有约定，应当按照连带责任保证(现《民法典》改为一般保证)承担保证责任。借条没有约定还款期限，也没有约定保证期间。杜某某可以催告甘某在合理期限内返还借款，并有权自该合理期限届满之日起6个月内要求钟某某承担保证责任。现借款人甘某未归还杜某某借款，杜某某有权要求钟某某在其保证范围内承担责任。[2] 在本案中，甘某经生效的判决认定构成非法吸收公众存款罪，其犯罪事实包含非法吸收杜某某存款。

---

〔1〕 参见最高人民法院民事审判第一庭编著：《最高人民法院民间借贷司法解释理解与适用》，人民法院出版社2015年版，第363～368页。

〔2〕 参见国家法官学院案例开发研究中心编：《中国法院2018年度案例》(借款担保纠纷)，中国法制出版社2018年版，第103页。四川省广安市邻水县人民法院(2016)川1623民初1471号民事判决书。

《民间借贷规定》第二十条规定："他人在借据、收据、欠条等债权凭证或者借款合同上签名或者盖章,但是未表明其保证人身份或者承担保证责任,或者通过其他事实不能推定其为保证人,出借人请求承担保证责任的,人民法院不予支持。"该条规定包含以下几层含义:其一,仅有他人签名或者盖章的,不足以认定保证人身份,他人也就不承担保证责任。这里的"仅有",是指既未在借款凭证或借款合同中表明保证人身份,也未在其中约定保证条款并指向签字或盖章人,同时也无其他证据证明该签字或盖章人为保证人。其二,只有在"通过其他事实不能推定其为保证人"的情况下,才能作出他人并非保证人的判断,即必须通过法庭查明的在案事实排除保证人。其三,仅有第三人在其中签字或盖章,但表明了签字或盖章是保证人,或者通过其他条款或事实能够推定出其为保证人的,则应当对借款承担保证责任。

非明确为保证人的签字是否构成保证责任是疑难问题之一。在仅有第三人签名,意思表示不明确或者标的不明确的情形下,判断其是否应当承担保证责任的基本原则是以其意思表示为准。而保证人的意思表示应从主客观两个方面综合判断,合同双方之外的第三人仅有签名或者盖章的无其他意思表示的,或者无其他证据证明该第三人承担保证责任的意思表示的,不应认定保证人地位。保证人地位的认定涉及合同解释问题,应当根据合同所使用词句、合同的有关条款、合同目的、交易习惯以及诚信原则,确定该条款的真实意思。对第三人在借款合同中签字盖章行为这一意思表示作出解释时,也应当坚持这一原则,以探求签字盖章这一外在表示行为的真实意思。

【案例5－26】 陆某某诉张某某保证合同纠纷案

判决观点,认定张某某是否对涉案债务承担连带保证责任的关键在于通过全案证据是否能够推定张某某具有以自己财产承担保证责任的意思表示。对此,从推荐投资责任担保书来看,当中载明经过甲方刘某家庭成员代表签字,则视为刘某以个人以及家庭财产而成立担保,张某某作为甲方家庭成员代表在该担保书中签字。对于张某某的签字行为的认定,首先,从签字行为的意思表示来看,张某某既然作为刘某的家庭成员代表签字,即应当认定其同意以家庭财产承担担保责任,因刘某作为完全民事行为能力人及独立财产的民事主体,其对自己的财产及债务负担具有独立的处分权,在涉案争议中,若刘某仅以个人财产进行担保,则张某某实际并无签字的必要,因此,张某某的涉案签字行为,依常理应当认定张某某同意以包括其个人财产在内的家庭财产对涉案债务承担担保责任的一种处分行为。其次,从签字的效果及对外形成的表象来看,推荐投资责任担保书中关于以家庭财产承担担保责任,以及张某某作为家庭成员代表签字的行为,无疑对陆某某决定是否借款的行为起到了重要推动作用,陆某某基于张某某的签字行为所形成的对于涉案担保主体及担保财产范围的信赖利益,依法应当受到保护。综上,法院认为结合推荐投资责任担保书约定的内容以及张某某签字的行为,可以推定张某某对于以自己及刘某共同的财产对涉案债务承担保证责任的事实具有清晰的认识,且更符合各方当事人签署推荐投资责任担保书时的真实意思表示,故对于陆某某要求对涉案债务承担保证责任的诉讼请求予以支持。判决:张某某就《阳光·转贷通借款合同》项下本金 184,000 元、利息 18,000 元及后续利息,在刘某未清偿的范围内向陆某某承担连带保证责任。[1]

在人保与物保并存的反担保中,债务人没有提供物的担保,第三人提供了物的担保与保证,因此担保人实现债权没有顺序要求,既可针对第三人提供之物权行使担保物权,也可直接要求保证人承担保证责任。

2. 借款担保责任消灭

保证人保证责任消灭,就是借款担保权利丧失。其担保责任灭失主要受以下方面的影响,其一,保证期间的影响。债权人主张保证人承担保证责任的,应当在合同约定或法律规定的保证期间内向保证人提出,逾期未主张则保证人免除保证责任。当事人可以在保证合同中约定保证期间,法律对保证期间的约定没有限制性的规定。在当事人没有约定保证期间以及对保证期间约定不明的情况下,保证期间应为主债务履行期届满之日起 6 个月。保证期间的性质,是除斥期间,不因任何事由发生中断、中止、延长的法律后果。其二,主合同变更的影响。根据《民法典》第六百九十五条第一款规定:"债权人和债务人未经保证人书面同意,协商变更主债权债务合同内容,减轻债务的,保证人仍对变更后的债务承担保证责任;加重债务的,保证人对加重的部分不承担保证责任。"对于债权人丧失保证权利,主要审查主合同变更是否加重了债务人的债务,是否增加保证人的风险。如果主合同变更并未加重债务人的债务或增加保证人的风险,就不影响保证人按约定承担连带保证责任。其三,债权债务转移影响。根据《民法典》的规定,通常情况下,主债权转让的,保证责任随着主债权的转让而转让,保证人应当按照原合同约定向主债权的受让人承担保证责任,但保证人与债权人特别约定不得转让的除外;主债务转让的,如未经保证人书面同意,保证人对转让部分债务不再承担保证责任。其四,同时存在物保与人保的影响。根据《民法典》第三百九十二条之规定,对同一借款债权,既有物的担保又有人的担保的,债权人未按约定请求保证责任的不受法律保护。双方在借条中约定了以债务人名下的不动产办理抵押的内

---

[1] 参见国家法官学院、最高人民法院司法案例研究院编:《中国法院 2021 年度案例》(借款担保纠纷),中国法制出版社 2021 年版,第 88 ~ 89 页。北京市朝阳区人民法院(2019)京 0105 民初 76605 号民事判决书。

容,但物的担保只是停留在合同层面最终未能实际设立,保证人要求免除抵押物范围内的保证责任,没有法律依据。

担保人死亡时不论主债务履行期是否届满,保证人死亡后都应以其遗产承担保证责任,其继承人应当在继承范围内承担责任,其基于保证人作出保证之时就意味着保证人用自己的所有财产提供了担保。换言之,担保人死亡后其担保责任不能消灭也不能免除。

【案例5-27】 天津鼎元担保有限公司诉龚某某等民间借贷纠纷案

一审法院认为,关于天津鼎元公司主张姜某某作为姜某的继承人对姜某应当承担的债务承担连带保证责任的问题,姜某作为本案讼争借款保证的连带责任人,因已死亡,原告依法申请追加其女儿姜某某为本案被告参加诉讼,但原告未向本院提供证据证明姜某某继承姜某遗产的范围,原告主张姜某某对本案债务承担连带责任的诉讼请求因证据不足,本院不予支持,原告可待取得相关证据后另行主张权利。判决:(1)被告天津市盛元和筑路材料有限公司偿还天津鼎元担保有限公司为其代偿的借款本金及利息人民币5,225,137.95元;(2)被告倪某、被告杨某某、被告龚某某对上述给付事项承担连带清偿责任;(3)原告天津鼎元担保有限公司对被告龚某某以其为本案讼争借款担保设定的抵押物,即坐落于天津市河东区津塘路丰盈里4-303号的房地产证号为河东字第020216919号房地产,在其抵押担范围内享有优先受偿权。二审法院判决:(1)维持原判;(2)加判“上诉人天津鼎元担保有限公司对坐落于天津市河东区津塘路丰盈里4-304号姜某名下的房产享有抵押权,在抵押担保范围内享有优先受偿权”。[1]

3. 借款担保责任免除

《民法典》第三百八十条第一款规定:“……担保合同是主债权债务合同的从合同。主债权债务合同无效的,担保合同无效,但是法律另有规定的除外。”第五百六十六条第三款规定:“主合同解除后,担保人对债务人应当承担的民事责任仍应当承担担保责任,但是担保合同另有约定的除外。”依据以上规定,如果因主合同无效而使主合同约定的债务不复存在,则作为从合同的担保合同也就失去了存在的价值。当主合同的债权债务关系因合同解除,会使主合同当事人之间产生一种合同解除的附随义务即财产返还或赔偿损失。根据《民法典》第五百六十六条第一款、第五百六十七条规定,合同的解除并非使合同归于消灭,而是阻止其发生

---

〔1〕 参见国家法官学院案例开发研究中心编:《中国法院2018年度案例》(借款担保纠纷),中国法制出版社2018年版,第106页。天津市高级人民法院(2016)津民终131号民事判决书。

作用。因此主合同解除后，主合同并非归于消灭，合同解除下的附随义务，合同双方应当履行。也就是说，当主合同的解除不能免除主合同债务人的债务时，担保人仍应对该责任承担担保责任。

债权人未在保证期间的6个月内，请求保证人承担保证责任则该责任免除。

【案例5－28】　汪甲等诉管某某等民间借贷纠纷案

二审法院认为，管某某关于不应承担保证责任的上诉理由不成立，不予支持。首先，本案借款的债权人与债务人对借款合同已实际履行的事实无异议，款项实际转入案外人段某某账户系债权人与债务人关于借款履行方式的约定，不影响对合同实际履行的认定。其次，债权人与债务人关于向债务人指定的案外人段某某账户转账即视为完成出借款项的约定，系对合同履行方式的约定，并未加重债务人的债务或者保证人的保证责任，不能因此免除保证人的保证责任。再次，管某某系对本案所涉债务承担连带保证责任，两份借条在2016年1月22日之前所确定的履行期限分别是2015年11月30日和2015年7月30月，管某某均签字予以确认。债权人在6个月保证期间内起诉要求管某某承担保证责任，符合法律规定。最后，债权人汪甲、汪乙与债务人科建公司、高某某、王某对本案债权约定就科建公司名下的相关土地及房屋设立抵押，但上述财产的抵押并未办理登记，抵押权并未设立而且其后也未实际设立，不符合《担保法》及《物权法》关于同时存在物的担保与人的保证的规定，不应免除管某某的保证责任。另外，二审法院同意一审法院对债务并未转移已予以评判。判决：驳回上诉，维持原判。〔1〕

【案例5－29】　王某某诉粟某某等民间借贷纠纷案

判决观点，本案中主债务履行期届满之日为2014年5月14日，原告应在6个月内即在2014年11月14日前要求被告安某某、刘某某承担保证责任，原告未在2014年11月14日前要求被告安某某、刘某某承担保证责任，且本案中的两份贷款催收通知单不符合《合同法》和《担保法》有关担保合同成立的规定，故被告安某某、刘某某作为保证人应免除保证责任。〔2〕

抵押担保不成立，抵押人无须担责。

【案例5－30】　王某诉强某、柴某某、沈某民间借贷款纠纷再审案

再审法院认为，本案争议焦点在于柴某某是否应当为强某的借款承担

---

〔1〕　参见国家法官学院案例开发研究中心编：《中国法院2019年度案例》（借款担保纠纷），中国法制出版社2019年版，第131～132页。山东省青岛市中级人民法院（2017）鲁02民终5346号民事判决书。

〔2〕　参见国家法官学院案例开发研究中心编：《中国法院2019年度案例》（借款担保纠纷），中国法制出版社2019年版，第145页。河北省秦皇岛市抚宁区人民法院（2017）冀0306民初2151号民事判决书。

80万元的担保责任。经查，王某与强某之间的《借款合同》借款金额实为160万元，尽管该合同上载有柴某某对本次借款进行担保的字样，但柴某某并未签名，王某与强某签订的《借款合同》借款金额为80万元，明确柴某某为借款人，并且提供了柴某某名下的房产做担保，但该借款实际未发生。比较两份借款合同，签订的时间、借款金额、期限、利率等均不相同，现有证据也无法认定柴某某有为强某的借款做担保的意思表示，故法院认为两份借款合同系独立的合同，彼此并不存在关联性。原二审判决仅因两份合同签订时间比较接近及交易习惯相似即推定后一份合同系为前一份合同做担保的观点缺乏事实和法律依据，法院依法予以纠正。判决撤销柴某某承担连带清偿责任判项。[1]

出借人放弃借款人财产担保，保证人责任免除。

【案例5-31】 史某诉朱某某、吴某某、何某某民间借贷款纠纷案

二审法院认为，涉案款项于2013年7月30日签订的一份借款合同中，约定朱某某、吴某某以某某大厦120室、202室房屋，某某公司股权为借款提供担保，该约定系借款人为借款的偿还而提供物的担保的意思表示。但史某自述在签订涉案借款合同后，朱某某、吴某某未能及时还款时，才发现合同约定用以抵押的房屋未登记在朱某某、吴某某名下，故未办理抵押登记。根据《物权法》第一百七十六条的规定，史某应当按照合同约定，及时行使权利，要求朱某某、吴某某按照合同约定履行办理抵押登记的义务。史某在连续签订三份借款合同长达半年多的时间内，未及时了解抵押物状况，亦未按照合同约定促使朱某某、吴某某办理抵押登记取得抵押物，使其自身不能享有抵押物权的同时也增加了保证人何某某所负担的责任风险。何某某作为保证人在借款合同上签字时对于朱某某、吴某某提供的物的担保是知悉的，当然会产生基于法律规定享有物的担保优先清偿债权的合理信赖；并且办理抵押物之抵押登记是史某与朱某某、吴某某之间约定的权利义务，何某某对于抵押物的抵押登记情况也不能充分知晓。因此，史某在合同约定的担保物之价值远远大于借款本金数额的情况下，未及时按照合同约定行使要求朱某某、吴某某办理抵押登记的权利，导致其未能按照合同约定享有担保物权，系其自身过错所致，应视为合同约定的担保物权的放弃，史某应依法承担相应责任，何某某在史某过错的范围内免除责任。综上，一审判决对何某某应承担保证责任的认定有误，本院依法予以纠正。上诉人何某某的上诉请求，合法有据，本院予以支持。判决：(1)维持一审判决第一、二、四项；(2)撤销一审

---

〔1〕 上海市高级人民法院(2014)沪高(民)再提字第10号民事判决书。

判决第三项,即被告何某某对上述第一、二项承担连带清偿责任。[1]

保证人在保证合同中对于借款用途未加限制的,应当认为其自愿放弃以特定借款用途作为免除保证责任条件的权利。根据最高人民法院答复意见,本案中保证人以债务人提供的债权人印制的保证合同样本为基础,起草了保证合同,并填写其中担保的债务数额及签署时间等内容,在借款合同签订之前便签章交与被保证人的工作人员,继而向债权人出具。保证合同上未对借款用途加以限制。保证人的上述行为表明其并无以"借款用途"作为是否免除保证责任的意思表示。因此,在没有其他影响保证人意思表示真实的情况下,无论借款合同双方当事人最终约定何种借款用途,也无论保证人在签章时是否知道或者应当知道,均不足以否定保证人自愿对此承担保证责任的真实意思表示。[2]

在民间借贷纠纷案中,存在"借新还旧"事实的,除保证人知道或者应当知道该事实外,保证人不承担担保责任。但"借新还旧"的前手与后手担保人为同一人的,亦不免除担保责任。

【案例5-32】　孙某某诉顾某某、宋某某、沈某某民间借贷纠纷案

判决观点,关于沈某某的担保责任问题,因案涉借款系由2013年10月30日的金额共计6万元的借款转结而来,该6万元借款由沈某某提供连带责任担保,新贷旧贷系同一保证人,故对被告沈某某案涉借款系以"新贷还旧贷"保证人不承担担保责任的辩称,本院不予采信。对孙某某要求沈某某承担连带清偿责任的诉讼请求,本院予以支持。[3]

【案例5-33】　许某诉瞿甲、瞿乙民间借贷纠纷案

判决观点,瞿甲向许某出具了先后两份借条,系两份不同的借款合同。被告瞿甲在出具后一份借条时,随即从原告许某处收回了前一份借条并当场予以销毁,且后一份借条未有款项实际交付,说明借贷双方达成了认定后一份借条所载明的债务,消灭了前一份借条所载明的债务的意思表示一致,应当认定为"以新贷偿还旧贷"。许某诉称瞿乙在签字担保时已经知道据以诉讼的借条是用来置换前期借款的借条,但瞿甲、瞿乙对此均予以否认。在此情形下,许某应对瞿乙知道或应当知道该借款系用于偿还旧贷的事情负举证责任,但就此许某未能举证证实,故许某要求瞿乙对讼争借款承担保证责任的诉讼请求,于法无据,不应予以支持。判决:被告瞿甲偿还原告许某借款本

---

〔1〕　山东省济南市中级人民法院(2015)济民五终字第84号民事判决书。

〔2〕　最高人民法院于2008年6月19日(2008)民监他字第2号函。

〔3〕　参见国家法官学院案例开发研究中心编:《中国法院2018年度案例》(民间借贷纠纷),中国法制出版社2018年版,第249页。江苏省盐城市大丰区人民法院(2016)苏0982民初3921号民事判决书。

金121,181.19元及利息。[1]

债权人与债务人协议以新贷还旧贷,等同于新贷保证人为旧贷提供担保,在前后保证人并非同一人且新贷保证人不知情的情况下,有违保证人的真实意思,保证人应不承担保证责任。

【案例5－34】 卡某某诉许某、徐州利峰木业有限公司等民间借贷纠纷案

二审法院认为,担保责任不同于主债务责任,其以债务人到期未偿还主债务为前提,性质上属于或有责任,担保的属性意味着保证人对债务人偿债能力高度敏感性,担保责任的大小并非只能通过借款数额反映。当债务人不能按期偿还债务的风险增加时,担保责任也相应增加,以新还旧属于未加重债务人的责任但加重了保证人责任的情形。本案中虽然保证人同意借款人和出借人可协商变更包括借款用途在内的具体合同条款,但该承诺首先应当理解为保证人基于对其自身责任考量的结果。也即保证人同意继续承担保证责任的前提是未加重自身的保证责任。在以新还旧的情形下,保证人事实上在订立合同时即承担了债务人不能清偿的风险,明显加重了保证人的责任,该借新还旧的情形超出了借款合同约定的保证人可以预见并概括同意保证的范围,直接导致了保证人对债务人偿债能力做出错误评估的基础上予以保证。故卡某某以借款合同的约定主张谢某某、海天公司应当继续承担保证责任不能成立,不予支持。[2]

隐瞒借款系前期借款结算而成,保证人不承担保证责任。

【案例5－35】 胡某诉陆某、华某等民间借贷纠纷案

二审法院认为,本案二审期间的争议焦点是,华某是否应对案涉40万元借款承担担保责任。根据借款人陆某及出借人胡某的陈述,2013年11月5日的借条及收据是对借款人陆某之前尚欠出借人胡某款项的结算确认,借条出具当日并未实际交付40万元款项,故上述借条和收据所载明内容与事实不符,而出借人胡某并未能举证证明保证人华某亦是以签署上述借条和收据的形式对借款人陆某在2013年11月5日之前形成的债务提供保证,且借款人陆某亦表示华某对借条所指40万元系其与胡某截至2013年11月5日的结算款这一事实并不知情,故华某关于其不应承担担保责任的上诉理由,法院予以支持。综上,原审判决认定事实有误,实体处理部分不当,法院予以变

[1] 参见国家法官学院案例开发研究中心编:《中国法院2015年度案例》(民间借贷纠纷),中国法制出版社2015年版,第168页。江苏省大丰市人民法院(2013)大三民初字第0038号民事判决书。

[2] 参见最高人民法院办公厅编:《最高人民法院公报》2021年第1期(总第291期),人民法院出版社2021年版。江苏省高级人民法院(2018)苏民再291号民事判决书。

更。判决:维持一审判决第一、二项,撤销一审判决第三项即华某承担连带保证责任。[1]

保证人在保证期间开始前履行部分保证义务,不产生保证合同诉讼时效的后果。所以,债权人在保证期间届满后的起诉已超过法律规定的保证期间,保证人的保证责任免除。

【案例5-36】　殷某某诉江某某、盛某某民间借贷纠纷案

判决观点,本案中,借条上虽未写明还款时间,但庭审中殷某某、盛某某一致认可借款时口头约定于2014年8月前还款,该约定合法有效,故盛某某的保证期间自2014年9月1日起计算6个月,殷某某于2015年7月6日提起诉讼,已超过法律规定的保证期间,殷某某未提供证据证明其在保证期间内向盛某某主张过权利,应承担举证不能的法律后果;虽然2014年8月20日盛某某经手归还了10万元,但还款系在借期内,尚未开始计算保证期间,根据上述规定,债权人在保证期间届满前要求保证人承担保证责任的,从债权人要求保证人承担保证责任之日起开始计算保证合同的诉讼时效,故在借期内经盛某某还款不产生开始计算保证合同诉讼时效的结果。综上,盛某某不再承担担保责任的主张于法有据,法院予以支持,盛某某的保证责任免除;殷某某未在保证期间内向保证人主张权利,应自行承担相应的法律后果。判决:江某某归还殷某某借款50万元。[2]

在连带共同保证中,债权人免除部分保证人的保证责任,其他保证人承担责任后无权向该部分保证人追偿。相应地,其他保证人应在该部分保证人内部应承担保证份额的范围内免除保证责任。

【案例5-37】　周某某诉温州久房地产开发有限公司、杨某某等民间借贷纠纷案

二审法院认为,本案中,周某某在原审中确认"官王棵"即为上官某某的情况下,又自愿放弃对上官某某的诉讼请求,由此产生的法律后果应由周某某自行承担。周某某在原审中放弃了对保证人之一上官某某的诉讼请求,周某某和上官某某之间的保证合同法律关系因债权人周某某免除上官某某的担保债务而归于终止,上官某某对本案主债务不再负担连带清偿责任,则杨某某、林甲、缪某某、林乙、林丙、林某某、蔡某某如清偿债务后将无权向上官

---

〔1〕 参见国家法官学院案例开发研究中心编:《中国法院2017年度案例》(借款担保纠纷),中国法制出版社2017年版,第133页。浙江省杭州市中级人民法院(2015)浙杭商终字第1655号民事判决书。

〔2〕 参见国家法官学院案例开发研究中心编:《中国法院2017年度案例》(借款担保纠纷),中国法制出版社2017年版,第185页。江苏省江阴市中级人民法院(2015)澄徐民初字第00391号民事判决书。

某某追偿。周某某处分自己的权利,但损害了其他保证人追偿的法定权利,其他担保人的担保责任应相应减轻。……现各当事人无证据证明连带保证人之间对担保份额有内部约定,应按平均分担处理。周某某放弃对8名担保人中其中一人的诉讼请求,应视为免除总债务1/8的保证份额,其他7名担保人应当对主债务的7/8承担连带保证责任。林某某的该项上诉理由有事实和法律依据,予以支持。〔1〕

抵押权未依法设立,债权人有过错的,保证人免除保证责任。

【案例5-38】 刘某某诉张某某等民间借贷纠纷案

判决观点,原告刘某某与被告张某某、姜某某达成的房屋抵押协议,虽未对房屋及车辆进行抵押登记,但双方已达成房产及车辆抵押的合意,没有办理房屋、车辆登记不影响抵押合同的效力。原告刘某某与被告张某某未对涉案房屋办理抵押登记,故原告刘某某享有的房屋抵押权未能设立,亦未生效,原告刘某某对涉案房屋不享有优先受偿权。原告刘某某因未考察抵押房屋的情况对涉案房屋不能实行抵押权具有过错,因其过错造成的损失不能由其他保证人承担,故应当在抵押房屋的范围内免除保证人的责任。鲁E9F×××号轿车的抵押权自抵押合同生效之日设立,故原告刘某某对该车辆享有优先受偿权。原告刘某某在庭审中放弃对该车辆的优先受偿权,根据《物权法》第一百九十四条第二款之规定,应在其丧失优先受偿权的范围内免除保证人的保证责任。原告刘某某与被告张某某、姜某某在抵押协议中对涉案房屋及车辆约定价值33万元,故各保证人在33万元范围内对房屋车辆抵押协议约定的借款、利息、逾期利息免除保证责任。〔2〕

一般情况下,当事人的签字行为就足以认定其签字内容系其真实意思表示,但在特殊情况下,根据具体案情可认定其签字内容系非真实意思表示的,该签字人不应承担担保责任。

【案例5-39】 侯某某诉蒋某某保证合同纠纷案

判决观点,本案争议焦点是,蒋某某签署的担保书是否是其提供担保的真实意思表示,对此该院分析如下。一般情况下,当事人的签字行为即可表明其对签字内容的了解和认可,该签字行为可认定为当事人真实意思表示。但在本案中,蒋某某作为民事主体具有自身的特殊性:八十岁高龄且系文盲,

---

〔1〕 参见最高人民法院中国应用法学研究所编:《人民法院案例选》2017年第2辑(总第108辑),人民法院出版社2017年版,第141页。浙江省温州市中级人民法院(2016)浙03民终2086号民事判决书。

〔2〕 参见国家法官学院案例开发研究中心编:《中国法院2016年度案例》(民间借贷纠纷),中国法制出版社2016年版,第76~77页。山东省东营市河口区人民法院(2014)河民初字第1171号民事判决书。

其自身并不能直接了解所签书面材料的真实内容和法律后果,其了解上述书面材料真实内容和法律后果的途径,只能是他人告知。作为本案原告侯某某,应当对有人告知蒋某某所签书面材料的真实内容和法律后果的事实负有举证责任,在此之前,单凭蒋某某的签字行为即认定其签署的书面材料系其真实意思,显然不合常理。蒋某某签署保证书时只有侯某某的代理人朱某某、蒋某某及冯某某三人在场,本案诉讼中,朱某某和冯某某到庭作证,上述两名证人关于签字之前是否向蒋某某告知担保书内容及法律后果的陈述相互矛盾,侯某某亦未就蒋某某签署担保书时有人告知其担保书内容和法律后果向本院提交其他证据,在此情况下,侯某某称蒋某某签订担保书时有人告知其担保书内容和法律后果的主张显然证据不足,应当承担举证不能的相应法律后果,故法院对侯某某的上述主张不予采信,对蒋某某签字时对保证书的真实内容不了解,其签字行为非其真实意思表示的事实予以确认。另需说明的是,虽然两位在场人的证言中,关于是否告知蒋某某担保书内容及法律后果的部分相互矛盾,但两人证言中亦有一致之处:冯某某与朱某某在进入蒋某某家之前,冯某某独自一人先行到家中确认在家人员情况;蒋某某签署担保书时,只有冯某某、朱某某和蒋某某三人在场,与蒋某某同住的冯某某兄嫂均不在家。上述细节与朱某某和冯某某未告知蒋某某担保书真实内容和法律后果的事实之间,存在一定程度的逻辑合理性。这也是法院在认定蒋某某签署担保书时不了解担保书的真实内容与法律后果,其签字行为非其真实意思表示时考虑的因素之一。保证人在违背真实意思的情况下提供保证的,保证人不承担保证责任。如前所述,蒋某某签署担保书时对担保书内容的真实内容不了解,其签字行为不是其提供保证的真实意思表示,故侯某某要求蒋某某承担保证责任的诉讼请求,缺乏法律依据,法院不予支持。判决:驳回侯某某的诉讼请求。[1]

担保人为债务人提供担保只是纯粹地承担保证义务,并未获得利益。同时,担保人提供担保,是其处分自身民事权利的行为。由此产生的法律责任应由担保人自己承担,而不能及于其配偶,除非其配偶明确表示愿意共同承担保证责任。

借款合同未约定利息,视为不支付利息,保证人的保证范围仅限于借款本金。债权人与债务人于借款合同之外约定了利息,无证据证明担保人知晓且同意担保,保证人对利息部分不承担担保责任。债务人已支付的利息金额可在保证人应承担的保证范围内予以扣减。

---

〔1〕 参见国家法官学院案例开发研究中心编:《中国法院 2015 年度案例》(借款担保纠纷),中国法制出版社 2015 年版,第 106 页。北京市海淀区人民法院(2013)海民初字 18760 号民事判决书。

【案例5－40】　王某某诉余某某、金某某民间借贷纠纷案

二审法院认为，本案争议焦点主要在于余某某的保证责任认定。本案200万元借条未载明借款存在利息约定，虽出借人与王某某和借款人金某某均认可实际有按照约定利率2%（后变更为1.5%）支付利息，但王某某并未提供确凿的证据证明保证人余某某在签字担保时对利息的约定知情并同意为借款利息提供担保，现余某某对此予以否认，应认定保证人余某某担保范围仅为借款本金。借款后，金某某已偿还本息款项对于保证人余某某而言，应抵扣其应承担偿还责任的借款本金200万元。现金某某的还款已超过200万元本金，一审判决余某某不再承担担保责任，处理并无不当，应予以维持。判决：驳回上诉，维持原判。[1]

担保人通过债权转让成为债务人后，原债务的担保责任并不能免除。也就是说，担保人和债权人混同，权利义务不能抵销。

【案例5－41】　蔡某某诉张某、重庆某某农药有限公司、胡某某、忠县某某物业开发有限责任公司民间借贷纠纷案

二审法院认为，本案争议焦点是张某应否承担连带保证责任。首先，因胡某某、张某作为本案借款的担保人在担保函上签名，张某认可担保函上的签名系其亲笔书写，故胡某某、张某的担保依法应当认定为连带责任保证，并应对债务本息承担连带担保责任。虽然担保函的内容载明有“从本人签字捺手印之时起，该笔款项如出现借款人不能按时还款时，该债务全部由我本人承担”，事实上，作为担保人的胡某某、张某在担保函上签字后并未捺手印。然而，从民事法律行为上，完全民事行为能力人在法律文件上无论是签名还是捺手印两种行为，均是为了证明其所实施的法律行为系本人所为，因张某在庭审中对其在担保函上的签名认可，故张某上诉主张虽在担保函上签了名但未捺手印不应承担担保责任的理由不能成立，法院不予支持。其次，关于张某付给蔡某某的57万元应付抵扣本案70万元债权的问题。张某举示的2012年6月1日蔡某某与其签订的债权转让协议中约定，东农药司于2011年9月26日向蔡某某签订的借款合同金额为100万元……2012年1月21日签订的借款合同金额为70万元，合计金额为170万元……现张某同意收购50万元的债权……该协议签订后，张某向蔡某某给付了57万元。张某的特别授权委托代理人在二审中陈述“7万元是张某多收的债权利息”，债权转让协议“和本案70万元无任何关系”“100万元的债权转让与本案无关”。因

---

〔1〕 参见《人民司法·案例》2023年第11期（总第994期），第57页。浙江省温州市中级人民法院（2021）浙03民终4207号民事判决书。

张某在本案中是担保法律关系,一审法院不支持张某抗辩其给付蔡某某的57万元抵扣蔡某某在本案中向东农药司主张的70万元债权正确。判决:驳回上诉,维持原判。[1]

4. 主合同变更的保证责任

借款协议主合同未经担保人同意变更后,如果减轻借款人的债务的,保证人仍应当对变更后的合同承担保证责任。如果加重借款人的债务的,保证人对加重部分不承担保证责任。出借人与借款人对主合同履行期限作了变动,未经保证人书面同意的,保证期间为原合同约定的或者法律规定的期间。出借人与借款人协议变更主合同内容,但并未实际履行的,保证人仍应当承担保证责任。

【案例5-42】　彭某诉袁某某等民间借贷纠纷案

二审法院认为,本案中,彭某、李某某与袁某某于2013年12月20日签订借款协议,约定袁某某自愿为33万元的借款月利息3300元做担保,彭某、李某某于2016年4月1日再次签订借款协议书,按照彭某的陈述,该协议书中的34万元借款涵盖了之前的33万元借款,且协议变更了利息及还利息的日期。根据《最高人民法院关于适用〈中华人民共和国担保法〉若干问题的解释》第三十条的规定,袁某某对李某某的债务加重的部分不承担保证责任,袁某某仍应对其在原承诺范围内承担保证责任。[2]

【案例5-43】　开某诉徐某等民间借贷纠纷再审案

再审法院认为,民法典施行后,应根据民法典第六百九十五条区分借款支付账户变更对债务的加重或减轻,于变更不可分加重债务情形,应适用民法典第五百三十三条条合同基础丧失规则。变更致可分加重时,免除加重部分保证责任的理由是他人处置禁止;变更致不可分加重时,免除全部保证责任的理由是交易基础丧失。变更对保证负担无影响时,亦不影响保证责任范围。[3]

借款人在借条上延长了还款期限,保证人对变更后的合同不承担保证责任。

---

[1] 重庆市第二中级人民法院(2013)渝二中法民终字第00158号民事判决书。

[2] 参见国家法官学院案例开发研究中心编:《中国法院2019年度案例》(借款担保纠纷),中国法制出版社2019年版,第182页。广东省韶关市中级人民法院(2017)粤02民终1323号民事判决书。

[3] 人民法院案例库2024-16-2-103-003。上海市第二中级人民法院(2022)沪02民申159号民事判决书。

【案例5－44】 张甲诉陈某某、张乙民间借贷纠纷案

判决观点,陈某某于2013年2月20日在借条上书写了延长还款期限等字样属于协议变更主合同条款,张甲未能提供证据证明该变更取得了张乙的书面同意,张乙亦否认其知情且同意,因此,该延长还款期限的约定对张乙不具约束力。〔1〕

【案例5－45】 刘某诉重庆恩纬西实业发展有限公司等民间借贷纠纷案

判决观点,关于担保人应否对超出合同约定的期限发放的贷款承担保证责任的问题。从本案查明的事实来看,刘某出借的第一笔3000万元的借款,虽然合同约定出借日应为2013年9月22日,但同时也约定实际借款起始日以出借方划款日为准,因此,该3000万元的借款并未违反合同的期限。而2013年12月30日的第二笔3000万元和2014年1月10日的第三笔4000万元的借款明显违反了借款合同约定的从2013年9月22日起3个月内发放借款,应属于出借方与借款人对合同的履行期限进行了变更。但根据《最高人民法院关于适用〈中华人民共和国担保法〉若干问题的解释》第三十条,在未经保证人书面同意的情况下,保证人的保证期间仍以原合同约定的保证期间为准。本案借款合同中约定的保证期间为债务履行届满之日2年,而刘某于2014年8月25日向法院提起诉讼,向保证人主张权利,其在原合同约定的保证期间内主张了权利。因此,各保证人应当承担保证责任。〔2〕

5. 保证责任特殊情形

在实践中,经常出现的主借款合同对多笔借款进行结算并重新出具借条,新借条是否产生新的借贷关系,要注意区分不同情况。若双方当事人仅对借款本金和利息进行结算,而重新出具借条或者欠条,则不产生新贷,保证人仅就其签字的旧借条承担保证责任。若双方当事人重新出具的借条是旧借条本金和利息之和,旧借条利息转新借条本金的部分属于新贷,若保证人未在新借条上签字,保证人对于新贷部分无须承担保证责任,仅就其签字的旧借条承担保证责任。

在担保合同中,基于担保的从属性,担保责任的范围不得大于主债务。在委托担保合同中,委托人并非担保关系,其中的违约金条款属于当事人意思自治范围。对于反担保而言,从保护担保人追偿权的角度,应当将反担保合同认定为委托担保合同的从合同,反担保合同中反担保人承担的反担保责任不应当超过委托担保合同中明确的主债务。

---

〔1〕 参见国家法官学院案例开发研究中心编:《中国法院2016年度案例》(民间借贷纠纷),中国法制出版社2016年版,第99页。福建省厦门市集美区人民法院(2014)集民初字第901号民事判决书。

〔2〕 重庆市高级人民法院(2014)渝高法民初字第00053号民事判决书。

对被担保的债权既有物的担保又有人的担保时,没有约定借款人不履行到期债务时如何实现担保物权,债权人应当先就借款人自己提供物的担保(抵押物)实现债权,而后在不能完全受偿的余额范围内再向保证人主张。债权人未对借款人提供物的担保主张实现担保物权之前,其债权能否完全受偿尚不能确定,保证人是否应当对债权人在债权不能完全受偿的余额范围内承担连带责任亦不能确定,故债权人未对抵押物主张担保物权前,不能要求保证人对债务承担连带清偿责任。也就是说,债权人放弃物的担保,保证人的责任承担应在个案中确定。

【案例5-46】　英某某诉容某某、黄某某民间借贷纠纷案

二审法院认为,涉案债权既有物的担保又有人的担保,且没有约定债务人黄某某不履行期债务时如何实现担保物权,债权人英某某应当先就物的担保即抵押物神钢牌挖掘机实现债权,而后在不能完全受偿的余额范围内再向保证人容某某主张。英某某至今未对上述抵押物挖掘机主张实现担保物权,其债权能否完全受偿尚不能确定,容某某是否应对英某某债权不能完全受偿的余额范围内承担连带责任亦不能确定,故英某某未对上述抵押物挖掘机主张担保物权前,不能要求容某某对本案债务承担连带清偿责任。[1]

物保和连带责任保证并存时,因物保的提供者不同,债权人实现债权的顺序是有区别的。如果物保是借款人提供的,应先以借款人提供的物保偿债,然后再由连带保证人承担清偿责任;如果物保系非借款人提供的,其债权人实现债权的顺序就没有限制,可以选择行使抵押权或让连带保证人承担保证责任。

【案例5-47】　王甲诉田甲、王某某、田乙、王乙民间借贷纠纷案

判决观点,由被告田乙、王乙提供连带担保、被告田甲、王某某以自己的房产提供抵押向原告王甲借款120,000元,除约定的利息与违约金总和因超出同期中国人民银行贷款利率四倍而导致超出部分无效外,双方之间其他约定未违反国家法律、行政法规的强制性规定,合法有效,被告田甲、王某某欠原告借款本金120,000元,理应偿付。……被告田甲、王某某以自己的房屋提供抵押并依法办理了房产抵押登记手续,原告对鲁潍房权证高密市字第×号的房屋享有抵押权,原告要求被告用抵押的房屋优先偿还所借钱款,其实质是要求确认自己对抵押房屋享有抵押权,该请求符合法律规定,法院予以支持。在涉案借款由被告田甲、王某某提供物的担保的情况下,被告田乙、王乙为涉案借款提供连带保证,依据《担保法》第二十八条的规定,被告田乙、王乙只应对物的担保之外借款本金、利息、违约金及原告实现债权的费用(律

---

〔1〕 参见国家法官学院案例开发研究中心编:《中国法院2019年度案例》(借款担保纠纷),中国法制出版社2019年版,第197页。广东省珠海市中级人民法院(2016)粤04民终1634号民事判决书。

师代理费 10,500 元)承担清偿责任。被告虽辩称已偿还部分利息,因未提交证据予以证实,法院不予采信。判决:(1)被告田甲、王某某给付原告王甲借款本金 120,000 元及利息;(2)被告田甲、王某某偿付原告律师代理费 10,500 元;(3)原告王甲对房权证号为鲁潍房权证高密市字第×号的房屋享有抵押权;(4)被告田乙、王乙对原告实现鲁潍房权证高密市字第×号的房屋享有抵押权后不能清偿的上述第一、二项的剩余部分承担连带清偿责任。[1]

保证担保与无效抵押担保并存时,可判决连带责任保证人对债务人的全部债务承担连带清偿责任,并判决有过错的抵押人对不能清偿的债务部分的 1/2 承担赔偿责任。

【案例 5-48】 陈某某诉王甲、王乙、林甲、林乙民间借贷纠纷案

判决观点,林甲作为讼争借款的保证人,未明确约定保证方式和保证范围,依法应对讼争借款及利息承担连带清偿责任。关于林乙与陈某某之间的抵押合同,林乙提供作为抵押的房产系在农村宅基地所建的房屋,且未依法登记产权,属于不得抵押的财产,故林乙与陈某某之间的抵押合同依法应认定为无效合同。本案中,林乙与陈某某均应当知道该房屋属于法律禁止抵押的财产,其二人对抵押合同的无效均存在过错,林乙依法应承担相应民事责任。根据过错程度,法院酌定林乙应对前述 30 万元借款及利息中王甲、王乙不能清偿部分的 1/2 承担赔偿责任。[2]

实践中,可以适用诚实信用原则,认定连带担保清偿责任。

【案例 5-49】 成某某与万某某、江西富源贸易有限公司、吉林成城集团股份有限公司民间借贷纠纷案

最高人民法院认为,围绕上诉人的上诉请求,本案的争议焦点为:成某某应否对 6750 万元借款的利息部分承担连带清偿责任。依据协议书和承诺书的约定,成某某应对 6750 万元借款的还款义务承担连带清偿责任。虽然协议书载明的出借人是江西省家电市场海兴家电商行,但该商行的性质为个体工商户,经营者为万某某。依据《最高人民法院关于适用〈中华人民共和国民事诉讼法〉若干问题的意见》第四十六条规定,在诉讼中,个体工商户以营业执照上登记的业主为当事人。因此,万某某为实际出借人,其和富源公司之间的借贷合同关系不属于企业之间的拆借。故协议书的内容不违反法律、

---

〔1〕 参见国家法官学院案例开发研究中心编:《中国法院 2015 年度案例》(借款担保纠纷),中国法制出版社 2015 年版,第 118 页。山东省潍坊市高密市人民法院(2013)高民初字第 2378 号民事判决书。

〔2〕 参见国家法官学院案例开发研究中心编:《中国法院 2014 年度案例》(民间借贷纠纷),中国法制出版社 2014 年版,第 110 页。福建省厦门市湖里区人民法院(2012)湖民初字第 4353 号民事判决书。

行政法规的强制性规定，作为当事人的真实意思表示，应为合法有效。按照承诺书的表述，成某某对协议书对应借款的还款义务承担保证责任，保证的方式为连带责任保证，保证担保的主债权数额为8000万元。其内容不违反法律、行政法规的强制性规定。现富源公司和万某某之间实际发生的借款数额为6750万元，仍在8000万元的主债权数额之内，故万某某要求成某某对6750万元借款的还款义务承担连带清偿责任符合承诺书的约定。对于承诺书的真实性，成某某在一审中未提出异议，也未申请笔迹鉴定，在上诉期内未就此提出相关上诉请求，而是在上诉状中明确认可了出具承诺书的事实，认可自己对6750万元借款的本金部分承担连带清偿责任，这些均为其对案件事实的自认以及对自己民事权利和诉讼权利的处分，最高人民法院对此予以确认。依据《民事诉讼法》第十三条“民事诉讼应当遵循诚实信用原则。当事人有权在法律规定的范围内处分自己的民事权利和诉讼权利”以及《最高人民法院关于民事诉讼证据的若干规定》第八条第一款的规定，最高人民法院对成某某否认承诺书真实性的主张不予支持，对其在二审过程中要求笔迹鉴定申请不予准许。判决：驳回上诉，维持原判。[1]

权利质押担保的主债权转让后，出质人应继续对债权受让人承担质押担保责任。

【案例5-50】　陈某某诉厦门好兆头橱柜股份有限公司等民间借贷纠纷案

判决观点，陈甲以其持有的厦门好兆头投资管理股份有限公司51%的股权，陈乙以其持有的厦门好兆头投资管理股份有限公司49%的股权，好兆头公司以其持有的厦门好兆头家居有限公司30%的股权分别为好兆头公司向旺成公司的借款债务提供质押担保，且均已办理股权出资设立登记，合法有效。质押担保的主债权转让后，从利益平衡及无害化角度看，出质人继续承担质押担保责任不会导致质权人、出质人及案外其他人的权利义务发生变化，且与公平原则、从权利随主权利一并转移的法律规定以及主债权转让后保证人、抵押人仍继续承担担保责任的法理相符。因此，讼争债权转让给陈某某后，虽然讼争的股权出质设立登记未进行变更，但是陈甲、陈乙、好兆头公司仍应以前述质押股权对讼争债权承担质押担保责任。此外，讼争债务既有人的担保又有物的担保。债转股投资协议约定，保证人在接到债权人书面索款通知后15日内无条件代为偿付债务。陈甲、陈乙与旺成公司签订的《股权质押担保合同》均约定无论是否债务人或第三方提供的其他担保，债权人

---

〔1〕参见杜万华主编：《最高人民法院民商事案件审判指导》（第4卷），人民法院出版社2016年版，第554页。

均可直接要求出质人承担质押担保责任，出质人将不提出任何异议。从上述约定看，陈甲、陈乙作为保证人和出质人，已放弃要求债务人提供物的担保先予清偿的担保顺位，因此陈某某可以直接主张陈甲、陈乙承担保证及质押担保责任。[1]

第三人以与出借人订立房屋买卖合同方式为借款人提供担保，亦应承担担保责任。

【案例5－51】 童某某诉顾某某等民间借贷纠纷案

一审法院认为，关于顾某某责任承担的问题。虽然童某某与顾某某签订的是购房协议，但两份协议并非两个独立的民事行为，而是针对同一民事行为，即对债务清偿事项达成的合意，两份协议的真实意思是对金某到期借款的还款期限予以延展，并由顾某某与童某某订立购房协议这种方式为借款合同关系提供保证，即双方签订购房协议的真实目的是在借款人不能按期还款时，童某某便可获得房屋的所有权，以弥补其不能收回借款所遭受的损失。据此，应确认童某某、顾某某之间为借款保证合同关系，而非商品房买卖合同关系。因购房协议中约定的房价为5,000,000元，故顾某某承担保证责任范围也应以5,000,000元为限。判决：金某、顾某归还童某某借款本金4,566,400元、利息1,860,303.1元。顾某某在5,000,000元的范围内对上述付款义务承担连带付款责任。顾某某上诉后，未预交上诉费，二审法院裁定按自动撤回上诉处理。[2]

第三人单方以书面形式向债权人出具担保书，并非以自己的财产提供担保，而是意图以案外人的财产清偿债务，应当认定该担保不具有真实性，进而否定单方担保的效力。

【案例5－52】 李某某诉罗甲、余某某民间借贷纠纷案

二审法院认为，本案二审双方当事人争议的焦点是余某某是否应当对罗乙所欠的李某某债务承担担保责任。余某某若为本案提供连带责任担保，则李某某可直接要求其对所提供担保债务承担清偿责任。因此，担保事宜对双方而言，应属重大事项，一般人通常对此均会持非常谨慎态度。但是，本案中，李某某、余某某对担保书的保管和出具随意性较大。先是李某某称担保书遗失，由余某某补签；然后是对有瑕疵的担保书在立案时没有发现错误之

---

〔1〕 参见国家法官学院案例开发研究中心编：《中国法院2018年度案例》（借款担保纠纷），中国法制出版社2018年版，第218页。福建省厦门市集美区人民法院（2016）闽0211民初497号民事判决书。

〔2〕 参见国家法官学院案例开发研究中心编：《中国法院2017年度案例》（借款担保纠纷），中国法制出版社2017年版，第33页。江苏省无锡市中级人民法院（2015）锡民终字第1238号民事裁定书。

处，进入审理时，余某某又重新出具的担保书，对错误之处进行了更正；一审庭审后，因该120万元的担保书已超过担保期间，李某某又向一审法院提交了余某某的承诺书，余某某承诺继续提供担保直到罗乙向李某某归还全部借款本金及利息为止。可见，余某某对李某某数次提供担保书的要求积极予以配合，两人当时对担保书上出现的明显瑕疵均未发现，不符合一般人的正常行为方式。而作为债务人的罗甲又一直对担保事项不予认可。因此，本案所涉担保书存在不合理之处，真实性存在疑点，一审判决对其真实性不予认定，并无不当。判决：驳回上诉，维持原判。〔1〕

前后贷款不是同一保证人，且保证人不知道系以新贷偿还旧贷的，保证人不承担保证责任。

【案例5－53】　张甲诉无锡市锡山区恒昌农村小额贷款有限公司、张乙、戴某某等借款合同纠纷案

二审法院认为，关于争议焦点一，张乙从恒昌公司收到870万元贷款后，汇入戴某某账户，戴某某将其中的420万元汇至恒昌公司账户。虽然，此870万元款项没有直接从张乙账户回流向恒昌公司，而是经过了戴某某账户的周转，但恒昌公司与张乙没有证据证明上述回款对应张乙和戴某某的何笔业务往来，且两笔款项转凭条的备注皆明确表明该笔资金的走向，即归还前期张乙和东方宝贝公司担保的戴某某与恒昌公司借款420万元和恒昌公司担保并代偿的张乙欠民生银行款4,499,857.97元。因此，2015年7月8日发生的这笔870万元新贷的资金流向已实质构成新贷偿还旧贷。关于争议焦点二，张乙、恒昌公司不能提供证据证明保证人张甲知道或者应当知道借新还旧。张乙未出庭，也未提供相关证据证明张甲对此知道或应当知道。据此推定，张乙和恒昌公司签订870万元借款协议用于以贷还贷时，保证人张甲对此并不知情。关于争议焦点三，前贷450万元和420万元均不在张甲的最高额保证责任范围之内。因为450万元债务的性质为恒昌公司为张乙与民生银行之间的主借款合同的担保之债，系次债务；420万元债务的性质为张乙为戴某某及恒昌公司主借款合同的担保之债，也系次债务。而恒昌公司与张甲签订的《最高额保证合同》，明确表明保证担保的主债权范围应为债务人依据主合同与债权人发生的主合同项下的相关本金、利息以及其他一切费用。而前贷450万元和420万元均非主合同项下的债务，因此，前贷共计870万元的担保人并非张甲。判决：（1）维持一审判决主文第一项、第三项；

〔1〕　参见最高人民法院中国应用法学研究所编：《人民法院案例选》2018年第6辑（总第124辑），人民法院出版社2018年版，第85页。湖南省高级人民法院（2016）湘民终586号民事判决书。

(2)戴某某、无锡东方宝贝儿童用品有限公司对原审判决第一项确定的张乙的债务承担连带保证责任。[1]

当约定的抵押范围与登记的他项权证存在明显冲突时,应当以登记为准,约定的抵押事项视同未办理抵押登记,抵押权人对未登记部分不享有优先受偿权。

【案例5-54】 金某诉曹某某、司某、杨某某民间借贷纠纷再审案

再审法院认为,具体到本案,司某、杨某某承诺抵押所对应的为曹某某全部债务,但办理的登记手续与此有异,特别是杨某某的抵押在曹某某债务实际未结清的情况下撤销了登记手续,司某、杨某某对此应承担抵押合同的违约责任。在责任的承担上,司某、杨某某应当在其承诺抵押的房产价值范围赔偿责任,由于杨某某与田某某是以共同所有的房屋作出抵押的意思表示,田某某已去世,金某也未起诉田某某,且乐山路房屋的份额已经为生效法律文书确认为杨某某拥有1/2份额,欲抵押的房屋已经分割,故杨某某承担责任的范围可确定为乐山路房屋的1/2份额。[2]

6. 互联网平台担保责任

《民间借贷规定》第二十一条规定:"借贷双方通过网络贷款平台形成借贷关系,网络贷款平台的提供者仅提供媒介服务,当事人请求其承担担保责任的,人民法院不予支持。网络贷款平台的提供者通过网页、广告或者其他媒介明示或者有其他证据证明其为借贷提供担保,出借人请求网络贷款平台的提供者承担担保责任的,人民法院应予支持。"该条是关于网络贷款平台在民间借贷关系中应承担责任的规定。对于居间加担保物权模式,司法解释制定者认为,在此种模式下,P2P平台为了降低出借人的风险,对于借款数额较大的借款人,会要求提供相应的担保,主要的担保形式有抵押或者质押。后者又经常表现为票据质押、应收账款质押等。这种模式多见于规模较大的P2P平台或者具有商业银行背景的P2P平台。在由借款人或者第三方提供抵押或者质押的情况下,与其他有担保物权的借贷关系并无不同,主要的法律关系是:借款人、出借人与P2P平台形成居间合同关系;出借人与借款人形成借款合同关系;出借人与担保人形成担保法律关系。人民法院在审理此类案件时,应当按照原《物权法》、原《担保法》及其司法解释的规定,先审查担保合同的成立与效力问题,再审查担保物权是否成立,最终判断担保

〔1〕 参见国家法官学院案例开发研究中心编:《中国法院2017年度案例》(借款担保纠纷),中国法制出版社2017年版,第118~119页。江苏省无锡市中级人民法院(2015)锡商终字第0491号民事判决书。

〔2〕 上海市第二中级人民法院(2012)沪二中民一(民)终字第17号民事判决书。

人应否承担担保责任、担保责任的范围等问题。[1]

P2P平台在网页上承诺"如借款逾期未还款,第三方担保机构将会及时代偿本息",该意思表示已经足够表明其为贷款人提供担保。

【案例5-55】 李某某诉钱来钱往金融服务外包(北京)有限公司保证合同纠纷案

一审法院认为,本案争议焦点为钱来钱往公司是否对李某某出借的款项承担担保责任。李某某作为出借人通过钱来钱往公司提供的网络平台与该平台提供的借款人形成借贷关系,钱来钱往公司作为平台的提供者在其网站上声明:如借款逾期未还款,第三方担保机构将会及时代偿本息,100%保障资金安全无忧。该声明很容易对出借人的投资决策和意思表示产生影响,因此足以使出借人认为该平台为其债权提供保证,亦应认定出借人李某某与钱来钱往公司之间存在保证合同关系。判决:钱来钱往公司偿还本金及利息。

二审法院认为,本案争议焦点为钱来钱往公司是否对李某某出借的款项承担担保责任。通过查明的事实可知,一审诉讼中,钱来钱往公司明确承诺同意承担担保责任,再向张某某追偿债务,该意思表示真实明确,未违反法律、法规的强制性规定,具有法律效力。二审诉讼中,钱来钱往公司表示因为无法联系上张某某且张某某有诈骗行为,其不再承担担保责任,这有违诚信原则且无证据证明,本院不予支持,因此维持原判。[2]

7. 担保缔约过失责任

在空白保证合同签名,签名人随意、放任的行为对合同的不成立存在过错,应承担相应的缔约过失责任。

【案例5-56】 溧阳市华盛农村小额贷款有限公司诉王某、陈某某、天目公司等民间借贷纠纷案

二审法院认为,陈某某、天目公司均系具备完全民事行为能力的民事主体,能够预见和判断在空白合同上签字的法律后果,却在签订案涉合同时,没有仔细审核合同内容的前提下签字。因此,其随意、放任的行为也直接导致了本案争议的产生,故其也存在相应过错。华盛公司、陈某某、天目公司对该份最高额保证合同未依法成立均存在过错,双方应根据过错程度承担相应的缔约过失责任。由陈某某、天目公司对案涉贷款在王某不能偿还借款本息的

---

〔1〕 参见最高人民法院民事审判第一庭编著:《最高人民法院民间借贷司法解释理解与适用》,人民法院出版社2015年版,第383页。

〔2〕 参见国家法官学院案例开发研究中心编:《中国法院2018年度案例》(借款担保纠纷),中国法制出版社2018年版,第150页。北京市第一中级人民法院(2017)京01民终160号民事判决书。

部分，向华盛公司承担50%的赔偿责任。判决：撤销一审判决，王某向华盛公司归还借款本金456万元及借款期限内利息40,548元并承担逾期利息，陈某某、天目公司在王某不能按约履行上述第一项债务的范围内，向华盛公司承担50%的赔偿责任。[1]

【不同处理】 担保人在空白保证合同签字后期添加担保金额，应该视为放弃审查担保债务的相关信息，产生的不利后果应由其本人自行承担，担保人应当对合同的全部借款承担保证责任。

【案例5-57】 日照市岚山区正昊小额贷款有限公司诉日照德田木业有限公司等民间借贷纠纷案

判决观点，被告日照德田木业有限公司与原告签订的借款合同，被告日照雪丰物流有限公司、王某某为该笔借款提供连带责任保证担保，合法有效。被告日照雪丰物流有限公司的法定代表人黄某某向被告程某某明确告知了担保贷款数额为1,200,000元，被告程某某找被告苏某担保时应当告知其担保数额，苏某也应当向程某某询问。本案没有债权人恶意、担保人违背自身真实意思提供担保的情况，不能免除担保人的担保责任。核实债权人以及真实债务的情况，是保证人应尽的审慎注意义务，苏某作为完全民事行为能力人，在签订担保合同时，应仔细审查合同的内容，在自身充分清楚、理解合同内容的前提下签字。被告苏某在空白保证合同上签字，应该视为其放弃审查其担保债务的相关信息，产生的不利后果应由其本人自行承担。判决：(1)被告日照德田木业有限公司给付原告日照市岚山区正昊小额贷款有限公司借款1,200,000元。(2)被告日照德田木业有限公司给付原告日照市岚山区正昊小额贷款有限公司借款1,200,000元利息。(3)被告日照雪丰物流有限公司、王某某、程某某、苏某均分别对上述第一项、第二项给付内容承担连带清偿责任。[2]

8. 担保过错赔偿责任

不动产抵押合同签订后，抵押人未进行抵押登记有过错的，应当对债权人的损失承担赔偿责任。也就是说，未进行抵押登记不影响不动产抵押合同的成立和生效，抵押人应按不动产抵押合同承担责任。

---

〔1〕 参见国家法官学院案例开发研究中心编：《中国法院2018年度案例》（民间借贷纠纷），中国法制出版社2018年版，第209页。江苏省常州市中级人民法院（2016）苏04民终4082号民事判决书。

〔2〕 参见国家法官学院案例开发研究中心编：《中国法院2017年度案例》（借款担保纠纷），中国法制出版社2017年版，第43页。山东省日照市岚山区人民法院（2014）岚商初字第229号民事判决书。

【案例5-58】 宋某诉大连伯顿冠力电机有限公司、冯某、张某、邱某某民间借贷纠纷案

判决观点，被告张某、邱某某与原告宋某之间所签订的抵押合同已成立，但因被告未依抵押合同履行登记之义务，故而不发生物权担保之法律效力。依据双方签订的抵押合同第六条之约定，被告在合同成立后负担就合同项下设定的抵押向有关机关办理登记的义务抵押合同，被告张某、邱某某未继续执行该合同，未办理抵押登记，未提交证据证明其曾经积极履行过该项义务，亦未提供证据证明原告存在过错，故被告已违背了诚实信用原则，被告应当对未进行抵押登记致使原告受到的损失承担相应赔偿责任。[1]

抵押人违背诚信原则拒绝办理抵押登记致使债权人受到损失的，抵押人应当承担赔偿责任。

【案例5-59】 李某某诉陈某抵押合同纠纷案

二审法院认为，陈某拒绝办理抵押登记构成违约，应承担违约责任。故李某某请求陈某在担保物价值范围内对赵某120万元借款承担担保责任，理由正当，证据充分，法院予以支持。判决：驳回上诉，维持原判。[2]

9. 物保与人保并存时担保责任顺序

借款人的物保与第三人的人保并存时，担保责任顺序确定是实践中的多发纠纷。《民法典》第三百九十二条规定："被担保的债权既有物的担保又有人的担保的，债务人不履行到期债务或者发生当事人约定的实现担保物权的情形，债权人应当按照约定实现债权；没有约定或者约定不明确，债务人自己提供物的担保的，债权人应当先就该物的担保实现债权；第三人提供物的担保的，债权人可以就物的担保实现债权，也可以请求保证人承担保证责任。提供担保的第三人承担担保责任后，有权向债务人追偿。"该条规定物保与人保并存时担保责任的顺序。其一，约定优先。该条规定体现了尊重当事人的意思自治，即担保合同中约定了担保责任的顺序，则债权人应当受到该约定顺序之约束，且限制债权人的选择权可以节约社会成本。其二，没有约定或者约定不明确的责任顺序，则债务人首先用自己的物保实现债权，其后为担保人提供的担保，主要原因是清偿债务是债务人的法定义务，应当用债务人的财产清偿债务。其三，第三人提供物的担保的，债权人可以就物的担保实现债权，也可以请求保证人承担保证责任，债权人享有选

---

〔1〕 参见国家法官学院案例开发研究中心编：《中国法院2015年度案例》（民间借贷纠纷），中国法制出版社2015年版，第78页。辽宁省大连市中级人民法院（2013）大民一初字第87号民事判决书。

〔2〕 北京市第一中级人民法院（2012）一中民终字第10770号民事判决书。

择权。

【案例5-60】 黄某某诉朱甲、朱乙民间借贷纠纷案

判决观点,关于黄某某主张的担保问题。朱甲为其债务提供了房屋抵押担保,该抵押担保合法有效,黄某某有权对抵押的房屋享有优先受偿权。但抵押标的物江阴市迎宾路27号×室房屋已事先抵押给了上海浦东发展银行股份有限公司江阴支行,因此,黄某某对该房屋享有的优先受偿权的范围仅限于上海浦东发展银行股份有限公司江阴支行优先受偿后的剩余部分。朱乙为朱甲的债务提供了连带保证责任。但同时朱甲自己提供了物的担保,且当事人各方没有约定实现担保的具体情形,故黄某某应当先就朱甲提供的物的担保实现债权,在仍不能完全受偿时,朱乙就余额部分承担连带清偿责任。朱乙对于其在保证范围内清偿的债务,有权依照《担保法》第三十一条的规定,向朱甲追偿。朱乙为朱甲的债务提供了房屋抵押担保,该抵押担保合法有效,黄某某有权对抵押的房屋享有优先受偿权。但同时债务人朱甲自己提供了物的担保,无论是从公平的角度,还是从防止日后的担保人追偿的烦琐及节约成本的角度,黄某某均应当先行使债务人朱甲提供的物的担保,再行使第三人朱乙提供的物的担保。抵押物江阴市东方大院77号×室房屋已事先抵押给了中国农业银行股份有限公司江阴支行,因此,黄某某对该房屋享有的优先受偿的范围仅限于中国农业银行股份有限公司江阴支行优先受偿后的剩余部分。〔1〕

10. 合伙企业担保责任

《合伙企业法》已明确合伙企业为他人提供担保应当经全体合伙人一致同意。合伙企业属于人合型商事主体,合伙人之间遵循共同经营、共同出资、共担风险、共享收益的原则。为他人设定担保通常并非合伙企业的正常经营活动,如果允许执行事务合伙人或是任一合伙人可以不经全体合伙人一致同意而单独对外向他人作出担保的意思表示,无疑是对上述原则的违反,严重侵害了其他合伙人的合法权益。合伙企业对外提供担保的,合同相对人应对合伙决议进行审查。

【案例5-61】 赖某某诉中业公司、广大所、薛某某等民间借贷纠纷案

二审法院认为,广大所作为普通合伙企业,其制定的章程未授权负责人对外签署担保合同,薛某某以广大所名义为中业公司债务提供担保未经全体合伙人同意,事后亦未取得全体合伙人追认,显属负责人超越权限订立合同

〔1〕 参见国家法官学院案例开发研究中心编:《中国法院2018年度案例》(借款担保纠纷),中国法制出版社2018年版,第189~190页。江苏省江阴市人民法院(2016)苏0281民初8195号民事判决书。

的行为。因此,赖某某与广大所之间的担保法律关系是否成立,取决于作为担保权人是否知道薛某某的行为越权。赖某某的"善意"与否作为一种主观意识,应结合客观的行为表现进行综合判断。赖某某在签署担保条款时,应对广大所章程、合伙人决议进行审查,但其未能尽到最基本的形式审查义务,存在过失,赖某某非善意相对人,薛某某的越权行为不构成表见代理。另外,任何人均不得以其不知公开的法律规则为由主张抗辩,在《合伙企业法》已有明确规定的情况下,赖某某应当知悉广大所的担保行为需经全体合伙人一致同意。但签订涉案担保合同时,赖某某未对广大所全体担保人是否同意担保进行任何审查,存在重大过失,其应知道薛某某的行为越权。因此,薛某某的越权行为,对广大所不产生约束力,赖某某应知薛某某的行为越权而与其签订担保条款,相关责任应由赖某某自行承担。薛某某在诉讼中确认其是借款的实际用款人,且同意与中业公司承担还款责任,应予以照准。赖某某对广大所及其余合伙人的诉讼请求,缺乏事实根据和法律依据,应予以驳回。判决:中业公司、薛某某向赖某某借款本金286万元及利息138万元。二审法院判决:驳回上诉,维持原判。[1]

(六)公司担保责任认定

公司法定代表人及其工作人员违反法定程序,未经公司股东会决议,擅自加盖公章对外担保,是否能够对公司产生法律上的约束力,在司法实践中一直有不同的观点。一种观点为内部关系说,即只要加盖公司的公章,不管是否经过公司章程规定的决议程序,对外均具有效力,对内公司可要求相关人员进行责任赔偿。另一种观点为代表权限制说,公司作为法律拟制的组织体,其行为必然要由自然人进行承担。法律既然赋予了公司具有独立民事权利能力和行为,公司及代表人的意思区分就是核心问题之一,即需要考虑对代表人的权限进行限制。公司法本质上属于团体法、组织法,必然要对相关人员的代表权予以限制。《公司法》第十六条关于公司对外担保的规定就属于此种限制,具有天然的正当性和合理性。该规定实际上赋予了相对人一定的审查义务,但这种审查义务并不是实质上的审查义务,而是合理的、形式上的审查,即如果公司章程要求股东会决议,相对人提出要求,公司予以出示,对于决议程序是否合法、签字是否真实则有所不问。相对人

〔1〕 参见国家法官学院、最高人民法院司法案例研究院编:《中国法院2021年度案例》(民间借贷纠纷),中国法制出版社2021年版,第115页。广东省广州市中级人民法院(2019)粤01民终10125号民事判决书。

能够证明其在订立合同时已经对公司章程规定的文件进行了审查，且决议在形式上符合法律规定的，应认定为善意相对人，担保合同对公司产生约束力。否则，无法认定其为善意相对人，担保合同对公司不产生约束力。该种观点与内部关系说相比更为合理，内部关系说混淆了公司的意思表示和相关人员的意思表示，片面强调了对公司相对人的利益保护，容易引起利益失衡。在实践中，后一种观点为主流观点。

【案例5－62】 杨某诉刘某某、深圳市金立通信设备有限公司民间借贷纠纷案

判决观点，本案中，虽然担保人处加盖有金立公司公章，但杨某未能提供金立公司为担保刘某某借款所形成的董事会、股东会或者股东大会决议，不符合公司提供担保之规定。此外，亦无证据显示杨某在订立合同时对金立公司章程、公司决议等与担保相关的文件进行了形式审查，无法认定本案构成表见代理，故金立公司关于不承担担保责任的答辩意见具有事实和法律依据，法院予以支持，对杨某的该项诉讼请求，法院不予支持。[1]

【案例5－63】 陈某诉浙江泰舜建设有限公司、王某、永城兆隆房地产开发有限公司民间借贷款纠纷再审案

二审法院认为，永城兆隆公司提交的再审新证据可以证明涉案保证合同上的公章并非其真实公章，但是假公章所签合同并非必然没有法律效力，涉案保证合同对永城兆隆公司是否具有法律效力仍应根据《公司法》《合同法》的相关规定综合确定。首先，《公司法》第十六条规定……根据上述法律规定，公司对外担保必须以股东会或者股东（大）会的决议作为授权的基础和来源，且法律明确禁止董事、高级管理人员私自以公司财产对外担保。本案中，签订涉案保证合同时王某是永城兆隆公司持股40%的股东及高级管理人员，但不是该公司的法定代表人。现无证据证明永城兆隆公司就涉案保证合同作出了董事会或者股东（大）会决议，王某未经合法程序以公司名义对外提供担保，显然属于无权代理，故陈某关于王某在涉袋保证合同中盖章系职务行为的主张缺乏事实依据，不予支持。其次，《合同法》第四十九条规定……本案中，陈某虽主张涉案保证合同系“公司为其直接或间接控制的公司开展经营活动向债权人提供担保”，属于无须董事会或股东（大）会决议的例外情形，但是并未提供有效证据证明永城兆隆公司直接或间接控制了浙江泰舜公司，该主张依据不足，不予支持。鉴于现行法律就公司对外提供担保

〔1〕 参见国家法官学院、最高人民法院司法案例研究院编：《中国法院2020年度案例》（借款担保纠纷），中国法制出版社2020年版，第99页。北京市第一中级人民法院（2018）京01民初344号民事判决书。

程序作出明文规定,陈某理应知晓并遵守,不得以不知道法律有规定或者对法律有不同理解为由而免于适用该法律,故陈某作为担保权人,接受永城兆隆公司担保时有义务对公司机关决议进行形式审查。陈某在再审庭审中自认,签订涉案保证合同时并未要求王某出示永城兆隆公司董事会或者股东(大)会同意担保的决议。陈某仅因王某的股东、高级管理人员的身份或信赖王某具有以永城兆隆公司名义对外提供担保的权限,未尽必要的审查义务,自身存在一定过错,不构成对王某无权代理行为的善意,不受表见代理制度的保护。综上所述,涉案保证合同对永城兆隆公司不具有法律效力,永城兆隆公司无须对浙江泰宇公司的借款承担连带保证责任。判决:(1)维持一审判决第一项、第二项;(2)撤销一审判决第三项;(3)王某对一审判决第一项、第二项所确定的给付义务承担连带责任;(4)驳回陈某的其余诉讼请求。[1]

【不同处理】《公司法》第一条规定:"为了规范公司的组织和行为,保护公司、股东和债权人的合法权益,维护社会经济秩序,促进社会主义市场经济的发展,制定本法。"第十六条第二款规定:"公司为公司股东或者实际控制人提供担保的,必须经股东会或者股东大会决议。"上述公司法规定已然明确了其立法本意在于限制公司主体行为,防范公司的实际控制人或者高级管理人员损害到公司、小股东或其他债权人的利益,故其实质是内部管理控制程序,不能以此约束商事交易相对人。实践中,有的法院以是否召开股东会形成担保协议系公司内部管理规定,不能据此对抗善意相对人而不采纳担保公司的抗辩意见。

【案例5-64】　杜某某诉成都市联众汇通投资有限公司、成都市彭州龙洋小额贷款有限责任公司民间借贷纠纷案

判决观点,被告龙洋贷款公司自愿为被告汇通投资公司的借款债务进行连带责任担保,故其依法应当对被告汇通投资公司逾期未清偿的债务承担连带清偿责任。诉讼中,被告龙洋贷款公司提出未经公司股东会形成担保决议,故本次担保无效的辩称,法院对此认为,是否召开股东会形成担保决议系被告龙洋贷款公司内部管理规定,不能据此对抗善意第三人原告,故法院对被告龙洋贷款公司的抗辩意见不予采纳。[2]

公司的法定代表人是依法律或公司章程规定代表公司行使职权的负责人,公司法定代表人对外以公司名义进行民事活动时,法定代表人与公司之间并非代理

[1] 上海市第二中级人民法院(2019)沪02民再83号民事判决书。

[2] 参见国家法官学院案例开发研究中心编:《中国法院2019年度案例》(民间借贷纠纷),中国法制出版社2019年版,第90页。四川省彭州市人民法院(2017)川0182民初1509号民事判决书。

关系,而是代表关系,即法定代表人对外的职务行为即为法人行为,其后果直接归于公司。除第三人知道或者应当知道外,公司不得以对其法定代表人的内部职权限制对抗第三人。换言之,经股东会授权,公司法定代表人对外处理担保的行为视为公司行为,后来形成的股东会决议不能对抗外部债权人。

【案例5-65】 三明市瑞城房地产开发有限公司与高某、董某某等民间借贷纠纷再审案

最高人民法院认为,余某某在2012年3月5日还款承诺书上签字承诺还款的行为属职务行为。2011年4月17日,瑞城公司形成股东(董事)会决议书,同意为颜某某、兰某某的4000万元借款提供担保,并载明:"本公司同意授权余某某作为本笔借款担保事宜的代理人,后者在本次代理中的合法行为全部予以承认。"包括余某某在内的全体股东签字,并加盖瑞城公司公章予以确认。同年4月19日,瑞城公司在颜某某、兰某某出具的两份借条上盖章确认,为4000万元借款提供担保,余某某以瑞城公司的法定代表人身份签字认可。瑞城公司申请再审称,2011年11月22日,其股东结构发生了重大变化,公司股东会于2012年1月10日作出过股东会决议,明确法定代表人在没有股东会一致决议的情况下,对外签字属个人行为。但瑞城公司未提供相应证据,且该决议只是其内部文件,并不具有对外效力,在余某某为法定代表人的情形下,其对外足以代表瑞城公司。根据一审、二审查明的事实,直到2013年4月19日,瑞城公司法定代表人才由余某某变更为姚某某,余某某同时不再为股东。因此,余某某在2012年3月5日还款承诺书上的签字应当视为瑞城公司的意思表示,瑞城公司应当对此承担相应的法律责任。如果瑞城公司认为余某某违背内部决议,损害其合法权益,其可通过其他途径解决。裁定:驳回瑞城公司的再审申请。[1]

担保人明知主合同当事人之间名为买卖关系实为借贷关系时,还为其担保,构成对借贷关系的债务担保。当名为买卖实为借贷的合同关系依法成立并有效时,担保合同仍然有效,担保人的担保责任不应免除。

【案例5-66】 爱华控股集团有限公司等与湖南有色国贸有限公司、常州浦源化工进出口公司借款合同纠纷案

二审法院认为,关于爱华集团公司等承担责任的性质及方式。爱华集团公司等担保人虽然否认明知常州浦源公司与有色国贸公司之间名为买卖实为借款的事实,但经法院调查后认为,爱华集团公司与常州浦源公司素有业

---

〔1〕 参见人民法院出版社主编:《最高人民法院民商事审判指导》(第6卷),人民法院出版社2019年版,第432~433页。最高人民法院(2016)民申621号民事裁定书。

务往来,关系密切,知道常州浦源公司并无自有资金开展大宗买卖业务。在爱华集团公司第二次提供担保时,明知常州浦源公司对有色国贸公司尚有高达2800多万元债务,而此时项某某在自己公司资金链已经发生危机的情况下,仍然出具第二次担保,且此次担保不仅在第一次仅有爱华集团公司担保的基础上,重新加入了爱华新台州公司、爱华房地产公司以及项某某为常州浦源公司提供担保,而且不要求任何担保利益,显然有悖常理。而爱华集团公司在一审中提交的丁某在公安机关的供述,以及常州浦源公司相关工作人员的陈述,称爱华集团公司对借款知情,更符合本案客观事实。故应认定爱华集团公司、爱华房地产公司、爱华新台州公司及项某某对常州浦源公司以订立连环《公司产品购销合同》的方式向有色国贸公司借款的事实是明知的。爱华集团公司、爱华房地产公司、爱华新台州公司、项某某、丁某明知涉案买卖合同实为借款关系,仍为常州浦源公司提供担保,说明其出具最高额担保的真实意思是为常州浦源公司的债务进行担保。本案实际发生的债务是源于借款,且并未超出各担保人担保的真实意思范围。故对各担保合同的效力应予确认。各担保人对常州浦源公司不能清偿的借款,应在各自担保范围内承担连带责任。〔1〕

公司对伪造并使用公章知情的,亦应承担担保责任。

【案例5-67】　江山市江建房地产开发有限责任公司与雷某某、吴某某、俞某某、江西四季青生态科技有限公司民间借贷纠纷再审案

最高人民法院认为,还款协议上江建公司作为担保人加盖公章,虽然该公章已被刑事判决认定为吴某某伪造,但吴某某在招标通知书和建设工程施工招标备案资料以及与施工单位订立的《建设工程施工合同》中均使用了该枚私刻的公章,且上述法律行为必须要使用公章,在此情况下,二审判决推定江建公司对于吴某某使用该枚公章知情并无不当。据此,江建公司为涉案款项提供担保的行为合法有效,应当承担担保责任。〔2〕

一人公司的法定代表人利用伪造的公章为其借款提供担保,对方当事人有理由相信法定代表人有权代表公司提供担保并且为善意的,该法定代表人的行为构成表见代表,公司应当承担相应的责任。换言之,公章被伪造,公司仍需担责。

【案例5-68】　黄某某诉利某某、华达公司民间借贷纠纷案

二审法院认为,关于黄某某是否已尽合理注意问题,尽管利某某向黄某

〔1〕　参见人民法院出版社主编:《最高人民法院民商事审判指导》(第6卷),人民法院出版社2019年版,第439页。

〔2〕　最高人民法院(2016)民申字第425号民事裁定书。

某借款时，在股东会决议、声明、借据上所盖的华达公司印章并非华达公司在公安机关备案的印章，而华达公司亦就此报案并由公安机关立案侦查利某某涉嫌伪造印章一事，但前面已述，基于工商登记的公信力，而且黄某某作为与华达公司无关联的人，其对利某某只是股份代持这一事实通常无法得知，故黄某某对利某某是华达公司法定代表人兼持股100%的股东产生了合理信赖，进而确信利某某一人可以自行作出由一人公司即华达公司为自己的债务提供担保的决定，因此，按一般人应有的认知，黄某某没有理由怀疑法定代表人以及公司唯一股东利某某所加盖的华达公司的印章有可能属于伪造，进而到公安机关查询该印章是否进行了备案。华达公司还提出利某某在本案中的借贷与华达公司无关，华达公司并未从中受益。利某某所加盖的公章没有防伪编码，故黄某某未尽到合理审慎义务。法院认为，案涉借据载明利某某的借款原因是生意经营资金周转需要，因此，借款去向有可能涉及公司内部经营问题，在这种情形下要求出借人对借款人公司内部经营问题进行审查不具有可操作性和合理性。至于印章防伪编码问题，《公安部关于制止强制更换"防伪印章"加强印章管理的规定》第十四条，并未强制规定企业的印章必须具有防伪编码。因此，不能从华达公司所盖的公章具有防伪编码这一事实推定黄某某应对利某某加盖的华达公司的公章产生怀疑。黄某某要求利某某在股东会决议、声明加盖公章，这一情节反映黄某某在审查华达公司作出的担保是否有效方面并未存在疏忽。华达公司还依据声明的内容，认为黄某某对利某某所盖的公章可能是伪造有预测，声明载明，本人（利某某）声明以下印鉴真实、合法、有效，并由公安局备案，如有虚假，本人愿意承担由于以下印鉴所导致的一切法律责任及经济责任。法院认为，这是出借人黄某某为防范借款风险而要求借款人利某某所作的确认，不能据此认定黄某某已对公章产生怀疑。综上，基于利某某是华达公司法定代表人兼持有华达公司100%股份这一特殊身份和地位，再结合本案借款除了具备借据外，还有股东会决议、声明，黄某某在整个借款过程中已尽合理的审慎注意义务，是善意的第三人。根据《民法典担保解释》第十一条"法人或者其他组织的法定代表人、负责人超越权限订立的担保合同，除相对人知道或者应当知道其超越权限的以外，该代表行为有效"的规定，华达公司应对本案借款承担连带清偿的担保责任。判决：（1）维持一审判决第一项、第二项；（2）撤销一审判决第三项；（3）华达公司对本案借款承担担保责任。[1]

对于公司在借款合同的担保人处加盖公章的，出借人应当核查印章的真实

〔1〕 广东省佛山市中级人民法院（2014）佛中法民一终字第899号民事判决书。

性，该公司有无就本次担保行为作出对应的股东（大）会决议以及行为人有无公司授权。

【案例5－69】 王某与永胜公司、西子公司民间借贷纠纷再审案

最高人民法院认为，关于案涉《借款合同》及《保证合同》的效力。一审判决认定王某与永胜公司签订的案涉《借款合同》系双方真实意思表示，不违反法律、行政法规的强制性规定，合法有效；而王某与西子公司签订的案涉《保证合同》，因西子公司时任法定代表人魏某未经股东会决议，超越授权而签订，违法无效。二审判决以魏某未经股东会决议，越权代表西子公司和王某签订案涉《保证合同》，王某作为债权人未尽合理的审慎审核义务，并非善意相对人为由，认定该《保证合同》无效，有相应的依据，并无不当。关于西子公司是否承担赔偿责任。《最高人民法院关于适用〈中华人民共和国担保法〉若干问题的解释》第七条规定："主合同有效而担保合同无效，债权人无过错的，担保人与债务人对主合同债权人的经济损失，承担连带赔偿责任；债权人、担保人有过错的，担保人承担民事责任的部分，不应超过债务人不能清偿部分的二分之一。"案涉《借款合同》有效而《保证合同》无效，王某未依法核查西子公司是否已经过股东会或者董事会决议同意或者授权魏某以公司名义对外提供担保，作为债权人对《保证合同》无效存在过错；而西子公司时任法定代表人魏某，未履行法定的内部决策程序，越权代表西子公司签订案涉《保证合同》，西子公司未能及时发现和制止，显示公司内部管理制度、风险控制措施存在较大问题，对案涉《保证合同》的无效亦存在一定过错。二审判决在西子公司质疑《保证合同》所加盖印章真实性且未鉴定的情况下，认定西子公司对印章管理不善虽有不妥，但依据前述司法解释的规定，酌定西子公司对永胜公司在案涉《借款合同》项下不能清偿部分的1/2承担赔偿责任，并无明显不当。关于诉讼程序。鉴于西子公司不否认其时任法定代表人魏某在《保证合同》上签字的真实性，依据《民法通则》第四十三条关于"企业法人对它的法定代表人和其他工作人员的经营活动，承担民事责任"和《民法总则》第六十一条第二款关于"法定代表人以法人名义从事的民事活动，其法律后果由法人承受"的规定，案涉《保证合同》加盖印章的真伪并不影响本案判决的实质处理结果，一审法院未准予鉴定申请并无不当。[1]

---

〔1〕 最高人民法院（2022）民申337号民事裁定书。

三、民间借贷合同责任处理

(一)借款连带责任处理

借款连带责任主要发生于法定或约定的情形之中。

【案例5-70】 喻某某诉韩某等民间借贷纠纷案

一审法院认为,对喻某某要求盛汇公司承担连带责任的诉请,盛汇公司提供连带保证责任的时间分别为四次借款到期之日起两年,即分别为2014年5月20日、5月23日、2016年2月6日之前,现盛汇公司担保期已过,因诉讼时效中断及于债务人而非保证人,故盛汇公司不应再承担保证责任,喻某某该诉请于法无据,不予支持。二审法院同意一审法院裁判意见,判决:驳回上诉,维持原判。〔1〕

为去除股东身份而确认工商登记内容的"被登记"股东,无须对公司债务不能清偿部分承担补充赔偿责任。

【案例5-71】 王甲诉南通威好饲料科技有限公司等民间借贷纠纷案

二审法院认为,王甲与威好公司之间的借款往来发生于2012年。当时具有公示效力的工商登记材料反映威好公司股东信息为丁某某出资448万元、王乙出资32万元。朱某并未给债权人造成公司资本充实的假象,王甲也非基于对朱某股东身份的特殊信赖而向威好公司出借款项。综合上述分析,本案不宜判定朱某对威好公司不能清偿的债务承担补充清偿责任。因朱某不构成抽逃出资,则无丁某某协助抽逃出资之说。王甲要求丁某某承担协助抽逃出资责任的理由缺乏依据。综上,朱某的上诉请求部分成立,应予

---

〔1〕 参见国家法官学院、最高人民法院司法案例研究院编:《中国法院2020年度案例》(民间借贷纠纷),中国法制出版社2020年版,第63页。贵州省贵阳市中级人民法院(2018)黔01民终3361号民事判决书。

支持。[1]

配偶一方对配偶另一方与第三人的共同借款承担共同清偿责任，一般认为，应当结合债务特点、双方对借款内部份额的约定、借款时配偶另一方的意思表示综合确定。

【案例5－72】　吴某某诉袁甲等民间借贷纠纷案

判决观点，该笔借款为袁甲、袁乙两人共同债务，但其内部的份额并不明确，即袁甲、袁乙个人部分的借款无法确定，虽然借款发生于被告各自的婚姻存续期间，但配偶一方依法只对配偶另一方所负的夫妻共同债务承担责任。诚然，郑某某或者陈某某均依法只对本案属于其配偶部分的借款承担责任，但吴某某未能举证证明，属于袁甲、袁乙各自的债务份额，导致郑某某或者陈某某承担的债务份额无法确定，应由其承担举证不能的不利后果，故对其主张郑某某和陈某某对全部借款承担共同还款的请求，予以驳回。判决：袁甲、袁乙共同偿还吴某某借款22,500元。[2]

【案例5－73】　叶某某诉陈某某等民间借贷纠纷案

判决观点，原告提供的结婚申请书可证明涉诉借款发生在被告王某某与被告连某某婚姻关系存续期间，但未提供证据证实涉诉借款发生在被告陈某某与被告郭某某婚姻存续期间；另外，涉诉借款系用于被告陈某某、王某某的经营性活动，无法确定具体由哪对夫妻使用，即难以确定属于哪对夫妻的共同债务。况且，所借款项被某对夫妻消耗后，就不可能再被另一对夫妻消耗，也就是说，涉诉借款不可能既属于被告陈某某与被告郭某某夫妻共同债务，又属于被告王某某与被告连某某共同债务，故原告主张涉诉借款同属于两对夫妻共同债务，不符合实际，不予采纳。判决：被告陈某某、王某某偿付原告叶某某借款13万元及利息。[3]

夫妻一方应对夫妻关系存续期间的债务承担连带清偿责任，不知情不能成为规避责任的法定理由。

【案例5－74】　李某某诉胡某某民间借贷纠纷案

二审法院认为，本案借款发生于胡某某与余某某婚姻关系存续期间，胡

---

〔1〕参见国家法官学院、最高人民法院司法案例研究院编：《中国法院2020年度案例》（民间借贷纠纷），中国法制出版社2020年版，第165页。江苏省南通市中级人民法院（2018）苏06民终2014号民事判决书。

〔2〕参见国家法官学院案例开发研究中心编：《中国法院2019年度案例》（民间借贷纠纷），中国法制出版社2019年版，第63页。福建省宁德市拓荣县人民法院（2017）闽0926民初599号民事判决书。

〔3〕参见国家法官学院案例开发研究中心编：《中国法院2019年度案例》（民间借贷纠纷），中国法制出版社2019年版，第66～67页。福建省泉州市泉港区人民法院（2017）闽0505民初1518号民事判决书。

某某并未提供证据证明李某某与余某某约定该债务为余某某的个人债务，亦无证据证明其与余某某婚姻关系存续期间约定所得的财产归各自所有且李某某知道该约定，因此本案债务应当认定为夫妻共同债务，余某某死亡后，胡某某应当对该笔债务承担连带清偿责任。判决：驳回上诉，维持原判。[1]

共同借款的，应当承担连带偿还责任，但不构成共同借款的除外。

【案例5-75】 张某某诉李某某、A公司、孙某某民间借贷纠纷案

二审法院认为，本案二审争议的焦点问题是孙某某是否为本案所涉借款的共同借款人，应否承担连带还款责任。张某某借款2100万元给李某某、A公司，有李某某、A公司出具的借据及张某某的汇款凭证为证，借款关系合法有效。张某某按李某某的指定将借款汇入B公司法定代表人孙某某账户后，与李某某、廖某某等人于2011年11月26日签订的协议、协议承诺书，虽然有约定借款使用人孙某某、廖某某对李某某欠张某某的借款承担连带清偿责任，但孙某某在协议、协议承诺书中均没有签名或捺手印，故该约定对孙某某不产生约束力。李某某出具给张某某的确认书是李某某的单方行为，并没有得到孙某某的确认。张某某以上述协议、协议承诺书、确认书为依据，认为孙某某是共同借款人，证据不足。李某某将借得的款项交付给孙某某使用，属李某某与孙某某之间的另一法律关系。综上，一审法院不支持张某某关于孙某某是本案所涉款项的共同借款人应承担连带还款责任的诉讼主张，并无不当。判决：驳回上诉，维持原判。[2]

连带债务转化为按份债务，出借人再主张连带清偿责任不受法律保护。

【案例5-76】 董某某诉孙某某、纪某某民间借贷纠纷案

二审法院认为，本案双方当事人争议的焦点是：上诉人与被上诉人签订的债务清偿协议是否有效，原审判决孙某某、纪某某共同偿还董某某借款28,800元是否正确。根据上诉人孙某某、被告纪某某向被上诉人董某某所出具的欠条，可以看出涉案借款属于孙某某、纪某某的共同债务，二人应承担连带清偿责任，其中每人均负有履行全部债务的义务，被上诉人董某某有权向孙某某、纪某某二人主张债权，也可以向其中一人主张全部债权。被上诉人董某某为实现自己利益最大化与上诉人孙某某之间签订了债务清偿协议，该协议是双方当事人的真实意思表示，且不违反法律禁止性规定，应认定该协议合法有效。本案当事人达成的债务清偿协议系债权人董某某对自己权

---

〔1〕 参见国家法官学院案例开发研究中心编：《中国法院2019年度案例》（民间借贷纠纷），中国法制出版社2019年版，第66～67页。陕西省汉中市中级人民法院（2017）陕07民终736号民事判决书。

〔2〕 广东省高级人民法院（2013）粤高法民二终字第21号民事判决书。

利的自由处分，董某某为尽快实现部分债权，可以放弃要求两债务人连带偿还的权利，同时该协议并没有损害纪某某的利益，且协议已实际履行。现被上诉人反悔，仍然要求上诉人孙某某继续连带偿还剩余债务，违背诚实信用原则，故对其主张不应支持。至于两债务人内部如何承担，可另行处理。综上所述，上诉人上诉理由成立，其诉讼请求应予支持，原审判决应予纠正。判决：(1)维持一审判决第二项，即"驳回原告董某某要求给付利息的诉讼请求"；(2)变更一审判决第一项为"原审被告纪某某偿还被上诉人董某某借款28,800元，限本判决生效后5日内给付"；(3)驳回被上诉人对上诉人孙某某的诉讼请求。[1]

连带债务人之间约定的债务份额，受法律保护。在债务人向债权人部分或全部偿还了借款后，有权向其他连带债务人主张自己按约定应承担的债务份额。

【案例5-77】　沈某某诉褚某某、白某某、冯某某追偿权纠纷案

二审法院认为，本案追偿权纠纷，法律关系的发生依据是沈某某与褚某某、白某某、冯某某于2013年7月9日签订的共同还款连带责任协议。经核查，沈某某依照涉案协议之约定，从徐某某处借款并将其中的2300万元转借给某某公司，该协议不违反法律规定，系有效协议，故褚某某、白某某、冯某某等人亦应依该协议约定向徐某某承担按份连带责任(各25%)。在某某公司到期未归还款项的情况下，沈某某作为债务人已向徐某某归还了2000万元，故褚某某应依约承担其中25%的债务(500万元)，沈某某要求褚某某向其支付500万元代偿款的主张有事实和法律依据，原审法院的认定正确，本院依法予以维持。至于上诉人褚某某主张前述共同还款连带责任协议系合伙协议，因无证据支持，本院依法不予采信。判决：驳回褚某某上诉，维持一审判决。[2]

多人共同借款时，出借人能否起诉部分借款人是有争议的。出借人与各个借款人之间存在共同借款合意，出借人履行了交付义务，共同借款即成立。出借人与共同借款人在借款用途、使用份额或责任分担没有约定或约定不明确的，共同借款人应承担连带还款责任，在应诉抗辩时要求按份额分配债务，共同借款人之间的实际使用和内部约定无法对抗出借人，但若出借人在借款时或抗辩时对其认可的，则可以据此进行债务分配。共同借款人之间承担连带责任，每个借款人都应当承担连带清偿责任，出借人可选择只起诉部分借款人。

---

[1] 山东省德州市中级人民法院(2014)德中民终字第1042号民事判决书。

[2] 云南省高级人民法院(2016)云民终字第670号民事判决书。

【案例 5-78】 林某某诉张某某、丁某某民间借贷纠纷案

判决观点，根据《民法通则》第八十七条之规定，负有连带义务的每个债务人，都负有清偿全部债务的义务，履行了义务的人，有权要求其他负有连带义务的人偿付他应当承担的份额。张某某、丁某某作为共同借款人对借款负有连带清偿责任，故林某某主张张某某、丁某某支付借款 57 万元的诉求，具有法律和事实依据，法院予以支持。[1] 在本案中，还有共同借款人申某，因原告无法提供信息而未起诉。

借款人承诺自己所有但登记在他人名下的房屋出售后归还借款的，产权登记人对该借款在房屋售价限度内承担连带清偿责任。

【案例 5-79】 库某某诉曹某某、田某某民间借贷纠纷案

二审法院认为，曹某某向库某某多次借款，均未按约及时偿还，理应予以归还。现本案的争议焦点是田某某出具的“申明”是否有承诺售房后偿还曹某某借款的意思表示。田某某所作的“申明”中并没有借款给库某某的意思表示，结合其在调解时所作的陈述，原审法院确认田某某所作的“申明”表明的是田某某承诺偿还曹某某所欠库某某借款的意思表示，但该承诺的范围并不是曹某某的全部债务，而仅是出售房屋所得款中扣除原房屋的银行贷款后的剩余部分作为承诺还款的限度，故田某某对曹某某所欠库某某的上述借款的清偿范围也限于上述限度内。田某某在一审中表示出具“申明”的目的是将售房后余款借给库某某，二审时又称其是为了使库某某的儿子相信曹某某有偿还能力，应库某某要求所写，田某某的前后陈述并不一致，且均无相应证据证明，故对其上述主张法院均不予采信。根据以下事实：曹某某向库某某借最后一笔 12 万元借款用于田某某在房屋交易过程中提前还贷，田某某将身份证、银行卡交由曹某某、库某某二人前往上海银行办理银行提前还贷手续，并至交通银行开立了房屋买受方的贷款账户将来放贷要打入田某某的银行卡，且此后田某某的身份证及该交通银行卡一直由库某某保管，并结合 2009 年 11 月 10 日双方调解时的录音资料，原审认定田某某当时所作的“申明”表明的是田某某承诺在其售房所余款范围内为曹某某偿还欠库某某的借款，并无不当。判决：驳回上诉，维持原判。[2]

P2P 网络借贷平台的法律属性，根据经营模式、借贷协议内容的不同，分为合同居间方、借贷关系参与方、担保模式方。网贷平台根据《借出人注册协议》主要

〔1〕 参见国家法官学院案例开发研究中心编：《中国法院 2019 年度案例》（民间借贷纠纷），中国法制出版社 2019 年版，第 93 页。北京市房山区人民法院（2016）京 0111 民初 4584 号民事判决书。

〔2〕 上海市第一中级人民法院（2010）沪一中民一（民）终字第 1034 号民事判决书。

提供借款平台、审核信息，其地位应为居间人，而非借款方或保证人，不应承担连带还款责任。

【案例 5－80】 唐某诉李某某、上海拍拍贷金融信息服务有限公司民间借贷纠纷案

判决观点，原告与被告李某某之间的民间借贷关系有网上借款协议为证，该民间借贷合同关系明确、合法，应受法律保护。本案的争议焦点主要在于被告拍拍贷公司是否是该笔借款的还款主体。依据借款协议及原告与被告拍拍贷公司在庭审中的陈述，被告拍拍贷公司在本起借贷关系中主要行为是提供平台、审核信息，其地位应为居间人，而非借款方和保证人，原告关于被告拍拍贷公司应承担连带还款责任的请求无依据，法院不予支持。依据《借出人注册协议》，原告在借出钱款时，对不能知晓借款人的真实姓名和地址的情况应属明知，相应风险由其自行负担。剩余借款本金共计 677，439 元、利息共计 636.31 元，应由被告李某某予以偿付。关于逾期利息，原告所主张的每期债务的相应逾期利息，加上借期内的利息，已超出法律规定，相应利息由法院予以调整。被告李某某不到庭应诉的行为，既是放弃了对原告所主张的事实和证据进行驳辩的权利，也是对自己不负责任的表现，由此所产生的法律后果，应由其自行承担。[1]

债权人与债务人约定债务由第三人履行，第三人向债权人书面表示同意的，应认定构成并存的债务加入，由债务人和第三人承担连带责任。

【案例 5－81】 顾某某与杨某某、孙某某民间借贷纠纷再审案

再审法院认为，原一审、二审判决根据 2004 年 12 月 10 日出具的条据和《担保法》第十九条、第二十六条的规定，认定孙某某对杨某某所欠顾某某的 2 万元债务承担连带责任，但该保证责任因保证期间届满而应予以免除，是正确的。2006 年 3 月 9 日杨某某出具的，孙某某签署了“同意”的条据，约定了剩余的 1.45 万元债务由孙某某履行。该条据是三方当事人达成的关于债务履行方式的协议，内容明确、具体，当事人意思表示真实，且不违反法律规定和社会公共利益，因此属于三方民事法律行为，对杨某某、孙某某均具有法律约束力。杨某某、孙某某在履行期限届满后，并未还款和履行约定义务，违反了民事活动中应遵循的诚实信用原则，依法应承担相应的法律责任。原一审、二审判决片面地以孙某某对杨某某的债务未形成新的担保关系为由，驳

---

〔1〕 参见最高人民法院中国应用法学研究所编：《人民法院案例选》2016 年第 6 辑（总第 100 辑），人民法院出版社 2016 年版，第 158 页。上海市浦东新区人民法院（2014）浦民一（民）初字第 14813 号民事判决书。

回顾某某要求孙某某承担连带责任的诉讼请求,适用法律不当,应予纠正。判决杨某某归还顾某某欠款14,500元并承担利息损失2810元,孙某某承担连带责任。[1]

(二)公司连带责任处理

分公司是总公司的分支机构,虽然不具有法人资格,但有自己的机构和财产,能够以自己的名义独立从事经营活动,在立法上赋予分公司诉讼主体资格。主流观点认为,出借人起诉分公司返还借款,公司对不足部分清偿,更符合立法本意和客观实际。具体来讲,其一,出借人仅起诉分公司的,法官不要求出借人增加或主动追加总公司为被告,依法判决分公司承担法律责任。其二,出借人起诉分公司与总公司为共同被告的,依法判决分公司承担还款责任,总公司承担补充清偿责任。其三,出借人仅起诉总公司的,如果分公司具有一定的偿付能力,告知出借人应以分公司为被告;如果分公司已经关闭或被撤销,依法判决分公司的偿还责任由总公司承担。

【案例5-82】 陆某某诉重庆第十建设有限公司成都分公司等借款合同纠纷案

判决观点,重庆第十建设有限公司成都分公司向陆某某借款,江某某、何某某对偿还借款本息提供连带责任担保,各方当事人签订的借款协议系当事人真实意思表示,符合法律规定,应属有效。借款协议签订后,陆某某向重庆第十建设有限公司成都分公司提供借款1700万元,现还款期限届满,重庆第十建设有限公司成都分公司未提交相关还款证据,陆某某确认重庆第十建设有限公司成都分公司其借款本金1130万元、已支付2014年8月16日之前的利息,要求重庆第十建设有限公司成都分公司返还借款1130万元,按协议约定的银行同期贷款利率的四倍的标准支付借款利息(自2014年8月17日起至全部款项付清之日止),符合法律规定,法院予以支持。重庆第十建设有限公司成都分公司系重庆第十建设有限公司的分公司,根据《公司法》第十四条第一款规定:"公司可以设立分公司。设立分公司,应当向公司登记机关申请登记,领取营业执照。分公司不具有法人资格,其民事责任由公司承担。"故重庆第十建设有限公司成都分公司应以其经营管理的财产承担返还

---

〔1〕 参见最高人民法院中国应用法学研究所编:《人民法院案例选》(月刊)2010年第3辑(总第15辑),中国法制出版社2010年版,第48页。江苏省盐城市中级人民法院(2008)盐民一再终字第0016号民事判决书。

借款和支付利息的责任,不足部分由重庆第十建设有限公司清偿,保证人江某某对重庆第十建设有限公司成都分公司的债务承担连带清偿责任。[1]

分公司负责人与他人作为共同借款人签订《借款协议书》、出具借条,并指示将出借资金转入分公司负责人个人账户等事实,可以认定分公司系借款的共同借款人,总公司须与分公司共同承担还款责任。

【案例5-83】　祝某与盛丰公司、盛丰梧州分公司、吴某某民间借贷纠纷案

最高人民法院认为,本案中,首先,案涉《借款协议书》、五张借条的"借款公司"处均加盖了盛丰梧州分公司的公章,可见盛丰梧州分公司作出了借款的意思表示。其次,吴某某长期担任盛丰梧州分公司的负责人,借款发生时亦为盛丰梧州分公司的负责人,盛丰梧州分公司在梧州当地也有项目进行建设。祝某有理由相信吴某某有权代表盛丰梧州分公司对外借款,其已尽到合理注意义务。盛丰公司主张其并未授权盛丰梧州分公司使用分公司公章对外签订经济合同,并规定由此造成的经济损失及法律责任由分公司自行负责,但是这一规定仅系盛丰公司的内部规定,在盛丰公司未举证证明祝某对盛丰公司上述内部规定知情的情况下,该内部规定对祝某并无约束力。盛丰公司、盛丰梧州分公司主张祝某未审查盛丰公司是否有授权盛丰梧州分公司签署合同主观上并非善意,缺乏依据,本院不予支持。因此,吴某某代表盛丰梧州分公司在借条上盖章的行为有效,对盛丰梧州分公司发生法律效力。祝某按照案涉《借款协议书》、五张借条的约定,将1900万元出借资金转入了吴某某的个人银行账户,可以证明祝某有出借资金的事实。因吴某某是盛丰梧州分公司时任负责人,具体负责盛丰梧州分公司的项目建设事宜,且吴某某与盛丰梧州分公司作为共同借款人同祝某签订《借款协议书》、向祝某出具借条,故祝某根据借款人的指示将出借资金转入吴某某的个人账户这一事实并不能否定盛丰梧州分公司系案涉借款的共同借款人。盛丰梧州分公司在本案中并非债务加入人而是共同借款人,盛丰公司、盛丰梧州分公司主张应适用2019年《全国法院民商事审判工作会议纪要》第二十三条关于债务加入的规定,亦依据不足。盛丰梧州分公司系盛丰公司设立的不具有法人资格的分支机构,原审法院根据《公司法》第十四条第一款规定判决盛丰公司与盛丰梧州分公司、吴某某对祝某共同承担还款责任,并无不当。[2]

施工公司并未以项目部的名义向涉案工程投入资金、实际组织施工,也未将

---

[1] 参见国家法官学院案例开发研究中心编:《中国法院2018年度案例》(借款担保纠纷),中国法制出版社2018年版,第8页。四川省成都市锦江区人民法院(2015)锦江民初字第7441号民事判决书。

[2] 最高人民法院(2020)最高法民终91号民事判决书。

该工程部印章和账户交给实际施工人使用,施工公司对于实际施工人自己组织资金,以项目部的名义进行施工应当是明知的,施工公司应当承担用于工程借款的连带还款责任。

【案例5-84】 广东省第四建筑工程公司与梁某某民间借贷纠纷再审案

最高人民法院认为,关于广东四建公司是否应当对梁某某出借资金承担清偿责任问题。梁某某等人所借款项依现有证据证明已用于涉案工程,广东四建公司是工程的总承包人,且实际占有该工程,是涉案项目的权利义务承受者。广东四建公司承建皖江明珠、皖江商业街土建与安装工程后,与化州二建公司签订《专业分包工程合同》,实为整体转包合同。……广东四建公司承包涉案项目后,虽然组建了“广东四建公司繁昌县工程部”,任命林某某为工程部负责人,刻制了公章,设立了账户,但广东四建公司并未以该项目部的名义承接其他工程,或向涉案工程投入资金、实际组织施工,也未将该工程部的公章和账户交给实际施工人段某某使用,广东四建公司对于段某某自己组织资金,以“广东四建公司繁昌县工程部”的名义进行施工,并在工地上悬挂有“广东四建公司繁昌县工程部”的招牌是明知的,但广东四建公司并未在施工过程中予以制止,直至停工之后才责令段某某销毁私自刻制的公章。为此,广东四建公司应承担相应的法律责任。即使广东四建公司不承担借款的还款责任,也应向实际施工人对工程的投入支付工程款。因此,依据公平原则,由工程总承包人广东四建承担用于工程借款的连带还款责任,并无不妥。[1]

【案例5-85】 陈某某与国本建设有限公司、中太建设集团股份有限公司民间借贷纠纷再审案

最高人民法院认为,诉争借款协议载明了眭某某、徐某共同承接涉案项目、垫资施工的事实,故借款债权人陈某某对眭某某、徐某是涉案项目实际施工人的事实是明知的。尽管诉争借款用于涉案工程,但借款合同与建设工程施工合同是两个不同的合同关系,实际施工人对外借款不是对涉案项目建设工程施工合同的履行,在未经中太公司追认的情况下,不能认定借款协议是中太公司的意思表示。再结合中太公司和国本公司未参加借款协议的签订、协议上未加盖国本公司公章以及出借人陈某某对眭某某、徐某借用国本公司和中太公司的资质施工是明知的事实,应认定诉争借款是眭某某、徐某的个人债务,陈某某要求中太公司和国本公司对诉争借款承担连带还款责任缺乏

---

〔1〕 最高人民法院(2014)民申字第604号民事裁定书。

依据。[1]

公司与股东之间形成人格混同,应当就债务承担连带责任。判断公司法人人格混同通常适用三个标准,即人员混同、业务混同、财产混同。仍需有证据证实公司之间表征人格的因素(人员、业务、财务等)高度混同,导致各自财产无法区分,已丧失独立人格,构成人格混同,而且这种混同状态给债权人带来债务主体辨认上的困难,使关联公司逃避巨额债务,最终危害到债权人的利益。人格混同在司法实践中表现多样,需要法官进行综合考量并谨慎把握。认定人格混同后适用法人人格否认制度是对法人人格独立制度的有效补充,能够避免对法人独立人格和股东有限责任的滥用从而导致损害债权人利益,是实现实质正义的有效手段。

【案例5－86】　魏某某诉北京赛百泰生物技术有限公司、北京钮因泰克生物技术有限公司借款合同纠纷案

判决观点,第一,关于魏某某与赛百泰公司之间法律关系性质的认定。在本案中,魏某某提交了证据以证实与赛百泰公司之间存在借贷关系的借据和汇款凭证,且赛百泰公司向魏某某出具的借据中明确记载款项性质为有偿借款,赛百泰公司主张该款系魏某某对公司的增资,但未能提供足以反驳的有效证据,法院不予采信。第二,赛百泰公司与钮因泰克公司是否为关联公司的人格混同。首先,赛百泰公司与钮因泰克公司的公司人员存在混同。公司之间如果存在相同管理人员、相同工作人员、相同办公场所等情形的,一般可认定公司之间组织机构混同。根据查明的事实,两家公司的法定代表人、经理、股东、工作人员存在交叉任职、重叠情形:马某某不仅是赛百泰公司的法定代表人、经理,而且兼任钮因泰克公司的股东、执行董事和经理;魏某某、吴某某不仅是钮因泰克公司的股东、工作人员,而且同时在赛百泰公司任职;两公司财务人员为同一人;两公司的实际经营办公场所也基本上是同一承租场地。因此,可以认定两公司组织机构混同。其次,赛百泰公司与钮因泰克公司存在公司业务混同。业务混同指公司间在经营业务、经营行为等方面存在混同。根据两公司的宣传资料以及魏某某提交的两公司的其他交易合同等辅佐证据可知,两公司经营业务均涉及无血清培养基等业务,其对外从事相同的业务活动,对外宣传的业务存在交叉或相类似。最后,赛百泰公司与钮因泰克公司存在公司财务混同。公司财产独立是公司独立的基础,公司间财务的混同,严重影响对外承担债务的物质基础。根据查明的事实,两公司的财务会计人员不仅为同一人,且钮因泰克公司因租赁发生的债务由赛百泰公司代为交纳,吴某某履行钮因泰克公司工作职务期间的工资是由赛百泰公

[1] 最高人民法院(2014)民申字第1号民事裁定书。

司支付的。综上,两家公司之间表征人格公司的因素(人员、业务、财务等)高度混同,导致各自财产无法区分,已丧失独立人格,构成人格混同。第三,钮因泰克公司应当对赛百泰公司的债务承担连带清偿责任。公司人格独立是其作为法人独立承担责任的前提。根据《公司法》第三条、第二十条第三款的规定,公司的独立财产是公司独立承担责任的物质保证,公司的独立人格也突出地表现在财产独立上。当关联公司的财产无法区分,丧失独立人格时,就丧失了独立承担责任的基础。本案中,两家公司虽在工商登记部门登记为彼此独立的企业法人,但实际上相互之间界限模糊、人格混同。其行为违背了法人制度设立的宗旨,违背了诚实信用原则,故钮因泰克公司对赛百泰公司的债务应当承担连带清偿责任。[1]

财产混同、业务混同、人员混同、住所地混同的事实导致关联公司之间存在法人人格混同的,应当对外部债务承担连带责任。

【案例5-87】 杨某某诉东方红公司、资中西南公司、西南水泥公司、中国建材公司借款合同纠纷案

一审法院认为,本案以承担部分债务的形式转让资产后,东方红公司、资中西南公司、西南水泥公司之间还在履行相关协议,三公司之间还存在资产联系和法律关系,已形成关联企业关系,同时三公司高级管理人员在一段时期内存在交叉兼职关系;东方红公司与资中西南公司的住所地和经营场所相同,西南水泥公司、资中西南公司要求东方红公司将其共管账户的资产转让款专门用于偿还指定的债务,并规定该账户需要双方的共同行为才可启动,使得东方红公司不能独立地管理和支配其财产;资中西南公司的主要经营业务、内部机构设置、人事和财务的管理等均受西南水泥公司支配,无法自主决策;资中西南公司与东方红公司存在人格混同,西南水泥公司又在人事、财务、业务上严格控制资中西南公司,使其没有独立法人人格。三公司无视各公司的独立人格,随意处置、混淆各个公司的财产及债权债务关系,东方红公司无法偿还到期债务,损害了债权人合法权益,其行为违背了法人制度设立的宗旨,资中西南公司和西南水泥公司应当对本案中东方红公司的债务承担连带清偿责任。中国建材公司与西南水泥公司、资中西南公司、东方红公司人格混同的证据不足。判决:东方红公司向杨某某返还借款及支付利息,资中西南公司、西南水泥公司对上述债务承担连带清偿责任。二审法院判决:

---

[1] 参见国家法官学院案例开发研究中心编:《中国法院2019年度案例》(民间借贷纠纷),中国法制出版社2019年版,第140~141页。北京市石景山区人民法院(2016)京0107民初16607号民事判决书。

驳回上诉,维持原判。[1]

一人公司对外负债,股东不能证明不存在财产混同的,应与公司承担连带责任。一人公司股东对外负债的,一人公司不能证明不存在财产混同且不存在公司滥用法人地位损害债权人利益的,应与股东承担连带责任。

【案例 5 -88】　某公司与 A 公司、B 公司、C 公司民间借贷纠纷案

最高人民法院认为,债权人已举证证明 A 公司 100% 持股 B 公司。作为一人有限责任公司股东的 A 公司未提供证据证明 B 公司财产独立于其自己的财产,应当对 B 公司的债务承担连带责任。债权人主张 B 公司与 C 公司法定代表人同为罗某,且 B 公司为 C 公司的 100% 持股股东。C 公司作为 B 公司设立的一人有限责任公司可否为其股东的债务承担连带责任,认识不尽一致……本争点所涉情形并未在《公司法》第六十三条中作出规定,应当适用该法第二十条第三款规定,即公司股东滥用公司法人独立地位和股东有限责任,逃避债务,严重损害公司债权人利益的,应当对公司债务承担连带责任。债权人仅举证证明 B 公司为 C 公司的 100% 持股股东,未举证证明 B 公司、C 公司存在前述法条中所列滥用行为,且达到严重损害公司债权人利益的程度,应承担相应举证不能的责任。债权人请求 C 公司应对 B 公司的债务承担连带责任,缺乏事实根据和法律依据,该请求不予支持。[2]

在借条空白处的公司盖章应由公司承担反证义务,公司无法证明借条空白处盖章的合理性,应承担相应责任。债权人主张盖章公司应承担担保责任,但未尽到审查公司担保决议的义务,公司应承担不能清偿部分的 1/2 的补充清偿责任。一人有限公司股东应举证证明公司财产独立于股东个人,不能证明的,应在公司的责任范围承担连带清偿责任。

【案例 5 -89】　李某某诉杨某某民间借贷纠纷案

一审法院判决:杨某某返还李某某借款本金 97.5 万元,并从 2019 年 8 月 14 日起以未还本金为基数按月利率 2% 支付资金占用利息至借款本金还清为止;驳回李某某的其他诉讼请求。二审法院判决:(1) 维持一审判决第一项;(2) 撤销一审判决第二项;(3) 倚铖公司、黄某对一审判决杨某某的债务承担不能清偿部分的 1/2;(4) 驳回李某某的其他诉讼请求。[3] 本案中,李某某主张借条在倚铖公司办公室加盖公司公章,倚铖公司未举证反驳该主

---

〔1〕 参见国家法官学院案例开发研究中心编:《中国法院 2016 年度案例》(民间借贷纠纷),中国法制出版社 2016 年版,第 222 页。北京市第三中级人民法院(2014)三中民终字第 09453 号民事判决书。

〔2〕 最高人民法院(2021)民终 1301 号民事判决书。

〔3〕 参见《人民司法 · 案例》2022 年第 2 期(总第 949 期),第 68 页。重庆市第五中级人民法院(2020)渝 05 民终 5203 号民事判决书。

张,倚铖公司应承担举证不能的不利后果,应当认定倚铖公司在借条上盖章时,李某某是善意相对人。倚铖公司未妥善保管好公章存在过错,李某某未审查倚铖公司在借条盖章及书写“担保公司”字样是否出具相关决议亦存在过错,因此,倚铖公司应当对本案所涉债务不能清偿部分承担1/2的连带清偿责任。黄某作为倚铖公司的唯一股东,未提供公司的完整会计账簿,也未举示其他证据证明公司财产独立于个人财产,应承担举证不能的不利后果,故黄某应在倚铖公司的担保责任范围内承担连带清偿责任。据此,二审法院改判是有法律依据的。

连带保证债权人向部分保证人主张权利效力及于其他保证人。

【案例5－90】 仇某诉兰星公司等民间借贷纠纷案

判决观点,在保证期间,债权人可以向其中一个保证人主张保证责任,也可以其中一部分或者全部保证人同时主张保证责任,债权人对其中一个保证人或者一部分保证人主张保证行为的效力对其他保证人也有效,因此对于2014年9月28日的借条,仇某对陈某、岩土公司主张保证责任效力及于其他保证人,可以视为在保证期间内对钱某、赵某主张了保证责任。通过其他证据可以证明,兰星公司、仇某双方串通骗取陈某、岩土公司的担保,损害陈某、岩土公司的利益,因此陈某、岩土公司不承担保证责任。判决:兰星公司归还本金及利息,钱某、赵某承担连带保证责任,驳回仇某的其他诉讼请求。[1]

认定公司滥用法人人格和有限责任的法律责任,应综合多种因素作出判断。

【案例5－91】 邵某与云南通海昆通工贸有限公司、通海兴通达工贸有限公司民间借贷纠纷案

判决观点,依据《公司法》第二十条第三款的规定,认定公司滥用法人人格和有限责任的法律责任,应综合多种因素作出判断。在实践中,公司设立的背景,公司的股东、控制人以及主要财务人员的情况,该公司的主要经营业务以及公司与其他公司之间的交易目的,公司的纳税情况以及具体债权人与公司签订合同时的背景情况和履行情况等因素,均应纳入考察范围。[2]

---

〔1〕《连带保证债权人向部分保证人主张权利效力及于其他保证人》,载《人民法院报》2017年3月23日,第6版。江苏省江阴市人民法院(2016)苏0281民初11384号民事判决书。

〔2〕参见《最高人民法院公报》2017年第3期(总第245期)。

(三)股东清偿责任处理

这里讨论股东清偿责任,是指虽然股东不是借款人,但基于法律规定,股东对公司借款债务承担连带责任。换言之,股东承担清偿责任的依据是法律,而不是借款合同。

1. 股东出资不到位清偿责任

公司债权人请求未履行或者未全面履行出资义务的股东在未出资本息范围内对公司债务不能清偿的部分承担补充赔偿责任的同时,有权请求上述瑕疵股权受让人与转让人承担连带责任。换言之,股权转让合同存在瑕疵出资的,受让人不能以自身不知并不应知晓出资瑕疵为由对抗公司债权人。

【案例5－92】　孙某诉上海陆阔公司、王某、彭某、范某某民间借贷纠纷案

二审法院认为,陆阔公司向孙某借款尚结欠借款31万元的事实属实。彭某、王某、单A在陆阔公司增资过程中,将出资额转入公司账户验资后又转出的行为属于抽逃出资,其未实际履行增加出资义务。按照相关法律规定,孙某作为陆阔公司的债权人有权要求彭某、王某在未出资本息范围内对公司债务不能清偿的部分承担补充赔偿责任。范某某于2009年11月25日分别与彭某、王某、单A签订股权转让协议,受让部分股权。2010年1月,工商变更登记中记载范某某、彭某、王某为陆阔公司股东。至此,范某某已经成为公司章程、股东名册及工商登记中记载的公司现存股东,这在交易过程中具有公示公信力,对公司债权人形成权利上的外观,公司债权人有理由相信工商登记中的股东为陆阔公司真实的股东,基于这种信赖与陆阔公司发生的法律行为受法律保护。因此,《最高人民法院关于适用〈中华人民共和国公司法〉若干问题的规定(三)》第十三条、第十九条明确规定……股权转让合同存在瑕疵出资的,受让人不能以自身不知并不应知晓出资瑕疵为由对抗公司,在公司请求转让人履行出资义务时不承担连带责任,但不能以上述理由对抗公司债权人,主张不承担连带责任。受让人向公司债权人承担清偿责任后,有权向转让人追偿。综上所述,孙某作为陆阔公司债权人,虽然与王某系母女关系,但两人分属不同法律主体,且孙某向陆阔公司出借资金在范某某受让陆阔公司股权之后,故原审判决范某某对彭某、王某承担的补充赔偿责任并无不妥。判决:驳回上诉,维持原判。[1]

【案例5-93】 相某某诉日照聚贤大酒店有限公司等民间借贷纠纷案

二审法院认为,本案的争议焦点为上诉人张甲、张乙对涉案借款是否在50万元或550万元及相应利息范围内承担连带清偿责任。2012年3月20日相某某、聚贤大酒店和龙波公司三方签订的抵押借款协议书系签约各方的真实意思表示,内容亦不违反相关法律法规,原审认定协议书合法有效,是正确的。同日,龙波公司、丽波公司和韦某某亦自愿为聚贤大酒店的借款提供连带责任保证,并向相某某出具了担保书,原审判决龙波公司、丽波公司承担连带清偿责任,韦某某在出资不到位的范围内承担补充清偿责任亦是正确的。从龙波公司工商登记的企业信息内容、2010年12月24日日照龙特实业有限公司汇入上海中沃客车有限公司228万元的电汇票证、龙波公司的道路运输证和机动车行驶证等证据可以看出,龙波公司的经营范围为道路运输经营许可证有效期限内的省际、县内、县际包车客运业务。因龙波公司的经营范围系道路运输客运,根据经营需要,需购买经营车辆办理道路运输经营许可证等相关营运审批手续。由张甲任法定代表人的日照龙特实业有限公司于2010年12月24日汇入上海中沃客车有限公司的228万元亦是用于购买龙波公司客运业务经营所需客车,龙波公司、丽波公司、韦某某亦认可购买用于道路营运的客车时间确实早于龙波公司注册成立时间。又因,日照龙特实业有限公司法定代表人为张甲,龙波公司、丽波公司的法定代表人均为韦某某,本案二审庭审过程中上诉人张甲、张乙与三原审被告均认可在经营过程中,个人账户与公司账户分不清,上述几家公司在经营期间,存在公司与股东财产严重混同的情形。另从(2013)东刑初字第267号刑事判决书所查明的事实还可以看出,张乙虽系龙波公司股东,但其仅是名义股东,实际出资人为张甲。龙波公司验资时的注册资金1000万元系韦某某向日照高新区东汇小额贷款有限公司所借,张乙、张甲并未出资,但2011年2月14日注册成立后的第二天,张甲的日照龙特实业有限公司、日照龙特机械刀具有限公司以转账支票的形式转入韦某某的丽波公司账户500万元,韦某某又将该笔款项用于归还龙波公司验资时向日照高新区东汇小额贷款有限公司所借款项。因此,该500万元应当认定为系张甲向龙波公司实际出资,2010年12月14日日照龙特实业有限公司汇入上海中沃客车有限公司228万元,亦应视为作为法定代表人的张甲指示其公司向上海中沃客车有限公司汇入的购车定金,该笔款项亦应认定为张甲向龙波公司的实际出资。原审判决张乙、张甲在50

[1] 上海市第二中级人民法院(2013)沪二中民四(商)终字第346号民事判决书。

万元及相应利息范围内向相某某承担连带清偿责任欠当,二审予以纠正。上诉人相某某称张乙作为龙波公司股东未实际出资,张甲、张乙应对龙波公司对涉案债务不能承担连带清偿责任部分,在550万元及相应利息范围内向其承担补充清偿责任的上诉理由不成立,二审法院不予支持。综上所述,原审认定部分事实不清,适用法律欠当。上诉人张甲、张乙的上诉理由成立,二审法院予以支持。上诉人相某某的上诉理由不成立,二审法院不予支持。判决:(1)维持一审判决第一、二、三、四、六项。(2)撤销一审判决第五项,即被告张乙、张甲对龙波公司对聚贤大酒店的债务不能清偿责任部分,在50万元及相应利息范围内向原告承担补充清偿责任。[1]

公司的股东,在认缴出资期限届满后,未足额缴纳出资,属未履行或未全面履行出资义务,应在各自未出资本息范围内对公司债务不能清偿的部分承担补充赔偿责任。

【案例5-94】　王某某与上海力澄投资管理有限公司、郭睿星等民间借贷纠纷案

二审法院认为,在注册资本认缴制下,公司债务产生后公司以股东(大)会决议或其他方式延长股东出资期限的,债权人以公司不能清偿到期债务为由,请求未届修改后出资期限的股东在未出资范围内对公司不能清偿的债务承担补充赔偿责任的,人民法院应予支持。[2]

公司实有财产总额大于全部外来债务的,股东出资不实并非对公司债务承担连带清偿责任。

【案例5-95】　潘某某诉吴某某、何某某等民间借贷纠纷案

二审法院认为,严某某应否对本案借款承担连带责任。本案中,宏运公司系严某某一人出资的外商独资企业,注册资本为22,600,000美元,但严某某仅认缴了19.69%即4,449,453.23美元。对于出资瑕疵的股东对公司债权人是否应承担连带责任这一问题,《公司法》及相关司法解释仅在清算阶段有明确规定而不涉及其他方面,即使其应承担连带责任,前提也是公司财产无法清偿该债务。本案标的为310万元人民币及利息,根据潘某某提供的宏运公司的年终报表,该公司2005年年底的资产总额仍有47,919,270.82元,扣除负债总额12,064,429元也足以偿还本案借款,在潘某某无法提供证据证明宏运公司财产不足以清偿本案债务的情况下,严某某不应对本案债务

---

[1] 山东省高级人民法院(2014)鲁民一终字第394号民事判决书。

[2] 参见《最高人民法院公报》2022年第1期(总第305期)。上海市第二中级人民法院(2019)沪02民终10503号民事判决书。

承担连带还款责任。综上,本案借款合同真实有效,吴某某在约定期限内未偿还借款,吴某某与其妻何某某应承担还款责任,借款担保人运达公司和宏运公司应对该借款承担连带还款责任。潘某某主张其2007年5月27日后的利息按月利息2%支付及严某某作为宏运公司的出资人应在未缴出资范围内对公司所负债务承担连带责任,其上诉理由均不能成立,法院不予支持。判决:驳回上诉,维持原判。[1]

2. 抽逃出资股东责任

公司债权人请求抽逃出资的股东在抽逃出资本息范围内对公司债务不能清偿的部分承担补充赔偿责任,协助抽逃出资的其他股东、董事、高级管理人员或者实际控制人对此承担连带责任的,法院应予支持。

【案例5-96】 夏某某诉鲁钢钢铁等民间借贷纠纷案

一审法院认为,根据鲁钢钢铁2009年8月23日股东会的增资决议,该公司股东赵某某,山东鲁钢钢铁有限公司、山东天行钢管工业有限公司、山东新农村投资有限公司于2009年8月24日前向鲁钢钢铁账号为16×××41账号转入增资款42,000万元,鲁钢钢铁实收注册资本5500万元。但被告鲁钢钢铁于完成验资当日及第二日,以货款及往来款名义分多次向山东新农村投资有限公司和山东鲁钢钢铁有限公司转账共计55,014,000元,截至2009年8月25日11时4分,该账户余额仅为825元。根据《最高人民法院关于适用〈中华人民共和国公司法〉若干问题的规定(三)》(已修改)第十二条的规定,可以认定山东新农村投资有限公司和山东鲁钢钢铁有限公司抽逃出资共计55,014,000元。被告赵某某承认转入上述两公司的款项都用于山东天行钢管工业有限公司的二期建设和机器购买,且被告赵某某系山东新农村投资有限公司的法定代表人,可以认定被告赵某某作为被告鲁钢钢铁的股东,协助山东新农村投资有限公司和山东鲁钢钢铁有限公司抽逃出资55,014,000元。在上述股东抽逃出资期间,被告孙某某系被告鲁钢钢铁的法定代表人、执行董事、总经理,还系山东鲁钢钢铁有限公司和山东天行钢管工业有限公司的法定代表人,可以认定被告孙某某作为被告鲁钢钢铁的高级管理人员协助股东山东新农村投资有限公司和山东鲁钢钢铁有限公司抽逃出资55,014,000元。根据《最高人民法院关于适用〈中华人民共和国公司法〉若干问题的规定(三)》(已修改)第十四条第二款规定……因此,对于原告夏某某要求被告赵某某、孙某某对被告鲁钢钢铁债务不能清偿部分承担补

[1] 浙江省高级人民法院(2010)浙商外终字第69号民事判决书。

充赔偿责任,于法有据,原审法院予以支持。被告鲁钢钢铁、赵某某、孙某某主张公司股东未抽逃出资,根据《最高人民法院关于适用〈中华人民共和国公司法〉若干问题的规定(三)》(已修改)第二十条的规定,应由被告鲁钢钢铁、赵某某、孙某某举证,但是其未提供充分证据予以证实,且其均认可从鲁钢钢铁转入山东新农村投资有限公司和山东鲁钢钢铁有限公司的55,014,000元用于山东天行钢管工业有限公司的二期建设和机器购买,而非转账明细中的"货款"和"往来款",对其鲁钢钢铁股东不构成抽逃出资的主张原审法院不予采信。判决:(1)被告鲁钢钢铁有限公司偿还原告夏某某借款本金870,000元。(2)被告鲁钢钢铁有限公司支付原告夏某某利息。(3)被告赵某某、孙某某对被告鲁钢钢铁有限公司不能清偿的部分承担补充赔偿责任。二审法院判决:驳回上诉,维持原判。[1]

3. 人格混同股东责任

公司财产与股东财产资本混合,应当否定公司独立人格,由股东对公司的债务承担连带清偿责任。

【案例5-97】　王某某诉化某某等民间借贷纠纷案

判决观点,恒丰公司向原告借款,款项应当汇入公司账户,但借款汇到了个人账户,作为公司,对于原告汇到赵某某个人账户的款项亦出具了收据,该款后来是否转入公司账户或者用于公司经营,三被告未提供任何证据,恒丰公司的法定代表人化某某在合理期间内也没有到庭陈述相关事实,对此,恒丰公司和化某某应承担举证不能的后果。赵某某以个人账户收款却由公司账户出具收条,化某某对于公司财务疏于管理,存在滥用公司法人独立地位和股东有限责任逃避债务的情况。鉴于化某某和赵某某的夫妻关系,结合化某某未能提供公司账簿等情形,本案应认定为公司财产与股东财产资本混合。根据《公司法》的规定,应当否定公司独立人格,由化某某对公司的债务承担连带清偿责任。[2]

4. 一人公司股东清偿责任

一人有限责任公司的股东不能证明公司财产独立于股东自己的财产的,应当对公司债务承担连带责任。

---

〔1〕 山东省泰安市中级人民法院(2015)泰民一终字第291号民事判决书。

〔2〕 参见国家法官学院案例开发研究中心编:《中国法院2019年度案例》(民间借贷纠纷),中国法制出版社2019年版,第136~137页。安徽省淮北市烈山区人民法院(2017)皖0604民初353号民事判决书。

【案例5－98】 李某某诉亿心公司、王某民间借贷纠纷案

二审法院认为,亿心公司于2011年3月8日出具借条确认向李某某借款733,000元,并承诺分期偿还。借条是证实民间借贷法律关系中当事人之间借贷关系的确立以及款项交付最为直接、有效的证据,亿心公司的法定代表人王某作为有完全民事行为能力的成年人,完全具备理解借条内容的能力,亿心公司应当承担签署借条所产生的法律后果,二审法院认定李某某与亿心公司民间借款关系成立。亿心公司、王某主张借条是在胁迫的情况下违背真实意思表示签署的,但未提供报警材料或其他证据证实,二审法院对该主张不予采纳。亿心公司、王某主张已还清涉案借款,但其提供的证据不足以证实其在2011年3月8日后已还清涉案借款,在李某某自认亿心公司已偿还560,000元的情况下,原审认定亿心公司尚欠173,000元,并无不妥,二审法院对亿心公司、王某的上诉主张不予采纳。亿心公司、王某主张亿心公司的财产独立于王某个人财产,王某无须对亿心公司的债务承担连带清偿责任,但亿心公司、王某提交的证据不能证实其上述主张,二审法院对上述主张不予支持。判决:驳回上诉,维持原判。[1]

股权转让后,一人公司股东对公司债务承担连带责任,但有证据证明不存在财产混同的除外。

在一人公司股东全部股权转让的情况下,关于股东(前股东或现股东)是否应对公司借款承担连带清偿责任,可分以下三种情形讨论:其一,前股东无法证明其转让股权之前,公司财产独立于自身财产的,该股东应对其持股期间产生的债务承担连带责任。该法理依据在于《公司法》第六十三条乃法定之债,并不因股权转让而得以免除,为了防止股东以股权转让为手段逃避债务,从而最大限度地保护债权人的利益。其二,现股东无法证明其受让股权后,公司财产独立于自身财产的,现股东应对公司的债务承担连带责任。在此情形下,现股东对其持股期间的公司债务承担连带责任并无争议,有争议的是对受让前的公司债务承担连带责任。根据《公司法》第六十三条的规定,不因股权变更而区隔,故一般现股东应对受让股权前的债务承担连带责任。其三,现股东可以证明其受让股权后,公司财产独立于自身财产的,则《公司法》第六十三条并不适用,现股东无须对公司债务(包括受让股权之前的公司债务)承担连带清偿责任。

【案例5－99】 乾歌(厦门)资产管理有限公司诉袁某某等民间借贷纠纷案

判决观点,关于蔡某某的连带清偿责任。虽然在乾歌公司起诉时,蔡某某系杉品公司的唯一股东,但是:(1)蔡某某2016年8月1日受让袁某某的

[1] 广东省广州市中级人民法院(2014)穗中法金民终字第699号民事判决书。

股份成为彬品公司的唯一股东，至2016年10月11日股权回转于袁某某，不过两月余，其间蔡某某甚至未实际经营；(2)蔡某某提供的证据显示，彬品公司在蔡某某持股期间有独立的财务作账记录，财务审批亦由袁某某作出。因此，不足以认定在蔡某某作为彬品公司唯一股东期间，彬品公司财务与其个人财务存在混同，故蔡某某不应就讼争债务承担连带责任。此外，讼争借款系袁某某任彬品公司的法定代表人时袁某某所借，并由彬品公司提供保证责任担保，换言之，该保证担保系彬品公司在袁某某控制下为袁某某利益所设，且无证据证明袁某某在转让股权时有向蔡某某披露，若苛求由未实质参与经营且作为股东仅两月余的蔡某某承担因袁某某、彬品公司未能举证证明财务不存在混同情形的法律后果，并就讼争债务承担清偿责任，明显有悖情理，有违公平。故此，乾歌公司请求蔡某某就讼争债务承担连带清偿责任，不予支持。[1]

一人公司的债权人与公司股东的身份重合，只有对一人公司原股东、现股东应当承担的责任份额确定后，才能认定原股东应当承担的责任。一人公司原股东、现股东承担连带责任的依据系公司人格否认形成的法定之债，各民事主体责任大小难以确定，根据《民法典》第一百七十八条第二款“连带责任人的责任份额根据各自责任大小确定；确以确定责任大小的，平均承担责任。实际承担责任超过自己责任份额的连带责任人，有权向其他连带责任人追偿”的规定，三者之间应当平均承担清偿责任。现股东应承担的债务份额与其享有的部分债权同归于一人已经消灭；一人公司应承担的份额因股东与法人财产混同，现股东也无权再作为债权人主张；而原股东应当承担的1/3的还款责任，其应依法清偿。换言之，个人与公司财产混同的一人公司的原股东、现股东均应对公司债务承担连带清偿责任。

【案例5-100】　田某诉杨某某民间借贷纠纷案

二审法院认为，关于案涉债务是否系杨某某个人债务的问题，本案150万元借款发生时当事人未签署书面借款合同，根据田某通过其外甥女左某分两笔将150万元转入房地产公司账户、交付房地产公司工作人员，之后6个月利息的偿还也是房地产公司工作人员支付的事实，原审认定案涉借款为房地产公司的债务正确。双方达成《抵债协议》《还款协议》《人民调解协议书》时系杨某某及其亲友共7人犯故意毁坏财物罪一案开庭审理的前一日，杨某某签订协议时存在希望田某出具刑事谅解书的原因，田某也有利用司法机关

[1] 参见国家法官学院案例开发研究中心编：《中国法院2019年度案例》(民间借贷纠纷)，中国法制出版社2019年版，第145页。福建省厦门市海沧区人民法院(2016)闽0205民初2789号民事判决书。

对杨某某采取取保候审强制措施的危困及弱势情形，欲使其承担房地产公司债务的目的，抵债协议、还款协议的内容显失公平，属于可撤销协议，依法撤销后自始没有法律约束力，不能作为认定双方权利义务的依据，故田某提出案涉债务系杨某某个人债务的主张不能成立。关于杨某某是否应当对债务承担责任的问题，案涉借款发生于2013年8月30日，在杨某某任房地产公司股东和法定代表人期间。2014年4月24日，因田某与杨某某之间的其他债权债务，杨某某将房地产公司股权转让给田某，房地产公司股东和法定代表人也变更为田某。根据《公司法》第六十三条"一人有限责任公司的股东不能证明公司财产独立于股东自己的财产的，应当对公司债务承担连带责任"的规定，因房地产公司的原股东杨某某、现股东田某均不能证明其个人财产独立于公司财产，故房地产公司、杨某某、田某应对案涉150万元债务承担连带清偿责任。《民法总则》第一百七十八条第二款规定……因杨某某、田某、房地产公司的责任大小难以确定，故其三者之间应当平均承担清偿责任。判决：(1)撤销一审民事判决；(2)杨某某偿还田某借款本金50万元和利息；(3)驳回田某的其他诉讼请求。〔1〕

5. 其他承担责任情形

有限责任公司的股东因怠于履行义务，导致公司主要财产、账册、重要文件等灭失，无法进行清算，债权人主张其对公司债务承担连带清偿责任，法官应依法予以支持。

【案例5－101】 李某某诉井某某、青岛市市南区文化馆民间借贷纠纷案

二审法院认为，南华公司虽然是集体所有制企业，但市南区文化馆作为其开办单位，负有在南华公司被吊销企业法人营业执照后对南华公司进行清算的义务，亦负有妥善保管南华公司资产和财务账册的责任。而因市南区文化馆至今未对南华公司进行清算，且因市南区文化馆未保存南华公司的财务账册和会计凭证，导致无法对南华公司进行清算，故参照《最高人民法院关于适用〈中华人民共和国公司法〉若干问题的规定（二）》（已修改）第二十七条第二款之规定，市南区文化馆作为南华公司的开办单位，怠于履行其清算义务，则依据《民法通则》第一百零六条第二款之规定，上诉人诉请市南区文化馆就南华公司对上诉人所负债务承担清偿责任，二审法院予以支持。〔2〕

---

〔1〕 参见国家法官学院、最高人民法院司法案例研究院编：《中国法院2022年度案例》（民间借贷纠纷），中国法制出版社2022年版，第125页。陕西省渭南市中级人民法院（2020）陕05民终577号民事判决书。

〔2〕 山东省青岛中级人民法院（2015）青民二终字第157号民事判决书。

清算组成员未及时通知债权人申报债权的,应承担赔偿责任。

【案例 5－102】　张某某诉黄某某等民间借贷纠纷案

二审法院认为,涉案借款协议和收到条上均加盖有商贸公司的公章,且有田某 2 的签名,故涉案借款应认定为商贸公司和田某 2 的共同借款。关于时任股东黄某某、田某 1 是否应承担涉案还款责任的问题,《公司法》第一百八十三条规定……商贸公司发布注销公告和进行清算的行为,发生在涉案各民事主体发生民事借贷纠纷期间。黄某某、田某 1 作为清算组成员未及时通知债权人张某某申报债权,张某某对商贸公司的清算行为并不知情。故张某某有权在商贸公司注销后要求清算组的成员黄某某、田某 1 承担赔偿责任。判决:(1)撤销一审民事判决;(2)田某 2、黄某某、田某 1 共同偿还张某某本金 10 万元及利息。〔1〕

(四)借款责任减免处理

《民法典》第一千一百六十一条第二款规定:“继承人放弃继承的,对被继承人依法应当缴纳的税款和债务可以不负清偿责任。”该条规定坚持了权利义务对等原则,即继承人继承遗产的,继承人应首先以遗产范围内的财产来清偿被继承人依法应缴纳的税款和债务;如继承人放弃继承遗产,则其不必清偿被继承人依法应缴纳的税款和债务。应注意的是,这里的法定义务应当是指继承人本人所依法承担的法定义务,而不包括被继承人应承担的法定义务。换言之,如果继承人本人欠他人借款,其放弃继承会导致其不能履行向他人还款义务的,则其放弃继承的行为是无效的。但是如果本来就是被继承人欠他人借款,该借款本身就是被继承人债务,而非继承人债务,继承人对该借款是没有法定义务的,除非选择继承遗产用遗产范围内的财产来清偿债务。继承人在诉讼中自愿放弃继承的,可对被继承人的借款不负清偿责任。

应首先以依法应缴纳的税款和首先以遗产范围内的财产来清偿依法应缴纳的税款和应首先以遗产范围内的财产来清偿。

【案例 5－103】　王某诉贺甲民间借贷纠纷案

二审法院认为,本案中,贺甲作为贺乙的继承人已明确表示放弃继承,故无论王某与贺乙之间的借贷关系是否成立,贺甲均不负偿还责任。一审法院

〔1〕 参见国家法官学院、最高人民法院司法案例研究院编:《中国法院 2022 年度案例》(民间借贷纠纷),中国法制出版社 2022 年版,第 133 页。山东省济宁市中级人民法院(2020)鲁 08 民终 6506 号民事判决书。

对此认定错误,依法予以纠正。贺甲的上诉请求成立,予以支持。判决:撤销一审判决,驳回王某的诉讼请求。〔1〕

出借人对部分连带债务人免除债务的,其行为效力应及于其他连带债务人,相应的债权债务关系归于消灭。

【案例5－104】 许某某诉黄甲等民间借贷纠纷案

一审法院认为,根据协议书、补充协议书约定,许某某直接向麒麟公司和黄甲提供款项,麒麟公司和黄甲以实际受偿的工程款扣除施工尾款后的余额承担还款责任。双方之间权利义务符合借贷关系法律特征,应认定许某某与麒麟公司、黄甲之间形成借款合同关系。原审期间,许某某与麒麟公司签订和解协议书,约定麒麟公司再向许某某支付700万元,许某某承诺就本案借款不再向麒麟公司主张权利,剩余款项向黄甲、黄乙继续追讨。该和解协议书未征得黄甲、黄乙同意,对二人不发生法律效力。而且,迟延还款责任在麒麟公司,许某某同意免除麒麟公司对剩余债务的还款责任,却要求无法控制和支配执行款的黄甲承担该部分债务,有违公平原则。许某某自愿放弃对麒麟公司享有的部分债权,系对自身权利的合法处分,但在补充协议明确麒麟公司承担履行还款义务主体责任的情况下,对债务的豁免应及于其他共同借款人,即黄甲在许某某放弃权利的范围内也应免除还款责任。因此,对许某某要求黄甲、黄乙偿还剩余借款、资金占用费及保全申请费的诉讼请求,依法不予支持。判决:驳回许某某的诉讼请求。

二审法院认为,许某某承诺不向麒麟公司或黄甲追偿差额部分的款项,已经明确放弃请求麒麟公司、黄甲除补充协议约定之外再另行还款的权利,也免除了麒麟公司、黄甲以诉讼执行款之外的款项偿还讼争借款的义务。因此,许某某提起本案诉讼请求黄甲偿还讼争借款本金4,240,302元及资金占用费,与三方补充协议约定不符,缺乏事实及法律依据。一审判决结果正确,应予以维持。判决:驳回上诉,维持原判。〔2〕

借款凭证上所加盖的印章刻有"本印章用于设立债务无效"的内容,其表明印章公司无借款合意,主张免责事由成立且不承担借款清偿责任。

---

〔1〕 参见国家法官学院、最高人民法院司法案例研究院编:《中国法院2020年度案例》(民间借贷纠纷),中国法制出版社2020年版,第117页。山东省淄博市中级人民法院(2018)鲁03民终1159号民事判决书。

〔2〕 参见国家法官学院、最高人民法院司法案例研究院编:《中国法院2020年度案例》(民间借贷纠纷),中国法制出版社2020年版,第132～133页。福建省厦门市中级人民法院(2018)闽02民终1728号民事判决书。

【案例5-105】　林某某诉广西建工集团第五建筑工程有限公司等民间借贷纠纷案

二审法院认为，本案中，林某某以苍梧水岸名都商户楼小区水电、门窗安装工程项目经营责任全额经济承包合同书和借条中关于二分公司向其借款200万元的约定，要求二分公司、五建公司共同偿还借款本息，但上述协议所盖公章并非二分公司、五建公司的公章，其仅是"广西建工集团五建梧州市龙圩区水岸名都商户楼小区工程技术业务专用章"，且刻有"本印章用于设立债务无效"的内容，说明二分公司、五建公司并无对外借款的意思表示，双方并未成立借贷关系。同时，桂某某、叶某某既非二分公司的法定代表人，也没有取得二分公司、五建公司的授权，其以广西建工集团第五建筑工程有限公司（二分公司）梧州市龙圩区水岸名都项目部的名义与林某某订立借款协议，该行为未得到二分公司、五建公司的追认，相应的法律后果不应由二分公司和五建公司承受；即便桂某某、叶某某系二分公司和五建公司的员工，在"广西建工集团五建梧州市龙圩区水岸名都商户楼小区工程技术业务专用章"刻有"本印章用于设立债务无效"内容的情况下，也足以引起交易相对方注意，林某某作为完全民事行为能力人，应当认识到上述内容的法律含义及后果，因此桂某某、叶某某与林某某订立借款协议的行为亦不能构成表见代理，根据《民法通则》第六十六条之规定，应当由行为人桂某某、叶某某承担法律责任。一审判决由桂某某、叶某某按照分别收的款项承担还款义务，并根据分别收到款项的数额及时间计付利息，该判决并无不当，应予维持。

上诉人林某某、叶某某主张借款200万元已经汇到苍梧水岸名都商住小区项目部指定账户，且已用于五建公司和二分公司承建的该项目上（用于缴纳公司项目的履约保证金及公司项目建设使用），五建公司和二分公司系该笔借款的受益人，应当承担还款责任。从上诉人叶某某提交的广西建工集团第五建筑工程有限公司施工项目班子申请表及批复、水岸名都商住小区项目各次会议签到表、苍梧水岸名都商住小区工程经营责任全额经济承包合同书、广西建工集团五建水岸名都商住小区工程任务单等证据（林某某、桂某某对上述证据均无异议）来看，三人对桂某某作为苍梧水岸名都商住小区内部承包人、叶某某作为该项目技术负责人均是认可的，涉案款项也直接汇入桂某某、叶某某银行账户而非五建公司或二分公司的账户，因此上述情形更符合工程内部承包方需要施工资金而向他人借款的性质，故在桂某某、叶某某与林某某订立借款协议不能构成表见代理的情况下，上诉人以款项用于施工项目而要求作为总承包方的五建公司和二分公司承担还款责任，该主张缺乏法律依据，本院不予支持。综上所述，上诉人林某某、叶某某的上诉请求不能成立，应予驳回；一审判决认定事实基本清楚，适用法律正确，判决适当。判决：驳回上诉，维持原判。[1]

公司借款后，股东发生变化，但对于债权人来说其出借资金的相对方仍然是该公司，该公司仍应承担还款付息义务。换言之，股东变化不影响公司承担还款责任。

【案例5－106】 鲍某某诉上海某建设集团有限公司等民间借贷纠纷案

二审法院认为，本案系争借款发生时姜某在某建设公司工作，是由姜某出具借条，但某建设公司、庞某某及姜某在之后的承诺书和保证书中均确认系争借款的借款人是某建设公司，某建设公司在一审中对承诺书和保证书中某建设公司的公章真实性未提出异议，在二审中再提出异议又未提交充分证据推翻其一审中的确认，且庞某某作为当时的某建设公司法定代表人也在承诺书和保证书上签字，故本案系争借条、承诺书和保证书足以证明某建设公司借款事实的成立。尽管本案系争借款并未进入某建设公司账户，但鲍某某根据姜某、庞某某的指令划款，并不能否定某建设公司的借款人身份。某建设公司还提出系争承诺书和保证书形成时间可能不是承诺书和保证书签署的日期，而是为本案诉讼才出具的，但未提交相应证据证明，法院对其主张亦不予采信。对于某建设公司的鉴定申请，法院亦不予准许。某建设公司借款后，股东发生变化，但对于出借人鲍某某来说出借资金的相对方仍然是某建设公司，某建设公司仍应向鲍某某承担还款付息义务，由此可能产生的某建设公司新老股东之间的纠纷可另行解决。综上，法院认为，某建设公司的上诉请求无事实和法律依据，法院予以驳回。判决：驳回上诉，维持原判。[2]

《民法典》第五百五十九条规定："债权债务终止时，债权的从权利同时消灭，但是法律另有规定或者当事人另有约定的除外。"

【案例5－107】 姜某某诉迟某某等民间借贷纠纷案

判决观点，《民法典》第五百五十七条第一款第四项规定，债权人免除债务，债权债务终止。第五百五十九条规定，债权的从权利同时消灭，但是法律另有规定或者当事人另有约定的除外。本案中，因姜某某表示免除主债务人迟某某基于原借款合同法律关系所产生的债务，故姜某某与迟某某的债权债务已终止，姜某某对于保证人董某某享有的从权利同时消灭。对于姜某某基于原借款合同要求主债务人迟某某、保证人董某某偿还本息及利息的请求，

---

〔1〕 参见国家法官学院案例开发研究中心编：《中国法院2019年度案例》（借款担保纠纷），中国法制出版社2019年版，第40～41页。广西壮族自治区柳州市中级人民法院（2017）桂02民终950号民事判决书。

〔2〕 上海市第一中级人民法院（2015）沪一中民四（商）终字第160号民事判决书。

法院不予支持。[1]

《民法典》第五百七十五条规定："债权人免除债务人部分或者全部债务的，但是债务人在合理期限内拒绝的除外。"

【案例5-108】　邱某与唐某民间借贷纠纷案

二审法院认为，在不违反法律、行政法规等强制性规定，也不违背公序良俗的情况下，有处分权的债权人以短信方式向债务人作出的免除全部债务的真实意思表示，债务人在合理期限内未拒绝的，债权债务关系全部终止，债权人再次诉求债务人偿还债务的，不予支持。[2]

【案例5-109】　许某与黄某等民间借贷纠纷再审案

再审法院认为，对部分连带债务人的债务免除，效力及于其他连带债务人。[3]

(五)特殊情形还款责任

公司的印章本应具有唯一性。但在实践中，有的公司的公章并不唯一，且刻有一套与备案的公章不符的印章。与备案的公章不符的印章却在与其他单位的往来中使用且使用的频率高，即从事一系列交易活动。公司员工未经授权私刻公司印章并以公司名义从事一系列经营活动，公司对私刻公章的存在、使用是知悉的，却未采取措施防止相对人的利益损害，基于公司不能对同一印章的效力在不同的交易或诉讼中做不同选择，则不能免除相应的责任。例如，公司对外使用的公章已经在某一交易或诉讼中承认其效力，则不论公章是否经公司授权、是否系他人私刻甚至伪造、是否进行过工商备案，均不得在另一交易或诉讼中否定其效力。公司员工在借条上加盖与备案公章不符的印章，因为与备案公章不符的印章曾多次使用过，出借人有理由相信为公司的行为，其合理信赖利益应受法律保护。

---

〔1〕 参见最高人民法院民法典贯彻实施工作领导小组编著：《中国民法典适用大全》(合同卷二)，人民法院出版社2022年版，第857页。辽宁省沈阳市苏家屯区人民法院(2021)辽011民初7376号民事判决书。

〔2〕 参见最高人民法院民法典贯彻实施工作领导小组编著：《中国民法典适用大全》(合同卷二)，人民法院出版社2022年版，第985页。四川省内江市中级人民法院(2021)川10民终556号民事判决书。

〔3〕 参见最高人民法院民法典贯彻实施工作领导小组编著：《中国民法典适用大全》(合同卷二)，人民法院出版社2022年版，第985页。福建省高级人民法院(2019)闽民再31号民事判决书。

【案例5－110】 厦门市兴华成工贸有限公司诉德化县物资公司、徐某某民间借贷纠纷案

一审法院认为，加盖“德化县物资公司合同专用章”的四份《借款合同》经鉴定，与物资公司提供的合同专用章不符，但却与承诺保证函、众达产品代销合同、协议书上加盖的合同专用章系出自同一枚印章。物资公司确认该合同专用章系徐某某在承包其下属金属经营部期间私自刻制，故能由此证明徐某某确实多次使用该合同专用章以物资公司的名义从事一系列经营活动。则兴华成公司依据上述事实，对《借款合同》上加盖“德化县物资公司合同专用章”形成合理信赖，其合理信赖利益应受到保护。且在实际履行过程中，讼争的150万元确实系由兴华成公司转至物资公司账户，物资公司称该款项已抵作徐某某承包金属经营部的承包款缺乏相应的证据加以证明，且即使该款已抵作承包款，亦应认定是物资公司与徐某某内部之间对该款项的使用，不能对抗第三人。则应认定，讼争《借款合同》直接约束被告物资公司，物资公司是150万元的借款人。现物资公司缺乏证据证明其已还款，理应承担违约责任，偿还兴华成公司借款本金150万元，并支付相应的利息、财产保全费。徐某某作为上述债务的连带责任保证人，理应对上述债务承担连带清偿责任，并有权在承担保证责任后，向物资公司追偿。二审法院亦同意一审法院裁判意见，驳回上诉，维持原判。[1]

借款人死亡，其继承人向出借人重新出具借条构成对债务的追认。

【案例5－111】 邬某某诉姚某某民间借贷纠纷案

二审法院认为，根据双方当事人的诉辩主张，本案的争议焦点是姚某某出具借条的行为是否构成对陈某行为的追认。根据查明的事实，本案所涉的9.5万元借条系邬某某将陈某出具的三张借条（借款数额共计9.5万元）交还给姚某某后，姚某某向邬某某出具而形成。原审庭审中，姚某某对原三张借条中陈某某签名的真实性未提出异议，且承认该三张借条原件在其处。由于陈某某在本案诉讼之前因他杀而死亡，本案中已无法就原先三张借条所涉借款与陈某某核对。对于原8万元借条的落款日期晚于陈某某死亡时间问题，姚某某出具的借条中所载的形成日期为2010年3月15日，该日期与证人所陈述的二张借条形成时间相一致，由此说明姚某某在出具借条时对原借款时间做过审查。而从原三份借条有利息约定，姚某某新出具的无利息约定来看，又说明双方对借款事宜有过协商。此外，姚某某作为一个有完全民事

---

〔1〕 参见国家法官学院案例开发研究中心编：《中国法院2019年度案例》（民间借贷纠纷），中国法制出版社2019年版，第119页。福建省厦门市中级人民法院（2017）闽02民终1554号民事判决书。

行为能力并从事到国外劳务输出的人，法院也有理由相信其在出具9.5万元借条之前，已对原先三张借条所涉借款的真实性作了认可。因此，原审判决认定姚某某以自己的名义重新出具借条的行为已构成对陈某某借款行为的追认，并无不当。判决：驳回上诉，维持原判。[1]

当事人对既有债务，可以在明确为他人债务的情形下，通过债务加入等方式承担债务，也可以通过确认该债务为己方与他人共同债务的方式承担债务。当法定代表人以公司名义加入债务时，其行为的效力与后果，应当参照公司为他人提供担保的相关规定来处理。而当有充分证据证明法定代表人以公司名义确认该债务为己方与他人共同债务事实相符时，则不宜认定为债务加入，进而参照公司为他人提供担保的相关规定认定该确认行为的效力。

【案例5－112】　陈某某诉陈某、浙江未名物流发展有限公司、福州市众行投资合伙企业（有限合伙）民间借贷款纠纷案

最高人民法院认为，关于未名公司是否应承担案涉款项的共同还款责任的问题。第一，未名公司上诉对案涉款项承担清偿责任是基于共同借款前非债务加入关系。首先，未名公司案涉借条复印件上“借款人：”处加盖了未名公司公章。虽然各方当事人对案涉借条上陈某签名和未名公司盖章先后关系说法不一，但即便未名公司在陈某签名之后，未名公司明知陈某已在借条上“借款人：”处签名捺印，几张借条复印件上的“借款人：”处盖公章行为本身就可以作为其是以共同借款人身份加盖的证据；其次，2018年7月13日签订的《借款确认及还款协议》的相关文义表述可以证明未名公司是以共同借款人而非债务加入人身份签订该协议。根据该协议标题可知，协议主要内容为：确认案涉借款金额及利息和还款方式及期限等。而协议中“二、借款用途：乙方将借款用于支付借款方2未名公司的工程款及补充公司日常经营所需的流动资金”的表述，则说明未名公司与陈某共同作为乙方确认，之前发生的借款用途用于未名公司自身需要。协议抬头中协议主体部分和结尾签字或盖章部分均为“乙方（借款方1）：陈某；（借款方2）：未名公司”都共同证明未名公司对案涉借款承担清偿责任的身份有明确的意思表示，即与陈某一起作为共同借款方。协议中“一、借款金额”部分明确记载“乙方两借款人作为共同借款人，对甲方承担还款义务”。对此，未名公司作为常年从事商业活动的主体清楚该句话所表述的意思并非债务加入。可见，虽然案涉借款行为发生在该协议签订之前，但未名公司已在该协议中确认其法定代表人陈某之前与陈某某之间发生的案涉借款实际用于未名公司生产经营。也正是在此前

[1] 浙江省舟山市中级人民法院（2010）浙舟商终字第86号民事判决书。

提下,未名公司才愿以“借款方2:未名公司”名义清偿案涉债务。虽然未名公司上诉主张,案涉借款发生在先,未名公司盖章确认在后,故应当认定是债务加入。但从当事人意思自治出发,当事人对债务的承担自行选择采用债务加入抑或共同债务的方式,应予尊重。而本案中“借款方2:未名公司”“乙方两借款人作为共同借款人,对甲方承担还款义务”的文义表述、案涉款项用途以及陈某的未名公司法定代表人身份等案件事实足以证明未名公司是以共同借款人身份而非债务加入人身份签订案涉协议。故原判决认定未名公司是共同借款人,并无不当。进而,未名公司主张参照适用公司为他人提供担保的规定认定案涉协议无效,则因缺乏依据,不予支持。第二,陈某某签订案涉《借款确认及还款协议》并不违反《公司法》第一百四十八条规定。《公司法》第一百四十八条规定的“董事、高级管理人员不得有下列行为:……(四)违反公司章程的规定或者未经股东会、股东大会同意与本公司订立合同或者进行交易”并不是绝对禁止公司董事、高级管理人员与本公司订立合同或者进行交易,而主要是为防止公司董事、高级管理人员在上述订立合同进行交易过程中,不当利用担任公司职务所需的信息等,损害公司利益。因此,在公司章程没有特别规定的情况下,即便董事、高级管理人员与本公司订立合同或者进行交易时未经股东会、股东大会同意只要事后经股东会、股东大会追认同意,仍可有效。具体到本案中,根据二审庭审查明事实,陈某某签订案涉《借款确认及还款协议》时,刚刚取得未名公司董事身份,尚未实质参与未名公司生产经营管理,且该协议内容主要是针对原来已发生借款数额的确认和结算事宜,并不涉及新的借款事项约定,不属于订立新的借款合同。第三,案涉款项是否用于未名公司生产经营,不影响未名公司承担涉款项的返还责任。未名公司上诉主张,陈某收取的借款中有部分未交付给未名公司用于生产经营,故对该部分不承担还款责任。由于未名公司所主张的未交付部分实际已被另一共同借款人陈某收取,故未名公司作为共同借款人,仍应在陈某收取的借款范围内承担还款责任。……综上所述,陈某、未名公司的上诉请求均不能成立,应予驳回,一审判决认定事实清楚,适用法律正确,应予维持。[1]

在借款合同上公司盖章、股东签字,其借款全部打入股东妻子的账户,应由公司、股东及妻子等承担还款责任。

〔1〕 参见最高人民法院民事审判第一庭编:《民事指导与参考》2021年第2辑(总第86辑),人民法院出版社2021年版,第223~225页。

【案例5-113】 刘某某诉罗某某等民间借贷纠纷再审案

二审法院认为,关于被告主体及其责任认定。虽然2011年8月5日的借款协议首部写明甲方为“地产集团”,在该协议尾部却仅盖有房地产公司公章,且根据法院查明的工商登记资料,刘某某所诉的地产集团从未注册登记过“地产集团”的企业名称。因此,法院不能仅凭借款协议内容确定地产集团为实际借款人。综上,刘某某以地产集团为共同借款人,并要求其承担还款责任,缺乏依据,法院不予认定。

从借款协议的形式要件上看,房地产公司在借款协议上加盖了公章,蒋某某在借款协议上签字,其后,刘某某按照蒋某某的指示将借款转入蒋某某之妻罗某某个人账户并由房地产公司出具了收据。虽然蒋某某在借款协议签订之时并非房地产公司的法定代表人,但蒋某某在借款合同甲方一栏签字,本案所涉借款根据其指示汇入其妻子罗某某的个人账户,法院认定房地产公司和蒋某某应为合同借款人,刘某某与房地产公司、蒋某某已形成民间借贷关系,现刘某某诉请房地产公司、蒋某某承担共同还款责任,符合相关法律规定,法院应予支持。

刘某某要求罗某某承担共同还款责任,虽然未提供直接证据证明其与罗某某存在借款合意,所涉借款实际转入罗某某个人账户,而罗某某与蒋某某系夫妻关系。根据相关法律规定,债权人就婚姻关系存续期间夫妻一方以个人名义所负债务主张权利的,应当按夫妻共同债务处理。刘某某作为债权人向蒋某某主张清偿债务发生于蒋某某和罗某某夫妻关系存续期间,罗某某未到庭参与诉讼,亦未向法院提交证据证明刘某某与蒋某某明确约定该笔借款为个人债务或属于《婚姻法》第十九条第三款规定的情形,结合2014年8月14日罗某某向刘某某账户转入10万元利息款的事实,可以认定罗某某知晓蒋某某所负本案债务的事实,并同意偿还。因此,蒋某某在本案中所负债务应当视为罗某某与蒋某某的共同债务。综上,罗某某为本案适格的被告主体,法院对刘某某要求罗某某承担连带还款责任的诉讼请求予以支持。

刘某某诉求蒋某1和蒋某2承担还款责任,刘某某未能证明其与蒋某1和蒋某2个人存在借款合意,刘某某提供包括有蒋某某、罗某某、蒋某1和房地产公司一方的借款补充协议上亦无蒋某1个人签字。但根据工商档案材料载明,房地产公司为自然人独资企业,属于一人有限责任公司。在借款协议签订时,蒋某1系房地产公司的法定代表人,2014年7月3日,该公司法定代表人由蒋某1变更为蒋某2。在蒋某2经营房地产公司期间,刘某某收到罗某某支付借款利息10万元。按照《公司法》的相关规定,一人有限责任公司的股东不能证明公司财产独立于股东自己财产的,应当对公司债务承担连带责任。本案审理中,蒋某1和蒋某2经法院合法传唤,均未到庭应诉答辩。

刘某某根据相关法律规定，要求蒋某1和蒋某2承担共同还款责任，符合相关法律规定，故法院对该项诉讼请求予以支持。……二审法院同意一审法院裁判意见，判决：驳回上诉，维持原判。[1]

父母向子女转款用于子女购买房屋，主张该转账款项系属借款，并提供了银行转账明细、子女一方的自认、子女一方出具的《借款协议》《欠条》等证据加以证明，子女的配偶虽辩称该转款系赠与，但并未提供充足证据。法院综合款项的支付过程、支付方式及其他相关证据等认定双方间构成民间借贷关系，并认定子女的配偶作为房屋共同共有人，应对因购买房屋而产生的夫妻共同借款债务承担共同偿还责任，于法有据。

【案例5－114】　段某与王某某、李某民间借贷纠纷再审案

最高人民法院认为，本案系具有涉外因素的民间借贷纠纷再审审查案件，应当依照《民事诉讼法》第二百条的规定对王某某的申请再审理由进行审查。根据《民事诉讼法》第六十四条的规定，当事人对自己提出的诉讼请求所依据的事实或者反驳对方诉讼请求所依据的事实有责任提供证据加以证明。双方对段某（母亲）向李某（女儿）、王某某（女婿）转账的目的是购买案涉房屋均予认可。段某主张转账款项属于借款，李某、王某某应共同偿还其借款本金及利息，该主张有银行转账明细、李某的自认、《借款协议》、《欠条》等证据证明，王某某辩称转账款项属于段某对其与李某的赠与、款项中部分资金属于其本人收入或其与李某的夫妻共同收入，但并未提供充足的证据予以证明。二审判决“综合款项的支付过程、支付方式及其他相关证据”认定段某与李某之间构成民间借贷关系，并认定王某某作为案涉房屋的共同共有人，应当对因购买房屋而产生的夫妻共同的借款债务承担共同偿还责任，于法有据。王某某申请再审没有充足的证据推翻原审的事实认定。原审综合双方的诉辩主张确定案件的审理焦点，并未遗漏主张，王某某以应查清案涉资金来源是父母资金还是夫妻共同财产为由申请再审不能成立。此外，王某某主张本案应追加涉及的相关人员或公司作为第三人参与诉讼，缺乏法律依据。人民法院审理涉外民事案件的期间，不受国内民事诉讼程序规定的限制。综上，王某某的再审申请不符合《民事诉讼法》第二百条规定的情形。裁定：驳回王某某的再审申请。[2]

---

〔1〕 参见国家法官学院、最高人民法院司法案例研究院编：《中国法院2022年度案例》（民间借贷纠纷），中国法制出版社2022年版，第120～121页。北京市第二中级人民法院（2020）京02民再151号民事判决书。

〔2〕 最高人民法院（2021）民申5306号民事裁定书。

(六)借款继承责任处理

借款人、担保人死亡后涉及继承问题,根据《民法典》继承编的规定,对继承人继承借款人遗产的在其继承遗产范围内承担还款责任,放弃继承的则不承担还款责任。

【案例5-115】　黄某某诉谢某某等民间借贷款纠纷案

二审法院认为,梁一作为担保人在借款协议上签名,依照《担保法》的相关规定,对被上诉人谢某某、周某某尚欠被上诉人黄某某的借款承担连带清偿责任。因梁一在诉讼过程中死亡,梁一的继承人即上诉人梁二、易某某、梁三、梁四、梁五、梁六、原审被告梁七应在继承的遗产范围内清偿债务,上述上诉人及原审被告梁七承担清偿责任后,依法有权向被上诉人谢某某、周某某追偿。至于上诉人梁二、易某某、梁三、梁四、梁五、梁六上诉称原审法院没有查清梁一死亡后的个人遗产,盲目判决由法定继承人上诉人梁二等人在遗产范围内承担连带清偿责任的问题;原审法院依据已发生法律效力的(2012)娄中民一终字第367号民事判决书,确认上诉人梁二、易某某、梁三、梁四、梁五、梁六、原审被告梁七拥有对梁一遗产的继承资格仅梁一的遗产为5,350,600元,则每人可继承遗产764,371元,故上诉人梁二、易某某、梁三、梁四、梁五、梁六此一上诉理由不能成立,本院不予采纳。关于原审法院随意地将案外人梁七列入本案的判决之中,梁七不应承担债务的问题,经查:本院(2012)娄中民一终字第367号民事判决已发生法律效力,在该判决书中确认原审被告梁七系梁一的非婚生子的法律事实,非婚生子依法享有与婚生子同等的继承权利,故原审被告梁七是梁一的遗产继承人之一,就应当在继承的遗产范围内承担清偿债务的责任;原审法院将梁七列入案件的当事人,并责令其承担责任并无不当,且原审被告梁七对原审法院的判决未提异议,故上诉人梁二、易某某、梁三、梁四、梁五、梁六此一上诉理由不能成立,本院不予采纳。综上,原审判决认定事实清楚,适用法律正确,处理妥当。判决:驳回上诉,维持原判。[1]

【案例5-116】　胡某诉杨甲等民间借贷及被继承人债务清偿纠纷案

二审法院认为,李甲生前与上诉人杨甲夫妻关系良好,并未分居或约定

---

〔1〕　参见国家法官学院案例开发研究中心编:《中国法院2015年度案例》(民间借贷纠纷),中国法制出版社2015年版,第189~190页。湖南省娄底市中级人民法院(2014)娄中民二终字第3号民事判决书。

婚姻关系期间所得的财产归各自所有。因此,原审将该借款认定为杨甲与李甲的共同债务并无不当。李乙、杨乙、李丙作为李甲的法定继承人,应当在遗产继承的价值范围内承担被继承人李甲的债务清偿责任。判决:驳回上诉,维持原判。[1]

【案例5－117】 黄某楼诉李某民间借贷纠纷案

判决观点,李某成向原告黄某楼借款2000元用于经营养殖,并向原告黄某楼出具借据一张,双方之间形成的借贷关系,系双方真实意思表示,不违反法律法规限制性规定,法院依法予以保护。根据我国相关法律规定,继承遗产应在遗产范围内偿还被继承人债务。本案被告李某继承了李某成留下遗产五间房屋,且该遗产价值不低于2000元。原告黄某楼要求被告李某偿还该借款,于法有据,法院予以支持。原告黄某楼已提供借据证据证明李某成欠款2000元,已履行了举证义务,被告李某否认该事实,应承担举证责任,因其未提供证据证明自己的主张,故对其辩称意见法院不予采信。判决被告李某偿还原告黄某楼借款2000元。[2]

继承人是否继承债务承担还款责任要视其是否继承遗产而定。

【案例5－118】 张某某诉王某某、某某公司民间借贷纠纷再审案

最高人民法院认为,某某公司提交的新的证据为另案判决,用以证明王某某的父母虽在本案中放弃继承并表示不参加诉讼,但却在另案中以继承人身份参加诉讼并事实上继承了王某某生前债权。某某公司提交的证据能够证明其主张的上述事实真实有效,本院予以确认。但某某公司提交的上述新证据,并不能证明本案二审法院判决结果错误。

首先,由于王某某在一审判决作出后病故,一审法院在某某公司提起上诉后,于2014年12月31日依法向王某某的父母子女送达上诉状,并对上述继承人明确表示放弃继承且不参加涉及王某某任何诉讼的意思表示作出明确记载。王某某的父母子女不属于某某公司所称应当参加诉讼的当事人,二审法院未将王某某的父母子女列为当事人并无不当。

其次,因某某公司对王某某生前借款承担连带责任保证,而连带责任保证人承担责任并无顺位要求,债权人既可以要求债务人履行债务,也可以要

〔1〕 参见国家法官学院案例开发研究中心编:《中国法院2015年度案例》(民间借贷纠纷),中国法制出版社2015年版,第89页。湖北省宜昌市中级人民法院(2013)鄂宜昌中民一终字第00238号民事判决书。

〔2〕 参见最高人民法院民法典贯彻实施工作领导小组编著:《中国民法典适用大全》(合同卷三),人民法院出版社2022年版,第1701页。河南省安阳市北关区人民法院。最高人民法院发布19起合同纠纷典型案例第18号。

求保证人承担保证责任。故在王某某已经病故且没有继承人参加诉讼的情况下,二审法院判决由某某公司承担还款责任,并没有加重某某公司的民事责任。

最后,由于本案诉讼时,王某某遗产范围尚不明确,二审法院在判决某某公司承担还款责任的同时,为其保留了在王某某遗产范围内进行追偿的权利,没有损害连带责任保证人某某公司的实体权利。某某公司在偿还相应欠款本息后,可另行向已继承王某某遗产的继承人主张权利。

综上,再审判决:维持二审判决。[1]

债权人起诉债务人的继承人,请求其在所继承遗产的价值范围内清偿债务,继承人虽放弃继承但仍实际控制、管理遗产的,仍应作为遗产的管理人,以债务人的遗产清偿债务。

【案例 5－119】　张某某诉魏某某被继承人债务清偿纠纷案

二审法院认为,魏某某虽在本案诉讼中声明放弃继承,但胡某某的遗产仍由魏某某实际占有、管理和控制,魏某某并未根据《继承法》第三十二条"无人继承又无人受遗赠的遗产,归国家所有;死者生前是集体所有制组织成员的,归所在集体所有制组织所有"的规定,将遗产依法移交给有关国家机关或集体组织接管,故其作为遗产管理人,负有以遗产清偿债务的义务。至于《继承法》第三十三条第二款规定,"继承人放弃继承的,对被继承人依法应当缴纳的税款和债务可以不负偿还责任",是指放弃继承的,继承人无须以自己的财产承担偿还责任,但并不排除继承人从遗产中偿还被继承人的债务。综上,张某某的上诉请求成立。借贷双方约定四笔借款的年利率均为36%,张某某主张按年利率24%支付利息,应予支持,并应分别从每笔借款之日起计算至利息还清之日止。判决:(1)撤销一审判决;(2)魏某某从被继承人胡某某的遗产中向张某某清偿胡某某生前所负债务24万元,并支付利息。[2]

---

〔1〕 最高人民法院(2016)民再字第348号民事判决书。

〔2〕 参见最高人民法院中国应用法学研究所编:《人民法院案例选》2020年第4辑(总第146辑),人民法院出版社2020年版,第89页。福建省漳州市中级人民法院(2018)闽06民终1927号民事判决书。

专题六　借款本金纠纷

本专题就借款本金在实践中多发纠纷予以阐述。

一、借款本金理解

(一)借款本金含义

所谓借款本金,是指出借人实际向借款人交付的借款数额。本金既包括现金的形式,也包括银行转账、微信或支付宝支付等形式。

作为实践性合同,在自然人借款合同中,应以出借人向借款人实际交付的款项作为借款本金。因此,以咨询费、中介费等名义收取费用,支付的对象及其是否经借款人指示是认定上述费用为借款本金的关键。实践中,主要存在三种情况:其一,中介费用支付的对象为出借人或出借人占有股份的公司以及关联公司的,不能认定为借款本金。这是因为出借人往往是为了规避法律上对高额利息的限制或禁止在本金中预扣利息的规定,在出借借款时即约定借款人需要向本人或其占有股份的咨询公司、关联公司支付咨询费、中介费等费用,从而达到高额利息或预先收取利息的目的,是以合法形式掩盖非法目的,其行为无效。此时,无论中介费用的支付是否经借款人,根据《民法典》和《民间借贷规定》的规定,都不属于借款本金。其二,中介费用支付的对象是与出借人无关的第三方中介时,如果出借人经借款人的指示,用借款本金代其支付中介费用的,中介费用可以认定为借款本金。这主要基于,中介费用支付的对象是与出借人无关的第三方,排除了中介费用是高额利息或预先收取利息的可能性。现行法律之所以限制民间借贷的利息和禁止预扣利息,是为了保证借款人对借款的正常使用。而此时,虽然中介费用交付的对象是第三方中介,但是出借人根据借款人的要求对借款进行的处理,并未侵犯借款人对借款的处分权,不违背立法本意,故可以认定为借款本金。其三,中介费用支付的对象是与出借人无关的第三方中介时,未经借款人指示出借人直接将中介费用从借款本金中扣除的,中介费用的支付不能认定为借款本金。此时对中介费用的支付未经借款人指示且借款人没有将中介费用转化为借款的意思表示,故该中介费用只是出借人与借款人因代垫行为而产生的一般债权债务关系,不属于民间借贷纠纷的处理范围。

【案例6－1】 上海点荣金融信息服务有限责任公司诉李某某等借款合同纠纷案

判决观点，出借人与借款人的借贷法律关系和网络平台与借款人的居间服务合同关系是不同的法律关系，点荣公司基于居间合同从借款人处扣除居间服务费，属于平台与借款人之间的法律关系，并不影响出借人的权益，故本案中的居间服务费的性质不属于借款利息，借款本金以出借人实际借出金额50万元为计算标准，更符合合同的实质。[1]

（二）借款本金笔数理解认定

借款人多次出具借条的，需对涉案借条加以甄别，确定涉案借款的实际借款数额，尽量还原借款的真实面貌，不能仅以出借人持有借条上的数额认定。应严格审查借贷发生的原因、时间、地点、款项来源、交付方式、款项流向以及借贷双方的关系、经济状况等事实，根据审理情况合理分配举证责任，并结合生活常理、人之常情，综合判断，剔除未实际发生的借款或高利。

【案例6－2】 陆某某诉蒋某某、王某某民间借贷纠纷案

判决观点，原告提交的17份借据发生在短短一年之间，绝大部分借条均是不到一个月内连续出具，且原告在被告蒋某某多次借款未还的情况下继续借款，有违生活常理。加之被告蒋某某对借条质证认为实际借款金额为62,100元，借条15是以之前借条钱未全部偿还计算的总额，在银行做了交易手续。故本案应严格审查原告借款的资金来源，以及借条中借款交付的情况，但原告除借条15所载明的110,000元附有银行取款凭条及被告蒋某某在凭条上的签名捺印外，其余借条均无交付的依据。原告陈述系现金交付，不能清楚陈述现金来源、交付地点等事实。因此，原告关于借条中现金交付的陈述可信度不高，应不予采信。鉴于被告蒋某某对借条1～10、16中的62,100元借款交付予以认可，该数额予以确认。至于被告蒋某某对借条15所载明的110,000元质证意见，无证据证明，不予采信，该110,000元亦应作为案涉借款。综上，原告与被告蒋某某之间借款金额确认为172,100元，扣减按原告指示汇还的41,500元，尚欠130,600元。判决：被告蒋某某、王某

---

〔1〕 参见国家法官学院案例开发研究中心编：《中国法院2017年度案例》（借款担保纠纷），中国法制出版社2017年版，第24页。上海市黄浦区人民法院（2014）黄浦民五（商）初字第6199号民事判决书。

某归还原告陆某某借款130,600元并支付逾期利息。[1]

重新签订借款合同,属于一次借款的续转还是二次借款,法官要综合借款合同的格式内容、借据、保证人承诺书等综合判断,关键是厘清是否为同一笔借款。

【案例6－3】 王某某诉龚某某、邹某某等民间借贷纠纷案

二审法院认为,关于涉案10万元是一次借款还是两次借款,是否存在续借问题。龚某某、邹某某主张,2008年11月19日签订的借款合同于2009年5月19日续借被当场划掉,已作废。双方又于2009年5月19日签订借款合同,两份合同实际是同一笔借款续借而来;被上诉人王某某对此予以否认,主张系两笔借款,双方为此发生争议。对于是否为同一笔借款应综合双方提交的证据予以分析判断。首先,从鉴定意见的结果来看,龚某某、邹某某主张2008年11月19日《个人保证担保借款合同》中"三道斜线"系2009年5月19日续借时被当场划掉,早于2012年5月6日甄某书写的注明内容。被上诉人王某某主张"三道斜线"与2012年5月6日甄某书写的注明内容系其代理人甄某同一天所写,但经过鉴定。该"三道斜线"黑色划毁痕迹的形成时间要早于该合同下2012年5月6日甄某书写注明内容的形成时间。上诉人龚某某、邹某某该项主张与鉴定意见结果一致,法院予以支持。其次,从借款合同的支付情况来看。被上诉人王某某在庭审中陈述,2008年11月19日的借款是当日在陈楼镇教办大楼甄某租借的办公室给了邹某某10万元现金,但在二审中,上诉人龚某某、邹某某主张系通过银行汇款并提供中国邮政储蓄银行邳州市支行交易凭证,该凭证能够证明2008年11月19日的借款系甄某通过邳州市支行汇入邹某某账号中,且汇入金额为95,400元,而不是10万元,这与邹某某在邳州市陈楼镇支行于2008年11月19日现存95,400元一致。上诉人龚某某、邹某某的该项主张与证据能够相互印证,法院予以支持。再次,从证据效力来看,2008年11月19日《个人保证担保借款合同》已被当场划掉,该借款合同已作废,不能作为认定还存在10万元借款的依据。最后,2008年11月19日《个人保证担保借款合同》的格式内容、借据、保证人承诺书格式与6个月后的2009年5月19日的《个人保证担保借款合同》的格式内容、借据、保证人承诺书格式相同,签约地址均注明为:邳州市广汇抵押贷款服务有限公司,且2008年11月19日的《个人保证担保借款合同》被甄某当场划掉,鉴于被上诉人王某某与甄某系母子关系,综合以上分析,2009年5月19日的《个人保证担保借款合同》,应认定为在续借2008年11

[1] 参见国家法官学院案例开发研究中心编:《中国法院2018年度案例》(民间借贷纠纷),中国法制出版社2018年版,第234～235页。江苏省泰州市姜堰区人民法院(2015)泰姜溱民初字第00513号民事判决书。

月19日的借款时重新签订的借款合同，两个借款合同所涉及的借款应为同一笔借款因续借而来，原审法院认定事实有误，对此予以纠正。且当时汇入邹某某账户的金额为95,400元，应认定涉案借款本金数额为95,400元。[1]

借款本金涉及砍头息认定的在实践中争议较多。借款人抗辩借条借额只收到一部分，而另一部分是砍头息，法官应根据个案事实结合证据作出认定。

【案例6-4】 龚某某诉任某某民间借贷纠纷案

一审法院认为，任某某虽抗辩只收到龚某某借款30万元，另20万元是龚某某扣除的砍头息，但法院根据任某某于2017年6月15日向龚某某出具的延期偿还龚某某50万元借款的借条及任某某2017年12月30日与龚某某签订的债权债务清偿初步意向协议中认可任某某尚欠龚某某113万元的事实(其中63万元已另案解决)，且庭审中任某某针对113万元借款未能作出合理解释，故法院对任某某的抗辩不予采信。关于任某某是否偿还了龚某某上述借款问题，任某某虽在2016年11月2日偿还龚某某10万元，2016年11月12日偿还龚某某20万元，2017年6月30日偿还龚某某39万元，但由于双方存在多笔借款，任某某无法证明以上还款系本案还款，龚某某将上述还款计算至其他借款并无不当，故法院认定任某某并无偿还龚某某上述50万元借款本金。判决：任某某偿还龚某某借款本金50万元及利息。二审调解结案。[2]

【案例6-5】 曹某某诉蒋某某、周某民间借贷纠纷案

判决观点，原告在收到两被告立写借条当日，用自己的银行卡，在中国农业银行股份有限公司玉林电脑城支行里，只转账(人民币)139,000元到被告周某在银行开设的账户内，不是直接转账150,000元到被告周某银行卡内，在原告向法庭提供的中国农业银行银行卡取款业务回执已证实这个问题。原告诉称其在两被告立写借条的当日，其另支付借款现金11,000元给被告蒋某某，以及2015年2月10日至4月9日的两个月借款利息，两被告已支付清，原告未提供证据佐证。因此，法院认为原告在借款中存在预先扣除借款利息11,000元的行为，该案的借款本金实为139,000元。原告的行为有悖于诚实信用原则，有悖于法律法规。本案事实清楚、证据充分，原告主张被告蒋某某归还借款本金150,000元，理由不成立，法院对原告的主张依法不予支持。判决：被告蒋某某应返还借款本金139,000元及利息给原告曹某

---

〔1〕 江苏省徐州市中级人民法院(2014)徐民终字第2632号民事判决书。

〔2〕 参见国家法官学院、最高人民法院司法案例研究院编：《中国法院2021年度案例》(民间借贷纠纷)，中国法制出版社2021年版，第140页。北京市第二中级人民法院(2019)京02民终12898号民事判决书。

某，被告周某对被告蒋某某返还原告曹某某的借款本息承担共同返还责任。[1]

在同一日内出具两张借条的情况下，实际借款金额如何认定，可根据交付凭证、交易习惯、借贷金额、当事人关系、当事人陈述的交易细节、经过等综合判断。

【案例6－6】　李某某诉吴甲、吴乙、杨某某民间借贷纠纷案

判决观点，关于双方争议的第一个焦点问题，法院经审查后认为，借款金额分别为20万元与30万元的借条出具时间均为2013年10月10日，对于被告杨某某而言：30万元的借条出具在先，20万元的借条出具在后，30万元的借条当日即已作废。首先，被告方对其在出具20万元的借条后未能收回此前出具的30万元的借条，而仍应由原告李某某持有此借条不能作出合理解释，这明显有悖常情。故认定30万元的借条出具在后更合乎常理。其次，虽然被告吴甲为原告出具了借款金额为30万元的借条，且其与妻子吴乙于2013年10月18日共同为原告出具了收到20万元借款的收条，但收条中并未包含原告于借款收条当日为吴甲转账存入的6万元，故法院依法认定原告李某某为被告吴甲与吴乙实际提供借款的金额为26万元。[2]

一般情况下，借条是借款双方对往来借款的一个清结，反映的是借款双方的真实意思表示，借条确认的欠款数额即借款双方认可的最终欠款数额，如果进行对账，把已清结的债务重新审理，不仅有违诚信原则，而且不利于交易秩序的规范，将给类似案件的审理带来极大的难度。但也存在例外，即借款双方约定的高额利息不受保护，已清结的这部分约定无效，应当重新确认双方的债权债务。

【案例6－7】　端某某诉查某民间借贷纠纷案

二审法院认为，双方确认的往来款项一览表体现，从2007年12月6日起查某向端某某借款、还款并支付利息。端某某手中的借条不能作为认定尚欠借款的依据。端某某确认200万元的借条实际在2008年1月7日已还清，查某在200万元借条上加注是对其借款的累计，说明讼争借条并非针对具体哪一笔借款未偿还款项的确认，而是对双方往来借款的一个清结。查某向端某某借款6,627,500元，还款6,180,500元，两相对抵之后，差额44.7万元，说明查某的还款已大部分抵扣高息。根据《最高人民法院〈关于人民法院审理借贷案件的若干意见〉的通知》第七条之规定，出借人不得将利息

〔1〕　参见国家法官学院案例开发研究中心编：《中国法院2017年度案例》（民间借贷纠纷），中国法制出版社2017年版，第172页。广西壮族自治区玉林市玉州区人民法院（2015）玉区法民初字第1497号民事判决书。

〔2〕　参见国家法官学院案例开发研究中心编：《中国法院2017年度案例》（借款担保纠纷），中国法制出版社2017年版，第107页。山东省济南市槐荫区人民法院（2015）槐民初字第2325号民事判决书。

计入本金谋取高利。审理中发现债权人将利息计入本金计算复利的,其利率超出第六条规定的限度时,超出部分的利息不予保护。其中,第六条规定民间借贷的利率最高不得超过银行同类贷款利率的四倍(含利率本数)。对借款过程中产生的高额利息不应予以保护。端某某的借条是双方以超出法定保护范围之外的利息标准计算后得出的数额,应当在扣除非法高息后再行确定实际欠款数额。本案应当以双方实际发生的借款及还款的余额作为认定尚存借款的依据。查某向端某某借款可采用对实际借款数额以同期银行贷款利率四倍计算,还款采用先还利息再还本金,超出部分在下次借款时抵扣本金的方法计算。判决:(1)变更一审判决第一项为查某与李某向端某某偿还借款本金1,011,953.17元及利息。(2)维持一审判决第二项即驳回端某某的其他诉讼请求。[1]

(三)借款本金与其他费用区分

中介费用支付未经借款人同意不应属于借款本金。

【案例6-8】 黄乙诉黄甲、柯某某民间借贷纠纷案

判决观点,本案中,虽然原告和被告黄甲在借款协议中约定借款本金为70万元,但其仅根据被告黄甲指示支付给案外人陈某某567,500元和委托案外人蔡某某向被告黄甲支付46,434元,合计实际支付借款本金为613,934元。原告主张其代被告黄甲支付永元福公司的各项费用49,045元应计入借款本金,但原告所举证据不足以证明被告黄甲有指示其将该款项支付给永元福公司及该款项转化为双方借款的明确意思表示,证人吴某某亦陈述原告支付给永元福公司的款项系根据永元福公司的指示付款,故即使存在该49,045元代垫款,也属因代垫款项而产生一般债权债务关系,不属于本案民间借贷纠纷的处理范围,故不得计入本案讼争借款本金。对于被告黄甲主张其在收到蔡某某转账支付的49,045元取现归还原告,但未能提供相应证据予以证明,法院不予采信。因此,法院确认,讼争借款本金为613,934元。对于借款利息和违约金,借款协议约定的月利率和违约金标准均超过中国人民银行同期同类贷款利率四倍,依法应予以调整,原告主张利息和违约金标准均按中国人民银行同期同类贷款利率四倍计算,不违反法律规定,法院予以支持。判决:(1)解除原告黄乙与被告黄甲于2013年8月30日签订的借款

---

〔1〕 参见国家法官学院案例开发研究中心编:《中国法院2012年度案例》(民间借贷纠纷),中国法制出版社2012年版,第57~58页。福建省厦门市中级人民法院(2010)厦民终字第1612号民事判决书。

协议。(2)被告黄甲、柯某某共同偿付原告黄乙借款本金613,934元、利息和逾期付款违约金。(3)确认原告黄乙与被告黄甲于2013年8月30日签订的借款人还款保证书合法有效。[1]

小额贷款公司应提供充分证据证明收取服务费用已取得借款人明确同意且符合公平原则。如果小额贷款公司自己不支付助贷服务对价,而是默许助贷机构向借款人直接收取"助贷服务费",实际上是利用贷款人优势地位,将金融科技成本以"服务费"名义转嫁为借款人的借款成本,其收取行为明显有失公允,故应认定小额贷款公司是以减少支出方式获得了合同约定之外的收入,借款人支付的服务费应作为还款从尚欠贷款中予以扣除。

【案例6-9】　广州优贷小额贷款有限公司诉李某、第三人深圳市前海吉顺科技发展有限公司小额贷款合同纠纷案

判决观点,本案争议焦点是吉顺科技收取费用的性质。吉顺科技主张其收取的费用为助贷服务对价。法院认为,首先,吉顺科技收费依据《小额借款咨询服务合同》未经数字签名技术存证,存在签署节点不明与其他文件中借款人签名雷同的问题,真实性无法确认,无法证明李某本人知晓并同意服务合同约定,收取费用并无真实的合同依据。其次,吉顺科技主张其为优贷公司和借款人的贷款业务提供了支持和帮助,故就助贷服务收取费用。但从其与优贷公司的合作模式来看,其为优贷公司提供了搭建平台、寻找客户、验证身份、审核资信、签署合同、委托第三方存在、每月代划代扣还款及清分、贷后管理催收等助贷服务,也就是除出资以外,绝大部分放贷工作均以外包形式由吉顺科技完成,但优贷公司并未就上述助贷服务向吉顺科技支付任何对价,服务费用由借款人承担。法院认为,优贷公司作为取得经营牌照的互联网小额贷款公司,本身应具备独立有效开展线上贷款业务的基本能力。身份核验、授信审批、合同签订、划扣清分等核心环节直接影响到贷款安全,应当由优贷公司主导和控制,在上述环节中产生的费用也是其必须支出的基础运营成本。优贷公司不支付对价,反而默许助贷机构在未向借款人明示的情况下,向借款人直接收取咨询费、每期服务费、征信查询费、扣款失败手续费、正常还款履约保证金等名目繁多的"服务费",实质上是利用贷款人的优势地位,通过核心业务外包的方式将基础运营成本以"服务费"名义转嫁为借款人的借款成本,以减少自己的支出,变相提高自己的收入。因外包产生的基础运营成本应由优贷公司直接向助贷公司支付,而不应由助贷机构向借款人

---

[1] 参见国家法官学院案例开发研究中心编:《中国法院2017年度案例》(民间借贷纠纷),中国法制出版社2017年版,第183页。福建省厦门市海沧区人民法院(2014)海民初字第3148号民事判决书。

收取，其收取既缺乏真实有效的合同依据，又明显有失公允，故法院认定优贷公司以减少支出方式获得了合同约定之外的收入，李某被划扣的服务费应作为正常本息之外的收入的还款从案涉贷款中予以扣除。判决：(1)李某向优贷公司偿还贷款本金68，316.45元、利息和违约金；(2)驳回优贷公司的其他诉讼请求。〔1〕

〔1〕 参见最高人民法院中国应用法学研究所编：《人民法院案例选》2021年第4辑(总第158辑)，人民法院出版社2021年版，第159～160页。广州互联网法院(2019)粤0192民初45769号民事判决书。

二、借款本金法律适用

(一)借款本金数额认定

《民间借贷规定》第二十六条规定:“借据、收据、欠条等债权凭证载明的借款金额,一般认定为本金。预先在本金中扣除利息的,人民法院应当将实际出借的金额认定为本金。”该条是关于本金的数额认定及利息不得从本金中预先扣除的规定。司法解释制定者认为,在对于债权凭证载明本金数额与当事人争议本金数额不一致时,不宜“一刀切”,仍需要根据个案情况,合理分配举证责任,根据举证证明标准对法律事实进行判断。一般而言,借据、收据、欠条等债权凭证,是借贷双方形成借贷合意的凭证,同时具有推定借贷事实已经实际发生的初步证据效力。但在实践中,本金数额事实查明时往往有三种情形比较普遍:一是借款人提出借贷事实尚未实际发生的抗辩,比如大额现金的交付问题,借款人主张实际借款数额与债权凭证载明数额并不一致,对于此种情形,应结合该解释第十六条(现为第十五条)有关借贷事实是否发生进行综合判断。二是借款人主张出借人提前扣除利息,如果借款人就此提出抗辩,且人民法院对于借贷事实产生不可排除的合理怀疑时,出借人还应提交其他证据印证借据、收据、借条等债权凭证载明的借款本金数额已经实际发生。三是借款人主张出借人将已发生的利息预先计入本金,比如,借贷双方对前期借款本息结算后将利息计入后期借款本金,重新出具借据、收据、借条等债权凭证,对于此种情形,应结合该解释其他规定,如果前期利息符合法律规定,重新出具的债权凭证载明的金额可认定为后期借款本金。[1]

【案例6-10】 叶某某诉广西碧海房地产开发有限公司、范某某民间借贷纠纷案

二审法院认为,关于双方所发生的借款本金应为多少的问题。虽然双方所签订的借款协议中约定的借款本金为100万元,但根据范某某于2012年7月18日书写的收条所记载的内容,双方的借款本金以实际打入范某某的账

〔1〕 参见最高人民法院民事审判第一庭编著:《最高人民法院民间借贷司法解释理解与适用》,人民法院出版社2015年版,第484~485页。

户为准，结合叶某某所提供的转账记录，其实际转入范某某账户的金额为940万元，一审法院据此认定双方所发生的借款本金实际为940万元是正确的，法院予以维持。碧海公司主张其于叶某某转账的当天向叶某某支付的60万元属于借款，应在本金中予以扣除，但根据该收款收据所记载的内容为借款利息，与碧海公司的主张并不相符，且双方的借款、还款均为银行转账，之间往来的款项属于大额交易，根据交易习惯，一般会采取转账的方式履行，但碧海公司并无法提供证据证明其已履行了60万元的支付义务，因此，对于碧海公司的主张，法院不予采信。[1]

【案例6－11】 叶某某诉肖某某、朱某某民间借贷纠纷案

二审法院认为，关于借款金额如何认定的问题，争议在于6.77万元的借条是借款还是尚欠利息结算而来的，肖某某主张系利息结欠所得，但又承认现已记不得是如何计算出来的；二审法院要求其将6.77万元是如何形成的，在开庭后3日内提供书面说明，但肖某某至今未能提供，应承担举证不能的法律后果。肖某某作为完全民事行为能力人，自愿出具借条交债权人收执，且所使用的借条格式与无争议的前三笔借款所使用的借条完全一致，故认定该6.77万元应已实际借到。[2]

【案例6－12】 许某某与郑某某、华瀚科技有限公司等民间借贷款纠纷案

最高人民法院认为，关于华瀚公司、郑某某尚欠许某某借款金额如何认定的问题。涉案《借款合同》、借据和收款确认书证明，华瀚公司、郑某某收到许某某的借款本金为11,676万元。华瀚公司、郑某某和许某某、伟康德公司、杨某某、陈某某六方于2010年7月28日订立的债权转让及还款确认协议书共同确认，在华瀚公司、郑某某偿还了借款本金9700万元以及由四方债权人减免了部分违约金后，截至2010年7月26日，华瀚公司、郑某某共欠许某某、伟康德公司、杨某某、陈某某本金33,900万元、违约金6100万元。该协议书明确了四位债权人的债权总额，其总额系在六方协商基础上进行的结算，体现出各方的真实意思表示。郑某某主张已偿还许某某全部本金，而债权转让及还款确认协议书确认的本金均为违约金转化而来，应由郑某某承担相应的举证义务。首先，关于尚欠本金的认定。许某某、伟康德公司在本案

---

〔1〕 参见国家法官学院、最高人民法院司法案例研究院编：《中国法院2020年度案例》（民间借贷纠纷），中国法制出版社2020年版，第154页。广西壮族自治区钦州市中级人民法院（2018）桂07民终1067号民事判决书。

〔2〕 参见国家法官学院、最高人民法院司法案例研究院编：《中国法院2020年度案例》（民间借贷纠纷），中国法制出版社2020年版，第86页。福建省泉州市中级人民法院（2018）闽05民终6964号民事判决书。

和(2012)粤高法民二初字第8号案中确认,债权转让及还款确认协议书结算的本金33,900万元构成为许某某11,676万元、伟康德公司19,610万元、陈某某14万元、杨某某2600万元。陈某某系伟康德公司(2012)粤高法民二初字第8号案诉讼时的法定代表人和大股东,其未对伟康德公司关于33,900万元本金的分配主张提出异议,视为对前述分配无异议。杨某某另案起诉华瀚公司的借款本金为2360万元,该金额虽低于伟康德公司、许某某陈述的杨某某债权本金2600万元,但与前述分配并不构成冲突或者矛盾。郑某某、华瀚公司未就前述33,900万元提出不同的分配方法,也未能对前述分配提出相反的证据,故最高人民法院确认许某某、伟康德公司的分配主张,即债权转让及还款确认协议书项下33,900万元本金中归属许某某的为11,676万元。郑某某要想证明债权转让及还款确认协议书确认的许某某的借款本金11,676万元都是由违约金转化而来,则必须证明其已在该确认协议书之前已实际偿还了全部借款本金。对于偿还过程,郑某某主张,其和华瀚公司已向七名一审第三人划款13,677.83万元用于偿还本案借款。对此主张,最高人民法院认为,第一,郑某某未能举证证明其向七名一审第三人中的欧宇公司、诺华德扬公司、宜都公司、华源公司、泽槟公司的划款符合涉案《借款合同》约定的还款方式或者获得许某某的指示,也没有提供证据证明前述五名一审第三人与许某某存在任何身份关联,故华瀚公司、郑某某向前述五名一审第三人的划款不能认定是归还本案借款;第二,一审法院将华瀚公司向宏德辉公司、达源公司转款4634万元认定归还本案借款本金的事实,许某某虽提出异议,但并未就此提起上诉。从一审已查明的事实看,宏德辉公司、达源公司系许某某指定的案涉借款的出款主体,且许某某通过持股伟康德公司的方式实际控股宏德辉公司,这表明许某某与宏德辉公司存在身份关联。对于向宏德辉公司、达源公司的这两笔转款是否属于偿还本案借款,许某某存在更多的举证便利。在许某某未能举证证明华瀚公司向宏德辉公司、达源公司转款4634万元基于其他债权债务事实的情况下,一审法院根据举证责任的分配规则以及由此形成的内心确信认定该4634万元用于偿还借款本金,并无不当。华瀚公司、郑某某已经归还4634万元本金,则只剩本金7042万元,债权转让及还款确认协议书仍结算许某某的本金为11,676万元,显然是将部分违约金纳入了本金计算的部分违反了法律规定,不能获得保护,应予剔除。一审判决认定华瀚公司、郑某某尚欠许某某借款本金7042万元,予以维持。[1]

---

〔1〕 参见人民法院出版社主编:《最高人民法院民商事审判指导》(第6卷),人民法院出版社2019年版,第424~425页。

出借人通过互联网金融账户转账的应予以认定借款数额及交付事实。

【案例6－13】 于某诉于某某、石某民间借贷纠纷案

二审法院认为，于某某与于某对于于某某向于某借款66万元的事实并无争议，且有两份借款协议、收条为据，石某虽对该笔款项不予认可，但其未提交相应的证据，法院对其该项主张不予支持。对于于某主张的2013年8月1日之后向于某某提供的款项1,552,332.64元一事，于某提交了相应的转账记录，于某某对该数额亦予以认可，但认为该款项系双方往来款并非借款。……于某某主张其与于某之间除了民间借贷关系，还存在其他法律关系，1,552,332.64元系其他法律关系形成的往来款，故于某某应就其主张的双方之间存在其他法律关系承担举证责任，其未能举证证明该项主张成立，故一审法院认定该部分款项系双方之间的借款并无不当。关于于某某主张的66万元包含在1,552,332.64元中的上诉意见，法院认为，于某某与于某在2013年7月31日签订的借款协议中明确确认了于某某向于某借款金额为66万元，在诉讼中于某某亦明确认可到2013年7月31日尚欠金额66万元，而1,552,332.64元款项均发生在2013年8月1日之后，故于某某主张1,552,332.64元中包括了之前的借款66万元无事实依据，法院对其主张该项上述意见不予支持。判决：驳回上诉，维持原判。〔1〕

借款数额争议纠纷是再审的多发原因，应结合具体案情并举证，最终由法官裁量。

【案例6－14】 曾甲诉前方公司民间借贷纠纷再审案

最高人民法院认为，曾甲申请再审主张其向前方公司实际出借数额为1300万元，案涉借条由前方公司法定代表人签字并加盖公章，反映的内容能够与协议书、补充协议书相互印证，故足以证明曾甲所诉的主张。对此，本院认为，在民间借贷案件中，对于仅提供借据的大额现金支付，借款人提出合理怀疑之抗辩的除就债权凭证进行审查外，还应结合借贷金额、款项交付、当事人的经济能力、当地或者当事人之间的交易方式、交易习惯、当事人财产变动情况等事实和因素，综合判断查证借贷事实是否发生。本案中，对于案涉借款协议及借条约定借款1300万元中的600万元，曾甲主张已以现金方式支付。经审理查明，就具体交付时间问题，曾甲的委托代理人于湖北省高级人民法院再审庭审中陈述称，该600万元现金支付不是在借款协议及借条签订的当天，而是在700万元转账之后。就款项交付细节问题，本案原再审期间，曾甲陈述为该笔借款是委托其妹妹曾乙办理，交易细节不清楚。本院再审庭

〔1〕 北京市第一中级人民法院（2015）一中民（商）终字第3626民事判决书。

审中,为证明借款现金部分来源、交付等与本案争议焦点相关的事实情况,曾甲申请自然人王某某及曾乙作为证人出庭作证。王某某当庭陈述,“……我是听李某某和曾甲说有现金交易”“打借条时我在场,现金交易就不太清楚”。曾乙当庭陈述,“(600万元现金交付)是在签订协议那天”“(关于600万元现金来源)350万元是我哥找我借的,250万元是从陈某某那里借的”“350万元就是放在家里的现金,当时正在离婚”。本院认为,综合上述庭审查明事实及证人出庭作证情况分析:(1)关于讼争600万元现金的交付时间,曾甲的委托代理人于湖北省高级人民法院自认的事实与本院再审中曾乙陈述的事实明显不一致,不仅时间相左且相互矛盾。(2)关于讼争600万元现金来源问题,曾乙自述350万元为其自有资金,其借与曾甲用于本案借贷现金支付。而曾甲于再审庭审中向本院新提交证据两份,“中国农业银行襄阳新华路支行2012年10月10日出具的曾丙的银行水单”及“天门市东湖村村民委员会2013年9月24日出具的曾丙与曾甲、曾乙系亲兄妹的证明”。该两份书证的“证明对象”栏载明,“曾丙的中国农业银行账户截至2007年2月9日余额有320万元。该账户在2007年1月5日取现约320万元。曾丙与曾甲是亲兄弟关系,曾甲向前方公司提供的部分现金系由曾丙最终提供”。上述曾甲新提交证据所指向的320万元现金实际所有人为曾丙,其与曾乙当庭自述的该笔现金来源为自己的证言为截然相反的两种主张。换言之,该两份曾甲就讼争借贷现金来源提供的书证与曾乙就同一事实向法庭陈述的证言内容相悖、事实相抵,其真实性及本案的关联关系均值得怀疑。(3)关于讼争600万元现金的交付细节问题。证人王某某明确陈述,仅是听闻并不清楚。同时,因曾乙在本案多次庭审中均旁听了本案的法庭审理,在襄樊市中级人民法院二审及本院再审申请过程中亦是作为曾甲的委托代理人参与了开庭审理及询问等诉讼活动。根据《民事证据规定》第五十八条关于“证人不得旁听法庭审理”的规定,曾乙已丧失证人的独立法律地位且与本案诉讼结果之间存在重大利害关系,故曾乙关于由其独立与李某某完成现金交付的庭审自述不能成为确定本案借贷事实发生的证据予以采信。综上,本院认为,综合对全案证据证明力的判断,本案借款协议及借条关于高额无息借款本金的约定,与正常民间借贷交易惯例不符。在借款人不予认可且已提供相应证据证明其主张的情形下,出借人应就现金借贷关系的成立承担举证责任。现经本院再审审理查明,曾甲作为出借人,不能就借贷资金来源、支付时间及顺序、具体支付方式等涉及现金借贷关系是否实际发生的案件主要事实提供充分证据予以举证证明,且就其诉请主张存在诸多前后不一、相互矛盾的庭审陈述及证据出示,对此,曾甲应承担举证不能的法律后果。曾甲关于其与前方公司之间存在1300万元民间借贷关系的主张,事实依据不足,不能成立。

湖北省高级人民法院再审判决综合案涉借款支付证据、借款发生时间及借款协议约定内容，认定1300万元并不全是借款本金，曾甲未能提供证据证明600万元现金已交付，本案实际借款数额为700万元，认定事实清楚，适用法律并无不妥，本院予以维持。判决：维持湖北省高级人民法院再审判决。〔1〕

对多个借贷关系、借贷关系与担保关系交叉，亦存在虚假走账、隐含介绍费、本金与利息混同等情况，其本金数额认定是实践中的疑难问题。

【案例6－15】 张甲诉张乙、朱某、王某某民间借贷纠纷案

判决观点，首先，对于本案的借款事实，从2015年2月13日被告张乙向原告出具借条提及因被告民间借贷纠纷及房产查封之原因向原告借款33万元，以及2015年5月19日被告张乙向原告出具的欠款书中再次确认因房产纠葛，通过原告抵押房产借款30万元，可见，本案确系原告以自有房屋向案外人洪某抵押借款30万元用于借与被告张乙，且与原告自述、证人证言、被告朱某、被告王某某的陈述均相符合，故对于该节事实法院予以确认。其次，对于本案借款的本金，本案中，虽原告通过银行转账形式支付的实际金额为18.16万元，但原告对剩余款项的去向作了明确的说明，亦有相应的证据予以印证，被告张乙既未提供证据证明两次向原告出具的借条、欠款书中明确向原告借款30万元的内容非出于其本人意愿所写，也未对多次出具金额为1.5万元、3万元等小金额借条的行为作出合理解释，且根据本案原告为被告张乙向案外人洪某借款30万元、被告张乙在欠款书中提及原告通过房产证抵押借款30万元以及原告庭审中对于借款过程的陈述，表明原告与被告张乙在借款时，就借款金额30万元达成合意，因此不排除被告张乙通过受让债权、负担原告向案外人借款的费用等方式认可向原告实际借款30万元，故对于被告张乙提出借款之初可能确有借款合意，但被告张乙仅收到原告汇付的款项18.16万元，故仅认可该18.16万元借款本金的辩称意见，法院不予采信，法院确认被告张乙向原告借款的本金为30万元。再次，原告在庭审中多次自行陈述，借期内不向被告张乙主张借款利息，但被告张乙承诺若到期未还向原告支付利息3万元，故而借款总金额书写为33万元，故法院确认该3万元系双方就30万元借款所约定的逾期还款的利息损失，现原告主张该笔费用，并未超过法律规定的上限，故法院予以支持。最后，对于本案的担保责任，被告朱某、王某某在2015年2月13日的借条上载明如到期不还，共同承担法律责任，表明被告朱某、王某某就借款本金30万元及逾期利息损失3万

〔1〕 参见最高人民法院民事审判第一庭编：《民事审判指导与参考》2014年第2辑（总第58辑），人民法院出版社2014年版，第145～146页。

元承担一般担保责任,然后被告朱某、王某某又在被告张乙出具的欠款书及多张小金额借条上均作为担保人签字,且未明确约定担保方式,因欠款书所涉30万元借款本金和2015年2月13日被告张乙出具的借款金额33万元中的30万元借款系同一笔款项,故法院认为被告朱某、王某某对被告张乙的借款变更了担保方式与担保范围,根据法律规定,未约定担保方式或约定不明的,视为承担连带担保责任,故对于被告朱某认为借款应当由被告张乙承担,其仅承担证明人角色的辩称意见,法院不予采信,对于被告王某某认为,被告张乙将其名下房产卖掉后,有钱归还原告借款,其不应当承担担保责任的辩称意见,法院亦不予采信。法院确认被告朱某、王某某对被告张乙的借款本金30万元承担连带保证责任,对于3万元的借款逾期利息损失不承担担保责任。综上,原告要求被告张乙归还到期借款的诉讼请求于法有据,法院予以支持,但借款本金应以法院确认的借款本金30万元计算,并由被告朱某、王某某承担连带保证责任。被告张乙应另行支付原告30万元借款的逾期还款的利息损失3万元。判决:被告张乙归还原告张甲借款本金30万元及逾期还款利息损失3万元,被告朱某、王某某对被告张乙的借款本金30万元承担连带保证责任。[1]

在现有法律关系转换的民间借贷纠纷中(如投资转借贷、借贷转投资又转借贷),资金的流向是双向的,不仅有债权人(投资人)对债务人(被投资人)的出借(投资),也有债务人(被投资人)的返还(分红)。因此,在对借款实际履行的审查中,应审查借贷双方之间资金的双向流动情况,不能根据一方提供的打款凭证而作出借款数额认定。

出借人以借条为依据要求还款,借款人以借条本金包含隐形高息抗辩时,应结合具体案情认定出借本金的数额。

【案例6-16】 李某某诉安某民间借贷纠纷案

判决观点,本案中,原告李某某提出被告安某口头承诺年率30%的利息,虽有一证人作证,但无其他相关证据予以佐证,且口头约定的利率也高于相关法律的规定,不应受到保护,法院对此不予认可。从相关证据看,被告安某所提出的本金和利息合计所打的欠条应有其合理性,考虑月息5%虽也高于相关法律规定,但已实际履行完毕,法院可不予追究。被告安某向原告李某某借款五次,五张欠条共合计款项661,500元,被告安某分四次归还原告李某某借款661,500元,应认定双方权利义务已履行完毕,原告李某某的诉

[1] 参见郭伟清主编:《2017年上海法院案例精选》,上海人民出版社2018年版,第117~118页。

讼请求法院不予支持。判决:驳回原告李某某的诉讼请求。[1]

在有借款合同又有借据的情况下借款数额认定是疑难问题。换言之,借据性质的认定关系到出借人与借款人形成新的借贷关系还是只是出借人向借款人履行借条的放款义务。

【案例 6－17】 刘某某诉董某某民间借贷纠纷案

一审法院认为,双方争议的焦点是,本案董某某向刘某某借了 10 万元款项还是 20 万元款项。从《借款合同》所载明的内容来看,双方权利义务约定明确,而从借据来看,仅记载了借款金额,对还款期限、是否支付利息、违约责任等均未作出约定。在距第一次借款后的 5 日内董某某再次借款 10 万元,而刘某某仅让董某某出具一份借据即向董某某放款,显然有悖常理,不符合双方的交易习惯。因此,应当认定,2009 年 5 月 5 日,董某某出具的借据是对刘某某履行《借款合同》放款义务时向刘某某出具的凭证,该借据应当是刘某某履行《借款合同》放款义务时所形成的,而不是另向董某某出借 10 万元款项的凭据,即本案刘某某、董某某之间只发生了《借款合同》载明的借贷合同关系,而不存在两笔借贷合同关系。因此,刘某某申请撤回对《借款合同》载明的 10 万元本金及利息、违约金的诉讼,本院不予准许,要求董某某偿还借据中载明的 10 万元款项之诉请,本院不予支持。董某某主张通过案外人刘某某《借款合同》中载明的款项之诉请,刘某某不予认可,董某某未提交证据予以证明,故董某某的抗辩意见,本院不予采纳。二审法院准许刘某某撤回上诉。[2]

借条汇总后导致借条记载金额与实际交付金额不一致的,借款本金需结合之前多份借款合同及相关银行转账记录确定。

【案例 6－18】 杨某诉庞某某、曹某某民间借贷纠纷案

二审法院认为,关于涉案借款本金数额应如何确定问题。曹某某主张,尽管明确涉案借款合同项下实际借款仅为 96 万元,其余均为截至 2011 年 8 月的利息,该合同为 2011 年 8 月所签,但是该合同中双方未签订日期,无法证明该合同是 2011 年 8 月所签。另涉案借款日期为 2011 年 4 月 2 日至 10 月 30 日,在合同中双方约定月利息 12%,如果按照这一约定计算,截至 2011 年 10 月 30 日,96 万元本金与利息之和远远超过 150 万元,因此,涉案 150 万

---

〔1〕 参见国家法官学院案例开发研究中心编:《中国法院 2015 年度案例》(民间借贷纠纷),中国法制出版社 2015 年版,第 202 页。北京市怀柔区人民法院(2013)怀民再初字第 00951 号民事判决书。

〔2〕 参见国家法官学院案例开发研究中心编:《中国法院 2015 年度案例》(借款担保纠纷),中国法制出版社 2015 年版,第 24 页。辽宁省大连市中级人民法院(2013)大民一终字第 1975 号民事判决书。

元的借款并非曹某某所主张的96万元本金与利息之和。杨某主张涉案150万元借款系50万元与100万元借款重新合并而来，并有三份借款合同与两次银行打款记录所证实，杨某分两次通过银行向庞某某转款1,445,000元，原审法院认定涉案借款本金为1,445,000元并无不当。曹某某主张庞某某已归还50万元，仅是其个人陈述并无证据证实，曹某某关于涉案借款仅为96万元的主张，法院不予采纳。判决：驳回上诉，维持原判。[1]

借款数额瑕疵，应结合订立目的、交易习惯、借款利率等内容综合认定。

【案例6-19】　刘某某诉邱某某民间借贷纠纷再审案

二审法院认为，刘某某在听证中陈述借条是在2011年3月16日由邱某某本人用刘某某笔记本上的纸书写的，为此刘某某在二审庭审中提供笔记本进行核实。邱某某提出反驳意见，称本案借据是其向刘某某请教怎么写借据时，随手在草稿纸上练写了几张，但却未能提供反驳证据证明上述事实，故邱某某的反驳意见不予采信，案经一审、二审庭审质证，可以认定本案借条基于借款关系由邱某某出具；虽然借条中载明借款金额为15元，但明显不符合交易习惯，且该借条同时载明利率2%（每月3000元），故原一审、二审据此采信刘某某关于借款金额系笔误的主张，确认借款金额为15万元并无不妥；刘某某向原一审法院提交了刘某账户2011年3月4日、2011年3月5日的取款凭证，与其陈述相吻合，故原一审、二审判决认定15万元已经交付并无不妥。裁定：驳回申请人邱某某的再审申请。[2]

近亲属之间的借款数额，不能片面地以出借人提供的借条载明的并由借款人自认的金额加以确认，而应当运用日常生活经验法则，并结合出借人的付款凭证等证据进行认定。

【案例6-20】　郝某某诉乌某某民间借贷纠纷案

判决观点，因原告请求被告返还为被告妻子看病支付的费用7.5万元，少于其为被告妻子支付的费用，应当按照原告的诉求金额认定医疗费借款金额。判决：被告乌某某返还原告郝某某借款125,708.59元，驳回原告郝某某的其他诉讼请求。[3] 本案中，被告乌某某系原告郝某某的父亲，被告乌某某还生育其他子女，不能排除原、被告有恶意串通损害被告其他子女合法权益的可能，因此，对于被告乌某某自认的借款数额，还需要原告郝某某进一步举

---

〔1〕 江苏省徐州市中级人民法院(2014)徐民终字第1315号民事判决书。

〔2〕 福建省三明市中级人民法院(2014)三民终字第249号民事判决书。

〔3〕 参见《人民司法·案例》2021年第35期(总第946期)，第65页。内蒙古自治区察哈尔右翼后旗人民法院(2021)内0928民初450号民事判决书。

证证明，法官不能将被告乌某某自认的借款数额22万元，确认为案涉借款事实。经查证核实，原告郝某某于2017年4月至2021年4月，通过手机微信转账的方式支付给被告乌某某用于偿还债务的数额共计38,300元，于2020年9月8日为被告购买住房向锡林郭勒盟税务局缴纳房屋过户交易税12,408.59元，按照被告的借款数额请求于2020年度通过手机微信、支付宝及信用卡为被告妻子刘某某看病支付医疗费88,917.29元。由于被告自认的事实与已查明的事实不符，因此本案应当根据《民事证据规定》第八条第二款的规定，按照原告郝某某向被告乌某某实际支付的款项139,625.88元认定借款数额，而不能按照原告向法庭提供借条证明的并由被告乌某某自认的金额22万元确定借款数额，法院认定借款数额正确。

借条记载金额与实际转账金额不一致情形下，应当要求出借人就其主张的现金支付的方式提供证据加以证明，举证责任分配关系到借款本金认定。

【案例6－21】 张某诉李某民间借贷纠纷案

二审法院认为，本案借条金额为192,180元，但张某实际通过微信、支付宝转账出借金额为77,268元，对借条金额与实际转账时间金额之间的差额张某主张为现金交付，但未提交相关证据证实已违反双方多次交易多次借贷还款交易习惯，对张某主张出借差额系现金交付的主张，不予采纳。因此本案借款本金应以实际出借金额77,268元为据，一审认定出借条金额192,180元，举证责任分配有误，予以纠正。双方对借款利息并无约定，2018年11月13日张某起诉李某归还借款前，李某已归还12,900元，出借本金应为64,368元。张某在起诉后李某在诉讼中又归还6万元，张某于2018年12月7日自愿撤回起诉。至2018年12月7日借款本金为6608元，2019年2月5日前李某还款14,025元，至此李某超额归还借款本金7139元，因此至2019年2月5日前，李某已全部归还完毕张某出借款项，张某再次向李某主张还款，于法无据，不予支持。判决：(1)撤销一审民事判决；(2)驳回张某的诉讼请求。[1]

向未成年人出现的大额款项不受法律保护。未成年人借贷存疑的，不能单纯以借条载明的数额认定。

【案例6－22】 苏某诉黄某达、黄某水民间借贷纠纷案

二审法院认为，黄某达虽出具一份金额6万元的借条交苏某持有，但考

〔1〕 参见国家法官学院、最高人民法院司法案例研究院编：《中国法院2022年度案例》(民间借贷纠纷)，中国法制出版社2022年版，第216页。山东省淄博市中级人民法院(2020)鲁03民终3168号民事判决书。

虑到本案借款发生时，黄某的实际年龄以及其于2018年11月在苏某上门讨债时曾持刀伤害苏某并因此获刑等事实，结合苏某资金不能说明6万元是如何交付的细节，应就低采信黄某达所主张的实际借款仅有1.2万元的事实。黄某水在二审审理期间，出于息事宁人的考虑，提出自愿支付2万元的调解方案，合情合理，予以照准。由于黄某达现已成年，应由其独立承担还款责任。原审法院认定事实有误，依法予以改判。判决：(1)撤销一审判决；(2)黄某达偿还苏某2万元；(3)驳回苏某的其他诉讼请求。[1]

(二)借款本金交付认定

实践中，交付借款的方式繁多，无法穷尽，并非一定要将现金交付至借款人手中，或者将借款打入借款人指定的账户，即不一定要以借款人能够实际经手的方式来完成交付，法律也没有关于金钱交付方式的强制性规定。

借款本金是否交付以及交付数额，在司法实践中引发争议。虽然借款人已经出示了借据、借款合同、承诺书等债权凭证，但基于民间借贷作为实践性合同，借款是否交付仍是法官应予查明的事实和审理重点，特别是出借人长期高利放贷的案件，借条、借据、借款合同等书面证据及出借人为应对法庭审理而预先拍摄的现金交付的照片等并非认定借贷事实的唯一证据，当出借人对现金交付过程的陈述前后矛盾时，应当根据其出借能力、出借次数、前期借款的归还情况、双方的关系等事实，并结合日常生活经验综合判断借款是否实际交付。

【案例6－23】　肖某某诉高某某民间借贷纠纷案

判决观点，关于原、被告之间的借款本金是否为610万元的问题。本院认为，首先，针对400万元借款，原告已经提供被告于2014年4月3日借款100万元的借款合同，被告对原告申请出庭证人陈述已经交付55万元现金的事实亦没有异议，证人陈述剩余41万元系转账支付，被告抗辩记不清了，但并没有予以否认，并且，双方针对该部分借款申请由公证处出具了赋予强制执行效力债权文书的公证书，据此，现有证据能够认定被告收到借款96万元的事实，本院对此予以确认；其次，原告陈述转账交付的款项，虽然其多次陈述均不一致，但其向被告实际转账支付215.55万元的事实，被告并没有异议，该部分款项中被告认为8.6万元系2014年12月29日的借款10万元，原

---

[1] 参见国家法官学院、最高人民法院司法案例研究院编：《中国法院2023年度案例》(民间借贷纠纷)，中国法制出版社2023年版，第251～252页。福建省泉州市中级人民法院(2021)闽05民终819号民事判决书。

告对该部分借款事实亦没有异议，因该款项的付款时间系借款合同签订次日支付，付款金额与上述预先扣除利息的借款100万元的做法亦基本一致，加之，原告未能对该部分借款系现金支付作出合理解释，据此，本院对被告的抗辩意见予以采纳，同时，2015年2月7日，原告通过银行转账方式支付被告的12,000元亦属于客观事实，综上，本院确认原告转账交付被告的借款为208.15万元。原告陈述现金交付的借款，虽然其提供了借据及拍摄现金的照片等予以佐证，但原告陈述的该部分事实与原、被告之间的关系、原告陈述的付款过程、原告部分业务系专业对外放贷的事实存在不符合常理的情形，主要表现在：首先，原、被告于2014年4月3日发生借款之前互相并不认识，原告作为部分业务系对外放贷的专业人员在2014年9月23日确认400万元借款时未约定利息，亦未约定借款期限明显与双方的身份关系及原告的职业特点不符，并且，原告对该部分借款转账交付金额多次陈述不一致及双方签订《借款合同》当日其在被告出具的抵押协议左下角注明付款方式、金额与查明事实不符的事实，在一定程度上能够说明原告以现金方式交付借款的陈述存在与客观事实不符的可能。其次，2016年7月，原告已经指派案外人住在被告家中索款，客观上未能收回借款，其作为部分业务系专业对外放贷的专业人员，客观上会对被告的还款能力进行风险预判，其在2017年1月2日再次给被告借款70万元则明显与其职业特点不符，同时，该部分借款及2015年5月22日的借款虽然约定了还款期限，但亦没有约定利息，与原告追求放贷获利的利益诉求并不相符，并且，原告要求被告出具借据、借款合同、承诺书、收条等多份债权凭证的事实，客观上能够反映出原告对被告的信誉未达到足够信任的程度，双方未约定利息则存在已经通过上述债权凭证获得相应利益诉求即利息的可能。再次，原告陈述其提供的照片系2017年1月2日给被告借款时的现场照片，但陈述的照片拍摄过程明显前后矛盾，并且，原告对借款过程通过拍照方式进行固定的事实亦反映其对被告并不完全信任，同时，反映了原告存在预先用证据固定事实的专业特点，但其拍摄照片并非实际交付借款的照片，加之原告作为专业对外放贷的专业人员完全可以通过转账方式固定付款事实，其舍弃直接证据而用间接证据固定付款事实有违常理，存在有意以间接证据固定非真实事实的可能。最后，原、被告签订的借款合同等债权凭证均系格式打印体，存在被告将借款利息作为本金予以签字确认的可能。综上，原告关于剩余借款系现金交付的陈述存在违反常理的情形，双方于2014年9月23日、2015年5月22日、2017年1月2日确认的借款中超出实际交付借款的部分则符合将实际借款利息结算为本金的情形，实际可结算为借款本金的利息数额见下表（略）。据此，本院确认截至2017年1月2日原、被告之间的借款本金为4,273,050.15元。判决：被告高某某偿还原告肖某某借款本金4,273,050.15元。[1]

【案例6－24】　张甲诉厦门翅康工贸有限公司等民间借贷纠纷案

判决观点,关于本案借条款项是否实际支付的问题。张甲主张借款已通过现金形式支付;张乙提出本案借条款项通过银行转账支付至翅康公司账户;余某提出借条款项未实际支付。法院认为,张乙自认翅康公司实际控制人,现张乙提出本案借条款项通过银行转账支付至翅康公司,根据"谁主张,谁举证"原则,张乙应提供证据予以证明,但张乙未提供证据证明,原告亦不予认可,故法院对张乙的辩解不予采信。张乙对借款支付形式的陈述虽与原告不一致,但其确认原告已实际支付借款,且翅康公司、张乙于2012年12月2日借条下方注明"该款10万元未还",对逾期还款事实进行了书面确认,故结合借条记载及原、被告当庭陈述,法院认定本案借款已通过现金形式实际支付。[2]

大额资金交付,应根据具体案情确定。

【案例6－25】　欧阳某某诉郭某某、文某某等民间借贷纠纷案

判决观点,原告应提交证据证实其与郭某某之间存在借贷合意以及该60万元已实际交付给郭某某。关于借贷合意,原告提交了借款协议一份,借款协议上有原、被告的签名捺印,可以认定。关于借款交付,原告提交了江西省农村信用社交易明细单,并称向郭某某转账交付了三笔借款合计28.6万元及以现金方式交付了七笔款项合计44万元,十笔借款共计72.6万元,该十笔借款均未书写借据等书面凭证,仅在2014年7月21日结算时签订了借款协议。对原告提交的借款交付证据及陈述,法院认为,原告提交的江西省农村信用社交易明细单中明确载明了向郭某某转账交付了三笔借款合计28.6万元,故对转账交付了28.6万元的借款事实予以确认。关于其余七笔现金借款,原告提交的江西省农村信用社交易明细单中虽有相应日期的取款记录,但不能证实欧阳某某与郭某某在相应日期有借贷合意,更不能证实原告将所取款项交付给了郭某某。根据查明的事实,认定原告欧阳某某与郭某某之间存在借款为28.6万元的借贷事实。原告诉称与被告郭某某之间存在44万元借贷事实无充分证据证实,依法不予认定。判决:被告郭某某、文某

---

〔1〕　参见国家法官学院案例开发研究中心编:《中国法院2019年度案例》(借款担保纠纷),中国法制出版社2019年版,第30～31页。新疆维吾尔自治区乌鲁木齐市新市区人民法院(2017)新0104民初7725号民事判决书。

〔2〕　参见国家法官学院案例开发研究中心编:《中国法院2019年度案例》(借款担保纠纷),中国法制出版社2019年版,第58页。福建省厦门市集美区人民法院(2017)闽0211民初883号民事判决书。

某共同偿还原告欧阳某某借款本金人民币286,000元及利息。[1]

大额现金方式款项交付的借贷事实,应当综合判断查证借贷事实是否发生。

【案例6-26】 张某某与万某某民间借贷纠纷再审案

再审法院认为,原告依据借据、收据、欠条等债权凭证提起民间借贷诉讼,并主张款项以现金方式交付的,人民法院可根据交付凭证、支付能力、交易习惯、借贷金额的大小、当事人间关系以及当事人陈述的交易细节经过等因素综合认定借贷事实是否发生。[2]

借款未转至借款人账号,也未汇至借条中指定的账号,应根据具体案情认定借款是否交付。

【案例6-27】 夏某某诉刘某、兴烨公司等民间借贷纠纷案

判决观点,关于借款的交付,刘某认可借款目的是给顾某某提供资金,即使借款打入了她的卡中,她也会交给顾某某,虽然借款最终并未打入借条中指定的两个账号,但顾某某最终出具了收条认可收到30万元借款,与刘某借款目的相符,因此可以确认借款已经交付。故本案借款事实成立,借款合同已生效,刘某作为借款人应承担偿还之责。[3]

在民间借贷中,是否预扣利息的本金应放在个案中确定。

【案例6-28】 李某某诉陈某某民间借贷纠纷案

二审法院认为,双方当事人对2013年6月1日收到李某某500,000元现金未提出异议,李某某提供的陈某某当日给其出具的500,000元现金借条中注明此款中的50,000元利息已付清,但从李某某提供的陈某某在2013年7月7日的银行转账回单上的备注可以证实在实际履行中该50,000元利息未预先支付给李某某。陈某某对其备注内容既未能作出合理解释,也未能提供反驳证据;故陈某某辩称50,000元利息予以扣除与案件事实不符。故陈某某应返还李某某借款500,000元。因双方当事人对原判决按月利率5‰,计算时间5个月,未提出异议,故陈某某理应支付上诉人的利息损失为12,500元(500,000元×5‰×5个月)。李某某陈述其于2012年12月30日借给陈某某的200,000元与2014年3月17日双方对账单归还付某某借款本息不是同一笔借款,其共计给陈某某借支过两笔200,000元。但从李某某

---

〔1〕 参见国家法官学院案例开发研究中心编:《中国法院2017年度案例》(民间借贷纠纷),中国法制出版社2017年版,第29~30页。江西省赣州市安远县人民法院(2015)安民二初字第133号民事判决书。

〔2〕 江苏省高级人民法院(2014)苏民再提字第0098号民事判决书。

〔3〕 参见国家法官学院案例开发研究中心编:《中国法院2016年度案例》(民间借贷纠纷),中国法制出版社2016年版,第28页。江苏省江阴市人民法院(2015)澄周民初字第00234号民事判决书。

提交的2012年12月30日的借条时间看,陈某某出具该借条时间发生在双方对账之前,对账时该借款亦超过双方约定的还款时间;从陈某某提交的对账单内容看,双方当事人于2014年3月17日之前对到期账款进行核算,因此双方当事人不可能仅就上诉人转借付某某的200,000元进行核算,而对李某某所述的另一笔200,000元借款不予清算,此行为与常理不符,李某某对此未能作出合理解释。因此原判认定李某某向陈某某主张200,000元欠款本息证据不足,李某某于2012年12月30日借支给陈某某的200,000元已在2014年3月17日的对账中冲减。判决:维持一审判决第三项;撤销一审判决第一项、第二项;被上诉人陈某某返还上诉人李某某借款500,000元;被上诉人陈某某支付上诉人李某某借款利息12,500元。[1]

【案例6-29】 李某与隆德房地产公司民间借贷纠纷再审案

最高人民法院认为,本案中,二审认定虽然借款合同约定为2600万元,但李某实际支付给隆德公司2000万元,案外人李某1出具证明并出庭作证收到李某代为支付的利息397.8万元,扣除隆德房地产公司于2012年4月6日预付的利息187.2万元,借款本金认定为2210.6万元(2000万元+397.8万元-187.2万元)。隆德房地产公司主张截至2012年4月7日,隆德房地产公司不欠李某1的借款利息,也没有委托李某替隆德房地产公司偿还李某1的借款利息,故李某所谓代为支付给李某1的利息397.8万元不应认定为借款本金。本院认为,在李某和隆德房地产公司对于借款本金的事实存在争议的情况下,不能仅凭借款合同本身载明的数额认定借款数额,还应当合理分配举证责任,根据证明标准对法律事实作出判断。本案中,李某并未提供证据证明隆德房地产公司事先授权或事后同意其将397.8万元利息转给李某1,故该397.8万元不应认定为借款的实际履行数额。据此,应认定李某与隆德房地产公司签订2600万元借款合同之后,李某实际支付2000万元,隆德房地产公司预付利息187.2万元,相当于预先在借款本金中扣除利息,187.2万元应当从本金数额中扣减。综上,2012年4月7日借款金额约定为2600万元的借款合同的实际借款本金应为1812.8万元(2000万元-187.2万元),二审对此认定有误,本院予以纠正。[2]

实践中,出借人虽然在交付本金时未作扣除,但同时或提前通过其他方式或者名义向借款人收取部分钱款,这就给实际交付的本金数额认定带来一定争议。

---

〔1〕 参见国家法官学院案例开发研究中心编:《中国法院2017年度案例》(民间借贷纠纷),中国法制出版社2017年版,第167~168页。新疆生产建设兵团第八师中级人民法院(2015)兵八民二终字第85号民事判决书。

〔2〕 最高人民法院(2017)民再192号民事判决书。

尤其是当事人约定每月预先支付利息,双方对第一个月预付的利息是否应当计入本金发生争议。对交付本金的同时又采取变通方法从借款人处收取款项的,须抓住行为实质,即经济上是否产生了少交付的实际效果,约定的预付利息不应计入本金。

【案例6-30】 张某某诉吴江中成物流投资有限公司、王某某借款合同纠纷案

判决观点,关于借款本金。第一,利息为资金时间价值的表现形式,只有实际取得并使用资金后方产生利息。因此,利息的支付应以借款人实际占有借款为前提,在借款期限届满时或借款合同履行期间内按约分批支付。而本案中,被告吴江物流公司于2014年3月13日、17日支付的两笔款项均发生原告放款前或放款同时,彼时被告吴江物流公司尚未能使用支配该资金。因此,预先支付利息虽确保原告提前收回利息,但却从本质上背离了借款合同的实质特征,损害了被告吴江物流公司的利益,使得被告吴江物流公司实际得到的借款减少,影响被告吴江物流公司作为借款人的资金使用。第二,涉讼借款合同原约定由原告出借1200万元,但原告实际仅分别于2014年3月14日、17日放款250万元、400万元,并于2014年3月13日、17日收取被告吴江物流公司46,650元及74,640元作为上述两笔借款一个月的利息。结合原告、被告吴江物流公司的庭审陈述及被告吴江物流公司预先支付两笔款项的数额来看,虽目前并无证据证明双方是否就原告放款安排有过合议,但从被告吴江物流公司支付的利息金额可以推定,双方就原告即就放款的金额和时间存在事先合议。一审法院认为,作为借款人,其签订借款合同的主要目的系在一定期限内从出借人处受让约定数额货币的所有权,并以支付相应利息作为代价。因利息数额与借款金额成正比,借款金额往往与借款人的实际资金需求密切相关,借款人通常不会过分超出自身实际需求向他人借款。反观本案,被告吴江物流公司原计划借款1200万元,并为此向原告提供了足额的抵押物及保证人作为担保,而此后被告吴江物流公司仅分批从原告处获得650万元,该金额远不能满足被告吴江物流公司当时的资金需求。因此,在资金缺口仍然较大的情况下,被告吴江物流公司不可能自发地向原告预先支付利息,以进一步减少其可支配资金。据此,就被告吴江物流公司提出原告要求提前支付利息系变相从本金中预先扣除利息的抗辩,一审法院予以采纳。综上,为了体现合同公平的原则,原告预先收取的2笔利息共计121,290元应从借款本金中扣除。而就两被告关于应在本金中扣除服务费的主张,因两被告无法提供证据证明该钱款支付与本案的关联性,亦未能提供案外人冯某的身份信息供法院调查,故一审法院不予采信。就上述款项,可由被告吴江物流公司另案向案外人冯某主张。据此,一审法院依法认定本案涉讼借款本金为6,378,710元。判决:被告吴江物流公司归还原告张某某借款本金6,378,710元及利息。[1]

民间借贷属于实践性合同,借款合同载明的借款金额与实际履行的借款金额不一致时,应以实际为准。

【案例6-31】　林某某诉厦门锦集物流有限公司、厦门杏林斯太尔重型汽车有限公司等民间借贷纠纷案

一审法院认为,原、被告约定的借款本金虽为584万元,但原告提供的转账记录只有480万元,且被告斯太尔公司向原告出具收条当天,原告并未足够支付借款,故该收条并未反映真实的收款情况,原告不能证明其已实际交付余款104万元,故关于借款本金,应按480万元确认。在审理中,原告确认2010年4月至6月支付的80万元系偿还借款本金,故2010年6月8日之后,剩余本金为400万元。二审法院判决:驳回上诉,维持原判。[2]

仅有借款合同,没有付款凭证,在借款人不认可的情况下,不能仅依据借款合同认定借款金额。

【案例6-32】　李某某诉王某某等民间借贷纠纷案

判决观点,本案中,原告主张借给被告王某某60,000元,对此负有举证责任,原告对实际交付的情况没能提供证据予以证明,且原告陈述借款协议的数额是原告自己填写的,被告王某某与李某仅认可向原告借款35,000元,原告应承担举证不能的责任,根据被告方的自认,法院认定被告王某某向原告借款35,000元的事实;同时,根据借款协议及原、被告的当庭陈述,确认被告马某某、韩某某、李某为该借款提供连带责任保证。二被告主张已偿还原告42,000元,二被告提供证人周某某出庭作证,证明已偿还原告30,000元,收条被王某某撕了。法院认为证人与被告王某某是朋友,与原告不认识,该证人证言没有其他证据予以佐证,法院不予采信;二被告主张第二次还款12,000元仅有二被告的陈述,并没有提交证据予以证明,法院不予采信。被告王某某主张除了借款协议外,其给原告打过借条,原告不认可,被告王某某没有提交证据予以证明,法院不予采信。[3]

根据协议,由他人代出借人向借款人履行给付义务,应认定借款已经交付。

---

〔1〕参见郭伟清主编:《2016上海法院案例精选》,上海人民出版社2017年版,第178页。

〔2〕参见国家法官学院案例开发研究中心编:《中国法院2017年度案例》(民间借贷纠纷),中国法制出版社2017年版,第187~188页。福建省厦门市中级人民法院(2015)厦民终字第1078号民事判决书。

〔3〕参见国家法官学院案例开发研究中心编:《中国法院2018年度案例》(民间借贷纠纷),中国法制出版社2018年版,第179页。山东省莱州市人民法院(2015)莱州郭民初字第228号民事判决书。

【案例6－33】 计某某诉重庆市鑫格建筑工程有限公司等借款合同纠纷再审案

再审法院认为,计某某已经向鑫格公司履行完毕150万元的借款义务,理由如下:在本案中,按照相关当事人的约定,从时间节点上看,信用担保公司应向计某某归还欠款150万元在先,计某某出借150万元给鑫格公司在后。而计某某、鑫格公司、信用担保公司以及袁某某按照四方融资担保协议约定,由信用担保公司直接将150万元资金通过支票方式支付给鑫格公司。这样一来,本案诉争借款应是由信用担保公司代替计某某支付完成。基于本案中四方融资担保协议约定的特定支付方式,计某某举示了鑫格公司收到诉争钱款支票的收条,应视为计某某完成了履行支付诉争借款义务的举证。而鑫格公司法定代表人袁某某在没有收到150万元款项的情况下而出具还款承诺书的原因解释为"一是出于对信用担保公司的信任,在没有向公司财务人员核实的情况下就出具了还款承诺书;二是出具还款承诺书的背景特殊,其涉嫌犯罪被采取刑事强制措施,精神压力大,疏于经营管理公司",该解释与常理不符,不应当予以采信。加之计某某向鑫格公司发律师函,催促其尽快归还借款,鑫格公司对此并未否认,且信用担保公司作为担保人之一,对其应履行的保证责任并未提出异议,且明确承诺代鑫格公司归还借款本息的时间。更重要的是,在计某某催促鑫格公司还款后,鑫格公司向其以电子划账的方式支付100万元,进一步佐证了计某某已经实际上履行完毕其支付150万元借款的义务。本案中,有证据显示鑫格公司与信用担保公司之间较为密切的经济往来,结合鑫格公司法定代表人袁某某出具还款承诺书的行为,以及本案诉争借款支票并未实际承兑的事实,显然不能排除信用担保公司已经以其他方式履行完毕支付150万元款项的重大可能。判决,维持二审判决。[1]

现金交付是司法实践中的多发争议。对舍弃银行转账的便利,以现金交付巨额款项的情形,应当着重于双方关系、出借事由、款项来源、交付细节等事实的全面审查。

【案例6－34】 刘某某诉毕某民间借贷纠纷案

二审法院认为,本案中,刘某某主张2013年12月至2014年2月,分五次向毕某出借借款累计240万元,毕某辩称刘某某未实际交付上述借款,故刘某某应就已实际交付上述借款负举证责任。对于除2013年12月2日以

---

〔1〕 参见国家法官学院案例开发研究中心编:《中国法院2018年度案例》(借款担保纠纷),中国法制出版社2018年版,第41～42页。重庆市第五中级人民法院(2015)渝五中法民再终字第00060号民事判决书。

外的四笔借款,刘某某称均为现金交付,法院认为虽然刘某某提供了毕某的借条及收条,但上述四笔借款具有金额较大、借款时间间隔短等特点,刘某某的陈述未说明在前笔借款未还清的情况下,又陆续在短时间内出借多笔大额借款的合理性,仅凭收条亦不足以证明实际交付上述大额借款的真实性,故对刘某某要求毕某归还上述借款的诉讼请求,难以支持。涉案债务金额巨大,上诉人虽然提供了收条以证明交付事实,但二审称240万元借款均以现金交付。上诉人作为出借人,在一审就前述事项进行全面审查过程中,未就相关事实作合理交代或提供充分依据。故上诉人的上诉请求,不予支持。判决:驳回上诉,维持原判。[1]

【案例6-35】　潘某某诉杨某某民间借贷纠纷案

二审法院认为,潘某某持有杨某某出具的一份65万元的欠条提起民间借贷诉讼并主张款项现金交付,但对款项的来源潘某某在一审、二审中陈述不一,在潘某某主张出借款项的同一天,杨某某有一笔19.2万元款项汇入潘某某账户,潘某某对此亦无法作出合理解释。另经审查,潘某某涉诉较多,有职业放贷的迹象,因现金交付对于款项是否实际发生以及实际发生的数额等方面难以审查,主张现金交付亦具有规避实际交付情况审查的可能性。因此,潘某某应对款项交付金额承担举证不能的不利后果。现杨某某已自认其欠潘某某的借款本金为20万元,并提供了相应的证据予以佐证,除本金20万元外,杨某某亦确认尚欠潘某某的利息自2015年1月9日起按月利率2%计算,故本案应按杨某某自认的金额为准认定借款本金并自2015年1月9日起按月利率2%计收利息,但杨某某于2015年1月14日及4月1日共计偿还的6万元依据《最高人民法院关于适用〈中华人民共和国合同法〉若干问题的解释(二)》第二十一条的规定应先作利息扣减。判决:(1)撤销一审判决;(2)杨某某偿还潘某某借款本金20万元及利息。[2]

仅有借条的情侣间借款仍然需要有交付的证据。

【案例6-36】　翁某某诉杨某某民间借贷纠纷案

判决观点,根据原告所举示的银行账户及存款历史交易明细表,其名下四张银行卡在2012年9月12日之前的半年期间,虽有支取现金的记录,但所支取的款项数额并不固定,支取时间在频率上亦无规律,具体支取款项的情况与日常生活中定期储蓄的习惯并不相符;且四张银行卡内至借款前均有

---

[1] 上海市第一中级人民法院(2015)沪一中民一(民)终字第818号民事判决书。

[2] 参见最高人民法院中国应用法学研究所编:《人民法院案例选》2021年第4辑(总第158辑),人民法院出版社2021年版,第173页。浙江省温州市中级人民法院(2018)浙03民终1918号民事判决书。

余额，原告另行陆续支取款项再以现金方式积攒购房款，亦有悖于一般生活经验；再者，根据原告的银行交易记录，其经常性地以转账方式支出、收取款项，在此情形下，原告选择以长期取现方式积攒购房款，再欲以现金方式支付购房款，也有违常理。另外，根据被告提供的原告于2014年6月18日出具的保证书，原告确认"双方互不亏欠任何财物"，若讼争借款确已实际交付被告，在双方矛盾已较为激化的情况下，原告再作出上述确认，不符合常理。综上分析，法院认定原告并未实际交付被告讼争50万元借款。法院认为，自然人之间的借款合同，自贷款提供借款时生效。原告虽已提交了被告所出具的借条，但未能举证证明其已向被告实际提供了讼争借款，故仅凭在案借条尚无法证明原、被告双方存在实际借贷关系，对原告要求被告返还借款及利息之诉讼请求，法院不予支持。判决：驳回原告翁某某的诉讼请求。[1]

出借人在同一柜台循环办理存款、取款、转账业务，且都由银行同一工作人员连续办理，当日并无现金出账，应认定出借人与案外第三人系互相串通，虚构款项交付事实，出借款项并未实际交付借款人。

【案例6－37】 刘某某诉雷某某民间借贷纠纷案

二审法院认为，本案中，刘某某与雷某某签订了借款协议，双方有借款合意，但出借人刘某某没有款项的交付行为。因此，双方之间的借款法律关系不成立。上诉人刘某某与张某某用雷某某委托张某某办理的银行卡在银行连续转账五次，使雷某某卡上入账150万元，但同时也被取出150万元，借款人雷某某并未收到刘某某交付的150万元款项，该款被张某某取出。而雷某某并未授权张某某取款，张某某取款违背雷某某意志，对雷某某不发生效力。而刘某某对张某某取款后将款交与自己再次向雷某某打款系明知，两人构成恶意串通损害雷某某利益，故上诉人刘某某与张某某用雷某某银行卡办理转账行为，对雷某某不发生效力。因此，对上诉人刘某某向雷某某银行卡办理转账行为不认定是有效的付款行为。判决：驳回上诉，维持原判。[2]

公司成立时，股东向另一股东借款出资，且认可借款存入另一股东即出借人账户的应视为借款已交付。

在民间借贷纠纷案件中，款项交付的真实性审查是难点之一。因为收条、借据涉及的情形非常复杂，特别是融资性借贷越来越多的情形下，收条、借据名实不符的现象比较常见。比较典型的如当事人之间并无真实借贷合意，而是通过收

〔1〕 参见国家法官学院案例开发研究中心编：《中国法院2017年度案例》（民间借贷纠纷），中国法制出版社2017年版，第40页。福建省厦门市思明区人民法院（2015）思民初字第8418号民事判决书。

〔2〕 参见国家法官学院案例开发研究中心编：《中国法院2015年度案例》（借款担保纠纷），中国法制出版社2015年版，第21页。江苏省镇江市中级人民法院（2013）镇民终字第1289号民事判决书。

条、借据确认各种形式的欠债。一方当事人为转移资产、逃避债务而与对方当事人串通,通过伪造收条、借据形成虚假诉讼。当事人之间没有真实的借贷合意,借款人出于各种原因和需要,在其相对方虚假承诺下出具收条、借据,但实际并未发生交付。

【案例6－38】　杨某某诉徐某某、陈某某民间借贷纠纷案

一审法院认为,本案的争议焦点在于徐某某、陈某某共同出具的借条所涉借款是否实际交付。本案中,杨某某为证明借款已经实际交付,提供了2019年1月12日向徐某某转账20万元的银行对账单,并补充陈述借款系2019年1月12日转账给徐某某;2019年5月22日,由徐某某和陈某某补出借条。依据日常经验法则来看,借款交付在前,而后补充借条对前期未出具借条或已出具借条的借款进行结算日常生活中较为常见,本院又通过案件查询查明并未发现有杨某某以2019年1月12日转账20万元给徐某某为由要求徐某某归还20万元借款的民事案件。相反徐某某和陈某某没有提供证据证明徐某某和陈某某要回借条或要求杨某某履行借款给付义务,徐某某和陈某某的不作为明显不符合常理。因此,2019年5月22日由徐某某和陈某某共同出具的借条所涉借款系2019年1月12日杨某某转账给徐某某的20万元具有高度盖然性。据此,对于徐某某、陈某某认为本案中杨某某提供的借条所涉借款未实际交付的抗辩,本院不予支持。另外,杨某某将20万元借款转账至徐某某账户,事后由徐某某和陈某某在20万元借款的借条"借款人"一栏亲笔签名,应当视为徐某某和陈某某作为共同借款人出具借条给杨某某。借条系徐某某和陈某某向杨某某借款的明确意思表示,在没有相反证据予以否认的情况下,借条具有较强的证明力,至于徐某某拿到20万元后,如何与陈某某分配的内部约定,其约定对杨某某不具有约束力,陈某某以未收到借款为由否认自己亲笔出具借条的法律效力,缺乏法律依据,不予支持。二审法院判决:驳回上诉,维持原判。[1]

个案中,出借人对于交付借款未能提供直接证据的,如银行转账凭证、交付现金时在场的其他人出庭作证,法官可就借贷双方之间发生的与其相关的一系列其他行为进行分析、判断其是否存在借款事实,如签订借款合同的当日,借款人为向债务提供担保,又将自己名下房屋作为抵押,同日,借款人及妻子、儿媳三人共同出具了收条以及事后借款人报案时对系争款项所作的陈述。通过一系列的分析,可得出双方间存在借款事实,借贷合同成立,而借款人的抗辩不符常理且前后矛

---

〔1〕 参见国家法官学院、最高人民法院司法案例研究院编:《中国法院2023年度案例》(民间借贷纠纷),中国法制出版社2023年版,第220页。浙江省台州市中级人民法院(2021)浙10民终1588号民事判决书。

盾之结论。

借款没有支付给借款公司而是支付给借款公司法定代表人、负责人或其他员工,借款公司抗辩没有收到借款,其与借款人之间不存在民间借贷事实,只要有其他证据支持,也可以认定民间借贷事实。

【案例6-39】 赵某某诉中铁十八局集团安装工程有限公司民间借贷纠纷案

二审法院认为,被上诉人提供的在印有中铁十八局集团安装工程有限公司市政分公司公章的借款合同上,明确载明2012年4月1日向被上诉人借款30万元整,月利率3%。上诉人主张该借款合同是第三人张某某在空白纸上加盖公章后书写的,对此主张上诉人未能提供证据证明。二审法院不予采信。上诉人主张张某某的借款行为非职务行为,张某某与赵某某签订借款合同期间已经不再担任其下属分公司经理职务。对此,张某某称签订借款合同期间,确实主管市政分公司的工作并未免职。二审法院结合上诉人在原审中认可张某某于2008年2月到2011年3月担任中铁十八局集团安装工程有限公司市政分公司经理的陈述,上诉人对2011年3月之后张某某已免除经理一职的主张没有提供证据,故上诉人的主张不能成立。关于上诉人称借出的款项系转到张某某个人账户,并未转到上诉人及其下属市政分公司账户的主张,借款合同上加盖有中铁十八局集团安装工程有限公司市政分公章的公章,现有的资金流向仅能说明张某某系该借款的经手人,至于上诉人对借出的款项如何支配使用是其对自身权利的处分,并不能免除其还款责任。判决:驳回上诉,维持原判。[1]

出借人按借款人指令将借款转给第三人,视为出借人完成交付。换言之,向第三人履行债务不改变债权债务主体。

【案例6-40】 C公司诉范某某、付某某等民间借贷纠纷案

二审法院认为,范某某、付某某在借据中书面指令C公司将800万元借款转入A房开公司,属于当事人之间约定由债务人向第三人履行债务,合同的双方当事人并不发生改变,A房开公司只是范某某、付某某指定接收合同债务履行的第三人,范某某、付某某与A房开公司是否存在另外的法律关系,不影响涉案借款合同双方当事人的权利义务关系。同时,张某某、汪某某、A房开公司偿还借款的行为也属于第三人向债权人履行债务,借款合同当事人没有发生改变。A房开公司上诉主张均不能成立。二审法院认为,一

---

〔1〕 天津市第二中级人民法院(2014)二中民一终字第0756号民事判决书。

审判决认定的事实清楚，适用法律正确。判决：驳回上诉，维持原判。[1]

出借人与借款人签订两份无关联的借款合同，出借人以没有履行出借款项义务主张权利的，不应获得支持。

【案例6－41】 黄甲诉鋐洋公司、双兆公司民间借贷纠纷案

一审法院认为，黄甲在2011年4月12日当天通过循环方式，先后汇入了38笔款项到鋐洋公司账号，累计金额为1.76亿元，鋐洋公司将黄甲汇入的款项通过其他方式全部汇还给黄甲。因此，鋐洋公司出具收款确认函中载明“收到黄甲汇款共计人民币1.76亿元”与实际情况不符，黄甲没有证据证明其履行了讼争《借款合同》项下1.76亿元款项的支付义务。至于黄甲提供的与诉鋐洋公司在2010年1月签订的《借款合同》以及网银转账凭证，相关款项的转账时间均发生在讼争《借款合同》之前，转账金额与讼争《借款合同》约定的金额不一致，且是转给黄乙个人而非鋐洋公司，对此，黄甲无法充分举证证明2010年1～6月的汇款转账行为与讼争《借款合同》之间的关联性。因此，其要求鋐洋公司履行《借款合同》项下还款义务的诉讼理由不能成立；其要求双兆公司承担担保责任的诉讼请求亦不能予以支持。判决：驳回黄甲的诉讼请求。

二审法院认为，黄甲与鋐洋公司分别于2010年1月、2011年3月各签订一份《借款合同》。就2011年3月的《借款合同》而言，黄甲提交的证据存在诸多有悖常理和矛盾之处，黄甲履行了2011年3月签订的《借款合同》项下1.76亿元的出借义务，证据不足。判决：驳回上诉，维持原判。[2]

最高人民法院民一庭意见：民间借贷虽然不同于银行借贷，但它们都是由借款人向出借人借款，到期返还借款并支付利息的合同（有些民间借贷没有约定利息）。当事人提供不出已经履行出借款项义务的，无权要求借款人偿还借款。[3]

（三）借款本金偿还认定

借款人主张偿还借款的应提供相应的证据证明，法官根据查明的事实作出认定。

---

〔1〕 湖北省高级人民法院（2016）鄂民终990号民事判决书。

〔2〕 参见最高人民法院民事审判第一庭编：《民事审判指导与参考》2013年第1辑（总第53辑），人民法院出版社2013年版，第153页。

〔3〕 参见最高人民法院民事审判第一庭编：《民事审判指导与参考》2013年第1辑（总第53辑），人民法院出版社2013年版，第154页。

【案例6－42】 郑某某诉郭某某、徐某某、王某民间借贷纠纷案

二审法院认为,关于郭某某是否已经清偿本案2011年3月30日借条项下借款的问题。郭某某称,其已清偿上述借款,郑某某亦出具了结清证明,故其不应再向郑某某偿还上述借款。对此本院认为,郑某某虽否认结清证明上其签名的真实性,但根据鉴定意见书的鉴定意见,该结清证明上郑某某的签名由其本人书写,其虽不认可上述鉴定结论,但并未提供确实充分的证据否定上述鉴定意见,故本院对结清证明予以确认,根据结清证明的内容,郭某某已清偿该借条项下借款。同时,郭某某认可曾向郑某某支付过借款利息,在其出具结清证明的情况下,应认定该笔50万元借款本息已经还清,郑某某要求郭某某清偿2011年3月30日借条项下的主张请求缺乏事实和法律依据,本院依法不予支持,一审法院处理结果有误,本院依法予以纠正。关于郭某某认为,其向徐某某和王某账户支付的款项用于清偿2011年3月30日借条项下借款的主张。本院认为,上述50万元借贷关系的主体为郑某某与郭某某,徐某某、王某并非借贷关系的当事人一方,郭某某虽主张其向徐某某、王某账户支付款项即视为对郑某某借款的清偿,但其并未提供证据证明其与郑某某之间就上述内容形成合意,结合徐某某、王某与郭某某之间存在其他经济往来的情况,故郭某某上述付款不足以认定系清偿上述借条项下借款。郭某某该主张于法无据,本院依法不予采信。判决:撤销一审判决,变更一审判决第一项为郭某某返还郑某某500,000元。[1]

【案例6－43】 庚某某诉陈某、南宁市喜阅图书有限责任公司民间借贷纠纷案

判决观点,根据《最高人民法院关于民事诉讼证据的若干规定》的规定,民事诉讼的证明标准,是需要负有举证责任的一方将其主张所依据的事实证明至具有高度可能性;为反驳负有举证证明责任的一方需将待证事实证明至真伪不明的程度。陈某主张其2013年8月29日、2013年9月2日、2014年6月13日向赖某某(原告丈夫)转账的19,500元、500元、30,000元、20,000元,共计70,000元,系偿还原告庚某某的本案欠款,陈某对此负有举证责任。陈某为证明其主张提交了银行流水清单,从清单上仅能看出陈某多次向赖某某转账,而原告提出陈某向赖某某名下银行账户转账的款项均为偿还南宁市喜阅公司尚欠柳州市金钥匙教科普书店的购书款的反驳意见,并提交柳州市金钥匙教科普书店与南宁市喜阅公司签订的销售协议书、催款通知书及赖某某的证人证言予以证明。而从赖某某与陈某于2015年1月往来的短信可

〔1〕 参见国家法官学院案例开发研究中心编:《中国法院2018年度案例》(借款担保纠纷),中国法制出版社2018年版,第164～165页。北京市第一中级人民法院(2016)京01民终5612号民事判决书。

知,陈某仍欠原告欠款,且按照常理,还款之后应取回欠条,但陈某出具的欠条原件尚由原告持有,故被告陈某主张其已还款的事实在诸多方面存在瑕疵,其提供的证据不能排除其他合理怀疑,原告提交的反驳证据使得陈某向赖某某转账的款项是本案欠款还是书款的事实更加真伪不明,故被告陈某主张其已还清本案欠款的依据不足,法院不予支持。综上,法院确认被告陈某尚欠原告71,352.2元,依据《合同法》第二百零六条之规定,原告要求被告偿还欠款,有事实及法律依据,法院予以支持。[1]

在借款人主张已偿还借款,出借人主张未清偿,双方均对借款是否清偿提出了自己的主张。出借人质疑还款凭证系偿还其他借款的,应由其承担相应的举证责任。

【案例6-44】 林某某诉杨某某民间借贷纠纷案

判决观点,本案争议的焦点在于被告是否已清偿了该笔借款。被告主张所欠借款以转账170,000元和以现金30,000元方式清偿还毕;原告则主张该笔借款未偿还,认为被告所提供转账凭证项下的款项系偿还原、被告之间其他笔借款,且在原、被告之间借、还款的交易习惯中,被告偿还原告借款均会在借条上予以备注说明,在法院受理的原、被告之间的另外一民间借贷案件[(2011)海民初字第1109号]即是如此,而本案中被告未进行任何的备注行为。本院认为,根据民事诉讼"谁主张,谁举证"原则,在原、被告双方针对案件同一事实提出肯定和否定的不同情况下,首先应由提出肯定这一事实的一方举证,然后由另一方举证。本案中,对于被告主张以转账170,000元部分,被告提交了相应的转账凭证予以佐证,其已完成了举证义务;此时,原告对被告提交的转账凭证有异议,则应由原告承担反驳被告主张,并证明自己主张的证据,但原告未能提供证据证明该170,000元款项系偿还其他笔借款,应承担举证不能的法律后果。因此,对被告主张以转账方式偿还原告170,000元,法院予以确认。对于被告主张以现金方式偿还30,000元部分,因其未能提供相应证据予以证明,法院不予确认。此外,本院受理[(2011)海民初字第1109号]民间借贷纠纷系个案,与本案并无必然关联,原告并无证据证明原、被告之间的借、还款习惯,也不能免除原告在本案中主张被告转账170,000元方式系偿还其他笔借款所应承担的举证责任,因此,对原告提出被告未在借条上备注还款,不符合原、被告之间借款、还款习惯的主张,法

[1] 参见国家法官学院案例开发研究中心编:《中国法院2017年度案例》(民间借贷纠纷),中国法制出版社2017年版,第140页。广西壮族自治区南宁市西乡塘区人民法院(2015)西民一初字第914号民事判决书。

院不予支持。判决:被告杨某某支付所欠原告林某某借款30,000元及利息。[1]

个案中,借款人的录音证据可以对认定实际偿还借款起决定性作用。

【案例6-45】 耿某诉李某某、王某某、天津某某公司民间借贷纠纷案

判决观点,本案争议焦点在于三被告是否向原告偿还过500,000元现金。依据被告李某某提交的录音证据能够认定,原告及第三人在2013年5月找到被告李某某对账时,对于被告李某某直接汇款500,000元给原告的事实并不知晓,此时原告认为被告李某某尚欠本金500,000元未归还。结合第三人对被告李某某还款金额的记录以及被告李某某提供的取款凭证,能够认定第三人500,000元现金用于偿还借款。另根据原、被告及第三人间的交易习惯,被告李某某向原告以现金方式偿还均经过第三人之手完成,故可以认定被告李某某向原告以现金方式偿还500,000元。另外,被告李某某于2011年7月13日通过银行转账方式偿还原告500,000元,故被告的还款义务已经履行完毕。原告之主张缺乏证据支持,法院不予支持。关于原告主张逾期利息一节,因被告于2011年8月20日已将还款义务履行完毕,且已支付285,000元利息,履行了给付利息的义务,故法院不予支持。判决:驳回原告耿某的全部诉讼请求。[2]

借款人有还款证据证明还款的,由法官裁量是否认定为还款的依据。

【案例6-46】 李某某等诉陆某某民间借贷纠纷案

判决观点,关于被告陆某某是否已经偿还借款。被告陆某某的妻子袁某的记录本上记录着自2002年至2012年的账目,记录本的第三页中明确载明“3.23 中午11:30还杨某某20,000元”,袁某和刘某的证人证言中也说明是由杨某某在2002年3月23日中午到被告经营的饭店取走了被告陆某某归还的2万元借款,二人的证人证言在事实及细节方面完全一致,被告提交的证据能够形成一个完整的证据链条,可以证明被告陆某某已实际向杨某某归还借款2万元,且原告李某某在开庭时亦表示对杨某某与被告陆某某之间的借款事实并不知情。综上,被告陆某某所提供的证据能够互相印证,具有较强的证明力,其证明力大于原告提供的证据证明力。判决:驳回原告要求被

---

〔1〕 参见国家法官学院案例开发研究中心编:《中国法院2013年度案例》(民间借贷纠纷),中国法制出版社2013年版,第184~185页。福建省厦门市海沧区人民法院(2011)海民初字第1108号民事判决书。

〔2〕 参见国家法官学院案例开发研究中心编:《中国法院2016年度案例》(民间借贷纠纷),中国法制出版社2016年版,第176页。天津市南开区人民法院(2014)南民初字第2185号民事判决书。

告陆某某偿还借款2万元的诉讼请求。[1]

【案例6-47】 伍某诉罗某、曾某民间借贷纠纷案

判决观点，罗某于2012年4月1日向原告所立借据是基于履行双方签订协议书的付款条款而产生，涉案债权来源事实清楚，借据形成合法。况且，借款意思表示真实，内容于法不悖，故法院确认双方因转让款之事实。同样，因该事实而产生借贷关系成立，借据合法有效。对被告以报警回执提出原告虚构借款事实和借据上的签名是在失去知觉时所签以及原告涉嫌诈骗的抗辩，由于事件经派出所调查，罗某报案并不属实，故此，对被告的上述主张，法院不予采纳。罗某主张于2012年4月6日同一天内以交付现金930,000元和银行转账400,000元的方式一次性付清了1,330,000元转让款，罗某仅提供了一份银行转账400,000元凭证和原告出具的收取转让款1,330,000元的收据，对于交付现金930,000元只有罗某本人陈述，并没有其他证据加以佐证，而且罗某的陈述存在以下疑点：(1)在当前银行汇款比现金交易更加便捷和安全，双方的1,330,000元大额转让款通过银行转款400,000元的情况下，却在同一天将930,000元的大额现金直接交付给原告，不通过银行转账行为实现，有违日常交易规则；(2)罗某借用与他人合伙做生意的资金还款930,000元，且在猪场交付现金；(3)罗某于2012年4月1日所立的借据约定为分期还款，几天后的4月6日却又一次性还清930,000元；(4)罗某以现金还清930,000元后为何既不收回原告执存的借据，又不要求原告出具收款收据。对于上述疑点，罗某均未能作出合理的解释，根据《最高人民法院关于民事诉讼证据的若干规定》第二条的规定，本案原告否认收到930,000元的事实，罗某应提供相应的其他证据对还款事实予以佐证。因罗某没有证据证明其已以将930,000元大额现金付款的事实，故应由其负担举证不能的不利后果。相反，原告对于其出具给罗某的1,330,000元收据，除提供罗某出具930,000元借据提出合理异议外，还举示了《承包合同》、协议书、航空电子客票行程单和律师调查笔录等证据材料，对借款的产生、形成原因、时间、款项交付情况等事实作了合理的解释，能够形成较为完整的证据链，亦充分反驳了罗某的抗辩主张。综上所述，根据现有证据，罗某立据向原告借款930,000元至今未还，依法应负偿还责任。虽然双方对还款期限作了约定，但罗某已以自己的行为表明不履行还款义务，根据《合同法》第一百零八条的规定，现原告起诉要求罗某一次性还清全部借款930,000元，理由正当，应予支持。由于罗某所欠的债务是其与曾某婚姻关系存续期间产生的，故应认

---

〔1〕 参见国家法官学院案例开发研究中心编：《中国法院2015年度案例》(借款担保纠纷)，中国法制出版社2015年版，第27页。山东省济南市历城区人民法院(2013)历城民初字第48号民事判决书。

定为夫妻共同债务,曾某依法应承担共同偿还责任。原告起诉还要求曾某负共同清偿责任,依法有据,法院亦予以支持。判决:被告罗某、曾某共同清偿借款本金930,000元及利息给原告。[1]

有毁损的书证不能作为已还款的唯一证据。

【案例6-48】 朱某某诉京台奥公司、姚某某民间借贷纠纷再审案

再审法院认为,京台澳公司提供收条证明其已偿还13万元借款,该收条上下边缘均有裁剪痕迹,且"13万元已收到"几个字分两行书写,不符合通常书写习惯,该收条从形式上看存在疑点,京台奥公司未能提供其他旁证予以佐证偿还朱某某13万元现金,因此,仅凭该收条尚不能充分证明京台奥公司已给付朱某某13万元现金,京台奥公司应当按照还款计划履行还款义务。原审判决对13万元是否偿还认定错误,再审予以改判。判决:(1)撤销一审判决;(2)京台奥公司返还朱某某借款及利息15万元(已执行2万元)。[2]

出借人、借款人在签订借款合同后,经结算确认尚有借款本金未偿还,且认可借款人偿还了部分利息,表明借款人向出借人转账的款项并非偿还案涉借款本金,借款人关于案涉借款项已还清的主张理据不足。

【案例6-49】 甲与乙民间借贷纠纷再审案

最高人民法院认为,借款人签订案涉《借款合同》两年后,再次签订《结算书》确认借款本金2300万元未偿还,即表明借款人向出借人转账的3395万元并非偿还案涉借款本金,且《结算书》中未否定借款人偿还了部分利息。故借款人关于案涉借款已还清的主张理据不足。[3]

民间借贷中的偿还行为有多种类型,如借款人以商业承兑汇票偿还借款金额,是否应认定履行了还款义务。商业承兑汇票不同于银行承兑汇票,其承兑人是银行以外的付款人,这就决定了当商业承兑汇票承兑人无款支付时,会发生支付风险,且风险高于银行。借款人用以偿还借款的商业承兑汇票,该汇票没有出票人签章,根据《票据法》第二十二条规定汇票上未记前款规定事项之一的,汇票无效,接收汇票的出借人无法基于该汇票主张付款请求权,进而无法实现对借款人的债权,故不应视为有效还款。

---

〔1〕 参见国家法官学院案例开发研究中心编:《中国法院2014年度案例》(民间借贷纠纷),中国法制出版社2014年版,第184~185页。广东省云浮市新兴县人民法院(2012)云新法民二初字第2号民事判决书。

〔2〕 参见国家法官学院案例开发研究中心编:《中国法院2014年度案例》(民间借贷纠纷),中国法制出版社2014年版,第193页。北京市第二中级人民法院(2012)二中民再终字第10437号民事判决书。

〔3〕 最高人民法院(2021)民申5955号民事裁定书。

【案例 6 – 50】　曹某某诉杜某民间借贷纠纷再审案

再审法院认为,第一,曹某某向杜某三次转款 68.6 万元,杜某将收到的款项汇至他人,取得金额合计为 70 万元的银行承兑汇票两张。新业公司用两张银行承兑汇票抵偿该公司欠华新公司的款项。曹某某与杜某按月息 3% 结算 2 个月的利息后,杜某向曹某某出具 74.2 万元借条。双方对借条的真实性不持异议,杜某收取了曹某某支付的出借资金,曹某某履行了支付出借资金的义务,双方经结算确定了借款金额为 74.2 万元,杜某出具了借条,双方意思表示真实,借款合同关系成立且已发生法律效力。杜某关于双方未形成借款合意,实际借款人为新业公司的理由不成立。第二,杜某认为曹某某接收两张商业承兑汇票,是对该种结算债务方式的认可,涉案借款本息已全部结清。曹某某接收汇票是为了保证通过汇票兑付债权得以实现,因此,汇票能够实际兑付是涉案债权消灭的前提。根据《票据法》第二十二条的规定,汇票上未记前款规定事项之一的,汇票无效,杜某交给曹某某的两张合计金额为 60 万元的商业承兑汇票没有出票人的签章,根据上述法律规定,属无效票据,曹某某即使持有票据,也并未获得票据权利,此种情形不应视为有效还款。因此,杜某主张曹某某接收两张商业承兑汇票,双方债权债务消灭,没有法律依据。综上,曹某某再审请求部分成立。曹某某与杜某之间形成合法有效的民间借贷关系,曹某某履行了出借义务,杜某应承担全部还款义务。杜某已偿还 300,000 元,尚欠本金 442,000 元。因借条中未约定利息,应视为不支付利息,但对曹某某起诉后的利息,根据《民间借贷规定》第二十九条第二款第一项之规定,应从起诉之日起按照年利率 6% 支付资金占用期间利息。二审判决认定事实清楚,但适用法律错误,应予纠正。判决:撤销一审、二审判决,杜某偿还曹某某借款本金 442,000 元及逾期利息。[1]

出借人在诉状中陈述借款人时间有误构不成自认,借款人还款应按实际还款数额认定。

【案例 6 – 51】　曹某某诉王某某民间借贷纠纷案

一审法院认为,双方之间的民间借贷关系合法有效,王某某未按约返还借款,理应承担逾期返还借款的责任。曹某某虽在诉状中称王某某于 2015 年 1 月 3 日归还借款 10 万元,但其在庭审中陈述因记忆失误该 10 万元的实际归还时间应为 2015 年 2 月 3 日,即与王某某提供的收条所记载已归还本金 10 万元系同一笔款项,王某某并不能提供其他证据印证其于 2015 年 1 月

---

〔1〕 参见国家法官学院、最高人民法院司法案例研究院编:《中国法院 2021 年度案例》(民间借贷纠纷),中国法制出版社 2021 年版,第 125 ~ 126 页。湖北省鄂州市中级人民法院(2019)鄂 07 民再 6 号民事判决书。

3日已归还曹某某的事实，为此，王某某辩称其2015年1月3日已经归还曹某某10万元，原审法院不予采信。王某某又辩称其于2014年6月25日交付给曹某某的8.4万元，其中8万元是用于支付自2013年6月25日起至2015年6月25日止的利息，其余4000元是因曹某某需要购买木材归还曹某某的。对此，王某某并未在当日出具的借条中予以注明或扣除，也未能提供其他证据予以印证；另鉴于双方自2010年6月25日起即开始发生民间借贷关系，而王某某除了案涉的8.4万元外，并未能提供相应的证据证实其另外已支付部分到期利息，为此，原审法院确认王某某于2014年6月25日交付曹某某的8.4万元用于支付此前的到期利息及归还借款后，王某某尚欠原告借款，故对王某某上述辩解不予采纳。判决：王某某返还曹某某借款300,000元，并支付利息35,000元，合计335,000元。

二审法院认为，王某某向曹某某出具的借条可以证明双方存在借贷关系。王某某主张已归还借款本金20.4万元，并支付利息4万元，但仅提供一份10万元的收条予以证明。曹某某虽在起诉状中陈述2015年1月3日收到现金10万元，但其前后陈述均为收到10万元，该表述确切、稳定，故原审法院结合王某某仅能提供一张收条的情况认定其仅有一次10万元还款并无不当。王某某主张2014年6月25日借款当支付8.4万元中有本案4万元利息和4000元本金，该陈述与之前的借款往来不符，且未能提供合理说明或其他证据予以佐证。法院认为借款当日即归还小额本金与常理不符，故不予采信。判决：驳回上诉，维持原判。〔1〕

婚前个人债权不会因婚姻状况而发生改变，婚后借款人将借款偿还给出借人配偶的，一般可视为借款收回，但不能一概而论，有异议的除外。

【案例6－52】 李某某诉崔某某民间借贷纠纷案

判决观点，李某某于婚前借款给崔某某，该笔借款应属李某某的婚前个人债权。该债权不因婚姻状况而改变，且根据合同相对性原则，债务人应向债权人履行偿还义务，王某亦为其出具了还款证明，但李某某均予以否认，因无法联络到王某到庭核实还款行为及证明的情况，故在崔某某未提交其他证据予以佐证，且李某某出具借条原件的情况下，对原、被告之间的借款事实，以及崔某某应承担偿还15,000元借款的民事责任予以认定。李某某主张支付利息符合法律规定，法院予以支持，应自主张权利之日起（2015年7月6日）至给付之日止，按照银行同期贷款利率计算。崔某某如因王某收款行为

〔1〕 参见国家法官学院案例开发研究中心编：《中国法院2017年度案例》（民间借贷纠纷），中国法制出版社2017年版，第156～157页。浙江省杭州市中级人民法院（2015）浙杭商终字第2722号民事判决书。

发生纠纷，可另案提起诉讼。判决：被告崔某某偿还原告李某某人民币15,000元并支付利息。[1]

向出借人之外的第三人偿还借款是有争议的问题。根据合同相对性原则，借款人应当将借款偿还出借人，在第三人代理出借人办理借款手续的情况下，借款人在还款时应当认真审查代理人有无代为收取借款的权限及权限范围。借款人未提供证据证实第三人具有代理出借人收取借款的权限，且出借人亦未对第三人代其收取借款予以追认，则借款人向第三人偿还借款属于履行不当行为。

【案例6-53】 王某某等诉孙某某民间借贷纠纷案

二审法院认为，涉案借款是否有效清偿的问题。上诉人孙某某主张涉案借款本息已经偿还给经某，涉案借款已经清偿。根据合同相对性原则，上诉人孙某某应当将涉案借款偿还出借人唐某某，在经某代理唐某某办理涉案借款手续的情况下，孙某某作为借款人，在还款时应当认真审查代理人经某有无代为收取借款的权限及权限范围。首先，案外人经某称，唐某某并未委托其收取涉案借款，"大钱(10万元以上)借款直接还给唐某某"，上诉人并未提供证据证实经某具有代理唐某某收取涉案借款的权限，且唐某某亦未对经某代其收取涉案借款予以追认。其次，上诉人孙某某与唐某某之间的另外一笔100,000元借款即由经某收取，与案外人经某所述的"大钱(10万元以上)借款直接还给唐某某"并不冲突，并不能据此认定孙某某有理由相信经某有权代理唐某某收取涉案180,000元借款。上诉人孙某某在未认真审查经某代理权限的情况下，即向经某偿还借款，属于履行不当行为，尽管案外人经某称已经将孙某某偿还的120,000元借款转交唐某某，但并无相应证据予以印证，而被上诉人对此亦予以否认。同时，孙某某主张已偿还全部涉案借款，但其未收回涉案借条。故上诉人孙某某向经某偿还借款的行为并不能导致相应数额债权债务关系的消灭，上诉人孙某某未尽谨慎注意义务，应当承担由此所产生的不利后果；至于其向经某偿还的款项，上诉人可另行主张。判决：驳回上诉，维持原判。[2] 出借人唐某某已死亡，原告王某某等作为亲属取得唐某某的债权有权主张。

【案例6-54】 胡某某诉李某某、张某某民间借贷纠纷案

一审法院认为，2011年7月29日，被告李某某、张某某借原告胡某某8万元，有李某某、张某某为胡某某出具的借条为证，借条原件现由原告胡某某

---

〔1〕 参见国家法官学院案例开发研究中心编：《中国法院2017年度案例》(民间借贷纠纷)，中国法制出版社2017年版，第150页。河北省邢台市桥西区人民法院(2015)西民初字第1918号民事判决书。

〔2〕 江苏省徐州市中级人民法院(2014)徐民终字第2290号民事判决书。

持有，双方借贷事实清楚，证据充分，应认定原告胡某某与被告李某某、张某某形成债权债务关系，李某某、张某某理应将欠款归还原告胡某某。被告李某某、原告胡某某和第三人系同村居民，且该借款系经原告夫弟即第三人薛某之子介绍所借，因此，被告李某某辩称由于不认识胡某某，将薛某误认为胡某某，不符合常理，且原告胡某某对被告李某某将8万元归还给第三人薛某的行为不予追认，故对被告李某某主张借款已经偿还的辩称，本院不予采纳。第三人薛某认可收到李某某偿还的8万元，但辩称本人是债权人，原告胡某某对该事实予以否认，因借条中的借款人是原告胡某某，另原件由原告胡某某持有，且第三人薛某未提供证据证明其主张，故对第三人薛某主张其是债权人的辩称，本院不予采纳。在审理中，第三人薛某不同意将收到借款李某某归还原告胡某某，原告胡某某也不要求第三人薛某承担还款责任，故被告李某某将借款8万元归还第三人薛某，系履行债务主体不适当，双方可自行处理。被告张某某辩称其仅为担保人，与其和李某某共同向原告胡某某出具借条的事实不符，且未提供证据证明其主张，本院对其辩称理由不予采纳，故张某某应与被告李某某承担共同还款责任。判决：被告李某某、张某某给付原告胡某某借款8万元及利息。

二审法院认为，涉案借条载明的债权人为胡某某，且胡某某持有该借条，并依据该借条主张权利，理由正当，李某某、张某某应当将借款归还胡某某。至于李某某、张某某与薛某之间的款项往来关系，本院在本案中不予评判。原审判决认定事实清楚，适用法律正确。上诉人李某某、张某某的上诉理由不能成立。判决：驳回上诉，维持原判。[1]

当出借人指令借款人将其偿还借款给付第三人时，如出借人不承认发出口头指令和否认借款人还款发生争议，基于出借人在举证上存在更多的便利，应由出借人承担举证责任。

【案例6－55】 许某某与郑某某、宏德辉公司、达源公司、华瀚公司等民间借贷纠纷案

最高人民法院认为，第一，郑某某未能举证证明其向七名一审第三人中的欧宇公司、诺华德扬公司、宜都公司、华源公司、泽槟公司的划款符合《借款合同》约定的还款方式或者获得许某某的指示，也没有提供证据证明前述五名一审第三人与许某某存在何种身份关联，故华瀚公司、郑某某向前述五名一审第三人的划款不能认定是归还本案借款；第二，一审法院将华瀚公司向宏德辉公司、达源公司转款4634万元认定为归还本金的事实，许某某虽提出

〔1〕 河南省焦作市中级人民法院（2014）焦民二终字第00480号民事判决书。

异议，但并未就此提出上诉，从一审已查明的事实看，宏德辉公司、达源公司系许某某指定的案涉借款的出款主体，且许某某通过持股伟康德公司的方式实际控制宏德辉公司，这表明许某某与宏德辉公司存在身份关联。对于向宏德辉公司、达源公司的这两笔转款是否属于偿还本案借款，许某某存在更多的举证便利。在许某某未能举证证明华瀚公司向宏德辉公司、达源公司转款4634万元是基于其他债权债务事实的情况下，一审法院根据举证责任的分配规则以及由此形成的内心确信认定该4634万元用于偿还借款本金，并无不当。华瀚公司、郑某某已经归还4634万元本金，则只剩本金7042万元，债权转让及还款确认协议书仍结算许某某的本金为11,676万元，显然是将部分违约金纳入了本金计算，而将违约金纳入本金计算的部分违反了法律规定，不能获得保护，应予剔除。一审判决认定华瀚公司、郑某某尚欠许某某借款本金7042万元，应予维持。[1]

(四)借款偿还期限认定

《民法典》第六百七十五条规定："借款人应当按照约定的期限返还借款。对借款期限没有约定或者约定不明确，依据本法第五百一十条的规定仍不能确定的，借款人可以随时返还；贷款人可以催告借款人在合理期限内返还。"

借条中对借款期限没有约定，贷款人可以催告借款人在合理期限内返还。个案中，返还的期限由法官根据具体案情裁量。

【案例6－56】　贾某某诉方某民间借贷纠纷案

判决观点，借款人应当按照约定的期限返还借款，对借款期限没有约定或者约定不明确，借款人可以随时返还；贷款人可以催告借款人在合理期限内返还。自然人之间的借款合同对支付利息没有约定或者约定不明确的，视为不支付利息。在该案中，由于在借条中对借款期限没有约定，贾某某可以催告方某在合理期限内返还，现贾某某以提起诉讼的方式主张方某还款，考虑到应给予方某合理的准备时间，该案的还款期限应以开庭时间为宜，现还款期限已经届满，方某至今未偿还借款的行为已构成违约，应立即将所欠款项偿还给贾某某。[2]

---

〔1〕　参见最高人民法院民事审判第一庭编：《民事审判指导与参考》2017年第3辑（总第71辑），人民法院出版社2017年版，第181页。

〔2〕　最高人民法院民法典贯彻实施工作领导小组编著：《中国民法典适用大全》（合同卷三），人民法院出版社2022年版，第1739页。

债务偿还所附条件并不是债务人承担合同义务的约定条件,而是债权人与债务人对欠款偿还期限的约定,是债权人给债务人履行还款义务的宽限期。如双方对债务人何时还款并无明确约定期限,属于双方对履行期限约定不明,债权人可以随时要求债务人履行。

【案例6-57】 王某某诉程某民间借贷纠纷案

判决观点,程某于2012年1月向王某某借款5万元,嗣后,程某于2014年12月25日向王某某出具借条,对借款事实予以确认,双方对此亦予以认可,双方已形成合法的借款合同关系。同时,程某对于应向王某某偿还借款的本金5万元及相应的利息1万元亦无异议,但认为还款条件并未成就。《合同法》第二百零六条规定:“借款人应当按照约定的期限返还借款。对借款期限没有约定或者约定不明确,依照本法第六十一条的规定仍不能确定的,借款人可以随时返还,贷款人可以催告借款人在合理期限内返还。”程某的母亲所有的房屋是否拆迁受政府行为的影响,具有较高的不确定性,该房屋是否拆迁都系未知,且该房屋是否存在拆迁与本案借款纠纷并无必然联系,故该房屋拆迁就目前而言属于无法实现的条件,不应作为本案中还款行为的附加条件。程某辩称房屋未拆迁,付款条件不具备,缺乏法律依据。同时,程某向王某某借款已逾4年,而程某未还款,因此,对于王某某要求程某向其偿还借款的请求,法院予以支持。判决:被告向程某原告王某某偿还借款本金50,000元,并支付利息10,000元。[1]

实践中,民间借贷纠纷案件的当事人在借款合同或借据中约定“借款人名下房屋拆迁后偿还借款”“案外人偿还借款人后向出借人还款”“商品售出即向出借人还款”等现象较为普遍。对此类约定的性质方面存在不同观点,各地法院执法尺度不同,同案不同判现象客观存在。主流观点认为,借款合同所载的此类约定并非合同整体附生效条件或附期限,而只是当事人在意思自治的前提下对合同涉及的履行期限下相关条款作出特别约定。这是基于偿还借款是借款人负有的主要合同义务,该项义务的履行可以有期限,但不能附条件。如果附履行条件,在条件不成就时,借款人无须偿还借款,这与其所负的还款义务不符,亦有违出借人订立合同的主观意图和目的。因为以正常理性人的标准来看,出借人在订立合同时不可能同意约定情形不成就时就免除借款人的还款义务。期限是确定会发生的事实,并不意味着期限本身就是确定期限,期限包括确定期限和不确定期限。因此,以包括房屋拆迁款、投资人支付股权款等在内的约定从文义解释的角度来看

---

〔1〕 参见《人民司法·案例》2017年第20期(总第787期),第59页。重庆市渝中区人民法院(2016)渝0103民初字第887号民事判决书。

是履行条件，但应从目的解释、整体解释上把握，即该类约定本质是履行期限的约定，只是双方约定的履行期限不明确、不确定而已。

【案例6－58】　何某某诉王某某民间借贷纠纷案

一审法院认为，还款承诺函所述“收到投资人支付的股权转让价款当日”的约定如何认定。对于民间借贷法律关系而言，出借人与借款人之间的借款合同自出借人提供借款时生效，出借款项为出借人的主要合同义务，而偿还借款为借款人的主要合同义务。当事人之间对于已经存在的确须履行的债务，约定当未来的某一不确定事实发生时履行，此类约定从形式上看是有关履行条件的约定，但就其本质而言是有关履行期限的约定，只是该期限合同签订时未能确定。本案中，王某某的还款义务系基于其与何某某之间的民间借贷法律关系而产生，是其应当负担的、确定的合同义务，“收到投资人支付的股权转让价款当日”的约定并不意味着如果没有投资人支付股权转让价款则免除王某某的还款义务，因此该约定只是双方还款履行期限作出的约定。因还款承诺函中对投资人的约定并不明确，何某某和王某某对投资人的指向存在争议，因此双方关于还款履行期限的约定是不明确的。……民间借贷法律关系中，借款人的还款义务不因其他因素而受到阻却，在履行期限无法明确时，根据《民法典》第五百一十一条、结合诚实信用原则，应以借贷关系成立时各方关于还款期限的合理预期作为履行期限。考虑到各方关于涉及投资及股权合作的相关纠纷已另案诉讼，故将王某某第一次还款即2017年11月30日作为经催告后的合理履行期限。何某某要求王某某偿还尚欠借款本金84万元的诉讼请求理由正当，于法有据。但由于王某某分多笔偿还了部分借款本金，何某某主张利息的计算方法有误，故对利息的计算时间进行必要调整。判决：王某某偿还何某某借款本金84万元及利息。二审法院同意一审法院裁判意见，判决：驳回上诉，维持原判。[1]

债权人持续接受债务人部分履行未约定履行期限的，债权人可随时要求债务人履行剩余债务。

【案例6－59】　万某诉甲公司民间借贷纠纷案

二审法院认为，本案中，万某与甲公司之间的债权债务关系是未定履行期限的债权债务关系。万某与甲公司签订的《还本分利决定》系调整平等民事主体权利义务关系的协议，其合法有效，当事人应当遵守。从现有证据来

〔1〕　参见国家法官学院、最高人民法院司法案例研究院编：《中国法院2021年度案例》（民间借贷纠纷），中国法制出版社2021年版，第228～229页。北京市第二中级人民法院（2019）京02民终15074号民事判决书。

看,不能认定双方之间的债权债务关系已经终止,当事人之间的行为应界定为持续的债务行为。在万某出卖最后一套房屋后,因双方对尚未清偿部分未约定履行期限,故甲公司作为债务人,可随时向万某履行债务,万某作为债权人可随时向甲公司要求履行债务,只需给予其必要的宽限期,且诉讼时效应当自万某给予甲公司的宽限期届满时起算。故本案中万某的起诉并未超过诉讼时效期间,甲公司应当返还尚欠的投资借款本金435.3万元、利息210万元,鉴于万某没有证据证明甲公司在该投资项目中获得了利润,故双定约定的甲公司支付万某利润分红的条件未成就,对万某要求甲公司支付利润290万元的诉请,法院不予支持。判决:撤销一审判决,甲公司返还万某投资款本金435.3万元,给付万某利息210万元。

最高人民法院民一庭意见:债权人与债务人之间未约定债权债务的履行期限,债务人持续性地部分履行债务,债权人接受,且双方未就剩余债务的履行期限另行约定的,应当认为债务人可随时向债权人履行剩余债务,债权人亦可随时要求债务人履行剩余债务,但应给予必要的履行宽限期。[1]

(五)借款复利本金认定

《民间借贷规定》第二十七条规定:"借贷双方对前期借款本息结算后将利息计入后期借款本金并重新出具债权凭证,如果前期利率没有超过合同成立时一年期贷款市场报价利率四倍,重新出具的债权凭证载明的金额可认定为后期借款本金。超过部分的利息,不应认定为后期借款本金。按前款计算,借款人在借款期间届满后应当支付的本息之和,超过以最初借款本金与以最初借款本金为基数、以合同成立一年期贷款市场报价利率四倍计算的整个借款的利息之和的,人民法院不予支持。"该条是关于本金在计算复利后的规定。

根据上条司法解释规定精神,借贷双方已将前期利息计入债权凭证作为后期本金予以记载,应尊重当事人的真实意思,一般以债权凭证记载金额中包括前期利息。但此时受利率高低合规限制,即前期利率不应超过一年期贷款市场报价利率四倍。如果没有超出这个上限,则前期利息可以直接计入后期本金,即债权凭证载明的本金可认定为后期借款本金金额。反之,前期利息超出了这个上限,按照《民间借贷规定》第二十五条的规定,超出部分不受保护,既然不受保护,当然不能计入后期借款本金予以计息。

---

〔1〕 参见最高人民法院民事审判第一庭编:《民事审判指导与参考》2011年第2辑(总第46辑),人民法院出版社2011年版,第124页。

后期本金与后期利息的关系问题。在后期本金已包括前期利息，为防止复利过高，司法解释对后期的借款本息和设置了上限，就是以最初的本金为基数，以年利率一年期贷款市场报价利率四倍计算，包括前期和后期在内的整个借款期间的本息和。超过这个数额的部分，将不受法律保护。

在连续多次重新出具新的债权凭证的情形下，本金和利息认定是疑难问题。司法解释制定者认为，在只是重新出具一次债权凭证的情形下，依据本条规定，尚容易认定本金和利息，但实践中双方当事人往往多次重新出具债权凭证，相当于出现多期借款，在此种情形下，至少需要分两步计算：第一步，依据《民间借贷规定》第二十七条第一款规定，逐步认定各期本金，最终计算出最后一期的本息之和，这通常也是债权人请求债务人偿还的数额；第二步，依据《民间借贷规定》第二十七条第二款规定，判断最后一期的本息之和有无超过法定上限，即以最初的本金为基数，以年利率24%（现为一年期贷款市场报价利率四倍即15.4%）计算的整个借款期间的利息和最初的本金之和。超过上限的部分，人民法院不予保护。[1] 也就是说，连续多次和一次出具债权凭证都是以最初本金为基数，以整个借款期间予以计算，但连续多次出具债权凭证的借款期间要长于一次出具借款凭证的期限，但计算规则不变。

在借款人偿还部分款项后，又重新出具债权凭证的情形下，本息的认定有不同观点。一般认为，该认定涉及对第二十七条第二款的理解应予准确把握。其第二款规定是原则性规定，是指不存在借款金额变动的情形，如果借款人已经偿还部分本金，致使后期借款本金小于最初本金，则第二款规定的本息和上限的计算方式就应该发生相应变化，应以开始小于最初借款本金的该期借款本金作为计算基数，以之后的期间作为借款期间来计算本息和上限。

经结算的利息可以计入本金，但应符合法律规定。

【案例6-60】　赵某某诉魏某某民间借贷纠纷案

判决观点，原告在庭审中未能就借据上的欠款金额由来进行说明，而被告却从历次借款时间、金额、利率等方面予以说明，并计算至双方结算日，得出与原告提供的结算后的借据金额相符，用以证明该借据所载明的金额含有10万元利息，且为一角利率计算得来。原告对此未提供相反证据予以反驳。本院认定该45万元借据内含有一角利率计算的利息10万元。法院认为，被告魏某某多次向原告借款，结算后的借据是具有约束力的债权凭证，但该借据本金中含有按月利率一角（年利率120%）超出法定利率标准计算的利息，对其中含有超过法律规定的利息部分，法院不予支持。符合法律规定不超出

〔1〕 参见最高人民法院民事审判第一庭编著：《最高人民法院民间借贷司法解释理解与适用》，人民法院出版社2015年版，第501页。

年利率24%计算的利息(25万元×24%÷12个月×4个月=2万元)计入的本金部分,法院予以支持;被告提出2015年2月18日的3万元借款已还清的抗辩主张,因其提供的证据不足以否认原告书证,法院不予采纳。双方约定的利率过高,依法应予调整,以年利率24%为宜。判决:被告魏某某给付原告赵某某借款本金20万元(本金构成:借款15万元+计入的本金利息2万元+借款3万元),给付借款利息71,926.67元。[1]

【案例6-61】 某某小额贷款公司诉邓某某民间借贷纠纷案

二审法院认为,涉案三笔借款截至2014年7月20日的利息经由2014年7月20日280万元《借款合同》进行了息转本,因前期利息中有50万元超出了法律保护的年利率24%,故原判对超出部分的利息不予认定,而认定230万元作为息转本后的本金数额,此认定并无不当。涉案230万元系按照年利率24%进行息转本,原判再次计算230万元本金以及息转本后的230万元借款再次计算利息,均存在不当,而应将230万元利息从本金中扣减,故涉案本金应为4000万元。判决:变更为邓某某向某某小额贷款公司偿还借款本金4000万元,并支付利息。[2]

个案中,法官根据具体案情裁量前期借款本息是否构成新的借款本金。

【案例6-62】 唐甲与唐乙民间借贷纠纷再审案

最高人民法院认为,关于700万元借条是双方当事人之前的债务的结算还是新的借款问题。基于前述案涉借款应当计算利息、利率为月息3.5%的认定,二审法院根据借款发放及唐甲还款的实际情况,按照年利率36%计算利息,符合《民间借贷规定》第二十六条第二款关于"借贷双方约定的利率超过年利率36%,超过部分的利息约定无效。借款人请求出借人返还已支付的超过年利率36%部分的利息的,人民法院应予支持"的规定。在此基础上,二审法院得出唐甲并未清偿前期借款本金及利息的结论并结合双方当事人就700万元借款的口头协商内容认定该700万元借条系双方对前期借款结算后重新出具的债权凭证有事实根据,亦符合法律规定,并无不当。[3]

---

〔1〕 参见国家法官学院案例开发研究中心编:《中国法院2018年度案例》(民间借贷纠纷),中国法制出版社2018年版,第190页。黑龙江省方正县人民法院(2016)黑0124民初1820号民事判决书。

〔2〕 江西省高级人民法院(2016)赣民终469号民事判决书。

〔3〕 最高人民法院(2021)民申4529号民事裁定书。

三、借款本金偿付纠纷处理

(一)借款本金偿还处理

在借款合同中,当事人约定还款条件,是双方自愿达成的真实意思表示,若不违反法律法规的效力性强制性规定,该约定就合法有效。对于还款条件是否成就取决于债务人的意愿,还款条件实际上是债务人履行合同的一部分,则债务人有义务依照合同约定积极履行。对取决于债务人意愿的还款条件,如果债务人采取不正当手段阻止条件成就的,则可以视为条件已成就。如果该条件的成就与否取决于案外人的意愿,则应根据合同目的、公平原则予以考量。如果等待合同外第三人履行特定行为的期限已经远远超过一般、合理履行期限将导致明显不公平,则应当在已经给予合理期限的基础上判令债务人履行合同义务。也就是说,约定的还款条件应对借款人有约束力,对还款条件是否成就进行综合审查。

【案例6-63】 张某某诉林甲等民间借贷纠纷案

二审法院认为,还款计划书未违反法律、行政法规的强制性规定,应属合法有效。还款计划书中约定"待宋庄土地卖后一次性还清",但林甲、林乙称二人对该土地均无处分权,也并无任何证据证明林甲、林乙采取措施积极履行出售土地的义务,故一审法院认定还款已成就,林甲应偿还借款本息,并无不当。同理,因林乙在还款计划书中签字确认在土地售后还款,法院认为其承担还款责任的条件亦成就,其主张不承担连带偿还责任缺乏依据,不予支持。判决:驳回上诉,维持原判。[1]

借贷双方在合同中明确还款账户在实践中较为普遍,一方面可以有效防止具体经办人侵占相应款项,另一方面也有利于查明资金用途和流转情况。因此,合同中一旦约定了明确的还款账户,即成为关于付款约定的主要合同条款,借款人应按约定履行。对于未按合同约定还款产生的纠纷,一般应遵循以下思路审查,

---

〔1〕 参见国家法官学院、最高人民法院司法案例研究院编:《中国法院2020年度案例》(民间借贷纠纷),中国法制出版社2020年版,第121页。北京市第三中级人民法院(2018)京03民终12878号民事判决书。

其一,双方有无变更还款账户的书面约定,书面约定可以是纸质的,也可以是传真或电子邮件等形式,但无论何种形式都要能反映出双方就还款账户变更达成一致意思表示。其二,在没有书面变更协议的情形下,应严格审查具体经办人要求变更合同约定的还款账户有无相应的权限,具有相应权限的人包括法定代表人、公司章程明确授权的执行董事或持有书面特别授权的委托代理人。除此之外,即使合同签订人或经办人也无权对还款账户进行变更。其三,在经办人无权变更还款账户而私自变更的情形下,为保护借款人的合理信赖利益,对此应进一步审查具体经办人是否构成表见代理,即借款人有无充分理由相信向变更后的账户付款可以视为向出借人还款。应强调的是,借款人未按合同约定账户还款为支付对象错误,不能视为向出借人还款。

【案例6-64】 德豪(扬州)房地产开发有限公司诉安徽蓝德集团股份有限公司、李某某企业借贷纠纷案

一审法院认为,2号借款合同明确约定借款应还至胡某某的指定账户,蓝德集团第一笔100万元也是还至该账户,蓝德集团提供的2017年1月26日的100万元承兑汇票收条中注明“陈某某代胡某某”,也可以看出其在合同履行过程中也明知向胡某某还款。蓝德集团法定代表人李某某全程参与商铺买卖合同以及借款合同的签订,胡某某与陈某某也分别单独作为合同一方出现,蓝德集团对两者系不同委托借款人的身份及关系应是清楚的。两份借款合同除金额外,唯一的不同就在于分别应向胡某某和陈某某的指定账户还款,对此蓝德集团在还款时应负有高度的注意义务。陈某某虽然是德豪集团(控股)有限公司副总经理,但并非德豪扬州公司法定代表人,其携带公章签订借款合同,但在合同签订后便无权随意更改合同内容。借款合同明确约定就变更事项达成的书面补充协议与本合同具有同等法律效力,而蓝德集团在没有书面变更支付对象的情况下,没有充分的理由相信本应向胡某某的还款可以还给陈某某。陈某某无权代表德豪扬州公司变更收款人,亦不构成表见代理。蓝德集团向陈某某还款属于支付对象错误,不能视为归还德豪扬州公司的借款。蓝德集团关于通过陈某某向德豪扬州公司还款仅欠4,120,400元的辩称,缺乏事实和法律依据,依法不予采纳。判决:被告蓝德集团向原告德豪扬州公司归还借款1000万元及利息,被告李某某对被告蓝德集团的上述给付承担连带清偿责任,并在承担保证责任后有权向蓝德集团追偿。二审法院同意一审法院裁判意见,判决:驳回上诉,维持原判。〔1〕

〔1〕 参见国家法官学院、最高人民法院司法案例研究院编:《中国法院2020年度案例》(民间借贷纠纷),中国法制出版社2020年版,第125~126页。江苏省扬州市中级人民法院(2018)苏10民终1342号民事判决书。

双方当事人之间有多次资金往来的,借款人偿还本金的数额应逐笔认定。

【案例6－65】　林某某诉邵某某、梁甲民间借贷纠纷案

一审法院认为,关于该笔借款是否已经偿还的问题,邵某某向法院举证其借到款后的2014年8月13日至2015年4月30日已陆续向林某某指定的王甲、王乙账户转账支付了109.7万元,辩称该转账支付的109.7万元系用于偿还本案的借款95万元和返借给林某某的14.7万元。林某某承认收到邵某某所述的转账款项109.7万元,但称其中的一笔20万元系用于偿还双方的另一笔借款,其中的另一笔31万元系一个叫梁乙的人委托东莞市建工集团海南分公司向林某某转账的款项,余下的85.7万元系用于偿还本案借款及之前双方借款的利息,均不属于偿还本案的借款,但林某某未能提供相关证据予以证实。对于该转账款项109.7万元中的20万元,林某某称系用于偿还林某某于2014年10月借给邵某某的20万元,并提供了林某某于2014年10月15日通过王乙向邵某某转账149,975元的转账记录相佐证,鉴于林某某向邵某某支付的149,975元发生在邵某某向林某某支付的20万元之前,林某某主张该20万元系用于偿还包括149,975元在内的借款,邵某某未能就该149,975元的款项不属于借款或者20万元付款不属于对149,975万元的偿还作出令人信服的反驳并提供相应的证据,故认定上述邵某某向林某某支付的149,975元,余下50,025元用于偿还本案借款。对于上述109.7万元款项中的另一笔31万元,该笔款项发生在本案借款之后,虽然在转账时注明为材料款,但双方均确认双方之间不存在购销等经济往来,林某某主张系梁乙委托东莞市建工集团海南分公司向林某某代转账的款项,但未能提供相关证据证实,故不予采信,邵某某主张该款系用于偿还本案借款,应予以认定。对于上述款项中的余下款项58.7万元,林某某虽主张该余下款项58.7万元系属于支付本案借款及之前其他借款的借款利息,由于邵某某就本案所诉借款向林某某出具的书面借据及林某某举证的其他借据中均未约定有借款利息,邵某某否认本案借款存在口头约定借款利息情形,林某某未能举证证实双方的借款有口头约定的借款利息,应对此不予认定,故依法应认定该58.7万元系用于偿还本案借款本金。综上,邵某某于2013年12月6日借到林某某95万元,于2014年8月13日起至2015年4月30日止已偿还林某某947,025元,尚欠林某某借款2975元。判决:邵某某偿还尚欠林某某的借款2975元及利息。二审法院同意一审法院裁判,驳回上诉,维持原判。[1]

---

〔1〕 参见国家法官学院、最高人民法院司法案例研究院编:《中国法院2020年度案例》(民间借贷纠纷),中国法制出版社2020年版,第200～201页。广东省茂名市中级人民法院(2018)粤09民终1619号民事判决书。

在夫妻间借贷关系中，涉及多笔借还款凭证应综合认定。

【案例6－66】 张某诉韩某民间借贷纠纷案

一审法院认为，原告出示的借条原件内容清楚明确，其中发生在原、被告婚姻存续期间的借款应认定为是双方对部分财产的特别约定，在双方之间形成了明确的权利义务关系，可以认定原、被告间借贷关系成立。对于原、被告的争议焦点，被告于2010年5月29日出具的80,000元欠条是否是对2009年5月12日和2009年6月14日两笔借款的汇总，依照常理，借款人还清债务或者对以往的债务进行汇总后重新出具欠条的，应将旧的借条收回。被告在还清2010年5月29日欠条中所载的80,000元时，已将该欠条原件收回，表明原告与被告之间遵循还清借款收回借条原件的方式习惯。被告主张对2009年5月12日和2009年6月14日两笔借款的汇总重新出具欠条，但未收回该两张借条原件，有违常理。并且，2010年5月29日欠条的内容为“今欠张某人民币共计捌万元整”，原告与被告在2010年5月29日之前共有三笔借款，该欠条的内容及文字表述不能说明是对其中两笔借款进行汇总。现原告虽认可2010年5月29日欠条中的80,000元已经偿还，但不认可2010年5月29日的欠条是对2009年5月12日和2009年6月14日两笔借款的汇总，被告又未提供证据予以证明，故对被告2010年5月29日欠条是对2009年5月12日和2009年6月14日两笔借款进行汇总并已还清的答辩意见，不予采纳。此外，被告虽主张于2010年12月10日左右偿还原告25,000元，但因被告未提供证据予以证明，故对被告此答辩意见，亦不予采纳。原告要求被告支付利息的诉讼请求，因无合同及法律依据，故法院不予支持。判决：被告韩某返还原告张某借款105,000元。

二审法院认为，关于韩某所述其于2010年5月29日出具的80,000元欠条是对2009年5月12日和2009年6月14日两笔借款进行的汇总，没有发生新借款。但欠条原件并未收回，并不能得出此结论。并且，2010年5月29日欠条的内容，与二人此前三笔借款，不相对应。现张某虽认可2010年5月29日欠条中的80,000元已经偿还，但基于以上理由不能认定2010年5月29日欠条是对2009年5月12日和2009年6月14日两笔借款的汇总，韩某又未提供证据予以证明，故对韩某所述2010年5月29日欠条是对2009年5月12日和2009年6月14日两笔借款的汇总并已清还的上诉主张，本院亦不予采纳。韩某所述以现金方式偿还2010年8月12日借款25,000元一节，没有证据支持，故对韩某的上诉主张，本院亦不采纳。韩某所述夫妻之间的债务只能在离婚时处理且双方在离婚时已对婚姻期间的债务达成一致意见，但从东城区人民法院(2011)东民初字第11281号民事调解书中，不能印证和支持韩某的上述主张，故对韩某的该主张，本院也不予采纳。一审判决认定事实清楚,适用法律正确,应予维持。韩某的上诉主张没有事实依据,对其上诉请求,本院予以驳回。判决:驳回上诉,维持原判。[1]

借款已被抵销,出借人不得再依借条请求偿还借款,其诉讼请求不受法律保护。

【案例6－67】　陈某某诉余某某与船舶营运有关的借款合同纠纷案

二审法院认为,陈某某据以起诉的借条确有余某某的亲笔签名,当属余某某的真实意思表示,陈某某据此提出的诉讼请求本应得到支持,但余某某所借款项与其作为股东的江南厂的经营不无关系,陈某某在起诉状中也确认该事实;而陈某某作为股东的兴源公司则与余某某作为股东的江南厂有船台租赁关系,兴源公司需向江南厂支付租金,陈某某与江南厂出纳林某的通话录音表明陈某某承认江南厂已收租金285万元中包含了本案借款50万元;江南厂出纳林某在(2009)甬海法台商初字第148号案中出庭作证的证词可与陈某某自认内容相印证;原审法院(2009)甬海法台商初字第148号民事判决虽未经二审审理,但其对江南厂向兴源公司出具的285万元的租金收条中包含本案争议所涉50万元的事实认定有客观依据;江南厂在余某某的上诉状上签章的行为虽不能使其取得上诉人的地位,但也表明了其确认前述事实的真实意思;兴源公司在(2009)甬海法台商初字第148号案审理过程中以及陈某某在本案诉讼过程中,均未能提供285万元收条项下若剔除本案借款50万元金额所对应的其他汇款凭证,故尽管陈某某仍持有余某某向其出具的借条,但前述情节特别是陈某某在电话中的自认行为已清楚地表明本案争议的借款已作为兴源公司需付江南厂的租金而予以冲抵,即本案借款已在兴源公司与江南厂租金结算的过程中了结。因此,在有充分证据表明陈某某持有的借条项下的款项已通过其他方式即船台租金支付过程中予以抵销的情况下,陈某某再依据借条要求余某某归还款项的请求不应得到支持。余某某提出的上诉理由有事实依据,法院予以支持。原审判决认定事实错误,实体处理不当,应予纠正。判决:撤销一审判决,驳回余某某的诉讼请求。[2]

分次还款时,对于利息的确认会影响剩余本金的计算,债务人还款未说明偿还借款本金还是利息时,法院应对每笔款项进行逐一核对,根据法律规定,依据每笔款项的还款时间、金额,根据先利息后本金的原则逐步计算抵充债务,逐步计算折抵后,计算出应还款本金。

---

〔1〕　参见国家法官学院案例开发研究中心编:《中国法院2013年度案例》(民间借贷纠纷),中国法制出版社2013年版,第174～175页。北京市第二中级人民法院(2011)二中民终字第22090号民事判决书。

〔2〕　浙江海事中级人民法院(2010)浙海终字第63号民事判决书。

【案例6－68】 李某某诉张某某、何某某民间借贷纠纷再审案

二审法院认为，本案的争议焦点是张某某否为案涉借款的借款主体以及案涉款项是否已经清偿完毕。张某某辩称并非涉案借款的借款人，真正的借款主体是佳木斯金恒房地产投资担保有限公司。经查，李某某出借的款项均汇入张某某个人账户，李某某亦主张是与张某某个人发生的借贷关系，向李某某的还款亦未经过金恒公司账户，现有证据不足以证实金恒公司是案涉借款的借款人，因此张某某提出即并非案涉借款的借款人的上诉理由不能成立，不予支持。张某某称案涉借款并未约定利息且已清偿完毕。在张某某出具的借据上手写"利息已付到2014年"，张某某称借据中"利息已付到2014年"字样不是其本人书写，一审法院委托中国人民解放军二一一医院司法鉴定中心进行鉴定，但由于张某某拒不配合，致使鉴定无法继续进行，鉴定中心出具不予受理告知书。结合张某某在一审中提交了金恒公司的借据及收条模板，说明其具备民间借贷的相关常识，其关于本案借款未约定利息的陈述不符合常理，因此应认定案涉借款约定了利息。李某某起诉时主张案涉借款约定了月利率两分，现有证据不足以证实其主张，但上诉人应对案涉借款按年利率6%支付资金占用期间的利息。李某某共向张某某出借109.7万元，张某某共向李某某偿还款98.3万元，张某某还款时未说明是偿还借款本金还是利息，根据法律规定，本案应依据每笔款项的还款时间、金额，根据先息后本的原则逐笔计算抵充债务，逐笔计算折抵后尚欠李某某借款本金18.17万元。故一审判决认定尚欠借款本金30.7万元并认定月利率2分不妥。再审法院裁定：驳回张某某的再审申请。[1]

（二）借款由他人返还处理

借款人抗辩由他人代为偿还借款的，法官根据具体案情、借款人举证偿还的情形确认。

【案例6－69】 远某诉蔡甲、庞某某民间借贷纠纷案

判决观点，被告蔡甲向原告远某借款800,000元，事实清楚，有蔡甲书写的借据证实，且蔡甲自认，法院予认定。被告蔡甲主张该债务已经还清，其应向法院举证证明该主张，但蔡甲只提供了其偿还二笔款项共计24,000元的账单，虽原告主张该二笔还款并不包含在本案借款之中，但这两笔还款发生

---

〔1〕 参见最高人民法院中国应用法学研究所编：《人民法院案例选》2022年第4辑（总第170辑），人民法院出版社2022年版，第95～96页。黑龙江省高级人民法院（2021）黑民申1781号民事裁定书。

在被告给原告出具借条之后，且根据证据规则规定，该举证责任在原告，原告在没有提供其他证据证明的情况下，法院应认定上述二笔还款是对原告所诉债务的偿还，故应从本诉借款数额中予以扣除。对于被告辩称其父蔡乙替其偿还原告35万元的事实，虽有被告提供的九张银行转让凭证予以证实，但该九笔转款凭证中，其中（有一笔20,000元）发生在2002年，而本案的借款发生在2013年年底前后，显然该笔借款凭证与本案无关联性。关于被告主张的其他八笔系其父蔡乙替其偿还原告的事实，该八笔转账时间均在被告蔡甲向原告借款之后，且原告认可上述转账事实，虽原告主张其与蔡乙有其他经济往来，但上述转账凭证与本案借款无关。而原告提供的录音中有原告向蔡乙催要蔡甲欠款的对话，且蔡乙答应替蔡甲偿还；几十万元的经济往来仅凭原告陈述，在无其他证据佐证的情况下，基于蔡乙与蔡甲的父子关系，虽有被告提供的转账凭条、银行卡业务回单、银行借记卡查询单以及证人杨某某、赵某二人的当庭证言予以证实，但未有证据证实是替蔡甲偿还借款，如果证人与原告之间有债权债务关系，可另行主张，本案中法院不予处理。故被告蔡甲辩称，本案证人杨某某、赵某替被告偿还上述款项的主张，法院不予支持。判决：被告蔡甲、庞某某给付原告远某借款446,000元。[1]

（三）借款本金多付处理

本金多付是指借款人认为已经多支付本金而提起的诉讼。所谓本金多付实际上是与利息提前扣除情形混织在一起，个案中由法官根据具体案情裁量。

【案例6-70】　朱某某诉唐某某民间借贷纠纷案

二审法院认为，朱某某在收到150万元借款后，仍向唐某某出具了期限为3个月的172.50万元借条，朱某某对于出具的借条多于实际借款的原因未能给出合理解释，并且借条中多写的22.50万元恰与唐某某主张的每月5%利息3个月计22.50万元相吻合。在借款发生后，朱某某初期每月均向唐某某归还7.50万元，亦印证了唐某某所主张的双方借贷存在5%月利息的辩称意见。因此，法院对于唐某某所主张的双方借贷存在利息约定的事实予以采信。现朱某某否认自己为实际借款人及借贷存在利息约定，未能提供充分的理由及依据，法院不予采信。针对朱某某主张其多归还了7.50万元并

〔1〕参见国家法官学院案例开发研究中心编：《中国法院2016年度案例》（民间借贷纠纷），中国法制出版社2016年版，第265页。河南省任丘市人民法院（2014）任民初字第1795号民事判决书。

要求唐某某归还的上诉请求,法院不予支持。判决:驳回上诉,维持原判。[1]

(四)借款本金合同处理

典当行发放借款行为违反部门规章,但并不影响借款合同效力,亦不影响借款本金认定。

【案例6-71】 兰州云翔典当有限责任公司与甘肃华屹置业有限公司、武威全圣明胶有限责任公司、张某某等民间借贷款纠纷案

最高人民法院认为,云翔公司与华屹公司签订借款合同,系双方当事人真实意思表示,内容不违反法律禁止性规定,一审法院确认合同有效,于法有据。虽然云翔公司于2012年11月25日向华屹公司以签发总额1.3亿元当票为名发放借款的行为违反《典当管理办法》的规定,但是这并不当然影响本案涉及的五份《借款合同》(兰云借字2012年第011001至011008号)的借款总额。华屹公司上诉称,其已经履行部分,仅应当支付云翔公司剩余欠款650万元。一审法院对于华屹公司在一审中提交的付款明细与票据,均结合本案的具体事实进行了质证。同时,华屹公司上诉并未提交其已经履行部分还款义务的新证据,根据《民事诉讼法》第六十四条之规定,当事人对自己提出的主张,有责任提供证据。因此,华屹公司的上诉理由不能成立,本案欠款的本金数额应为6050万元。一审法院对该事实的认定,理由充分。[2]

---

〔1〕 上海市第一中级人民法院(2015)沪一中民一(民)终字第739号民事判决书。

〔2〕 参见人民法院出版社主编:《最高人民法院民商事审判指导》(第6卷),人民法院出版社2019年版,第390页。

专题七　借款利息纠纷

利率的规制是民间借贷的核心问题，利息的争议是当事人争议的焦点和审判的难点，本专题就借款利息涉及的相关问题展开阐述。

一、借款利息理解

(一)借款利息含义

利息者,债务人使用他人之金钱或代替物,所应给付之补偿,其额度以主债权之事先特定或可得比例,按使用之期间而决定。[1] 利息的概念,在经济学与法学上给出的定义有别。有学者认为,兹就法律上之意义言之,则利息者乃比例主债权数额及其存续期间,而依一定比率,以金钱或其代替物为给付之一种法定孳息也。[2] 有法官认为,逐利性是资本的特性,利息和利率是与资本相关的概念,利息是因暂时放弃货币的使用权而获得的报酬,是放贷人对自己作出的某个特定的时间之前不收回贷出货币的承诺的补偿;虽然站在资金供需的角度看,利息是所有权的报酬,但追根溯源,利息真正来源于经济体的实际增长。[3] 也有法官认为,就利息性质而言,利息是按约定利率计算的孳息,是借款人完全支配和使用本金所承担的成本,是借款人使用该借款本金所创造经济效益转移给出借人的一部分利润。如果事先从借款本金中扣除利息,无疑使借款人利用本金创造经济效益的资金条件受到限制,这对于借款人来说是不公平的。[4]

利息之债的法律性质,主要表现为:其一,从属性。利息债权是一个从债权,[5]原则上与主债权同命运。[6] 在成立与效力方面依附于主债权,即基于主债权而产生,主债权不成立、无效或被撤销,利息请求权亦不能产生。主债权消灭,利息之债也随之消灭,权利人亦不享有该项权利。在权利转让方面,根据从随主转让规则,主债权转让从权利一并转让,受让人取得主债权的同时取得从权利。在主债权担保方面,主债权之上设有保证或其他担保物权的,在无相反约定的情

〔1〕 参见黄立:《民法债篇总论》,中国政法大学出版社 2002 年版,第 352 页。

〔2〕 参见郑玉波:《民法债编总论》,中国政法大学出版社 2003 年版,第 205 页。

〔3〕 参见最高人民法院民事审判第一庭编:《民事审判指导与参考》2012 年第 1 辑(总第 49 辑),人民法院出版社 2012 年版,第 29 页。

〔4〕 参见最高人民法院民事审判第一庭编著:《最高人民法院民间借贷司法解释理解与适用》,人民法院出版社 2015 年版,第 489 页。

〔5〕 参见崔建远等:《债法》,清华大学出版社 2010 年版,第 25 页。

〔6〕 参见黄立:《民法债篇总论》,中国政法大学出版社 2002 年版,第 355 页。

况下，该担保及于利息之债。其二，独立性。利息之债尚未届清偿期时，虽附从于债权，然既已发生的利息，债权人得请求其之支付时，则生独立之利息债权。[1] 在权利主张方面，债权人可单独就利息之债主张权利，请求债务人履行，或追究其迟延支付利息的违约责任。在权利处分方面，已经实际发生的利息之债，可以与主债权分离而单独转让，单独免除利息之债，仅要求债务人承担债务本金的偿还义务，常见于法院调解或执行中。在权利消灭方面，已发生之利息债权，有独立之时效期间，故得先于原本债权或后于原本债权而消灭。[2] 主债权消灭后，利息债权仍可独立存在。在清偿方面，债务人可以单独就利息作出履行，且在无特别约定或指明的情况下，法律推定债务人的履行优先用于偿还利息之债。但利息之债的独立仅具有相对性，主债权的担保仍及于债息债权，主债权转让无相反约定的，利息一并转让。

法定利息主要包括：其一，迟延利息。借款人逾期履行金钱债务将产生迟延利息。其二，垫付利息。行为人为他人垫付费用后，得请求受益人给付相应的利息，该种利息主要具有补偿性质。其三，拟制利息。为了自己的利益使用他人的金钱应支付相应的利息，此为拟制利息。其四，返还利息。对于他人负有返还财产义务的人在返还财产时应一并给付相应的利息，此为返还利息。

《民法典》规定对于借款利息没有约定或者约定不明的，则推定借款为无息利息。

按照法律规定，借款人向出借人所支付款项只有本金、利息和逾期利息。当事人在合同中以各种名义约定的由借款人向出借人支付的款项应视为上述款项中的一种。双方当事人在合同中所约定的贷款手续费、调整还款日手续费等费用，其性质与利息相同，均应当视为利息。利息预先在本金中扣除的，应当按照实际借款数额返还借款并计算利息。

超限利息返还请求权的性质。借款人主张出借人返还民间借贷超限利息，该种债权在性质上属于不当得利之债。借款人享有超过法律规定超限利息的权利不属于合同之债，而符合不当得利的构成要件，即出借人没有合法根据，取得的不当得利，应当将之返还给受损失的借款人。不当得利作为一项独立的请求权，其产生、消灭均独立于已有的民间借贷权利义务关系。借款人支付该部分超限利息不能视作履行借款合同项下的还款义务，而是在借贷双方之间重新产生的新的权利义务关系。基于此，该部分超限利息不能先抵销借款本金。从本质上讲，上述“自然之债”同样可归于不当得利之债，现行司法解释之所以认可该部分，是因为没有合法根据的不当得利之债具有“自然法上的正当性”，借款人已支付的该部

〔1〕 参见史尚宽：《债法总论》，中国政法大学出版社 2008 年版，第 262～263 页。

〔2〕 参见史尚宽：《债法总论》，中国政法大学出版社 2008 年版，第 263 页。

分利息,则无法请求出借人返还。诉讼中,在借款人到庭应诉的情况下,借款人要求将双方互负的金钱债务予以抵销,符合行使法定抵销权的条件,抵销权作为一种形成权,自通知到达对方时即已生效,但不得附条件或者附期限。在此种情况下,抵销的顺序应当符合司法解释的相关规定,依次为实现债权的有关费用、利息及主债务。换言之,借款人已支付超限利息应当先抵销出借人实现债权的费用、逾期还款利息,若仍有超出部分,则抵销借款本金。个案中,借款人可以抗辩方式行使抵销权,而不必要求以请求权基础存在差异为据引导借款人以反诉方式行使抵销权或另案提起诉讼,原因有两方面:一是减轻当事人诉累,有利于降低诉讼成本、节省司法资源。二是借款人行使抵销权,并未影响到出借人合法债权的实现,在同一民间借贷案件中作出处理,有利于体现对借贷双方的平等保护。需要注意的是,在借款人未到庭应诉的情况下,法官应主动向出借人作出释明,借款人对于已支付的超限利息享有返还请求权,可另案向出借人主张相应的权利。需要研究的问题是,借款人能否向出借人主张占用超限利息期间的利息,现行法律和司法解释对此均未有明确规定。从法理和公平角度上讲,出借人应该向借款人支付利息。这是基于两方面的原因,一是对出借人收取超限利息的行为应予以适当的否定性评价。出借人凭借优势地位,收取借款人超限利息,是导致"无效之债"出现的根本原因,应对此承担相应的责任(经济成本),借此体现个案裁判的价值导向。二是该不当得利之债产生的原因在于双方的民间借贷行为。基于两者近因性考虑,可参照审理民间借贷案件的法律依据及基本思路。

(二)借款利息抗辩理解

在《民间借贷规定》修订前,年利率24%以下民间利率可申请司法强制执行,即受法律保护,其借款人抗辩的法律不予支持。年利率24%～36%的民间借贷利率拥有债权保持力但无执行力。债权的效力,从原理上分析,具有请求力、执行力和保持力。具体到民间借贷问题上,一旦借贷行为完成,利息也随即以法定孳息的形式而成为债权之一部分。对于年利率24%～36%的民间借贷利息应认定为自然之债,具体处理方案为,年利率24%～36%的债权并无请求力,但约定也并非无效,但当债权人请求给付时,债务人得拒绝给付,并且债权人不得通过诉讼强制债务人履行。债务人自愿给付,且债权人受领时,法院亦不得认为不当得利。换言之,应享有债权之保持力,但不享有债权之执行力。对于年利率超过36%的部分认定无效,借款人的抗辩受法律保护。市场具有盲目性、自发性、滞后性的弊端,若完全实行利率自由化,则完全导致出借人为获得自身最大利益不断提高民间借贷利率,从而不利于资金在金融市场内的优化配置和民间借贷市场的长远发展。因而,有必要以法律的形式对民间借贷的利率上限进行一定的限制。这种限制在私法上的通常做法就是将高于上限的利率约定认定为无效,超过上限的给付的利息应当作为不当得利返还给借款人。在《民间借贷规定》修订后,最高人民法院将利率定成以贷款市价报价利率四倍为限。依照"四倍红线"的计算原则,民间借贷年利率低于15.4%将受法律保护,其自然之债和无效之债的幅度依次下降。

【案例7-1】 张某诉周某民间借贷纠纷案

一审法院认为,就周某在2017年3月17日的还款行为,系基于170万元借款产生,且从双方实际履行的情况看,周某在170万元借款未结算前一直按月支付39,100元,该数额恰为张某主张的170万元的2.3%月利率,再结合双方就170万元还款进行结算后确定的本金数额,可以认定双方就之前的170万元借款,约定并实际履行了月息2.3%的利率标准,亦未超过法律规定的利息范围,故对于周某表示2017年3月17日的借款并未约定利息的抗辩不予采信。虽2017年3月17日借条中约定的借款利息为月息3.6%,但在实际履行过程中,双方就利息数额进行了调整,周某仅就2017年3月17日至4月16日按照月息3.6%的标准向张某支付了利息,其余已支付的利息均未超出年利率36%的标准,对于超出法律规定的部分,张某同意按照月利率2%的标准抵扣未偿还利息,法院不持异议。结合周某已还款情况,认定周某偿还利息至2017年10月21日,张某主张期限超出部分,不予支持。判决:周某返还张某借款181万元并给付相应利息(自2017年10月22日起至实际付清之日止,按照年利率24%的标准计算)。二审法院同意一审法院裁判意见,判决:驳回上诉,维持一审判决。[1]

利息数额和支付是民间借贷纠纷的多发争议。

【案例7-2】 焦某诉谢某某民间借贷纠纷再审案

判决观点,焦某借款给谢某某,谢某某为焦某出具欠条,同时口头约定由谢某某每月支付给焦某利息4500元,均是双方合意后的真实意思表示,且不违反法律法规的强制性规定,故在焦某和谢某某之间形成合法有效的民间借贷法律关系,应受法律保护。后双方经协商将月息4500元降至3600元,是双方对权利义务内容的变更,对双方均具有约束力。是否支付利息是双方争议的焦点,谢某某借款给胡某某与焦某、谢某某之间的借贷关系属不同的法

---

〔1〕 参见国家法官学院、最高人民法院司法案例研究院编:《中国法院2020年度案例》(民间借贷纠纷),中国法制出版社2020年版,第139页。北京市第一中级人民法院(2018)京01民终9243号民事判决书。

律关系,胡某某未向谢某某支付利息并不必然导致谢某某可以不依约定向焦某支付利息,谢某某不同意给付焦某利息的抗辩理由无事实和法律依据,其应当依约定支付利息。原审判决在认定事实上存在错误,应予撤销。焦某要求谢某某归还借款并依约支付自2006年7月至2007年6月20日的借款利息的主张,理由正当,应予支持,但该借款利息数额的计算有误,应予纠正。焦某以谢某某未按原审判决指定的期间履行给付金钱义务为由,要求谢某某加倍支付迟延履行期间的债务利息的请求,因焦某在原审判决撤销后,即失去请求此项权利的法律依据,故法院不予支持。焦某信访要求谢某某另行支付2007年6月20日之后的借款利息116,659.20元的请求,已超出原审范围,该项请求不属于再审审理范围。判决:(1)撤销原审判决;(2)被申诉人谢某某归还申诉人焦某借款163,000元,并给付利息40,160元。[1]

借款人归还的部分借款应认定优先归还了借款利息,但如果归还的借款超过银行业同期报价利率的四倍,超出部分在借款本金中予以扣除。换言之,归还部分钱款应优先归还借款利息。

【案例7-3】 闫某某诉高某某、刘某某民间借贷纠纷案

二审法院认为,关于上诉人高某某归还的部分款项是否系归还的本金,结合高某某出具的借条、刘某某出具的还款保证书及还款计划保证及刘某某提供的签署于2013年5月27日的承诺,法院有理由相信高某某归还的钱款部分归还了诉争借款利息,但因两上诉人自2012年3月1日之后归还的钱款数额超过中国人民银行同期贷款利息的四倍,法院依法予以调整,超出部分在借款本金中予以扣除。[2]

出借人以利息、行政管理费等名目按期计收的,应认定为收取利息。

【案例7-4】 深圳市领达小额贷款有限公司诉宋某某借款合同纠纷案

判决观点,按照我国法律规定,借款人向贷款人所支付款项只有本金、利息和逾期利息,当事人在合同中以各种名义约定由借款人向贷款人支付的款项均应视为上述三种款项中的一种。双方当事人在合同中所约定的贷款手续费、调整还款日手续费等费用,其性质与利息相同,均应当视为利息。利息预先在本金中扣除的,应当按照实际借款数额返还借款并计算利息。贷款人在发放借款时以贷款手续费与调整还款日手续费的名义扣除了3719元,其行为性质与预先在本金中扣除的利息相同,因此,应当按照实际发放借款数

---

〔1〕 参见国家法官学院案例开发研究中心编:《中国法院2013年度案例》(借款担保纠纷),中国法制出版社2013年版,第24页。北京市平谷区人民法院(2011)平民再初字第1397号民事判决书。

〔2〕 上海市第一中级人民法院(2015)沪一中民一(民)终字第452号民事判决书。

额认定借款本金为146,281元。[1]

应注意的是,借款合同或借条既约定利率,又约定还款计算方式,规避法定利率限制,导致实际执行利率畸高的,对超过部分的诉求不予支持,其借款人的抗辩成立。

应强调的是,借款合同成立于2020年8月20日之前,出借人请求适用当时的司法解释计算自合同成立到2020年8月19日之前的利息部分的,法官应予支持;对于自2020年8月20日到借款返还之日的利息部分,适用起诉时规定的利率保护标准计算。

(三)借款利息欠条理解

结算凭证所载本金是否包含前期借款利息问题。对于结算凭证是否包含利息应审查,其一,本金中不包含前期借款利息的,则不需要借款利息超过年利率36%的标准,主张在本案中抵减已结算本金的,应释明借款人依据《民间借贷规定》规定另行主张返还并在判决基础上加以抵扣,而不能直接予以抵减所涉本金。其二,本金中包含前期借款利息的,应审查结算凭证所涉的借款利息是否高于法定标准利率24%及整个借款期间的本息之和是否存在超标准的问题。同时存在已支付利息超过年利率36%的,亦应区分是否是结算凭证所涉的本息范围,超过结算凭证所涉本息范围的则不予审查,由借款人另行主张返还。其三,关于结算前已支付超过年利率36%部分利息的抵减方式,实践中一般采取超出部分的利息即时冲抵本金,以还款当日为节点计算本金抵减数额。

【案例7-5】 王甲诉林某某民间借贷纠纷案

二审法院认为,诉争两份《借款合同》借款本金共计1,000,000元,并不包括此前借款的利息,故王甲、王乙主张诉争《借款合同》签订之前已支付的利息中超过年利率36%抵扣本案本金的意见,缺乏法律依据,法院不予支持,该部分已支付利息中超过年利率36%的部分王甲依法可主张予以返还,王甲一审起诉主张由林某某返还已支付利息超过年利率36%的部分为176,942元,林某某于2016年12月9日之前已收到的利息超过年利率36%的部分为176,942元,林某某二审期间对此亦予以确认,故王甲有关返还176,942元的诉讼请求依法有据,应予支持。自2016年12月9日起至2017

〔1〕 参见最高人民法院中国应用法学研究所编:《人民法院案例选》2016年第12辑(总第106辑),人民法院出版社2017年版,第130页。广东省深圳前海合作区人民法院(2016)粤0391民初691号民事判决书。

年3月27日止，王甲共向林某某还款170,000元，王甲、王乙现主张该部分款项按年利率36%付利息后超出的款项应抵扣本金，符合法律规定，林某某亦表示同意，法院依法予以支持，经计算，至2017年3月27日王甲、王乙尚欠林某某借款本金934,960.9元且至2017年3月27日的利息已付清，林某某主张王甲已按年利率36%支付利息至2017年5月31日，因该部分对应款项被作为本金予以抵扣，故王甲、王乙仍应依法按年利率24%的标准向林某某支付自2017年3月28日起至2017年5月31日止的相关利息。综上，王甲、王乙应返还林某某本金934,960.9元，并自2017年3月28日起按照年利率24%的标准向林某某支付利息至还清欠款止，王甲、王乙的相关上诉意见部分有理，予以支持，其余上诉意见缺乏事实和法律依据，不予支持。[1]

《民法典》第五百六十一条规定，“债务人在履行主债务外还应当支付利息和实现债权的有关费用，其给付不足以清偿全部债务的，除当事人另有约定外，应当按照下列顺序履行：(一)实现债权的有关费用；(二)利息；(三)主债务”。

【案例7-6】　肖某某诉高某某民间借贷纠纷案

判决观点，根据上述法律规定，被告于2014年9月23日、2015年5月22日、2017年1月2日出具债权凭证载明借款金额中除法院认定原告已经交付的款项外，其余款项应根据双方约定的借款利率计算利息并确定相应的借款本金金额。针对被告已经偿还的款项，虽然原告是按照月利率2%计算利息后扣除被告已付款项80万元，但其计算利息的借款本金包括法院确认系利息为本金的部分，故其主张的利息客观上已经超过按照月利率2%计算的利息，故根据上述法律规定，被告已经偿还的款项按照年利率36%计算利息后予以折抵，被告未支付的利息则应当以年利率24%予以计算，并根据先支付利息后偿还本金的顺序予以抵充，同时，按照上述法律规定，被告已经支付利息至2017年2月14日。据此，法院支持原告主张的借款本金4,273,050.15元及自2017年2月14日至8月23日共计190天，按照借款304.15万元、年利率24%计算的利息为379,979.18元(304.15元×24%÷365天×190天)。[2]

借款本金已全部偿还，但借款人应按出具的欠条中约定的利息履行。

---

〔1〕　参见国家法官学院、最高人民法院司法案例研究院编：《中国法院2020年度案例》(民间借贷纠纷)，中国法制出版社2020年版，第144页。福建省厦门市中级人民法院(2018)闽02民终1914号民事判决书。

〔2〕　参见国家法官学院案例开发研究中心编：《中国法院2019年度案例》(借款担保纠纷)，中国法制出版社2019年版，第31～32页。新疆维吾尔自治区乌鲁木齐市新市区人民法院(2017)新0104民初7725号民事判决书。

（四）执行利息与迟延利息区分

在执行实务中，应当区分两类利息：一是《民事诉讼法》第二百六十四条规定的“应当加倍支付迟延履行期间的债务利息”，其产生于生效裁判文书所确定的应当给付之日。二是在生效裁判文书确定的给付之日前，债权所产生的利息。区分两者的意义在于，首先是确定计算“迟延履行期间的债务利息”的基数，即主债权所产生的利息，是否可以计算迟延利息；其次是执行款不足以偿还全部债务时，按照法律文书确定的金钱债务与迟延履行期间的债务利息并还原则按比例执行，其主债权利息是作为“法律文书确定的金钱债务”还是“迟延履行期间的债务利息”处理。

主流观点认为，其一，债权利息应当作为计算迟延履行利息的基础。《民事诉讼法》《最高人民法院关于人民法院在执行工作中如何计算迟延履行期间的债务利息等问题的批复》（以下简称《批复》）对迟延履行利息的表述，均限定为迟延履行期间。生效裁判作出之前，债务人未及时还款，不属于迟延履行期间。所谓迟延履行，应当是指生效裁判所确定义务的履行在时间上的迟延。因此，以此履行日为界，前后利息的性质不同，之前产生的利息，属于《批复》第二条“法律文书确定的金钱债务”，应当计算迟延履行利息。“计算迟延履行期间的债务利息的基数，是法律文书确定的金钱债务总额，包括债务本金与利息的总额，以此总额为基数从迟延履行之日起计算迟延履行期间的债务利息直至债务清偿完毕之日。”〔1〕债权利息再计算迟延履行利息，不违背“公民之间的借贷，出借人将利息计入本金计算复利的，不予保护”的规定。因为这一规定是针对私人之间基于民间借贷而约定复利的禁止，至于迟延履行则属于法律制裁性质，不受限制。那种“不应该将迟延履行前的利息计入迟延履行债务的观点，实际上忽视了适用迟延履行利息的国家惩罚性特征，而只是将其作为一般的民间借贷来理解的结果”〔2〕。该种理解符合法律和司法解释的精神。其二，债权利息应当纳入“本”而非息进行本息并还。《批复》第二条规定，执行款不足以偿还全部债务的，应当按照法律文书确定的金钱债务与迟延履行期间的债务利息并还原则按比例执行。根据《批复》所附的计算方法，从执行到位的财产中裁判标的及迟延履行期间的债务利息分别所占比例及数额。本次执行款项扣减后，剩余利息为此前的迟延履行利息减去本次清

---

〔1〕 参见张太亮、蒋佳委：《执行迟延履行责任的司法困境及实践完善》，载《人民司法·案例》2013年第4期。

〔2〕 参见黄文艺：《迟延履行利息执行制度研究》，载《清华法律评论》2011年第1期。

偿的利息。剩余的债务本金继续计算迟延履行利息，而根据“一事不再罚”的原则，剩余的利息不应计算复利，直接纳入下次清偿时的债务总额。而且，迟延履行期间的债务利息属于罚息，是对不按期履行判决义务的惩罚方式，与普通债务主债务之利息在本质上是不同的。这是基于债的清偿抵充顺序的确立价值取向更侧重对债权人的利益保护，对被执行人施以适当的经济惩罚，督促其尽快全面履行判决义务，维护法律的尊严和法院判决的权威性。

二、借款利息法律适用

（一）约定利率认定

利率是一定时期内利息的数额同借贷资金本金之间的比例，依利率计算利息通常以一年为标准，按其百分比以定之。利率根据其产生的方法，亦有法定利率与约定利率之分，但该两者与法定利息和约定利息不能混为一谈。法定利息是基于法律的规定而当然发生的，其金额计算自是适用法定利率。但即便约定利息，如果在当事人对利率没有约定、约定不明或者约定违法的情况下，仍将适用法定利率。[1]

《民法典》第六百八十条第一款规定，禁止高利放贷，借款的利率不得违反国家有关规定。《合同法》第二百零四条规定，办理贷款业务的金融机构贷款的利率，应当按照中国人民银行规定的贷款利率的上下限确定。同时，《合同法》第二百一十一条第二款规定，自然人之间的借款合同约定支付利息的，借款的利率不得违反国家有关限制借款利率的规定。基于上文所述的利率市场化改革，《民法典》删去了《合同法》第二百零四条。而《民法典》第六百八十条第一款中“禁止高利放贷”的内容，系《民法典》新增加的内容；同款中“借款的利率不得违反国家有关规定”的内容，亦系修改《合同法》第二百一十一条第二款规定的结果。需要明确的是，《民法典》第六百八十条第一款规定的“禁止高利放贷”中的“禁止”，并非只是倡导性规定，正确的理解应当是而且必须是法律、行政法规的强制性规定。在民间借贷纠纷案件的审理过程中，只要违反了国家有关借款利率的强制性规定，原则上应作否定性评价。《民法典》第六百八十条规定的“借款利率的国家规定”，依据《中国人民银行法》第五条的规定：“中国人民银行就年度货币供应量、利率、汇率和国务院规定的其他重要事项作出的决定，报国务院批准后执行。”

民间借贷利率是出借双方自由协商的结果，法律本不应予以干预，只因现行民间借贷市场尚不规范，故为防止利率畸高，在司法领域设置上限，以起到引导和

〔1〕 参见江必新、何东宁等：《最高人民法院指导性案例裁判规则理解与适用》（合同卷二），中国法制出版社2012年版，第345页。

规范作用。《民间借贷规定》第二十八条第一款规定:“借贷双方对逾期利率有约定的,从其约定,但是以不超过合同成立时一年期贷款市场报价利率四倍为限。”

出借人设置的阴阳利率格式条款,约定利率、还款方式矛盾并存,导致执行利率畸高的,其利率不受法律保护。

【案例7-7】　深圳市领达小额贷款有限公司诉宋某某民间借贷纠纷案

判决观点,……②关于行政管理费的性质认定。同理,合同约定:利率0.8%/月,行政管理费1.5%/月,这两项费用实质均为利息,折合年利率27.6%超过24%;滞纳金的性质即为逾期利息,每日0.4%,折合年利率146%超过24%;根据我国《合同法》及相关司法解释的规定,对超过部分的诉求不予支持。③关于利率实际执行方式的问题。合同约定的利率合计每月2.3%,约定的还款方式混合了“等额本金”(每月归还的本金金额相同)与“等额本息”(每月还款总金额相同)两种计算方法。“等额本金”与“等额本息”两种方法在款项的计算上是有所不同的。在“等额本金”的计算方法中,每期归还的本金数额相同,欠款本金逐期减少,贷款的利息亦随之减少,每期的还款总金额是逐期减少的;而在“等额本息”方式中,每期归还的本金是逐期增加的,利息是逐期减少的,但每期还款总金额相同。本案中,双方约定的本息计算公式简化后为:每月偿还本息合计=(贷款金额×贷款月利率)+贷款金额/贷款期数,即每月偿还本息合计=(150,000×2.3%)+150,000/36。按照合同约定,全部贷款期数分期等额归还,每月归还本金数额为4166.33元,而贷款利息始终按照贷款总额来计算,每月支付利息金额仍为3450.33元。合同约定混淆了这两种计算方法的区别,造成实际执行利率逐月提高,最后一期月利率高达82.81%,导致利率畸高。合同约定的还款计算方式,规避了我国民间借贷利率的法律规定,对超过部分的诉求不予支持。由于合同约定的利率2.3%/月,并未超过年利率36%,对于前6期的利息按照2.3%/月计算,已支付利息不予返还。在借款人所归还款项中,每期扣除利息以外的款项均应视为归还的本金,合计已归还本金27,028.12元。[1]

在借条约定1%不明为月息还是年息的情况下,法官可从合同解释的原则出发,参考日常的交易习惯以及该笔交易的目的等方面考量确定。

【案例7-8】　王某某诉张某某、曹某民间借贷纠纷案

判决观点,关于利息问题,原告向被告出借钱款,并非为亲朋好友之间的

---

〔1〕参见国家法官学院案例开发研究中心编:《中国法院2019年度案例》(民间借贷纠纷),中国法制出版社2019年版,第149~150页。广东省深圳市前海合作区人民法院(2016)粤0391民初691号民事判决书。

帮忙，经法院审理查明，被告是因做生意而借款。因此，遵循合同解释的原则和当地借贷习惯，该借条中所载明的“利息一分整”应当为月息。[1]

（二）利率上限认定

《民间借贷规定》第二十五条规定：“出借人请求借款人按照合同约定利率支付利息的，人民法院应予支持，但是双方约定的利率超过合同成立时一年期贷款市场报价利率四倍的除外。前款所称‘一年期贷款市场报价利率’，是指中国人民银行授权全国银行间同业拆借中心自2019年8月20日起每月发布的一年期贷款市场报价利率。”该条是关于司法保护民间借贷上限的规定。对于规制民间借贷利率的意义，司法解释制定者认为，民间借贷利率可以通过合理价格予以确定，确定民间借贷利率上限绝非概念游戏，而是对于解决民间借贷的司法难题与我国金融市场发展具有现实助益。我国民间借贷利率正处于由严格管控向市场主导转化的过程之中，因而，更应依据市场供求关系决定其利率水平。在这个层面上，域外立法对于我国民间借贷利率上限的设置尤其是较低利率水平的限制具有一定的参考意义。我国法律在制度设计时还应更加立足于我国的历史发展惯性、社会状况、市场需求等现实情况，但总体上应保持相对较低的上限空间。[2]现行司法解释一直坚持“四倍红线”计算原则。

在《民间借贷规定》修订前，民间借贷利率的规制采取的上限是24%，在24%以下的民间利率可申请司法强制执行，即受法律保护。年利率24%～36%的民间借贷利率拥有债权保持力但无执行力。对于年利率24%～36%的民间借贷利息应认定为自然之债，在该期间的债权并无请求力，但约定也并非无效，当出借人请求给付时，借款人得拒绝给付，并且出借人不得通过诉讼强制借款人履行。借款人自愿给付履行完毕的，法院亦不得干预认为是不当得利。为对民间借贷的利率进行规制，有必要以法律的形式对利率上限进行一定的限制。这种限制在私法上的通常做法就是将高于上限的利率约定认定为无效，超过上限的给付的利息应当作为不当得利返还给借款人。在《民间借贷规定》修订后，最高人民法院将利率上限定成以贷款市价报价利率四倍为限。依照“四倍红线”的计算原则，民间借贷年利率将低于15.4%受法律保护。

借贷双方是否存在对借款利息高息约定，应根据借款与还款的事实进行

〔1〕 参见国家法官学院案例开发研究中心编：《中国法院2019年度案例》（民间借贷纠纷），中国法制出版社2019年版，第153页。安徽省淮南市田家庵区人民法院（2017）皖0403民初4042号民事判决书。

〔2〕 参见最高人民法院民事审判第一庭编著：《最高人民法院民间借贷司法解释理解与适用》，人民法院出版社2015年版，第455～457页。

判断。

【案例7-9】　苏甲诉徐某、某县丙汽车出租有限责任公司民间借贷纠纷再审案

最高人民法院认为,根据苏甲在一审起诉时主张,诉争借款的利息最初约定为5分,后变更为3分,而从一审、二审查明的事实看,徐某向苏乙、苏甲等人汇款已经超过其向苏乙等人的借款数额,因此,应理解为借贷双方存在高息的约定。对于徐某及丙公司已经偿还的利息部分,因系债务人的真实意思表示,且没有损害国家、社会公共利益,对借款人按照不当得利要求返还的诉讼请求于法无据。同时,二审判决对于苏甲主张自2012年9月8日其按照同期银行贷款利率四倍计算利息的主张并未予以支持,而是根据《最高人民法院关于人民法院审理借贷案件的若干意见》的规定,参照人民银行同期同类贷款利率自2014年4月20日起计算逾期利息,已经兼顾了徐某以及丙公司的利益。[1]

借贷双方约定按月等本等息的,超过法律规定上限的不受保护。

【案例7-10】　丁某某诉杨甲、郭某某、杨乙民间借贷纠纷案

判决观点,丁某某与杨甲、郭某某、杨乙之间民间借贷关系成立。杨甲、郭某某、杨乙借款后,偿还丁某某的借款本息已经超过依法应偿还的借款本息,不应再承担还款责任。丁某某要求杨甲、郭某某、杨乙偿还借款本金并给付逾期利息的诉讼请求理由不能成立,法院不予支持。因借贷双方约定的还款方式是按月等本等息,丁某某提供的还款情况说明认可了杨甲、郭某某、杨乙偿还的借款本息共计128,966.63元,已超过应还借款本息共计118,067元,故杨甲、郭某某、杨乙提出"借款本息已还清"的抗辩意见及"前11期的还款金额中利息部分超过法律规定,应抵扣最后一期的还款,且借款本金在不断减少,丁某某利息计算超过年利率24%"的质证意见,理由成立,法院予以支持。判决:驳回原告丁某某的诉讼请求。[2]

实践中,约定利率超过法定上限的是应予调整的。

【案例7-11】　刘某诉唐某某民间借贷纠纷案

判决观点,被告唐某某向原告刘某借款20万元的事实,被告出具了借条并交由原告收执,且双方都明确表示口头约定了利息,其中原告陈述口头约定的利息为月利率3.5%,被告则陈述之前支付过月利率8%、5%的利息。

---

〔1〕最高人民法院(2015)民申字第3411号民事裁定书。

〔2〕参见国家法官学院案例开发研究中心编:《中国法院2018年度案例》(民间借贷纠纷),中国法制出版社2018年版,第185页。黑龙江省哈尔滨市道里区人民法院(2016)黑0102民初8176号民事判决书。

根据《民间借贷规定》第二十六条的规定,原、被告约定的利率超过了该规定,应予以调整为年利率24%。[1]

【案例7-12】 谢某某诉陈某某民间借贷纠纷案

二审法院认为,上诉人主张双方约定利率过高,应依据调整后的利息标准重新计算并返还上诉人已给付的利息,然而本案双方当事人均确认,截至2014年4月8日,上诉人尚欠被上诉人借款本金90万元,且相关借款利息给付至2012年12月31日,在此情况下,上诉人之主张于法有据,二审法院不予支持。综上,原审对本案认定及处理并无不当,上诉人上诉理由不能成立,原审判决依法应予维持。判决:驳回上诉,维持原判。[2]

【案例7-13】 徐某某诉安徽五洋电力集团有限公司等民间借贷纠纷案

二审法院认为,涉案借条约定出借本金为500万元,借期2个月,到期本息一次性支付530万元,故在双方约定的借款期限内月利率为3%。借条虽未约定逾期利息,但根据本案还款情况,借贷双方对逾期也是按照月利率3%履行的。鉴于双方实际履行的利率标准明显过高,原审判决将本案借款期限内及逾期利息均按照中国人民银行同期同类贷款利率标准的四倍予以调整并无不当,但经审查,原审判决在计算本息时将未支付的利息并入本金再计算利息明显不当,二审法院予以纠正。[3]

【不同处理】 在民间借贷中,借款人自愿履行的过高利息应充分尊重当事人的意思自治。

【案例7-14】 王某某诉广厦房地产公司民间借贷纠纷案

判决观点,被告广厦房地产公司在借款期间,自愿按月息3%向原告王某某支付50万元,利息已支付至2012年11月12日,上述行为系双方当事人的真实意思表示,并不违反法律法规的强制性规定。原告王某某向法院提起诉讼,要求被告广厦房地产公司按月息3%支付利息,因月息3%超出了法定的利率上限,应按照中国人民银行同期同类贷款利率的四倍计算利息。利息和违约金在性质上都是属于违约的一种惩罚方式,两者的性质相同,两项相加不能超出利率规定。另外,滞纳金不是民事责任形式,故原告王某某要求被告广厦房地产公司按日5‰支付滞纳金的请求,不予支持。[4]

---

〔1〕 参见国家法官学院案例开发研究中心编:《中国法院2017年度案例》(民间借贷纠纷),中国法制出版社2017年版,第196页。江西省赣州市龙南县人民法院(2015)龙民二初字第764号民事判决书。

〔2〕 上海市第一中级人民法院(2014)沪一中民一(民)终字第3227号民事判决书。

〔3〕 安徽省高级人民法院(2014)皖民二终字第00392号民事判决书。

〔4〕 参见国家法官学院案例开发研究中心编:《中国法院2015年度案例》(民间借贷纠纷),中国法制出版社2015年版,第195页。河南省安阳市殷都区人民法院(2013)殷民三初字第76号民事判决书。

在许多民间借贷的实践中，出借人为了保证所出借款得以偿还，约定还款以一定的物进行偿还；而到还款时，由于这些物的价格上涨，导致按照约定所偿还的物折算的金钱数额，其年利率已经超过合同成立时一年期贷款市场报价利率四倍，这种情况下如何处理？最高人民法院民一庭认为，对于借款合同来说，提供合同约定的款项是出借人的义务，而依约偿还借款及相应的利息是贷款人的义务。对于民间借贷的利率，《民间借贷规定》第二十五条规定了上限："出借人请求借款人按照合同约定利率支付利息的，人民法院应予支持，但是双方约定的利率超过合同成立时一年期贷款市场报价利率四倍的除外。前款所称'一年期贷款市场报价利率'，是指中国人民银行授权全国银行间同业拆借中心自 2019 年 8 月 20 日起每月发布的一年期贷款市场报价利率。"对于当事人之间在实践中约定的以一定的物来偿还相应的借款，其实质上是以物体现的价值来代替贷款人所应支付的本金和利息，故在偿还借款时，该物所体现的价值扣除本金后年利率超过合同成立时一年期贷款市场报价利率四倍的，根据前述规定，人民法院对出借人就超出部分的利息的请求不予支持。因此，当事人约定以物偿还债务的，如果偿还借款时所折算的金钱数额，其年利率超过合同成立时一年期市场报价利率四倍的，对于出借人对超出部分利息的诉讼请求，人民法院不予支持。〔1〕

应注意的是，《民间借贷规定》第二十五条规定不适用经金融监管部门批准设立的从事贷款业务的金融机构及其分支机构因发放贷款等相关金融业务引发的纠纷，金融机构发放的贷款利率不适用该条关于民间借贷 LPR 四倍利率保护上限的规定。最高人民法院在一个批复中明确表示：关于适用范围问题。经征求金融监管部门意见，由地方金融监管部门监管的小额贷款公司、融资担保公司、区域性股权市场、典当行、融资租赁公司、商业保理公司、地方资产管理公司等七类地方金融组织，属于经金融监管部门批准设立的金融机构，其因从事相关金融业务引发的纠纷，不适用新民间借贷司法解释。〔2〕

（三）逾期利率认定

《民间借贷规定》第二十八条规定："借贷双方对逾期利率有约定的，从其约定，但是以不超过合同成立时一年期贷款市场报价利率四倍为限。未约定逾期利率或者约定不明的，人民法院可以区分不同情况处理：（一）既未约定借期内利

〔1〕 参见最高人民法院民事审判第一庭编：《民事审判实务问答》，法律出版社 2021 年版，第 50～51 页。

〔2〕《最高人民法院关于新民间借贷司法解释适用范围问题的批复》（法释〔2020〕27 号）。

率，也未约定逾期利率，出借人主张借款人自逾期还款之日起参照一年期贷款市场报价利率标准计算的利息承担逾期违约责任的，人民法院应予支持；（二）约定了借期内利率但是未约定逾期利率，出借人主张借款人自逾期还款之日起按照借期内利率支付资金占用期间利息的，人民法院应予支持。”该条是对逾期利率问题的规定。

借款人不按照合同的约定归还借款应当支付相应的逾期利息，在法律上亦有明确规定作为依据。逾期利息是借款人未按约定清偿借款的后果，从这个意义上讲，逾期利息是借款人承担违约责任的一种形式。司法解释制定者认为，逾期利息不属于法定孳息。而逾期还款是指借款人未按约定的期限返还借款的行为，其基础法律关系为借款合同。借款合同与金钱债权的不同在于，借款合同是出借人让渡一定时间的资金使用而获得利息收入，而借款人为取得一定时间的资金使用而支付一定利息的合同，因此，资金的时间价值是合同履行的重要内容，利息就是资金的时间价格，是双方对资金使用的约定价格。将利息认定为孳息与双方对资金利息的支付本意不符。逾期利息不属于法定违约金。当事人一方违约时，是否适用违约金责任，完全取决于当事人的约定，如当事人约定了违约金，则守约方可以主张，如没有约定违约金，则违约金责任无适用的余地。这一规定符合契约自由原则的本旨，适应市场经济发展要求，无疑具有进步性。根据这一原则，违反合同约定的逾期返还借款的，无法定违约金适用的余地，则逾期利息不属于法定违约金。契约自由是合同法的重要原则，逾期利息的性质同样取决于当事人合同中的约定。如果在合同中对借款逾期后违约责任的形式进行了约定，无论违约金的金额是否明确，逾期利息则属违约金；反之，当事人对借款逾期后违约责任的形式没有约定或者只约定了损失赔偿的计算方式，则逾期利息的性质为损失赔偿或者继续履行。[1]

【案例7－15】 朱某诉马某某民间借贷纠纷案

一审法院认为，对于逾期利息，双方虽在合同中提及，但对具体的利率未作约定，考虑到双方已约定了借款利率，且该利率高于银行同类贷款利率，可视为当事人对系争借款的可得利益标准计算已有明确的预见，故原告要求被告按约定的借款利率计付逾期利息的诉讼请求，法院予以支持。因原告确认被告已支付利息9万元，故该款应在被告应支付的全部利息中予以扣除。二审法院认为，一审认定事实正确，适用法律无误，故判决：驳回上诉，维持原判。[2]

---

〔1〕 参见最高人民法院民事审判第一庭编著：《最高人民法院民间借贷司法解释理解与适用》，人民法院出版社2015年版，第508～510页。

〔2〕 参见沈志先主编：《2011年上海法院案例精选》，上海人民出版社2012年版，第118页。

【案例 7－16】 王某某诉那某某民间借贷纠纷案

二审法院认为，本案中，那某某就其应偿还王某某借款本金 4 万元及约定借款期限内利息按年息 20% 计算不持异议，现那某某未按约定期限偿还借款，王某某以借期内的利率主张逾期还款利息，依法应予以支持。故原审法院判决那某某给付王某某本金 7 万元的利息，自 1998 年 11 月 8 日起至 1998 年 12 月 31 日止，按息二分计算不当。判决：维持一审判决第一项，变更一审判决第二项为被上诉人那某某给付上诉人王某某本金 4 万元按年息 20% 计算。〔1〕

(四) 预先扣除利息认定

《民间借贷规定》第二十六条后半段规定："预先在本金中扣除利息的，人民法院应当将实际出借的金额认定为本金。"在民间借贷中，这种做法又被称为"砍头息"，指的是出借人在向借款人支付本金时预先把利息扣除的行为。这种做法是民间借贷常有现象。但是这种"砍头息"的方式对于借款人是不公平的。借款人利用出借人的本金创造自己的经济效益，如果事先从借款本金扣除利息，其借款人创造经济效益的资金条件就会受到制约，因此法律对这种行为持否定态度。在实践中的"砍头息"主要存在三种情形：其一，出借人实际扣除利息后现金给付借款人，借款人向出借人出具全额的借条或者借款合同。其二，出借人实际给付借款人的款项是转账支付，出借人实际扣下的利息则双方约定是以现金支付，借款人向出借人出具全额的借条或者借款合同。其三，出借人以转账方式全额支付给借款人，借款人随即将利息支付给出借人，借款人向出借人出具全额的借条或者借款合同。

对于出借款项的次日即付息的情形。最高人民法院法官认为，当事人借款的目的是取得利益，包括借款的期限利益，如果次日即支付利息，无疑剥夺了借款人对于部分借款本金的期限利益。这种行为尽管并非在出借款项时直接扣除利息后交付本金，但结合立法目的、利息性质等分析，应该予以定性评价。〔2〕

在民间借贷中，利息计入本金后的利息部分不应再计算利息。

---

〔1〕 参见国家法官学院案例开发研究中心编：《中国法院 2015 年度案例》(民间借贷纠纷)，中国法制出版社 2015 年版，第 185 页。辽宁省本溪市中级人民法院(2013)本民一终字第 00270 号民事判决书。

〔2〕 参见最高人民法院民法典贯彻实施工作领导小组编著：《中国民法典适用大全》(合同卷三)，人民法院出版社 2022 年版，第 1717 页。

【案例 7 - 17】 黄某某诉蔡某某民间借贷纠纷案

判决观点,本案中,黄某某自认其未实际支付 25 万元,是对其不利事实的承认,法院予以照准,黄某某自认其未实际支付 25 万元,应在 500 万元借款本金中予以扣除。关于利息 7 万元如前文所述不再重复计算利息,且剩余利息应依法先支付利息后偿还本金,在利息 7 万元中予以折抵,蔡某某尚欠利息 5.6 万元。关于双方约定的利息 45 万元如前文所述,应以 423 万元为基数按月利率 2% 计算 4 个月利息,共尚欠利息为 33.84 万元,黄某某主张的 45 万元应重复计算,法院认为不符合法律依据,不予支持。蔡某某于 2015 年 12 月 22 日写借条之前归还的 172 万元如前文所述应视为支付利息,写借条之后归还的 1 万元应在总利息 39.44 万元(以本金 423 万元为基数计算尚欠的 4 个月利息,每个月利率 2%)中予以折抵,尚欠利息 39.44 万元 - 1 万元 = 38.44 万元。又因双方在重新结算时其中以 73 万元(原约定是 80 万元)为基数的借款是按月利率 2.5% 计入后期借款本金,不符合法律规定,对超过月利率 2% 的利息计入后期借款本金的,法院不予支持,法院依法调整为按月利率 2% 的利息计入后期借款本金,根据上述所述蔡某某尚欠黄某某本金 423 万元。根据《民间借贷规定》第二十六条的规定,现黄某某主张自 2016 年 1 月 1 日起按月利率 2% 支付利息,法院予以支持。蔡某某辩解实际借款为 423 万元,法院予以照准。[1]

【案例 7 - 18】 王某诉成商公司民间借贷纠纷案

最高人民法院认为,利息预先在本金中扣除的,应当按照实际借款数额返还借款并计算利息。一审判决对当事人在本金中预先扣除利息的行为给予否定性评价,并按照规定认定实际借款数额为 3115 万元,适用法律正确。[2]

在现实的民间借贷纠纷中,一部分违法出借人,在提供借款时常常将利息预先从本金中扣除,借款人实际借款数额仅是本金扣除利息后的数额,这是典型的“砍头息”。根据我国法律规定,出借人将利息预先在本金中扣除后,仍主张按借款凭证记载的本金偿还借款及利息的,法院将以实际出借金额计算本金及利息。司法实践中,有部分放贷者,为规避前述法律规定,并不在放贷时直接扣除,而是让借款人在收到款项后立即向放贷人或者其指定的人转回该部分款项,其本质上也属于“砍头息”,根据我国法律规定该部分款项应当在本金中予以扣除。

---

〔1〕 参见国家法官学院案例开发研究中心编:《中国法院 2019 年度案例》(民间借贷纠纷),中国法制出版社 2019 年版,第 159 ~ 160 页。福建省莆田市秀屿区人民法院(2017)闽 0305 民初 362 号民事判决书。

〔2〕 参见最高人民法院民法典贯彻实施工作领导小组编著:《中国民法典适用大全》(合同卷三),人民法院出版社 2022 年版,第 1717 页。最高人民法院(2018)民终 23 号民事判决书。

【案例 7－19】　渤海信托诉神州公司民间借贷纠纷案

最高人民法院认为,根据神州公司上诉及渤海信托的答辩意见,本案二审的争议焦点为,神州公司于案涉贷款发放次日向渤海信托支付的 2,374,666.67 元,应否在本金 3 亿元中扣除。神州公司与渤海信托签订的《贷款合同》第 4.4 条结息约定:本合同项下贷款分两部分结息:第一部分结息:该部分利息的结息日为信托贷款发放日,借款人应于结息日支付贷款利息,支付利息的计算公式为:贷款本金金额 ×0.26%/年 ×1096/360,按照该约定,神州公司于收到信托贷款的次日即 2017 年 5 月 11 日向渤海信托支付了该部分利息 2,374,666.67 元,渤海信托出具的《渤海国际信托股份有限公司人民币贷款业务利息通知单》《渤海国际信托股份有限公司收据》亦均注明该笔款项用途为利息。因此,该笔款项的性质应为利息。就利息的性质而言,利息是按约定利率计算的孳息,是借款人完全支配和使用借款本金所应承担的成本,是借款人使用该借款本金创造经济效益转移给出借人的一部分利润。如果事先从借款本金中扣除利息,无疑使借款人利用本金创造经济效益的资金条件受到限制。因此,法律及相关司法解释对于预先在本金中扣除利息的情形进行了规制。《合同法》第二百条规定:借款的利息不得预先在本金中扣除。利息预先在本金中扣除的,应当按照实际借款数额返还借款并计算利息。《民间借贷规定》第二十七条规定:预先在本金中扣除利息的,人民法院应当将实际出借的金额认定为本金。而本案中,渤海信托于 2017 年 5 月 10 日向神州公司发放贷款 3 亿元,次日即收取了三年期利息 2,374,666.67 元,神州公司实际使用的本金为 3 亿元扣减该 2,374,666.67 元,即 297,625,333 元(准确数额为 297,625,333.33 元,本案以神州公司主张的整数为准)。本案情形虽然与上述法律及司法解释规定的预先在本金中扣除利息有所不同,但无本质区别,神州公司并未实际享有按约定期限使用该 2,374,666.67 元款项的利益。因此,本案属于非典型的预先在本金中扣除利息的情形。此种情况下,渤海信托主张神州公司应返还本金 3 亿元,并以 3 亿元为基数计付利息、罚息,对神州公司有所不公。故本院认为,该 2,374,666.67 元应当从本金 3 亿元中扣除,即神州公司应返还的本金为 297,625,333 元,并应以该数额为基数计付利息、罚息。渤海信托答辩称,该笔款项属于神州公司的融资成本,其已以信托保管费的名义支付给浦发银行深圳分行,但该事实并不能否认神州公司实际使用本金为 297,625,333 元的事实,故本院对该意见不予采纳。一审判决以神州公司支付该笔款项后,渤海信托即刻以信托保管费的名义付给了浦发银行深圳分行为由,未支持神州公司提出的该笔款项应从本金中扣除的主张，该认定有误，本院予以纠正。[1]

出借人为规避法律规定，提前扣除利息的手段日益多样化、隐蔽化。如出借人为规避《民法典》之规定，虽按合同约定金额出借款项，但是却在出借前要求借款人预先支付利息。该请求虽不属于出借人预先扣除利息后交付本金，即并非典型的“本金中扣除利息”的行为，但利息实质上应是借款人因实际使用出借人的资金而在双方之间形成的债的关系，若本金未交付则不会产生支付利息的问题。如果让借款人在未实际使用借款前就支付利息是与公平原则相悖的，且不符合交易习惯。预先支付利息不仅是预先扣除利息的一种变相方式，而且预先支付利息对借款人更为不利。如果认可这种行为是对出借人可以借此规避法律强制性规定的纵容。同时，即便借贷双方在合同中存在预先支付利息的约定，此约定也会因违反《民法典》第六百七十条规定而无效。故从规范借贷关系和促进公平的角度出发，对《民法典》第六百七十条规定不应机械地理解为一次性扣除全部利息，凡属于预先扣除利息，使借款人实际取得的借款数低于借款合同约定数额的情形均应加以禁止。

（五）利息计算时点认定

计算逾期付款利息是司法实践中经常遇到的问题，也是急需研究的方面。

1. 起算时点

计算逾期付款利息的时间起点相对比较容易确定，应当自借条载明还款次日或借款人违约之日起计算。在当事人无约定的情况下，经权利人催告后，自催告或宽展期届满之次日起债务须支付利息。

2. 时间终点

在借款或欠款通过当事人协商解决的情况下，利息应当计算至借款人付款之日。但进入司法程序之后，计算利息的时间终点却非常复杂，目前法律、司法解释尚未有明确规定，学术界对这一问题也尚未系统、深入地研究，各地法院处理差别很大，归纳起来，各地主要有“起诉之日”“判决作出之日”“判决生效之日”“判决指定履行期满之日”“实际付款之日”五种做法，其中“起诉之日”“判决作出之

〔1〕 最高人民法院(2020)民终140号民事判决书。

日”“实际付款之日”三种较为普遍。

“起诉之日”的支持者主要是法院立案庭，其理由是诉讼请求必须明确、具体，方符合现在立案审查制要求，以便计算诉讼费，有的法院以此增加诉讼费收入。也有法院甚至以诉讼请求不够明确、具体为由，将原告请求“支付自某年某月某日起至实际支付之日或判决作出之日、实际付款之日”之类的起诉状一律退回让其修改。原告担心不能通过立案审查，只好违心按照法院立案庭的意图修改诉讼请求（写明利息的具体数额），然后再在庭审过程中变更诉讼请求（一般变更为计算至实际付款之日）。

“判决作出之日”又分为“一审判决作出之日”“二审判决作出之日”“再审判决作出之日”三种做法，其主要理由是法院只能就债权人已经产生的损失或违约责任作出判决。

“判决生效之日”观点认为，债务人在判决书指定履行期内履行符合法院判决书的规定，不存在逾期付款问题，因此不应承担违约责任。

“判决指定履行期满之日”观点认为，司法实践中的情况非常复杂，有一审、二审、再审等不同情形，不论何种诉讼阶段，为保护出借人合法权益，法院均应将判决书指定履行期满之日作为利息计算的时间终点。

“实际付款之日”观点认为，只要逾期付款的违约一直存在，就应当计算借款人逾期付款利息，直至实际给付之日。

利息计算终点需要统一尺度在于，其一，虽然借款人具有应诉、抗辩、上诉等权利，但如同原告在败诉时必须负担诉讼费一样，借款人也必须承担因行使应诉、抗辩、上诉等权利而增加的逾期付款利息的法律后果。现实中，诉讼常常是借款人暂不承担责任的避风港，借款人甚至希望诉讼拖得越长越好。如果免去借款人支付全部诉讼期间或某个诉讼阶段的逾期付款利息的义务，就会导致借款人滥用诉权来逃避法律责任。其二，根据《民事诉讼法》的有关规定，判决指定履行期内仅仅免除拒不执行生效判决、裁定等方面的法律责任。在出借人没有自愿放弃诉讼期间内逾期付款的情况下，法院如果依职权免去借款人支付诉讼期间逾期付款的利息义务，目前无论是在程序法还是在实体法上均无法律依据。其三，计算利息时间链条不应出现断缺。在纠纷通过借贷双方协商解决的情况下，利息尚可以计算至借款人付款之日，司法程序更应全面保护出借人的合法权益。如果司法程序免去借款人全部诉讼过程或某个诉讼阶段支付逾期付款利息的义务（诉讼程序或某个阶段有时长达数年），就会导致债权的部分利息无法纳入司法审查和判决，可能造成出借人承担巨大利息损失后果。出借人的合法权益因此得不到法律保护，借款人相反无须对其部分违约行为承担法律后果，这显然违反了《民法典》的基本原则——公平原则。其四，根据《民法典》第五百八十四条规定，借款人应当对订立合同时预见到或者应当预见到因违反合同可能造成的损失承担法律责任，法院因此有权对其判决承担逾期利息。其五,司法解释制定者认为,逾期还款利息的性质为逾期还款的违约金或者损失赔偿,借款人在清偿借款之前其违约状态一直持续,应当由借款人承担直到全部清偿之间的违约金或者赔偿损失。[1]

3. 再审案件利息的给付时间段

关于再审案件利息的给付时间段问题,在实践中存在多种复杂情形。一般认为,应按照原告出借人一审诉求的利息计付利息,无须给付之后的利息。

【案例7-20】 洪泽丰润金属回收有限公司与安徽福赐德新材料有限公司企业借贷纠纷再审案

最高人民法院认为,关于利息的给付时间段问题。在2012年6月洪泽丰润公司一审起诉之时,其在诉状中明确表示只要给付从2007年5月2日起至2012年5月1日止的60个月的利息240万元。在一审法院作出给付240万元利息的判决后,其并未上诉。福赐德公司上诉后,洪泽丰润公司在二审抗辩时也没有对利息问题提出抗辩。在申请再审时,其仍请维持一审判决,没有请求给付2012年5月1日之后的利息。综合上述事实可以认定。在最高人民法院再审审理之前,其并不主张2012年5月1日之后的利息。在本案再审审理期间,洪泽丰润公司除请求维持一审判决结果外,还请求福赐德公司给付2012年5月1日之后的利息。基于之前只主张60个月的利息,且其主张的利息已经超过本金数额,支持其60个月的利息已足以保护其权利,且并未根本违反其一审诉求的事实,最高人民法院认为,对于其在再审审理过程中主张2012年5月1日之后的利息的再审请求不予支持。[2]

4. 未明确还款时间逾期利息起点

借贷双方没有明确约定还款日期,故借款人偿还出借人逾期利息的时间起点,应以出借人起诉借款人之日来确定。

【案例7-21】 张某某诉郑某民间借贷纠纷案

判决观点,原告主张的利息部分,因双方约定不明,对原告月息1分(年利率12%)的主张,法院依法不予支持,仅支持原告起诉之日至判决给付之

---

〔1〕 参见最高人民法院民事审判第一庭编著:《最高人民法院民间借贷司法解释理解与适用》,人民法院出版社2015年版,第516页。

〔2〕 参见杜万华主编:《最高人民法院民商事案件审判指导》(第4卷),人民法院出版社2016年版,第418页。

日止的利息按年利率6%计。[1]

5. 司法解释变化过程中利息点

《民间借贷规定》分别于2015年8月6日、2019年8月19日以及2020年12月29日各发布过一次。根据三次司法解释的规定,需要视具体情况对利息分别处理。简单来说,2020年8月20日之后受理的案件,自合同成立之日起至2020年8月19日止的利息,适用当时的司法解释计算利息,此处的"当时"应理解为合同成立时,一般应适用年利率24%为上限;2020年8月20日之后的利息,适用起诉时本解释的利率保护标准计算,以LPR的四倍为上限,且该LPR的具体利率标准以起诉时当日的LPR为准。另外,对于逾期利息利率的认定,存在上述按不同时期司法解释规定分段计算的情况,且存在合同成立时以及逾期还款之日两个不同的时间点。

【案例7-22】　王某、樊某诉辛某、孙某民间借贷纠纷案

二审法院认为,本案二审争议焦点为案涉借款是否存在月利率2%的约定,及该约定是否可受法律保护。对此法院认为,形成涉案债务的三笔借款中,第一笔出具70万元借条的借款明确约定了借款利息,合月利率2%。尽管双方未针对2011年8月8日100万元转账签订借条,但双方在此后结算借款而出具的150万元借条中,载明了月利息3万元,即月利率2%,同时,双方还就欠付利息出具欠条,可以说明双方就涉案借款均约定了利息。一审法院认定2011年8月8日的借款也存在月利率2%利息的约定,认定正确,法院予以确认。依据《民间借贷规定》(法释〔2015〕18号)第二十六条第一款规定……双方约定借款月利率2%应属有效。一审法院按照当事人实际出借借款的情况及还款情况,对当事人出具借条、欠条中合理的部分予以保护,计算结果正确,法院亦予确认。针对辛某上诉称本案应适用《民间借贷规定》(法释〔2020〕6号)的意见,法院认为,该司法解释第三十二条第一款规定:"本规定施行后,人民法院受理的一审民间借贷纠纷案件,适用本规定。"鉴于该司法解释自2020年8月20日起施行,而本案受理于2020年6月5日,故《民间借贷规定》(法释〔2020〕6号)对本案审理不具溯及力,故对辛某的上诉意见,法院不予支持。综上所述,辛某的上诉意见不能成立,应予驳回;一审判决认定事实清楚,适用法律正确,应予维持。判决:驳回上诉,维持

〔1〕参见国家法官学院案例开发研究中心编:《中国法院2018年度案例》(民间借贷纠纷),中国法制出版社2018年版,第182页。河南省焦作市马村区人民法院(2016)豫0804民初454号民事判决书。

原判。[1]

(六)收取费用范围认定

最高人民法院在《民间借贷规定》第二十九条中规定了其他费用,并在其他相关的意见和通知中也明确提到了其他费用的表述,并提到"显著背离实际损失、变相高息,规避利率上限",印证了其他费用系变相高息之意。并强调"依法严守法定利率红线。人民法院在民间借贷纠纷案件审理过程中,对于各种以'利息'、违约金、服务费、中介费、保证金、延期费等突破或变相突破法定利红线的,应当依法不予支持。"根据前述规定,法院规制的是变相利息,否定的是规避利率上限条款效力,对于借款双方约定律师费的合同条款并未予以否定,对于其他费用不应做绝对文义解释。还应注意的是,为防止出借人以费用名义额外计收利息,进而规避民间借贷利率的司法保护上限,应当从新司法解释控制借款成本的立法本意出发,将原第三十条(修改后的第二十九条)中的"其他费用"理解为借款人为获得借款而支付的其他成本,应与利率的性质基本相同包括但不限于服务费、咨询费、管理费、会员费等各种借款本金之外实际支付的费用。关于实践中争议较大的担保费问题,由于"其他费用"已经明确为出借人向借款人实际收取的费用,应视担保费是否最终由出借人实际收取作出认定。[2]

在实践中,出借人和借款人可能会在借款合同中约定借款人支付服务费、咨询费、管理费等"其他费用",这些费用虽名目不同,但其实质上仍属于借款人为获得借款支付的成本。[3]

其他费用对出借人与借款人双方的意思是不同的,对出借人讲接近于可通过出借行为直接产生的利益形式,对借款人讲接近围绕借款本身支付的成本,如服务费、咨询费、管理费等。与上述费用相比律师费在合同中的约定是双方意思表示,但不包括在其他费用范围内。

其他费用与律师费虽然都是围绕借款发生的费用,但二者有不同之处,主要区别为,其一,产生时间不同。其他费用以及逾期利息、违约金的金额产生于借贷

〔1〕 参见国家法官学院、最高人民法院司法案例研究院编:《中国法院2022年度案例》(民间借贷纠纷),中国法制出版社2022年版,第146~147页。北京市第一中级人民法院(2020)京01民终8606号民事判决书。

〔2〕 参见最高人民法院民事审判第一庭编:《民事指导与参考》2021年第2辑(总第86辑),人民法院出版社2021年版,第124页。

〔3〕 参见最高人民法院民事审判第一庭编著:《最高人民法院民间借贷司法解释理解与适用》,人民法院出版社2015年版,第523页。

之时,律师费产生于借款人违约之后而不是借贷发生之时。其二,目的不同。其他费用具有一定的惩罚性,目的在于确保出借资金的收益,对出借人而言是可得利益,对借款人而言则是融资成本。律师费目的在于保障出借人启动司法程序实现债权。律师费属于对于已支出费用的风险转移,而非对固定借款本金的额外收益。律师费对于出借人而言是收回出借资金产生的实际成本,其实质是财产的减少,与出借资金没有关系,对出借人自己的逾期收益增减并不产生实际影响。其三,确定性不同。其他费用依据出借资金计算而来,是固定性数额且是确定的。律师费是否发生具有不确定性,前提是借款人违约后出借人提起诉讼,反之借款人不存在违约则出借人不提起诉讼则不产生律师费。其四,法律保护不同。其他费用与利息、违约金总和不得超过同期贷款市场利率四倍,其他费用变相提高利率的不受法律保护。律师费不属于借款成本,而是债权人为实现债权所产生的损失。律师费是实际发生的积极损失,而非利益损失,受法律保护。

最高人民法院第二巡回法庭2021年第19次法官会议纪要认为,采乙说。律师费和诉讼保全责任保险费为出借人维护自身合法权益的必要支出,与借款人借款成本性质不同。首先,从《民间借贷规定》第二十九条规定的立法本意看,该条主要目的在于当借贷双方对逾期利率、违约金以及其他费用一并约定时平衡保护当事人之间的权益;其次,从实践情况看,只有与融资成本紧密相关的费用才属于司法解释规定的范围,一般主要指约定的服务费、咨询费、管理费等,其性质上仍属于借款人为获得借款而支付的必要成本,并非在借款合同中出现的所有费用都属于上述范围;再次,本条设定利率上限的目的是防止当事人以其他费用变相提高借款利率;最后,律师费和诉讼保全责任保险费与借贷中的控制融资成本并无直接关联关系。当事人约定的律师费和诉讼保全责任保险费系当事人为实现债权而可能支出的成本,若借款人依约还款则不会产生;若引发纠纷产生相关费用,应由败诉方承担,原则上不同于借款利息、违约金等费用。[1]

借款人违约不仅要继续履行偿本付息的合同义务,同时还要赔偿出借人因其违约导致诉讼而产生的实际损失。借款人这一赔偿行为只是对出借人因诉讼所产生损失的填补,出借人并未因此获利。律师费是出借人因借款人违约产生的损失,双方又有约定,应当由借款人赔偿。

借款年利率达到超过合同成立时一年期贷款市场报价利率四倍的,出借人主张借款约定的律师费、诉讼费的诉讼请求是否受法律保护有不同观点。主流观点认为,律师费、诉讼费不属于《民间借贷规定》第二十九条规定的禁止范围,不应将律师费、诉讼保全费用等归入"其他费用"之范畴。况且,诉讼费用并非由主张

---

〔1〕 参见贺小荣主编:《最高人民法院第二巡回法庭法官会议纪要》(第3辑),人民法院出版社2022年版。

还款的出借人负担。在纠纷由法院裁判时,根据诉讼费用由败诉方承担的原则,若因借款人的原因导致纠纷的发生,由借款人承担此部分费用较为公平、合理。在此情况下,诉讼费用不包含在“其他费用”之内具有合理性。

【案例7-23】 戴某某诉张某某、于某某民间借贷纠纷案

二审法院认为,在有偿的民间借贷关系中,借款人获得借款的成本主要以利息形式体现,为避免资金出借方利用资金优势向借款人索取高额利息,进而扰乱正常市场秩序,国家法律对借款利率标准设置了上限。实践中,部分出借人与借款人约定收取服务费、咨询费、管理费等名目不一的“其他费用”,《民间借贷规定》第三十条中的其他费用,是指双方约定的债务人违约时需要承担的除逾期利息、违约金外资金占用成本或融资成本,与借款金额密切相关。而律师费属于实现债权的费用,是出借人为追索借款所支付的诉讼成本,两者性质不同,产生的时间节点及条件亦不相同。如将律师费并入其他费用而设定上限,不利于维护守约方权益,亦纵容了违约方不及时清偿债务的行为,变相降低了违约方的违约成本,有违公平原则,也干预了当事人意思自治。只要借款人按约定履行了还款义务,也就不存在所谓的为实现债权而支出的费用。本案律师费并非出借人为了规避利率上限而设定,亦非借款人为获取本案借款而必须支付的额外成本,故法院认为,律师费不应视为上述规定中的“其他费用”。现双方对于律师费负担有明确书面约定,而张某某确实存在逾期未还款的违约行为,故张某某应承担戴某某为实现债权而产生的律师费,一审法院在判决张某某按年利率24%标准支付利息外,另行判决张某某支付律师费并无不当,法院予以维持。判决:驳回上诉,维持原判。[1]

应注意的是,在借款合同成立之前或成立之时,出借人聘请律师作的相关工作支付咨询等费用,虽然其目的是减少借款风险实现保障债权安全,但不同于一般的咨询、服务费,笔者认为,这一部分费用不宜归于其他费用的范围,宜按律师费的原则处理。

在民间借贷案件中,出借人与借款人约定经借款人同意及授权出借人在借款本金中扣除其代替借款人垫付的中介服务费,法官应审查出借人与中介的关系、服务费的合理性及必要性。若出借人与借款人约定扣除的中介服务费用,实际为规避法定利率上限而设置,应当认定为以合法形式掩盖非法目的,支付该中介费的约定无效,预先从本金中扣除的该费用不计入借款本金。

---

〔1〕 参见国家法官学院、最高人民法院司法案例研究院编:《中国法院2020年度案例》(民间借贷纠纷),中国法制出版社2020年版,第148~149页。北京市第三中级人民法院(2018)京03民终9039号民事判决书。

【案例7-24】　夏某诉赵某民间借贷纠纷案

判决观点,关于借款本金,原告主张借款本金为47,406.39元,而原告实际向被告支付39,900元。原告认为其代被告向普惠公司、普泰公司及普信公司支付咨询费、审核费、服务费及信访咨询费合计7506.39元,亦应一并计入借款本金。因夏某是前述三家公司的股东,也是普惠公司、普信公司控股股东、监事,故夏某应提交证据证明前述三家公司已实际履行相应的咨询、服务、信访咨询、审核等合同义务,以及三家公司收取的相关费用系必要、合理费用。但原告未能提供相应证据,故原告以其实际控制的关联公司名义收取咨询费、服务费和信访咨询费、审核费等中介费用,达到预扣利息的目的,其行为属于以合法形式掩盖非法目的。综上,案涉借款协议项下原告向被告实际出借本金为39,900元。借款约定分12期等额本息还款,借款约定每月偿还4353.48元,故约定年利率为18.321%。按本金39,900元,年利率18.321%计算,等额本息还款,截至2014年8月15日,被告应偿还本金3054.95元,利息609.19元,合计3664.14元。被告按约偿还本息1期,即4353.48元,被告2014年8月15日的本息已全部结清,多支付689.34元应从本金中予以扣减,被告尚欠原告借款本金36,155.71元。被告从2014年8月16日起未能按约偿还借款,约定利息、逾期违约金及罚息标准虽已超过年利率24%,但原告现主张按照年利率24%计算利息、逾期违约金及罚息,可予支持。被告应支付从2014年8月16日起至实际还款之日止的利息、逾期违约金及罚息以36,155.71元为本金,按年利率24%计算。因原、被告借款协议中约定因被告未还款而带来的调查费、律师费、诉讼费等原告为实现债权的合理费用均由被告承担,故原告主张被告支付律师费3579元,于法有据,法院予以支持。判决:(1)被告赵某偿还原告夏某借款本息合计36,155.71元及利息;(2)被告赵某支付原告夏某律师代理费3579元。[1]

(七)利息费用并用认定

《民间借贷规定》第二十九条规定:"出借人与借款人既约定了逾期利率,又约定了违约金或者其他费用,出借人可以选择主张逾期利息、违约金或者其他费用,也可以一并主张,但是总计超过合同成立时一年期贷款市场报价利率四倍的部分,人民法院不予支持。"该条是关于民间借贷中对逾期利息、违约金、其他费用

〔1〕　参见《人民司法·案例》2018年第35期(总第874期),第48~49页。江苏省泰州市海陵区人民法院(2017)苏1202民初3614号民事判决书。

并存时如何处理的相关规定。对该条规定可以从以下几个方面理解：其一，对该条规定的适用仅限于借款人逾期还款的情形，不适用其他违约情形。借款人既包括借款期间届满后分文未还，也包括只偿还部分的情形。其二，对该条规定适用于符合约定条件。借款双方不仅对逾期利息作了约定，而且对具体利率也作了约定，不适用于对逾期利息未作约定，或者仅约定了逾期利息未约定具体利率的情形。借款双方对逾期利率和逾期还款的违约金同时作了明确约定的情形，不适用未约定逾期利率或者未约定逾期还款的违约金或者两者均没有约定的情形。其三，借款合同约定逾期利息、违约金或者其他费用的内容，这是出借双方真实意思表示，也是出借人行使权利的基础。其四，出借人对借款人逾期还款主张的形式享有选择权，既可以选择主张逾期利息，也可以选择违约金抑或其他费用，还可以选择一并主张权利，对于出借人选择何种主张权利形式均受法律保护。其五，出借人选择权的限制。出借人选择主张两者或者三者数额不超过合同成立时一年期贷款市场报价利率逾期四倍，对超过部分不受法律保护。其六，出借人主张逾期利息与违约金时，因为都是同一个法定高限标准，对两者分别认定时不需要考虑这个超过标准问题，两者相加之和不超过一年期贷款市场报价利率四倍即可。换言之，出借人可多主张或少主张逾期利息，对违约金主张亦是可作类似主张。关键是两者相加之和不超过法定高限标准。其七，在借贷双方只约定逾期还款违约金，对逾期利息未作约定的情形下，若出借人不仅主张违约金，还同时主张逾期利息的，法律应予支持。但两者相加之和，不得超过一年期贷款市场报价利率四倍。其八，借款合同对逾期还款的民事责任表述不明，不能直接判断属于逾期利息还是违约金，在这种情形下，虽然名称为逾期违约金，但明确约定了利率，约定了按照逾期天数每天支付一定数额，其形式上和性质上更接近于逾期利息，不宜认定为违约金。故在此种情形下，出借人不能再参照本条规定一并主张逾期利息和违约金。[1]

在借款合同中既约定逾期利息（或利息损失），又约定违约金的可以同时支持，但二者之和不得超过法律规定的上限，超过部分法律不予支持。如约定逾期利息（或利息损失）或者违约金其中一项就已经达到或者超过一年期贷款市场报价利率四倍的，则只支持一项即可，对另一项应予以驳回。

【案例7－25】 郑某某诉翟某某、高某某民间借贷纠纷案

一审法院认为，本案中，郑某某分多次向翟某某给付款项，翟某某未依约按期还款，应以每次给付款项的时间作为利息起算的时间，按照月利率2%的标准，向郑某某支付利息。故郑某某要求翟某某偿还借款本金及自2017

〔1〕 参见最高人民法院民事审判第一庭编著：《最高人民法院民间借贷司法解释理解与适用》，人民法院出版社2015年版，第531页。

年11月1日开始支付利息的合理部分,有事实及法律依据,予以支持。郑某某自认翟某某已偿还2.75万元,按照我国相关法律规定,应当按照实现债权的有关费用、利息、主债务的顺序进行抵充。关于违约金,根据我国法律规定,出借人主张逾期利息、违约金或者其他费用,总计超过年利率24%的部分,人民法院不予支持。本案中,双方约定月利率2%已达到法律规定上限,郑某某另行主张30万元违约金,于法无据,故不予支持。二审法院同意一审法院裁决意见,判决:驳回上诉,维持原判。[1]

罚息加上利息加上违约金折算未超过四倍的诉求,法院予以支持。

【案例12-26】　周某诉黄某民间借贷纠纷案

一审法院认为,合法的借贷关系应受法律保护,黄某提供的录音资料,周某不予认可,黄某又未能提交其他证据予以佐证,故法院认定该录音资料不能单独作为定案证据予以认定,从而认定借条中载明的210万元为借款本金。其中:(1)对于210万元的借款,由于黄某分文未还,因此,黄某应当偿还周某210万元。(2)对于2009年11月15日~2010年3月15日的利息,当事人对借款期限内已有约定,且该约定未超过法定限制,故该210万元借款自2009年11月15日~2010年3月15日的利息为8.4万元,黄某应当按照约定支付。(3)对于2010年3月16日~7月16日的罚息,由于双方约定罚息按月0.5分计算,因此,对于此段期间内产生的罚息与利息,黄某应当支付,计算为12.6万元。(4)双方当事人关于违约金,未违反法律规定,黄某应当支付违约金21万元。判决:黄某向周某偿还以上四项合计252万元。二审法院认为,一审判决认定事实清楚,适用法律正确。判决:驳回上诉,维持原判。[2]

个案中,债权人仅主张违约金未主张利息的,借款人抗辩违约金过高的,法官根据具体案情予以调整。

【案例7-27】　网之易信息技术(北京)有限公司诉万某借款合同纠纷案

二审法院认为,本案中,万某违反了《委托贷款合同》的约定未自放款之日起在网之易公司或其关联公司工作满5年,故其应当依约承担违约责任。关于违约金的数额,《委托贷款合同》约定支付贷款本金总额的30%作为违约金,万某主张违约金过高请求予以适当减少,一审法院综合考虑万某的过

---

〔1〕参见国家法官学院、最高人民法院司法案例研究院编:《中国法院2020年度案例》(民间借贷纠纷),中国法制出版社2020年版,第98页。北京市第一中级人民法院(2018)京01民终6264号民事判决书。

〔2〕参见最高人民法院民事审判第一庭编:《民事审判指导与参考》2011年第3辑(总第47辑),人民法院出版社2011年版,第131~132页。

错程度、网之易公司的损失情况,将违约金调整至12万元,且网之易公司不持异议,结合本案的合同履行情况,根据公平原则和诚实信用原则以及有关民间借贷法律、法规和司法解释关于利率和违约金的规定,一审法院关于本案违约金数额的认定并不过高,亦无不当,应予维持。[1]

借款利息年利率超过合同成立时一年期贷款市场报价利率四倍的,出借人主张借款约定的其他费用诉讼请求是否受法律保护有不同观点。主流观点认为,其他费用是不能与利息并用的,但律师费、诉讼费用可以与利息并用。

个案中,借款合同约定利息,又约定其他费用的,由法官根据具体案情裁定。

【案例7-28】 崔某某诉胡某某民间借贷纠纷案

二审法院认为,关于咨询管理费。崔某某诉请要求数码公司支付咨询管理费12万元。虽然《借款及管理合同》中约定了咨询管理费,但崔某某并无证据证明其数码公司提供咨询服务的事实,故该笔费用系双方为规避民间借贷利率标准而进行的约定,名为服务费实为高额借款利息。该笔费用以合法形式掩盖非法目的,应属无效条款。崔某某无权主张该笔咨询管理费。[2]

民间借贷双方约定了利息又约定了服务费,应当仔细分析服务费的性质,如果服务费有真实的对价,可以认定,反之,应当将服务费并入利息。其一,利息与服务费之和未超过法定利率的,可以认可。其二,利息与服务费之和超过法定利率的,超过部分不予支持。

【案例7-29】 杨某某诉重庆秦皇建材有限公司、王某某、张某某民间借贷纠纷案

判决观点,杨某某与重庆秦皇建材有限公司、王某某、张某某签订的三份《借款合同》,是自然人与非金融企业法人之间签订的借贷合同,属于民间借贷,三份合同均是双方当事人的真实意思,内容不违反法律法规的禁止性规定,属于有效合同。但是,双方当事人在合同中既约定了2%利率,又约定了2%的综合服务费,在民间借贷法律关系中,出借人只享有借款本金和利息的权利。《最高人民法院关于人民法院审理借贷案件的若干意见》第六条规定……中国人民银行2012年7月6日公布的6个月至1年贷款利率为6%,换算为月利率的4倍为2%,双方在《借款合同》约定的利息2%和综合服务费2%,远高于人民银行同期同类贷款利率4倍,杨某某请求按照《借款合同》的约定计算支付综合服务费2%,原审法院不予保护。双方在借款

---

〔1〕 参见最高人民法院中国应用法学研究所编:《人民法院案例选》2017年第11辑(总第117辑),人民法院出版社2018年版,第144页。北京市第三中级人民法院(2016)京03民终12212号民事判决书。

〔2〕 上海市第一中级人民法院(2015)沪一中民四(商)终字第679号民事判决书。

期间，已按照每月4%支付了利息，重庆秦皇建材有限公司、王某某、张某某辩称应将已支付的超出银行贷款利率4倍的部分息费冲抵本金，原审法院予以支持。[1]

借款人、出借人及第三人签订借款协议及融资咨询服务协议，其中融资咨询服务费与利息的计算方式、给付周期及收款人存在一致性，在借款合同履行过程中，出借人与融资咨询服务人也存在财产混同，融资咨询服务费与实际融资咨询服务在明显不对等的情形下，应认定利息与融资咨询服务费之间具有一致性，融资咨询服务费系利息的补充约定，两者之和高于法定利率上限的，不予支持。

【案例7-30】　胡某某诉余某某、郑某某等民间借贷纠纷案

二审法院认为，本案中，余某某、郑某某欠款、还款的事实及数额无争议，法院根据查明的事实对此予以确认。胡某某和莫某均主张融资咨询协议中的融资咨询合同关系与借款合同系独立的法律关系，且称融资咨询服务费已经按照约定标准支付完毕，故在本案中以借款合同为基础要求余某某、郑某某按照约定支付利息。余某某、郑某某、石某、杜某则主张不存在事实上的融资咨询服务关系，胡某某、莫某系共同出借人，融资咨询服务费实质为借款利息的一部分，各方约定的利率高于法定标准，余某某、郑某某要求将多支付的利息返还。虽然本案系借款合同纠纷，但本案的争议问题实质系各方约定的借款利息是否高于法定标准，则不可避免涉及融资咨询协议中咨询服务费的性质问题，即融资咨询协议约定的咨询服务费是否系借款利息的一部分。对此，法院进行如下认定：……胡某某、莫某主张莫某与余某某、郑某某存在融资咨询服务关系，则应对此承担举证证明责任。本案中，首先，协议、借款协议及融资咨询协议均是在同一日签订，利息和咨询服务费的计算方式、支付日期、收款人等情况均高度一致，特别是咨询服务费亦是按月进行支付，不符合交易习惯；其次，2013年8月6日的100万元借款系由莫某支付余某某，2015年1月25日之前余某某均将借款本金、利息及咨询服务费打到莫某一人账户，在余某某、郑某某支付的570万元款项中，向胡某某支付的为1,812,000元，向莫某支付的为3,891,500元，上述数额与实际欠款数额、咨询费数额不能对应，且胡某某、莫某均不能对此予以合理说明；再次，在胡某某与余某某、郑某某签订的几份欠款说明和补充协议中，仅写明了未付本金和未付利息，并未明确区分咨询费和借款利息；最后，莫某调查余某某、郑某某等资金情况的行为以及事后的积极催款行为，难以直接定性为其系为余某

---

〔1〕　重庆市第二中级人民法院(2015)渝二中法民初字第00022号民事判决书。

某、郑某某提供的融资咨询服务,完全有可能系作为债权人之行为或为债权人提供的服务。综上,胡某某、莫某主张存在单独的融资咨询服务合同关系,应单独计算融资咨询服务费,但其举证不能达到高度盖然性证明标准,故法院对胡某某、莫某的主张不予采信,对胡某某的请求不予支持。至于胡某某与莫某之间就本案借款合同利息的分配问题,双方可另行解决。由于咨询服务费系利息的一部分,则各方约定的利息高出了法定标准,应予以调整。一审法院按照法定标准计算余某某、郑某某实际还款情况,其认定胡某某应返还余某某、郑某某多付款项,认定正确,法院予以确认,胡某某的上诉请求不能成立,应予驳回。判决:驳回上诉,维持原判。〔1〕

(八)滞纳金意思认定

滞纳金是行政强制执行中执行罚金的一种类型,其具有法定性、强制性、惩罚性的特点。根据滞纳金的概念以及特点,可以看出适用滞纳金的双方的法律地位是不平等的,处于管理与被管理的地位,因此滞纳金的适用是发生在国家行使公共权力过程中,不属于民法调整对象。但现实生活中,在买卖、租赁以及借贷等领域中经常看见滞纳金的约定,这是由于当事人的文化素质不同以及对法律知识了解的相应欠缺,当事人之间约定的所谓滞纳金事实上可能代表着不同的意思,有的是违约金,有的是利息。在个案中,法官应审查双方约定的滞纳金的真实意思,并向双方予以释明,在了解清楚双方一致的真实意思表示后,告知主张滞纳金的原告可以变更诉讼请求,同意变更的,则予以支持,但同样应审查该违约金或利息的约定是否符合相关法律法规的规定;不同意变更坚持主张滞纳金的,则以双方约定不符合法律规定,没有法律根据为由驳回该项诉讼请求。在双方对滞纳金的理解主张不一致时,主张滞纳金一方没有其他证据证明自己的主张的,则应征求其是否变更诉讼请求,如变更则支持,不变更则驳回。

【案例 7-31】 高某诉那某民间借贷纠纷案

判决观点,双方约定如逾期还款按照每日1%支付滞纳金。滞纳金是指针对不按纳税期限缴纳税款或者不按期限归还贷款,按滞纳天数加收滞纳款项一定比例的金额,它是税务机关或者债权人对逾期当事人给予经济制裁的一种措施,是行政行为,具有法定性、强制性、惩罚性的特点。在庭审中原告

〔1〕 参见最高人民法院中国应用法学研究所编:《人民法院案例选》2018年第7辑(总第125辑),人民法院出版社2018年版,第104~105页。北京市第三中级人民法院(2016)京03民终9212号民事判决书。

主张双方约定的滞纳金实质是双方对于利息的约定，虽然被告对双方的此项约定有异议，但并未提供证据证明，故法院对双方的此项约定视为利息损失。[1]

---

〔1〕 参见国家法官学院案例开发研究中心编:《中国法院2018年度案例》(民间借贷纠纷),中国法制出版社2018年版,第151页。黑龙江省牡丹江市西安区人民法院(2016)黑1005民初838号民事判决书。

三、借款利息纠纷处理

（一）提前还款利息处理

《民法典》第七百七十七条规定："借款人提前返还借款的，除当事人另有约定外，应当按照实际借款的期间计算利息。"

《民间借贷规定》第三十条规定："借款人可以提前偿还借款，但是当事人另有约定的除外。借款人提前偿还并主张按照实际借款期限计算利息的，人民法院应予支持。"该条是关于借款人提前偿还借款及如何支付利息的规定。对该条可以从以下几个方面理解：其一，出借人应允许借款人提前偿还借款，无正当理由不得拒绝，否则借款人有权拒绝支付利息并不承担违约责任。其二，对提前还款双方另有约定处理。借贷双方约定不得提前偿还借款的，遵从双方约定。借款人提前偿还借款的，出借人有权拒绝或者按原借款期限主张利息。其三，在双方没有特别约定的前提下，借款人有权主张按提前偿还借款的实际借款期限计算利息，该项主张受法律保护。也就是说，约定利息可以予以调整。

【案例7－32】 李某诉江某民间借贷纠纷案

判决观点，因江某存在提前还款的事实，李某主张的利息数额过高，法院判决江某给付李某借款利息人民币24,900元。[1]

应注意的是，借款合同如果没有约定还款期限或者约定不明确无法确定的，不存在提前还款利息的问题。

在实践中，对于借款人部分归还款项的，利息应分段计算。在借款人的给付不足以清偿全部款项时，且双方对此没有约定的，法官应当按照先利息后主债务的顺序冲抵，已经有明确约定的除外。

---

〔1〕 参见最高人民法院民法典贯彻实施工作领导小组编著：《中国民法典适用大全》（合同卷三），人民法院出版社2022年版，第1747页。

【案例7－33】　叶某某诉广西碧海房地产开发有限公司、范某某民间借贷纠纷案

二审法院认为，对于碧海公司已归还的493万元款项的性质以及利息如何认定的问题。对于已支付的款项，碧海公司主张是归还本金，叶某某主张归还利息；法院认为，根据《民间借贷规定》第二十六条的规定，在本案中，因双方在借款协议中已经约定的借期内的利率为月利率3%，且双方对此均无异议，那么，对于碧海公司在借期内已归还的款项，应先按照月利率3%的标准计算利息，剩余的作为归还本金处理，若已归还的款项无法足够支付利息的情况下，因其所约定的利率标准已经超过了法律所保护的年利率24%的规定，对超过的部分，应不予支持。据此，按照以上的处理规则，碧海公司于2012年8月22日归还的33万元，应认定为先归还自2012年7月19日至8月22日共1个月零3天的利息即31.02万元，剩余的1.98万元冲抵本金；2012年8月23日之后以938.02万元为基数，按照月利率3%的标准计算利息，因此，碧海公司2012年9月26日归还的30万元，应认定为归还自2012年8月23日至9月26日共1个月零3天的利息即30.95万元，以此类推进行计算，碧海公司截至2016年3月15日所归还的款项只足以支付至2014年1月2日的利息，因双方所约定的月利率3%已超过了法律所规定的利率标准，在2014年1月3日之后，已经无其他的款项可以抵扣双方所约定以月利率3%为标准进行计算得出的利息时，只能按照月利率2%的标准计算利息，因此，自2014年1月3日之后，应以938.02万元为基数，按照月利率2%的标准计算利息，且叶某某在一审诉讼过程中，请求支付利息按照年利率24%的标准从2013年9月19日起开始计算，一审法院适用《民间借贷规定》第二十八条的规定，确认碧海公司截至2016年3月15日尚欠叶某某的利息按照月利率3%的标准进行计算从而得出的最终数额为7,518,885.60元是错误的，法院予以纠正。据此，碧海公司应归还叶某某的本金应为938.02万元，利息计算的期限应以938.02万元为基数从2014年1月3日开始按照年利率24%的标准计算至还清款项之日止。[1]

(二)未约定利息处理

《民法典》第六百八十条第二款规定："借款合同对支付利息没有约定的，视

---

〔1〕　参见国家法官学院、最高人民法院司法案例研究院编：《中国法院2020年度案例》(民间借贷纠纷)，中国法制出版社2020年版，第155页。广西壮族自治区钦州市中级人民法院(2018)桂07民终1067号民事判决书。

为没有利息。”这与《合同法》第二百一十一条第一款规定,“自然人之间的借款合同对支付利息没有约定或者约定不明确的,视为不支付利息”有着明显差别。两者比较后在适用范围上《民法典》大于《合同法》,《民法典》将没有约定支付利息的借贷视为没有利息的适用范围,拓展到了所有借贷领域。立法者解释为,所有类型或者当事人之间订立的借贷合同,只要没有约定支付利息,就一律视为没有利息。之所以作出这样规定,主要理由有:一是从日常生活经验来看,通常情况下利息的计付是借款合同的核心内容,当事人之间不会不对此进行协商,在此前提下,若合同没有约定支付利息,原则上可推理为当事人协商确定无须计付利息。二是从纠纷处理的角度来看,有的借款合同没有约定利息确实是当事人协商确定无须支付,有的借款合同没有约定利息可能是真的未经协商,在两种情形下,不仅纠纷的事实难以完全查清,而且可以参照的利率标准也难以确定,很难作出相对统一的裁决。故法律拟制规定为没有利息,这不仅有利于指引当事人的行为,也有利于统一裁决结果,最终有利于维护社会和经济秩序。[1]

《民法典》对于借款合同利息约定不明时的处理规则,如果借款合同主体均为自然人,即视为没有利息,与《合同法》的规定保持一致。如果借款合同的主体有一方不是自然人,那么就应当依据《民法典》第六百八十条第三款的规定来处理,即分四个层次处理。首先,应当允许当事人就支付利息问题进行重新协商,经重新协商能够达成补充协议的,当按补充协议的内容执行。其次,如果借款合同当事人就支付利息问题不能达成补充协议的,依据《民法典》第一百四十二条第一款以及第五百一十条的规定,应当根据借款合同所使用的词句,结合合同的相关条款确定利息约定不明条款的含义,如果通过合同的文义解释和整体解释能够确定利息的,可据此确定的利息标准执行。再次,如果通过上述两种方式均无法确定借款合同的利息标准的,可以按照合同履行地或者当事人之间的交易方式、交易习惯补充确定利息。根据《民法典合同编通则解释》第二条规定:“下列情形,不违反法律、行政法规的强制性规定且不违背公序良俗的,人民法院可以认定为民法典所称的‘交易习惯’:(一)当事人之间在交易活动中的惯常做法;(二)在交易行为当地或者某一领域、某一行业通常采用并为交易对方订立合同时所知道或者应当知道的做法。对于交易习惯,由提出主张当事人一方承担举证责任。”运用交易习惯确定当事人的真实意思表示,是合同规范的一个重要特色,可以在客观上达到当事人之间权利义务平衡的目的。但是,利用交易方式、交易习惯确定利息标准,必须接受四个限制:一是就客观条件而言,应为交易行为当地或者行业通常采用的做法;二是就主观条件而言,应为交易对方知道或者应当知道,以加强对不了解当地习惯或者缺乏业内经验的相对人的保护;三是从交易习惯的时间节

〔1〕 参见黄薇主编:《中华人民共和国民法典合同编释义》,法律出版社2020年版,第479~480页。

点来看,应为订立合同时知道或者应当知道的习惯做法;四是交易习惯本身不得违反法律、行政法规的强制性规定或者违背公序良俗,否则将影响借款合同本身的效力。最后,如果按照上述三种方法仍然无法确定利息标准的,应当依据《民法典》第五百一十一条第二项的规定,价款或者报酬不明确的,按照订立合同时履行地的市场价格履行;依法应当执行政府定价或者政府指导价的,依照规定履行。据此最终确定借款合同的利息计付标准。实践中,对于民间借贷纠纷案件的审理,在当事人就利息问题约定不明时,可以以订立借款合同时合同履行地的商业银行同期同类贷款利率计付利息。

《民间借贷规定》第二十四条第一款规定:"借贷双方没有约定利息,出借人主张支付利息的,人民法院不予支持。"该条是关于双方没有约定利息的处理。这里的借贷双方没有约定利息主体,既包括自然人,也包括法人或非法人组织及其相互之间的资金融通行为,其双方没有约定利息的,对出借人利息诉请不受法律保护。本条解释的限定范围是"借期内利息",即借贷双方没有约定借期内利息或者借期内约定不明的处理。但对于逾期利息不因借期内没有约定或者借期内约定不明一律不予支持,按照何种利率标准支持,应结合其他法律和本解释其他条款规定理解。[1] 也就是说,在借期外出借人可以请求按银行业同期贷款市场报价利率主张利息,该项诉请受法律保护。

自然人之间对利息没有约定的,视为无息借款,法官对出借人支付利息的诉请不予支持。自然人之间的借款合同对于利息的约定,既可以采取书面形式也可以采取口头形式。在实践中,出借人提供的借条上并未对借款利息作出约定,但出借人主张双方口头约定了借款利息且已实际履行,其提供的银行历史交易明细清单亦可以证明借款人曾连续有规律地支付利息。且从人情常理和商业习惯上分析,出借人与借款人之间仅是朋友关系,并无深交,一般情况下出借人不可能将资金无息交给借款人使用。在无书面利息约定时,法官可以根据日常生活经验和民间借贷交易习惯,结合案件具体案情确认双方存在利息约定。换言之,若借条未约定利息,双方又口头约定有利息,应尽量保存双方之间关于借款约定的手机短信、网上聊天记录、通话录音等证据材料,以免在诉讼中因无法举证证明存在利息约定而导致利息请求不被法官支持。

【案例7-34】　李某某诉邓某某民间借贷纠纷案

一审法院认为,关于本案借款是否为有息借贷问题。本案借条上未书面约定利息,但结合本案具体案情,本院认为本案700,000元借款应属有息借贷,理由如下:首先,借贷双方是朋友关系,而非关系十分密切的近亲属,而被

---

〔1〕参见最高人民法院民事审判第一庭编著:《最高人民法院民间借贷司法解释理解与适用》,人民法院出版社2015年版,第447页。

告借款用途是经营生意资金周转，且非小数目，从人情常理和商业习惯上看，本案借款属无息借贷的可能性不大。其次，被告从2013年8月至2014年4月，每月均向原告转账偿还17,500元，而双方并未约定此种分期还款方式，被告的还款规律符合民间借贷付息习惯。另外，从被告每月向原告偿还的款项金额看，与原告主张借款本金700,000元为基数按月利率2.5%计算所得月息数额一致，故原告主张本案借款双方口头约定按月利率2.5%计算，具有高度盖然性。综上，根据日常生活经验和民间借贷交易习惯，结合本案具体案情，本院认为原、被告双方口头约定本案借款按月利率2.5%计息的主张，应当得以成立，且该利息约定并不超出《民间借贷规定》第二十六条第一款规定，应受法律保护。二审法院亦持同样意见，维持一审判决。〔1〕

借条上并未载明借款利息，借贷双方对于是否约定利息各执一词，可从以下因素分析，其一，借贷双方之间的关系。出借人与借款人之间关系的亲密程度，但是并不排除借贷双方因借款或其他事宜交恶，所以主要考量借款时双方关系的亲密程度，而不应仅局限于借款时双方是否认识。其二，借贷双方自身背景。如年龄、学历背景、从事的职业等，在一方或双方系专门从事资金放贷业务的，其约定利息可能性往往较高。其三，借款的用途。所借款项是否用于大病医疗、购买商品房、大学教育支出等生活性支出，还是用于开设公司、转借第三人赚取利息、购买基金股票等生产经营支出，借款的最后流向是确定依据。其四，借款发生后双方之间的款项支付情况。一般情况下，借款人往往会以借款后归还的款项系偿还的借款本金抗辩借款未约定利息，重点考察借款发生后借款人在归还款项的数额或时间上有无规律性的重复。其五，与借款有关的其他重要因素。常见双方存在多笔借款往来且就每笔借款的归还时间均作明确约定的情况下，在前笔款项未清而出借人又继续出借后续款项的，原则上应约定有利息且约定的利息较高。

【案例7-35】 李某某诉王某某民间借贷纠纷案

二审法院经认为，本案中，对于2014年8月9日30万元借款口头约定是否有利息的事实，因上诉人王某某在二审中予以自认，本院予以确认。对于2014年3月31日100万元借款约定是否有利息的事实，一审法院以被上诉人李某某所提交的证据已经具有高度盖然性的证明效力而予以确认尚有不足，但根据上诉人王某某在与被上诉李某某对质过程表明，其在原审中对2014年8月9日30万元借款利息以及李某某向其支付现金的事实上作有虚假陈述，结合双方当事人均有从事资金牟利的商人背景，推定所涉借款均有

---

〔1〕 参见国家法官学院案例开发研究中心编：《中国法院2019年度案例》（借贷担保纠纷），中国法制出版社2019年版，第63页。广西壮族自治区贵港市中级人民法院（2017）桂08民终567号民事判决书。

利息约定并无不当。据此,原审法院根据已经确定的还款事实所作判决可以维持。判决:驳回上诉,维持原判。[1]

书面借条没有约定利息,如果口头有约定,只要有证据证明这种约定的存在,同样受法律保护。

【案例7-36】 刘甲诉林某某、刘乙民间借贷纠纷案

判决观点,关于本案争议焦点,涉诉的借款是否有约定利息及已付的人民币654,640元除了偿还案外借款人民币400,000元其余部分是属于支付本金还是利息的问题?虽然借条中没有载明利息,但综合原、被告提供的证据应该认定有约定借款利息,理由如下:(1)根据2011年6月20日至2013年12月31日双方银行转账记录看:第一,结合双方没有争议的案外人借款人民币400,000元和2011年11月至2012年7月原告向二被告每月支付租金人民币2000元的事实,被告林某某在此期间的每次银行汇款均与原告主张的利息为月利率2%相吻合(包括案外借款人民币400,000元,期间利息的计算精确到具体天数);第二,被告林某某均是在每月的月初或者月底给原告转账,符合支付利息的规律性,而且至2013年7月10日,被告林某某已经通过银行转账给原告人民币630,640元,而后连续6个月在每个月仍然支付人民币4000元,更是符合支付月利率2%的利息规律;第三,在此期间被告林某某已经向原告转账共计人民币654,640元,已经超过借款本金(即使扣除租金也远超过借款本金)。(2)结合庭审情况,被告林某某关于还款的陈述,两次庭审之间的说法前后矛盾,且被告的说法与本案涉诉借款人民币200,000元没办法达到一致。(3)从日常经验法则看,原告已经属于花甲之年,而被告林某某是年富力强的年轻人,加上原、被告双方没有争议的案外借款人民币400,000元,合计借款人民币600,000元,即使双方系远房亲戚,在农村属于数额巨大的借款,如果没有利息,也不符合常理。(4)按照交易习惯,借款出具借条,借款还清借条收回。如已经还清的案外借款人民币400,000元,被告林某某已经收回借条原件。(5)被告林某某在法院也有其他民间借贷案件,且数额比较巨大,也是属于有息贷款。最后,在结合光盘中双方的谈话内容,双方争议的问题有涉及借款的偿还问题以及利息问题,法院认为可以作为认定案件事实的辅助参考。因此,法院认为,原告刘甲与被告林某某之间应该认定有约定借款利息为月利率2%,被告林某某偿还了自

---

〔1〕 参见国家法官学院案例开发研究中心编:《中国法院2018年度案例》(民间借贷纠纷),中国法制出版社2018年版,第175~176页。江苏省无锡市中级人民法院(2016)苏02民终1644号民事判决书。

借款之日起至2014年1月31日止的利息。[1]

借贷双方虽未在书面债权凭证中约定利息,但有证据表明借款人连续且有规律地支付利息的,可认定借贷双方的借款为有息贷款。

【案例7-37】 徐某诉孔某、郑某民间借贷纠纷案

二审法院认为,本案争议的焦点是徐某与孔某之间的借款关系是否约定支付利息。自然人之间的借款合同自贷款人提供借款时生效。徐某提供的借条、工商银行个人业务凭证等可以证明孔某向徐某借款750,000元的事实,在庭审中徐某认可孔某归还170,000元均为本金,故徐某要求孔某归还580,000元的诉讼请求,具有事实和法律依据,予以支持。根据《合同法》第二百一十一条的规定,自然人之间的借款合同对支付利息没有约定或者约定不明确,视为不支付利息。但关于利息的约定既可以采取书面形式也可以采取口头形式,徐某与孔某并无深交,根据常理,徐某不可能将资金无息交与孔某使用,孔某2010年7月1日支付徐某19,750元,2010年8月2日、8月30日,各支付徐某18,750元,自2010年9月30日至2011年3月9日,每月初左右支付徐某11,250元,应当认定是孔某自愿支付徐某的利息,所以徐某提供的借条虽未对借款利息作出约定,但徐某主张双方口头约定了借款利息且已实际履行,即使该利息已超过中国人民银行公布的同期同类银行贷款基准利率四倍,因该利息不损害国家、社会共同利益或者他人合法权益,故予以认可。判决:驳回上诉,维持原判。[2]

借条上未对利息作出约定,借款人否认口头约定利息的,其还款时间、金额并无明显规律性,不能证实口头约定了借款利息。

【案例7-38】 熊某诉王某、邓某民间借贷纠纷案

一审法院认为,关于借款利息和期限的认定,根据熊某提供的王某每次还款的时间及金额来看,并无固定的规律,借条上也未对借款的利息和期限作出约定,在无其他证据印证熊某与王某之间口头约定了借款利息及期限的情况下,无法推定双方之间的借款约定了利息和还款期限,故对于熊某主张与王某之间的借款约定月利息30‰、借款期限为一个月从本金中预先扣除当月利息6万元的理由因证据不足不予采信。王某向熊某还款共计82万元应视为偿还借款本金,现王某尚欠熊某借款本金109万元应予偿还,借款利息自熊某起诉之日起按照年利率6%支付至本息还清之日止。二审法院同

---

[1] 参见国家法官学院案例开发研究中心编:《中国法院2017年度案例》(民间借贷纠纷),中国法制出版社2017年版,第200~201页。福建省泉州市安溪县人民法院(2015)安民初字第1264号民事判决书。

[2] 参见韩延斌主编:《民间借贷案件裁判要点与观点》,法律出版社2016年版,第284页。

意一审法院裁判意见。[1]

就同一笔借款存在两份不同的借款合同，一份仅载明借款金额，没有载明利息；另一份明确约定了1.5%的月利率。在这种情况下就不能是单纯适用法律或者仅就其中一份借款合同认定借款情况，但亦不应视为未约定利息。对于双方之间有无约定利息的争议，主张存在利息的一方应对约定的利息承担举证责任，由法官根据具体案情裁量。

【案例7-39】　余某某诉张某某民间借贷纠纷案

一审法院认为，对于双方争议的利息问题，本院认为双方系无息贷款，理由如下：(1)张某某出具手写和打印版借款合同各一份，两份合同对利息约定并不一致，故双方之间有无约定利息确实存疑。打印版借款合同由余某某提供，且横线部分的内容由余某某儿子填写，故余某某应对双方之间约定的利息负举证责任。(2)张某某从未按照打印版借款合同的约定履行"利息每月结算一次"的付款义务，余某某也未举证证明其向张某某催讨过利息，故无证据对利息约定予以佐证。(3)余某某、张某某系远房亲戚关系，出借款项是在2014年2月11日，补充出具借款合同是在2015年年底、2016年年初，时隔两年左右，可见双方之间有一定的亲戚情感和信任基础，无息借贷有客观存在的可能性。(4)在张某某及其姐、弟共计归还10万元借款后，余某某出具了收条，收条上仅载明了借款本金数额，未提及利息，也未说明所欠利息情况；余某某同时归还了张某某手写的借款合同，可以理解为借款清偿后的交接手续。综上，本院认定余某某与张某某之间的民间借贷是无息借贷，张某某已经还清了借款。判决：驳回余某某的全部诉讼请求。二审法院亦持同样意见，维持一审判决。[2]

对未约定利息的理解应辩证看待，不能仅凭借条、借据、欠条等债权凭证没有载明或借贷双方对利息有争议就将借款视为没有约定利息，应结合借贷双方陈述等在案证据以及高度盖然性的证据规则综合认定。在借条中没有写明利息，但通过"砍头息"，以及借款人定期定额给出借人汇款，可以认定借贷双方并非没有约定利息而是有利息约定。

【案例7-40】　陈某某诉刘某某民间借贷纠纷案

一审法院认为，刘某某向陈某某借款，有刘某某亲笔出具的借条及双方

---

〔1〕　参见国家法官学院、最高人民法院司法案例研究院编：《中国法院2022年度案例》（民间借贷纠纷），中国法制出版社2022年版，第139页。湖北省荆州市中级人民法院（2020）鄂10民终353号民事判决书。

〔2〕　参见国家法官学院案例开发研究中心编：《中国法院2019年度案例》（民间借贷纠纷），中国法制出版社2019年版，第156页。江苏省无锡市中级人民法院（2017）苏02民终3755号民事判决书。

的庭审陈述为证,双方之间借贷关系成立。虽然借款的实际时间为2013年4月22日而非借条上载明的2014年10月22日,但并不影响双方之间的借贷关系。刘某某作为借款人应当履行偿还陈某某借款的义务。双方未约定借款期限,陈某某随时可以要求刘某某偿还借款。虽然借条中载明的借款金额为10万元,但陈某某实际仅转账98,500元给刘某某,陈某某自认预先扣除了1500元的利息,根据《民间借贷规定》第二十七条规定,本案借款金额应定为98,500元,现陈某某请求判决刘某某偿还借款10万元,对其合法部分予以支持。借条虽未载明利息,但陈某某在出借款项时已扣除利息1500元,且借款之后,刘某某每月转账1500元至陈某某账户,双方均认可该款项是利息,据此,可以认定双方约定利息为月利率1.5%。双方均认可利息已支付至2018年6月,现陈某某主张刘某某应支付从2018年7月24日起至还清款项之日止按月利率1.5%计算的利息,合法有据,予以支持。刘某某主张其于2015年8月12日及2017年9月12日汇款至陈甲账户56,880元及60,635元用于偿还本案借款,陈某某对此不予认可,陈甲陈述该款项与本案借款无关,刘某某亦未能提供其他证据证明该两笔款项是用于偿还本案借款,且在支付该两笔款项后,刘某某未更改或收回借条,仍按每月1500元支付利息至2018年6月,故其关于已还清本案借款的主张,没有事实依据,法院不予采纳。判决:刘某某偿还陈某某借款98,500元及利息。刘某某上诉未交诉讼费,二审法院裁定:本案按刘某某自动撤回上诉处理。[1]

【案例7-41】 陈某某诉郑某某民间借贷纠纷案

二审法院认为,判断上诉人所归还款项是否系还息,关键是判断上诉人与被上诉人之间借款是否有约定利息。本案中,上诉人与被上诉人之间借款有约定利息,理由如下:从还款开始时间看,上诉人2007年11月1日借款5万元,次月即2007年12月起开始按月还款2500元,2008年9月17日借款15万元,次月即2008年10月起开始按月还款7500元,可见上诉人还款均从借款的次月开始。从借款的数额看,上诉人还款分别为2500元和7500元,还款数额固定且时间上具有规律性,并与被上诉人主张的月利息相吻合。从还款截止时间看,上诉人按月还款均还至第三笔借款时间。从交易习惯及常理推断,本案涉及借条有三张,若还款137,500元系本金,则上诉人至少应取回其中5万元的借条或者在借条上备注已还本金数额。综上,从本案还款事

---

〔1〕 参见国家法官学院、最高人民法院司法案例研究院编:《中国法院2021年度案例》(民间借贷纠纷),中国法制出版社2021年版,第137页。福建省泉州市中级人民法院(2019)闽05民终508号民事判决书。

实及日常生活经验法则，可以证明上诉人与被上诉人之间的借款有约定利息。判决：驳回郑某某的上诉，维持原判。[1]

借条上未书面约定利息，对于已经支付的款项出借人主张是借款人按之前双方口头约定的利率支付给自己的利息，而借款人则主张没有这种约定，借款已经还清。对此类纠纷，一般认为，借贷双方没有约定利息的处理方法已经给予明确的规定即属于事实认定问题。对于"未约定利息"情形需符合两个条件，一是借贷双方对于利息存在的事实有争议，二是借贷双方都没有证据证明自己的主张。借贷双方在书面证据中可能并没有利息、利率的明确约定，但借贷双方发生争议诉至法院后，往往出借人会有口头约定利率、利息的主张，即借贷双方对利息没有书面证据证明的情况下，出借人主张有利息约定，借款人抗辩没有利息约定，应根据《民法典》的实体规定及《民事诉讼法》的程序规定，按照高度盖然性原则对利息约定事实进行查明。在此基础上，结合原、被告庭审的陈述，分析双方解释理由是否符合一般常理以及正常交易习惯，是否能够自圆其说，以判断所述的真实性、可信性，并结合双方提交的证据，以求还原案件真相，法官并依此作出判决。

借名贷款人的实际债务人应承担银行利息。

【案例7－42】 付某诉严某某民间借贷纠纷案

二审法院认为，其一，我国法律法规虽然规定没有约定利息的民间借贷不予支持利息，其本意系约束出借人从中获取利益，但本案中严某某获得的借款系从银行贷款出来后直接转入严某某账户，银行贷款必然会产生利息，付某并未从其向严某某出借款项中获得利息利益，严某某承担的银行贷款利率标准的利息最终由银行获得。其二，严某某无论是在一审中还是在二审中均陈述代付某支付过银行的利息，说明其知晓并接受银行贷款利息的存在及计算标准。二审法院维持了一审法院判决。[2]

加倍支付迟延履行期间的债务利息，针对的是被执行人未按判决、裁定和其他法律文书指定的期间履行给付金钱义务所需承担的责任，是法定责任，无论判决书是否载明，被执行人均需要承担该责任。

【案例7－43】 四海公司与中交公司民间借贷纠纷再审案

再审法院认为，关于利息。……2. 抗诉机关认为原审遗漏了迟延履行期间的债务利息属于适用法律错误，对此，本院认为，《民事诉讼法》第二百五

〔1〕 参见国家法官学院案例开发研究中心编：《中国法院2013年度案例》（民间借贷纠纷），中国法制出版社2013年版，第179页。福建省宁德市中级人民法院（2011）宁民终字第334号民事判决书。

〔2〕 参见国家法官学院、最高人民法院司法案例研究院编：《中国法院2023年度案例》（民间借贷纠纷），中国法制出版社2023年版，第130页。江西省宜春市中级人民法院（2021）赣09民终1033号民事判决书。

十三条的规定针对的是判决执行阶段对于被执行人未按判决、裁定和其他法律文书指定的期间履行给付金钱义务所需承担的责任,是法定责任,无论判决书是否载明,被执行人均需要承担该责任。3. 执行阶段利息计算是执行当中对生效判决的理解问题,本案生效判决表述并无不当。[1]

民间借贷中约定的奖金可视为约定了利息。

【案例7-44】 买买提·克某某诉新疆房地产开发公司民间借贷纠纷案

判决观点,2019年1月17日,新疆房地产开发公司与买买提·克某某签订《借条》约定借款100万元整(壹佰万元整),每个月付一次奖金15,000元,该约定系双方当事人的真实意思表示,亦不违反法律禁止性规定,对双方当事人均具有法律约束力。买买提·克某某的父亲克依木·沙某某向新疆房地产开发公司大股东范某清转账100万元,借款协议已实际履行。同日,双方签订《抵押借款协议》,但新疆房地产开发公司未按照抵押借款协议办理抵押登记,也未交付房屋,到期未还款损害了买买提·克某某的合法权益,应承担相应的民事责任。故本院对买买提·克某某主张新疆房地产开发公司归还借款本金100万元的诉讼请求予以支持。对于利息,法院认为新疆房地产开发公司借款逾期未还款仍为该资金的实际占用者,约定的每个月付一次奖金15,000元,系借款本金派生,在本金尚未归还的情况下,奖金亦应按照约定连续计算,该奖金可视为约定的利息,原告主张借款本金100万元为基数,自逾期之日起,年利率按照全国银行间同业拆借中心公布的一年期贷款市场报价利率的4倍计算利息的诉讼请求,低于双方约定奖金(年利率18%),且不违反法律规定,故法院对主张的利息337,833元予以支持。新疆房地产开发公司经传票传唤无正当理由拒不到庭参加诉讼,视为其自动放弃包括举证、质证、辩论等诉讼权利义务,应承担对其不利的法律后果,故法院依法缺席判决。[2]

(三)约定利息不明处理

《民法典》第六百八十条第三款规定:"借款合同对支付利息约定不明确,当事人不能达成补充协议的,按照当地或者当事人的交易方式、交易习惯、市场利率

---

〔1〕 广东省广州市中级人民法院(2019)粤01民再175号民事判决书。

〔2〕 参见国家法官学院、最高人民法院司法案例研究院编:《中国法院2023年度案例》(民间借贷纠纷),中国法制出版社2023年版,第178~179页。新疆维吾尔自治区吐鲁番市高昌区人民法院(2022)新2101民初721号民事判决书。

等因素确定利息;自然人之间借款的,视为没有利息。”该条款处理规则以自然人与非自然人将主体区分为两类。对于一方为非自然人或双方均为非自然人的借贷双方利息约定不明确的处理规则顺序为,首先,是允许借贷双方进行协商达成补充协议。其次,由法官对借款合同解释确定利息。再次,按照合同履行地或者当事人之间的交易方式、交易习惯补充确定利息。最后,按订立合同时履行地市场价格履行,以此最终确定借款合同利息计付标准。对于借贷双方均为自然人的利息约定不明的处理,法律明确规定为没有利息。在实践中,对于民间借贷纠纷案件的审理,在借贷双方就利息问题约定不明时,可以以订立借款合同时合同履行地的商业银行同期同类贷款利率计付利息。

《民间借贷规定》第二十四条第二款规定:“自然人之间借贷对利息约定不明,出借人主张支付利息的,人民法院不予支持。除自然人之间借贷的外,借贷双方对借贷利息约定不明,出借人主张利息的,人民法院应当结合民间借贷合同的内容,并根据当地或者当事人的交易方式、交易习惯、市场报价利率等因素确定利息。”该条是关于双方约定利息不明的处理。借贷双方仅一方为自然人或者非金融机构法人、非法人组织之间的约定不明的,则可以主张利息。司法解释制定者认为,在借贷双方中仅有一方为自然人的或双方均为非金融机构法人或其他组织时,对于利息约定不明的确定,就其实质而言,应为合同漏洞补充。[1] 合同漏洞,即合同欠缺条款,是指合同应对某事项加以规定却未予规定。[2] 补充的合同解释,旨在补充合同的不备,而非在为当事人创造合同,故应采用最少介入原则,不能变更合同内容,侵害当事人的司法自治。[3]

自然人之间在借贷形式上往往表现出简单性和随意性,不签订书面借款合同或仅仅由借款人出具一张内容简单的借据、收条或欠条的情形较为常见,在借贷双方对利息没有书面证据证明或者约定不明确的情况下,出借人主张有利息约定,借款人抗辩没有利息约定,应根据《民法典》的实体规定及《民事诉讼法》的程序规定,按照高度盖然性原则对约定事实进行查明,进而结合《民间借贷规定》中关于司法保护民间借贷利率上限以及逾期利率处理的规定进行裁判。

【案例7-45】 林某某诉赵某某民间借贷纠纷案

二审法院认为,林某某主张案涉借款自1999年8月9日起的利息应按月利率2%计付,并提供了赵某某于1999年8月8日出具的欠款条作为计息凭据。根据欠款条确认的结息数额,可推定案涉借款月利率在1998年2月

---

〔1〕 参见最高人民法院民事审判第一庭编著:《最高人民法院民间借贷司法解释理解与适用》,人民法院出版社2015年版,第443页。

〔2〕 参见韩世远:《合同法总论》(第4版),法律出版社2018年版,第877页。

〔3〕 参见王泽鉴:《债法原理》(第1册),中国政法大学出版社2001年版,第218~219页。

23日至10月17日和1998年10月18日至1999年8月8日分别为4%和3%；但自1999年8月9日起借贷双方只确认计息数额，对具体利息、利率均未予以明确。据此，林某某关于本案借款自1999年8月9日起存在利息约定的主张虽然成立，但根据欠款条的记载尚不足以证明双方当事人明确约定自1999年8月9日起的借款月利率为3%，故本案应视为借贷双方对利息有约定，但利率约定不明。根据《合同法》第二百一十一条第一款“自然人之间的借款合同对支付利息没有约定或者约定不明确的，视为不支付利息”，以及《民间借贷规定》第二十九条第二款第一项“既未约定借期内的利息，也未约定逾期利率，出借人主张借款人自逾期还款之日按照年利率6%支付资金占用期间利息的，人民法院应予支持”的规定，赵某某应偿还林某某50,000元借款本金自起诉之日按年利率6%计至还清欠款之日止的逾期利息。判决：驳回上诉，维持原判。〔1〕

风险效益损失的约定不能视为对利息的约定，应认定为利息约定不明。

【案例7－46】 张某诉邓某某、贵州长生药业有限公司民间借贷纠纷案

二审法院认为，关于债权是否约定了利息问题。本案中，李某某和邓某某2005年1月31日的借据约定的风险效益损失1万元，该风险损失是否应当认定为利息并以此推断之后利息的标准。根据《合同法》第二百一十一条规定……本案中风险效益损失的约定不能视为对利息的约定，本案应认定为利息约定不明，视为不支付利息。同时风险效益损失1万元的约定是双方之间的真实意思表示，对该1万元应予以支持。判决：被告贵州长生药业有限公司与邓某某连带偿还原告张某借款100,000元和风险效益损失10,000元及利息。〔2〕

在民间借贷案件中，借贷双方对借款利息仅有口头约定的，书面借条没有约定利息，出借人请求按口头约定判决借款人支付借款利息，借款人抗辩双方没有约定利息，则不应按利息约定不明处理。借款发生后，借款人按期定额向出借人支付一定的款项，且能够和出借人的陈述相印证时，应当认定双方约定了借款利息，不能简单地对没有书面约定的利息不予认定，对于借款人按期支付的款项应认定已还利息。

---

〔1〕 参见国家法官学院、最高人民法院司法案例研究院编：《中国法院2020年度案例》（民间借贷纠纷），中国法制出版社2020年版，第136页。北京市第一中级人民法院（2018）京01民终9243号民事判决书。

〔2〕 参见国家法官学院案例开发研究中心编：《中国法院2018年度案例》（民间借贷纠纷），中国法制出版社2018年版，第188页。贵州省贵阳市中级人民法院（2016）黔01民终字第1443号民事判决书。

【案例 7 - 47】　张某某诉余某某、黄某民间借贷纠纷案

一审法院认为,借条、转款凭证及还款凭证,能够证明余某某于 2015 年 1 月 18 日向张某某借款 2,000,000 元,并按月利率 1.5% 和 1% 向张某某支付利息的事实。本案借条、转款凭证、银行转账明细、张某某的陈述及录音资料等证据,结合余某某的还款期限、还款金额,互相印证,形成证据链,符合证据证明力的盖然性标准,能够证明余某某于 2015 年 1 月 8 日向张某某借款 2,000,000 元,双方约定利息按月利率 1.5% 支付,后来将利息调整为月利率 1% 的事实。余某某已向张某某支付的 260,000 元,应认定为支付至 2016 年 1 月 18 日的利息,且双方已经调整利息按月利率 1% 计算,余某某、黄某应以借款本金 2,000,000 元为基数,继续支付自 2016 年 1 月 19 日起至借款还清之日止的利息。判决:余某某、黄某向张某某归还借款本金 2,000,000 元,按月利率 1% 的标准支付利息。二审法院判决:驳回上诉,维持原判。[1]

借贷利率没有明确约定,可以交易习惯处理,即按银行同类同期贷款利率支付借款利息。

【案例 7 - 48】　幸某某、郝某某诉桂某民间借贷纠纷案

判决观点,原告郝某某通过向银行代缴应由被告桂某夫妇承担的借款本息的方式向银行归还被告夫妇的借款后,原告郝某某夫妇取得对被告桂某夫妇的相应债权,被告桂某确认未归还本金 35 万元后,双方形成借款关系,应当受法律保护。根据《合同法》第六十一条的规定,借款利息约定不明,应以交易习惯处理,原告夫妇按银行贷款利率支付的被告借款利息,应视为双方约定的利息支付办法,原告诉讼中主张将借款本金 35 万元及截至 2013 年 12 月 20 日的利息 9450 元一并作为借款本金及按银行同类同期贷款利率 2 倍的标准计算利息,不符合法律规定,法院依法支持从 2013 年 8 月 20 日起以借款本金 35 万元为基数,按银行同类同期贷款利率标准计算利息。判决:被告桂某归还原告幸某某、郝某某借款本金 35 万元及利息。[2]

应注意的是,借贷双方对有利息约定的事实予以承认,但在利率高低上存在分歧不属于利息约定不明的情形,法官可以采用就低不就高原则认定事实并处理案件。

---

〔1〕 参见国家法官学院案例开发研究中心编:《中国法院 2018 年度案例》(民间借贷纠纷),中国法制出版社 2018 年版,第 164 页。四川省成都市中级人民法院(2017)川 01 民终字第 454 号民事判决书。

〔2〕 参见国家法官学院案例开发研究中心编:《中国法院 2018 年度案例》(民间借贷纠纷),中国法制出版社 2018 年版,第 171 页。四川省自贡市自流井区人民法院(2016)川 0302 民初字第 1805 号民事判决书。

应强调的是，借贷双方约定利息不明的处理已经给予明确的规定即属于事实认定问题。在约定不明的状态下，虽然有“约定”二字，但如果对于利息是否有约定难以形成优势证据，其实质仍是一种无利息约定的状态。借贷双方在书面证据中可能并没有利息、利率的明确规定，但借贷双方发生争议诉至法院后，往往出借人会有口头约定利率、利息的主张。在借贷双方对利息没有书面证据证明或者约定不明的情况下，出借人主张有利息约定，借款人抗辩没有利息约定，应根据《民法典》的实体规定及《民事诉讼法》的程序规定，按照高度盖然性原则对利息约定事实进行查明。在此基础上，结合原、被告庭审的陈述，分析双方解释理由是否符合一般常理以及正常交易习惯，是否能够自圆其说，以判断所述的真实性、可信性，并结合双方提交的证据，以求还原案件真相，法官并依此作出判决。

借贷双方对利息是年息还是月息约定不明的，法官应结合当地交易习惯、双方情况及金融管理规定对利息的限制等予以确认。

【案例7－49】 侯某某诉曹甲、曹乙民间借贷纠纷案

二审法院认为，曹甲主张本案借款的利息应为年息2分。从双方签字的借条上看，有“期限一年利息2分”的约定，尽管该约定没有“月息2分”字样，侯某某在原审庭审中的陈述为年息2分，但其在诉讼请求中要求8万元的利息，结合当地民间借贷的交易习惯、侯某某的职业与文化程度及诉讼请求、金融管理规定对利息的限制，原审法院认定涉案借款利息按年利率20%计算并无不当。判决：驳回上诉，维持原判。[1]

借贷利息约定不明，法官考虑综合因素判付利息。

【案例7－50】 某某小贷公司、周某某诉袁某某、董某某民间借贷纠纷案

二审法院认为，原告某某小贷公司、周某某承认当时就涉案借款签订了两份借款合同，原告所持的一份合同约定了月息4.5%的利率，被告袁某某、董某某没有拿走的一份合同没有约定利息，在起诉时提交的借款合同中利率一栏是空白的。据此，结合当事人在一审、二审审理时的陈述及提供的证据，能够证明本案双方在签订借款合同时，对借款利息约定不明。依据《民间借贷规定》第二十五条第二款的规定，结合某某小贷公司的经营范围，双方约定的借款期限，违约责任，借款人袁某某、董某某归还借款的情况，某某小贷公司、周某某请求袁某某、董某某按照年息36%支付2013年8月15日至2015年1月17日利息的诉讼请求，本院不予支持。袁某某、董某某应当按照年息24%支付借款利息。按实际出借本金1146万元和按照年息24%计算，袁某某、董某某应支付利息合计6,562,760元。袁某某、董某某共计还款1160万

---

〔1〕 江苏省徐州市中级人民法院（2013）徐民终字第1670号民事判决书。

元,扣除利息 6,562,760 元后,余款 5,037,240 元冲抵本金,袁某某、董某某尚欠某某小贷公司、周某某借款本金 6,422,760 元。一审判决对借款合同利率的认定,依据不足,本院予以纠正。判决:(1)维持一审判决第二项;(2)变更一审判决第二项为被告袁某某、董某某偿还原告某某小贷公司、周某某借款本金 6,422,760 元。[1]

约定"融资费"的借款合同可以认定为是对借款的利息的约定,不是对于借款利息没有约定或约定不明。

【案例 7-51】 黄某某、蔡某某、成至公司诉钰传承公司民间借贷纠纷案

最高人民法院认为,黄某某等三方和钰传承公司均认可,案涉借款保证合同是双方经过对账,对先前双方之间多次借款关系的结算确认,该借款保证合同是双方的真实意思表示。虽然该合同中没有"利息"字样出现,但约定了"融资费"以及具体的数额和支付方式,据此可以认定双方实际上对于借款利息是以"融资费"的方式进行了约定。根据该约定,以 4500 万元为借款本金计算利率为月利率 2.22%,该标准超过年利率 24% 的标准,但未超过年利率 36%,一审判决对于已归还的部分按照双方约定的标准确定利息,未归还的部分按照 24% 的标准计算利息,并无不当。[2]

(四)未约定利息时间处理

借款人何时支付利息,取决于借贷双方约定的借款期限或还款期限。借款期限从经济利益角度讲,在借款合同中借款的还款期限越长,则意味着借款人可以使用资金的期限越长,其利用资金创造利益越多,因此出借人原则上无权要求借款人提前偿还借款。借款期限从法律角度讲,借款期限是判断借款人是否构成迟延履行的时点,借款人在还款期限届至时仍未归还借款,要支付逾期利息,还必须承担逾期还款责任。从这个意义上讲,借款期限的确定具有重要意义。在借款合同中对借款期限没有约定的,更是司法实践的多发争议。

《民法典》第六百七十五条规定:"借款人应当按照约定的期限返还借款。对借款期限没有约定或者约定不明确,依据本法第五百一十条的规定仍不能确定的,借款人可以随时返还;贷款人可以催告借款人在合理期限内返还。"据此,确定借款期限的顺序为:其一,在借款合同中借款期限有明确约定的,约定的期限即是

〔1〕 甘肃省高级人民法院(2016)甘民终字第 459 号民事判决书。

〔2〕 参见最高人民法院民法典贯彻实施工作领导小组编著:《中国民法典适用大全》(合同卷三),人民法院出版社 2022 年版,第 1736 页。最高人民法院(2018)民终 819 号民事判决书。

借款人的还款期限。该约定对双方均有约束力，以约定作为判断借款期限的依据。其二，在借款合同中借款期限没有约定或者约定不明的，应按照《民法典》第五百一十条规定的原则先补充协议，后按合同条款或者交易习惯确定。其三，在按前项方式仍不能确定借款期限的，则借款人可以随时返还，出借人可以催告借款人在合理期限内返还。法律对借款人随时返还没有设定限定条件，而对出借人而言设定了限定条件，即必须先进行催告，后给予借款人还款合理期限，而不是一经催告借款人立即还款。合理期限的具体时间要根据借款的数额、用途等结合案件的具体情况进行判断。法律上并未设置一个具体时间段。在合理期限发生争议后，由法官裁量。对于利息的处理，亦同样适用该条的规定。

【案例7－52】 马某诉张某民间借贷纠纷案

判决观点，自然人之间的借款合同，自贷款人提供借款时生效。马某依约定向张某提供借款，张某依此向马某出具借条，马某、张某之间形成了借贷关系。马某依约定借款给张某，张某就应依合同约定按时还款。马某要求张某归还16,500元借款的诉讼请求事实清楚，证据确凿充分，法院予以支持。马某要求张某支付借款利息，因未约定计算方式方法，马某亦未提供证据证明马某要求张某归还借款的具体时间，因此马某要求张某支付利息的诉讼请求法院不予支持。判决：张某偿付马某借款16,500元；驳回马某要求张某支付利息的诉讼请求。[1]

（五）自愿支付利息处理

在民间借贷中，已偿还的款项结算时未作为借款本金应认定为偿还利息，其超过银行同类贷款利率的四倍，但由于当事人已进行结算，且属当事人自愿行为，法律不再作处理。

【案例7－53】 李某某诉王某某、谭某某等民间借贷纠纷案

二审法院认为，王某某自2011年11月15日至2012年3月15日通过银行转账的方式向李某某支付了15,600元。2012年5月4日，王某某向李某某归还20,000元，自行在借条上注明："2012年5月4日已还贰万元（20,000元），下欠：伍万元。"王某某作为完全民事行为能力人，对自己在2012年5月4日前还款的情况显然知情，而在2012年5月4日与李某某结算时仅将当日

〔1〕 参见最高人民法院民法典贯彻实施工作领导小组编著：《中国民法典适用大全》（合同卷三），人民法院出版社2022年版，第1740页。最高人民法院发布19期合同纠纷典型案例第15号。

归还的20,000元作为借款本金予以扣除,对其之前已支付的15,600元既未作本金扣除,也未作任何说明。据此,结合民间借贷的习惯,应认定该15,600元是王某某向李某某归还的利息。此外,王某某自2012年6月2日至2014年4月4日,几乎每月都向李某某转账还款,这也与民间借贷中按月偿还利息的习惯相吻合,故应认定双方之间约定了利息。2012年5月4日前,王某某向李某某归还的15,600元利息虽已超过银行同类贷款利率的四倍,但由于当事人已进行结算,且属当事人自愿行为,不再作处理。2012年5月4日双方结算后王某某尚欠李某某借款本金50,000元。此后的利息按银行同类贷款利率的四倍即月息2.04%计算至李某某起诉之日即2015年2月10日止,共计33,660元(50,000元×2.04%×33个月)。王某某自2012年6月2日至2014年4月4日向李某某归还了45,400元,王某某在此期间多归还的利息应抵扣本金。一审法院错将王某某于2012年10月28日支付给李某某的3000元认定为2012年12月28日支付,但该笔款项已作认定并计算在45,400元内。尽管双方对2015年1月8日李某某从王某某处拿走的8500元的性质存在争议,但双方对李某某收到该笔款项的事实以及该笔款项的金额均无异议,且公安机关已决定不予立案,故应认定该8500元是王某某向李某某偿还的借款,亦应从借款本金中扣除。判决:撤销一审判决,由王某某、谭某某共同偿还李某某借款本金29,760元。[1]

民间借贷合同中没有约定利息,借款人自愿支付,但借款人又以不当得利为由要求出借人返还已支付的利息,人民法院是否支持?最高人民法院民一庭认为,对于这种情况,人民法院一般不予支持。《民法典》第一百二十二条规定:“因他人没有法律根据,取得不当利益,受损失的人有权请求其返还不当利益。”根据这一规则,不当得利有四个构成要件:一方获有利益;他方受到损失;获利与受损之间存在因果关系;获利没有合法根据,即无“法律上的原因”,这是不当得利的关键。本问题中,借款人自愿支付利息的行为是基于借款合同的成立和有效履行,并非没有“法律上的原因”。具体而言,借款合同未约定利息,存在两种情况:一种是双方可能有过口头的约定,这种情况在实践中并不少见,借款人是依据约定支付利息,系正常履行借款合同的行为,不得再要求返还;另一种是双方确实没有以书面或口头约定过利息,此种情况下,借款人主动支付利息的行为可视为改订借款合同,为其增加利息支付的相关内容的新要约,出借人无异议并接受,则为对该要约进行承诺的意思表示,双方由此完成借款合同的改订,而该新合同也已因借款人完成利息(和本金)的支付而履行完毕,借款人要求返还利息的请求自

---

〔1〕 参见国家法官学院案例开发研究中心编:《中国法院2017年度案例》(民间借贷纠纷),中国法制出版社2017年版,第180页。湖南省郴州市中级人民法院(2015)郴民二终字第205号民事判决书。

然不应得到支持。[1]

(六)复利计算处理

复利,是与单利相对应的概念,又叫“利滚利”,民间俗称“驴打滚”,是指在借贷关系中,出借人将借款人到期应付的利息计入本金再计算利息,即除最初的本金要计算利息外,在每一个计息期,上一个计息期的利息都将成为生息的本金,再生利息,由此产生的利息称为复利。[2]

《民间借贷规定》第二十七条第二款规定:“按前款计算,借款人在借款期间届满后应当支付的本息之和,超过以最初借款本金与以最初借款本金为基数、以合同成立时一年期贷款市场报价利率四倍计算的整个借款期间的利息之和的,人民法院不予支持。”换言之,对于本息之和的上限应在法律规定的范围内。

在民间借贷案件中,如借贷双方无特殊约定,一般都采取的是单利的计算方式,并不意味着借贷双方采用复利计算方式违反了法律规定,也并不意味着法官不支持复利。对于借贷双方在借条中有关复利约定的,只要不超过法律规定上限,法官都会予以支持。应注意的是,对于复利约定,法律并非不予支持,只要在法律允许的范围内,法律尊重借贷双方的意思自治,但是有一个前提,即不得超过法定上限。

【案例 7－54】 李某诉邱甲、邱乙民间借贷纠纷案

判决观点,邱甲向李某借款 100 万元,事实清楚,证据充分,法院予以认定。原、被告之间的借贷法律关系合法有效,债务应当清偿。根据《民间借贷规定》第二十六条的规定,对邱甲已偿还的利息 10 万元(以 100 万元为基数,自 2013 年 8 月 7 日起至 2013 年 11 月 16 日止,按月利率 3% 计算),法院不作调整。2016 年 12 月 7 日,李某与邱甲按月利率 3% 结算利息,并将利息全部计入后期借款本金,违反了《民间借贷规定》第二十八条的规定,故对李某诉讼请求中超过法律保护的部分,法院不予支持。法院依法确定邱甲应偿还借款本金 100 万元及利息(自 2013 年 11 月 17 日起至还清借款之日止,按年利率 24% 计算)。[3]

---

〔1〕 参见最高人民法院民事审判第一庭编:《民事审判实务问答》,法律出版社 2021 年版,第 49～50 页。

〔2〕 参见最高人民法院民事审判第一庭编著:《最高人民法院民间借贷司法解释理解与适用》,人民法院出版社 2015 年版,第 491～492 页。

〔3〕 参见国家法官学院案例开发研究中心编:《中国法院 2019 年度案例》(民间借贷纠纷),中国法制出版社 2019 年版,第 171 页。福建省长乐市人民法院(2017)闽 0182 民初 1059 号民事判决书。

【案例 7－55】　丁某某诉长春市九台区苇子沟街道办事处胜利村村民委员会民间借贷纠纷案

判决观点，证人李某某出庭证实出具此欠条时，已拖欠货款 11 年，出具欠条是按照年利率 25%，计得复利，累计算出 25,456 元，按照复利计算方式，所计算出的本金含有小数点后三位以上数字，该计算方法无法计算出具体欠款及利息数额，长春市九台区苇子沟街道办事处胜利村村民委员会对于此货款的利息计算未提出降低之诉请，本案中所欠货款系基于商品买卖产生的，本案争议属买卖合同纠纷，根据《合同法》第六十条第一款规定，当事人应按照合同约定全面履行自己的义务。故长春市九台区苇子沟街道办事处胜利村村民委员会应按约定向原告支付货款和赔偿损失，丁某某请求按欠条给付欠款的请求予以支持，丁某某主张出具借条以后的利息，因其未提供具体本金数额，故不予支持。判决：被告长春市九台区苇子沟街道办事处胜利村村民委员会给付原告丁某某货款及逾期付款的损失 25,456 元。〔1〕

借款人向出借人重新出具借条，对之前利息进行结算，利息结算不能作为支付的依据，结算的利息可以计算复利，但不得超过法律规定上限。

【案例 7－56】　雷某某诉李某民间借贷纠纷案

判决观点，李某向雷某某借款，双方形成借贷关系，该借款合同系双方的真实意思表示，未违反法律、法规的禁止性规定，依法成立，合法有效。因借款已到期。根据《合同法》第二百零六条之规定，在借款到期后，雷某某作为出借人可要求借款人李某归还借款，因雷某某自认借条载明金额中的 250,000 元包含 100,000 元已结算的利息，故李某拖欠的实际借款本金为 150,000 元，关于利息，从借条出具之日即 2015 年 3 月 10 日算至本案立案之日即 2016 年 3 月 14 日，按双方约定的月利率 2% 计算，借款利息为 150,000 × 2% ×(12 + 5/30) = 36,500 元，加上已结算的 100,000 元，利息为 136,500 元，故对于雷某某要求李某归还借款本金 250,000 元及利息 60,000 元的诉讼请求，本院仅支持李某归还雷某某借款本金 150,000 元并支付利息 136,500 元。在本案审理过程中，雷某某提出了借条出具之前的利息已经结算，应当作为本金再计算利息，李某出具了借条表明其对复利的计算方式没有异议，且借条约定的利息没有超过法定上限即年利率 24%，法院应当尊重当事人的合意，原告雷某某诉讼主张应当得到支持。法院认为，虽然《民间借贷规定》第二十八条规定了借贷双方可以将前期借款本金结算后将利息计入

〔1〕 参见国家法官学院案例开发研究中心编：《中国法院 2018 年度案例》（民间借贷纠纷），中国法制出版社 2018 年版，第 154 页。吉林省长春市九台区人民法院（2016）吉 0113 民初 1733 号民事判决书。

后期借款本金并重新计算利息，但这一规定的基础在于，借款人在借款期限届满后应当支付的本息之和，不能超过以最初的借款本金为基数，以年利率24%计算的整个借款期间的利息之和，即借贷双方可以约定利滚利，但无论如何利滚利，都不得超过以最初借款本金为基数，按年利率24%计算的利息。判决：李某归还雷某某借款本金150,000元并支付利息136,500元。〔1〕

【案例7－57】 龚某某诉王某民间借贷纠纷案

判决观点，被告王某因需资金周转而向原告龚某某借款10万元，并出具了借条，原告已交付了款项，原、被告之间的债权债务关系成立，合法债权应受法律保护，被告理应向原告履行还款义务。原告请求被告偿还12.4万元借款，并按照月利息3%计算逾期利息。据庭审已查明的事实，该12.4万元借款中的24,000元实为前期10万元借款的利息且是按照约定月利率3%（相当于年利率36%）计算而来。根据《民间借贷规定》第二十八条第二款的规定，借款人在借款期间届满后应当支付的本息之和，不能超过最初借款本金与以最初借款本金为基数，以年利率24%计算的整个借款期间的利息之和。出借人请求借款人支付超过部分的，人民法院不予支持。本案中，因被告已付清2016年1月1日前的利息，故法院支持从2016年1月1日起至被告履行完毕之日止的利息以借款10万元为基数，按照年利率24%计算。对原告超出法律规定部分的诉求，法院不予支持。判决：被告王某偿还原告龚某某借款本金10万元及利息。〔2〕

借款本息作为本金可重新出具借条计收利息。

【案例7－58】 黄某同诉谢某民间借贷纠纷案

一审法院认为，本案系民间借贷纠纷。谢某向黄某同借款，双方构成借款合同关系。黄某同系出借人，谢某系借款人。谢某作为借款人，应当依照借条上的约定进行还款，谢某未能按照约定还款付息，已属于违约。故黄某同请求谢某偿还所借的本金558,300元，有相应的事实依据和合同依据，本院予以支持。关于利息问题，黄某同与谢某双方在借条中约定利息为每月1.5%，因此，合同约定的利息为每月1.5%的标准本院予以认定。因约定的利息每月1.5%的标准，在2020年8月20日后高于一年期贷款市场报价利率的4倍，本院以不超过一年期贷款市场报价利率的4倍计算，本院予以采纳。故黄某同请求谢某支付借款利息，本院支持，其中：（1）68,300元的利息

〔1〕 参见国家法官学院案例开发研究中心编：《中国法院2018年度案例》（民间借贷纠纷），中国法制出版社2018年版，第161页。江西省新余市渝水区人民法院（2016）赣0502民初字第798号民事判决书。

〔2〕 参见国家法官学院案例开发研究中心编：《中国法院2018年度案例》（民间借贷纠纷），中国法制出版社2018年版，第167页。重庆市黔江区人民法院（2016）渝0114民初字第6213号民事判决书。

计算至2020年8月19日，扣除已支付的7200元后，为3598元。自2020年8月20日起以68,300元为基数，按一年期贷款市场报价利率4倍计算实际还款之日止；(2)13万元的利息以13万元为基数，自2021年3月5日起按一年期贷款市场报价利率计算至实际还款之日止；(3)36万元的利息以36万元为基数，自2021年3月18日起按一年期贷款市场报价利率4倍计算至实际还款之日止。二审法院裁定本案上诉人谢某自动撤回上诉处理。[1]

应强调的是，在借款合同中未约定将利息计入本金并计算逾期利息，法律是禁止计算的。如果将借款本息作为逾期利息的计算基数，无异于在借贷双方没有约定的情况下，由法官审判为借贷双方计算了复利。

(七)利息清偿顺序处理

《民法典》第五百六十条规定，即双方未约定清偿顺序的，由债务人在清偿时指定其履行的债务，未作指定的按法定清偿顺序清偿。出借人与同一借款人之间存在多笔债务无担保且均已到期，当事人之间未约定履行顺序也未指定履行顺序的，未标注用途的转款应当优先抵充债务负担较重的债务。

【案例7－59】　黄某某与石家庄中融汇通房地产开发有限公司民间借贷纠纷再审案

最高人民法院认为，本案审查的重点是中融汇通公司与黄某某之间的付款凭证中未标注用途的转款能否认定为偿还借款。根据原审查明的事实，案涉付款凭证中记载的付款用途包括以下几种情形：一是未注明；二是与工程施工相关的包括代付人工费、代付维修费、工程款、代付门窗款等；三是与借款相关的包括还款、代偿借款等。案涉2014年1月17日协议书记载了中融汇通公司支付黄某某工程款2000万元的条款，黄某某并未提交证据证明案涉付款凭证中记载的与工程施工相关的付款不包括中融汇通公司欠付的工程款2000万元。黄某某主张付款凭证记载的付款用途与借款相关的付款包括了中融汇通公司偿还欠付工程款2000万元，没有事实根据。在二审庭审中，中融汇通公司陈述兰某是系其财务人员，黄某某对此表示认可，但认为兰某只是负责支付工程款。黄某某对于中融汇通公司使用兰某个人账户对外进行款项支付是知晓和认可的，黄某某也并未提交证据证明兰某个人账户支

---

[1] 参见国家法官学院、最高人民法院司法案例研究院编：《中国法院2023年度案例》(民间借贷纠纷)，中国法制出版社2023年版，第169～170页。福建省厦门市中级人民法院(2021)闽02民终8202号民事裁定书。

付的款项仅与工程施工有关，故其提出黄某某账户收到来自兰某、张某某等个人转款仅是中融汇通公司支付工程款，没有事实根据。双方当事人之间存在工程施工债权债务关系、借款关系，并且双方当事人之间付款凭证中存在大量标注款项用途为“工程款”字样的情况下，二审判决认定“未注明款项用途”的转款不能排除用于偿还借款或者支付工程款两种情形，并不缺乏理据。因中融汇通公司对黄某某负有支付工程款之债和偿还借款之债，该两种债务均属于金钱之债，应认定为相同种类的债务。黄某某认为借款和工程款产生的合同基础不同，法律关系不同，不属于相同种类的债务，没有法律依据。中融汇通公司在二审庭审中陈述未注明转款用途的款项一共是 47 笔，共计 35，647，707 元，而黄某某认可其中 43 笔，该转款金额不足以偿还中融汇通公司对黄某某的全部欠款。对于上述未注明转款用途的款项，中融汇通公司在清偿时未指定抵充顺序，黄某某也未举证证明双方当事人对抵充顺序有约定，且借款债务和工程欠款债务均已到期，两者的差别是债务到期的时间存在先后。《合同法解释（二）》第二十条规定：“债务人的给付不足以清偿其对同一债权人所负的数笔相同种类的全部债务，应当优先抵充已到期的债务；几项债务均到期的，优先抵充对债权人缺乏担保或者担保数额最少的债务；担保数额相同的，优先抵充债务负担较重的债务；负担相同的，按照债务到期的先后顺序抵充；到期时间相同的，按比例抵充。但是，债权人与债务人对清偿的债务或者清偿抵充顺序有约定的除外。”这一规定明确了债务抵充的顺序，黄某某提出的应当偿还先到期的工程款债务与上述司法解释的规定不符，本院不予支持。根据案涉 2014 年 1 月 17 日协议书第五条约定，中融汇通公司对于清偿借款、工程欠款一并提供了土地抵押和保证担保。故二审判决在认定案涉借款债务、工程欠款均已到期且两者担保数额相同的基础上，选择优先冲抵负担较重的债务。而负担较重的债务，是指能够使得债务人因清偿而获益最多的债务，二审判决综合比较了工程款债务和借款债务的本金、利息和违约金，认定借款债务属于负担较重的债务，适用法律并无不当。黄某某提出对于中融汇通公司而言，工程款债务属于负担较重的债务，会引发小业主违约索赔、拖欠农民工工资、支付逾期违约金没有法律依据，本院不予支持。[1]

适用清偿抵充规则前提条件是同一个债务人对同一个债权人负担数笔债务；数笔债务的种类相同；债务人提供的履行不足以清偿全部债务。

---

〔1〕 最高人民法院（2021）民申 925 号民事裁定书。

【案例7－60】　颜某某与马鞍山中加投资有限公司等民间借贷纠纷案

最高人民法院认为，颜某某申请再审称首创公司和孙某将全部款项转给颜某某是为了归还2010年11月19日另一《保证担保借款合同》的欠款，应适用《合同法解释（二）》第二十条关于优先抵充的规定。但适用清偿抵充规则有三个前提条件即同一个债务人对同一个债权人负担数笔债务；数笔债务的种类相同；债务人提供的履行不足以清偿全部债务。案涉《借款合同》借贷双方是中加学校和颜某某，案外《保证担保借款合同》载明出借人是颜某某、懋鑫公司，借款人则是安徽恒天文化置业有限公司（以下简称恒天公司），中加学校和恒天公司系两个独立的民事主体，不符合清偿抵充规则的适用条件，颜某某申请再审亦未就两者具有关联性提交证据证实，故颜某某该项再审申请理由不能成立。综合本案的交易过程和事实，案涉《借款合同》虽已成立生效，但并未真实履行，故中加学校不应承担偿还借款及相应利息的责任，原判决适用法律并无不妥。[1]

【案例7－61】　潘某与光山德厚昌业房地产有限公司民间借贷纠纷再审案

再审法院认为，《合同法解释（二）》第二十条规定："债务人的给付不足以清偿其对同一债权人所负的数笔相同种类的全部债务，应当优先抵充已到期的债务。"从条文表述可以看出，本条确立的是同一债务人对同一债权人负有多笔同种类债务时如何抵充的原则，本案法律关系双方是德厚昌业公司和潘某，申请人主张的另一法律关系双方是光山县城建公司和张某，两个法律关系中债权人和债务人均不是同一主体，故本条确定的抵充原则并不适用于本案，且德厚昌业公司对提前还款原因作了合理说明，本院予以认可。[2]

未约定清偿顺序，债务人的给付不足以清偿其对同一债权人所负的数笔种类相同的全部债务，应当优先抵充已到期的债务；数项债务均到期的，优先履行对债权人缺乏担保或者担保最少的债务；均无担保或者担保相等的，优先履行债务人负担较重的债务。

【案例7－62】　李某某与刘某某、刘某、张某在民间借贷纠纷再审案

最高人民法院认为，关于李某某再审申请主张支付给刘某某的3300万元不应作为本案利息而是双方于2012年11月2日签订的另案借款合同款项。根据原审查明的事实，本案《股权转让合同》的签订时间为2012年6月21日，而李某某所述另案借款合同的签订时间为2012年11月2日，上述3300万元的支付凭证上未明确记载李某某给付的款项系偿还另案借款合同

〔1〕　最高人民法院（2017）民申3685号民事裁定书。
〔2〕　河南省高级人民法院（2019）豫民申1906号民事裁定书。

的款项还是本案《股权转让合同》的利息。原审根据《合同法解释(二)》第二十条关于债务人的给付不足以清偿其对同一债权人所负的数笔种类相同的全部债务,应当优先抵充已到期的债务的规定,认定上述3300万元系偿还本案《股权转让合同》的利息,并不缺乏事实和法律依据。[1]

【案例7-63】 曹某与张某、晋中悦隆汽车贸易有限公司等民间借贷纠纷再审案

再审法院认为,债务清偿抵充顺序的基本原则是:约定优先,债务人指定次之,最后是法定抵充顺序。本案中,双方当事人对两笔借款的清偿顺序并无约定,且申请人在清偿100万元借款时也未申明该借款还的是哪笔借款。尽管在再审审查程序中提交的会计凭证可以反映出悦隆公司在5月11日和13日将100万元的借款转给曹某个人并注明该借款系还其2月24日借款,但该行为发生在悦隆公司和曹某个人之间,而曹某在向被申请人张某转款时并未注明该款还的是哪一笔。从在案证据来看,无论是2017年2月24日的借款还是2017年5月4日的借款,双方均未约定还款期限,所以不能确定两笔借款哪笔到期,故不存在申请人主张的适用上述优先抵充债务法律规定的情形。并且,上述司法解释第二十条同时规定"几项债务均到期的,优先抵充对债权人缺乏担保或者担保数额最少的债务",从该规定可以看出,为了充分保障债权人的权益,即便是对于到期的债务,无担保的债权也应优先抵偿。本案中2月24日的借款有借款合同也有担保,而5月4日的借款既无合同又无担保,债权人主张优先抵偿无担保借款,有充分的理由和依据。[2]

【案例7-64】 李某某与潘某、浦某某民间借贷纠纷再审案

再审法院认为,本案中,按照浦某某与潘某之间确认的结算协议,浦某某共计欠款600万元。若将上述用于归还李某某名下房屋银行贷款的210.8万元借款与其他部分借款进行区分,则浦某某的该600万元总债务额中包括了210.8万元浦某某、李某某的夫妻共同债务,以及剩余的浦某某个人债务。若按照此种方式划分,浦某某签订《费用结算协议》时,600万元债务均已到期,且并无证据证明债务存在担保,按照上述债务清偿顺序的规定,浦某某的给付应当优先抵充负担较重的债务,即仅有浦某某一名债务人的部分债务。因此,二审判决认定浦某某以其房屋作价抵偿的债务应当认定为优先抵充其个人债务,不违反法律规定。李某某关于二审判决认定的已抵偿债务范围有误的申请再审理由,亦不能成立。[3]

---

〔1〕 最高人民法院(2017)民申4274号民事裁定书。

〔2〕 山西省高级人民法院(2020)晋民申608号民事裁定书。

〔3〕 江苏省高级人民法院(2018)苏民申3233号民事裁定书。

债务人已经支付的超出民间借贷司法保护利率上限的利息可用来抵扣本金。

【案例7－65】　帅某某、李某与贵州华瑞鼎兴能源有限公司、贵州华瑞鼎兴能源有限公司等民间借贷纠纷再审案

最高人民法院认为，本案于2015年4月27日立案受理，根据《最高人民法院关于认真学习贯彻适用〈最高人民法院关于审理民间借贷案件适用法律若干问题的规定〉的通知》规定，2015年9月1日前尚未审结的一审、二审、再审案件，适用上述规定施行前的司法解释进行审理。因此，本案利息问题应当适用《最高人民法院关于人民法院审理借贷案件的若干意见》第六条"民间借贷的利率可以适当高于银行的利率，各地人民法院可根据本地区的实际情况具体掌握，但最高不得超过银行同类贷款利率的四倍（包含利率本数）。超出此限度的，超出部分的利息不予保护"的规定。此规定为强制性规定，民间借贷的利率应以银行同类贷款利率的四倍为限，超出部分不受法律保护。本案借款本金为8397.5万元，已归还11，050万元，逐笔按中国人民银行同期同类贷款利率四倍计算利息，超过部分根据《合同法解释（二）》第二十一条"债务人除主债务之外还应当支付利息和费用，当其给付不足以清偿全部债务时，并且当事人没有约定的，人民法院应当按照下列顺序抵充：（一）实现债权的有关费用；（二）利息；（三）主债务"的规定抵扣本金，至帅某某、李某起诉时，案涉借款本息已归还完毕。因此，二审法院根据以上规定，认定因双方的借款合同实际利率为月息5%，明显超过银行同类贷款利率的四倍，应依法以四倍为限予以保护；认定华瑞鼎兴公司、鱼塘煤矿、牛吃水煤矿、陈家沟煤矿支付超过四倍利率部分应相应抵扣本金；认定《对账确认》针对2012年7月至2013年1月还息、还本及尚欠本金、利息的约定对双方无法律约束力，均并无不当。[1]

---

〔1〕　最高人民法院（2022）民申161号民事裁定书。

专题八　借款担保纠纷

本专题是对借款案件中，涉及担保纠纷阐述，对于担保主体、担保责任的相关问题放在借款合同主体、借款合同责任纠纷阐述。

一、借款担保理解

(一)借款担保含义

这里讲的借款担保,是指在民间借贷中出借人要求借款人的保证人承担清偿责任的统称。

根据《民法典》第六百八十一条规定,保证是指保证人和债权人约定,当债务人不履行债务时,保证人按照约定履行债务或者承担责任的行为。在民间借贷中,债权人为保证债权的实现,往往要求债务人提供保证担保,而作为合同的担保,保证是以保证人的一般财产为债务人的债务提供担保,是人的担保而非物的担保,因此,保证人只能是主合同当事人之外的第三人。

在实践中,民间借贷合同中的保证合同,比较常见的形式是由他人在借据、欠条等债权凭证签注保证人及姓名,很少专门订立保证合同。此类保证条款形式简单、内容粗糙,故易产生纠纷且判断困难。如何判断保证合同是否成立,需要结合合同的成立规则、合同的解释规则以及证据规则综合判断。一个条款要成为有效的保证条款,需要同时满足合同当事人,意思表示一致及标的三个要件。在民间借贷的保证条款中,对仅载明有第三人签名、意思表示不明确或者标的不明确等情形,需要根据合同的成立规则予以认定。

保证意思表示一致,是出借人和保证人就保证人承担保证借款债务形成的合意。保证合意,当然是双方当事人就保证合同成立的必备条款或者主要内容达成一致。此种合意是否符合法律规定,依法律是否可以产生法律拘束力,取决于此种意思表示是否同行为人的真实意思相符合,也就是说意思表示是否真实。

保证人的保证意思是在法律规定范围内的表示,其用生命健康权表示的保证,因在法律层面违反法律规定,其保证意思不产生法律效力。

【案例 8－1】 陈某某诉张某某、李某某民间借贷纠纷案

二审法院认为,2011 年 12 月 9 日,李某某给陈某某出具的欠据属民间借贷关系,李某某应承担还款责任。陈某某依据欠据中“张某某,还不上我去死”来主张张某某承担连带还款责任保证。《担保法》第十八条第一款规定的连带责任保证是指“当事人在保证合同中约定保证人与债务人对债务承担连带责任的,为连带责任保证”。“张某某,还不上我去死”不具有连带责任保证的意思,用生命承担还款责任或保证责任是法律所禁止,该承诺没有法律效力。陈某某上诉主张没有事实及法律效力。综上,原审判决认定事实清楚,适用法律正确。判决:驳回上诉,维持原判。[1]

反担保,是指为保障债务人之外的担保人将来负担担保责任后对债务人的追偿权的实现而设的担保。

再担保是指为担保人设立的担保,当担保人不履行或不能完全履行担保责任时,再担保人将按合同约定向债权人继续承担责任,以保障债权的实现。

关于再担保的法律属性主要为,其一,再担保具有从属性,是对从债的担保,该从属性是指再担保依附于前一担保即主担保而存在,主担保是再担保存在的前提和基础,主担保不成立,再担保也不能成立。其二,再担保适用范围具有有限性,再担保只能适用保证合同、抵押担保和质押担保,在留置担保和定金担保中不能产生再担保。其三,再担保主体具有特定性,再担保人须为债权人、债务人及主担保人之外的人,否则失去再担保的法律意义。其四,再担保的内容具有确定性。再担保的设立需要当事人意思表示一致并明确约定,约定不明的则视为共同担保。其五,再担保的担保范围具有预见性。再担保人担保范围等于或小于主担保人清偿范围,而绝不可能大于主担保人的清偿范围。其六,再担保追偿范围具有选择性。再担保可向债务人追偿,也可向主担保人追偿,还可同时向债务人、主担保人追偿。

【案例8－2】　黄甲诉吕某、李某某、黄乙民间借贷纠纷案

判决观点,黄甲与吕某之间的民间借贷关系合法、有效,应受法律保护,吕某欠黄甲借款157,700元应予偿还。李某某在吕某向黄甲出具的借条上以担保人的身份签名担保,该保证关系合法、有效,依法应承担连带保证责任。黄乙在该借条签署“本人承担李某某名下担保责任”,属再担保。所谓再担保,是对担保的担保,是指在债务已设定担保的基础上,对该担保再设定担保,当前一担保人不能清偿债务时,由后一担保人在前一担保人不能清偿的范围内对债务清偿。黄乙提出的李某某只担保10万元的辩解,因未能提供证据证明,不予采纳。判决:(1)吕某向黄甲偿还借款人民币157,700元。(2)李某某对吕某不能清偿范围内的上述债务承担清偿责任;承担保证责任后,有权向债务人吕某追偿。(3)黄乙应对李某某不能清偿范围内的上述债

〔1〕 参见国家法官学院案例开发研究中心编:《中国法院2016年度案例》(民间借贷纠纷),中国法制出版社2016年版,第83页。黑龙江省哈尔滨市中级人民法院(2014)哈民三商终字第317号民事判决书。

务承担清偿责任；承担保证责任后，有权向债务人吕某、担保人李某某追偿。[1]

(二)借款担保范围

《民法典》第六百九十一条："保证的范围包括主债权及其利息、违约金、损害赔偿金和实现债权的费用。当事人另有约定的，按照其约定。"该条规定借款保证的范围。法定保证范围为保证合同当事人约定保证范围提供指导和范本，约定保证范围则是对法律规定保证范围的明细化和具体化。在个案中，约定的保证范围优先适用保证的范围，约定保证的范围可以大于法定保证的范围，也可以小于法定保证范围。

【案例 8－3】　成某某与万某某、江西富源贸易有限公司、吉林成城集团股份有限公司民间借贷纠纷案

最高人民法院认为，本案中，承诺书只是陈述对"捌仟万元整的还款"承担担保责任，并未明确保证担保的范围，属于"没有约定或约定不明确"，故成某某提出的其对 6750 万元借款利息部分不承担连带清偿责任的上诉理由，与事实和法律规定不符，不予支持。[2]

担保人对保证担保的范围没有约定的，应当对全部债务承担责任。

【案例 8－4】　邱某诉孙某、张某、戴某某民间借贷纠纷案

判决观点，被告戴某某作为担保人，对保证担保的范围没有约定，应当对全部债务承担责任，亦包括借款本金产生的利息，故其对利息不承担保证责任的抗辩意见，法院不予支持。其在履行保证责任后，可在已履行的范围内向被告孙某追偿。判决：被告孙某、张某偿还原告邱某借款本金 62,818 元、利息 12,563.60 元，被告戴某某就以上款项对原告邱某承担连带偿还责任。[3]

对保证担保的范围发生争议的，应当遵循诚信原则解释担保范围。

---

〔1〕参见国家法官学院案例开发研究中心编：《中国法院 2012 年度案例》(民间借贷纠纷)，中国法制出版社 2012 年版，第 95 页。福建省长汀县人民法院(2010)汀民初字第 2105 号民事判决书。

〔2〕参见杜万华主编：《最高人民法院民商事案件审判指导》(第 4 卷)，人民法院出版社 2016 年版，第 554 页。

〔3〕参见国家法官学院案例开发研究中心编：《中国法院 2018 年度案例》(借款担保纠纷)，中国法制出版社 2018 年版，第 161 页。黑龙江省牡丹江市阳明区人民法院(2017)黑 1003 民初 62 号民事判决书。

【案例8－5】 陈某某诉郭某保证合同纠纷案

判决观点，各方对郭某的担保范围为10万元还是55万元存在争议。对此，法院认为，从"担保人：郭某"字样在诉争借条中的位置看，其位于2007年6月14日10万元借条处，但各方均认可诉争借条内三处内容非落款日期所写，而是一次书写完毕，"担保人：郭某"也为同一时期书写。由此可见，三处内容虽然落款时间不同，但并非相互独立，而是对已经发生事实的重述和确认，应当视为整体；从当事人的陈述看，郭某对李某某55万元借款的事实以及诉争借条内容实属明知，承担55万元借款的保证责任并不超过其合理预期；结合诉争借条内各部分文字所处的空间结构，将"担保人：郭某"字样理解为对字样以上内容的承诺并不违背中文的读写习惯；诉争借条系李某某、郭某书写，而郭某在书写"担保人：郭某"字样时未明确担保何笔借款，现却辩称担保其中一笔款，根据诚实信用原则，应对担保条款作出对郭某不利的解释。因此，在没有相反证据的情况下郭某担保范围应为全部借款55万元。综合以上，陈某某有权直接起诉郭某偿还借款，郭某应对李某某向陈某某借款55万元承担连带清偿责任。判决：(1)被告郭某偿还原告陈某某借款55万元；(2)被告郭某承担上述连带清偿责任之后，有权向第三人李某某进行追偿。〔1〕

保证人担保债权的数额前后记载存在矛盾，且在当事人对此存在争议的情况下，考察保证人是否参与借贷合同的订立过程，对借款数额是否知晓及保证人提供担保的目的，并结合诚信原则综合认定保证人担保债权的真实数额。

【案例8－6】 程某诉茅某、王某民间借贷纠纷再审案

再审法院认为，本案中，茅某在签订借款协议前，参与了王某向程某借款50万元的协商，对王某借款50万元的事实知情，茅某在担保人栏内同意担保的真实意思应为对王某的50万元借款提供担保，如果茅某仅仅为其中的50元提供，该担保本身则无实际意义，而程某要求茅某提供担保也是为保证其50万元债权不致落空，故50元不应认定为茅某的真实意思表示，否则有违民事活动的诚实信用原则，也不符合茅某同意为王某提供担保的真实目的，故一审、二审法院认定茅某在担保人栏内虽写有为王某50元担保，但其真实意思为50万元正确。茅某的再审理由不能成立。判决：驳回茅某的再审请求。〔2〕

---

〔1〕 参见国家法官学院案例开发研究中心编：《中国法院2015年度案例》（借款担保纠纷），中国法制出版社2015年版，第148页。北京市海淀区人民法院（2013）海民初字第26932号民事判决书。

〔2〕 参见韩延斌主编：《民间借贷案件裁判要点与观点》，法律出版社2016年版，第226页。

在诉讼中,借款担保合同债权人的主张实际上变更了原债务的范围,且得到主债务人的自认,但是这种自认没有得到保证人的书面同意,保证人不再承担保证责任。

【案例8-7】 陈某诉范某某、游某某民间借贷纠纷再审案

再审法院认为,双方当事人对被担保的87万元主债权存有争议,保证人与债权人对担保的主债权意思表示不一致,因债务人范某某出具借条时并未明确借款已于之前形成,且债权人陈某未能提供充分证据证明游某某在借条上作出保证意思表示时已经知晓该借款已在之前形成及游某某系对此前形成借款的担保,二审法院据此认定陈某承担举证不能责任,游某某对本案87万元的借款不承担保证责任并无不当。判决:驳回陈某的再审申请。[1]

(三)借款担保方式

民间借贷是自然人之间重要的借款形式,但借款如何偿还,因自然人很难做到抵押担保,故担保人成为借款主要保证。根据《民法典》第六百八十六条第二款规定:“当事人在保证合同中对保证方式没有约定或者约定不明确的,按照一般保证承担保证责任。”立法者认为,《担保法》第十九条规定,当事人对保证方式没有约定或者约定不明确的,按照连带保证承担保证责任。《民法典》彻底修改了这一规定,有以下四个原因:第一,从比较法上来看,在承认一般保证和连带保证区分的立法例中,绝大部分国家均规定在没有约定或者约定不明确时,按照一般保证承担保证责任,即承认保证人有先诉抗辩权是常态,而优先选择连带责任保证的立法例较为少见。第二,没有约定或者约定不明确的按照连带责任保证承担保证责任的方式在司法实践中已经引发一定程度的混乱。第三,连带责任是一种加重责任,对于承担连带责任的当事人较为严厉,对于加重责任,原则上应当由当事人约定或者基于极为特殊的考虑,否则动辄让当事人承担连带责任也是不公平的。第四,从现实情况看,推定保证人承担连带责任,对实体经济影响较大,在实践中因推定连带责任保证,导致“连环债”“三角债”较多,一家企业倒闭,多家企业倒闭的现象不断出现,对企业正常的生产经营和整体经济造成了较大的负面影响。基于上述原因,《民法典》最终选择回归民法传统,使当事人之间没有特别约定或者约定不明时,以一般保证来处理。同时,本条是任意性规范,如果当事人选择加强对债权实现的保护时,可以特别约定保证人的保证方式为连带责任方式。

---

〔1〕 重庆市第五中级人民法院(2014)渝五中法民申字233号民事判决书。

连带责任保证需要特别约定，相当于是否承担连带责任保证需要经过保证人同意，避免保证人因不懂法律而使自己落入一个相当不利的境地；而精通法律的商事主体没有这一问题，如有需求，自然会约定为连带责任保证。[1]

在《民法典》出台之前，当事人对保证方式没有约定或者约定不明确的，按照《担保法》第十九条规定认定为连带保证责任。

【案例8－8】 徐某某诉刘某某保证合同纠纷案

二审法院认为，刘某某对本案徐某某提供的欠条内容无异议，该欠条虽标明"欠条"字样，但内容显示为借款，且借款人姜某、担保人刘某某签字认可，徐某某与姜某之间应系借款关系。刘某某作为该笔借款的担保人未与徐某某约定保证方式，刘某某作为本案借款纠纷的连带责任保证人，是适格的诉讼主体。一审法院依法认定徐某某要求刘某某偿还诉争借款200,000元及利息的请求于法有据，判决予以支持，并无不当。本案借款根据欠条约定，主债务履行届满期限为2017年5月31日，徐某某向一审法院提起诉讼的时间为2017年11月27日，故刘某某的保证责任并未免除。判决：驳回上诉，维持原判。[2]

认定保证方式应考察保证条款整体文义。

【案例8－9】 李某诉王某保证合同纠纷案

判决观点，本案中，被告王某在保证条款中使用的"不能"字样，是与确定的期限即"2016年5月15日前"结合在一起使用的，仅是表明在2016年5月15日前不能偿还产生保证责任，不能将其理解为债务人客观上偿还借款产生保证责任的约定。因此，本案中的保证方式为连带保证责任。[3]

物保的本质是以担保人的某个或某些个"物"提供担保，和以某人名下的财产担保与保证效果无异。不特定的物保应认定人的担保。

【案例8－10】 刘某某诉蒋某某保证合同纠纷案

判决观点，物的担保是指债务人或第三人以特定财产作为抵偿债权的标的。本案中，张某某承诺的内容是以其名下所有财产作为抵押，其并未指明以何特定财产作为抵押，亦未办理相关抵押手续，故其提供的实质为保证担

---

〔1〕 参见黄薇主编：《中华人民共和国民法典合同编释义》，法律出版社2020年版，第491～492页。

〔2〕 参见国家法官学院、最高人民法院司法案例研究院编：《中国法院2020年度案例》（借款担保纠纷），中国法制出版社2020年版，第109页。吉林省白山市人民法院（2018）吉06民终365号民事判决书。

〔3〕 参见国家法官学院案例开发研究中心编：《中国法院2019年度案例》（借款担保纠纷），中国法制出版社2019年版，第106页。重庆市巴南区人民法院（2016）渝0113民初14030号民事判决书。

保。故此,被告主张在物保范围内免除其保证责任的主张不能成立。[1] 本案中,张某某作为借款人中科金鼎科技有限公司法定代表人所作的承诺。

以他人财产担保的行为,应认定为人的担保。

【案例 8-11】 龚某某诉赵某某、徐某某民间借贷纠纷案

二审法院认为,虽然徐某某以借条载明“此款以赵某某在大石富贵楼的股份作担保”的内容辩称,其没有以自己财产为龚某某的债权作担保的意思表示,但担保人用他人财产作为履行债务的担保没有任何积极的法律意义,与常理不符,且徐某某在借条上明确以担保人身份签名,应当视为其同意对借款承担保证责任。徐某某的辩解理由不能成立,应依法承担担保责任。因借条中未注明保证方式,依据《担保法》第十九条之规定,对保证方式没有约定的,应按照连带保证承担保证责任。判决:驳回上诉,维持原判。[2]

(四)借款担保期间

1. 借款担保期间含义

保证期间,是指保证人能够允许债权人不行使权利而仍然承担保证责任的期间。保证期间实质是一项保障保证人利益的制度。法律设立保证期间的立法意义在于保障债权实现的同时,促使债权人及时行使对保证人的权利,以平衡债权人和保证人之间的利益。保证期间构成债权人请求保证人承担保证责任的担保权利消灭的法律后果。

关于保证期间的性质,理论上主要有两种不同观点,一种观点为诉讼时效说,即保证期间是诉讼时效的一种特殊形态。另一种观点为除斥期间说,即保证期间终结消灭的是实体权利,应属除斥期间性质。后者为主流观点,其一,因为除斥期间是指法律规定的某种权利存续的期间,当期间届满该权利消灭。而保证期间是保证人承担保证责任的期间,在保证期间内,债权人不向保证人行使请求权,期间届满,保证人的保证责任即被免除。其二,保证期间的长短可由当事人约定,而诉讼时效期间是强制性规定,不允许当事人以主观意思加以改变。

依据《民法典》规定,基于连带共同保证人的整体性,在连带共同保证中,保

---

〔1〕 参见国家法官学院案例开发研究中心编:《中国法院 2017 年度案例》(借款担保纠纷),中国法制出版社 2017 年版,第 81 页。湖南省株洲市石峰区人民法院(2016)湘 0204 民初 44 号民事判决书。

〔2〕 参见国家法官学院案例开发研究中心编:《中国法院 2017 年度案例》(借款担保纠纷),中国法制出版社 2017 年版,第 121 页。重庆市第三中级人民法院(2015)渝三中法民终字第 00067 号民事判决书。

证人是作为一个整体共同对债权人承担保证责任，债权人向共同保证人中的任何一人主张权利，都是债权人要求保证人承担保证责任的行为，其效力自然及于所有的保证人。出借人在保证期间请求任一保证人承担保证责任的，其效力及于所有共同保证人，其他保证人以出借人起诉已过保证期间的没有法律和法理依据。

【案例8-12】 龚某某诉漳州翔球置业有限公司等借款合同纠纷案

判决观点，龚某某向翔球置业公司以转账和现金方式提供1500万元的借款，现借款已到期，其自认翔球置业公司已偿还600万元借款，故龚某某可要求翔球置业公司偿还剩余借款900万元及相应资金占用费，有事实和法律依据。玉鹭集团公司、翔球集团公司、杜某某自愿为上述还款义务承担连带保证责任，保证期自借款到期之日两年。借款到期后，龚某某已在保证期间内通过诉讼的方式向玉鹭集团公司和翔球集团公司主张保证责任，龚某某要求玉鹭集团公司和翔球集团公司承担保证责任，有事实和法律依据。虽龚某某未在保证期间向杜某某主张保证责任，但鉴于玉鹭集团公司、翔球集团公司和杜某某是共同的连带保证人，故龚某某向部分保证人主张权利的效力及于全部保证人。[1]

超过连带保证责任保证期限的，保证人不承担保证责任。

【案例8-13】 苏某某诉金某某等民间借贷纠纷案

判决观点，根据苏某某提供的借款协议，宁德市永大钢铁有限公司公章少部分盖在借款人横线上，大部分盖在担保人右上区间，且苏某某未能提供该借款用于宁德市永大钢铁有限公司的证据。苏某某认为宁德市永大钢铁有限公司系借款人的证据不足，不予采纳。苏某某认为在保证期间届满前有要求保证人承担保证责任，但没有提供证据印证，宁德市永大钢铁有限公司、陈某某、郜某某均否认苏某某在保证期间届满前有主张过权利。苏某某要求担保人承担连带清偿责任，已超过保证期限，不予支持。[2]

债权人与债务人对合同履行期限作了变动，未经保证人书面同意的，保证期间为原合同约定或者法律规定的期间，担保人在原保证期间承担保证责任。

保证合同具有私法性质，在传统的私法中，“当事人意思自治原则”是一项重要原则。只要当事人的约定不违反法律、法规的强制性规定，就应充分尊重当事人的约定。约定保证期间系保证人与债权人之间平等、自愿协商而达成的一致意

---

〔1〕 参见国家法官学院案例开发研究中心编：《中国法院2019年度案例》（民间借贷纠纷），中国法制出版社2019年版，第123页。福建省厦门市思明区人民法院（2016）闽0203民初15783号民事判决书。

〔2〕 参见国家法官学院案例开发研究中心编：《中国法院2019年度案例》（借款担保纠纷），中国法制出版社2019年版，第123页。福建省宁德市霞浦县人民法院（2017）闽0921民初3282号民事判决书。

见，如果内容不违反法律、行政法规的强制性规定，就应确认该约定合法有效。因此，即使保证期间超过主债务诉讼时效，该约定仍合法有效，但保证人有权行使抗辩权。最高人民法院法官认为，当事人约定保证期间超过主债务诉讼时效期间的，应认定有效。如果主债务未超过诉讼时效期间的，连带责任的保证人应当在保证合同约定的保证期间内承担保证责任，否则，保证人免责。[1]

【案例 8－14】　常某某诉陆某某、张某某、朱某某民间借贷纠纷案

二审法院认为，保证期限虽然超出了主债务的诉讼时效，但系各方当事人的真实意思表示，且不违反法律、行政法规的强制性规定，该约定合法有效。主债务在诉讼时效内，发生中断或者连续中断的，连带责任保证人应当在保证期间内承担保证责任。本案中，因债权人常某某连续向主债务人张某某、朱某某主张借款本息，主债务的诉讼时效产生中断，常某某起诉时借款合同在诉讼时效内，故陆某某应当在保证合同约定的保证期间内承担保证责任。原审判决处理不当，本院予以纠正。判决：(1)维持一审民事判决主文第一项；(2)撤销一审民事判决主文第二项；(3)陆某某对张某某、朱某某的债务承担连带责任，其在承担连带责任后有权向张某某、朱某某行使追偿权。[2]

保证期间约定不明的，保证期间为主债务履行期届满之日起二年。

【案例 8－15】　向某某诉颜某某、周某某民间借贷纠纷案

二审法院认为，就本案而言，2009 年 10 月 28 日颜某某给向某某同时出具担保书和承诺书，颜某某为周某某所欠向某某的 300，000 元借款提供担保并承诺直至债务清偿完毕为止。从担保书和承诺书出具的时间和内容来看，承诺书中所指的债务应为周某某所欠向某某的 300，000 元借款，其承诺直至债务清偿完毕为止的内容，符合上述规定，故本案应认定双方对于保证期间约定不明，保证期间为主债务履行期届满之日起二年，即从 2009 年 8 月 16 日起至 2011 年 8 月 15 日止。向某某已于 2011 年 8 月 15 日向原审法院提起诉讼，故其要求颜某某承担保证责任未超过保证期间，颜某某应承担连带保证责任。原审认定本案保证期间为主债务履行期届满之日起 6 个月，并依此驳回向某某要求颜某某承担连带清偿责任的诉讼请求，适用法律不当，本院予以纠正。判决：(1)维持一审判决第一项，即周某某偿还向某某借款本金 300，000 元及利息；(2)撤销一审判决第二项，即驳回向某某对颜某某的诉讼

---

〔1〕 参见最高人民法院审判监督庭编：《全国法院再审法律疑难问题》，中国法制出版社 2011 年版，第 21 页。

〔2〕 参见国家法官学院案例开发研究中心编：《中国法院 2016 年度案例》(民间借贷纠纷)，中国法制出版社 2016 年版，第 95 页。江苏省泰州市中级人民法院(2014)泰中民四终字第 00783 号民事判决书。

请求;(3)颜某某对周某某的上述第一项给付义务承担连带清偿责任。[1]

债权人起诉保证人后撤诉,应视为其已在保证期间内向保证人主张权利。

【案例8-16】 杨某某诉牟某某保证合同纠纷案

二审法院认为,杨某某可自协议书约定的债务履行期限届满之日起6个月内向牟某某主张权利。涉案协议书对于付款期限明确约定是分期偿还,其中首批还款金额为150万元,于2014年3月25日前归还,如任意一期未还款,就视为要求所有债权全部到期。鉴于刘某某向杨某某出具还款凭证中记载,截至2014年6月4日仅偿还杨某某90.5万元,未能按协议书约定履行150万元还款义务,根据协议书上述约定,应认定全部债务于2014年3月25日到期,杨某某最迟应于2014年9月25日前向牟某某主张担保责任。杨某某已经于2014年6月23日向北京市海淀区人民法院对刘某某、任某某以及牟某某提起诉讼,后杨某某因司法专邮结果显示牟某某拒收材料,为使案件尽快得以审理而先行撤回了对牟某某的起诉,应视为杨某某在保证期间内向牟某某主张了权利,故杨某某本案诉讼未超过保证期间,牟某某应依照协议书的约定,对刘某某债务向杨某某承担连带保证责任。判决:驳回上诉,维持原判。[2]

2. 保证期间起算点

保证期间的起算点,是保证人保证责任发生的时间尺度。以该时间点为临界线,此前债权人对保证人不享有保证债务实际请求权;此后保证人即负有履行保证债务之义务。当事人之间设立保证的目的是担保债务的履行,而在主债务履行期限内主债务人先行履行债务既是其必然义务,也是法律的必然要求。只有当主债务履行期届满主债务人仍然不履行或不能履行时,保证人才有义务按照保证合同约定承担保证责任。因此,无论何种保证方式,是一般保证还是连带责任保证,也无论如何约定保证期间,是自行约定期间还是遵循法定期间,只有当债务履行期已届满,且债务人没有履行义务的情况下,债权人方可要求保证人履行保证义务。故确定保证期间始期的基本规则是保证期间从主债务履行期届满之后开始起算,即主债务履行期届满日为确定保证期间的基准日。但我们应当注意当事人

---

〔1〕 参见国家法官学院案例开发研究中心编:《中国法院2015年度案例》(民间借贷纠纷),中国法制出版社2015年版,第60页。湖北省宜昌市中级人民法院(2012)鄂宜昌中民一终字第00391号民事判决书。

〔2〕 北京市第一中级人民法院(2015)一中民(商)终字第6141号民事判决书。

约定的起算点只能等于或迟于主债务履行期届满日，而不能早于基准日。[1]

因分期履行的借款合同而生的债权，在当事人约定保证人对某一笔或者几笔债务分别提供担保的情形下，其保证期间起算点是有争议的。主流观点认为，尽管保证人仅对某一笔或者几笔债务分别提供担保，但由于该一笔或者几笔债务是整个债务的一部分，且给付每一期债务的诉讼时效期间是从最后一期履行期限届满之日起算，故保证期间起算也应与其衔接，从最后一期履行期限届满之日起算。[2] 当事人约定保证人对整个债务提供担保的，保证期间从最后履行期限届满之日起算。

保证人在保证期间履行部分债务的行为，应视为债权人要求保证人承担保证责任，债权人在保证合同的诉讼时效期间内起诉保证人，保证人应当承担保证责任。

【案例8－17】　杨某某诉余甲、余乙、罗某某、曹某某民间借贷纠纷案

二审法院认为，本案中，杨某某和罗某某并未约定保证期间，故杨某某有权在主债务履行期届满之日起6个月内要求罗某某承担保证责任。杨某某认为双方对保证期间约定不明，保证期间应为2年缺乏依据，本院不予采信。关于杨某某是否在保证期间要求罗某某承担保证责任的问题。本院认为，罗某某在2014年9月26日即保证期间向杨某某转账支付主债务利息16,600元，应视为杨某某要求罗某某承担保证责任后罗某某做出的行为。罗某某认为其转账是代余甲转交主债务利息，但该主张系单方陈述，缺乏其他证据佐证，亦与常理不合，但余甲向罗某某转账的数额是20,000元，与罗某某向杨某某转账的数额也不一致，故本院对罗某某的主张不予采信。本案中，杨某某与余甲、余乙相识是通过罗某某介绍的，在借款到期未还的情况下，杨某某找到保证人罗某某要求承担保证责任也符合常理。综上，本院认为杨某某已在保证期间要求罗某某承担保证责任，一审法院对此认定不当，本院予以纠正。……杨某某于2015年8月4日提起本案诉讼请求罗某某承担保证责任，符合法律规定，本院予以支持。罗某某关于其无须承担保证责任的抗辩理由，本院不予采纳。至于杨某某认为罗某某在2015年7月26日口头同意支付5万元也证明其愿意承担保证责任，该主张依据不足，不予采信。判决：维持一审判决第一、二项，罗某某对一审判决第一项确定的余甲、余乙需支付

---

〔1〕　参见最高人民法院审判监督庭编：《全国法院再审法律疑难问题》，中国法制出版社2011年版，第18页。

〔2〕　参见最高人民法院民事审判第二庭编：《最高人民法院关于民事案件诉讼时效司法解释理解与适用》，人民法院出版社2008年版，第114页。

的款项承担连带清偿责任。[1]

保证期间和诉讼时效的起算点均为债务履行期限届满之日,而债务履行期限除当事人有明确约定外,需要根据情况具体分析确定。当案件经过审判或仲裁,胜诉一方取得胜诉债权的债务履行期限不同于当事人约定的债务履行期限,不限于当事人在文书中约定的履行日期,而应由法律规定的执行程序加以确定。

【案例8-18】 江某某诉南通永芳仓储有限公司、南通永芳贸易有限公司保证合同纠纷案

二审法院认为,江某某通过仲裁调解书获得胜诉债权,永芳仓储公司在执行期间提供连带责任保证,其为执行结果提供担保,在胜诉债权尚未执行到位的情形下,江某某主张权利不受保证期间约束,亦不受诉讼时效约束。判决:撤销一审判决,永芳仓储公司向江某某支付10,846元。[2]

连带责任保证期间,是根据当事人约定或者法律规定,债权人应向保证人主张权利的期间,债权人没有在该期间主张权利,则保证人不再承担责任。对于连带责任保证期间的计算起点与时长,主要有以下三种:其一,法定计算方式。根据《民法典》第六百九十二条的规定,该条规定实际就确定保证期间一般计算起点与时长为自主债务履行期限届满之日起开始计算,到何时为止可以由当事人自行约定,没有约定的,规定为自债务履行期限届满之日起6个月。其二,约定计算方式。保证合同约定了保证期间的起算时间与时长,应当尊重当事人的意思自治,从其约定,但当事人约定的起算点必须要符合法律规定。根据《民法典担保解释》第三十二条规定,对于保证期间的起算时间,如果当事人在合同中约定排除主债务履行期限届满之日,而选择为主债务履行期限届满之后的某个日期的,法律不作限制。其三,宽限计算方式。该种计算方式实际是对法定计算方式的补充,即当事人未约定主债务履行期限或者约定不明的情况下,由于无法确定保证期间的起算时间,转而赋予债权人补正的机会。《民法典》第六百九十二条第三款规定:"债权人与债务人对主债务履行期限没有约定或者约定不明确的,保证期间自债权人请求债务人履行债务的宽限期届满之日起计算。"

【案例8-19】 张某某诉梁某某保证合同纠纷案

二审法院认为,根据《担保法》第二十六条第一款规定,涉案借款于2015年12月10日到期,本案保证期间为2015年12月10日至2016年6月9日,

---

[1] 参见国家法官学院案例开发研究中心编:《中国法院2018年度案例》(民间借贷纠纷),中国法制出版社2018年版,第80页。广东省广州市中级人民法院(2016)穗01民终字15364号民事判决书。

[2] 参见国家法官学院案例开发研究中心编:《中国法院2018年度案例》(借款担保纠纷),中国法制出版社2018年版,第158页。江苏省南通市中级人民法院(2016)苏06民终2680号民事判决书。

张某某已于2016年5月4日向一审法院起诉梁某某承担保证责任，其已在保证期间内向梁某某主张权利，故梁某某主张本案已过保证期间的上诉理由不能成立，法院不予采信。综上，梁某某的上诉请求不成立，应予驳回。判决：驳回上诉，维持原判。[1]

3. 反担保期间起算点

担保人履行代偿义务时，反担保债务开始形成，债务人对反担保的偿还需要一定时间，按反担保债务履行期限届满之日起算保证期间。

【案例8－20】　南通鑫凯界面工程科技有限公司诉南通华尔康医疗科技有限公司、吴某某保证合同追偿纠纷案

二审法院认为，其一，根据《担保法》规定，主合同对主债务履行期限没有约定或者约定不明的，保证期间自债权人要求债务人履行义务的宽限期届满之日起计算。2013年4月25日，鑫凯界面公司代顾某向海门农商行偿还全部本息后，其即享有向顾某追偿的权利。吴某某所担保的主债务即为顾某应向鑫凯界面公司偿还代垫款项的债务。鑫凯界面公司与顾某之间并未对该债务约定履行期限，鑫凯界面公司有权随时要求顾某履行，只是应给顾某必要的准备时间即宽限期。结合顾某失踪的事实以及一般诉讼时效两年的规定，鑫凯界面公司提起诉讼向吴某某主张权利可视为其给予顾某的宽限期届满，保证期间应自起诉时计算6个月。其二，从吴某某2014年10月30日向海门市人民法院递交的诉状来看，其应明知鑫凯界面公司已为顾某代偿全部本息的事实，可以推断鑫凯界面公司最晚于2014年10月30日前就曾向吴某某主张过权利。综上，鑫凯界面公司向吴某某主张保证责任并未超过保证期间。判决：撤销一审判决，吴某某给付鑫凯界面公司本金2,110,717.48元及利息。[2]

反担保起算期间时点。反担保人担保的是一种未来的，尚未产生的追偿债权。只有债务人出现违约，在约定期限届满未能向债权人履行义务时，担保人承担义务代偿取得追偿权。追偿债权的权利人是担保人，债务人是借款人，权利来源于双方的委托担保合同，担保人行使权利受阻时，可要求作为追偿债权担保方

---

〔1〕　参见国家法官学院、最高人民法院司法案例研究院编：《中国法院2021年度案例》（借款担保纠纷），中国法制出版社2021年版，第128页。新疆生产建设兵团第八师中级人民法院（2019）兵08民终858号民事判决书。

〔2〕　参见国家法官学院案例开发研究中心编：《中国法院2018年度案例》（借款担保纠纷），中国法制出版社2018年版，第117～118页。江苏省南通市中级人民法院（2015）通中商终字第00366号民事判决书。

的反担保人承担担保责任。在反担保人实际履行了担保责任即追偿权成立之日为起算日,反担保人未实际履行或部分履行担保责任的,不成立追偿权亦不存在担保期间的起算问题。

【案例8－21】 李某某诉欧某某等追偿纠纷案

二审法院认为,本案中,共同借款人承诺书、个人借款合同及湖南省郴州市北湖区人民法院(2018)湘1002民初3662号生效民事判决等证据证实,案涉贷款100,000元对外系邝某某、李某某两人的共同债务,但根据承诺书约定的内容可知,三农院和邝某某是案涉贷款的实际借款人,李某某仅提供担保;邝某某、欧某某、三农院就案涉贷款向李某某提供了反担保。因此李某某与邝某某、欧某某、三农院之间系担保与反担保关系。……本案中,李某某要求邝某某、欧某某、三农院承担担保责任的前提是李某某自己作为担保人已实际承担了主债权的担保责任。而实际上李某某至今只代偿了案涉100,000元贷款中的1000元,故李某某行使本案追偿权的条件尚未完全成就,待李某某实际代偿了案涉贷款,履行了担保责任后可向邝某某、欧某某、三农院进行追偿。反担保的担保期限应当从担保人实际履行担保责任之日起计算(反担保保证期间的起算以追偿权成立为条件),而非从主债权履行期间届满之日起开始起算,一审判决混淆了主合同的保证期间与反担保人的保证期间,从而认定本案已过保证期间属适用法律错误,法院予以纠正。综上所述,一审判决认定事实清楚,适用法律错误,但裁判结果正确,予以维持。判决:驳回上诉,维持原判。〔1〕

4.保证期间特殊情形

保证期间届满保证人的承诺问题。保证期间届满以后保证权的实体权利消灭,因此之后的还款承诺并不是原保证期间延续,而是形成新的保证关系,新的保证合同与保证期间已届满的原保证合同之间存在法律事实上的承继,其担保的主债权应当认定为原担保的主债权。认定应考虑以下要素:其一,明确意思表示。保证人自愿履行的,不受保证期间限制。同意履行包括三种情形,表示自愿履行并已经履行完毕、表示自愿履行但尚未履行、表示自愿履行但尚未履行并事后反悔的不受法律保护。其二,明确保证人承诺的具体内容,是承诺债务事实存在还是同意履行债务,前者不构成保证人对时效抗辩的抛弃,因此不能形成新的保证合同,后者构成保证人对时效抗辩的抛弃。其三,新保证合同对保证方式、保证范

---

〔1〕 参见国家法官学院、最高人民法院司法案例研究院编:《中国法院2021年度案例》(借款担保纠纷),中国法制出版社2021年版,第117～118页。湖南省郴州市中级人民法院(2020)湘10民终602号民事判决书。

围及保证期间有"同意"的，按照新的承诺，没有约定或约定不明的，按照《民法典》的相关规定，按照一般责任保证方式、保证范围为全部债务、期间为主债务履行期届满之日起6个月内。其四，上述情况下，新保证合同6个月的保证期起算，应当自"同意履行"的意思表示作出次日。其五，保证人"同意履行"系其单方民事法律行为，因此只要其由此对外表示，不论其向谁作"同意履行"行为，都是有效承诺。

【案例8－22】　李某某诉王某、郭某某民间借贷纠纷案

判决观点，关于委托书中被告郭某某的真实意思表示能否构成保证责任问题。首先，本案借据中确定的保证期限届满之后，被告郭某某于2015年11月9日向案外人杨某某出具了委托书，委托案外人杨某某变卖房屋并将变卖所得款归还杨某某100万元后剩余部分金额归还原告，被告郭某某在庭审后法院依法调查询问中自认，委托书载明的"剩余部分金额归还李某某"的真实意思表示为就变卖房屋余款对李某某与王某之间的2014年7月21日借款合同承担担保责任，法院认为，被告郭某某在委托书中的真实意思表示已经构成了法律上的保证责任，其保证责任系借据约定的保证责任在法律事实上的承继，虽然根据委托书的真实意思表示设立的保证责任时间晚于主债务履行期限届满6个月之后，甚至根据前借据约定的保证责任已经免除，但是，"法不禁止即自由"，现行法律、法规没有禁止债务履行期届满后不能签订保证合同，或者前一保证合同失效的情况下不能在主借款合同合法有效的情况下再次设立作为从合同的保证合同，因此法院确认被告郭某某与原告、被告王某之间根据其在委托书中的意思表示，再次或重新通过简易方式设立保证合同，该保证合同依法成立并生效。其次，关于保证方式，该简易方式设立的保证合同并未明确约定保证方式，根据相关法律规定，被告郭某某应当按照连带责任保证方式承担保证责任。再次，关于保证范围，根据委托书约定被告郭某某就卖房款减去100万元的剩余部分金额承担保证责任，即委托书约定的保证范围为"剩余部分金额"，但是由于委托书并未约定卖房的时间或期间，房屋价格自始就无法确定，即保证还款金额自始就没有明确，同时庭审中被告郭某某也不能明确该还款的具体数额，故委托书约定的保证范围不明确，根据相关法律规定，保证人郭某某应当对全部债务承担保证责任。最后，关于保证期间，委托书并未约定保证期间，根据相关法律规定，保证期间为自主债务履行期限届满之日起6个月内，法院认为，期限届满是针对期限的终期而言，期限届满之日起时效效果已经产生，故期限届满系自期限终期开始的一个持续状态而非一个时间点，当主债务履行期限届满的状态在持续时，保证期间的起算点应当推至主债务履行期限届满截止点，同时，保证人郭某某在出具委托书时已经知道主债务的履行期限已届满，其再次或重新自愿承担保证责任的行为并没有增加其风险,也没有违反其本意,因此,应当从通过简易方式设立保证合同生效之日起,即应当从被告郭某某出具委托书之次日起开始计算保证期间,保证期间从2015年11月10日起至2016年5月10日止,原告于2016年4月6日起诉请求被告郭某某承担保证责任,法院依法予以支持。综上所述,被告郭某某应当对被告王某与原告之间借款本金800万元以及逾期还款利息72万元的债务承担连带保证责任。[1]

在保证期间,保证人支付债务利息的行为,视为债权人向保证人主张了本息债权的保证责任,保证人无权再以保证期间经过,要求免除保证责任。保证责任的诉讼时效从债权人主张保证责任之日起算。

【案例8-23】 三明市瑞城房地产开发有限公司与高某、董某某等民间借贷纠纷再审案

最高人民法院认为,本案保证债务未过保证期间。《担保法》第二十六条规定……法律规定保证期间的作用在于:一方面促使债权人尽快行使权利,另一方面使保证人免于无限期地承担保证责任。本案借条中未约定保证期间,保证期间应从主债务履行期届满之日即从2011年7月18日起算6个月到2012年1月18日止。结合上述对余某某在保证事项中行为性质的认定,余某某在借款后至2013年2月5日陆续向债权人高某、董某某支付利息的行为,应当认定为瑞城公司在自动履行作为保证人的还款义务。在此情形下,保证责任促使债务人尽快行使权利的功能已经被保证人的自动履行行为所替代,故无论高某、董某某是否实际向瑞城公司主张权利,均应视为债权人在保证期间内要求保证人承担保证责任。《最高人民法院关于适用〈中华人民共和国担保法〉若干问题的解释》第三十四第二款规定……利息属于保证人的保证范围,本案转账情况表明,余某某代表瑞城公司支付利息的行为一直持续到2013年2月5日,而保证期间届满日为2012年1月17日,故本案债权人要求保证人承担保证责任的诉讼时效最早也应从2012年1月17日起算。高某、董某某于2013年5月6日提起诉讼,未超过两年诉讼时效。况且,余某某代表瑞城公司作为2012年3月5日还款承诺书的承诺人之一,与借款人等共同承诺延期还款,是对其在保证期间内已经产生的保证责任的再次确认。《最高人民法院关于人民法院应当如何认定保证人在保证期间届满后又在催款通知书上签字问题的批复》适用的条件之一是"保证责任消灭后",本案不适用该批复,更不存在根据该批复认定是否成立新的保证合同的

---

〔1〕 参见国家法官学院案例开发研究中心编:《中国法院2019年度案例》(借款担保纠纷),中国法制出版社2019年版,第109~110页。云南省昆明市五华区人民法院(2016)云0102民初1929号民事判决书。

问题。裁定:驳回瑞城公司的再审申请。[1]

无固定借款期限的借款合同的保证期间认定是实践中的争议问题。在没有特殊证据证明出借人在起诉前向借款人主张返还借款,一般可以从出借人借款之日开始计算借款期限。在出借人首次要求借款人返还借款之日期限届满,从这个时间点起算再加上6个月的保证期间。

【案例8-24】 付某某诉冯某某保证合同纠纷案

判决观点,关于涉诉借款的履行期,借条本身并未约定还款期限,出借人可随时要求借款人返还借款。原告付某某自认,从2014年11月14日打完涉诉借条后两三个月,其多次找借款人叶某某要求还款,故涉诉借款的履行期自原告付某某首次要求叶某某还款之日届满,最迟可推定为2015年2月15日。关于保证合同的保证期间,根据《担保法》第二十六条的规定……原告付某某未提供证据证明其在保证期间内要求被告冯某某承担保证责任,至本案起诉时已经超过涉案保证合同的保证期间。故原告付某某要求被告冯某某承担保证责任的主张,依据不足,法院不予支持。判决:驳回原告付某某的全部诉讼请求。[2]

对于主债务履行期间届满后作出的保证,若约定了保证期间,在该约定不违法亦不去从根本上否定保证承诺的情况下,应从其约定。而在没有约定的情况下,现行法律并未要求债权人对于主债务履行期届满后作出连带责任,须在某一段时间内要求保证人承担保证责任,以满足保证期间制度的要求。保证人在主债务履行期届满后作出保证,若是未约定保证期间,则不适用保证期间制度。也就是说,保证人在主债务履行期届满后作出的保证不适用保证期间制度。

最高人民法院民一庭意见:对保证期间是否经过的案件事实,人民法院应依职权主动审查。不应仅因保证人未主动提出保证期间经过的抗辩,而对保证期间是否经过的事实不予审查,并直接认定保证人应当就保证期间的债务承担保证责任。[3]

【案例8-25】 房某某诉赵甲、赵乙民间借贷纠纷案

二审法院认为,本案中,上诉人、被上诉人以及原审被告于2015年5月20日签订的借款合同约定借款期限为一年,该借款合同于2016年5月20日

---

〔1〕 参见人民法院出版社主编:《最高人民法院民商事审判指导》(第6卷),人民法院出版社2019年版,第433~434页。最高人民法院(2016)民申621号民事裁定书。

〔2〕 参见国家法官学院案例开发研究中心编:《中国法院2018年度案例》(借款担保纠纷),中国法制出版社2018年版,第92页。北京市顺义区人民法院(2016)京0113民初14090号民事判决书。

〔3〕 参见最高人民法院民事审判第一庭编:《民事审判指导与参考》2015年第3辑(总第63辑),人民法院出版社2016年版,第160页。

履行期届满后,被上诉人于2018年5月17日向一审法院起诉,已超过6个月的法定除斥期间。故上诉人主张由于被上诉人未在法定期限内要求上诉人承担保证责任,其保证责任依法应当免除的上诉意见,于法有据,本院予以支持。一审对此判决错误,应予撤销。判决:(1)维持一审判决第一项;(2)撤销一审判决第二、三项;(3)驳回被上诉人房某某对上诉人赵乙的诉讼请求。[1]

(五)借款担保甄别

他人在借条上签字但未表明身份之保证人认定是多发争议。在实践中,在借条签名处有多处打印的借款人,且除借款人签名外,其他人亦在借款处签名。出借人在法庭上认可在借款人处签名的他人并非借款人而是担保人。根据《民间借贷规定》第二十条规定:“他人在借据、收据、欠条等债权凭证或者借款合同上签名或者盖章,但是未表明其保证人身份或者承担保证责任,或者通过其他事实不能推定其为保证人,出借人请求其承担保证责任的,人民法院不予支持。”对于他人在借条上签字认定为保证人的是推定成立的。对于可推定签字者为保证人的事实并不明晰,比如未表明身份的签字者有向出借人进行过还款,借款人有为签字者的债务提供担保即借款人与签字者有互保行为等,在这种情形下推定未表明身份的签字者为保证人的难度较大。未表明身份的签字者往往抗辩为证明人、见证人,但债务、欠条等债权凭证本身已是最客观、最明确的见证,见证人不是借款所必需的,出借人缺乏让签字者作为见证人在债权凭证上签字的动机。且所谓见证人应当对于借款双方均具有一定影响甚至具有相当的社会威信,换言之,不是谁都可以成为见证人的。且一般情况下,未表明身份的签字者多为借款人的亲属、朋友,缺乏证明人、见证人的第三方性质。对于借款人的父母、子女等与借款人具有特殊亲密关系的人在债权凭证上签字,但未表明保证人身份或者承担保证责任的,一般宜认定为保证人。借款人的配偶在借条上签字的,无论其是否表明身份,该债务都会被认定为夫妻共同债务。同理,除配偶外的亲密关系如父母、子女、兄弟姐妹、儿媳、女婿等在债权凭证上签字未表明身份的,亦应区别于一般人。此类签字均基于出借人的要求,出借人一般系对借款人还款能力持怀疑态度为增加还款保障,在出借时或出借一段时间后要求借款的上述人群签字,对签字者以知晓此事为见证人的抗辩原则上不予采信,其有悖常理。上述人群在债权凭

[1] 参见最高人民法院中国应用法学研究所编:《人民法院案例选》2020年第1辑(总第143辑),人民法院出版社2020年版,第132页。山东省烟台市中级人民法院(2019)鲁06民终1353号民事判决书。

证上签字未表明身份的宜认定为保证人，但在个案中有证据证明非保证人的除外。

借款担保与债务加入在理论上的区分是非常清楚的，但在实践中准确区分仍是一个疑难问题。

借款担保与债务加入均具有担保债权实现的功能。当事人在签订合同时一般很难注意双方的区别，且在三方协议或借条中对第三人经常冠以“代还人”“还债人”等称呼，导致案件审理过程中难以认定第三人的行为属债务加入还是担保。判断一个行为究竟是保证还是并存的债务承担，应根据个案的具体情况而定。对承担人承担债务的意思表示中有较为明显的保证含义，可以认定为保证。反之，缺乏明显的保证意思的，则应当从保护债权人利益的立法目的出发，可认定为并存的债务承担。在作二者区分认定时，首先应当根据证据规则及合同解释方法，最大限度探求当事人的真实意思表示，如仍无法区分，则可按债务加入予以认定。

【案例8-26】　张甲诉张乙、张丙保证合同纠纷案

一审法院认为，从被告张丙出具的借条以及个人住房抵押（现房）还款协议等证据来看，原告与被告张丙之间具有借款合意，且款项系以银行贷款的形式划入被告张丙的账户，故可认定原告与被告张丙之间存在35万元的借贷关系。对案涉借条中张乙的签名，被告张乙虽未予以确认，但其未能提供相反证据，本院对该抗辩不予采信。由此，被告张乙作为代还人在借条上签名，愿意承担债务当无疑问，本案的关键在于张乙行为的性质如何认定。对此，原告认为并非担保。法院认为，作为担保方式的保证与并存的债务承担等方式在性质和处理上有所不同，判断一个行为究竟是保证，还是并存的债务承担或其他，应根据具体情况而确定。根据《担保法》的规定，保证是保证人和债权人约定，当债务人不履行债务时，保证人按照约定履行债务或承担责任的行为。从该规定来看，保证人承担责任的前提是债务人的履行迟延，案涉借条明确表示张丙在四年内无能力还款时，由张乙代还，符合上述关于保证的规定，其意思表示有明显的保证含义。此外，在借条之前被告张乙出具担保书的行为以及原告当庭陈述亦能予以佐证。综上，被告张乙的行为构成保证。我国《担保法》规定，当事人在保证合同中约定，债务人不能履行债务时，由保证人承担保证责任的，为一般保证。结合相关证据，本案应为一般保证。根据法律规定，保证人与债权人未约定保证期间的，保证期间为主债务履行期届满之日起6个月。原告未举证证明其在上述期间向被告张乙提起诉讼或申请仲裁，保证人张乙依法免除保证责任。综上，原告要求被告张乙偿还款项于法无据，法院不予支持。判决：驳回原告张甲的诉讼请求。

二审法院判决：驳回上诉，维持原判。[1]

（六）借款担保与房屋买卖合同区分

在实践中，民间借贷债权人要求债务人履行担保还款行为与存在真实的房屋买卖合同关系存在争议，需要通过举证查明是否存在房屋买卖的真实意思表示，有房屋买卖真实意思表示的则认定为房屋买卖，反之则认定为借款担保履行。

【案例8－27】 段某某诉王某某房屋买卖合同纠纷案

二审法院认为，通过双方在一、二审中举证、质证，结合双方的陈述，以及本案查证的案件事实，即王某某急需用钱，于2002年5月13日以明显低于购买价和市场价的方式与段某某签订《房屋买卖合同》，且在合同中约定签订合同当日仅支付170,000元，而在水电费、煤气费、物管费等费用结清时才予以支持尾款680,000元，当日段某某通过转账方式支付王某某170,000元，同时王某某又通过转账方式向段某某支付20,000元。对于段某某收取王某某20,000元款项的行为，段某某陈述系王某某需要购买其汽车，故支付20,000元的定金，对此陈述其未提交相应证据予以证实。结合王某某与段某某的电话录音以及其他证据判断，段某某的陈述有违市场规则和生活常理，对其主张二审法院未予采信。对于房屋买卖关系双方是否系真实意思表示，结合双方证据所能证明的内容以及双方证据的优势性，即可看出段某某与王某某之间所形成的系借贷关系，双方所签订的《房屋买卖合同》系为了履行借贷关系而提供的担保。对于签订《房屋买卖合同》并非双方基于房屋买卖的真实意思表示，该《房屋买卖合同》并未成立，亦未生效。故段某某起诉要求继续履行《房屋买卖合同》的主张缺乏事实和法律依据。对于双方所形成的借贷关系，可另案主张。[2]

【案例8－28】 田某某诉史某某、马某某房屋买卖合同纠纷案

一审法院认为，原、被告均认可就涉案房屋签订的《北京市存量房屋买卖合同》系作为借款的担保，该合同中的成交价格明显低于合同签订时的市场交易价格，且田某某并非通过正常交付方式交付涉案房屋，基于上述情节，难以认定房屋交易系双方签订该合同时的真实意思表示。即使如田某某所述，

---

〔1〕 参见国家法官学院案例开发研究中心编：《中国法院2018年度案例》（借款担保纠纷），中国法制出版社2018年版，第152～153页。江苏省南通市中级人民法院（2016）苏06民终763号民事判决书。

〔2〕 参见国家法官学院案例开发研究中心编：《中国法院2016年度案例》（房屋买卖合同纠纷），中国法制出版社2016年版，第137～138页。

但根据现有证据,史某某、马某某及马某某之母康某某于借款后陆续向田某某及其夫杨某某偿还了部分款项,虽然双方之间另有其他借款关系,但并无证据表明已还款项指向其他借款而非2010年5月10日的600,000元借款,亦无证据表明田某某曾经以合法途径要求史某某、马某某二人偿还借款,故田某某之请求于法无据,不予支持。二审法院认为,双方之间系民间借贷关系,《北京市存量房屋买卖合同》的性质系以史某某、马某某所有的房屋为上述借款关系提供担保,而非一般意义上的房屋买卖交易。现田某某要求过户的请求有违当事人签订该合同时的真实意思表示,不予支持。田某某与史某某、马某某之间的债权债务关系,可另行解决。〔1〕

房屋买卖合同关系与借贷关系区分举证。在争议是房屋买卖合同关系抑或借贷关系纠纷中,主张合同关系方提交商品房买卖合同及商品房预告登记等直接证据,足以证明双方之间商品房买卖合同关系成立。主张系借贷合同关系方缺少借款合同等基础证据,经法院释明后仍无法说明款项性质、借款期限、利率等信息,其抗辩借贷关系不能成立。

【案例8-29】　郭某诉绥棱县大成投资有限责任公司房屋买卖合同纠纷案

判决观点,绥棱县大成公司拜泉棚改项目部是被告绥棱县大成公司的内设机构,代表绥棱县大成公司在拜泉县进行时尚嘉园小区的开发建设及与相关部门、人员进行各项业务往来,绥棱县大成公司拜泉棚改项目部从事的民事行为视为代表被告绥棱县大成公司从事的民事行为。本案中原告郭某与绥棱县大成公司拜泉棚改项目部签订了商品房买卖合同,并由绥棱县大成公司拜泉棚改项目部财务部门出具了收到购楼款收据这一行为,视为与被告绥棱县大成公司之间签订了商品房买卖合同,合同内容真实,不违反法律、行政法规的强制性规定,应认定原告与被告绥棱县大成公司之间的商品房买卖合同合法有效。……至于被告绥棱县大成公司辩称系原告郭某与石某某之间的借贷行为,但因被告绥棱县大成公司未提交借款合同这一直接证据,在原告郭某不予认可的情况下,对借款数额、期限、利率等借贷关系的基础事实无从查实,法院对被告绥棱县大成公司的抗辩意见不予采信。〔2〕

【案例8-30】　广西嘉美房地产开发有限责任公司与杨某某商品房买卖合同纠纷再审案

最高人民法院认为,当事人于再审期间的争议焦点是:嘉美公司与杨某

---

〔1〕 参见国家法官学院案例开发研究中心编:《中国法院2014年度案例》(房屋买卖合同纠纷),中国法制出版社2014年版,第129~130页。

〔2〕 参见国家法官学院案例开发研究中心编:《中国法院2017年度案例》(房屋买卖合同纠纷),中国法制出版社2017年版,第240页。

某之间是借贷关系还是商品房买卖合同关系。嘉美公司主张为借贷关系,但缺少了关键性的证据《借款合同》。杨某某主张其与嘉美公司之间为商品房买卖合同关系,而从未签订过借款合同。但与其主张相矛盾的是:第一,杨某某未持有其所称交付340万元购房款后应当取得的销售不动产统一发票原件。第二,杨某某否认先后分九次收到嘉美公司打入其不同账户的61.1万元是嘉美公司支付的借款利息,但却以商业秘密为由拒不说明该款项的性质。在再审庭审中,虽然合议庭向其释明其有关商业秘密的说法不能成立,其有义务向法院说明上述款项性质,但杨某某仍然未作出说明。因此,在双方证据均有缺陷的情况下,应当结合双方当事人提交的证据,探究合同签订时双方当事人的真实意思,进而对当事人之间的法律关系作出判断。……认定当事人之间是否存在债权债务关系,书面合同并非不可缺少的要件。只要确认双方当事人就借贷问题达成了合意且出借方已经实际将款项交付给借款方,即可认定债权债务关系成立。杨某某向嘉美公司支付340万元并收取利息的行为,足以认定双方之间成立了债权债务关系。嘉美公司从杨某某处取得340万元的真实意思是融资还债,其与杨某某签订《商品房买卖合同》的目的,则是担保债务的履行。[1]

以签订房屋买卖合同作为民间借贷合同的担保,简称买卖型担保。在借贷关系发生的前提下,签订商品房买卖合同并办理备案登记的行为,足以构成非典型担保。在当事人一方主张房屋买卖关系,另一方主张借贷关系,且双方证据均有缺陷的情况下,应结合双方当事人提交的证据,探究合同签订时双方当事人的真实意思,判断法律关系的性质。

【案例8-31】 广西嘉美房地产开发有限公司与杨某某合同纠纷再审案

最高人民法院认为,嘉美公司与严某等5人的在先交易表明,嘉美公司正是因不愿以340万元出售案涉商铺,才向杨某某借款,采取借新债还旧债的方式达到保住商铺所有权的目的,故可认定嘉美公司的真实意思是向杨某某借款而非出售商铺。杨某某将340万元直接打给严某等5人,且以该5人出具的关于申请撤销商品房备案登记的报告作为办理备案登记手续的必备文件等事实可推知,其应知晓嘉美公司的真实意思。且其提交的仅是发票复印件,尚不能认定商品房买卖关系。其亦始终未说明收取嘉美公司61.1万元的原因和性质,考虑到民间借贷支付利息的一般做法,综合全案事实,在其未能证明双方存在其他经济往来的情况下,认定该61.1

---

〔1〕 参见最高人民法院民事审判第一庭编:《民事审判指导与参考》2014年第2辑(总第58辑),人民法院出版社2014年版,第201~204页。

万元系借款利息更具可信度。综上,双方之间成立借贷关系,签订商品房买卖合同并办理商品房备案登记的行为,则系一种非典型担保。杨某某作为债权人,请求直接取得商铺所有权的主张,违反了禁止流质原则,不予支持。据此判决:(1)撤销一审和二审判决;(2)驳回杨某某的诉讼请求。[1]

【案例8-32】　水工公司诉阜泰公司商品房合同纠纷再审案

再审法院认为,2013年10月22日李某和万某某签订的借款协议约定"本借款在2014年10月30日前未能将本息全额还清,则无条件给李某办理丽景车城车库房产证。"由此可知,李某与万某某已合意将是否按期归还借款作为阜泰公司履行《商品房预售(预购)合同》的前提。阜泰公司与水工公司在此之前通过签订《商品房预售(预购)合同》为借款设定担保的交易方式,结合水工公司并未对217万余元购房款的交付情况作合理说明,以及水工公司直至万某某与李某之间民间借贷纠纷判决生效后才提起本案诉讼的事实,应当认定水工公司与阜泰公司签订案涉《商品房预售(预购)合同》的目的并非买卖房屋而是为借款提供担保。根据《民间借贷规定》第二十四条第一款的规定,对名为买卖借贷设定担保的案件,应按照民间借贷法律关系审理,并向当事人释明变更诉讼请求。当事人拒绝变更的,人民法院裁定驳回起诉。本案中,民间借贷纠纷已经法院审理并作出生效判决,双方借款法律关系的权利义务内容已经明确,人民法院已无按照民间借贷法律关系审理并向当事人释明变更诉讼请求的必要。判决:(1)撤销一审和二审判决;(2)驳回水工公司的诉讼请求。[2]

实践中出现了大量在借贷合同之外签订房屋买卖合同,若借款未能按期清偿,则履行房屋买卖合同,以此担保债权实现的情况。

【案例8-33】　杨某诉郑某房屋买卖合同纠纷再审案

再审法院认为,本案争议的焦点问题是杨某与郑某之间是否存在民间借贷法律关系。杨某能否直接依照协议书向郑某主张履行交付房屋的义务。根据本案查明的事实,双方自2010年起即存在民间借贷关系,至2014年2月双方再次发生民间借贷关系,并签订《借款合同》,根据该合同的约定,除约定借款数额、期限,还约定将涉案房屋过户给杨某以及届时借款清偿与否,涉案房屋如何处理等内容,并在之后双方共同向居住的村委会申请房屋买

---

〔1〕 参见《人民司法·案例》2014年第16期,第5页。最高人民法院民事审判第一庭编:《民事审判指导与参考》2014年第2辑(总第58辑),人民法院出版社2014年版,第202~205页。

〔2〕 参见国家法官学院、最高人民法院司法案例研究院编:《中国法院2021年度案例》(房屋买卖合同纠纷),中国法制出版社2021年版,第285页。重庆市高级人民法院(2019)渝民再218号民事判决书。

卖，签订了协议书。综合分析双方当事人出具的借条，签订《借款合同》及协议书的顺序及内容，可以认定郑某是以住房作为借款偿还的保证，双方之间不是简单唯一的房屋买卖合同关系，而是一种非典型担保方式即买卖性担保。故在郑某与杨某之间存在民间借贷关系，并在以房屋提供担保的情形之下，杨某以与郑某存在房屋买卖合同关系而主张郑某交付房屋的请求，本院不能支持。本案亦不适用《民间借贷规定》予以裁判。综上所述，杨某的再审请求事实与法律依据不足，本院不予支持。本院二审处理认定事实清楚，适用法律正确，判决应予维持。[1]

【案例8－34】 魏某诉靳某房屋买卖合同纠纷案

二审法院认为，本案中，通过审查当事人提交的《房屋买卖合同》、《房产抵押合同》、欠条以及其他证据材料并结合双方的陈述意见，靳某对于魏某之间存在民间借贷法律关系已完成相应的举证责任。魏某主张的签订《房屋买卖合同》、《房产抵押合同》、欠条系为了帮助应付靳某妻子的抗辩意见，与本院查明的事实不符，也有违日常生活经验法则，本院不予采信。综合全案事实，双方签订《房屋买卖合同》的真实意思表示系民间借贷设定担保，而不是通过支付正常交易对价取得诉争房屋。据此，本案的基础法律关系应为民间借贷法律关系。一审法院仅依据当事人主张的房屋买卖法律关系进而审理本案有误，本院予以纠正。[2]

（七）租赁权担保性质

通过签订房屋租赁合同将租赁权作为借款合同的担保，这种担保的性质在实务中有不同观点。一般认为，这种担保既不属于权利质押，也不属于让与担保，是没有法律规定的一种新型担保方式。这种担保不是一种权利质权，因为用债权设立质权，是债务人将自己或者他人的债权质押给债权人，用质押的债权担保债务的履行，而这种担保不是用房屋承租权设立债权质权，因为双方没有要对承租权进行质押的意思，承租权就是债权人享有的另一个债权，不存在用自己的债权进行质押的问题。这种担保也不是一种让与担保，因为让与担保是将物的所有权转移于担保权人，在债务不能清偿时，担保权人就该标的物得以优先受偿。当这种

〔1〕 参见国家法官学院案例开发研究中心编：《中国法院2019年度案例》（房屋买卖合同纠纷），中国法制出版社2019年版，第221～222页。北京市第二中级人民法院（2017）京02民再120号民事判决书。

〔2〕 参见国家法官学院案例开发研究中心编：《中国法院2019年度案例》（房屋买卖合同纠纷），中国法制出版社2019年版，第231页。北京市第一中级人民法院（2017）京01民终4557号民事判决书。

担保中的债务人不能清偿时,房屋租赁合同生效,担保权人有权承租房屋,取得房屋承租权,而不是就房屋进行优先受偿,且承租权是一种债权。现有的法定担保方式外延无法覆盖房屋租赁这种担保的情形,所以应当是一种没有规定的新型担保方式。

这种担保虽然法律并没有规定其是一种担保物权,但其只是不发生担保物权的效力,与合同效力是无关的。房屋租赁合同作为一种独立的合同,为了保证交易稳定和安全,除有《民法典》规定的无效情形外,不能轻易认定合同无效。在这种担保中双方的意思表示是一致的,亦是真实的。因为双方在签订房屋租赁合同的时候约定"当借款无力偿还时,本合同生效,至还清全部本息日止"。该合同是一种附生效条件的合同,双方签订合同的真实意思就是如果借款到期清偿,房屋租赁合同不生效;如果借款到期无力偿还,房屋租赁合同生效,债权人取得房屋承租权。在无相反证据证明时,双方就此并没有虚伪表示,所以双方的意思表示是真实的,合同是有效的。

在这种纠纷中,存在两个合同,两个法律关系。一个是借款合同,一个是房屋租赁合同,但是两个合同是有所牵连的。房屋租赁合同的签订是为了担保债权人债权的实现,债务到期未清偿,房屋租赁合同生效;债务清偿完毕,房屋租赁合同终止。在个案中两个合同如何处理,应根据原告起诉的诉求确定。

【案例8-35】　王某诉江某某房屋租赁合同纠纷案

判决观点,王某提供的2013年10月9日《房屋租赁合同》系复印件,而江某某提供了该合同原件,王某认可该合同系其签字和捺手印,但称该合同第十五条第八款内容系江某某自行添加,江某某不予认可,王某未提供证据佐证,法院不予采信。该合同第十五条第八款约定:"当借款无力偿还时,本合同生效,至还清全部本息日止。"故该合同应自王某到期未向江某某偿还借款之日生效。原、被告均认可王某于2013年10月9日向江某某借款200,000元,王某提供的经北京市中信公证处公证的《借款合同》的真实性,法院予以确认。江某某提供的其与王某于2013年10月9日签订的《借款合同》原件,王某认可其签字、捺手印,对该合同真实性法院亦予以采信。双方就同一笔200,000元的借款签订过两个合同,约定的借款期限均为1个月,自2013年10月9日至11月8日,该期限届满时,王某未向江某某偿还200,000元借款,故双方签订的《房屋租赁合同》生效。江某某主张约定"借款方自愿用西城区马连道中里房屋的15年租赁权作抵押",但该约定于法无据。双方签订的《房屋租赁合同》约定江某某不支付或者不按照约定支付租金达10日的,王某有权单方解除合同并收回该房屋,但该合同对租金履行期限约定不明确,根据《民法通则》第八十条第二款第(二)项的规定,王某未提供充分翔实的证据证明其向江某某主张了租金而江某某不予支付,故对王某诉请确认双方签订的租赁合同已于2014年6月16日解除,进而要求江某某支付租金、违约金、赔偿损失之诉讼请求,法院不予支持。判决:驳回原告王某的诉讼请求。[1]

[1] 参见国家法官学院案例开发研究中心编:《中国法院2017年度案例》(借款担保纠纷),中国法制出版社2017年版,第49~50页。北京市丰台区人民法院(2014)丰民初字第12430号民事判决书。

二、借款担保法律适用

(一)借款担保成立认定

借款合同案件担保的审理,首先,要认定借款的事实是否真实存在。注意审查借款是否实际出借,即债权人的出借义务是否履行完毕,且必须有充分的证据。其次,对担保人承担连带责任的时候,要结合案件事实予以区别,正确适用法律。

【案例8-36】 杨某某诉洛阳顺吉房地产开发有限公司等借款合同纠纷案

一审法院认为,关于被告顺吉房地产公司是否应当承担连带保证责任的问题,法院认为,本案借款合同并未实际履行,被告顺吉房地产公司作为担保人,不应承担保证责任。判决:驳回原告杨某某的诉讼请求。

二审法院认为,杨某某上诉被上诉人张某向其借款系用于偿还洛阳磊辉矿业有限公司的借款。在被上诉人张某、谊成机械有限公司拖欠洛阳磊辉矿业有限公司借款不能偿还的情况下,洛阳磊辉矿业有限公司当时的法定代表人杨某某又向被上诉人张某出借300万元用于张某偿还杨某某实际控制的洛阳磊辉矿业有限公司的借款,不符合常理。并且在二审庭审过程中,上诉人认可的(2014)瀍民初字第708号民事判决还在执行过程中。结合杨某某将本案所涉300万元转账至张某账户后,该款又马上转至上诉人杨某某实际控制的洛阳磊辉矿业有限公司账户的情形,一审认定本案诉争的借款看似实际履行,但最终回到杨某某实际控制之下,实际上杨某某并未履行借款支付义务,进而认定被上诉人不承担保证责任,符合相关法律规定,并无不当。综上,上诉人杨某某的上诉请求,依据不足,法院不予支持。判决:驳回上诉,维持原判。[1]

虽无保证合同,但担保人明知借贷关系并出具信函承诺写明自愿担保,且签名捺印的,担保关系成立。

---

〔1〕 参见国家法官学院、最高人民法院司法案例研究院编:《中国法院2020年度案例》(借款担保纠纷),中国法制出版社2020年版,第3~4页。河南省洛阳市中级人民法院(2018)豫03民终1866号民事判决书。

【案例 8－37】 许某某诉章某某、张某民间借贷纠纷再审案

再审法院认为,本案章某某出具的信函是否真实及本案保证合同是否成立。再审中,张某认为,章某某出具的信函不真实,其保证合同不成立。经查,张某在一审中对许某某提供的信函的真实性未提出异议,只是抗辩其未为章某某借款提供过担保。张某不能提供推翻该信函真实性的证据,也未提供足以证明非章某某真实意思表示的相应证据,故原判对该信函载明内容予以确认并无不当。张某再审认为,其未为章某某借款提供担保,本案保证合同不成立。经查,首先,落款时间 2011 年 11 月 7 日章某某致其父母、妻子的信函,形式上虽属于信函,但信函系由章某某出具给许某某,信函内容明确其已向许某某先后借款人民币 142 万元,且许某某所持的借款凭据都是真实有效。其次,鉴定机构依据一审法院的委托事项进行了鉴定,鉴定意见载明:2011 年 11 月 7 日的章某某信函下方 5 枚红色指印为张某的右手食指所(按)留;2011 年 11 月 7 日的署名章某某的信函落款"张某"两字签名,是张某本人签名字迹;2011 年 11 月 7 日的署名章某某的信函落款"并且愿意以本人名下产业担保还款"文字与文字上 3 枚手印的形成顺序,是文字书写在前,手印捺印在后。而再审中张某主张章某某的信函上"并且愿意以本人名下产业担保还款"上的 3 枚手印系由许某某通过技术手段从其他指印中拓印而来。但此与其一审第一次庭审抗辩从未在信函上签名捺印的理由矛盾,亦与其一审提出重新鉴定的事由矛盾。尤其张某在再审庭审中陈述,其在许某某提供的三张空白白纸上捺印,如此重要的事实未在一审、二审诉讼中陈述。张某系大学本科学历从事外贸工作,应当知晓在空白纸上捺印可能产生法律后果及风险,其陈述与其认知能力不符,有悖常理。最后,章某某在信函中明确其先后共计向许某某借款 142 万元,张某在此信函下方书写的"本人张某介绍许某某借款给章某某事实属实。并且愿意以本人名下产业担保还款"签名捺印,该信函符合担保合同的要件。故原判认定章某某的信函及保证合同有效,并无不当。判决:维持二审判决。[1]

不能偿还与不能按期偿还的区别涉及一般保证与连带保证认定。"不能偿还"中的"不能",系指债务人已经彻底失去偿还能力,是客观上的给付不能。不能按期偿还,重点在于"按期",是指债务人在主观上或客观方面没有按照约定偿还借款,可能并不存在客观上的给付不能。因此,不能偿还与不能按期偿还,是完全相反的事实状态,应当予以明确区分。如果约定"债务人到期不能偿还债务",则意味着必须达到债务人客观上给付不能的条件,方能对保证人请求承担责任,

〔1〕 浙江省高级人民法院(2014)浙商提字第 2 号民事判决书。

此时保证人具有先诉抗辩权，其承担的是一般保证。如果约定"债务人不能按期偿还债务"，则意味着只要债务人到期没有偿还借款，不管是主观原因还是客观原因，债权人即有权要求保证人承担责任，此时，债务人与保证人处于同等法律地位，保证人并不享有先诉抗辩权，其承担的是连带保证责任。

【案例 8－38】　宫某某诉北京九鼎铭洋国际投资管理有限公司、北京品刚投资担保有限公司借款合同纠纷案

判决观点，品刚投资担保公司出具的担保函中载明，"本公司承诺《协议》到期，若九鼎铭洋公司不能按期偿还，投资人要求我公司承担保证责任的，自我公司接到申请后 3 个工作日内无条件承担代偿义务"，在本案担保函中，表达了保证人承担保证责任的条件是九鼎铭洋公司"不能按期"偿还债务，而非九鼎铭洋公司"不能"偿还债务。该"不能"字样是与"按期"结合在一起使用，不能将其理解为确实无力偿还借款的客观能力的约定，仅是表明到期不能偿还即产生保证责任，应认定为连带保证责任。故品刚投资担保公司作为保证人，应为九鼎铭洋公司的上述债务提供连带责任保证，品刚投资担保公司承担保证责任后，有权向九鼎铭洋公司追偿。[1]

第三人单方以书面形式向债权人出具担保书，并非以自己的财产提供担保，而是意图以案外人的财产清偿债务，应认定该担保不具有真实性，其担保不能成立。

【案例 8－39】　李某某诉罗某某、余某某民间借贷纠纷案

二审法院认为，本案二审双方当事人争议的焦点是余某某是否应对罗某某所欠李某某的债务承担担保责任。余某某若为本案债务提供连带责任担保，则李某某可直接要求其对所担保债务承担清偿责任。因此，担保事宜对双方而言，应属重大事项，一般人通常对此均会持非常谨慎态度。但是，在本案中，李某某、余某某对担保书的保管和出具随意性较大。先是李某某称担保书遗失，由余某某补签；然后是对有瑕疵的担保书在立案时没有发现错误之处，进入审理时，余某某又重新出具担保书，对错误之处进行了更正；一审庭审后，因该 120 万元的担保书已超过担保期间，李某某又向一审法院提交了余某某的承诺书，余某某承诺继续提供担保直到罗某某向李某某归还全部借款本金及利息为止。可见，余某某对李某某数次提供担保书的要求积极配合，两人当时对担保书上出现的明显瑕疵均未发现，不符合一般人的正常行

〔1〕 参见国家法官学院、最高人民法院司法案例研究院编：《中国法院 2020 年度案例》（借款担保纠纷），中国法制出版社 2020 年版，第 70～71 页。北京市朝阳区人民法院（2018）京 0105 民初 8314 号民事判决书。

为方式。而作为债务人的罗某某又一直对担保事项不予认可。因此，本案所涉担保书存在不合理之处，其真实性存在疑点，一审判决对其真实性不予认定并无不当。判决：驳回上诉，维持原判。[1]

在借条或保证合同上，保证人对其签字或加盖公章真实意思提出异议的，由出借人提供保证合同的缔约过程文件、交易习惯、履行过程等证据，用于证明该签字盖章具有保证合同关系成立的规范意义，即出借人负责与保证人双方形成合意事实举证责任。法官查明出借人与保证人就保证未达成合意的，则不支持出借人主张保证合同关系的诉求。

【案例8－40】 山东招标股份有限公司诉山东华牧药业有限公司等民间借贷纠纷案

二审法院认为，因山东华牧公司并未委托田某某在涉案借款协议书及承诺书上加盖公章承担担保责任，故田某某在涉案借款协议书及承诺书上加盖山东华牧公司公章的行为属于无权代理。由于田某某擅自加盖山东华牧公司公章的行为未经山东华牧公司追认，因此，涉案借款协议书及承诺书中保证条款对山东华牧公司不发生法律效力。因山东招标公司未尽审慎义务，对涉案保证合同关系未依法成立存在过错。而山东华牧公司对其公章的保管、使用未尽责任，致使田某某擅自加盖其公章，客观上损害了山东招标公司的合法权益，故山东招标公司与山东华牧公司对涉案保证合同关系未成立均存在过错，双方应以过错程度承担相应的缔约过失责任。因缔约过失责任损害赔偿请求权适用二年的诉讼时效，且山东招标公司起诉并未超过诉讼时效。[2]

在实践中，越来越多的民间借贷案件中出现夫妻互保的情形。对此，在《民法典》出台前，能否适用《担保法》相关规定，承担担保责任。法律创设保证制度目的在于保障债权的实现，因此，保证人须具有代为清偿债务的能力。夫或妻一方借款而另一方为其借款对外担保，基于夫妻一方借款则构成夫妻共同债务，其不具有法律意义上代为清偿的能力，实质上是成立“自己”为“自己”借款的担保，违反了保证的保障债权实现的作用，故该种夫妻互保的担保不能成立，应按夫妻共同债务认定和处理。

---

〔1〕 参见最高人民法院中国应用法学研究所编：《人民法院案例选》2018年第6辑（总第124辑），人民法院出版社2018年版，第85页。湖南省高级人民法院（2016）湘民终586号民事判决书。

〔2〕 参见国家法官学院案例开发研究中心编：《中国法院2019年度案例》（借款担保纠纷），中国法制出版社2019年版，第148页。山东省济南市中级人民法院（2017）鲁01民终8878号民事判决书。

【案例 8 -41】　苏某某诉陈某某、郑某某民间借贷纠纷案

判决观点,《最高人民法院关于审理涉及夫妻债务纠纷案件适用法律有关问题的解释》(已失效)第一条规定,夫妻双方共同签字或者夫妻一方事后追认等共同意思表示所负的债务,应当认定为夫妻共同债务。因郑某某已在借条上以配偶身份作为担保人签名确认,故上述债务应视为夫妻共同债务,应由郑某某、陈某某共同偿还。判决:陈某某、郑某某偿还苏某某借款 300,000 元及利息。[1]

反担保的成立需具备以下条件,其一,第三人先向债权人提供了担保,才能有权要求债务人(借款人)提供担保。其二,债务人(借款人)或债务人之外的其他人向第三人提供担保。其三,只有第三人为债务人(借款人)提供保证、抵押或质押担保时,才能要求债务人(借款人)向其提供反担保。其四,需符合法定形式,即反担保应采用书面形式,依法需办理登记或移交占有的,应办理登记或移交占有手续。反担保采用书面形式的,一般而言会记载着需反担保的债务数额、担保人等要素,但实践中多非专业人士,其受法律专业知识所限,记载的数额等事项与反担保责任数额存在差异,需结合审查提供反担保的真实意思表示,以便确定是否承担反担保责任。

【案例 8 -42】　扬州市宏大饲料有限公司诉王某某、俞某某担保责任追偿权纠纷案

二审法院认为,宏大公司为宝丰公司所担保的 50 万元,王某某、俞某某应承担反担保责任。理由如下:其一,王某某、俞某某在反担保书中提供反担保的意思表示明确,对于若黄某某无力还款,则由其向担保人宏大公司承担连带责任的法律后果是明知的。其二,黄某某系宝丰公司的唯一股东,是宝丰公司的实际控制人;农商银行甘垛支行已证实,宝丰公司及黄某某在 2014 年 7 月 17 日至 2015 年 7 月 16 日无其他贷款记录;故本案所涉 50 万元贷款名义上系宝丰公司所借,实际上系黄某某所借。其三,王某某、俞某某系黄某某的近亲属,应当知晓黄某某与宝丰公司之间的关系,由王某某、俞某某承担反担保责任并未加重王某某、俞某某的负担。其四,本案所涉 50 万元借款在反担保书约定的期限内。[2]

借款情况说明不能认定属于重新设定的担保,也不应该依此为据判定担保责任。

---

〔1〕 参见国家法官学院案例开发研究中心编:《中国法院 2019 年度案例》(借款担保纠纷),中国法制出版社 2019 年版,第 162 页。福建省德化县人民法院(2018)闽 0526 民初 1692 号民事判决书。

〔2〕 参见国家法官学院案例开发研究中心编:《中国法院 2019 年度案例》(借款担保纠纷),中国法制出版社 2019 年版,第 176 页。江苏省扬州市中级人民法院(2017)苏 10 民终 3445 号民事判决书。

【案例8－43】 李甲诉李乙、王某某民间借贷纠纷案

一审法院认为，原告提供的借款协议和借款情况说明中，落款处被告李乙签名、捺印，保证人项下王某某签名并捺印，表明该证据载明的内容为二被告的真实意思表示，证据符合法律规定，与本案关联性强，本院对证据予以确认。两份证据相互印证，能够证明被告李乙向原告借款150万元，被告王某某为其担保这一事实。原告李甲及被告李乙均认可尚欠借款90万元，按月息2分计算，且2015年5月1日之前的利息已给付完毕且无争议，本院予以确认。证据①借款协议中"如果用款期限达一年，则利息按20%计算"的表述不是对借款期限的约定，而是对逾期还款情况下利息的约定，因此，本案借款期限应为6个月。原告李甲与被告王某某之间未约定保证方式和保证期间，依照《担保法》的相关规定，被告王某某应按连带责任保证承担保证责任，保证期间应为主债务履行期间届满之日起6个月。本案被告王某某的保证期间应为2012年8月15日至2013年2月15日，在保证期间内原告无证据证明向被告王某某主张过权利，据此，被告王某某作为保证人的保证责任应予免除。证据②"借款情况说明"中，被告王某某虽在担保人项下签名、捺印，但从借款协议分析，该借款期限明确界定为"三至六个月"，从该证据书经过相关内容分析，这只是对更换"抵押物品"的说明，不能认定是被告王某某重新为李乙借款事实的保证担保。基于上述分析，原告要求被告李乙偿还借款90万元，并按约定月息2分支付2015年5月1日至本金结清之日利息的请求，事实清楚，证据充分，本院予以支持。判决：被告李乙偿还给原告李甲借款本金及利息、被告王某某免除保证责任。原告李甲上诉后二审中又撤回上诉。〔1〕

意向性担保成立问题。《民法典》第六百八十四条规定了担保内容，担保合同缺少相关约定，直接导致担保不能成立。在担保合同没有明确主债权的数额时，在法律属性上属于意向性约定。该意向的落实，尚需具体的借款事项发生后由当事人另行签订担保合同，只有明确主债权数额的担保合同签订后，才能产生担保责任。没有明确主债权数额的，直接导致保证担保不能成立。

需要注意的是，《民法典》第六百九十二条统一规定了没有约定和约定不明确的，保证期间为主债务履行期限届满之日起6个月，不再区分规定保证没有约定和约定不明这两种情形下不同的保证期间。因此涉及保证期间不完全具备法律规定的内容，不是导致担保不能成立的原因。

需要强调的是，保证担保合同成立于借款合同之前不影响保证担保的成立。

〔1〕 参见国家法官学院案例开发研究中心编：《中国法院2018年度案例》（借款担保纠纷），中国法制出版社2018年版，第143～145页。河北省沧州市中级人民法院（2016）冀09民终5780号民事判决书。

保证属于债的担保种类之一，债的担保具有从属性，以主债的存在或者将来存在为前提，随着主债的消灭而消灭。担保合同的从属性是由其法律地位决定的，保证合同与主债务合同签订的先后顺序并不影响保证合同作为从合同的地位，保证合同对于将来既可以成立主合同也可以成立保证担保。

【案例8－44】　桂物储运集团诉莱纳汽车部件公司等借款合同纠纷案

一审法院认为，案涉保证担保协议在法律属性上当属意向性约定，该意向的落实，尚需具体的借款事项发生后由当事人另行签订符合担保合同成立要件的合同。由于当事人未对保证担保协议中的所谓担保条款予以有效补正或者重新订立保证合同，因此桂物储运集团与鸿福机械制造公司、覃某某、韩某之间的担保法律关系并未成立，不能产生担保法律效力。

二审法院认为，法院对于一审法院关于案涉保证担保协议对借款担保的约定属于意向性约定的认定予以认可。桂物储运集团及莱纳汽车部件公司二审期间对借款本金及违约金达成新的共识，以及韩某二审期间作出愿意承担连带清偿责任的意思表示，因此法院对一审法院的判决作相应调整。判决：(1)撤销一审判决；(2)莱纳汽车部件公司向桂物储运集团偿还借款本金1548.510575万元，并支付违约金44.345637万元；(3)韩某对上述第二项债务承担连带清偿责任。[1]

主债务履行期限届满，第三人承诺还款不构成保证。

【案例8－45】　朱某某诉北京温德建设咨询有限责任公司、刘某等民间借贷纠纷案

判决观点，对于朱某某要求刘某对温德公司的债务承担连带保证责任的诉讼请求，法院认为，刘某于2010年1月23日在涉案借款协议书上注明“此借款协议刘某承担由于温德公司不能还款的全部还款责任”时，本案债务履行期限已届满，自还款期限届满后至2010年1月23日，温德公司未能向朱某某进行还款，刘某在书写上述内容时，其对温德公司不能按照借款协议的约定履行还款义务应属明知，因此刘某书写的上述内容性质并非刘某对温德公司的债务所作的担保，故朱某某要求温德公司的债务所作的担保责任无事实和法律依据，法院不予支持。[2]

---

〔1〕 国家法官学院、最高人民法院司法案例研究院编：《中国法院2021年度案例》（借款担保纠纷），中国法制出版社2021年版，第48～49页。广西壮族自治区柳州市中级人民法院（2019）桂02民终2531号民事判决书。

〔2〕 参见国家法官学院案例开发研究中心编：《中国法院2015年度案例》（民间借贷纠纷），中国法制出版社2015年版，第65页。北京市海淀区人民法院（2012）海民初字第16867号民事判决书。

（二）担保抗辩成立认定

根据《民法典》的规定，保证人期间届满，债权人未依法向保证人主张保证责任的，保证责任消灭，其保证人则享有抗辩权利。债权人书面通知保证人要求承担保证责任或者清偿债务，保证人在催款通知书上签字的，法官不得认定保证人继续承担保证责任。但是，该催款通知书内容符合《民法典》有关担保合同成立的规定，并经保证人签字认可，能够认定成立新的保证合同的，法官应当认定保证人按照新保证合同承担责任，其保证人的抗辩不受法律保护。

因为担保权实际是一种法定物权，这种法定性，要求的就是法官应当依职权对其主动审查。因此，无论保证人是否提出抗辩，甚至无论其是否出庭，法官都应当主动审查保证期间是否已经经过。

【案例8－46】 王某诉尹某某、郭某某民间借贷纠纷案

判决观点，本案中，尹某某作为担保人在该借条上签字，应对该债务承担连带保证责任，该保证责任的保证期间应于2013年12月17日届满。现王某并未提供充分证据证明其在保证期间内要求尹某某承担连带保证责任，故尹某某免除保证责任，王某要求尹某某对郭某某的债务承担连带保证责任的诉讼请求，于法无据，法院不予支持。[1]

在未约定借款期限和保证期间的借贷关系中，不论是借新还旧还是结算后重新出具借条，债权人向债务人主张要求履行还款义务后，要特别注意应在6个月内及时向保证人主张保证责任，可要求保证人在新借条上签字或向法院主张要求保证人承担保证责任。否则很容易出现超过保证期间，保证人抗辩而免除保证责任。

【案例8－47】 林某某诉张某某等民间借贷纠纷再审案

再审法院认为，本案再审审查的争议焦点是苏某某就涉案100万元借款及利息是否应承担连带清偿责任。2007年12月7日，张某某出具一份借条，载明其向林某某借款100万元及相应的利息标准，但未约定还款期限，苏某某作为担保人在借条上注明："本人愿意将玉山路116号房屋所有权证（03×××号）、土地使用证（013×号）为张某某向林某某借款壹佰万元提供担保，并承担连带经济责任"，借条上亦未约定保证期间。同日张某某在林某

〔1〕 参见国家法官学院案例开发研究中心编：《中国法院2019年度案例》（借款担保纠纷），中国法制出版社2019年版，第135页。北京市密云区人民法院（2017）京0118民初5628号民事判决书。

某提交的福建省农村信用合作社储蓄存款凭证上签字确认收到该100万元借款。2016年4月30日张某某又向林某某出具了一份借款总金额为166万元的借条，就张某某尚欠的多笔本息情况进行确认，林某某和张某某双方确认该借条中的166万元借款包括本案100万元借款，并确认本案100万元借款的利息已付至2008年12月31日。苏某某未在该166万元的借条上签字。因本案中张某某出具的100万元的借条中未约定保证期间，根据《担保法》第二十六条的规定，本案连带责任保证期间为主债务履行期届满之日起的6个月。本案主债务未约定履行期限，根据《最高人民法院关于适用〈中华人民共和国担保法〉若干问题的解释》第三十三条规定："主合同对主债务履行期限没有约定或者约定不明的，保证期间自债权人要求债务人履行义务宽限期届满之日起计算。"林某某没有证据证明本案100万元借款产生后其向苏某某主张过承担保证责任，林某某亦明确表示2016年4月30日当天未能联系上苏某某，苏某某未在166万元的借条上签字，其亦没有证据证明166万元的借条签订后向苏某某主张过保证责任。而林某某于2017年8月8日提起本案诉讼，与2016年4月30日已时隔1年3个月，远超过6个月，根据前述法律规定，林某某未在宽限期届满之日起的6个月内要求苏某某承担连带保证责任，则苏某某的连带保证责任得以免除，故原审认定苏某某无须对本案债务承担连带清偿责任并无不当。综上，林某某的再审申请不符合《民事诉讼法》第二百条第二项、第六项的规定。裁定：驳回林某某的再审申请。[1]

主债务人放弃抗辩的，担保人行使抗辩权受法律保护。

【案例8-48】　徐某某与黄某某、陈某某借款合同纠纷案

二审法院认为，对以上争议焦点，根据双方出示的证据认定如下：关于陈某某于2012年9月至2013年5月向黄某某是归还借款还是其他经济往来的认定。《担保法》第二十条第一款规定："一般保证和连带责任保证的保证人享有债务人的抗辩权，债务人放弃对债务的抗辩权的，保证人仍有权抗辩。"本案中，虽然陈某某作为债权人，其放弃了抗辩权未提起上诉，应视为其对一审判决没有异议。但徐某某作为连带责任担保人，有权对欠款数额进行抗辩。现徐某某已举证证明陈某某于2012年9月至2013年5月向黄某某账户支付了190万元，黄某某辩称该款系双方其他经济往来，应当对此承担举证责任，现因黄某某出具的陈某某的声明不具有真实性与有效性，且声明

---

〔1〕 参见国家法官学院案例开发研究中心编：《中国法院2019年度案例》（借款担保纠纷），中国法制出版社2019年版，第140～141页。福建省高级人民法院（2018）闽民申1636号民事裁定书。

内容本身与其陈述亦不一致，故本院对黄某某辩称该190万元系其与陈某某的其他经济往来的意见不予采信。徐某某该上诉理由成立，本院应予支持。徐某某对该190万元不再承担连带责任。判决：维持一审判决第一项即陈某某偿还黄某某借款582,400元，变更一审判决第二项即徐某某对上述债务在3,924,000元范围内承担连带责任。[1]

继承人不放弃保证人死亡遗产继承的，不享有死亡抗辩权。

【案例8-49】 银某某诉陈某、罗某某、廖甲、廖乙、廖丙等民间借贷纠纷案

判决观点，廖丁的担保责任发生在被告罗某某与廖丁离婚之后，且廖丁只是担保人而不是借款人，罗某某的诉讼主体不适格，不应承担偿还责任。陈某、廖丁以担保人的身份在借条上签字并捺手印，为本案债务人的保证人，保证合同成立，应当承担保证责任。廖甲、廖乙、廖丙辩称担保人廖丁享有死亡抗辩权，没有法律依据，法院不予采信。在庭审中均表示不放弃廖丁遗产的继承权，因此被告廖甲、廖乙、廖丙应在继承担保人廖丁遗产范围内承担连带清偿责任。[2]

连带保证人对借款利率超最高限额的可行使抗辩权。

【案例8-50】 楼某某诉朱某某、某某公司、虞某某担保合同纠纷再审案

最高人民法院认为，依据原审查明的事实，楼某某依据2014年3月10日各方签署的协议书提起本案诉讼，各方关于8000万元借款本息的结算在协议书事实基础部分和附件四中均有记载。因此，原审判决认定该8000万元借款与本案协议书的形成具有关联性，并不缺乏证据证明。《担保法》第二十条第一款规定……依照上述法律规定，原审判决案涉8000万元借款的利率超过年利率36%部分的约定无效，虞某某作为保证人可以请求扣减该笔借款已支付的超过年利率36%部分的8,086,812元利息以及其余尚欠借款本金为其按年利率24%计算整个借款期间的利息，适用法律并无不当。因此，楼某某关于已归还的8000万元的借款本息并非本案所争议的内容，原审判决不应认定虞某某提出利息过高的抗辩理由成立从而扣减8,086,812元利息适用法律错误，申请再审理由不能成立。裁定：驳回楼某某的再审

---

〔1〕 参见国家法官学院案例开发研究中心编：《中国法院2018年度案例》（民间借贷纠纷），中国法制出版社2018年版，第245页。新疆维吾尔自治区乌鲁木齐市中级人民法院（2016）新01民终2350号民事判决书。

〔2〕 参见国家法官学院案例开发研究中心编：《中国法院2016年度案例》（民间借贷纠纷），中国法制出版社2016年版，第85页。广西壮族自治区河池市罗城仫佬族自治县人民法院（2014）罗民初字第153号民事判决书。

申请。[1]

法院应对担保法律关系的真实性进行审查，不能仅因当事人未到庭抗辩即认定其同意提供担保。

【案例8－51】　四川鑫金地集团有限公司与赖某、侯某等民间借贷纠纷再审案

最高人民法院认为，赖某在再审中陈述《借款合同》中丙方2处"赖某"的签字是赖某所签，其没有将侯某本人也需承担担保责任的事情告知侯某，并且出具《情况说明》证实："2016年11月6日四川中海外基础企业管理有限公司、四川民意置业有限责任公司向四川鑫金地集团有限公司借款时，四川鑫金地集团有限公司要求四川民意置业有限责任公司股东个人提供担保，因担心侯某不同意个人提供担保，为减少麻烦，未告知侯某就代为在《借款合同》保证人丙2处签了我的姓名（赖某代）。"侯某陈述其没有委托赖某在《借款合同》上代为签字，否认其知悉并同意为案涉借款提供担保。鑫金地公司没有提交任何关于侯某同意为借款提供担保的证据，应当承担举证不能的责任。原审没有审查侯某提供担保的真实性，仅因侯某未到庭抗辩即认定侯某同意提供担保，系认定事实错误，应当予以纠正。侯某不是《借款合同》的当事人，《借款合同》对侯某没有约束力，侯某不承担担保责任。[2]

（三）借款抵押担保认定

抵押作为《民法典》所规定的担保方式之一，其是指债务人或者第三人不转移对某一特定物的占有，而将该财产作为债权的担保，债务人不履行债务时，有权依照《民法典》的规定以该财产折价或者以拍卖、变卖该财产的价款优先受偿。

《民法典》第三百九十七条规定："以建筑物抵押的，该建筑物占用范围内的建设用地使用权一并抵押。以建设用地使用权抵押的，该土地上的建筑物一并抵押。抵押人未依据前款规定一并抵押的，未抵押的财产视为一并抵押。"

【案例8－52】　江阴长三角农村小额贷款有限公司诉江苏龙升节能科技股份有限公司追偿权纠纷案

一审法院认为，在本案中，龙升公司以其名下坐落于无锡市广益镇黄泥头村锡北路888号国有土地使用权向长三角公司提供了抵押反担保并办理

---

〔1〕 最高人民法院（2017）民申字第25号民事裁定书。

〔2〕 最高人民法院（2022）民再206号民事判决书。

了抵押登记手续,长三角公司依法对该抵押财产享有优先受偿权。因土地他项权利证明书中未注明抵押物包括地下建筑物,根据上述规定,案涉地上建筑物也应视为一并抵押,故长三角公司亦应就本案享有的债权依法对案涉地上建筑物享有优先受偿权,又因案涉土地及地上建筑物均为其他债权设立了抵押担保,故长三角公司在实现抵押权时应在其他抵押权人实现抵押权后的余值在确定的债权范围内优先受偿。龙升公司不服一审判决,提起上诉但未在指定的期限内缴纳诉讼费,二审法院裁定按自动撤诉处理。[1]

《民法典》所规定抵押担保与连带责任保证均属于担保方式,从二者概念看有其明显区别。抵押担保属于物保,而连带责任保证作为保证的一种属于人保。这一点决定了二者法律责任的不同:抵押担保以抵押物的价值为责任承担限度,而保证担保中的连带责任保证则不存在责任承担限度的问题,即连带责任保证的保证人需要对其保证的全部债务向债权人承担保证责任。在实践中应注意其二者的区分,在抵押担保的抵押权依法成立并生效的情况下,如房屋抵押在签订抵押合同后依法进行了抵押登记,抵押权据此依法成立,债权人因此也成为合法的抵押权人,故债权人在债权到期未能清偿时,其有权依照《民法典》的规定以该财产折价或者以拍卖、变卖该财产的价款优先受偿。这时的抵押担保责任的承担与连带责任的区别明显,很少发生二者之间责任认定争议。但问题主要在于抵押担保的抵押权未能依法设立的情况下,如因房屋或土地未办理抵押登记所造成损失。根据《民法典》相关规定,以房屋进行抵押的,其抵押合同在成立时即生效,即便未办理抵押权登记也不影响抵押合同的效力,但房屋进行抵押的抵押权的设立依法则应自登记时设立。如果未进行房屋抵押登记,则抵押权未能设立。在抵押权因未办理登记而未能依法设立的情形下,债权人实际未能成为真正意义上的抵押权人,其对于双方约定的抵押房屋不具有法律上的优先受偿权。但未办理抵押权登记并不影响抵押合同的效力,当事人经协商一致订立抵押合同,表明双方就以抵押物的价值作为主债务担保意思表示一致,债权人可以要求抵押人承担抵押合同上的担保责任。当然因抵押担保以抵押物的价值为责任承担限度,故抵押人应以抵押物的价值为限对主债务承担连带责任。应当肯定这种连带清偿责任仍是基于抵押担保,而不能将此直接转化为连带保证。换言之,是抵押合同有效的责任,是抵押担保基础上的连带保证,是一种特殊类型。

【案例 8－53】 张甲诉张乙担保合同纠纷案

二审法院认为,张甲与刘某某之间的借贷合同内容不违反法律法规的强

---

〔1〕 参见国家法官学院、最高人民法院司法案例研究院编:《中国法院 2020 年度案例》(借款担保纠纷),中国法制出版社 2020 年版,第 116 页。江苏省无锡市中级人民法院(2018)苏 02 民终 4100 号民事裁定书。

制性规定，合法有效。关于借款担保合同中的担保合同部分的效力，根据合同内容，张乙用房屋进行债务担保的意思表示明确，对于被担保的主债权种类数额、债务人履行债务的期限、抵押物的情况以及抵押担保的范围明确，且抵押财产非法律法规禁止流通的财产或者不可转让的财产，张乙亦不属于设立担保的无效主体，双方之间的抵押合同依法成立并生效。张乙提供担保的意思表示明确故双方签订的借款担保合同合法有效，张乙应承担相应的担保责任。该房屋未办理抵押登记，抵押权未有效设立，张甲不能就该房屋行使优先受偿权，债务到期后，张乙既不能交付房屋，也不能以房屋折价的方式或者其他方式清偿债务，且严重违背了诚实信用原则。根据《担保法》第五十七条以及《民间借贷规定》第五十六条的规定，张乙应在抵押物的价值范围内承担连带清偿责任。一审将抵押担保责任直接转换为保证责任依据不足。[1]

在实现担保物权的案件中，尤其是抵押物为房产类的不动产时，应注重审查有无损害相关权利人合法权益的情况，比如未成年人名下房产、夫妻双方名下共同所有的房产，在抵押人及其他相关权利人无法到庭陈述抵押设立的真实性，也未出具相关书面材料时，不宜直接对房产准许拍卖、变卖。在该类案件中，被申请人下落不明能否适用公告送达，理论界仍存在争议。考虑到实现担保物权案件为特别程序的一种，在被申请人未到庭情况下难以核实相关证据材料的真伪，不宜在被申请人下落不明的情况下直接作出拍卖、变卖担保财产的裁定，一方面是被申请人的异议权利无法得到相应保证，另一方面尽量避免案件在执行过程中相关权利人提出执行异议，造成后续不必要的诉累。

【案例8-54】 东方邦信创业投资有限公司诉王甲申请实现担保物权纠纷案

判决观点，王甲的父亲王乙为居泰隆公司的法定代表人，居泰隆公司为经营所需，向东方邦信公司借款。王乙作为王甲的法定代理人代王甲在《主债权及房屋抵押合同》中签字并办理了抵押登记。根据《民法总则》第三十五条规定，监护人除为维护被监护人利益外，不得处分被监护人的财产。王乙在本案中称王甲并不知道其办理抵押登记一事，东方邦信公司也未向法院提交王甲知晓并同意王乙以王甲的房产办理抵押登记的相关材料。鉴于此，《主债权及房屋抵押合同》的效力问题尚存在不确定性，故东方邦信公司的

[1] 参见国家法官学院、最高人民法院司法案例研究院编：《中国法院2020年度案例》（借款担保纠纷），中国法制出版社2020年版，第134页。山东省淄博市中级人民法院（2018）鲁03民终1210号民事判决书。

申请不符合法律规定。裁定:驳回东方邦信公司的申请。[1]

在确定抵押权担保的主债权利息问题时,可能存在借款人偿付的利息范围和抵押人担保的利息范围不一致的情形。由于抵押权系物权,经过不动产登记后抵押权设立生效且具有对抗第三人的效力。抵押权担保的主债务利息应当依据不动产登记备案的抵押合同来确定。超出抵押合同中利息范围外的主债权利息部分不具有对抗其他潜在抵押权人、债权人的效力,不应当属于抵押权优先受偿范围。

【案例8-55】 北京庆源物流有限公司诉孙某某、北京金运通大型轮胎翻修有限公司民间借贷纠纷案

判决观点,关于抵押权的性质及担保的主债权及利息的范围。各方办理抵押权登记时,在北京市国土资源局怀柔分局备案了一份抵押合同,该合同约定的主债权为1500万元,利息为月息1.5%。虽然双方签订的是最高额抵押合同,但是实际上办理的是一般抵押权登记,原告也自认设立的是一般抵押权。依据抵押登记的公示和对抗效力,抵押担保的主债权数额为307.65万元,抵押权担保的主债权利息是从实际借款出借之日起至实际支付之日止,以尚欠本金为基数,按照月息1.5%计算的利息(期内利息和逾期利息)。[2]

虽然《民法典》规定债权人与抵押权人应保持一致,但是实践中债权人与抵押权人相分离的情况也是存在的。一般包括以下几种情形:其一,因不动产登记管理部门原因,抵押权未登记在债权人名下。其二,在互联网贷款业务中,贷款方通过网贷平台贷款时抵押权一般登记在网贷公司名下,而非债权人名下。其三,在自然人之间的借贷中,债务人提供抵押时并未将抵押权登记在债权人名下,而是登记在债权人近亲属或委托人名下。其四,抵押权未及时办理变更登记,常见的是附有抵押权的债权转让,债权人已经通知债务人且已转让债权,新债权人与登记的抵押权人相分离。对于债权人与抵押权人分离时,法官应充分审查两者的分离是实质性分离还是形式上分离,对分离的原因进行分析,并探究当事人内心的真实意思。也就是说,债权人与抵押权人形式上分离,但债权人仍为实质的抵押权人,应认定为不违反《民法典》关于抵押权的一般规定。

---

[1] 参见国家法官学院案例开发研究中心编:《中国法院2019年度案例》(借款担保纠纷),中国法制出版社2019年版,第166页。北京市朝阳区人民法院(2017)京0105民特444号民事裁定书。

[2] 参见国家法官学院案例开发研究中心编:《中国法院2019年度案例》(借款担保纠纷),中国法制出版社2019年版,第193页。北京市怀柔区人民法院(2017)京0116民初2256号民事判决书。

【案例 8－56】　王某某、安徽国瑞投资集团有限公司与安徽省阳光半岛文化发展有限公司等民间借贷纠纷案

最高人民法院认为,本案当事人二审争议的焦点问题是王某某对案涉土地使用权是否享有优先受偿权。关于王某某对案涉土地使用权是否享有优先受偿权问题。最高人民法院认为,首先,根据本案查明的事实,阳光半岛公司与王某某签订《借款合同》后,因为当地抵押登记部门不允许将土地使用权抵押登记在自然人名下,双方为了履行《借款合同》关于"由借款人提供其名下不低于500亩土地使用权作为还款的担保并进行抵押登记,另行签订《土地抵押合同》"的约定,同意由阳光半岛公司与国瑞公司签订《土地抵押合同》,将案涉土地使用权抵押登记在国瑞公司名下,并明确载明为《借款合同》的债权人王某某的债权提供抵押担保。在抵押登记制度不健全,抵押登记部门不准许将土地使用权抵押登记在自然人名下的情形下,阳光半岛公司和王某某同意由国瑞公司与阳光半岛公司签订《土地抵押合同》,以国瑞公司名义办理抵押登记,为阳光半岛公司与王某某之间的《借款合同》提供抵押担保,实质是阳光半岛公司与王某某为了履行双方之间的《借款合同》而作的一种交易安排。这样的交易安排体现了阳光半岛公司与王某某以案涉土地使用权为双方之间的借款提供抵押担保的真实意思表示,且不违反法律、行政法规的强制性规定。故案涉《借款合同》《土地抵押合同》均属合法有效。

其次,阳光半岛公司与国瑞公司之间的《土地抵押合同》明确载明:为担保主合同即阳光半岛公司与王某某之间《借款合同》项下债务的履行,阳光半岛公司自愿将登记在其名下的土地使用权为主合同即《借款合同》的债权人王某某的债权设立抵押担保,以履行其与王某某之间的《借款合同》,实现向王某某借款的合同目的。由此可见,阳光半岛公司与国瑞公司之间的《土地抵押合同》并非独立存在的合同,而是附属于阳光半岛公司与王某某之间《借款合同》存在的从合同,亦即没有阳光半岛公司与国瑞公司之间的《土地抵押合同》。故本案抵押权设立没有突破抵押权的从属性,也不存在脱离债权的独立抵押。案涉土地使用权的抵押符合《物权法》第一百七十二条关于担保物权从属性的规定。

再次,阳光半岛公司与王某某安排国瑞公司签订《土地抵押合同》,并以国瑞公司名义办理抵押登记,符合《物权法》第一百八十七条关于以建设用地使用权等财产进行抵押,应当办理登记,抵押权自登记时设立的规定。案涉土地使用权经抵押登记,表明在案涉土地使用权上面存在担保物权的权利负担,对外具有公示公信作用。而阳光半岛公司与国瑞公司之间《土地抵押合同》关于案涉土地使用权为王某某债权提供抵押担保的约定,对于阳光半

岛公司、国瑞公司和王某某内部之间具有约束力。在没有信赖登记的善意第三人主张权利的情形下,应依据当事人约定来确定权利归属。根据阳光半岛公司与国瑞公司签订的《土地抵押合同》约定,王某某对案涉土地使用权享有实际抵押权。王某某为案涉土地使用权享有实际抵押权,为案涉土地使用权的实际抵押权人;国瑞公司只是《土地抵押合同》约定的名义上的抵押权人,对案涉土地使用权不享有抵押权,且国瑞公司在诉讼中也未主张任何权利。因登记制度不健全、登记部门不准许将土地使用权抵押登记在自然人名下的原因,导致本案债权人与抵押登记上的抵押权人不一致,只是债权人和抵押权人形式上不一致,实质上债权人和抵押权人仍为同一主体,并不产生抵押权与债权实质上分离。王某某既是《借款合同》的债权人,也是《土地抵押合同》约定的案涉土地使用权的实际抵押权人,王某某对阳光半岛公司享有的债权实质上就是抵押担保的主债权。故王某某作为本案债权人享有案涉土地使用权的抵押权,符合《物权法》第一百七十九条关于抵押权的一般规定。

最后,最高人民法院认为,王某某上诉主张对案涉土地使用权享有优先权具有合同和法律依据,应予以支持。一审判决认定本案抵押权与债权分离,王某某对案涉土地使用权不享有优先权,属适用法律错误,应予以纠正。[1]

《民法典》第三百八十九条规定:“担保物权的担保范围包括主债权及其利息、违约金、损害赔偿金、保管担保财产和实现担保物权的费用。当事人另有约定的,按照其约定。”第四百条第二款规定:“抵押合同一般包括下列条款:(一)被担保债权的种类和数额;(二)债务人履行债务的期限;(三)抵押财产的名称、数量等情况;(四)担保的范围。”可见抵押人以抵押财产承担责任的范围是抵押担保范围,以抵押合同约定的抵押担保范围为准。应注意一般抵押担保范围与抵押登记记载的债权数额的区别。他项权证等抵押权登记证明载明的被担保债权通常是指主债权本金金额,并不包含利息、罚息、违约金、实现债权的费用等。其明显不同于抵押担保范围。因此,在抵押合同对抵押担保范围进行明确约定的情况下,应依照抵押合同约定履行。同时,抵押合同是登记机关存档备案的登记资料,利害关系人可通过查询档案资料的内容来获悉抵押物上的权利负担,故在抵押登记对抵押物的范围记载不明确的情况下,应当结合抵押合同的约定进行判断。也就是说,抵押登记记载的债权数额并不等同于抵押担保范围。

---

〔1〕 参见人民法院出版社主编:《最高人民法院民商事案件审判指导》(第6卷),人民法院出版社2019年版,第16~18页。

【案例8－57】　刘某某诉李某某抵押权纠纷案

一审法院认为，北京市朝阳区人民法院（2016）京0105民初32356号民事判决书已认定李某某与刘某某签订的《借款抵押合同》实质为抵押合同，是李某某以涉案房屋为沈某某的借款对刘某某提供抵押担保。现无相反证据足以推翻上述判决书认定的事实。因此，刘某某作为抵押权人，在沈某某不履行债务时，其有权通过实现抵押权的方式要求对涉案房屋折价或拍卖、变卖所得价款在沈某某的债务范围内优受偿，故，刘某某的诉讼请求于法有据。关于沈某某的还款责任，北京市第三中级人民法院（2018）京03民终9037号民事判决书已作出判决，李某某承担的抵押担保责任应以该民事判决书确定的沈某某的还款义务为限，且结合《借款抵押合同》约定的抵押担保范围，李某某应对借款本金及逾期还款利息承担抵押担保责任。刘某某超出部分的诉讼请求，法院不予支持。关于李某某的抗辩意见，第一，本案不属于"一事不再审理"情形；第二，《物权法》规定抵押权的行使期限，意在督促抵押权人积极行使权利，刘某某在针对主债权的裁判文书作出后的一个月提起本案诉讼，并未怠于行使抵押权，且李某某提出的生效判决作出时间即为诉讼时效结束之时的意见并无明确法律规定；第三，李某某的其他抗辩意见缺乏依据，故法院均不予采纳。判决：刘某某就沈某某应偿付的借款本金200万元及逾期还款利息对李某某名下案涉房屋折价或拍卖、变卖的价款，按照抵押登记顺序享有优先受偿权。二审法院同意一审法院裁判意见，判决：驳回上诉，维持原判。[1]

关于监护人以被监护人共同共有财产设定抵押行为的效力认定，在实践中存在不同观点。一般认为，《民法典》规定监护人除为维护被监护人利益外，不得处分被监护人的财产，其监护人以与被监护人共有财产设定抵押的行为侵害了被监护人的合法权益，不能据此推定被监护人同意的意思表示，抵押无效。至于第三人主张的善意取得抵押权的问题，在监护权的享有、权限及行使客观存在的前提之下，交易相对人理应知晓监护人在实施处分权时是否越权，对监护人的处分行为是否为被监护人利益具有形式审查的注意义务，举证责任应由其负担。

关于抵押权行使期间。《民法典》第四百一十九条及《九民纪要》第五十九条，均明确"抵押权应当在主债权诉讼时效内行使"，这可理解为抵押权的行使期间自抵押权成立时起至主债权诉讼结束时止。因此，若主债权诉讼时效因中止而暂停计算、因中断而重新计算，抵押权行使期间亦发生暂停或重新计算的法律后

---

〔1〕　参见国家法官学院、最高人民法院司法案例研究院编：《中国法院2021年度案例》（借款担保纠纷），中国法制出版社2021年版，第167～168页。北京市第三中级人民法院（2019）京03民终11562号民事判决书。

果。换言之，抵押权行使期间长短受诉讼时效中止、中断影响，始终与诉讼时效同步。

关于抵押权效力。公示的不动产登记簿具有公示公信力，虽行政机关错误涤除了抵押权信息，但已设定的抵押权不因行政机关的错误涤除行为而灭失，且抵押权人未放弃已设定的抵押权，也不因涤除权制度或第三人代为清偿制度得以消灭，抵押权人的权利仍受到保护。抵押权效力不及于善意第三人，优先受偿范围及于抵押权价款。

在混合担保中，债务人和债权人存在过错致债务人提供的担保物权未设立，其他保证人可否在物的担保的债权范围内免责，应当结合债权人和债务人的过错情况、保证人有无过错、当事人对债权实现顺位有无约定等因素，基于诚信、公平原则以及债务人最终责任原则，综合判断应否保护保证人合理的顺位信赖利益。

【案例8－58】　袁甲诉吴某某、袁乙等民间借贷纠纷案

二审法院认为，关于吴某某承担保证责任的范围。首先，借款协议书虽然约定袁乙用东莞市东城区宝城花园×巷×号房屋作抵押，但案涉抵押物并未办理抵押登记，依据《物权法》第一百八十条及第一百八十七条的规定，借款协议书所约定的抵押权未设立，一审法院对此认定正确，应依法予以维持。其次，本案存在混合担保的情况，袁甲所享有的案涉债权既有债务人袁乙以自己共同共有权利人之一的房产担保，又有保证人吴某某提供的保证担保。借款协议书并未就债务人自己提供物的担保和保证人吴某某提供保证担保并存时的顺序予以约定，根据《物权法》第一百七十六条规定……故袁甲应当先就债务人袁乙所提供的物的担保实现债权，吴某某应在该物的担保之后承担保证责任。然而债务人提供的抵押物未有效设立，应结合债权人、债务人、保证人的过错情况，基于诚实信用、公平原则，综合判断是否保护保证人合理的顺位信赖利益。本案中袁甲、袁乙作为借贷关系的当事人，应积极促使抵押权依法设立。吴某某作为保证人，在签署协议时，亦应对债务人提供的抵押物的权属情况作审慎的审查，确定袁乙是否有权将案涉房产作为抵押物，能否办理抵押登记，在案涉房产未办理抵押登记的情况下，即为案涉借贷提供担保，其本身亦存在过错。鉴于袁甲、袁乙、吴某某在签署协议时均存在过错，结合各方的过错程度，法院酌定吴某某、黎某某所负案涉债务在1/3范围内承担连带保证责任。[1]

抵押合同生效但在未办理抵押登记的情形下，按照当事人意思表示的差异，

---

〔1〕 参见国家法官学院、最高人民法院司法案例研究院编：《中国法院2021年度案例》（借款担保纠纷），中国法制出版社2021年版，第182页。广东省东莞市中级人民法院（2020）粤19民终6351号民事判决书。

债权人应选择不同的救济途径，一是在典型抵押合同情形下，债权人可区分情况要求抵押人协助办理抵押权登记，在抵押物价值范围内承担连带清偿的赔偿责任。二是在非典型抵押合同情形下，债权人可要求抵押人承担抵押合同上的担保义务，要求抵押人在抵押物价值范围内承担连带清偿责任。在实践中，债权人与抵押人就是否办理抵押登记往往未作明确约定，但债权人就债务人不能清偿时得以就抵押物优先受偿符合社会大众及抵押人的合同预期，因此，应当赋予债权人的选择，债权人可自由选择典型担保或非典型担保进行权利救济，法官应据此进行裁判。

【案例8－59】　叶某某诉尤某某、昌邑中林房地产开发有限公司民间借贷纠纷案

判决观点，被告昌邑房地产公司自愿提供其开发的奥林匹克花园房地产项目作为抵押担保，与叶某某形成合法有效的抵押合同关系。从三张借条、借据的行为表述看，在2013年10月11日借款300万元中“用本公司开发的昌邑奥林匹克花园壹期壹号楼以每平方米人民币叁仟元，折壹仟平方米为担保”，昌邑房地产公司提供的范围以叶某某出借给尤某某的借款本金为限。叶某某有权请求昌邑房地产公司在抵押合同的担保范围内承担担保义务，因此，叶某某有权要求昌邑房地产公司对尤某某偿还借款本金1100万元的债务承担连带清偿责任。[1]

【案例8－60】　刘甲诉绮都（龙南）纺织服装有限公司、派雅公司、刘乙、刘丙等保证合同纠纷案

判决观点，关于抵押人担保责任承担问题。因抵押合同的成立与抵押权的设立分属债权行为与物权行为两类不同的法律行为，所依据的法律基础亦不相同，故抵押权设立与否不影响抵押合同的成立生效。本案中，《借款抵押担保合同》经由原、被告协商并签字盖章确认，系各方当事人的真实意思表示，且在合同签订后，抵押人亦将抵押物所涉的权利凭证原件交付于原告收执，虽所涉抵押物未办理抵押登记，抵押权未能设立，但不影响该合同效力。因抵押合同作为设权合同，其效力独立存在，抵押人应根据合同约定之义务，促使抵押权设立生效，若因合同所涉的抵押权未能设立，致使债权人在合同项下没有可供行使的抵押权，抵押人则应承担未有效设立的担保义务。本案中，因原、被告未就抵押权未设立所致的违约责任进行特别约定，另外《借款抵押担保合同》所涉的借款现已到期，无继续办理抵押登记之必要，因此，综

---

〔1〕参见国家法官学院案例开发研究中心编：《中国法院2017年度案例》（借款担保纠纷），中国法制出版社2017年版，第193页。福建省厦门市同安区人民法院（2015）同民初字第1847号民事判决书。

合本案违约原因、过错程度、债务履行情况等原因，抵押人即被告派雅公司、刘乙、刘丙应当各自以抵押物价值为限在债务人绮都公司未能清偿债务范围内承担补充清偿责任。[1]

债权人应在担保期间行使权利，避免保证权利的丧失。

【案例8－61】　高某某、钟某某诉罗某某、左某某等民间借贷纠纷案

判决观点，被告左某某为该笔借款进行了担保，两原告是否在保证期限内向保证人左某某主张了保证权利？在庭审中，被告罗某某认可借款后，被告左某某多次打电话给其说夹在中间为难，催促其还款给两原告，故委托被告左某某于2012年1月和2012年12月向两原告总计付款90,000元。其次证人陈某某亦证实其陪同两原告于2012年11月和2013年1月找过被告左某某催款。以上足以证明两原告在保证期间内向被告左某某主张了权利，故两原告要求被告左某某承担连带偿还的请求，法院予以支持。[2]

(四)保证期间限制认定

这里讲的保证期间限制，即不能适用保证期间而应适用诉讼时效，其涉及两者关系问题。保证合同的诉讼时效和保证期间是完全不同的两个概念，但在实践中易混淆应仔细区分。保证期间系赋予债权人一种单方面的形成权利，是在权利尚未形成时在时间上设定的限制。保证期间制度设置的立法目的在于赋予债权人在保证期间内行使形成权，将原享有的或然担保债权转化为实然担保债权，进而享有对担保人的请求权。保证期间适用的前提是担保人在作出担保意思表示时，对于担保之后是否承担担保责任，以及需要在多大范围内承担担保责任均处于未知或不特定状态。法律通过设置保证期间制度，赋予债权人在条件成就时，通过行使形成权来确定其权利的最终内容，即将或然担保债权转化为实然担保债权。保证人在主债务均已到期后，向债权人作出的债务人实际未偿还部分提供担保的意思表示，但与主债务未到期的担保亦有区别。保证人在作出担保意思表示时，其提供担保的债权范围是确定的和具体的，其作出担保的意思一经债权人接受，债权人就取得了实然担保债权。保证人对已经确定的债务向债权人作出了愿意承担担保责任的意思表示，不存在债权人通过一定期间形成权的转化问题，其

---

〔1〕 参见国家法官学院案例开发研究中心编：《中国法院2017年度案例》(借款担保纠纷)，中国法制出版社2017年版，第198页。江西省赣州市龙南县人民法院(2015)龙民二初字第292号民事判决书。

〔2〕 参见国家法官学院案例开发研究中心编：《中国法院2015年度案例》(民间借贷纠纷)，中国法制出版社2015年版，第71页。湖南省湘乡市人民法院(2013)湘法民二初字第856号民事判决书。

保证期间已失去存在的意义，在法律上不再需要通过适用保证期间制度确定债权人是否对担保人享有担保债权。此时，债权人对保证人的债权请求权的实现从而转由受诉讼时效的约束。也就是说，债务到期后保证人自愿为该到期债务承担担保责任，但在未对主债务履行期重新约定的情形下，债权人对保证人的请求权应当直接适用诉讼时效的规定，而不再适用保证期间。但双方另外对主债务履行期重新约定的情形下，则应适用保证期间。

【案例8－62】　张某某诉周某某等保证合同纠纷案

判决观点，本案被告周某某、赵某某、许某某向债权人提供担保，系在主债权期限届满之后，即债务均已到期，不适用保证期间的规定，应直接适用诉讼时效的有关规定。被告周某某、赵某某、许某某在2014年8月31日作出承诺自愿承担连带担保责任之时，系主债务均已到期后。而保证期间作为一种除斥期间，系赋予债权人一种单方面的形成权利，被告周某某、赵某某、许某某因其提供的债权范围是确定的，其作出担保的意思一经债权人接受，债权人就取得了实然担保债权，即保证人对当时已经确定的债务向债权人承担担保责任，不存在债权人通过形成权将或然担保债权确定为实然担保债权的问题，故本案应直接适用诉讼时效的规定，被告周某某、赵某某、许某某应当自担保承诺书出具之日起两年内对涉案债务承担担保责任。原告张某某于2015年11月17日向南京市建邺区人民法院申请追加周某某、赵某某、许某某为张某某和大酒店公司、置业公司借贷案件的被执行人，故本案的诉讼时效应自该日起中断，并重新起诉。原告于2016年12月6日向法院提起诉讼并未超出诉讼时效，符合法律规定，依法予以支持。因本案中张某某与大酒店公司、置业公司的借贷关系中，主债务人大酒店公司提供了不动产抵押。原告张某某主张在抵押资产不足清偿部分要求三被告承担担保责任，该请求符合法律规定。判决：周某某、赵某某、许某某应在大酒店公司提供的抵押财产不能清偿的范围内，对张某某与大酒店公司、置业公司的涉案债务承担保证责任（以5000万元为限）；周某某、赵某某、许某某承担保证责任之后有权向大酒店公司、置业公司追偿。[1]

债权人能否在判决支持主债权后另行起诉抵押人要求行使抵押权，涉及保证期间与诉讼时效关系，亦是其多发争议的问题。《民法典》第四百一十九条规定："抵押权人应当在主债权诉讼时效期间行使抵押权；未行使的，人民法院不予保护。"在适用该条时产生三种不同观点，导致执法尺度不同。一般认为，主债权诉

〔1〕 参见国家法官学院案例开发研究中心编：《中国法院2019年度案例》（借款担保纠纷），中国法制出版社2019年版，第102～103页。江苏省扬州市中级人民法院（2016）苏10民初138号民事判决书。

讼因债权人就主债权纠纷起诉、申请强制执行而中断,债权人在此期间另诉行使抵押权的,法院应予支持。设立诉讼时效制度,旨在维护交易秩序,促使权利人尽早行使权利,并避免债务人因时日久远而举证困难。而债权人起诉后,诉讼时效制度施加于债权人身上的不利影响应被消除。从公平角度考虑,若债权人未起诉,则其诉权依法受三年诉讼时效保护,且该时效还可能出现中止、中断事由。相反,权利人提起诉讼、申请强制执行,仍是积极行使权利的表现,但因此导致诉讼时效届满,其债权保护期反而短于未起诉者,显失公平。主债权经生效判决支持的法律效果不同于主债权丧失胜诉权和强制执行力,即使从狭义诉讼时效观点出发,主债权判决生效后诉讼制度的功能已经实现,主债权不再受诉讼时效约束,则依托主债权诉讼时效期间而设定的抵押权行使期间限制不复存在。抵押权的功能是为债权的实现提供保障,故其行使期间应依附于主债权诉讼时效期间加以判断,承认主债权诉讼时效中断事由对抵押权行使期间的影响力,将更符合抵押权设立的目的。认可诉讼时效尚未届满,亦不会导致抵押人产生预期之外的债务风险,亦与抵押权之从属性相符。在主债权人并未怠于主债权的情况下,此观点有助于更好地实现抵押权设立之目的,平衡抵押权人与抵押人的利益,当然不会导致各方当事人利益失衡。换言之,主债权纠纷胜诉后抵押权人另诉行使抵押权因诉讼时效中断应受保护。

【案例8-63】 北京轻联富佳商贸有限公司诉刘某某抵押纠纷案

二审法院认为,第一,从文义解释角度看,法律虽规定抵押权人未在主债权诉讼时效期间行使抵押权的,法院不予保护,但根据《诉讼时效规定》第十三条的规定,申请强制执行与提起诉讼具有同等的诉讼时效中断的效力。债权人轻联富佳公司对华帮公司提起诉讼,且已对生效判决申请强制执行,执行程序尚在进行中,故主债权的诉讼时效中断。本案中,轻联富佳公司仍属在主债权诉讼时效期间行使抵押权,应受法律保护。第二,从目的解释角度看,主债权因超过诉讼时效期间而丧失胜诉权和强制执行力的,法院对作为从权利的抵押权亦不再保护,是为防止对主权利和从权利的抵押权的保护失衡以及出现抵押权追偿困境。而轻联富佳公司的主债权经生效判决支持后,该债权并非丧失胜诉权,而是实现胜诉权;其并非丧失强制执行力,而是取得强制执行的依据。第三,从体系解释角度看,法院在主债权判决生效后对抵押权予以保护,不会导致抵押权而妨碍抵押人利益,抵押人可以根据《民事诉讼法》第一百九十六条和《民事诉讼法解释》第三百六十一条的规定,向法院申请实现抵押权,从而平衡抵押权人与抵押人的利益。判决:撤销一审判决,轻联富佳公司对于抵押物所得的价款优先受偿。[1]

(五)借款让与担保认定

让与担保,是指债务人或者第三人为担保债务人的债务,将担保标的物的所有权等权利转移于担保权人,而使担保权人在不超过担保之目的范围内,于债务清偿后,担保标的物应返还于债务人或者第三人,债务不履行时,担保权人得就该标的物优先受偿的非典型担保物权。[2] 也就是说,让与担保是以转让标的物权利来达成债权担保的目的,应当承认让与担保的从属性。[3]

《民间借贷规定》第二十三条规定:“当事人以订立买卖合同作为民间借贷合同的担保,借款到期后借款人不能还款,出借人请求履行买卖合同的,人民法院应当按照民间借贷法律关系审理。当事人根据法庭审理情况变更诉讼请求的,人民法院应当准许。按照民间借贷法律关系审理作出的判决生效后,借款人不履行生效判决确定的金钱债务,出借人可以申请拍卖买卖合同标的物,以偿还债务。就拍卖所得的价款与应偿还借款本息之间的差额,借款人或者出借人有权主张返还或补偿。”该条是对让与担保的相关规定。在司法实践中,借贷合同关系和买卖合同关系发生混合的情形是大量存在的,尤其是以签订房屋买卖合同为借款提供担保,在适用本条时首先应当甄别当事人签订买卖合同是否具有担保的意思,只有确定签订买卖合同的目的是为民间借贷合同提供担保的,本条才有适用的余地。[4]

【案例8-64】　黑龙江闽成投资集团有限公司与西林钢铁集团有限公司、刘某某民间借贷纠纷案

最高人民法院认为,前述约定中,“龙郡公司100%股权阶段性转让给乙方,以保证乙方债权的安全和实现”。“鉴于现阶段西钢公司尚无力偿付对乙方的债务,为保障乙方尽快收回资金……”等约定内容,担保债权实现的意思表示清晰、明确,债权人与债务人同意以阶段性转让龙郡公司100%股权

---

〔1〕 参见国家法官学院、最高人民法院司法案例研究院编:《中国法院2020年度案例》(借款担保纠纷),中国法制出版社2020年版,第158页。北京市第二中级人民法院(2018)京02民终1165号民事判决书。

〔2〕 参见最高人民法院民事审判第一庭编著:《最高人民法院民间借贷司法解释理解与适用》,人民法院出版社2015年版,第412页。

〔3〕 参见最高人民法院民事审判第一庭编著:《最高人民法院民间借贷司法解释理解与适用》,人民法院出版社2015年版,第425页。

〔4〕 参见最高人民法院民事审判第一庭编著:《最高人民法院民间借贷司法解释理解与适用》,人民法院出版社2015年版,第414页。

的形式保障借款安全。还约定，“若1年内甲方不能出售房产清偿对乙方的借款，由中介机构对龙郡公司可变现资产进行评估，甲方按评估价值下浮最低不超过5%出售房产清偿乙方借款，多余部分归甲方”。该约定明确，“若1年内甲方不能出售房产清偿对乙方的借款……”意味着，尽管龙郡公司100%股权已经过户至刘某某名下，但西钢公司仍有权出售龙郡公司项下不动产，用以抵偿约定的欠付刘某某的特定债务。本院认为，协议书、补充协议书上述约定内容，本质上是通过以龙郡公司100%股权过户至刘某某名下的方式担保前述债权的实现，西钢公司仍保留对龙郡公司的重大决策等股东权利；待债务履行完毕后，龙郡公司100%股权复归西钢公司；如债务不能依约清偿，债权人可就龙郡公司经评估后的资产价值抵偿债务，符合让与担保法律特征。作为民商事活动中广泛运用的非典型担保，并不违反法律、行政法规效力性强制性规定，应当认定前述协议书、补充协议书有效。

上述约定的核心内容为，“甲方同意以龙郡公司100%的股权及资产抵债。”“鉴于2014年6月12日双方已经办理了股权转让变更手续，双方一致确认股权变更有效，不需要再次履行变更手续。”“乙方债权未获清偿部分或抵债金额超过其债权部分，依然按照原协议书及补充协议书中的约定办理，从质押给刘某某的逊克县翠宏山矿业有限公司64%股权价中补足或冲减。”“双方共同选定资产评估机构对龙郡公司资产进行评估。”“本协议生效后，甲方将龙郡公司100%的股权转让给乙方，乙方享有的相应数额债权得以抵销，乙方依法享有龙郡公司股东全部权利义务。”据此，因债务人西钢公司借期内未能偿还借款本息，在担保基础上作出上述约定，旨在以龙郡公司100%股权抵债以实现债权。此时，西钢公司与刘某某（闽成公司）已就真实转让龙郡公司100%股权达成合意，西钢公司有义务向刘某某（闽成公司）移交龙郡公司100%股权。西钢公司与刘某某约定，对确切债权金额对账、双方在评估价基础上确定龙郡公司资产价值，为有关股权抵债计算方式的约定，而非抵债协议生效条件。西钢公司上诉提出，龙郡公司股权变更协议并非为抵偿债务，以龙郡公司股权抵债条件尚不具备等主张，与约定不符，与事实不符，本院不予支持。[1]

不动产买卖合同为借款合同提供担保是否构成让与担保，需要审查不动产是否已经完成权利变动的公示，形式上是否已经将财产转让至债权人名下，如案涉房屋仅是预售备案登记在债权人名下，并未完成房屋所有权变动，该种关系不属于让与担保，不产生物权优先效力。

---

〔1〕 参见最高人民法院民事审判第一庭编：《民事审判指导与参考》2019年第2辑（总第78辑），人民法院出版社2019年版，第198～200页。最高人民法院（2019）民终133号民事判决书。

【案例8-65】 金信源公司与华盛公司、匀海公司借款合同纠纷再审案

最高人民法院认为，华盛公司与案外人泰德公司及平某签订《商品房买卖合同》并将商品房办理备案登记在泰德公司、平某名下的行为，系华盛公司为匀海公司向金信源公司的借款提供的非典型担保。理由如下：首先，华盛公司为案涉房屋办理预售备案登记的目的是为案涉1650万元主债务提供担保。华盛公司认可其于2015年7月28日出具的《情况说明》以及2015年8月31日《情况说明》中载明的向平某和泰德公司"借款"系本案主债务所涉1650万元借款，该陈述同平某和泰德公司出具的声明中所载明的"办理登记在其名下的房产，是华盛公司为匀海公司所负金信源公司的债务提供的抵押，其仅代表金信源公司登记在其名下，金信源公司系该债务的实际债权人及抵押权人"内容一致，相互呼应，本院对此予以确认。其次，华盛公司签订《商品房买卖合同》系完成《情况说明》中预售备案登记以担保案涉债务实现的意思表示行为。华盛公司在本案中出具相关《情况说明》中载明预售备案登记行为是为向平某和泰德公司借款提供担保，而商品房买卖活动中，只有签订相应买卖合同才能够进行预售备案登记，即与平某和泰德公司签订了《商品房买卖合同》，结合华盛公司同平某和泰德公司之间不存在其他债权债务关系这一事实，能够形成证据链条，认定华盛公司签订商品房买卖合同、完成备案登记的一系列行为即是完成《情况说明》中所载的为向平某和泰德公司借款提供担保之目的。再次，金信源公司有权依照上述《商品房买卖合同》《情况说明》主张华盛公司承担担保责任。上述《情况说明》同《商品房买卖合同》之间存在关联性，结合平某和泰德公司出具的相关意见，且该二者与华盛公司之间不存在其他债权债务关系，华盛公司应该知道平某和泰德公司签订《商品房买卖合同》并取得案涉房屋的备案登记，因华盛公司对该代理行为明知或应当知道，该代理行为效果及于金信源公司。因此，上述《商品房买卖合同》《情况说明》的合同相对方实为金信源公司和华盛公司，即华盛公司将案涉房屋预售登记在平某和泰德公司名下作为匀海公司向金信源公司1650万元债务的担保，该行为不违反法律、行政法规的强制性规定，合法有效，金信源公司有权据此向华盛公司主张担保责任。金信源公司和华盛公司该种交易模式，符合《民间借贷规定》第二十四条规定的……情形，一审法院据此确认华盛公司与案外人泰德公司及平某签订《商品房买卖合同》并将商品房办理预售备案登记在案外人名下为债务提供担保的行为在各方之间成立非典型担保，并判决金信源公司可在匀海公司未按期偿还案涉1650万元债务的范围内有权申请拍卖华盛公司提供备案登记的案涉82套商品房，就其所得价款实现债权，具有事实和法律依据。最后，本案中，华盛公司为匀海公司向金信源公司的借款设立的担保系非典型担保而非让与担保，不产生物权优先效力。金信源公司主张其与华盛公司之间成立让与担保关系。本院认为，让与担保的设立需要不动产已经完成权利变动的公示，形式上已经将财产转让至债权人名下。但是，本案中案涉房屋仅仅是预售登记在平某和泰德公司名下，并未完成房屋所有权变动，该种关系不属于让与担保，金信源公司的该项主张不能成立。[1]

借款人进入重整程序时，确认股权让与担保权人享有优先受偿的权利，不构成个别清偿行为。

【案例9－66】 黑龙江闽成投资集团有限公司与西林钢铁集团有限公司、第三人刘某某民间借贷纠纷案

最高人民法院认为，对于股权让与担保是否具有物权效力，应以是否已按照物权公示原则进行公示作为核心判断标准。在股权质押中，质权人可就已办理出质登记的股权优先受偿。在已将作为担保财产的股权变更登记到担保权人名下的股权让与担保中，担保权人形式上已经是作为担保标的物的股权的持有者，其就作为担保的股权所享有的优先受偿权利，更应受到保护，原则上享有对抗第三人的物权效力。当借款人进入重整程序时，确认股权让与担保权人享有优先受偿的权利，不构成《企业破产法》第十六条规定所指的个别清偿行为。[2]

（六）借款最高额保证认定

《民法典》第六百九十条规定："保证人与债权人可以协商订立最高额保证的合同，约定在最高债权额限度内就一定期间连续发生的债权提供保证。最高额保证除适用本章规定外，参照适用本法第二编最高额抵押权的有关规定。"

最高额保证具有以下特征：其一，最高额保证所担保的债权是约定期限内连续发生的债权，故其指向的债权并不特定。其二，最高额保证所担保的债权在签订合同时可能已经发生，也可能日后不会发生，但其指向的不特定债权是否发生不影响最高额保证的生效。其三，无论债权人与债务人最终确定的债权数额是否超过最高额保证所约定的担保人提供的最高额担保限额，担保人仅在约定的最高限额内承担保证责任。其四，最高额保证所担保的并不是多笔债务的简单累加，而是对债务的整体在限额范围内提供担保，因此各债务的相关履行期限仅约束债

[1] 最高人民法院（2020）民再90号民事判决书。

[2] 参见《最高人民法院公报》2020年第1期（总第279期），第15～43页。最高人民法院（2019）民终字第133号民事判决书。

务人，不能影响债权人要求担保人在担保期限内履行担保责任的权利。在最高额保证的债权确定后，最高额保证即转化为普通保证，保证人应依约对相应债务承担担保责任。

【案例8－67】　林某某诉杨某某、梁某某、周某某民间借贷纠纷案

二审法院认为，本案二审争议的焦点在于杨某某在2013年1月31日的《担保合同》中所作的担保是否为最高额保证担保，应否对本案债务承担连带清偿责任。根据《担保法》第十四条规定……结合本案具体案情分析，首先，杨某某签订《担保合同》的本意就是为梁某某向林某某借款提供300万元的担保，合同中约定借款人、出借人、借款金额等内容均是明确的，杨某某对300万元的借款承担保证责任的意思也是清楚的；其次，合同中约定担保标的物为"借款人梁某某向出借人借款人民币3,000,000.00元"，原审对此认为应理解为一笔金额为300万元的借款，过于牵强，也没有其他证据佐证，而实际上林某某与梁某某之间也没有发生过一笔300万元的借款；再次，林某某与梁某某之间发生多笔借款，但担保合同中没有明确是对哪一笔或哪几笔提供担保，而是约定担保数额，符合最高额担保合同的整体担保特征；最后，根据担保法律规定，保证指的是当债务人不履行债务时，由保证人按照约定履行债务或者承担责任的行为。本案《担保合同》中并没有约定标的债务的履行期限，而是约定"担保期限从2013年1月31日起至2014年1月30日止"，原审将该约定直接理解为杨某某承担担保责任的期限，不符合逻辑推断。上诉人林某某主张该期限约定的本意是对2013年1月31日签订合同后一年内的300万元贷款承担保证责任，与林某某、梁某某在该期间发生多笔借款的情形相吻合，本院予以采信。综上，本院认定杨某某在2013年1月31日的《担保合同》中所作的担保为最高额保证担保，林某某请求判令杨某某对本案债务承担连带清偿责任的理由成立，本院予以支持。判决：维持一审判决第一项。撤销一审判决第二项。杨某某对上述第一项判项中梁某某应偿还的债务在300万元的限额内承担连带清偿责任。[1]

---

〔1〕 参见国家法官学院案例开发研究中心编：《中国法院2016年度案例》（民间借贷纠纷），中国法制出版社2016年版，第90～91页。广东省广州市中级人民法院（2014）穗中法民金终字第909号民事判决书。

三、借款担保疑难问题

（一）担保顺序处理

物保与人保责任顺序问题一直是实践中的难点问题。根据《民法典》第三百九十二条规定："被担保的债权既有物的担保又有人的担保的，债务人不履行到期债务或者发生当事人约定的实现担保物权的情形，债权人应当按照约定实现债权；没有约定或者约定不明确，债务人自己提供物的担保的，债权人应当先就该物的担保实现债权；第三人提供物的担保的，债权人可以就物的担保实现债权，也可以请求保证人承担保证责任。提供担保的第三人承担担保责任后，有权向债务人追偿。"该条规定了三种适用情形，其一，当事人对担保债权的实现有明确约定的情形。在适用时要对物的担保合同和人的担保合同均进行审查，是否存在当事人约定的实现担保物权的情形，有此约定的需优先按照此类约定进行处理。其二，没有约定或约定不明时，先就债务人以物保实现债权的情形。在没有约定或约定不明时，债权人应先就债务人提供的物保实现债权，不能直接向保证人追究保证责任，直接体现出物保优先的原则。其三，债权人对第三人提供的物保及保证人选择实现债权的情形。适用的前提是没有约定或约定不明，因提供物保的主体是第三人，债权人可以自由选择向第三人提供的物保实现债权或向保证人实现债权，或同时向第三人及保证人实现债权，体现出意思自治与物保优先相结合的原则，其选择权受法律保护。一般认为，债权人实现债权顺序的约定明确，既包括对实现债权的顺序约定为物的担保在先，人的担保在后；人的担保在先，物的担保在后；物的担保与人的担保同时承担担保责任等社会上普通人根据逻辑通常可以想象出来的约定明确的情形，也包括约定在任何情形下担保人都应当承担担保责任的情形，只要不违反法律规定的约定均是有效的。

【案例8－68】 张甲诉王甲、张乙、王乙、蒋某民间借贷纠纷案

判决观点，原告与被告王甲、张乙之间已形成合法有效的民间借贷法律关系。现借款使用期限已经届满，故原告要求被告王甲、张乙归还借款的诉讼请求，符合法律规定。被告王甲、张乙自愿以房产为其借款、利息及律师费提供抵押担保，并已办理抵押登记，故抵押担保有效，被告王甲、张乙与原告之间成立抵押合同关系,原告依法对抵押物享有优先受偿权。被告王乙、蒋某作为被告王甲、张乙向原告借款的保证人,在保证人处签名、捺印,并约定了保证范围及保证期间。故根据法律规定,被告王乙、蒋某应以连带责任保证方式对涉案借款承担保证责任,保证期间为借款期满之日起两年,即保证期间至2016年12月29日届满。因被告王甲、张乙以其所有的房产对涉案借款提供抵押,并已办理抵押登记,故被告王乙、蒋某对原告实现抵押权后仍不能清偿的借款、利息、律师费等债务承担连带清偿责任,被告王乙、蒋某承担保证责任后有权向被告王甲、张乙追偿。判决:被告王甲、张乙返还原告张甲借款本金及利息;如被告王甲、张乙未按判决履行付款义务,则原告张甲对设定的抵押物依法享有优先受偿权;被告王乙、蒋某对判决确定的债务经实现抵押权后仍不能清偿的部分承担连带清偿责任;被告王乙、蒋某承担保证责任后,有权向被告王甲、张乙追偿。[1]

既有抵押又有保证时担保权的实现,有约定的按约定实现债权;没有约定或者约定不明确,债务人自己提供物的担保的,债权人应当先就该物的担保实现债权;第三人提供物的担保的,债权人可以就物的担保实现债权,也可以要求保证人承担保证责任。

【案例8-69】　潘某某等诉徐某等民间借贷纠纷案

二审法院认为,本案中,在潘某某的债权上既有债务人徐某自行提供的502室房屋抵押担保,又有案外人陈某提供的302室房屋抵押担保,还有应某某的连带责任保证。虽然在本案审理中,潘某某撤回了对陈某的起诉,但其未明确放弃对陈某享有的物的担保。潘某某有权根据《物权法》的规定对陈某提供的物保以及应某某提供的保证,选择其实现债权的方式。现应某某以陈某提供约定抵押物价值超过主债权,且潘某某放弃了对陈某的诉请为由,主张免除保证责任,于法无据,法院不予支持。根据借款协议、借据的内容,应某某所承担的保证责任范围及于徐某、胥某的全部债务及潘某某实现债权的费用等,虽徐某自行提供了物的担保,但此仅表示最终清偿系争债务时,潘某某应当优先就该物的担保实现债权,属于担保方式履行先后的问题,对于应某某所承担的保证范围并无影响,故原审所做相关判决亦无不妥之处。判决:驳回上诉,维持原判。[2]

既有质押又有保证时担保权的实现,有约定的按约定实现债权;没有约定或

---

〔1〕参见国家法官学院案例开发研究中心编:《中国法院2017年度案例》(借款担保纠纷),中国法制出版社2017年版,第211页。山东省淄博市博山区人民法院(2015)博民初字第1691号民事判决书。

〔2〕上海市第一中级人民法院(2015)沪一中民一(民)终字第1211号民事判决书。

者约定不明确，债务人自己提供财产设立质押的，债权人应当先就该质押财产优先受偿；仍有不足的，由保证人在不足清偿部分继续承担连带保证责任。

【案例8－70】 王某某诉邦和公司、星阁公司、胡某民间借贷纠纷案

判决观点，关于星阁公司与胡某应否承担及如何承担担保责任的问题。被告星阁公司与胡某辩称，星阁公司及胡某是为建平化工而非为原告王某某担保，即使胡某在借款协议书上签字担保，但该借款协议书系虚假协议，胡某的担保不能成立。但庭审中，被告星阁公司与胡某对2012年2月18日的借款协议书及2012年10月11日的收条中的担保人处盖章或签字均予以认可。经邦和公司和王某某双方在2012年2月18日的借款协议书中确认，王某某的出借数额为84,527,500元，加上2012年6月6日向建平化工500万元的借款，邦和公司出具的收条明确注明：含个人往来账目，星阁公司及胡某均在担保人处盖章或签字，愿意为邦和公司的上述借款提供担保。因此，2012年10月11日的收条是对邦和公司与王某某之间借款数额的进一步明确，担保合同成立，对双方均有约束力。被告关于涉案借款协议书系虚假协议的抗辩主张无证据证实，被告星阁公司与胡某关于其并非为本案担保人的抗辩主张，法院不予支持。因被告星阁公司未约定保证方式，被告星阁公司与胡某应作为担保人对被告邦和公司的借款承担连带保证责任。被告邦和公司将其在平湖箱包城有限公司1900万元（万股）的股权作为质押财产出质给王某某，原告王某某主张，被告邦和公司应变现其所出质的股权偿还借款。因原、被告双方未就质押财产折价达成一致，原告王某某应先就邦和公司的质押财产实现债权，就拍卖、变卖质押财产所得的价款优先受偿，不足部分由债务人邦和公司清偿。星阁公司与胡某作为保证人应就邦和公司的质押财产所得价款不足部分继续承担连带保证责任，星阁公司与胡某承担保证责任后，有权向债务人追偿。[1]

在民间借贷纠纷中，混合担保中的责任以及无效担保的具体处理是疑难问题。

【案例8－71】 杨某某诉潘某某等民间借贷纠纷案

判决观点，由于本案既有债务人的物的质押担保，又有人的保证，依《物权法》的相关规定，原告（债权人）理应先对质押物予以变现抵偿借款本息，对不足清偿部分再主张三被告（保证人）承担连带清偿责任。而作为担保人（本案三被告）由于承诺对借款人所负债务所产生的全部费用负连带清偿责任，故三被告应对借款人向原告所借的款项，在扣除出借人通过实现质押物

〔1〕 江苏省徐州市中级人民法院（2013）徐民初字第0187号民事判决书。

变现偿债后的其余借款本息承担连带清偿责任。在庭审中,原告诉称虽与借款人签订质押约定,但借款人并未将该质押物交付给原告,基于此,本案的质押担保依法应属无效质押担保,本应适用担保过错原则,判决三被告(保证人)承担不超过债务人不能清偿部分的1/2的民事责任,但鉴于原告表示愿意自行承担质押物的价值损失,故法院最终并未采用上述法条加以处理。[1]

(二)担保质权处理

《民法典》第四百四十三条规定:"以基金份额、股权出质的,质权自办理出质登记时设立。基金份额、股权出质后,不得转让,但是出质人与质权人协商同意的除外。出质人转让基金份额、股权所得的价款,应当向质权人提前清偿债务或者提存。"该条明确规定,出质物必须办理出质登记,没有办理出质登记的视为未设立。

【案例8-72】　福鼎市泰益小额贷款股份有限公司诉福鼎市三江房地产开发有限公司等民间借贷纠纷案

判决观点,双方之间订立的该份《最高额保证借款合同》系格式合同,徐某某以手书形式在合同上写明"本人同意以公司股份作担保",该条款系其亲笔所写,应视为真实意思表示,合同并经各方签字确认,合意形成,属格式合同中的非格式条款,效力优于合同中其他格式条款,可以认定作出了以徐某某的公司股权出质作为借款担保的约定。质权依法自工商行政主管部门办理出质登记时设立,本案各方未对出质股权进行登记,不能认定质权已设立。泰益小贷公司要求徐某某承担连带责任的诉讼请求,不予支持。[2]

由于物权法定、公示、公信原则,抵押或者质押必须履行登记手续,即房产、汽车办理抵押登记手续,否则债权人即使查封了该不动产,也不能获得优先受偿权。交通运输工具属于特殊动产,视为不动产,其权属关系依登记而公示,而不是依占有而公示,即使占有车辆或者持有车辆的证件,不能形成质押关系,当然也不能形成抵押关系。债权人在与借款人就出借款项达成抵押协议时,应当前往相关部门办理抵押登记手续,否则不能获得优先受偿权。应注意的是,房产和汽车的权属依照登记来确认,不是持有房产证或者车辆行驶证,就代表持有人就是所有人。

---

〔1〕　参见国家法官学院案例开发研究中心编:《中国法院2017年度案例》(借款担保纠纷),中国法制出版社2017年版,第245页。福建省泉州市安溪县人民法院(2015)安民初字第3666号民事判决书。

〔2〕　参见国家法官学院案例开发研究中心编:《中国法院2019年度案例》(借款担保纠纷),中国法制出版社2019年版,第116页。福建省福鼎市人民法院(2016)闽0982民初3406号民事判决书。

因此,在办理抵押登记时必须要有权属人签字确认,只有这样抵押才有效。他人无授权的代签行为对权属人不具有法律效力,债权人要求行使抵押优先受偿权是不能获得法律保护。

【案例8-73】 张某诉欣安投资有限公司、陈某某民间借贷纠纷案

二审法院认为,交通运输工具可以设定抵押,并且不禁止设定质押,因此债务人或者第三人就交通运输工具设定抵押或者质押,都需要所有权人在交通运输工具上设定,即对交通运输工具享有所有权和处分权,否则设定无效。而本案借款人陈某某不是车辆所有人,其对他人所有的车辆设定抵押权是无效的;即使按照上诉人的主张,债务人陈某某在涉案车辆上设定的质权,但同样因陈某某无权处分而无效。交通运输工具属于特殊动产,其权属关系依登记而公示,而不是依占有而公示,因此上诉人认为借款人陈某某占有涉案车辆,信赖借款人陈某某有权处分无法律依据,故上诉人认定质押权合法有效,诉请对涉案车辆享有优先受偿权没有法律依据,不予支持。被上诉人欣安投资有限公司是涉案车辆所有权人,其没有在借款人陈某某借款时作为担保人签字,本质上不是担保人,因此上诉人认为被上诉人欣安投资有限公司作为担保人有过错,要求其承担民事责任没有事实依据,不予支持。判决:驳回上诉,维持原判。〔1〕

质权作为担保物权的一种,具有不可分性、物上代位性和物上请求权性。质权独有的特征是质权的标的物只能是动产和权利,而不能是不动产。质权是以债权人占有质物为要件的担保物权。质权以出质人移交质押的财产占有为成立要件,也以债权人占有质押财产为存续要件。质押与抵押的最根本的区别为是否转移占有。质押为转移占有的担保物权,而抵押为不转移占有的担保物权。交付是质权的成立要件,不交付标的物的质权不成立,但是出质人应当承担过错责任。质权人或者第三人未按质押合同约定的时间移交质物的,因此给质权人造成损失的,出质人应当根据其过错承担赔偿责任。

【案例8-74】 重庆市垫江县瑞泰源小额贷款有限责任公司诉刘某某、彭水县亿安矿业有限公司民间借贷纠纷案

二审法院认为,本案的质押合同应当是瑞泰公司、刘某某、亿安公司的真实意思表示,并不违反法律、行政法规的强制性规定,亿安公司涉案的质押合同仍然有效。亿安公司承诺"仅用洞沟煤矿的资产及关闭补偿资金提供担保",其实质是以物作为担保。"关闭补偿资金提供担保,"其本质是以金钱

〔1〕 参见国家法官学院案例开发研究中心编:《中国法院2019年度案例》(借款担保纠纷),中国法制出版社2019年版,第189~190页。广东省惠州市中级人民法院(2016)粤13民终592号民事判决书。

来出质，但因质押财产并未交付孙某某，根据《物权法》第二百一十二条之规定，质权未设立。但即使质权未设立，也并不影响担保合同的效力。根据《合同法》第一百零七条之规定，由于刘某某、亿安公司未将补偿金交与瑞泰公司占有，亿安公司有违约行为，且亿安公司承诺以洞沟煤矿的关闭补偿金承担担保责任，故本院对其亿安公司应承担的连带清偿责任以洞沟煤矿的补偿金为限。[1]

（三）执行担保处理

所谓执行担保，根据《民事诉讼法》第二百四十二条规定，在民事执行程序中，被执行人一方提供担保，经申请执行人和法院同意，对被执行人在一定期限内暂缓执行，待暂缓执行期限届满而被执行人仍不履行义务的，法院直接执行被执行人的担保财产或担保人的财产。执行担保不同于一般担保，从作出对象来看，执行担保需向执行法院出具保证书，并将保证书副本送交申请执行人；一般担保直接向债权人作出，无须法院公权力介入。从作出目的来看，执行担保旨在阻却执行进程，从而达到暂缓执行的效果，当暂缓执行期限届满后被执行人仍不履行义务时，法院可裁定对执行担保人的财产采取执行措施；一般担保目的仅为保全债权，若债务人不依约偿还债务，债权人要求担保人承担相应保证责任时，法院需就该担保进行民事实体审判方能对担保人采取执行措施。换言之，执行担保异议成立，不应该阻碍权利人另行提起普通担保之诉。

【案例8－75】　郑某某诉魏某保证借款合同纠纷案

一审法院认为，南京市中级人民法院作出的执行裁定书已经发生法律效力，该裁定书认定魏某向郑某某出具的担保函不是执行担保，不能产生人民法院对担保人直接执行的法律后果。同时，也明确了在该担保函形成背景及过程存在争议的情况下，当事人可另行通过诉讼程序明确该担保函的法律效力。郑某某据此以保证合同为由，向法院提起民事诉讼。该诉讼是权利人主张实体权利的审判程序，并非基于执行异议审查的程序权利救济。也就是说，郑某某的起诉是一个完全独立的民事诉讼程序，而不是对执行行为异议审查或复议的延续，因此属于人民法院受理案件的范围。

南京市中级人民法院进行的执行异议审查程序审理的是郑某某行使执行程序权利的正当性，作出的裁决结果是确定是否在原执行程序中直接对魏

---

〔1〕　参见国家法官学院案例开发研究中心编：《中国法院2019年度案例》（借款担保纠纷），中国法制出版社2019年版，第202页。重庆市第四中级人民法院（2017）渝04民终936号民事判决书。

某的财产进行处置;本院进行的第一审普通程序审理的是郑某某与魏某基于保证合同法律关系引发的权利之争,作出的裁决结果是确定郑某某是否有权要求魏某对其承担连带保证责任。二者虽然基于相同的事实和证据,但裁决结果一个是解决程序问题,一个是处理实体权利;不管结果如何,都不可能存在重复或冲突的问题。没有法律规定发生在执行过程中的担保行为,只能作为执行担保,相关司法解释还专门明确了执行担保与普通担保的区别。因此,魏某的主张没有法律依据,本院不予采纳。既然南京市中级人民法院已经确认担保行为的真实性,且该担保行为并非执行担保,就应当按照普通担保行为来处理。二审法院亦持同样意见,维持一审判决。[1]

在执行过程中,当被执行人无法履行生效法律文书确定的义务时,申请人与被执行人协商由被执行人的配偶、父母、子女等近亲属承担保证责任代为偿还债务的情况时有发生。申请人明知被执行人的近亲属文化程度较低,若未作明确说明和告知,被执行人的近亲属在不理解保证内容、意义和法律后果的情况下,其书写相关文字和签名的行为,并不具备保证的内心意思和效果意思,也不能被推定为其愿意提供保证的真实意思表示,因此该种保证合同不能成立。也就是说,被执行人近亲属担保责任应以其作出保证的真实意思表示为前提,不应仅凭被执行人近亲属的签名和书写的相关文字认定其承担相应的保证责任,缺乏保证表示意思和效果意思的签名行为不能视为保证的承诺。

【案例8-76】 徐某诉赵甲、张某某保证合同纠纷案

判决观点,本案执行和解协议的协议双方为徐某与赵乙,该协议就赵乙如何履行生效判决书的给付义务进行了两项约定,该协议第二条约定赵乙于2017年春节前归还3万元,至还清为止。该协议系赵乙的真实意思表示,不违反法律规定,对赵乙具有约束力。徐某可依据此协议或原判决要求赵乙履行给付义务。徐某为确保其债权实现,又在次日让张某某在协议后面书写"同意赵乙的以上各款,连带责任但保人",并让张某某及赵甲签字。由于两位老人签字并未在执行法官的组织下进行,签字后的协议也未入执行卷宗,故该协议并非执行过程中形成的法律文书,并不具备当然的执行效力。依据本案实际情况,两位老人不应承担徐某所主张的连带清偿责任。理由如下:第一,基于民事活动的诚实信用原则,善意的权利人要求第三方承担担保责任时应作出明确的意思表示,并确保担保人知悉法律后果。徐某在执行和解协议签订后次日找两位老人签字,从其起诉目的来看,旨在让两位老人对赵

---

〔1〕 参见国家法官学院案例开发研究中心编:《中国法院2019年度案例》(借款担保纠纷),中国法制出版社2019年版,第94~95页。北京市第二中级人民法院(2017)京02民终7885号民事判决书。

乙所负债务718,470元承担连带清偿责任,即将不相关但沉重的债务加于两位老人身上。作为善意的民事主体,徐某在扩大自己权利并加重他人责任时,应当依据诚实信用原则将签字作为担保人的意思、法律后果进行告知,但徐某并未作出任何告知和解释,对两位老人是否看执行和解协议也不确认,相反在劝两位老人签字时,所作的意思表示含混不清,明显淡化了签字的责任,甚至误导了两位老人,未尊重两位老人应有的知情权,在两位老人权利意识模糊的情况下让其完成了签名、捺手印的行为,有违诚实信原则。第二,担保人承担责任应基于其作出了自愿担保的真实意思表示。本案执行和解协议所列当事人仅有"申请执行人徐某"及"被执行人赵乙",并未列担保人,两位老人对该协议的签订不在场也不知情,并未主动要求承担担保责任,只是在徐某夫妇的要求下签字,且开始明显有本能的拒绝,可见其并无主动担保的意愿,赵甲是耄耋之年,文化程度是文盲或半文盲,张某某已年过古稀,小学文化程度,即使在徐某妻子的指导下也错将"担保人"写成"但保人",两位老人的人生经历也表明其没有多少文化与法律知识,以上事实均表明两位老人对其所写文字及签名的法律内涵、后果并不清楚。且两位老人均已退休,两人每月收入加起来已难以负担其生活支出及治病之需,其并无能力担保赵乙的巨额债务并逐年归还,两位老人称其签字时并不知道是要还款,符合签字时在场当事人的陈述,符合情理。依据两位老人的行为、年龄、文化水平,不能认定两位老人作出了自愿担保的真实意思表示。综上,双方在缔结连带保证法律关系时,徐某发出的担保合同要约内容并不具体确定,也没有表明两位老人需受还款责任的约束,非有效的要约,且其行为有违诚实信用原则,而两位老人的签字行为并不能推定为同意担保还款的真实意思表示,非有效的承诺,故双方未形成有效的担保合同关系,徐某的诉讼请求缺乏事实和法律依据,不予支持。判决:驳回徐某的诉讼请求。〔1〕

在调解时作出的保证表示和执行和解中约定的保证承诺能否构成执行担保是疑难问题。根据《民事诉讼法》的相关规定,执行担保一般发生于案件执行环节。申请执行人与被执行人及第三人在强制执行阶段签订诉讼外和解协议,在该协议中,第三人作出了对债务人的债务提供担保的意思表示,但该和解协议不具有强制执行力,且非经法院审核,不能据此认定第三人为本案的执行担保人,该和解协议仅能进一步印证第三人提供担保的意思表示。但在案件审理过程中,第三人作出若债务人不能偿还债务,则同意以自己名下的部分财产抵偿的承诺,该承

〔1〕 参见国家法官学院、最高人民法院司法案例研究院编:《中国法院2021年度案例》(借款担保纠纷),中国法制出版社2021年版,第65~66页。江苏省江阴市人民法院(2019)苏0281民初5356号民事判决书。

诺具有保证性质，符合《最高人民法院关于人民法院执行工作若干问题的规定（试行）》（2020 修正）第五十四条关于执行担保的规定。法院据此可认定第三人为执行担保人。

【案例 8－77】　丁某某诉陈某某等民间借贷纠纷案

执行法院认为，刘某某在本案审理过程中作为被告并委托代理人参加诉讼，其对诉讼期间的法律行为所产生的后果应当承担相应责任，在本案诉讼期间，刘某某于 2013 年 5 月 10 日关于陈某某不能偿还涉案债务，则同意以自己名下的部分房产抵偿的陈述，属于提供保证的意思表示。此外，在 2013 年 9 月 13 日的和解协议中，刘某某再次表达了同样的意思表示。可见，刘某某提供保证的意思是明确的。该保证承诺对刘某某具有约束力。虽然在本案诉讼中法院对主债务人的财产采取了财产保全措施，但上述财产并不能完全清偿涉案债务。在此情况下，为了有效保证债权人的合法权益，法院裁定强制执行刘某某在保证责任范围内的财产是符合相关法律规定的。因此，异议人刘某某的申请理由不能成立。裁定：驳回刘某某提出的执行异议。[1]

（四）担保效力处理

通常情况下，保证合同的保证人在债务人无法承担保证责任之时承担保证责任，但也存在主借款合同与保证合同（尤其是抵押合同）从属关系不明确的复杂情形。涉及保证合同审查，应侧重对保证的形式和实质意思之间关联性的审查。换言之，在保证意思有偏差的情况下保证合同无效。

【案例 8－78】　李甲诉李乙、周某某借款合同纠纷案

二审法院认为，李乙出具的附有亲笔签字的字条上并未写明担保的主债权内容、履行期限等，根据《担保法》第三十九条及《最高人民法院关于适用〈中华人民共和国担保法〉若干问题的解释》第五十六条的规定，抵押合同对被担保的主债权种类、抵押财产没有约定或约定不明，根据主合同和抵押合同不能补正或无法推定的，抵押不成立。李乙出具的抵押合同内容、形式均不符合法律规定，抵押合同不成立。且高某某前去李乙、周某某家中催要款项时已明确告知房产证抵押在担保公司，进一步印证了李乙并未为上述借款提供担保的事实。因此，该抵押合同与李乙、高某某的借款行为不能形成关

〔1〕 参见国家法官学院案例开发研究中心编：《中国法院 2015 年度案例》（民间借贷纠纷），中国法制出版社 2015 年版，第 85～86 页。江苏省常州市中级人民法院（2013）常执异字第 59 号执行裁定书。

联性。对一审判决认定抵押合同成立，李乙、周某某应当承担担保责任，不予支持。[1]

房屋让与担保在借款合同中的效力问题。

【案例8－79】　沈阳金池典当有限责任公司诉沈阳金泰隆房地产开发有限公司借款合同纠纷案

判决观点，关于借款本金，原告出具的证据相互印证，能够证明被告向原告借款人民币965,000元和3,860,000元，而被告沈阳金泰隆房地产开发有限公司作为借款人向原告借款，应按约定履行返还借款的义务。现被告沈阳金泰隆房地产开发有限公司拖欠原告借款的行为，已侵害了原告的合法权益，对此，被告沈阳金泰隆房地产开发有限公司应承担返还借款的责任。……关于优先清偿权，本案涉及房产未办理他项权利证书，以买卖合同备案形式的抵押不符合《物权法》规定的不动产抵押方式，故对原告该项诉讼请求不予支持。[2] 本案中，被告以房屋买卖合同形式作为借款的抵押担保。

夫妻一方作为保证人在保证合同上签名，其个人提供担保时无须征得财产共有人的同意，即使配偶在合同中未签名亦并不影响其个人保证责任的成立与生效，该保证人以个人财产提供担保的意思表示合法有效。但其在未征得作为财产共有人的配偶之同意情形下，承诺以家庭财产为他人提供担保，系无权处分，配偶对此不予追认，该承诺无效，并对配偶不具有法律约束力。

【案例8－80】　冯某某诉马某某、李某、赵某某、贾某某合同无效纠纷再审案

最高人民法院认为，关于案涉《借款合同》中保证条款的效力问题。案涉《借款合同》第五条保证条款约定：保证人赵某某承诺以个人及家庭财产承担连带保证责任，其承担保证责任已征得财产共有人同意，并与财产共有人共同签署合同。冯某某作为赵某某的配偶在财产共有人处未签署姓名。本院认为，赵某某本人作为保证人已在合同保证人处签名，其个人在提供担保时无须征得财产共有人的同意，冯某某在该合同中未签署姓名并不影响赵某某个人保证责任的成立与生效，赵某某以个人财产提供担保的意思表示合法有效。但赵某某在未征得作为财产共有人冯某某的同意情形下，承诺以家庭财产为他人提供担保，系无权处分，冯某某对此不予追认，该承诺无效，并

---

〔1〕 参见国家法官学院、最高人民法院司法案例研究院编：《中国法院2020年度案例》（借款担保纠纷），中国法制出版社2020年版，第65～66页。河南省平顶山市中级人民法院（2018）豫04民终1916号民事判决书。

〔2〕 参见国家法官学院案例开发研究中心编：《中国法院2019年度案例》（借款担保纠纷），中国法制出版社2019年版，第44页。辽宁省沈阳市沈河区人民法院（2016）辽0103民初11941号民事判决书。

对冯某某不具有法律约束力。至于冯某某主张贾某某与赵某某等人恶意串通签订该合同，无证据支持，缺乏相应事实依据。本案一审判决认定本案事实清楚，适用法律正确，应予维持。[1]

夫妻一方以虚假材料办理共有房屋抵押登记，并对外借款的效力问题。根据《民法典》的规定，在婚后财产份额未作明确约定的情况下，视为共同共有，夫妻双方各占一半的份额。夫妻一方提供虚假的登记材料，但是抵押登记并不当然无效，对于其有权处分的财产份额设立抵押登记仍然合法有效。法官可依法判决借款人有权享有房屋份额，出借人仍然享有抵押物权。对于并非共同借款人的夫妻一方来说，则无须承担担保责任。

【案例8－81】 谷某某诉田某某、贺某民间借款纠纷案

判决观点，关于房屋抵押登记的效力，由于田某某与贺某对于涉案房屋未约定各自占有的份额，应视为双方各占有50%的份额。首先，涉案房屋是田某某、贺某的夫妻共同财产，田某某有权就其享有的房屋份额自愿设立抵押权；其次，田某某、贺某称谷某某明知田某某办理抵押登记提供的是虚假的证明材料，但并未提供证据证明谷某某在登记过程中存在过失，故谷某某对于抵押房产中属于田某某所有的部分构成不动产抵押权的善意取得，并就涉案房屋中田某某所有的部分享有优先受偿权。[2]

借款合同和借款抵押合同是双方的真实意思表示为有效，其抵押行为并未征得共有人的同意则无效，其并不影响借款抵押合同的效力。

【案例8－82】 胡某某诉孙某某、陈某抵押纠纷案

二审法院认为，共同共有人以其共有财产设定抵押，未经其他共有人的同意，抵押无效。孙某某将夫妻共有的涉诉房屋设定抵押登记给陈某，并未征得胡某某的同意，因此孙某某与陈某对涉案房屋设定抵押无效。一审法院判决主文确认抵押合同无效，表述不当，应当予以撤销；但判决解除房屋抵押登记的手续正确，法院予以确认。陈某对于房屋所有权状况未尽合理注意义务，其应当知道孙某某无处分权；其主张构成善意取得，法院不予支持。判决：维持一审判决第二项即解除北京市海淀区金沟河路二号×号房屋抵押登记的手续，撤销一审判决第一项即孙某某与陈某于2015年1月15日签订的《借款抵押合同》无效。[3]

---

〔1〕 最高人民法院（2018）民再198号民事判决书。

〔2〕 参见国家法官学院案例开发研究中心编：《中国法院2019年度案例》（借款担保纠纷），中国法制出版社2019年版，第67页。北京市丰台区人民法院（2015）丰民（商）初字第9389号民事判决书。

〔3〕 参见国家法官学院案例开发研究中心编：《中国法院2018年度案例》（借款担保纠纷），中国法制出版社2018年版，第203页。北京市第一中级人民法院（2016）京01民终5491号民事判决书。

保证人印章系伪造的,法官根据具体案情裁量保证人责任。

【案例8-83】 杨某某诉程某某等民间借贷纠纷案

二审法院认为,(2016)黑0603刑初216号刑事判决书中未认定程某某伪造建安苏州分公司的印章,一审期间虽然建安苏州分公司主张借条上建安苏州分公司的印章是伪造的,但经一审法院释明后未提出司法鉴定申请,程某某对加盖印章的事实不持异议,因此应当认定建安苏州分公司在借条上加盖的印章是真实的,其为借款提供保证的事实成立。同时刑事判决认定程某某伪造建安公司印章并使用多次,故借条上加盖的建安公司印章系程某某伪造,客观上存在可能性。杨某某认为程某某的行为对建安公司构成表见代理,因不完全符合表见代理行为的构成要件,且未能提供充分有效的证据予以证实,故本院不予采纳。鉴于建安苏州分公司未经建安公司授权为程某某的借款提供保证,应认定保证合同无效。杨某某及建安苏州分公司对保证合同无效导致的法律后果,均应依法承担相应的责任,原审判决据此认定建安苏州分公司对程某某不能清偿债务部分承担50%的赔偿责任;建安苏州分公司经营管理的财产不足以承担赔偿责任的,由建安公司承担责任,于法有据。判决:驳回上诉,维持原判。[1]

营利性民营医院,非以公益为目的,亦非事业单位、社会团体,故应非属《民法典》第六百八十三条第二款禁止之范围。

【案例8-84】 上海封繁投资管理有限公司诉太仓康来特房地产开发有限公司、宁波第五医院有限公司等借款合同纠纷案

判决观点,关于第五医院的保证责任,(1)第五医院为有限公司,根据《民法总则》的相关规定,其属于以取得利润并分配给股东等出资人为目的成立的营利法人,而不是为公益目的或者其他非营利目的成立的事业单位、社会团体等非营利法人。第五医院作为公司拥有独立的法人财产权,能够独立承担民事责任,亦具有代偿能力,这与《担保法》第七条规定的担保人应具有"代偿能力"的资格要求相符。因此,第五医院关于其系以公益为目的的法人,不得作为保证人,保证条款无效的抗辩,不予采纳。(2)从合同文义、内容及当事人订立的目的来看,《借款合同》与之后的补充协议应属于总、分合同关系,五份分合同的借款总金额未超出《借款合同》中第五医院作为保证人担保的16,000,000元,故后三份合同中虽然第五医院未以保证人身份盖章,但仍在其承担保证责任的范围内。(3)借款合同中约定第五医院的连

---

〔1〕 参见国家法官学院案例开发研究中心编:《中国法院2019年度案例》(借款担保纠纷),中国法制出版社2019年版,第128页。江苏省苏州市中级人民法院(2017)苏05民终7369号民事判决书。

带保证责任,但并未约定保证期间。根据《担保法》的规定,连带责任保证未约定保证期间的,债权人有权自主债务履行期届满之日起6个月内要求保证人承担保证责任,逾期则保证人免除保证责任。本案中,每次借款约定的期限为一年,最后一次借款的还款期限为2016年9月18日,保证期间应自2016年9月19日起算6个月。现原告并未举证证明其在6个月内曾向第五医院主张过保证责任,第五医院亦对此予以否认,由此,第五医院的保证责任已因保证期间超过而免除。判决:被告康来特公司归还原告封繁公司借款本金4,918,200元及利息,驳回原告封繁公司的其余诉讼请求。[1]

在民间借贷纠纷中,保证人单独承担违约金约定效力是疑难问题。保证合同是当事人之间为了实现主合同的履行而签订的,保证人有义务保证主合同的顺利履行。在合同履行不能的情况下,若保证人未能履行义务,则损害了被保证人的信赖利益和经济利益。保证合同虽为从合同,保证的范围也不能超出主债务的范围,但可以主合同的内容为基础,在此之上单独约定双方当事人的权利和义务,也就是说,在保证人未承担保证责任的情况下,可使保证人承担独立的违约责任,这充分贯彻了意思自治原则,是当事人行使处分权的体现。在民间借贷案件中,约定担保人在主债务之外承担违约金的条款应认定有效。

【案例8-85】 赵甲诉丛某、赵乙借款合同纠纷案

判决观点,原告赵甲与被告丛某之间签订的借款协议,原告赵甲与被告丛某、被告赵乙签订的借款担保协议是双方当事人的真实意思表示,且不违反我国现行法律、行政法规的强制性规定,应属合法有效。被告丛某未按约定时间偿还借款,故原告赵甲要求被告丛某偿还借款本金及利息的诉讼请求,理由正当,证据充分,法院应予支持。原告赵甲所要求的利息计算标准未超过法律规定上限,法院予以支持。关于本案所涉债务的担保,依据合同约定,被告赵乙在保证期间内应对被告丛某的上述债务承担连带担保责任,故法院对原告赵甲要求被告赵乙对被告丛某所负之债务承担连带清偿责任的请求予以支持。对于原告赵甲要求被告赵乙向其支付违约金的诉讼请求,因双方在担保协议中已有约定,且未违反法律规定,约定的违约金计算利率亦未超过法律规定,法院予以支持。但双方签订的协议中约定被告赵乙对按照担保金额的万分之五支付违约金,同时双方亦约定担保金额随被告丛某或被告赵乙代为清偿该协议约定的本金、利息的数额而相应扣减,因被告已经偿还22,500元的债务,因而被告赵乙的担保金额应随之扣减,据以计算违约金的基数亦应随之扣减,也即计算违约金的基数应为567,500元,故法院对原

[1] 参见陈昶主编:《2019年上海法院案例精选》,上海人民出版社2021年版,第195页。

告赵甲要求被告赵乙支付自起诉之日起至实际清偿之日止的违约金超出上述的部分不予支持。判决:(1)被告丛某给付原告赵甲借款本金50万元及利息67,500元;(2)被告赵乙对被告丛某的债务承担连带清偿责任;(3)被告赵乙承担连带清偿责任后有权向被告丛某追偿;(4)被告赵乙给付原告赵甲自2015年5月21日起至实际清偿之日止的违约金(以剩余欠款本息567,500元为基数,按照日万分之五计算利息)。[1]

在主债务人未到庭的情形下,出具对保证人不利的声明,因无证据相佐证的,对主债务人声明的真实性、有效性不予认可。

【案例8-86】　徐某某与黄某某、陈某某借款合同纠纷案

二审法院认为,对以上争议焦点,根据双方出示的证据认定如下:关于陈某某实际借款数额的认定。借款合同属于实践性合同,其法律关系的成立不仅要有形式要件即当事人的合意,还要有实质要件即交付款项的事实。本案陈某某出具借条在前,黄某某交付款项在后,故应当以黄某某实际交付款项认定陈某某实际借款数额。现黄某某虽然出具了陈某某书写的600万元借条,但其仅能出具于借款当时给陈某某通过转账方式支付500万元及同年7月17日给陈某某转账824,000元的凭据各一张,对其余176,000元款项,其称系现金给付,因其未提供相应证据予以证明,且不符合交易习惯。故原审法院认定实际借款数额582,400元并无不当。二审中,黄某某提交了署名陈某某并摁有手印的声明一份,用以证明实际借款额为600万元,对此,本院认为,因陈某某系本案当事人,其出具的声明系当事人的陈述,根据《民事诉讼法》第六十三条的规定,当事人的陈述作为民事诉讼证据,必须经查证属实才能作为认定事实的根据。而该声明上陈某某的签名和手印是否真实首先无法核实,其次陈某某收到法院送达的传票及诉讼文书,无正当理由拒不参加庭审、接受法庭询问,且该声明内容直接影响担保人徐某某的权益,故在陈某某拒不到庭又无其他证据相佐的情形下,本院对黄某某出具的该份声明真实性、有效性均不予认可。[2]

合伙执行人擅自以会计师事务所名义对个人借款进行担保,其行为不构成表见代理,在借款合同中的从合同担保合同无效。

---

〔1〕 参见国家法官学院案例开发研究中心编:《中国法院2018年度案例》(民间借贷纠纷),中国法制出版社2018年版,第156页。北京市西城区人民法院(2015)西民(商)初字第15663号民事判决书。

〔2〕 参见国家法官学院案例开发研究中心编:《中国法院2018年度案例》(民间借贷纠纷),中国法制出版社2018年版,第244~245页。新疆维吾尔自治区乌鲁木齐市中级人民法院(2016)新01民终2350号民事判决书。

【案例8－87】 於某、丛某某诉南通昕泰会计师事务所等民间借贷纠纷案

二审法院认为，昕泰事务所系以专门知识和专业技能为客户提供服务的会计师事务所，经营范围仅限于会计咨询、服务业务，孙某某以昕泰事务所的名义为个人借款提供担保，与合伙事务无关，亦不能给合伙企业带来利益，其行为超越了其权限范围。在合同签订过程中，相对人於某仅从昕泰事务所的名称便可知其系会计咨询、服务机构，昕泰事务所营业执照也放置于醒目位置，其理应知晓孙某某的行为超出了权限范围，为此，其没有对昕泰事务所的企业性质进行进一步审查，也未要求孙某某提供全体合伙人一致同意担保的相关文件，便同意孙某某以注册资金仅为10万元的昕泰事务所为其300万元个人借款提供担保，主观上存在明显过错。因此，孙某某超越权限的担保行为系无权代理行为，於某对孙某某的无权代理行为并非善意无过失，因此孙某某的行为不构成表见代理，涉案借款合同中的从合同担保合同无效。判决：驳回上诉，维持原判。[1]

公司为他人担保的效力。对其效力认定的法律依据，既要根据《公司法》的相关规定判断是否构成越权，也要根据《民法典》的相关规定认定合同效力。一方面，根据《公司法》第十六条的规定，无论是关联担保还是非关联担保，都要经过公司决议程序来决定。因此，法定代表人未经公司决议程序擅自提供担保的，构成越权代表。另一方面，根据《民法典》第五百零四条的规定，法人的法定代表人或非人组织的负责人超越权限订立的合同，除相对人知道或者应当知道其超越权限外，该代表行为有效，订立的合同对法人或者非法人组织发生效力，缔约相对人是善意的，构成表见代理，由公司承担担保责任；反之，缔约时相对人恶意的，则公司不承担责任。应强调的是，判断公司为他人担保效力的关键不在于《公司法》第十六条是否强制性规定，而在于担保相对人是否能善意相信担保行为的效力。由于效力性规定和管理性规定的标准非常模糊，因此着力判断《公司法》第十六条是否效力性强制性规定可能使问题变的更加复杂。正确的做法从案件事实和实质问题入手，从代表行为规则出发，由于《公司法》第十六条有明确规定，担保相对人对公司的担保行为负有形式审查义务，否则不能主张自己为善意相对人，故公司为他人担保行为无效。也就是说，当法律规定了公司对外担保的特殊程序时，担保相对人负有审查义务，须审查公司股东（大）会是否有相应的决议，以及该决议是否符合《公司法》第十六条的规定，否则不构成善意。

---

〔1〕 参见国家法官学院案例开发研究中心编：《中国法院2018年度案例》（借款担保纠纷），中国法制出版社2018年版，第147～148页。江苏省南通市中级人民法院（2015）通中民终字第02305号民事判决书。

【案例8-88】 阚某等诉上海五天实业有限公司民间借贷纠纷案

二审法院认为,本案的争议焦点为涉案担保合同对五天实业公司是否发生效力。根据法律规定,法定代表人超越权限订立的担保合同,除相对人知道或者应当知道其超越权限以外,该代表行为有效。法人章程或者法人权力机关对法定代表人代表权的限制,不得对抗善意相对人。本案中,林某虽系五天实业公司法定代表人,但其未经董事会、股东会决议而擅自实施的以公司的名义为其本人债务提供担保的行为已经超越代表权限,属于越权代表行为。该行为对五天实业公司是否有效,取决于阚某是否系善意相对人,即阚某是否知道或者应当知道林某超越权限。《公司法》第十六条明确规定……根据法律一经公布即推定所有人明知及不知法律不免责的法理,公司担保相对人在接受担保时,对有关公司董事会或者股东会、股东大会决议负有必要的形式审查义务,否则不构成表见代表中的善意相对人,该担保行为对公司不生效力。本案中,阚某在接受担保时,对五天实业公司同意对外担保的董事会或者股东会决议负有形式审查义务,其应当知道林某超越权限。且阚某作为有交易经验的债权人,其出借金额高达1000万元,即使是从交易风险控制角度出发,也应查阅五天实业公司章程,并依照章程指引,对五天实业公司对外投保是否经过法定程序进行形式审查,以证明自己的善意第三人身份。但阚某仅以林某是五天实业公司法定代表人及担保合同加盖了由其控制的公章,即信赖五天实业公司的担保行为,显然未尽审慎注意义务,不属于法律所保护的善意相对人。故,林某的越权代表行为无效,五天实业公司不应为林某向阚某履行付款行为承担连带清偿责任。综上所述,上诉人五天实业公司要求免除本案担保责任的上诉请求成立。判决:维持一审判决第一、二、三项;撤销一审判决第四项;变更一审判决第四项为潘某对林某的上述第一、二、三项付款义务承担连带清偿责任;阚某要求五天实业公司承担连带清偿责任的诉讼请求,不予支持。[1]

未经公司决议,担保有效的例外情形。在没有公司决议的情况下,基于目前公司管理不规范的现实情况,对公司法定代表人或实际负责人所提供的担保,如果案件事实表明该担保是为了公司的利益,可以认定公司具有对外担保的真实意思表示。主要有,其一,公司是以为他人提供担保为主营业务的担保公司,或者是开展保函业务的银行或者非银行金融机构。其二,公司为直接或间接控制的公司开展经营活动向债权人担保。其三,公司与债务人之间存在相互担保等商业合作关系。其四,担保合同系由单独或者共同持有公司2/3以上有表决权的股东签字

---

〔1〕 参见陈昶主编:《2020年上海法院案例精选》,上海人民出版社2022年版,第32页。

同意。

【案例8-89】 李某诉亿阳信通公司保证合同纠纷案

二审法院认为,亿阳信通公司在上海证券交易所公示的公司章程第五十五条第一款第五项规定:“对股东、实际控制人及其关联方提供担保,需经股东大会审议通过。”亿阳信通公司为股份有限公司、亿阳集团系亿阳信通公司的股东,根据《公司法》及亿阳信通公司章程的规定,亿阳信通公司为亿阳集团债务提供担保,必须经过股东大会决议。本案无证据显示亿阳信通公司为亿阳集团对李某的债务提供担保经过了上述内部决议程序。作为上市公司,亿阳信通公司章程,对外担保决议情况均可在公开渠道查询,李某知道或者应当知道亿阳信通公司签署《保证合同》为亿阳集团债务提供担保,应当经过股东大会决议,李某没有依据《公司法》第十六条和关于上市公司对外披露信息的相关规定,审查核实亿阳信通公司对外担保是否经过了股东大会的决议,具有过错,不属于善意相对人,亿阳信通公司对担保行为不予追认,并主张《保证合同》对其不发生效力,具有事实和法律依据,应予采信。一审判决亿阳信通公司对亿阳集团债务承担连带保证责任,适用法律错误,应予纠正。亿阳信通公司的上诉请求,应予支持。判决:撤销一审判决,驳回李某的全部诉讼请求。[1]

在个案中,对外担保是否经过全体股东同意,属于公司内部的管理问题,对外不具有对抗效力。

【案例8-90】 林甲诉厦门锦集物流有限公司、厦门杏林斯太尔重型汽车有限公司等民间借贷纠纷案

一审法院认为,被告锦集公司和林乙与原告签署的《保证合同》,系双方的真实意思表示,内容不违反法律、行政法规的强制性规定,应认定合法有效,现被告斯太尔公司未依约还款,被告锦集公司和林乙应依约承担保证责任。因《保证合同》已加盖锦集公司公章,且有法定代表人林乙的签字,原告足以相信承担保证责任是被告锦集公司的真实意思表示。至于是否经过全体股东同意,是被告锦集公司的内部管理问题,对外不具有对抗的效力,故被告以此抗辩,认为无须承担保证责任,缺乏事实与法律依据,不予采纳。被告锦集公司、林乙承担保证责任后,有权向斯太尔公司追偿。二审法院判决:驳

〔1〕 参见国家法官学院、最高人民法院司法案例研究院编:《中国法院2021年度案例》(借款担保纠纷),中国法制出版社2021年版,第57~58页。北京市第一中级人民法院(2019)京01民终4630号民事判决书。

回上诉，维持原判。[1]

公司为实际控制人借款提供担保的不应一律认定合同无效。

【案例8－91】　许某某诉江苏金烁置业公司、汪某某、穆某某民间借贷纠纷案

一审法院认为，本案中，金烁公司违反前述条款规定，为其股东汪某某向许某某借款提供保证担保，不能简单地认定该保证合同无效。理由如下：第一，《公司法》的调整对象是公司的组织和行为以及公司与其股东之间、股东与股东之间的内部管理活动，并不调整公司与第三人之间的交易行为。因此，《公司法》第十六条第二款规范的是公司与股东之间的内部管理行为，对第三人不具有约束力。第二，《公司法》第十六条第二款明确规定审查有无股东会决议的义务主体是公司，第三人没有审查的注意义务。而且，要求第三人承担审查有无股东会决议的注意义务，不利于促进交易安全和效率。第三，本案借款合同明确约定汪某某因经营资金紧缺借款且用于企业经营，汪某某作为时任金烁公司的法定代表人及控股股东，其加盖金烁公司公章为本人借款进行担保，即便未经其他股东授权，许某某作为善意的相对人完全有理由相信金烁公司的全体股东同意为该笔借款进行担保。因此，金烁公司与许某某之间的保证合同合法有效。由于未约定保证方式，按连带保证承担责任，故金烁公司依法应当对本案借款本息承担连带偿还责任。如果因金烁公司承担担保责任而对公司或其他股东造成损害的，可以另行向汪某某主张。判决：(1)被告汪某某、穆某某偿还原告许某某借款本金2,641,220.18元、利息518,342元及逾期利息。(2)被告金烁公司对被告汪某某、穆某某上述债务承担连带清偿责任。(3)被告金烁公司承担保证责任后，有权向被告汪某某、穆某某追偿。二审法院认为，金烁公司为案涉借款提供担保系其真实意思表示；案涉保证合同合法有效，金烁公司应承担连带清偿责任。判决：驳回上诉，维持原判。[2]

【案例8－92】　杭州萧山临浦镇资产经营公司诉河南中捷置业有限公司、杨某某、浙江加兰节能科技股份有限公司等企业借贷纠纷案

二审法院认为，承诺书上所盖中捷公司的公章虽并非其于2012年7月19日新启用的印章，但杨某某在盖章处进行了签名，且其系公司登记载明的该公司法定代表人，且中捷公司诉讼中主张当时杨某某系其实际控制人，杨

---

〔1〕　参见国家法官学院案例开发研究中心编：《中国法院2017年度案例》(民间借贷纠纷)，中国法制出版社2017年版，第188页。福建省厦门市中级人民法院(2015)厦民终字第1078号民事判决书。

〔2〕　参见国家法官学院案例开发研究中心编：《中国法院2017年度案例》(借款担保纠纷)，中国法制出版社2017年版，第36～37页。江苏省高级人民法院(2014)苏商终字第00472号民事判决书。

某某在承诺书上签名应认定不仅作为自然人提供担保，同时也代表公司作为保证人提供担保。因中捷公司并无证据证明资产公司知道或者应当知道杨某某代表中捷公司为案涉借款提供的连带责任保证担保超越了权限，故原审法院认定杨某某的代表行为对中捷公司有约束力并无不当。2006年1月1日起施行的《公司法》第十六条第二款并非效力性强制性规定，不能作为认定公司对外提供担保行为无效的法律依据。判决：驳回上诉，维持原判。[1]

跨境担保合同未经国家外汇管理部门批准或者登记的效力问题。根据2014年5月12日颁布的《跨境担保外汇管理规定》第三条、第二十五条之规定，对外担保合同如在符合境内外法律规定和本规定的前提下，可自行签订跨境担保合同，除外汇局另有明确规定外，担保人、债务人不需要就其他形式跨境担保到外汇局办理登记或备案。也就是说，以其他跨境担保方式签订跨境担保合同的，未经国家有关部门批准或者登记担保合同有效。

【案例8－93】 华诺公司诉王某、丁某保证合同纠纷再审案

一审法院认为，本案中，丁某、王某在购销合同尾部手写担保条款，与华诺公司形成担保合同关系，该担保合同系双方的真实意思表示，且不违背法律强制性规定，应属合法有效。丁某、王某应根据该合同约定承担连带担保责任。王某主张其仅在合同尾部上签名，不能推定为当然的担保人，因王某签字确认的担保条款载明“本人丁某、王某作为合同牵头人，愿为本合同提供保证”，故对其该项辩解意见，法院不予采信。丁某、王某主张，根据《外汇管理条例》第十九条之规定，提供对外担保，应当向外汇管理机关提出申请，由外汇管理机关根据申请人的资产负债等情况作出批准或者不批准的决定。本案担保未经上述机关批准，故根据《最高人民法院关于适用〈中华人民共和国担保法〉若干问题的解释》第六条第二项之规定，未经国家有关部门批准或者登记，为境外机构向境内债权人提供担保的，对外担保合同无效。对此，法院认为，上述《外汇管理条例》于1996年实施，司法解释于2000年实施，2014年5月12日颁布的《国家外汇管理局关于发布〈跨境担保外汇管理规定〉的通知》载明，为深化外汇管理体制改革，简化行政审批程序，规范跨境担保项下收支行为，国家外汇管理局决定改进跨境担保外汇管理方式，制定了《跨境担保外汇管理规定》及其操作指引。《跨境担保外汇管理规定》第三条规定，按照担保当事人各方的注册地，跨境担保分为内保外贷、外保内贷和其他形式跨境担保。内保外贷是指担保人注册地在境内，债务人和债权人

〔1〕 参见国家法官学院案例开发研究中心编：《中国法院2017年度案例》（借款担保纠纷），中国法制出版社2017年版，第36～37页。浙江省杭州市中级人民法院（2015）浙杭商终字第1084号民事判决书。

注册地均在境外的跨境担保。外保内贷是指担保人注册地在境外,债务人和债权人注册地均在境内的跨境担保。其他形式跨境担保是指除前述内保外贷和外保内贷以外的其他跨境担保情形。《跨境担保外汇管理规定》第二十五条第二款规定,境内机构办理其他形式跨境担保,可自行办理担保履约。从上述规定的制定过程可以看出,为深化外汇管理体制改革,简化行政审批程序,涉案的担保已无须有关部门批准,故《最高人民法院关于适用〈中华人民共和国担保法〉若干问题的解释》第六条第二项之适用前提已不存在,丁某、王某据此主张担保合同无效,于法无据。判决:王某、丁某连带给付华诺公司货款及违约金。二审法院同意一审法院裁判意见,判决:驳回上诉,维持原判。再审法院同意一、二审法院裁判意见,裁定:驳回丁某的再审申请。[1]

以预售商品房方式提供担保的亦为有效。

【案例8-94】 林某某、王某某诉福建中盛房地产建设有限公司等民间借贷纠纷案

一审法院认为,2012年12月28日,甲方中盛公司与乙方林某某、王某某及丙方马某某、丁方潘某某签订《借款合同》,约定:甲方向乙方林某某、王某某借款2800万元;借款期限为6个月;借贷利率为月利率2%;合同中约定甲方将标的房产的第十五层、第十六层的全部房产,共六间以预售的方式进行备案并将标的房产预先登记至乙方名下,借款合同到期后,在甲方按期足够归还全部借款及利息的前提下,甲、乙双方办理预售合同解约及退房手续,且甲方不得以任何理由追究乙方的任何退房责任或主张任何索赔。如甲方无法按照本合同约定按时足够归还乙方借款及利息逾期超过15日即视为甲方无条件同意将标的房产按照每平方米人民币12,984元的价格重新签订新的商品房买卖合同,乙方出借给甲方的2800万元借款本金即冲抵标的房产的全部购房款。甲方应协助乙方办理房产备案、预告登记即产权登记手续,原来双方签订的商品房买卖合同同时作废。乙方有权按照约定,要求甲方将上述标的房产登记在乙方名下,则乙方有权选择如下方式之一处理:(1)诉请人民法院判令将标的房产确权至乙方名下,同时有权要求甲方承担违约金人民币300万元;(2)乙方有权立即解除本合同,要求甲方返还全部借款本息及逾期付款违约金,并要求甲方另行支付违约金人民币1000万元。丙方、丁方自愿作为甲方的连带保证人,为甲方履行本借款合同对乙方产生的全部债务承担连带清偿责任。原告陆续向被告出借2800万元款项,但当合同约定还

---

〔1〕 参见国家法官学院、最高人民法院司法案例研究院编:《中国法院2021年度案例》(借款担保纠纷),中国法制出版社2021年版,第80~81页。北京市第三中级人民法院(2019)京03民终13333号民事判决书。

款期届满时，中盛公司未能依约足额偿还两原告借款，被告中盛公司已向原告偿还1540万元。判决：(1)被告中盛公司偿还原告林某某、王某某借款人民币22,339,511.84元，并支付逾期利息；(2)被告中盛公司向原告林某某、王某某支付原告所支出的律师代理费280,000元；(3)被告马某某、潘某某对本判决第一、二项确定的被告中盛公司的债务承担连带清偿责任，在承担责任后有权向中盛公司追偿。二审法院判决：驳回上诉，维持原判。[1]

主债务到期后提供担保的有效。在主债务已到期的情况下尽管保证人出具保证书承诺承担保证责任，但从性质上不宜认定为保证，而应以新的债权债务关系来认定双方的权利义务关系。在到期的借条上签字系双方当事人的真实意思表示，不违反法律的禁止性规定，应为有效。

【案例8－95】 李某某诉黎甲、曾某某、易某某、黎乙民间借贷纠纷案

判决观点，被告黎乙在李某某与黎甲、曾某某的债务到期后，在借条上签字作保，该行为系其真实意思表示，原告李某某未提出异议，且不违反法律的禁止性规定，应为有效。该借条虽然记载黎乙与李某某之间建立了保证法律关系，但鉴于其签字时，黎甲、曾某某的债务已到期，已为实际发生的债务，黎乙的签名行为，实际上是对到期债务承担偿还责任的承诺，即黎乙代黎甲、曾某某向李某某偿还12万元债务的承诺。根据《民法通则》第五十七条的规定，故原告要求黎乙对该笔借款承担连带清偿责任，法院予以支持。判决：(1)被告黎甲、曾某某共同偿还原告李某某借款本金118,480元及利息；(2)被告易某某、黎乙对黎甲、曾某某的以上债务负连带清偿责任。被告易某某、黎乙承担连带清偿责任后，有权向被告黎甲、曾某某追偿。[2]

以典当的合法形式掩盖非法目的的合同无效，作为从合同的担保合同亦无效。

【案例8－96】 安康市民润典当有限公司诉胡某某保证合同纠纷案

二审法院认为，本案中民润典当公司的经营范围为动产质押典当、财产权利质押典当、房地产抵押典当、限额内绝当物品的变卖、鉴定评估及咨询服务、商务部依法批准的其他典当业务。民润典当公司为谋取高额综合费用，在明知陈某某提供房产并非本人所有的不实抵押的情况下仍向陈某某发放借款，其行为属于以典当的合法形式掩盖其谋取高利非法目的的行为。当事人签订的合同以合法形式掩盖非法目的的，合同无效。因此，陈某某与民润

---

〔1〕 参见国家法官学院案例开发研究中心编：《中国法院2017年度案例》(借款担保纠纷)，中国法制出版社2017年版，第53～54页。福建省高级人民法院(2015)闽民终字第913号民事判决书。

〔2〕 参见国家法官学院案例开发研究中心编：《中国法院2017年度案例》(借款担保纠纷)，中国法制出版社2017年版，第127页。广西壮族自治区梧州市龙圩区人民法院(2015)龙民初字第281号民事判决书。

典当公司签订的借款合同属无效合同。胡某某与民润典当公司签订的保证合同,是该借款合同的从合同。主合同无效而导致担保合同无效,担保人无过错的,担保人不承担民事责任。本案中主合同与从合同均属无效合同,且上诉人没有提供证据证明胡某某对于保证合同无效存在过错行为,因此胡某某作为保证人不承担保证责任。判决:驳回上诉,维持原判。[1]

典当借款合同约定的抵押物是集体土地上建造的民房的,因违反法律禁止性规定应属无效,法官按照过错及公平原则分配当事人的责任。

【案例8-97】　菏泽市三德利典当有限公司诉郑某某典当借款合同纠纷案

判决观点,本案中,双方当事人虽然签订了典当借款合同,但被告为该笔借款提供抵押担保的房产及其土地性质为农民集体所有。……根据上述法律规定,在原告与被告签订的《典当借款合同》中,抵押担保的房产其土地来源为宅基地,其性质为农民集体所有,违反了法律的禁止性规定,应属无效。《合同法》第五十八条规定……原告作为专业的典当机构,对属于集体土地上的涉案房屋应当知道法律禁止抵押,仍与被告签订《典当借款合同》且以涉案房产作为抵押。对于涉案合同的无效,双方均存在一定的过错,所以,原告对于因合同无效而造成合同中的相关权利得不到实现的损失,应当自行承担。原告请求判令被告偿还20万元借款的约定利息、综合费用3160元及要求被告支付自2013年7月27日起至实际支付止的约定利息、综合费用、违约金、律师费的诉请,于法无据,不予支持。由于原告对涉案房产不享有合法抵押权,其要求对菏市房权证市直字第109834号房产享有优先受偿权的请求,无事实和法律依据,法院亦不予支持。被告从原告处取得的20万元借款,应当予以返还。考虑到典当行业的高风险及融资成本较高等客观因素,根据民法的公平原则,对原告支付给被告的20万元借款利息损失,应当参照民间借贷的利息标准由被告支付给原告。判决:原告菏泽市三德利典当有限公司与被告郑某某于2013年7月19日签订的《典当借款合同》无效;被告郑某某返还原告20万元及利息。[2]

担保协议上的印章并非担保人公司公章,担保人否认其担保效力的,应根据具体案情裁量其是否承担保证责任。

---

〔1〕 参见国家法官学院案例开发研究中心编:《中国法院2017年度案例》(借款担保纠纷),中国法制出版社2017年版,第147~148页。陕西省安康市中级人民法院(2015)安中民二终字第00069号民事判决书。

〔2〕 参见国家法官学院案例开发研究中心编:《中国法院2015年度案例》(借款担保纠纷),中国法制出版社2015年版,第87~88页。山东省菏泽市经济开发区人民法院(2013)菏开商初字第203号民事判决书。

【案例8-98】 任某诉港升公司、齐力公司、王某某等民间借贷纠纷案

二审法院认为,第一,关于"项目专用章"的真实性问题。虽然港升公司否认"项目专用章"的真实性,并提交了鉴定申请,但港升公司无法提供有效的印模以供鉴定,法院对其鉴定的申请不予准许。结合本案现有证据,港升公司曾经刻制过一枚"项目专用章",并且在公安部门进行备案登记,且与补充协议上印章的名称完全一致,虽然港升公司否认此"项目专用章"的真实性,但没有提供充分证据加以证明,原审法院对"项目专用章"的真实性予以确认,并无不当。第二,关于补充协议上王某某加盖"项目专用章"之行为能否代表港升公司的问题。从王某某在齐力公司、恒田公司、港升公司的初始设立、股权转让、出资渊源中所起的作用,并结合补充协议签订时的港升公司法定代表人张某某的证言分析,本案中王某某在补充协议上加盖"项目专用章"之行为,应视为港升公司行为,原审法院的认定并无不当。第三,关于港升公司的保证是否有效的问题。港升公司以《最高人民法院关于适用〈中华人民共和国担保法〉若干问题的解释》第十七条第一款作为抗辩理由。但从立法本意上看,分支机构是指领取营业执照,在核准的范围内可以从事独立经营的部门。在主体资格方面,"项目专用章"印章字样本身并不能直接体现其是港升公司的一个分支机构,且港升公司并没有提出相应的证据证实恒田创意园作为分支机构领取过合法有效的营业执照并进行独立经营活动;从行为效力上看,保证的本质是信用保障,正是基于王某某与恒田公司、港升公司的渊源关系,任某才有理由相信王某某加盖港升公司"项目专用章"的行为能够代表港升公司,且补充协议上亦有王某某本人作为担保人的签字,故原审法院认定本案中港升公司应承担连带保证责任,并无不当。综上,原审判决认定事实清楚,适用法律正确。港升公司的上诉请求,证据不足,法院不予支持。判决:驳回上诉,维持原判。〔1〕

合同所加盖的公章的真伪,并非判断合同应否对公章指向的法人或非人组织发生法律效力的唯一标准。除此之外,还应判断行为人要素。首先,应当审查行为人是否有代表权或代理权,若行为人有代表权或代理权,即使公章为假,公司亦应受合同拘束;其次,若行为人越权代表权或无权代理,则应根据合同相对人主观上的善意或恶意状态,判断合同应否对公司发生法律约束力。

---

〔1〕 参见国家法官学院案例开发研究中心编:《中国法院2017年度案例》(借款担保纠纷),中国法制出版社2017年版,第224~225页。天津市高级人民法院(2016)津民终49号民事判决书。

【案例8-99】　陈某诉浙江泰舜建设有限公司、王某、永城兆隆房地产开发有限公司民间借贷纠纷再审案

再审法院认为,永城兆隆公司提交的再审新证据可以证明涉案保证合同中的公章并非其真实公章,但是假公章所签合同并非必然没有法律效力,涉案保证合同对永城兆隆公司是否具有法律效力仍应根据《公司法》《合同法》的相关规定综合确定。

首先,《公司法》第十六条规定,公司向其他企业投资或者为他人提供担保,依照公司章程的规定,由董事会或者股东会、股东大会决议。《公司法》第一百四十八条规定,董事、高级管理人员不得有下列行为:……(三)违反公司章程的规定,未经股东会、股东大会或董事会同意,将公司资金借贷给他人或者以公司财产为他人提供担保。根据上述法律规定,公司对外提供担保必须以董事会或者股东(大)会的决议作为授权的基础和来源,且法律明确禁止董事、高级管理人员私自以公司财产对外提供担保。本案中,签订涉案保证时,王某是永城兆隆公司持股40%的股东及高级管理人员,但不是该公司的法定代表人。现无证据证明永城兆隆公司就涉案保证合同作出了董事会或者股东(大)会决议,王某未经合法程序,擅自以永城兆隆公司名义对外提供担保,显然属于无权代理,故陈某关于王某在涉案保证合同中盖章系职务行为的主张缺乏事实依据,不予支持。

其次,《合同法》第四十九条规定,行为人没有代理权,超越代理权或者代理权终止后以被代理人名义订立合同,相对人有理由相信行为人有代理权的,该代理行为有效。本案中,陈某虽主张涉案保证合同系"公司为其直接或者间接控制的公司开展经营活动向债权人提供担保",属于无须董事会或者股东(大)会决议的例外情形,但其并未提供有效证据证明永城兆隆公司直接或者间接控制了浙江泰舜公司,该主张依据不足,不予支持。鉴于现行法律早已就公司对外提供担保程序作出明文规定,陈某理应知晓并遵守,不得以不知道法律有规定或者对法律有不同理解为由免于适用该法律,故陈某作为担保权人,接受永城兆隆公司担保时有义务对公司机关决议进行形式审查。陈某再审中自认,签订涉案保证合同时并未要求王某出示永城兆隆公司董事会或者股东(大)会同意担保的决议。陈某仅因王某的股东、高级管理人员身份就信赖王某具有以永城兆隆公司名义对外担保的权限,未尽必要的审查义务,自身存在一定过错,不构成对王某无权代理行为的善意,不受表见代理制度的保护。

综上所述,涉案保证合同对永城兆隆公司不具有法律效力,永城兆隆公

司无须对浙江泰舜公司的借款承担连带担保责任。[1]

借款人用自己名下的宅基地及房屋作为抵押的无效，借款双方均有过错的应各自承担相应损失。

【案例8-100】 薛某某诉王某某、林某某民间借贷纠纷案

判决观点，本案原告薛国华与被告林某某在签订抵押担保合同时均明知抵押物为宅基地，双方对于抵押担保合同无效均有相当的过错，因此，原告薛某某与被告林某某各应承担抵押担保合同无效所造成损失的1/2，即在王某某不能足额清偿本案借款人民币80,000元及逾期借款利息的情况下，被告林某某应向原告薛某某偿还被告王某某不能清偿部分的1/2。原告薛某某要求被告林某某承担超过上述责任部分的诉求，于法无据，应予以驳回。被告王某某经法院合法传唤，无正当理由拒不到庭，应视为其自愿放弃诉讼权利，现经开庭审理，已查明事实，可以依法缺席判决。判决：(1)被告王某某偿还原告薛某某借款人民币80,000元及逾期借款利息；(2)如果被告王某某不能足额清偿上述债务，被告林某某应向原告薛某某偿还的债务数额为被告王某某不能清偿部分的1/2。[2]

【案例8-101】 陈甲诉陈乙、李某某、陈丙、林某某民间借贷纠纷案

判决观点，被告陈乙、李某某向原告陈甲借款的事实清楚，足以认定。原、被告双方在协议书及人民调解协议书中约定了被告陈丙、林某某以名下房产及其集体土地使用权为被告陈乙、李某某的借款进行抵押的担保条款。法院认为，农村宅基地是法律规定的禁止抵押物，不得抵押。因此，双方约定的上述有关抵押条款违反了法律的强制性规定，应为无效。综上所述，对于原告诉讼请求的合理部分，法院予以支持，其余驳回。判决：被告陈乙、李某某偿还原告陈甲借款493,000元并支付利息。被告陈丙、林某某对上述被告陈乙、李某某应偿还原告陈甲的借款本息承担连带赔偿责任。[3]

担保人明知主合同当事人之间名为买卖关系实为借贷关系时，还为其担保，构成对借贷关系的债务担保。名为买卖关系实为借贷合同关系依法成立并有效，担保合同仍然有效，担保人的担保责任不应免除。

---

[1] 参见郭伟清主编：《民法典新规则案例解析》，法律出版社2020年版，第97~98页。上海市第二中级人民法院(2019)沪02民再83号民事判决书。

[2] 参见国家法官学院案例开发研究中心编：《中国法院2013年度案例》(借款担保纠纷)，中国法制出版社2013年版，第163页。福建省厦门市集美区人民法院(2011)集民初字第513号民事判决书。

[3] 参见国家法官学院案例开发研究中心编：《中国法院2012年度案例》(民间借贷纠纷)，中国法制出版社2012年版，第101页。福建省厦门市海沧区人民法院(2010)海民初字第1240号民事判决书。

【案例 8－102】　湖南有色国贸有限公司诉爱华控股集团有限公司等借款合同纠纷再审案

二审法院认为,关于爱华集团公司等承担责任的性质及方式。爱华集团公司等担保人虽然否认对常州浦源公司与有色国贸公司之间名为买卖实为借款合同的事实明知。但法院经调查后认为,爱华集团公司与常州浦源公司素有业务往来,关系密切,知道常州浦源公司并无自有资金开展大宗买卖业务。在爱华集团公司第二次提供担保时,明知常州浦源公司对有色国贸公司尚有高达 2800 多万元债务,而此时项某某在自己公司资金链已经发生危机的情况下,仍然出具第二次担保,且此时担保不仅在第一次仅有爱华集团公司担保的基础上,重新加入了爱华新台州公司、爱华房地产公司以及作为法定代表人的项某某为常州浦源公司提供担保,而且不要求任何担保利益,显然有悖常理。而爱华集团公司在一审中提交的丁某在公安机关的供述以及常州浦源公司相关工作人员的陈述,称爱华集团公司对借款知情,更符合本案客观事实。故应认定爱华集团公司、爱华新台州公司、爱华房地产公司以及作为法定代表人的项某某为常州浦源公司以订立连环《公司产品购销合同》的方式向有色国贸公司借款的事实是明知的。爱华集团公司、爱华新台州公司、爱华房地产公司、项某某、丁某明知涉案买卖合同实为借款关系,仍为常州浦源公司提供担保,说明其出具最高额担保合同的真实意思是为常州浦源公司的债务进行担保。本案实际发生的债务源于借款,且并未超出各担保人担保的真实意思范围。故对各担保人的效力应予确认。各担保人对常州浦源公司不能清偿的借款,应在各自担保范围内承担连带责任。[1]

在涉案合同审理中,不论当事人是否提出过申请,法官都要依据法律的强制性规定对合同效力进行审查,而对于虚假通谋行为的认定,还应当依据日常生活经验法则和交易习惯等进行综合判断。若合同明显欠缺效果意思,双方并不真正追求形式上的合同目的,则该合同不能发生法律上的效力。换言之,欠缺效果意思表示的民事法律行为无效。

【案例 8－103】　建银国际资本管理(天津)有限公司与于甲、大连中天房地产开发有限公司执行异议纠纷再审案

二审法院认为,对于双方当事人之间业已成立的房屋买卖合同是否存在虚假通谋行为,要根据现有证据和基本案情综合判断。本案所涉房屋买卖合同明显违背市场价值规律,合同约定的房屋销售单价过分低于市场价值,合

---

〔1〕 参见最高人民法院中国应用法学研究所编:《人民法院案例选》2017 年第 11 辑(总第 117 辑),人民法院出版社 2018 年版,第 125 页。湖南省高级人民法院(2016)湘民终 323 号民事判决书。

同备案时间早于房款交付时间，有违交易习惯；合同签订人于甲同于乙系亲属关系，且于乙同中天公司实际存在民间借贷关系。基于上述因素，能够认定案涉房屋合同名为买卖，实为借贷担保。质言之，案涉房屋买卖合同并非基于双方当事人之间真实意思表示形成，合同主体之间存在虚伪通谋，应属无效。判决：驳回上诉，维持原判。[1]

（五）担保追偿处理

追偿权是一种不确定的债权，基于一定的基础法律关系而产生，专属于追偿人，不能够成为代位权行使的债权请求权。现行法律有明确规定的追偿权为担保责任追偿权、合伙债务追偿权及其他连带债务追偿权。

保证人追偿权又称保证人求偿权。根据《民法典》第七百条规定："保证人承担保证责任后，除当事人另有约定外，有权在其承担保证责任的范围内向债务人追偿，享有债权人对债务人的权利，但是不得损害债权人的利益。"保证人行使追偿权的基础及依据是已经承担保证责任。追偿权是法律赋予付出一定义务人的一种经济上的请求补偿的权利。

追偿权的范围。原则上，保证人行使追偿权的范围应当限于所承担的保证责任的范围，包括：主债务及其利息，逾期履行违约金或损害赔偿金，承担保证责任所支出的必要费用等；对代偿金额自代偿之日起产生的利息、因承担保证责任而受到的损害等，保证人亦有权向债务人主张。

追偿权的实现。借款纠纷判决中关于保证人追偿权的判项，应解释为具有给付内容的判项。保证人依法享有保证责任后向借款人追偿的权利，自不必通过判决予以确认。判决保证人在承担保证责任后有权向借款人追偿的权利，实质上就是判决借款人在保证人承担保证责任后在其承担保证责任范围内向保证人清偿债务，是具有给付内容的判项。该判项针对的是给付义务即执行标的在内容上可确定为支付金钱，虽然金钱数额未明确，但只要在保证人承担保证责任后就可以确定。该给付义务的权利人为保证人，义务人即被执行人为借款合同的借款人。因此，该判项为具有给付内容且执行标的、被执行人明确的判项，具有可执行性。换言之，保证人承担保证责任后即可直接申请法院对其借款人强制性执行，而不再需要另提起诉讼。

借款系被担保人骗走，借款本金及产生的执行费、利息、诉讼费是否应当返还

〔1〕 参见《人民司法·案例》2022年第8期（总第955期），第54页。辽宁省高级人民法院（2021）辽民再88号民事判决书。

是疑难问题。

【案例 8－104】　于甲诉于乙、任某某追偿权纠纷案

判决观点，被告于乙向李某某借款、原告于甲为借款提供担保，均是当事人的真实意思表示，其内容不违反法律法规的规定，其效力已经法院生效判决认定。于甲作为保证人履行了担保责任，根据法律规定，其有权向于乙追偿。本案争议焦点是借款系被担保人骗走，借款本金及产生的执行费、利息、诉讼费是否应当返还。关于借款本金 30,000 元。于甲已经履行保证责任向李某某清偿；该借款本金被于甲以投资方式骗走，刑事判决已责令退赔，若按刑事判决执行于甲，于甲将重复支付涉案 30,000 元。另外，刑事判决已经认定于甲为被告于乙垫付 4.5 万元执行款系民事法律关系。故借款本金 30,000 元，于乙应予偿还。关于借款产生的执行费、利息、诉讼费。于乙不能按期偿还借款系由原告于甲诈骗的犯罪行为所致，故由此产生的损失应由于甲自行承担。被告任某某、于乙系夫妻关系，但本案借款未用于家庭共同生活，故被告任某某对该借款不应承担共同还款责任。判决：于乙给付于甲 30,000 元。〔1〕

保证人在保证期已过自愿代为清偿有过错的，对其行使追偿权不受法律保护。

【案例 8－105】　洪某某诉王某某追偿权纠纷案

二审法院认为，根据本案借款合同体现的内容，王某某借款的还款期限为 2011 年 4 月 2 日，洪某某作为完全民事行为能力的主体，在 2015 年 7 月还款时，理应知道在合同约定的还款期限已经超过 4 年，担保期限未变更的情况下，其担保责任已经免除，故应当认定洪某某代为清偿的行为存在明显的过失；并且洪某某主动向厦门福客庄典当有限公司偿还相关款项履行担保责任的行为，并未通知王某某，也未向王某某核实是否向厦门福客庄典当有限公司行使已经履行抗辩、诉讼时效抗辩等权利。在此情况下，洪某某向王某某要求追偿其向厦门福客庄典当有限公司支付的相关款项，法院不予支持。判决：撤销一审判决，驳回洪某某的原审诉讼请求。〔2〕

担保费用是担保公司因为客户承担担保责任而收取的费用，一般按照担保金额的百分比收取。在实践中，法官按照利息约定是否过高的标准裁量担保费的约

---

〔1〕　参见国家法官学院、最高人民法院司法案例研究院编：《中国法院 2020 年度案例》（借款担保纠纷），中国法制出版社 2020 年版，第 81 页。山东省莱西市人民法院（2018）鲁 0285 民初 1578 号民事判决书。

〔2〕　参见国家法官学院案例开发研究中心编：《中国法院 2019 年度案例》（民间借贷纠纷），中国法制出版社 2019 年版，第 14 页。福建省泉州市中级人民法院（2017）闽 05 民终 1719 号民事判决书。

定是否合理。

【案例 8－106】 周某某诉郭某某、潘某保证合同纠纷案

二审法院认为,《借款合同》第一条第四款第(二)项约定了郭某某应向金宝德公司支付借款金额每月 1.5% 的担保费,但没有明确约定担保费的支付期间。《借款合同》第三条第一款系有关保证期间的约定。所谓保证期间,在连带保证情况下,是指根据当事人约定或者法律规定,债权人应当保证主张权利的期间。因此,该约定不能作为周某某主张郭某某应继续支付担保费的合同依据。上诉人周某某的上诉理由不成立。判决:驳回上诉,维持原判。[1]

保证人自行履行在借贷关系中承担的最高额保证责任的追偿问题。保证人实际代为清偿的借款本金、利息等债务额度大于合同约定的最高债权余额限度,对超出部分,保证人是否有权向债务人追偿有争议。一般认为,从法理及利益平衡等因素考量,法律不予支持。保证人代为清偿超过最高债权余额限度的债务超出了各方合意。保证人代为清偿超过最高债权余额限度的借款本息,并非各方当事人订立保证合同时意思表示一致的结果,不具有法定或约定的原因,也有违最高额保证制度之限额保证这一主要特征,故不应认定保证人实施的超出各方合意的行为对债务人具有应有的法律效力。支持保证人代为清偿超过最高债权余额限度部分享有追偿权,其法律后果有不确定性,且有可能损害其他债权人的利益。在现实社会中,保证人与债权人之间除了存在担保合同关系之外,还可能因借贷、买卖、货物运输、加工承揽等经济活动而建立其他金钱往来的法律关系。当债务人的财产不足以清偿多个债权人的债权时,如保证人与债权人恶意串通,将他们之间因其他法律关系发生的往来款项的主张为债务人应向该债权人偿还的超过最高债权余额限度的借款本息时必然会损害其他债权人的利益。从抗辩权角度讲,促使保证人行使对债权人抗辩,也可以行使债务人对债权人的抗辩。应注意的是,保证人对超过最高债权余额限度代为清偿的借款本息,无权追偿,但保证人可以另行提起不当得利之诉,向债权人请求返还其已为的给付。

【案例 8－107】 谢某某诉远梦地产公司、郭某某追偿权纠纷案

一审法院认为,债权人饶某某与债务人远梦地产公司、郭某某成立借款合同关系。谢某某为远梦地产公司、郭某某的借款提供连带担保责任,并签订了《最高额保证合同》。谢某某作为连带责任保证人,在债务人逾期未归还借款本息的情况下,代偿借款本息后,有权向债务人进行追偿。依谢某某

---

〔1〕 参见国家法官学院案例开发研究中心编:《中国法院 2018 年度案例》(借款担保纠纷),中国法制出版社 2018 年版,第 90 页。北京市第二中级人民法院(2016)京 02 民终 3672 号民事判决书。

与饶某某签订的《最高额保证合同》约定,谢某某担保债权的最高余额仅为300万元。故谢某某归还第三人饶某某超过300万元限额外的本息无权向远梦地产公司、郭某某追偿。判决:远梦地产公司、郭某某返还谢某某代偿款300万元。

二审法院认为,在最高额保证中,保证人的责任范围就是最高债权额限度内的债权余额。本案中,依据饶某某与谢某某签订的《最高额保证合同》第一条约定,案涉借款本金、利息、罚息、费用等均属于债权余额范围。如果该300万元最高限额仅指借款本金,那么对于保证人而言,其可能负担的债权是一个未知数,这有违《担保法》关于最高额保证制度的立法本意。故郭某某本应依合同约定,在最高限额300万元之内对所发生的借款本金、利息以及贷款人实现债权的费用等承担保证责任,而对超出该300万元限额的部分不承担责任。根据《担保法》第三十一条规定,担保人只要按照担保合同的约定向债权人清偿责任后,即可取得对债务人的追偿权。但若担保人承担保证责任时,实际给付的金额大于担保合同约定的金额,则对于超出部分,保证人不得向债务人追偿。判决:驳回上诉,维持原判。〔1〕

根据《民法典》第七百条规定,保证人享有追偿的权利。但关于连带共同保证人是否享有追偿权,现有条文无明确规定,需要根据《民法典担保解释》第十三条的规定处理。数个保证人中一人履行了保证责任后与债务人重新约定还款期限的,在还款期限届满前不得向其他保证人行使追偿权。

【案例8-108】 牛某诉聂某某等追偿权纠纷案

判决观点,本案中,牛某作为已经承担保证责任的保证人。在新疆维吾尔自治区库尔勒市铁路运输法院执行过程中替债务人罗某、杨甲偿还债务274,295.36元后,虽然有权要求承担连带责任的其他保证人聂某某、杨乙、宋某某、唐某某清偿其应当承担的份额,但是由于债务人罗某向牛某重新出具借条约定:“今借到牛某替罗某还工商银行巴音郭楞蒙古自治州分行贷款274,295.36元,于2020年开始还款,每年12月31日前还20,000元,直到还完为止”,该借条经新疆维吾尔自治区库尔勒市铁路运输法院确认在当事人手中,说明牛某已经接受了借条约定的内容,因此该借条合法有效,债务人罗某、杨甲及保证人牛某应按该借条的约定行使权利并履行义务。根据借条的约定,债务人罗某、杨甲向牛某的还款期限尚未到期,如果支持牛某向其他保证人行使追偿权,必然会否定罗某向牛某重新出具的借条效力(对还款期限

〔1〕 参见国家法官学院、最高人民法院司法案例研究院编:《中国法院2021年度案例》(借款担保纠纷),中国法制出版社2021年版,第108~109页。江西省吉安市中级人民法院(2019)赣08民终1145号民事判决书。

的约定）。因此，在罗某向牛某重新出具的借条履行期限届满之前，牛某尚不具备条件向其他保证人行使追偿权。另外，如果支持牛某向其他保证人行使追偿权，其他保证人偿还债务后又可向债务人罗某、杨甲再行使追偿权，牛某、聂某某、杨乙、宋某某、唐某某亦可持其重新出具的欠条和借条再向债务人罗某、杨甲行使追偿权，导致连环追偿，增加诉累，同时也违反了债务人罗某、杨甲向其他保证人牛某、聂某某、杨乙、宋某某、唐某某重新出借欠条和借条的真实意思表示。判决：驳回牛某的诉讼请求。[1]

保证人承担连带责任保证后，可以向债务人行使追偿权，同时也可以向其他保证人行使追偿权。

【案例8－109】　徐某诉赵甲、赵乙追偿权纠纷案

判决观点，原告徐某因履行担保义务有权向被告赵甲追偿。因此，原告徐某诉求被告赵甲偿付其垫付款28,215.47元，法院予以支持。对于原告诉求支出的案件执行费600元，系原告徐某未自动履行担保义务而产生的费用，应自行承担，对此，法院不予支持。对于被告赵乙应承担偿还的部分，法院认为，原告徐某与被告赵乙在签订保证合同时，双方未对保证的份额进行约定，被告赵乙应与原告徐某分担不能追偿的部分。对被告赵乙辩称的被告赵甲的妻子徐某某亦应作为被告未归还原告徐某的垫付款，因原告徐某未起诉徐某某，对此法院不予采纳。[2]

共同抵押除抵押合同对各抵押物所担保的债权份额有明确约定外，为连带共同抵押，各抵押人以其抵押物承担连带责任。此处的连带责任为物的连带责任，属于物权关系，不同于连带债务，连带债务为人的连带责任，属于债权关系。因为连带共同抵押物是物的连带，所以连带责任以抵押物所占的份额为限来承担，而不是因两个抵押人而各占1/2。连带共同抵押的抵押物清偿债务后相互追偿权消灭。

【案例8－110】　程某诉陆某追偿权纠纷案

判决观点，原、被告提供的反担保，属于共同抵押，该反担保合法有效。由于奥肯公司不履行到期债务，律政公司承担保证责任，其履行保证责任后，将有权要求反担保承担担保责任。在此情形下，程某的房产虽然未被行使担保物权，但原告经律政公司同意，以律政公司的名义直接向主债权人银行偿

［1］　参见国家法官学院、最高人民法院司法案例研究院编：《中国法院2021年度案例》（借款担保纠纷），中国法制出版社2021年版，第113页。新疆生产建设兵团乌鲁克垦区人民法院（2019）兵0202民初132号民事判决书。

［2］　参见国家法官学院案例开发研究中心编：《中国法院2015年度案例》（借款担保纠纷），中国法制出版社2015年版，第135页。山东省济南市平阴县人民法院（2013）平民初字第524号民事判决书。

还贷款55万元的行为,应视为以金钱直接给付的方式来履行其应承担的反担保责任。陆某提供的抵押财产已经进入司法强制执行程序进行拍卖,评估值为27.59万元,尚未清偿的债权为27.06万元及违约金。故原、被告所提供的抵押均已经被抵押权人律政公司行使抵押权。原、被告提供反担保没有约定各抵押物所担保的债权份额,相互之间承担物上连带责任。抵押人承担担保责任后,可以要求其他抵押人清偿其应当承担的份额。当各个抵押物已经用来清偿担保责任后,物上连带责任消灭,抵押人之间不再享有追偿的权利。故在陆某所提供的抵押物已经被全部用于清偿债务的情况下,程某基于物上连带责任的追偿权消灭,不能因所提供的抵押物价值高,而要求陆某再分担,否则就违背了物上连带责任法理,成为人的连带。故对原告程某的诉讼请求,法院不予支持。判决:驳回原告程某的诉讼请求。[1]

在前判明确确认保证人的追偿权的情况下,保证人对债务人提起追偿权诉讼,不属于重诉讼。

【案例8-111】 何某某诉黄某某、胡某某追偿权纠纷案

判决观点,现因黄某某未按约还款,何某某依约履行保证责任,代为偿付建行厦门分行221,294.44元,有权向黄某某追偿。何某某要求黄某某偿还代偿款221,294.44元并支付自代偿之日(2019年8月26日)起按年利率6%计算的资金占用费,有事实和法律依据,予以支持。何某某主张其偿还代偿54,000元,该54,000元实际系黄某某向何某某的借款,与本案并非同一法律关系,对该部分诉讼请求不予支持,何某某应另案起诉。黄某某向建行厦门分行的上述贷款发生在其与胡某某婚姻关系存续期间,且贷款用于购买房产,形成夫妻共同财产,应认定为该债务用于夫妻共同生活。何某某主张其所代偿的前述债务为黄某某、胡某某的夫妻共同债务,并要求胡某某承担共同还款责任,有事实和法律依据,予以支持。黄某某、胡某某还应共同支付何某某财产保全费1920元。判决:黄某某、胡某某共同向何某某支付代偿款221,294.44元并支付资金占用费、支付财产保全费1920元。[2]

代履行义务不享有追偿权,而是不当得利。债务人怠于履行对债权人的债务,致使代履行义务人遭受损失,债务人与债权人的债务终结,债务人从中获得了利益。因此,债务人无须向债权人履行债务属于不当得利,应将不当得利返还给

---

〔1〕 参见国家法官学院案例开发研究中心编:《中国法院2015年度案例》(借款担保纠纷),中国法制出版社2015年版,第179页。江苏省宿迁市泗洪县人民法院(2013)洪民初字第1097号民事判决书。

〔2〕 参见国家法官学院、最高人民法院司法案例研究院编:《中国法院2021年度案例》(借款担保纠纷),中国法制出版社2021年版,第133页。福建省厦门市思明区人民法院(2019)闽0203民初20308民事判决书。

遭受损失的代履行义务人。

【案例8－112】 浙江东阳建工集团第六分公司诉杨某追偿权纠纷案

二审法院认为,东阳公司在一审起诉时虽以其对杨某具有追偿权起诉,但本案查明的事实及当事人之间实际存在的法律关系并非追偿权纠纷,而属不当得利性质。一审以追偿权纠纷定性属法律适用错误,应予以纠正。因杨某未履行济阳县(2007)济阳民初字第926号生效判决书确定的义务,东阳公司代杨某履行了该生效判决确定的义务,东阳公司为此受到损失,杨某为此获得了利益(其获利形式为应当付出的没有付出),东阳公司与杨某之间形成不当之债,杨某就本案形成的债务应当向东阳公司退还。判决:撤销一审判决,杨某支付代为履行案件款250,000元及利息。[1]

保证人没有债务人的委托,单方面以书面形式向债权人出具担保书,在这种情况下,保证人与债务人之间的法律关系应为无因管理或准无因管理关系,保证人虽然在没有法定或约定义务的情况下清偿主债务,但其清偿行为使主债务人从中受益,根据无因管理的法律规定,保证人可以要求主债务人支付必要的费用。此外,保证人也可以根据代位求偿权的一般民法原则向主债务人进行追偿。代位权属于法律上的债权转移,无论是否经过主债务人同意,保证人对主债权进行清偿后,主债权人的权利在清偿的范围内转移给了保证人,保证人享有主债权人的权利,可以要求主债务人偿还。

【案例8－113】 徐某某诉李某某等追偿权纠纷案

判决观点,原告作为保证人代被告李某某、腾某偿还第三人前阳支行贷款本息共计人民币51,492元,原告履行了保证责任有权利向被告李某某、腾某追偿,故原告要求被告李某某、腾某的诉讼请求合理,法院予以支持。[2]

保证金是否可以抵扣代偿款,应根据保证合同的约定。

【案例8－114】 东莞市百川融资担保有限公司诉李某某、何某追偿权纠纷案

二审法院认为,保证金应否抵扣代偿款。李某某主张风险保障金即保证金,根据《委托担保合同》第四条第二项约定,案涉风险保障金75,000元,用于扣划百川担保公司代偿款项,因该部分应予以抵扣。百川担保公司则认

〔1〕 参见国家法官学院案例开发研究中心编:《中国法院2015年度案例》(借款担保纠纷),中国法制出版社2015年版,第71页。湖北省宜昌市中级人民法院(2013)鄂宜昌中民二终字第00151号民事判决书。

〔2〕 参见国家法官学院案例开发研究中心编:《中国法院2015年度案例》(借款担保纠纷),中国法制出版社2015年版,第123页。辽宁省丹东市东港市人民法院(2013)东民初字第02033号民事判决书。

为,风险保障金与保证金不是同一款项,案涉保证金75,000元款项不能抵扣代偿款。本院认为,首先,从《委托担保合同》第四条第二项约定的内容来看,该约定共两句话,第一句是有关"风险保障金"的金额及缴纳时间的陈述,第二句前半部分是有关"保证金"扣划权限的陈述,后半部分是"风险保障金"不予退还的情形的陈述。从该条整体内容来看,该条款中"风险保障金"与"保证金"应指向同一笔款项。其次,从《委托担保合同》第六条来看,该条款是有关李某某的权利和义务的约定,其中第二项详细写明李某某应向百川担保公司缴纳的评审费、担保费、保证金,而未提及风险保障金。最后,风险保障金与保证金的金额相同,均为75,000元,而李某某仅向百川担保公司缴纳了保证金,未向百川担保公司缴纳额外的风险保障金。假如百川担保公司的陈述真实,风险保障金与保证金性质不一致,则李某某应另需缴纳百川担保公司额外的风险保障金,而百川担保公司也未向李某某追讨该款项则为李某某提供了担保。百川担保公司辩称风险保障金在合同中并未约定要支付,其陈述明显与《委托担保合同》第四条第二项约定不相符。综上,从《委托担保合同》整体内容来看,风险保障金与保证金应系同一笔款项。依据《委托担保合同》第四条第二项有关"乙方(李某某)在本合同上签字即视为授权甲方(百川担保公司)可以从其缴纳的保证金及其银行账户划扣由于乙方责任而给甲方造成的一切代偿及损失款项"约定,李某某主张保证金75,000元用于抵扣代偿款,本院予以支持。据此,李某某向百川担保公司返还的代偿款数额应为412,395.24元(487,395.24元-75,000元),原审法院认定风险保障金与保证金是不同款项属认定事实错误,本院予以纠正。[1]

债务人死亡,保证人在履行完保证责任后,应注意区分追偿对象是共同债务人还是继承人。

【案例8-115】　宋某诉夏某、吕乙追偿权纠纷案

判决观点,保证人宋某在替债务人吕甲承担保证责任后,有权向债务人追偿。债务人吕甲去世后,其母亲夏某已对吕甲部分遗产进行处理,用于偿还吕甲生前所欠部分债务,因此夏某的行为应当视为接受对其儿子吕甲遗产的继承。吕甲的女儿及其法定代理人朱某经法院依法传唤未出庭、未发表意见,也应当视为接受对吕甲遗产的继承。因此,夏某及吕乙作为吕甲遗产的顺序第一继承人,应当在其继承遗产的范围内清偿被继承人生前所欠债务;原告宋某在保证借款合同中并未对其承担保证责任之后的利息作约定,因此

---

〔1〕 参见国家法官学院案例开发研究中心编:《中国法院2014年度案例》(借款担保纠纷),中国法制出版社2014年版,第94~95页。广东省东莞市中级人民法院(2012)东中法民二终字第108号民事判决书。

原告只能在代为履行的债务范围内主张追偿权，原告主张其替吕甲偿还债务之日起的利息，没有事实和法律依据，所以不予支持。判决：被告夏某、吕乙在继承吕甲的遗产范围内偿还原告宋某欠款本息合计99,930元。[1]

实际债务人借名贷款，并由担保人提供担保，实际债务人与名义债务人之间成立委托合同关系，委托事项包含与债权人订立贷款合同，与担保人成立担保合同。名义债务人以自己的名义与担保人订立担保合同，但担保人在订立合同时知道名义债务人与实际债务人之间的代理关系的，担保人承担还款责任后，应向实际债务人行使追偿权。

【案例8－116】 虞某诉徐某、虞某伟追偿权纠纷案

一审法院认为，虞某伟以徐某名义向银行贷款，徐某取得贷款后当即将其中的35万元转账给虞某伟，剩余部分用于虞某伟发放工资。虞某与虞某伟系亲兄弟，与徐某并不相识。虞某伟就其贷款需要抵押事项与虞某进行协商，并请求以兄弟双方共有的房产为贷款提供抵押。后虞某、虞某伟以徐某名义所贷款项提供抵押担保，故虞某伟应为实际借款人。民事活动应当遵循公平、诚实信用等原则。为债务人提供抵押担保的，在抵押权人实现抵押权后，抵押人有权向债务人追偿，但应有受益者担责。本案中，虞某的抵押担保行为最终受益的是实际债务人虞某伟，应当根据客观情况据实确定由虞某伟向虞某清偿款项。虞某在明知虞某伟为实际借款人的情况下仍向徐某主张追偿权，不符合担保法立法原意，也有违公平、诚信原则。判决：驳回虞某要求徐某还款的诉讼请求。二审法院调解，虞某与虞某伟达成一致还款协议。[2]

---

〔1〕 参见国家法官学院案例开发研究中心编：《中国法院2014年度案例》（借款担保纠纷），中国法制出版社2014年版，第102～103页。黑龙江省鸡西市虎林市人民法院（2012）虎商初字第129民事判决书。

〔2〕 参见《人民司法·案例》2022年第8期（总第955期），第49页。浙江省舟山市中级人民法院（2021）浙09民终756号民事调解书。

专题九　借款涉及刑民交叉纠纷

在民间借贷趋向市场化、职业化的背景下，应当重视新类型民事关系中新类型犯罪的新特点及相互关联，不能以简单的民事审判视角处理当事人借款合同纠纷，司法活动亦应展现保护弱者、化解社会矛盾的功能。本专题就借款刑民交叉纠纷予以阐述。

一、借款涉及刑民交叉理解

(一)刑民交叉含义

刑民交叉的概念和内涵,法律并无明确规定,理论上有多种表述。

刑民交叉案件是指刑事案件与民事案件在法律事实、法律主体方面存在完全重合或者部分重合,导致案件的刑事、民事部分之间在程序处理、责任承担等方面相互交叉和渗透。正是由于案件法律事实产生了交叉(重合或者部分重合),根据不同的法律规范产生了不同的法律责任(刑事责任和民事责任),涉及完全相同或者部分相同的主体承担,需要两种不同的诉讼程序(通过刑事诉讼运用公权力进行制裁和通过民事诉讼对私权利进行救济)来实现权利救济,才产生案件的交叉问题。[1]

最高人民法院法官认为,因民事案件与刑事案件裁判理念不同、裁判标准不同,承担的民事责任或者刑事责任等不同,应当具体问题具体分析,因案施策;既要体现民事责任优先,又不能干扰、削弱刑事责任的承担,更不能出现一份权利获得多份救济的后果。协调、平衡好刑民交叉案件,是司法裁判的终极目标。[2]

最高人民法院第六巡回法庭认为,如何把握办理民刑交叉案件的思路和原则?民事诉讼与刑事诉讼在基本原则、程序构造、证据规则等方面均有不同之处,司法实践中民事案件与刑事案件在主体、事实等方面可能存在完全重合或者部分重合,导致案件的民事、刑事部分在程序处理、实体责任承担等方面相互交织、影响,就是所谓的刑民交叉案件。人民法院关于刑民交叉问题的司法解释或规范性文件,例如《最高人民法院关于在审理经济纠纷案件中涉及经济犯罪嫌疑若干问题的规定》《民间借贷规定》《九民纪要》等,对办理刑民交叉案件提供了基本裁判依据。办理刑民交叉案件的基本思路是按照案涉事实的同一性程度,进行区分认定和处理。对于因同一事实、相同当事人同时涉及刑事、民事责任,如因刑事犯罪

---

〔1〕 参见最高人民法院民事审判第一庭编著:《最高人民法院民间借贷司法解释理解与适用》,人民法院出版社2015年版,第123页。

〔2〕 参见《人民司法·案例》2019年第20期(总第859期),第19页。

行为侵犯受害人人身权利、财产权利,以及受害人对刑事程序中依法应予追缴、责令退赔的财产享有合法民事权益的,为“竞合型”刑民交叉案件,一般应当遵循“先刑后民”的处理原则,在刑事程序中合并处理,民事权利救济可通过刑事附带民事诉讼或追赃、退赔等方式获得实现。当事人单独提起民事诉讼的,人民法院一般不予受理,应告知受害人或者利害关系人可在刑事诉讼程序中提起附带民事诉讼,同时将涉嫌刑事犯罪的相关材料、线索移送刑事侦查机关。

但在刑事案件中未对民事责任予以处理的,应允许当事人另行提起民事诉讼。

因不同事实、相同当事人分别涉及刑事、民事责任的,或者因同一事实、不同当事人分别涉及刑事、民事责任的,为“牵连型”刑民交叉案件,参考《九民纪要》第一百二十八条规定,一般采取并行处理的原则,即民事案件与刑事案件应分别受理,分开审理。另外,在涉及银行卡纠纷、证券虚假陈述案件中,司法解释已明确规定了“先民后刑”的审理原则。如《最高人民法院关于审理银行卡民事纠纷案件若干问题的规定》第十条规定,在符合当事人约定或法定情形下,人民法院应依法支持持卡人请求发卡行、非银行支付机构承担先行赔付责任的诉讼请求。〔1〕

《最高人民法院关于在审理经济纠纷案件中涉及经济犯罪嫌疑若干问题的规定》第一条规定,同一自然人、法人或非法人组织因不同的法律事实,分别涉及经济纠纷和经济犯罪嫌疑的,经济纠纷案件和经济犯罪嫌疑案件应当分开审理。《民间借贷规定》第五条、第六条的规定也采取该项原则,并将“同一法律关系”“同一法律事实”,表述为“同一事实”。对于同一事实,《九民纪要》提出从实施主体、法律关系、要件事实三个角度进行认定,第一百二十八条规定以是否系同一主体实施的行为来判断刑事、民事案件应否分别审理。另外,该条第一款第五项作为兜底性条款,明确规定受害人请求涉嫌刑事犯罪的行为人之外的其他主体承担民事责任的,民事案件与刑事案件应当分别审理。因此,应根据是否系同一主体实施的行为,来分析判断是否是基于同一事实产生的民事纠纷与涉嫌刑事犯罪;如果不是同一主体实施的行为,一般情况下不宜认定为“同一事实”。民刑交叉领域所指的“关联事实”,一般是指在民事法律关系的形成过程中,当事人或他人的行为虽涉嫌犯罪,但对民事法律行为或者民事法律关系的性质、效力、责任等不产生实质性影响的相关事实。对于因关联事实分别引起的民事和刑事案件,相关司法解释采取分别受理、分别审理的原则,如《最高人民法院关于在审理经济纠纷案件中涉及经济犯罪嫌疑若干问题的规定》第十条、《最高人民法院关于审

---

〔1〕 参见最高人民法院第六巡回法庭编:《最高人民法院第六巡回法庭裁判规则》,人民法院出版社2022年版,第29~30页。

理票据纠纷案件若干问题的规定》第七十三条、《民间借贷规定》第六条等规定。[1]

关于涉民刑交叉金融存款、借款纠纷案件的实体责任认定应注意哪些问题？无论受害人或者其他利害关系人提起的是合同之诉还是侵权之诉，均不能简单适用侵权责任领域用人单位的"替代责任"理论，而应充分分析和考虑用人单位与受害人各自的过错情况，合理确定各方当事人应承担的民事责任。在认定各方当事人的过错时一般应考虑以下因素：一是交易形态是否正常，是否以牟取高息或不法利益为目的，属于非正常交易的，需要判断双方过错；二是资金往来是否进入单位账户，资金未转入单位账户的，一般情形下受害人应承担主要过错责任；三是考虑交易场所、时间等因素，是否在单位公共区域、正常上班期间进行交易；四是是否妥善保管个人信息，包括身份证、存取款密码、U盾密码等信息；五是单位是否尽到必要的监督管理职责，如果能够证明已经尽到必要合理义务的，一般情形下承担次要过错责任。在银行卡盗刷纠纷中，还应综合考虑银行卡盗刷行为的构成要件、性质认定、举证责任分配、抗辩事由及过错程度等因素。[2]

《河北省高级人民法院民间借贷案件审理指南（试行）》20. 借款人因借贷行为涉嫌犯罪，出借人单独起诉借款人的，人民法院不予受理。出借人单独起诉担保人的，人民法院应予受理。出借人同时起诉担保人和借款人的，人民法院应告知出借人将借款人涉嫌犯罪的线索、材料移交给公安或者检察机关；出借人坚持起诉借款人和相保人，且符合《民事诉讼法》第一百二十二条规定的受理条件的，人民法院应予受理。人民法院受理后，应裁定驳回出借人对借款人的起诉，并将线索、材料移送公安或检察机关，同时继续审理出借人对担保人的诉讼请求。如因借款人涉嫌犯罪导致民间借贷案件基本事实无法查清，需以借款人涉嫌犯罪刑事案件的审理结果为依据的，人民法院应裁定中止审理民间借贷案件。

《河北省高级人民法院民间借贷案件审理指南（试行）》21. 人民法院依据《最高人民法院关于审理民间借贷案件适用法律若干问题的规定》第五条之规定移送线索、材料时应注意：(1)应当制作专门的《涉嫌犯罪线索移送函》，并附上民事案件起诉状、案件线索涉及的相关材料；(2)应当制作移送回执，要求公安或检察机关在接到移送材料后，在移送回执上签字或盖章；(3)《涉嫌犯罪线索移送函》中一般宜载明建议公安机关或检察机关在一定期限内将是否立案的情况通知移送案件的人民法院；(4)公安机关或检察机关审查后予以立案的，人民法院应将已经查封、冻结的涉案财物移送公安机关或检察机关，由公安机关或检察机关变更

---

〔1〕 参见最高人民法院第六巡回法庭编：《最高人民法院第六巡回法庭裁判规则》，人民法院出版社2022年版，第30～31页。

〔2〕 参见最高人民法院第六巡回法庭编：《最高人民法院第六巡回法庭裁判规则》，人民法院出版社2022年版，第32页。

为刑事冻结、扣押手续。

(二)刑民交叉处理规则

1. 借款行为自身涉及犯罪

《民间借贷规定》第五条规定："人民法院立案后，发现民间借贷行为本身涉嫌非法集资等犯罪的，应当裁定驳回起诉，并将涉嫌非法集资等犯罪的线索、材料移送公安或者检察机关。公安或者检察机关不予立案，或者立案侦查后撤销案件，或者检察机关作出不起诉决定，或者经人民法院生效判决认定不构成非法集资等犯罪，当事人又以同一事实向人民法院提起诉讼的，人民法院应予受理。"

借款人的借款行为涉嫌犯罪，或者已被生效的判决认定构成犯罪，出借人起诉担保人的，应属于法院案件受理范围。

【案例9－1】 俞某诉何某保证合同纠纷案

二审法院认为，本案上诉人俞某系以保证合同纠纷为由起诉本案被上诉人何某，虽讼涉借款已被二审法院(2013)浙绍刑初字第54号生效刑事判决书认定为郭某集资诈骗的犯罪事实，但本案讼涉保证合同关系与上诉人和郭某之间的借款合同系属不同的法律关系，且现无证据证明本案担保人存在与主债务相关的犯罪事实，故上诉人之起诉应属人民法院受理民事诉讼的范围。原审以本案借款已被认定为犯罪行为，故本案不属于民事诉讼范围为由，裁定驳回上诉人起诉不当，二审法院予以纠正。裁定：撤销一审裁定；指令一审法院对本案进行审理。[1]

2. 借款行为不属于同一事实但有犯罪嫌疑

《民间借贷规定》第六条规定："人民法院立案后，发现民间借贷纠纷案件虽有关联但不是同一事实的涉嫌非法集资等犯罪的线索、材料的，人民法院应当继续审理民间借贷纠纷案件，并将涉嫌非法集资等犯罪的线索、材料移送公安或者检察机关。"对本条规定的理解重点是"同一事实"。刑民交叉案件的同一事实并非是指刑事、民事法律规范的要件事实同一，应理解为刑事、民事法律规范指向的自然意义上的事实本身同一。

司法实践中，借款人的借款行为本身就有可能构成非法吸收公众存款罪、集

---

〔1〕 参见浙江省绍兴市中级人民法院(2014)浙绍商终字第753号民事裁定书。

资诈骗罪等。在这种情况下,应当不作为民事案件审理,但该行为与民间借贷有牵连,却又不是借贷行为本身的,如何处理?例如,借款人为筹集到借款而私刻了某单位公章,并以私刻的公章在担保一栏中盖章。借款人私刻公章的行为显然涉嫌犯罪,且这一行为的目的是能够让出借人相信有担保人从而顺利地出借款项。这种私刻公章的行为与民间借贷即有关联,但其本身不是借贷行为,私刻公章的行为并不是借贷行为中一个不可或缺的组成部分,因此,对于民间借贷纠纷,人民法院应当继续审理,而就私刻公章涉嫌犯罪的问题,人民法院可以将有关犯罪线索材料移送给侦查机关,或者告知当事人向侦查机关控告或者报案。还需要注意的是,移交犯罪线索材料不仅适用于人民法院在审理民间借贷案件时主动发现,如果当事人主动提交了涉嫌犯罪的线索、材料的,同样适用本条规定。[1]

【案例9-2】　王某乙诉北京安汇捷科技有限公司等民间借贷纠纷案

二审法院认为,本案中,根据《借款合同》载明,出借人为王某乙、借款人为安汇捷公司,时任安汇捷公司法定代表人的王某甲并非借款人,其与吴某某、齐某均为连带保证人。公安机关虽然对王某甲以涉嫌经济犯罪为由立案侦查,但安汇捷公司一直存续并在签订《借款合同》后多次变更公司的名称、法定代表人、注册资本、公司高管、住所地等工商登记信息,该经济犯罪嫌疑的线索与本案所涉纠纷并非基于同一事实或同一法律关系,原审法院仅以王某甲涉嫌犯罪为由,裁定驳回王某乙的起诉,属于适用法律错误。现王某乙对安汇捷公司、吴某某、齐某的起诉符合《民事诉讼法》第一百一十九条规定的起诉条件,人民法院应予受理。裁定:撤销一审裁定;指令一审法院对本案进行审理。[2]

3. 借款行为与刑事案件关联处理原则

《民间借贷规定》第七条规定:"民间借贷的基本案件事实必须以刑事案件审理结果为依据,而该刑事案件尚未审结的,人民法院应当裁定中止诉讼。"

民事案件裁定中止后,当事人补充提供了新的证据能够证明案件基本事实的,是否还要继续中止审理,对此,司法解释制定者认为,民事案件中止审理的前提是,因案件基本事实不清须待刑事案件的审理结果,如果在中止中当事人通过自己的取证,能够解决民事诉讼中的基本事实问题,我们认为应继续审理,而不需

---

〔1〕 参见最高人民法院民事审判第一庭编著:《最高人民法院民间借贷司法解释理解与适用》,人民法院出版社2015年版,第138页。

〔2〕 北京市第一中级人民法院(2015)一中民(商)终字第5699号民事裁定书。

继续等待刑事案件的审理结果。[1]

4. 民刑分离处理原则

《民间借贷规定》第八条规定:“借款人涉嫌犯罪或者生效判决认定其有罪,出借人起诉请求担保人承担民事责任的,人民法院应予受理。”

借款人涉嫌非法吸收公众存款罪的,借款合同和保证合同在撤销前有效。集资人的民事行为在刑事上犯罪,应认定行为人在签订合同时主观上构成欺诈。该欺诈行为损害的是相对方或第三人的利益,《民法典》除了将损害国家利益作为合同无效的原因外,将在违背真实意思情况下订立的损害相对方利益的合同规定为可撤销的合同。故根据《民法典》第一百四十八条,应认定合同可撤销。认定合同可撤销,将合同有效与否的权利赋予受欺诈人,更有利保护权利人的权益,也体现了私法领域意思自治的基本原则。

【案例9-3】 邓某某诉中发投资担保有限公司、张某某保证合同纠纷案

二审法院认为,关于《入伙协议书》是否有效。根据相关法律规定,民事合同一方当事人构成犯罪,被追究刑事责任,并不当然否定民事合同以及相对应担保合同的效力。本案中,中发公司及张某某主张因通商国银公司是其负责人为非法吸收公众存款而设立,故《入伙协议书》为无效合同。法院认为,即使认定通商国银公司确实是为实施犯罪活动而设立,也不能简单认定通商国银公司为实施犯罪活动而签订的所有合同一概无效,判定合同是否无效的依据是《合同法》第五十二条。本案中,通商国银公司虽然以欺诈的方式与投资者签订《入伙协议书》,但不直接涉及国家、集体、第三人利益或者社会公共利益,亦属于以合法形式掩盖非法目的的通谋行为,所以,《合同法》第五十二条第(一)项至第(四)项在本案中并不适用。关于《入伙协议书》是否违反了《刑法》并因此无效的问题,《刑法》第一百七十六条禁止的是非法吸收公众存款或者变相吸收公众存款的行为,但是签订《入伙协议书》单独并不构成非法吸收公众存款或者变相吸收公众存款的行为,还需要满足其他犯罪构成要件才能认定为犯罪,即《入伙协议书》并不存在法律规定无效的情形,应认定有效,中发公司及张某某的该项上诉理由,无法律依据,法院不予采信。

关于中发公司是否应当承担保证责任。首先,因主合同《入伙协议书》有效,则无原《担保法》第五条中“担保合同是主合同的从合同,主合同无效,担保合同无效”规定的适用余地。其次,邓某某与中发公司签订《合伙履约

[1] 参见最高人民法院民事审判第一庭编著:《最高人民法院民间借贷司法解释理解与适用》,人民法院出版社2015年版,第153页。

担保函》时双方当事人意思表示真实,中发公司自愿为邓某某与通商国银公司签订的《入伙协议书》中合同总价及收益承担连带保证责任,该担保函未违反法律及行政法规,应当认定有效。此外,在中发公司知晓通商国银公司的投资项目可能涉嫌非法吸收公众存款罪后,仍与邓某某签订《北京中鼎迅捷投资有限合伙保函特别协议书》,再次对其如何履行保证责任进行了约定,承诺分期向邓某某偿还剩余欠款,现邓某某有权依据特别协议要求中发公司承担保证责任。中发公司承担保证责任后,在中发公司实际承担保证责任范围内,邓某某不再享有再次要求通商国银公司履行债务的权利。至于中发公司提出其无法在查封、扣押的涉案财物中要求返还的理由,不论事实上是否确实如此,并不影响其在保证法律关系中承担担保责任。

关于中发公司"通商国银公司涉嫌犯罪,一审应当先刑后民,中止审理"的上诉意见,法院认为,本案中,保证合同纠纷案件的审理并不必须以非法吸收公众存款罪的刑事案件审理结果为依据。通商国银公司的相关人员是否构成非法吸收公众存款罪,并不影响法院对通商国银公司与邓某某的《入伙协议书》及其从合同效力的认定,本案不属于必须适用先刑后民处理方式的情形,故中发公司该项上诉理由,无法律依据,法院不予支持。[1]

(三)借款行为涉嫌犯罪

民间借贷因自发性、民间性的特点,存在借贷行为缺乏监督管理、款物流通随意、借贷行为不规范等问题,而不法分子就会利用民间借贷参与主体急于获利、法律意识不足等漏洞,通过虚构债权、虚增高利等方式侵占受害人财产。包括套路贷在内的层出不穷的案件,不仅严重扰乱正常的民间借贷活动,更因为黑恶势力的参与而涉嫌构成经济犯罪,破坏社会秩序。也就是说,法院对出借人与借款人不存在真实合法的债权债务关系而涉嫌犯罪的应中止审理。

【案例9-4】 吴某诉姚某某、贾某某民间借贷纠纷案

二审法院认为,姚某某、贾某某均年逾六旬的退休老人,二人与吴某此前并不相识,吴某在未核实借款用途、借款人还款能力的情况下,仅因借款有抵押便向并不相识的陌生人出借400万元借款,且围绕该笔借款签订了多份对借款期限、利息标准等基本条款不尽相同的借款合同,本案诉讼中,吴某主张落款日期在后的《借款及服务协议》是双方实际履行的合同,而在诉讼前,吴

---

〔1〕 参见国家法官学院案例开发研究中心编:《中国法院2017年度案例》(借款担保纠纷),中国法制出版社2017年版,第72~73页。北京市第三中级人民法院(2015)三中民终字第12869号民事判决书。

某却以经过公证的《借款合同》为依据,申请公证机关签发执行证书。《借款及服务协议》约定,中兴公司有权收取管理服务费、惩罚性违约金,还有权在姚某某、贾某某未按期还款时,按低于市场价20%的标准或按协议约定的借款金额出售抵押房产。而该份事关当事人处分重大权益的合同并非借贷双方同时当面签署的,与常理不符。此外,中兴公司在催讨债务过程中,出现了由职业索债人采用软暴力方式索债的情形,与一般民间借贷常情不符。依据《最高人民法院关于在审理经济纠纷案件中涉及经济犯罪嫌疑若干问题的规定》第十一条规定,本案应当裁定驳回吴某的起诉,将本案移送至公安机关。判决:撤销一审判决,驳回吴某的起诉。[1]

涉嫌经济犯罪的,法院裁定驳回起诉,同时将案件移送公安机关。

【案例9-5】 中科投资有限公司诉陈某某、刘某某借款合同纠纷案

一审法院认为,本案中,中科投资有限公司(以下简称中科公司)虽然主张该公司与陈某某之间为借款关系,否认中科惠远公司及新西兰文化公司为陈某某提供赴新西兰工作的服务存在任何关系,也表示不清楚本公司是如何与新西兰文化公司取得联系的。但在中科公司、中科惠远公司及新西兰文化公司三方分别与陈某某签订的合同书中却载明了诸如“中科公司将借款直接支付给新西兰文化公司”“新西兰文化公司接受借款人所获得的劳动报酬后将其中一部分归还中科公司欠款”“陈某某向中科公司的借款要按期足额汇入中科公司指定的新西兰文化公司的收款账户”等条款。根据上述合同条款,陈某某不仅无权占有、使用原告主张的35,000元款项,对于还款方式和流程也无权决定。且分析上述三份合同,中科公司、中科惠远公司及新西兰文化公司三方彼此配合、共同保证陈某某完成中科公司还款义务的事实明显与中科公司在庭审中所做出的陈述相矛盾。因此法院无法采信中科公司关于该公司与陈某某之间系借款合同关系的主张。根据本案已查明的事实,中科公司与陈某某之间的合同关系不符合借款合同关系的特征,亦无法运用相关法律规范进行裁判。裁定:驳回中科公司的起诉。

二审法院认为,一审法院依据《最高人民法院关于在审理经济纠纷案件中涉及经济犯罪嫌疑若干问题的规定》于2012年10月12日将本案全部移送至北京市公安局门头沟分局。依据《最高人民法院关于在审理经济纠纷案件中涉及经济犯罪嫌疑若干问题的规定》第十一条之规定,本案应裁定驳回起诉,一审法院依据《合同法》第一百九十条裁定驳回起诉,属适用法律错误,但一审裁

---

〔1〕 参见国家法官学院、最高人民法院司法案例研究院编:《中国法院2020年度案例》(民间借贷纠纷),中国法制出版社2020年版,第40~41页。北京市第一中级人民法院(2018)京01民终8359号民事裁定书。

判结果并无不当,一审裁判结果应予维持。裁定:驳回上诉,维持原裁定。[1]

【案例9-6】　任某诉郑某民间借贷纠纷案

二审法院认为,任某依据郑某书写的借条向法院起诉,主张与郑某存在民间借贷法律关系。郑某虽然认可借条由其书写,但称该款项系其在任某处赌球所欠赌债,并非借款,且已还清……任某作为出借方应承担借款合意及款项实际交付的举证责任,但未提供证据证明借条中载明的30万元资金来源及款项交付。郑某对于自己的主张提交了证人证言、录音录像,根据郑某诉请,法院调取了郑某、证人李某在公安机关的询问笔录,郑某与任某的资金往来明细等证据。法院认为,综合本案现有证据及双方当事人陈述,本案存在犯罪嫌疑,应裁定驳回任某对郑某的起诉,移送公安机关处理。裁定:撤销一审判决,驳回任某对郑某的起诉。[2]

法院立案后,发现民间借贷行为本身涉嫌非法集资犯罪的,应当裁定驳回起诉,并将涉嫌非法集资犯罪的线索、材料移送公安机关。

【案例9-7】　史某诉安徽瑞德钢材构有限公司、许某某民间借贷纠纷案

二审法院认为,安徽瑞德钢材构有限公司与董某某因涉嫌集资诈骗罪,业经全椒县公安局于2014年4月9日作出[公经立字(2014)405号]立案决定书,对安徽瑞德钢材构有限公司与董某某因涉嫌集资诈骗案立案侦查。因此,本案诉争借贷事实有犯罪嫌疑,本案不属于人民法院受理民事诉讼的范围,应移送公安机关处理。裁定:撤销一审判决;驳回史某的起诉。[3]

涉嫌犯罪借款合同并不当然不予保护。根据《民间借贷规定》第十三条规定,涉嫌犯罪或者构成犯罪并非民间借贷合同无效的充分条件,只有在出借人事先知道或者应当知道借款人借款用于违法犯罪活动仍然提供借款的才会导致合同无效,法院才不予保护。实践中,与民间借贷纠纷具有牵连关系的违法犯罪活动多为非法吸收公众存款罪,该犯罪行为违反了金融法律法规及刑法的相关规定,合法的单个借款行为发生在先,非法吸收公众存款罪形成在后,是一个从量变到质变的过程,故"从事赌博、吸毒等违法犯罪活动"中的"等"应理解为并非泛指所有的违法犯罪活动,而应有所区分。

【案例9-8】　陆某某诉邱某某、唐某某民间借贷纠纷案

判决观点,一般来说,法定代表人的行为就是企业的行为,企业法人对它

---

〔1〕 参见国家法官学院案例开发研究中心编:《中国法院2014年度案例》(借款担保纠纷),中国法制出版社2014年版,第67页。北京市第一中级人民法院(2012)一中民终字第12305号民事裁定书。

〔2〕 北京市第一中级人民法院(2014)一中民终字第3532号民事裁定书。

〔3〕 安徽省合肥市中级人民法院(2015)合民一终字第00944号民事裁定书。

的法定代表人的经营活动承担民事责任。但法定代表人具有双重身份，其既可以作为自然人发生借贷，也可以代表企业对外借款，故法定代表人的对外民事行为并非都是职务行为。本案中，从资金走向来看，款项均转入被告邱某某担任法定代表人的镜静公司，但借条又载明借款人为邱某某，同时未加盖公司印章，也未载明借款用途，故仅根据借条及转账尚难以判断被告邱某某的行为是否属于职务行为。从刑事判决书来看，已认定被告邱某某系以镜静公司经营所需资金为借口，并构成非法吸收存款罪，而未认定单位构成犯罪。综上，将借条与刑事判决书结合来看，借款系被告邱某某个人行为，要求转入镜静公司账户系其实施犯罪行为的手段，故系争款项借款人为被告邱某某。另外，被告邱某某的借款行为被已经生效的判决认定构成犯罪，系其借款行为的总和违反了金融法律法规及《刑法》的相关规定，是一个从量变到质变的过程，并不等价于单个的民间借贷关系。基于合法的单个借款行为发生在先，非法吸收公众存款罪形成在后的事实，故不能因此否定单个民间借贷行为的效力，而且没有证据证明原告在出借款项时主观上为恶意，系争借款行为也不具有合同无效的情形，故依然具有民间借贷合同的效力……综上所述，原告要求被告邱某某归还借款并支付利息，于法有据，法院予以支持，但被告唐某某不负有共同返本付息义务。判决：被告邱某某向原告陆某归还借款700，000元并支付逾期利息，驳回要求被告唐某某共同承担还本付息义务的诉讼请求。[1]

需要注意的是，“民间借贷行为本身涉嫌非法集资犯罪”，如果民间借贷与非法集资存在关联，但其本身并不涉嫌非法集资犯罪，法院在处理案件过程中就应当对案件进行处理。退一步说，即便出借人的款项属于非法集资的“赃款”，但该出借行为并不属于犯罪行为，法院应当受理并进行处理。

---

〔1〕 参见茆荣华主编：《2018年上海法院案例精选》，上海人民出版社2020年版，第104～105页。

二、借款涉及刑民交叉法律适用

（一）刑民交叉行为认定

最高人民法院等《关于进一步加强虚假诉讼犯罪惩治工作的意见》第二条规定："本意见所称虚假诉讼犯罪，是指行为人单独或者与他人恶意串通，采取伪造证据、虚假陈述等手段，捏造民事案件基本事实，虚构民事纠纷，向人民法院提起民事诉讼，妨害司法程序或者严重侵害他人合法权益，依照法律应当受刑罚的行为。"第四条规定："实施《最高人民法院、最高人民检察院关于办理虚假诉讼刑事案件适用法律若干问题的解释》第一条第一款、第二款规定的捏造事实行为，并有下列情形之一的，应当认定为刑法第三百零七条之一第一款规定的'以捏造的事实提起民事诉讼'：（一）提起民事起诉的；……（三）在民事诉讼过程中增加独立的诉讼请求、提出反诉，有独立请求权的第三人提出与本案有关的诉讼请求的；……（八）以其他手段捏造民事案件基本事实，虚构民事纠纷，提起民事诉讼的。"

对于未经社会公开宣传，在单位职工或者亲友内部针对特定对象筹集资金的，一般可以不作为非法集资；资金主要用生存经营及相关活动，行为人有还款意愿，能够及时清退集资款项，情节轻微，社会危害不大的，可以免予刑事处罚或者不作为犯罪处理。对于罪与非罪界限一时难以划清的案件，要从有利于促进企业生存发展，有利于保障员工生计、有利于维护社会和谐稳定的高度，依法妥善处理，特别对于涉及中小企业法定代表人、技术人员因政策界限不明而实施的轻微违法犯罪，更要依法慎重处理。[1]

（二）刑民交叉行为程序选择

在民间借贷刑民交叉案件的程序处理上，首先需明确刑民独立、并行为主的

〔1〕 参见何勇、宋文明：《厘清罪与非浙江松绑民间借贷呼应"新36条"》，载《中国经营报》2010年8月16日，第B14版。

原则。“公权”和“私权”没有孰轻孰重之分，程序上也没有先后保护之别，故保持刑事程序和民事程序的独有价值，坚持其相互独立逐渐成为理论界和司法实务界主流的意见和结论。从民间借贷的审判实践看，刑民交叉中的“牵连性”案件，因为基于不同的法律事实，或者仅仅存在一定程度上的重合，刑事和民事的处理结果并不相互影响和相互依赖，处理过程也不会产生矛盾，民事程序可以独立进行，并不需要考虑刑事程序的进行情况。这些情形主要包括：第一，刑事纠纷与民事纠纷指向的事实虽为同一，但责任主体并不竞合，同时民事纠纷的处理并不以刑事事实为前提。这主要指个人涉嫌犯罪，其所在单位存在民事责任的情形，如个人以单位名义借贷、融资涉嫌犯罪等案件。第二，刑事与民事基于不同事实，虽然事实之间存在关联，但民事事实的责任确定并不需要刑事判决的支持。如某公司或个人具有向社会公众或集体非法募集资金的行为，涉嫌构成非法吸收公众存款或集资诈骗等，两者都属资金融通的行为，存在一定关联，但之前的借款事实及责任确定与集资查明没有关系，完全可以独立进行。〔1〕

民间借贷刑民交叉案件“先刑后民”的限制问题。司法解释制定者认为，第一，民间借贷刑民交叉只有民事纠纷的基本事实无法查明才能适用“先刑后民”。第二，与民事案件关联的刑事案件必须属于已进入审理阶段的刑事案件，才可以“先刑后民”。第三，民事案件需要查明的基本事实必须与审理的刑事案件事实存在关联，即民事借贷案件的解决需要以刑事案件的审判结果为根据。第四，即使因需要刑事案件审理结果为依据的民事部分的审理不能进行，民事诉讼也只能裁定中止诉讼，而不能终结诉讼、移送公安、检察机关甚至驳回当事人的诉讼请求（当然，依据本解释第五条之规定，如果民间借贷行为本身涉嫌非法集资犯罪，则应当裁定驳回起诉并将涉嫌犯罪线索、材料复制后移送公安或检察机关）。〔2〕

《最高人民法院关于在审理经济纠纷案件中涉及经济犯罪嫌疑若干问题的规定》第一条规定，“同一自然人、法人或非法人组织因不同的法律事实，分别涉及经济纠纷和经济犯罪嫌疑的，经济纠纷案件和经济犯罪嫌疑案件应当分开审理。”

民间借贷行为本身涉嫌或已构成非法集资犯罪，当事人提起民事诉讼的，法院程序处理。生效刑事判决确定借款人所借款项为其犯非法吸收公众存款的范畴，借款人已被定罪量刑。在民间借贷行为本身涉嫌非法集资犯罪的情况下，出借人向法院另行提起民事诉讼的，法院应当裁定驳回起诉。法院作为民间借贷纠纷受理的案件，经审理认为民间借贷行为本身涉嫌非法吸收公众存款罪、集资诈骗罪等非法集资犯罪的，应当裁定驳回起诉，并将涉嫌非法集资犯罪的线索、材料

---

〔1〕 参见最高人民法院民事审判第一庭编著：《最高人民法院民间借贷司法解释理解与适用》，人民法院出版社 2015 年版，第 149 页。

〔2〕 参见最高人民法院民事审判第一庭编著：《最高人民法院民间借贷司法解释理解与适用》，人民法院出版社 2015 年版，第 150～151 页。

移送公安或者检察机关。当法院立案后,发现已有生效刑事判决认定民间借贷行为本身构成非法集资犯罪的,亦应当裁定驳回起诉,相关当事人可以通过刑事追缴、追赃、退赔程序保护其民事权益。

法官在审理民间借贷案件过程中,发现民间借贷所涉借款与涉嫌非法集资犯罪相牵连的,可裁定中止民事诉讼。当生效刑事判决认定借贷行为构成犯罪并依法退赔的,则应驳回出借人的起诉,但经过追缴或者退赔仍不能弥补损失的,出借人可选择重新起诉,再行主张权利。换言之,民间借贷纠纷案件法院立案后,经审查认为案件所涉及的款项并不包含于非法集资犯罪范围内的,或者当事人提交了与民间借贷案件有牵连,但不是同一法律关系的涉嫌犯罪线索、材料,法院不应依据《最高人民法院关于在审理经济纠纷案件中涉及经济犯罪嫌疑若干问题的规定》第十一条的规定裁定驳回起诉,而应继续予以审理。

【案例9－9】　林某诉王某某、汪某某民间借贷纠纷案

二审法院认为,根据生效刑事判决确认的事实,本案所涉借款是范某某以王某某为借款人、汪某某为担保人的手段向杨某某所借,该借款已由杜某某交给汪某某,成为范某某非法吸收公众存款的一部分;刑事判决责令范某某退赔非法吸收公众存款,发还给出借人。故本案所涉借款已由上述刑事判决获得退赔。又根据《最高人民法院关于刑事附带民事诉讼范围问题的规定》(已失效)第五条第二款规定,经过刑事判决案件追缴或者退赔仍不能弥补损失,被害人向人民法院民事审判庭另行提起民事诉讼的,人民法院可以受理。鉴于上述刑事判决已生效,而退赔情况不明,故本案的民事诉讼尚不符合受理条件。待刑事案件退赔仍不能弥补损失的数额确定之后,被害人可以另行提起民事诉讼。判决:撤销一审民事判决,驳回林某的起诉。[1]

民间借贷的基本事实必须以刑事案件审理结果为依据,而该刑事案件尚未审结的,法院应当裁定中止诉讼。反之,民间借贷案件的审理应当是独立的。换言之,民间借贷案件审理并非一定要"先刑后民"。

【案例9－10】　姚某某诉龙某某、岳阳市岳阳楼区农村信用联社民间借贷纠纷案

二审法院认为,本案争议的10.7万元,是龙某某以个人名义出具的借据,款项支付给了龙某某,系龙某某个人借款,应由龙某某承担向姚某某还款付息的民事责任。上诉人岳阳市岳阳楼区农村信用联社(以下简称楼区信用联社)关于此借款是个人借款、非职务行为的上诉理由成立。但除由实际借款人承担直接还款责任外,楼区信用联社因管理不严、监控不力,对龙某某利

---

〔1〕　参见韩延斌主编:《民间借贷案件裁判要点与观点》,法律出版社2016年版,第315～316页。

用其特定身份在社会上大量高息借款不能偿还的后果的造成负有一定的过错，亦应承担相应的法律后果，依法应对龙某某不能偿还部分款项承担相应的民事赔偿责任，故上诉人提出的本案与楼区信用联社无关的上诉理由不能成立。先刑后民并非法定程序，对龙某某涉嫌犯罪的审查结果不影响本案民事诉讼的审理，故上诉人楼区信用联社提出的原判决严重违反“先刑后民”的法定程序的上诉理由不能成立，二审法院不予支持。借据是民间借贷纠纷的直接证据，既是明确借款关系的合同，也是借款支付的凭证。本案借款真实性除有借据证实外，还有龙某某、姚某某二人陈述相互印证，经过公安机关的核定，其真实性可以确认。上诉人楼区信用联社未能提供相反证据对借款关系予以否定，其提出的借款缺乏证据证实的上诉理由不能成立。判决：驳回上诉，维持原判。〔1〕

民间借贷案件涉嫌非法集资犯罪的，法院将其涉嫌非法集资犯罪的线索、材料移送公安机关后，公安机关或检察机关不予立案，或者立案侦查后撤销案件，或者检察机关作出不起诉决定，或者经法院生效判决认定不构成非法集资犯罪，当事人又以同一事实向法院提起诉讼的，法院应予受理。换言之，民间借贷案件涉嫌非法集资犯罪经有权机关处理的，当事人又以同一事实提起民事诉讼的，法院应予受理。

【案例9－11】 李某诉邱某某民间借贷纠纷案

判决观点，天台县公安局于2015年3月9日作出公（经）立字（2015）第07006号立案决定书，决定对被告邱某某非法吸收公众存款立案侦查，目前案件尚在侦查期间，而本案所涉借款事实与被告邱某某非法吸收公众存款案件相关，故对本案应当驳回起诉，将有关材料移送公安机关。如法院审理后认为借款人的借贷行为不构成刑事犯罪的，或者刑事判决对此未作认定和追缴处理的，则原告可以依法再次提起民事诉讼。裁定：驳回原告李某的起诉。〔2〕

民间借贷涉嫌或构成非法吸收公众存款罪，合同一方当事人可能被追究刑事责任的，并不当然影响民间借贷合同以及相对应的担保合同的效力。如果民间借贷纠纷案件的审理并不必须以刑事案件的审理结果为依据，则民间借贷纠纷案件无须中止审理。

---

〔1〕 湖南省岳阳市中级人民法院（2014）岳中民二终字第31号民事判决书。
〔2〕 浙江省天台县人民法院（2015）台天商初字第2005号民事裁定书。

【案例9－12】　吴某某诉陈某某、王某某、德清县中建房地产开发有限公司民间借贷、担保合同纠纷案

判决观点，民间借贷涉嫌或构成非法吸收公众存款罪，合同一方当事人可能被追究刑事责任的，并不当然影响民间借贷合同以及相对应的担保合同的效力。如果民间借贷纠纷案件的审理并不必须以刑事案件的审理结果为依据，则民间借贷纠纷案件无须中止审理。[1]

法官在审理民间借贷纠纷案件中发现有犯罪线索时，应当正确处理、适用审查权。二审程序中，法官发现当事人之间表面上的民间借贷纠纷关系可能涉嫌经济犯罪，应撤销一审判决，驳回起诉，积极与公安机关沟通，建议可能的受害人向公安机关报案。

【案例9－13】　洪某诉曹某林等民间借贷纠纷案

二审法院认为，综合分析洪某、方某良、杨某龙、万某平、曹某林五人在谈话中的陈述内容，相关人员在关于“第一个600万元借款是否已经归还”“第二个600万元借款是否已经发生”“落款日期为2018年1月12日的借款合同的真实用途”“曹某妹、徐某玲两人的银行卡和U盾究竟处于何人控制之下以及控制借款人银行卡和U盾的真实目的”“曹某妹、徐某玲两人房产被撤销抵押的真实原因”“曹某林是否具有真实的借款意愿和需求”等一系列关键问题的表述上存在明显相互矛盾和推诿之处，且针对诸多行为细节的描述有悖常理和交易习惯。本案存在相关人员以非法占有为目的，借民间借贷之名，虚构债权债务关系，同时借助诉讼手段非法占有他人财物之嫌疑，即涉嫌“套路贷”。判决：撤销一审判决，驳回洪某的起诉。[2]

案外人提起的民事再审原审当事人涉嫌虚假诉讼立案侦查时，原审原告请求撤回起诉，再审法院应裁定准许原审原告撤回起诉，同时撤销原审判决。

【案例9－14】　傅乙诉傅甲民间借贷纠纷再审案

再审法院认为，被申请人傅乙在本案再审期间，依法申请撤回其与被申请人傅甲的民间借贷纠纷一案的原审起诉请求，是处分自己的权利，且不损害国家利益、社会公共利益或第三人利益，符合法律规定，应予以准许。因本院准许被申请人傅乙撤回起诉请求，致使申请再审人陈某与被申请人傅乙、傅甲民间借贷纠纷一案的再审依据不存在，应当同时予以撤销。裁定：撤销

---

〔1〕 参见《最高人民法院公报》2011年第11期（总第181期）。

〔2〕 参见陈昶主编：《2020年上海法院案例精选》，上海人民出版社2022年版，第128页。

原一审判决;准许被申请人傅乙撤回其原审起诉。[1]

涉及刑民交叉民事纠纷,当事人一方报案公安机关不予受理,法院应继续审理并作出裁决。

【案例9-15】 骆某某诉深圳市骏业基金管理有限公司、何某某民间借贷纠纷案

二审法院认为,关于涉及刑事犯罪中止审理的问题。何某某已向佛山市公安机关报过案,但是公安机关认为该案是经济纠纷,不属于刑事管辖范围而未受理,何某某亦没有向法院提供更多的本案涉嫌犯罪的证据,法院无须中止审理或驳回起诉。[2]

民间借贷涉嫌诈骗犯罪系非法占有、处置财产型的刑事犯罪,其转换为经济犯罪后,为提高诉讼效率,一般认为受害人之损失可以通过刑事程序中的追缴、退赔来处理,无须就此提起民事诉讼或另行单独提起民事诉讼。但若《最高人民法院关于刑事裁判涉财产部分或执行的若干规定》第十三条所规定的"被害人损失"未能涵盖受害人的所有损失,如受害人已还款部分在犯罪嫌疑人占有期间的利息、房屋租金及退赔财物与市价之间的差额,似仍应允许提起民事诉讼。

需要注意的是,根据《民间借贷规定》第五条第二款规定,如果公安或者检察机关决定不启动刑事程序,当事人又提起民事诉讼的,即使法官认为有犯罪嫌疑,仍然需要受理,尽快解决当事人之间的诉争。

银行承兑汇票兑付业务应属支付结算业务范围,应取得中国人民银行的批准。在未取得批准的情况下,其从事该行为是违法的。各地法院对此类行为认识不一,处理不同。有的法院作为非法经营行为酌情作为行政、刑事处罚,有的法院则认为该行为未造成严重社会危害性而予以放任不管。在公安机关尚未立案的情况下,不宜主动移送处理,可以由法院先行处理。

【案例9-16】 居某诉夏某某、淮安市东联漆包线厂、包某某民间借贷纠纷案

二审法院认为,本案的处理结果是合法的。我国有关法律明确规定,未经国家有关主管部门批准,不得非法从事资金结算业务。居某与包某某未经有关主管部门批准,进行大量到汇票兑付套现业务,扰乱了正常的经济秩序,该行为依法应予禁止。对于本案相关当事人的行为是否触犯刑事法律法规,

---

〔1〕 参见国家法官学院案例开发研究中心编:《中国法院2014年度案例》(民间借贷纠纷),中国法制出版社2014年版,第174页。

〔2〕 参见最高人民法院中国应用法学研究所编:《人民法院案例选》2018年第12辑(总第130辑),人民法院出版社2019年版,第48页。广东省深圳市中级人民法院(2018)粤03民终125民事判决书。

则应由相关部门另行处理,且与本案的处理结果不发生冲突,法院在此不予理涉。判决:撤销一审判决;驳回居某的全部诉讼请求。[1]

同一公民、法人或其他经济组织因不同的法律事实,分别涉及经济纠纷和经济犯罪嫌疑的,经济纠纷案件和经济犯罪嫌疑案件应当分开审理。

【案例9-17】 俸旗公司诉辽宁储运公司、谷物公司等借款合同纠纷案

二审法院认为,关于本案是否应当移送公安机关处理的问题。从动产质押监管的角度分析,本案存在两个法律关系:一个是债权债务及担保法律关系,债权债务法律关系是通过债权转让而形成,担保法律关系是通过签订《最高额动产质押合同》形成,债权债务及担保法律关系的主体为债权人、质权人俸旗公司及债务人、出质人谷物公司。另一个是动产质押监管法律关系,合同依据是《动产质押监管协议》,合同主体为委托人俸旗公司及受托人辽宁储运公司。审理动产质押监管纠纷的主要法律关系依据是俸旗公司与辽宁储运公司基于《动产质押监管协议》形成的合同关系。谷物公司及其法定代表人是否基于借款及担保是事实涉嫌经济犯罪与本案审理法律关系并无同一性,本案作为民事案件应当继续审理。辽宁储运公司关于本案因大连谷物公司及其法定代表人经济犯罪应当移送公安处机关处理的上诉请求没有事实和法律依据,不应支持。谷物公司、俸旗公司与辽宁储运公司对涉案质物不能设立均有过错,对所造成的损失均应承担责任。二审法院改判辽宁储运公司在人民法院对债务人谷物公司及其他担保人强制执行后俸旗公司债权人仍不能清偿部分,承担不超过30%的补充赔偿责任。[2]

出借人提起民间借贷诉讼请求借款人偿还借款,法院审理发现民间借贷行为本身不涉嫌非法集资犯罪,不能裁定驳回起诉。只有同一行为或事实同时符合刑事法律和民事法律的规定,或者说是刑法与民法均对同一行为或事实进行调整,才产生交叉、竞合问题。也就是说,在审理民间借贷纠纷案件中,如果该借贷行为本身涉嫌非法集资犯罪,此时纠纷的性质在实质上就可能属于刑事犯罪,而不属于民事纠纷。

【案例9-18】 财源宝公司与王某某、店连店实业公司、店连店科技公司民间借贷纠纷案

最高人民法院认为,本案争议的焦点问题是:一审法院裁定驳回财源宝

〔1〕 参见《人民司法·案例》2017年第32期(总第799期),第38页。江苏省无锡市中级人民法院(2016)苏02民终4270号民事判决书。

〔2〕 参见最高人民法院民事审判第二庭编:《商事审判指导》2019年第1辑(总第48辑),人民法院出版社2019年版,第46页。

公司的起诉适用法律是否正确。首先,关于对法释〔2015〕18号司法解释第五条的理解。该司法解释第五条规定,"人民法院立案后,发现民间借贷行为本身涉嫌非法集资犯罪的,应当裁定驳回起诉,并将涉嫌非法集资犯罪的线索、材料移送公安或者检察机关"。该规定是在审理民事借贷纠纷中,如何处理民刑交叉问题的原则。根据上述规定,只有同一行为或事实同时符合刑事法律和民事法律的规定,或者说是刑法与民法均对同一行为或事实进行调整,才产生交叉、竞合问题。也就是说,在审理民间借贷纠纷案件中,如果该借贷行为本身涉嫌非法集资犯罪,此时纠纷的性质在实质上就可能属于刑事犯罪,而不属于民事纠纷,根据《民事诉讼法》第一百一十九条关于起诉条件的规定,也就不属于人民法院受理民事案件的范围,应当裁定驳回起诉。其次,关于本案的性质以及本案与刑事案件的关系。因公安机关已经就财源宝公司涉嫌非法吸收公众存款罪进行立案侦查,财源宝公司向集资参与人的借贷行为,虽然在形式上表现为民间借贷法律关系,但同时又因涉嫌非法吸收公众存款罪而在刑事诉讼程序中进行处理。如果此时集资参与人与财源宝公司就所谓民间借贷纠纷提起民事诉讼,因该民间借贷行为本身涉嫌刑事犯罪,按照上述司法解释规定,人民法院应当裁定驳回起诉。但是,本案系财源宝公司以王某某、店连店实业公司、店连店科技公司为被告提起的民间借贷纠纷诉讼,在本案中,财源宝公司是出借人,而非借款人、集资人,王某某等三被告是借款人、保证人,目前没有充分证据证明财源宝公司与王某某等三被告之间的借款行为、保证行为涉嫌构成刑事犯罪。因此,法释〔2015〕18号司法解释第五条规定的情形与本案的民间借贷纠纷不同,在没有相关证据证明本案的民间借贷行为涉嫌刑事犯罪的前提下,不能适用法释〔2015〕18号司法解释第五条对本案裁定驳回起诉。最后,无论财源宝公司的该笔债权源于非法吸收公众存款,还是从事正常的公司经营活动,财源宝公司起诉王某某等三被告行使债权追索权,人民法院对本案财源宝公司主张的债权进行审理、裁判和执行,不单是保护财源宝公司的利益,还能够增强财源宝公司的偿债能力,有利于对非法集资案件受害人利益的平等保护。综上,原裁定依据《民间借贷规定》第五条规定,裁定驳回财源宝公司的起诉,适用法律错误,应予纠正。本案应当作为民事案件进行审理和裁判。[1]

应注意的是,除涉嫌非法集资犯罪外,因其他犯罪行为导致与民间借贷案件发生刑民交叉的,法院应当坚持"刑民并立"的处理原则,即作为民事纠纷的民间借贷案件继续审理,而不必等待刑事案件的处理结果出来,只有民间借贷的基本

---

〔1〕 最高人民法院(2016)民终784号民事判决书。

案件事实必须以刑事案件审理结果为依据，而该刑事案件尚未审结的，法院才可以裁定中止民间借贷案件的审理。

（三）刑民交叉合同无效认定

最高人民法院第六巡回法庭认为，如何认定民刑交叉案件所涉民事法律行为的效力？民事法律规范和刑事法律规范各有其独立的规范价值、评价体系和适用规则，民事法律规范与刑事法律规范在同一事实上的竞合适用，必然引起民事责任和刑事责任的共存。刑事法律规范将某一行为评价为犯罪行为，并不能当然代替民事法律规范的评价，对于因犯罪行为引起的民事纠纷，还需要依照民事法律规范进行评价和处理。

为了保持法秩序的统一，对于构成犯罪的行为，在民法上的评价也应当保持一致性。但由于二者评价视角、评价对象的不同，涉嫌刑事犯罪的行为在刑法上的否定性评价，并不必然认定该法律行为无效。如《民间借贷规定》第十二条第一款规定，借款人或者出借人的借贷行为涉嫌犯罪，或者已经生效的裁判认定构成犯罪的，当事人签订的民间借贷合同并不当然无效，人民法院应当依据《民法典》第一百四十四条、第一百四十六条、第一百五十三条、第一百五十四条等规定，认定民间借贷合同的效力。在骗取贷款罪中，刑法否定评价的对象只是采用虚假手段骗取贷款的行为，而当事人之间签订的金融借款合同本身并非刑事法律规范评价的对象，应当依照民事法律规范对该合同效力进行评判。再如，共同从事违法犯罪行为的合伙关系，当然应当认定为无效。但如果其中某一合伙人以犯罪所得财物投入合伙事务中，用于正常生产经营，则该合伙关系不能因其个人犯罪行为产生无效的法律后果。〔1〕

在非法吸收公众存款罪、合同诈骗罪、贷款诈骗罪、骗取贷款罪等经济类犯罪的过程中，经常涉及担保人责任的认定。担保合同作为从合同，其效力附属于主合同，在金融类诈骗犯罪案件中，对于主合同的效力认定坚守《民法典》及《民间借贷规定》的规定。在主合同有效的前提下，担保合同一般有效。但对于诈骗类刑民交叉案件，担保人举证因债务人的欺诈、胁迫等行为导致其提供担保的，担保人对作为善意第三人的债权人不享有撤销权，即担保合同效力不受影响。但是，如果债权人刻意隐瞒真相，通过欺诈方式让担保人承担担保责任的，即主合同债权人采取欺诈、胁迫等手段，使保证人在违背真实意思的情况下提供保证的，担保

〔1〕 参见最高人民法院第六巡回法庭编：《最高人民法院第六巡回法庭裁判规则》，人民法院出版社2022年版，第31～32页。

人不承担民事责任。

【案例9-19】 杨某某诉薛某某保证合同纠纷案

二审法院认为,本案主债务人祝某某的行为构成非法吸收公众存款罪,但其与杨某某所订立的民间借贷合同不应认定为无效。祝某某的行为因违反了市场准入制度构成犯罪,但这一规范在民法上属于管理性强制性规定,而非效力性强制性规定;犯罪行为系祝某某单独实施,而非双方共同实施;非法吸收公众存款罪是由若干个民事借款行为的叠加,具体到本案借贷业务,并无违反《合同法》第五十二条的情形。

主合同债权人采取欺诈、胁迫等手段,使保证人在违背真实意思的情况下提供保证的,保证人不承担民事责任。杨某某一直称其于2012年1月31日向祝某某交付500,000元现金,本案借款是新发生的债权债务,法院考虑到500,000元系大额款项,杨某某就此未能提交相应的交付证据,且从杨某某在公安机关的询问笔录来看,此前2007年、2009年各发生过500,000元借款,借款到期后即换据,杨某某并未提及本案的借款,祝某某亦陈述本案借条系换据而来,故原审法院认定本案借条系换据而来并无不当。故杨某某在薛某某担保时显然隐瞒了本案借款真实情形,法院难以认定薛某某担保的真实意思,薛某某在本案中不应承担担保责任。判决:撤销一审判决,驳回被上诉人杨某某的诉讼请求。[1]

【案例9-20】 吴某某诉陈某某、王某某、德清县中建房地产开发有限公司民间借贷纠纷案

二审法院认为,单个的借款并不构成非法吸收公众存款的刑事法律事实,因为非法吸收公众存款的刑事法律事实是数个"向不特定人借款"行为的总和,从而从量变到质变。当事人在订立民间借贷合同时主观上可能确实基于借贷的真实意思表示。《合同法解释(二)》第十四条将《合同法》第五十二条第五项的"强制性规定"解释为效力性强制性规定,本案原审被告陈某某触犯刑律的犯罪行为,并不必然导致借款合同无效。因为借款合同的订立没有违反法律、行政法规的效力性强制性规定,效力上采取从宽认定,是该司法解释的本意,也可在最大限度上尊重当事人的意思自治。……判决:驳回上诉,维持原判。[2]

---

〔1〕 参见国家法官学院案例开发研究中心编:《中国法院2017年度案例》(民间借贷纠纷),中国法制出版社2017年版,第6~7页。江苏省南通市中级人民法院(2015)通中民终字第02237号民事判决书。

〔2〕 参见《最高人民法院公报》2011年第11期(总第181期)。

【不同处理】 有的法院认为涉及非法吸收公众存款罪的借款合同无效。

【案例9－21】 刘某某诉箭环公司等民间借贷纠纷案

二审法院认为，根据生效刑事判决书认定，本案所涉6000万元借款实为刘某甲非法吸收公众存款罪事实的一部分，基于犯罪行为的刑事违法性，该6000万元借款应认定为以合法形式掩盖非法目的的行为。故依照《合同法》第五十二条第三项之规定，本案所涉6000万元借款合同应认定无效。同时，刑法是最严厉的强制性规范，对犯罪行为处以刑罚，意味着该犯罪行为为法律所禁止，依照《合同法》第五十二条第五项之规定，本案6000万元借款也因违反法律的强制性规定而无效。刘某某诉请的2008年4月1日《借款合同》项下的2000元借款，系该6000万元借款的尚欠款项，并未发生新的借款，亦应确认无效。箭环公司除应返还尚欠的借款本金外，应按中国人民银行同期同档次贷款基准利率向刘某某赔偿利息损失。各方对已付利息系归还6000万元借款2008年4月1日以前利息，各方对该日之后没有计付过利息的事实均无异议。根据借款分批给付及1000万元本金归还情况，按实际给付资金占用期间分段计算损失至2008年4月1日，箭环公司应赔偿利息损失应为1,498,790元。现已归还1022万元利息，多支付了8,721,210元，多支付的款项应冲抵本金。故2008年4月1日双方就部分款续订合同之时，6000万元借款尚欠本金应为41,278,790元。因本案与(2012)浙商终字第54号案中刘某乙诉请的3000万元借款从同一笔6000万元借款的尚欠本金中分出，可按两债权人诉请的借款本金数额之比例分摊各充值借款本金。经计算，2008年4月1日续订合同之时，本案箭环公司实欠刘某某借款本金16,511,516(实欠刘某乙本金24,767,274元)。故本案箭环公司应归还刘某某借款本金16,511,516元，并按同期同档次贷款基准利率支付自2008年4月1日起的利息损失。依照《担保法》第五条之规定，因本案借款合同无效，相应的担保合同无效。根据工商登记材料，保证人万博公司、万博苑公司、皇朝公司均系刘某甲控制的关联公司。而另一保证人楼某某系刘某甲之妻且系借款人箭环公司大股东和其他各保证人的股东。四保证人对于本案无效之担保显然具有过错。综合全案情况，结合《民法典担保解释》第八条之规定精神，各保证人应对箭环公司还款责任不能清偿部分的1/3承担赔偿责任。判决：撤销一审判决；箭环公司归还刘某某借款本金16,511,516元，并赔偿相应利息损失；万博公司、万博苑公司、皇朝公司、楼某某对箭环公司上述给付义务不能清偿部分的1/3承担赔偿责任。[1]

---

〔1〕 浙江省高级人民法院(2012)浙商终字第52号民事判决书。

【案例9－22】 倪某诉陈某民间借贷纠纷案

二审法院认为，借款人陈某因犯非法吸收存款罪被判处刑罚，涉案借款也归属于非法吸收存款罪犯罪事实，故出借人倪某与借款人陈某之间的借款合同无效。主合同无效，作为从合同的担保合同也无效。乐某与借款人倪某系熟人关系，乐某未看陈某与倪某签订的借款合同内容即作为担保人在借款合同上签名，自愿为陈某借款提供担保。倪某基于借款有担保人而同意出借款项，故上诉人乐某在倪某同意向陈某提供借款过程中起到了一定作用，且本身具有一定过错，应承担相应的责任。原审关于酌情由乐某在陈某不能清偿倪某借款部分的600,000元承担赔偿责任的判决，因陈某不能清偿部分尚未确定，原审径行裁判600,000元不当。考虑到乐某对主合同无效存在过错，其应承担债务人不能清偿部分债务的1/3。〔1〕

具有群体性质的"非吸罪"刑民交叉案件，根据法秩序统一原理的基本要求，认定相关民事借贷合同无效，既能兼顾国家利益、社会利益与个人利益的有效平衡，又能实现案件裁判法律效果与社会效果的有机统一。

【案例9－23】 舒某某、余某某诉郑某某、常山县恒润房地产有限公司等民间借贷纠纷再审案

再审法院认为，因"非吸罪"行为人采用非法吸收或者非法变相吸收公众存款的手段进行集资（借款），相关借贷合同客观上扰乱了国家金融秩序，而金融秩序属于国家公共秩序的范畴，是社会公共利益（秩序）的应然内涵，依《合同法》第五十二条第四项规定，对该合同得以损害社会公共利益为据认定其为无效。原判认为，刑法评价的是犯罪一方当事人单独实施的非法经营行为，民法所评价的是当事人之间具体合同行为；"非吸罪"的构成系多个借贷行为叠加而从量变到质变的过程，单笔借款的行为并不构成犯罪，从民事角度评判，应认定案涉借贷合同有效。然本案系刑民交叉案件，对合同效力评判本身是综合的、事后性的，其与纯粹的民事纠纷的评判角度应有所异别，尚需考虑刑民关系的统一与协调。根据法秩序统一原理，如果民事上认定为合法有效之行为，即便数个类同行为叠加，也不可能构成犯罪；唯有在民事上被认定为无效的违法行为，才符合财叠加之后构成犯罪的基本逻辑。就"非吸罪"刑民交叉案件而言，即便刑法评价的是被告的单方行为，但不容否认的是，该行为也系相关民事借贷合同行为重要构成部分，即便单方借贷行为确实不构成犯罪，但基于每一笔借贷行为都是犯罪构成不可或缺的部分，其对法益的侵害性（违法性）亦不容否认。从裁判的社会效果考虑，如果认

〔1〕 参见韩延斌主编：《民间借贷案件裁判要点与观点》，法律出版社2016年版，第322页。

定“非吸罪”所涉借款合同有效,则基于被害人(出借人)通过刑事追赃途径救济,其最大得益只能是取回被告人违法实际所得(借款本金),而通过民事诉讼途径救济,则可基于合同有效获得利息等预期利润及违约金、实现债权费用等其他损失赔偿,司法处理结果明显矛盾。尤其是当有两个以上共同借款人且仅有部分构罪时,由于出借人对于非构罪共同借款人可通过民事诉讼途径主张权利,即会出现本应与构罪人承担同样还款责任的非构罪共同借款人,其实际承担的还款责任明显要大于构罪方。故认定案涉及借贷合同无效,与之相关抵押担保合同依法也得以认定无效。[1]

在涉及高利转贷罪中,套取银行贷款再高利转贷的合同无效。

【案例9-24】　姜某某诉钟某某、A公司民间借贷纠纷再审案

在本案二审之前,2013年10月18日,某区法院作出第495号刑事判决认定:认定姜某某自2009年1月起至2011年5月止以其公司经营需要流动资金为由,向银行提供虚假的贸易合同、财务报表等材料,并以其公司名下房产作为抵押,分别向工行某某支行、建行某某支行、兴业某某支行共申请八笔贷款,获取各家银行贷款资金共计1.072亿元。之后,姜某某将上述贷款资金中的8495万元通过多家公司和其他个人账户多次转账后,以实际控制的某某公司为载体,以其本人及其公司员工的名义,按照3%~6%不等的月利率,分别出借给顾某某等八人。案发后经司法审计,扣除姜某某向银行贷款所需交纳的同期贷款利息后,非法获利可达到1100余万元,结合各借款人的实际还款付息情况,姜某某实际获利约500万元。其中,2008年4月至2009年2月,姜某某以其本人及姜甲、张某某的名义向钟某某出借资金共计3425万元,并约定按照月利率6%收取利息。后钟某某陆续归还了上述借款的部分利息及本金。至2010年7月3日,姜某某与钟某某结账时,据姜某某计算,钟某某尚欠本金3040万元(其中,姜甲名义下本金2500万元,张某某名下本金540万元),上述本金的利息约1700余万元,钟某某租赁某某酒店所欠房租约653万元,合计欠款总和约为5400万元,两人约定以借新还旧的方式重新整合上述债务,即以钟某某再向姜某某借新债6000万元用于了结上述债务,并签订《担保借款合同》,合同约定借款期限为2010年7月3日至2010年8月31日,利息约定为银行同期贷款利率的四倍,但实际该6000万元借款本金已经包括两个月的利息600万元。后姜某某将以某某公司名义向建行贷款1135万元连同其他资金共约1500万元,在姜某某、钟某某、姜甲

[1] 参见最高人民法院中国应用法学研究所编:《人民法院案例选》2021年第12辑(总第166辑),人民法院出版社2022年版第129页~130页。浙江省衢州市中级人民法院(2021)浙08民再1号民事判决书。

的个人账户循环划款四次,最终汇入姜某某控制的其父姜乙的账户,形成上述6000万元的新借款。按照4笔银行转贷资金所占借款的比例计算,转贷资金的利息收入为454万元(计息期60天),扣除银行同期贷款利息10.04万余元,获得息差收入443.96万余元。但截至案发,姜某某尚未收到该笔借款的本金及利息。某区法院认为,被告人姜某某以转贷牟利为目的,套取金融机构信贷资金后高利转贷给他人,违法所得数额巨大,其行为已构成高利转贷罪,判处有期徒刑2年,并处罚金人民币1000万元。

二审法院认为,由于姜某某犯高利转贷罪已被某区法院判决承担刑事责任,故根据法律的有关规定,结合本案查明的事实,姜某某套取金融机构信贷资金又高利转贷给钟某某的行为,已违反了法律、行政法规的强制性规定,且以合法形式掩盖非法目的,因此双方签订《担保借款合同》中涉及的借款部分应当认定无效。钟某某对姜某某的高利转贷行为及非法目的事先知晓,并积极予以配合,故双方对借款合同无效均有过错,姜某某应返还借款本金和利息。原审判决双方签订的借款合同有效,属认定事实有误、适用法律不当,本院予以纠正。[1]

(四)涉及诈骗认定

原告依据另一被告以签订租赁协议为名骗取被告签名的虚假抵债协议起诉,另一被告行为涉嫌诈骗犯罪,法院裁定驳回起诉,其后移送公安机关审查。

【案例9-25】 李某诉王甲、王乙民间借贷纠纷案

判决观点,本案中被告王甲辩称该协议是王乙以签订租赁协议为名骗取了王甲的签字,后将载明房屋租赁内容的协议的第一页换成了原告向法庭提供的以房抵债内容的第一页,王乙对王甲的辩称予以认可。王乙的行为可能涉嫌犯罪。裁定:驳回原告李某的起诉。[2] 本案移送公安机关审查。

债务人因涉嫌集资诈骗被公安机关立案侦查,需由公安机关就其是否存在集资诈骗的事实,以及诈骗金额和被害人情况进行侦查。在此之前,无法对债权人与债务人之间款项往来的性质、合同效力直接认定。

【案例9-26】 季某某诉石某某、叶某某、金某某、叶某民间借贷纠纷案

二审法院认为,本案二审期间,叶某某、金某某、叶某上诉主张本案款项

---

〔1〕 上海市高级人民法院(2016)沪民再字第1号民事判决书。

〔2〕 参见国家法官学院案例开发研究中心编:《中国法院2015年度案例》(借款担保纠纷),中国法制出版社2015年版,第53页。北京市平谷区人民法院(2013)平民初字第2128号民事裁定书。

系石某某虚假陈述以高息为诱进行非法集资的款项，并已向公安机关报案。经法院调查核实，石某某因涉嫌集资诈骗已被公安机关立案侦查。本案具有经济犯罪嫌疑，需由公安机关就石某某是否存在集资诈骗的事实，以及诈骗金额和被害人情况进行侦查。在此之前，无法对本案季某某与石某某之间款项往来的性质、合同效力直接认定。故应裁定驳回季某某的起诉。裁定：撤销一审判决；驳回季某某对石某某、叶某某、金某某、叶某的起诉。[1]

借条的原因行为涉及刑事犯罪，借款人出具的借条无效。

【案例9－27】　姚某某、邹某某诉黄某民间借贷纠纷案

判决观点，原告姚某某、邹某某诉讼之“债”的依据为付某诈骗二原告现金潜逃后被告黄某应二原告要求出具的欠条，二原告“债”之产生源于付某的诈骗。二原告向被告收款无果后向公安机关报案，并经人民法院终审判决，付某受到了相应的刑事处罚，本案诉争的款项，西藏自治区高级人民法院（2011）藏法刑一终字第10号刑事判明确判决“继续追缴犯罪所得，依法发还受害人”，并已发生法律效力，二受害人受到的财产损害已通过司法途径得到救济。原告认为被告虽未直接借款，但出具欠条是被告对债务的承担行为。债务承担即合同义务转移是指债务人经债权人同意，将合同的义务全部或者部分地转让给第三人，原债务人退出原合同关系，第三人成为新合同债务人。而原告姚某某、邹某某与付某之间不构成民法上的合同关系，是付某通过非法手段诈骗取得二受害人的财产，无合同就无合同义务转让，债务承担之基础不成立，本案不构成债务承担。因此应当认定二原告与被告之间没有法定和约定的债之关系，故对二原告对被告黄某偿还22万元借款的诉讼请求，法院不予以支持。判决：驳回原告姚某某、邹某某的诉讼请求。[2]

---

〔1〕 北京市第一中级人民法院（2015）一中民（商）终字第3684号民事裁定书。

〔2〕 参见国家法官学院案例开发研究中心编：《中国法院2013年度案例》（民间借贷纠纷），中国法制出版社2013年版，第28页。四川省成都市成华区人民法院（2011）成华民初字第850号民事判决书。

三、借款涉及刑民交叉疑难问题

(一)刑民交叉犯罪处理

同一法律事实在同时受到刑法规范和民法规范调整评价时,两种规范调整的客体、评价的对象并不一致,相应的法律责任也完全不相同,不能以公法规范来评价民事法律行为是否产生私法上的效果。刑法规范所调整保护的客体是国家利益和社会公共利益,所对应的法律关系是犯罪与国家之间的刑事法律关系。借贷行为涉及的诈骗犯罪中,诈骗犯罪行为既侵犯受害人的财产权益,也同时破坏了财产秩序和公共交易秩序,而后者正是刑法所保护的法益,刑法规范所评价的对象也仅是诈骗行为。民法规范所调整保护的客体是平等主体之间基于意思自治所进行的缔约行为和由此产生的第一性义务以及违反第一性义务所需承担的第二性义务,所对应的法律关系是平等主体之间的民事关系。换言之,刑法中关于诈骗罪的强制性规定并非针对民间借贷合同的效力性规定,不能以犯罪人构成诈骗罪而认定民间借贷合同无效。借款人以签订民间借贷合同为手段,骗取出借人实施出借资金的民事法律行为,刑事判决认定借款人的行为构成诈骗罪,是由于借款人实施的诈骗这一单方行为严重到需要科以刑罚,故而将其纳入刑法规范调整范畴。而民间借贷合同属于双方合意行为,对其效力的评判应在民法规范范畴内进行,刑法上的诈骗行为映射到民法领域,其所对应的是民事欺诈行为,对于行为人因受欺诈所实施的民事法律行为,依照《民法典》的相关规定处理。

非法吸收公众存款罪的刑事认定不属于效力性强制规定。借款人的相关行为涉嫌非法吸收公众存款罪,非法吸收公众存款罪犯罪主体的交易行为仅系违反金融市场准入的管理性规定,犯罪侵害的客体为国家的金融管理秩序。在违反市场准入类犯罪的情形下,公法所规制的是当事人的市场准入资格,而非该种类型的合同。因此,非法吸收公众存款罪作为违反市场准入型犯罪,打击的是扰乱国家金融管理秩序的非法吸收公众存款的行为,而非否定或禁止其中单个借贷行为。故非法吸收公众存款罪所涉及的相关民间借贷合同并不违反法律效力性强制性规定,合同不因成立非法吸收公众存款罪而无效。此外在非法吸收公众存款罪中,由于非法吸收公众存款罪不以非法占有为要件,因此犯罪行为人向他人借款的意思表示真实，犯罪行为人实施每一起吸收行为，仍然属于民法上的借贷法律行为。对此《民间借贷规定》第十二条第一款规定："借款人或者出借人的借贷行为涉嫌犯罪，或者已经生效的裁判认定构成犯罪，当事人提起民事诉讼的，民间借贷合同并不当然无效。人民法院应当根据民法典第一百四十四条、第一百四十六条、第一百五十三条、第一百五十四条以及本规定第十三条之规定，认定民间借贷合同的效力。"

《最高人民法院关于在审理经济纠纷案件中涉及经济犯罪嫌疑若干问题的规定》第十条规定，"人民法院在审理经济纠纷案件中，发现与本案有牵连，但与本案不是同一法律关系的经济犯罪嫌疑线索、材料，应将犯罪嫌疑线索、材料移送有关公安机关或检察机关查处，经济纠纷案件继续审理。"

最高人民法第六巡回法庭认为，如何把握涉众型民刑交叉案件的处理？涉众型的民刑交叉案件，主要指因集资诈骗、非法吸收公众存款等非法集资犯罪活动而引起涉及受害人人数众多的民刑交叉案件。人民法院办理此类案件，应当正确理解和适用《最高人民法院、最高人民检察院、公安部关于办理非法集资刑事案件适用法律若干问题的意见》（公通字〔2014〕16 号）第七条第一款、《民间借贷规定》第五条第一款、《最高人民法院、最高人民检察院、公安部关于办理非法集资刑事案件若干问题的意见》（高检会〔2019〕2 号）第八条等规定，依法准确把握和认定案件事实性质，加强与公安机关、检察机关沟通协调、协同推进，注重采取共同处理的方式来解决受害人的权益保护问题。关于受害人在非法集资犯罪所涉财物追赃程序中未申报债权，非法集资犯罪所涉财物已分配完毕或者处理程序终结后，又基于同一事实向人民法院提起民事诉讼，请求非法集资犯罪行为人继续履行偿还债务的，在规范性文件已经明确由公安机关统一处理的情况下，除非相关司法解释或者规范性文件有明确规定，否则人民法院对受害人单独提起的民事诉讼不应予以受理。

公司的法定代表人、实际控制人、高级管理人员等利用公司为平台从事犯罪活动被公安机关立案侦查，受害人另行对公司提起民事诉讼，人民法院应否受理？公司的法定代表人、实际控制人或高级管理人员利用公司为平台从事犯罪活动，公安机关对公司的法定代表人、实际控制人、高级管理人员等涉嫌刑事犯罪立案侦查。已经立案侦查的刑事案件虽未将公司列为被告，但如果刑事案件认定该公司属于上述人员的犯罪工具，并在案件办理过程中将公司的全部财产作为刑事案件追缴退赔的责任财产，或者在追缴上述人员持有的公司股份过程中，实际上已查封、扣押公司所有财产。上述情况应当认定刑事案件办理过程中，已经依法追究了公司的民事责任，当事人另行对公司提起民事诉讼的，人民法院不应予以受理。如果刑事侦查机关仅查封、扣押上述涉嫌犯罪人员与公司有关的部分财产，公司仍有未被追缴、责令退赔的剩余财产，当事人另行起诉要求公司承担相应民事责任的,人民法院应当依法受理。[1]

关于合同当事人构成经济犯罪,是否当然导致民事责任免除的问题,借款合同上的印章是公司负责人伪造的,不影响公司民事责任的承担。

【案例9-28】 陈某甲诉工艺品公司、招行郑州支行民间借贷纠纷案

一审法院认为,工艺品公司、招行郑州支行以陈某乙、蒋某某、彤某某涉嫌骗取金融票据罪为由申请中止审理本案,因刑事案件针对的是陈某乙、蒋某某、彤某某三人是否构成骗取金融票证罪,该案的受害人是招行郑州支行,而不是陈某甲,而该案与本案当事人间的借款关系无必然的联系,故驳回中止审理的申请。本案中陈某甲提交的借款合同、授权委托书、银行转账明细等证据证明大部分资金转入工艺品公司账户,部分资金用于偿还其套取的到期信用证资金,可以证实涉案借款及担保关系成立,工艺品公司、招行郑州支行应当承担相应还款及担保义务。工艺品公司、招行郑州支行以陈某乙、蒋某某、彤某某涉嫌骗取金融票证罪为由主张借款关系不成立,属虚假诉讼的答辩意见,因陈某乙、蒋某某、彤某某涉嫌骗取金融票证罪与本案无必然联系,该案的受害人为招行郑州支行而非陈某甲,结合陈某乙、蒋某某、彤某某等人涉骗取金融票证罪一案刑事判决未生效的事实,工艺品公司、招行郑州支行辩称理由缺乏依据,不予采纳。判决:工艺品公司返还陈某甲借款1300万元并支付利息;工艺品公司支付陈某甲律师代理费10万元;招行郑州支行对本判决第一、二项内容承担连带清偿责任。二审法院同意一审裁判意见,判决:驳回上诉,维持原判。[2]

在借款刑民交叉纠纷案件中,担保合同无效处理是疑难问题。民间借贷合同无效导致担保合同无效,担保人是否承担担保责任应依其有无过错为判断依据。担保人无过错的,担保人不承担民事责任;担保人有过错的,担保人承担民事责任的部分不应超过债务人不能清偿部分的1/3。

【案例9-29】 朱某某诉浙江宏拓建设有限公司等民间借贷纠纷案

一审法院认为,根据杭州市中级人民法院第234号刑事判决认定,杨某该10,000,000元"借款"行为构成集资诈骗罪。因此,虽然杨某与朱某某之间具有民间借贷的形式外表,但因杨某该行为具非法占有他人财产的故意,属以合法形式掩盖非法目的,也违反《刑法》有关公民合法财产权不受非法

---

〔1〕 参见最高人民法院第六巡回法庭编:《最高人民法院第六巡回法庭裁判规则》,人民法院出版社2022年版,第33~34页。

〔2〕 参见国家法官学院、最高人民法院司法案例研究院编:《中国法院2021年度案例》(民间借贷纠纷),中国法制出版社2021年版,第215页。河南省新州市中级人民法院(2019)豫01民终2997号民事判决书。

侵害的强制性规定，属目的违法，依据《合同法》第五十二条第三项、第五项规定，确认杨某该行为无效，依据《合同法》第五十八条规定，杨某应将余款返还朱某某。但根据刑事判决书认定，朱某某已经收到本金5,000,000元和利息7,000,000元，另外保证人孙某某已经代偿2,000,000元，本案因主合同无效，故朱某某收到的利息7,000,000元应当为乘以按照8,000,000元除以杨某尚欠本金24,300,000元的比例计算得出的数字，在本案返还款项中予以扣除。案涉8,000,000元，杨某应当返还本金5,695,473元[8,000,000元-2,304,527元(8,000,000元÷24,300,000元×7,000,000元)]，以及支付合理利息损失。因此，朱某某要求杨某返还本金8,000,000元的请求，支持返还5,695,473元。

关于利息损失。杭州市中级人民法院第234号刑事判决认定的事实及罪名表明：杨某向朱某某"借"10,000,000元时，主观上具有非法占有他人合法财产的故意。对于朱某某而言，其并无证据表明其在诉争款项被杨某诈骗中具有过错。故杨某依法应当赔偿朱某某因此产生的损失。现朱某某主张按中国人民银行同期贷款利率计算利息损失合理，予以支持并按朱某某主张的2010年11月1日起按照中国人民银行一年期贷款基准利率计算。按照7,695,473元自2010年11月1日起计算至孙某某代偿2,000,000元之日即2010年11月26日止为29,713元；按照5,695,473元自2010年11月27日起计算至2014年4月26日止为1,215,662元。故杨某应赔偿朱某某至2014年4月26日止的利息损失1,245,375元以及赔偿损失按照5,695,473元以中国人民银行一年期贷款基准利率自2014年4月27日起计算至判决确定的履行日止的利息损失。

关于孙某某、玖顺公司、吕某、宏拓公司的民事责任问题。朱某某提交的证据显示：杨某以"借款"名义从朱某某处获得10,000,000元时，由孙某某、玖顺公司、吕某、宏拓公司提供了保证担保。依据《担保法》第五条第一款规定，主合同无效，担保合同无效。故根据前述结论，孙某某、玖顺公司、吕某、宏拓公司与朱某某间的保证担保无效。对于担保合同无效后，担保人的责任如何确定，《担保法》及其司法解释均有明文规定。现有事实表明：孙某某、玖顺公司、吕某、宏拓公司的担保行为客观上为杨某以"借款"名义从朱某某处骗得款项1,000,000元创造了条件，对担保合同的无效显然具有过错，依法应承担与其过错相对应的民事责任。故本案保证人案涉民事责任赔偿，依法应当是不应超过不能清偿部分即本金损失余额5,695,473元和截至2014年4月26日的利息损失1,245,375元以及之后利息损失总和不能清偿部分的1/3。

关于吕某、宏拓公司辩称的本案不属法院受理范围案件。根据《最高人民法院关于刑事附带民事诉讼范围问题的规定》第五条，现有事实表明：朱某某因杨某犯罪行为遭受的损失在刑事案件程序中未能得到恢复，故朱某某向法院提起民事诉讼符合该规定。法院以民事案件受理合法，吕某、宏拓公司辩称不予采纳。

至于吕某、宏拓公司辩称本案不属借款保证合同问题。《合同法》第一百九十六条规定：借款合同是借款人向贷款人借款，到期返还借款并支付利息的合同。民间借贷作为借款合同的形式之一，除以借款交付为合同生效要件，利息以无偿为原则，支付为例外等与一般借款合同不同外，其余并无不同，本案中，杨某与朱某某间具有民间借贷合同形式外表，只是杨某的借款以非法占有为目的，从而构成犯罪并承担刑事责任。该种民事责任既可在《侵权责任法》上得到认定，亦可在《合同法》上得到认定，作为受害人的朱某某有权根据案件实际情况选择能最大限度维护自身合法权益的请求权基础。现朱某某以民间借贷且该借款合同无效为由主张杨某及孙某某、玖顺公司、吕某、宏拓公司承担相应的民事责任并无不当，吕某、宏拓公司该辩称不予采纳。判决：(1)杨某返还朱某某款项5,695,473元；(2)杨某赔偿朱某某利息损失；孙某某、吕某、宏拓公司、玖顺公司共同就上述一、二项杨某不能清偿部分的1/3承担连带赔偿责任。二审法院判决：驳回上诉，维持原判。〔1〕

民间借贷案件涉嫌非法集资犯罪以外的犯罪，其犯罪线索、材料移交公安机关后，经公安机关立案侦查因各种原因无法查证并告知法院，法院应按民间借贷审理并作出判决。

【案例9－30】 安某诉胡某民间借贷纠纷案

本案争议焦点在于原、被告之间的借款关系是否成立。首先，本案中的借条系被告本人所书写。首先，被告作为一个有民事行为能力的成年人，对于书写借条的后果应当是知晓的，按一般社会常理而言，面对一个素不相识的陌生人，如无借贷合意或欠款情形，势必不会向其出具借条。其次，庭审中，被告辩称其与原告并不相识，且并未收到原告的款项，原告出具欠条所涉款项系其与他人开设赌场时所欠赌债。然关于本案原、被告所涉借款是否系赌债经海盐县公安局侦查后，并未查实原、被告之间的借贷系赌债。故被告辩称的欠款系赌债并无证据予以证明。最后，借据是证明双方存在借贷合意和借贷关系实际发生的直接证据，具有较强的证明力，根据前述分析，本案所涉借款借据系被告向原告出具，且被告并没有确凿的相反证据足以推翻借款借据所记载的内容，故对借款借据的证明力法院予以确认。综上，原、被告之

〔1〕 浙江省杭州市中级人民法院(2014)浙杭商终字第1386号民事判决书。

间的借贷关系成立。被告未按借款借据的借款时间向原告归还全部借款，故被告是引起本案纠纷的责任者，应当由被告向原告承担归还借款本金和逾期还款利息的民事责任。虽双方约定借款利率为3%，但原告实际按月利率2%主张其利息，属其对自身民事权利的处分，且符合法律规定。判决：被告胡某归还原告安某借款本金200,000元，并支付原告逾期付款利息。[1]

(二)行为构成犯罪合同有效处理

在民间借贷行为与非法吸收公众存款罪交叉案件中，对民间借贷行为的效力需从两方面讲，其民间借贷行为并不当然无效，非法吸收公众存款的每个民间借贷行为应属双方真实意思表示。所以在此类案件存在刑民交叉的情形时，保护债权人的合法民事权益与惩罚借款人的犯罪行为两者并不矛盾，可以并行处理。对此类案件应当坚持民事判断的独立性，不应仅以与刑事犯罪存在交叉而当然地认定合同效力，还应当从相关当事人及合同订立时的主客观要件来综合认定。相关当事人在订立借款合同时意思表示真实，出借人主观上没有损害其他合法利益的故意和过错，不存在违反法律、行政法规的强制性规定和以合法形式掩盖非法目的的情形，故此类借款合同有效。

【案例9-31】　常某诉段某保证合同纠纷案

二审法院认为，涉案欠条在法律关系性质上属于债务加入，非法吸收公众存款罪中所涉及的相关民间借贷合同并不违反法律法规的强制性规定，合同不因成立非法吸收公众存款罪而无效，涉案《借款咨询与服务协议》及涉案欠条是各方当事人的真实意思表示，不违反法律法规的强制性规定，合法有效。一审法院虽适用法律错误，但判决结果正确。判决：驳回上诉，维持原判。段某就深圳中欧温顿公司应返还常某的本金978,000元向常某承担连带清偿责任。[2]

【案例9-32】　吴某某诉陈某某、王某某、某县中建房地产开发有限公司民间借贷、保证合同纠纷案

一审法院认为，原告吴某某根据借款协议给被告陈某某200万元后，其对陈某某的债权即告成立。至于陈某某可能涉及非法吸收公众存款的犯罪，与本案合同纠纷属于两个法律关系，公安部门立案侦查、检察院起诉以及法

[1] 浙江省海盐县人民法院(2015)嘉盐商初字第417号民事判决书。

[2] 参见国家法官学院、最高人民法院司法案例研究院编：《中国法院2020年度案例》(借款担保纠纷)，中国法制出版社2020年版，第122页。北京市第三中级人民法院(2018)京03民终8206号民事判决书。

院判决构成刑事犯罪,并不影响法院依据《民事诉讼法》审理本案当事人间的民事合同纠纷。对合同效力进行判断和认定属于民事审判的范围,判断和认定的标准也应当是民事法律规范。非法吸收公众存款罪和合同的效力问题是两个截然不同的问题。判断一个合同的效力问题,应从民事法律的角度去考虑,从有效合同的三个要件来考察:(1)行为人是否具有相应的民事行为能力;(2)是否意思表示真实;(3)是否违反法律或者社会公共利益。且本案涉嫌非法吸收公众存款罪,涉嫌犯罪的当事人单个借贷行为不构成犯罪,只有达到一定量后才发生质变,构成犯罪,即犯罪行为与合同效力不重合,故其民事行为应该有效。鉴于此,法院审理可以"刑民并行"。"先刑后民"原则并非法定原则,任何一部法律并未对这一原则作出明确规定。实行"先刑后民"有一个条件,只有符合《民事诉讼法》第一百三十六条规定,即"本案必须以另一案的审理结果为依据,而另一案尚未审结的",才先刑后民。不符合《民事诉讼法》第一百三十六条规定的,应"刑民并行"审理。"先刑后民"并非审理民刑交叉案件的一种处理方式。据此,对于被告王某某和被告中建公司提出在确定本案借款的性质时本案应该中止审理的诉讼主张,法院不予支持。因此,本案原、被告之间的民间借贷法律关系明确,被告借款应当予以归还,王某某和中建公司自愿为陈某某借款提供担保,应承担本案连带清偿责任。判决:陈某某归还吴某某200万元的借款;王某某和中建公司对上述债务承担连带清偿责任。二审判决:驳回上诉,维持原判。[1]

借款人的借款行为涉嫌犯罪,或者已被生效的判决认定构成犯罪,出借人提起民事诉讼的,民间借贷合同并不当然无效,法官应根据《民法典》规定判断民间借贷合同效力。

【案例9-33】 邵某某诉靖宇公司等民间借贷纠纷案

二审法院认为,周某某与包括邵某某在内的相关债权人签订的债权债务清偿协议书,以周某某持有的原宇辰能公司的股份抵偿债务有利债务清理。故该协议在未被依法确认无效或撤销之前,对周某某与邵某某均具有法律约束力。该协议中双方明确约定自本协议签订之日起,周某某欠邵某某等人的债务包括周某某以宇辰能公司名义所借的款项即视为已经清偿完毕,原周某某或宇辰能公司出具的任何借款借据均作废。本案所涉借款已被列入债权债务清理协议中周某某所欠债务范围,原周某某或宇辰能公司出具并加盖宇辰能公司公章的借款借据,因邵某某与周某某的上述约定而丧失作为债权凭证的效力,现邵某某仍凭该借款借据主张债权,二审法院不予支持。原审法

---

〔1〕 参见《最高人民法院公报》2011年第11期(总第181期)。

院部分事实认定及适用法律有误，实体处理不当，应予纠正。判决：撤销一审判决；驳回邵某某的诉讼请求。[1]

基于保证合同的从属性，保证合同的效力依附于主合同民间借贷合同的效力，故民间借贷合同虽涉嫌犯罪但被认定为有效，则保证合同有效。反之若民间借贷合同无效，则保证合同无效。在民间借贷合同虽涉嫌犯罪但被认定为有效时，其保证合同亦有效，其保证人应承担保证责任，而不因借款人构成犯罪而免除保证责任。保证人以受到欺诈为由主张不承担保证责任，不受法律支持。保证人主张免除保证责任的，其逻辑基础应当是保证人受到债权人的欺诈而作出错误的意思表示，而非受到债务人的欺诈，因此，保证人并无申请撤销保证合同的权利。

【案例9－34】　黄某某诉李某某保证合同纠纷案

二审法院认为，由于评价对象与评价标准的不同，同一合同行为构成诈骗犯罪与该合同行为有效并不存在矛盾，蔡某某的诈骗行为构成犯罪是刑法对其行为的评价，而在民法范畴，与蔡某某行为相对应的应当是“欺诈行为”，以欺诈手段订立的合同，只有在损害国家利益的情况下才属无效合同，本案中，蔡某某的欺诈行为侵害的是黄某某的财产权益，仅属可撤销的合同，在受欺诈方未请求撤销合同前，本案民间借贷合同仍是有效合同。基于此，李某某关于保证合同因作为主合同的民间借贷合同无效而导致无效的主张不能成立，本案担保合同效力应依照《合同法》第五十二条及《担保法》等相关法律、司法解释的规定予以认定。担保合同的主体是保证人与债权人，即李某某与黄某某，蔡某某并非担保合同的合同主体，李某某并未举证证明本案担保合同存在法律规定的无效情形，应承担举证不能的不利后果。判决：驳回上诉，维持原判。[2]

涉刑民事合同并不因违反《刑法》规定而当然无效，在民事审判中，应当根据民事法律规定对合同效力进行分析。集资诈骗犯罪中单个借款合同如不存在其他法律规定的无效情形，属于因欺诈订立的可撤销合同，受欺诈一方可以行使撤销权。如果受欺诈一方未依法行使撤销权，借款合同即为有效，其中出借人向公安机关报案或者在公安机关作为受害人登记的行为不能视为行使撤销权的一种方式。

【案例9－35】　刘某诉黄某、赵某保证合同纠纷案

二审法院认为，虽然借款人张某被认定为集资诈骗罪，本案所涉的借款

---

〔1〕 浙江省温州市中级人民法院(2014)浙温商终字第1175号民事判决书。

〔2〕 参见国家法官学院、最高人民法院司法案例研究院编：《中国法院2020年度案例》(借款担保纠纷)，中国法制出版社2020年版，第129页。福建省宁德市中级人民法院(2018)闽09民终1197号民事判决书。

在刑事案件中被确认为诈骗犯罪所得,但张某在刑事上的定罪并不必然导致借款合同无效。张某与刘某订立的借款合同,既存在张某骗取并非法占有刘某钱款的诈骗行为,也存在双方当事人意思表示一致的情况下共同达成的借款合同行为。刑法评价的是该诈骗行为是否严重到触犯刑法而需要刑罚处罚的程度;民法评价的是合同行为是否为当事人真实意思表示一致的结果,应否赋予该行为以私法上的效力。从民法角度分析,黄某、赵某并未提供证据证明案涉借款合同存在《合同法》第五十二条规定的合同无效之情形。张某以非法占有刘某钱款为目的,故意欺骗刘某签订借款合同,使刘某陷入错误判断,并基于此作出借款的意思表示,根据《合同法》第五十四条第二款规定,刘某作为被欺诈一方有权请求人民法院或者仲裁机构变更或者撤销借款合同。刘某并未主张撤销借款合同,故借款合同应为有效,对张某、刘某均有法律约束力。

针对案涉借款本金数额、借款利息及张某归还款项性质的认定问题。2016年8月2日,刘某转账出借给张某51万元,2017年8月31日张某归还21万元,双方于2017年9月1日就该笔借款结算,形成借条确认本金为30万元。另2017年2月27日,张某向刘某出具借条约定借款本金为30万元,实际刘某向张某转账27万元。刘某主张两笔借款本金合计57万元,具有事实依据,应当予以支持。关于利息的约定,2017年9月1日张某出具的借条中载明每月给刘某打款5000元,借款到期还款30万元,据此在借款到期归还全部本金的情况下,双方约定每月打款5000元应为利息,且年利率为20%,双方对利息的约定不违反法律规定,应属有效。针对张某还款的性质问题,除2017年8月31日张某归还的21万元本金外,其余款项可以和张某、刘某关于利息的约定相互印证,黄某、赵某主张张某归还的款项为本金没有依据,依法不予采信。因2017年9月1日后张某未再偿付利息,故对刘某主张以57万元为本金自2017年9月1日起至实际清偿之日止按年利率20%计算利息,符合双方约定及法律规定,应予支持。一审法院对借款利息的起算点认定有误,二审法院依法予以纠正。

关于黄某、赵某是否应承担担保责任的问题。黄某、赵某作为完全民事行为能力人,应当清楚在借条上作为担保人签字的法律后果,且未提供证据证明在提供担保时受到出借人刘某的欺骗,也未提供证据证明张某、刘某存在恶意串通骗取担保的情况,故黄某、赵某为张某的借款及利息向刘某提供担保是其真实意思表示,其担保行为合法有效,黄某、赵某应当按照保证合同的约定承担连带保证责任。鉴于在(2018)沪0115刑初1231案件中已判决对张某违法所得予以追缴并按比例发还被害人,不足部分责令退赔,故黄某、赵某应对借款人张某向刘某借款本金57万元及以本金57万元为基数自

2017年9月1日起至实际清偿之日止按年利率20%计算的利息中尚未归还的部分款项承担连带清偿责任。一审法院对黄某、赵某承担连带清偿责任的范围认定不当，二审法院亦依法予以纠正。判决：维持一审判决第三项；撤销一审判决第一项、第二项；上诉人黄某、赵某对借款人张某向上诉人刘某借款57万元利息中尚未归还的部分承担连带清偿责任。[1]

在借款合同有效时，担保人应当依约承担担保责任。

非法吸收公众存款犯罪行为涉及的保证责任是疑难问题。以民间借贷形式体现的非法吸收公众存款犯罪行为涉及的保证或担保法律关系，并非因借款人的犯罪而免除保证责任。在借款人涉嫌非法吸收公众存款犯罪被刑事裁判文书认定构成犯罪的情况下，借款人与出借人签订的借贷合同并非当然无效，据此，对该借款合同提供担保的担保合同，除非具有《民法典》规定的无效情形，否则不应否定其合同效力。在借贷合同被确认无效后，依据《民法典》第六百八十二条的规定，担保合同亦应被确认无效，但就此是否免除保证人的保证责任，则应依据保证人的过错程度认定其责任承担的范围。在此需要考虑的，其实是保证人与借款人之间是否对借款合同的无效存在共同过错，因为保证合同无效系因法律规定的主从合同效力认定规则所致，如保证人与犯罪人行为无关联，甚至保证人签订保证合同亦因借款人的诈骗、胁迫等犯罪行为所致，则保证人对于合同无效的后果并无过错，理应免除保证责任，反之，应根据其过错程度认定责任范围。

借款人和保证人均涉嫌非法吸收公众存款犯罪的嫌疑人的责任也是个问题。实践中，借款人和保证人均属非法吸收公众存款犯罪的嫌疑人，即可能将其认定为该犯罪行为的共犯，而保证人承诺就借款承担保证责任时，保证人常以借款合同涉经济犯罪而主张中止对民事案件的审理，以及对免除其保证责任进行抗辩。但是，据此并不能认定出借人与借款人之间的合同以及出借人与保证人的合同存在犯罪嫌疑而无效，在借款合同和保证合同不存在应被认定无效的情形时，则保证人并非当然免除保证责任。应当注意的是，借款人以外的涉嫌非法吸收公众存款犯罪的人员，在借款人无法偿还借款的情况下，对出借人作出承诺清偿借款的意思表示时，该承诺并非对债务进行的担保，而是债务加入或债务承担，与借款合同并非从主合同的关系，故不应再认定合同效力及承诺人的责任。

【案例9-36】　姬某某诉张某某保证合同纠纷案

一审法院认为，张某某否认《借款协议书》的真实性，认为与其无关，但认可协议由将军红公司出具，张某某出具的担保书中亦对姬某某出借给将军

〔1〕 参见最高人民法院中国应用法学研究所编：《人民法院案例选》2020年第10辑（总第152辑），人民法院出版社2021年版，第150～151页。上海市第一中级人民法院（2020）沪01民终4528号民事判决书。

红公司的借款进行了明确，故确认《借款协议书》的真实性。此外《借款协议书》的债务人将军红公司因涉嫌非法吸收公众存款被立案侦查，并不直接影响其与姬某某签署的《借款协议书》的效力，《借款协议书》反映了双方当事人的真实意思表示，且内容未违反法律、行政法规的效力性强制性规定，应属有效。就担保书而言，张某某认可签字系其本人所签，但称其受欺骗且有痴呆，担保并非本人意愿的体现，张某某未就此举证证明，不予采信。因此，担保书反映了张某某的真实意思表示，张某某与姬某某之间形成保证合同关系，该法律关系未违反法律、行政法规的效力性强制性规定，应属有效。将军红公司刑事案件的审理结果不影响本案的审理，张某某辩称本案应中止审理，法院不予采信。法院认定《借款协议书》的20万元已经实际出借。张某某签署的担保书明确了担保范围为20万元借款本金及利息。张某某在担保书未明确保证方式，故保证方式应为连带保证责任。本案主债务履行期于2017年9月6日届满，担保书未对保证期间作出约定，故张某某的保证期间为主债务履行期届满之日起6个月，而姬某某在此期间内已提起诉讼，故张某某的保证责任不能免除。将军红公司未依约还本付息，张某某应按照担保书的约定对其担保的借款本金20万元及利息向姬某某承担连带担保责任。判决：张某某向姬某某偿还借款本金20万元并支付利息、支付违约金18,240元。

二审法院认为，本案中，将军红公司虽因涉嫌非法吸收公众存款被立案侦查，但姬某某与将军红公司签订的《借款协议书》以及张某某出具的担保书并非当然无效，现张某某并未提供证据证明姬某某在出借款项时即已得知将军红公司借款用于违法犯罪活动，亦未提供证据证明《借款协议书》和担保书存在应被认定无效的其他情形，同时，张某某认可其被公安机关取保候审并非基于出具案涉担保书，故张某某上述主张缺乏事实和法律依据。本案中，姬某某系依据张某某出具的担保书要求其承担保证责任，与《借款协议书》属不同法律关系。张某某依据担保书承担保证责任，并非必以将军红公司、张某某是否存在非法吸收公众存款的事实为依据，故张某某关于应中止本案审理的主张缺乏事实和法律依据。担保书并未约定张某某承担保证责任的方式，故其应就诉争债务承担连带保证责任，姬某某有权单独就张某某承担保证责任提起本案诉讼。判决：驳回上诉，维持原判。〔1〕

【案例9－37】 向某某诉荣某某保证合同纠纷案

首先，荣某某等被生效刑事判决认定为有罪，但出借人起诉担保人承担

〔1〕 参见国家法官学院、最高人民法院司法案例研究院编：《中国法院2021年度案例》（借款担保纠纷），中国法制出版社2021年版，第69～70页。北京市第一中级人民法院（2019）京01民终5665号民事判决书。

担保责任,其责任主体与刑事案件的责任主体并不一致,如果是连带担保的担保人,在承担担保责任后,可向债务人进行追偿,也不会导致重复责任或冲突,且荣某某本身已经作为投资人计入刑事案件中,本案中其担保的21万元款项也算入了其投资总额中。其次,《民间借贷规定》第八条明确规定:"借款人涉嫌犯罪或者生效判决认定其有罪,出借人起诉请求担保人承担民事责任的,人民法院应予受理。"担保制度的设立就是为了在债务人不履行合同或不适当履行合同时,债权人可从担保人处获得履行或补救,如果借款人被认定犯罪,出借人不能通过民事诉讼追究担保责任的话,担保就失去了意义。具体到本案,2015年1月15日,荣某某向向某某出具的收条上有其本人的签名,在收条上荣某某注明了其担保人的身份,该收条系荣某某的真实意思表示,且在诉讼中向某某已明确要求荣某某承担的是担保责任,故向某某可向法院提起民事诉讼。本案的担保法律关系不因荣某某等人构成非法吸收公众存款罪而当然无效。虽然荣某某在收取向某某款项后再以个人名义投入邦鑫公司的行为已经被生效法律文书判决构成非法吸收公众存款罪,但刑事责任是依据刑法规范对其行为作出法律评价,而出借人与担保人形成的担保关系,则属于民法规范评价和调整的范畴。因此,荣某某向向某某出具收条,并自愿作为担保人对债务进行担保的行为有效,且向某某在将款项交与荣某某或邦鑫公司时,并不知道该行为系违法犯罪行为,也不存在其与荣某某或邦鑫公司其他员工串谋等构成合同无效的其他情形,但向某某作为完全民事行为能力人,应当知道投资(出借资金)有风险,故其自身对资金款项的损失存在一定的过错。根据查明的事实,双方当事人的过错比例酌情确定为1:9,即荣某某应对向某某的款项承担90%的担保责任,即189,000元。在庭审中查明的荣某某已经向向某某支付的款项13,710元,应当予以抵扣,向某某损失尚余175,290元,荣某某应当承担返还给向某某的担保责任。又因本案债务人的行为已经构成犯罪,故向某某仅可以通过民事诉讼主张返还本金损失,对于利息等其他间接损失法院不予支持。判决:荣某某向向某某返还款项175,290元。[1]

公司部门负责人在履行职务过程中犯罪判刑,其在经营期间以公司名义进行的借款并非因其犯罪行为而失效,相应偿还责任应由公司承担。

【案例9-38】 张某某诉中国石化东阿分公司等借款合同纠纷案

一审法院认为,被告李某某在担任被告第九加油站负责人期间向原告借

---

〔1〕 参见国家法官学院、最高人民法院司法案例研究院编:《中国法院2021年度案例》(借款担保纠纷),中国法制出版社2021年版,第136~137页。湖南省株洲市芦淞区人民法院(2019)湘0203民初459号民事判决书。

款，并由原告以自己名义贷款后，由李某某会同其自筹的其他款项一并交至公司账户，事实清楚，证据确凿，债权债务关系明确，原告的证据能形成一个完整的证据链，对该事实本院予以认可。原告持上述证据向被告主张债权，依法应予以支持。李某某作为被告第九加油站的负责人，因其职务行为对外借款应该由被告承担。被告提供的公证书虽然经李某某签字确认，并对外具有相应公示的作用，但该公示效力只能作用于该公证书出具以后的时间里，对于公示前李某某的职务行为不会以自己的声明而无效，该声明属于李某某及公司内部行为，也无法对抗第三人。被告此证明原告该笔借款非李某某职务行为的证据不足，本院难以支持。由于原告以自己名义的贷款已于2001年9月28日还清，因此，对此日期前的贷款利息，均系借款未归还的实际损失，故原告要求被告承担这些利息，本院可以支持。对于此后的利息，尽管原告的借款一直没有归还，但由于没有利息的约定，本院不予确认。被告中国石化东阿分公司没有否认自己的主体资格，在本院要求的举证期间内，也没有出具证据证实山东省石油集团东阿公司与中国石化东阿分公司二者之间的法律关系。因此，上述借款由被告中国石化东阿分公司承担并无不当。但由于二被告均属于中国石油化工股份有限公司的分支机构，从工商登记营业执照看二者不存在法律上的隶属关系，故将中国石化聊城分公司再列为被告，并要求其承担责任没有法律依据，被告的该项辩称本院可以支持。判决：被告中国石化东阿分公司归还原告借款66,000元，并承担利息4057.02元。二审法院判决：驳回上诉，维持原判。[1]

（三）套路贷处理

套路贷并非特定种类的贷款，而是指一类案件，即以非法占有为目的，假借民间借贷的名义，诱使或强迫被害人签订“借贷”或变相“借贷”“抵押”“担保”等相关协议，通过虚增借贷金额、恶意制造违约、肆意认定违约、隐匿还款证据等方式形成虚假债权债务，并借助诉讼、仲裁、公证或者采用暴力、威胁以及其他手段非法占有被害人财物的相关违法犯罪活动的概括性称谓。

套路贷主要特征，其一，套路贷的根本目的为非法占有被害人财物，即套路贷并非以平等民事主体之间基于临时使用并最终归还款项的目的从债权人处获得款项，套路贷的嫌疑人并非看重财产的使用价值，而是以占有财产本身为目的。

[1] 参见国家法官学院案例开发研究中心编：《中国法院2013年度案例》（借款担保纠纷），中国法制出版社2013年版，第10～11页。山东省聊城市中级人民法院（2011）聊民一终字第254号民事判决书。

其二,套路贷中的套路在于虚构债权债务,使得债权债务表面存在,但受害人并未实际获得或未足额获得出借款项,即嫌疑人在实施套路贷犯罪时,会通过非法手段要求受害人签订借款合同、借条等借贷合意的凭证,以制造被害人意图借用款项的假象,同时,嫌疑人故意安排资金款项流动,制造实际向被害人支付款项的假象,但通过诱骗、胁迫等手段从受害人处收回全部或部分款项,即资金流向出现闭环的情况,嫌疑人仍以债权债务凭证体现的金额主张债权,非法占有受害人的财产。其三,套路贷通常伴随暴力催收、欺诈胁迫等非法行为,且此等行为贯穿套路贷各个环节,签订合同时嫌疑人要求受害人签订空白合同或采取强迫手段阻止受害人查看合同内容,出借款项时将支付给受害人的款项全部或部分收回,或指示受害人向他人交付,在受害人未能还款的情况下,嫌疑人或其同伙亲自或委托他人通过暴力催收要求偿还借款。其四,套路贷通过合法化手段洗白的套路,嫌疑人利用完备的证据材料提起诉讼、仲裁等法定程序,仅以证据材料无法体现套路的具体内容,隐蔽程度较高,法院或仲裁机构较易依据现有书面证据作出借贷关系的认定。

实践中,在民间借贷案件存在资金流向闭环且当事人无法作出合理解释,借款人未收到债权债务凭证中约定款项的情况下,法官应高度警惕案件是否涉嫌套路贷,着重审查款项流动情况、各款项节点涉及的当事人之间的法律关系。若符合套路贷犯罪的基本特征,则裁定驳回出借人的起诉,移送公安机关进行处理。

【案例 9-39】 王某诉张某某、徐某民间借贷纠纷案

二审法院认为,民间借贷是指公民之间、公民与非金融机构企业之间的借款行为。就民间借贷纠纷而言,本案中王某提交的证据从借贷合意、款项交付两个方面来看都较为完备,案涉借款有借款合同、收条、转账凭证、承诺书,而张某某、徐某的抗辩均缺乏直接证据证明。尽管如此,本案中存在诸多有悖常理之处,可能存在套路贷诈骗犯罪嫌疑,分述如下:

其一,通过二审中补充查明的事实可知,张某某在收取款项后与肖某某先后在同一银行同一窗口由同一银行工作人员经办取款、转账。张某某取出王某转账的31.4万元,而肖某某在张某某取款后取出10万元,并向王某转账41.4万元,肖某某向王某转账的款项与其自提的款项差额恰为张某某在该窗口取出的31.4万元。查明的事实与张某某主张其将款项在窗口交给肖某某、自己并未取得任何资金基本吻合。如张某某主张属实,则资金经案外人肖某某最终回到王某处,而张某某在未收到款项的情况下向他人出具借条、收条等相关凭证,王某依据该等凭证以民间借贷纠纷方式主张权利,将其或未实际出借的款项转为合法的债权,涉嫌诈骗。

其二,王某对所收取的41.4万元款项无法说清性质或作出合理解释,有违常理。根据资金明细反映出的事实,王某在出借31.4万元后当天即收回

41.4 万元，而针对该笔大额且存在一定特殊性的款项往来，王某无法说明款项性质，显然有违常理。肖某某转款之时将该笔41.4 万元备注为“货款”，而王某称双方并不存在货物买卖关系，就本案而言，对转账款项与实际不符的备注值得怀疑。后王某在诉讼中改称 41.4 万元款项是肖某某向其偿还借款，亦无法自圆其说。

其三，张某某向王某出具的相关借款手续：《借款合同》、收条、《房屋租赁合同》、租金收据、处置房屋的委托书，所署落款日期均为 2015 年 9 月 30 日，而当时张某某尚未收到借款。这些材料的格式均具有一定制式，并预留了手写内容。在未发放借款之前要求借款人出具前述较为完备的证据材料有违一般民间借贷常理。

其四，除《借款合同》、收条、承诺书外，张某某还向王某出具了《房屋租赁合同》、租金收据、处置房屋的委托书等手续，从《房屋租赁合同》、租金收据、处置房屋的委托书的内容来看，王某意在取得张某某、徐某房屋的房屋租金，租金价值与“借款”金额极不对等。

其五，诉讼中，王某在认识肖某某的情况下，向法庭陈述其不认识肖某某，有悖常理。如果肖某某、王某均是实际出借款项的借款人，其可以就案涉事实予以说明，而本案中王某的主张均为其代理人代为陈述，经法庭要求，王某本人仍不到庭参加诉讼，肖某某经法院通知亦不到庭作证，有悖常理。

综上，依据《最高人民法院关于在审理经济纠纷案件中涉及经济犯罪嫌疑若干问题的规定》第十一条的规定，应当裁定驳回王某的起诉，将本案移送至公安机关。鉴于二审期间新查明的事实，一审判决处理结果不当，应予以纠正。判决：撤销一审判决，驳回王某的起诉。〔1〕

【案例 9－40】 潘某诉金某民间借贷纠纷再审案

再审法院认为，人民法院作为民事纠纷受理的案件，经审理认为不属于民事纠纷而有犯罪嫌疑的，应当裁定驳回起诉。根据抗诉机关的抗诉意见和本案当事人的陈述，本案有套路贷之犯罪嫌疑。检察机关目前正在审查起诉中，裁定：撤销一审民事判决；驳回原审原告潘某的起诉。〔2〕

个案中，法官发现有套路贷嫌疑的，依职权进行调查并作出处理。

---

〔1〕 参见国家法官学院、最高人民法院司法案例研究院编：《中国法院 2020 年度案例》（民间借贷纠纷），中国法制出版社 2020 年版，第 27～28 页。北京市第一中级人民法院（2018）京 01 民终 3604 号民事裁定书。

〔2〕 参见最高人民法院民事审判第二庭编：《商事审判指导》2019 年第 1 辑（总第 48 辑），人民法院出版社 2019 年版，第 49 页。

【案例 9－41】 洪某某诉曹某某、杨某某等民间借贷纠纷案

二审期间，二审法院分别召集双方当事人、案外人方某某进行单独谈话。各方在关于“借款1是否已经归还”“借款2是否已实际发生”“涉案协议的真实用途”“曹某某是否具有真实的借款意思和需求”关键问题的表述上存在明显相互矛盾和推诿之处，针对诸多细节的描述亦有悖常理和交易习惯。二审法院由此认定，本案存在相关人员以非法占有为目的，借民间借贷之名虚构债权债务关系，同时借助诉讼手段非法占有他人财物之嫌疑，即涉嫌套路贷。据此，二审法院最终裁定撤销一审判决，驳回洪某某的起诉。[1] 本案中虽然相关刑事案件还未立案，二审法院发现该案存在诱使被害人签订“借贷”“担保”协议、制造资金走账流水等虚假给付事实、故意制造违约、借助诉讼程序意图非法占有被害人财物等明显的套路贷特征，依职权对此进行了调查和取证。经过与各方当事人的单独谈话，对各方当事人提交的证据逐一比对分析，最终认定该案涉嫌套路贷，存在诈骗犯罪之嫌疑。根据现有证据，虽无法判定具体诈骗之主体，但此问题无法在该案审理中得以解决，必须依赖刑事案件处理结果而定，据此裁定驳回起诉。

(四)虚假诉讼处理

虚假民间借贷诉讼，是指当事人为了获取非法利益，通过采取恶意串通，捏造事实、伪造变造证据、虚构法律关系等方式提起民间借贷民事诉讼，意图使人民法院作出错误裁判和执行，侵害第三人、集体或者国家利益的行为。[2]

虚假民间借贷诉讼主要特征为：其一，诉讼当事人双方关系特殊，大部分是亲友关系；其二，诉讼一般以调解方式结案以逃避法院审查；其三，在证据方面当事人对借贷细节问题上的陈述总有出入，证据有瑕疵；其四，当事人一方多数同时存在其他债权债务关系。

最高人民法院等《关于进一步加强虚假诉讼犯罪惩治工作的意见》第二条规定：“本意见所称虚假诉讼犯罪，是指行为人单独或者与他人恶意串通，采取伪造证据、虚假陈述等手段，捏造民事案件基本事实，虚构民事纠纷，向人民法院提起民事诉讼，妨害司法程序或者严重侵害他人合法权益，依照法律应当受刑罚处罚的行为。”其第五条明确规定将民间借贷纠纷案件列在第一位。

---

〔1〕 参见最高人民法院民事审判第二庭编：《商事审判指导》2019年第1辑(总第48辑)，人民法院出版社2019年版，第51页。

〔2〕 参见最高人民法院民事审判第一庭编著：《最高人民法院民间借贷司法解释理解与适用》，人民法院出版社2015年版，第327页。

《民间借贷规定》第十八条规定:“人民法院审理民间借贷纠纷案件时发现有下列情形之一的,应当严格审查借贷发生的原因、时间、地点、款项来源、交付方式,款项流向以及借贷双方的关系、经济状况等事实,综合判断是否属于虚假民事诉讼:(一)出借人明显不具备出借能力;(二)出借人起诉所依据的事实和理由明显不符合常理;(三)出借人不能提交债权凭证或者提交的债权凭证存在伪造的可能;(四)当事人双方在一定期限内多次参加民间借贷诉讼;(五)当事人无正当理由不到庭参加诉讼,委托代理人对借贷事实陈述不清或者陈述前后矛盾;(六)当事人双方对借贷事实的发生没有任何争议或者诉辩明显不符合常理;(七)借款人的配偶或者合伙人、案外人的其他债权人提出有事实依据的异议;(八)当事人在其他纠纷中存在低价转让财产的情形;(九)当事人不正当放弃权利;(十)其他可能存在虚假民间借贷诉讼的情形。”该条是关于如何识别虚假民间借贷诉讼的规定。该条规定扩大了虚假诉讼的类型,既包括双方通谋型虚假诉讼,又包括单方牟利型虚假诉讼。

由于我国缺少民事借贷的专门立法,现有法律的法律法规不能及时跟进经济发展的步伐,仍然存在一些漏洞,对于实践中争议较大的非法吸收公众存款、非法集资、损害第三方利益的虚假诉讼等违法行为,缺乏统一的处理途径和鉴别标准,给法官处理类似案件带来一定难度。处理此类案件应注意审查,其一,对于数额较大的借款,原、被告共同到庭请求速裁或者调解结案的,法官除审查双方提供的证据外,还要审查债务人有无其他债权债务纠纷,防止原、被告串通进行虚假诉讼,损害第三方的利益。其二,不能机械地适用证据规则,对于仅有借据或者双方均认可的事实,没有转账等支付凭证的,要注意审查借款人的借款能力、资金往来情况以及借贷款项在会计账簿上记载的依据等证据,从各证据与案件事实的关联度、证据间相互印证等综合判断,防止片面地认定证据。其三,对当事人举证不足或者被告未参加诉讼的,法官应当积极主动地依职权进行调查,严格把关,澄清事实。及时发现虚假诉讼,防止债务人为逃避债权人的追讨,以与第三人签订借款合同之名,通过向法院提起诉讼,形成判决或者调解,转移资金,达到以合法形式掩盖非法转移财产之目的。应强调的是,对于未与他人恶意串通的单方虚构事实行为,或未侵害他人合法权益的虚构事实行为,不应认定为民事虚假诉讼。

《河北省高级人民法院民间借贷案件审理指南(试行)》19. 人民法院审理民间借贷案件,应当对是否构成职业放贷或虚假诉讼进行关联案件检索。

【案例9-42】 深圳市国色天香科技发展有限公司与潮州统一国际高尔夫俱乐部有限公司借款合同纠纷再审案

最高人民法院认为,国色天香公司的再审申请不符合《民事诉讼法》(2007)第一百七十九条第一款第二项、第四项、第六项的规定,裁定驳回其再审申请。理由为:国色天香公司持有的两份还款承诺书上虽然有统一国际公司的法定代表人聂某某的签字确认，但无其他相关证据佐证，不足以证明双方存在真实的借贷关系，根据《民事诉讼法》（2007）第六十三条、《最高人民法院关于民事诉讼证据的若干规定》第二条第二款的规定，应当承担举证不能的法律后果。本案统一国际公司公告送达后未出庭参加诉讼。为查明案件事实，保护其他债权人的利益，一审法院依职权调查取证符合《民事诉讼法》（2007）第六十四条、《最高人民法院关于民事诉讼证据的若干规定》第十五条的规定，不存在程序违法的问题。[1] 本案中，统一国际公司对外涉及多起诉讼，其有恶意转移财产之嫌疑。

【案例 9-43】 刘某某诉东阳喜湘逢公司、湖南喜湘逢公司借款合同纠纷再审案

再审法院认为，原案系刘某某与卜某为达到个人目的，共同编造而形成的虚假诉讼。现刘某某没有充分证据证实其与东阳喜湘逢公司、湖南喜湘逢公司存在真实的借贷关系。判决：撤销原审调解书；驳回刘某某要求东阳喜湘逢属公司、湖南喜湘逢公司返还借款的诉讼请求。[2]

《民间借贷规定》第十九条规定："经查明属于虚假民间借贷诉讼，原告申请撤诉的，人民法院不予准许，并应当根据民事诉讼法第一百一十二条之规定，判决驳回其请求。诉讼参与人或者其他人恶意制造、参与虚假诉讼，人民法院应当依照民事诉讼法第一百一十一条、第一百一十二条和第一百一十三条之规定，依法予以罚款、拘留；构成犯罪的，应当移送有管辖权的司法机关追究刑事责任。单位恶意制造、参与虚假诉讼的，人民法院应当对该单位进行罚款，并可以对其主要负责人或者直接责任人予以罚款、拘留；构成犯罪的，应当移送有管辖权的司法机关追究刑事责任。"本条是关于已经查明属于虚假民间借贷诉讼的处理规定。

原、被告双方伪造借条并诉至法院属于虚假诉讼。

【案例 9-44】 何某诉翟某、朱某等民间借贷纠纷再审案

再审法院认为，本案原审中，何某与翟某、朱某、宋某、张某等人为达到违规套取住房公积金之目的，恶意串通、伪造证据，虚构借款 25 万元及尚欠 15 万元借款的事实，致使人民法院作出了错误的调解书并执行完毕，其行为已构成虚假诉讼。该行为不仅破坏了住房管理秩序，损害了社公共利益，还严重妨碍人民法院民事诉讼活动的正常秩序，损害了司法权威，浪费了司法资源。因此，原审民事调解书应予撤销，何某的诉讼请求应予驳回。判决：撤销

---

〔1〕 参见杜万华主编：《最高人民法院民商事案件审判指导》（第 2 卷），人民法院出版社 2015 年版，第 547～548 页。

〔2〕 参见国家法官学院案例开发研究中心编：《中国法院 2016 年度案例》（民间借贷纠纷），中国法制出版社 2016 年版，第 24 页。北京市西城区人民法院（2014）西民再初字第 00001 号民事判决书。

民事调解书；驳回何某的诉讼请求。[1]

民间借贷诉讼为虚假诉讼的，其借款人的自认不发生法律效力。

【案例9－45】 史某某诉李某某民间借贷纠纷再审案

重审观点，史某某提供的证据不能证实借款协议中所涉款项系借款，当事人对款项交付基本事实前后陈述不一，均存在虚假陈述，且与实际支取款项的情况不符。虽李某某对借款进行自认，但该自认并无借款事实基础，该自认不产生法律效力。判决：驳回史某某的全部诉讼请求。[2]

一般情况下对于虚假诉讼不涉及刑事犯罪的诉求，法院不予支持。

【案例9－46】 袁甲诉袁乙民间借贷纠纷案

判决观点，本案欠条中虽载明“今欠何店村8组村民袁甲现金2万元(大写贰万整)此款在何店村1组(杨某某)整体拆迁时才付清”。但在庭审中查明，原、被告双方不存在经济往来关系，被告亦未向原告借款20,000元，双方是基于房屋拆迁安置补偿而发生纠纷，故不足以认定该欠条是被告袁乙基于其与原告袁甲之间的民间借贷关系而出具的，即不足以认定该欠条所系的基础法律关系即为民间借贷关系。原告主张的法律关系的性质或民事行为的效力与法院根据案件事实作出的认定不一致，经向原告释明，原告亦未变更诉讼请求，因此，对原告提出要求被告返还欠款20,000元的诉讼请求，法院不予支持。判决：驳回原告袁甲的诉讼请求。[3]

【案例9－47】 鲁某某诉黄某某、李某某民间借贷纠纷案

二审法院认为，从逻辑层面分析，本案存在以下明显不合常理的情形：一是鲁某某陈述其与黄某某是朋友关系，从其在没有任何担保的前提下就与黄某某签订借款期限仅为9日的《借款合同》，并于当天一次性支付55万元的行为来看，其对黄某某是有一定信任的。可借款期限届满第二天，鲁某某就向法院起诉要求黄某某偿还借款。二是鲁某某陈述其向黄某某借款时不知道李某某是黄某某的妻子，但在借款期满的第二天，就持由黄某某交给其的小董镇政府民政办公室的证明向法院起诉要求李某某共同承担本案债务，并于起诉时就准确地知晓李某某持有广西超大运输集团有限责任公司371,548股的股份并要求法院进行查封。三是鲁某某称其与林某某并不相

---

〔1〕 江苏省南通市港闸区人民法院(2015)港民再初字第00002号民事判决书。

〔2〕 参见《人民司法·案例》2019年第20期(总第859期)，第5页。江苏省苏州市吴中区人民法院(2017)苏0506民初204号民事判决书。

〔3〕 参见国家法官学院案例开发研究中心编：《中国法院2017年度案例》(民间借贷纠纷)，中国法制出版社2017年版，第79页。四川省成都市新津县人民法院(2015)新津民初字第547号民事判决书。

识，但在本案与林某某诉黄某某、李某某案中，对财产保全进行担保的均为广西超大货运有限公司。四是根据鲁某某陈述，其中黄某某于2013年4月12日中午在南宁签订《借款合同》，但于签订借款后驾车400余公里赶去广东茂名，同日16时21分在茂名向黄某某转账支付本案借款。五是黄某某在第一次离婚诉讼中明确表示其与李某某2001年便开始分居，并无夫妻共同债权债务。但在本案诉讼中作为一审被告的黄某某始终拒不到庭参加诉讼，而且对鲁某某的诉讼请求没有任何实质抗辩，反而称本案借款为“为了偿还在此之前，本人（黄某某）与李某某婚姻关系存续及夫妻共同生活期间，用于家庭生活支出、夫妻双方为改善家庭生活而进行投资等所欠夫妻共同债务”，并要求李某某共同承担还款责任。从证据层面分析，鲁某某陈述其与石某某并不相识，但其向法院提交的民事起诉状及证据材料目录与林某某向法院提交的民事起诉状及证据材料目录除借款人与借款期限、金额等有不同外，在内容与形式上，甚至排版格式与行间距乃至错别字上都完全相同，鲁某某陈述该民事起诉状是在百度上搜索得来，证据材料目录为“蔡姓”律师帮其书写不存在可能性，唯一的解释就是本案上述诉讼材料为林某某案件诉讼材料同一版本修改而成，鲁某某对上述诉讼材料的来源向法院作了虚假陈述。综上所述，可以认定鲁某某与黄某某之间不存在借贷关系，其向黄某某转账55万元，是与黄某某恶意串通，通过制造本案55万元债务的手段，虚构黄某某与李某某婚姻存续期间夫妻共同债务，企图通过诉讼方式侵害李某某的权益。判决：撤销一审判决，驳回鲁某某的诉讼请求。[1] 法院另行作出民事制裁决定书，对黄某某、鲁某某各处以罚款1万元。

对于民间借贷纠纷虚假诉讼涉及刑事犯罪的，法院对其已形成的调解书予以撤销。

【案例9-48】　高某某与蔡某某民间借贷纠纷再审案

再审法院认为，原审原告高某某与原审被告蔡某某之间并不存在真实的债权债务关系，双方的诉讼行为系虚假诉讼，其诉讼请求依法应当予以驳回。原审依据双方当事人恶意串通和伪造的证据材料所作出的民事调解书违反法律规定，侵害了案外的合法权益，应当予以撤销。判决：撤销民事调解书；驳回原审原告高某某的诉讼请求。[2] 在本案中，福建省厦门市人民检察院

---

〔1〕　参见国家法官学院案例开发研究中心编：《中国法院2016年度案例》（民间借贷纠纷），中国法制出版社2016年版，第21～22页。广西壮族自治区南宁市中级人民法院（2013）南市民四终字第335号民事判决书。

〔2〕　参见《人民司法·案例》2019年第20期（总第859期），第9页。福建省厦门市中级人民法院（2017）闽02民再26号民事判决书。

进行法律监督,在刑事案中判决蔡某某犯虚假诉讼罪有期徒刑1年,并处罚金1万元。

为防止民间借贷纠纷当事人进行虚假诉讼,法官应当严格依据举证责任规则对当事人之间是否存在真实有效的借贷关系进行审查,不能简单适用当事人自认规则认定案件事实。对原告提交的证据,法官经审查并结合相关事实,不足以确信双方借贷事实存在高度可能性的,应当认定原告主张的借贷事实不存在,并驳回原告的诉讼请求。

【案例9-49】 王某某诉周某某、邹某、湖南天时利投资置业有限公司民间借贷纠纷案

二审法院认为,本案双方争议的焦点是王某某与周某某之间的借贷关系是否真实发生。诉讼中,虽然周某某认可借款关系,但本案不仅关系到王某某与周某某的主债权债务,还关系到天时利公司的担保责任,而天时利公司抗辩主张王某某与周某某涉嫌虚假民事诉讼。因此,本案应当严格依照举证规则进行证据审查,不应简单适用当事人自认规则认定案件事实。根据《民事诉讼法》第六十四条、《民事诉讼法解释》第九十一条、第一百零八条规定,本案原告王某某主张存在借款事实,应承担举证责任,且须达到高度盖然性的证明标准,而被告天时利公司反驳借款事实未发生,只需达到真伪不明的存疑状态即可。法院经审查双方提供的证据认为,王某某的举证尚达不到高度盖然性的民事证明标准,天时利公司反驳证据可以导致待证事实真伪不明,王某某主张借款事实应不予认定。

一是王某某提供的《借款合同》存疑。该《借款合同》在起诉时未提交,起诉状对《借款合同》也只字未提,不合常理。起诉时王某某提供银行转账4630万元的凭证以证明借款事实真实发生,而《借款合同》和还款计划书却约定房屋转让款3000万元用于还贷。这些证据相互矛盾。二是王某某提供的《借款合同》、还款计划书、《房屋转让合同》证明,王某某与周某某之间可能存在借款或房屋买卖两种法律关系,而银行转账凭证未注明“借款”或“房屋转让款”,不能依此确定转账为借款。三是依王某某《借款合同》、合资建房分房协议书等证据,王某某对登记在周某某名下的房产享有67%的共有份额,但天时利公司提供的反证即房产档案中的《房屋买卖合同》以及房产变更登记等证据,足以证明周某某和王某某、周乙等人存在房屋买卖合同关系。这些反证足以使王某某主张其将房屋转让款3000万元出借给周某某的事实高度存疑。四是三份《房屋转让合同》价格存在较大出入。王某某提供的《房屋转让合同》成交价格为4500万元,而法院从产权登记机关调取的两份《房屋转让合同》转让价格分别为2480万元、3100万元。如果4500万元价格的合同真实,则此后以2480万元、3100万元低价再次转让,显然违背了近年来房地产市场价格上涨的客观实际。这说明王某某、周某某等人之间存在签订虚假民事合同的情况。综上所述，王某某主张的主债权债务关系之事实不能认定，其向天时利公司主张的担保责任自然不能成立。判决：驳回上诉，维持原判。[1]

借款人自认不存在的借款，虽然双方达成调解协议但不受法律保护。

【案例9-50】　林某某诉李某某、卢某某民间借贷纠纷再审案

再审法院认为，李某某与卢某某在没有真实债权债务关系的前提下，其在原审中达成的调解协议损害了案外人的合法权益，内容违法，原审据此作出的调解书应予撤销，林某某所主张的其对卢某某的债权因缺乏相关证据证明，依法不予支持。判决：撤销一审判决；驳回林某某的诉讼请求。[2]

原、被告之间有系列债权纠纷的案件，极易发生恶意串通、虚构事实，制造虚假诉讼参与分配的情况，造成到了执行阶段真正债权人的债权不能实现或少实现的后果，严重侵害了真正的债权人的权益，也严重损害了法律的权威。

【案例9-51】　傅甲诉林某、傅乙民间借贷纠纷案

法院通过对原告傅甲与被告傅乙的陈述及证人林乙、张某的证言予以综合审查、判断和分析后认为，原告傅甲所主张的借贷行为的发生不具有客观真实性。理由如下：一是比对原、被告双方及证人的各自陈述，在借贷行为发生的主要情节（交付借款时是否有在场人、证人林乙离开原告家的时间）上，存在明显不一致的陈述。二是原告傅甲与被告傅乙及证人林乙、张某各自的陈述存在不合常理之处。主要表现在：证人林乙、张某陈述是应被告傅乙父母的请求到原告家谈借款之事，被告傅乙则陈述其不清楚林乙、张某是因何事到原告傅甲家的。原告傅甲陈述借款28万元中，其中的十几万元是原告客户欠原告的货款，仅事隔不足两年，且又是相当的欠款数额，原告傅甲却无法提供客户的联系方式或住址，且对其无法提供的原因也不能进行合情合理的解释。经法院上述审查、分析并认定，原告傅甲主张借贷给被告傅乙28万元的事实不具有客观真实性，本案属虚假诉讼，对原告傅甲的诉讼请求，法院依法予以驳回。被告傅乙、林某经法院合法传唤，无正当理由拒不到庭，法院依法予以缺席审理和判决。判决：驳回原告傅甲的诉讼请求。[3]

---

〔1〕 参见最高人民法院中国应用法学研究所编：《人民法院案例选》2020年第2辑（总第144辑），人民法院出版社2020年版，第106～107页。湖南省高级人民法院（2018）湘民终262号民事判决书。

〔2〕 广东省佛山市中级人民法院（2012）民提字第10号民事判决书。

〔3〕 参见国家法官学院案例开发研究中心编：《中国法院2014年度案例》（民间借贷纠纷），中国法制出版社2014年版，第172页。福建省莆田市仙游县人民法院（2012）仙民初字第4444号民事判决书。

在诉讼中,借款人自认借款发生,但借款通过第三人又回到出借人处,即便存在借贷的目的,仍构成虚假诉讼。

【案例9-52】 范某某诉苏某某、顺丰公司民间借贷纠纷再审案

再审观点,2010年7月28日范某某汇给苏某某银行卡2000万元系事实,但该款已于汇款当日回到了范某某账户。这表明,苏某某在2010年8月5日范某某起诉之日并未实际取得2000万元借款,尽管苏某某自认,但涉及他人合法权益,人民法院仍应当根据事实作出裁判。范某某在苏某某未取得协议约定借款的情况下要求苏某某归还借款,无事实和法律依据,对范某某的诉讼请求不予支持。至于2010年8月10日范某某以本票给付苏某某1919.4万元和80.6万元(共计2000万元)是在起诉后才发生的,与范某某主张的7月28日借款2000万元不是同一笔款项,不能认定为本案的借款事实。判决:撤销原审民事调解书,驳回范某某的诉讼请求。[1]

夫妻一方存在与出借人恶意串通行为,为一方配偶设置债务的构成虚假诉讼。

【案例9-53】 赵某诉项某、何某民间借贷纠纷案

判决观点,本案的争议焦点为:原告赵某与被告项某之间的借贷关系是否成立并生效及在此前提之下被告何某是否负有还款义务。根据民事诉讼证据规则,合同纠纷案件中,主张合同成立并生效的一方当事人对合同订立和生效的事实承担举证责任。同时,根据《合同法》规定,自然人之间的借款合同,自贷款人提供借款时生效。故原告赵某主张其与被告项某之间存在有效的借款合同关系,其应就双方之间存在借款的合意以及涉案借款已实际交付的事实承担举证责任。现原告提供借条意在证明其与项某之间存在借款的合意。关于借款交付,其主张因其无使用银行卡的习惯,故家中常年放置大量现金,200,000元系以现金形式一次性交付给项某。对于原告的上述主张,被告项某均表示认可,并称其收到借款后同样以现金形式存放,并于2007年8月2日以其中的10万元提前归还房屋贷款。被告何某明确否认涉案借款的真实性。

首先,原告赵某在本案中虽表示向被告项某主张借款,但被告项某主张借款用于两被告夫妻共同生活,应由被告共同偿还。事实上,经法院调查,在两被告的第三次离婚诉讼时,项某也始终将本案借款作夫妻共同债务要求何某承担相应的还款责任。基于本案处理结果与何某有法律上的利害关系,法

---

〔1〕 参见国家法官学院案例开发研究中心编:《中国法院2013年度案例》(民间借贷纠纷),中国法制出版社2013年版,第80页。江苏省无锡市滨湖区人民法院(2011)锡滨民再初字第3号民事判决书。

院依法将其追加第三人参加诉讼。后因项某的上述抗辩,原告申请追加何某为被告。在此过程中,原告及项某一再反对何某参加本案诉讼,不仅缺乏法律依据,亦有违常理。何某作为本案被告以及利害关系人,当然有权就系争借款陈述意见并提出抗辩主张。

其次,基于两被告目前的婚姻状况以及利益冲突,被告项某对系争借款的认可,显然亦不能当然产生两被告自认的法律效果。并且,项某称其于2007年8月2日用涉案借款中的100,000元提前归还房贷。然而,经法院依职权调查,项某银行交易记录却显示当天有100,000元存款从其名下银行账户支取,虽然与其归还的银行还款在时间、金额上具有对应性,但是,项某银行账户在同期存有10万余元存款,其购房银行贷款也享有利率七折优惠,再以5%的年利率向他人借款用以冲抵银行贷款,缺乏必要性和合理性。本案于2013年3月7日开庭时,项某经法院传唤明确表示拒绝到庭。上述事实和行为足以使法院对项某相关陈述的真实性产生怀疑。故基于以上原因,原告赵某仍需就其与项某之间借贷关系成立并生效的事实,承担相应的举证义务。

最后,原告赵某自述其名下有多套房产,且从事经营活动,故其具有相应的现金出借能力。但其亦表示向被告项某出借200,000元时,其本人因购房负担着巨额银行贷款。为此,法院给予原告合理的举证期限,要求其提供相应的证据证明其资产状况和现金出借能力,并释明逾期举证的法律后果。嗣后,原告明确表示拒绝提供相应证据。法院认为,原告明确表示放弃继续举证权利,而其提供的现有证据亦并未能证明涉案借款的交付事实以及原告本人的资金出借能力,其陈述的借款过程亦不符合常理,故应承担举证不能的法律后果。对于原告的诉讼请求,法院依法不予支持。至于项某个人对涉案借款的认可,因其与原告之间对此并无争议,其可自行向原告清偿,法院对此不予处理。判决:驳回原告赵某的全部诉讼请求。[1]

对民间借贷虚假诉讼的认定,应结合案件的诉讼背景、诉讼基础、诉讼证据和诉讼行为四个层面,形成综合判断的规范模式。

【案例9-54】 唐某某诉李某某等民间借贷纠纷案

二审法院认为,本案的争议焦点在于唐某某主张的600万元借贷事实是否发生。关于双方借贷合意的真实性:唐某某、李某某二人因交通事故相识,基于赔偿事宜接触,未见深入交往。双方在事故损害赔偿处理期间发生600万元的借贷,对唐某某而言,为赚取日0.6‰共计10万余元利息而出借巨额

---

〔1〕 参见《最高人民法院公报》2014年卷。

资金，理应持有相当审慎的态度，但其对李某某借款事由等陈述却前后不一，有违常理。经鉴定，借款合同纸张经过裁剪，且内容中收款人孙某账户由出借人唐某某填写，合同3处手写体系用3支不同水笔形成，这些形式疑点及内容矛盾之处显而易见，唐某某无法作合理解释，亦与一般缔约习惯相悖。关于款项交付的真实性：发生600万元的借款时正值李某某、孙某二人离婚诉讼期间，李某某以孙某而非本人账户收款不合常理，唐某某对此交付方式未有异议也不符合对交易安全的一般注意。唐某某虽称不知情，然孙某离婚诉讼的代理律师系其介绍，亦为其本案的一审代理人，故唐某某陈述不足为信。对于资金来源，唐某某先称对外融资所得，后称本人存款、售房款及经营公司的流动资金，一审、二审陈述前后出入。而且资金既受其支配，亦无必要分数天筹集、分两天3次收款后均在十几分钟至2小时内全部取现，但唐某某、孙某二人并无证据证明曾通知，转交李某某。原审中，唐某某从未提及持有对方收款凭证，二审提供的收条经鉴定系裁切变造形成，故不予采信。就催讨事实，本案系30天短期借贷，但到期后两个多月唐某某并无任何催讨行为，期间双方仍在交涉交通事故赔偿事宜，唐某某却未主张还款或抵充，均与常理相悖。据此，二审认为唐某某就案件事实所作陈述存在诸多前后矛盾及违背常理之处，且其据以主张债权的重要证据系变造形成，故对唐某某主张的600万元借贷事实的真实性不予确认，判决：驳回上诉，维持原判。

二审法院同时认为，人民法院保护合法的借贷关系，同时，对于恶意串通进行虚假诉讼意图损害他人合法权益的行为，依法应当予以制裁。唐某某利用变造的书证虚构债权提起诉讼，具有明显恶意，孙某提供银行账户用于收款，并在一审中作虚假陈述为唐某某提供条件，二人恶意串通，数额巨大，情节恶劣，严重妨碍了民事诉讼秩序，损害了他人合法权益，故决定对唐某某罚款10万元、对孙某罚款5万元。[1]

法院认定虚假诉讼的案件，依法作不准撤回起诉、驳回诉讼请求、罚款、向法院所在地公安机关移送涉嫌虚假诉讼犯罪案件材料，并通报同级检察机关等处理。

【案例9－55】 许某明诉周某彬民间借贷纠纷案

判决观点，从法院调取的银行账户历史明细来看，本案当事人为了制造银行流水，刻意开立专门用于本案诉讼的银行账户，由案外人提供2000元资金在本案当事人和其他案外人之间多次循环转账，最终形成本案18,000万

〔1〕 参见最高人民法院中国应用法学研究所编：《人民法院案例选》2017年第3辑（总第109辑），人民法院出版社2017年版，第161～162页。上海市第一中级人民法院（2015）沪一中民一（民）终字第923号民事判决书。

元的转账记录,周某彬并未实际收取使用该款项。从另案裁判文书看,周某彬对借款本金15,816万元的巨额债务负有清偿责任,具有通过诉讼参与分配被执行财产的动机。如果许某明赢得本案诉讼,就可以依法参与周某彬被查封财产的执行分配,从而损害其他债权人的合法权益。从当事人庭审陈述看,许某明存在虚假陈述。许某明主张借款18,000万元是由其自己6000万元、周某桂5000万元、林某5000万元、李某娟2000万元构成,这些钱均在许某明的财务人员周某桂账户上。该陈述与法院调出的银行流水完全不符。在没有实际出借款项的情况下,许某明主张的借款事实明显是捏造的。本案当事人捏造案件基本事实提起诉讼,已经构成虚假民间借贷诉讼。依法处理如下:(1)裁定不准许许某明撤回起诉。(2)判决驳回许某明的诉讼请求。案件受理费1,130,800元,由许某明负担。(3)决定对许某明、周某彬各罚款10万元。(4)向法院所在地公安机关移送涉嫌虚假诉讼犯罪案件材料,并通报同级检察机关。[1]

债务人通过虚假诉讼获得的调解书侵犯债权人合法权益的,债权人可提起第三人撤销之诉。

【案例9-56】　张某某与朱某某、田某某第三人撤销诉讼纠纷案

判决观点,债权人提起第三人撤销之诉,主张债务人与案外人通过另行提起的虚假诉讼获取调解书,并对债务人的财产采取保全措施且不实际执行,损害债权人的合法利益。经人民法院审理,认为债务人与案外人另行提起的民事诉讼属于虚假诉讼的,对于债权人的诉讼请求应当予以支持。[2]

再审中查明原审诉讼为虚假诉讼,法官应当判决驳回原审原告的诉讼请求,并对其妨害民事诉讼的行为依法予以制裁。

【案例9-57】　吴某某诉洪某某民间借贷纠纷再审案

判决观点,原审原告吴某某明知原审被告洪某某负债累累,在其借给原审被告部分借款后,为达到参与分配后多分款项的目的,与原审被告洪某某恶意串通,虚构借款用途,多写借款金额,骗取法院的民事调解书,故该民事调解书应予撤销。原审原告虽主张出借给原审被告的合法借款为164,000元,但其提供的证据不足以证明,法院不予支持。判决:(1)撤销一审民事调解书;(2)原审被告洪某某返还原审原告吴某某借款68,000元;(3)驳回原

---

〔1〕　参见《人民司法·案例》2022年第20期(总第967期),第68页。福建省莆田市中级人民法院(2021)闽03民初323号民事判决书。

〔2〕　参见《最高人民法院公报》2018年第6期(总第260期),第39~46页。

审原告吴某某的其他诉讼请求。[1]

（五）诈骗取得贷款处理

法官根据借款人转给案外人的情况，主动查证银行账目往来，发现出借人将款项交付借款人后，随即被案外人取走款项，出借人只是名义上的，案外人方是实际出借人且涉嫌犯罪，驳回名义出借人诉讼请求，将其涉嫌金融犯罪案件移送公安机关。

【案例9－58】 王某诉陈某、袁某民间借贷纠纷案

二审法院认为，民间借贷合同属于实践合同，需要有双方的借贷合意以及出借人支付款项的事实。本案最主要的争议焦点在于王某是否将系争借款款项实际交付给陈某。上诉人陈某主张，其与王某之间不存在借贷关系，且未实际取得系争借款款项。王某只是名义出借人，实际出借人为案外人王某某。王某将系争借款款项交付陈某后，又被王某某当即取走。涉案款项共计三笔：2012年5月12日的借款50万元、2013年12月6日的借款19万元以及2014年11月11日的借款15万元。关于2012年5月12日的借款50万元，法院查明的事实与陈某陈述的情况一致，尽管该50万元系由陈某从王某处收到，但该50万元最初由案外人王某某提供，并最终被案外人王某某取走。虽然王某之后又表示该50万元系对王某与陈某之间原有的40万元借款的重新结算，但未能提供其本人名下的交付凭证予以佐证，且二审中王某对该50万元资金来源陈述前后不一，故法院不予采信。关于2013年12月6日的借款19万元，该款项由王某分两次通过银行转账的形式交付陈某。陈某表示该19万元以上述同样方式最终被案外人王某某以现金方式取走。结合法院依职权调取的证据，陈某的相关陈述具有高度可能性，法院予以采信。王某未能提供充分确凿证据予以反驳，故法院认定王某并未实际交付该19万元给陈某。关于2014年11月11日的借款15万元，由于王某未提供任何交付凭证，且结合法院查明的本案其他相关事实，法院对王某的该项主张，不予采信。至于陈某在庭审中表示其与案外人王某某之间具有实际借贷关系，不属于本案的审理范围，法院不予处理。判决：撤销一审判决，驳回王某的诉

〔1〕 参见最高人民法院中国应用法学研究所编：《人民法院案例选》2013年第1辑（总第83辑），人民法院出版社2013年版，第159～160页。浙江省宁波市鄞州区人民法院（2012）甬鄞商再字第1号民事判决书。

讼请求。[1]

民间借贷第三人以公司名义出具债务加入的补充说明,但涉嫌诈骗,生效的刑事判决认定该补充说明系第三人根据债权人的要求于丧失公司股东身份后出具,但将日期倒签为丧失之前,故不能代表公司的意思表示,公司不承担保证责任。因此,刑事案件的责任主体与民事案件的责任主体不同,刑事案件的处理不影响民事案件的处理。

【案例9-59】　邹某某诉敬峰公司、乾淋公司民间借贷纠纷再审案

提审法院认为,邹某某与敬峰公司于2009年3月10日签订了《人民币借款合同》。当日,邹某某交付敬峰公司一张金额为1000万元、申请人为××公司的银行本票,款项次日进入敬峰公司的银行账户。因借款协议由邹某某与敬峰公司签订,××公司仅代邹某某履行出借义务,并不主张票据权利。因此,涉案借款合同的出借人应为邹某某与敬峰公司。对于借款金额,邹某某在出借1000万元的次日即收回交付的定金90万元,由于在借款协议中双方并没有约定定金条款,故原再审法院认定借款实际发生的金额为910万元,并无不当。

对于2009年3月10日刘某以乾淋公司名义与敬峰公司共同与邹某某出具的补充说明。邹某某在向上海市人民检察院申诉时,提交了一份自行委托广东明鉴文书司法鉴定所(以下简称广东明鉴所)出具的明鉴司法鉴定所(2013)文鉴字第31号司法鉴定意见书,该意见书认为补充说明上的签名与《人民币借款合同》签名为同一时间段书写。对于邹某某提交的广东明鉴所出具的鉴定意见书,法院在提审期间向广东明鉴所调查核实,广东明鉴所对邹某某委托鉴定所依据的科学原理及采用的鉴定方法均以需要保密为借口,不予答复。故法院认为,邹某某自行委托广东明鉴所出具的鉴定结论缺乏证据能力。在一审、二审及再审中,邹某某对补充说明的形成时间表述不同,也与本次提审中邹某某所提供的广东明鉴所出具的司法鉴定意见书的结论相矛盾,因此,对邹某某所提交的该鉴定意见书法院不予采纳。从现已查明的事实可以认定,该补充说明的落款日期早于实际形成时间。根据刑事判决查明的事实,原再审法院认为补充说明系刘某、龚某某在2009年8月21日之后出具,不能代表乾淋公司的真实意思表示,并据此认定乾淋公司涉案合同中不应承担保证责任并无不当。邹某某所提供的证据不能推翻原再审认定的事实。判决:敬峰公司归还邹某某借款910万元,支付邹某某逾期还款违

---

〔1〕　参见茆荣华主编:《2018年上海法院案例精选》,上海人民出版社2020年版,第70页。

约金。[1]

【案例9－60】 何某某诉孟某某、润德公司民间借贷纠纷案

关于孟某某与何某某之间借贷关系是否有效问题二审法院认为，孟某某在明知自己无还款能力的情况下，借润德公司总经理的名义向何某某借款200万元，其行为已被某市中级人民法院生效刑事判决认定为犯罪行为。从民法的角度来看，孟某某向何某某出具借条的行为虽然形式上合法，何某某也已实际向其交付了相关款项，但其真实目的并非借款，而是通过诈骗手段非法占有何某某的财产，因此，其向何某某借款属于以合法形式掩盖非法目的的行为，依据《合同法》第五十二条第三项之规定，孟某某与何某某之间的借贷关系应为无效合同。何某某主张其与孟某某的借贷行为有效，于法相悖，本院对何某某的此节答辩意见不予采信。

关于润德公司是否存在过错问题。孟某某在向何某某出具的借条上加盖的公章系润德公司在成立时合法使用的公章。润德公司虽主张该公章此后不再使用，但其并未向有关主管部门履行公章的变更备案程序，故不能认定该枚公章失去法律效力。虽然该枚公章系孟某某盗用，但润德公司在停止使用该枚公章后既未销毁该枚公章，也未履行备案程序，应认定润德公司对公章的管理存在过错。何某某在对润德公司公章使用情况不知情的情况下，基于对孟某某和润德公司的信赖，向孟某某出借了相关款项，由此造成的损失，润德公司依法应承担相应的赔偿责任。

孟某某与何某某之间的借贷关系无效，由此导致润德公司的担保无效，依照《民法典担保解释》第八条的规定，结合润德公司的过错程度，本院认为，润德公司应对孟某某不能清偿部分的1/3承担赔偿责任。

综上，原判适用法律错误，本院依法予以纠正。对于润德公司上诉请求中的合理部分，本院依法予以支持。判决：撤销一审民事判决；润德公司对孟某某所欠何某某160万元借款不能清偿部分的1/3承担赔偿责任。[2]

---

〔1〕 上海市高级人民法院(2014)沪高民二(商)再提字第4号民事判决书。

〔2〕 安徽省合肥市中级人民法院(2014)合民一终字第03595号民事判决书。

专题十　借款涉及夫妻共同债务纠纷

实践中，夫妻双方通过解除婚姻关系、转移隐匿财产等形式恶意逃避债务的现象层出不穷，夫妻一方通过与他人合谋伪造债权债务损害另一方权益的现象不断。债权人往往难以举出直接有效的证据证明夫妻一方的债务系用于夫妻共同生活或共同经营，诸多债权人虽然胜诉但实质上得到的是“空头”判决，其合法债权很难实现。本专题就夫妻一方借款是否构成夫妻共同债务相关问题予以阐述。

一、夫妻共同债务理解

(一)夫妻共同债务含义

所谓借款夫妻共同债务,是指夫妻婚姻共同生活及在婚姻存续期间履行法定抚养义务所负的债务,包括夫妻在婚姻关系存续期间为解决共同生活所需的衣食住行等活动以及履行法定义务和共同生产、经营过程中所负的债务。本专题特指夫或妻对外借款所形成的债务。夫妻个人债务,是指夫妻一方与共同生活无关或者依法约定为个人所负担的债务。

《民法典》第一千零六十四条规定:“夫妻双方共同签名或者夫妻一方事后追认等共同意思表示所负的债务,以及夫妻一方在婚姻关系存续期间以个人名义为家庭日常生活需要所负的债务,属于夫妻共同债务。夫妻一方在婚姻关系存续期间以个人名义超出家庭日常生活需要所负的债务,不属于夫妻共同债务;但是,债权人能够证明该债务用于夫妻共同生活、共同生产经营或者基于夫妻双方共同意思表示的除外。”

《民法典婚姻家庭编解释(一)》第三十三条规定:“债权人就一方婚前所负个人债务向债务人的配偶主张权利的,人民法院不予支持。但债权人能够证明所负债务用于婚后家庭共同生活的除外。”该条规定的“家庭共同生活”应与家庭日常生活需要具有同等含义,应当理解为夫妻现实生活基础上的家庭日常生活需要。夫妻一方在婚姻关系存续期间以个人名义为家庭日常生活需要所负担的债务,债权人以属于夫妻共同债务为由主张权利的,法院应予支持。对于家庭日常生活需要判断标准应根据个案情况有所不同,而不是一个统一标准。如夫妻双方生活基础生活条件差,没有共有房产,没有稳定的收入,生活负担很重,这种情况下家庭日常生活需要的评定标准应当为生计或改善目前生活水平所需要的经济来源。如果家庭条件很好,借款人的配偶方有很稳定且高的收入,家庭长时间一直维持一种高的生活水平,此时家庭日常生活需要的认定应当以一个较高水平的标准判断。如果仍以维持生计为生活需要的认定,可能更多会认定夫妻共同债务,借款人的配偶方将承担偿还责任,这显然是不合理的。所以,法官在具体的案件中,应当对“家庭日常生活需要”进行综合客观的判断和认定。

根据《民法典》和司法解释的规定，借款夫妻共同债务认定原则为，其一，夫妻有无共同举债的合意。夫妻有共同举债合意的，则不必举证证明举债的实际用途是否为夫妻共同生活，该债务应认定为夫妻共同债务。其二，是否属于“家庭日常生活”所负。属于家事代理权范围内所负的债务，可直接认定为夫妻共同债务。其三，夫妻是否分享了借款债务所带来的利益。尽管夫妻事先或事后均没有共同举债的合意，但债务的发生系用于共同生活或者共同经营，夫妻双方共同分享了该债务所带来的利益，应认定为夫妻共同债务。

（二）夫妻共同债务范围

借款夫妻共同债务，包括基于共同意思表示的债务、用于家庭日常生活需要和夫妻共同生活、共同生产经营等情形的债务。换言之，借款夫妻共同债务，既包括生活性债务，如抚养子女、赡养老人、医疗治病、购置房屋等引起的债务，也包括经营性债务，如夫妻一方或双方出于共同生活的目的，从事经营活动所负的债务。

《民法典》第一千零六十五条第三款规定：“夫妻对婚姻关系存续期间所得的财产约定归各自所有，夫或者妻一方对外所负的债务，相对人知道该约定的，以夫或者妻一方的个人财产清偿。”该条是夫妻约定财产制对内以及对外效力的规定，应当理解为：只有出借人知道该约定时才对其产生效力，所负债务以个人财产清偿；在出借人不知情的情况下，夫妻内部的约定不能对抗出借人。但在出借人不知道的情况下夫妻约定效力的认定，不应只作字面的理解。从立法的精神上看，更倾向于保护借款人的配偶方，对认定共同债务提出了更为严格的标准和举证责任。在个案中，对出借人不知道情况下夫妻财产约定的效力应从以下方面进行综合把握和认定：其一，夫妻双方约定婚内财产制的事实、时间。其二，夫妻双方在家中的地位。其三，出借人与夫妻双方的熟悉程度。其四，夫妻日常生活水平情况。其五，是否存在夫妻关系不和谐的情形，如分居。其六，如果借款用于生产经营，借款人的配偶方参与经营的程度。其七，当事人双方提交的证据情况等。

传统民法理论及立法精神主要以夫妻是否共同生活来判断债务是否属于夫妻共同债务，而随着经济的发展，夫妻对外举债已经不再仅仅是为了日常生活支出包括衣食住行、医疗、教育、文化消费、婚嫁丧葬等事宜，夫妻举债后用于投资、经营公司等情形也越来越多。在新形势下，以夫妻共同利益为着眼点来判断夫妻一方所负债务是否属于夫妻共同债务更为合理也更贴近现实社会。根据该判断标准，有以下几种情形可以认定为夫妻共同财产：其一，夫妻共同从事生产、经营活动以夫妻一方或双方所负债务。其二，夫妻一方从事生产、经营活动所负债务，且夫妻之间未实行约定财产制的。其三，夫妻一方所负债务虽未直接用于个人经营而是由其参股或实际控制的公司使用的,因其股权分红属于夫妻共同财产,其负债也是为了夫妻共同利益,应作为夫妻共同债务。

根据《民法典》第一千零六十四条规定,夫妻共同债务主要有两大类,第一类是法定共同债务,主要包括三种情形:第一种婚后共同生活所负之债;第二种婚前个人所负用于婚后夫妻共同生活的债务;第三种结婚后夫妻一方对外所负的债务,但非举债配偶能够证明为个人债务的除外。第二类是约定共同债务。对于判断是否明确为约定个人债务时,不应拘泥于当事人的口头表示或书面记载等形式,而应注重实质,对于一方个人债务的延续、专属于一方的个人债务及无偿行为所产生的债务,即使其未在合同中明确约定,也应认定为个人债务。

关于夫妻共同生活、共同生产经营范围的理解问题。夫妻共同生活,在概念外延上大于"家庭日常生活",只要是夫妻双方共同消费支配或者用于形成夫妻共同财产的支出,都属于夫妻共同生活的范围。夫妻共同生产经营的情况则更为复杂,常见的有夫妻共同决定生产经营事项、一方授权另一方决定生产经营事项等情形。实践中判断经营活动是否属于夫妻共同生产经营,要根据经营活动的性质以及夫妻双方在其中的地位作用等综合认定。具体来讲,一般认为有证据证明存在以下情形的,可以认定为夫妻共同债务:其一,负债期间购置大宗资产等形成夫妻共同资产的。其二,举债用于夫妻共同从事的工商业或共同投资。其三,举债用于举债人单方从事的生产经营活动,但配偶一方分享经营收益的。一般认为有证据证明存在以下情形的,可以认定为个人债务:其一,婚姻持续短暂且夫妻关系存续期间无大宗开支,负债用于家庭共用共益的可能性较低的。其二,债务发生于夫妻分居、离婚诉讼等婚姻关系不安宁期间,配偶有固定工作或稳定收入来源的。其三,借款用途存在指向举债人从事赌博、吸毒等违法犯罪活动的高度可能性。其四,借款用途与举债人无直接关联,而是举债人单方自愿负担且用途与家庭共同生活、共同生产经营无关的,如与家庭共同生活、共同生产经营无关的担保、债务加入等。其五,借款用途无益于家庭甚至有损于家庭安宁的,如用于婚外同居生活、保持不正当男女关系等。

婚姻关系存续期间担保之债是否构成共同债务是疑难问题。详见其后的"担保中夫妻共同债务认定"一节阐述。

夫妻一方实施违法犯罪行为、侵权行为所负的债务,应当认定为个人行为,因其行为与家庭共同生活或夫妻共同利益无关。

【案例 10 - 1】　由某某诉宋某某、由某民间借贷纠纷案

判决观点,宋某某与由某婚姻关系存续期间,宋某某因故意伤害他人被羁押。庭审过程中,由某某向法院提交的宋某某书写的协议书、宋某某发送给由某的短信、法院(2015)周民初字第818号民事判决以及宋某某在庭审中陈述的其在被羁押期间"赔偿受害人的50,000元不知道是谁支付的",能够

印证由某向由某某借款50,000元及该50,000元赔偿给受害人的法律事实。在宋某某被羁押期间,由某向由某某借款50,000元赔偿给受害人,宋某某与由某之间形成了委托与受托的法律关系。根据法律规定,受托人因委托人的原因对第三人不履行义务,受托人应当向第三人披露委托人,第三人可以选择受托人或委托人作为相对人主张权利。由某向由某某借款时,由某某亦知道该款是用于宋某某赔偿受害人。由某因宋某某的原因未向由某某偿还借款时,由某某有权要求宋某某清偿借款。故对由某某要求宋某某返还借款50,000元的诉讼请求,法院依法予以支持。因由某某主张由某承担共同还款责任,且该款未用于家庭共同生活,故由某对由某某不承担还款责任。宋某某辩称向其亲戚借款12,000元,无证据证实,法院不予采信。宋某某主张涉案借款其不知情,不应当承担还款责任,与事实不符,法院不予支持。判决:宋某某返还由某某借款本金人民币50,000元。[1]

关于交通肇事所负之债是否属于夫妻共同债务问题。一般认为,夫妻一方因犯罪被判承担刑事责任,不排除夫妻另一方对因犯罪行为所负债务承担民事责任的可能。根据罪责自负的法理,行为人(夫妻一方)因实施犯罪行为而导致的刑事、民事责任应由行为人(夫妻一方)自行承担。夫妻关系存续期间,夫妻一方因犯罪行为所负赔偿之债原则上亦属实施犯罪行为一方之个人债务,但存在例外情形。发生交通事故时,夫妻另一方未控制车辆,未实施交通肇事行为且与交通肇事无刑法之因果关系,其不是犯罪行为人,故不应承担刑事责任。生效刑事附带民事判决行为人(夫妻一方)承担交通肇事犯罪产生的民事责任,其解决的是对外赔偿的问题,而不是夫妻另一方和行为人(夫妻一方)内部责任承担的问题,如判决夫妻另一方承担民事责任,不与原生效判决的既判力相冲突。肇事车辆致人损害时,作为车辆共有权的夫妻另一方,对共有物致人损害承担民事责任符合《民法典》侵权责任编法理。同时,如车辆运行利益用于夫妻共同生活,夫妻双方则属利益共同体且共享了车辆运行利益,根据"权利义务相一致"和"利之所在,损之所归"之原理,夫妻另一方亦应承担相应的民事责任。夫妻另一方否认争议债务不属于夫妻共同债务而属行为人(夫妻一方)个人债务的负有举证责任,其不能举证证明在夫妻关系存续期间双方无购车合意,或举证证明肇事车辆运营收益未用于夫妻共同生活的,行为人(夫妻一方)因肇事犯罪行为所负赔偿之债应认定为夫妻债务。

夫或妻单方向父母出具借条主张夫妻共同债务,在司法实践中此类案例有逐渐增多的趋势。一般认为,在无证据证明有借贷合意的情况下,不予认定借条所

---

〔1〕 参见国家法官学院案例开发研究中心编:《中国法院2017年度案例》(民间借贷纠纷),中国法制出版社2017年版,第105~106页。山东省淄博市周村区人民法院(2015)周民初字第1436号民事判决书。

涉双方存在借贷合意。如出具借条的一方坚持钱款乃其所负债务，则按其个人债务处理，不予认定为夫妻共同债务。

【案例 10－2】 陈某某诉吴某某、李某某民间借贷纠纷案

二审法院认为，本案中，各方当事人对发生于 2016 年 11 月 22 日的钱款转账行为均无异议，争议焦点在于系争钱款的性质。陈某某主张系争钱款系吴某某为举办婚礼和添置生活用具资金不足向其借的钱款，得到了吴某某的确认，并有转账事实及吴某某出具的借条予以证明；李某某则对此提出异议，称吴某某收入不低，维持其日常开支绰绰有余，完全无借贷必要，结合吴某某在婚前将其名下钱款大量转账给陈某某的事实，进而对吴某某出具借条的真实性提出质疑。对此法院认为，吴某某作为配偶一方，其在外所欠债务能否认定为夫妻共同债务，可根据相关法律及司法解释予以认定。但本案的争议焦点在于系争款项能否被认定为“债务”，尤其是能否判断陈某某向吴某某交付的钱款为借款，此为认定夫妻共同债务的必要前提。首先，涉案借条出具于吴某某、李某某登记结婚后，基于本案债权人与债务人之间的特殊身份关系，若为明确钱款性质，应当在出具借条时得到共同债务人李某某的确认，现有证据尚不能证明这一事实，吴某某单方出具借条的行为有悖常理。其次，债权人陈某某与债务人吴某某系母子关系，吴某某与李某某因感情不睦已分居。故更应考虑吴某某出具借条时李某某是否存在共同借款的合意，而不能仅凭钱款用途直接确定为夫妻共同债务。最后，吴某某虽陈述其因筹备婚事缺乏资金而借款，但其银行账户流水显示其婚前有较多资产富余，且能交付陈某某，其虽主张上述 160 万元的转账与本案无关，但尚不能据此确定该款其已赠与陈某某。在吴某某个人资产富余、收入尚佳的情况下，从筹办婚宴到购置家电等一系列结婚相关事宜均从母亲处借款的必要性存疑。故本案中，主张借贷关系成立的陈某某，虽有借条及钱款交付的事实，但不能证明其与吴某某、李某某存在借款的合意。综上，对陈某某请求吴某某、李某某共同归还借款 12 万元的诉讼请求不予支持。判决：撤销一审判决；对陈某某请求吴某某、李某某共同归还借款 12 万元的诉讼请求不予支持。[1]

夫妻一方在婚姻关系存续期间与他人合伙举债，债权人以属于夫妻共同债务为由主张权利的，不予支持，但债权人能够证明债务用于夫妻共同生活、共同生产经营或者基于夫妻双方共同意思表示的除外。

---

〔1〕 参见最高人民法院中国应用法研究所编：《人民法院案例选》2020 年第 11 辑（总第 153 辑），人民法院出版社 2021 年版，第 6 页。上海市第二中级人民法院（2018）沪 02 民终 11683 号民事判决书。

【案例10－3】 叶某某诉陈某某、郭某某、王某某、连某某民间借贷纠纷案

判决观点，原告提供的结婚申请书可以证明涉诉借款发生在被告王某某与被告连某某婚姻关系存续期间，但未提供证据证实涉诉借款发生在被告陈某某与郭某某婚姻关系期间；另外，涉诉借款系用于被告陈某某、王某某的经营性活动，无法确定具体由哪对夫妻共同债务，况且，所借款项被某对夫妻消耗后，就不可能再被另一对夫妻消耗，也就是说，涉诉借款不可能既属于被告陈某某与郭某某夫妻共同债务，又属于被告王某某与被告连某某夫妻共同债务，故原告主张涉诉借款同属于两对夫妻共同债务，不符合实际，不予采纳。判决：被告陈某某、王某某偿付原告叶某某借款13万元及利息；驳回原告叶某某的其他诉讼请求。[1]

对赌协议之债明显超出家庭日常生活所需，该债务系一方的纯负担债务，另一方没有因负担债务而直接获取款项或其他利益，不存在用于夫妻共同生活的前提，不应认定为夫妻共同债务。

【案例10－4】 上海用久投资管理合伙企业（有限合伙）诉陆某某等公司增资纠纷案

一审法院认为，本案主要争议焦点为涉案债务是否属于夫妻共同债务。陆某某的回购义务产生于2016年6月30日，当时两被告仍系夫妻关系，且金额高达2000万元，明显超出家庭日常生活所需。争议在于回购之债是否属于夫妻共同意思表示，或用于夫妻共同生活、共同生产经营。首先，系争回购之债并非基于两被告共同意思表示，夫妻共同意思表示的情形包括夫妻双方共同签字或者夫妻一方事后追认的情形。本案中，原告未提供证据证明存在前述情形，仅凭何某某知晓陆某某从事经营行为就推定何某某对陆某某融资行为及回购责任存在共同意思表示，没有法律规定，法院不予认定。其次，系争回购之债未用于夫妻共同生活、共同生产经营。用久企业基于《补充协议》要求陆某某承担回购责任，只要满足回购条件即可，而不论是何原因触发回购条件。对陆某某而言，该回购债务属于纯负担债务，其并没有因负担回购债务而直接获取款项或者其他利益，不存在用于夫妻共同生活、共同生产经营的前提，故该债务不属于夫妻共同债务。判决：（1）被告陆某某向原告用久企业支付回购款2000万元；（2）被告陆某某偿还原告用久企业利息损失（以2000万元为本金，按年利率7%，自2015年11月19日起计算至实际清偿日止）；（3）驳回原告用久企业的其他诉讼请求。二审法院认为，一审判决

〔1〕 参见《人民司法·案例》2018年第20期（总第823期），第7页。福建省泉州市泉港区人民法院（2017）闽0505民初1518号民事判决书。

认定事实清楚,所作判决适当。判决:驳回上诉,维持原判。[1]

(三)夫妻之间借款问题

对在婚姻关系存续期间,夫妻一方向对方出具欠条,借款是否偿还问题有不同观点。夫妻之间有财产约定的,借款人自然应当偿还,这不存在争议。实践中,普遍存在婚姻关系存续期间没有约定财产归属,夫妻一方向另一方借款,其实质是从夫妻共同财产中的借款,应属于民事借款行为,在双方之间形成明确的债的权利义务关系,借款应予偿还。

《民法典婚姻家庭编解释(一)》第八十二条规定:"夫妻之间订立借款协议,以夫妻共同财产出借给一方从事个人经营活动或者用于其他个人事务的,应视为双方约定处分夫妻共同财产的行为,离婚时可按照借款协的约定处理。"本条是关于离婚时夫妻之间婚内借款如何处理的规定。从本条规定的夫妻之间借款行为的性质来看,作为民事主体,夫妻一方向另一方提出从夫妻共同财产中借款,除作为借款来源的夫妻共同财产属于双方共同共有而与普通自然人之间的借贷不同外,其在本质上并无不同,应属于民间借贷行为,而我国关于民间借贷的现行法律法规并没有对夫妻之间借贷的禁止性规定,故夫妻一方从夫妻共同财产中的借款行为符合法律规定,应适用法律关于自然人之间借款合同的民事法律规定。

婚后夫妻一方所得的财产,除法律另有规定或当事人另有约定外,均属于夫妻共同共有。因此,与一般的民间借贷相比,夫妻间的借款具有以下特殊性:在来源上,所借款项可能是一方的个人财产,也可能是夫妻共同财产。在用途上,所借款项可能用于一方的个人事务,也可能用于夫妻共同生活。如果所借的款项系一方的婚前或约定个人财产,作为所有权人的夫妻一方拥有完全的处分权,另一方若要动用该财产,必须经过该方的同意,在此过程中可能形成的借条或欠条等书面材料,即为所有权人处分权能的体现。如果所借款项来源为夫妻共同财产,因为双方对共同财产均有平等的处分权,故该借款行为可视为双方对共同财产处分的一种形式。如果所借款项用于一方个人事务,基于金钱的种类物属性,该笔款项即成为一方的个人所有财产;如果所借款项用于夫妻共同生活,出借款项的一方实际上也享受到了此笔款项所带来的收益,故在确定是否需要偿还借款数额时,此点应予考虑。

夫妻之间借款处理原则,遵循有约定从约定,约定优先原则。对于夫妻一方个人的财产,另一方应全额偿还。对于夫妻共同财产,则借款人偿还借款一半。

---

〔1〕 参见陈昶主编:《2020年上海法院案例精选》,上海人民出版社2022年版,第194页。

【案例 10-5】 张某某诉方某某民间借贷纠纷案

二审法院认为,本案争议焦点为方某某与张某某是否成立借贷关系,方某某是否应当对本案的债务承担还款责任。方某某向张某某出具案涉两份借条,载明方某某共计向张某某借款15.5万元,虽然案涉借条发生在方某某与张某某夫妻关系存续期间,但法律并未禁止夫妻之间的相互借贷,方某某作为具有完全民事行为能力的成年人应对其出具借条的行为承担责任。结合张某某陈述2014年7月28日的借条系对方某某之前陆续借款的清算和汇总、并有相应转款凭证佐证的事实,以及方某某认可2015年11月16日借款5000元的事实,可以认定张某某与方某某之间的借贷关系成立,一审判决并无不当。方某某主张其已向张某某支付16万元以及2014年10月28日离婚协议对双方之间的经济问题已进行处理,但其提交的证据不足以证明其已将该款项实际交付给张某某,而2014年10月28日的离婚协议亦未实际履行,故对方某某的主张不予支持。判决:驳回上诉,维持原判。[1]

【案例 10-6】 刘某诉何某民间借贷纠纷案

二审法院认为,本案中,刘某与何某年龄差异悬殊,二人由师生关系发展成为夫妻关系,双方在恋爱、结婚之后并未约定夫妻分别财产制,在婚姻感情出现危机并已分居之时,于2009年10月31日约定夫妻分别财产制,并于次日2009年11月1日即形成6万元的欠条,欠条形成之后不久经昆明市五华区人民法院调解离婚,在离婚时未对6万元欠条作出处理。若双方确实存在6万元的借贷关系,按照常理,结合双方当事人的年龄、学历程度,应在离婚之时作出处理。双方在拟离婚协议时明确约定“双方放弃向对方提起任何财产请求,双方对协议书的字词含义非常清楚,并愿意履行,不存在受到胁迫、欺诈、误解等情形”。因该离婚协议系双方自愿签订,结合双方当事人的身份、学历等因素,双方完全能够理解欠条的真实意义及法律后果,昆明市五华区人民法院亦是根据双方当事人的意愿调解离婚,故原审据此认定双方之间的财产处理情况并无不妥。基于双方当事人的特殊身份和欠条形成的敏感时期,结合双方离婚协议书中的特别约定,仅凭欠条尚不能得出双方之间存在真实、合法、有效的借贷关系,原审要求刘某补强证据符合举证责任的分配规则。从借贷合意的角度分析,刘某主张欠条即代表借款的发生,何某主张是刘某为防止其变心而要求出具欠条作为保证,双方均未能提供证据证明自己的主张。刘某先陈述何某借钱系因家里急需用钱,后主张借款是为举办婚宴所需,其陈述前后矛盾,故法院对其主张不予支持。从款项交付的角度分

---

〔1〕 参见国家法官学院案例开发研究中心编:《中国法院2019年度案例》(民间借贷纠纷),中国法制出版社2019年版,第85~86页。四川省成都市中级人民法院(2017)川01民终13945号民事判决书。

析,刘某主张款项是现金交付,6万元现金平时是放在车上,将大额现金保管在车内,而非存入银行卡妥善保管,与刘某的年龄、身份、职业思维、资金管理习惯不符。刘某自认保险柜放在昆明家中,欠条形成的地点是在何某的海安县家中,其来海安县并未带保险柜,亦印证将现金放于车内不符合其平时妥善保管现金的习惯。刘某未能就借贷合意、款项交付等要件完成举证责任,现有证据不足以认定刘某与何某之间存在真实有效的借贷关系。判决:驳回上诉,维持原判。[1]

一般认为,婚姻关系存续期间夫妻借贷关系的成立应考察两方面,其一,夫妻间借款确认的前提条件在于婚姻关系存续期间夫妻之间对婚后财产存在分别制的特别约定,婚姻关系存续期间出借一方拥有其个人专属财产。其二,夫妻间借款确认的必要条件在于借款用途是夫妻间借款方借款用于个人经营活动或其他个人事务。

【案例10-7】　陆某诉蔡某民间借贷纠纷案

一审法院认为,本案中原、被告原系夫妻关系,原告提供欠条并据此要求被告归还婚姻存续期间借款92,000元,应当就原告与被告之间在婚姻存续期间形成借贷关系且被告借款用于个人经营活动或其他个人事务提供充分证据证明。首先,原、被告未对婚姻关系存续期间所得的财产进行约定,因此双方在婚姻关系存续期间所得工资、经营收益等财产依法应当归夫妻共同所有,而原告既未能提供证据证明原告实际给付被告钱款,也未能证明原告出借被告钱款来源于原告个人所有财产。其次,欠条上载明被告借款用途系为投资周转,原告亦明知被告系证券从业人员且被告向其借款系用于证券投资。证券投资系家庭财产投资经营的常见方式之一,投资收益由原、被告共同享有、风险亏损亦由原、被告共同负担,因此即使被告确向原告借款投资,也不应视为被告借款用于被告个人事务。综上,原告要求被告归还欠款92,000元的诉讼请求,依据不足,本院不予支持。判决:驳回原告陆某的诉讼请求。二审法院认为,原、被告对婚后财产并无分别制的特别约定,原告关于系争款项系由家人出资出借形成也未提供翔实的证据,原、被告间离婚协议中明确表述“双方无债务”,同时,协议也未涉及有系争债务,系争的标的亦未反映系婚姻关系存续期间与家庭无关的、被告特定的个人用途。判决:

〔1〕参见国家法官学院案例开发研究中心编:《中国法院2015年度案例》(民间借贷纠纷),中国法制出版社2015年版,第137~138页。江苏省南通市中级人民法院(2013)通中民终字第1950号民事判决书。

驳回上诉,维持原判。[1]

【案例10－8】 李某诉李某某民间借贷纠纷案

判决观点,被告向原告出具的欠条形成于原、被告双方夫妻关系存续期间,原告诉称该欠款为被告在双方结婚之前为支付房屋和汽车按揭向其借的款,但并未举证证明,被告也不予确认,故原告诉称的上述欠款系被告婚前向其借款的理由不成立。上述欠款应认定为原、被告婚姻关系存续期间形成的借款,现原、被告双方均未提交证据证明双方在婚姻关系存续期间对分别财产制作出了书面的约定,故原告要求被告偿还的借款,应属于双方在夫妻关系存续期间共同共有且有平等处理权的夫妻共同财产,被告虽然向原告出具了欠条,但基于双方当时系夫妻关系的特殊身份,该借款合同并不具备履行的基础和可能性,双方之间并未形成事实上的借款合同关系,且双方的离婚协议第五条载明"除以上规定,无其他债权、财产纠纷"的内容,该内容中的"债权"并未区分对外债权或双方内部债权,离婚协议中也未对本案原告所主张的欠款情况予以明确,故原告称双方离婚协议中所指"无其他债权、财产纠纷"是指无对外的债权纠纷,双方离婚时并未对彼此之间的债务进行处理的理由不成立。根据《最高人民法院关于民事诉讼证据的若干规定》第二条规定,原告提交的证据不足以证明其主张,理应承担举证不能的法律后果,法院对原告的诉讼请求不予支持。判决:驳回原告李某的诉讼请求。[2]

个案中,夫妻之间借款来源和借款用途是审查的重点。

【案例10－9】 杨某诉徐某民间借贷纠纷案

二审法院认为,杨某与徐某未在离婚协议中将本案借条项下款项列为夫妻共同财产,且徐某就涉案款项向杨某出具了借条,所以该款项应属杨某的个人财产。鉴于杨某与徐某之间的借款发生在婚姻关系存续期间,确认还款责任应当考虑徐某所借款项是否用于夫妻共同生活,对此,徐某作为借款的使用人应当承担相应的举证责任。徐某在一审答辩称,所借款项均用于投资设立杨某为法定代表人的北京市捷日工艺美术品销售中心,徐某未能举证证明所借款项实际用于夫妻共同生活,所以徐某应当向杨某偿还借条项下的款项共计112,000元。一审判决举证责任分配有误,应予纠正。判决:撤销一

---

〔1〕 参见国家法官学院案例开发研究中心编:《中国法院2015年度案例》(民间借贷纠纷),中国法制出版社2015年版,第110～111页。上海市第一中级人民法院(2013)沪一中民一(民)终字第128号民事判决书。

〔2〕 参见国家法官学院案例开发研究中心编:《中国法院2012年度案例》(民间借贷纠纷),中国法制出版社2012年版,第64页。四川省成都市锦江区人民法院(2010)锦江民初字第2794号民事判决书。

审判决;徐某偿还杨某借款人民币112,000元。[1]

【案例10-10】　程某诉蒋某民间借贷纠纷案

一审法院认为,本案在有借款证明、有相应转账支付记录等充分证明双方存在借款合同的合意及借款以实际履行的证据的基础上,蒋某否认借款关系的主要理由为涉案借款系发生于双方婚姻关系存续期间这一背景下,蒋某在借款的前一个月曾向程某转账55万元。对蒋某的主张是否已推翻具有充分证据证明双方的借款关系,法院依法认定如下:首先,本案证据所呈现的事实之所以发生令人混淆的效果,其原因主要为双方之间因处于婚姻关系存续期间,双方依法为财产的共同共有人,在此情况下所发生的借款行为难免因钱款的权属关系不清晰、夫妻之间相互的钱款往来而导致混淆。其次,双方之间婚内所取得的工资、奖金及其他收益无论存在于哪一方的名下账户,均属于夫妻共同财产,夫妻之间夫妻共同财产的钱款往来转账,仅改变其控制权,并不改变共同财产的性质,且系绝大多数婚姻生活的常态。在此情况下,经查,蒋某于婚姻存续期间向程某有过频繁的转账事实,并非有该笔55万元的转账,而现在有证据显然难以认定或推定蒋某该笔在先款项的转账系财产控制权转移或附有赠与、特定生活支出等特定法律关系或特定目的的行为,在此情况下,基于家庭生活关系的伦理性、封闭性以及夫妻共同财产的背景,该款项的转移应认定为婚内的钱款往来范畴,依法属于双方婚内财产关系范畴。再次,钱款在法律上和实际生活中具有非特定物的特点,在同一账户中存有婚前及婚后钱款时,除非在取用、转账等使用行为时行为人附带以明确的表示,否则无法区分所使用的款项系婚前或婚后钱款,基于这一特性,蒋某所提供售房材料仅能作为其婚前个人所拥有钱款的明确金额的证明,但显然不足以作为转给程某的款项是来源于其婚前的钱款的证明,同样基于这一特性,在无其他证据佐证的情况下,不足以认定该笔款项与涉案款项是同一钱款。最后,即使是夫妻共同财产,亦可基于夫妻共同处分的意思表示,将部分夫妻共同财产转化为夫或妻一方用于经营或其他个人事务的个人财产,即夫妻之间法定的财产共同共有与双方意定的财产处分并行不悖,此既符合日常婚内的生活的实际,亦得到婚姻法相关司法解释的认可。综上,在充分考虑双方婚姻关系的特殊背景下,法院全面审核双方证据、充分考虑双方与婚内做出的特定背景、婚姻家庭的日常生活经验、双方的个人情况及现有案证据,认定双方之间存在真实借贷关系。蒋某的主张不足以推翻在案的双方借贷关系的合意,对其抗辩意见不予采信。

---

〔1〕　参见国家法官学院案例开发研究中心编:《中国法院2013年度案例》(借款担保纠纷),中国法制出版社2013年版,第43页。北京市第二中级人民法院(2011)二中民终字第19992号民事判决书。

关于所涉钱款的用途，蒋某主张该钱款用于炒股，后亏损。据其陈述相应证据，现无法认定蒋某对该笔钱款的使用系其与程某共同的投资行为或上述钱款收益用于夫妻共同生活，故应当认为该笔款项用于蒋某个人投资事务。

综上，自然人之间的借款合同，自贷款人提供借款时生效。夫妻之间订立借款协议以夫妻共同财产出借给一方当事人从事个人经营活动或用于其他个人事务的，应视为双方约定处分夫妻共同财产的行为，离婚时可按照借款协议的约定处理。程某关于双方之间存在借款关系并据此主张返还借款的主张，有转账记录、银行流水明细及欠条等证据在案佐证，法院予以支持。其中关于出借款项的来源，程某虽举证其具有相应的财产能力，但同样仅能作为个人所拥有的财产明确金额的证明，尚不足以作为出借款系来源于个人财产的证明，基于借款发生于婚姻关系存续期间的背景下，法院认定其所出借款项给来源于夫妻共同财产，现双方已协议离婚，程某主张返还借款，应扣减其出借款中属于夫妻共同财产的部分，因双方对此未作约定，法院确定为出借款项的50%，即265,000元。程某还主张自出借款项之日支付利息，自然人之间的借款合同对支付利息没有约定或者约定不明确的，视为不支付利息。借款人未按照约定期限返还借款的，应当按照约定或者国家有关规定支付逾期利息。现双方未就借款期限内利息和逾期付款利息作出约定，程某主张按6%支付资金占用期间利息，于法有据，应予支持。相应利息应自借款期满，即2017年9月1日起算。应当指出的是，人民法院在审理过程中依法查明双方争议事实的客观情况，但人民法院对事实的探究亦仅能依据在案证据所能够证明的事实进行裁判，对证据的认定应尊重逻辑推理和日常生活经验进行判断，但不应以日常生活经验替代证据进行裁判，机械采纳证据所体现的事实虽不可取，但无相关证据佐证的个人肆意心证纯属个人的主观擅断。蒋某于婚内对程某之间的多次其他转账，其转账的来源性质及用途等，不属于本案审理范围，蒋某可另行与程某协商或另案处理。判决：蒋某向程某返还借款265,000元并支付利息；驳回程某的其他诉讼请求。二审法院同意一审法院裁判意见，判决：驳回上诉，维持原判。[1]

基于婚姻家庭案件的特殊性，夫妻之间借款可能少有书面约定，对于如何还款、何时还款、偿还金额等可能均无具体约定，在离婚诉讼中，法官可根据案件情况，判令借款人按照协议给予另一方实际借款数额一半的补偿，这种处理亦是尊

---

〔1〕 参见国家法官学院、最高人民法院司法案例研究院编：《中国法院2022年度案例》（民间借贷纠纷），中国法制出版社2022年版，第90～92页。北京市第二中级人民法院（2020）京02民终8693号民事判决书。

重夫妻双方借款协议时的真实意思表示。归还的金额是借款的一半，是基于借款的来源是夫妻共同财产，而夫妻双方对夫妻财产有平等的处理权。

【案例 10－11】　蓝某诉黄某民间借贷纠纷案

二审法院认为，本案中，蓝某持借条向黄某主张偿还借款 20,000 元，黄某否认借款实际发生，但未就此提交证据证实，故本院对黄某的抗辩不予采信。蓝某自认借款来源于公积金支取，应认定 20,000 元系其用夫妻共同财产出借给黄某。由于蓝某与黄某之间的借款发生在婚姻关系存续期间，黄某作为借款使用人并未能举证证明其所借款项实际用于夫妻共同生活，故黄某应偿还向蓝某借款数额的一半即 10,000 元。蓝某要求支付利息的主张，无事实根据及法律依据，本院不予支持。判决：撤销一审判决；黄某偿还蓝某借款人民币 10,000 元。〔1〕

结婚前，男女一方向另一方借款，其后双方结婚的不影响成立借款关系。

【案例 10－12】　林甲诉林乙民间借贷纠纷案

判决观点，原、被告现在虽是夫妻关系，但被告在结婚前向原告借款，该借款系原告婚前个人财产，双方形成了债权、债务关系，当事人主体适格、意思表示真实，没有违反法律、行政法规之强制性规定，合法有效；被告向原告借款人民币 4 万元，有被告的借条为据，事实清楚，证据充分，可以认定；原告的诉讼请求于法有据，法院予以支持。判决：被告林乙偿还原告林甲人民币 4 万元。〔2〕

---

〔1〕　参见国家法官学院案例开发研究中心编：《中国法院 2014 年度案例》（民间借贷纠纷），中国法制出版社 2014 年版，第 71 页。广西壮族自治区柳州市中级人民法院（2012）柳市民一终字 895 号民事判决书。

〔2〕　参见国家法官学院案例开发研究中心编：《中国法院 2012 年度案例》（民间借贷纠纷），中国法制出版社 2012 年版，第 52 页。福建省莆田市仙游县人民法院（2011）仙民初字第 1188 号民事判决书。

二、借款涉及夫妻共同债务法律适用

对借款是否构成夫妻共同债务,应坚持主客观相结合的原则,在主观上查明夫妻是否有共同举债的合意,客观上查明债务是否用于夫妻共同生活,并且由出借人证明该借款债务用于夫妻共同生活。也就是说,要综合审查证据和具体案情,不能机械地适用法律,尤其要注意甄别是否存在恶意逃债企图,从而依法作出相关借款是否属于夫妻共同债务的正确认定。

根据《最高人民法院关于审理涉及夫妻债务纠纷案件适用法律有关问题的解释》(已失效)第三条规定,将借款用于夫妻共同生活、共同生产经营或者基于夫妻双方共同意思表示的举证责任分配给债权人(出借人)。

(一)夫妻一方借款认定

夫妻一方以个人名义对外借款,能否认定为夫妻共同债务主要有两个判断标准:一是夫妻共同债务本质特征认定规则,即借款目的是否为夫妻共同生活或经营。二是夫妻共同债务推定规则,即依借款时间是否发生在夫妻关系存续期间来推定。该推定规则并非无视夫妻共同债务的本质特征,而是在依本质特征难以认定时的一种法律推定。实践中应防止两种错误行为,不考虑夫妻举债的合意、借款的用途以及借款人利益的分享,只要在夫妻关系存续期间一律认定为夫妻共同债务,这是对推定规则的机械理解,过分强调了对出借人利益的保护,有违公平原则。而一味地强调夫妻共同债务的性质,回避适用夫妻共同债务推定规则,也偏离了法律公平的意旨,失之偏颇。

《最高人民法院关于审理涉及夫妻债务纠纷案件适用法律有关问题的解释》(已失效)的制定者,参考了国家统计局有关统计资料,将夫妻家庭日常生活需要界定为八种类的家庭消费,而且特别强调指出,这些消费立足点在于“必要”。因此像休闲娱乐、奢侈品消费等不应包括在家庭必要消费中。国家统计局包括下属各地分支机构,每年都会向社会公布上一年度本地区居民人均消费支出的统计数据,故可以将统计局公布的数据作为家庭日常生活需要的裁判尺度。也就是说,超出夫妻家庭日常生活需要的借款,不应认定为夫妻共同借款债务。

【案例10－13】　卢某某诉乔某等民间借贷纠纷案

二审法院认为,乔某向卢某某借款30万元,借期仅为两个月,从借款数额和期限,并结合广西统计局发布的广西城镇居民人均消费数据来看,该笔款项已明显超出夫妻家庭日常生活需要。根据《最高人民法院关于审理涉及夫妻债务纠纷案件适用法律有关问题的解释》(已失效)第三条规定,夫妻一方在婚姻关系存续期间以个人名义超出家庭日常生活需要所负的债务,债权人以属于夫妻共同债务为由主张权利的,人民法院应予支持,除非债权人能够证明该债务用于夫妻共同生活、共同生产经营或者基于夫妻双方共同意思表示。现卢某某没有证据证实本案借款债务用于夫妻共同生活、共同生产经营,同时本案借款亦是乔某以其个人名义所借,因此对卢某某主张本案借款为夫妻共同债务,要求黎某承担共同清偿责任,法院不予支持。判决:驳回上诉,维持原判。[1]

【案例10－14】　杨某某诉李甲、李乙等民间借贷纠纷案

二审法院认为,本案中,上诉人李甲所提交的证据证实:涉案借款本金分两次汇入李乙的账户,其中第一笔230万元由李乙账户转入李某账户,又由李某账户转入马某账户,而马某与李某之间有探矿权转让关系;第二笔47.5万元由李乙账户转入昆明大成建筑工程有限公司第一工程处账户,而昆明大成建筑工程有限公司也与探矿权转让有关联,且该公司并非李乙个人的公司。故上诉人所提交的证据能够证明涉案借款本金297.5万元中有277.5万元确实没有用于李甲和李乙的夫妻共同生活,该277.5万元不应认定为夫妻共同债务,上诉人李甲不应对该277.5万元本金及利息承担还款义务。至于借款本金中剩余的20万元,因上诉人李甲未能举证证明该款项不属于夫妻共同债务,故上诉人李甲应当对该20万元借款的本金和利息承担共同还款义务。[2]

未用于家庭共同生活的借款,不能认定为夫妻共同债务。

【案例10－15】　郭某某诉徐某某、姚某某民间借贷纠纷案

二审法院认为,婚姻关系存续期间配偶一方对外借款并非直接推定为夫妻共同债务。本案中郭某某完全有条件让徐某某在借条上签名,或告知借款

---

〔1〕　参见国家法官学院、最高人民法院司法案例研究院编:《中国法院2020年度案例》(民间借贷纠纷),中国法制出版社2020年版,第91页。广西壮族自治区南宁市中级人民法院(2018)桂01民终7577号民事判决书。

〔2〕　参见国家法官学院案例开发研究中心编:《中国法院2018年度案例》(民间借贷纠纷),中国法制出版社2018年版,第98页。云南省高级人民法院(2016)云民终313号民事判决书。

事宜，从而防范借款风险的情况下，其未作为，事后也未进行追认。从本案查明的事实及现有证据来看，可以推定该借款没有用于姚某某与徐某某的家庭日常生活。郭某某称该借款用于徐某某、姚某某共同经营的歌舞厅，但没有提供充足的证据证明。因此，本案借款为夫妻共同债务的证据不足，对郭某某的此主张不予支持，徐某某对本案借款不承担共同清偿责任。综上所述，徐某某的上诉理由部分成立，对其相应上诉请求予以支持；一审适用法律错误，依法予以改判。判决：撤销一审判决，姚某某向郭某某偿还借款 5 万元及利息。〔1〕

【案例 10－16】　周某某诉陈某某、史某某等民间借贷纠纷案

判决观点，关于被告史某某是否承担还款责任的问题。虽然案涉借款发生于两被告婚姻关系存续期间，但结合被告陈某某在公安机关的供述、刑事案件被害人的陈述及案涉借款的发生时间、款项交付方式来看，案涉借款的发生时间、款项交付过程与被告陈某某实施非法吸收公众存款犯罪行为时间、过程较为吻合，足以确信被告陈某某未将借款用于家庭共同生活，法院对其提出的案涉借款系两被告夫妻共同债务的主张不予采纳，被告史某某对案涉借款不承担还款责任。判决：被告陈某某向原告周某某归还借款 250, 000 元。〔2〕

【案例 10－17】　卢某某诉邓某某、任某民间借贷纠纷案

二审法院认为，任某未在卢某某与邓某某签订的协议书、邓某某出具卢某某的借条上签字，事后也未追认……本案的 450 万元借款系投资款，已经超过家庭日常生活需要，该借款的用途为与唐某某、卢某某合作的投资上，并未用于夫妻共同生活。卢某某提交的证据不足以证明任某参与该投资或者任某有共同借款的意思表示，该笔借款不能认定为夫妻共同债务。卢某某要求任某共同偿还该笔债务的理由不能成立。判决：撤销一审判决，邓某某偿还卢某某借款本金 450 万元及其利息。〔3〕

个案中，虽有夫妻一方在借条上签字，但根据查明的案情法官可以认定为个人债务。

---

〔1〕 参见国家法官学院、最高人民法院司法案例研究院编：《中国法院 2020 年度案例》（民间借贷纠纷），中国法制出版社 2020 年版，第 66～67 页。陕西省渭南市中级人民法院（2018）陕 05 民终 322 号民事判决书。

〔2〕 参见国家法官学院案例开发研究中心编：《中国法院 2018 年度案例》（民间借贷纠纷），中国法制出版社 2018 年版，第 101 页。江苏省溧阳市人民法院（2017）苏 0481 民初 785 号民事判决书。

〔3〕 参见国家法官学院、最高人民法院司法案例研究院编：《中国法院 2021 年度案例》（民间借贷纠纷），中国法制出版社 2021 年版，第 61 页。四川省宜宾市中级人民法院（2019）川 15 民终 330 号民事判决书。

【案例 10－18】 覃某某诉陈某某、韦某某民间借贷纠纷案

二审法院认为,关于韦某某向覃某某举债的 90 万元能否视为夫妻共同债务的问题。韦某某向覃某某借款 90 万元发生在其与陈某某夫妻关系存续期间,借条上只有韦某某一人签字。韦某某称所借款项其中 40 万元用于偿还所欠肖某某的债务,其余用于归还夫妻炒股和共同生活所欠债务,应属夫妻共同债务。而陈某某称韦某某举债与家庭生活无关,系其个人债务。陈某某一审诉讼期间向法院提交了韦某某所欠肖某某债务的依据即桂林市叠彩区人民法院(2016)桂 0303 民初 470 号民事调解书,从调解书看法院将韦某某与肖某某之间的法律关系确定为返还原物纠纷,返还原物纠纷案由属于物权保护范围,该案中法院并未将陈某某追加为共同被告,证明侵犯肖某某物权仅是韦某某的个人行为,与陈某某无关。从韦某某银行交易明细来看,的确有一笔 2016 年 8 月 25 日从覃某某账户转来的 35 万元,韦某某次日转入其建行账户后,即向肖某某还款。韦某某之前收到覃某某的款项后有提现 29 万元的记录,韦某某将从覃某某处所借款项中的 40 万元用于偿还肖某某的债务属实,但应认定为偿还个人债务。二审期间,陈某某申请法院调取了韦某某招商证券桂林中山北路证券营业部股票账户 2015 年 2 月 27 日至 2016 年 12 月 20 日股票交易对账单,从对账单看,韦某某转入股市的资金总额为 137 万元,转出金额为 1,022,610 元,亏损额为 347,390 元,该数额与韦某某归还肖某某债务后剩余的举债金额 50 万元相差近 15 万元,且韦某某侵占肖某某资金是否流入股市,所欠肖某某资金是否流入股市,所欠肖某某债务与炒股亏损是否同一,韦某某陈述不清。举债期间,从查明的事实看,陈某某、韦某某家庭没有买房、添置贵重物品等大额开支,二审中韦某某也未证实家庭生活中有大额的欠债和重大经营投资活动。韦某某一个多月内与覃某某两个账户资金往来达 190 万元,超出了普通家庭正常生活的开支范围。依据《婚姻法》第四十一条"离婚时,原为夫妻共同生活所负的债务,应当共同偿还"的规定,二审法院认为,夫妻共同债务应为夫妻关系存续期间,为共同生产生活所负的债务。韦某某短期内向覃某某举巨额债务,除一部分用于归还其个人债务外,其余款项用于何处不能说明,举债应属个人行为,与陈某某无关,不能视为夫妻共同债务,韦某某对于覃某某的负债应由其个人偿还。综上,陈某某关于本案债务虚假的上诉理由不能成立,其认为韦某某向覃某某举债不属于夫妻共同债务的上诉理由成立。一审判决将本案债务认定为夫妻共同债务错误,本院予以纠正。判决:变更一审判决,韦某某偿还覃某某借款 90 万元。[1]

---

〔1〕 参见国家法官学院案例开发研究中心编:《中国法院 2019 年度案例》(民间借贷纠纷),中国法制出版社 2019 年版,第 42～43 页。广西壮族自治区来宾市中级人民法院(2017)桂 13 民终 557 号民事判决书。

【案例10－19】 刘某诉邹某某、张某某民间借贷纠纷案

二审法院认为，本案的争议焦点为本案借款是否为夫妻共同债务，即上诉人邹某某是否应承担连带还款责任。本案借款虽然发生在邹某某与张某某婚姻关系存续期间，但借款协议、收据及借款备忘上只有张某某一人签字，上诉人邹某某也不予追认，张某某所借款项数额超出了家庭日常生活所需，对此债权人应举证证明该借款用于夫妻共同生活、共同生产经营或者基于夫妻共同的意思表示，本案中被上诉人刘某提供的证据不能证实其主张的借款用途，故本案借款应为张某某的个人债务，上诉人邹某某不应承担还款责任。判决：撤销一审判决，张某某返还刘某借款本金500,000元、利息196,600元，共计696,600元。[1]

【案例10－20】 张某诉武某、焦某民间借贷纠纷案

二审法院认为，本案的争议焦点为：张某所主张的本案系争款项能否认定为武某、焦某夫妻共同债务。对此，一审法院从借条形成时间、《离婚协议》记载、此前张某是否主张过债权等方面详尽分析了本案系争款项的性质，最终确定本案系争款项不应认定为夫妻共同债务，理由正当，二审法院予以认同。同时，张某在二审庭审中陈述"家里事情都是被上诉人(焦某)做主"，此种情况下，张某主张向武某、焦某出借了大额的系争款项，但提供的借条上却没有焦某签字，亦与常理不符。另外，本案张某并未提出上诉，意味着其尊重和服从一审判决，故二审审理并不涉及《离婚协议》内容是否可以对抗张某主张的问题，但上诉人武某在明知有本案系争款项的情况下，仍在《离婚协议》上确认"双方没有共同债务"，应视为武某作出的慎重的、最终的意思表示，由此产生的法律后果应由其自行承担。至于武某所称《离婚协议》上对共同债务的约定并非其真实意思表示，因缺乏证据证实，二审法院对其主张难以采纳。综上所述，上诉人的上诉请求不能成立，应予驳回；一审判决认定事实清楚，适用法律正确，应予维持。判决：驳回上诉，维持原判。[2]

婚姻关系存续期间，夫妻一方对外举债，配偶以证明人的身份在负债凭证上签字确认，但否认该债务属于夫妻共同债务，而债权人又无证据证明其为共同债务人的，不宜确定为共债共签，而应当根据合同相对性认定为夫妻一方个人债务。

【案例10－21】 叶某某诉李某某、徐某某民间借贷纠纷案

判决观点，被告李某某与原告叶某某之间的4万元借贷关系有借条及被

〔1〕 参见国家法官学院案例开发研究中心编：《中国法院2019年度案例》(民间借贷纠纷)，中国法制出版社2019年版，第48页。天津市第一中级人民法院(2018)津01民终524号民事判决书。

〔2〕 参见茆荣华主编：《2018年上海法院案例精选》，上海人民出版社2020年版，第41页。

告徐某某的辩称相互印证,不违反法律、行政法规的强制性规定,应认定为合法有效。原告要求李某某归还4万元及逾期利息的诉讼请求于法有据,予以支持。但因徐某某未在借款人处签名,仅注明是证明人,这足以表明两被告虽为夫妻,却无共同举债合意,故对原告要求徐某某承担共同还款责任的诉讼请求不予支持。[1]

经常性赌博的一方短期内大额借款不宜认定为夫妻共同债务。

【案例10-22】　于某某诉徐某、冯某某民间借贷纠纷案

二审法院认为,夫妻一方以个人名义在婚姻关系存续期间所负债务原则上应推定为夫妻共同债务,但如能证明所负债务与夫妻共同生活无任何关系,且债权人对此属于明知或应知的,可以推翻上述推定,举债人配偶一方不承担偿还责任。首先,案涉借款不能证明用于徐某与冯某某的夫妻共同生活。徐某在短时间内向于某某借款几十万元,明显超出日常生活及生产经营所需,且在案涉借款发生时间前后,徐某还向其他人多次举债,加之徐某有赌博的恶习,在于某某未有充分证据证明其借款系用于冯某某与徐某共同生活的情况下,应承担对其不利的法律后果。其次,于某某对案涉借款未用于徐某与冯某某的夫妻共同生活是明知的,于某某作为徐某在同一个镇上的朋友,对徐某所从事的生意乃至其个人品行应该是了解的,其向徐某出借巨额款项,对于实际用途亦应知晓。而根据于某某庭审陈述,其与冯某某原为同村居民,并在一个镇上生活,在本案诉讼前却未向冯某某主张过案涉借款,也从侧面表明,对于徐某借款后未用于与冯某某的夫妻共同生活,于某某是知道的。此外,案涉借条均为徐某出具的格式借条,也不能证明冯某某与其存在共同借贷的合意。判决:撤销一审判决,徐某支付于某某借款35万元并支付逾期借款利息。[2]

【案例10-23】　李某某诉顾某某、周某某民间借贷纠纷案

判决观点,本案中,顾某某为归还其所欠个人债务而以个人名义向李某某借款,李某某在出借款项时亦明知顾某某的借款用途为归还高利贷,且借款由李某某直接支付给他人,该借款未用于家庭共同生活,不属于顾某某和周某某的夫妻共同债务,应为顾某某个人债务。判决:顾某某给付李某某本

---

[1] 参见《人民司法·案例》2018年第26期(总第829期),第29页。江苏省阜宁县人民法院(2018)苏0923民初587号民事判决书。

[2] 参见国家法官学院案例开发研究中心编:《中国法院2019年度案例》(民间借贷纠纷),中国法制出版社2019年版,第56~57页。江苏省南通市中级人民法院(2016)苏06民终4388号民事判决书。

金31,200元及利息。二审法院裁定顾某某撤回上诉。[1]

夫妻一方出具借条系在从事赌博、吸毒等违法犯罪活动时所负债务,不应认定为夫妻共同债务。

【案例10-24】 冯某某诉王某某、范某某、盛某民间借贷纠纷案

判决观点,范某某提供的刑事判决书和证人证言能够证明王某某在较长一段时间内无正当职业、组织人员赌博的事实,该事实也得到原告"在王某某的赌场内炸过'金花'的陈述佐证"。原告在借款前与王某某有接触,其称对王某某的家庭知根知底,那么其对王某某无正当职业、组织人员赌博以及其子是否确实在苏州购房、购加油船等情况应当是了解的。原告与王某某既非至亲,也非故友,即使王某某以其子需要购房、购加油船为由向其提出借款,在自己没有相应资金的情况下仍同意出借巨额资金是与常理不符的;原告称其鉴于王某某之夫范某某在公安局工作、家庭经济状况好才同意借款,那么其在借款时应要求王某某取得其丈夫同意或者要求其丈夫到场等方式对风险加以控制,但其未采取任何措施,未尽到必要的善意的注意义务。原告诉称其资金是向高某某所借,提供的借条显示月利率为2.3%,借款期限为两年,不得逾期付息,不得提前归还,否则均要承担高额的违约金,这样放款显然是为了稳定地获取高额的利息,与购房、购加油船需要低息或无息筹措资金的要求是极不相称的。综上,法院对于原告主张的王某某借款用于购房或购加油船的事实不予认定。20万元借款金额巨大,明显超出日常生活所需,亦超出了夫妻日常事务代理权的范围,法院衡量债权人的信赖利益与举债权配偶的合法权益后认为,本案债务不属于夫妻共同债务。因此,原告要求范某某对本案债务承担共同清偿责任,法院不予支持。判决:被告王某某归还原告冯某某借款本金196,331元并承担利息。[2]

【案例10-25】 扬州市江都区邵伯物资公司诉李甲、李乙民间借贷纠纷再审案

再审法院认为,本案中,原审原、被告对该笔借款的真实性无异议,本院予以确认。但目前证据表明,该借款并非夫妻共同债务,应为李甲的个人债务。从该笔借款的形成看,据陶某某称其与李甲因打牌认识系牌友关系,因李甲山东工地急需用钱而向其借款50万元。经查,李甲在山东并无相关生意经营,且李乙亦无共同借款的合意。从借款的用途看,无证据证明所借款

---

〔1〕 参见国家法官学院案例开发研究中心编:《中国法院2017年度案例》(民间借贷纠纷),中国法制出版社2017年版,第122页。江苏省无锡市中级人民法院(2015)锡民终字02809号民事裁定书。

〔2〕 参见国家法官学院案例开发研究中心编:《中国法院2018年度案例》(民间借贷纠纷),中国法制出版社2018年版,第83页。江苏省靖江市人民法院(2016)苏1282民初4250号民事判决书。

项用于夫妻共同生活。李甲的父母指认及李甲自认2010年9月28日曾向赵某(赵某后将该债权转认给徐某)借50万元用于赌博。2010年10月15日李甲向物资公司借款50万元,亦无证据证明借款用于家庭生活、生产经营。判决:撤销一审判决,原审被告李甲偿还原审原告物资公司欠款本金70万元及利息。[1]

夫妻一方对外举债并非用于公司经营,而仅是将公司作为非法吸收公众存款犯罪行为的载体,故夫妻另一方无须承担共同还款义务。

【案例10-26】 陆某某诉邱某某、唐某某民间借贷纠纷案

判决观点,首先,本案借款虽然发生在两被告婚姻存续期间,但刑事判决书并未认定两被告构成共同犯罪,且借条系由被告邱某某单方出具,故难以认定两被告存在共同举债的合意。其次,从资金走向来看,邱某某所借款项均转入镜静公司,现没有证据证明上述款项又转入被告唐某某账户内或者由被告唐某某分享了相关利益。最后,刑事判决书认定镜静公司系被告邱某某实施非法吸收公众存款罪的载体,故也不能认定转入镜静公司的款项用于了公司经营。综上,本案所涉借款系被告邱某某个人名义举债后用于个人违法犯罪活动,故系争款项不构成夫妻共同债务,被告唐某某不负有共同返还义务……综上所述,原告要求被告邱某某归还借款并支付利息,于法有据,法院予以支持,但被告唐某某不负有共同返本付息义务。判决:被告邱某某向原告陆某某归还借款700,000元并支付逾期利息,驳回要求被告唐某某共同承担还本付息义务的诉讼请求。[2]

婚姻关系存续期间,一方承认的债务是否构成夫妻共同债务应放在个案中确认。依据是否具有夫妻共同举债的合意和夫妻一方是否分享举债所生的利益,对此既非全部认定共同债务,也非一概否认。

【案例10-27】 张某某诉崔某某、朱某某民间借贷纠纷案

判决观点,虽然本案诉争代理操作期货行为及签订还款协议均发生在两被告婚姻关系存续期间,但现有证据未能表明崔某某与朱某某针对张某某的欠款达成举债的合意,且还款协议中明确款项用途为崔某某代理张某某账户做期货交易,并非用于家庭共同生活,故张某某要求朱某某共同偿还崔某某的上述债务缺乏依据,法院不予支持。判决:被告崔某某于2014年9月12

---

〔1〕 参见国家法官学院案例开发研究中心编:《中国法院2016年度案例》(民间借贷纠纷),中国法制出版社2016年版,第143~144页。江苏省扬州市江都区人民法院(2014)扬江民再初字第0002号民事判决书。

〔2〕 参见茆荣华主编:《2018年上海法院案例精选》,上海人民出版社2020年版,第105页。

日出具的《还款协议》于2016年10月19日解除、偿还原告张某某借款本金94万元及逾期利息，驳回原告张某某的其他诉讼请求。[1]

借款虽然发生男女双方结婚登记之后，但男方借款时明确告知出借人借款系为支付女方聘金，而聘金在民俗上属于男方赠与女方的彩礼，并非用于夫妻共同生活，出借人在被告知借款用途时即应知晓该借款性质，在法律上应视为个人债务，借款人的妻子无须承担共同还款责任。

【案例10－28】 肖某某诉陈某某、郭某某民间借贷纠纷案

判决观点，本案出借人肖某某自认陈某某系为结婚支付女方聘金为由借款，而“聘金”系结婚时男方给女方的聘礼，该款项性质上实为在结婚之前发生，因聘金所生债务为男方个人债务。本案陈某某与郭某某虽然结婚登记在2015年1月9日，但借款时肖某某承认陈某某明确告知其借款为聘金所用，即可视为当时约定本案借款系陈某某个人债务。现肖某某要求郭某某承担本案债务，缺乏法律依据，依法予以驳回。判决：陈某某偿还肖某某借款100,000元及逾期利息。[2]

借款前，夫妻一方明确告知出借人自己不承担清偿责任的，则由借款的夫妻另一方承担个人债务清偿责任。

借款时，出借人明知借款系用于个人经营或为他人利益的债务，应认定为个人债务而非共同债务。

【案例10－29】 沈某某诉郁某某、郁某民间借贷纠纷案

二审法院认为，本案中，郁某向沈某某的借款债务虽发生在郁某与郁某某夫妻关系存续期间，但对于是否知晓借款一事，郁某某予以否认，并提交了出国、赴港澳任务批件及自己的往返机票两张，该证据显示在上述时间自己在国外学习，郁某借款的时间发生在自己出国时期，因此不能认定郁某向沈某某借款时郁某某有共同举债的合意；对郁某借款的用途、郁某某否认用于夫妻共同生活，在二审中沈某某陈述“他（指郁某）说他跟他姐姐在姜堰步行街合作做生意，要钱到上海进货”，因沈某某未能提交郁某与其姐姐一起做生意的证据，故该陈述从另一方面补强证明了借款时沈某某明知郁某某借款的用途并非用于夫妻共同生活。本案借款不应为夫妻共同债务，应系郁某个人债务。判决：维持一审判决书主文第二项；撤销一审判决书主文第一

---

〔1〕 参见国家法官学院案例开发研究中心编：《中国法院2018年度案例》（民间借贷纠纷），中国法制出版社2018年版，第63页。北京市西城区人民法院（2016）京0102民初4833号民事判决书。

〔2〕 参见国家法官学院案例开发研究中心编：《中国法院2018年度案例》（民间借贷纠纷），中国法制出版社2018年版，第104页。福建省厦门市集美区人民法院（2016）闽0211民初575号民事判决书。

项及诉讼费承担部分；郁某向沈某某偿还借款50,000元，并支付违约金10,000元。[1]

【案例10－30】　洪某某诉兰某某、林某民间借贷纠纷案

二审法院认为，诉争100万元债务实际上是兰某某为承担蓝某某向洪某某100万元借款产生的债务，并非林某与兰某某夫妻共同生活所负的债务，应认定为兰某某的个人债务。洪某某对上述情况是知情的，其以夫妻共同债务为由要求林某承担还款责任没有依据。诉争100万元借款只能认定为兰某某个人债务，不应认定为林某与兰某某的夫妻共同债务。同理，洪某某在2011年10～11月即已知道兰某某与林某在闹离婚，又于2010年11月12日转账5万元给兰某某，该债务同样不能认定为夫妻共同债务，属于兰某某个人债务，应当由兰某某自行承担还款责任。上诉人林某关于其个人不承担债务的上诉理由可以成立，该上诉请求应予支持，其余上诉请求应予驳回。原审判决对于讼争债务是兰某某个人债务还是夫妻共同债务，林某是否应当承担还款责任未查清，导致判决结果有误，应予改判。判决：撤销一审判决第一项；变更一审判决第二项兰某某偿还洪某某借款105万元及利息。[2]

债权人明知借款并非用于夫妻共同生活的，应认定借款为夫妻一方的个人债务。

【案例10－31】　福建春秋文化发展有限公司诉林某、陈某晔民间借贷纠纷再审案

最高人民法院认为，案涉借据仅由夫妻一方作为借款人签名，且能够认定债权人明知该借款并非用于借款方夫妻共同生活、共同生产经营，也并非基于其夫妻双方共同意思表示的，其关于借款构成夫妻共同债务的诉讼主张，法院不予支持。[3]

夫妻一方于婚姻关系存续期间以个人名义超出家庭日常生活需要所负担的债务，不认定为夫妻共同债务。

【案例10－32】　李某锦诉吕某容、郭某英、李某民间借贷纠纷案

二审法院认为，夫妻关系存续期间，一方以个人名义借款数额较大，超出家庭日常生活所需，且债权人明知借款人将借款用于放贷，案件审理期间未

---

〔1〕 参见国家法官学院案例开发研究中心编：《中国法院2015年度案例》（民间借贷纠纷），中国法制出版社2015年版，第114页。江苏省泰州市中级人民法院（2013）泰中民终字第0170号民事判决书。

〔2〕 参见国家法官学院案例开发研究中心编：《中国法院2013年度案例》（民间借贷纠纷），中国法制出版社2013年版，第103页。福建省厦门市中级人民法院（2011）厦民终字第1814号民事判决书。

〔3〕 最高人民法院（2018）民再20号民事判决书。

能证明该借款用于夫妻共同经营活动,或者借款人配偶在事后对该借款行为予以追认。因此,借款人配偶不应基于夫妻关系而承担系争债务。[1]

夫妻一方以夫妻名义炒股,因缺乏共同举债合意,故应认定为并非夫妻共同债务。

【案例10－33】 秦某诉李某某、郝某某等民间借贷纠纷案

判决观点,被告郝某某辩称其未在借据上签名,对该借款不知情,被告李某某所借原告秦某、闫某某、张某某27万元全部用于个人炒股,并未用于家庭及夫妻共同生活,该债务系被告李某某个人债务,其不应承担责任的意见,经查,被告李某某向原告借款虽然发生在夫妻关系存续期间,但根据司法鉴定意见书,在公证处签订借据时郝某某指纹不是其本人所捺,现场出现的也非郝某某本人,以此可以证明郝某某对借款并不知情及李某某有意隐瞒郝某某借款的事实,且根据法院调查李某某的银行明细显示,该笔借款大部分用于炒股,并非用于夫妻共同生活。其次,原告既然选择公证,并要求李某某及妻子郝某某到场共同签字,其主观上具有让该二人共同承担责任的明确意图,原告作为债权人在公证时有义务也有责任来辨别是否是李某某妻子本人,原告未尽该义务应承担相应责任。故该债务应为被告李某某的个人债务,被告郝某某不应承担共同偿还责任。判决:被告李某某偿还原告秦某100,000元并支付利息。[2]

借款用途是认定借贷关系是否合法,是否受法律保护的关键。

【案例10－34】 沈某某诉黄某某、肖某民间借贷纠纷再审案

再审法院认为,肖某与黄某某于2017年8月3日办理离婚登记,在二人离婚后仍由黄某某及家人代收向肖某送达的起诉状、判决书,导致上述材料未直接送给肖某,不符合法律规定,法院在再审中对上述问题予以纠正。再审中,法院认为借款应当清偿。黄某某辩称案涉借款系赌债,且系沈某某的配偶周某林带他参与赌博形成的债务;另外,在向沈某某借款时,未见到现金或者转账,并未发生真实的借贷事实。但因证据不足,法院不予采信。故沈某某要求黄某某承担还款责任的诉讼请求,法院予以支持。沈某某要求黄某某归还借款本金10万元,但黄某某在出具欠条后,又向沈某某微信转账1万元。沈某某辩称该1万元系支付的借款利息,但二人未约定利息,沈某某也不能证明欠款利息,故对沈某某该辩称,不予采信,该1万元应从借款本金中

---

〔1〕 上海市第一中级人民法院(2018)沪01民终814号民事判决书。

〔2〕 参见国家法官学院案例开发研究中心编:《中国法院2018年度案例》(民间借贷纠纷),中国法制出版社2018年版,第108页。河南省安阳市殷都区人民法院(2016)豫0505民初964号民事判决书。

予以扣除。诉讼中,沈某某撤回对肖某的起诉,符合法律规定,法院另行裁定准许。判决:撤销一审判决,黄某某归还沈某某借款本金 90,000 元及利息。[1]

夫妻一方为投资移民负担大额债务,不能认定为夫妻共同债务。

【案例 10-35】　杨某某诉李某某、陶某民间借贷纠纷案

二审法院认为,本案中,涉案借款属于李某某单方签字的借款,借款数额为 350 万元,借款期限为两年,明显超出了必要的家庭日常生活所需。而陶某亦明确对该债务不知晓、不认可。也就是说,本案属于适用《最高人民法院关于审理涉及夫妻债务纠纷案件适用法律有关问题的解释》(已失效)第三条考察债权人是否能够证明涉案借款用于"夫妻共同生活、共同生产经营"的情形。对此,杨某某、李某某主张借款用于投资移民,如果成功,陶某也能享受优惠移民政策,只是由于投资失败,款项投入国外的公司以后就没有了,夫妻对此债务应当共担。陶某则主张,李某某借款时,自己正在西藏支教,其对借款用于投资移民不清楚,对李某某的移民计划不同意……本案中,杨某某、李某某并未就陶某同意并参与移民计划或陶某同意投资美国物流公司等相关的事实提供充分的证据予以证明,也就是说,杨某某、李某某并未举证证明 350 万元用于有陶某参与的"夫妻共同生活",因此,杨某某、李某某应当承担举证不能的不利后果。杨某某、李某某的上诉理由不能成立,对其上诉请求不予支持。判决:驳回上诉,维持原判。[2]

没有共同举债的合意且没有证据证实借款用于夫妻共同生活生产的,应认定为夫妻一方举债。

【案例 10-36】　樊某某诉王某、段某某民间借贷纠纷案

判决观点,本案中,债务标的额达 40 万元,相对于当地正常生活水平和被告家庭实际而言,亦属大额债务,已经超出家庭日常生活需要的范围。作为债权人的原告,在市场交易过程中,负有防范债权风险的谨慎注意义务。但是,原告举证被告共同借款的借条签名,已经被鉴定结论否定为被告段某某具签,反映该举债仅是王某的个人举债意思,夫妻另一方即被告段某某没有共同举债的合意。另外,虽然两被告存在家庭经营游戏室、茶室的事实,但是也有夫妻共同向银行借款 30 万元用于经营的事实,结合经营时间(2013

---

〔1〕 参见国家法官学院、最高人民法院司法案例研究院编:《中国法院 2021 年度案例》(民间借贷纠纷),中国法制出版社 2021 年版,第 65 页。河南省获嘉县人民法院(2019)豫 0724 民再 1 号民事判决书。

〔2〕 参见国家法官学院、最高人民法院司法案例研究院编:《中国法院 2021 年度案例》(民间借贷纠纷),中国法制出版社 2021 年版,第 80 页。北京市第一中级人民法院(2019)京 01 民终 197 号民事判决书。

年8月）与借款时间（2012年4月前分三笔借30万元、2013年1月借10万元）相距甚久、原告对借款用途的陈述不一（称被告王某借口要周转或要到老家买自留山或给别人转贷）以及高利息（部分为月息4分）的情形分析，无法认定该借款用于被告家庭经营。综上，原告主张借款系两被告共同所借且用于家庭共同生活生产，系夫妻共同债务的事实，证据不足，法院不予采信；其要求被告王某偿还借款的诉讼请求，予以支持；但利息请求中超过银行同期同贷利率四倍的部分，不予支持。被告段某某辩称本案债务系夫妻另一方个人债务的意见，符合常理，法院予以采信。被告王某经传票传唤无正当理由拒不到庭，不影响本案的审理，法院依法缺席判决。判决：被告王某归还原告樊某某借款本金40万元及相应利息；被告王某承担鉴定费用5000元（段某某已预交）。〔1〕

【案例10－37】 顾某诉王某、邬某某民间借贷纠纷案

判决观点，本案中，借款协议、收条上只有王某一人的签名，从证据外观看不出夫妻二人具有共同举债的合意，故应进一步检视借款是否用于家庭共同生活，邬某某为否定借款用于家庭共同生活，提供了村委会证明、村民联合证明、证人证言、签证记录复印件、借条、王某某的出生证明、离婚协议书、（2014）澄长民初字第0468号民事判决书予以佐证，其中村委会证明上没有经办人及单位负责人签名，不符合法律规定的证据形式要件，村民联合证明属于证人证言，应当由证人到庭作证，与本案无关联性，法院对上述证据不予采信，顾某对王某某的出生证明、离婚协议书及（2014）澄长民初字第0468号民事判决书无异议，法院采纳作为证据使用，上述证据结合法院调查情况看，王某在2012年无工作需要的情况下，多次单独出入中国澳门和柬埔寨，特别是在涉案借款行为发生后第九天就出境柬埔寨，王某的家人、领导均反映其有赌博嗜好，且在2012年多次借口举债，导致债主上门逼债，在婚姻生活并无大额支出、开销均由父母负担的情况下，涉案借款的用途不无疑问，（2014）澄长民初字第0468号民事判决书也可佐证一个事实，即离婚后王某并未履行子女的抚养义务，下落不明，致邬某某不得不通过诉讼方式变更抚养关系，与此同时，顾某作为出借人，应当对借款用途施加一定的注意，如其与王某熟识，则应当知道王某有不良嗜好，如其与王某为泛泛之交，那么更应对其还款能力、借款用途作进一步举证。综上，法院认定涉案借款并非用于家庭共同生活，系王某的个人债务。判决：王某向顾某归还借款6万元并支

〔1〕 参见国家法官学院案例开发研究中心编：《中国法院2017年度案例》（民间借贷纠纷），中国法制出版社2017年版，第83～84页。浙江省衢州市常山县人民法院（2014）衢常商初字第97号民事判决书。

付逾期还款违约金。[1]

【案例10－38】 山东昊玺经贸有限公司诉朱某某、徐某民间借贷纠纷案

二审法院认为，本案第一笔30万元借款实际发生于2012年4月，第二笔193万元借款实际发生于2012年5月30日，昊玺经贸在2012年5月28日第一次出具借条和2013年11月7日重新出具借条的时候均未要求徐某签字予以确认，但两个月之内双方往来借贷金额达223万元，此借贷数额已超出一个家庭正常生活需要水平，徐某及朱某某已经初步完成涉案款项未用于家庭生活的举证责任，昊玺经贸对涉案借款徐某与朱某某具有借款合意或涉案借款已用于二人家庭共同生活应负举证责任。而涉案款项已悉数汇入案外人刘某账户，且并未有其他证据证明款项已用于徐某及朱某某家庭共同生活。综上，涉案借款不属于夫妻共同债务。据此二审改判朱某某偿还昊玺经贸借款223万元。[2]

夫妻关系存续期间一方以个人名义帮他人借款，借进借出无利息差，非为经营或牟利，且配偶无共同举债合意的，应认定为个人债务。

【案例10－39】 衷某诉郑某某民间借贷纠纷案

一审法院认为，对夫妻关系存续期间夫或妻一方以个人名义所负的债务，另一方对该债务是否系因家庭共同利益所负享有抗辩权。当债务人帮助他人借款，款项借进与借出之间不存在利息差，借款的目的并不是经营和牟利，且债务人配偶并无共同举债合意的，可以认定诉争借款为债务人的个人债务，不属于夫妻双方的共同债务。判决：驳回原告衷某的诉讼请求。二审法院准许衷某撤回上诉。[3]

夫妻一方以个人名义借款后，配偶向债权人偿还部分借款的，不应认定为对该债务的追认。

【案例10－40】 王某某诉姚某、杜某某民间借贷纠纷再审案

最高人民法院认为，本案为申请再审案件，应当围绕王某某的申请再审理由，对本案二审判决是否存在其主张的《民事诉讼法》第二百条第二项、第六项规定的情形进行审查。根据查明的事实，2010年10月29日，杜某某向

---

〔1〕 参见国家法官学院案例开发研究中心编：《中国法院2017年度案例》（民间借贷纠纷），中国法制出版社2017年版，第92页。江苏省无锡市锡山区人民法院（2015）锡法港民初字第91号民事判决书。

〔2〕 参见国家法官学院案例开发研究中心编：《中国法院2017年度案例》（民间借贷纠纷），中国法制出版社2017年版，第95页。山东省淄博市中级人民法院（2015）淄民一终字第729号民事判决书。

〔3〕 参见《人民司法·案例》2017年第26期（总第793期），第71页。福建省南平市中级人民法院（2016）闽07民终字第811号民事裁定书。

王某某借款1500万元并出具《借条》,王某某通过中国建设银行西安友谊东路支行分两笔向杜某某账户转款合计1500万元。借款期间,杜某某并未付息还本,于2013年6月18日向王某某重新出具了《借条》1份,该《借条》载明,"本人借王某某本金1500万元,从2010年10月30日到2012年10月30日2年共计利息720万元。本金大写:壹仟伍佰万元,利息柒百贰拾万元整。利息没付,息不生息。借款延期到2013年12月30日,本金1500万元,大写:壹仟伍佰万元,月息贰分。2013年12月30日还款,连本带息全部结清。公司第二次王某某融资款需承担的3分息中1.5分息由我承担。借款人:杜某某2013年6月18日"。根据以上事实,杜某某系以其个人名义向王某某借款,姚某并非借款人。《最高人民法院关于审理涉及夫妻债务纠纷案件适用法律有关问题的解释》(已失效)第一条规定:"夫妻双方共同签字或者夫妻一方事后追认等共同意思表示所负的债务,应当认定为夫妻共同债务。"第三条规定:"夫妻一方在婚姻关系存续期间以个人名义超出家庭日常生活需要所负的债务,债权人以属于夫妻共同债务为由主张权利的,人民法院不予支持,但债权人能够证明该债务用于夫妻共同生活、共同生产经营或者基于夫妻双方共同意思表示的除外。"姚某并未在案涉借条上签字,王某某亦未提供充分证据证明姚某曾就案涉借款所涉债务明确作出追认的意思表示。虽然姚某曾于2014年1月29日向王某某转款80万元,但原审判决认为仅通过这一笔银行转款的行为,即认定姚某有对杜某某所借1500万元债务追认的意思表示,依据不足,并无不当。原审判决认为案涉借款1500万元,明显超出家庭日常生活所需,王某某负有举证证明该债务用于夫妻共同生活、共同生产经营或者基于夫妻双方共同意思表示的证明责任,亦无不当。王某某向本院申请再审时提交了佳诚公司财务账照片、佳诚公司网页截图,拟证明姚某、杜某某对佳诚公司共同投资,共同经营,本案所涉债务应为共同债务。但从其提交的上述照片、网页截图载明的内容看,不能达到其证明目的。且王某某在其再审申请书中,仅主张根据《民事诉讼法》第二百条第二项、第六项的规定申请再审,并未明确主张根据《民事诉讼法》第二百条第一项即有新的证据,足以推翻原审判决为由申请再审。综上,王某某的再审申请不符合《民事诉讼法》第二百条第二项、第六项规定的情形。裁定:驳回王某某的再审申请。[1]

夫妻一方个人名义向出借人借款,出借人仅以夫妻一方配偶的数次还款行为认为债务用于夫妻共同经营,因还款行为与是否构成夫妻共同债务无必然联系,

---

〔1〕 最高人民法院(2020)民申3577号民事裁定书。

在出借人无其他证据佐证的情况下,无法支持其主张。

【案例 10 - 41】 秦某与熊某某、万某某民间借贷纠纷再审案

最高人民法院认为,(1)关于是否分为两期借款。案涉借款从发生时间看能够认定为两笔款项。之间存在多次借款转账行为,2014 年 10 月 24 日、10 月 27 日、12 月 5 日,秦某分别向熊某某转账 500 万元、1950 万元、100 万元,在此期间直至 2015 年 3 月 25 日案外人钟某以及熊某某向秦某转账的款项明显多于秦某向熊某某出借的款项,熊某某具有偿还本息的意思表示。且 2014 年 11 月 26 日的短信记录也能够佐证该时间段的借款应为有息借款。熊某某于 2015 年 3 月 25 日向秦某转账 2630 万元应为主动偿还前述债务,而 2015 年 3 月 27 日,秦某再次向熊某某转账 2530 万元的行为应视为再一次形成借款关系,2530 万元的款项给付时间发生在熊某某还款 2630 万元之后的 3 天之内,无法认定 2015 年 3 月 27 日的借款系对 2014 年 10 月至 12 月借款的继续增加。原审法院将双方的借款分为两期具有合理性。(2)关于案涉第二期款项的利息。秦某并未提供证据证实双方对于该期款项约定了利息,虽然其提交的自 2015 年 7 月至 2018 年 6 月熊某某支付的 10 笔款项中有 3 笔注明“还本金”,尚不能直接推断出其他 7 笔款项的给付应为还利息或者含有还利息的意思表示。江西省高级人民法院依据审理查明的 2015 年 3 月 27 日的借款、借期为三个月的事实,依照《民间借贷规定》第二十五条第二款之规定,认定借期内为无息借款并无不当。同时,因熊某某未能及时还款,江西省高级人民法院要求熊某某向秦某给付资金占用期间的逾期利息亦符合《民间借贷规定》第二十九条第二款第一项的规定。(3)关于是否构成夫妻共同债务。熊某某以个人名义向秦某借款,秦某仅以万某某的数次还款行为认为案涉债务用于夫妻共同经营,因还款行为与是否构成夫妻共同债务无必然联系,在秦某尚无其他证据佐证的情况下,无法支持其主张。(4)关于是否存在超诉请判决。秦某的诉讼请求为要求熊某某还本付息,是对长期借款关系的整体诉请,一审、二审法院依据查明的双方前后两期款项关于利息的约定并不一致的事实,从而分别作出判决,均在秦某提起还本付息的诉讼请求范围之内,且符合法律关于利息标准的认定,并非超诉讼请求判决。[1]

(二)夫妻双方借款认定

夫妻双方签字的借据,是其共同意思的表示,共债共签原则表现在夫妻双方

---

〔1〕 最高人民法院(2021)民申 2196 号民事裁定书。

共同签字或者夫妻一方事后追认以及其他共同意思表示形式（如电话、短信、微信、邮件）上，如此所形成的为共同债务。

对于借款凭据无配偶方签字，借款金额亦明显超出家庭日常生活所需的，法官应从三个方面进行审查：即非举债方的经济来源情况、离婚时的财产分配情况、离婚后的消费支出情况。通过综合审查夫妻双方婚内及离婚后的主要财产分配情况、生活收入来源情况、消费支出开销情况、经营活动受益情况等，发现女方婚内经济收入主要源于夫妻共同经营，离婚时约定有价值的主要财产归女方所有而债务却由男方承担，离婚后夫妻具有持续的共同高消费活动，据此可认定借款虽系个人名义所负债务，但实际用于或惠及夫妻共同经营及共同生活消费，应确认为夫妻共同借款。

【案例10－42】 喻某某诉韩某等民间借贷纠纷案

一审法院认为，对于借款时间为2011年5月20日、6月6日的借款300万元、30万元，均发生在夏某某与韩某婚姻关系存续期间，应属夫妻共同债务，夏某某、韩某属共同债务人。该两笔借款到期日分别为2012年5月20日、6月6日，借款到期时，夏某某与喻某某重新约定还款时间分别为2013年5月20日、6月6日，双方重新约定行为引发诉讼时效中断，应以此时计算三年诉讼时效，即分别至2016年5月20日、6月6日，在此期间，夏某某于2015年3月30日出具承诺书的行为，再次引发诉讼时效中断，根据《诉讼时效规定》第十七条第二款规定，诉讼时效的中断及于韩某，故韩某仍需对上述借款本金330万元及相应利息承担还款责任。韩某提供的证据，仅能证明其生活来源情况，但不能达到证明其并未使用涉案款项的目的，不予采信。二审法院同意一审法院裁判意见，判决：驳回上诉，维持原判。[1]

实践中，夫妻一方未在借条上签字但事后追认的情形亦应认定为夫妻共同借款。追认的形式可以有多种，如书面确认、电话、短信、微信、邮件确认等皆可认定为共同借款意思表示的追认。债权凭证或另一方事后追认的证据能够证实共同借款意思表示的，应认定为夫妻共同借款而不是夫妻一方借款。

【案例10－43】 魏某某诉孙某某等民间借贷纠纷案

二审法院认为，本案借款发生在孙某某与毛某某夫妻关系存续期间，本案魏某某提交的2018年3月17日其与毛某某的通话录音，能够证明毛某某对其丈夫孙某某向魏某某借款事宜知情并愿意承担共同还款责任，毛

〔1〕 参见国家法官学院、最高人民法院司法案例研究院编：《中国法院2020年度案例》（民间借贷纠纷），中国法制出版社2020年版，第63页。贵州省贵阳市中级人民法院（2018）黔01民终3361号民事判决书。

某某对该证据亦无异议，故依法认定毛某某应与孙某某承担共同还款责任。[1]

虽夫妻一方签字借款，但可根据共同作出口头承诺、共同作出某种行为推定夫妻共同举债的合意，常见的有出具借条时借款人的配偶在场、借款人所借款项汇入其配偶掌握的银行账户、借款人配偶归还本息等。

【案例10-44】　钦某某诉尹某某、费甲民间借贷纠纷案

二审法院认为，尹某某在与费甲婚姻关系存续期间向多人包括钦某某借款后再将借款交给吴某，对此费甲称对尹某某向钦某某借款不知道，也未参加，该借款不是夫妻共同意思，而综合尹某某多次向多人大量借款、费甲同意将其名下房屋出售及与尹某某共同向银行贷款后所得款项均转借吴某等事实，应当认定尹某某对外借款并转借吴某的行为本身是夫妻共同意思，本案涉及上述对外借款中的一笔，应当认定为尹某某与费甲的夫妻共同债务。费甲称其不知道尹某某对外借款后再借给吴某，但又与尹某某共同向银行贷款后再转借吴某，故费甲的该项陈述明显不合理。费甲又提供微信聊天记录及费乙的证人证言欲证明其确实对尹某某对外借款不知情，但上述证据本身是借款关系成立后费甲对费乙的陈述，属于传闻证据，不能据此定案。判决：驳回上诉，维持原判。[2]

夫妻一方签订一个合同项下，出借人分别向夫妻双方支付了部分借款，是否可认定为夫妻共同债务有不同处理模式。一般认为，根据意思推定原则，收款行为推定为共同借款的意思表示，签订借款合同一方承担全部债务，未签订借款合同一方仅就自己账户收款的金额承担共同还款责任。夫妻共同债务中未举债一方收款行为不是将借款合同约定的债务分割，而是以账户管理义务和财产的实际增益被推定具有共同借款的意思表示。

【案例10-45】　崔某诉赖某、赵某民间借贷纠纷案

一审法院认为，自2011年10月10日至2013年7月8日，崔某向赖某、赵某账户内转账多笔款项，赖某以出具借款清单的方式对上述期间其向崔某通过现金及转账方式提供的借款进行确认，鉴于赖某在借款清单中对现金借款进行确认，且庭审中认可崔某向其出具的款项中包含有通过现金支付的

---

〔1〕　参见国家法官学院、最高人民法院司法案例研究院编：《中国法院2020年度案例》（民间借贷纠纷），中国法制出版社2020年版，第81～82页。云南省楚雄彝族自治州中级人民法院（2018）云23民终852号民事判决书。

〔2〕　参见国家法官学院、最高人民法院司法案例研究院编：《中国法院2021年度案例》（民间借贷纠纷），中国法制出版社2021年版，第69页。江苏省无锡市中级人民法院（2019）苏02民终3754号民事判决书。

30 万元，故法院对赖某提出的 210 万元现金借款未实际履行的主张依法不予采信。借款清单中记载的本金合计为 1260 万元借款系赖某的真实意思表示，双方成立民间借贷关系，且关于本金及利息的约定未违反法律、行政法规的强制性规定，应属合法有效，双方应予以遵守。

关于崔某提出其向赵某账户转账 400 万元系借款的主张，法院认为虽赖某向崔某出具还款承诺书，但赵某并未在该还款承诺书签字，赵某主张该笔款项系崔某向赵某支付的股权转让款并提供了相应证据，崔某仍就借贷关系的成立承担举证证明的责任。自然人之间的借款合同自出借人提借款时生效，故即使还款承诺书记载的民间借贷关系成立，崔某亦未向赖某履行出借义务。在崔某未能就该笔款提供进一步证据的情况下，法院认为该 400 万元不属于赖某、赵某向崔某的借款，崔某应另行主张。

上述借款发生后，赖某通过的转账方式分四笔向崔某还款共计 1300 万元。关于赖某在庭审主张的其向崔某还款共计 1400 万元的主张，法院认为当事人对自己提出的诉讼请求所依据的事实或者反驳对方诉讼请求所依据的事实，应当提供证据加以证明，但法律另有规定的除外。现赖某仅提供还款 1300 万元的证据。在判决作出前，当事人未能提供证据或者证据不足以证明其事实主张的，由负有举证证明责任的当事人承担不利后果，故赖某关于还款超出 1300 万元的部分之主张缺乏事实和法律依据，法院依法不予采信。

崔某在庭审中陈述认可赖某在 2016 年 2 月针对 400 万元借款向其偿还了 20 万元。赖某主张该笔借款系其另行出借给崔某的款项，但未提供相应证据。崔某关于该 20 万元的主张系部分自认兼附加条件予以承认，即在赖某主张还款超出 1300 万元的部分中，仅自认 20 万元，且附加了条件，即还款系对第二笔 400 万元借款的还款。法院认为，一方当事人对一方另一方当时主张的于己不利的事实有所限制或附加条件予以承认的，应当综合案件情况决定是否构成自认。本案中，崔某明确主张该笔款项用于偿还 400 万元借款，故不应直接认定崔某自认该 20 万元系对案涉 1260 万元的还款。关于此 20 万元赖某可以自行主张。结合上述事实法院认定赖某向崔某共计还款 1300 万元。

债务人的给付不足以清偿其对同一债权人所负的数笔相同种类的全部债务，应当优先冲抵债务负担较重的债务。鉴于案涉 1260 万元借款中，数笔借款利率相同、到期时间相同，故应根据债务人的利息负担按借款发生时间的先后顺序抵充。崔某在诉讼请求中关于 1260 万元借款主张的剩余款金额数额为 1,016,000 元，法院结合双方在借款清单中对利息的约定，在崔某诉讼请求范围内对债务的还款进行折抵，认定剩余借款本金数额为 1,016,000

元。崔某主张应有赵某共同偿还的债务中,赵某均未签字确认或事后追认,在赖某通过借款清单确认的债务中,由崔某转账时赵某账户金额共计340万元,该部分债务属于赖某和赵某的夫妻共同债务,其余由崔某打入赖某个人账户中的款项,崔某未能提供证据证明该债务用于夫妻共同生活、共同生产经营或者夫妻的双方共同意思,故应属于赖某的个人债务。鉴于赖某在其与赵某婚姻关系存续期间所还款项已经将2011年10月10日至2012年8月24日崔某向赵某账户中的汇款到八笔借款资本金折抵完毕,且折抵后的剩余未还的借款均发生在赖某、赵某购买案涉房屋之后,法院认定剩余借款本金1,016,000元系赖某个人债务。……判决:赖某偿还崔某1,016,000元及利息;驳回崔某的其他诉讼请求。二审法院同意一审法院裁判意见,判决:驳回上诉,维持原判。[1]

(三)担保中夫妻共同债务认定

担保之债不同于《民法典》规定的夫妻共同生活债务,担保不排除其他利益但不必然导致连带责任,担保之债不应当适用原《婚姻法》解释的规定,一般不宜认定为夫妻共同债务。其一,从《民法典》规定看,夫妻共同债务有两个特性:一是用于夫妻共同生活或共同生产、经营活动的;二是产生于双方婚姻关系存续期间双方共同举债,或一方虽以个人名义举债但另一方同意的。原《婚姻法》第四十一条以是否用于夫妻共同生活作为认定夫妻共同债务的标准,采用“目的论”,更倾向于反映婚姻的本质,更符合权利义务的一致性,有利于保护未受益的一方;原《婚姻法解释(二)》第二十四条以是否发生在婚姻关系存续期间为标准,采用“名义论”,更倾向于对债权人的保护。从适用角度讲,原《婚姻法解释(二)》是对原《婚姻法》的解释,应以原《婚姻法》第四十一条规定作为审判依据,《民法典》颁布后,应统一到《民法典》第一千零六十四条规定。其二,就夫妻一方以个人名义设立的担保债务而言,如果其对外担保并收取了经济利益,这种利益往往用于家庭生活,那么就属于夫妻共同债务的范畴,应由夫妻对该担保之债承担连带清偿责任,反之未用于夫妻共同生活的,宜认定为个人债务。而对于夫妻一方的无偿保证债务则应认定为个人债务,因为保证人既没有从债权人也没有从债务人处获得对价给付,无法给保证人带来任何利益,对于夫妻共同生活目的实现没有任何

[1] 参见国家法官学院、最高人民法院司法案例研究院编:《中国法院2022年度案例》(民间借贷纠纷),中国法制出版社2022年版,第65~67页。北京市第二中级人民法院(2020)京02民终7634号民事判决书。

帮助，因此该保证债务设定没有基于夫妻共同生活的可能，属于明确约定为个人债务的情形，而不属于夫妻共同债务的情形。

【案例 10－46】 周某诉任某、孔某某、曲某某、王某、张某某等民间借贷纠纷案

二审法院认为，王某系在借条的担保人处签字，出借人即周某亦认可王某是担保人而非借款人，故涉案借款并非王某借款而系其向孔某某、曲某某借款提供的担保之债。虽然王某将其个人所有的为涉案借款提供抵押担保的房屋（未办理抵押登记）在其与任某婚姻关系存续期间变卖，但此种变卖行为亦不能改变其只是为涉案借款提供担保而非借款人的事实，故一审法院判令任某在王某担保责任范围内以夫妻共同财产承担担保责任没有法律依据，依法应予纠正。判决：撤销一审判决；孔某某、曲某某归还周某借款 200，000 元；王某、张某某对上述第二项判决承担连带清偿责任，王某、张某某在承担保证责任后，有权向孔某某、曲某某追偿。〔1〕

【案例 10－47】 陈某某诉崔某、邓某某执行异议之诉纠纷案

判决观点，本案中，被告邓某某向原告承担的还款责任系因其作为债务人的保证人所致，邓某某并非该债权债务中的债务人。且原告没有证据证明被告邓某某因该保证行为而存在收益或者其收益用于家庭共同生活，故邓某某因承担责任而引发的债务不能认定为二被告的夫妻共同债务。现二被告已经离婚，原告申请执行的被告崔某的账户系其个人工资账户，故原告的诉讼请求证据不足，理由亦不充分，对此法院不予支持。判决：驳回原告陈某某的诉讼请求。〔2〕

担保之债中夫妻共同债务的认定有不同观点，在实践中多发争议。有的法院认为，夫妻一方以个人名义为他人借款提供保证或无对价受让债务，债权人主张夫妻应共同承担保证责任或偿还责任的，一般不予支持。〔3〕 一些法院判决认为保证合同具有单务性和无偿性，夫妻一方常基于人身信任、个人情感等原因作出保证，体现出不受配偶约束的独立人格，故因夫妻一方对外担保产生的债务通常不能认定为夫妻共同债务。基于夫妻一方对外担保成因的复杂性、多样性，不宜采取“一刀切”的做法，应结合个案具体情况进行考量。除考量夫妻双方是否具

〔1〕 参见国家法官学院案例开发研究中心编：《中国法院 2018 年度案例》（民间借贷纠纷），中国法制出版社 2018 年版，第 113 页。山东省淄博市中级人民法院（2016）鲁 03 民终 2426 号民事判决书。

〔2〕 参见国家法官学院案例开发研究中心编：《中国法院 2017 年度案例》（民间借贷纠纷），中国法制出版社 2017 年版，第 132 页。北京市东城区人民法院（2015）东民（商）初字第 15883 号民事判决书。

〔3〕 参见浙江省温州市中级人民法院《关于审理民间借贷纠纷案件若干问题的意见》（2012 年 8 月 7 日）第 10 条规定。

有举债的合意外，还应从实质上考量“家庭是否从中受益”，对于间接受益、隐形受益的仍应归属为受益范畴，亦应认定为夫妻共同债务。也就是说，对此类纠纷认定应回归于夫妻共同债务认定本源，对于家庭受益的一方担保产生的债务，亦应认定为夫妻共同债务。

【案例 10-48】　张某某诉孙某某、赵某某民间借贷纠纷案

判决观点，夫妻一方为另一方债务提供担保，本质上是担保一方对该债务形成的知情、同意和决定，是夫妻对共同财产、共同债务平等处理权的体现，说明夫妻二人对于债务的发生及负担已然有了充分的考虑，债权人也有理由相信其二人对于债务的形成及负担有着共同的意思表示。因此，夫妻一方为另一方提供担保的债务，符合“共债共签”的基本原则，应视为夫妻共同意思表示而形成的夫妻共同债务。[1]

【案例 10-49】　陈甲诉陈乙、陈丙、陈丁、陈戊等民间借贷纠纷案

判决观点，因涉案借款发生在与被告陈丙婚姻关系存续期间，系夫妻共同债务，被告陈丙与被告陈乙共同偿还借款 100,000 元及利息。被告陈丁为被告陈乙的涉案借款提供的保证担保为连带责任保证，被告陈丁的保证行为已超过保证期间，被告陈丁不再承担连带保证责任；被告陈戊非本案的保证人，且不能认定为夫妻共同债务，遂被告陈戊不承担保证责任。[2]

夫妻一方未取得另一方同意且不是为夫妻共同利益的对外担保行为，为基于个人独立意志支配下的个人行为，可以认定为个人债务。

【案例 10-50】　赵某诉钦某某民间借贷纠纷案

二审法院认为，王某对李某某借款所负的连带清偿责任，系因保证所产生之债，该债务应属王某个人行为所产生的债务，属个人之债，钦某某对李某某所借款项不应承担连带责任。赵某的上诉理由不能成立，本院不予支持。判决：驳回上诉，维持原判。[3]

最高人民法院民一庭意见：担保之债不同于《婚姻法》规定的夫妻共同债务，夫妻一方对外担保之债不能适用原《婚姻法解释（二）》第二十四条的规定认定为

---

〔1〕　人民法院案例库 2023-07-2-103-001。山东省临沂市河东区人民法院（2021）鲁 1312 民初 3283 号民事判决书。

〔2〕　参见国家法官学院案例开发研究中心编：《中国法院 2018 年度案例》（借款担保纠纷），中国法制出版社 2018 年版，第 155 页。山东省淄博市桓台县人民法院（2016）鲁 0321 民初 474 号民事判决书。

〔3〕　参见国家法官学院案例开发研究中心编：《中国法院 2016 年度案例》（民间借贷纠纷），中国法制出版社 2016 年版，第 123 页。河南省焦作市中级人民法院（2014）焦民二终字第 00104 号民事判决书。

夫妻共同债务。[1]

保证人配偶明知保证人对外承担保证债务但并未阻止，不构成保证人配偶对该保证债务承担保证责任的同意。保证人对外承担的保证债务，所获金钱利益如果用于夫妻共同生活、生产经营，应当认定为夫妻共同债务。

【案例10－51】 王某某诉王某、吴某某等保证合同纠纷案

二审法院认为，本案争议焦点是吴某某是否应承担保证责任。解决该争议焦点须厘清以下几个问题：第一，吴某某是否为保证人。保证是指保证人和债权人约定，当债务人不履行债务时，保证人按照约定履行债务或者承担责任。保证作为一种债务承担，在确定民事主体承担保证责任时，须有充分的证据证明民事主体有明确承担保证责任的意思表示。观涉案担保书，首部所列保证人中，吴某某所列身份系昶昇公司的法定代表人，保证人是昶昇公司，而非作为自然人的吴某某。虽然吴某某本人在担保书尾部签字，但基于担保书所列明的保证人范围及吴某某作为昶昇公司的法定代表人身份，从吴某某本人的签字以及签字的顺序、位置上，均不能推出吴某某本人愿意承担担保责任。故吴某某不是涉案债务的保证人。第二，吴某某是否有共同保证的意思。王某某还主张吴某某与王某有夫妻共同保证的意思表示，吴某某应承担保证责任。本院认为，共同保证前提是每个保证人均有提供保证的明确意思表示。本案中，关于吴某某是否是保证人已在上述第一个问题中阐述，不能因吴某某与王某系夫妻关系，就必然推定出吴某某有与王某共同保证的意思表示。本案中王某也无证据可以证明吴某某有与王某为涉案债务进行共同保证的行为。一审法院认定吴某某与王某有夫妻共同意思表示为保证行为，依据不足，二审法院不予认同。第三，王某的担保之债是否为夫妻共同债务。本案中虽然吴某某明知王某对涉案债务进行保证，但吴某某并未有共同保证的意思，事后也未追认，而担保的债务也不同于借贷，不存在讨论是否用于夫妻共同生活、共同经营的问题。故依据《婚姻法》及其司法解释的有关规定和精神，即使吴某某明知王某有担保债务，也不能当然认定该担保之债属于夫妻共同债务。综上，依据本案在案证据及实际案情，从夫妻共同债务的角度，本案王某的担保之债不能认定为吴某某的夫妻共同债务。判决：撤销一审判决；王某、昶昇公司共同偿付王某某借款本金人民币7,387,315元并支付利息、赔偿金和违约金；王某、昶昇公司共同支付王某某公证费人民

---

〔1〕 参见最高人民法院民事审判第一庭编：《民事审判指导与参考》2016年第1辑（总第65辑），人民法院出版社2016年版，第161页。

币2万元、律师费人民币20万元;王某某的其余诉讼请求不予支持。[1]

夫妻一方在相关协议上签字对协议履行承担连带责任的直接目的是给公司增资并上市,其既是公司的法定代表人,又是公司的股东和董事会主席、首席执行官,对公司享有股东利益和高级管理人员利益,公司的经营状况直接影响其个人收益,与其夫妻婚姻关系存续期间夫妻共同财产有直接关系,故其所负保证债务属于夫妻共同债务。

【案例10-52】 吕某与王某合同纠纷再审案

最高人民法院认为,本案争议焦点为:卜某某因(2010)中国贸仲沪裁字第181号裁决书应向王某承担的连带责任,是否应认定为吕某和卜某某的夫妻共同债务。《婚姻法解释(二)》第二十四条规定,债权人就婚姻关系存续期间夫妻一方以个人名义所负债务主张权利的,应当按夫妻共同债务处理。但夫妻一方能够证明债权人与债务人明确约定为个人债务,或者能够证明属于《婚姻法》第十九条第三款规定情形的除外。《婚姻法》第十九条第三款规定,夫妻对婚姻关系存续期间所得的财产约定归各自所有的,夫或妻一方对外所负的债务,第三人知道该约定的,以夫或妻一方所有的财产清偿。首先,根据原审查明,卜某某与吕某于1992年结婚,2008年6月11日登记离婚,卜某某在《补充协议》上签字表明对协议履行承担连带责任是2006年10月18日,因此涉案债务系发生在卜某某与吕某的婚姻关系存续期间。虽然卜某某和吕某离婚时约定2000年12月4日之后双方各自名下的债权债务由各自享有和承担,但吕某并未举证证明王某知道该约定内容,本案不属于《婚姻法》第十九条第三款规定的情形。其次,卜某某在《补充协议》上签字对协议履行承担连带责任的直接目的是给LEG公司增资并在美国上市,而卜某某既是LEG公司的法定代表人,又是LEI公司享有11.69%股份的股东和董事会主席、首席执行官,卜某某对LEI公司享有股东利益和高级管理人员利益,LEI公司的经营状况直接影响到卜某某的个人收益,与卜某某和吕某的婚姻关系存续期间夫妻共同财产有直接关系。卜某某对LEG公司和LEI公司具有很强的利益关联,其所负保证债务不属于(2015)民一他字第9号复函中的对外担保之债。吕某以(2015)民一他字第9号复函为据,主张本案不适用《婚姻法解释(二)》第二十四条规定,理据不足,本院不予支持。二审法院查明卜某某在LEI公司的股东身份和高管人员身份后,依据《婚姻法解释(二)》第二十四条规定,认定卜某某在(2010)中国贸仲沪裁字第181号裁决

---

[1] 参见最高人民法院中国应用法学研究所编:《人民法院案例选》2020年第11辑(总第153辑),人民法院出版社2021年版,第14~15页。上海市第二中级人民法院(2018)沪02民终11457号民事判决书。

书中承担的连带责任为吕某、卜某某的夫妻共同债务，并无不当，本院予以维持。最后，《最高人民法院关于审理涉及夫妻共同债务纠纷案件适用法律有关问题的解释》发布于2018年，原则不具有溯及力，对生效判决适用《最高人民法院关于审理涉及夫妻共同债务纠纷案件适用法律有关问题的解释》应当严格把握该解释关于"适用法律错误、结果明显不公"的标准。本案二审判决作出时间为2014年。综合本案事实，吕某认为根据《最高人民法院关于审理涉及夫妻共同债务纠纷案件适用法律有关问题的解释》本案不应适用《婚姻法解释(二)》第二十四条，理据不足，其据此主张二审判决适用法律错误，本院不予支持。本院经审判委员会民事行政审判专业委员会议讨论决定，维持广东省深圳市中级人民法院(2013)深中法涉外终字第80号民事判决。[1]

夫妻一方为另一方提供担保的债务应为夫妻共同债务。

【案例10-53】 张某廷诉孙某璐、赵某涛民间借贷纠纷案

判决观点，关于本案债务，应系被告孙某璐个人债务，被告赵某涛承担担保责任，还是系夫妻共同债务，由二被告共同偿还。法院认为，被告赵某涛虽然在借条"担保人"处签字，但是根据夫妻双方以共债的共同意思表示共同签名或者夫妻一方在婚姻关系存续期间一个人名义为家庭日常生活需要所负担的债务均构成夫妻共同债务，法院认定本案债务为夫妻共同债务，应由被告孙某璐、赵某涛共同偿还。[2]

(四)夫妻一方借款死亡偿还认定

关于夫妻一方所负债务在借款人过世后债务偿还责任问题。各继承人应当清偿的债务在继承借款人(被继承人)的遗产范围内。现行法律和司法解释未规定死亡赔偿金作为遗产，死亡赔偿金是对死者家庭逸失利益的赔偿，是专属于死者近亲属的财产，不应属于死者的遗产。

【案例10-54】 洪甲诉洪乙、杨甲、王某某、洪丙民间借贷纠纷案

判决观点，双方当事人争议的焦点为原告洪甲主张与杨乙之间的借款合同是否真实。杨甲、王某某虽然对借条中杨乙签名的真实性提出异议，但未在法院指定的期限内提交鉴定申请，依法应承担举证不能的法律后果。结合

---

〔1〕 最高人民法院(2019)民再37号民事判决书。

〔2〕 参见国家法官学院、最高人民法院司法案例研究院编:《中国法院2023年度案例》(民间借贷纠纷)，中国法制出版社2023年版，第113页。山东省临沂市河东区人民法院(2021)鲁1312民初3283号民事判决书。

借款时在场的证人洪丁的证言，法院对借条的真实性予以采信，并认定洪甲与杨乙之间存在借款合同。且洪乙未能举证证明该借款为杨乙个人债务或有约定该债务为杨乙个人债务，故该债务应认定为夫妻共同生活期间所负债务，应由其夫妻共同偿还。因杨乙死亡，故洪乙对借款负有偿还义务。因此，洪甲主张洪乙偿还借款24万元的诉讼请求，依法应予支持。对于利息，洪甲主张自起诉之日即2015年8月31日起按中国人民银行同期同类贷款基准利率计付的诉求，未超出法律规定，法律予以支持。杨甲、王某某、洪丙均系杨乙的法定继承人，因杨乙的遗产范围及实际价值尚不明确，各继承人应当清偿的债务数额无法确定，其均应当在继承杨乙遗产范围内对洪乙的上述还款义务中的24万元借款承担连带清偿责任。至于洪甲主张杨甲、王某某、洪丙在继承杨乙的死亡赔偿款、生前财产范围内先行偿还借款的意见，因无事实与法律依据，法律不予采纳。判决：洪乙向洪甲偿还借款24万元及利息；杨甲、王某某、洪丙在继承杨乙遗产范围内对本判决第一项中的24万元借款本金承担连带清偿责任。[1]

【案例10－55】　方某某诉龚某某、吴某民间借贷纠纷案

判决观点，……针对焦点二，原告认为，吴某某现已死亡，被告龚某某作为吴某某的妻子，应该偿还该笔借款及利息。法院认为，被告龚某某与借款人吴某某系夫妻。吴某某在婚姻关系存续期间向原告借款100,000元。根据《婚姻法解释（二）》第二十四条之规定，现被告龚某某没有提供证据证明该笔借款属于上述条款的例外情形，因此对于该笔债务应认定为夫妻共同债务。根据《合同法》第二百零六条规定，因为原告与吴某某在借据上书面约定借款日期为一年即2014年元月25日至2015年元月25日，现借款已经到期，并且借款人吴某某已经死亡，故原告起诉被告龚某某偿还借款100,000元，法院予以支持。原告表示原告与吴某某在借据上约定每月支付利息1500元，但是自借款之日至今，吴某某从未向原告支付利息，现请求被告龚某某按约定利率向原告支付利息至偿还之日止，法院予以支持。原告在庭审后，表示放弃要求两被告支付20,000元分红的诉讼请求，法院认为，原告的申请系在法律范围内对自己民事权利的处分，法院予以准许。针对焦点三，原告要求被告吴某对被告龚某某的偿还责任承担连带责任。法院认为，被告吴某于1993年1月20日出生，吴某某向原告借款的日期是2014年元月25日，借款时，被告吴某已成年。现原告没有提供充分证据证明吴某某的借款系家庭债务，被告吴某也表示放弃对吴某某全部遗产的继承。根据《继承

---

〔1〕参见国家法官学院案例开发研究中心编：《中国法院2017年度案例》（民间借贷纠纷），中国法制出版社2017年版，第125页。福建省厦门市翔安区人民法院（2015）翔民初字第2489号民事判决书。

法》第三十三条第二款之规定,对于原告要求被告吴某承担连带清偿责任,法院不予支持。判决:被告龚某某偿还原告方某某借款本金100,000元及利息。[1]

婚姻关系存续期间以个人名义超出家庭日常生活需要所负债务,出借人能够证明该债务用于夫妻共同生活、共同生产经营或者基于双方共同意思表示的,才能认定为夫妻共同债务。反之举债人死亡的,由继承人在继承遗产范围内承担责任。

【案例10-56】 谢某品诉谢某娥等民间借贷纠纷案

二审法院认为,虽然本案借款系在谢某娥与陈某华夫妻关系存续期间所借,但谢某娥未在陈某华所写的借条上作为借款人共同签字,事后也未进行追认,无法确认本案借款系夫妻共同意思表示;陈某华借款的数额已超出夫妻日常生活所需,谢某品未能举证证实该债务用于夫妻共同生活或共同经营,故谢某品主张谢某娥对陈某华的债务承担还款责任,理由不充分,一审法院对其诉请谢某娥对本案债务承担连带责任不予支持,并无不当,法院予以维持。判决:(1)撤销一审判决;(2)陈某娅、陈某源在继承陈某华的遗产范围内向谢某品偿还借款本金50万元及利息18万元;(3)驳回谢某品的其他诉讼请求。[2] 本案中,陈某华因故去世,陈某娅系陈某华的儿子,陈某源系陈某华的儿子。

---

〔1〕 参见国家法官学院案例开发研究中心编:《中国法院2016年度案例》(民间借贷纠纷),中国法制出版社2016年版,第183~184页。湖南省岳阳市平江县人民法院(2015)平民初字第159号民事判决书。

〔2〕 参见国家法官学院、最高人民法院司法案例研究院编:《中国法院2022年度案例》(民间借贷纠纷),中国法制出版社2022年版,第78页。广西壮族自治区柳州市中级人民法院(2020)桂02民终4046号民事判决书。

三、借款涉及夫妻共同债务纠纷处理

(一)婚姻存续期间借款处理

关于夫妻共同债务如何承担,司法实践已从倾向于保护债权人(出借人)利益的“夫妻债务推定说”修正为倾向保护不知情的借款人配偶方的“三共同说”,即超出家庭日常生活需要所负的债务需用于“夫妻共同生活”、“共同生产经营”或者“基于夫妻双方共同意思表示”的,才可以认定为夫妻共同债务。

超出家庭日常生活需要借款所负的债务,若认定为夫妻共同债务,一般应着重把握:其一,若非共借共签或事后追认的情况,共同借款债务必须为夫妻共同生活或共同生产经营所负的债务。该夫妻共同生活或共同生产经营事实的认定不能仅凭借条载明的内容,而应结合其他证据如双方当事人的身份情况、家庭背景、工作收入情况、交易习惯等综合认定。其二,借款人配偶是否从借款获得了利益或拟获得预期利益。夫妻在婚姻关系存续期间所得的财产归夫妻共同所有,所负的债务应当共同偿还。如夫妻双方共同进行商务投资,配偶一方为投资向外借款,只要有获得预期利益的期待,在配偶方对投资行为明知且参与的情况下,也应承担共同偿还责任。其三,举证责任分配。举证责任应遵循借款债务是否属于家事范围进行分配。若债务属于家事代理范围,则由配偶方证明该债务不属于夫妻共同债务。若债务不属于家事代理范围,则由出借人证明该债务符合“三共同”的情形。

1. 超出家庭日常生活需要借款为共同债务

【案例10－57】 黄某某诉郭某、赵某民间借贷纠纷案

一审法院认为,本案中神洲公司系参与“参芪扶正抗癌胶囊”项目的投资公司,郭某任神洲公司董事长,该公司的股东代表方嘉园丰公司由郭某和其妻子赵某任主要职务,并承担相应的权利义务,故上述投资行为赵某是知晓并参与的。因此,郭某、赵某作为投资方嘉园丰公司的股东为抗癌项目实施临床试验筹集资金所负的110万元借款均系郭某夫妇在夫妻关系存续期间共同投资所负,应由郭某和赵某承担共同还款责任。判决:郭某、赵某向黄某某支付借款110万元及利息。

二审法院认为,本案中,两笔借款发生在郭某、赵某婚姻关系存续期间,郭某借款用于对外投资,该对外投资属于夫妻共同对外投资,且该对外投资及借款用于投资事宜赵某应属明知,并且,赵某也享有投资收益。故郭某、赵某上诉认为赵某不应当承担责任,无法律依据,法院不予支持。判决:驳回上诉,维持原判。〔1〕

【案例10－58】 郑某某诉翟某某、高某某民间借贷纠纷案

一审法院认为,本案中,通过高某某的庭审陈述可知,其对郑某某代其夫妻二人向典当行还款一事应当完全知晓,且高某某当庭认可其本人曾因此事向郑某某出具过一份借款协议,且一直在等待郑某某放款。结合郑某某提交的录像内容,翟某某、高某某当着郑某某的面在房产证复印件上签字,法院认为郑某某之陈述更具有合理性。高某某称签字是翟某某告知其为了配合解除房产抵押,无其他证据予以佐证且不符合一般常理,对其该项抗辩意见,法院难以采信。故涉案300万元借款应属翟某某、高某某二人的"夫妻双方共同意思表示",高某某是否在《私人借款协议》"担保人"处签字并不影响其与翟某某共同向郑某某承担还款责任,高某某所提之鉴定申请与其是否承担责任并无关联。故本案300万元借款应属翟某某与高某某的夫妻共同债务,郑某某主张翟某某、高某某共同偿还借款,于法有据,予以支持。二审法院同意一审法院裁决意见,判决:驳回上诉,维持原判。〔2〕

【不同处理】 夫妻共同债务不应以是否实际用于家庭共同生活作为唯一标准,要看债务形成时是法定的个人债务还是约定的个人债务。如以是否实际用于共同生活而定,则有可能出现债务的性质在形成时不确定的情况,这会造成一种矛盾现象。换言之,相应的债务亦应在当时确定。

【案例10－59】 伍某诉邹某、吕某民间借贷纠纷案

判决观点,被告邹某以差工程项目保证金为由向原告借款的,原告亦是基于信任被告邹某差工程保证金的事实而借款给被告邹某的,从借款事由看,原告是基于被告邹某从事经营活动之需要而借款的。至于被告邹某借款后是否实际用该款从事建设工程经营活动,因借款后该款已由被告邹某控制支配,原告是无法掌控的。被告邹某虽在事后向原告补借条时提出不给家里

---

〔1〕 参见国家法官学院、最高人民法院司法案例研究院编:《中国法院2020年度案例》(民间借贷纠纷),中国法制出版社2020年版,第70～71页。江苏省无锡市中级人民法院(2018)苏02民终4105号民事判决书。

〔2〕 参见国家法官学院、最高人民法院司法案例研究院编:《中国法院2020年度案例》(民间借贷纠纷),中国法制出版社2020年版,第98～99页。北京市第一中级人民法院(2018)京01民终9243号民事判决书。

人说,这仅系被告邹某的要求,该事实不能改变借款时双方就已建立的法律关系性质。因该债务系二被告在婚姻关系存续期间所借,无依据证实该债务已明确约定为被告邹某的个人债务,且亦未有二被告约定在婚姻关系存续期间所得财产归各自所有,原告知道该约定之情形。该债务可以认定为二被告的共同债务。判决:被告邹某向原告伍某清偿所欠借款 122 万元及逾期利息;被告吕某对上述债务承担共同清偿责任。[1]

夫妻共同债务认定应当把握夫妻共同生活的实质标准。法官应尽可能地查明婚内生活状况,平等重视及保护债权人与举债人配偶的利益。

【案例 10 -60】　陈某某诉董某某、王某某合伙协议纠纷再审案

再审法院认为,涉案夫妻双方分分合合多次,有异于正常夫妻状态。涉案夫妻双方在小孩中考后第二天即办理离婚手续,可见矛盾由来已久,长期存在问题,这也可以说明双方的婚姻对当事人而言确实难以继续。三位亲友证人作为夫妻二人的较密切亲属,参与协调二人家庭生活问题符合常理。二人关系反反复复,作出相关约定以划清各自在婚姻中的空间与责任,对于缓和既已出现的问题,保持婚姻的稳定有一定帮助。二人在经济及生活上各自负担,就二者各自的经济能力以及双方关系的矛盾状况而言,具有一定的成因与基础。双方缺乏正常夫妻之间应有的相互扶持与依靠、对家庭生活缺乏共同经营的意向与努力。故涉案债务不具有为夫妻共同生活这一特性,不能认定为夫妻共同债务,原二审的认定存在错误。原一审以董某某为公务员未参加经营为由予以否定,也存在不当。判决:撤销二审判决,维持一审判决,即撤销董某某的连带责任。[2]

2. 生产经营借款为夫妻共同债务

夫妻婚姻存续期间,夫妻一方借款用于生产经营,而另一方亦为该经营企业股东,或参与企业经营的;或夫妻一方借款,而用另一方账户进行转账、还款或借款的,应视为该债务用于夫妻共同生产经营或基于夫妻双方共同意思表示。夫妻一方主张其仅为挂名股东,或账户由另一方掌管、使用,其并不知情的,法律不予支持。

---

〔1〕 参见国家法官学院案例开发研究中心编:《中国法院 2014 年度案例》(民间借贷纠纷),中国法制出版社 2014 年版,第 73 页。四川省广安市广安区人民法院(2011)广安民初字第 502 号民事判决书。

〔2〕 参见最高人民法院中国应用法学研究所编:《人民法院案例选》2020 年第 11 辑(总第 153 辑),人民法院出版社 2021 年版,第 23 页。安徽省六合市中级人民法院(2017)皖 15 民再 3 号民事判决书。

【案例10－61】 冯某诉于某某、朱某某民间借贷纠纷案

二审法院认为，于某某主张涉案借款其均用于投资淄博和昇矿产品有限公司，而朱某某提供的淄博和昇矿产品有限公司工商查询信息显示，朱某某系该公司的股东及监事。且朱某某提供的银行活期存款账户历史明细亦证实淄博和昇矿产品有限公司多次向其账户转款，朱某某亦通过其账户向冯某还款。上述事实足以证实涉案借款于某某及朱某某系用于共同生产经营，且系双方共同意思表示。故原审认定于某某与朱某某对涉案借款承担共同还款责任，并无不当。判决：驳回上诉，维持原判。[1]

【案例10－62】 许某某诉贺某、王某民间借贷纠纷案

二审法院认为，本案中，所涉借款系用于偿还基于银行贷款所产生的债务。银行贷款系新疆金脉钢铁有限公司的贷款。该公司系贺某出资600万元、王某出资900万元共同设立的公司，王某任该公司的法定代表人。王某虽辩称其从未参与该公司的经营，但王某作为该公司的法定代表人及大股东，公司营业手续的审验、公司申请贷款等重大事项离不开其确认或授权。故王某称其从未参与公司的经营与事实不符。并且，王某名下的财产及其与贺某的共同财产远超其个人收入水平，故王某在家庭生活中亦享有了公司经营的收益。故王某参与了公司的经营并享有了公司的收益，涉案债务应确认为夫妻共同债务，王某应承担共同还款责任。综上所述，上诉人主张涉案债务系夫妻共同债务，王某应承担共同还款责任的上诉主张符合事实及法律规定，应予支持。一审判决认定事实清楚，适用法律有误，应予纠正。改判王某对借款1,968,000元及利息561,664元与贺某共同承担还款责任。[2]

夫妻一方对外举债用于个体经营，应认定为夫妻共同债务。

【案例10－63】 张某诉温某、臧某某民间借贷纠纷案

判决观点，本案中借条上明确载明了借款人温某名章和北京花园天使孕婴童用品专营店的印章，该借款发生在温某与臧某某夫妻关系存续期间，被告臧某某虽然对借款金额不予认可并主张借款系温某个人债务，但未向法庭提交相关证据，其抗辩理由，法院不予支持。同时，结合本案借款目的、北京花园天使孕婴童用品专营店与北京花园天使儿童用品有限公司的经营性质，

---

〔1〕 参见国家法官学院、最高人民法院司法案例研究院编：《中国法院2020年度案例》（民间借贷纠纷），中国法制出版社2020年版，第78页。山东省淄博市中级人民法院（2018）鲁03民终1078号民事判决书。

〔2〕 参见国家法官学院、最高人民法院司法案例研究院编：《中国法院2020年度案例》（民间借贷纠纷），中国法制出版社2020年版，第103页。新疆维吾尔自治区乌鲁木齐市中级人民法院（2018）新01民终1674号民事判决书。

以及庭审中二被告的自认等情况，法院亦可判定借条上所载债务为温某、臧某某为家庭共同生活、共同经营所用，应属夫妻共同债务。判决：被告温某、臧某某偿还原告张某借款本金人民币60万元并支付借款期限内的剩余利息24,000元和逾期付款利息。[1]

关于借款债务用于夫妻共同生产经营的准确界定问题。共同生产经营应指向个人所负债务用于生产经营，而经营事项系由夫妻双方共同参与。此时并不要求出借人证明夫妻双方对负债均明知，仅需证明夫妻双方均参与了负债事项的生产经营即可。对于如何证明生产经营事项为夫妻共同参与的问题，司法实践中，常有夫妻双方均在经营体（多数为公司、商铺）任职，夫妻双方均参与某项具体交易或在交易相关文件上签字等情况。一人有限责任公司的股东不能证明公司财产独立于股东自己的财产的，应当对公司债务承担连带责任。而该类型的债务是否作为夫妻共同债务处理，应从债务的形成时间、形成原因及债务性质等多个角度进行考虑。

【案例10－64】　衣某某诉思台地公司、王某、陈某民间借贷纠纷案

二审法院认为，第一，应明确发生于陈某与王某夫妻关系存续期间的三笔债务的主债务人问题。根据查明的事实，第一笔2007年1月29日的30万元借款借条的出具人为王某个人，故该笔债务的主债务人应为王某；第二笔2008年8月3日的10万元借款单的借款人处，加盖了思台地公司的公章，又加盖了王某的个人名章，结合借款单中“今有王某向衣某某借款”的表述，应认定该笔债务债务人为王某和思台地公司；第三笔2008年5月16日的20万元借款直接汇入思台地公司的账户，故主债务人应为思台地公司……第三，关于三笔债务是否为夫妻共同债务的问题。首先，应当明确借款说明是否变更了第一笔和第二笔债务的主债务人，借款说明系思台地公司与斯瑞达公司签订，但在借款说明中并未明确约定王某就该两笔债务不再需要承担还款责任，故借款说明并未变更王某主债务人身份，就该两笔借款，应认定王某与思台地公司负有共同还款义务。第三笔借款的主债务人始终为思台地公司，根据一审判决的认定，王某系因为一人有限责任公司的股东身份而对公司债务承担连带清偿责任。其次，根据《最高人民法院关于审理涉及夫妻共同债务纠纷案件适用法律有关问题的解释》（已失效）第三条规定，案涉第一笔和第二笔借款发生于陈某与王某的夫妻关系存续期间，款项用途为思台地公司经营，王某为债务人，两笔借款发生之时，陈某思系台地公司股

---

〔1〕参见国家法官学院案例开发研究中心编：《中国法院2018年度案例》（民间借贷纠纷），中国法制出版社2018年版，第63页。北京市石景山区人民法院（2016）京0107民初5624号民事判决书。

东及法定代表人，即陈某也应经营思台地公司，故应认定两笔借款用于夫妻共同生产经营，应作为陈某和王某的夫妻共同债务。第三笔借款虽然发生于夫妻关系存续期间，但其主债务人为思台地公司，并非王某个人债务，王某基于2014年之后的思台地公司一人有限责任公司的股东身份而就第三笔债务承担连带清偿责任，并非基于司法解释所指向的夫妻关系存续期间的共同生产经营活动而负债，故该笔债务，不应认定为陈某与王某的夫妻共同债务。综上，对衣某某主张陈某在40万元债务范围内承担还款责任的诉讼请求，予以支持。判决：维持一审判决第一项即思台地公司、王某偿还衣某某借款本金130万元并支付利息；撤销一审判决第二项；陈某对被上述第一项确定的债务在400,000元的范围内承担还款责任。[1]

【案例10－65】 温某某、赖某某诉肖某某、傅某某等民间借贷纠纷案

二审法院认为，关于案涉债务能否认定为夫妻共同债务的问题。本案中，肖某某、傅某某对于被上诉人的投资进行补偿所负债务，系因被上诉人向肖某某支付了福盛公司富宁分公司生产经营活动的投资款所产生，案涉债务发生之时，肖某某配偶张某某、傅某某配偶邱某均系福盛公司股东，且分别担任该公司法定代表人和监事，故案涉债务系肖某某、傅某某对外所负，但系为其家庭生产经营活动之所需，且不存在原《婚姻法解释（二）》第二十四条规定的夫妻共同债务的除外情形，故应认定为夫妻共同债务。原《婚姻法》第四十一条规定："离婚时，原为夫妻共同生活所负的债务，应当共同偿还"。本案中，肖某某、傅某某对于被上诉人所负的诉争债务系为家庭生产经营之所需，且肖某某配偶张某某、傅某某配偶邱某作为福盛公司股东直接参与家庭生产经营，故其依法应当以全部财产对本案诉争债务承担共同清偿责任。原审对此判决正确。判决：驳回上诉，维持原判。[2]

夫妻一方未经对方同意，独自筹资从事经营活动，其收入确未用于共同生活，由此所负的债务不能认定为夫妻共同债务。

【案例10－66】 闫某诉张甲、鲍乙、吴甲民间借贷纠纷案

判决观点，涉案债务是否属于夫妻共同债务。闫某称鲍甲借款用于开办砂石场，但鲍甲与张甲均有合法收入来源，且无证据证实鲍甲生前从事砂石厂生意，且经法庭询问，每次借钱时，均无三被告在场，遗嘱中亦写明钱交给

〔1〕 参见国家法官学院、最高人民法院司法案例研究院编：《中国法院2021年度案例》（民间借贷纠纷），中国法制出版社2021年版，第74～75页。北京市第一中级人民法院（2019）京01民终6918号民事判决书。

〔2〕 参见《人民司法·案例》2018年第20期（总第823期），第5页。福建省福州市中级人民法院（2017）闽01民终3401号民事判决书。

他人,应认定该借款未用于夫妻共同生活,故法院认定,鲍甲所借款项不属于夫妻共同债务。判决:驳回原告闫某的诉讼请求。[1]

3. 资金高度混同时一方借款

夫妻之间的资金在保管和使用方面高度混同的,夫妻一方对外所借款项应认定为夫妻共同债务。

【案例 10-67】　叶某某诉肖某某、朱某某民间借贷纠纷案

二审法院认为,二审审理期间,双方均围绕诉争债务是否为夫妻共同债务提供了新证据,朱某某虽然提供了其有稳定工作收入来源的证明,但叶某某提供的肖某某名下农业银行卡的交易明细可证实自 2013 年 5 月(本案首笔借款发生时)起,肖某某陆续转入朱某某账户 80 多万元的款项,足以说明肖某某与朱某某夫妻之间的资金在保管和使用方面已高度混同,因此,本案肖某某的对外债务应认定为夫妻共同债务。[2]

4. 一方借款购买住房

借款人向出借人借款发生在其夫妻存续期间,用于购买夫妻共同生活所居住的房屋,该借款属于借款人夫妻共同债务。

【案例 10-68】　周甲诉周乙、温某某民间借贷纠纷案

判决观点,原告以被告周乙书写的借条及收条举证证明被告向其借款,已经完成初步举证的举证责任;根据被告周乙用于支付首付款的银行账户交易明细显示,在借款当天该银行的存款数额仅为 16,760.52 元,并不足以支付 47,423 元的首付款,而被告周乙名下的该银行卡于 2016 年 8 月 12 日现金存入 31,400 元,并于次日刷卡支付房屋首付款 47,423 元,该两笔交易时间的连续性和账户的存款数额、银行卡交易明细、商品房预售合同,以及首付刷卡单均可以相互印证,形成了较为完整的证据链,说明被告周乙向原告借款现金 30,000 元后,将该款存入银行账户并用于支付购买翰林居商品房首付款的事实具有高度可能性,故法院对被告周乙向原告借款用于夫妻购房的事实予以认定。被告温某某辩称夫妻双方有收入和积蓄,不需要向他人借款购房,借款属于虚假债务,但其提供的证据仅能证实两被告的收入情况,未能

---

〔1〕 参见国家法官学院案例开发研究中心编:《中国法院 2014 年度案例》(民间借贷纠纷),中国法制出版社 2014 年版,第 79 页。北京市大兴区人民法院(2012)大民初字第 2986 号民事判决书。

〔2〕 参见国家法官学院、最高人民法院司法案例研究院编:《中国法院 2020 年度案例》(民间借贷纠纷),中国法制出版社 2020 年版,第 86～87 页。福建省泉州市中级人民法院(2018)闽 05 民终 6964 号民事判决书。

提供充分证据推翻或予以反证借款的真实性，应承担举证不能的责任。因该笔借款形成于两被告夫妻关系存续期间，用于购买共同生活所需居住的房屋，应属于夫妻共同债务，原告据此要求两被告偿还借款，于法有据，法院予以支持。因借条没有约定利息，原告也未能举证与被告周乙另行约定有利息，应视为不支付利息，对原告要求两被告支付利息的诉请，法院不予支持；因该笔借款未约定还款期限，原告可随时向被告主张还款，故被告应自起诉之日起按中国人民银行同期同类贷款利率向原告支付逾期还款的利息。判决：被告周乙、温某某偿还原告周甲借款30,000元及利息。〔1〕

5. 特殊情形夫妻共同债务

出借人向借款人和保证人分别交付借款，保证人收取的借款不能认定为借款人及其配偶的夫妻共同债务。

【案例10－69】 郑某某诉董某某、陈某某、洪某某民间借贷纠纷案

判决观点，案涉借款债务发生在董某某与陈某某婚姻关系存续期间，董某某实际使用的借款100,000元，另100,000元是洪某某使用。洪某某使用的借款100,000元确实不是用于董某某与陈某某的家庭共同生活。另外，从郑某某分别向董某某、洪某某交付借款的事实，可以认定郑某某应当知道其中100,000元并未用于董某某与陈某某的家庭共同生活。故陈某某仅应对董某某使用的100,000元借款及相应利息承担共同还款责任。郑某某为实现债权花费的律师费12,000元，陈某某应对其中一半即6000元承担共同还款责任。判决：被告董某某偿还原告郑某某借款人民币200,000元，律师费12,000元及利息；被告陈某某对本判决第一项确定还款义务中的借款人民币100,000元及对应利息、律师费人民币6000元承担还款责任；被告洪某某对本判决第一项确定的还款义务承担连带清偿责任。〔2〕

夫妻一方虽然以个人名义借贷了超出日常开支所需债务，但债权人已经证明案涉借款系夫妻一方赚取利差的投资经营行为，利息用于夫妻共同生活，故该债务属于夫妻共同债务，应由夫妻共同偿还。夫妻名下财产的购买的时间不影响其应当承担的涉案还款责任，即使是在案涉借款之前购买，亦是案涉借款的责任财产。

---

〔1〕 参见国家法官学院案例开发研究中心编：《中国法院2019年度案例》（民间借贷纠纷），中国法制出版社2019年版，第38页。广西壮族自治区贵港市港北区人民法院（2017）桂0802民初4298号民事判决书。

〔2〕 参见国家法官学院案例开发研究中心编：《中国法院2017年度案例》（民间借贷纠纷），中国法制出版社2017年版，第129页。福建省厦门市同安区人民法院（2015）同民初字第3882号民事判决书。

【案例 10－70】　崔某华与杨某义、马某中民间借贷纠纷再审案

最高人民法院认为，本案的借款发生在崔某华与马某中的婚姻关系存续期间，对于崔某华与马某中任何一方以个人名义所借的债务，原则上应当由崔某华与马某中夫妻双方共同承担。本案中，崔某华既没有提供证明杨某义与马某中明确约定案涉借款为马某中的个人债务的证据，也无证据证明本案属于《婚姻法》第十九条第三款“夫妻对婚姻关系存续期间所得的财产约定归各自所有的，夫或妻一方对外所负的债务，第三人知道该约定的，以夫或妻一方所有的财产清偿”规定的情形，故本案债务应当认定为马某中与崔某华的夫妻共同债务。再审申请人崔某华提出的申请再审的法律依据是《最高人民法院关于审理涉及夫妻债务纠纷案件适用法律有关问题的解释》（已失效）。经查，该解释自 2018 年 1 月 18 日起施行。本案二审判决日期是 2017 年 9 月 14 日，本案发生和判决时该解释并未施行。故二审法院根据《婚姻法》第十九条、《婚姻法解释（二）》第二十四条作出判决，适用法律正确。并且，《最高人民法院审理涉及夫妻债务纠纷案件适用法律若干问题的解释》（已失效）第三条也规定：“夫妻一方在婚姻关系存续期间以个人名义超出家庭日常生活需要所负的债务，债权人以属于夫妻共同债务为由主张权利的，人民法院不予支持，但债权人能够证明该债务用于夫妻共同生活、共同生产经营或者基于夫妻双方共同意思表示的除外。”根据被申请人提供的生效民事调解书等证据足以证实，马某中主要从事民间借贷赚取利息差的生意。本案中，马某中虽然以个人名义借贷超出日常开支所需债务，但该行为属于赚取利差的投资经营行为，所获利息亦用于夫妻共同生活，崔某华无证据证明其和马某中有其他收入支持其购买车辆及多处房产。由于杨某义已经证明案涉借款系马某中赚取利差的投资经营行为，利息用于夫妻共同生活，故该债务属于夫妻共同债务，应由马某中和崔某华夫妻共同偿还。至于崔某华在申请再审时提出其和马某中名下的车辆和房产是在案涉借款前购买，但这些财产购买的时间并不影响其应当承担的本案的还款责任。也就是说，即使是在案涉借款之前购买的，这些财产也应当用来偿还案涉借款。只要案涉借款不还，马某中和崔某华名下的任何财产均系案涉借款的责任财产。故崔某华的此点申请再审理由不能成立。综上，崔某华的再审申请不符合《民事诉讼法》第二百条第二项、第六项的情形。裁定：驳回崔某华的再审申请。[1]

夫妻一方在婚姻关系存续期间以个人名义所负债务金额大，笔数多，时间跨度长，且双方在婚姻关系存续期间存在购置巨额资产和共同经营的行为。同时，

---

〔1〕　参见最高人民法院是民事审判第二庭编：《商事审判指导》2019 年第 2 辑（总第 49 辑），人民法院出版社 2019 年版，第 150 页。最高人民法院（2018）民申 634 号民事裁定书。

在双方离婚前的一段时间内，夫妻一方频繁转账给另一方，并不能就转款原因和款项性质作出合理解释的，应认定案涉债务为夫妻共同债务，由夫妻双方承担共同还款责任。也就是说，除以夫妻共同名义借款或借款系夫妻共同意思表示，以及借款用于夫妻共同生活、共同生产经营之外，夫妻间存在大量无法合理解释的转账造成财产混同的，也应认定为夫妻共同债务。

【案例 10－71】 张某某、郭某与刘某、鲁某某民间借贷纠纷再审案

最高人民法院认为，关于刘某应否承担共同还款责任。原审查明，鲁某某在婚姻关系存续期间以个人名义所负债务，案涉债务金额大，笔数多，时间跨度长，刘某和鲁某某在婚姻存续期间购置巨额资产，且刘某自认之前与鲁某某共同经营小贷公司。根据已生效的（2019）云 05 民终 873 号民事案件中所涉鲁某某的中国人民银行个人活期账户交易明细可知，鲁某某自 2017 年 2 月 21 日至离婚前（2018 年 9 月 19 日鲁某某、刘某离婚）分多笔向刘某转款 500 多万元，本案刘某对鲁某某该段时期为何转款给她及款项的性质均不能作出合理解释。据此，依据《最高人民法院关于审理涉及夫妻债务纠纷案件适用法律有关问题的解释》（已失效）第三条“夫妻一方在婚姻关系存续期间以个人名义超出家庭日常生活需要所负的债务，债权人以属于夫妻共同债务为由主张权利的，人民法院不予支持，但债权人能够证明该债务用于夫妻共同生活、共同生产经营或者基于夫妻双方共同意思表示的除外”的规定，原审认定案涉债务为鲁某某与刘某夫妻共同债务，由刘某与鲁某某承担共同还款责任，并不缺乏依据，适用法律也无不当。鲁某某、刘某提出的刘某不应承担共同还款责任的再审申请理由不成立。[1]

夫妻公司一人对外借款用于公司生产经营，应认定为夫妻共同债务。

【案例 10－72】 虞某诉张某等民间借贷纠纷再审案

二审法院认为，（1）本案争议的焦点应先确定涉案债务是否为夫妻共同债务，在确定夫妻债务基础上再评判夫妻债务责任承担问题。涉案债务是否属于夫妻共同债务，首先需确认借款主体是否包含杨某个人。据已查明的事实，2016 年 4 月 19 日，杨某与景德镇瓷业公司向虞某出具借条，杨某在借款处落款签名，并加盖景德镇瓷业公司合同专用章，冯某在担保人处签名。单从借条看，涉案借条存在借款人是景德镇瓷业公司还是杨某与景德镇实业公司共同借款的分歧，但综合整个案件分析：第一，根据《税收征收管理法》第十七条第一款、《公司法》第一百四十八条第一款第二项之规定，公司经营过程中应当依法开立和使用银行账户，本案借款若是景德镇瓷业公司单独借

〔1〕 最高人民法院（2022）民申 425 号民事裁定书。

款,应转到景德镇瓷业公司开立的银行账户。第二,涉案借款汇入杨某的账户而非景德镇瓷业公司账户,且该借条反面亦写明收款人为杨某以及杨某的汇款银行账户。至于借款被用于景德镇瓷业公司生产经营并不影响借款人景德镇瓷业公司与杨某作为借款主体资格的认定。第三,2017 年 1 月 20 日,杨某在涉案借条下方注明:"续壹年时间 2017 年 1 月 20 日至 2018 年 1 月 19 日,落款处杨某签名。"续一年合同签字仅有杨某的个人签字,此证据进一步证实杨某为本案借款人。第四,虞某主张杨某与景德镇瓷业公司为共同借款人,且借款费用于景德镇瓷业公司生产经营不持异议。与之相反,张某否认杨某为共同借款人,未能提供相反的证据佐证杨某非借款人。张某上诉主张杨某仅是以景德镇瓷业公司的名义行使职务行为,杨某非借款人理由不充分,一审法院认定案涉借款人为杨某和景德镇瓷业公司并无不当。(2)杨某的借款是否属于杨某与张某夫妻共同债务应当结合本案具体证据及案情综合认定。根据《最高人民法院关于审理涉及夫妻债务纠纷案件适用法律有关问题的解释》(已失效)第三条的规定,张某的主张不应支持:一是景德镇瓷业公司股东杨某与张某出资已全部实缴到位,能够证明股东出资符合《公司法》规定,不存在注册资本不到位的情形,但股东出资到位与否,与杨某的借款是否属于夫妻共同债务属于两个不同法律关系,两者之间不存在互为因果的前提条件;二是张某与杨某在 2017 年 1 月 11 日《离婚协议》中约定景德镇瓷业公司属于夫妻共同财产,属于张某与杨某的自认行为,按照《公司法》的规定,杨某与张某作为景德镇瓷业的公司的股东,享有景德镇瓷业公司相应的股权,但景德镇瓷业公司的财产不属于夫妻共同财产,景德镇瓷业公司具有独立人格,杨某与张某的出资是否为夫妻共同财产与杨某借款是否属于夫妻共同债务亦不存在互为因果的前提条件;三是张某作为景德镇瓷业公司的股东,依照《公司法》的相关规定,享有公司的决策权、公司利润分配权和选择管理者的权利以及法定的知情权,张某对于其权利行使并无证据证明存在事实和法律上的障碍;四是张某作为景德镇瓷业公司的监事,根据《公司法》第五十三条第一款第一项、第二项、第三项,第一百四十七条第一款之规定,张某负有对公司日常经营监督管理的职责,杨某与景德镇瓷业公司的借款行为应推定为明知。本案借款用于景德镇瓷业公司生产经营后,张某作为景德镇瓷业公司股东和监事对杨某的借款行为一直没有提出异议,包括在 2017 年 1 月 11 日张某与杨某签订《离婚协议》分割夫妻共同财产时亦未提出异议。结合以上四点,涉案借款应属于夫妻共同债务。二审法院作出判决,维持原审判决。再审法院裁定：驳回张某的再审申请。[1]

(二)离婚后借款处理

这里所指的离婚后借款处理，是指涉案借款发生在婚姻关系存续期间，其争议发生在夫妻离婚之后。法官根据具体案情，对此类借款纠纷予以处理。

【案例10－73】 芦某某等诉吴某民间借贷纠纷案

一审法院认为，虽然芦某某与张某在之前的诉讼中，除欠条外未提供相应的银行转账记录，但于本案中其已将该项证据补足，且能作出合理解释，可以认定借贷事实的存在。就针对涉案款项吴某是否承担还款责任而言，虽然吴某现已与王某离婚，但根据《婚姻法》第四十一条及《婚姻法解释(二)》第二十四条之规定，本案王某与芦某某、张某的借款关系发生在王某与吴某婚姻关系存续期间，若吴某认为该借款为王某个人债务，应举证证明借款或借款用途所产生的经营收益均未用于夫妻生活，但庭审中吴某未提交相应证据予以证实，因此应承担举证不能的不利后果，本案所涉借款应按照夫妻共同债务处理。另外，王某于2011年8月4日出具借条后，于2011年9月14日与吴某办理协议离婚手续，且在明知尚欠芦某某、张某巨额债务的情形下，将婚姻关系存续期间内购买的家庭优质财产即两套房产协议约定归由吴某所有，而将欠芦某某、张某的债务由其个人承担。此举明显具有转移财产以逃避共同债务的故意。依据《婚姻法解释(二)》第二十五条之规定，即使吴某与王某离婚时约定债务由王某偿还，该约定也仅对其二人具有法律效力，并不能以此对抗债权人，吴某对于本案借贷之债仍具有共同偿还之义务。判决：吴某对欠款330万元及利息与王某承担共同还款责任。

二审法院认为，关于吴某应否承担还款责任的问题，通过在案证据可以认定本案所涉借贷关系发生在吴某与王某婚姻关系存续期间。在芦某某、张某对本案涉诉调解书申请强制执行案件中，执行法官于2014年3月3日对吴某及王某进行询问，在该笔录中吴某同意王某与芦某某、张某处理玫瑰庄园房屋以偿还芦某某、张某部分债务，并表示“欠债还钱，天经地义，但是必须保证我居住权及其后的权利”。该笔录载明的事实应视为吴某同意与王某共同偿还芦某某、张某本案涉诉调解书中的债务，依据《最高人民法院关于审理涉及夫妻债务纠纷案件适用法律有关问题的解释》(已失效)第一条之规定，

---

〔1〕 参见国家法官学院、最高人民法院司法案例研究院编：《中国法院2023年度案例》(民间借贷纠纷)，中国法制出版社2023年版，第101～103页。江西省高级人民法院(2021)赣民申1606号民事裁定书。

应认定本案涉诉调解书中的债务为吴某与王某夫妻关系存续期间的共同债务,吴某应当偿还。判决:驳回上诉,维持原判。[1]

【案例 10－74】　王母诉贺某、王女民间借贷纠纷案

二审法院认为,通观本案,双方当事人的争议焦点为贺某、王女在夫妻关系存续期间是否向王母借款。对此法院认为,民间借贷法律关系的形成以客观存在的借贷事实为基础。合法有效的民间借贷关系需要同时符合两个条件:具有借贷的合意和款项实际交付,二者缺一不可。关于借贷合意,王女在其与贺某夫妻关系存续期间,向王母出具借条及还款承诺书,作出了向王母借款用于购置与贺某共同使用的车辆、房产及抚育二人生育的孩子的意思表示,王母依借条、还款承诺书以民间借贷为由将王女、贺某诉至法院。贺某虽质疑借条、还款承诺书的形成时间,但在现有证据下无法否定借条、还款承诺书的真实性,王女向王母出具的借条并不因二人存在母女关系而无效。贺某主张借条中的款项系王母赠与,而王母予以否认,对此贺某并未就款项系王母赠与提供证据予以证明,对其上诉意见法院不予采信。贺某另称本案与离婚诉讼中其与王女均认可的无夫妻共同债务相矛盾,对此法院认为,贺某与王女离婚诉讼中相关陈述系二人之间的约定,不阻碍债权人向其二人行使权利。但基于贺某所提出的质疑,王母应就民间借贷关系的另一条件——款项交付进一步举证。本案中王母为王女、贺某支付了其二人夫妻关系存续期间购置共同使用的车辆、房屋的费用及生育孩子的费用,且所涉车辆、房产亦在二人离婚时作为夫妻共同财产进行分割,故对王母主张有支付凭证佐证的1,044,006 元,法院予以支持,对于王女在还款承诺书另述的"2 万元",王母称以现金方式出借,但未就该款项交付提交相应证据予以证明,王女自认收到对其本人产生相应后果,对该笔2 万元现金借款贺某不承担清偿责任。对于王母、王女均认可的存在1 万元还款,减轻了借贷关系中债务人的责任,法院对此不持异议。判决:王女返还王母借款1,054,006 元;贺某对判决第一项确定的给付义务在1,034,006 元范围内与王女承担共同清偿责任。[2]

被诉借款人之妻就其抗辩事实承担举证责任后,并不免除出借人对于其主张的基本举证责任,法官综合案情认定离婚前一方举债是否构成夫妻共同债务。

---

〔1〕 参见国家法官学院、最高人民法院司法案例研究院编:《中国法院2020 年度案例》(民间借贷纠纷),中国法制出版社2020 年版,第73～74 页。天津市第二中级人民法院(2018)津02 民终44 号民事判决书。

〔2〕 参见国家法官学院案例开发研究中心编:《中国法院2017 年度案例》(民间借贷纠纷),中国法制出版社2017 年版,第26 页。北京市第一中级人民法院(2015)一中民(商)终字第9230 号民事判决书。

【案例 10－75】 程某某诉王某民间借贷纠纷案

二审法院认为，本案的争议焦点在于该笔债务是否属于王某与信某某的夫妻共同债务。对此，从以下几个方面进行分析：关于王某的举证责任是否完成。程某某在一审起诉时主张涉案债务主要用于信某某其子出国留学等家庭共同支出，故该债务应为信某某与王某的夫妻共同债务。王某一审提交的银行转账记录及明细等证据，证明 2010 年至 2013 年，其子出国留学的资金来源于王某家人提供款项及王某的个人收入，故针对程某某一审起诉主张的借款用途，王某已经举证证明涉案借款并非用于其子出国留学。关于程某某对涉案借款用途的表述。本院认为，判断涉案借款是否为夫妻共同债务，信某某向程某某借款时主张的借款用途是重要的考量因素。根据一审及二审庭审笔录记载，程某某作为涉案借款的出借人，其关于信某某借款时主张的借款用途的描述在一审、二审期间并不一致，且在其二审期间关于涉案借款陈述亦存在前后矛盾的情况下，程某某主张涉案借款系用于信某某夫妻共同生活，本院对此难以采信。关于涉案借款中汇给案外人何某某的 40 万元款项。根据(2014)朝民(商)初字第 48025 号另案生效判决查明的事实，该款项系交付案外人何某某，另案生效判决已经认定该笔款项系信某某欠程某某的款项，本院对此亦不持异议。但根据(2014)朝民(商)初字第 48025 号案件笔录记载的内容，该笔款项系通过汇给案外人何某某进行交付，程某某在二审中亦陈述信某某向其借该笔款系给何某某使用，故在该种情况下，程某某主张涉案借款系全部用于信某某夫妻共同生活，不能成立。本院认为，王某针对程某某一审起诉主张的借款用途，已经举证证明涉案借款并非用于其子出国留学，且程某某关于涉案借款的用途主张存在前后矛盾，故综合以上情形，王某在上诉意见中主张涉案款项并非用于夫妻共同生活，本院对此予以采信。关于信某某应向程某某偿还涉案借款及相应利息的问题，已有另案生效判决认定，王某在上诉意见中对债权债务关系的真实性及合法性提出异议，本院对其相关意见不予采信。同时应当予以说明的是，本案认定并不影响程某某依据另案生效判决向信某某主张相关权利。判决：撤销一审判决，驳回程某某的诉讼请求。[1]

【案例 10－76】 方甲诉方乙、方丙民间借贷纠纷案

二审法院认为，本案中，方甲出具的方丙的借条能够与方甲 2017 年 6 月 21 日的转款相互印证，证明方甲向方丙出借款项的事实。本案方甲提交的证据，能够证明 2017 年 6 月 21 日方甲银行转款 15 万元给方丙，同日，方丙

---

〔1〕 参见国家法官学院案例开发研究中心编：《中国法院 2018 年度案例》（民间借贷纠纷），中国法制出版社 2018 年版，第 118～119 页。北京市第三中级人民法院(2016)京 03 民终 6051 号民事判决书。

就将17万元转账给房屋所有人魏某。魏某与方丙、方乙签订了二手房买卖合同并办理了公证。之后,方丙、方乙取得了涉案昆明市博客寓南楼×单元×号房屋所有权。故依据本案证据及涉案各方的陈述,方甲举证已经达到证明方丙向其借款用于购买夫妻共同房屋,用于夫妻生活的高度可能性。(2019)云0103民初1950号案件中对于涉案的15万元借款并未纳入调解范围,法院认为应当将涉案款项认定为方丙、方乙夫妻关系存续期间的共同债务,借款15万元及利息应当由方丙、方乙共同承担还款责任。一审法院对此认定错误,依法予以纠正。对方乙抗辩借条中没有其签名,其也未追认,并未形成借贷的合意,并不能证明该笔借款用于夫妻共同生活的主张不予支持。综上,一审法院认定事实不清,适用法律错误,本院依法予以纠正。判决:撤销一审判决,方丙、方乙偿还方甲借款本金15万元及利息。[1]

诉讼发生在离婚后,出借人要求婚姻关系存续期间一方以个人名义的借款应认定为夫妻共同债务的,如不能举证借款用于夫妻共同生活,法院不予支持。

【案例10-77】 沈某某诉金某某、王某某民间借贷纠纷案

二审法院认为,首先,本案诉讼发生于金某某与王某某的离婚诉讼期间,除本案外,同期尚有(2019)浙0683民初7479号案件,也系民间借贷纠纷,本案的沈某某亦主张夫妻共同债务,后以沈某某撤诉结案,故本案应更加严格审查主张夫妻共同债务一方的举证责任。其次,案涉借条仅有金某某一人签名,缺乏王某某的借款意思表示,案涉款项汇入金某某的支付宝账号,而王某某收到转账系通过金某某的招商银行账户,虽如金某某上诉所述两次转账时间仅相差数小时,但并不能据此确认系同笔款项,更无法确认王某某从案涉借款中获益。最后,金某某的招商银行账户显示,2017年8月22日15时20分(借款转账之前),账户余额为32,503.69元,上午8时29分,账户余额为42,254.8元,另金某某的浦发银行账户显示,借款当日,该账户资金最多时为64,757.44元,虽然金某某的借款行为与其是否有存款不存在直接必然关系,但金某某的账户情形可以印证王某某的抗辩具有一定合理性。综上,法院认为案涉借款缺乏夫妻共同借款的意思表示,亦缺乏证据证明案涉借款用于家庭共同生活,一审判决未予支持沈某某要求王某某承担还款的诉讼请

〔1〕 参见国家法官学院、最高人民法院司法案例研究院编:《中国法院2021年度案例》(民间借贷纠纷),中国法制出版社2021年版,第84页。云南省昆明市中级人民法院(2019)云01民终8758号民事判决书。

求,于法有据。判决:驳回上诉,维持原判。[1]

【案例10-78】 罗某某诉钟某某、曾某某民间借贷纠纷再审案

再审法院认为,双方争议的主要问题是钟某某是否应承担本案借款的清偿责任。据债权人罗某某陈述,曾某某、钟某某是为经营家庭个体茶庄而借款。经查,工商登记显示留香茶庄的经营者是曾某某,但该茶庄从开业至注销时,曾某某与钟某某是夫妻关系,曾某某认为留香茶庄与其无关,由钟某某独自经营,不符合日常生活经验法则。而且,曾某某长期下岗,其自认留香茶庄是家庭主要收入来源,钟某某与曾某某在借款时尚未离婚,故罗某某有理由相信债务是为其家庭共同利益而设立,曾某某、钟某某未能证明债务不是为家庭共同利益而设立,应承担举证不能的责任。根据《婚姻法解释(二)》第二十四条规定,涉案债务发生在曾某某与钟某某夫妻关系存续期间,钟某某未能举证证明曾某某与罗某某约定涉案债务为曾某某个人债务,也未能证明曾某某与钟某某有夫妻关系存续期间财产归各自所有的约定,且罗某某知道有该约定,故涉案债务为曾某某与钟某某夫妻共同债务。涉案债务发生在2009年12月,而曾某某与钟某某婚姻关系的解除在二审判决之后的2012年12月,即涉案债务发生在前,离婚发生在后。根据《婚姻法解释(二)》第二十五条规定,曾某某、钟某某在《离婚协议》中对夫妻财产分割问题的约定只对曾某某、钟某某有效,对外不能对抗债权人,罗某某仍有权就涉案夫妻债务向曾某某、钟某某主张权利。判决:撤销一审、二审判决;曾某某、钟某某偿还罗某某借款人民币156,700元及利息。[2]

婚姻关系存续期间,夫妻一方以个人名义所负债务究竟是个人债务还是夫妻共同债务,应根据债务的性质、形式、范围以及负债的原因、去向等因素进行综合判断,其最基本的区别标准应为夫妻双方是否有从债务中获益的可能性。离婚一方未从夫妻另一方债务中获益的,则不承担还款责任。

【案例10-79】 王某诉李某某、郭某某民间借贷纠纷案

判决观点,被告李某某对拖欠原告货款25,700元的事实没有异议,但认为该款项属于夫妻共同债务,应由郭某某共同承担还款责任。确认婚姻关系存续期间的债务属于个人债务还是夫妻共同债务一般应以夫妻有无共同举债的合意以及有无共享债务的利益为判断标准。就本案而言,首先,该欠条

---

〔1〕 参见国家法官学院、最高人民法院司法案例研究院编:《中国法院2021年度案例》(民间借贷纠纷),中国法制出版社2021年版,第91页。浙江省绍兴市中级人民法院(2019)浙06民终5230号民事判决书。

〔2〕 参见国家法官学院案例开发研究中心编:《中国法院2016年度案例》(民间借贷纠纷),中国法制出版社2016年版,第111~112页。广东省高级人民法院(2013)粤高法审监民提字第90号民事判决书。

上没有郭某某的签字认可,郭某某也未进行追认;其次,虽然该笔货款发生在二被告婚姻关系存续期间,但二被告在此之前已发生矛盾并离婚,原告与被告李某某均未提交证据证明该笔债务是在双方共同生活、共同生产经营中形成的,因此对于原告与被告李某某认为该货款应当由被告郭某某共同承担还款责任的理由,不予支持。判决:被告李某某支付原告王某货款25,700元,驳回原告王某的其他诉请求。[1]

夫妻一方借款超出家庭日常生活需要,实际用于经营夫妻作为股东的公司,非举债一方从公司经营中获益,该债务应认定为夫妻共同债务。

【案例10-80】 任某诉王某、凌某民间借贷纠纷案

一审法院认为,本案中,涉案借款发生在凌某与王某婚姻关系关系存续期间,借款合同中明确约定借款用途为"家庭生活周转需要"。王某称借款金额超出了家庭日常生活需要,其对借款不知情,未参与投资公司的经营。其自述自2013年至今没有工作,不知道凌某做什么工作、有多少收入。但根据审理查明,王某是投资公司的股东、法定代表人,凌某系该公司的股东。根据王某、凌某离婚协议可知,凌某并未分得财产,双方婚后购买房屋归王某所有,对于投资公司的股权未进行分割。故可以认定凌某、王某的家庭收入来源于凌某和该公司的经营收益,涉案借款为夫妻共同债务,王某应当承担还款责任。判决:(1)凌某、王某偿还任某借款本金453,472元及利息;(2)驳回任某的其他诉讼请求。二审法院同意一审法院裁判意见,判决:驳回上诉,维持原判。[2]

离婚后夫妻单方向他人出具了欠条,而未载明债务形成的经过,无证据证明发生于婚姻关系存续期间的债务应认定为夫妻个人债务。

【案例10-81】 王某诉刘某、马某民间借贷纠纷案

一审法院认为,原告与被告刘某之间的借贷关系不违反法律、法规的强制性规定,受到法律保护。对欠条是由刘某重新签署以及还款9万元的事实,原告与被告均无异议,应予确认。被告马某虽然提出对涉案借款不知情,借款也未用于家庭共同生活,但没有提供证据加以证明。因该借款实际发生于刘某与马某婚姻关系存续期间内,故被告刘某与马某应共同归还借款。二审法院认为,无法根据刘某在与马某离婚后单方向原告出具的欠条来确认该

---

〔1〕 参见最高人民法院中国应用法学研究所编:《人民法院案例选》2020年第11辑(总第153辑),人民法院出版社2021年版,第30页。河南省睢县人民法院(2018)豫1422民初2710号民事判决书。

〔2〕 参见国家法官学院、最高人民法院司法案例研究院编:《中国法院2022年度案例》(民间借贷纠纷),中国法制出版社2022年版,第73~74页。北京市第三中级人民法院(2020)京03民终6591号民事判决书。

债务是夫妻共同债务,而应由刘某个人偿还。判决:撤销马某承担共同还债项,对其他判项予以维持。[1]

离婚后,原夫妻双方都陈述涉案借款为个人债务,其一方自愿偿还借款的,根据具体案情法官认定为夫妻共同债务。

【案例10-82】 康某某诉崔某某、张某民间借贷纠纷案

判决观点,被告崔某某向原告康某某借款人民币150,000元,书写了借条并作为借款人签名,对该笔借款事实被告崔某某予以认可,法院对其借贷关系予以确认。根据康某某的申请,法院调取了河北省唐山市古冶区婚姻登记处崔某某与张某的结婚及离婚时间的打印材料,证明崔某某与张某于1998年6月11日结婚,2014年8月13日离婚。被告张某质证后表示,没有意见。法院对于该借贷关系发生在二被告婚姻关系存续期间予以确认……债权人就婚姻关系存续期间夫妻一方以个人名义所负债务主张权利的,应当按照夫妻共同债务处理。故原告诉请二被告偿还本金150,000元,法院予以支持。判决:被告崔某某、张某偿还原告康某某借款本金人民币150,000元及违约金60,000元,被告崔某某、张某负连带责任。[2]

【案例10-83】 林某某诉徐某某、王某某民间借贷纠纷案

判决观点,本案原、被告争议的焦点问题是本案被告徐某某向原告借的10万元借款是否属于夫妻共同债务,被告王某某抗辩对该借款不知情,借款亦未用于家庭共同生活。原审法院认为,两被告现已离婚,因涉及夫妻财产及债务的分割问题,债权人就夫妻一方以个人名义所负债务向夫妻双方主张权利时,应当区分该债务系夫妻共同债务还是个人债务,而判断某项借款是否属于夫妻共同借款,应当看借款时夫妻是否具有借款合意或者借款是否用于夫妻共同生活。首先,虽然借条出具的时间显示被告徐某某出具借条时即2013年10月10日两被告尚未离婚,借款发生于夫妻关系存续期间。但借条出具后仅1周时间即2013年10月17日时,被告王某某起诉被告徐某某要求判决两被告离婚,可见,在被告徐某某出具借条时两被告的夫妻感情已经不好,婚姻处于不正常状态,在这种情况下被告徐某某以个人名义的借款用于夫妻共同生活的可能性明显降低。其次,在本案两被告离婚时,双方不仅对于离婚及抚养权达成了协议,而且对于夫妻共同财产和夫妻共同债务亦进行了处理,但是被告徐某某在上述离婚案件中始终未提及涉案债务,不符合

---

〔1〕 参见潘志江、范莉:《夫妻债务的性质如何认定》,载《人民法院报》2013年4月18日,第7版。

〔2〕 参见国家法官学院案例开发研究中心编:《中国法院2017年度案例》(民间借贷纠纷),中国法制出版社2017年版,第99页。河北省唐山市古冶区人民法院(2015)古民初字第1560号民事判决书。

常理。最后，庭审中，原告及被告徐某某对借款时间以及双方之间有无其他款项往来的陈述相互矛盾，使人对该案原告主张的借款事实存有疑义。在上诉情况下，原告及被告徐某某应当举证证明借款用于家庭共同生活或者借款是基于夫妻的合意。庭审中，原告及被告徐某某没有证据证明借款时被告王某某知情、借款基于两被告的合意以及借款用于家庭共同生活，应当承担举证不能的法律后果，本案借款不宜按夫妻共同债务处理。因此，原审法院认为涉案借款属于被告徐某某的个人借款，被告王某某不与被告徐某某承担共同还款的责任。判决：被告徐某某偿还原告借款人民币 10 万元及逾期利息。[1]

夫妻一方重新确认借条的行为发生在夫妻关系解除之后，该确认行为的效力不及于夫妻另一方，夫妻另一方有权主张诉讼时效抗辩。

【案例 10－84】　林甲诉林乙、颜某某民间借贷纠纷案

判决观点，本案焦点在于颜某某应否承担偿还责任。被告林乙向原告借款 100,000 元系发生在与被告颜某某夫妻关系存续期间，依照法律规定，该债务视为夫妻共同债务，颜某某应承担共同返还责任。但 2010 年的借款（金额 50,000 元）有约定借款期限，至 2014 年 9 月被告重新出具借条确认时，已超过法律规定的诉讼时效。鉴于被告林乙重新确认债务的行为发生在与颜某某夫妻关系解除之后，该确认行为的效力不及于被告颜某某，被告颜某某有权主张诉讼时效抗辩。就该笔借款，原告不能提供相应的证据证明其具有中断诉讼时效的事由，故颜某某就该笔借款提出的诉讼时效抗辩成立，法院予以采纳。综上，原告诉请被告林乙返还借款 100,000 元，于法有据，法院予以支持。原告主张按中国人民银行同期贷款利率四倍的标准计息，被告颜某某提出异议，且被告林乙出具的借条上也未载明利息约定，依法视为不支付利息，故原告的该主张缺乏事实依据，法院不予采纳。但自原告起诉之日起的利息，被告应予支付，可按中国人民银行同期贷款利率的标准计息。判决：被告林乙返还原告林甲借款 100,000 元及逾期利息；被告颜某某对上述第一项中的 50,000 元部分承担共同还款责任。[2]

在法院调解离婚时，男女双方约定婚姻关系存续期间共同财产归一方所有，债权、债务归另一方收取、偿还，或者对共同财产分割范围和数额进行约定，但此类约定不能对抗债权人。但是存在例外，即一方个人的债务不属于共同债务。

---

〔1〕　参见国家法官学院案例开发研究中心编：《中国法院 2017 年度案例》（民间借贷纠纷），中国法制出版社 2017 年版，第 102～103 页。山东省秦岛市李沧区人民法院（2014）李民初字第 2005 号民事判决书。

〔2〕　参见国家法官学院案例开发研究中心编：《中国法院 2017 年度案例》（民间借贷纠纷），中国法制出版社 2017 年版，第 109～110 页。福建省厦门市海沧区人民法院（2015）海民初字第 1033 号民事判决书。

【案例 10－85】 刘某某诉杨某、汪某某民间借贷纠纷案

一审法院认为，被告杨某、汪某某在婚姻关系存续期间，被告杨某用从原告借款中的 7.5 万元与被告汪某某在宜昌时代之星置业有限公司购买房屋一套，因二被告在婚姻关系存续期间对所得的财产、债权、债务没有约定，故该房屋中 7.5 万元为二被告共同财产；虽然二被告经本院调解离婚时，约定婚后共同财产归被告汪某某所有，债权、债务归被告杨某收取、偿还，但此约定仅是二被告间的约定，不能对抗债权人，债权人仍有权就夫妻共同债务向双方主张权利，故被告杨某在原告借款中的 7.5 万元，应属二被告共同债务，被告汪某某应当与被告杨某承担连带清偿责任，被告汪某某偿还后，有权向被告杨某追偿，被告汪某某的辩称理由不成立，不予支持。判决：被告杨某偿还原告刘某某借款 25 万元，被告汪某某对上述借款 25 万元中的 7.5 万元与被告杨某共同偿还并相互承担连带清偿责任。二审法院裁定准许上诉人汪某某撤回上诉。[1]

离婚时明确约定各自债务由各自承担的，婚姻关系存续期间一方对外所负债务仍属于夫妻共同债务。夫妻离婚时关于债务清偿的约定协议不能对抗债权人。也就是说，离婚协议中对债务清偿的约定不对债权人请求双方偿还夫妻共同债务产生效力。

【案例 10－86】 孙某根诉贺某峰等民间借贷纠纷案

判决观点，被告闫某荣、贺某峰从原告处借款后，即应按期向原告偿还借款并支付利息，但被告一直未还本金，且利息支付了 2000 元，已经构成违约，故原告要求偿还 2 万元本金及剩下利息的诉讼请求，法院予以支持。另查明，根据闫某荣、贺某峰离婚档案中的离婚协议，获知二被告于 2021 年 4 月 15 日协议离婚，协议第五条债务的处理为“孙某根债务 2 万元由男方承担”。被告闫某荣辩称离婚时已经协议由贺某峰偿还原告该笔借款，故自己不应偿还，但《民法典婚姻家庭编解释（一）》第三十五条第一款规定，当事人的离婚协议已经对夫妻财产分割问题作出处理的，债权人仍有权就夫妻共同债务向男女双方主张权利，故对被告闫某荣该辩称法院不予采信。判决：被告闫某荣、贺某峰偿还原告孙某借款 2 万元，并自 2019 年 5 月 25 日起按月息 1.5% 支

〔1〕 参见国家法官学院案例开发研究中心编：《中国法院 2015 年度案例》（民间借贷纠纷），中国法制出版社 2015 年版，第 91 页。湖北省宜昌市中级人民法院（2013）鄂宜昌中民一终字第 00712 号民事裁定书。

付至实际还款之日的利息,被告贺某强对上述借款本息承担连带清偿责任。[1]

借款发生在离婚当日或诉讼期间,所借款项一般不应当作为夫妻共同债务。

【案例10－87】　陈某诉季某、刘某某民间借贷纠纷案

二审法院认为,本案中,案涉借款虽发生在季某、刘某某婚姻存续期间,但从借款时间看,此时因季某与刘某某夫妻关系产生矛盾且季某已向法院起诉要求与刘某某离婚,故按常理,在此情况下,刘某某与季某共同向陈某借款的可能性较小;二审中,陈某亦陈述季某向其借款系用于公司周转,故涉案借款并非用于刘某某与季某的家庭生活,季某亦未与刘某某分享向陈某借款所带来的利益。因此,原审法院根据夫妻一方未经对方同意擅自筹资,而所得利益又未用于家庭共同生活的,该债务应视为个人债务之原则,认定案涉借款为季某个人债务,并无不当。对于陈某的该项上诉理由,本院不予采纳。判决:驳回上诉,维持原判。[2]

【案例10－88】　张某某诉王某某、邵某某民间借贷纠纷再审案

再审观点,根据再审查明事实,可认定原审被告邵某某向被申诉人张某某借款的日期为2006年7月7日,而申诉人王某某与原审被告邵某某也于当日登记离婚,可推定该笔借款并未用于王某某、邵某某夫妻共同生活,因此不应认定为二人的夫妻共同债务,应由邵某某个人偿还。原审认定事实错误,适用法律不当,再审应予改判。临沂市人民检察院的抗诉理由成立,再审应予支持。判决:撤销本院判决;原审被告邵某某偿还被申诉人张某某借款95,000元及利息;驳回被申诉人张某某的其他诉讼请求。[3]

因夫妻关系不和分居直至离婚均未共同生活的举债不能认定为夫妻共同债务。

【案例10－89】　孔某某诉初某某民间借贷纠纷案

二审法院认为,本案中初某某主张自己以个人名义所借债务属于夫妻共同债务,但其除了证明该笔债务发生在夫妻关系存续期间外,并未举证证明所借款项用于夫妻共同生活。孔某某已经从几个方面举证证明自己有关案涉债务不属于夫妻债务的观点:第一,初某某借款时双方已经分居,初某某从

---

〔1〕参见国家法官学院、最高人民法院司法案例研究院编:《中国法院2023年度案例》(民间借贷纠纷),中国法制出版社2023年版,第120页。陕西省大荔县人民法院(2021)陕0523民初2647号民事判决书。

〔2〕参见国家法官学院案例开发研究中心编:《中国法院2015年度案例》(民间借贷纠纷),中国法制出版社2015年版,第99页。江苏省南京市中级人民法院(2013)宁民终字第3740号民事判决书。

〔3〕参见国家法官学院案例开发研究中心编:《中国法院2015年度案例》(民间借贷纠纷),中国法制出版社2015年版,第106页。江苏省大丰市人民法院(2013)大民初字第0440号民事判决书。

分居至离婚均在外地做生意，并未回家与孔某某共同生活。第二，孔某某自己的收入足以支付其家庭日常生活，其家庭在与案涉债务有关的特定时期并无特殊支出。第三，孔某某和其家中保姆对于日常购物、支出均有记账的习惯，孔某某诉已经提交了近三年的家庭账目以证明初某某所借款项并未用于夫妻共同生活。因此，应认定初某某所借款项并未用于夫妻共同生活，不属于夫妻共同债务。遂改判决认定初某某所借债务为其个人债务。[1]

最高人民法院民一庭意见：离婚案件中，主张于婚姻关系存续期间以个人名义所举债务为夫妻共同债务的一方当事人，除了要证明债务的真实存在并产生于婚姻关系存续期间外，还有责任举证证明所借款项用于夫妻共同生活。[2]

离婚判决中涉及双方对外借款债务，但未判决承担借款利息时，应不影响依借条约定按照银行贷款利率以月供方式偿还利息。

离婚后，一方向第三人借款用于偿还夫妻共有房屋的银行贷款，该贷款是夫妻婚姻关系存续期间的共同债务。随着该贷款的偿还，双方的夫妻共同债务范围减少，夫妻共同财产范围增加，无论夫妻共同财产在夫妻离婚时如何分配，该笔离婚后产生的债务应视为夫妻共同债务，应由二人共同偿还。也就是说，在离婚后一方借款用于偿还夫妻关系存续期间共同债务的，则另一方亦应承担共同偿还责任。

出借人接受债务分割的，债务人按份清偿债务。也就是说，从共同连带责任转化为按份责任。

【案例10－90】 向某某、陈某某诉陈某、胡某某民间借贷纠纷案

二审法院认为，虽然本案借款事实发生之前陈某、胡某某已经于2013年4月27日协议离婚，但借款之后，陈某、胡某某共同偿还5万元借款，应视为40万元借款是陈某、胡某某的共同借款。向某某、陈某某在起诉状中陈述，2015年因其急需用钱向陈某、胡某某追偿借款时，才知道陈某、胡某某早已离婚，且陈某、胡某某对所欠债务已约定各自清偿一半，并据此各自向向某某、陈某某出具借条，承诺于2016年2月前还清借款。综合以上分析，40万元虽然是陈某、胡某某的共同借款，但陈某、胡某某出具借条给向某某、陈某某明确了各自的还款金额，向某某、陈某某在案件审理过程中提交两份借条的行为，视为认可陈某、胡某某按份偿还债务的事实。故向某某、陈某某请求陈某、胡某某承担连带责任没有事实和法律依据。判决：维持一审判决结果，

---

〔1〕 参见最高人民法院民事审判第一庭编：《民事审判指导与参考》2015年第1辑（总第61辑），人民法院出版社2015年版，第173页。

〔2〕 参见最高人民法院民事审判第一庭编：《民事审判指导与参考》2015年第1辑（总第61辑），人民法院出版社2015年版，第176页。

即陈某、胡某某各自偿还向某某、陈某某借款本金17.5万元;由陈某、胡某某分别按照各自应偿还的本金支付逾期利息给向某某、陈某某。[1]

在保证之债中,夫妻协议离婚,约定房产归一方所有,房贷归另一方所有。债权人以夫妻离婚恶意逃避债务提起撤销之诉,其应对财产约定损害债权负有举证责任。是否侵害债权应综合各方面要素来看,若保证人仍分得部分财产,则应先对保证人分得份额予以受偿。未经强制执行,则无法确定损害情况,债权人应承担举证不能的后果。

【案例10-91】 韩某某诉郭某、吴某某债权人撤销权纠纷案

二审法院认为,本案争议焦点是韩某某申请撤销涉案《离婚协议书》中住房处理条款是否具有依据。韩某某主张涉案《离婚协议书》关于住房的分割处理决定损害其合法债权,韩某某对此负有举证责任。本案中,郭某欠付韩某某所诉到期债务,但郭某与吴某某原为夫妻关系,诉争《离婚协议书》约定诉争房产归吴某某所有,但也约定三家公司的股份由郭某与吴某某各持有50%,郭某并非放弃到期债权或者无偿转让财产。法院综合考虑案件的实际情况,认定韩某某提供的证据不足以证实涉案《离婚协议书》中有关处理住房的约定损害韩某某的债权。判决:驳回上诉,维持原判。[2]

(三)同居期间借款处理

男女双方在婚外同居期间,若借条或欠条系分手费性质,则因违背社会公序良俗不应予以保护。在男女双方存在的不正当关系解除,一方(多为女方)仅持有债权凭证起诉的情况下,应从金额、给付能力、给付细节、交易习惯、双方陈述的前后一致性、行为的逻辑合理性等多方面综合分析双方之间是否存在真实的借贷关系,不宜因证据不足而先入为主地倾向于认定该笔款项为“分手费”,否则不利于对出借人合法权益的保护。

【案例10-92】 刘某诉张某民间借贷纠纷案

一审法院认为,根据双方的陈述以及相关证据可知,原、被告之间的欠款往来系发生于双方同居期间。被告向原告出具了欠条,且原告提供了变卖房产等其具备出借能力的证据。据此,本院认定原告与被告之间存在民间借贷

---

〔1〕 云南省昭通市中级人民法院(2016)云06民终1092号民事判决书。

〔2〕 参见最高人民法院中国应用法学研究所编:《人民法院案例选》2020年第11辑(总第153辑),人民法院出版社2021年版,第37~38页。天津市第二中级人民法院(2018)津02民终5075号民事判决书。

关系。故对原告要求被告偿还借款的诉讼请求,予以支持。对被告所述不同意偿还借款的抗辩意见,证据不足,不予考虑。判决:被告张某偿还原告借款10.6万元及利息。

二审法院认为,张某向刘某出具的欠条中明确记载了张某确认的欠款事实及还款承诺内容,现张某主张其受到刘某逼迫而违背真实意愿出具涉案欠条,但本院注意到张某于2014年11月5日向公安部门报警时并未提及受刘某逼迫出具涉案欠条一事,且直至本案诉讼前均未针对欠条提出过撤销或变更的请求,因此涉案欠条应为有效。张某现否认欠刘某款项,但仅对刘某是否具有出借能力、款项事实交付提出质疑,张某已提交的录音、视频等证据,并无直接反驳涉案欠条的内容。张某对其主张未能提供证据予以证明,故判决:驳回上诉,维持原判。[1]

恋爱同居期间,男女双方购置财产特别是不动产之外的财产时,对财产权属往往无明确约定或仅有口头约定,由此造成的财产混同是恋爱关系解除后产生纠纷的主要原因。实践中,对于购置财产的分割存在很多分歧,部分当事人在解除恋爱关系时往往以借条、欠条等形式进行分割,或直接以民间借贷为由提起诉讼。对此类案件进行处理,核心是明确基础法律关系。仅以前述借款凭证,并不能认定双方构成民间借贷法律关系,反之,双方具有恋爱关系,也并不当然意味着在此期间不能构成民间借贷法律关系。一般来讲,对于此种情形应按意思自治原则遵从双方合意进行处理。具体来讲,其一,遵从财产购置时的合意。双方合意共同购置的财产,对权属有约定的,分割时从其约定。无明确约定的,首先应由双方协商处理,无法协商一致的,应当以出资比例分割。其二,遵从财产分割时的合意。还款承诺以财产分割和付款时间为主要内容的,应当认定为财产分割协议,请求人据此主张还款,应以合同纠纷为由起诉。还款承诺将欠款明确为借款,并约定还款时间、利息的,款项性质发生了转化,即双方重新达成了借款合意,应按民间借贷纠纷处理。换言之,恋爱同居期间购置财产分配应当遵从意思自治原则。

【案例10-93】 李某某诉兰某某民间借贷纠纷案

二审法院认为,根据兰某某的上诉理由及李某某的答辩意见,归纳二审争议焦点为,兰某某是否承诺归还李某某欠款280,000元,该承诺对双方是否具有约束力。对此作如下分析,根据已查明的事实,兰某某、李某某恋爱期间共同出资购买了三菱帕杰罗牌越野车一辆,价格为379,800元,含税价440,000元。该车辆于2018年1月22日登记在兰某某名下。购买后主要由

---

〔1〕 参见国家法官学院案例开发研究中心编:《中国法院2019年度案例》(借款担保纠纷),中国法制出版社2019年版,第48~49页。北京市第二中级人民法院(2017)京02民终5112号民事判决书。

兰某某使用，恋爱期间的大部分节假日兰某某、李某某共同使用该车辆。在购买上述车辆时，李某某出资280,000元，二人于2018年7月分手。李某某与兰某某多次通过微信沟通280,000元的归还事宜，兰某某亦多次明确表示不认可案涉款项为借款。但在2018年12月19日的微信记录中，兰某某表示"我正在卖房，卖了我就给你二十八万元"，李某某问"你什么时候给我"，兰某某表示"卖了就给""分两步走，先卖掉车我就不卖房，先卖了房我就给你款"。兰某某的上述回复可以视为二人在解除恋爱关系后对共同购置的财产分配所作的约定。虽然兰某某主张还款承诺是李某某及其朋友到单位闹事胁迫的，但截至本案二审审理终结，其并未提交证据对此予以证明，应承担举证不能的不利后果，应认定上述约定合法有效，兰某某应当按约履行该约定。另外，参考《民间借贷规定》第十五条的规定，虽然李某某提交的证据不足以证明兰某某在购买车辆时，与李某某就280,000元购车款达成了借贷的合意，但在二人恋爱关系解除后，兰某某通过与李某某的沟通形成了向其偿还280,000元用以了结二人关于案涉款项争议的约定，一审法院对李某某主张兰某某返还购车款280,000元的诉讼请求予以支持，并无不当。判决：驳回上诉，维持原判。[1]

恋爱同居的事实并不必然导致债的消灭。男女双方同居期间会产生共同的支出、共同债务，也会产生共有的财产，但两个人依然是具有独立法律人格的两个民事主体，并非归于同一人，也并非产生债的混同，但有证据证实双方出现财产、资金发生混同的情况除外。

【案例10-94】　唐某某诉张某某民间借贷纠纷案

一审法院认为，本案的争议焦点是唐某某、张某某之间是否存在真实的借贷关系。本案的借款发生在两人相识恋爱初期，故唐某某、张某某之间没有订立书面的借款合同或者借据，但张某某收到唐某某汇款19.3万元是事实，至于张某某所述收到唐某某款项后的用途，则属于张某某的支配权利。唐某某认为张某某以做生意为名向其借款，自己据此汇款给对方，双方从而形成借贷关系的主张，符合民事法律行为规则，应予采信。故此，唐某某、张某某之间的借贷关系自唐某某提供借款时成立。汇款发生在双方正式同居生活之前，张某某也没有提供证据证实其有出钱投入用于双方在恋爱期间的生活开销，即没有出现财产、资金发生混同的情况。判决：张某某清偿借款本金19.3万元给唐某某。二审法院认为，本案的争议焦点是唐某某向张某某所汇的19.3万元款项的性质。唐某某认为是张某某提出以做生意为名向其

---

〔1〕参见国家法官学院、最高人民法院司法案例研究院编：《中国法院2021年度案例》（民间借贷纠纷），中国法制出版社2021年版，第133～134页。四川省成都市中级人民法院（2019）川01民终19484号民事判决书。

借款,自己因此汇款给对方。虽然唐某某没有与张某某签订书面的借款协议,但唐某某已提供了转账汇款凭证证明其出借款项的事实,其已完成举证责任,双方借贷关系成立。《解除同居关系协议书》中载明张某某得到唐某某的经济支持,张某某支付生活补助款3万元给唐某某。唐某某认为协议书中的3万元补偿属于对同居的补偿,与本案诉争的19.3万元无关。因该协议书未明确"经济支持"所指具体内容,故此,张某某以该协议书没有提及借款的情况为由,主张其与唐某某不存在借款关系,理据不足,不予采纳。张某某认为案涉19.3万元款项属于唐某某对其赠与,没有证据证实。张某某认为款项用于恋爱期间的开支,亦没有证据证实,且本案也无法证实张某某主张的基金是在唐某某的建议下购买,张某某在本案无法证实双方出现财产、资金发生混同的情形。综上,本案确认讼争的19.3万元款项的性质属于张某某向唐某某的借款,确认双方存在借款关系。判决:驳回上诉,维持原判。[1]

夫妻双方在原婚姻关系解除后,仍然非婚同居,在非婚同居期间为共同生产、生活所形成之对外债务,该借款在性质上应为同居双方的共同债务,应由同居双方共同偿还。

【案例10-95】 陈某诉孙某某、张某民间借贷纠纷案

判决观点,被告孙某某向原告出具借条,被告张某使用借款,又因二被告系离婚后同居关系,被告张某在庭审中认可二被告婚后共同生活、共同经营,且借款发生于二被告同居期间,应视为二被告同居期间的共同债务,应由二被告共同偿还。被告孙某某辩称自己未收到借款,其提供的证据不能证明其辩解意见,法院不予采信。被告孙某某又辩称被告张某已向原告偿还35,000元,尚欠15,000元,原告陈某对此不予认可,被告孙某某提供的录音证据系其与被告张某通话所录,不能对抗原告的主张,其亦无其他证据予以佐证,故法院不予采信。判决:被告孙某某、张某共同给付原告陈某借款50,000元。[2]

婚前同居期间一方向另一方转账,其后男女双方结婚的,一般不认为构成借贷关系。

---

〔1〕 参见国家法官学院案例开发研究中心编:《中国法院2017年度案例》(民间借贷纠纷),中国法制出版社2017年版,第36~37页。广东省云浮市中级人民法院(2015)云中法民二终字第246号民事判决书。

〔2〕 参见国家法官学院案例开发研究中心编:《中国法院2017年度案例》(民间借贷纠纷),中国法制出版社2017年版,第147页。江苏省宿迁市宿豫区人民法院(2014)宿豫民初字第0951号民事判决书。

【案例 10－96】　于某诉高某某民间借贷纠纷案

一审法院认为，本案的争议焦点在于案件所涉 4500 英镑是否属于借款。一方面，于某除向法院提交了打款的相关材料外，不能提交能够直接证明或者印证其与高某某之间存在借贷关系的证据；另一方面，于某向高某某账户打款的行为发生在双方同居期间，且当时高某某已怀有于某的孩子，乃至在于某向高某某转款后的第六天，于某与高某某登记结婚，而此时高某某向于某借款不合常理。判决：驳回于某的诉讼请求。二审法院认为，原判决认定事实清楚，适用法律正确，审判程序合法，应予维持。判决：驳回上诉，维持原判。[1]

【不同处理】　有的法院认为，同居期间一方未立借据从另一方处拿走的钱应认定为不当得利。

【案例 10－97】　黄某某诉沈某某不当得利纠纷案

判决观点，原、被告之间不形成民间借贷关系，而是不当得利法律关系。理由是：原、被告之间没有书面的借条，被告亦否认是借贷关系；原告通过银行汇款方式向被告打款 210,000 元是事实，被告也承认收到 210,000 元款项，原告损失的是 210,000 元，被告获利是 210,000 元；被告获利没有法律依据，被告没有举证证明原告打款系共同经营、赠与等法律关系，被告没有举证证明其所获得的款项用于了原、被告共同考察经营项目；被告已返还 80,000 元，原告也予以认可，应予冲减。故被告实际应返还原告的数额为 130,000 元。判决：被告沈某某向原告黄某某返还不当得利 130,000 元。[2]

配偶一方隐瞒已婚的事实与他人同居，其发生的债务为个人债务，而不属夫妻共同债务。

【案例 10－98】　雷某某诉林某某、梁某某民间借贷纠纷案

判决观点，本案被告林某某拖欠原告雷某某借款 58,572 元及补偿款 100,000 元的事实，有原告提供的欠条证明，对此，法院予以认定。被告林某某在欠条项下所欠原告雷某某的借款为 58,572 元，借款是被告林某某与原告雷某某在同居期间产生，虽然也是在被告林某某与被告梁某某夫妻关系存续期间产生，但是，原告没有证据证明该借款是被告林某某为其夫妻共同生活所负的债务，根据《婚姻法》第四十一条的规定，该借款不应认定为被告林

---

〔1〕 参见国家法官学院案例开发研究中心编：《中国法院 2016 年度案例》（民间借贷纠纷），中国法制出版社 2016 年版，第 18～19 页。四川省成都市中级人民法院（2014）成民终字第 2715 号民事判决书。

〔2〕 参见国家法官学院案例开发研究中心编：《中国法院 2016 年度案例》（民间借贷纠纷），中国法制出版社 2016 年版，第 38 页。四川省广安市岳池县人民法院（2014）岳他民初字第 1441 号民事判决书。

某某与被告梁某某的夫妻共同债务，被告梁某某的无责抗辩意见，理由成立，法院予以采纳。被告梁某某无须与被告林某某承担共同清偿责任。鉴于该债务被告林某某逾期未向原告清偿，被告林某某在承担该债务的同时，还应承担该债务按银行同期贷款利率计付的逾期利息，为此，原告雷某某提出的要求判令被告林某某、梁某某清偿借款本金58,572元及利息的诉讼请求，对被告林某某的合理合法部分，法院予以支持，对被告梁某某的部分，予以驳回。而被告林某某在欠条项下所欠原告雷某某补偿款100,000元，则是被告林某某对原告雷某某的个人债务，依法应由被告林某某承担。原告雷某某提出的要求判令被告林某某向其支付100,000元的诉讼请求，合法有据，法院予以支持。被告林某某经法院合法传唤无正当理由拒不到庭参加诉讼，视为其放弃质证和抗辩的权利。判决：被告林某某支付补偿款100,000元给原告雷某某。二被告林某某清偿借款58,572元及利息给原告雷某某。〔1〕

共同债务的产生并不限于夫妻关系，在共同经营和共同生活期间也可产生共同债务。同居期间，男女双方因经营需要对外借款而产生的债务为共同债务，而非个人债务。

【案例10－99】 刘甲诉苗甲、刘乙民间借贷纠纷案

二审法院认为，本案中苗甲虽以其个人名义借款，但实质该借款为苗甲和刘乙的共同债务。虽然欠条以苗甲个人名义出具，借款时苗甲和刘乙也尚未登记结婚，但苗甲认可借款时苗甲和刘乙已经同居，起诉时也认为该借款是苗甲和刘乙因家庭经营需要而产生的共同债务，刘乙在原审中也从未辩称该债务为苗甲的个人债务；虽然夫妻共同生活期间所产生的债务为共同债务，但共同债务的产生并不限于夫妻关系，在共同经营和共同生活期间也可产生共同债务。在苗甲和刘乙离婚时二人签订了《离婚后事项协议》，关于“外面欠款合计人民币480,000元整，双方承担一半（付给女方姐姐290,000元，男方弟弟190,000元），国贸店的债务由苗甲偿还，刘乙不再进入一切事务，店归苗甲”等约定，也明确了向刘甲所借款项用于二人共同生活期间共同经营的“贵足缘休闲中心”，且对刘甲（刘乙弟弟）的债务双方也作了分担，故该借款应认定为苗甲和刘乙的共同债务，应由苗甲和刘乙共同偿还。原审法院在未查明案件事实的情况下，仅以出具借条时苗甲和刘乙尚未结婚为由，就认定该债务为苗甲个人债务从而判决由其个人承担与事实和法律不符，本院予以纠正。原审判决认定事实错误，导致判决结果错误。判决：撤销一审

〔1〕 参见国家法官学院案例开发研究中心编：《中国法院2016年度案例》（民间借贷纠纷），中国法制出版社2016年版，第151页。广东省罗定市人民法院（2014）云罗法民初字第852号民事判决书。

判决；上诉人苗甲、被上诉人刘乙共同偿还被上诉人刘甲借款270,000元及利息。[1]

(四)分居期间借款处理

夫妻分居期间单方所借债务应否由双方共同承担，是实践中的疑难问题。在夫妻对于债务进行了约定或者双方已经分居，各自负担各自债务的约定为前提的情况下，则夫妻分居期间单方所借债务应由单方负担，而非双方共同承担。但该种认定的前提条件是夫妻分居者能举证证明，在举证不能时，则按夫妻共同债务认定。

【案例10－100】　宋某某、王某某诉朱某某、杨某某民间借贷纠纷再审案

再审法院认为，本案中，宋某某、王某某提供的四张字据系经过杨某某本人书写并签名，该字据内容中载明有“借到”“归还”等字样，故可认定字据能够作为债权凭证证实宋某某与杨某某之间存在资金融通行为，该资金融通行为符合民间借贷的基本特征。该笔借贷发生时，王某某与宋某某、朱某某与杨某某均系夫妻关系存续期间，故王某某与宋某某有权作为共同债权人向朱某某与杨某某主张权利。朱某某主张本案所涉债务未用于夫妻共同生活属于杨某某个人债务问题。虽然字据上仅有杨某某一人签名，但借款发生时，朱某某与杨某某并未解除夫妻关系。依据《婚姻法解释(二)》第二十四条第一款的规定，本案中，朱某某未提供证据证实涉案债务系宋某某与杨某某约定的个人债务，也未提供证据证明其与杨某某在婚姻关系存续期间所得的财产约定归各自所有，且王某某、宋某某知道该约定。虽朱某某提交的其与杨某某的分居协议书中载明有“分居期间，各自对自己财政、经济、社交及法律等一切领域负全责，从此双方终止一切对内对外的财产关系”。但该约定系朱某某与杨某某之间的内部约定，且没有证据证明宋某某和王某某知晓。故该证据亦不足以证明涉案债务没有用于家庭共同生活。故原判决认定杨某某在本案中所负的债务应当按夫妻共同债务处理并无不妥。判决：维持二审判决。[2]

举债人的配偶能举证证明分居期间所借债务并非用于夫妻共同生活的，不应

---

[1] 参见国家法官学院案例开发研究中心编：《中国法院2014年度案例》(民间借贷纠纷)，中国法制出版社2014年版，第82页。海南省海口市中级人民法院(2012)海中法民一终字第301号民事判决书。

[2] 参见国家法官学院案例开发研究中心编：《中国法院2018年度案例》(民间借贷纠纷)，中国法制出版社2018年版，第55～56页。北京市第一中级人民法院(2016)京01民再81号民事判决书。

认定为夫妻共同债务。

【案例 10－101】 宋某某诉施某某、杨某某等民间借贷纠纷案

判决观点，施某某向宋某某借款 52,000 元，有借条、中国农业银行银行卡交易明细清单、信用卡服务明细为凭，对于该借款，施某某应负偿还之责。宋某某要求施某某支付借款 52,000 元本金及自 2016 年 8 月 18 日起至实际给付之日止按中国人民银行规定的同期银行贷款利率计算的利息，符合相关规定，法院予以支持。对于涉案借款是否应认定为系杨某某与施某某的夫妻共同债务。在债权人以夫妻一方为被告起诉的债务纠纷中，对于案涉债务是否属于夫妻共同债务，应当按照《婚姻法解释（二）》第二十四条规定认定，如果举债人的配偶举证证明所借债务并非用于夫妻共同生活，则其不承担偿还责任。本案中，宋某某陈述涉案债务系施某某以开店需要资金购买香烟为由向她所借，除现金交付外另 30,000 元是转账至施某某母亲账户的。杨某某向法院提供了无锡市滨湖区华庄街道旺安社区出具的证明、同一小区居民出具的情况说明并申请了证人邵某某、章某某、许某某以及施某某的父亲施甲出庭作证，根据杨某某提供的证据并结合证人邵某某、章某某、许某某、施甲的陈述内容以及涉案借款的出借时间、出借过程，可以认定涉案借款发生在杨某某与施某某分居期间，也未用于施某某与杨某某的夫妻共同生活，故可认定涉案借款并非杨某某与施某某的夫妻共同债务。因此，法院对于宋某某要求杨某某对施某某应付借款本息承担共同清偿责任的诉讼请求不予支持。判决：施某某偿还宋某某借款本金 52,000 元及逾期利息。[1]

【案例 10－102】 沈某某诉张某某、姬某某民间借贷纠纷案

判决观点，关于原告主张被告姬某某应对被告张某某的债务承担共同还款责任之说，虽然被告张某某向原告借款发生于二被告婚姻关系存续期间，但北京市东城区安定门街道宝钞南社区居民委员会出具的证明显示，二被告因感情问题自 2013 年 6 月开始分居，且原告在向被告张某某出借款项时目的是让被告张某某对外放贷，虽然原告表示并不清楚具体借款人，但在原告从被告张某某拿走张甲出具的欠条时，其应明知自己交付给被告张某某的款项已由被告张某某放贷给张甲，而非用于二被告夫妻共同生活，故原告要求姬某某作为非举债方对未用于夫妻共同生活之债承担还款责任，有失公允，法院不予支持。判决：被告张某某偿还原告沈某某借款本金 102,300 元及相

〔1〕 参见国家法官学院案例开发研究中心编：《中国法院 2018 年度案例》（民间借贷纠纷），中国法制出版社 2018 年版，第 93 页。江苏省江阴市人民法院（2016）苏 0281 民初 11196 号民事判决书。

应利息。[1]

在借款用途无法查明的情况下，双方已经分居，则不能证明双方具有举债合意。

【案例10－103】　马某某诉涂某、郭某某民间借贷纠纷案

判决观点，本案的争议焦点在于涂某所借款项是否为夫妻共同债务、郭某某对借款是否负有偿还责任。对此，应当根据具体案情予以认定。首先，从举债的期间来看，本案涉及的借款有4笔款项发生于2011年5月2日至2015年9月30日，而根据双方所交的证据可以认定双方自2010年即开始分居，郭某某与其父母共同居住在延庆，原告提交的证据不能证明郭某某在主观上与涂某有共同举债的合意，也不能证明所借款项用于涂某与郭某某的家庭生活。且结合涂某因挪用公款被判处刑罚及挪用公款具体数额的客观事实，郭某某所述涂某所借款项用于退赔单位的可能性极高，故法院认为在此期间的举债并非夫妻共同债务。至于2009年8月26日的借款，涂某称此款项用于购买位于丰台区梅市口的房屋。此系原告与涂某系列借款中的第一笔，且数额较大，但原告与涂某却都承认此借条系后补，结合郭某某提交的相关借条以及原告和涂某无法提供该款项往来证据的情况，法院认为该笔借款形成有违常理，但基于涂某自认的情况，法院认定该借款亦属于涂某的个人债务。关于郭某某的行为能力问题，鉴于已经有生效判决和裁定就其民事行为能力进行了认定，而诉讼中郭某某又明确表示不同意鉴定，故法院依据现有情况难以认定郭某某为无民事行为能力人或限制民事行为能力人。判决：被告涂某偿还原告马某某1,325,000元。[2]

在双方已经分居多年，一方举债的情况下，不能证明双方具有举债合意的，则不能认证为夫妻共同债务。

【案例10－104】　刘某某诉张某某、赵某某民间借贷纠纷案

判决观点，原告所诉借款发生在张某某与赵某某夫妻关系存续期间，但由于借款时间发生在其离婚近一年后，同时综合其离家未归时间及借款金额，可以认定借款未用于家庭共同生活，故根据法律规定，赵某某不应对上述借款承担还款责任。被告张某某经法院合法传唤，无正当理由未到庭应诉，亦未提出书面答辩意见，视为其放弃答辩和对证据进行质证的权利，法院依法缺

---

〔1〕　参见国家法官学院案例开发研究中心编：《中国法院2016年度案例》（民间借贷纠纷），中国法制出版社2016年版，第119页。北京市东城区人民法院（2014）东民（商）初字第13773号民事判决书。

〔2〕　参见国家法官学院案例开发研究中心编：《中国法院2018年度案例》（民间借贷纠纷），中国法制出版社2018年版，第67～68页。北京市朝阳区人民法院（2016）京0105民初8142号民事判决书。

席判决。判决:被告张某某偿还原告刘某某借款106,000元并支付违约金。[1]

夫妻一方非用于共同生活的大额举债为个人债务。

【案例10－105】 陈某军诉齐某、崔某某民间借贷纠纷案

判决观点,本案中,齐某为陈某军出具借条,且自认收到全部款项,故应当承担还款义务。对此,法院不持异议。崔某某是否有对80万元债务还款的义务?法院认为此债务并非共同债务,应回归合同的相对性,由齐某还款,崔某某无还款义务。判决:齐某偿还陈某军借款80万元及相应的逾期利息,驳回陈某军对崔某某的诉讼请求。[2] 涉案借款发生前至离婚时夫妻双方处于分居状态,无共同生活之事实,无证据显示夫妻双方有因共同生活而需共同举债的必要,亦无证据显示其家庭有大额支出,且涉案债务属于明显超出日常生活所需的举债,债权人无证据证明用于夫妻共同生活。故涉案债务不是夫妻共同债务,应回归合同的相对性,由借款人一方承担还款义务。

对于发生在夫妻双方分居阶段的借款归属,一般借款用途不能为另一方所共享时,不宜认定为单方举债用于共同生活,也不宜认定为夫妻共同债务。

【案例10－106】 段某诉孟某等民间借贷纠纷案

二审法院认为,关于孟某是否应承担连带责任的问题,根据段某主张,涉案借款是现金交付,段某的资金来源于纪某,纪某也是现金交付,但对于段某向纪某借款的交付地点、借条收回情况,段某的陈述与纪某的陈述不一致,段某对其向纪某的借款是否还清、向刘某某借款的用途陈述前后不一致,且涉案借款发生在孟某起诉刘某某离婚之后,以及孟某与刘某某经离婚判决后认定的分居期间。虽然段某提交了录像视频光盘,但视频内容未明确体现出涉案借款。综上考虑,段某目前提供的证据,不能支持其要求孟某对涉案借款承担连带偿还责任的请求。[3]

对于夫妻一方直系亲属起诉的借款事实有疑点的,不宜认定为夫妻共同债务。

【案例10－107】 杜甲诉杜乙、杨某某民间借贷纠纷案

判决观点,关于被告杨某某是否应承担连带责任的问题。原告与被告杜

---

〔1〕 参见国家法官学院案例开发研究中心编:《中国法院2018年度案例》(民间借贷纠纷),中国法制出版社2018年版,第72页。北京市房山区人民法院(2015)房民商初字第15845号民事判决书。

〔2〕 参见《人民司法·案例》2018年第20期(总第823期),第10页。北京市房山区人民法院(2017)京0111民初12207号民事判决书。

〔3〕 参见国家法官学院案例开发研究中心编:《中国法院2019年度案例》(民间借贷纠纷),中国法制出版社2019年版,第76页。天津市第一中级人民法院(2017)津01民终932号民事判决书。

乙间成立民间借贷关系仅因被告杜乙的自认，原告所提交的证据本身并不足以证明借贷关系的存在。而考虑到原、被告之间的身份关系存在特殊性，对于家庭成员间是否存在借贷关系应科以较普通民间借贷关系更严苛的证明责任。2014年4月8日的借条虽载明之前的四张借条已收回当场销毁，但其上并无被告杨某某的签字，被告杨某某亦对该借条的内容持有异议，同时该借条出具的时间系在原告知悉被告杨某某向被告杜乙提出离婚、两被告于2013年3月底分居的事实之后，且该借条上约定的利息又高于原告自认向亲戚朋友所需支付的最高利息，此与原告自认其系出于亲情帮助两被告购房、并无从中获益之意相矛盾，再结合原告关于涉案款项系用于两被告购买婚房、装修及购买家具的主张，应认定原告与被告杜乙间关于涉案400,000元的借款不属于两被告间的夫妻共同债务。判决：被告杜乙应向原告杜甲偿还借款本金400,000元、利息及逾期利息。[1]

夫妻双方离婚时或离婚后对婚姻关系存续期间一方所负的债务，对外应当依法共同承担连带清偿责任，对内则应依据一定的原则予以分担。两者属于不同的法律关系和不同的诉讼标的。

【案例10－108】　陈某某诉叶某某离婚后财产纠纷案

二审法院认为，夫妻离婚时，应对婚姻关系存续期间所形成的债务是夫妻共同债务还是一方的个人债务作出认定。本案所涉债务，系叶某某在分居期间经营所欠的债务，其未举证证明夫妻有共同举债的合意，也未证明夫妻分享了该债务所带来的利益。因此，虽然对外为保护债权人利益、保护交易安全，认定该债务为夫妻共同债务，但在夫妻内部分担上，仍应认定为叶某某个人债务，由其自行承担。陈某某已支付的55,250元，本质上是对叶某某个人债务的对外代偿，依法可向叶某某追偿。一审法院未厘清该债务在对外与对内法律关系上的不同属性，属于适用法律错误，应予纠正。判决：撤销一审判决；叶某某支付陈某某55,250元。[2]

（五）重婚期间借款处理

夫妻共同债务并不是简单地以婚姻关系存续期间为认定标准，还应当综合考

〔1〕　参见国家法官学院案例开发研究中心编：《中国法院2016年度案例》（民间借贷纠纷），中国法制出版社2016年版，第127页。广西壮族自治区南宁市青秀区人民法院（2014）青民一初字第1214号民事判决书。

〔2〕　参见最高人民法院民事审判第一庭编：《民事审判指导与参考》2010年第4集（总第44集），法律出版社2011年版，第254～255页。

虑该笔借款是否在婚姻关系存续期间为家庭生活或生产所用。夫妻一方与第三人以夫妻名义同居生活，其二人已经构成重婚，并被法院判决犯重婚罪判处刑罚的，在夫妻一方与第三人对外以夫妻名义生活期间所借的款项，应当认定为该笔款项为夫妻一方与第三人的“夫妻共同债务”更符合实际情况，而不是夫妻一方与另一方在法律认可的婚姻关系存续期间的夫妻共同债务。夫妻一方与第三人共同生活期间的债务，在第三人没有证据证明债务系个人债务的情况下，其应当承担还款责任。夫妻一方与第三人以夫妻名义同居生活期间所欠债务，因已经构成夫妻关系，根据法律精神，应当认定为夫妻一方与第三人为其“夫妻”共同生活所借的共同债务，第三人应当承担还款的义务。

现行法律虽然明确约定了婚姻关系存续期间的债务认定问题，但在重婚问题上如何确定夫妻共同债务存在空白，仅能依靠法律精神并综合案件情况进行推断和判定。对于重婚关系期间，夫妻关系之间和重婚产生的“夫妻关系之间共同债务”如何确定划分，法律难以给出明确的意见。一般认为，应当综合借款目的、生活的紧密性和生活中的实际受益方来判断。

【案例 10－109】 李某某诉刘甲、袁甲、刘乙、袁乙民间借贷纠纷案

判决观点，袁某向李某某分五次借款共 99,500 元，该事实有原告提供的借条证实，法院予以认定。上述 99,500 元借款，其中 90,500 元分别在 1996 年 11 月 28 日、1998 年 7 月 11 日、1998 年 10 月 16 日所借，该 90,500 元的债务发生在袁某与刘甲的婚姻关系存续期间，双方在该期间仍共同生活，根据《婚姻法解释(二)》第二十四条的规定，该债务属于袁某和被告刘甲的夫妻共同债务，被告刘甲应与袁某共同偿还上述 90,500 元的债务。袁某于 2000 年 8 月 26 日向原告借款 2500 元，该期间虽然在袁某与被告刘甲婚姻关系存续期间，但双方于该期间已分居，且原告已知道袁某与被告刘甲分居的事实，因当时袁某已经与刘甲分居并与刘乙以夫妻名义同居生活，因此，该债务不属于袁某与被告刘甲的夫妻共同债务，被告刘甲对该 2500 元借款不应承担偿还责任，应由袁某偿还。原告主张被告刘乙与袁某于 1997 年开始以夫妻名义同居生活，但不能举出证据证实，法院对(2002)合刑初字第 267 号刑事判决书中认定刘乙与袁某于 1999 年开始以夫妻名义同居生活的情况予以采信。故该 2500 元借款发生时，袁某与被告刘乙虽未登记结婚，但双方当时已以夫妻名义共同生活，该债务应属于袁某与刘乙的共同债务，被告刘乙应与袁某共同偿还该债务。另有 6500 元借款虽然是袁某所借，但没有落款具体日期，原告主张其系 2010 年 12 月的借款，但没有提交证据证实，被告刘甲否认借款与其有关，法院认为该笔借款无法认定为刘甲与袁某婚姻关系存续期间产生并为家庭生活所用或是袁某与刘乙的共同债务，应为袁某的个人债务，被告刘甲、刘乙不应承担清偿责任。由于袁某已于 2013 年 6 月死亡，被告袁甲、袁乙、刘甲为袁某的第一顺序继承人且未放弃继承,应在继承袁某的遗产价值范围内清偿袁某的上述99,500元债务。判决:被告袁乙、袁甲应在继承袁某的遗产范围内偿还袁某向原告李某某的借款99,500元;被告刘甲应对上述判决主文第一项确定的债务中的90,500元借款对原告李某某承担清偿责任;被告刘乙应在上述判决主文第一项确定的债务中的2500元借款对原告李某某承担清偿责任,并应在继承袁某的遗产范围内对袁某向原告李某某的借款本金99,500元承担偿还责任。[1]

---

[1] 参见国家法官学院案例开发研究中心编:《中国法院2017年度案例》(民间借贷纠纷),中国法制出版社2017年版,第114~115页。广西壮族自治区北海市合浦县人民法院(2015)合民二初字第197号民事判决书。

专题十一　借款案件诉讼程序

本专题针对借款发生纠纷之后涉及的诉讼管辖、证据认定、证人出庭等相关程序问题予以阐述。

一、借款案件诉讼程序

（一）借款案件诉讼程序

当事人就侵权之债达成和解后，仍就原侵权事实向法院主张赔偿，对方当事人未提出和解协议抗辩，并得到法院裁决的，该当事人基于和解协议的请求权便归于消灭。即使两种请求权请求的具体数额不同，依据民事诉讼法禁止部分起诉的理念，亦应裁定驳回起诉。

【案例 11－1】 陈某某诉贾某民间借贷纠纷案

二审法院认为，贾某为陈某某出具欠条的原因为 2015 年 5 月 21 日本案双方当事人及案外人刘某某发生交通事故，陈某某就其产生的损失与贾某达成和解协议。因此，陈某某就该交通事故所产生的损失既可以向贾某提起侵权损害赔偿之诉，亦可按双方之间达成的和解协议主张合同之债的履行，但两项请求权系请求权基础竞合的关系，一旦行使其中之一，另一请求权便产生失效的效果。因陈某某已就前述交通事故产生的损失向贾某提起侵权损害赔偿之诉并就该判决实际获得贾某的执行款，且在该案中，陈某某并未依双方之间达成的和解协议保留向贾某主张履行和解协议的权利，故其向人民法院起诉请求交通事故损害赔偿的行为已经行使了请求权的选择权，不得就同一法律事实再度提起诉讼。故裁定：撤销一审判决；驳回陈某某的起诉。[1]

实现担保物权的非讼程序与诉讼程序的关系，是实践中容易发生争议的问题。《民事诉讼法》第二百零七条规定的申请实现担保物权程序属于非讼程序。当事人通过非讼程序申请实现担保物权，法院作出的准许拍卖、变卖担保财产的裁定，属于国家司法机关作出的许可性裁定，具有法律上的强制执行力，阻断了当事人通过其他民事程序再行争执的机会，使得申请人和被申请人均丧失了相应诉权。因此，法院在实现担保物权非讼程序中作出准许拍卖、变卖担保财产的裁定

---

〔1〕 参见最高人民法院中国应用法学研究所编：《人民法院案例选》2019 年第 9 辑（总第 139 辑），人民法院出版社 2020 年版，第 115 页。天津市第一中级人民法院（2018）津 01 民终 2266 号民事裁定书。

后，当事人又就同一担保法律关系向法院提起担保物权纠纷之诉的，法院不应受理。但是，通过实现担保物权非讼程序拍卖、变卖担保物仍不足以清偿全部主债权的，债权人可就未实现的债权另行通过诉讼程序主张权利。

【案例11－2】 宁安合作联社东京城信用社与天福利享公司民间借贷纠纷案

最高人民法院认为，宁安合作联社东京城信用社提起的本案民间借贷纠纷，与天福利享公司作为申请人先行提起的宁安市人民法院（2017）黑1084号民特3号申请实现担保物权一案，均是针对宁安合作联社东京城信用社对天福利享公司享有的同一借款债权。前案是当事人通过非讼程序实现担保物权，而本案是当事人通过诉讼程序请求对抵押物优先受偿以实现担保物权。尽管本案的诉讼请求与前案申请并不完全重合，但争议法律关系同一，且均是为了实现担保物权。《民事诉讼法》第一百九十六条规定了"申请实现担保物权"的特别程序（非讼程序），在第一百九十七条规定了"申请实现担保物权"的特别程序与通过诉讼程序实现担保物权的程序衔接。依据前述两条法律规定，申请实现担保物权，由担保物权人以及其他有权请求实现担保物权的人依照《物权法》等法律，向担保财产所在地或者担保物登记地人民法院提出，人民法院受理申请后，经审查，符合法律规定的，裁定拍卖、变卖担保财产，当事人根据该裁定可以向人民法院申请执行，不符合法律规定的，裁定驳回申请，当事人可以向人民法院提起诉讼。据此，在借款担保法律关系中的一方当事人已经通过非讼程序申请实现担保物权的情况下，只有其申请被人民法院裁定驳回，或者申请实现担保物权的非讼案件已经执行完毕，债权人还存在尚未清偿的债权的，当事人才可以就同一借款担保法律关系另行向人民法院提起诉讼。若申请实现担保物权非讼案件的生效民事裁定准许拍卖、变卖担保物权的范围尚未最终确定，则债权人不得就同一借款担保法律关系再行提起诉讼，主张对抵押物优先受偿。本案中，因宁安市法院（2017）黑1084民特3号民事裁定准许拍卖、变卖天福利享公司所有的房产偿还案涉欠款及利息，该裁定现已发生法律效力并且在执行过程中，故宁安合作联社东京城信用社不得针对同一借款担保法律关系，提起本案诉讼请求，对抵押物优先受偿。一审法院裁定驳回宁安合作联社东京城信用社的起诉，理由虽不准确，但结果并无不当。在宁安市人民法院（2017）黑1084民特3号民事裁定终结后，宁安合作联社或者其分支机构宁安合作联社东京城信用社可就其未实现的债权另行提起诉讼。裁定：驳回上诉，维持原裁定。[1]

〔1〕 参见人民法院出版社主编：《最高人民法院民商事审判指导》（第6卷），人民法院出版社2019年版，第531页。

（二）借款案件诉讼管辖

《民间借贷规定》第三条规定："借贷双方就合同履行地未约定或者约定不明确，事后未达成补充协议，按照合同相关条款或者交易习惯仍不能确定的，以接受货币一方所在地为合同履行地。"本条是对民间借贷合同履行地确定的规定，实际上亦是诉讼管辖的规定。司法解释制定者认为，第一，民事程序法框架内的"接受货币一方所在地"应是特指民事实体法上有权接受货币的出借人或借款人，而非现实中的实际收款人。本条中"接受货币一方所在地"被用于确定法院管辖，接受货币一方所在地应以合同相对方所在地为准。第二，民事实体法框架内的"接受货币一方所在地"宜理解为借贷合同约定的现实中的实际收款人，而非仅指有权接受货币的出借人或借款人。第三，未履行民间借贷合同的管辖法院因民间借贷合同是否生效而有所不同。第四，借款人在借款到期后非以货币形式履行还款义务产生争议时，仍应由原合同约定的接受货币一方所在地法院管辖（出借人所在地法院管辖）。这里需要注意的是，如果借款人替代原货币给付义务的履行物为不动产时，究竟是在出借人所在地法院管辖还是根据专属管辖规定由不动产所在地法院管辖，本条未予明示，但从有利于查明案件事实、妥善处理纠纷出发，我们更倾向于由不动产所在地法院专属管辖。[1]

当事人协议管辖的约定违反了级别管辖标准，不当然认定协议无效，可以在约定地域范围内作相应的级别调整。也就是说，约定管辖违反级别管辖规定时只是相对无效。

【案例 11－3】　曾某诉林某民间借贷纠纷管辖异议再审案

最高人民法院认为，当事人约定管辖条款往往包含地域管辖和级别管辖两个层面的内容，如果其约定只是违反了级别管辖标准，可以认定其约定的级别管辖无效，一般不宜以此否定整个管辖约定，可以在约定地域范围内作相应的级别调整。本案双方约定的是晋江市人民法院管辖，该约定符合地域管辖规定，只是违反级别管辖规定，可在有效约定地域即晋江市的基础上，作相应级别调整，由晋江市所在地的中级人民法院即泉州市中级人民法院管辖。裁定驳回林某的再审申请，此案继续由泉州市中级人民法院审理。[2]

---

〔1〕　参见最高人民法院民事审判第一庭编著：《最高人民法院民间借贷司法解释理解与适用》，人民法院出版社 2015 年版，第 85～88 页。

〔2〕　参见杜万华主编：《最高人民法院民商事案件审判指导》（第 5 卷），人民法院出版社 2018 年版，第 397 页。

出借人已申报保证人的破产债权，能否再以借款合同提起诉讼，要求其他义务人履行还款或保证义务有争议。一般认为，借款实际使用人又同时为保证人，虽然出借人就保证人的债务申报了破产债权，但是出借人并未实现其债权，而借款人及其他连带保证人，并不能以其已申报债权而免除其余债务人的连带义务。在连带责任保证债权债务中，债权人既可以单独起诉主债务人或保证人，也可以同时起诉主债务人和保证人。所以，出借人既向破产保证人的管理人申报了债权，又起诉借款人和其他连带责任保证人的，并不存在重复主张的问题，其诉求应受法律的保护。

【案例11－4】 玉环县苏泊尔小额贷款有限公司诉林某某等小额借款合同纠纷案

二审法院认为，至于被上诉人苏泊尔小额贷款有限公司曾向玉环锦盛百货有限公司管理人申报债权之事实，并不影响被上诉人向主债务人或其他保证人主张相关权利，故上诉人林某某对被上诉人无权向主债务人或其他保证人主张债权的上诉理由不能成立。[1]

对超过申请再审法定期间不服调解书提出再审申请的，不受法律保护。

【案例11－5】 上海申鼎国际科教有限公司诉陈某等借款合同纠纷再审案

再审法院认为，当事人对已经发生法律效力的调解书申请再审，应当在调解书发生法律效力后6个月内提出。本案一审法院于2013年7月29日即已出具调解书，此后送达当事人，调解书已经发生了法律效力，申鼎公司于2016年6月1日提出再审申请，已经超过了法律规定的再审申请期限。申鼎公司的再审申请不符合《民事诉讼法》第二百零一条、《民事诉讼法解释》第三百八十四条的规定。裁定驳回其再审申请。[2]

同一公司的两家分公司均是依法经过登记领取了营业执照的公司分支机构，它们均不能独立承担民事责任，它们之间的纠纷应属于公司内部纠纷，属于公司内部的管理问题，两家分公司之间的财产纠纷不属于法院受理民事诉讼的范围。

【案例11－6】 北京市通州区建筑集团有限公司第十二工程处诉北京市通州区建筑集团有限公司第十一工程处、北京市通州区建筑集团有限公司借款合同纠纷案

判决观点，根据查明的事实，通建十二处、通建十一处均是依法经工商登记领取了营业执照的通建集团的分支机构，其均系在隶属企业授权的范围内

〔1〕 参见国家法官学院案例开发研究中心编：《中国法院2019年度案例》（借款担保纠纷），中国法制出版社2019年版，第11页。浙江省台州市中级人民法院（2017）浙10民终487号民事判决书。

〔2〕 参见郭伟清主编：《2017年上海法院案例精选》，上海人民出版社2018年版，第97页。

从事建筑活动。通建十二处作为通建集团的分支机构,起诉通建集团要求其承担民事责任,具体到本案而言,诉讼主体不对等。同时通建十二处和通建十一处共同隶属于通建集团,作为通建集团公司内部的财产纠纷,是公司治理问题,不属于人民法院受理民事诉讼的范围。裁定:驳回通建十二处对通建十一处的起诉。[1]

基于违反公序良俗形成的借贷关系,不受法律保护。对于以借贷为名,实际上系因“婚外情”引发的债务案件,本质上并非一般债务案件,不属于法院受理的民事诉讼范围。

【案例 11-7】 张甲诉张乙其他民事纠纷案

二审法院认为,张甲与张乙无视我国的婚姻家庭制度,企图用金钱去维系不正当的情人关系,其行为违背了社会公德,损害了社会的公序良俗。对张甲与张乙所订立的两份协议的内容,法律不予保护。本案不属于人民法院受理民事诉讼范围。裁定:撤销一审判决,驳回张甲的起诉。[2]

对管辖权异议案件,法院依生效裁定移送后,当事人再次提出管辖异议,受移送法院认为法院有管辖权的,可径行审理。

【案例 11-8】 杨某诉孙某某民间借贷纠纷案

二审法院认为,本案原由四川省大竹县人民法院受理,上诉人孙某某在答辩期内提出管辖权异议,认为其住所地在重庆市沙坪坝区,本案应由重庆市沙坪坝区人民法院管辖,四川省大竹县人民法院裁定本案移送重庆市沙坪坝区人民法院管辖,本案当事人均未对该裁定提出上诉,该裁定已发生法律效力。重庆市沙坪坝区人民法院依法受理本案并享有对本案的管辖权。孙某某在对四川省大竹县人民法院提出的管辖权异议中已经自认本案应由重庆市沙坪坝区人民法院管辖,在法定期间内未对四川省大竹县人民法院的移送管辖裁定提出上诉,却在重庆市沙坪坝区人民法院受理本案后再次提出管辖权异议,认为重庆市沙坪坝区人民法院应报请上级人民法院指定管辖。经查,《民事诉讼法》(2017 修正)第三十六条规定:“人民法院发现受理的案件不属于本院管辖的,应当移送有管辖权的人民法院,受移送的人民法院认为受移送的案件依照规定不属于本院管辖的,应当报请上级人民法院指定管辖,不得再自行移送。”重庆市沙坪坝区人民法院依法受移送后对本案进行了审理,并未认为本案不属于该院管辖,孙某某援引《民事诉讼法》第三十六条

---

〔1〕 参见国家法官学院案例开发研究中心编:《中国法院 2015 年度案例》(借款担保纠纷),中国法制出版社 2015 年版,第 84 页。北京市通州区人民法院(2013)通民初字第 6972 号民事裁定书。

〔2〕 浙江省杭州市中级人民法院(2009)浙杭商终字第 1138 号民事裁定书。

规定不能支持其上诉理由。孙某某在四川省大竹县人民法院作出移送管辖裁定生效后再次向受移送人民法院提出管辖权异议,亦违反了《民事诉讼法》第十三条第一款"民事诉讼应当遵循诚实信用原则"的规定。故重庆市沙坪坝区人民法院收到移送管辖案件后,认为法院有管辖权的,可径行审理。判决:驳回上诉,维持原判。[1]

民间借贷合同中的管辖约定是否为"与争议有实际联系的地点"应当综合考虑当事人情况和涉诉行为等因素进行认定,不应只局限于法律条文中列举的地点。

【案例11-9】 某公司与某某公司民间借贷纠纷案

最高人民法院认为,《民事诉讼法》第三十五条规定:"合同或者其他财产权益纠纷的当事人可以书面协议选择被告住所地、合同履行地、合同签订地、原告住所地、标的物所在地等与争议有实际联系的地点的人民法院管辖,但不得违反本法对级别管辖和专属管辖的规定。"协议管辖制度的核心是尊重双方当事人的意思自治,让双方当事人选择法院审理涉诉纠纷。一旦以达成协议管辖的方式共同作出决定,当事人双方都应接受协议管辖的约定。关于如何理解"与争议有实际联系的地点",应当结合具体案件情况具体分析,结合争议的法律关系的具体情形,综合考虑当事人的情况及涉诉法律行为等诸多因素,确定该地点是否与争议有实际联系。本案中,当事人通过甲公司的金融平台签订《甲公司金融借款协议》电子合同,明确约定"如发生纠纷,由丙方(甲公司)所在地人民法院诉讼解决",同时,出借人和借款人均授权通过甲公司完成借贷行为。由此可见,甲公司的所在地与本案争议有实际联系,甲公司所在地人民法院,对本案具有管辖权。[2]

民间借贷合同中约定发生债权转让的,受让方所在地即为协议履行地,系合同当事人为第三方即受让方将来涉诉约定的协议管辖条款,受让方不确定亦不可能参与缔结这一协议管辖条款,故应当认定未生效。

【案例11-10】 某公司与浩荣公司民间借贷纠纷案

最高人民法院认为,案涉《借款协议》第十三条约定,协议签订地及实际履行地为上海市黄浦区,发生争议,由协议履行地法院管辖;如发生债权转让的,债权受让方所在地即为协议履行地。其中,关于"协议签订地及实际履行地为上海市黄浦区,发生争议,由协议履行地法院管辖"的约定,系合同当事人的真实意思表示,应当认定合法有效;关于"如发生债权转让的,债权受让

---

〔1〕 重庆市第一中级人民法院(2013)渝一中法民终字第01756号民事判决书。
〔2〕 最高人民法院(2022)民辖101号民事裁定书。

方所在地即为协议履行地"的约定，系合同当事人为第三方即受让方将来涉诉约定的协议管辖条款，受让方不确定亦不可能参与缔结这一协议管辖条款，故应当认定未生效。《民事诉讼法解释》第三十三条规定，合同转让的，合同的管辖协议对合同受让人有效，但转让时受让人不知道有管辖协议，或者转让协议另有约定且原合同相对人同意的除外。本案中，浩荣公司并未主张受让案涉权利时不知道有管辖协议或者转让协议另有约定且原合同相对人同意，《借款协议》关于由协议履行地法院管辖的条款，对浩荣公司有效，上海市黄浦区人民法院是本案的管辖法院。[1]

担保协议约定仲裁条款的，人民法院就当事人之间的纠纷不具有管辖权。后债权人与其他担保人就同一笔债务另行签订担保协议，并对前者关于纠纷解决方式的约定进行了变更，约定由人民法院管辖因合同争议引发的纠纷。不论关于纠纷解决方式的约定是否会对保证人的保证意愿存在影响，均不能因此排除或者限制部分合同当事人变更纠纷解决方式的权利。前一担保协议的仲裁条款对后一协议的当事人也不具有约束力。

【案例 11－11】　C 公司与 D 集团民间借贷纠纷案

最高人民法院认为，本案应根据《借款担保补充协议》和《还款承诺及担保协议书》关于纠纷解决方式的不同约定确定人民法院对有关纠纷是否有管辖权。一是 A 公司、B 公司以及钟某仅为《借款担保补充协议》的缔约方，未在《还款承诺及担保协议书》上签字同意，在《借款担保补充协议》约定仲裁条款的情况下，人民法院就 C 公司与 A 公司、B 公司、钟某之间的纠纷不具有管辖权。二是 C 公司和 D 集团在签订《借款担保补充协议》后，又签订了《还款承诺及担保协议书》。后者对前者关于纠纷解决方式的约定进行了变更，约定由人民法院管辖因合同争议引发的纠纷。不论关于纠纷解决方式的约定是否会对保证人的保证意愿存在影响，均不能因此排除或者限制部分合同当事人变更纠纷解决方式的权利，故一审法院应当受理 C 公司对 D 集团的起诉。三是 E 公司等八家公司仅为《还款承诺及担保协议书》的当事人，《借款担保补充协议》的仲裁条款对其不具有约束力，一审法院应当受理 C 公司对上述八方当事人的起诉。[2]

我国现行法律法规对比特币的法律属性未有明确规定，不应认定其民法上之物，不具有种类物的属性，不具有法偿性，且比特币的不可交易性，决定其无法使用法定货币进行量化，不具有判决的可执行性。因此，当事人起诉要求返还比特

---

〔1〕 最高人民法院(2022)民辖 14 号民事裁定书。
〔2〕 最高人民法院(2022)民终 51 号民事裁定书。

币的诉讼请求不符合人民法院民事诉讼的受理范围，应当裁定驳回起诉。

【案例 11－12】 徐某诉林某星民间借贷纠纷案

二审法院认为，《民法典》虽然明确法律对数据、网络虚拟财产的保护有规定的，依照其规定；但是上述规范性文件已经明确比特币为特定的“虚拟商品”，不仅未对其保护作相关规定，而且规定不能也不应将比特币作为货币在市场上流通使用，任何金融机构、支付机构以及所谓的代币融资交易平台不得从事法定货币与代币、“虚拟货币”相互之间的兑换业务，不得买卖或作为中央对手买卖代币或“虚拟货币”。因此，本案双方当事人作为比特币的投资者，双方之间借用比特币之交易行为，目前不受法律保护。同时，虽然比特币可以看作一种特定的“虚拟商品”，但目前我国尚未有相关的法律法规明确其为民法上之物，双方也均明确比特币具有境外平台进行运营；况且其不具有种类物的属性，在本案中不具有现实的可返回性，也无法使用法定货币进行量化。故原告起诉要求被告返还 341 个比特币，不符合《民事诉讼法》第一百一十九条第四项规定的人民法院受理民事诉讼的范围，理应驳回起诉。〔1〕

（三）公证书有争议的起诉问题

所谓公证债权文书，是指公证机关依照国家赋予的权力和法律规定的程序，对于追偿债权、物品的文书，经过审查，认为事实清楚，双方并无争议，经当事人申请，依法制作的证明该项文书具有强制执行效力的法律文书。《民事诉讼法》第二百四十九条规定：“对公证机关依法赋予强制执行效力的债权文书，一方当事人不履行的，对方当事人可以向有管辖权的人民法院申请执行，受申请的人民法院应当执行。公证债权文书确有错误的，人民法院裁定不予执行，并将裁定书送达双方当事人和公证机关。”该条规定在法律上确立了公证债权文书的强制执行效力，一定程度上说明了公证债权文书不具有可诉性。除此之外，《公证法》第三十七条规定：“对经公证的以给付为内容并载明债务人愿意接受强制执行承诺的债权文书，债务人不履行或履行不适当的，债权人可以依法向有管辖权的人民法院申请执行。前款规定的债权文书确有错误的，人民法院裁定不予执行，并将裁定书送达双方当事人和公证机构。”现行法律之所以有这样的制度设计，其法理上的

〔1〕 参见最高人民法院中国应用法学研究所编：《人民法院案例选》2022 年第 11 辑（总第 177 辑），人民法院出版社 2022 年版，第 125～126 页。江苏省常州市中级人民法院（2021）苏 04 民终 4306 号民事判决书。

根源在于充分尊重申请公证的双方当事人的意思自治。为了确保公证制度的有效性,进而保障经济交往的稳定性和高效性,公证债权文书的强制效力是法律的必然规定。

一般情况下,对公证债权文书是不能起诉的,但并非绝对不能起诉。《最高人民法院关于当事人对具有强制执行力的公证债权文书的内容有争议提起诉讼人民法院是否受理问题的批复》(已失效)规定:"经公证的以给付为内容并载明债务人愿意接受强制执行承诺的债权文书依法具有强制执行效力。债权人或者债务人对该债权文书的内容有争议直接向人民法院提起民事诉讼的,人民法院不予受理。但公证债权文书确有错误,人民法院裁定不予执行的,当事人、公证事项的利害关系人可以就争议内容向人民法院提起民事诉讼。"该批复规定了公证债权文书可诉的程序要求和实体要求。在程序上要求法院对公证债权文书裁定不予执行后,方可提起民事诉讼,而限制未经法院裁定不予执行下达之前就提起诉讼。在实体上要求就是公证债权文书确有错误,但没有明确界定确有错误的范畴。换言之,确有错误是公证债权文书唯一可诉的情形。以行为和合同无效的法理为基础,结合审判实践的经验,依照《民法典》的规定,以下情形应考虑认定为确有错误:其一,债权文书没有以给付为内容的。其二,债权债务关系约定不明确,导致借贷双方对债权文书约定的给付内容(数额、期限、方式)等存在争议的。其三,债权文书没有载明债务人愿意接受强制执行承诺的。其四,利害关系人有充分证据证明债权文书是债务人与债权人规避法律义务、损害他人利益、恶意串通公证的。其五,公证员在办理公证时有受贿、舞弊行为的。其六,提交的证据足以推翻债权文书的。其七,人民法院认为执行该债权文书违背公序良俗的。应当注意的是,实践中情形十分复杂,以上列举的情形不能充分涵盖所有实践中的情形,凡是能证明公证债权文书并非借贷双方真实意表示的、公证程序存在瑕疵的、内容损害第三人权益或违背公序良俗的均应认定为确有错误的公证债权文书。

【案例 11 - 13】　韩某诉邓某某民间借贷纠纷案

判决观点,根据以上规定可知,如当事人对公证债权文书的内容存在争议而向人民法院提起诉讼,需满足一个前提条件,即人民法院对公证债权文书裁定不予执行,否则人民法院不应受理。本案中,北京市西城区人民法院已经依法受理了对涉案的公证债权文书的强制执行申请,且原告未能举证证实北京市西城区人民法院已经裁定对涉案的公证债权文书不予执行,故在此情形下,原告再向法院提起民事诉讼不符合相关规定,以及对原告的起诉,应予以驳回。裁定:驳回原告韩某的起诉。[1]

---

〔1〕 参见国家法官学院案例开发研究中心编:《中国法院 2015 年度案例》(民间借贷纠纷),中国法制出版社 2015 年版,33 页。北京市昌平区人民法院(2012)昌民初字第 7563 号民事裁定书。

【案例 11 –14】 北京永乐时光种植有限公司诉路某某民间借贷纠纷案

二审法院认为,借款人永乐公司、出借人路某某及担保人于某某、杨某某、王某某签订的《借款协议》已经方正公证处出具了具有强制执行效力的债权文书公证书,永乐公司提出路某某并未依照《借款协议》的约定向其出借 2,320,000 元,路某某实际出借的款项数额为 1,480,000 元,永乐公司并未收到路某某借款现金 840,000 元等主张,系永乐公司对公证债权文书的内容有争议,且永乐公司据此向一审法院提起民事诉讼。根据《最高人民法院关于当事人对具有强制执行力的公证债权文书的内容有争议提起诉讼人民法院是否受理问题的批复》(已失效)的规定,永乐公司的起诉依法应予驳回,一审法院判决驳回永乐公司的诉讼请求,属于适用法律错误,本院依法予以纠正。裁定:撤销一审判决;驳回永乐公司的起诉。[1]

(四)管辖异议

个案中,对于当事人提出的管辖异议,法官行使自由裁量权裁定。

【案例 11 –15】 深圳市东方置地集团有限公司与曲靖市东方置地实业有限公司企业借贷纠纷案

最高人民法院认为,原审中,曲靖东方公司未对原审法院管辖提出异议,其在最高人民法院二审中对原审提出的管辖异议无论是否成立,都不影响该院的二审审理,故该院对曲靖东方公司提出的管辖异议,不予支持。[2]

超过答辩期提交管辖权异议有效。法院有主动审查是否具有管辖权的义务,超过答辩期借款人并非必然丧失管辖权异议的权利,法官仍应审查出具裁定。如果发现本院没有管辖权或者案件违反级别管辑和专属管辖,应当裁定移送有管辖权的法院。否则,裁定驳回管辖权异议。

【案例 11 –16】 马某某诉李某某民间借贷纠纷案

一审法院认为,被告提出的管辖权异议申请不能成立。首先,公民的经常居住地是指公民离开住所地至起诉时已连续居住一年以上的地方,林州市人民法院于 2015 年 11 月 2 日在东姚镇李家厂村给被告本人送达了起诉状副本、应诉通知书、举证通知书、开庭传票等法律文书,被告当庭也承认其在

---

〔1〕 参见国家法官学院案例开发研究中心编:《中国法院 2015 年度案例》(民间借贷纠纷),中国法制出版社 2015 年版,238 ~239 页。北京市第二中级人民法院(2013)二中民终字第 16312 号民事裁定书。

〔2〕 参见杜万华主编:《最高人民法院民商事案件审判指导》(第 3 卷),人民法院出版社 2015 年版,第 417 页。

东姚镇李家厂村有耕地、房产并按农时回来耕种土地,在被告无其他证据予以印证的情况下,仅凭被告提交的安阳市北关区豆腐营街道办事处朝阳社区证明这一孤证认定安阳市北关区为其经常居住地与常理不符,应当以其户籍所在地即河南省林州市为其住所地来确定管辖。其次,民间借贷纠纷属于合同纠纷的一种,因合同纠纷提起的诉讼,由被告住所地或者合同履行地的人民法院管辖,合同对履行地点没有约定或者约定不明确,争议标的为给付货币的,接收货币一方所在地为合同履行地,就民间借贷纠纷而言,当事人对合同履行地没有约定或者约定不明确的,以接收货币一方所在地为合同履行地,也即本案合同履行地为原告所在地,故林州市人民法院对本案有管辖权。综上,被告提出的管辖权异议申请应予驳回。裁定:驳回被告李某某对本案管辖权提出的异议。二审法院认为,因合同纠纷提起的诉讼,由被告住所地或者合同履行地的人民法院管辖。上诉人李某某的住所地在林州市。原审法院作为被告住所地法院,对本案有管辖权。上诉人李某某的上诉请求因证据不足,本院不予支持。原审裁定处理结果正确,应予维持。裁定:驳回上诉,维持原裁定。[1]

【案例11-17】 陈某诉徐某民间借贷纠纷案

最高人民法院认为,上级人民法院指令再审、发回重审的案件,由原审人民法院再审或者重审。再审或者重审期间当事人提出管辖异议的,人民法院不予审查;审理法院认为没有管辖权的,也不得依职权再自行移送管辖。[2]

【案例11-18】 林某能诉林某川、刘某芳民间借贷纠纷再审案

再审法院认为,在民间借贷案件审理中,对于存在借贷关系及借贷内容等事实,出借人应承担举证责任;对已经归还借款的事实,借款人应承担举证责任。对形式有瑕疵的“欠条”或“收条”等,应结合其他证据认定是否存在借贷关系。借款人对借贷的真实性有异议的,不能仅凭借据、收据、欠条等,认定借贷关系的发生以及借贷关系的内容,应从各证据与案件事实的关联程度、各证据之间的联系等方面进行综合审查,结合借款债务形成的具体经过、交付凭证、交易习惯、资金流向以及当事人陈述等因素综合判断是否存在真实的借贷关系。[3]

---

〔1〕 参见国家法官学院案例开发研究中心编:《中国法院2017年度案例》(民间借贷纠纷),中国法制出版社2017年版,第263页。河南省安阳市中级人民法院(2016)豫05民辖终30号民事裁定书。

〔2〕 人民法院案例库2023-01-2-103-003。最高人民法院(2020)最高法民辖43号民事裁定书。

〔3〕 人民法院案例库2023-16-2-103-015。福建省高级人民法院(2023)闽民再102号民事判决书。

二、借款案件诉讼证据认定

（一）借款案件诉讼证据举证责任

《民间借贷规定》第十五条第一款规定："原告仅依据借据、收据、欠条等债权凭证提起民间借贷诉讼，被告抗辩已经偿还借款的，被告应当对其主张提供证据证明。被告提供相应证据证明其主张后，原告仍应就借贷关系的存续承担举证责任。"该条款是关于民间借贷案件当事人举证责任的规定。其适用范围为出借人与借款人在借款纠纷中的举证责任承担。

民间借贷法律关系是民事合同关系的一种，在分配举证责任上，当然也应当遵循民事诉讼举证分配的一般规则。具体来讲，其一，出借人的举证责任。根据民事诉讼举证责任分配的通常标准，在民间借贷纠纷中，出借人主张债权，其举证责任是需要证明借款债权的真实存在并已到期，而借款债权的真实存在需要两个事实，一是双方借贷合同关系已成立并生效，二是借款已实际交付给借款人，即出借人已履行了借贷合同中约定的义务。其二，借款人的举证责任。借款人的举证责任实际是证明自己的抗辩主张。其承担举证责任，需要对推定存在的借贷合意承担反证义务，因此，不管借款人围绕借贷合意提出何种抗辩理由，其均是在完成自己证明借贷合意不存在这一反证义务。在借款人抗辩举证之后，法官将举证责任分配给原告出借人，由原告出借人承担借贷关系成立的举证责任。

借款合同关系是否成立，应由出借人承担举证责任。

【案例 11－19】 王某某诉陆某某民间借贷纠纷案

一审法院认为，本案中，王某某主张归还借款，理应对案涉 50 万元款项的借贷合意及实际交付承担举证责任。综合双方当事人陈述及提交的证据，法院认为，虽然王某某举证了陆某某出具的借条及其向陆某某汇款的凭证，但不足以证明双方之间存在真实的借贷关系，具体理由如下：（1）案涉借款的形成过程存在诸多不合理之处。王某某以放贷为业，但在案涉借条上却不曾约定利息，也未约定违约金，且在与陆某某不熟悉的情况下出借 50 万元巨额款项，不符合民间借贷一般交易习惯，也与其专门从事放贷业务人员应有的审慎不符。且根据王某某的陈述，借款需用车辆抵押，如案涉借款真实发生，其允许陆某某在未偿还债务的情况下取走车辆，更是于理不通。加之，王某某关于陆某某曾向其夫妇借款并及时还款，信誉较好的说法也无证据证明，故本案借款的真实性存疑。(2)王某某未对50万元现金交付充分举证。虽然陆某某的银行账户收到了案涉50万元，但该款到账不久就被取出，根据王某某的陈述，系其帮助陆某某提着现金拿到车上，但王某某未就后续将所提50万元现金交付给陆某某进一步举证，陆某某亦予以否认，故王某某关于现金交付的说法尚缺乏相应的证据加以证明。(3)案涉50万元现金的出借和取款过程亦存在较多疑点。按照一般借贷习惯，王某某作为出借人只要完成账户转账即履行完出借义务，剩余事项完全可以由借款人自行完成。但本案中王某某不仅联系了银行工作人员预约取款，还护送借款人到银行取现，甚至还帮助借款人提钱，而陆某某与王某某又不熟悉，结合前述借款形成过程的不合理之处，法院难以认定王某某实际已向陆某某交付借款。综上所述，双方当事人间虽然在形式上出具了借据并交付了钱款，但王某某在与陆某某不熟悉、对借款人基本情况及借款的真实意图等不了解的情况下，轻易出借50万元且不求利息，有违常理，故不能认定双方存在真实的借款合意。而且，王某某在转账给陆某某50万元后当即将陆某某从银行取出的50万元拿走，陆某某抗辩其未实际取得钱款以及在王某某未能证明其已向陆某某交还50万元的情况下，不能认定其实际已向陆某某履行了出借义务，50万元实际仅是在形式上走了一下流程而已。王某某将陆某某用于质押的轿车在取款不久后返还给陆某某，侧面印证了钱款已被王某某拿走而无继续质押的事实，因而双方无履行出借义务之实。陆某某关于案涉钱款为赌债的辩称，因现有证据尚不足以支持，法院对此暂难采信。据此，法院认为王某某主张借贷关系成立的依据不足，法院不予采信。判决：驳回王某某的诉讼请求。二审法院同意一审法院裁判意见，驳回上诉，维持原判。[1]

【案例11－20】　母某某诉林某某民间借贷纠纷案

二审法院认为，银行转账记录和李某的证言能够相互印证母某某经过李某介绍将9万元借给林某某。林某某上诉称该款系母某某通过其账户转给黄某某和李某的，但其提供的证据无法证实其主张。且对于为何在母某某和林某某及黄某某均不相识的情况下，要通过林某某的账户转钱给黄某某而不直接将钱转给李某或黄某某，林某某未能作出合理解释。故对于林某某的上诉意见不予采纳，母某某和林某某之间9万元的借贷关系已经成立。林某某

---

〔1〕　参见国家法官学院、最高人民法院司法案例研究院编：《中国法院2020年度案例》(民间借贷纠纷)，中国法制出版社2020年版，第54～55页。江苏省南通市中级人民法院(2018)苏06民终3455号民事判决书。

欠母某某9万元借款未偿还，母某某要求林某某偿还8万元借款本金及相应利息的请求，系当事人自愿处分其民事权利，应予支持。根据《民事诉讼法解释》第九十条规定，林某某主张涉案款项系黄某某和李某向母某某借钱，母某某通过其账户将借款转给黄某某，应由林某某承担证明责任，但其未能提供证据证实，故应承担不利的后果。判决：驳回上诉，维持原判。[1]

出借人处是空白，对借款人抗辩的出借人应承担借款合同关系形成的证明责任。

【案例11－21】 陈某诉刘某某民间借贷纠纷案

判决观点，本案中，原告与被告没有签订书面借款合同，原告证明被告刘某某向原告借款的证据只有刘某某出具的借条一份，而借条“出借人”处为空白，是原告在本案立案以后才填写的，原告对其与刘某某之间形成借款合同关系负有证明责任，法院已将原告不能提交相应证据的法律后果向原告释明，但原告在法院指定期限内未提交补充证据，且原告陈述因经营向朋友出借款项，但原告的收入状况不足以支撑其资金来源，而被告提交的空白汽车转让合同、2012年12月27日的50万元借据等证据证明被告与新葡京二手车行存在抵押车借款的交易习惯，更何况本案原告所称的抵押车辆是否已被新葡京二手车行变卖以抵偿被告债务尚不确定，因此，原告没有完成其证明责任，应承担证据缺失的不利后果，法院对原告的诉讼请求不予支持。[2]

对是否存在真实借款合同关系，应由出借人承担举证责任。

【案例11－22】 王某某诉北京兆梦服装服饰有限公司民间借贷纠纷案

判决观点，对于原、被告之间存在借贷关系，以及原告是否已将借款交付被告，原告作为出借人对此负有举证责任。原告称其将从宋某某处借来的300,000元借款交付被告的实际经营人赵某某及张某某，张某某作为被告实际经营人在被告偿还120,000元后签字确认将宋某某欠被告的180,000元与原告与宋某某之间的欠款相抵，后原告为讨要欠款与被告发生纠纷时，被告向原告出具盖章确认的欠条。被告及证人张某某对原告的上述说法均不予认可，被告亦对欠条中的公章申请鉴定，但鉴定结论是欠条中加盖的公章在被告日常经营中曾被使用。而据原告提供的其与宋某某民间借贷纠纷案的民事判决中，法院查明确认的宋某某向原告借款的时间与原告在本案中的

---

〔1〕 参见国家法官学院、最高人民法院司法案例研究院编：《中国法院2020年度案例》（民间借贷纠纷），中国法制出版社2020年版，第58页。福建省宁德市中级人民法院（2018）闽09民终741号民事判决书。

〔2〕 参见国家法官学院案例开发研究中心编：《中国法院2016年度案例》（民间借贷纠纷），中国法制出版社2016年版，第258页。广东省珠海市香洲区人民法院（2014）珠香法民四初字第130号民事判决书。

诉称不一致，且原告未能举证证明其已向被告实际交付涉案借款，被告曾偿还部分借款。鉴于原告、被告、张某某和宋某某之间存在劳动、合作、代理销售多重混同关系，现原告仅凭加盖被告公章的欠条，主张原、被告双方存在借贷关系，且实际交付借款，要求被告返还180,000元借款，依据不足。判决：驳回原告王某某的诉讼请求。[1]

【案例11－23】　林甲诉肖某某、林乙民间借贷纠纷案

判决观点，本案为民间借贷纠纷，原告应就借贷行为已实际发生、借贷关系存在的事实承担举证责任。原告仅向法院提交一份借条，欲证明其以现金方式向被告肖某某出借500,000元款项。因原告主张出借款项的金额巨大，在其主张的款项交付时并无借条等债权凭证，原告在毫无凭证的情况下将款项以现金方式交付的可能性较小，亦不符合民间借贷的交易习惯；在借条载明的借款期限届满后，原告称被告肖某某未归还借款，经多次催讨，被告肖某某才出具借条对借款事实进行确认，原告未能提交其多次向被告肖某某催讨借款的证据，原告与被告肖某某并未约定借款利息，借条内容不符合对之前借款事实进行确认的一般性书写方式；原告与被告肖某某是亲属关系，在被告肖某某无能力偿还借款并向原告出具借条后，原告即提起诉讼，虽然被告肖某某对借贷事实的发生毫无异议，但其与原告关于借条形成、交付以及款项交付等陈述并不一致，被告林乙称其与被告肖某某夫妻关系不和，本案借贷事实并不存在，具有一定的合理性。故法院认为，本案中对待证事实即借贷关系是否存在问题，无法排除合理怀疑。原告就本案待证事实负有举证责任，因其未能提交充分证据予以证明，应承担举证不能的法律后果，故法院对原告的诉讼主张不予支持。至于被告肖某某个人认可本案借款，因其与原告之间对此并无争议，其可自行向原告清偿，法院对此不予处理。判决：驳回原告林甲的诉讼请求。[2]

夫或妻否认夫妻共同借款债务的，应对其抗辩承担举证责任。

【案例11－24】　黄某某诉曾某某、陈某某民间借贷纠纷案

二审法院认为，涉案借款的债务人曾某某未提起上诉，视为同意一审判决，故黄某某向一审法院提交的《民间借贷协议书》可作为认定本案事实的依据。该《民间借贷协议书》载明曾某某"因生产经营需要"向黄某某借款，且曾某某在借款前后经营加工场……曾某某个人投资经营收益归夫妻共有，

---

〔1〕　参见国家法官学院案例开发研究中心编：《中国法院2018年度案例》（民间借贷纠纷），中国法制出版社2018年版，第23～24页。北京市东城区人民法院（2015）东民（商）初字第02306号民事判决书。

〔2〕　参见国家法官学院案例开发研究中心编：《中国法院2018年度案例》（民间借贷纠纷），中国法制出版社2018年版，第85～86页。福建省厦门市湖里区人民法院（2015）湖民初字第8020号民事判决书。

既然《婚姻法》规定了婚姻关系存续期间生产、经营的收益归夫妻共同所有，那么依据权利、义务、责任相统一原则，因投资生产经营产生的债务也应由夫妻共同承担，即曾某某投资经营产生的债务，也应由其与陈某某以夫妻共同财产承担……陈某某至今未能举证证明涉案借款不属于夫妻共同债务，且证人陈乙二审出庭作证证明陈某某知道曾某某开办加工场并与曾某某一同参与加工场的工作，可见，陈某某是与曾某某共同经营加工场，故本案借款属于陈某某、曾某某婚姻关系存续期间的夫妻共同债务，陈某某应与曾某某共同偿还。陈某某上诉提出其没有参与加工场的经营，无须承担共同还款责任的理由，与事实不符，不能成立。综上所述，陈某某的上诉请求不能成立，应予驳回；一审判决正确，应予维持。曾某某经传票传唤，无正当理由拒不到庭参加诉讼，视为放弃诉讼权利，法院依法缺席审理和判决。判决：驳回上诉，维持原判。〔1〕

自然人之间的借款合同是实践性合同，自出借人提供借款时成立。因此，借贷关系是否成立并生效，应以借款是否实际交付为判断标准。担保人对涉案借款的认可，不影响出借人就借款关系成立并生效的事实承担举证责任，这有利于防止担保人与出借人恶意串通、虚构债务，损害借款人的利益。而且，不管是新产生的借款还是双方之前的债权债务结算转化而来的借款，出借人均应对其主张承担举证责任，当事人陈述有重大疑点或矛盾之处的，应当根据证据规则认定出借人未完成举证责任，判决驳回其诉讼请求。

【案例11－25】　林甲诉林乙、揭阳市振雄投资有限公司民间借贷纠纷案

二审法院认为，林甲起诉要求林乙偿还借款1800万元及利息，应对其主张承担举证责任。第一，从本案和746号案的起诉状看，林甲主张1800万元是新产生的借款，自然人之间的借款合同是实践性合同，故借条仅能证明借贷关系，但并未生效。林甲未能举证证明其实际交付了1800万元，且其也承认2015年8月30日之后未向林乙支付1800万元，故应承担举证不能的后果。第二，林甲一审时当庭变更事实理由，主张借条是对之前债权债务的结算。从证据看，林甲向林乙两次转账的自记用途分别为“借款”“还款”，说明双方互相借款，且截至2011年6月17日，林乙已不结欠林甲款项。除上述两次转账外，林甲提交的银行流水的收款人为林丙、林丁、振雄公司。林甲与上述收款人之间的民事法律关系，仅能约束双方当事人。林甲未能提供证据证明林乙有授意，且林乙也否认委托上述收款人收款，故未能证明款项与林

〔1〕　参见国家法官学院、最高人民法院司法案例研究院编：《中国法院2020年度案例》（民间借贷纠纷），中国法制出版社2020年版，第160页。福建省漳州市中级人民法院（2018）闽06民终1585号民事判决书。

乙有关。借条没有记载有关结算内容,也没有林乙愿意为上述收款人还款的意思表示。且林乙否认借条是对之前债权债务的结算,并对出具借条的原因作出合理解释。从当事人陈述看,林甲持有借条并提供林乙、振雄公司的基本情况就能立案,并未要求其提供银行流水,故林甲当庭变更事实理由的解释不成立。林甲746号案起诉状与振通水电公司的工商登记信息相符,说明其在了解林乙的经济状况后才决定借款,即借款合意产生于2015年7月21日之后。林甲对其主张结算的债权具体构成及金额,在不同诉讼阶段陈述不一致,且与其提交证据的资金计算结果不符,有悖常理。故林甲主张借条是对之前债权债务的结算,法院不予采信。判决:撤销一审判决,驳回林甲的全部诉讼请求。[1]

借款人否认借条为本人书写,经鉴定为借款人书写的可视为出借人完成了举证责任。

【案例11－26】　张某某诉吴某某民间借贷纠纷再审案

一审法院认为,被告向原告出具借条,应知悉出具借条的法律后果,相应的法律后果应由其来承担。在庭审中,鉴定结论证明借条为其本人书写,但其否认该借条亦否认与原告之间存在民间借贷的法律关系,系其自身意思表示,且均未能提供充分的相关证据予以佐证,故对其抗辩理由本院不予采信。依据现有证据,应认定双方之间存在民间借贷法律关系。现原告持借条要求被告偿还欠款,具有事实及法律依据,本院予以支持。另根据书写习惯及当事人陈述,借条内容应以大写为准。判决:被告吴某某偿还原告张某某本金及借款期内利息300万元。二审法院判决:驳回上诉,维持原判。再审法院认为,一审、二审适用法律正确,裁定:驳回吴某某的再审申请。[2]

借条只能证明双方存在借款合意,对部分款项交付提交证据不能视为完成了举证责任。

【案例11－27】　张某某诉冯某某民间借贷纠纷再审案

再审法院认为,在本案中,张某某主张冯某某向其借款152万元,根据上述规定,张某某负有提供出借上述款项的举证责任,但其只对部分款项提交了证据,对152万元中的大部分借款来源及支付凭证并未举证证实,依据《民事诉讼法》第六十四条第一款之规定,张某某应承担举证不能的不利后果。

---

〔1〕　参见国家法官学院、最高人民法院司法案例研究院编:《中国法院2020年度案例》(民间借贷纠纷),中国法制出版社2020年版,第193～194页。广东省揭阳市中级人民法院(2018)粤52民终754号民事判决书。

〔2〕　参见国家法官学院案例开发研究中心编:《中国法院2016年度案例》(民间借贷纠纷),中国法制出版社2016年版,第247页。北京市高级人民法院(2015)高民终商终字第0071号民事裁定书。

原审判决据此认定不能排除双方之间存在超过法定利率或者其他经济往来的情况，故而驳回其诉讼请求并无不当。张某某关于原审判决认定事实不清和适用法律错误的再审事由不成立，法院不予支持。裁定：驳回张某某的再审申请。[1]

【案例11－28】 胡某某诉吕某某民间借贷纠纷案

判决观点，本案中，吕某某否认借款事实，主张借贷事实未发生且不承认胡某某于2015年9月15日向其交付现金792,000元。本案中吕某某的说明、抗辩足以使法院对款项支付的真实性合理怀疑，应当再由胡某某进行举证，以证明款项已经支付给吕某某。庭审中，胡某某自述在9月14日带了80万元现金在身上，80万元是自己家的，用了8000元，余下的792,000元就借给了吕某某，胡某某提供的现有证据并未能证明胡某某本人对诉争借款的交付事实，其陈述的借款过程亦不符合常理，且与吕某某陈述的借款过程不一致；另胡某某认可2015年9月15日与袁某同乘袁某的车到玉溪，而袁某则陈述由华宁到红塔区，胡某某当时的行李也是由其用乘坐的同一辆车帮忙运送的，并没有见到80万元的现金，按当时的实际情况，胡某某也不可能随身携带80万元的现金。故，胡某某应承担举证不能的法律后果。对于胡某某的诉讼请求，依法不予支持。判决：驳回原告胡某某的全部诉讼请求。[2]

出借人主张现金交付借款，则在其提供借条后即已完成初步的举证责任，但若被告抗辩借贷行为尚未实际发生并能作出合理说明，而出借人又无法通过其他有效的证据举证证明借款已实际交付，则要承担法律上举证不能的不利后果。

【案例11－29】 张甲诉张乙民间借贷纠纷案

一审法院认为，本案系因主张偿付借款本息的民间借贷纠纷。被告提交的5次林某报警记录、林某在派出所所作笔录、被泼油漆的房屋照片能证明张乙和林某一家在2015年10月至11月与他人发生纠纷，被告在多次开庭的陈述中对其书写4张借条共计182万元（1张17万元、1张9万元、1张116万元、1张40万元）事实的陈述较为一致。上述证据已对原告提供之借条构成较强反驳，原告应对案涉借条下借款已经交付的事实承担进一步的举证责任。原告陈述借款系由徐某到其母亲廖某某处拿了并交付张乙，并申请徐某和廖某某出庭作证。证人徐某出庭作证时称，原告母亲没有点钱，拿了

---

〔1〕 参见国家法官学院、最高人民法院司法案例研究院编：《中国法院2020年度案例》（民间借贷纠纷），中国法制出版社2020年版，第189页。湖北省宜昌市中级人民法院（2018）鄂05民终950号民事判决书。

〔2〕 参见国家法官学院案例开发研究中心编：《中国法院2018年度案例》（民间借贷纠纷），中国法制出版社2018年版，第48页。云南省玉溪市红塔区人民法院（2016）云0402民初825号民事判决书。

个袋子给他,他就拿走了;徐某从爱尚小烤吧到诚义信啤酒批发店拿钱,走路时间为四五分钟。证人廖某某称,拿钱时间是上午、下午还是晚上已经不记得了;徐某拿钱的时候有当场点钱,是一捆一捆点,一共17捆;徐某是骑摩托车来的。徐某称廖某某和他交接时没有点钱,廖某某称有一捆一捆地点;徐某称是走路到廖某某处拿钱,廖某某称徐某是骑摩托车来拿钱;廖某某对事发时候是白天还是晚上也不记得。两名证人对重大和关键事实的陈述明显矛盾和不清,故原告提供的证据尚不足以证明其所称的借款已经交付,进而判定本案借贷事实尚未发生。自然人之间的借款合同,自借款人提供借款时生效。故原告主张被告偿付借款本息,于法无据,不予支持。判决:驳回原告张甲的诉讼请求。

二审法院认为,本案中,张甲主张讼争借款为现金交付,且所用现金是张甲让徐某到张甲的母亲廖某某所在的啤酒批发店拿的。但是,证人徐某、廖某某在一审出庭作证过程中,对两人如何交接现金的陈述存在多处不一致的情况,且张甲没有其他有效证据对诉争借款已实际交付的事实予以证明。据此,本案借款是否交付仍存在较大疑问。一审法院结合本案其他证据,认定张甲的起诉证据不足,并无不当。张甲的上诉请求证据不足,应予驳回。判决:驳回上诉,维持原判。〔1〕

【案例11－30】　骆某某诉黄某某民间借贷纠纷案

二审法院认为,骆某某就其主张虽提交了由黄某某书写的借条及任甲、任乙、张某某、孙某某书写的证明材料,诉讼中,任甲、任乙、张某某、孙某某亦提供了证言。但借条只能认定双方有借款的合意,证人任乙系双方当事人的老乡,与骆某某认识20多年,来往甚为密切,且与黄某某之间存在债权债务关系,孙某某系骆某某的合伙人,任甲又系任乙的妹妹,张某某系任乙公司的员工,四位证人与骆某某一方具有一定的利害关系,所提供的证言效力相对较低,且骆某某陈述的借款事实与任甲、任乙、张某某、孙某某书写的证明材料、提供的证言以及相互之间存在多处矛盾和有违常理之处,骆某某到庭后提交的其他证据不符合一般人的还款习惯,根据以上对证据的分析,骆某某提供的证据不足以证明待证事实的发生具有高度可能性,不应视为其完成了证明责任,一审法院认定骆某某完成举证责任不当,应予纠正。因骆某某提交的证据不足以证明其所持履行了1,460,000元出借款项的主张成立,故对其主张黄某某应承担偿还1,460,000元借款及相应逾期违约金的诉讼请求予以驳回,一审判令由黄某某给付骆某某借款1,460,000元不当,应予改判,

〔1〕 参见国家法官学院案例开发研究中心编:《中国法院2019年度案例》(民间借贷纠纷),中国法制出版社2019年版,第19～20页。福建省厦门市中级人民法院(2017)闽02民终3067号民事判决书。

黄某某上诉有理，予以支持。判决：撤销一审判决，驳回骆某某的诉讼请求。[1]

现金交付在实践中多发争议。以现金形式的交付没有证明交付事实的任何有形的证据，且容易掩盖违法问题。现金交付在是否交付、交付数额等方面，形成了认定的难点。

【案例 11－31】　潘某某诉涂某某民间借贷纠纷案

一审法院认为，本案中，原告向本院出具的借条仅能证明原、被告之间存在借贷的合意，并不能证明原告已将涉案的 1,000,000 元出借给被告。诉讼期间，尽管原告向本院提供河道采砂许可证、收据等证据用以证明其具备出借涉案款项的经济能力，但未提供任何证据证明其已向被告交付涉案款项。根据《最高人民法院关于民事诉讼证据的若干规定》第二条的规定，原告应对此承担不利的法律后果。综上，在原告无证据证明其已向被告交付涉案的 1,000,000 元的情况下，现原告诉请被告向其清偿该款项及利息，没有事实及法律依据，本院对此不予支持并予以驳回。判决：驳回原告潘某某的诉讼请求。潘某某上诉后未在规定的期间内交纳二审案件受理费，二审法院按自动撤诉处理。[2]

个案中，出借人是否完成举证责任由法官根据具体案情裁量。

【案例 11－32】　王某某诉黎某某、郭某某民间借贷纠纷再审案

再审法院认为，本案争议的焦点是本案所涉借款是否真实存在。王某某提供了郭某某书写的借据为证据。郭某某对此予以确认。但是，王某某所举的借据在表述上存在相互矛盾之处，一方面声称郭某某的特百惠货物和机器设备抵债 13 万元，当月已还现金 10 万元；另一方面又表示郭某某尚欠 30 万元。对此，王某某、郭某某表示，货物、机器抵债的 13 万元中，3 万元是利息，10 万元是本金，即指当月已还的现金 10 万元。但是，以物抵债和用现金还债是不同的概念。另外，王某某与郭某某在借款利息的表述上，与常理不符。王某某表示口头约定以银行同期贷款利率计算利息，而郭某某对此予以否认。鉴于本案借据存在瑕疵，以及本案借款事实存在疑点，王某某应当就出借事实进一步承担举证责任，但其未能提供证据证明其确实从家中取出 40 万元巨额现金出借给郭某某。与此同时，王某某在借钱之后不久去应聘工资

---

〔1〕 参见国家法官学院案例开发研究中心编：《中国法院 2019 年度案例》（民间借贷纠纷），中国法制出版社 2019 年版，第 220～221 页。青海省西宁市中级人民法院（2017）青 01 民终 622 号民事判决书。

〔2〕 参见国家法官学院案例开发研究中心编：《中国法院 2018 年度案例》（民间借贷纠纷），中国法制出版社 2018 年版，第 44 页。广东省广州市中级人民法院（2016）粤 01 民终 8823 号民事裁定书。

不高的司机,其本人又否认用过村里的分红,其对借钱当时以及借钱之前做生意获得的经济收入又未提供相应证据证实。综上,王某某未能完成出借款项的举证责任,其诉讼请求应予驳回。郭某某虽然对王某某的诉求予以确认,但在王某某未能完成举证责任的情况下,应当对其确认不予采信。[1]

夫妻一方和他人虚构婚内债务且单方自认债务的,不能免除出借人对借贷关系成立的举证责任。

【案例11－33】　赵某诉项某某、何某某民间借贷纠纷案

判决观点,(1)夫妻一方具有和第三人恶意串通、通过虚假诉讼虚构婚内债务嫌疑的,该夫妻一方单方自认债务,并不必然免除“出借人”对借贷关系成立并生效的事实应承担的举证责任。(2)借款人配偶未参加诉讼且出借人及借款人均未明确表示放弃该配偶可能承担的债务份额的,为查明案件事实,应依法追加与案件审理结果具有利害关系的借款人配偶作为第三人参加诉讼,以形成实质性的对抗。(3)出借人仅提供借据佐证借贷关系的,应深入调查辅助性事实以判断借贷合意的真实性,如举债的必要性、款项用途的合理性等。出借人无法提供证据证明借款交付事实的,应综合考虑出借人的经济状况、资金来源、交付方式、在场见证人等因素判断当事人陈述的可信度。对于大额借款仅有借据而无任何交付凭证、当事人陈述有重大疑点或矛盾之处的,应依据证据规则认定“出借人”未完成举证义务,判决驳回其诉讼请求。[2]

民间借贷纠纷案件中,借款人往往根据出借人口头指令,将还款支付到其他个人或公司的账户,而产生诉讼之后出借人对此不予认可。依据《民事诉讼法》“谁主张,谁举证”的原则,通常由借款人就履行还款义务承担举证证明责任。但如果借款人支付还款款项的账户为出借账户时,应由出借人承担举证证明责任。

《民间借贷规定》第十七条规定:“依据《最高人民法院关于适用〈中华人民共和国民事诉讼法〉的解释》第一百七十四条第二款之规定,负有举证责任的原告无正当理由拒不到庭,经审查现有证据无法确认借贷行为、借贷金额、支付方式等案件主要事实,人民法院对其主张的事实不予认定。”该条款是关于负有举证义务的原告无正当理由拒不到庭的法律后果的规定。适用本条应注意,人民法院只有在审查本案的全部证据后,对借贷是否发生、借贷金额、支付方式等案件主要事实仍未查明,方可适用本条要求原告出庭。不可随意适用本条要求原告出庭,增加

〔1〕 参见国家法官学院案例开发研究中心编:《中国法院2016年度案例》(民间借贷纠纷),中国法制出版社2016年版,第53～54页。广东省中山市中级人民法院(2014)中中法审监民再字第11号民事判决书。

〔2〕 参见《最高人民法院公报》2014年第12期(总第218期)。

当事人的诉讼成本和负担。[1]

在现金交付的民间借贷纠纷中，出借人提出相应证据，证明双方之间存在借贷关系及借贷内容，并就借款用途、资金来源、交付细节等进行合理陈述的情况下，借款人否认借贷事实和借贷关系，应当举证推翻出借人的证据和主张，或者就其反驳主张提供相应证据。

【案例11－34】 闫某某与象龙公司民间借贷纠纷案

最高人民法院认为，从双方的举证责任分配角度看。闫某某提出要求象龙公司归还借款的主张，并提供了《协议》《补充协议》等作为证据，其已就与象龙公司之间存在借贷关系及借贷内容完成了相应举证责任。在象龙公司主张其并未收到任何借款的情况下，闫某某作为出借人，就借款用途、资金来源、交付细节以及借款动机等均进行了相应陈述，且其陈述不存在明显违背常理的后果。象龙公司在不否认其在确认双方借款关系和再次确认双方借款关系的《协议》及《补充协议》上签字盖章真实性，并对《协议》及《补充协议》部分履行的情况下，有责任举证推翻闫某某所述借款事实的合理性，并对上述协议约定的真实原因作出合理解释及提供相应证明。现象龙公司仅提出该借款系依据惯例对工程欠款的担保，但未对此主张提出任何证据证明；象龙公司虽然提交另案诉讼材料作为证据，拟证明闫某某没有借款能力，但闫某某在本案之外另有诉讼的事实，与其是否具有实际借款能力之间，并不具备必然因果关系；象龙公司提交花寺嘉苑项目6号、7号楼的中标通知书及2号楼工程款支付情况的证据，拟证明其在案涉工程之外并不需要其他项目周转资金，但其提交的部分证据，无任何人的签字盖章，难以确认其真实性，而且即使能够认定象龙公司提交证据的真实性，由于象龙公司系商人，社会经济生活的广泛性和丰富性决定了，不能因此而排除象龙公司在案涉花寺嘉苑项目之外存在其他投资或资金周转需求的可能。故本院认为，象龙公司未提供充分证据支持其抗辩，未完成对其反驳主张的举证责任，应承担举证不能的不利后果。综上，本院认为，按照民事诉讼证明标准，可以认定闫某某与象龙公司之间的借款关系存在，象龙公司作为完全民事行为能力人，在未举证证明其存在意思表示不自由、不真实的情况下，应当对其签订《协议》及《补充协议》的行为负责。现《协议》明确约定了象龙公司与闫某某之间个人借款的事实和数额，该约定对各方当事人具有法律约束力，本院据此确认闫某某与象龙公司之间个人借款的债权债务总额为17,943,489元。[2]

---

〔1〕 参见最高人民法院民事审判第一庭编著：《最高人民法院民间借贷司法解释理解与适用》，人民法院出版社2015年版，第320页。

〔2〕 最高人民法院(2013)民一终字第61号民事判决书。

民间借贷实务中,借贷双方主体在签订借款合同时,在形式上和内容上,经常呈现出不规范的特征。当事人在订立民间借贷合同时,基于亲属、朋友、同事或者其他社会关系,他人作为出借人的保证人、见证人、中间人或者出于其他原因而在借据上签名的情形亦存在。在借据上借款人处签字的当事人,应当从《借款合同》的内容及履行情况以及借款人是否向其主张过还款付息等事实综合认定借款人。

【案例11－35】　段某某与林某某民间借贷纠纷再审案

最高人民法院认为,本案为申请再审案件,应当围绕段某某的申请再审理由,对本案原判决是否存在其主张的《民事诉讼法》第二百零七条第二项、第四项、第六项规定的相应情形进行审查。针对段某某的申请再审理由分析意见如下:(1)关于原判决认定的基本事实是否缺乏证据证明的问题。民间借贷实务中,借贷双方主体在签订借款合同时,在形式上和内容上,经常呈现出不规范的特征。当事人在订立民间借贷合同时,基于亲属、朋友、同事或者其他社会关系,他人作为出借人的保证人、见证人、中间人或者出于其他原因而在借据上签名的情形亦存在。本案中段某某主张林某某为案涉《借款合同》的共同借款人,应当提供充分的证据证明林某某的借款人身份。根据原审查明的事实,段某某认定林某某为借款人的依据为林某某在《借款合同》上借款人处后面签字,此外并没有其他充分证据予以佐证,其没有尽到必要的举证义务。相反,林某某作为颜某公司的财务负责人,在签订《借款合同》时颜某不在现场的情况下,由林某某先行签字作为见证人符合常理。从《借款合同》的内容及履行情况来看,合同注明的借款人、款项汇入账户以及转账备注都显示借款人为颜某一人,与林某某无关。同时,证人陈某1、陈某2以及作为段某某借款介绍人的谢某相关证言及录音亦能证实林某某并不是案涉《借款合同》的借款人,且段某某并未提供证据证明其本人或谢某在合同履行期间曾向林某某主张过还款付息。因此,根据现有证据,原判决认定林某某不是《借款合同》的共同借款人,并无不当。(2)关于本案主要证据是否未经质证的问题。根据前述分析,原判决认定林某某不是《借款合同》的共同借款人,主要基于段某某并未提交充分证据证明林某某的借款人身份。原判决并非仅以陈某1、陈某2的证人证言及谢某的录音材料作为认定本案基本事实的主要证据。同时,陈某1、陈某2的证人证言经过公证处公证,林某某与谢某的电话录音属于证明案件事实的电子证据。原审法院对上述证据经过质证程序,且表明将结合现有其他证据对上述证据证明力作出认定,而不是直接以该证据认定本案基本事实。综上,原判决并不存在认定事实的主要证据未经质证的情形。(3)关于本案是否适用法律错误的问题。《民事诉讼法解释》第九十一条规定:“人民法院应当依照下列原则确定举证证明责任的承担，但法律另有规定的除外：（一）主张法律关系存在的当事人，应当对产生该法律关系的基本事实承担举证证明责任；（二）主张法律关系变更、消灭或者权利受到妨害的当事人，应当对该法律关系变更、消灭或者权利受到妨害的基本事实承担举证证明责任。”本案中，段某某主张林某某为借款合同关系的当事人，其应当对林某某为借款人的基本事实承担举证证明责任，原判决适用法律并无错误。[1]

主张存在民间借贷法律关系的当事人，应当对产生该法律关系的基本事实承担举证证明责任；在另一方提供证据使一方主张存在借款关系处于真伪不明的状态时，法院不应支持一方要求对方偿还借款本金及利息的诉讼请求。

（二）借款案件诉讼证据举证责任分配

举证责任的分配是证据法学上的重要概念，是指法院按照一定的标准，将案件情况真伪不明的风险在双方当事人之间进行分配，在待证事实真伪不明时，由负有举证责任的一方承担不利后果。

关于举证责任的基本原则，《民事诉讼法》及相应司法解释、证据规定均作出了原则性规定。然而，相关规定及学理解释并不能很好地确定举证责任的归属，简单依据“谁主张，谁举证”原则无法应对复杂的现实情况。在实践中，能够反映案件事实的有关材料因时间推移、客观环境的变化以及人为破坏等原因而丧失其证明价值，加上证明手段的匮乏以及科技发展水平的制约，以至于经常会出现法官及当事人虽已穷尽方法来发现和调查证据，但仍不能认定案件事实的状况。即使案件事实的真伪无法确定，法官仍然必须对案件作出裁判，此时只能依赖举证责任的分配。在证据僵局出现双方当事人的证据均不能达到法官的内心确信标准时，案件事实将陷入真伪不明的状态，法官只能加重一方当事人的举证责任，在此过程中，自由裁量权即自由心证的存在就具备了必要性。

举证责任要根据不同的案件事实合理分配，并要注意举证责任的转移，区分争议点在于是配偶双方内部关系还是与出借人之间的外部关系。如果出借人对债务为夫妻共同债务提供了初步证据后，举证证明责任就应转到借款人的配偶一方，由借款人配偶一方对不属于夫妻共同债务的抗辩承担举证证明责任。当然如果借款人配偶一方举证证明借款人所借债务明显超出日常生活及生产经营所需，或者借款人具有赌博、吸毒等不良嗜好，或者所借债务发生在双方分居期间等情

---

〔1〕 最高人民法院（2021）民申6853号民事裁定书。

形的，举证证明责任就相应地转回到出借人一方。换言之，夫妻共同债务举证责任的分配具有一定的特殊性。出借人需要证明其所借款项用于夫妻共同生活，明确借款的具体用途；借款人的配偶需提供所借款项并非用于夫妻共同生活的初步证据，以及相关案件的线索；对婚姻关系存续期间以夫妻一方名义所借超出家庭日常生活所需的债务，出借人不能仅仅以借款属于夫妻存续期间所借为由主张共同债务，出借人需证明该借款用于夫妻共同生产生活或基于夫妻双方合意。借款更多的是商事行为，出借人应当对借款人的偿还能力、经济状况及其配偶意见知悉，否则应自行承担借款人还款不能的风险。婚姻家庭关系与商事行为则不同，其强调的是夫妻之间以及围绕家庭生产生活所产生的人身关系和财产关系，超出家庭生产生活所需的借款已经脱离了婚姻家庭关系，出借人需对其主张的夫妻共同债务承担举证责任。合同相对性原则强调在夫妻一方具名举债的情况下，当债务超出家庭日常生活需要范围时，尤其是大额债务，出借人主张该债务属于夫妻共同债务的，应当承担举证证明责任，以此引导出借人在债务形成时尽到充分的谨慎注意义务。

1. 多发争议举证证明

短期内存在多笔借款能否认定为夫妻共同债务，应根据举证证明的具体案情确认。

【案例 11－36】　陈某某诉翁某某、曾某某民间借贷纠纷案

判决观点，虽然原告提供的结婚申请书可证明两被告于 1996 年 6 月 30 日办理结婚登记手续，进而可认定上述借款发生于两被告婚姻关系存续期间，但案涉 18 笔借款出借时间间隔极短（最短间隔时间为当天连续出借两笔），已明显超出家庭日常生活所需，确用于日常生活亦有违常理，原告作为债权人在连续出借多笔款项时应当对借款系夫妻共同意思表示或是被告翁某某用于个人消费负有合理的注意义务，其完全可要求两被告作出明确的意思表示或共同实施借款行为，现原告未能提供证据证实其已善意且无过失地相信被告翁某某短时间连续借的 18 笔款项用于两被告共同生活，故原告以涉诉债务用于两被告夫妻共同生活，属于夫妻共同债务为由请求被告曾某某对上述借款承担共同偿还责任，依据不足，法院不予支持。判决：被告翁某某偿还原告陈某某借款本金 205，100 元及利息。[1]

男女朋友或亲戚间的交往经常涉及钱款往来，当其关系不再融洽时，极可能

---

〔1〕 参见国家法官学院案例开发研究中心编：《中国法院 2019 年度案例》（民间借贷纠纷），中国法制出版社 2019 年版，第 60 页。福建省厦门市泉港区人民法院（2017）闽 0505 民初 2492 号民事判决书。

就曾经的钱款往来产生争议,部分争议则以民间借贷纠纷为由诉至法院。对于有特殊社会关系的主体间仅有转款凭证起诉的案件,应加重原告举证责任。

【案例11－37】 田某某诉李某某民间借贷纠纷案

一审法院认为,田某某提供了金融机构转账的凭证,李某某辩称从未向田某某借款,该款项系田某某分手时所赠与的。结合双方之间原系男女朋友关系,转账发生在双方分手期间,案涉款项金额较大,证人证言内容,以及田某某无充分证据证明自案涉金额转账至本案起诉接近五年的时间内曾向李某某主张过权利等情况,李某某关于案涉款项系双方在分手时田某某向其赠与的抗辩意见系合理解释,田某某未能对其与李某某之间存在借贷关系进一步举证,故法院对田某某主张的其与李某某之间存在14万元借贷关系难以确认。判决:驳回田某某的诉讼请求。

二审法院认为,关于李某某、田某某之间是否存在借贷关系的问题。田某某主张涉案款项系借款,李某某否认双方存在借贷关系,虽仅凭借李某某申请出庭作证的证人证言不能确认李某某陈述的真实性,但根据涉案款项交付时双方所处关系及没有证据证明田某某自款项交付后多年向李某某主张要求返还款等具体案情,李某某的辩称相对合理、可信。田某某凭现有证据尚不能证实双方存在借贷关系。判决:驳回上诉,维持原判。[1]

一方父母为夫妻购房的款项是赠与抑或借款是多发争议。在《民间借贷规定》与《民法典婚姻家庭编解释(一)》中,对于一方父母为夫妻购房支出的款项性质判定问题,存在不同的举证责任分配规定。具有分家析产背景的民间借贷案件,应当首先就婚姻关系存续期间、案涉房屋权属等要素予以审查,并优先适用《民法典婚姻家庭编解释(一)》,出资款系借款而非赠与的举证责任应当分配给原告方。

【案例11－38】 赵甲诉张某、赵乙民间借贷纠纷案

二审法院认为,本案的争议焦点为案涉两笔资金的性质。对此,法院将从案涉纠纷的背景、法律适用的判定以及当事人意思表达三个方面予以审查与论述。首先,本案存在一个各方当事人均无争议但必须明确的事实:赵乙系赵甲之子,在赵乙与张某婚姻关系存续期间,由赵甲账户分别支付了111万元及210万元款项用于购买102号房屋、201号房屋。购房时,102号房屋登记在张某及赵某宇名下,201号房屋登记在赵乙名下。结合上述事实可

---

〔1〕 参见国家法官学院、最高人民法院司法案例研究院编:《中国法院2020年度案例》(民间借贷纠纷),中国法制出版社2020年版,第171～172页。浙江省宁波市中级人民法院(2018)浙02民终2899号民事判决书。

知,本案实际系夫妻离婚后,就婚姻关系存续期间,一方父母出资购房的资金性质判定问题。其次,结合案涉纠纷背景,从相关的法律法规予以考察。《婚姻法解释(二)》第二十二条第二款规定:……《婚姻法解释(三)》第七条第一款规定……依据上述司法解释的规定可知:(1)本案纠纷属于婚姻家庭纠纷案件,应当适用婚姻法司法解释的相关规定审理;(2)关于102号房屋的出资,应当认定为对夫妻双方的赠与,除非父母有证据证明该出资系借贷;(3)关于201号房屋,由于产权仅登记在赵乙一人名下,应当视为赵乙父母对其一人的赠与,也即赵乙的个人财产(离婚前)。最后,从当事人意思表示的角度判定案涉资金性质。关于102号房屋购房资金,赵甲主张是借贷款项的,应当承担双方在出资时存在借贷意思表示的举证责任,但赵甲在本案中并未举证予以证明。在《婚姻法》及其司法解释对此已有规定的情况下,一审法院错误地将赠与意思表示的举证责任分配给张某,属于适用法律错误,法院予以纠正。关于201号房屋,由于仅登记在赵乙一人名下,并不属于张某、赵乙的共同财产,更不属于夫妻共同债务范畴;赵乙、张某离婚时,赵乙自愿将该房产变更登记至张某名下,属于对个人财产的处置,张某亦不应当因此承担债务;同理,201号房屋购房资金的性质,亦应当由赵甲举证证明出资时各方存在借贷的合意,并承担举证不能的法律责任。与此同时,以时间点为序梳理,2018年8月22日张某与赵乙协议离婚,第二日,赵甲、张某、赵乙即签署了三方协议,该协议内容从案外其他房屋的处置、赵甲交至张某处保管的钱款数额与返还事宜均予以明确,但并未提及案涉两笔资金的问题。结合本案纠纷背景,以及三方协议签署的时间与内容可知,三方协议属于离婚后,前儿媳与前公公、前夫的家庭结算性文件。对于为何没有在此次统一结算中提及案涉资金,赵甲、赵乙并未给出符合逻辑推理以及日常生活经验法则的解释,相反地,张某主张的"不存在案涉借款,所以在三方协议中没有提及"的说法更为合理。需要说明的是,鉴于赵甲与赵乙为父子关系,本案诉讼前张某就案外房屋租金事宜起诉赵甲、赵乙,现仅凭赵乙一方的自认,不足以证明出资时各方当事人的真实意思表示。结合上述三个方面的审查,法院认为,赵甲并未举证证明案涉资金系借贷款项,因此,赵甲应当承担举证不能的法律责任,法院对其诉讼请求不予支持。判决:撤销一审判决;驳回赵甲的诉讼请求。[1]

婚后父母为子女购买房屋出资,在子女与其配偶双方关系紧张期间,父母主张出资款系借款,仅有自己子女一方认可,此时不应当由消极抗辩的被告方对赠与关系承担举证责任,而应有原告方对借贷关系的成立举证责任。

---

〔1〕 参见《人民司法·案例》2022年第5期(总第952期),第5页。北京市第一中级人民法院(2020)京01民终2524号民事判决书。

【案例 11 -39】 邹某某、李某某诉邹某、简某民间借贷纠纷再审案

再审观点,对于邹某某、李某某为邹某出资 11 万元购买房屋的该部分金额,因已经明确为邹某房产的份额,所以该部分视为对邹某的赠与。邹某自愿偿还,属于其自行处分自己的权利,该部分由其个人进行偿还。关于双方争议款项的其他部分,因二原告并没有赠与的意思表示,应当认定为借贷,原审处理并无不当,应与维持。尽管再审中邹某提交了物业费 5106 元交易记录,但在原审中其陈述现金交付简某,另外该交易金额的具体内容也无法确认,因此,再审不予认定。另外,再审中邹某称定金是向简某之弟借款 1 万元和转给简某 9200 元,取现 1.9 万元归还驾校报名费,因不能证明该 1.9 万元用于母婴店,再审不予认定。综上,原审认定事实清楚,但对部分款项性质认定不当,应予纠正。判决:邹某、简某共同向原告邹某某、李某某偿还借款 17.46 万元;邹某向原告邹某某、李某某偿还 13.52 万元;驳回原告邹某某、李某某的其他诉讼请求。[1]

2. 转账凭证证明问题

《民间借贷规定》第十六条规定:“原告仅依据金融机构的转账凭证提起民间借贷诉讼,被告抗辩转账系偿还双方之前借款或其他债务的,被告应对其主张提供证据证明。被告提供相应证据证明其主张后,原告仍应就借贷关系的成立承担举证责任。”该条规定旨在解决欠缺借款合同案件的举证证明责任问题,是对原告仅能提供金融机构转账凭证、不能提供借款合同的情形下举证责任如何分配作出的规定,是一个对解决民间借贷事实认定困难具有重要意义的证据规则,其以司法解释的形式认可了被告导向型中高度盖然性类的裁判思路。也就是说,原告举了转账凭证之后,法官根据被告的抗辩,仍应将借贷关系成立的举证责任分配给原告。

【案例 11 -40】 孙某某诉徐某民间借贷纠纷案

二审法院认为,根据上述司法解释的规定,孙某某作为本案原告依据转账凭证即完成了借款关系存在的初步举证责任。此时,举证责任已由孙某某转移至徐某。徐某认可收到孙某某转入的 160 万元,同时主张其已将上述款项转给方某,由方某转给孙某某,而方某出庭作证称其与徐某之间原本就存在经济往来,其收到的徐某转入的 276 万元系徐某支付给自己的款项,与孙某某无关,孙某某亦能对方某转入的 266 万元作出合理说明。在徐某未能完

---

〔1〕 参见《人民司法·案例》2022 年第 5 期(总第 952 期),第 13 页。四川省德阳市旌阳区人民法院(2021)川 06 民再 1 号民事判决书。

成举证责任的情况下,举证责任并未转移给孙某某。孙某某与徐某之间成立了事实上的借贷关系。徐某理应将其收到孙某某转来的160万元偿还给孙某某。孙某某要求徐某还款160万元之主张,应当得到支持。综上,徐某的上诉请求不能成立,应予驳回。一审判决认定事实清楚,适用法律正确,应予维持。判决:驳回上诉,维持原判。〔1〕

【案例11-41】　阮某某诉何某某、牛某某民间借贷纠纷案

二审法院认为,本案中,阮某某要求何某某、牛某某偿还借款23万元款项,并提供了银行转账凭证,但未提供证明该款项系借款的证据,何某某认可收到了该23万元款项的同时主张阮某某的丈夫张某出借23万元给案外人李某某用于购煤,何某某替张某垫付后由阮某某转账,该转账行为系偿还债务。对此,法院认为,对于阮某某仅依据金融机构的转账凭证提起民间借贷诉讼、何某某抗辩转账系偿还双方之间债务的民间借贷纠纷案件,问题的关键是查清双方是否有借贷合意,核心是举证责任的分配。根据《民间借贷规定》第十七条规定,具体而言,在阮某某仅提供金融机构的转账凭证证明款项支付事实,而不能提供借据、收据、欠条等债权凭证的情况下,何某某抗辩转账系偿还双方之前的借款,相当于提出了一个新的主张。何某某对该主张不仅要作出合理解释,还需要提出一定的证据加以证明。若何某某提供了相应证据证明其主张,则此时举证责任再次转移至阮某某一方,阮某某仍应就借贷关系的成立承担举证责任。〔2〕

借款人对转账款项的性质提出抗辩的,需要提供证据予以证明。在借款人未提出此类抗辩甚至没有到庭应诉的情况下,出借人在举出转账凭证后,仍应承担借贷关系的举证责任。

【案例11-42】　虞某某诉贾某某、段某某民间借贷纠纷案

一审法院认为,虞某某主张其与贾某某之间系民间借贷法律关系,双方并无书面借款借据,其提交银行转账明细予以证明。每笔转账均备有摘要注释,摘要注释内容为"保证金""管理费""订金""账户加仓""停牌股票金额"等,且虞某某向他人转账亦备注相同或相似的内容,故仅从转账明细来看无法认定涉诉款项性质为借款。现虞某某提交的证据不足以证明其与贾某某

---

〔1〕参见国家法官学院、最高人民法院司法案例研究院编:《中国法院2020年度案例》(民间借贷纠纷),中国法制出版社2020年版,第180页。北京市第二中级人民法院(2018)京02民终9409号民事判决书。

〔2〕参见国家法官学院、最高人民法院司法案例研究院编:《中国法院2021年度案例》(民间借贷纠纷),中国法制出版社2021年版,第185~186页。湖北省宜昌市中级人民法院(2019)鄂05民终1766号民事判决书。

之间存在借贷法律关系,且经法院释明,虞某某仍坚持以借贷关系为由向贾某某主张权利,故虞某某应对此承担举证不能的法律后果。综上,法院对虞某某提出转账给贾某某的3,607,065元系借款的主张不予采信。基于此,对虞某某要求段某某承担共同还款责任的主张,法院亦不予支持。裁定:驳回虞某某的起诉。

二审法院认为,本案争议焦点在于虞某某与贾某某是否存在民间借贷关系。按常理而言,虞某某作为出借人在民间借贷活动中应处于优势地位,虞某某称备注是受贾某某指示不写借款,但涉案备注内容各不相同,均指向股票交易活动,而虞某某对为何给第三人的转账亦备注相似内容亦不能作出合理解释,现双方并无书面借据,虞某某也未提交充分证据证明涉案款项系借款,虞某某持民间借贷案由向贾某某、段某某主张还款,一审法院裁定驳回虞某某的起诉,并无不当,法院予以维持。判决:驳回上诉,维持原判。[1]

【案例11-43】 汪某诉江某某民间借贷纠纷案

一审法院认为,本案中,用以表明双方合意的证据仅为银行转账凭证上交易用途一栏注明的"借款",因该标注为转款人的单方行为,决定了在证据的证明力上,该转账凭证仅具备证据能力和一定程度上的证明力,并不具备当然的证明力。而江某某就其抗辩意见举出的相关微信、短信聊天记录,录音光盘及证人的出庭作证等证据,可用以证明涉案款项的交付源于双方其他债务。就借款合意而言,按照民事诉讼证据高度盖然性的证明标准,江某某提供的反驳性证据更加弱化了汪某提供银行电子回单的证明目的。根据《民间借贷规定》第十七条的规定,法院认为汪某就其主张的案涉款项交付是基于借贷关系而产生的举证证明责任尚未完成,应承担举证不能的法律后果,故汪某由此提出的本案诉请法院不予支持。至于双方基于何种法律关系交付案涉款项不属于本案审理范围,也不阻碍今后各方依照正确的法律关系主张权利。判决:驳回汪某的诉讼请求。二审法院裁定:准许汪某撤回上诉。[2]

出借人仅提供转账凭证的应对借贷合意承担举证责任。

---

〔1〕 参见国家法官学院、最高人民法院司法案例研究院编:《中国法院2020年度案例》(民间借贷纠纷),中国法制出版社2020年版,第207~208页。北京市第三中级人民法院(2018)京03民终4900号民事裁定书。

〔2〕 参见国家法官学院、最高人民法院司法案例研究院编:《中国法院2021年度案例》(民间借贷纠纷),中国法制出版社2021年版,第4~5页。广西壮族自治区河池市中级人民法院(2020)桂12民终55号民事裁定书。

【案例 11-44】　田某诉胡某民间借贷纠纷案

二审法院认为，虽然胡某收到了田某的转账汇款，但是田某没有提交相应的借据凭证。考虑到款项数额特别巨大，田某主张是向他人借款后再转借给胡某，没有提交相应的证据予以证明。胡某抗辩称田某系其前夫吴某手下人员，田某向其账户转账系受吴某指示，涉案款项在进入胡某账户后立即转入了其他账户，提交了其与田某、吴某等人微信聊天记录予以证明。另胡某所提交的银行交易流水显示多笔款项进入胡某账户后又转入他人账户。田某与胡某的银行流水均显示田某、胡某及吴某之间互相存在多笔款项往来，每笔款项的转账附均为“转支”。虽然胡某提交的证据难以确证胡某的抗辩主张，但是双方是否形成借贷合意的待证事实处于真伪不明的状态，田某在此情形下仍需进一步举证借贷合意形成的事实。而田某在本案中均提供了支付凭证，而且其向胡某所有的转账附言中没有“借款”或“出借”之意。另田某没有提交证据证明双方约定了借款期限和借款利息，也没有提交证据证明曾向胡某催讨过借款等，显然不符合常理，故田某应承担举证不能的不利后果。同时即使按照田某所述，其在出狱后不到两年时间内，在没有提交证据证明其持有大额收入的情况下，先后向他人借款再转借给案外人吴某高达550万元、转借给胡某高达4,951,000元，且没有提交从他人处借款的证据，也没有将2019年1月2日向胡某转款的302,200元（扣除已还的10万元，还剩20余万元）一并主张，显然不符合常理。田某上诉主张其向胡某转账支付的4,951,000元系民间借贷，理据不足，也不符合常理。判决：驳回上诉，维持原判。[1]

对仅有转账凭证而被告抗辩否认借贷合意的案件，法官应综合法条内在精神、案件其他事实进行评判。

【案例 11-45】　黄某诉谢某某民间借贷纠纷案

一审法院认为，从谢某某的举证情况来看，其证据能够基本证明谢某某收到案涉款项后随即打给了三家建筑公司，用于交纳立信职教中心项目招投标保证金。虽然谢某某所举证据的证明力难以达到确证其收款行为系通过案外人张某瑜接受黄某的委托产生的代收款行为，用途是向案涉三家建筑公司提供投标保证，但结合谢某某收款后的资金流向、谢某某每次向黄某退款时均扣除了100元的银行转账手续费、黄某与案外人张某某相识、案涉款项金额较大而黄某本人不能合理解释双方之间的“朋友关系”以及由此产生的

---

〔1〕 参见国家法官学院、最高人民法院司法案例研究院编：《中国法院2022年度案例》（民间借贷纠纷），中国法制出版社2022年版，第220页。广东省珠海市中级人民法院（2020）粤04民终3966号民事判决书。

信任等相关事实，一审法院认为，在此情况下，根据《民间借贷规定》第十七条的规定，需要黄某就借贷关系的事实承担进一步的举证证明责任。因黄某不能就借贷关系的成立提供进一步的证据证明，本案不利后果依法由黄某承担。综上所述，黄某主张借贷关系成立，证据不足，一审法院对其诉讼请求不予支持。判决：驳回黄某的诉讼请求。

二审法院认为，根据《民间借贷规定》第十七条的规定，上诉人系以银行转账凭证提起民间借贷诉讼，被上诉人辩称上诉人的转账系其支付的招投标保证金而非借款，则被上诉人应提供证据加以证明。在本案审理过程中，被上诉人举示了其名下的银行账户交易明细等证据，能够对自己的主张作出相对合理的说明。上诉人虽称案涉款项均为借款，但被上诉人还款时却均扣除了100元银行手续费，这与民间借贷的特点不符，且上诉人自称其从事招投标工作，其亦就双方之间的借贷合意、借贷利率、借款期限等作出合理说明。因此，在被上诉人已提供证据证明其抗辩主张后，上诉人仍应就借贷关系的成立承担举证责任，否则应当承担举证不能的不利后果。因此，二审法院判决：驳回上诉，维持原判。[1]

【案例11－46】 顾某某诉常某某民间借贷纠纷案

一审法院认为，本案顾某某起诉常某某归还借款，但明确系曹某某与其联系向他借款，他向曹某某催款，没有向常某某催款，故可以确认本案纠纷发生在曹某某与顾某某之间，顾某某主张与常某某之间存在借贷合意的证据不足。本案中，顾某某主张常某某向其借款40万元，其提交的银行汇款凭证仅能证明款项交付，常某某辩称顾某某交付的系投资款，其系合伙项目的财务负责人，常某某虽未提交合伙协议，但其承担的是反证义务，常某某提交的证据不必达到高度盖然性标准，只需使待证的借贷合意这个事实真伪不明即可。《民间借贷规定》第十七条虽赋予了被告一定的举证责任，但并不意味着举证责任发生倒置，从责任主体上看，原告仍负有举证证明存在借贷合意的责任。本案常某某提供了其为顾某某、曹某某等订购机票的截屏及2017年6月17日顾某某出借第二笔借款的同日，案外人向其转账20万元的银行凭证，并提供了证人罗某某、程某某的证人证言，顾某某虽对证人证言不认可，但确认常某某为其订购机票的事实，亦确认其与曹某某等一起去缅甸等事实，顾某某与曹某某等的交往行为已完全超出一般借贷关系双方的行为范畴，故常某某的上述抗辩意见及举证情况使顾某某主张的借款这一法律要件事实处于真伪不明的状态，顾某某需进一步就借贷关系的成立承担举证责任。

---

〔1〕 参见国家法官学院案例开发研究中心编：《中国法院2019年度案例》（民间借贷纠纷），中国法制出版社2019年版，第26～27页。重庆市第一中级人民法院（2017）渝01民终4920号民事判决书。

在顾某某不能举证证明诉争款项系借款的情况下，法院对顾某某主张常某某归还借款不予支持。判决：驳回顾某某的全部诉讼请求。二审法院认为，起诉时顾某某陈述常某某向其借钱，表明其与常某某有借款合意，一审中顾某某又陈述曹某某向其借款，表明其与曹某某有借款合意，二审中顾某某再次陈述常某某、曹某某共同向其借款，表明其认为与常某某、曹某某两个有借款合意，顾某某上述关于合意对象的三次陈述相互矛盾。本案应系顾某某与曹某某形成了合意，现有证据无法认定常某某与顾某某存在借款合意，顾某某以双方之间的借贷法律关系起诉常某某，无事实依据。判决：驳回上诉，维持原判。〔1〕

【不同处理】 实践中，对欠缺借款合同仅举转账凭证的，法官根据具体案情未再分配举证责任而直接依据转账凭证裁判。

【案例11－47】 王某某诉李某某民间借贷纠纷案

二审法院认为，在本案中，王某某提供了其向李某某的转账记录，以证明其向李某某出借款项50万元，李某某对此不予认可，称该款系王某某对之前向其借款的还款，但李某某对于其与王某某之前存在借贷关系的事实并未提供证据加以证明。在此情况下，一审法院认定王某某向李某某出借款项50万元，并判令李某某偿还相应利息，并无不当。综上，李某某的上诉理由均不能成立，对其上诉请求，法院不予支持；一审判决认定事实清楚，适用法律正确，应予维持。判决：驳回上诉，维持原判。〔2〕

在民间借贷纠纷中，应充分考虑全案事实和案发背景，以及当事人适用举证责任规则的公平性，因此在只有银行转账凭证的情况下结合案件事实可以认定借贷关系成立。

【案例11－48】 王某某诉张某某民间借贷纠纷案

二审法院认为，根据双方认可的事实，王某某于2013年5月1日以转账方式汇入张某某账户10万元是事实，张某某认可收到，对此，双方并无争议，双方争议的是该笔款项的性质问题，王某某主张该款项属于借款，除汇款凭证外，没有相关借据等证据为证；而张某某则主张属于两人合伙修路时其垫付的投资款，是王某某应返还他的款项，其在一审中提交了中国石油加油卡充值凭证，租挖机协议、送货单及证人赵某某、蒋某某、邹某某出庭的证言及

---

〔1〕 参见国家法官学院、最高人民法院司法案例研究院编：《中国法院2021年度案例》（民间借贷纠纷），中国法制出版社2021年版，第190～191页。江苏省无锡市中级人民法院（2019）苏02民终3520号民事判决书。

〔2〕 参见国家法官学院、最高人民法院司法案例研究院编：《中国法院2020年度案例》（民间借贷纠纷），中国法制出版社2020年版，第183页。北京市第二中级人民法院（2018）京02民终10229号民事判决书。

二审张甲的证言等证据，从证据的内容来看，没有一份证据能够证明王某某与张某某合伙修路的事实存在。由此，双方就10万元款项性质陈述并不一致，在双方意见不一致，争议较大的情况下，这10万元款项性质应当如何认定，本院认为应从案件的事实和证据进行分析认定。首先，从张某某主张属于合伙垫付款的角度分析，本案没有证据证明张某某与王某某合伙修路的事实存在，即没有证据证明双方合伙关系存在。其次，从双方发生的纠纷起因分析，本案因张某某起诉王某某之妻王乙民间借贷纠纷引起，即(2013)丘民初字第00546号民事判决，判决由王乙偿还张某某借款6万元，对王乙辩解其夫王某某于2013年5月1日转账赔款6万元的理由没有支持，致使王某某起诉引起本案。最后，从本案事实分析，本案虽然没有借据，但基于张某某收到王某某10万元是事实，且发生纠纷之前双方认可其并不存在生意上的经济往来关系，根据以上分析，被上诉人张某某因没有证据证明双方当事人之间存在合伙关系，故本院不能作出该笔款项属于王某某返还张某某合伙投资款的认定，本院认定2013年5月1日王某某汇入张某某账户的10万元属于借款，张某某应当偿还该笔款项给王某某。综上所述，本院认为，原审认定事实部分不清，适用法律和实体处理均不当，本院予以纠正。上诉人王某某的上诉理由成立，本院予以支持。判决：撤销一审判决；由张某某偿还王某某借款10万元。[1]

当事人虽然在转账凭证的附言中标明了款项用途(包括但不限于“借款”“垫付款”)，因其仅是当事人单方备注，所以不能仅凭该备注证明与对方存在借贷合意。当事人提供转款凭证提起民间借贷诉讼时，视为当事人已完成了初步举证责任；此时举证责任转移至相对人，如果相对人无法证明其占有案涉款项系偿还双方之前借款或其他债务，法院可判决相对人对案涉款项承担还款责任。当事人虽然提供了转款凭证证明系借贷关系，但是，相对人亦提供证据证明案涉款项是偿还双方之前借款或其他债务时，当事人仍须就借贷关系的成立继续举证。如果当事人未能进一步举证证明系借贷关系，法院对其诉求可不予支持。当事人依据转款凭证提起民间借贷诉讼，已完成初步举证责任，此时，举证责任转移至相对人，相对人应就其合理占有上述款项提供证据证明；相对人无法证明其占有案涉款项系偿还双方之前借款或其他债务，应承担举证不能的法律后果，判决相对人对案涉款项承担还款责任并无不当。

---

〔1〕 参见国家法官学院案例开发研究中心编：《中国法院2016年度案例》(民间借贷纠纷)，中国法制出版社2016年版，第49～50页。云南省文山壮族苗族自治州中级人民法院(2014)文中民一终字第71号民事判决书。

【案例 11－49】　李某某与上海格银投资管理合伙企业民间借贷纠纷案

最高人民法院认为,关于案涉转账凭证上载明的保证金、贷款保证金、投标保证金、转账、往来款等款项应否认定为李某某向原迅源公司的借款的问题。《民间借贷规定》第十七条规定:"原告仅依据金融机构的转账凭证提起民间借贷诉讼,被告抗辩转账系偿还双方之前借款或其他债务,被告应当对其主张提供证据证明。被告提供相应证据证明其主张后,原告仍应就借贷关系的成立承担举证证明责任"。本案中,格银企业提交的原迅源公司向李某某转款的部分凭证上虽记载为"保证金""贷款保证金""投标保证金""转账""往来款",但上述款项均已进入李某某账户,原迅源公司与李某某之间已形成实际的资金联系。现格银企业认为双方存在民间借贷法律关系,要求李某某承担还款责任,并依据转款凭证提起本案诉讼,根据上述司法解释规定,格银企业已完成初步的举证责任,此时,举证责任应转移至李某某,李某某应就其合理占有上述款项提供证据证明,现李某某无法证明其占有上述款项系原迅源公司偿还双方之前借款或其他债务,故其应承担举证不能的法律后果,一审法院判决其对相应案涉款项承担还款责任并无不当。李某某的该项诉讼主张缺乏事实及法律依据,本院不予支持。[1]

转账凭证的附言中虽然标明了款项用途,但仅是当事人单方备注,不能证明其与对方存在借贷合意。在对方提供证据证明其与当事人存在其他债权债务关系时,当事人仍应当就借贷关系的成立负有证明义务。当事人未能进一步举证证明系借贷关系,原判决对其上诉请求不予支持并无不当。

【案例 11－50】　沈某某与扬州市中泰运输有限责任公司、舒某某船舶营运借款合同纠纷再审案

最高人民法院认为,本案系当事人申请再审案件,应当围绕沈某某申请再审的理由是否成立进行审查。根据中泰公司与沈某某于 2019 年 8 月 22 日签订的《合作协议书》第一条"合作基础"载明的内容,中泰公司委托沈某某收回徐某某的营运权,并将"中泰 101"轮从岳阳城陵矶港带回。舒某某与沈某某的通话录音表明沈某某于 2019 年 6 月已实际控制船舶,并与舒某某合作经营。现有证据可以证明 2019 年 5 月至 7 月沈某某实际控制船舶,在 8 月 22 日签订《合作协议书》前中泰公司已经与沈某某合作经营。案涉三笔款项中,沈某某对于 47,000 元是向中泰公司支付的借款还是为徐某某向中泰公司支付的垫付款,主张前后不一。50,000 元和 60,000 元款项的转账凭证中的附言中虽然标明了款项用途,但仅是沈某某的单方备注,不能证明其与

〔1〕 最高人民法院(2018)民终 333 号民事判决书。

中泰公司存在借贷合意。在中泰公司提供证据证明其与沈某某存在其他债权债务关系时,沈某某仍应当就借贷关系的成立负有证明义务。沈某某未能进一步举证,原判决对其上诉请求不予支持并无不当。综上,沈某某的再审申请不符合《民事诉讼法》第二百零七条第二项、第六项规定的情形。裁定:驳回沈某某的再审申请。[1]

出借人提供的银行转账记录与涉案借款确认文件记载的金额不相符,需对每笔转账是否构成民间借贷借款本金进一步举证。出借人未尽到证明争议款项为借款本金举证责任的,应当承担举证不利的后果。

【案例 11－51】 王某刚与王某民间借贷纠纷再审案

最高人民法院认为,民间借贷法律关系中的债权人一方应就借款合同的成立、款项交付并用于借款承担举证责任。王某刚虽然提供了银行转款记录及《借款确认书》,但两份证据载明的金额不相符,王某刚还应就每笔转款是否构成民间借贷借款本金进一步举证。根据原审查明事实,王某刚与王某之间除存在民间借贷关系外,还存在合伙经营关系,争议款项 771 万元中的 200 万元及 485 万元分别来源于王某刚与王某合伙经营的中恒公司及江都公司,两家公司均证明转款系用于支付王某工程款。另 86 万元款项收款人为吴某,并非王某,且吴某证实该款用于王某刚及王某合伙承包的“时代名苑”及“北山项目”开支。故王某刚未尽到证明争议款项 771 万元为借款本金的举证责任,依法应当承担举证不利的后果。[2]

3. 借款夫妻共同债务举证责任分配

其一,对夫妻存在举债合意的证明责任分配。对夫妻共同意思表示,证明责任在出借人。夫妻双方共同签字的借款合同、借条以及短信、微信、QQ 聊天记录、邮件等其他能够体现夫妻共同举债意思表示或事后追认的有关证据,都是出借人用以证明债务系共妻共同债务的直接证据。

其二,为家庭日常生活需要借款情形下的证明责任分配。对夫妻一方为家庭日常生活所负的债务,原则上应推定为夫妻共同债务,出借人无须举证证明该借款实际用于家庭日常生活。若配偶一方抗辩债务不属于夫妻共同债务,应由其举证证明债务并非用于夫妻共同生活。

其三,超出家庭日常生活需要借款情形下的证明责任分配。对超出家庭日常生活范围的债务是否属于夫妻共同债务,证明责任在出借人,即此时应由出借人

〔1〕 最高人民法院(2022)民申 117 号民事裁定书。
〔2〕 最高人民法院(2021)民申 7301 号民事裁定书。

举证证明该债务用于夫妻共同生活、共同生产经营或基于共同意思表示。

4.由第三人付款时举证责任分配

在民间借贷中,出借人委托第三人向借款人付款并不鲜见,该行为对借款人利益无损,法律对此也不禁止。但是,由第三人付款存在一定的风险,如果借款人不予认可,出借人就要承担进一步的举证责任。认定第三人支付的行为为出借人履行了出借义务,应符合两个条件,一是第三人确认其付款行为是为完成出借人的出借义务,二是借款人已实际收到该款项。若借款人否认第三人的付款为出借人履行出借义务,此时发生举证责任的转移,借款人应就其否认的主张举出相反证据,如第三人支付的款项系因其他事由发生。否则,应当认定出借人已经履行了出借义务。

【案例11-52】　金宜房地产公司诉吴某某民间借贷纠纷案

一审法院认为,吴某某辩称,案外人的付款不能直接构成本案借款,金宜房地产公司对此仍负有举证责任。法院认为,金宜房地产公司对相应的借款提供了借据、借款审批单、汇款凭证、代付人确认书等证据,证据之间可相互印证,足以认定案件事实,其已完成举证责任。吴某某对借款或者代付证据有异议的,负有举证责任予以证明,对该辩解法院不予采纳。判决:吴某某支付金宜房地产公司借款本金450万元及利息。吴某某未按期交纳诉讼费,二审法院按自动撤诉处理。[1]

5.疑难问题举证证明

出借人仅能提供借款协议书的复印件,该复印件无法与原件核对,故在证据形式上存在瑕疵。瑕疵证据不能单独作为认定案件事实的依据。但是,法官应当对与案件的待证事实有关的全部证据进行综合审核,这并非一概地否认瑕疵证据的证明力,而是通过对全部证据的综合审核,补强其证明力,以求最大限度地接近客观事实,从而在保障程序正义的前提下,实现实体正义。

【案例11-53】　浦某诉陈某某、张某某民间借贷纠纷案

判决观点,虽然诉争1100万元均由案外人海江公司、丽星公司转账至被告账户,但均属受原告委托付款,原、被告签订借款协议、被告陈某某出具的收条以及被告逐月向原告账户支付利息等事实,均表明被告对于其向原告借

---

〔1〕　参见国家法官学院、最高人民法院司法案例研究院编:《中国法院2021年度案例》(民间借贷纠纷),中国法制出版社2021年版,第219~220页。福建省泉州市中级人民法院(2019)闽05民终6316号民事裁定书。

款的事实是确认的。被告提供的《补充协议》虽然只有复印件且无被告张某某的签名，但根据原、被告每月催款、还款情况来看，双方通过海江公司职员孔某与被告委托人许某之间就还本付息等进行邮件交涉已成惯例，2013 年 2 月 27 日内容为《补充协议》的电子邮件应当予以认定，且被告已按照《补充协议》的约定支付前两期合计 90 万元的本金归还，原告亦对其中的 30 万元本金归还出具了收条。虽然《补充协议》约定三方签名生效，因双方已实际履行，被告张某某也不持异议，故认定《补充协议》对原告浦某和被告陈某某具有约束力。被告提供的电子邮件、银行对账单、收条等证据已形成盖然性证明标准，可以认定原告浦某与被告陈某某就 500 万元借款的延期和分期还款达成协议，此 500 万元借款由原、被告按补充协议履行，如被告未按补充协议履行的，原告可另行主张相关权利。被告已还 50 万元借款本金指向明确，应从 500 万元借款中扣除。另 600 万元借款被告陈某某应当归还，并按年利率 24% 承担逾期还款违约金。判决：(1)被告陈某某返还原告浦某借款人民币 600 万元；(2)被告陈某某偿付原告浦某违约金；被告张某某对被告陈某某上述第一、二项付款义务承担连带清偿责任。[1]

有付款凭证无借据类型案件的举证责任分配问题，在实务界有不同观点。一般认为，出借人虽然未能就借贷合意的存在举证，但其提供付款凭证已经初步完成了举证责任，如果借款人无法就此举证，则应认定出借人的主张成立。在借款人未能提供证据证实其与出借人存在其他法律关系时，则出借人提交转账凭证已经尽到了提出证据的责任，无须就存在借贷关系进一步举证。在借款人提出足以反驳出借人主张证据的情况下，出借人才需要进一步举证证明借贷关系的存在。该种观点既符合举证责任分配法理，也符合证明标准理论。

【案例 11－54】 曹某某诉王某某民间借贷纠纷案

判决观点，原告曹某某作为具备完全民事行为能力的成年人，应当具备大额资金交易风险的注意与辨别能力，原告曹某某提供的银行账户交易明显仅能反映资金的流向，并不能说明资金的性质和用途，原告曹某某未能提交借据或收据等书面借款凭证来直接地、充分地证明其与被告王某某之间存在借贷的合意，且被告王某某对此又不予确认，故原告曹某某应承担举证不能的法律后果，因此，对原告曹某某称通过转账向被告王某某出借款项的主张不予采信。判决：驳回原告曹某某的诉讼请求。[2]

---

〔1〕 参见国家法官学院案例开发研究中心编：《中国法院 2015 年度案例》(民间借贷纠纷)，中国法制出版社 2015 年版，第 53～54 页。上海市嘉定区人民法院(2013)嘉民一(民)初字第 2653 号民事判决书。

〔2〕 参见国家法官学院案例开发研究中心编：《中国法院 2018 年度案例》(民间借贷纠纷)，中国法制出版社 2018 年版，第 26 页。福建省厦门市翔安区人民法院(2016)闽 0213 民初 492 号民事判决书。

【案例 11－55】　王某某诉安徽大昌科技股份有限公司民间借贷纠纷案

判决观点,当事人对自己的诉讼请求有法定义务举证证明,王某某仅凭银行转账凭证主张原、被告之间存在民间借贷法律关系,证明力明显不足;王某某没有完成举证责任,不能违法转移到大昌公司。对于王某某的主张,法院不予支持。判决:驳回原告王某某的诉讼请求。[1]

【案例 11－56】　李某诉尹某某民间借贷纠纷案

二审法院认为,虽然李某提交了银行转账凭证,但是该证据只能证明双方之间存在一定的款项往来,不能由此直接推导出双方具有民间借贷关系,亦不排除存在买卖合同、不当得利的可能,现尹某某举证证明双方存在买卖关系,李某仍应就借贷关系的成立承担证明责任,而李某未能进一步举证,故李某主张其与尹某某存在民间借贷法律关系依据不足。裁定:驳回上诉,维持原裁定。[2]

出借人仅提供款项交付凭证未提供借贷合意证据时,应由出借人承担资金性质的举证责任。

【案例 11－57】　孙某某诉冯某某民间借贷纠纷案

二审法院认为,债权人应当对借贷合意、借贷事实的发生承担证明责任。债权人仅提供款项交付凭证而未提供借贷合意凭证,债务人提出双方不存在借贷关系抗辩的,债权人应当就双方存在借贷合意提供进一步证据。本案中,孙某某提供银行转账凭证要求冯某某还款,冯某某否认双方之间存在借贷关系,孙某某应进一步提供证据证明双方之间存在借贷合意,但其提供的录音证据其自认仅记录了对其"有用的部分",故该录音证据不能作为有效证据予以采信。原审依据录音证据认定冯某某尚欠孙某某 1 万元证据不足。另外,二审中冯某某提交了给付孙某某款项的证据,能够证明双方之间互有资金往来,但对于资金往来的性质双方均未提供证据证明,而孙某某作为主张双方之间存在民间借贷关系的一方应对此承担不利后果。综上所述,孙某某的上诉请求不能成立,应予驳回。冯某某的上诉请求成立,予以支持。判决:撤销一审判决,驳回孙某某的诉讼请求。[3]

借款人虽在借款后向出借人转款且金额已超过借款金额但未备注转款性质,

---

〔1〕　参见国家法官学院案例开发研究中心编:《中国法院 2018 年度案例》(民间借贷纠纷),中国法制出版社 2018 年版,第 29 页。吉林省长春市朝阳区人民法院(2016)吉 0104 民初 798 号民事判决书。

〔2〕　参见国家法官学院案例开发研究中心编:《中国法院 2018 年度案例》(民间借贷纠纷),中国法制出版社 2018 年版,第 29 页。北京市第三中级人民法院(2016)京 03 民终 6787 号民事判决书。

〔3〕　参见国家法官学院案例开发研究中心编:《中国法院 2018 年度案例》(民间借贷纠纷),中国法制出版社 2018 年版,第 41 页。山东省淄博市中级人民法院(2016)鲁 03 民终 2163 号民事判决书。

转款后借款人与出借人签订《结算书》确认未还本金的金额,借款人案涉款项已还清的主张不成立。

【案例11－58】 甲公司诉乙公司民间借贷纠纷再审案

最高人民法院认为,出借人、借款人签订案涉《借款合同》两年后,再次签订《结算书》确认借款本金2300万元未偿还,即表明借款人向出借人转账的3395万元并非偿还案涉借款本金,且《结算书》中未否定借款人偿还了部分利息。故借款人关于案涉借款已还清的主张理据不足。[1]

在出借人与借款人系多年好友的情况下,不要求借款人出具借条并不违反双方之间的交易习惯,结合借款人陈述和证人证言,对双方证据的证明力进行比较,可综合认定借贷双方之间存在事实上的借贷关系。

【案例11－59】 汪某某诉朱某某民间借贷纠纷案

一审法院认为,原告与被告原系多年好友关系,案外人吴某系被告朱某某的小舅子,吴某亦是经由被告介绍与原告相识。2013年9月25日,原告汪某某通过其名下农业银行账户向被告朱某某汇款40万元。2014年7月8日,原告汪某某通过其中国邮政储蓄银行账户向被告朱某某汇款82.6万元。2014年8月至2015年6月,被告小舅子吴某每月向原告汪某某农业银行账户汇款21,700元。2015年8月3日,吴某向原告汪某某农业银行账户汇款344,000元。双方有争议事实为:原告汪某某与被告朱某某之间借贷事实是否成立;借款本金及利息如何认定。针对第一个争议焦点,原告依据金融机构转账凭证提起民间借贷诉讼,被告抗辩借款系案外人吴某所借,原告系根据吴某指示将款项汇至被告账户。为此被告提供吴某所写证明一份及吴某向原告账户汇款凭证,以证明该款是吴某通过被告向原告借取,还款也一直由吴某负责。对此原告质证认为原告与吴某并不熟悉,原告只是因为与被告系多年好友关系才出借款项,原告将借款汇至被告账户,至于被告交给谁使用与原告无关联。原告为证明双方之间借贷关系的成立向本院提供其向被告朱某某账户内汇款的凭证。本院对原、被告所提供上述证据的客观性、关联性、合法性均予以确认,但通过对原、被告分别提供的两组证据的证明力进行比较,本院认为被告借款后交由谁使用,由谁负责偿还的证据不足以推翻原告依据向被告汇款的凭证所主张的借贷关系。故本院认为原告与被告之间借贷关系成立,原告主张由被告朱某某向其偿还借款,应予支持。针对第二个争议焦点,原告称双方就130万元借款口头约定了利息为年利率20%,并举证证明在2014年8月至2015年6月每月均收到利息21,700元,2015

---

〔1〕 最高人民法院(2021)民申5955号民事裁定书。

年8月,收到吴某还款30万元及7月、8月的利息44,000元。被告辩称上述款项均系吴某的还款,本院认为被告通过他人在一段较长时间内以相对固定的数额、连续性地向原告账户内汇款这一行为,足以证明原告与被告之间确就借款口头约定了利息。以130万元本金为基数,每月21,700元的汇款金额计算,原、被告之间约定的年利率应为20%,与原告所诉亦相互印证,故现原告主张被告朱某某自2015年9月起按照年利率20%支付利息,应予支持。合法借贷关系受法律保护。被告向原告借款,原告提供了银行汇款凭证,可以认定原告向被告履行了款项交付义务。关于案涉钱款的性质,就双方借贷合意,原告虽未能提供借条等借款凭据,但其已提供了银行汇款凭证,可以认定原告对双方之间的借款合同关系的存在完成了初步举证责任,被告虽辩解该借款系吴某所借,但其所提供的吴某向其多次支付利息的凭证不足以与原告所提供的向被告汇款的证据相抗衡。故本院对被告抗辩理由不予以采信。被告至今未能还清借款,应承担相应清偿责任。原告为此要求被告归还100万元借款并按双方约定的年利率20%支付自逾期之日的利息,不违反相关法律规定,本院予以支持。判决:被告朱某某偿还原告汪某某借款100万元及利息。二审法院判决:驳回上诉,维持原判。[1]

对仅依据借据主张借贷关系的,举证责任分配不同将产生不同的判决结果。

【案例11－60】　周甲诉周乙民间借贷纠纷案

二审法院认为,本案周甲主张其与周乙存在民间借贷关系,并提供借条一张,周乙则抗辩双方并非民间借贷关系而是代为转交购房款的关系,并提供了房产出卖人王某、周某某、部分出借人王某某证言和高某某的手写声明。另据二审查明事实:诉争借款发生时周甲月收入600元左右,周甲之妻并无固定工作,而周乙彼时经济条件要优于周甲;2002年3月3日本案借条形成,2002年3月8日周乙作为中间人将4万元款项交给王某。这使得在认定涉案款项性质时不能完全排除4万元款项系代为转交的购房款而非借款的可能性。加之,高某某向王某某借款购房时系由周甲出具借条,且之后高某某所购房产与卖方王某、周丙产生纠纷也是由周甲特别授权的委托代理人出庭应诉,并曾手写一份买卖房屋具体经过的材料由出卖人王某签字确认。综合以上事实,认为为证明双方之间存在民间借贷关系,周甲有责任亦有能力举证证明高某某购买房产由周乙代为转交的4万元购房款的具体来源,以此排除该4万元购房款与本案诉争4万元借款为同一笔款的可能性,但在举证期

〔1〕　参见国家法官学院案例开发研究中心编:《中国法院2018年度案例》(民间借贷纠纷),中国法制出版社2018年版,第38～39页。江苏省连云港市中级人民法院(2017)苏07民终384号民事判决书。

限内，周甲仅提交曾购买摩托车的落房押金收据、周村新星针织厂出具的其妻梅某在生产厂房购货销售针棉制品的证明等证据，仍未能直接证明其出借资金的来源及周甲所转交4万元款项的来源。因此，周甲所提交证据并未达到高度盖然性的证明标准，对其主张的双方就涉案4万元款项存在民间借贷关系依法不予认定。周乙上诉理由成立，依法予以支持。判决：撤销一审判决，驳回周甲的诉讼请求。[1]

根据《民事诉讼法》及司法解释规定，在难以确定举证责任由谁负担的情况下，法官可以考虑当事人的实际情况，根据公平正义的原则适当地分配举证责任。换言之，仅凭庭审情况难以做到对举证责任的合理分配，应当根据当事人在整个案件审理过程中的表现及实际情况，合理掌握案情，做到对举证责任的合理分配，以维护当事人的合法利益，打压非法利益存在的空间。

【案例11－61】 丁某某诉赵某某民间借贷纠纷案

判决观点，仅靠原告丁某某提交的录音证据只能证实被告赵某某曾经向原告丁某某借款，被告赵某某对借款尚未偿还。对于该借款是否偿还的举证责任的分配应按照最高人民法院的相关规定，根据案情合理分配举证责任。本案中，承办人员将举证责任分配给了被告赵某某，理由如下：被告赵某某经法庭三次传票传唤，无正当理由拒不到庭，按照常理，如果原告丁某某无中生有，诬告被告赵某某借款不还，被告赵某某应当有相当大的主动性参与庭审，从这一点上可以看出，被告赵某某当时采取了放任的态度应对法庭传唤。承办人在向被告赵某某送达传票等法律文书的过程中，了解到赵某某生意惨淡，在外大量借款且没有偿还的情况。以上两点意见虽然不能体现到法院生效的法律文书上，但是足以影响承办人对本案举证责任分配的考虑，故承办人综合各种因素，将举证责任分配给了被告赵某某。但是承办人认为，在没有这些异常因素的情况下，原告应对被告没有偿还借款的事实承担举证责任，如原告仅有录音证据证实被告曾经向其借款，但没有其他证据予以辅助证明，判决原告败诉更加合理，这样也有利于向案件当事人表明，民商事案件应坚持“谁主张，谁举证”的原则，也有利于培养公民在经济交往中注意把握证据，增强法律意识，靠法律和证据来维护自己合法权益的法律素养。判决：赵某某返还丁某某借款本金9000元。[2]

应注意的是，司法解释制定者认为，实践中借款合同关系发生的情形比较复

---

〔1〕 参见国家法官学院案例开发研究中心编：《中国法院2017年度案例》（民间借贷纠纷），中国法制出版社2017年版，第220页。山东省淄博市中级人民法院（2015）淄民一终字第454号民事判决书。

〔2〕 参见国家法官学院案例开发研究中心编：《中国法院2015年度案例》（民间借贷纠纷），中国法制出版社2015年版，第236页。山东省寿光市济阳县人民法院（2013）寿胡民初字第3712号民事判决书。

杂,在双方当事人之间存在其他交易关系的情况下,存在原告凭借其他交易中支付款项的转账凭证,试图要求被告归还并不真实存在的借款的可能,因而对此不能仅凭款项支付凭证认定双方之间的借贷关系,这是符合借款合同的成立以双方当事人之间存在借贷合意为前提的基本特点的。但同时考虑到一些借款合同的当事人确实缺乏法律意识,在没有签订书面借款合同亦没有出具借据的情况下,出借人对于借款关系的证明存在一定困难,因而可以认为在提出金融机构转账凭证的情况下,出借人对双方之间借款合同关系的存在完成了初步举证责任。此时应当进一步结合被告的答辩情况,对双方是否存在借款合同关系进行分析认定。[1]

需要指出的是,依据举证责任分配规则作出裁判,毕竟是在无法查明案件事实的情况下不得已而为的选择,故应当尽量减少适用举证责任分配规则判决一方败诉的情况。如果一方当事人提出的证据已经证明该事实的发生具有高度的盖然性,法官即可以对该事实予以确认。

如双方当事人均不能完成各自的行为意义上的举证责任而导致款项性质无法查清时,仍应由原告承担败诉风险。

双方存在情人关系等特殊身份关系时,一方依据银行转账凭证主张借贷关系,而对方否认双方存在借款合意,并主张转款系基于双方特殊个人关系产生的其他法律关系的。该情形与《民间借贷规定》第十六条规定的"原告仅依据金融机构的转账凭证提起民间借贷诉讼,被告抗辩转账系偿还双方之前借款或其他债务"的情形不符,法院不能适用该条司法解释分配举证证明责任。而应根据《民事诉讼法》第六十七条第一款关于"谁主张,谁举证"的规定,由主张借款关系的一方对其与对方之间存在借款合意以及其实际给付借款的事实承担举证证明责任。

【案例 11-62】　易某某诉涂某、周某某民间借贷纠纷再审案

最高人民法院认为,综合易某某和涂某申请再审的事由和理由,本案审查的主要问题是:(1)二审判决认定易某某与涂某之间形成民间借贷关系并认定借款金额为 3,875,750 元是否存在认定事实缺乏证据证明及适用法律错误的情形;(2)二审判决未支持易某某要求周某某承担连带清偿责任的诉讼请求,是否存在认定事实的主要证据未经质证的情形;(3)二审判决是否存在应予调查收集证据而未调查的情形;(4)本案是否有新的证据足以推翻二审判决。对此,本院评析如下:关于本案法律关系性质的认定。借款合同是借款人向出借人借款,承诺到期返还的合同,合同双方需达成出借和使用

[1] 参见最高人民法院民事审判第一庭编著:《最高人民法院民间借贷司法解释理解与适用》,人民法院出版社 2015 年版,第 303～304 页。

资金的合意,自然人之间的借款需出借人实际给付出借款项。本案中,易某某主张其与涂某之间构成借款关系,并提交三份金额分别为12万元、82万元和500万元的借条以及银行交易明细,以涂某最终借款500万元为由要求涂某归还借款及利息。首先,易某某依据500万元借条主张权利,其提交的银行交易明细系用以证明已实际给付出借款项。涂某否认双方存在借款合意,主张转款系基于双方特殊个人关系产生的其他法律关系。本案与《民间借贷规定》第十七条规定的"原告仅依据金融机构的转账凭证提起民间借贷诉讼,被告抗辩转账系偿还双方之前借款或其他债务"的情形不符,二审判决适用该条司法解释分配举证证明责任有误。根据《民事诉讼法》第六十四条第一款之规定,易某某应当对其与涂某之间存在借款500万元的合意以及其实际给付500万元借款承担举证证明责任。其次,易某某提交的500万元借条,经鉴定不能确认是否涂某本人书写。从易某某与涂某的银行交易明细可以看出,双方账户资金往来频繁,从几千元到几十万元不等,且与易某某主张的500万元(包括82万元在内)借款金额不能对应,在涂某否认转款系借款的情况下,易某某未能对此作出合理解释。因此,在借款凭证存疑且易某某主张的借款金额与其提交的转款凭证不能对应的情况下,仅以易某某与涂某之间存在转款差额为由,尚不能认定易某某与涂某之间存在借款合意。

关于争议金额的认定。易某某主张借款发生在2011年1月至2012年6月,其提交的500万元借条的落款时间为2012年6月30日,且明确表示2012年7月1日后的转款另行主张权利。因此,本案争议的金额发生日期为2012年6月30日前,该日期之后的转款不应计入本案争议金额。二审判决通过比对易某某与涂某银行交易往来明细认定易某某向涂某的转款差额为3,875,750元,但其中包括2012年7月1日之后的转款金额。因此,二审判决对本案争议金额的认定亦有误。

关于易某某主张一审中周某某提交的分居证明未质证的问题。经审查,该证据确未在一审、二审中质证,二审判决直接在分析意见中作为论据显然不妥。但二审判决最终认定周某某就案涉款项不承担连带责任的理由是易某某不能举证证明案涉款项系用于涂某和周某某的婚后家庭共同生活,而非依据该证据认定周某某和涂某分居的事实。因此,该证据未经质证,不构成《民事诉讼法》第二百条第四项规定的情形。

关于再审新证据和调取证据的问题。经审查,易某某申请再审时提交:(1)一份电话录音,用以证明周某某工作单位没有出具分居证明;(2)信用卡对账单、携程网情况说明、短信截屏图片,用以证明涂某向其借钱购买机票、支付汽车修理费、交纳汽车违章罚款等。对此,本院认为,电话录音中人员身份无法确认,其真实性不能确认;购买机票、支付汽车修理费等费用的证据系在二审庭审结束前均已存在且不属于因客观原因不能取得的证据，且部分在一审、二审期间已经提交，不属于《民事诉讼法解释》第三百八十八条规定的再审新证据。另易某某在二审中未申请调取证据，二审法院不存在应予调取证据而未调取的情形。故本案不符合《民事诉讼法》第二百条第一项、第五项的情形。

综上，本案符合《民事诉讼法》第二百条第二项、第六项规定的情形，裁定：本案指令甘肃省高级人民法院再审；再审期间，中止原判决的执行。[1]

（三）借款案件诉讼证据举证转移

完整的举证责任概念是主观举证责任和客观举证责任的结合，主观举证责任是指在诉讼过程中，当事人为避免败诉向法院提出证据的责任，客观举证责任是指在案件事实真伪不明时，由一方当事人承担不利后果的责任。客观举证责任往往是固定的，由实体法明文规定，而主观举证责任则会随着案情的发展，在当事人之间发生转移。若应当承担举证责任的一方当事人提供的证据已基本能够证明其主张的事实，相对方如果否认该事实成立，则应当承担证明责任，若其不能提出足以推翻该事实的证据，可以认定该事实成立；反之能提出足以推翻该事实的证据，则证明责任转由主张的当事人承担，这就是举证责任的转移。在民间借贷纠纷中，当出借人提供了借款合同、给付借款的凭证时，即完成初步举证责任；此时，借款人如果否认借款合同成立、借款合意和交付，则需要对此进行举证，相应的举证责任发生转移即由借款人承担。

《民间借贷规定》第十六条规定："原告仅依据金融机构的转账凭证提起民间借贷诉讼，被告抗辩转账系偿还双方之前借款或其他债务的，被告应当对其主张提供证据证明。被告提供相应证据证明其主张后，原告仍应就借贷关系的成立承担举证责任。"该条款是关于缺乏借款合同证明的案件当事人举证责任分配的规定。

民间借贷事实的复杂性凸显了举证责任在该类案件审理中的基础性作用，而举证责任的运用需要法官根据各证据与案件事实、证据与证据之间的关联性程度作出综合审查判断，只有在一方所举证据达到阻却对方主张的充分条件时，举证责任方能转移。

---

〔1〕 最高人民法院（2019）民申2190号民事裁定书。

【案例11－63】 戴某某诉北京合生绿洲房地产开发有限公司、郑某某民间借贷纠纷案

二审法院认为，算总账的方法不能达到该证明目的。第一，双方之间还存在其他借款关系；第二，保证人举证的约1.9亿元还款明细包含本金和利息；第三，本案存在许多出借人戴某某与谭某某之外的主体，这些主体的还款行为性质还不能完全认定。在不能对总账的情况下，应当认定本案争议的2013年11月25日《借款合同》项下的借款并未偿还，理由为：第一，戴某某关于上述还款均针对之前借款关系偿还的陈述，更具有合理性；第二，2014年8月8日、11日，谭某某两次向戴某某出具承诺书，均表示谭某某于2013年11月25日向出借人戴某某借款3000万元人民币至今未还，并作出还款计划，对不能及时还款的后果进行了承诺，承诺书内容明确、指向特定、相互印证，应当属于当事人真实意思表示。判决：驳回上诉，维持原判。〔1〕

出借人仅依据金融机构转账凭证提起民间借贷诉讼，其提供款项交付凭证即视为完成举证责任。借款人提出双方不是借贷关系而系其他关系抗辩的，借款人就其主张承担举证责任。借款人的抗辩理由成立的，举证责任再次转移到出借人，出借人应当就双方之间存在民间借贷法律关系进一步提供证据予以证明。

【案例11－64】 杨某诉马某某民间借贷纠纷案

判决观点，本案原告主张其与被告之间存在借款合同关系，原告作为债权人应当对借贷金额、期限、利率、款项的交付等借贷合意及借贷事实的发生承担相应的证明责任。原告虽无法就借贷合意进行充分举证，但其提供的华夏银行电子回单、支付宝转账电子回单、工商银行支付宝网上银行转账凭证可以表明其自2015年6月16日起陆续向被告共计转款119,546元，上述电子回单、转账凭证可以证明借贷事实的发生，原告已初步完成其举证责任。现被告对转账事实未提出异议，仅抗辩称双方不存在借款合同关系，其并未向原告借款，而根据《民间借贷规定》第十七条的规定，本案的举证责任转移至被告，被告应当对双方非借贷关系而系其他法律关系的事实进行举证。被告抗辩转账系因双方存在恋爱关系，之间互有经济往来，被告的工商银行卡被原告持有，向被告转账后又将款项转账给马某及韩某均系原告一人操作，被告对其主张未提供相应的证据，应承担举证不能的法律后果，且即使恋爱关系存在，也不能排除双方之间借贷关系的成立可能，据此，原、被告之间存在借贷关系，因被告已通过转账、由他人代为偿还、现金支付等方式共计支付

---

〔1〕 参见国家法官学院案例开发研究中心编：《中国法院2019年度案例》(民间借贷纠纷)，中国法制出版社2019年版，第203页。北京市第三中级人民法院(2017)京03民终4131号民事判决书。

原告54,243元,故被告应偿还原告借款65,303元。判决:被告马某某偿还原告杨某借款人民币65,303元。[1]

【案例11-65】　王某乙诉王某甲民间借贷纠纷案

二审法院认为,王某乙主张其与王某甲存在民间借贷法律关系,提交了向王某甲尾号"6382"银行卡汇款的转账凭证,王某甲对王某乙的主张不予认可,并在二审审理过程中补充提交中国工商银行个人客户业务申请书以及中国工商银行个人业务凭证(填单),法院认为王某甲补充提交的证据与官某的证人证言相互佐证,能够证明"6382"银行卡非王某甲本人办理。对此在王某甲否认双方存在借款事实的情况下,王某乙应当就双方存在民间借贷法律关系进一步提供证据予以证明。

王某乙在一审审理过程中陈述王某甲给其打电话提出借款并告知"6382"银行卡账户,后王某乙直接给"6382"银行卡汇款220万元。在二审审理过程中,王某乙陈述官某给其打电话提出王某甲要借款220万元,王某乙与王某甲之间并未就借款事项通话,后王某甲、官某、王某乙见面商谈借款事项,见面具体时间地点不清楚,见面商谈中官某和王某甲一起提出借款220万元,王某乙表示只能向王某甲提供借款,后三方约定该220万元借款的还款人为王某甲,事后官某或者王某甲给王某乙发信息告知"6382"银行卡账户。对于王某乙的两次陈述,王某甲、官某均不予认可。综合以上,法院认为220万元借款系大额资金借款,对于基本的借款事实王某乙陈述前后不一致,对于双方见面商谈借款的时间地点等关键信息无法描述。

另王某乙与王某甲均认可双方系朋友关系,没有其他资金往来和合作关系,王某乙与王某甲均从事经商活动,见面约谈借款事宜没有形成书面借款凭证,亦没有明确约定还款期限和还款利息。在王某乙没有其他证据证明其主张的情况下,法院对王某乙的主张不予采信。综上,法院认为王某乙提交的证据尚不足以证明其与王某甲之间就220万元借款事项形成了借款合意,故一审法院认定王某乙与王某甲之间存在民间借贷法律关系不妥,予以纠正。裁定:撤销一审判决;驳回王某乙的起诉。[2]

【案例11-66】　胡某年诉孙某民间借贷纠纷案

判决观点,原告向人民法院提起民间借贷诉讼时,应当提供借据、收据、欠条等债权凭证以及其他能够证明借贷法律关系存在的证据。原告仅依据金融机构的转账凭证提起民间借贷诉讼,被告抗辩转账系其他债务的,被告

---

〔1〕 参见国家法官学院案例开发研究中心编:《中国法院2018年度案例》(民间借贷纠纷),中国法制出版社2018年版,第31页。云南省个旧市人民法院(2016)云2501民初863号民事判决书。

〔2〕 参见韩延斌主编:《民间借贷案件裁判要点与观点》,法律出版社2016年版,第175页。

应当对其主张提供证据证明，被告提供相应证据证明其主张后，原告仍应就借贷关系的成立承担举证责任。本案中，原告提交了转账事实后，被告抗辩称实际上是投资关系，并提交了与原告的微信聊天记录，原告提到“我投了30万元”“先给我10万元”“之后再补上”，且未对被告强调双方“合伙关系”进行反驳；之后，原告继续汇款20万元给被告，被告将原告拉入“友联同创”微信群，同时，被告将公司三名工作人员微信推送给原告，原告前往公司查看业务开展情况。从上述情形来看，原、被告分别就其主张提交了初步证据，根据法律规定，“当事人对自己提出的主张，有责任提供证据”。原告应就借贷事实的发生和存在借贷合意负有举证责任；被告抗辩不存在借贷关系，其承担的是反证义务，故被告提交的证据不必达到高度盖然性标准，在转款事实无争议的情况下，被告提交的证据仅需使得待证的借贷合意处于真伪不明状态，此时的举证责任应再次转移至原告，原告仍应就借贷关系的成立承担举证证明责任。如果原、被告双方当事人均不能充分举证而导致款项性质不明时，应由原告承担败诉风险。故在原告提交的证据不足以存在民间借贷关系的情况下，对于原告的诉讼请求不予支持。判决：驳回原告胡某年的全部诉讼请求。[1]

【不同处理】 有的法院在一审被告抗辩的借款基本事实未查清的情况下，仅以银行转账作为认定借款成立。

【案例11－67】 新疆秦浩供应链管理有限公司诉新疆顺峰云仓储服务有限公司民间借贷纠纷案

二审法院认为，本案中，一审原告依据转账凭证起诉一审被告，一审被告抗辩及其他债务，但其提供的证据不能证明其主张，此时举证责任并未转移至一审原告，故上诉人即一审被告的上诉理由不能成立，本院不予采纳。至于上诉人所称本案涉嫌犯罪的问题，可以通过公安机关处理，本院不予处理。综上所述，新疆顺峰云仓储服务有限公司的上诉请求不能成立，应予驳回；一审判决认定事实清楚，适用法律正确，应予维持。判决：驳回上诉，维持原判。[2] 在本案中，新疆顺峰云仓储服务有限公司认为涉案借款没有借款合同、没有约定借款利息、何人办理不清楚、为何借款且该公司早已经停业经营、根本无借款必要等事实未查明。一审中，主审法官没有分配新疆秦浩供应链管理有限公司就借款原因、洽谈的时间、经过等事实以及形成的借贷合

---

〔1〕 参见国家法官学院、最高人民法院司法案例研究院编：《中国法院2023年度案例》（民间借贷纠纷），中国法制出版社2023年版，第202～203页。北京市朝阳区人民法院（2020）京0105民初37378号民事判决书。

〔2〕 新疆维吾尔自治区乌鲁木齐市中级人民法院（2022）新01民终2147号民事判决书。

意进行举证。司法实践中,主流观点是出借人举了转账凭之后,法官根据借款人的抗辩,仍将借贷关系成立的举证责任分配给出借人。因为仅凭银行转账凭证无借据案件的举证分配,关系到案例的处理后果,不同的分配责任则产生不同的法律后果。最高人民法院反复强调,对当事人之间的借贷合意以及款项的实际支付等事实作出全面审查,尤其是对仅凭银行凭证无借据的案件更应严格审查,准确分配举证责任。

(四)借款案件诉讼证据举证采信

《民间借贷规定》第十五条第二款规定:"被告抗辩借贷行为尚未实际发生并能作出合理说明的,人民法院应当结合借款金额、款项交付、当事人的经济能力、当地或者当事人之间的交易方式、交易习惯、当事人财产变动情况以及证人证言等事实和因素,综合判断查证借贷事实是否发生。"该条款是关于民间借贷案件法官对事实审查标准的规定。

从理论上讲,对证据采信就是对证据的判断,就是自由心证的过程。判断证据证明力强弱及如何对其取舍、斟酌,实践中主要凭借法官的理性判断,因而法官对案件事实的认定必须建立在内心深处对自己主观判断确认真实无疑的基础之上。这种自由心证的强度依次分为微弱的心证、盖然的心证、盖然的确信心证和必然的确信心证四个程度。这就要求法官必须具有良好的法律知识、社会经验、逻辑推理和道德良知,最大限度地发挥高度盖然性的积极作用,以使得法律事实尽可能地接近客观事实。

高度盖然性证明标准(优势证据标准),是现行我国民事证据采用的证明标准。该标准意在降低判决事实基础的要求,法官可以借鉴现代自由心证的规则,基于高度盖然性(事物发展的高度概率)认定案件事实,在证据优势基础上形成内心确认,得出的虽还不能排除其他可能性,但十之八九是如此的待证事实即可认定为法律事实。适用高度盖然性标准需要注意以下几点:其一,不能违背法定的证据规则。其二,不能主观臆断。其三,必须达到确信的程度。其四,不允许仅凭微弱的证据优势认定案件事实。其五,要求最终认定的证据能够形成完整的证据链,得出唯一的证明结论。

1. 证据采信重点

在出借人以借据、收据、欠条等债权凭证为依据提起民间借贷诉讼,借款人否认发生借贷事实的情况下,法官除依据当事人提供的债权凭证以外,还应综合审查其他事实和因素。法官在审查借款合同、借据和借款交付凭证等直接借款证据形式上的真实性、合法性、关联性之外，还应当根据证据取得的方式、证据形成原因、证据形式、证据提供者情况及其与案件的关系等，对证据的证明力进行审查和判断，并对比双方当事人提供证据的证明力大小，按照民事诉讼证据盖然性标准，形成内心确信，作出最终采信认定。法官需要审查的证据具体如下：

其一，借贷金额。一般情况下，当事人在对待不同的借贷金额时，采取的谨慎注意程度往往存在差别，在借贷金额不大的情况下，资金交付方式选择的多样性、随意性较强，在审理此类案件时，如果出借人主张借款通过现金方式交付，通常通过审查借据等债权凭证的真实性、合法性、关联性即可完成事实查证，在没有相反证据的情况下，即可以确认借贷事实。对于大额借贷，法官通常应当对借款合同、借据、银行资金往来、企业会计资料等证据综合审查认定。对出借人主张通过现金方式支付的大额借贷，在出借人无法提供借据等债权凭证之外的其他证据证明借款已经实际支付的情况下，则应当进一步审查出借人的经济状况、借款人与出借人的关系、交易习惯等相关事实，从而判断当事人的主张是否成立。此外，借贷金额与当事人之间的亲疏关系、当事人的经济能力以及借款来源和用途等相关事实均有不同程度的牵连，查清借贷金额本身不仅是正确认定民间借款本金的需要，也是进一步结合其他事实认定借贷关系是否发生的必要环节。

其二，款项交付。款项交付事实的查清，一般应当包括交付方式、交付时间、交付地点、交付人和接收交付人的情况等多方面内容。其中，交付方式主要指款项通过银行转账、票据支付或现金支付等方式予以实际交付。实践中，出借人对于难以证明实际交付的借款，往往主张系以现金方式交易从而逃避举证证明款项已经实际交付的事实，对此应当谨慎对待。

其三，出借人的经济能力。对出借人的经济状况和钱款来源进行审查，同时也可以结合案件具体情况，对借款人的经济状况和借款用途予以审查，以便更好地查清案件事实，形成借贷事实是否真实发生的内心确信。在当事人对借贷关系是否发生存在异议，或者虽然案件当事人双方对借款事实无异议，但法官经审理后认为可能涉及虚假诉讼的时候，则为了进一步查明借贷关系的真实性，有必要对当事人的经济能力和财产变动情况等予以审查，从而对交易是否发生作出判断。

其四，交易方式和交易习惯。实践中，考虑交易习惯是基于交易主体的行为通常受到习惯的支配，有时当事人之所以没有在合同中作出明确约定，是因为双方对于已形成的交易习惯认为自然属于合同内容，无须明示。需要注意的是，当事人对于自己所主张的交易习惯，需要提供充分证据予以证明。一方面，需要证明确实存在该交易习惯；另一方面，该交易习惯应当为双方当事人共同认可或遵循。由于交易习惯的多样性，在认定和适用时，应当特别注意公开性、公认性、合法性原则，除能够证明在双方当事人之间达成了特别的交易习惯外，对于更大范围内的交易习惯，原则上在一定地域或行业内反复、稳定存在，具有区域或行业内交易主体共同认知和认可的习惯，方能确认为交易习惯，而且，交易习惯的运用应当以不具备反证为前提。

其五，证人证言。法官在审查证人证言时，应当严格按照《民事诉讼法》、《民事诉讼法解释》和证据规定等规定进行，特别是对于客观证据较为薄弱的案件，更要注意甄别证人证言的真实性、合法性。在认定证人证言的时候，还可以灵活运用对质等方法，以便更好地查清案件事实。

在民事案件中，法官职权的介入及心证的运用一般发生在当事人的证明方法皆已穷尽的情形之下，因法官无法以事实不清为由拒绝裁判，此时案件进展的推动力由当事人转至法官。民事诉讼待查的事实均系既往事件，法官审理案件只能立足于过去，依据证据认证规则衡量各方当事人提交的证据，据此认定案件事实，并对案件进行裁判，这个过程就是法官心证产生的过程。法官须依照逻辑规律和经验法则对证据的证明力进行分析判断。有关司法解释亦规定，法院应当结合借贷金额、款项交付、当事人的经济能力、当地或者当事人之间的交易方式、交易习惯、当事人财产变动情况以及证人证言等事实和因素，综合判断查证借贷事实是否发生。但鉴于民间借贷案件的复杂性，如此规定在司法实践中仍显得过于笼统，实践中，法官主要依据自身的经验法则，结合当事人本人的陈述，以及对细节的反复推敲，运用高度盖然性的证明标准，最终达到自身的内心确信。最后在判决说理部分对争议焦点进行充分、合理、合情的阐述，展示其行使自由裁量权的过程，使其采信证据确认争议事实让当事人接受，实现判决定分止争的目的。

【案例 11－68】 王某某诉陈某某等民间借贷纠纷案

二审法院认为，民间借贷的出借人除了提供借条等债权凭证外，还需提供相关证据证明借贷事实已实际发生，特别是本案中，因出具借条的债务人已经死亡，债权人更需要提供充分的证据证实与借贷事实相关的基本情况，包括出借款项的来源、款项交付的事实等。本案发回重审后，就与诉争借款相关的事实，王某某的陈述没有相关证据能够充分佐证：关于款项的出借时间及出借原因。王某某自述款项为 2010 年 7 月出借，出借金额为 400,000 元，2012 年 7 月重新出具借条，本金加利息共计 590,000 元。庭审中，王某某陈述，2010 年之前也多次将款项出借给连某某，因连某某有借有还，信用不错，故在 2010 年一次性向其出借了 400,000 元。至于连某某借款的用途，王某某表示不清楚。王某某与妻子均为残疾人，家中经济并不富裕，连某某与王某某关系并非十分亲密，又无提供相关担保抵押，在此情况下，王某某愿意拿出毕生的积蓄出借，不合情理。2010 年出借 400,000 元之后，连某某并没有还款付息，也没有提供任何的担保抵押，在此情况下王某某还愿意继续出借，于情于理均不符。原一审、二审时，王某某陈述 590,000 元出借的时间就是2012年7月，出借的原因是连某某信用好，连某某告知其要做生意需要资金。对款项出借的时间、出借的缘由，王某某前后说法不一，无法令人信服。

关于款项来源。王某某在发回重审后改变原来的说法，主张出借的款项系其自有资金，包括征地补偿款、养蜂收入等其他经营收入以及放贷收入。但鉴于征地补偿款三笔较大金额的收入均未体现分配时间，其他分配的款项金额均较小；养蜂收入及其他经营收入、放贷收入没有相应的证据。且就款项来源，王某某在原一审、二审均作了与重审完全不同的陈述，结合王某某自身的劳动能力、家庭经济、银行存款情况，在没有充分证据体现其借款资金来源真实性的情况下，一审法院对王某某有关借款资金来源的情况不予采信并无不当。

关于款项交付。重审后，王某某陈述系2010年10月将400,000元现金交付给连某某，其对该事实没有任何证据可佐证。原一审、二审时，王某某对款项交付做了详细的描述：其向谢某某借款60万元，连某某叫了司机到王某某家，然后三人一起坐车找谢某某拿钱。重审后，王某某以因为怕低保户的资格被取消，所以在原一审、二审作了虚假陈述为由，对款项交付作了完全不同的陈述。鉴于借款人连某某已死亡，王某某关于款项交付的事实没有相应的证据佐证，加之王某某不诚信的诉讼行为，一审法院对该部分事实不予采信是正确的。

综上所述，鉴于王某某对借款资金来源、款项交付等情节未能提供充分的证据佐证，一审法院未支持其关于借贷关系实际发生、陈某某应返还欠款等相关诉求并无不当，应予维持。判决：驳回王某某的上诉，维持原判。[1]

【案例11－69】 王某某诉李某某等民间借贷纠纷案

判决观点，由于本案实际借款人骆某某因故死亡，不能作出实质性抗辩表述，李某某等人称对骆某某的借款不知情，且不认识王某某，认为借条只能说明骆某某有向王某某借款的合意，但王某某作为出借人对借款没有实际支付。故王某某仍应对借款已实际支付进行举证。王某某提供的银行取款记录只能说明一年来原告的银行流水及原告的消费记录，并不能证明王某某已将借款实际支付给了骆某某。对一个普通家庭来说11万元并非小数，一般不可能在家中存放，且又将钱取回家放上一年半载等待一个陌生人来借，这显然不合常理。为此，根据《最高人民法院关于民事诉讼证据的若干规定》第二条、《民间借贷规定》第十六条的规定，王某某主张已实际支付借款，由

---

〔1〕 参见国家法官学院、最高人民法院司法案例研究院编：《中国法院2020年度案例》（民间借贷纠纷），中国法制出版社2020年版，第4～5页。福建省厦门市中级人民法院（2018）闽02民终6054号民事判决书。

于其未提供有力的证据予以证明,法院不予以支持。综上所述,王某某的诉讼请求,其证据不足以证明借款已实际支付,对其诉讼请求法院不予支持。判决:驳回原告王某某的诉讼请求。[1]

个案中,法官依据证明标准作出裁判。

【案例11-70】　介休市佳泰房地产开发有限公司诉王某某民间借贷纠纷案

二审法院认为,佳泰房地产公司作为主张权利的一方当事人,其举证证明的标准系"确信待证事实的存在具有高度可能性",而王某某作为反驳方其举证证明的标准是"待证事实真伪不明"。经审查双方当事人在一审、二审期间所举的证据,并结合相关事实,佳泰房地产公司一审、二审期间所举的证据不能使法院确信该公司与王某某之间存在280万元借款这一待证事实的存在具有高度可能性,且王某某所举的反驳证据能够使本院认为上述待证事实真伪不明。故依法应确认该待证事实不存在,原审判决驳回佳泰房地产公司的诉讼请求正确。上诉人佳泰房地产公司的上诉可待有充分证据后再行解决。判决:驳回上诉,维持原判。[2]

【案例11-71】　洪泽丰润金属回收有限公司与安徽福赐德新材料有限公司企业借贷纠纷再审案

最高人民法院认为,本案中,2007年5月2日,福赐德公司法定代表人蔡某某给洪泽丰润公司书写的借条明确载明,其借到洪泽丰润公司的现金人民币200万元整。关于200万元款项的给付,洪泽丰润公司举证证明其分别于2007年4月25日和4月30日向福赐德公司法定代表人蔡某某账号转款23万元和45万元;并于2007年4月20日至27日,在当地银行提取现金共计220万元,用于还款或收购。一般而言,借条是当事人之间成立借款合同法律关系的证明。借款人向出借人出具借条,表明其认可双方之间成立了借款合同法律关系,在其写明"借到"款项的情形下,表明其认可收到了所借款项,除非其有相反证据。因此,在洪泽丰润公司有借条、转账凭证和取款凭证等证据的情形下,可以认定当事人双方已经成立了200万元的借款合同法律关系,且洪泽丰润公司已经将款项给付了福赐德公司。福赐德公司若否定上述借款关系的存在以及款项实际给付的事实,则应举证证明。在其没有充分证据证明且没有收回借条的情形下,对于其关于本案借款合同法律关系没有

---

〔1〕参见国家法官学院案例开发研究中心编:《中国法院2019年度案例》(借款担保纠纷),中国法制出版社2019年版,第22~23页。四川省马边彝族自治县人民法院(2017)川1133民初540号民事判决书。

〔2〕参见国家法官学院、最高人民法院司法案例研究院编:《中国法院2020年度案例》(民间借贷纠纷),中国法制出版社2020年版,第196页。山西省晋中市中级人民法院(2018)晋07民终604号民事判决书。

成立、200万元款项没有实际给付的主张，最高人民法院不予支持。[1]

对于举证不充分的，法官可不支持原告的诉讼请求。

【案例11－72】 苗某某诉黄某某民间借贷纠纷案

二审法院认为，苗某某所举被描画的证据被否认，其举证责任就未尽到，加之，该借条始终在其处保管，应由苗某某承担描画部分事实不清的举证责任，其应继续举证。原告举不出证据，应当按《民事证据规定》第二条判决原告苗某某承担不利的法律后果。庭审中黄某某自认写了5%的利息，并自愿当庭给付某某利息5000元，苗某某接受，黄某某撤回上诉，法院依法准许。[2]

【案例11－73】 邓甲、宋某某诉邓乙民间借贷纠纷案

判决观点，邓甲、宋某某提供的借条系邓乙嗣后出具，双方对借款事实经过、借款本金、借款用途、资金来源所做陈述多处不一致，且2013年8月5日、2013年9月27日、2014年10月12日及2015年7月6日的款项来源是邓乙的近亲属。邓甲在邓乙借款长达两年多时间未还本付息的情况下，继续不断出借多笔款项给邓乙，有悖常理，双方无法作出合理解释，邓甲、宋某某所提供证据的证明力不足。因此，基于本案邓甲与邓乙系亲姐弟关系，邓甲、宋某某亦未能提供其他证据佐证，综合全案情形，并依据民事诉讼高度盖然性的证明标准，难以认定本案双方借贷关系的存在。邓甲、宋某某应承担结果意义上举证不能之法律后果，故对邓甲、宋某某的诉讼请求，不予支持。判决：驳回邓甲、宋某某的诉讼请求。[3]

借条是民间借贷关系成立的重要证据之一，但并非唯一证据，民事上的证据要合法，又要合乎日常生活习惯和常理。

【案例11－74】 谢某某诉柯某某民间借贷纠纷案

二审法院认为，谢某某赖以起诉的借条，除了签名和指印可以确认是柯某某的以外，其他内容均不知道是何人书写，借条本身存在重大疑点。为了查清案件事实，法院依法通知谢某某本人到庭应询，谢某某收到通知后无正当理由拒不到庭。谢某某主张柯某某拿走珠宝时只有他们两个人在现场，谢某某当场拍了诉争珠宝照片，却不把其主张的柯某某拿走珠宝的行为一起拍

---

〔1〕 参见杜万华主编：《最高人民法院民商事案件审判指导》（第4卷），人民法院出版社2016年版，第417页。

〔2〕 参见国家法官学院案例开发研究中心编：《中国法院2019年度案例》（民间借贷纠纷），中国法制出版社2019年版，第165页。新疆生产建设兵团第十二师中级人民法院（2017）兵11民终181号民事裁定书。

〔3〕 参见国家法官学院案例开发研究中心编：《中国法院2019年度案例》（民间借贷纠纷），中国法制出版社2019年版，第210页。福建省永安市人民法院（2016）闽0481民初2138号民事判决书。

照作为珠宝买卖依据，本身就不符合生活习惯和常理。在法院责令谢某某限期提供珠宝照片的来源后，谢某某在指定期限内亦未提供。根据《民事诉讼法解释》第一百一十条第三款的规定，谢某某拒不到庭应询且未按照法院要求举证，法院依法对其主张不予采纳。综上所述，谢某某的上诉请求不能成立，应予驳回；原审判决认定事实清楚，适用法律正确，应予维持。判决：驳回上诉，维持原判。[1]

【案例 11－75】　林某诉朱某民间借贷纠纷案

二审法院认为，林某在一审提供的收据虽然载有朱某的签名，但该签名落款在经办处，日期亦载明在入账日期处，双方对收据上收款事由无法明确，且该收据并未载有债权人姓名，不符合一般借条形式。林某主张涉案 10 万元款项的当日分两笔转账也并未汇入朱某账户，难以认定两笔款项是按照朱某的要求打入指定账户。根据"谁主张，谁举证"的证据规则，林某提供的证据不足以证明其与朱某关于案涉 10 万元借贷关系成立，对其上诉请求法院不予支持。一审判决认定事实清楚，适用法律正确，判决结果适当，应予维持。判决：驳回上诉，维持原判。[2]

作为直接证据的债权凭证存在明显瑕疵，双方又无法提供其他具有证明力的证据对自己的主张予以佐证，待证事实真伪不明。此时出借人就负有进一步举证排除合理怀疑的义务，但其在其他事实和要素的陈述或举证中并未排除法官的合理怀疑，故其所证明的结果尚未达到一般具有普通常识的正常人认为具有某种必然的或合理的盖然性或确信程度，则应由负有举证责任的出借人承担举证不能的不利后果。

【案例 11－76】　杜某诉商某某民间借贷纠纷案

判决观点，原告主张被告向其借款 60 万元，并提交被告书写的借据、收条予以证明。现经法院向原告多次询问，原告仍坚持给付借款时间、收到借条和收条的时间，以及复印商某某身份证的时间均为 2014 年；证人杜某某作为中间人，其陈述与原告的上述主张一致。但原告及证人均不能对商某某身份证有效起始日期晚于其陈述的上述时间作出合理解释，故法院认为不能排除该债权凭证存在伪造的可能；同时综合原告陈述的借贷金额、给付方式、现

---

〔1〕 参见国家法官学院、最高人民法院司法案例研究院编：《中国法院 2020 年度案例》（民间借贷纠纷），中国法制出版社 2020 年版，第 9 页。福建省莆田市中级人民法院（2018）闽 03 民终 1799 号民事判决书。

〔2〕 参见国家法官学院、最高人民法院司法案例研究院编：《中国法院 2022 年度案例》（民间借贷纠纷），中国法制出版社 2022 年版，第 21 页。福建省宁德市中级人民法院（2020）闽 09 民终 940 号民事判决书。

金来源、当事人关系等情况，原告的上述陈述存在一定不合理之处。综上，对原告的原、被告之间存在民间借贷关系的主张，法院不予支持。判决：驳回原告杜某的诉讼请求。〔1〕

非直接借款人的沉默不能认定为对借款行为的追认。

【案例 11－77】 刘某诉王某、张某民间借贷纠纷案

二审法院认为，本案中，案涉借条虽形成于张某与王某夫妻关系存续期间，但案涉借条系张某个人所签，转入张某个人账户，加之借款金额较大，已超出家庭日常生活需要，故刘某应就案涉借款属于夫妻共同债务进行举证。刘某提交的微信聊天记录中对“借贷”语焉不详且指向不明，同时亦无法与刘某、张某之间的借款发生时间完全对应，未显示王某对借款事宜予以追认。刘某作为债权人，提交的证据不足以证明案涉款项用于夫妻共同生活、共同生产经营或者基于夫妻双方的共同的意思表示。故刘某主张王某承担共同还款责任，依据不足，不予支持。判决：(1)撤销一审判决；(2)张某偿还刘某借款本金 85 万元；(3)张某支付刘某逾期还款利息；(4)驳回刘某的其他诉讼请求。〔2〕

原、被告双方对同一事实分别举出相反的证据，但都没有足够的依据否定对方证据的，法官应当结合案件情况，判断一方提供证据的证明力是否明显大于另一方提供证据的证明力，并对证明力较大的证据予以确认。因证据的证明力无法判断导致争议事实难以认定的，法官应当依据举证责任分配规则作出裁判。直接证据的证明力一般大于间接证据。

实践中，基于民间借贷行为手续办理不规范，借贷行为隐秘性强、虚假借贷行为多发等特点，在较大金额的民间借贷案件审理中，法官除了审查借据、支付凭证等直接证据外，还应当根据证据取得的方式、证据形成的原因、证据的形式以及证据提供者的情况及其与本案的关系，综合全案对证据的证明力进行审查判断，权衡双方当事人提供证据的证明力大小，作出盖然性判断。

【案例 11－78】 曾某某与襄阳市前方房地产开发有限公司民间借贷纠纷再审案

最高人民法院认为，曾某某申请主张其向前方公司出借款数额为 1300 万元的依据为，案涉借条由前方公司法定代表人签字并加盖公章，反映的内

〔1〕 参见国家法官学院案例开发研究中心编：《中国法院 2018 年度案例》（民间借贷纠纷），中国法制出版社 2018 年版，第 222～223 页。北京市房山区人民法院（2015）房民商初字第 18346 号民事判决书。

〔2〕 参见国家法官学院、最高人民法院司法案例研究院编：《中国法院 2023 年度案例》（民间借贷纠纷），中国法制出版社 2023 年版，第 96 页。北京市第三中级人民法院（2021）京 03 民终 6653 号民事判决书。

容能够与《协议书》《补充协议书》相互印证，故足以证明曾某某的主张。对此，本院认为，在民间借贷案件审理中，对于仅提供借据的大额现金支付案件，借款人提出合理怀疑之抗辩的除就债权凭证进行审查外，还应结合借贷金额、款项交付、当事人的经济能力、当地或者当事人之间的交易方式、交易习惯、当事人财产变动情况等事实和因素，综合判断查证借贷事实是否发生。本案中，对于案涉借款协议及借条约定借款1300万元中的600万元，曾某某主张已以现金方式支付。经审理查明，就具体交付时间问题，曾某某的委托代理人于湖北省高级人民法院再审庭审中陈述称，该600万元现金支付不是在借款协议及借条签订的当天，而是在700万元转账之后。就该款交付细节问题，本案原审期间，曾某某陈述为该笔借款委托其妹妹曾某办理，交易细节不清楚。本院再审庭审中，为证明借款现金部分的来源、交付等与本案争议焦点相关的事实情况，曾某某申请自然人王某某及曾某作为证人出庭作证。王某某当庭陈述"我是听李某某和曾某某说有现金交易""打借条时我在场，现金交易就不太清楚了"。曾某当庭陈述"(600万元现金交付)是在签订协议那天""(关于600万元现金来源)350万元是我哥找我借的，250万元是从陈某某那里借的""350万元就是放在家里的现金，当是正在离婚"。本院认为，综合上述庭审查明事实及证人出庭作证情况分析：(1)关于讼争600万元现金交付时间，曾某某的委托代理人于湖北省高级人民法院再审庭审中自认的事实与本院再审庭审中曾某陈述的事实明显不一致，不仅时间相左且相互矛盾。(2)关于讼争600万元现金来源问题，曾某自述350万元为其自有资金，其借与曾某某用于本案借贷现金支付。而曾某某于再审庭审中向本院新提交证据两份，"中国农业银行襄阳新华路支行2012年10月10日出具的关于曾某某的银行水单"及"天门市东湖村村民委员会2013年9月24日出具的曾甲与曾某某、曾某系亲兄妹的证明"。该两份书证的"证明对象"栏载明："曾甲的中国农业银行账户截至2007年2月9日余额有约320万元，该账户在2007年1月5日至2007年2月9日取现约320万元。曾甲与曾某某是亲兄弟关系，曾某某向前方公司提供的部分现金系由曾甲最终提供。"上述曾某某新提交证据所指向的320万元现金的实际所有人为曾甲，其与曾某当庭自述的该笔现金来源为己的证言为截然相反的两种主张。换言之，该两份曾某某就讼争借贷现金来源提供的书证与曾某就同一事实向法庭陈述的证言内容相悖事实相抵，其真实性及本案的关联关系均值得怀疑。(3)关于讼争600万元现金的交付细节问题，证人王某某明确陈述，仅是听闻并不清楚。同时，因曾某曾在本案多次庭审中为旁听了本案的法庭审理。在襄阳市中级人民法院二审及本院再审申请审查过程中亦是作为曾某某的委托代理人参与了开庭审理及询问等诉讼活动。根据《民事证据规定》(2008调整)第五十八条关于“证人不得旁听法庭审理”的规定，曾某已丧失证人的独立法律地位且与本案诉讼结果之间存在重大利害关系，故曾某关于由其独自与李某某完成现金交付的庭审自述不能作为确定本案借贷事实发生的证据予以采信。

综上本院认为，综合对全案证据证明力的判断，本案借款协议及借条关于高额无息借款本金的约定，与正常民间借贷交易惯例不符。在借款人不予认可且已提供相应证据证明其主张的情况下，出借人应就借贷关系的成立承担举证责任。现经本院再审审理查明，曾某某作为出借人，不能就借贷资金来源、支付时间及顺序、具体支付方式等涉及现金借贷关系是否实际发生的案件主要事实提供充分证据证明，且就其诉请主张存在诸多前后不一、相互矛盾的庭审陈述及证据出示，对此，曾某某应承担举证不能的法律后果。曾某某关于其与前方公司之间存在1300万元民间借贷关系的主张，事实依据不足，不能成立。湖北省高级人民法院再审判决综合案涉借款支付证据、借款发生时间及借款协议约定内容，认定1300万元并不全是借款本金，曾某某未能提供证据证明600万元现金已支付，本案实际借款数额为700万元，认定事实清楚，适用法律并无不妥，本院予以维持。〔1〕

【案例11－79】 陈某某诉彭甲、彭乙民间借贷纠纷案

判决观点，原告提供的借款凭证（费用报销单）中的中文内容和英文签名经鉴定无明显时间差，而两被告对彭丙英文签名的真实性也表示不提异议，且未对签名的真伪提出鉴定申请。故原告提供的借款凭证（费用报销单）上的内容真实，该证据属直接证据，能够证明彭丙向原告借款30万元的事实。原告从上海雨荷贸易有限公司分五次领取近30万元的红利，进一步印证了原告出借款的资金来源。两被告虽然提供了彭丙在上海银行的两个账户的交易信息和王某等4名证人的证人证言，但两被告提供的上述证据就本案系争借款而言均属间接证据，证据间也未能形成证据锁链，证明力相对较小，难以推翻原告提供的借款凭证的证明力，故法院认定彭丙向原告借款30万元的事实成立。彭丙现已经死亡，两被告共同继承彭丙的遗产，故两被告应当在其所继承彭丙遗产的价值范围内向原告清偿彭丙所欠原告债务。彭丙所欠原告债务除了30万元借款本金外，彭丙与原告还约定了借款利息，原告认为约定的是银行贷款利率的2倍，两被告认定约定不明。法院认为彭丙与原告对借款利息的约定是明确的，现原、被告双方发生争议，属于对有无约定利率的争议，对于该争议均不能证明的，可参照银行同类贷款利率计算。借款凭证显示的借款是2005年12月，未显示具体日期，故借款利息的起算

---

〔1〕 参见杜万华主编：《最高人民法院民商事案件审判指导》（第4卷），人民法院出版社2016年版，第462～463页。

时间应从2006年1月1日开始起算为宜,彭丙向原告借款的期限为3年,现已逾期,双方对逾期利息未约定,也可参照银行同类贷款利率计算。对彭丙应偿付原告的利息,两被告也应一并向原告清偿。两被告提出借款凭证上未载明具体借款日期不成立的主张,法院认为借条是书写在费用报销单上,报销单填写的报销时间因实际没有报销费用的内容,故该时间可视为借款时间,虽然时间未具体到日期,但该时间上的瑕疵不足以影响借款事实的成立。两被告提出的彭丙经济状况良好而不需要向原告借款的主张,法院认为即便经济状况良好也并不一定不会向他人借款,况且两被告申请的证人洪某某陈述彭丙也曾向其借过款,故两被告的该主张法院难以采纳。两被告认为原告没有在专程来沪处理彭丙善后事宜的亲属前提起借款一事因而认为本案系争借款不存在,两被告以此为由推断缺乏依据,法院也不予采信。两被告还提出彭丙不懂中文,借条上的内容很可能是原告在未完全告知时诱使彭丙签署的主张,因原告和两被告提供的证人证言的陈述中均认为彭丙有一定的中文熟悉度,且彭丙作为完全民事行为能力人,应该知道自己签名的后果,现两被告对自己的该主张不予采信。审理中,根据原、被告的意愿,法官组织双方当事人进行调解,但因双方争议较大,无法达成一致,致调解不成。判决:被告彭甲、彭乙归还原告陈某某借款人民币30万元及利息,应以继承彭丙遗产的实际价值为限进行清偿。[1]

在没有直接交付证据的情形下,借款人以借款中利息先予扣除、借款已经归还为由抗辩的,法官要通过相关的一系列其他事实进行分析,尽量通过双方的间接证据,进行严密逻辑推理、链条论证、常识印证等,以最大限度地接近客观事实。

对于大额现金交付的争议,在采纳原被告微信和短信聊天记录证据的基础上,可适用自认规则,从而确认涉案款项已实际交付,并结合其他旁证,认定涉案款项为借款。

【案例11-80】 邱某诉孙某民间借贷纠纷案

二审法院认为,邱某主张孙某欠其借款80万元,并就该事实向法庭出示了借条、承诺书和微信、短信聊天记录等予以证明。孙某承认上述证据的真实性,但抗辩100万元借款行为未实际发生,并主张该100万元款项系结束男女朋友感情纠葛而产生的补偿费用,对此孙某负有举证责任。尽管孙某也向法庭提交了部分证据,但仍达不到借条中载明的100万元款项系结束双方感情纠葛而产生的补偿费用的证明目的,也不足以否定双方之间借款关系的存在,故孙某应承担不利后果。因此,二审法院对孙某的上诉主张不予采纳。

---

〔1〕 参见邹碧华主编:《2013年上海法院案例精选》,上海人民出版社2013年版,第198~199页。

判决：驳回上诉，维持原判。[1]

根据在案证据，由法官裁定双方之间是否成立借贷关系。

【案例11－81】 桂某诉于某民间借贷纠纷案

二审法院认为，首先，桂某起诉于某要求偿还借款应当证明其与于某之间就借贷法律关系的成立存在合意。本案中，桂某提供付款委托书、中国工商银行汇款凭证复印件等证据证明其与于某之间存在民间借贷法律关系，在13433号案件中，桂某还提供借款合同复印件作为证据，虽然桂某起诉要求于某与马某某共同承担还款责任，但其自述马某某系借款人，于某系收款人，该自述不仅与于某的答辩意见相吻合，而且与桂某的上述证据能够相互印证。但在本案中，桂某并未提供借款合同作为证据，并改变说法称于某与马某某作为借款人共同向其借款。当事人在诉讼中应当如实陈述案件事实，推翻此前的诉讼行为应当提供充分理由，否则，应承担不利后果。桂某对于借款经过及借款主体等案件重要事实所做的陈述，与其在13433号案件中陈述前后不一，且对其反言并未提供充分理由予以解释说明。故本院认为，桂某的主张及其提供的证据未能使本院对其与于某之间就借款达成合意这一事实排除合理怀疑，本院对其主张不予采信。其次，于某提供借款合同复印件、银行账户明细、13433号案件材料、证人证言等证据反驳桂某的上述主张，并表示其系涉案借款的收款人，受马某某的委托将款项汇入马某某债权人的账户内，并对款项的去向进行了解释说明。根据本院查明的上述事实，考虑到于某与马某某之间的职务关系及款项往来情况，结合双方当事人在13433号案件及本案中所实施的诉讼行为的具体情形，本院认为，于某的陈述前后一致，连贯统一，更具客观合理性，其提供的证据能够佐证其主张，故对于某的主张，本院予以采信。因此，本院认为，桂某与于某之间不存在民间借贷关系，对于桂某的诉讼请求，依法应予驳回。判决：撤销一审判决，驳回桂某的诉讼请求。[2]

在同一案件中存在不同鉴定意见时，法官在庭审质证的基础上充分考虑各方面的因素，判断两个鉴定意见证明力的大小，并认定证明力大的鉴定意见的证明力，对没有当庭质证的鉴定意见不予采信。

---

〔1〕 参见国家法官学院案例开发研究中心编：《中国法院2018年度案例》（民间借贷纠纷），中国法制出版社2018年版，第215页。北京市第二中级人民法院（2017）京02民终928号民事判决书。

〔2〕 参见国家法官学院案例开发研究中心编：《中国法院2018年度案例》（民间借贷纠纷），中国法制出版社2018年版，第219～220页。北京市第二中级人民法院（2016）京02民终7252号民事判决书。

【案例 11－82】 曹某某、唐某诉周某某民间借贷纠纷案

二审法院认为，本案争议焦点为，“借条”上的签名是否为周某某书写及曹某某是否向周某某交付 32 万元。上诉人提交的“鉴定书二”和“鉴定书三”不是审理本案时由原审法院委托鉴定的，且鉴定单位未按照法律规定出庭作证，其证明力不能得到确认。被上诉人提交的“鉴定书一”系原审法院应被上诉人周某某申请而委托苏州同济司法鉴定所作出的，上诉人曹某某虽然对该鉴定意见不服，但由于上诉人未缴纳鉴定人出庭费用，致使鉴定人员未到庭作证，且苏州同济司法鉴定所为此出具了“答疑函”，对上诉人曹某某提出的异议进行了答复，“鉴定书一”虽不能直接否认“鉴定书二”和“鉴定书三”，但结合本案事实（被上诉人周某某系本科文化程度，而本案借条内容却由上诉人曹某某书写，被上诉人周某某在借条上签名，显然不符合常理）及其他生效的民事判决书（上诉人曹某某曾三次共向周某某借款 38.5 万元），被上诉人在 2007 年 7 月 13 日（三次中第一次借款时间）之前的 2007 年 6 月 27 日向曹某某借款 32 万元尚未归还，此时上诉人又借钱给被上诉人不符合常理，故可推定“借条”上的签名不能认定系被上诉人书写。判决：驳回上诉，维持原判。[1]

在共同生产经营类夫妻共同债务的认定中，应根据生产经营活动的性质、夫妻双方在生产经营活动中的地位及作用、生产经营活动所获利益的分配情况、夫妻生活是否处于安宁状态等因素综合考量。债权人已经尽力举证的，若根据在案证据、结合逻辑推理及日常生活经验能够形成债务用于夫妻共同生产经营的高度盖然性判断，应依法认定为夫妻共同债务。

【案例 11－83】 茅某某诉陆某某、杨某某民间借贷纠纷案

判决观点，案争议焦点之一在于：被告陆某某向原告借款是否构成夫妻共同债务。根据法律及相关司法解释规定本案主要从以下几个方面考量：第一，从证据来看，原告提供的借条上均载明“为偿还房贷、××公司经营以及家庭开支等”，被告陆某某确认上述借款用途，并提供了现金存入芳林路房屋贷款银行卡、给工人现金支付工资以及支付物业费、水电煤费用等证据。从资金走向来看，原告支付被告陆某某的借款部分以现金方式支付，部分以转账方式支付。以转账方式支付的款项，被告陆某某以取现方式取出或转入证券账户，转入证券账户的钱款亦有转出到期银行卡中并取现，而被告陆某某偿还房贷的方式为现金存入，其支付工人工资亦以现金方式支付。被告杨某

---

〔1〕 参见国家法官学院案例开发研究中心编：《中国法院 2018 年度案例》（民间借贷纠纷），中国法制出版社 2018 年版，第 238 页。湖南省郴州市中级人民法院（2016）湘 10 民终 347 号民事判决书。

某辩称其对被告陆某某的债务不知情，家庭开销都由其负担，但未能提供相应证据予以佐证，且对被告陆某某提供的银行流水等未到庭质证，但被告杨某某认可芳林路房屋的贷款系被告陆某某归还。综合原、被告提供的证据及庭审陈述，可以认定原告给被告陆某某的借款用于偿还房贷、××公司经营以及家庭开支等用途。第二，从两被告的婚姻关系及居住情况来看，被告杨某某陈述自2002年以后双方未谈过离婚事宜，两被告均陈述2009年至2016年共同居住在芳林路房屋，本案借贷发生在2012年、2018年及2019年，2012年时两被告共同居住，2018年至2019年被告杨某某辩称两被告分居，但自认周末放假居住于芳林路房屋，未能提供证据证明其与被告陆某某2018年、2019年处于长久稳定的分居状态，故法院认定原告给被告陆某某的借款发生于两被告婚姻关系存续期间，且无证据证明与处于婚姻不安宁阶段。第三，从两被告家庭开销分配及收入情况来看，被告杨某某除数千元退休工资外，并无其他收入。被告陆某某称自2012年至今，××公司处于亏损状态，全靠举债维持家庭生活开支以及上海××公司经营及芳林路房屋贷款，同时审理中被告杨某某承认芳林路房屋贷款每个月1万多元由被告陆某某负责清偿。故被告陆某某向原告借款用于上述三处用途，亦属合理。综上，在两被告婚姻关系存续期间，在被告杨某某未能提供证据证明处于婚姻不安宁阶段的情况下，被告陆某某向原告借款1,833,000元，用于家庭开支、归还两被告共有且共同居住的芳园路房屋贷款以及两被告共同作为股东的××公司经营，该债务应属于夫妻共同债务。〔1〕

2. 被告抗辩证据判断标准

被告抗辩证据应达到何种判断标准是疑难问题。一般认为，被告证明自己抗辩主张的证明标准，不应当适用一般举证所需要的高度盖然性标准。在原告仅依据转款凭证提起的民间借贷案件中，给被告分配举证责任本身就是为了倾斜保护债权人的利益而作出的偏离一般举证规则的特殊安排。这种举证责任配置已经给被告添加了额外的举证义务，将被告置于不利的境地，在此情形下，如果再对被告的抗辩举证义务设置较高的高度盖然性标准，可能会导致诉讼中原、被告权利义务的失衡。在诉讼中，只要被告举示的抗辩证据能够证明其抗辩主张的合理性和可能性，动摇法官对原、被告双方存在借贷合意的确信，就应视为被告完成抗辩举证义务，即便未达到高度盖然性标准，亦不影响其证据对抗辩主张的支持。在具体案件审理中，法官可以结合个案特点，综合考虑原、被告双方之间的关系、款

---

〔1〕 参见最高人民法院中国应用法学研究所编：《人民法院案例选》2022年第1辑（总第167辑），人民法院出版社2022年版，第98～99页。上海市浦东新区人民法院（2020）沪0115民初50539号民事判决书。

项流向、款项额度、转账时间、频率特点、利息支付情况等案件相关事实，来评判被告举示的证据能否证明其抗辩主张的合理性和可能性，并在此基础上界定其内心对借贷合意的确信是否因被告举示的证据而发生动摇，同时对被告抗辩是否完成了举证义务作出判断。换言之，被告抗辩证据判断标准要低于盖然性证明标准。

【案例 11－84】　关某诉王某、高某借款合同纠纷再审案

再审法院认为，因赌博产生的债务不受法律保护，在审理被告抗辩称其所欠债务为赌债的借款合同纠纷案件过程中，可通过举证责任分配对债务性质进行审查。原告应当证明其与被告借款事实的存在及款项的实际交付，还应证明该借贷关系合法有效。被告反驳借款为赌博债务，并证明达到引起合理怀疑的程度时，原告还应就借款形成的时间、地点、经过、借款资金来源及资金交付方式、约定的借款用途、还款期限、还款方式、利息、在场人等有关细节进行详细说明帮助法官予以准确认定。[1]

【案例 11－85】　刘某诉唐某某民间借贷纠纷再审案

再审法院认为，本案中，刘某要求唐某某返还借款 30 万元，提供了银行转账凭证，但未提供证明该款项系借款的证据。唐某某认可收到该 30 万元款项的同时主张双方曾经存在亲属关系，且唐某某曾在刘某经营的公司任职，上述款项为公司所发奖金。对此，本院认为，双方当事人均认可唐某某曾在刘某经营的公司任职，所以唐某某提供的离婚协议书，以及唐某某任职期间的销售明细等证据，虽不能证明上述 30 万元款项系其应得奖金，但上述证据使得刘某主张讼争款项系借款的法律事实处于真伪不明的状态。根据《民间借贷规定》第十七条之规定，在唐某某就其抗辩主张相应的证据后，刘某仍应就借贷关系的成立承担举证责任。在刘某不能举证证明讼争款项系借款的情况下，两审法院驳回刘某的诉讼请求，并无不当。刘某可在取得双方存在借贷关系的证据后，另行主张权利。裁定：驳回刘某的再审申请。[2]

仅凭转账凭证提起诉讼时，被告的反正义务证明标准不苛求提交充分的证据直接证明双方存在其他借贷关系或其他法律关系，双方借贷关系处于不明真伪不明的状态。

【案例 11－86】　王某诉狄某山民间借贷纠纷案

判决观点，本案中，原告王某仅依据金融机构的转账凭证提起民间借款

---

〔1〕 人民法院案例库 2023－16－2－103－017。北京市大兴区人民法院（2022）京 0115 民再 14 号民事判决书。

〔2〕 参见《人民司法·案例》2018 年第 29 期（总第 832 期），第 70 页。天津市高级人民法院（2017）津民申 1108 号民事裁定书。

诉讼,要求被告狄某山偿还借款135,000元。而被告狄某山对此予以否认,并抗辩提出王某所述的转账系其支付给自己的购车款。同时狄某山举证证明了他将自己的别克小轿车转卖给王某的事实,王某对此事实也予以认可。虽然双方就车辆转让价格出现争议,王某提出2018年4月18日刷卡的10万元系支付购买狄某山的别克小轿车的购车款。但对此王某均未提供证据证明。根据上述司法解释的规定,王某未能就借贷关系的成立继续举证证明,应当承担举证不能的法律后果。并且王某对借贷关系的陈述还存在前后矛盾的情况。其起诉事实中陈述2018年11月21日通过支付宝转账给狄某山的2万元为借款。而庭审中,又明确承认此2万元系退还狄某山的投资款,也说明了双方借贷关系不明确。再鉴于王某与狄某山之间的特殊关系,双方有互赠礼物及为双方支付费用的事实,王某主张本案为民间借贷关系,理由亦不充分。判决:驳回原告王某的诉讼请求。[1]

出借人主张其专款系民间借贷,借款人抗辩系委托理财法律关系的,应提供其与出借人的委托代理手续、理财委托指令等相关证据以证实其主张。在借款人不能举证证明其指示出借人转款系基于其他法律关系的情况下,根据现有证据认定民间借贷关系成立并判令借款人偿还借款。

【案例11-87】 孙某与马某民间借贷纠纷再审案

最高人民法院认为,孙某依据金融机构转账凭证、其与马某的通话录音等证据提起民间借贷诉讼,马某抗辩称其与孙某之间系委托代理关系而非借贷关系,但在原审及申请再审中马某均未能提供其与孙某的委托代理手续、理财委托指令等相关证据以证实其主张。《民事诉讼法解释》第九十条第二款规定:“在作出判决前,当事人未能提供证据或者证据不足以证明其事实主张的,由负有举证证明责任的当事人承担不利的后果。”在马某不能举证证明其指示孙某转款系基于其他法律关系的情况下,原审判决根据现有证据认定民间借贷关系成立并判令马某偿还借款,并无不当。[2]

3. 证据链判断标准

证据链在现行法律条文中并未有规定,只是出现在理论上阐述或在实践中使用的词语。一般认为,证据链是指彼此联系相互印证的能够证明待征事实数个证据的集合。形成证据链意味着全案证据之间形成了一个不相矛盾、能够相互印证

〔1〕 参见国家法官学院、最高人民法院司法案例研究院编:《中国法院2023年度案例》(民间借贷纠纷),中国法制出版社2023年版,第224页。湖南省汨罗市人民法院(2020)湘0681民初282号民事判决书。

〔2〕 最高人民法院(2021)民申7927号民事裁定书。

且能够证明案件事实的证据群。数个证据形成的证据链共同来证明待证事实,使得待证事实逻辑清楚、完美再现,故而称证据链具有完整性。证据链闭合,即形成证据链圈。证据链判断,是基于对每个证据判断的基础上,即在每份证据中“三性”不存在瑕疵,而不是将相互联系的数个证据堆砌在一起,并作统一判断。换言之,对证据链的判断,仍要还原到每份证据本身,对每份证据均应采用证据规则确定的审查方法和原则进行判断。只有符合证据真实性、合法性、关联性的证据,才能纳入证据链,用来确定案件事实。

【案例 11－88】 马某某诉吴某某、李某某民间借贷纠纷再审案

再审法院认为,本案中,申请人主张已经实际支付借款,支付方式为现金支付,支付地点为某国宾酒店。为证明前述事实,申请人提交了案外人马某鹏的证言、马甲农业银行卡取款记录、申请人银行卡交易明细单。关于马甲的证言,因其未出庭接受当事人的质询,真实性无法核实;关于马甲的农业银行卡取款记录,发生时间为借据形成前两日,彼时该银行账号交易频繁,虽当天上午取款总金额接近30万元,但三次取款时间不同、地点不同。马甲在银行卡余额充足的情况下,既然要帮申请人垫付30万元,并为此去银行取款,为何不一次取完,而是在不同地点分三次支取,其行为不合常理。故在无其他证据佐证的情况下,无法认定该取款记录与本案的关联性;关于申请人的银行卡交易明细单,该记录发生时间在借据形成两年之后,申请人主张清偿马甲付款的事实无法核实,对关联性不予认定。申请人为证明实际支付借款的证据,本院均不予采信,其认为前述证据形成证据链的主张亦无法律依据,其提交的证据不足以证明其事实主张,应承担举证不能的不利后果。《合同法》第二百一十条规定:“自然人之间的借款合同,自贷款人提供借款时生效。”申请人不能证明其已经提供借款,故案涉借款合同并未生效,借款合同法律关系尚未设立,其要求被申请人偿还借款、支付利息的诉讼请求本院不予支持。综上所述,申请人的再审请求不能成立。原判决认定事实清楚,适用法律正确。判决:维持二审判决。一审判决驳回原告的全部诉讼请求,二审维持原判。[1]

【案例 11－89】 龚某某诉张某某民间借贷纠纷案

二审法院认为,关于电话录音,张某某并非逾期提交证据,该录音证据与案件基本事实相关,属于直接证据,且龚某某认可电话录音的真实性,一审法院采信该录音证据,并无不当。龚某某主张其在电话录音中的陈述系在案外

〔1〕 参见国家法官学院案例开发研究中心编:《中国法院2019年度案例》(民间借贷纠纷),中国法制出版社2019年版,第206页。湖南省株洲市中级人民法院(2017)湘02民再36号民事裁定书。

人张甲诱导之下做出的，但整个录音中并无体现张甲有诱导之意，龚某某对其主张未提交证据证明，故本院不予采信。龚某某提出的一审法院采信电话录音属法律适用错误的上诉主张，缺乏依据，本院不予支持。关于借款金额，龚某某与张某某之间的民间借贷关系是双方当事人的真实意思表示，且不违反我国现行法律、行政法规的强制性规定，应属合法有效。龚某某上诉主张其向张某某借款 110,000 元，张某某已还款 10,000 元，故尚欠其 100,000 元。本院认为，双方确认张某某于 2014 年 1 月 30 日以银行转账形式还款 10,000 元，而龚某某在其记载日期为 2013 年 6 月 26 日的借款合同及借条中填写的借款金额却为 100,000 元，且其未提交证据证明向张某某实际交付借款 110,000 元，结合龚某某无法对其在电话录音中"你姐这儿本金欠仨"的陈述作出合理解释，一审法院认定张某某向龚某某借款数额为 30,000 元，并无不当，本院予以维持。判决：驳回上诉，维持原判。〔1〕

证据链的认定，是法官自由心证的结果。

【案例 11－90】 洪某某诉陈某某民间借贷纠纷案

二审法院认为，陈某某于 2011 年 11 月 18 日出具的借据虽未载明借款的利息为月息 3.5%，但根据陈某某于 2012 年 9 月 11 日出具的借据内容，双方约定的四笔款项借款日期分别为 28 日、17 日、18 日及 23 日，该借款日期与陈某某出具四份借据的日期以及洪某某提供的借款计息日期均能一一对应，且四笔款项金额与以前四份借据中载明的 500 万元、400 万元、300 万元及 126 万元款项按月利率 3.5% 计收 6 个月的利息数额完全一致，陈某某亦自认 2012 年 9 月 11 日的借据并未实际履行。上述事实与洪某某关于 2012 年 9 月 11 日的借据实系对包括本案讼争借款在内 1200 万元借款未付利息转化为本金出借进行确认的主张相吻合。结合洪某某举证的利息转账明细等证据综合考量，洪某某提供的证据形成完整的证据链，可相互予以印证，其证明力占优。因此，洪某某关于双方实际约定了讼争借款利息为月息 3.5% 的主张，法院予以采信。〔2〕

【案例 11－91】 汤某某诉汤甲民间借贷纠纷案

一审法院认为，原告汤某某提供的书证虽为复印件，但该复印件与原告代理人提供的书证原件的照片相吻合；书证内容与视听资料中被告认可拿了原告 250,000 元的事实相印证；证人汤乙虽然与原、被告之间系亲属关系，但

---

〔1〕 参见国家法官学院案例开发研究中心编：《中国法院 2018 年度案例》（民间借贷纠纷），中国法制出版社 2018 年版，第 226～227 页。北京市第三中级人民法院（2016）京 03 民终 8602 号民事判决书。

〔2〕 参见国家法官学院案例开发研究中心编：《中国法院 2017 年度案例》（民间借贷纠纷），中国法制出版社 2017 年版，第 215 页。福建省厦门市中级人民法院（2014）厦民初字第 26 号民事判决书。

其证词与其提供录音证据内容能够吻合,能够证实被告汤甲拿走书证的事实。上述各证据形成证据链,能够证明被告汤甲向原告实际借款250,000元,并拿走其向原告出具的书证的事实。故被告汤甲所持未取得原告款项的抗辩理由本院不予采信,其应当偿还原告汤某某上述借款。……判决:(1)被告汤甲偿还原告汤某某借款250,000元;(2)被告汤甲支付原告汤某某利息1979元。二审法院判决:驳回上诉,维持原判。[1]

【案例11-92】　郑某诉冉某民间借贷纠纷案

判决观点,虽然双方都无直接证据,但原告提交的间接证据来源合法,内容符合客观事实,证据真实有效,且各证据之间能形成证据锁链,能相互印证,足以认定原、被告之间的债权债务关系。故判决被告归还原告借款本金2万元,并按照重庆农村商业银行同期同类贷款利率支付原告从法院受理之日起至实际清偿之日止的利息。[2]

在案件中直接证据与间接证据并存时,直接证据的证明力一般大于间接证据。但这并非绝对,如果间接证据能够形成证据链,让法官产生充分的内心确信,足以推翻直接证据时,应当采信间接证据,而不应该盲目采信"直接证据"。

4. 电子数据证据审查

《民事诉讼法解释》第一百一十六条第二款、第三款规定:"电子数据是指通过电子邮件、电子数据交换、网上聊天记录、博客、微博客、手机短信、电子签名、域名等形成或者存储在电子介质中的信息。存储在电子介质中的录音资料和影像资料,适用电子数据的规定。"《最高人民法院、最高人民检察院、公安部关于办理刑事案件收集提取和审查判断电子数据若干问题的规定》对电子数据的定义是:案件发生过程中形成的,以数字化形式存储、处理、传输的,能够证明案件事实的数据。

对借款电子数据证据审查,是对其证据效力的审查。相较于传统证据,总体上仍然是对证据"三性"的审查原则,但操作上有不同侧重点。对证据真实性审查,一般认为只要相对方不能证明短信系伪造、编造或在传输过程等环节存在瑕疵,该短信证据的真实性就可以被认定。实践中,电子数据证据的形式种类繁多,审查真实性不仅要结合基本特点,更需要结合案件的实际情况和相关法律规定,分配举证责任。对证据合法性审查,要从主体合法、形式合法与程序合法三层含义层面展开,即提供证据的主体、证据的形式和证据的收集程序或提取

---

〔1〕　参见《新疆审判》2021年第1期(总第129期),第63页。

〔2〕　参见最高人民法院民法典贯彻实施工作领导小组编著:《中国民法典适用大全》(合同卷三),人民法院出版社2022年版,第1707页。最高人民法院发布19起合同纠纷典型案例第9号。

方法必须符合法律的有关规定。从借款电子数据证据讲，举证人所提供的证据是用其手机生成并储存的信息，在庭审时可以当庭展示，其手机信息内容可以被书面摘录，符合主体及形式合法的要求，同时一方在收集、提取证据时没有侵害他人权益的行为和情形。对证据关联性审查应从两个层面展开，其一，载体关联性审查，即载体与案件当事人及其他诉讼参与人的关联性。在当前实行手机号实名制的情况下，每个手机号码对应一个唯一的用户，在没有其他相反证据的情况下，两个特定的用户之间的短信收发行为及通话行为可认定为两个特定的用户在特定的时间发生的通信行为，即可确定其关联性。其二，内容关联性审查，即借款电子数据的数据信息同案件事实之间的关联性。就民间借贷纠纷而言，对电子数据证据的审查需要围绕民间借贷必须审查的两个问题展开，即能否体现双方之间曾经或后续形成了借款合意，能否体现款项已经交付及具体的金额。

需要引起注意的有以下几点，如是否有部分数据通过删除部分信息达到断章取义效果的情况，必要时需要通过运营商调取通信记录，以及专业机构的鉴定、公证书的确定等；确定信息内容是否具有诱导性谈话的内容、存在歧义的内容；相对方的回复是明确认可还是间接认可抑或默认，均需逐一审查。

借款电子数据证据与传统证据相比，因其自身的特殊性以及法律规范尚不健全，其效力认定问题更为复杂，法官需要结合案件的具体情况，经过综合分析判断，方可予以认定，最终认定案件事实。

【案例 11－93】 刘某诉王某某民间借贷纠纷案

判决观点，本案的争议焦点为在原告无借据的情况下，依据原告提交的其他证据，是否可以认定原、被告之间存在借贷关系并确定借贷的具体金额。本案中，虽然原告未提供直接证据证明被告欠款事实，但根据对证据的认定，上述四份证据之间存在关联性，可以形成完整证据链证明被告认可借贷事实和尚欠借款金额为 9000 元，故对原告主张的原、被告之间存在借贷关系的诉讼主张，法院予以认定，对原告要求被告偿还借款本金 9000 元及利息的诉讼请求，法院予以支持。被告王某某经本院合法传唤，无正当理由，未到庭应诉，亦未提出书面答辩意见，视为其放弃答辩和对证据进行质证的权利，法院依法缺席判决。判决：被告王某某偿还原告刘某 9000 元及利息。[1] 在本案中，仅有被告支付宝转账、手机通话录音、短信等电子数据证据，无借据、资金交付凭证等书面证据。

---

〔1〕 参见国家法官学院案例开发研究中心编：《中国法院 2019 年度案例》（民间借贷纠纷），中国法制出版社 2019 年版，第 213 页。北京市房山区人民法院（2017）京 0111 民初 7615 号民事判决书。

【案例 11-94】　王某某诉林某某民间借贷纠纷案

判决观点，在民间借贷案件中，原告应提供书面借据，但在本案中原告无书面借据，仅提供一份电话录音就以民间借贷为由向法院起诉，其应提供必要的事实根据，证明存在借贷的合意和借贷关系。原告主张 2006 年 7 月 27 日借款，而于 2015 年 7 月 7 日通过在法院起诉向被告主张该借款，其间时间跨度较大，且也没有其他证据证明其有向被告主张过权利，现仅凭一份电话录音向法院要求判令被告偿还借款，显然证据不充分，法院不予支持。判决：驳回原告王某某对被告林某某的诉讼请求。[1]

作为证据提交的视听资料，可从三个方面综合判断其效力。其一，证据来源。在公共场所或当事双方交谈过程中，忠实记录所发生的事实，即使不为相对方所察觉，此种未告知对方的录音、录像行为也并不触及个人隐私或商业秘密，应属合法。其二，证据内容。当事人对其主张或抗辩的事实有权利也有义务提供证据予以佐证，但若视听资料内容超出其证明对象并侵犯了相关主体的合法权益，则应认定证据与查明案件事实无关，不应予以采纳；反之，则应结合案件具体情况，综合予以认定。其三，诉讼相对方的反证情况。基于视听资料的特殊性，理应赋予诉讼相对方以反证的权利，其可以更为可信的证据推翻相应视听资料的证明内容。

【案例 11-95】　姜某诉信某某民间借贷纠纷案

一审法院认为，根据《民事证据规定》(2008 调整) 第五条第二款"对合同是否履行发生争议的，由负有履行义务的当事人承担举证责任"的规定，借款人承认借款真实，属于其对借款真实存在的自认，故对该借款事实直接予以确认，但借款人提出已经归还的抗辩，属于对义务消灭的主张，应由借款人对已归还借款的事实承担举证责任。现实生活中，一般以收款人出具收条或销毁原借条等方式来证明其还款义务的完成，但本案中信某某未能提供此类直接证据，故信某某需将相关间接证据联合在一起，证据之间如能形成完整的证据链，才能获得较为可信的证明力。为此，信某某向法院提供了录音资料、民事判决书、欠条等证据来证明其归还 4 万元之事实。关于被告提供的录音资料的证据效力问题。《民事证据规定》对是否为非法证据明确了两个判断标准，即不得侵害他人合法权益，不得违反法律禁止性规定。依据以上标准，被告提供的其与原告之间的现场对话录音证据并未采用胁迫或窃听等法律禁止性规定的方法取得，其内容也未涉及个人名誉，且原告对谈话真实

---

〔1〕 参见国家法官学院案例开发研究中心编:《中国法院 2017 年度案例》(民间借贷纠纷)，中国法制出版社 2017 年版，第 241 页。福建省泉州市水春县人民法院(2015)水民初字第 3119 号民事判决书。

性亦无异议，故一审法院确认该证据效力。通过谈话录音中双方表述的内容可以确认，被告有过归还原告借款4万元之行为，故录音资料所涉及的还款4万元是否就能证明被告已履行了返还借款1万元和3万元之义务，即本案的关键所在。一审法院认为：(1)原、被告双方借、还款的习惯为原告向被告提供借款，被告书写借条后交由原告保管，若还款，则由原告撕毁借条以示结清。由此可以看出，被告书写的借条一直在原告处保管，借条是否被撕毁实为原告所控制。录音资料能反映被告在返还原告借款4万元后，未当场收回借条，原告向被告承诺借条嗣后由其妻撕毁。(2)细听录音资料13:06～13:22之谈话内容，原告在被告反复追问"我还了没？""那我还欠你钱吗？"后，回答"你真的还了""我没说你欠我钱"。(3)原、被告之间除上述借款往来之外，另有解除合伙协议后的债权债务关系。借款发生在前，合伙结算在后，但时间间隔不长。双方结算时，在互负债务情况下，不予考虑之前的借款而仅结算合伙债务，不符合常理。(4)原、被告在审理中曾同意作测谎鉴定，使案件通过科学的辅助手段增强推断出案件的相对真实性，但原告事后反悔。综上，一审法院认为被告所提交的相关书证和录音证据能够相互印证，并能形成较为完整的证明链，能获得较为可信的证明力，故被告主张其履行归还4万元借款之义务的事实，一审法院予以采信。原、被告之间确有借款事实的发生，但被告实际已返还原告借款。原告仍要求被告返还借款4万元，一审法院不予支持。判决：驳回原告姜某要求被告信某某归还借款人民币4万元的诉讼请求。二审法院判决：驳回上诉，维持原判。[1]

多笔借款情境下，录音作为配偶方事后追认夫妻共债的证据效力分析。

【案例11－96】 林某青诉张某生、陈某花民间借贷纠纷案

判决观点，林某青与张某生之间存在合法有效的借贷关系，张某生应偿还相应的借款本金和利息。涉案两笔借款发生在张某生与陈某花夫妻关系存续期间，在陈某华与林某青的两段通话录音中，陈某华在林某青提到涉案两笔借款后表示知悉降息一事，明显对张某生与林某青的涉案两笔借款知情，并一再向林某青表示还钱，"在卖房子""要一起承担"，结合涉案借款的还款有部分来自陈某华账户的事实，应认定陈某华对涉案借款具有事后追认的意思表示，涉案借款应为张某生、陈某华的夫妻共同债务，陈某华应对张某生的涉案债务承担还款责任。二审法院同意一审法院的裁判意见。认为，法律直接规定当事人负连带责任的，为法定连带责任。因此，夫妻共同财产不

〔1〕 参见沈志先主编：《2012年上海法院案例精选》，上海人民出版社2012年版，第73～74页。

足以偿还共同债务时，夫妻两方则要以各自的个人财产清偿共同债务，而并不是规定对共同财产不足的部分予以免责。判决：驳回上诉，维持原判。[1]

偷录的录音资料能否作为定案依据是个问题。民间借贷关系中，借贷双方未经对方同意在双方对话中以录音录像等方式记录双方实际借款数目、还款期限、约定利息等事项，未经对方同意取得的录音录像是否具备证据效力、能否作为案件的定案依据，需要依据法律予以判断。根据《民事诉讼法解释》第一百零六条规定："对以严重侵害他人合法权益、违反法律禁止性规定或者严重违背公序良俗的方法形成或者获取的证据，不得作为认定案件事实的根据。"该条规定明确了在这三种情形中获取的证据属于非法证据之外，其他的录音资料可以作为定案依据。

【案例 11－97】　何某某诉黄某、黄某某民间借贷纠纷案

二审法院认为，本案中，根据黄某出具的两份借据，借款数额均为157,000元，借据约定以现金方式支付。黄某抗辩每次借款只有80,000元，共160,000元，已经偿还借款本息308,800元，已全部还清借款本息。同时多计算部分应由何某某返还。同时提供其与何某某等录制的谈话资料作为证据，何某某认为录音未经本人同意，本人没有承认借款本金160,000元，证据来源不合法。根据《最高人民法院关于民事诉讼证据的若干规定》(2008调整)第六十八条规定："以侵害他人合法权益或者违反法律禁止性规定的方法取得的证据，不能作为认定案件事实的证据。"黄某私自录制的与何某某谈话资料，虽未经何某某同意，但录音资料没有侵害他人合法权益或者违反法律禁止性规定，可以作为证据使用。录音谈话资料证实，何某某对借款本金认可每次借款80,000元，因此，何某某应就借款本金承担举证责任。何某某未提供证据证明其主张，应认定借款本金为160,000元。判决：撤销一审判决，何某某返还给黄某多付部分利息22,880元。[2]

借款人对出借人提供的催讨短信的时间戳提出异议，并提供证据证明催讨短信时间戳可以通过人为操作的方式进行设置，就其可否认为尽到举证责任有不同观点。一般认为，在全国对此统一规定之前，应当根据一省内通信公司规定允许客户调取短信发送记录的时间节点作为分界点来分配举证责任。在出借人发送

---

〔1〕 参见国家法官学院、最高人民法院司法案例研究院编：《中国法院2023年度案例》(民间借贷纠纷)，中国法制出版社2023年版，第211～212页。福建省厦门市中级人民法院(2021)闽02民终7411号民事判决书。

〔2〕 参见国家法官学院、最高人民法院司法案例研究院编：《中国法院2021年度案例》(民间借贷纠纷)，中国法制出版社2021年版，第211页。广西壮族自治区钦州市中级人民法院(2019)桂07民终1303号民事判决书。

的催讨短信的时间戳在该时间节点之内时,出借人应当举证证明该短信的时间戳并未存在造假情形;在出借人发送的催讨短信的时间戳在该时间节点之外时,则借款人应当承担出借人提供的催讨短信的时间戳存在造假情况的举证责任。

【案例11-98】 丁某某诉孙某某、齐某某民间借贷纠纷案

判决观点,被告孙某某向原告丁某某借款事实清楚,证据充分,且原告丁某某已于2015年11月29日向被告孙某某进行催讨,可产生诉讼时效中断的法律效果。被告孙某某应当在原告催讨的情况下及时归还借款本息,故对原告要求被告孙某某归还借款本金人民币30万元并自2014年3月16日起支付利息的诉讼请求,法院予以支持。被告齐某某系被告孙某某的妻子,该借款发生在两被告婚姻关系存续期间,故该笔借款应认定为夫妻共同债务,应由两被告共同偿还。判决:被告孙某某、齐某某偿还原告丁某某借款人民币30万元及利息。[1] 在本案中,原告丁某某于2015年11月29日向被告孙某某进行短信催讨,被告孙某某可以发送短信时间为由进行抗辩。

微信聊天记录等电子证据成为定案依据的法定条件为在实名制之前必须确认主体,必须与其他证据链相互印证,方具有证明力。

【案例11-99】 肖某某诉简某某民间借贷纠纷案

判决观点,微信号昵称"嗳财宥導"于2015年7月13日与原告微信号昵称"快速刻章"在微信平台上互应对方要求进行银行转账,根据中国民生银行东浦支行提供的个人对账单来看,该笔转账交易对方户名为简某某;结合证人郑某某的证言,可以认定微信号昵称"嗳财宥導"使用人是被告简某某。从简某某微信号昵称"嗳财宥導"于2015年7月15日,在微信聊天平台上向原告微信号昵称"快速刻章"承认"之前不是还欠你35,000元,一共6万6"的事实,结合本案汽车抵押借款合同,中国民生银行东浦支行个人对账单,中国建设银行银行卡客户交易查询单,证人郑某某证言,原、被告微信聊天记录等证据及原告庭审陈述,被告简某某尚欠原告肖某某借款本金人民币66,000元,法院予以确认。原告肖某某现请求被告简某某归还借款本金人民币66,000元及支付从起诉之日即2015年9月10日起至实际支付日止按年利率6%计算的利息,理由正当,于法有据,应予支持。被告简某某经法院传票传唤无正当理由拒不到庭参加诉讼,视为自动放弃诉讼权利,由被告简某某承担对其不利的相应法律后果,法院依法缺席审理和判决。判决:被告

[1] 参见国家法官学院案例开发研究中心编:《中国法院2018年度案例》(民间借贷纠纷),中国法制出版社2018年版,第230页。浙江省台州市天台县人民法院(2016)浙1023民初4232号民事判决书。

简某某归还原告肖某某借款本金人民币66,000元及支付利息。[1]

【案例11－100】　杨某诉郭某民间借贷纠纷案

一审法院认为,本案中,杨某要求郭某偿还借款65,200元缺乏充分的证据支持,法院不予支持,理由为:其一,杨某并未提供郭某出具的借据、收据、欠条等债权凭证,仅提供了杨某与“倾城之恋”“等待”“一个人的黑夜”“一个人也要好好的!”等微信号的聊天转账记录及杨某向支付宝账号“遇见”的转账记录,对于前述微信号、支付宝账号的真实身份以及与郭某之间的关系,杨某并未举证证明,故根据杨某所举的证据不足以认定杨某与郭某之间存在借贷关系,杨某应承担举证不能的后果。其次,在杨某与“倾城之恋”“等待”“一个人的黑夜”“一个人也要好好的!”等微信号的聊天记录中,双方言语亲昵,超越了普通朋友关系,同时,杨某向“倾城之恋”、支付宝账号“遇见”的多次转账均为小额转账,单笔转账金额多数不超过2000元,且转账时多数缺乏明确的借贷合意,在此情形下,难以判断杨某转账是出于男女交往目的的赠与还是出于借贷目的。判决:驳回杨某的诉讼请求。二审法院判决:驳回上诉,维持原判。[2]

借款人否认出借人出示的借款证据,但在微信中承认借款事实的,对其争议的借款事实可以认定。

【案例11－101】　曾某某诉邓某某、庞某某民间借贷纠纷案

一审法院认为,两被告主张涉案45,000元系原告用于经营影楼的投资款,其并没有向原告借款,但被告庞某某于2016年4月与原告发微信时承认向原告借款,故本院对原告认为双方存在借贷关系的主张予以采信,对被告的上述主张不予采信。合法的借贷关系应受法律保护。原告已借款给被告,被告应依约履行还款义务。判决:被告邓某某、庞某某偿还原告曾某某本金45,000元及利息。二审法院判决:驳回上诉,维持原判。[3]

手机短信付款发生争议的,由法官根据证据规则裁决。

【案例11－102】　李某某诉张某某民间借贷纠纷案

二审法院认为,通过庭审,结合双方当事人的陈述可知,双方当事人在本

---

〔1〕 参见国家法官学院案例开发研究中心编:《中国法院2017年度案例》(民间借贷纠纷),中国法制出版社2017年版,第250～251页。福建省漳州市南靖县人民法院(2015)靖民初字第2821号民事判决书。

〔2〕 参见国家法官学院、最高人民法院司法案例研究院编:《中国法院2022年度案例》(民间借贷纠纷),中国法制出版社2022年版,第18页。湖北省咸宁市中级人民法院(2020)鄂12民终1059号民事判决书。

〔3〕 参见国家法官学院案例开发研究中心编:《中国法院2018年度案例》(民间借贷纠纷),中国法制出版社2018年版,第241页。广西壮族自治区北海市中级人民法院(2016)桂05民终905号民事判决书。

案中对于是否存在借款事实作出了截然相反的陈述，李某某称在其收到张某某短信并依据短信内容进行汇款之前，张某某曾通过电话的方式向其提出借款5万元，其汇款后亦通过电话告知张某某，并就还款事宜双方也多次通过电话进行沟通，张某某则完全否认借款事实，其陈述称虽然涉案短信显示确系其本人使用的手机号码，但短信并非其本人发出，短信发出当天手机是否从未离身记不清了，其还向法庭出示了目前互联网存在非法改号软件，用以说明存在他人盗用其手机号码向李某某发出涉案短信的可能性。就双方之间是否通过电话沟通借款事宜当属客观事实，该事实是否存在对于认定双方之间是否就涉案5万元达成借款合意具有至关重要的作用，因此在客观事实具有唯一性的情况下，必然存在一方当事人违反诚实信用原则，向法庭作了虚假陈述的情形。通过在案证据显示，李某某确因收到涉案短信而向案外人张某汇款5万元，对于短信发出和李某某汇款前后，双方之间是否通过电话沟通以及短信是否系张某某本人手机而非非法软件发出，即是否存在他人盗用其手机号码这一关键事实，原本可以通过电信部门查证的方式还原客观事实，但因通话及短信发出时间均距今久远，致使法院无法查明，导致本案客观事实存在真伪不明的情节，故法院根据本案现有证据对承担不利后果的一方进行判定。诉讼中，经法院出示北京市高级人民法院身份证查询系统中显示的张某照片，李某某和张某某均表示不认识张某，但涉案款项确已汇入张某账户，在双方当事人均到公安机关报案未果的情况下，如确如当事人所言，双方均不认识张某，则本案的实质将转化为对李某某汇款5万元损失的承担主体的判定，在法院作出判定后，承担损失一方可通过其他方式获得法律上的救济。李某某系依据短信内容向张某汇款5万元，短信显示发出手机号码为张某某所有，张某某对此予以认可，但认为该短信并非其本人发出，并且其向法庭出示了目前互联网上存在非法改号软件，可盗用他人手机号码随意发出短信内容的情况，用以表明存在他人盗用其手机号码发出涉案短信的可能性。对此法院认为，虽然目前存在非法技术手段，但不能就此一概否定民事诉讼中短信证据的真实性及证明效力，手机系个人物品，所有人应妥善保管，在涉案短信是否为非法软件发出，即是否他人盗用其号码发出这一事实无法证明的情况下，张某某未能提举有效证据证明涉案短信系他人使用其手机发出，故应当承担举证不能的法律后果，一审法院以民间借贷纠纷为案由并判决张某某承担还款责任并无不妥，张某某在承担本案还款责任后，可通过其他合法途径向款项实际收取人张某主张权利。判决：驳回上诉，维持原判。[1]

个案中，短信确认是否能证明借贷关系成立，关键在于其关联性。作为证据的事实必须与案件中待证事实有客观的联系，能够证明案件中的有关待证事实，证据的关联是客观存在的事实能够成为诉讼证据的决定性因素。对电子证据而言，其被法官采纳的条件是必须能以其内容有效地解决以下问题，首先，这个电子证据能够证明什么事实；其次，这个事实对解决案件中的争议问题有没有实质意义；最后，法律对这种关联性有没有具体的要求。

【案例 11－103】　余某某诉王某某民间借贷纠纷案

判决观点，原告余某某主张被告王某某向其借款 15 万元，要求被告清偿，原告只是提供了其在 2013 年 11 月 11 日通过工商银行网银转账方式存入被告账户 14 万元的银行转账凭单、明细清单，而没有向法院提供欠款人王某某出具的借款凭证或其他能够证明双方债权债务关系成立的证据。被告辩称该网银转账 14 万元不是借款，而是原、被告之间的其他生意往来款项。故此，原告主张被告偿还借款 15 万元及利息，因证据不足，理由不充分，不予支持，应予驳回。原告主张借款之后被告还通过信息确定收到原告的借款，因被告称没有使用过涉案的手机号码，且原告也没有提供证据证明本案涉案的手机号码就是本案被告王某某使用过的手机号码，也无法确认原告手机所收到的借款信息就是本案被告王某某所发出，故原告的该主张依据不足，不予支持。原告主张借款时被告愿意拿面值 25 万元的支票作担保，支票背面有王某某的签名；因该支票的收款人为广州市天河区龙洞帝邦工程部，支票正面盖有广州市恒基生辉建材有限公司财务专用章和周某某的私章，被告不认可支票背面的签名就是本案被告王某某本人签名，原告主张被告用该支票抵押借款，因依据不足，不予支持。如果原告在有确凿证据证明是借款的情况下，可另寻法律途径解决。[2]

5. 举证达到证明程度

原告所举证据所应达到的证明程度是实践中的疑难问题。

【案例 11－104】　阮某某诉何某某、牛某某民间借贷纠纷案

二审法院认为，关于何某某所举证据应达到的证明程度问题。《民事诉

---

〔1〕　参见国家法官学院案例开发研究中心编：《中国法院 2017 年度案例》（民间借贷纠纷），中国法制出版社 2017 年版，第 72～73 页。北京市第一中级人民法院（2015）一中民（商）终字第 4830 号民事判决书。

〔2〕　参见国家法官学院案例开发研究中心编：《中国法院 2017 年度案例》（民间借贷纠纷），中国法制出版社 2017 年版，第 244 页。广东省茂明市电台区人民法院（2015）茂电法民一初字 238 号民事判决书。

讼法解释》第一百零八条是对于本证和反证的规定。所谓本证,是指在民事诉讼中负有证明责任的一方当事人提出的用于证明自己所主张事实的证据。本案中有借贷合意证明责任的主体不是何某某,其承担的不是本证义务,而是反证义务,何某某为反驳阮某某所主张有借贷合意的事实提供的证据,不必达到高度盖然性的标准,而只需动摇法官的内心确信,其举证达到阮某某对所主张借贷关系存在的事实真伪不明的程度即可。因此,虽然《民间借贷规定》第十七条赋予何某某一定的举证责任,但并不意味着举证责任的倒置。从责任主体上看,阮某某仍负有举证证明存在借贷合意的责任,证明责任主体不是何某某。本案中,阮某某提起诉讼的证据仅为何某某转款23万元的转账凭证,并未提供其他证据证明双方就借贷合意达成了一致的意思表示。何某某的抗辩事由为,阮某某的丈夫张某出借23万元给案外人李某某用于购煤,何某某替张某垫付后由阮某某转账,该转账行为系偿还垫付款。该抗辩实际上涉及的是张某与何某某之间的民事法律关系。对此,法院认为,案外人李某某于2013年4月23日出具的借条载明"今借到张某等现金35万元整",其中,朱某某自认李某某35万元借款中有自己的12万元。同时,安龙县公安局于2014年1月6日对何某某进行询问时,其陈述"李某某不光拿了100万元煤炭款,还向煤矿上几个人借钱,向张某借35万元,向牛某某借17万元,这些钱都有借条并承诺有还款时间"。何某某的该段陈述与借条记载的债权内容相一致,何某某系安王寨煤矿的负责人,张某在煤矿工作多年,双方又是邻居关系,并且,在张某随何某某等到安龙县公安局报案的前后期间,亦无证据显示张某与何某某之间存在债权债务纠纷或其他经济纠纷。何某某为此还提供了100万元汇款凭证、牛某某17万元借条等证据以证明询问笔录内容的真实性。基于上述事实考虑,在安龙县公安局依照职权对何某某进行询问后形成的笔录具有较高的可信度,法院对其内容的真实性予以采信。另外,牛某某、朱某某与张某均是同事关系,其证言能够在一定程度上对询问笔录及借条内容予以佐证。综上,何某某的抗辩构成反证,故何某某虽未提供足够充分的证据直接证明双方其他借贷关系或其他法律关系,但对案涉23万元转账系其他原因作出了合理解释,其所提交的询问笔录、金融凭证、借条及证人证言等证据能够让法官相信李某某向张某借款、由何某某先予垫付的事实确有可能存在,从而使得阮某某提出案涉23万元转账系借款的主张处于真伪不明的状态。根据《民间借贷规定》第十七条之规定,在何某某就其抗辩主张提供相应的证据证明后,阮某某仍应就借贷关系的成立承担举证责任。在阮某某不能举证证明案涉23万元转账系借款的情况下,一审法院驳回其诉讼请求并无不当。综上所述,阮某某的上诉理由不能成立,应予驳回。一审判决认定事实清楚,适用法律正确,应予维持。判决:驳回上诉，维持原判。[1]

本证证据应达到使法官内心确信达到高度可能性的程度才能被视为完成证明责任，而反证证据只需动摇法官对于本证所形成的内心确信，使待证事实处于真伪不明状态即可。

【案例 11 – 105】　许某某诉谢某某民间借贷纠纷再审案

再审法院认为，法律对本证与反证的证明程度要求不同，本证证据应达到使法官内心确信达到高度可能性的程度才能被视为完成证明责任，而反证证据只需动摇法官对于本证所形成的内心确信，使待证事实处于真伪不明状态即可。[2]

高度盖然性证明标准在个案中正确运用至关重要。

【案例 11 – 106】　周甲诉周乙民间借贷纠纷案

二审法院认为，周甲主张其与周乙之间存在借贷关系，并提供借条一张，周乙则抗辩称双方之间并非民间借贷关系而是代为转交购房款的关系，并提供了证人证言和手写声明等证据。另外周甲出借 4 万元时月收入为 600 元左右，其妻并无固定工作，而周乙彼时经济条件要优于周甲；2002 年 3 月 3 日本案借条形成，2002 年 3 月 8 日周乙作为中间人将 4 万元房款交给王某。这使得在认定涉案 4 万元款项性质上不能完全排除其代为转交的是购房款而非借款的可能性。另外，周甲虽一直主张自己并未参与高某某的购房过程，但高某某为买房向王某某借款时由周甲出具借条，且之后高某某因所购房产与卖方王某、周某某产生纠纷亦由周甲作为其特别授权的委托代理人出庭应诉，并曾手写一份买卖房屋具体经过的材料由出卖人签字确认。综合以上事实，为证明双方之间存在民间借贷关系，周甲有责任亦有能力举证证明高某某购买房产由周乙代为转交的 4 万元购房款的具体来源，以此排除该 4 万元购房款与本案涉争 4 万元为同一笔款项的可能性。但周甲未能提供有效证据证明其出借资金的来源及周乙所转交 4 万元款项的来源。因此，周甲所提交证据并未达到高度盖然性的证明标准，对其提出的涉案 4 万元系民间借贷的主张依法不予认定。周乙上诉理由成立，依法应予支持。判决：撤销原审

〔1〕　参见国家法官学院、最高人民法院司法案例研究院编：《中国法院 2021 年度案例》（民间借贷纠纷），中国法制出版社 2021 年版，第 186 ~ 187 页。湖北省宜昌市中级人民法院（2019）鄂 05 民终 1766 号民事判决书。

〔2〕　人民法院案例库 2023 – 16 – 2 – 103 – 010。浙江省高级人民法院（2015）浙民再字第 16 号民事判决书。

判决,驳回周甲的诉讼请求。[1]

【案例 11-107】 赖某某诉张某某民间借贷纠纷案

二审法院认为,赖某某虽然举证证实了涉案款项的支付事实,但其主张的款项性质不能达到高度盖然性的证明标准;张某某完成了证实涉案款项就是鼎太风华房产出售款的行为意义上的举证责任,仍没有就其获得该售楼款是基于双方离婚时的口头约定这一主张进行充分举证,也就是说,双方对于赖某某向张某某支付鼎太风华房产售楼款行为的法律理由这一关键事实均没有完成各自的举证责任,导致该事实在现有证据情况下处于无法查清的状态。而该事实恰是确定本案性质的关键所在。在此情况下,根据上述对《民间借贷规定》第十七条的举证责任的分析,赖某某作为涉案款项为借款的权利主张方,应当承担其诉求结果意义上的举证责任。故对其诉讼请求予以驳回。判决:撤销一审判决,驳回赖某某的诉讼请求。[2]

【案例 11-108】 杨某某诉顾某某民间借贷纠纷案

二审法院认为,在本案中,顾某某与杨某某之间的民间借贷合同因涉及套取金融机构贷款转贷而无效,对于从信用卡中取得款项后续所产生的滞纳金等费用的承担问题,一审法院判决顾某某连带取得款项在内一共承担197,369元,并对杨某某主张的2023年5月6日之后产生的欠款利息未予支持,所作判决公平合理。关于调查取证申请,顾某某申请调取该证据的理由为怀疑其中有杨某某自行使用的金额,对此,本院认为,一审庭审中顾某某当庭认可其借用杨某某的信用卡,双方经过对账,截至庭审当天产生的本金和滞纳金共计193,608元,在此过程中顾某某并未提出本金中有未属于其使用的部分,其二审阶段提出该质疑,无充分依据,故本院对其调查取证申请不予准许。顾某某的上诉理由不能成立,本院对其上诉请求不予支持。判决如下:驳回上诉,维持原判。[3]

借款人提供的收条碎片存在明显瑕疵,其真实性受到合理怀疑,已不具备证明案件事实的证明效力,借款人仍应就举证不能承担不利的法律后果。借款人要么提供新的证据以重新达到高度盖然性的证明标准,要么对证据瑕疵作出合理解释,使该证据再次具备证明效力。

个案中,当事人举证无法提交书证的原件而只能提交证据的复印件,且该复

[1] 参见国家法官学院案例开发研究中心编:《中国法院2016年度案例》(民间借贷纠纷),中国法制出版社2016年版,第244页。山东省淄博市中级人民法院(2015)淄民一终字第454号民事判决书。

[2] 参见最高人民法院中国应用法学研究所编:《人民法院案例选》2018年第1辑(总第119辑),人民法院出版社2018年版,第88页。广东省深圳市中级人民法院(2017)粤03民终2559号民事判决书。

[3] 北京市第二中级人民法院(2023)京02民终10098号民事判决书。

印件是证明法律关系成立的重要证据，在此情况下，应结合其他证据对书证复印件进行认证。

【案例11－109】　王某某诉陈某某民间借贷纠纷案

二审法院认为，依据陈某某出具的收款证明书及借据，可以认定陈某某与黄某某之间存在民间借贷法律关系，系双方当事人的真实意思表示，未违反国家法律、行政法规的禁止性规定，应属有效。黄某某向陈某某出借了款项之后，陈某某作为借款人未能偿还全部借款的行为，应属违约，其应立即偿还所欠借款。黄某某通过债权转让协议的形式将其对陈某某享有的债权转让给王某某，并未违反国家法律禁止性规定，故该转让协议合法有效。本案中王某某向陈某某提起诉讼，视为已完成了通知义务，至此，黄某某与王某某之间签订的债权转让协议已经对陈某某发生效力，故对王某某要求陈某某偿还全部借款本金15万元的诉讼请求，有事实和法律依据，法院予以支持。对于陈某某关于债权转让协议并非黄某某的真实意思表示且王某某未提交借条原件、收款证明书系伪造等抗辩意见，因其未向法院提交有效证据予以证明，故该院对陈某某的上述辩称均不予采信。王某某提交了收款证明书复印件、借据复印件、《个人债权转让协议书》、证人证言等证据，证明受让债权的事实。陈某某主张收款证明书系王某某伪造、收据仅为复印件，且无法确认《个人债权转让协议书》的真实性，但陈某某认可黄某某对其享有债权，其出具借据的内容亦与王某某提交的收款证明书和借据的复印件内容相同，陈某某虽不认可上述证据及债权转让协议的真实性，但并未提交确实、充分的证据予以反驳。另外，王某某是否持有收款证明书及借据的原件，并不影响债权转让的法律效力，故一审法院采信上述证据，据此认定债权转让成立并无不当，陈某某的上诉理由缺乏事实和法律依据，依法不应采信。判决：驳回上诉，维持原判。[1]

主张存在民间借贷法律关系的当事人，应当对产生该法律关系承担举证责任；在另一方提供证据使一方主张存在借款关系处于真伪不明的状态时，法官不应支持一方要求对方偿还借款本金及利息的诉讼请求。

【案例11－110】　卢某某诉方某某民间借贷纠纷案

最高人民法院认为，本案中，卢某某主张其与方某某成立借款（民间借贷）法律关系，为此提供了其与方某某签订的《借款合同》、向方某某账户转付3亿元的汇款凭证以及方某某签署的《确认函》等证据材料予以佐证。基

〔1〕 北京市第一中级人民法院（2014）一中民终字第4198号民事判决书。

于卢某某提供的上述证据材料，若不考虑案涉其他因素，即可以认定卢某某与方某某之间存在借款法律关系，卢某某向方某某出借3亿元，方某某确认收到该款项，即负有在借期届满依约偿付本息的义务。但是，方某某不认可该借款法律关系的真实性，并提供了《备忘录》(复印件)、《中国民生银行个人账户对账单》，以及申请一审法院向中国证监会调取了刘某某操纵证券市场中的《行政处罚决定书》《差额补足协议书》及相关询问笔录等证据材料予以反驳。针对该《备忘录》卢某某在中国证监会的最初询问时确认“备忘录确实是我签的”，但卢某某事后又予以否认；虽卢某某的解释尚不充分，但方某某不能提供原件情况下据此主张案涉借款法律关系虚假亦难以支持。在不考虑《备忘录》是否真实的情况下，根据中国证监会对刘某某操纵证券行为作出的《行政处罚决定书》，可以证明案涉3亿元资金系卢某某出面协调为刘某某筹集的9亿元资金的一部分，系经由方某某账户转至刘某某实际控制的账户。而方某某的陈述及其在收到案涉3亿元后随即(2017年3月15日11时35分至12时3分转入其账户，当日14时28分至29分全部转出)转付到案外人丁某某账户，与《行政处罚决定书》载明的资金来源事实基本一致。卢某某对案涉3亿元资金的转付过程并不否认，也认可其向方某某出借的3亿元系来源于案外人冯某某，并非自有资金。由此，《行政处罚决定书》以及相关的询问笔录显示卢某某并非案涉3亿元资金的出借人，而是9亿元资金(含案涉3亿元)的协助或者协调筹集人，系其按刘某某要求将收到的冯某某的3亿元转给方某某，这些事实与卢某某主张其为出借人向方某某出借3亿元的事实并不一致，导致其主张借款关系的真实性存疑。再结合卢某某作为兜底人与渤海银行股份有限公司北京分行、前海股权投资基金签订七份《差额补足协议书》，为刘某某操纵证券市场案所涉21亿元集合资金信托计划提供差额补足担保等事实，卢某某主张其与方某某之间存在3亿元借款关系的真实性更是存疑。一审判决基于前述证据材料，结合本案相关事实，认定卢某某主张其与方某某之间存在借款关系处于真伪不明的状态，未支持卢某某要求方某某偿还借款本金3亿元及利息的诉讼请求，有相应的事实和法律依据，并无不当。[1]

一方与另一方之间存在项目合作投资关系，另一方出具的借条等债权凭证均产生于双方项目合作资金往来过程中，一方径行以借贷关系为由，提起诉讼，请求另一方返还借款及利息，但未能就其主张的借贷法律关系事实提供充分证据证明，法院不予支持。

---

〔1〕 最高人民法院(2021)民终880号民事判决书。

【案例 11－111】　宝德公司诉方某奇借款合同纠纷案

最高人民法院认为，本案中，宝德公司请求方某奇返还借款 4300 万元，并提供了 2008 年 2 月 4 日 1800 万元借条、2008 年 5 月 9 日 2000 万元借条以及 2008 年 5 月 28 日 500 万元本票作为证据。方某奇主张上述款项是方某荣的投资款，并提交 2008 年 2 月 4 日、2008 年 5 月 9 日借条的复印件加以证明。从宝德公司提交的债权凭证形式分析，上述借条、本票涉及金额 4300 万元，数额较大，宝德公司未能提供其与方某奇之间的借贷合同，借条载明内容中亦未见借款期限、借款利息、抵押担保等通常民间借贷事项的具体约定，且宝德公司、方某荣对此均未能作出合理说明。同时，从方某奇提交的 2008 年 2 月 4 日、2008 年 5 月 9 日借条所载内容来看，其上除载明方某奇向宝德公司借款外，还注明有方某荣于 2008 年 10 月 17 日书写的"此借条款已转入天山房地产有限公司项目投资款，公司变更成功后原借条交回"字样，方某荣认可上述内容系其本人书写。经查，宝德公司法定代表人原为喻某某，现为方甲，股东为义乌市环球彩印包装有限公司和宝德国际集团（香港）有限公司，而喻某某当时系方某荣配偶，方甲是方某荣之子。方某荣是义乌市环球彩印包装有限公司的股东及法定代表人，且宝德公司 2005 年 10 月 25 日的《股权交割完毕证明》亦载明，各方均认可方某荣同时也是宝德国际集团（香港）有限公司的法定代表人。综上事实分析，方某奇主张方某荣是宝德公司的实际投资人和控制人，具有一定的事实依据。宝德公司关于方某荣未经授权，签署借条备注的行为效力不及于宝德公司的上诉主张，理据不足，本院不予支持。原判决认定宝德公司主张双方互不认识不符合常理和交易习惯，方某奇未将借条原件收回并不能表明借贷关系存在，并无不当。

本案中，一方面，方某荣陈述方某奇多次带领喻某某、方某荣到株洲介绍天山房产项目，新设立株洲潇湘房地产开发有限公司，将天山公司项目转入该公司。且从宝德公司提交的 2008 年 5 月 9 日借条所涉 2000 万元款项转账凭证看，该款项分四部分组成，即宝德公司于 2008 年 3 月 3 日分别向株洲潇湘房地产开发有限公司转款 100 万元和 900 万元，分别注明为何某、方某奇投资款；义乌市环球彩印包装有限公司于 2008 年 3 月 3 日分别向株洲潇湘房地产开发有限公司转款 100 万元和 900 万元，亦分别注明为吕某某、方某荣投资款。上述借条出具时间不仅与款项实际往来时间不相吻合，且载明款项性质亦与宝德公司主张相矛盾。另一方面，天山国际集团有限公司、方某奇、方某荣于 2008 年 5 月 22 日签订《股权转让协议书》，约定天山国际集团有限公司将 2006 年 11 月 23 日独资在株洲设立的注册资本 6480 万港元实际到位 4544.86 万港元的天山公司予以转让。将天山公司股权全部转让给方某奇、方某荣，其中方某奇占 55%，方某荣占 45%。方某奇、方某荣负责在2008年5月25日前以人民币补充天山公司的注册资本大约为1935.14万元。该协议并未约定股权价款。2008年5月23日，浙江义乌和昌纸业有限公司向天山公司转款1935.000014万元，转款用途注明“方某荣投资款”。

5月28日，天山公司向宝德公司转账1000万元，并载明“还款”，同日，方某奇向宝德公司借500万元本票一张。2008年6月16日，天山公司注册资本为人民币6000万元，股东变更为方某奇(3300万元)、方某荣(2700万元)，方某奇主张方某荣尚未支付受让股权的转让款，该500万元本票金额不应予以支持。从上述《股权转让协议》约定及履行情况看，天山国际集团有限公司并未与方某奇、方某荣明确约定案涉股权转让的对价，方某奇亦不认可方某荣补足注册资本即视为支付了股权转让价款。现方某荣已经实现天山公司45%股权且变更为法定代表人，但未能提供充分证据证明已经履行股权转让价款支付义务或就股权转让对价问题与天山国际集团有限公司、方某奇达成一致意见，故原判决认定不排除方某荣取得天山公司的股份实为宝德公司支付款项的对价，具有一定事实依据及合理性。同时500万元本票与当事人之间的项投资及还款亦存在牵连，宝德公司关于该500万元借款应予支持的上诉主张，证据亦不足，本院不予支持。[1]

借款人抗辩借贷行为未实际发生的合理说明义务，不免除其举证责任。借款人的合理说明义务属争点责任，其完成标准是达到证明借贷行为未实际发生具有合理可能性，即足以使借贷关系是否实际发生真伪不明。出借人的举证责任属说服责任，其完成标准是证明借贷关系实际发生具有高度可能性。争点责任与说服责任均具有过程性，前者以出借人完成初步的说服责任为履行条件，出借人在借款人完成争点责任后应继续履行说服责任。裁判者在判断出借人是否最终完成说服责任时，应结合借据、收据、欠条等凭证与当事人陈述、证人证言等进行综合审查判断。裁判者对争点责任和说服责任是否完成的判断具有一定的自由心证权力。

【案例11-112】 邹某诉沈某某民间借贷纠纷案

一审法院认为，沈某某就借款行为未实际发生的抗辩作出了合理说明，此时应当结合借贷金额、款项交付、当事人的经济能力、当事人之间的交易方式、交易习惯、当事人财产变动情况以及证言等事实和因素，综合判断和查证借贷事实是否实际发生。按常理，邹某向沈某某出借无担保、无利息约定的大额款项，应出于朋友基础上的友好和信任，但2012年5月邹某、沈某某、陈某某、袁某、曾某等人之间存在合伙生意的分歧和矛盾。在此情况下，邹某主

---

〔1〕 最高人民法院(2020)民终1164号民事判决书。

张6月发生了借贷行为,缺乏现实基础,邹某关于借款资金的来源前后陈述矛盾,不能对资金来源进行充分证明;以现金交付大额资金不符合一般交易习惯,且邹某、陈某某不能对交易细节进行合理说明,因此,现金交付事实缺乏证据支持。本案中,邹某虽提交书面证据借条和收条,但从借款关系产生的基础、借款资金来源、借款交付方式等方面来看,均不能证明借贷行为已实际发生,故认为支持邹某诉讼主张的证据不足。判决:驳回周某的诉讼请求。二审法院认为,上诉人邹某的上诉理由不能成立,一审判决认定事实清楚,适用法律正确,应予维持。判决:驳回上诉,维持原判。[1]

对于原告(出借人)主张的大额现金借款,被告抗辩借贷行为尚未实际发生并能作出合理说明,人民法院应当结合借贷金额、款项交付、当事人的经济能力、当地或者当事人之间的交易方式、交易习惯、当事人财产变动情况以及证人证言等事实和因素,综合判断借贷事实是否发生。如原告(出借人)提供的证据不能达到民事诉讼"高度盖然性"标准的,法院依法不予支持。

【案例11-113】　屈某某诉湖南福瑞德投资有限公司、湖南银日实业有限公司民间借贷纠纷再审案

最高人民法院认为,结合屈某某的再审申请事由和原审查明的事实,本案再审审查的争议焦点为屈某某所主张的2210万元现金借款事实是否实际发生。

《民间借贷规定》第十六条第二款规定:"被告抗辩借贷行为尚未实际发生并能作出合理说明,人民法院应当结合借贷金额、款项交付、当事人的经济能力、当地或者当事人之间的交易方式、交易习惯、当事人财产变动情况以及证人证言等事实和因素,综合判断查证借贷事实是否发生。"本案中,屈某某提交《借条》以及《债务情况说明》主张福瑞德公司借款本息为4987万元,但其仅有983万元转账凭证,其主张另外2210万元为现金借款,福瑞德公司并不认可。对此,应当结合借贷金额、款项交付、当事人的经济能力、当地或者当事人之间的交易方式、交易习惯、当事人财产变动情况以及证人证言等事实和因素,综合判断借贷事实是否发生。根据原审查明的事实,第一,屈某某称案涉2210万元共计37笔现金借款均在取款当天或者延迟一至两天的时间内亲自交付给王某某,并且提供了取现记录,但银日公司提供了证据证明在屈某某陈述的多个时间段里王某某并未在现金交付地点。第二,屈某某提交的2016年6月14日的《借条》载明,截至2016年6月14日,福瑞德公司

---

〔1〕 参见《人民司法·案例》2019年第8期(总第847期),第39~40页。四川省成都市中级人民法院(2016)川01民终11479号民事判决书。

现金借款金额共计2210万元。但是,根据屈某某提交的取现记录,却存在2016年6月14日之后多次的现金借款记录。第三,2016年11月5日王某某以抢夺银日公司公章的形式在案涉《借条》《债务情况说明》中盖章,也侧面印证了《借条》的总额存疑。第四,从本案983万元的银行转账借款来看,尚不能评判双方形成了现金借款的交易习惯。第五,王某某在公安机关的多次询问以及二审法院询问中均否认2210万元的现金借款,并多次陈述借款金额为1000万元。因此,屈某某提交的现金借款证据与其陈述、银日公司提交证据所证明的事实相互矛盾,不能达到民事诉讼"高度盖然性"标准。原审判决未认定屈某某主张的2210万元现金借款,并无不当。综上,屈某某的再审申请不符合《民事诉讼法》第二百条第二项、第六项规定的情形。裁定:驳回屈某某的再审申请。[1]

债权凭证是证明借贷合意成立最为常见、直接、有力的证据,但并非唯一的证据形式。在处理欠缺债权凭证的借贷纠纷案件时,应结合考量当事人的熟识程度、借款时的具体情景、资金往来明细、双方自述的合理性、证人证言的吻合度、心理测试结论等因素,比较双方证据证明力的强弱,准确适用优势证据规则。

【案例11－114】 梁某甲诉梁某乙民间借贷纠纷案

一审法院认为,本案争议的焦点为系争钱款的性质为借款还是赠与款,综合考虑双方当事人关系,借款的事态紧急性、证人证言与原告自述内容的吻合度,并参考心理测试结论,原告证据的证明力明显优于被告证据,根据优势证据规则,认定系争钱款为借款。判决:被告归还原告借款本金120万元。二审法院判决:驳回上诉,维持原判。[2]

借款人配偶未参加诉讼且出借人未明确表示放弃配偶承担的债务份额的,应追加该配偶作为第三人参加诉讼。

【案例11－115】 赵某诉项某某、何某某民间借贷纠纷案

判决观点,(1)夫妻一方具有和第三人恶意串通、通过虚假诉讼虚构婚内债务嫌疑的,该夫妻一方单方自认债务,并不必然免除"出借人"对借贷关系成立并生效的事实应承担的举证责任。(2)借款人配偶未参加诉讼且出借人及借款人均未明确表示放弃该配偶可能承担的债务份额的,为查明案件事实,应依法追加与案件审理结果具有利害关系的借款人配偶作为第三人参

〔1〕 最高人民法院(2020)民申1279号民事裁定书。

〔2〕 参见《无债权凭证情况下借贷合意的认定》,载《人民法院报》2018年8月16日,第6版。上海市第二中级人民法院(2018)沪02民终3787号民事判决书。

加诉讼,以形成实质性的对抗。(3)出借人仅提供借据佐证借贷关系的,应深入调查辅助性事实以判断借贷合意的真实性,如举债的必要性、款项用途的合理性等。出借人无法提供证据证明借款交付事实的,应综合考虑出借人的经济状况、资金来源、交付方式、在场见证人等因素判断当事人陈述的可信度。对于大额借款仅有借据而无任何交付凭证、当事人陈述有重大疑点或矛盾之处的,应依据证据规则认定"出借人"未完成举证义务,判决驳回其诉讼请求。〔1〕

6. 再审证据审查

在再审审查阶段,判断逾期举证是否发生证据失权后果,首先,要判断证据是否能够证明原判认定的基本事实错误,是否能够达到推翻原判的标准。其次,再判断再审申请人未在原审提供证据的理由是否成立。最后,新证据的采信还要受到申请再审期限的限制,即便再审申请人提交的新证据足以推翻原判,如果其自知道和应当知道新证据之日起,超过6个月才申请再审,也不能依据《民事诉讼法》第二百一十一条第一项规定提起再审。

【案例11-116】 王某某与汤某某民间借贷纠纷再审案

最高人民法院认为,经审查,王某某的再审事由均不成立,理由如下:关于王某某在申请再审程序中提交的新证据是否足以推翻原审判决的问题。经审查,王某某提交的五份证据均系在原审庭审结束前已经存在,其逾期提交的理由为"因误做其他用途遗漏提供",不属于因客观原因无法取得或者在规定的期限内不能提供的证据。此外,王某某提交的证据均为复印件,证明力较低,无法证明案件基本事实,无法推翻原审判决依据各方当事人在原审诉讼中的举证质证情况认定的事实,且上述证据不符合《民事诉讼法解释》第三百八十八条规定的新证据情形。故王某某的该项再审请求不符合《民事诉讼法》第二百条第一项规定的再审情形,本院不予支持。关于王某某2014年6月5日转账给汤某某的2,700,000元是否为归还的借款本息的问题。在原审中,王某某主张与汤某某2014年6月5日至7日的汇款是为了形成借款合同而制造的虚假流水,与王某某申请再审中主张2014年6月5日转账给汤某某的2,700,000元是归还本案所涉借款的理由前后矛盾。王某某未能提供新的证据推翻其在原审中的陈述。根据《民事诉讼法解释》第一百零八条第二款关于"对一方当事人为反驳负有举证证明责任的当事人所主张事实而提供的证据,人民法院经审查并结合相关事实,认为待证事实真

〔1〕 参见《最高人民法院公报》2014年第12期(总第218期)。

伪不明的，应当认定该事实不存在”的规定，王某某2014年6月5日是否偿还本息2,700,000元的待证事实真伪不明，王某某应承担举证不能的不利后果。故对王某某关于2014年6月5日转账给汤某某的2,700,000元是归还案涉借款本息的请求，本院不予支持。关于王某某转给王某的款项是否属于归还借款本息的问题。在原审中，王某某主张转账给王某的款项是偿还汤某某的借款本息，汤某某对此不认可，王某在原审中出庭作证称王某某给付的款项不是偿还汤某某的借款。根据《民事诉讼法解释》第九十条的规定，王某某未能提供证据证实给付王某款项与偿还汤某某借款本息的关联性，无法证实其主张成立，应承担举证不能的不利后果。故对王某某关于转账给王某的款项是归还本案借款本息并应抵扣本金的请求，本院不予支持……综上，王某某的再审申请不符合《民事诉讼法》（2017修正）第二百条第一项、第二项、第六项规定。裁定：驳回王某某的再审申请。[1]

借款人怠于行使诉讼权利后又以新证据为由申请再审的案件，如原审缺席审判，且申请人提交的新证据从表面来看否定原判认定的事实，其是否符合提起再审条件存在争议。一般认为，再审申请人所举新证据虽然看似否定了借款人尚欠债权人借款的事实，但被申请人（出借人）抗辩及所举的证据，能够证明双方借贷关系的存续，而借款人明知诉讼一直不应诉、不申辩，因此被申请人的抗辩事由成立，再审申请人所提供的新证据不能推翻原判认定的欠款事实。

【案例11－117】 黄某诉王某、杜某民间借贷纠纷再审案

二审法院认为，关于王某所提涉案债务非夫妻共同债务的主张，其在一审已经提出这一抗辩理由。黄某提交的企业信用信息公示报告显示，杜某、王某共同经营技术公司，杜某、王某均是该公司股东，杜某系该公司的法定代表人，王某系该公司监事，属于夫妻共同生产经营，一审法院据此对王某的该项抗辩意见不予采信，并无不当。王某重复提出此项主张申请再审，法院不予支持。关于王某提交的杜某向黄某转款的明细，黄某予以否认，主张双方另有其他经济往来，且提交了其与杜某的短信、微信记录，证明杜某一直承认欠款事实。从目前的证据看，黄某持有杜某所写欠条的原件，且杜某在能够提供银行转账明细的情况下，不参诉、不申辩。因此，王某提供的证据不足以推翻原判认定的事实，法院不予采信。另外，王某在一审中曾到庭接受询问，其明知一审诉讼，填写了送达地址确认书，但未到庭应诉，视为其放弃诉讼权利。王某申请再审，虽主张其取得新证据，即杜某的银行转账明细，但该证据

〔1〕 最高人民法院（2021）民申1140号民事裁定书。

系在一审中可以取得的证据，根据该证据显示的打印时间为2019年5月14日，因此其以此作为新证据提出再审申请，亦超过了自知道或应当知道之日起6个月的法定期限，法院不予支持。裁定：驳回王某的再审申请。[1]

---

〔1〕参见国家法官学院、最高人民法院司法案例研究院编：《中国法院2022年度案例》（民间借贷纠纷），中国法制出版社2022年版，第227～228页。北京市第一中级人民法院（2020）京01民申359号民事裁定书。

三、借款案件诉讼程序疑难问题

(一)出借人不出庭处理

出借人作为原告将借款人诉到法院要求偿还借款,但出借人不出庭且在法官为查明案情要求其出庭情形下,出借人仍坚持不出庭的,法官综合案情可以采信被告借款人的抗辩。

【案例11-118】 郑某某诉刘某某民间借贷纠纷案

判决观点,本案四笔款项是借款还是贷款分析如下:(1)原告虽然提供了四张由被告签名的收款凭证,但该凭证摘要栏中“借收到款(进货)”系原告自己书写。首先,摘要栏中“借收到款(进货)”文字表述相矛盾。出借巨额现金给他人,并由出借人书写借条内容的情况下,通常不会出现对出借人不利的文字表述。其次,四张“收款凭证”落款日期分别为各笔款项的汇款日期,而被告签名的日期为2012年10月27日。假如原告是借款给被告,完全可以将上述四笔款项合并出具一张借条。因此,原告提供的四张“收款凭证”有违民间借贷交易习惯中书写借条常理。(2)双方对“借收到款(进货)”文字理解发生争议,原告认为被告借款,被告则认为原告支付给其的货款。法院要求原告亲自到庭应诉,原告无正当理由拒不到庭,未就相互矛盾的“借收到款(进货)”文字作出合理的解释。因此,应当作出不利于书写并提供该“收款凭证”一方的解释,即应理解为收款而不是借款。(3)被告所称该四笔款项均是原告因购买所需物资汇入其账户的货款,原告为了与其合伙人结算书写好四张格式“收款凭证”,并要求被告签名确认收到相关款项的陈述,结合本案查明的事实,法院对被告的抗辩理由予以采纳。判决:驳回原告郑某某的诉讼请求。[1]

出借人以仅有利息的欠条起诉借款人,且经法官通知无正当理由拒不到庭的,其诉求法院不予支持。

---

〔1〕 参见国家法官学院案例开发研究中心编:《中国法院2017年度案例》(民间借贷纠纷),中国法制出版社2017年版,第58页。广东省河源市龙川县人民法院(2014)河龙法民一初字第118号民事判决书。

【案例11－119】　张某某诉杨某某、河南金堂房地产开发有限公司民间借贷纠纷案

一审法院认为，本案张某某提交的证据仅证实其和二被告曾发生借款，但是无法证明借贷金额、支付方式、利率约定等主要事实，无法说明利息的来源和形成，且张某某经传票传唤，无正当理由拒不到庭，本案借贷基本事实无法查明，故对原告主张的25万元利息不予支持。判决：驳回张某某对杨某某、金堂公司的诉讼请求。

二审法院认为，张某某称其所主张的25万元系其2013年5月出借给金堂公司和杨某某的100万元借款的利息，但未提供存在该100万元借款的直接证据，其所提交的四份取款凭证，仅能证明其2013年5月分四次在自己的银行卡取款的事实，不能证明该款系出借给金堂公司和杨某某。在张某某与金堂公司、杨某某的1200万元民间借贷纠纷案中，张某某的证人张甲、袁某某出庭作证称张某某与金堂公司、杨某某的经济来往中除张某某出借给金堂公司、杨某某1000万元及200万元借款外没有其他借款，因此，张某某关于其所主张的25万元系2013年5月出借给金堂公司和杨某某的100万元借款利息的上诉理由不能成立。该25万元欠息的欠条与法院(2014)三民初字第91民事判决中所涉及的金堂公司和杨某某所欠张某某200万元自2014年3月1日至5月10日的利息相关联，且该案在判决中对该200万元借款在该期间的违约金已经进行了裁决，此有法院(2014)三民初字第91号民事判决书以及该案庭审笔录等证据在卷佐证，金堂公司和杨某某关于涉案25万元欠息系张某某重复主张的辩称意见成立，法院予以采信。上诉人张某某关于请求判令金堂公司、杨某某支付25万元欠息的上诉理由不能成立。判决：驳回上诉，维持原判。[1]

(二)追加当事人处理

1.追加被告

意思自治原则要求在民事诉讼活动中，法院要遵循“不告不理”原则，当事人在法律规定的范围内，对自己的民事权利和诉讼权利有支配和处置的自由，未经起诉的民事案件，法院不得受理和审判。当事人的起诉权利不仅包括诉与不诉某

---

〔1〕 参见国家法官学院案例开发研究中心编:《中国法院2017年度案例》(民间借贷纠纷)，中国法制出版社2017年版，第63～64页。河南省三门峡市中级人民法院(2016)豫12民终423号民事判决书。

人的权利，还包括诉谁与不诉谁的权利。但是，“不告不理”原则也有例外情况，必要共同诉讼的当事人没有参加诉讼的，法官可依职权追加。

【案例 11－120】 蔡某诉陈某民间借贷纠纷案

判决观点，被告陈某向原告蔡某借款人民币 10 万元，有其出具的借条一份为据，借款系双方当事人的真实意思表示，借贷关系合法有效；现原告请求被告及时归还借款，合理合法，予以支持；因双方没有约定利率，原告主张按月利率 12‰计付利息的理由不能成立，法院不予采纳，可自起诉之日按银行同期贷款利率计息；至于该债务是不是夫妻共同债务，债务如何分割，均不得对抗第三人即原告，被告可另案主张，故被告申请追加蔡甲为被告的理由不能成立，法院不予采纳；被告不能提供充分证据证明其已还款 5 万元，应承担举证不能的相应法律后果。判决：被告陈某归还原告蔡某借款人民币 10 万元及利息。〔1〕

【案例 11－121】 张某某诉张某等民间借贷纠纷案

二审法院认为，根据查明的事实，首先，2011 年 12 月 30 日，张某某通过银行将 750, 000 元汇入张某名下账户，后张某通过各种方式向张某某返还了 250, 000 元，其余 500, 000 元没有返还，据此表明，涉案款项是在张某某和张某之间发生的法律关系，而与案外人董某无关。其次，尽管张某主张在征得张某某的同意下转汇给案外人董某，应当是董某向张某某借款，但是张某就其主张并无提供相应的证据予以证实，同时张某某也不予确认，故对张某的主张依法不予确信。最后，即使案外人董某承认涉案 500, 000 元是其向张某某所借，但董某和张某某之间没有就此借款达成协议，故该借款只是董某的单方意思表示，对张某某不具有约束力；同时，本案现有证据没有显示董某和张某某之间存在法律关系，根据合同的相对性原则，张某某提起本案诉讼要求张某和冯某某承担还款责任，不必追加董某为本案当事人。判决：驳回上诉，维持原判。〔2〕

2. 追加第三人

民间借贷关系涉及必须第三人的，法官依职权可以追加第三人。第三人无正当理由拒不出庭，法官可以作出对出借人不利的判决。

〔1〕 参见国家法官学院案例开发研究中心编：《中国法院 2014 年度案例》（民间借贷纠纷），中国法制出版社 2014 年版，第 101～102 页。福建省莆田市荔城区人民法院（2012）荔民初字第 1296 号民事判决书。

〔2〕 广东省广州市中级人民法院（2014）穗中法金民终字第 1163 号民事判决书。

【案例 11－122】　薛某某诉陈某某民间借贷纠纷案

判决观点,本案的争议焦点为薛某某转账给陈某某的款项是否为薛某某出借给陈某某的借款。原告主张该款为其出借的借款;被告主张该款为投资款,并非原告向其出借的借款。法院认为,首先,原告主张该转账为借款,原告对其与陈某某存在借贷的合意负有举证责任,但通过庭审调查,原告本人与原告代理人在被告提出借款时间、转账当天原、被告双方是否见面、借款用途、借款期限等方面问题时的陈述存在矛盾之处。其次,原告陈述本案借款当时口头约定月息2.5%,但从借款之日至起诉时,被告一直没有还款,原告声称其有向被告催讨借款,但被告拒绝还款。在陈某某没有出具借条,转账发生至今也没有偿还任何款项的情况下,薛某某就应知道注意搜集相应的催款证据,但薛某某在催款事实方面仅有口头陈述,并无其他证据予以佐证。最后,被告提交的《合作协议书》虽系第三人薛某与陈某某、案外人陈甲签订,但薛某作为薛某某之子,二人常年生活在一起,从被告提交的《方石开采承包合同》《合作协议书》的签订时间、薛某与薛某某之间的近亲属关系、本案讼争款项的转账时间来看,法院有理由相信原告转账的款项系支付《合作协议书》中方石开采项目的份额转账款,故法院为查明案件事实追加薛某作为第三人参与诉讼,但薛某并未到庭。就被告提出的主张,依据薛某与薛某某的亲密关系,薛某某完全有能力从薛某处搜集到关于被告主张及其事实的相应证据或要求薛某出庭对被告提交的协议书进行笔迹鉴定,但原告对被告的主张仅是口头否认并没有提供反驳的证据。综上,原告就本案转账款项为借款的主张,其在借贷合意、借款事实方面都存在举证不能的情况,而且就被告提出的主张及相应证据也没有提供相应的反驳证据,故法院认为薛某某转账给陈某某的款项并非薛某某出借给陈某某的借款,法院对薛某某要求陈某某偿还借款本金1,800,000元及逾期还款利息(按中国人民银行同期同类贷款利率的四倍自2014年1月16日起计至实际还款之日止)的诉求不予支持。第三人薛某经合法传唤,无正当理由拒不到庭参加诉讼,视为其主张放弃诉讼权利,法院在查明事实后,可依法径行判决。判决:驳回薛某某的诉讼请求。[1]

(三)担保追偿诉讼处理

根据法理和法律规定,已经发生法律效力的判决对当事人和法院具有既判

---

〔1〕 参见国家法官学院案例开发研究中心编:《中国法院2017年度案例》(民间借贷纠纷),中国法制出版社2017年版,第43～44页。福建省厦门市集美区人民法院(2015)集民初字第2324号民事判决书。

力，如果当事人的争议已经生效判决确定，当事人不得再就该争议提起诉讼，否则构成重复起诉。重复起诉指向的是当事人要求法院处理的法律关系，存在当事人、争议事实、诉讼标的三个与已提起诉讼的案件相同的判断要素。借款合同纠纷判决中明确保证人追偿权的判项，已经对将来保证人承担保证责任后向借款人进行追偿而产生的争议进行了处理。虽然在借款纠纷案件中保证人未对借款人提出诉讼请求，但判决判项基于原担保法解释的特别规定，对未来保证人可提出的诉讼请求提前处理，亦应视为针对单独的诉讼请求的判项。如果保证人承担保证责任后对借款人提起追偿之诉，虽然与前诉的案由不同，但与前诉判项涉及的当事人相同即均为保证人和借款人，诉讼标的相同即均为保证人与借款人之间的追偿权法律关系，诉讼请求相同即均为请求清偿保证人为履行保证责任而支付的款项，因此构成重复诉讼。也就是说，借款诉讼判决已明确保证人追偿权的，保证人再提追偿权之诉构成重复诉讼，不受法律保护。

【案例 11－123】　刘某某诉王某某民间借贷纠纷案

判决观点，刘某某作为保证人，根据本院生效判决确定的义务，为借款人王某某代偿借款本息 258,142.24 元，本院(2015)集民初字第 4056 号民事判决已经判决刘某某在承担连带清偿责任后有权向王某某、王甲追偿，刘某某可依据该生效判决申请执行，无须再另行提起诉讼。虽然在(2015)集民初字第 4056 号民事判决中刘某某未作为原告就追偿权提出诉讼请求，但该判决依据《最高人民法院关于适用〈中华人民共和国担保法〉若干问题的解释》第四十二条第一款的规定判决刘某某在承担连带清偿责任后有权向王某某、王甲追偿，系基于诉讼效益原则直接对保证人将来会提出的诉讼请求提前作出的处理，应视为已对保证人关于追偿权的诉讼请求进行了处理。现刘某某在本案中再次就其向王某某、王甲的追偿权提起诉讼，针对该追偿权的诉讼与(2015)集民初字第 4056 号案件当事人相同、诉讼标的相同，且与该判决已处理的诉讼请求相同，实质上属于重复起诉，不符合诉讼效益原则。因此，应裁定驳回刘某某在本案中对王某某、王甲的起诉，在判决中不予处理。裁定：驳回刘某某对王某某、王甲的起诉。[1]

(四)起诉部分借款人

共同借款人未约定份额形成连带之债的，出借人可起诉部分借款人。

---

〔1〕 参见国家法官学院案例开发研究中心编：《中国法院 2019 年度案例》(借款担保纠纷)，中国法制出版社 2019 年版，第 159 页。福建省厦门市集美区人民法院(2017)闽 0211 民 2660 号民事裁定书。

【案例 11－124】　郎某诉王某某民间借贷纠纷案

判决观点，本案中，被告王某某与方某某向原告郎某借款300,000元，方某某在2009年4月2日、7月4日分别以息随本清的方式还款本息380,000元，现下差借款本金26,080元及利息。故原告郎某与被告王某某以及方某某之间形成的民间借贷关系有效。借款人王某某、方某某在借款时未约定内部按份还款份额，之后也未达成还款份额义务的补充协议，二借款人之间形成连带之债，均负有向原告郎某连带清偿的民事法律责任。负有连带义务的每个债务人，都负有清偿全部债务的义务，履行了义务的人，有权要求其他负有连带义务的人偿付他应当承担的份额。原告郎某有权要求被告王某某一人清偿债务，被告王某某在清偿后，可向方某某追偿。判决：被告王某某清偿原告郎某借款26,080元及利息。[1]

实践中，共同借款人中有死亡的，出借人可起诉其他借款人或继承人。

【案例 11－125】　北京五联新元商贸有限公司诉宋某、谭某、谭某某、吴某某、王某某民间借贷纠纷案

判决观点，本案的争议焦点为，关于借款的主体问题。因本案所涉借条上均写明陈某某、吴某某、王某某三人共同借款，借款人处均有“陈某某、吴某某、王某某”三人亲笔签名，且吴某某、王某某对借款一事均表示知情。据此，该笔借款应为陈某某、吴某某、王某某三人共同借款，因三人对该共同债务未约定承担份额，故应为连带责任之债。据此，法院经被告谭某、谭某某申请，追加吴某某、王某某为共同被告。但因五联公司坚持诉讼请求不变，不要求吴某某、王某某承担共同还款责任，故法院对吴某某、王某某的责任不予处理。有关吴某某、王某某辩称该笔款项由陈某某一人拿走，故不同意承担还款责任的答辩意见，其并未提供证据予以证明，故法院不予采纳。本案中五联公司与陈某某、吴某某、王某某之间形成的借款合同合法有效，其内容不违反我国法律、行政法规的强制性规定，应属合法有效的合同，当事人均应按照合同约定履行各自义务，五联公司已向陈某某、吴某某、王某某交付借款款项，但陈某某、吴某某、王某某均未履行还款义务，现陈某某已去世，五联公司要求其继承人宋某、谭某、谭某某承担还款责任，符合法律规定，法院予以支持。宋某、谭某、谭某某承担还款责任后，有权要求负有连带责任的吴某某、王某某偿付其应当承担的份额。

有关宋某、谭某、谭某某应按照何种比例承担还款责任的问题。因宋某、

---

〔1〕 参见国家法官学院案例开发研究中心编：《中国法院2014年度案例》（民间借贷纠纷），中国法制出版社2014年版，第163页。四川省万源市人民法院（2013）万源民初字第639号民事判决书。

谭某、谭某某均已按照陈某某的遗嘱继承其财产，根据相关法律规定，遗产已被分割而未清偿债务的，如果只有遗嘱继承和遗赠的，应由遗嘱继承人和受遗赠人按比例用所得遗产偿还。法院向宋某、谭某、谭某某释明是否对其各自所继承的财产比例进行评估，宋某、谭某、谭某某均表明不同意评估，故不能确定继承比例。故法院认为，其不能明确内部还款比例，不影响对第三人的债务承担，宋某、谭某、谭某某应共同向五联公司承担还款责任。判决：被告宋某、谭某、谭某某向原告五联公司偿还15万元借款。[1]

名义借款人受实际借款人的委托向H农商行借款，以自己的名义与银行签订了借款合同。同时，实际借款人又委托三人作为担保人为该笔贷款提供抵押担保，担保人与银行签订了《最高额抵押合同》。因借款人没有偿还贷款，担保人向银行代为清偿了借款，随后提起诉讼，向名义借款人唐某进行追偿。因担保人知晓名义借款人系受实际借款人委托借款，应向实际借款人追偿。担保人系受实际借款人委托提供抵押担保，在其履行担保责任后，亦应依据其与实际借款人之间的委托关系向实际借款人追偿。也就是说，根据《民法典》第九百二十五条的规定，关键看担保人是否知道实际借款人是谁，是不是受实际借款人的委托为实际借款人的借款行为提供担保。实际上，实务中大多数情况下担保人都是受实际借款人的委托来提供担保的，也即是担保人知道谁才是实际的借款人。在这种情况下，担保人就应当向实际借款人追偿。

【案例11－126】　刘某某诉唐某某、崔某追偿权纠纷案

最高人民法院认为，关于刘某某是否有权向唐某某追偿问题：《合同法》第四百零二条规定，“受托人以自己的名义，在委托人的授权范围内与第三人订立的合同，第三人在订立合同时知道受托人与委托人之间的代理关系的，该合同直接约束委托人和第三人，但有确切证据证明该合同只约束受托人和第三人的除外。”本案中，刘某某代为偿还借款后，享有向债务人追偿的权利，因其知晓唐某某系受实际借款人委托借款，依据上述法律规定，应向实际借款人追偿。同时，根据本案查明事实，刘某某系受实际借款人委托提供抵押担保，在其履行担保责任后，亦应依据其与实际借款人之间的委托关系向实际借款人追偿。本案中唐某某为名义借款人，并未因刘某某代偿行为受益，在刘某某对此明知的情况下，若由唐某某承担还款责任，亦与公平原则和权利义务相一致要求不符。[2]

---

〔1〕　参见国家法官学院案例开发研究中心编：《中国法院2016年度案例》（民间借贷纠纷），中国法制出版社2016年版，第217页。北京市西城区人民法院（2013）西民初字第13742号民事判决书。

〔2〕　最高人民法院（2023）民申68号民事裁定书。

（五）起诉部分担保人

《民间借贷规定》第四条规定："保证人为借款人提供连带责任保证，出借人仅起诉借款人的，人民法院可以不追加保证人为共同被告；出借人仅起诉保证人的，人民法院可以追加借款人为共同被告。保证人为借款人提供一般保证，出借人仅起诉保证人的，人民法院应当追加借款人为共同被告；出借人仅起诉借款人的，人民法院可以不追加保证人为共同被告。"本条是关于民间借贷纠纷中法院是否追加担保人参加诉讼的规定。在本条中，既规定了出借人作为原告的诉讼选择权利，亦同时规定了在一般保证与连带责任保证中法院追加被告的权力。

对于特殊担保主体的追加问题。司法解释制定者认为，分支机构也就是分公司作为保证人时，应当追加分支机构及其法人作为被告。《担保法》及司法解释规定，分支机构对外承担保证责任需要其法人授权，保证合同有效。无效的担保合同如果债权人无过错，责任应当由分支机构的法人承担。债权人有过错的，如疏于审查分支机构的担保是否有法人授权、是否与分支机构串通等，应当承担相应的后果，企业法人的责任可以是部分免除或者全部免除。当债权人与分支机构串通由分支机构提供担保时，企业法人不应承担担保责任。分支机构承担的责任无论是合同有效的保证责任，还是无效的赔偿责任，都先以分支机构管理的财产承担，不足部分由企业法人承担。法人及其分支机构作为两个责任主体，虽规定了责任承担顺序，但作为被告应当一并追加。[1]

当保证与担保物权并存时，应当将保证人和物权担保人作为共同的担保人对待，适用上述关于是否列为诉讼主体的相关分析。需要强调的是物的担保人只在所提供物的价值范围内与人保保证人承担连带担保责任。[2]

需要注意的问题是，当主债务按照双方的约定进行仲裁，而对担保债务是通过诉讼解决时，两者如何衔接。特别是一般保证人作为被告时，应当根据仲裁裁决的情况，无论在仲裁裁决之前作出判决还是仲裁裁决之后作出判决，虽不能追加债务人为被告，但也应当标明担保债务的偿还顺序。当债权人怠于履行仲裁裁决并超过强制执行期限时，诉讼判决也就失去了承担责任的前提。担保责任虽有

---

〔1〕 参见最高人民法院民事审判第一庭编著：《最高人民法院民间借贷司法解释理解与适用》，人民法院出版社 2015 年版，第 101 ~ 102 页。

〔2〕 参见最高人民法院民事审判第一庭编著：《最高人民法院民间借贷司法解释理解与适用》，人民法院出版社 2015 年版，第 103 页。

判决,但是可以免除,也就是不能强制执行。[1]

主流观点认为,债权人起诉连带保证人,可再行起诉债务人,即当债权人要求债务人清偿债务请求得到支持的情况下,会出现同一债权有两份裁判文书同时予以确认的情形。为避免债权人获得双重清偿,应当在后诉裁判文书中明确,在后诉案件执行过程中,应扣除债权人在前案执行程序中已得到清偿的部分,避免发生债权人获得双偿清偿的情形。

债权人起诉债务人后,可以在约定或者法定的保证期限届满前,且在没有明确表示放弃要求连带责任保证人承担保证责任权利的前提下,就债务人不能履行的债务另行起诉连带责任保证人,连带责任保证人应当在法院对债务人财产依法强制执行后仍不能履行的债务范围内承担补充清偿责任。

法律允许出借人仅起诉保证人的,法官审理应查明,其一,出借人与借款人之间的债权债务是否存在,借款及还款金额是否清楚,不追加债务人是否影响事实的查明。其二,向出借人释明是否向债务人及另一位保证人主张权利,其陈述理由是否合理。

【案例11-127】 邵某诉毛某某民间借贷纠纷案

二审法院认为,关于担保责任问题,涉诉借款合同中约定,担保方式为连带保证,保证期间为自借款期限届满之次日起两年,上诉人在担保方处签名,且上诉人在2016年8月4日的录音中承诺还款,故被上诉人起诉未超过诉讼时效,因孙某某未偿还借款,上诉人应对本案借款承担连带保证责任。一审判决对本案借款本金及逾期利息的认定并无不当,予以维护。判决:驳回上诉,维持原判。[2]

债权人在保证期间仅向其中的一个保证人主张保证责任,该主张的效力及于其他连带责任保证人。

【案例11-128】 杨某某诉邢某某、陈甲、施某某、陈乙、万某某民间借贷纠纷案

二审法院认为,吕鲜公司、陈甲、施某某、陈乙、万某某均为案涉债务担保人,在主合同及担保合同中均未约定保证份额、保证方式、保证期间,故各保证人之间承担连带保证责任,保证期间为自主债务履行期届满之日起6个月。案涉债务的履约期届满之日为2008年12月10日,杨某某于2009年4

---

[1] 参见最高人民法院民事审判第一庭编著:《最高人民法院民间借贷司法解释理解与适用》,人民法院出版社2015年版,第103页。

[2] 参见国家法官学院、最高人民法院司法案例研究院编:《中国法院2020年度案例》(借款担保纠纷),中国法制出版社2020年版,第88页。天津市第二中级人民法院(2018)津02民终7228号民事判决书。

月16日向吕鲜公司主张保证责任，在保证期间之内。连带责任人相对于债权人而言，在保证债务的履行上具有共同性、一致性及不可分割性，在保证期间，债权人向任意保证人主张保证权利都意味着向其他承担连带保证责任的人主张保证权利。本案因杨某某在保证期间内向吕鲜公司主张保证责任，该主张效力及于陈甲、施某某、陈乙、万某某。故其四人对案涉债务应依法承担清偿责任。判决：维持一审判决主文第一项，即邢某某承担支付借款本息的责任；撤销一审判决主文第二项，即驳回杨某某的其他诉讼请求；陈甲、施某某、陈乙、万某某对邢某某的给付义务承担连带清偿责任。[1]

（六）借款人下落不明起诉

依据《民事诉讼法》的相关规定，民间借贷案件一般适用被告住所地管辖。但对于“被告下落不明”的界定，法律既未规定相应的适用条件，也未规定确认“下落不明”的部门，在具体案件的处理中，所采取的证明方式主要有以下几种情形：当事人亲戚、父母出具的书面证据材料，原、被告所居住的村委会或居委会出具的证明，地方派出所出具的证明。从这些证据的优先性上讲，由于派出所、村民委员会这些基层组织与被告借款人的居住、生活最为紧密，有能力获知被告借款人的去向，并且作为一个基层组织，其证明的效力应该采信。

【案例11－129】　何某诉江某民间借贷纠纷案

判决观点，被告江某在原告何某处借款人民币116,500元的事实，有被告亲笔书写的借条予以证实，双方借贷关系事实明确，真实可信，属合法的民间借贷关系。现还款期限已届满，被告江某应履行还款义务，原告主张被告归还借款116,500元的诉讼请求，符合法律规定，法律予以支持。在借款时双方未明确约定资金利息，视为不支付资金利息，原告请求按照中国人民银行同期同类基准贷款利率的四倍支付资金利息的请求，不符合法律规定，法院不予支持。但原、被告对借款约定了还款期限，被告未按约定的期限返还借款，应当从逾期之日起按照中国人民银行同期同类基准贷款利率标准支付逾期利息。判决：由被告江某向原告何某返还借款本金人民币116,500元及其资金利息。[2] 在本案中，被告江某下落不明。

---

〔1〕 参见国家法官学院案例开发研究中心编：《中国法院2015年度案例》（民间借贷纠纷），中国法制出版社2015年版，第57页。江苏省南通市中级人民法院（2013）通中民终字第0334号民事判决书。

〔2〕 参见国家法官学院案例开发研究中心编：《中国法院2017年度案例》（民间借贷纠纷），中国法制出版社2017年版，第19页。四川省绵阳市盐亭县人民法院（2015）盐民初字第84号民事判决书。

借款人下落不明，出借人起诉保证人时借贷有关事实的审查认定为疑难问题。借款人下落不明，无法听取借款人的意见，保证人虽然只是猜测性的质疑，但如果是合理的，应当结合借贷金额等事实和因素认定。

【案例 11－130】 费某某诉高某某保证合同纠纷案

一审法院认为，关于借款是否履行的问题，原告举证的借条本身具有债务凭证的法律特性，并且原告还举证了借款资金的主要来源，应当认定借款已经履行。关于 10 万元还款问题，首先，原告与程某某有多次借贷往来，当事人举证证据不能确定程某某所偿还的 10 万元系履行哪一笔借款，原告陈述出借给程某某的三笔借款时间顺序为本案讼争借款出借时间最早，都未约定还款日期，一般应当推定偿还在先的债务；其次，原告当庭陈述混乱，从禁反言来说，也应认定系偿还讼争借款。关于奔驰轿车问题，应当不能认定程某某已经以奔驰轿车抵偿讼争债务或质押担保，原告虽曾实际控制奔驰轿车，但无证据能够推定系折价抵偿或者质押担保。因债务人程某某未向原告偿还全部债务，作为保证人的被告应当承担保证责任，又因原、被告未明确保证方式，依法应当确定为连带责任保证。二审法院判决：驳回上诉，维持原判。〔1〕

（七）借款再审处理

《民事诉讼法》第二百零九条第一款规定："各级人民法院院长对本院已经发生法律效力的判决、裁定、调解书，发现确有错误，认为需要再审的，应当提交审判委员会讨论决定。"第二百一十条规定："当事人对已经发生法律效力的判决、裁定，认为有错误的，可以向上一级人民法院申请再审；当事人一方人数众多或者当事人双方为公民的案件，也可以向原审人民法院申请再审。当事人申请再审的，不停止判决、裁定的执行。"由此可知，审判监督程序应为纠错程序，即已经生效的判决、裁定、调解书确有错误的，才可进入再审程序。同时，根据《民事诉讼法》第十三条第二款规定："当事人有权在法律规定的范围内处分自己的民事权利和诉讼权利"，一审作出后是否上诉、针对哪些问题上诉、提出哪些上诉理由，一审或二审判决生效后是否申请再审，针对哪些问题申请再审、理由如何，均在当事人对自己民事权利和诉讼权利的处分范畴之内。而根据《民事诉讼法》第十三条第一款规定："民事诉讼应当遵循诚实信用原则"，当事人对自身权利的处分应当符合诚

〔1〕 参见国家法官学院案例开发研究中心编：《中国法院 2017 年度案例》（借款担保纠纷），中国法制出版社 2017 年版，第 157 页。江苏省扬州市中级人民法院（2015）扬民终字第 01567 号民事判决书。

实信用原则的要求。

一方面,对于一审判决中已经作出认定的问题,如果当事人在上诉时没有提出异议,应视为对一审判决相关认定的认可。在二审判决作出后,当事人对二审判决申请再审时再对此问题提出异议,其对自身诉讼权利的行使和处分行为,有违《民事诉讼法》第十三条第一款规定的诚实信用原则。另一方面,根据《民事诉讼法》第一百七十五条规定:“第二审人民法院应当对上诉请求的有关事实和适用法律进行审查”,二审程序中,若当事人对此问题未提起上诉,双方未形成争议,二审法院不必对此问题进行审查,更谈不上错误与否的问题。因此当事人再以此为由主张二审判决错误并申请再审,显然不能成立。〔1〕

【案例11－131】　王某与卢某某、宁夏建工集团房地产开发有限公司、第三人宁夏恒昌盛房地产开发有限公司民间借贷纠纷再审案

最高人民法院认为,一审胜诉或部分胜诉的当事人未提起上诉,且在二审中明确表示一审判决正确应予维持,在二审判决维持原判后,该当事人又申请再审的,因其缺乏再审利益,对其再审请求不应予以支持,否则将变相鼓励或放纵不守诚信的当事人滥用再审程序,导致对诉讼权利的滥用和对司法资源的浪费。〔2〕

〔1〕参见最高人民法院民事审判第一庭编:《民事审判实务问答》,法律出版社2021年版,第256～257页。

〔2〕参见《最高人民法院公报》2017年第7期(总第261期)。

专题十二　其他借款纠纷

本专题围绕借款发生的债权转让，相关疑难问题的其他纠纷进行阐述。

一、债权转让理解

（一）债权转让含义

《民法典合同编通则解释》第四十七条规定："债权转让后，债务人向受让人主张其对让与人的抗辩的，人民法院可以追加让与人为第三人。

债务转移后，新债务人主张原债务人对债权人的抗辩的，人民法院可以追加原债务人为第三人。

当事人一方将合同权利义务一并转让后，对方就合同权利义务向受让人主张抗辩或者受让人就合同权利义务向对方主张抗辩的，人民法院可以追加让与人为第三人。"

《民法典合同编通则解释》第四十八条规定："债务人在接到债权转让通知前已经向让与人履行，受让人请求债务人履行的，人民法院不予支持；债务人接到债权转让通知后仍然向让与人履行，受让人请求债务人履行的，人民法院应予支持。

让与人未通知债务人，受让人直接起诉债务人请求履行债务，人民法院经审理确认债权转让事实的，应当认定债权转让自起诉状副本送达时对债务人发生效力。债务人主张因未通知而给其增加的费用或者造成的损失从认定的债权数额中扣除的，人民法院依法予以支持。"

《民法典合同编通则解释》第四十九条规定："债务人接到债权转让通知后，让与人以债权转让合同不成立、无效、被撤销或者确定不发生效力为由请求债务人向其履行的，人民法院不予支持。但是，该债权转让通知被依法撤销的除外。

受让人基于债务人对债权真实存在的确认受让债权后，债务人又以该债权不存在为由拒绝向受让人履行的，人民法院不予支持。但是，受让人知道或者应当知道该债权不存在的除外。"

债权转让是指不改变债权的内容，由债权人通过合同将债权转让给第三人。[1] 依据让与人与受让人之间的债权转让合同，除非让与人与受让人之间另有约定，或者受让人在订立转让合同时知道或者应当知道，否则让与人负有保证

---

〔1〕 参见黄薇主编：《中华人民共和国民法典合同编释义》，法律出版社2020年版，第188页。

债权转让时确实存在、所有与转让有关的文件或合同都是真实的并与其所声称的保持一致、其对该债权有处分权、其不会进行任何使得转让债权的价值落空或者减损的行为、第三人不得向受让人主张权利等瑕疵担保义务，否则应当对受让人承担责任。但是，除非另有明确的约定，让与人并不对受让人承诺债务人具有或者将具有履行能力。同时，受让人取得债权后，为了使受让人债权便于实现，受让人享有请求让与人告知主张债权的必要信息和交付债权证明文件的请求权。[1]

债权转让目的。转让目的合法是债权转让受法律保护的前提，债权的转让不得违反法律、行政法规的强制性规定和违背公序良俗。应当注意的是，债权不得转让的目的有可能是维护社会公共利益，也有可能是为了保护让与人、债务人或者特定第三人的私人利益，如果是后一种保护目的，则被保护主体的同意原则上可以使债权具有可转让性。[2]

债权转让后果。对这里的后果应分两个层次理解，一个是违反约定转让责任性质和承担，另一个是受让人是否取得债权。按照当事人约定不得转让的权利中，债权人违反约定未经债务人同意转让债权的，应当依法对债务人承担违约责任。经研究，考虑到债务人利益保护和债权流通性之间的平衡，在通过民事法律行为转让该类债权时，如果被转让的债权是非金钱债权，区分受让人的善恶意予以不同处理，在受让人为善意时，受让人取得债权，债务人不能对受让人主张债权禁止转让的抗辩，以保护善意受让人并保障债权的流通价值；在受让人为恶意时，受让人仍然取得债权，但债务人有权向受让人主张债权禁止转让的抗辩。如果被转让的债权是金钱债权，金钱债权的转让对债务人的影响较小，而金钱债权的流通性价值在实践中却非常重要，其与融资之间的关系更为密切，实践中的债权转让也主要是金钱债权的转让，此时，受让人无论是善意还是恶意，都能取得债权，债务人不能对受让人主张债权禁止转让的抗辩，债务人因此所遭受的损失，有权请求让与人承担违约损害赔偿责任。[3]

（二）债权转让范围

《民法典》第五百四十五条规定，“债权人可以将债权的全部或者部分转让给第三人，但是有下列情形之一的除外：（一）根据债权性质不得转让；（二）按照当事人约定不得转让；（三）依照法律规定不得转让。当事人约定非金钱债权不得

〔1〕 参见黄薇主编：《中华人民共和国民法典合同编释义》，法律出版社2020年版，第188～189页。
〔2〕 参见黄薇主编：《中华人民共和国民法典合同编释义》，法律出版社2020年版，第190页。
〔3〕 参见黄薇主编：《中华人民共和国民法典合同编释义》，法律出版社2020年版，第190～191页。

转让的,不得对抗善意第三人。当事人约定金钱债权不得转让的,不得对抗第三人。”该条是关于债权转让的规定,亦明确了可转让与不可转让的范围。就债权转让范围而言,债权人可转让全部债权也可转让部分债权,转让多与少取决于双方的合意。就债权转让限制而言,法律明确了债权性质、约定和法律规定三种限制。

债权转让条件。实践中,主要条件有,其一,必须是合法有效的债权,债权的有效是债权转让的根本前提,不能将无效或已消灭的债权转让他人。其二,转让的债权须有可让与性。一是基于特定身份的债权不能转让,二是属于从权利的债权不能转让,三是依合同约定不得转让的债权不能转让,四是依法律规定不得转让的债权不能转让。其三,转让不得改变债权的主要内容。债权转让只是主体上的变更,若债权内容发生改变,则不属于债权转让。其四,债权人与受让人需达成合意。债权转让是一种处分行为,必须符合民事法律行为的生效要件。其五,债权转让必须通知债务人,但不以债务人的同意为生效要件。其六,债权转让程序要求。对于法律规定必须办理批准、登记等手续的债权,如果不履行相应手续,转让债权无效。

【案例 12－1】　冯甲诉黎某某民间借贷纠纷案

判决观点,针对争议焦点 1:……本案中,原告冯甲将 20,000 元现金交由第三人冯乙保管,第三人冯乙将该款借给了被告黎某某,后经原、被告及第三人协商,三方一致同意由被告黎某某直接将 20,000 元借款还给原告,并由被告向原告出具了金额为 20,000 元的借条。据此,虽被告黎某某是从第三人冯乙处借到的款项,但该款项本属原告冯甲所有,且通过三方认可,第三人已将其对被告享有的债权转让给原告,故法院认定本案债权人为原告冯甲,债务人为被告黎某某。针对争议焦点 2:被告黎某某认为借条是原告骗其写的,但未提交证据证明,且与法院查明事实不符,法院不予采信。被告黎某某提出原告催款及诉讼行为影响了被告的正常生活,被告现在只愿意将借款赔还给第三人,而不愿意赔还给原告的辩解,法院认为,只要不存在法定不得转让的情形,债权转让一旦在债权人与受让人之间达成合意即成立生效,债务人对债权转让有知情权,但其对债权转让同意与否,并不影响债权转让的效力。本案中,被告知晓并认可债权转让的事实,且已通过借条的方式确认了原告的债权人身份,被告的辩解无事实和法律依据,法院不予采信,被告应向原告履行偿还借款的义务。因原、被告在借条上未约定还款时间,原告陈述借款期限为一个月,但未提交证据证明,根据《合同法》第二百零六条的规定,对于不定期借贷,借款人可以随时返还,出借人也可以催告借款人在合理期限内返还。为此,原告向被告催要借款未果后,向法院起诉要求被告偿还借款 20,000 元的主张于法有据,法院予以支持。第三人冯乙提出原告还欠第三人 10,000 元借款,如果原告不承认此事并把这 10,000 元还给第三人,那么本案的20,000元的借款只能由被告还给第三人，而不能还给原告的主张。法院认为，第三人提出原告欠其10,000元并要求偿还的主张，未提交证据证实，且该主张与本案不属于同一法律关系，在本案中不宜一并处理。另外，根据上述法律及《合同法》第八十条第二款“债权人转让权利的通知不得撤销，但经受让人同意的除外”之规定，第三人与原告的债权转让关系已在2015年12月26日三方达成合意时即成立生效，第三人认为原告欠其借款未还可另行向原告主张，不能以此否定债权转让的效力。故第三人的主张没有事实和法律依据，法院不予采纳。判决：由被告黎某某偿还原告冯甲借款本金20,000元。[1]

【案例12－2】 张某诉孙某、孙某某民间借贷纠纷案

判决观点，高某某与原告张某签订个人债权转让协议书，将其对被告孙某享有的91万元债权转让给张某，该协议书系双方的真实意思表示，不违反法律规定，双方在签订个人债权转让协议书后高某某将债权转让一事通知二被告，现二被告已知晓，故债权转让对二被告发生效力，二被告应当依照借款协议向原告张某履行还款义务，共计已偿还高某某21万元，出于维护担保人的合法权益，该21万元应当从借款协议约定的100万元中扣除，即高某某转让给原告张某的债权包括79万元由被告孙某某担保的借款及12万元无担保借款，对于79万元由被告孙某某担保的借款，被告孙某应当依照借款协议约定向原告张某履行还款义务，被告孙某某应当依照借款协议承担保证责任，现原告张某要求被告孙某偿还借款及逾期还款利息，被告孙某某承担保证责任，法院予以支持；至于12万元无担保借款，原告张某可另行向被告孙某主张债权，本案不予处理。判决：被告孙某偿还原告张某借款44万元并支付利息。被告孙某的财产依法强制执行后仍不能履行本判决第一项确定的44万元借款还款义务时，由被告孙某某承担保证责任。[2]

（三）债权转让通知

《民法典》第五百四十六条第一款规定：“债权人转让债权，未通知债务人的，

---

〔1〕 参见国家法官学院案例开发研究中心编：《中国法院2018年度案例》（民间借贷纠纷），中国法制出版社2018年版，第198～199页。云南省新平彝族自治县人民法院（2016）云0427民初301号民事判决书。

〔2〕 参见国家法官学院案例开发研究中心编：《中国法院2014年度案例》（民间借贷纠纷），中国法制出版社2014年版，第166～167页。北京市丰台区人民法院（2012）丰民初字第11454号民事判决书。

该转让对债务人不发生效力。”立法者释义为，债权转让通知的目的是保护债务人，据此是否通知债务人不影响受让人对转让债权的取得。因此，本条对《合同法》对上述条文的规定进行了修改，在让与人与受让人之间的关系上，受让人取得转让债权不以通知债务人作为条件，债权转让合同效力不因未通知债务人而受影响。如果转让债权已经存在，则除非让与人和受让人另有约定，受让人在债权转让合同生效时即取得债权；如果被转让的权利是将来债权或者尚不具备可转让性的债权，则在债权转让合同生效之后，转让债权成为现实权利或者具备可转让性时，受让人才取得债权。但是，为保护债务人，债权转让未通知债务人的，该转让对债务人不发生效力，即受让人取得了债权，债务人也有权拒绝受让人的履行请求；债务人向让与人履行债务的，债务消灭。如果债权转让通知了债务人，则债权转让对债务人发生效力，此时债务人即对受让人负有履行义务，并且有权以此拒绝让与人的履行请求；如果债务人仍然向让与人履行，则不发生债权消灭的效力。这样规定一方面尊重了债权人对其权利的行使，有利于保障债权的流通性；另一方面也防止债务人的利益受到损害，同时债权转让通知作为保护债务人的客观时点，避免了考察债务人主观因素所可能导致的不确定性进而过分增加债务人的审查成本。转让通知的内容一般应当指明转让的事实，还要指明受让的范围、被转让的权利，对于部分转让还要指明转让的范围。债务人对债权转让予以确认的，在大多数情形中，债务人的确认以让与人发出通知为前提，此时就可以认为已经存在让与人的通知，债务人的确认就仅具有证据效力；如果让与人未发出转让通知而受让人发出，债务人对债权转让予以确认的，基于“禁反言”价值考量，此时债务人的确认也发生与债权转让通知同等的效力。虽然没有向债务人发出转让通知，但受让人直接起诉或者仲裁后，法院或者仲裁机构经过审理确定了受让人已经取得债权，此时也可以判决或者裁决债务人应当向受让人履行。[1] 也就是说，除非法律另有规定，让与人和债务人另有约定，转让通知原则上不要式。笔者认为，债权转让通知有两层效力，一层是让与人与受让人之间的效力，另一层是受让人与债务人之间的效力。前一层次生效并非使后一层次生效，但后一层次生效必定是前一层次生效。

《民法典合同编通则解释》第五十条规定：“让与人将同一债权转让给两个以上受让人，债务人以已经向最先通知的受让人履行为由主张其不再履行债务的，人民法院应予支持。债务人明知接受履行的受让人不是最先通知的受让人，最先通知的受让人请求债务人继续履行债务或者依据债权转让协议请求让与人承担违约责任的，人民法院应予支持；最先通知的受让人请求接受履行的受让人返还其接受的财产的，人民法院不予支持，但是接受履行的受让人明知该债权在其受

---

〔1〕 参见黄薇主编：《中华人民共和国民法典合同编释义》，法律出版社2020年版，第192～193页。

让前已经转让给其他受让人的除外。

前款所称最先通知的受让人，是指最先到达债务人的转让通知中载明的受让人。当事人之间对通知到达时间有争议的，人民法院应当结合通知的方式等因素综合判断，而不能仅根据债务人认可的通知时间或者通知记载的时间予以认定。当事人采用邮寄、通讯电子系统等方式发出通知的，人民法院应当以邮戳时间或者通讯电子系统记载的时间等作为认定通知到达时间的依据。”

1. 债权转让通知的效力

【案例12-3】 郭某诉天津市浩松科技有限公司民间借贷纠纷案

判决观点，河北金棕榈公司向原告借款89.39万元，到期未能偿还。2016年6月13日河北金棕榈公司与原告签订《债权转让协议》，将其对天津浩松公司享有的到期债权中的89.39万元转让给原告，原告同意受让。2016年6月13日河北金棕榈公司向被告天津浩松公司出具债权转让通知，将被告天津浩松公司对河北金棕榈公司享有的到期债权中的89.39万元转让给原告。根据法律规定，债权人转让权利的，应当通知债务人，未经通知，该转让对债务人不发生效力。综上所述，原告享有向被告天津浩松公司主张债权的权利，被告天津浩松公司应当按照债权转让通知向原告履行89.39万元给付的义务。判决：天津浩松公司给付原告郭某本息89.39万元，第三人河北金棕榈公司对上述借款本息承担连带责任。[1]

2. 债权转让通知的时间

在有债权转让协议的情况下，应确认诉讼通知的有效性。诉讼通知在实践中一般是债权受让人采用的方式，原因有两种情况：第一种情况是债权转让人确实没有履行通知义务，第二种情况是债权转让人履行了通知义务，但是没有取得书面的证据，债务人据此进行抗辩。所以，在诉讼中债权受让人主张诉讼中的送达也是债权转让通知。

【案例12-4】 李某某诉山东省润发担保有限公司、山东宇宏太阳能光电科技有限公司民间借贷纠纷案

一审法院认为，关于韩某某等18人将债权转让给李某某是否对润发公司和宇宏公司发生效力的问题。韩某某等18人与李某某2012年7月31日签订债权转让确认书。该债权转让确认书表明，韩某某等18人与李某某，就

---

〔1〕 参见国家法官学院案例开发研究中心编：《中国法院2018年度案例》（民间借贷纠纷），中国法制出版社2018年版，第201页。河北省阜城县人民法院（2016）冀1128民初823号民事判决书。

韩某某等18人将各自对润发公司和宇宏公司享有的债权转让给李某某达成合意。韩某某等18人与李某某债权转让的意思表示真实,不违反法律规定,双方之间成立的债权转让合同为有效合同。债权转让合同生效后即对债权转让双方当事人具有拘束力,李某某自2012年7月31日起即受让取得韩某某等18人转让的债权。《合同法》第八十条第一款规定,债权转让合同不具有公示性,法律规定债权转让应当通知债务人,目的在于向债务人明确债权人,避免债务人履行错误。债权转让未通知债务人的,债务人对债权受让人的履行请求可提出抗辩,债务人向原债权人履行债务不属履行不当。我国法律未限定债权转让通知的方法,依债权转让通知的目的,采用足以使债务人信赖债权转让事实的方法予以通知即产生债权转让通知的效力。债权受让人李某某提起诉讼要求债务人润发公司和宇宏公司向其清偿包括受让债权在内的债权,已包含向债务人通知债权转让之事实。李某某通过出示受让借据、债权转让确认书等诉讼行为,已向润发公司和宇宏公司证明债权转让的真实性。依债权转让确定的债权转让通知委托,李某某所为通知亦具有代表韩某某等18人通知之效果。此外,本院对韩某某等18人债权转让真实性进行核实时,韩某某等18人均参加到本案诉讼活动中对债权转让予以确认。将转让人对债权转让的确认于法庭展示与债务人,已足以使润发公司和宇宏公司信赖韩某某等18人已将债权转让给李某某之事实。综上,本院认定债权转让已通知润发公司和宇宏公司。韩某某等18人将债权转让给李某某对润发公司和宇宏公司已发生效力。二审法院判决:驳回上诉,维持原判。[1]

【案例12-5】　张某诉兄弟公司、联合公司、杨某等民间借贷纠纷案

二审法院认为,联合公司将其对兄弟公司的债权转让给张某,其在与张某签订债权转让合同书后,履行了债权转让法律关系规定的通知义务,联合公司、张某、兄弟公司之间所确立的债权转让合同关系成立,应当依法予以保护。对于兄弟公司抗辩其作为债务人,债权人未通知其债权转让,对其不发生效力的意见,法院认为虽然联合公司未能举证证明其在起诉之前履行了通知义务,但应该认定在本次诉讼中,债权人联合公司以诉讼的形式通知了债权人,故兄弟公司的该抗辩意见,法院不予采信。[2]

债权转让通知义务未及时履行的,在案件审理前或审理中仍可履行,债权转让协议副本送达债权人,视为债权人已通知债务人。

---

〔1〕 参见国家法官学院案例开发研究中心编:《中国法院2015年度案例》(民间借贷纠纷),中国法制出版社2015年版,第206~207页。山东省枣庄市中级人民法院(2013)枣民一终字第230号民事判决书。

〔2〕 北京市第一中级人民法院(2015)一中民(商)终字第5937号民事判决书。

【案例12-6】 麦甲、麦乙诉何某某、麦丙债权转让合同纠纷案

判决观点,本案的争议焦点为债权转让协议未通知债务人的效力问题。债权人转让债权未通知债务人并不导致债权转让无效,其理由为:《合同法》第八十条第一款规定,债权人转让权利的,应当通知债务人;未经通知,该转让对债务人不发生效力。该规定主要是为了防止债务人重复履行以及方便债务人履行债务。依此规定,在债务人不知道债权已经转让的情况下,其仍然可以按照原合同的约定继续向原债权人履行债务,而不必向新债权人履行。具体到本案,虽然第三人麦丙转让债权时并未通知被告何某某,在程序上确有瑕疵,但这并不必然导致债权转让无效,只是该债权转让的约定不能对被告何某某发生效力,其仍可以向第三人麦丙履行。而第三人麦丙接受被告何某某的履行后就必须向两原告转交,否则构成违约。但是,在本案的证据副本送达被告何某某后,可视为已通知了债务人,此时债务人需向新的债权人履行债务,不得以债权未通知为由不向两原告履行债务;再者,该债权转让并没有加重被告何某某的负担。故被告何某某应向两原告支付货款本金40,578元。判决:被告何某某向原告麦甲、麦乙支付货款40,578元及利息。[1]

3. 债权转让通知的形式

债权转让是当事人处分自己民事权利的一种表现形式,债权转让通知的形式,可以是书面通知,也可以是口头通知或其他形式。债权转让通知不一定是书面形式,债务人向新债权人重新出具借条认可债权转让事实的,应认定为债权已通知。

【案例12-7】 周某诉刘某、金煌公司、第三人冯某债权转让合同纠纷案

二审法院认为,本案债权转让是否对刘某发生效力,应根据本案案情以及双方提交的证据综合分析判断。首先,债权转让未及时通知的,该通知义务在案件审理中仍可履行。本案中,原债权人冯某在被追加为第三人前,其已作为证人出庭作证,即使刘某不认可冯某提供的情况说明,原债权人冯某到庭对其出具的情况说明进一步陈述应视为于债权转让已履行了通知义务。其次,从债权转让通知的形式上看,刘某辩称债权转让未经通知,但2012年12月31日刘某因借冯某的款向周某出具借条,这一行为即表明其已认可债权转让事实,且借条中明确记明:原借冯某1080万元,其中含89万元利息。不仅如此,刘某其后还向周某出具承诺书,对还款数额及还款时间作了明确

---

〔1〕 广东省佛山市禅城区人民法院(2010)佛禅法民二初字第776号民事判决书。

约定。刘某以其自身的行为表明其已知晓债权转让的事实,本案债权转让通知已到达刘某,涉案债权转让对刘某已发生效力。[1]

债权转让案件中,应根据具体案情认定公告送达债权转让通知有效。

【案例12-8】 王某诉张某民间借贷纠纷案

判决观点,对于采用公告方式通知债务人是否必然产生债权转让的效力,首先,应当从公告的必要性,债务人是否故意逃避债务以及公告形式综合审查。本案中,原债权人李某某向被告张某出借借款后,李某某多次向被告张某某主张欠款,被告张某以各种理由推脱,对李某某向其发送的催款信息不予回复,亦不积极主动联系原债权人偿还借款。故应当认定被告张某存在逃脱债务的故意。其次,原债权人李某某向原告王某已达成债权转让协议,李某某及原告均无法通过口头、书面、邮寄等方式向被告张某送达债权转让通知书,如不允许原债权人李某某以公告送达的方式向被告张某送达债权转让通知书,李某某的权利不能得到有效保护,因此本案中,李某某采用公告向被告张某送达债权转让通知书有其必要性。最后,原债权人李某某系通过国内有广泛影响力的省级报刊《山东法制报》刊登债权转让事宜,李某某已尽到合理通知义务。综合以上三个方面,应认定原债权人李某某已经通过公告方式向被告张某送达了债权转让通知书,原告王某作为债权受让人有权要求被告张某偿还借款26,899元。另根据本案审理查明,李某某曾多次向被告张某催要借款未果,被告张某应当支付涉案资金占用期间的利息。原告王某于2021年2月6日诉至法院向被告张某主张权利,故涉案借款的利息应当自2021年2月6日起算。[2]

4.债权转让通知的后果

受让人向债务人催要受让债权,债务人支付部分债权,其后受让人又书面通知债权转让,债务人以未收到债权通知为由的抗辩法律不予支持。

【案例12-9】 徐某某、杨某某诉朱某某民间借贷纠纷案

二审法院认为,本案中,首先,朱某某对已收到尹某某转账60万元,其向尹某某出具借条的事实不持异议,尽管其辩称该款系以其女儿朱甲名义向第三人融资公司贷款200万元中的一部分,实际是自己的钱,其也没有收到诺

---

〔1〕 江苏省徐州市中级人民法院(2013)徐民终字第0230号民事判决书。

〔2〕 参见国家法官学院、最高人民法院司法案例研究院编:《中国法院2023年度案例》(民间借贷纠纷),中国法制出版社2023年版,第192~193页。山东省济宁市任城区人民法院(2021)鲁0811民初2787号民事判决书。

富特公司等额的饲料，但从尹某某的证言看，该贷款虽然后来支付至尹某某所在的诺富特公司名下，但其公司向朱某某陆续返还200万元的饲料，而朱某某没有提供证据证明其未足额收到饲料，且即使其没有足额收到饲料，也是其与诺富特公司或朱某某之间的另一层法律关系，因此，法院认为，尹某某与朱某某之间的法律关系明确。其次，在尹某某向徐某某、杨某某转让债权后，徐某某、杨某某向朱某某催要过借款，朱某某已偿还2万元。虽然朱某某辩称其受到徐某某、杨某某的欺骗，以为二人是诺富特公司员工来催收饲料款才支付了该2万元，但该抗辩没有证据支持，且与其所称诺富特公司未足额返还饲料的抗辩相互矛盾。法院根据日常经验法则及交易习惯，对徐某某、杨某某对其在受让债权后向朱某某催收，朱某某已明知该转让行为并偿还2万元的陈述予以采信。而在徐某某、杨某某此次催收后又将《债权转让协议》通过邮寄的方式通知朱某某，只是完善相应法律手续，朱某某以没有收到债权转让债权人尹某某的通知抗辩其对该债权转让行为不应承担责任明显是断章取义，于法无据，于理不通，也有违诚实信用原则，故法院认为案涉债权转让行为有效，朱某某应当向徐某某、杨某某承担还款责任。关于原审未追加尹某某参加诉讼是否适当问题。法律规定追加当事人参加诉讼是为了准确查明案情，同时也是为了保护相关当事人的合法权益。本案中，朱某某要求追加尹某某参加诉讼是认为尹某某是案涉债权转让人，对各方彼此之间发生的事实均有详细了解，尹某某参加诉讼能够还原事实真相，但原审法院为准确认定案件事实，已依职权调取尹某某的证言并经双方当事人质证，充分听取双方当事人意见，充分履职尽责且程序适当，尹某某是否参加诉讼并不影响本案处理结果，故原审程序并无不当之处。判决：驳回上诉，维持原判。〔1〕

债权转让，又称债权让与，现行立法采取让与通知原则，但是债权让与可否由受让人通知债务人，因立法条款中未具体列明，实践中有争议。一般认为，从立法本意来看，债权让与制度设立的目的即加快债的流转，促进债权的自由流通，为交易当事人提供便捷的交易方式，繁荣经济。其仅将让与人作为发出让与通知的唯一主体，将导致让与人单方决定是否以及何时通知债务人，在债权转让的通知前，债权让与能否对债务人产生效力始终处于不确定的状态，这对受让人是不公平的，同时也给了让与人、债务人钻法律漏洞的机会，债权让与制度也就失去了应有的价值和目的，并不符合立法本意。在确定债权转让客观真实存在的前提下，只

〔1〕 参见国家法官学院、最高人民法院司法案例研究院编：《中国法院2021年度案例》（民间借贷纠纷），中国法制出版社2021年版，第157页。河南省信阳市中级人民法院（2019）豫15民终5508号民事判决书。

要向债务人履行通知义务，债权转让就产生相应的法律效力，而不是限定履行的主体必须是债权人。由受让人代位履行债权转让的通知义务也并未违反法律的禁止性规定。而且从经济交往的实际来看，认可受让人作为债权的通知义务主体，更能促进经济活动的有序开展，减少债权转让行为尤其是存在债权多次转让情形的交易成本。也就是说，债权受让人是债权转让通知义务履行的适格主体，只要实施了有效的通知行为，其就有资格向债务人主张权利。

【案例12－10】 张某某诉李某、姚甲、姚乙民间借贷纠纷再审案

再审法院认为，在认定债权转让通知对债务人的法律效力时，应当将债务人是否知晓以及能否确认债权转让事实作为认定债权转让效力的关键。在可以确认债权转让真实性的前提下，不应否定受让人为该通知的法律效力。受让人直接通过向人民法院提起诉讼的方式向债务人主张权利的，亦可认定为通知债权转让的一种方式，在相关诉讼材料送达债务人时，该债权转让通知对债务人发生法律效力。涉案债权转让的事实有象州县公证处出具的公证书为证，且潘某某作为债权人在本案重审庭审后出具给李某、姚甲、姚乙的债权转让告知函亦足以证实，涉案债权转让是存在的。此外，张某某不仅通过向法院提起诉讼的方式，亦通过向李某、姚甲、姚乙以邮政快递的形式主张涉案债权已转让并要求偿还借款，故可认定李某、姚甲、姚乙已知道债权转让的通知。同时本案一审、二审都存在遗漏当事人的问题，即李某、姚甲、姚乙主张是受其公司委托进行的借款，故应追加绿园公司为第三人，从而查明涉案借款系个人借款还是公司借款。张某某的再审申请符合《民事诉讼法》(2017修正)第二百条第六项规定的情形。裁定：撤销二审裁定；指令二审法院对本案进行审理。[1]

债权转让的债权人怠于履行通知义务，造成债务人在不知情的情况下向债权人履行完毕，其受让人向债务人诉请主张义务的不受法律支持。但因此造成受让人损失的，受让人应当以债权人违约为由，另行向债权人主张权利。

【案例12－11】 上海申工电缆有限公司诉陈某债权转让合同纠纷案

判决观点，原告上海申工公司与第三人浙江正达公司签订的《债权转让协议》依法成立并生效，关于被告陈某辩称的债权转让应当由债权人通知债务人，由于第三人从未通知过被告债权转让的相关事宜，本案债权转让对被告陈某不发生法律效力的辩解理由，根据《合同法》的相关规定，债权人转让

〔1〕 参见国家法官学院、最高人民法院司法案例研究院编：《中国法院2021年度案例》(民间借贷纠纷)，中国法制出版社2021年版，第180～181页。广西壮族自治区高级人民法院(2019)桂民再487号民事裁定书。

权利的，应当通知债务人，未经通知该转让对债务人不发生效力。由于第三人浙江正达公司与被告陈某均认可第三人从未通知过被告债权转让的相关事宜，且在债权转让后，被告已将债务向第三人履行完毕，故原告上海申工公司与第三人浙江正达公司之间的债权转让对被告陈某不发生效力，被告的辩解理由成立，法院予以支持。关于原告所称，原告曾向被告邮寄律师函通知其债权转让的事宜，被告曾向原告履行过部分债务的主张，由于原告未能提供相应收款凭证以及邮寄送达回执来证明其上述主张，故其主张不能成立，法院不予支持。判决：驳回原告上海申工公司的诉讼请求。[1]

5. P2P 平台转让通知问题

随着 P2P 网贷业务的发展，对 P2P 平台作为受让人可否发出债权转让通知及其对债务人是否发生效力应合理定位。从 P2P 网贷业务特点看，出借人与借款人经 P2P 平台中介签订了借款合同，借贷双方彼此之间并不认识，甚至未曾谋面，出借人一方往往人数众多，且每个出借人借出款项也较少，当借款人违约时，由众多出借人分别向借款人追索，既不合理，出借人也缺乏动力。正是该种业务特点催生了众多出借人将债权无偿转让给 P2P 平台、由平台负责追索这种较为经济合理的违约追索模式。由受让人 P2P 平台通知债务人、追索债权，不仅减轻了债权人的诉累，明确了平台应尽的中介义务，而且亦减轻了债务人、担保人的讼累，使其避免被众多出借人多头追索，有利于债务纠纷的“一揽子”解决。因此，在通知内容真实的情况下，可以允许债权受让人 P2P 平台履行债权让与通知义务，同时给受让人规定相应的信息披露义务，P2P 平台在追索债权的同时，必须向债务人举证自己已合法受让债权。

【案例 12－12】 上海点荣金融信息服务有限公司诉张某、云南中铭融资担保有限公司借款合同纠纷案

一审法院认为，债权让与系债权人让与自身债权的法律行为，是债权转让方与受让方合意的结果，只要转让行为不属于《合同法》第七十九条所规定的债权转让的除外情形，亦不具有欺诈、胁迫、乘人之危及损害国家、集体、他人合法权益的情形，不存在以合法形式掩盖非法目的的，应为有效，且债权人和债务人已经在借款协议中对债权转让设定了附条件的生效要件，该条款未违背法律规定，属于双方意思自治的结果，合法有效，当条件成就时，债权转让依约成立。如果严格限定债权转让履行通知义务的主体为转让人，那么

---

〔1〕 参见国家法官学院案例开发研究中心编：《中国法院 2016 年度案例》（民间借贷纠纷），中国法制出版社 2016 年版，第 206 页。河南省焦作市解放区人民法院（2014）解民一初字第 764 号民事判决书。

转让人与受让人就债权转让达成合意后，转让人怠于履行通知义务时，受让人有可能错失行使债权的时机，进而遭受损失。从诉讼角度看，只要双方的债权债务事实客观存在，债权人没有损害债务人及第三人的利益，为减少诉累，节约司法资源，即使通知的行为存在瑕疵，也不应否认该转让行为有效，这样更有利于客观、及时、高效地维护当事人的合法权益。因此，本案债权转让有效，原告主体适格，有权对被告追讨债权。二审法院亦持同样意见，维持一审判决。[1] 本案即涉及P2P平台转让通知的争议。

6. 债务人抗辩

债务人主张债权转让合同无效的，法官应作相应审查。

【案例12-13】 施某威诉赵某、窦某民间借贷纠纷案

一审法院认为，本案系债权受让方与债务人之间的纠纷，应以债务人与原始债权人之间基础法律关系为案由。施某威起诉状自诉陆某给付赵某500万元时性质是委托费，只是后面因委托事务未完成签署借条。陆某仅持有借条照片而无原件，且其获得照片的时间与借条落款日期相差一年，未作出合理解释；赵某亦举证证明其履行了大量委托事务。故施某威主张基础法律关系为民间借贷关系，证据不足，本院不予采信。此外，施某威自认受让本案债权未支付对价，且准备待收回债权款后再与陆某分钱。现陆某对外负债较多，未履行多份裁判生效法律文书确定的义务，已被加入失信被执行人名单。其将本案债权无偿转让给施某威将导致其责任财产减少，造成其他债权人权利落空，侵犯了其他债权人的合法权益，存在较明显转移财产的主观恶意，双方债权转让合同应属无效。施某威据此主张合同无效要求赵某、窦某向其还款，本院不予支持。判决：驳回原告施某威的诉讼请求。二审法院认为，认可一审法院裁判理由，一审判决认定事实清楚，适用法律正确，应予维持。判决：驳回上诉，维持原判。[2]

（四）债权转让认定

实践中，存在线下和线上两个借贷合意与借贷行为，此时线下借贷合意和行

〔1〕 参见国家法官学院案例开发研究中心编：《中国法院2019年度案例》（借款担保纠纷），中国法制出版社2019年版，第91～92页。上海市第二中级人民法院（2016）沪02民终8597号民事判决书。

〔2〕 参见国家法官学院、最高人民法院司法案例研究院编：《中国法院2023年度案例》（民间借贷纠纷），中国法制出版社2023年版，第197页。北京市第三中级人民法院（2021）京03民终5588号民事判决书。

为才是借贷双方的真实意思表示,而线上通过网贷平台进行借款的行为也仅是线下合意履行行为的部分,并且线上划转本金产生的债权可能因为预扣高额利息等而成为瑕疵债权。因此出借人隐瞒线下交易行为,而仅就线上部分转让债权的,不仅侵害了借款人权益,还扰乱了正常社会金融市场秩序,网贷中介平台受让债权的真实性与合法性均存在明显瑕疵,法律应给予否定性的评价。

【案例12-14】 人人行科技股份有限公司诉曹某某民间借贷纠纷案

判决观点,人人行公司作为网络借贷信息中介机构,其经营行为应当以互联网平台为直接媒介,而其脱离电子渠道在物理空间内开展的活动需以贷后管理事务为限。因此,人人行公司代出借人行使诉权客观上属于人人行公司贷后管理的延伸。本案中,借贷双方通过微信达成协议后,首先履行的是高额"返利",然后被告再通过借贷宝以所谓"挂单"方式发出借款邀约,而后线下告知借款人"秒单",以实现借款本金的划转,并借此将相关款项纳入借贷宝平台的贷后催收及法律帮助服务中。因此,借贷宝在整个交易过程中仅为本金的支付渠道而并非信息居间平台。此外,出借人与借款人地处不同省份,二人没有亲友关系,双方在线上就本金仅约定了年化2.4%的利率(实际利息金额为5.26元)明显不合常理,而双方线下关于10,000元本金周息3500元的约定远高于合法标准。故在先的线下合意是借贷双方的真实意思表示。出借人在与人人行公司订立《债权转让协议》时,未对线下交易行为进行诚实披露,而线下真实的借贷关系因预先扣除利息、借款目的违法等债权瑕疵而不受法律保护,因此,人人行公司就用户线下行为受让债权于法无据。判决:驳回原告人人行公司的全部诉讼请求。[1]

债权让与和债务承担并行,在不影响原债权人、债务人利益的情况下,由新债务人向受让债权人承担债务,体现的是一种意思自治情形,应当予以保护。

【案例12-15】 高某某诉徐某某债权转让合同纠纷案

一审法院认为,债权人崔某将其对王某所有的债权转让给第三人即本案原告高某某,并带高某某至债务人王某处,因王某正在监狱服刑,无法履行通知其本人的义务,而王某的父亲与崔某核算完相关买卖款项后,给第三人高某某亲笔出具欠条的行为,证明其已经同意全部承担其子王某的债务,并且已经征得债权人崔某的同意,而通过法院对崔某、王某所做的调查可得,二人之间确实存在农资买卖关系,除此之外并不存在被告抗辩所称的买卖毒品的非法债权债务关系,正常的买卖合同之债不属于《合同法》第七十九条规定

---

〔1〕 参见国家法官学院案例开发研究中心编:《中国法院2018年度案例》(民间借贷纠纷),中国法制出版社2018年版,第10页。北京市石景山区人民法院(2016)京0107民初7077号民事判决书。

的不得转让的债权范围，故王某某对其子王某的债务承担行为已经债权人崔某同意，该债务承担行为有效。而债权人崔某将其对王某转移给王某某的合法债权转让给第三人高某某的债权让与行为，已经通知新债务人王某某，该债权让与行为亦有效。故此，债务人王某某应当承担对债权人高某某的还款责任。本案中，王某某所负债务的时间在徐某某与王某某婚姻关系存续期间，后王某某死亡，高某某要求徐某某承担还款责任，徐某某既未举证证明该债务系原告高某某与王某某明确约定的属王某某个人的债务，又未举证证明其与王某某婚姻关系存续期间二人所得财产各自所有且高某某知道其二人之间有此约定，故徐某某应当承担举证不能的不利后果。按照法律规定，王某某所负债务应当按照夫妻共同债务处理。故本案徐某某应当对王某某所负债务承担清偿责任。判决：被告徐某某偿还原告高某某欠款300,000元、逾期还款利息25,500元。二审法院判决：驳回上诉，维持原判。[1]

对债权转让合同是否存在真实的对价无须进行实质性审查，即对债权转让合同进行合法性审查时应采用形式审查标准。

【案例12－16】　陈某某诉盛华置业、周某某借款合同纠纷案

判决观点，通过债权转让、债务转移，原告陈某某与二被告之间形成了真实、合法、有效的债权债务关系。刘某对被告周某某享有债权、刘某对原告陈某某负有债务。经过债权人陈某某的同意，债务人周某某的认可，三方在不持异议的情况下，原告和被告盛华置业、周某某通过签订借款合同确认了彼此之间的权利义务关系。在原告与二被告签订了借款合同后，原告陈某某对刘某享有的144万元债权自然转承至被告盛华置业和被告周某某处。在原告和二被告签订借款合同后，原告陈某某和刘某之间以及刘某和被告周某某之间不再享有权利，也不负有义务，所以刘某不参加本案诉讼不影响案件事实的查明。在本案中刘某既不是享有实体权利的主体，也不是负有实体义务的主体，故此对被告抗辩刘某必须参加本案诉讼，追加刘某作为本案第三人的意见，法院不予采纳。被告虽抗辩原、被告之间没有真实的借贷关系，但无论是借款合同上真实的签章还是被告周某某的还款行为都足以证明二被告明知且认可该借款合同。签订合同的双方当事人均应按照合同约定履行义务，被告盛华置业应当履行1,440,000元借款，扣除已经还款的105,000元，被告盛华置业应偿还借款本金1,335,000元。双方在借款合同中明确约定了借款利息，且不高于法律规定，被告盛华置业应按双方约定的月息2%的

---

〔1〕 参见国家法官学院案例开发研究中心编：《中国法院2018年度案例》（民间借贷纠纷），中国法制出版社2018年版，第194页。新疆生产建设兵团第八师中级人民法院（2015）兵八民二终字第388号民事判决书。

标准，支付借款期间自2012年6月1日起至2012年12月31日止的借款利息，但对利息的保护不高于原告诉请的579,800元。考虑到双方约定的罚息计算标准过高，从公平合理的角度出发，法院认为逾期还款利息按照同期贷款利率的四倍计算为宜，对逾期还款利息的保护不高于原告诉请的287,400元。被告周某某应当依法承担连带保证责任，保证人周某某在承担了保证责任后可以依法向债务人追偿。判决：被告盛华置业清偿原告陈某某借款本金1,335,000元及利息、逾期利息，被告周某某对以上判决承担连带清偿责任。〔1〕

处理涉及直系亲属间交易关系的纠纷时，在意思自治和公序良俗的利益考量中应更加强调公序良俗的价值取向，案件的处理结果应符合一般的家庭道德观念与善良习俗，优先考虑保护老年人等弱势群体的合法权益，以符合实体正义的要求。

【案例12－17】 朱甲诉朱乙、赵某、第三人朱丙民间借贷纠纷案

二审法院认为，朱乙、赵某夫妇对2003年11月15日借条的形式真实性并无异议，但对1,365,000元款项的性质及债权转让是否通知存在重大争议。经审查，该借条反映的并不是单纯的借贷关系，还与朱乙、赵某54平方米安置用地所建房屋的所有权及居住权相关联。朱丙在一审用以证明已经向朱乙、赵某履行了催款及债权转让通知义务的证据——两份申通快递详情单，表明邮件系由律师和朱甲经手办理，详情单上均没有载明寄送的材料名称，朱乙、赵某也否认收到债权转让通知的事实。据此，本案争议的债权转让已经通知朱乙、赵某的事实不能直接确认。另朱乙、赵某夫妇年过八旬，需要子女的关心和照顾，54平方米安置用地上所建房屋系朱乙、赵某的养老栖身之所，朱丙作为负有赡养义务的子女，明知父母没有偿付能力，在律师参与下，经几易其稿，最终形成由其与父母签署约定四倍借款利息且包含严格违约责任的借条，后又将该债权转让给朱甲。如按照借条约定的利息条款计算，现该1,365,000元款项的本息累计已达数百万元，原本可安享晚年的高龄父母将陷入债务困扰之中。朱丙在本案中的相关行为不符合一般的家庭道德观念。法庭不是单纯的诉讼竞技场，保护老年人的合法权益，体现司法的人文关怀，始终是法院审理本案时优先考虑的因素。综上，认定朱丙和朱甲之间债权转让不成立，朱甲相应的诉讼请求亦不予支持。至于朱甲和朱丙、朱丙和朱乙、赵某之间的债务纠纷，宜通过其他合理合法途径解决。判

〔1〕 参见国家法官学院案例开发研究中心编：《中国法院2016年度案例》（民间借贷纠纷），中国法制出版社2016年版，第202页。河南省焦作市马村区人民法院（2014）马民二初字第00043号民事判决书。

决：撤销一审判决，驳回朱甲的诉讼请求。[1]

债权转让协议系原债权人与新债权人之间的合意，该债权转让协议经债务人签字确认未提出异议的，其抗辩不可再向受让人主张。

【案例12－18】　张某诉恒源公司民间借贷纠纷案

判决观点，张某与恒源公司、东兆公司三方签订的《债权债务转让转移暨抹账协议书》系有效合同。东兆公司将其对恒源公司享有的债权1600.9万元转让给张某，张某成为新债权人，恒源公司仍为债务人。《合同法》第八十二条规定……但在本案中，张某受让东兆公司对恒源公司的1600.9万元债权，是以其对东兆公司的等额债权为对价的，且张某与恒源公司、建兴公司、正大公司及唐某某签订《债务清偿协议书》，是基于当事人的意思自治对本案债务重新予以确认的行为，张某与恒源公司之间因此形成明确的债权债务关系。恒源公司应按协议约定履行合同义务，应偿还所拖欠的债务本金1600.9万元及利息，其抗辩主张不予支持。建兴公司、正大公司及唐某某应承担连带保证责任。[2]

债权已经消灭，受让人在债权消灭后再主张债权的，该主张不能成立。

【案例12－19】　李乙诉李甲民间借贷纠纷案

一审法院认为，本案中，李甲以靳某没有通知其债权转让的相关事宜为由，抗辩该债权转让协议对其不发生效力。但在此前原审法院的审理中，李甲已经知晓靳某将相关权利转让给李乙，且靳某亦到庭确认债权转让的相关事宜，并当庭再次告知了李甲。因此，对于李甲的该项抗辩不予采信，应当视为李甲已经接到债权转让的通知。李甲以其已经向靳某返还了借款214,500元为由进行抗辩，且根据双方的陈述及其各自提交的证据，结合中国人民公安大学公安学研究院心理测试中心出具的心理测试报告进行综合分析后，能够认定李甲已经于靳某与李乙签订债权转让协议前的2010年7月24日、8月1日、8月27日分三次通过中国建设银行汇款清偿了靳某214,500元的借款债务，故靳某转让给李乙的债权实际系已经消灭，李乙以此再向李甲主张返还借款无事实和法律依据。因此，对于李乙的诉请不予支持。判决：驳回李乙的诉讼请求。二审法院判决：驳回上诉，维持原判。[3]

---

〔1〕参见韩延斌主编：《民间借贷案件裁判要点与观点》，法律出版社2016年版，第45页。

〔2〕重庆市第五中级人民法院（2014）渝五中民初字第719号民事判决书。

〔3〕江苏省徐州市中级人民法院（2014）徐民终字第1867号民事判决书。

二、借款其他纠纷法律适用

（一）借款收取费用认定

出借人在发放借款的过程中，通过第三方收取各项手续费，导致借款人实际取得的借款本金严重缩水，对于出借人与借款人约定的中介费、咨询费、顾问费、担保费等名目的手续费，江苏省法院司法实践中已明确认定为利息，但对于借款人与第三人约定收取手续费如何定性，尚无统一规定。对所有第三人收取的手续费是否均应认定为利息，应视具体情况而定，不宜“一刀切”。考虑网联网借贷双方不认识的特点，出借人进行资信调查等产生一定费用是合理的，如果只是零星、较少的费用，借款人同意承担的，应予支持。但如果手续费占借款比例过高，则应当将该手续费认定为利息。

【案例 12 - 20】 夏某诉腾某某民间借贷纠纷案

判决观点，腾某某向夏某借款属实，上述借款逾期已达到合同约定的终止条件，夏某主张借款提前到期要求一并偿还剩余借款本息，符合合同约定及法律规定，法院予以支持。对于剩余本金及利息，法院认为，自然人之间的借款合同系实践性合同，应按实际提供的借款确定本金的金额。本案中，双方约定借款本金金额为 116,716 元，但腾某某实际得到本金的金额为 99,800 元，差额部分被汇金公司、汇城公司、惠民公司以审核费、咨询费、服务费、信访咨询费的名义收取，并未汇入腾某某账户，而且上述单位与夏某均具有关联关系，故法院认定腾某某实际得到的金额 99,800 元为借款本金。判决：被告腾某某偿还原告夏某借款 70,621 元并支付逾期利息、违约金、罚息（按年利率 24% 计算），给付原告夏某律师费 6527 元。[1]

【案例 12 - 21】 夏某诉施某某民间借贷纠纷案

判决观点，对于借款本金的数额，原告的主张包括两部分，即被告通过银行收取的人民币 149,900 元和中介费用人民币 35,694 元。原告诉称该费用

---

〔1〕 参见国家法官学院案例开发研究中心编：《中国法院 2018 年度案例》（民间借贷纠纷），中国法制出版社 2018 年版，第 16 页。江苏省扬州市邗江区人民法院（2015）扬邗民初字第 2244 号民事判决书。

是经被告同意并授权原告从借款本金中扣除后代为支付给三家中介公司的，故该款项也是借款本金的组成部分，继而提出以上主张。但是，法院认为，出借人与借款人在借贷关系中除约定利率外，还约定借款人向出借人支付中介费、担保费等费用的，应视为对利息的约定。本案中，中介费虽然是支付给借贷关系以外的第三方即三家公司的，但三家公司均系原告夏某投资或控股，加上三家公司为有限责任公司，包括原告在内的股东人数均不超过三人，经营权和所有权高度融合，人合性极强，故法院认定以上中介费性质上系借款利息，不可计入借款本金。[1]

出借人与借贷平台存在某种合作关系或者其他利益关系，通过借贷平台收取相关居间费用，以合法形式掩盖非法目的，逃避法律审查的，不受法律保护。换言之，以收取服务费等形式变相高利贷的行为不受法律保护。

【案例12－22】　郑某某诉郭某某民间借贷纠纷案

判决观点，关于郑某某主张的利息、逾期违约金及罚息，因双方约定的该三项合计超过法定最高标准，法院依三项合并调整为按年利率24%支付，利息自2014年7月18日起计算至本判决确定的还款之日止。郑某某诉求超过的部分，依法应予驳回。[2] 本案中，借贷平台收取咨询费22,981.69元，审核费1947.6元，合计24,929.29元，郭某某名义借款118,952.02元，实际收到本金仅9万余元。

借贷双方约定的好处费（或称劳务费、辛苦费）如何评判，在实践中有不同观点。一般认为，约定的好处费不应支持。不论出借人收取费用是以何种名义，法官均应审查其实质。民间借贷虽是私法领域，但是支持好处费违背了社会公序良俗，不利于构建和谐社会，且好处费本身就是出借人为规避法律规定的利息红线变相收取的费用。

【案例12－23】　暴某某诉崔某某、田某某民间借贷纠纷案

二审法院认为，关于借据中的16万元之诉讼，双方均认可系借款本金，一审法院已作认定，予以支持。暴某某上诉称另外的20万元是崔某某自愿支付的利息，崔某某并不认可，暴某某亦未提供证据证明其利息的计算由来及事实根据，应承担举证不能的不利后果。另一审庭审中双方均认可该20万元系崔某某付给暴某某的辛苦费。根据《民间借贷规定》第十四条第一项

---

〔1〕 参见国家法官学院案例开发研究中心编：《中国法院2018年度案例》（民间借贷纠纷），中国法制出版社2018年版，第18～19页。江苏省南通市崇川区人民法院（2014）崇民初字第01636号民事判决书。

〔2〕 参见国家法官学院案例开发研究中心编：《中国法院2018年度案例》（民间借贷纠纷），中国法制出版社2018年版，第13页。福建省厦门市同安区人民法院（2015）同民初字第5110号民事判决书。

规定：套取金融机构信贷资金又高利转贷给借款人，且借款人事先知道或者应当知道的，人民法院应当认定民间借贷合同无效。本案中暴某某将其贷款转给崔某某使用，收取费用，系变相高利转贷给借款人且崔某某明知，违反上述法律规定，依法不予保护。关于崔某某上诉称其是在受胁迫的情况下出具的借据，并提供住院病历一份，但其提供的住院病历住院时间为2017年8月7日至23日，借据出具日期为2017年12月10日，该病历只能证明其患病的事实，并不能证明其受胁迫的主张，不予采信。关于暴某某主张田某某应承担还款连带责任。根据《最高人民法院关于审理涉及夫妻债务纠纷案件适用法律若干问题的解释》（已失效）第三条规定，一审法院未支持其主张由田某某承担共同还款责任的诉讼请求，合法有据，予以维持。综上，原审认定事实清楚，证据充分，审判程序合法。判决：驳回上诉，维持原判。[1]

（二）撤销借款人赠与认定

《民法典》第五百三十八条规定："债务人以放弃其债权、放弃债权担保、无偿转让财产等方式无偿处分财产权益，或者恶意延长其到期债权的履行期限，影响债权人的债权实现的，债权人可以请求人民法院撤销债务人的行为。"第五百三十九条规定："债务人以明显不合理的低价转让财产、以明显不合理的高价受让他人财产或者为他人的债务提供担保，影响债权人的债权实现，债务人的相对人知道或者应当知道该情形的，债权人可以请求人民法院撤销债务人的行为。"以上两个条文是对债务人损害债权人利益的，债权人可以行使撤销权的规定，自然也适用民间借贷的借款人损害出借人合法权益的行为。实践中，转让方对受让方无偿赠与，虽其系亲子关系，但转让方赠与财产的行为明显损害了出借人的债权，出借人有权依法撤销。

【案例12－24】　严某某诉吴某某、杨甲、杨乙债权人撤销权纠纷案

一审法院认为，本案中，债权人严某某对债务人吴某某、杨甲享有借款360万元及逾期利息的债权已经生效法律文书确定，吴某某、杨甲无偿转让无锡市崇安区塔影苑×室房屋的行为使其财产减少，导致严某某不能顺利实现债权，损害了严某某的合法权益。严某某请求撤销吴某某、杨甲向杨乙赠与无锡市崇安区塔影苑×室房屋的行为并确认该房屋仍归吴某某、杨甲所有

［1］　参见国家法官学院、最高人民法院司法案例研究院编：《中国法院2021年度案例》（民间借贷纠纷），中国法制出版社2021年版，第51～52页。河南省安阳市中级人民法院（2019）豫05民终3033号民事判决书。

的诉讼请求合法有据,本院予以支持。判决:撤销吴某某、杨甲向杨乙赠与无锡市崇安区塔影苑×室房屋的行为,并确认该房屋仍归吴某某、杨甲所有。二审法院准许吴某某、杨甲、杨乙撤回上诉。[1]

【案例 12－25】　王某某诉郭某某债权人撤销权纠纷案

判决观点,本案被告郭某某对王某某负有债务,并以本案争议的房产作为借款担保。被告郭某某作为合同之债的债务人,应对本案原告王某某积极履行还款义务,但其在未清偿原告王某某欠款之前,未经债权人王某某同意,将其名下房产赠与本案第三人郭某,致使原告的债权难以实现,明显损害了原告的合法权益,原告王某某作为债权人请求撤销被告郭某某赠与第三人郭某房产的行为,法院予以支持。判决:撤销被告郭某某赠与第三人郭某坐落于某区某某小区房产的行为。[2]

(三)第三人合并收息认定

第三人合并收息,又称中介人合并收息或向案外人还款,是民间借贷纠纷常见的疑难问题。实践中,基于民间借贷的特点,为借款人寻找、介绍资金以及为撮合交易的中介人的出现具有必然性和一定普遍性。此类借款,中介人出于把控交易双方、监管资金流向、协助催收等目的而参与到借贷关系中,常见的是借款人按照口头指示向中介人支付还款,且各方均不对中介人身份进行书面确认,由此引发是否追加中介人参加诉讼的程序性问题以及如何厘清借款人付款与本案关联性的实体性问题,亦为民间借贷纠纷案件处理的重点和难点。

一般认为,对借款人向中介人还款是否应认定为向出借人还款,不应"一刀切"而应根据具体案情认定。中介人与出借人名为两方实为一方变相收取高息,则借款人的还款应按对出借人的还款认定。如果中介人收取的款项系基于其他法律关系、出于其他原因、属于不同性质的,该款项只是合并支付,就应据实认定。具体区分考量因素为,其一,分析借款人与第三人的相识关系及前期资金往来情况,剥离无关款项往来。审查关联性,综观案件事实是否存在借款人向案外人还款的证据、出借人对案外人还息是否为事先授意或事后认可,以及案外人是否把控全局并掌控利息去向,由此综合判断第三人是否为实际的收息主体。其二,查明第三人收款的具体原因与具体法律关系,确认是否存在借贷两方默认向其支付

---

〔1〕 参见国家法官学院案例开发研究中心编:《中国法院 2015 年度案例》(借款担保纠纷),中国法制出版社 2015 年版,第 65 页。江苏省无锡市中级人民法院(2013)锡民终字第 0969 号民事判决书。

〔2〕 河北省张家口市桥西区人民法院(2015)西民初字第 168 号民事判决书。

中介费、好处费、财务管理费的情况，从而对第三人与借款人成立事实上的中介合同关系、委托关系、服务关系等予以界定。

【案例 12－26】 温某某诉张某、李某某、鼎梦公司等民间借贷纠纷案

一审法院认为，根据本案查明事实，张某与樊某早有款项往来，于本案借款合同签订后，张某与樊某还另有若干借款合同关系等，张某与樊某之间的款项往来不能全部认定为本案还款。结合张某与李某某向樊某转账，樊某向温某某转账的资金流向，法院对温某某收到樊某付息期间所对应的张某、李某某、鼎梦公司向樊某的付款予以确认，对其他付款的关联性不予确认。对于借款人向"中间人"还款是否都应计作为向出借人还款问题，不应一概而论。如果中间人系与出借人名为两方实为一方变相收取高息，则借款人的还款应按对出借人的还款认定。而如果中间人收取的款项系基于其他原因、属于不同性质，只是合并支付，则应据实认定。结合合同签订及实际履行情况，应认定张某向樊某账户支付的款项包含两种性质，在张某与樊某之间成立事实上的居间合同关系，其支付的1%为居间报酬，即樊某所称的"好处费"，另外3%的部分为利息，樊某已支付给温某某。至2018年5月3日，因张某在先已偿还30万元本金，李某某与张某协商一致后，与温某某签订还款协议，确认尚欠借款50万元，能够印证各方对于此前的还款均确认为偿还利息，未折抵本金。综上温某某要求张某、李某某、鼎梦公司返还借款50万元的诉讼请求，具有事实与法律依据，法院予以支持。温某某要求张某、李某某、鼎梦公司支付利息的诉讼请求，其利率标准高于法律规定的上限，法院予以调整，对其合理部分予以支持。温某某要求张某、李某某、鼎梦公司支付律师费，未提交证据，法院不予支持。判决：张某、李某某、鼎梦公司支付温某某借款本金500,000元及利息。

二审法院认为，本案中，根据张某、李某某、鼎梦公司和温某某签订的借款合同载明的内容，各方约定的借款利率为3%。樊某在收到第三人的款项后，按照3%向温某某转账用以支付利息，张某、李某某、鼎梦公司支付的1%并未支付给温某某。张某、李某某、鼎梦公司上诉称其与樊某之间不存在居间合同关系，樊某与温某某是职业放贷人，其向樊某支付的1%的费用应当抵扣本金，但现有的证据不能证明其上述主张，张某、李某某、鼎梦公司与樊某之间就该1%的费用是否为居间费的争议各方可另行解决。张某上诉称2018年5月3日的还款协议只有李某某一人签字，并没有张某的签字，且该还款协议是在李某某受胁迫的情形下签订的，故张某不认可该还款协议，因李某某与张某系夫妻关系，二人是该笔借款的共同借款人，该借款亦为夫妻共同债务，现张某以其未签字确认就否认该还款协议效力无事实和法律依据，法院不予采信。张某、李某某亦未提交其受胁迫的证据，故张某、李某某此上诉理由缺乏事实和法律依据，法院不予采信。判决：驳回上诉，维持原判。[1]

(四)借款债务承担认定

债务承担与保证合同的相似之处在于，债务人或第三人均有向债权人履行清偿义务的责任，但两者的根本区别在于：债务承担中的第三人自行承担债务，无权向债务人进行追偿；而保证人代债务人承担保证责任后有权向债务人进行追偿。两者之间还存在以下不同，其一，性质不同。债务承担是独立合同，而保证合同是主债权债务合同的从合同。其二，保护期间不同。债务承担中的第三人没有单独的保证期间，仅受到诉讼时效的制约；而保证合同中的保证人的保证责任受到保证期间的保护。其三，责任范围不同。债务承担中的第三人仅针对主债务承担清偿责任，第三人承担的债务是确定的债务。而保证合同中，保证人承担债务的范围有约定从约定，无约定依法包括主债权及利息、违约金以及实现债权的费用等诸多内容，即债务在保证行为成立时为不确定的债务。

个案中，行为人承诺由其负责代表公司追缴客户欠款，若未在承诺的期限内追回全部欠款，行为人先是以公司名义对外催收欠款，并非就欠款承担保证责任，同时，在钱款逾期无法收回的情况下，其表示自行清偿，且同意以自有财产提供担保，可认定行为人已表示将公司所主张的债权归为自身债务，系代债务人清偿债务。行为人虽以债务人的身份出具了保证书，但其保证书所保证之事，并非行为人所要承担的保证责任，而实质是行为人对清偿责任作出的承诺，应为借款债务承担。

【案例 12－27】 北京北辰实业集团公司元辰鑫国际酒店诉叶某某保证合同纠纷案

二审法院认为，本案元辰鑫公司依据叶某某出具的在案保证书要求叶某某清偿欠款。根据叶某某和元辰鑫公司的陈述，保证书中所涉款项的基础系叶某某在负责销售工作中因其签单挂账而产生的客户在元辰鑫酒店消费应支付而未实际支付的款项。叶某某在保证书中承诺由其负责代表元辰鑫酒店追缴客户欠款，如未在其承诺的期限内，即在 2010 年 12 月 31 日前追回全部欠款，则欠款由叶某某还清，同时叶某某亦表示用自己的房子对此提供担

[1] 参见国家法官学院、最高人民法院司法案例研究院编：《中国法院 2021 年度案例》（民间借贷纠纷），中国法制出版社 2021 年版，第 169～170 页。北京市第二中级人民法院（2019）京 02 民终 8676 号民事判决书。

保。根据上述内容,叶某某已经通过其向元辰鑫公司出具保证书的行为,明确作出其在2010年12月31日未追回全部欠款的情况下由其还款的意思表示。据此,一审法院认定叶某某与元辰鑫酒店之间形成保证合同关系不妥,本院予以纠正,本案的案由应确定为欠款纠纷。

根据叶某某的上诉理由、元辰鑫酒店的答辩意见以及本院审理的情况,叶某某向元辰鑫酒店出具保证书,表示在2010年12月31日前未追回其本人在负责销售工作中全部客户欠款的情况下,由其还清欠款,同时,叶某某亦在"叶某某经手政府机关欠费账单交接明细表"上签字认可"欠款数额属实",故元辰鑫酒店依据该保证书向叶某某主张权利并无不当,根据叶某某和元辰鑫酒店的陈述,叶某某至今未追回任何欠款,故其应依据保证书向元辰鑫酒店清偿款项。针对叶某某称其与元辰鑫酒店不是平等主体,故其不得不出具该保证书的上诉理由,本院认为,根据《民事证据规定》第二条规定,本案中,叶某某虽称为了与元辰鑫酒店续签劳动合同不得已才出具保证书,但对该主张并未提交证据予以证明,叶某某对此应承担举证不能的责任,故本院对叶某某该上诉请求不予支持。判决:驳回上诉,维持原判。〔1〕

(五)借款债务抵销认定

《民法典》第五百六十八条规定:"当事人互负债务,该债务的标的物种类、品质相同的,任何一方可以将自己的债务与对方的到期债务抵销;但是,根据债务性质,按照当事人约定或者依照法律规定不得抵销的除外。当事人主张抵销的,应当通知对方。通知自到达对方时生效。抵销不得附条件或者附期限。"依照该规定,出借人与借款人互为到期金钱之债的,属于"标的物种类、品质相同"的情形,在币种相同且不附条件的情况下,一方通知对方抵销,抵销通知一旦到达对方即发生法律效力,相应的债权债务即告消灭,对方反对无效。

《民法典合同编通则解释》第五十五条规定:"当事人一方依据民法典第五百六十八条的规定主张抵销,人民法院经审理认为抵销权成立的,应当认定通知到达对方时双方互负的主债务、利息、违约金或者损害赔偿金等债务在同等数额内消灭。"

《民法典合同编通则解释》第五十六条规定:"行使抵销权的一方负担的数项债务种类相同,但是享有的债权不足以抵销全部债务,当事人因抵销的顺序发生

〔1〕 参见国家法官学院案例开发研究中心编:《中国法院2015年度案例》(借款担保纠纷),中国法制出版社2015年版,第101~102页。北京市第一中级人民法院(2013)一中民终字第9613号民事判决书。

争议的，人民法院可以参照民法典第五百六十条的规定处理。

行使抵销权的一方享有的债权不足以抵销其负担的包括主债务、利息、实现债权的有关费用在内的全部债务，当事人因抵销的顺序发生争议的，人民法院可以参照民法典第五百六十一条的规定处理。"

借款人与出借人采取以债抵债或者以物抵债的方式进行抵销后，相应的债权债务归于消灭；债权债务已经全部抵销的，全部债权债务消灭；债权债务部分抵销的，借款人对剩余部分债务仍继续履行。借贷双方全部债权债务抵销的，借款利息随着以物抵债而消灭，出借人主张利息的诉求不受法律支持。

【案例 12－28】　许某某诉卓某某民间借贷纠纷案

二审法院认为，被上诉人卓某某向上诉人许某某借款 1000 万元并约定一年后给予 1000 万元回报的事实，有被上诉人卓某某同日出具的第二份借据及证人曹某、李某证言等证据予以证实，足以认定。后上诉人许某某与被上诉人卓某某协商通过股权转让方式抵销债务。《股权转让协议》中约定"股权转让给许某某后，卓某某可收回原有的借据两张各 1000 万元整"。因借据属于债权凭证，债权人将借据交还债务人的行为按交易习惯及日常生活经验法则，应理解为双方债权债务关系消灭。现被上诉人卓某某的股权已转至上诉人许某某名下，故可认定被上诉人卓某某所欠上诉人许某某的借款本金及利息已通过债权债务抵销的方式清偿。因此，上诉人许某某提出被上诉人卓某某应向其支付借款利息的上诉理由不能成立。原判认定事实清楚，适用法律正确。判决：驳回上诉，维持原判。[1]

抵销不符合法律规定和合同约定的，不产生抵销的法律后果。

【案例 12－29】　胡某平与方某飞、蔡某江、宋某发民间借贷纠纷案

二审法院认为，本案上诉人方某飞借胡某平的款项到期后未归还，胡某平将方某飞所属的鹏飞有限责任公司的部分白酒拉走，双方未就酒的价格达成一致意见，也未明确该批酒抵偿本案所欠借款本息、违约金，且方某飞已向桂林市七星区人民法院提起诉讼，要求被上诉人赔偿其酒被拉走后的损失。故上诉人的认为双方之间的债务互相消灭不符合法律规定，法院不予支持。[2]

当债权人同时为多起执起执行案件的被执行人且资产状况陷入困境，债务人

---

〔1〕 福建省三明市中级人民法院(2016)闽 04 民终 722 号民事判决书。

〔2〕 参见最高人民法院民法典贯彻实施工作领导小组编著:《中国民法典适用大全》(合同卷二)，人民法院出版社 2022 年版，第 941 页。广西壮族自治区桂林市中级人民法院(2013)桂市民四终字第 16 号民事判决书。

以受让某一申请执行人对债权人享有的执行债权而主张抵销的,法官应采取审慎的态度审查抵销主张是否成立。在实质审查过程中,既要保护善意抵销权,也要保护债权的公平受偿,防止主动债权变相获得优先受偿,损害其他债权人的合法权益。

【案例12-30】 黄某诉陈某玲、陈某峰、福建省丰泉环保集团有限公司民间借贷纠纷案

最高人民法院认为,首先,陈某玲在一审中提出的债务抵销主张属于以行使抵销权的方式对黄某的债权请求权进行抗辩,也即诉讼抵销抗辩。人民法院应当予以审查处理,确定这一抗辩是否成立。其次,抵销权的行使不应损害第三人的合法权益。由于黄某已是多起执行案件的被执行人,这些案件中的债权均因黄某缺乏可供执行财产而未得到清偿,若在本案中径行准予陈某玲以受让的债权抵销债务,将导致黄某的可供执行财产的直接减损,损害其他债权人的合法权益。再次,诉讼审理程序中抵销权的行使不应与执行程序中公平分配原则相冲突。当存在诉讼审理程序中抵销权行使与执行程序参与分配相关联的情形下,抵销权的行使应受到一定限制。最后,陈某玲明知黄某作为多起案件被执行人缺乏可供执行财产的情形下,在本案一审庭审之后受让债权并主张抵销的行为,违反了诚实信用原则,且未能证明其诉讼抵销抗辩不会在结果上损害黄某其他债权人的合法权益。综上,陈某玲受让吴某忠对黄某享有的应通过参与分配程序实现的债权不能直接抵销。判决:驳回上诉,维持原判。〔1〕

诉讼中对受让执行债权抵销主张进行实质审查,审查抵销权行使基本要件,在保护善意抵销权的同时不损害第三人合法权益,是目前司法实践大多遵循的裁判思路。

【案例12-31】 兰某与刘某执行审查案

最高人民法院认为,出现个人债务人不能清偿到期债务的情况时,为防止损害第三人特别是个人债务人的其他债权人的合法权益,抵销权的行使亦应受到一定限制。执行程序中,人民法院在对债权抵销进行审查时,除要求符合《执行异议和复议规定》第十九条之规定,还应审查用于抵销的主动债权取得的情况,是否损害第三人利益。〔2〕

---

〔1〕 参见《人民司法·案例》2022年第8期(总第955期),第35页。最高人民法院(2019)民终218号民事判决书。

〔2〕 最高人民法院(2018)执监125号执行审查裁定书。

【案例12－32】　陈某龙与刘某信、陈旭龙执行审查案

最高人民法院认为，如果债务人通过受让，取得了对债权人的债权，但该债权人作为被执行人，有其他多个债权人向其主张权利，那么债务人受让的债权在执行程序中能否实现以及能够实现多少，要按照相关法律规定在执行程序中确定，不能直接将其债务务抵销。[1]

【案例12－33】　山东省青岛市某贸易中心与青岛某投资公司执行审查案

最高人民法院认为，抵销权是《合同法》规定的当事人的实体权利，被执行人在执行程序中可以行使。执行法院应当依照《合同法》的相关规定，对抵销权行使的条件是否具备等进行合法性审查。对于被执行人受让债权后主张抵销的，执行法院还应当审查被执行人受让债权的合法性，防止损害对方当事人、第三人的合法权益或者社会公共利益。[2]

---

〔1〕 最高人民法院(2016)执监155号执行审查裁定书。

〔2〕 最高人民法院(2017)执监3号执行审查裁定书。

三、借款纠纷疑难问题

(一)代位权行使

《民法典合同编通则解释》第四十条规定:“代位权诉讼中,人民法院经审理认为债权人的主张不符合代位权行使条件的,应当驳回诉讼请求,但是不影响债权人根据新的事实再次起诉。

债务人的相对人仅以债权人提起代位权诉讼时债权人与债务人之间的债权债务关系未经生效法律文书确认为由,主张债权人提起的诉讼不符合代位权行使条件的,人民法院不予支持。”

《民法典合同编通则解释》第四十一条规定:“债权人提起代位权诉讼后,债务人无正当理由减免相对人的债务或者延长相对人的履行期限,相对人以此向债权人抗辩的,人民法院不予支持。”

债权人代位权是法律设立的债的保全制度,其设立的目的在于防止因债务人财产不当减少而致使债权人的债权受到不当损害。

关于债权人代位权行使的客体范围。从代位权制度的目的在于维持债务人责任财产的角度分析,担保物权应该可以作为代位权的客体。否则,代位权客体将和代位权的目的产生冲突。

关于代位权诉讼期间次债务人向债务人直接清偿部分的效力,其行为效力应区分不同情况进行判断,而不宜一概认定无效。债权人因行使代位权而取得债务人对次债务人的抵押权,并不等于承认债务人将抵押人之抵押物为自己债务另行设定抵押。虽然债务人对次债务人享有抵押权,但抵押权不能单独转让,其亦不能以自己无处分权之财产设定抵押。因此,债权人最终能向次债务人主张相应抵押权的基础系债权人的代位权,而非承认债务人将抵押人之抵押物为自己债务另行设定抵押。

【案例 12－34】 施某诉洪某、郭某、洪甲等民间借贷纠纷案

一审法院认为,庄某、黄某于 2009 年 8 月 13 日向施某出具的借条所涉抵押担保部分,因两第三人无权就他人不动产为自己债务设定抵押担保,原告未能举证证明该抵押担保经过房屋产权人洪某某的同意并办理了抵押登记，且抵押权不能单独转让，该抵押担保部分的约定无效。洪某、郭某于2007年11月23日向庄某出具的借条所涉借款100万元到期日为2010年7月1日，洪甲以其房产为该100万元借款中的60万元部分提供抵押担保。庄某于2010年10月1日向洪某出具收条写明欠款余额12万元，且该12万元设定有前述抵押权。施某对庄某、黄某所享有48万元借款本金及相应利息的债权已到期，洪某、郭某、洪甲享有的债权未以诉讼或仲裁方式向其追讨，对原告的债权造成损害，就该部分施某有权以自己的名义在其债权范围内代位行使庄某的债权，直接向次债务人洪某、郭某主张返还款项，向洪甲主张行使抵押担保物权。洪某、郭某、洪甲履行还款、承担抵押担保责任后，施某与庄某、黄某，庄某与洪某、郭某、洪甲就该12万元本息部分的债权债务关系即予消灭。至于洪某起诉后，案件开庭审理前向庄某返还4万元债务的效力问题，因现行法律并无禁止次债务人清偿部分债务之规定，洪某在未获知不可直接向庄某进行清偿的情况下以其朴素的个人认知认为款项应直接还给庄某，其主观并无损害施某债权的恶意，故施某关于该部分清偿应认定无效的辩论意见缺乏法律依据，不予采纳。二审法院按自动撤回上诉处理。[1]

出借人提起代位权诉讼成立的，次债务人偿还借款。

【案例12－35】　张某某诉韩某、张甲、李某债权人代位权诉讼纠纷案

二审法院认为，根据本案当事人的上诉理由和答辩意见，双方争议的焦点为：张某某行使代位权是否符合法律规定……本案张某某提供的借款单及银行转账凭证可以证实丁某、张甲夫妇向张某某借款的事实清楚，债权债务关系明确，予以认定。现债务人丁某已经死亡，张某某向共同借款人张甲主张债权，债务人张甲应当向张某某偿还借款。关于债务人张甲对于次债务人丁某、李某、韩某三人的债权是否到期的问题，因张甲与丁某、李某、韩某三人并未约定借款期限，张甲可以随时主张权利。因债务人张甲怠于主张权利，且丁某已故，张某某代替债务人张甲向次债务人李某、韩某主张债权，符合法律规定，应予以支持。关于张甲享有到期债权的数额，从丁某、李某、韩某三人为张甲出具640万元的借款条来看，可以证实丁某、李某、韩某次债务人向债务人张甲借款640万元的事实，虽然二审期间，韩某主张张甲并未向其履行出借义务，但其陈述与前三次审理中的陈述不一致，也没有提供相关证据予以佐证，因此对此抗辩不予采信。张某某在第三人张甲的640万元债权中只主张代位400万元的份额符合法律规定，应予支持。关于利息，张某某与

---

〔1〕　参见国家法官学院案例开发研究中心编：《中国法院2014年度案例》（民间借贷纠纷），中国法制出版社2014年版，第156页。福建省高级人民法院（2012）闽民终字第135号民事裁定书。

丁某、张甲的借贷及张甲与丁某、韩某、李某均约定了高于银行同期基准利率四倍的利息，本案400万元借款的利息应由韩某、李某按照中国人民银行同期贷款基准利率的四倍共同向张某某支付。

关于上诉人韩某提出的第三人张甲与丁某、韩某、李某之间的债权债务是否抵销或混同的问题。韩某主张其对本案第三人张甲的丈夫丁某拥有债权，并且该债权大于其对于张甲的债务，因此用其对丁某的债权抵销对张甲的债务，韩某、李某并不对张甲负有债务，进而证明张某某的代位权不能成立。因为作为债务人之一的丁某已经死亡，丁某的妻子张甲称对其丈夫丁某生前所负债务并不清楚，也不积极主张权利。同时，丁某与本案韩某、李某之间存在合伙关系，三人之间的债权债务关系尚需进一步清算。鉴于目前丁某已经死亡，张甲也不积极主张权利，韩某、李某有义务组织清算，否则丁某、张甲的债权人合法权利难以得到有效维护。另外，韩某、李某也未能提供关于借款给丁某的履行情况，韩某、李某与丁某之间到底存在多少债权债务，属合伙内部事务，不属于本案审理范围。韩某、李某承担代为偿还的责任后，如在今后的清算中对丁某享有债权，进而以婚姻存续期间夫妻共同债务向本案第三人张甲主张债权，可另行提起诉讼。综上，原审判决认定事实清楚，适用法律正确。判决：驳回上诉，维持原判。[1]

（二）更名债务承担

更名后的公司应对更名前公司的借款承担清偿责任，其更换法定代表人或部分股东的行为，并不能免除更名后公司对更名前公司的债务承担责任。

【案例12－36】　王某某诉宜章莽山森林生态发展有限公司、宜章莽山森林生态发展有限公司沙坪电站、宋某某民间借贷纠纷案

判决观点，本案应属民间借贷纠纷案件。(1)原宜章莽山森林生态投资有限公司沙坪电站系原宜章莽山森林生态投资有限公司的分公司，原宜章莽山森林生态投资有限公司应当对原宜章莽山森林生态投资有限公司沙坪电站的债务承担清偿责任。原宜章莽山森林生态投资有限公司已于2010年11月18日注册更名为宜章莽山森林生态发展有限公司，原宜章莽山森林生态投资有限公司沙坪电站已更名为宜章莽山森林生态发展有限公司沙坪电站。被告莽山生态公司应对其更名前的原宜章莽山森林生态投资有限公司沙坪

〔1〕 内蒙古自治区高级人民法院(2015)内民一终字第00015号民事判决书。

电站的债务承担清偿责任。原宜章莽山森林生态投资有限公司注册更名为宜章莽山森林生态发展有限公司的同时,更换法定代表人和部分股东的行为,并不能免除被告莽山生态公司作为有限责任公司对其更名前的宜章莽山森林生态投资有限公司的债务承担给付责任。(2)原宜章莽山森林生态投资有限公司沙坪电站和被告宋某某立据向原告王某某借款165,000元。该借贷行为是原告王某某与原宜章莽山森林生态投资有限公司沙坪电站和被告宋某某真实意思表示,所形成的债权债务关系明确,合法有效。原告王某某与原宜章莽山森林生态投资有限公司沙坪电站和被告宋某某所达成的借款协议中约定的借款期限为1年,然而,原宜章莽山森林生态投资有限公司沙坪电站和被告宋某某至今未向原告王某某返还借款165,000元,其行为已构成违约。鉴于原宜章莽山森林生态投资有限公司沙坪电站现已更名为沙坪电站,被告沙坪电站系被告莽山生态公司的分公司,原宜章莽山森林生态投资有限公司沙坪电站和被告宋某某应向原告返还的该借款,应由被告莽山生态公司和被告宋某某共同返还,因此,对于原告王某某要求被告莽山生态公司、宋某某向其返还借款165,000元的诉讼请求,法院予以支持。被告莽山生态公司提出其从未向原告王某某借款,不是本案的债务人,不能作为本案适格被告,不应承担本案民事责任。该主张与本案查明的事实不符,法院不予采信。被告宋某某提出其从未向原告王某某借款,因被告宋某某除本人陈述外,未提供任何证据证明其反驳主张,因此,对被告宋某某的该主张法院不予支持。判决:被告宜章莽山森林生态发展有限公司、宋某某向原告王某某返还借款165,000元并支付借款利息37,026元、借款逾期利息18,480元,共计220,506元。[1]

(三)改制债务承担

个人独资企业转制有限责任公司后,原个人独资企业债务的承担主体,因现行法律对此未有专门规定,导致审判实践中出现分歧。转制前债务承担主体主要包含有两个:其一,原投资人。个人独资企业不具有法人资格,其财产为投资人个人所有,因此投资人对个人独资企业的债务承担无限连带责任。但个人独资企业转制为有限责任公司后,其财产由有限责任公司承继,不再属于投资人所有,故投

〔1〕 参见国家法官学院案例开发研究中心编:《中国法院2014年度案例》(民间借贷纠纷),中国法制出版社2014年版,第148~149页。湖南省郴州市宜章县人民法院(2012)宜民一初字第1171号民事判决书。

资人对个人独资企业转制前的债务无须承担无限连带责任。其二,转制后的有限责任公司。实践中,转制后的有限责任公司的字号、经营场所、固定资产等基本上都沿用了个人独资企业原有的。因工商局的系统操作技术有限,仅能以注销、设立的方式进行转制登记,并不能以此否认转制的事实。因转制后的有限责任公司承继了原个人独资企业的全部资产,也应当承继原个人独资企业的全部债务。

【案例12－37】 杨甲诉杨乙民间借贷纠纷案

二审法院认为,工商登记资料显示,借款人石狮市豪嘉大酒店于2014年10月31日转制为石狮市豪嘉酒店有限公司。虽然石狮市豪嘉酒店有限公司以工商登记资料显示石狮市豪嘉大酒店已被注销、石狮市豪嘉酒店有限公司系新设立的公司为由,认为二者不存在转制关系,但石狮市豪嘉酒店有限公司在二审庭审中确认石狮市豪嘉酒店有限公司的字号、经营场所、固定资产等均系沿用了石狮市豪嘉大酒店原有的,而且从石狮市工商局关于非法人市场主体转制为公司企业法人登记指导的意见第二条关于“非法人市场主体转制变更登记的流程参照《非公司企人法人改制变更登记为公司》的规定提交材料。由于省工商局行政管理综合业务监管系统现无法直接进行转制变更登记,暂以设立方式进行,注册方应在登记备注栏予以转制作说明备注”的规定可见,以注销、设立的方式进行设立登记,系因工商局的系统操作技术所限,并不能以此否认转制的事实。石狮市豪嘉酒店有限公司由石狮市豪嘉大酒店转制而来,承继了石狮市豪嘉大酒店的全部资产,也应当承继石狮市豪嘉大酒店的本案债务,故石狮市豪嘉酒店有限公司应承担本案还款责任。

关于张某某应否承担责任的问题。首先,因石狮市豪嘉大酒店已转制为石狮市豪嘉酒店有限公司,其企业性质已变更为独立法人,应以公司全部财产对外承担责任。张某某作为石狮市豪嘉酒店有限公司的股东之一,其仅应以认缴的出资额对公司承担责任。其次,判定投资人对个人独资企业的债务承担无限连带责任的法律基础在于个人独资企业不具有法人资格,其财产为投资个人所有。张某某虽原为石狮市豪嘉大酒店的投资人,但该个人独资企业已转制为公司,其财产已由豪嘉公司承继,即该酒店的财产已不再属于张某某个人所有,因此在这种情形下再判决张某某对本案债务承担无限责任,已丧失法律基础,故张某某不应承担本案还款责任。〔1〕

集体企业改制有限责任公司的,对原有的债务承担清偿责任。

---

〔1〕 参见国家法官学院案例开发研究中心编:《中国法院2019年度案例》(借款担保纠纷),中国法制出版社2019年版,第55～56页。福建省福州市中级人民法院(2017)闽01民终2419号民事判决书。

【案例12-38】　李某某诉山东天拓建设有限公司、侯某某民间借贷纠纷案

一审法院认为，筑路队注销后，其债权债务由天拓公司承继。本案诉争借款发生在1995年11月23日至1996年1月11日，借条并未约定还款期限，李某某作为债权人有权随时要求债务人履行还款义务。李某某曾先后多次向筑路队原负责人侯某某索要债务，侯某某在借条中签字确认。现天拓公司未能提供证据证明李某某对筑路队注销及山东天平信有限责任会计师事务所公告要求债权人申报债权的事实知悉，因此并不能认定李某某当时已经知道其债权受到侵害，故天拓公司认为涉案借款的诉讼时效应当自筑路队注销或债权债务公示之日起算的主张不能成立。截至李某某起诉，该债权并未超过20年的最长民事权利保护期限，并未超出诉讼时效。判决：被告天拓公司偿还原告李某某欠款15,000元、利息46,410元。二审法院维持原判。[1]

（四）债务抵充清偿

《民法典》第六百七十五条规定："债务人对同一债权负担的付款债务种类相同，债务人的给付不足以清偿全部债务的，除当事人另有约定外，由债务人在清偿时指定其履行的债务。债务人未做指定的，应当优先履行已经到期的债务；数项债务均到期的，优先履行对债权人缺乏担保或者担保最少的债务；均无担保或者担保相等的，优先履行债务人负担较重的债务；负担相同的，按照债务到期的先后顺序履行；到期时间相同的，按照债务比例履行。"依照本条规定，确定清偿抵充顺序的基本原则是：有约定从约定，无约定从指定，无指定从法定。数项债务清偿抵充的顺序为：（1）约定抵充；（2）指定抵充；（3）法定抵充。[2] 也就是说，当未约定还款期限的债务有多个时，可在以清偿期限为标准的范围内，尽量先抵充成立在先的债务。借款人的给付不足以清偿其对出借人所负的数笔相同种类的全部债务，而几项债务均已到期，应优先抵充对出借人缺乏担保或者担保数额最少的债务；担保数额相同的，优先抵充债务负担较重的债务；负担相同的，按照债务成立的先后顺序抵充。

【案例12-39】　孙某某诉张某民间借贷纠纷案

二审法院认为，张某实际还本付息金额如何计算。张某的三笔债务应视

---

〔1〕 参见国家法官学院案例开发研究中心编：《中国法院2013年度案例》（民间借贷纠纷），中国法制出版社2013年版，第211页。山东省济南市中级人民法院（2011）济民四商终字第531号民事判决书。

〔2〕 参见最高人民法院民法典贯彻实施工作领导小组编著：《中国民法典适用大全》（合同卷二），人民法院出版社2022年版，第861页。

为均已到期的债务。当未约定还款期限的债务有多个时,可在以清偿期限为标准的范围内,尽量先抵充成立在先的债务。本案中张某的给付不足以清偿其对孙某某所负的数笔相同种类的全部债务,而几项债务均已到期,应优先抵充对孙某某缺乏担保或者担保数额最少的债务;担保数额相同的,优先抵充债务负担较重的债务;负担相同的,按照债务成立的先后顺序抵充。在2013年5月28日和2013年11月14日的两笔借款中存在利息的约定,并且当事人没有约定张某的给付不足以清偿全部债务(除主债务外还应当支付利息)时的抵充顺序,应当按照法定顺序抵充:(1)实现债权的有关费用;(2)利息;(3)主债务。根据法律规定,张某的12笔还款应优先抵充全部利息,后抵充全部债务。一审计算正确,符合法律规定,二审法院依法予以确认。判决:驳回上诉,维持原判。[1]

【案例12-40】 郑某重与周某霞等民间借贷纠纷案

二审法院认为,本案中,2017年11月3日以前郑某重对周某霞负有两笔债务,即2017年2月15日的借款(还款期限为当年农历过年前)和2017年5月9日的借款(还款期限为2017年7月9日)。2017年11月3日,郑某重向周某霞偿还10万元时,双方并未明确约定具体偿还哪一笔借款,故应依照上述法律规定先偿还2017年5月9日的借款。[2]

(五)债务转移与加入

1. 债务转移

债务转移,亦即债务承担,是指在不改变债的内容的前提下,债务人将合同债务全部或部分转移给第三人。《民法典》第五百五十一条规定:“债务人将债务的全部或者部分转移给第三人的,应当经债权人同意。债务人或者第三人可以催告债权人在合理期限内予以同意,债权人未作表示的,视为不同意。”在《民法典》出台前,《合同法》第八十四条只规定应当经债权人同意而未规定现行法律的催告程序。就其该条规定中的“债权人同意”是否仅限于明示形式,抑或能够扩展到默示形式是有争议的。从字面上看,默示形式相对明示形式而言,它是指不依赖

〔1〕 参见国家法官学院案例开发研究中心编:《中国法院2019年度案例》(民间借贷纠纷),中国法制出版社2019年版,第177~178页。湖北省武汉市中级人民法院(2017)鄂01民终3096号民事判决书。

〔2〕 参见最高人民法院民法典贯彻实施工作领导小组编著:《中国民法典适用大全》(合同卷二),人民法院出版社2022年版,第866页。湖南省常德市中级人民法院(2022)湘07民终59号民事判决书。

语言或文字明示形式,而是通过某种事实即可推知行为人的意思表示而成立的民事法律行为形式。言下之意即行为人虽然并没有作出明示的意思表示,但是根据法律的规定,可以认定行为人的某种客观事实状态就是表达同意民事活动的意思。设定默示形式的意义在于督促当事人诚实信用地履行己方义务,同时,当事人在履行过程中有违背诚信原则或其他情形时,可以通过默示的方式实际补漏救济。但应注意的是,默示所包含的意思,他人不能直接把握,而要通过推理手段才能理解,故默示形式只有在法律规定或交易习惯允许时才被使用。默示形式可细化为作为的默示和不作为的默示两种。作为的默示又称推定默示形式,据以判断的标准是主体以积极的行为接受相对方提出的民事权利请求。推定行为之所以可以作为意思表示的方式,在于这种行为能使相对人推断出行为人的内在心意。在一定条件下,推定行为既可以作为实施民事法律行为之要约,也可作为实施民事法律行为之承诺,当然还可以作为同意变更或者终止民事权利义务关系的依据。对于默示形式的认定依有无法律直接规定而不同。有法律直接规定的,一旦当事人的行为符合规定,就应当产生民事法律行为的后果。但对于无法律直接规定的,则应当依照民法理论和民法典精神,按照一般常理、惯例和逻辑推断作出合理认定。

【案例12-41】　陈甲诉陈乙、陈丙民间借贷纠纷案

一审法院认为,原告陈甲与被告陈乙之间的债权债务是否转让给第三人苏某某。首先,陈乙将该笔借款出借给第三人苏某某,在陈乙居间斡旋下,苏某某与陈甲重新签署了借款借据,该事实有证人苏某某的证言证实。其次,在与陈乙的视频通话录音中,陈甲陈述可以将苏某某出具的借条退还给陈乙,与陈丁的手机通话录音中,陈甲对于“归还两张欠条”的条件答复“我想一下”,足以印证本案诉争借款实际使用人为苏某某,苏某某已重新出具借款凭证交陈甲收执。最后,苏某某在向陈甲出具借款凭证后,向陈甲履行了借款人的付息义务,陈甲亦予以接受,陈乙则未再参与其中。综上,可以认定陈甲与陈乙之间的债权债务已转让给苏某某,陈甲在债权债务转让后再向陈乙主张权利,缺乏事实和法律依据,本院不予支持。被告陈乙、陈丙、第三人苏某某经本院传票传唤,无正当理由拒不到庭参加诉讼,又未提出书面答辩,视为放弃诉讼权利。判决:驳回原告的全部诉讼请求。二审法院亦持同样意见,维持一审判决。[1]

---

〔1〕 参见国家法官学院案例开发研究中心编:《中国法院2019年度案例》(民间借贷纠纷),中国法制出版社2019年版,第185~186页。福建省厦门市中级人民法院(2017)闽02民终3470号民事判决书。

【案例12-42】 罗某诉张某某、张某民间借贷纠纷案

一审法院认为,本案被告张某某自愿替被告张某偿还所欠款项160,000元,并出具借条一张交由原告罗某收执,罗某将原来张某的借条原件交还给张某某,张某在本案中所欠的债务已经全部转移给张某某,罗某同意并出具免除张某义务的申明给张某收执。故本案中的还款义务应由张某某承担。张某作为本案被告除有利于查明案情外,不具有实体上的实际意义。由于双方约定的还款期限已届满,根据《合同法》第二百零六条之规定,罗某可以催告张某某在合理期限内返还。故罗某要求张某某偿还借款的诉讼请求于法有据,本院予以支持。至于张某某提出的"答辩人与原告从来没有发生实质的借贷行为,故答辩人认为双方借贷关系不成立"的抗辩意见,于法无据,本院依法不予采纳。张某经本院依法传唤,无正当理由拒不到庭应诉,视为自愿放弃诉讼权利,依法可以缺席判决,判决:张某某偿还罗某借款人民币160,000元。二审法院亦持同样意见,维持一审判决。[1]

债务转移的前提是主债务人对债务受让人享有债权,并达成债务转移协议,且需经债权人同意。

【案例12-43】 陈某某诉庄某某民间借贷纠纷再审案

再审法院认为,本案争议焦点在于明宏公司与陈某某之间的60万元债务是否转移给了庄某某。经查,2007年9月30日,庄某某与陈某某签订了金额为60万元的抵押借款协议,办理了抵押登记,但没有发生借贷事实。同日,明宏公司出具的情况说明载明明宏公司所欠陈某某60万元的债务转由庄某某承担,但该情况说明上庄某某的签名并非其本人所签,庄某某对其真实性不予认可。2010年8月17日庄某某出函给陈某某亦称,明宏公司总经理沈某某所借的160万元资金已经全部归还,要求撤销上述房产的抵押登记。上述事实均证明,庄某某从办理房产抵押时至其发函陈某某止,从未认可明宏公司60万元债务由其负责偿还。在明宏公司单方制作的情况说明对庄某某不产生约束力的情况下,本案债务转移成立的前提是明宏公司对庄某某享有债权、明宏公司经债权人陈某某同意将债务转让的意思表示通知庄某某,而现有证据无法证明庄某某和明宏公司之间存在债权债务关系。庄某某亦无明确地加入明宏公司与陈某某之间的债权债务关系中为明宏公司共同承担上述60万元债务的意思表示。因此陈某某认为本案60万元的债务已经转移给庄某某的观点,于法无据,法院不予采信。庄某某与陈某某签订《抵

---

〔1〕 参见国家法官学院案例开发研究中心编:《中国法院2019年度案例》(民间借贷纠纷),中国法制出版社2019年版,第189页。福建省厦门市中级人民法院(2017)闽02民终4675号民事判决书。

押借款协议》的真实意思表示应为明宏公司2007年年初欠陈某某债务做担保。二审法院认为明宏公司转移了借款合同义务,陈某某作为债权人可以请求庄某某履行还款义务之观点有误,再审法院依法予以纠正。判决:撤销二审判决,维持一审判决,驳回陈某某的诉讼请求。[1]

债务协议转移后,由新债务人偿还借款。

【案例12-44】　成某某诉李某某民间借贷纠纷案

判决观点,本案中,李某某虽然没有直接向成某某借款,也未实际使用借款,但李某某认可其书写的"还款计划"。该还款计划从形式和实质上均已具备了我国《合同法》关于债务转移的规定。胡某某将其还款义务转移给第三人李某某并经过成某某同意,李某某作为新的债务人应当承担原债务人胡某某的全部合同义务。李某某在"还款计划"中约定了还款期限,且明确表示由其"全权还款",足以证实双方已形成新的合同关系,由李某某取代胡某某地位,成为新债务人向成某某履行债务。故法院对成某某要求李某某偿还借款1万元的诉讼请求予以支持。成某某主张李某某按银行同类贷款利率的四倍支付利息的诉讼请求,因双方未约定利息,依法应视为不支付利息,故本案不予支持,但可依法支付逾期还款的利息。判决:李某某一次性偿还成某某1万元,并承担逾期利息。[2]

债务转移后,第三人未履行偿还义务的,债权人有权要求债务人归还借款。

【案例12-45】　潘甲诉赵某某民间借贷纠纷案

二审法院认为,本案争议焦点为:20,000元借款债务是否已发生转移;潘甲主张赵某某归还30,000元借款是否有法律依据。潘甲起诉赵某某要求归还50,000元借款。根据其中20,000元借条记载的内容,明确写明要由苏某某归还,而苏某某在原审中也表示愿意归还该款,故双方债权、债务关系应视为已转移。另外30,000元借条,即使该借条中借条、借款人、出借人字样是潘甲事后添加,根据其他内容可以认定赵某某向潘甲借款的事实。在借条中明确借款由叶某某还,应认定债权人潘甲与赵某某约定由第三人叶某某履行债务,现叶某某未履行债务,潘甲有权要求赵某某归还借款30,000元。对于该借条中所写月利息3%计的字样,其书写字迹与借条其他主要内容字迹粗细不一致,潘甲未作出合理解释,也未提供证据证明该借条系其一次性书写而成,故对借条中的利息约定部分,不予认定。赵某某辩称其与潘甲不存在30,000元债权、债务关系,仅是起到证明作用,依据不足,难以采纳。原审

---

〔1〕　上海市高级人民法院(2014)沪高民一(民)再提字第11号民事判决书。

〔2〕　河北省张家口市宣化区人民法院(2015)宣区民初字第92号民事判决书。

判决认定事实清楚，但判决欠妥，予以纠正。判决：撤销一审判决，赵某某归还潘甲借款30,000元并支付利息。[1]

债务人将还款义务转让给第三人的，其主张借据原件撕毁系债权人同意债务转移的默示行为的，应由债务人对此承担举证责任。

【案例12-46】 李某某诉孟某某民间借贷纠纷案

二审法院认为，被上诉人虽然只能提供2007年1月24日协议书的复印件，但上诉人和原审第三人对该协议书的真实性予以确认，故可认定上诉人、被上诉人之间存在借贷关系。上诉人主张经2007年8月8日结算后，8万元债务已经转化为其与原审第三人之间的债务关系，其与被上诉人仅存7万元的债务关系，则应负举证责任。我国《合同法》规定，债务人将合同的义务全部或者部分转让给第三人的，应当经债权人同意。现上诉人未予举证，8万元债务的转移也没有得到被上诉人的同意，故即使上诉人和原审第三人达成协议，该协议对被上诉人也不发生法律效力。上诉人主张至今已还款45,000元，仅提供了1万元的汇款单，被上诉人承认该1万元系上诉人的还款，但认为系另外的工程款。由于被上诉人对其没有举证，故确认该1万元系上诉人还款。此外，被上诉人还承认陆续收到上诉人2000元，现认可其作为上诉人的还款。故确认上诉人至今向被上诉人归还借款12,000元。由于被上诉人、上诉人、原审第三人对有关事实的陈述多有反复，仅能通过对现有证据的分析判断来确认法律事实。上诉人向被上诉人借款15万元后，仅归还部分欠款，侵犯了被上诉人的合法权益，故被上诉人要求上诉人立即还款，依法予以支持。由于双方在借贷时没有约定给付利息，被上诉人亦无法明确上诉人几次还款日期，故酌情确定被上诉人的利息损失自起诉时始。判决：驳回上诉，维持原判。[2]

借款人向他人借新债还旧债，不同于三方间的债权转移。

【案例12-47】 王某某诉祁某等民间借贷纠纷案

一审法院认为，祁某向王某某借款260万元用于归还欠张某某的260万元，而不是张某某将260万元的债权转让给王某某，因此祁某提出的与张某某之间不存在260万元的债务以及债务非法等抗辩事由，不得对抗王某某。即便祁某与张某某之间的债权债务金额存在争议、260万元确实是非法债务，因祁某已向王某某借了260万元归还给张某某，且王某某坚称不清楚祁某与张某某之间的债务性质，祁某属于不法原因给付，不受法律保护，也不得

---

〔1〕 浙江省宁波市中级人民法院(2012)浙甬商终字第744号民事判决书。

〔2〕 上海市第一中级人民法院(2010)沪一中民一(民)终字第335号民事判决书。

主张不当得利返还。王某某出借给祁某的260万元，虽然追根溯源其中160万元确实源自张某某，但从张某某提供的短信判断，不存在张某某与王某某恶意串通后胁迫祁某的情形。综上，王某某按三方约定出借给祁某260万元用以归还祁某欠张某某的款项，260万元也由王某某实际转账给张某某，原告与被告祁某之间的借贷关系成立并有效。判决：祁某归还王某某借款本金260万元。王某某上诉后未预交案件受理费，二审法院按自动撤回上诉处理。[1]

因重大误解签订的债务转移协议书，并不影响借贷合同关系成立，也不影响借款人还款义务。

【案例12-48】　李某某诉靳某某、董某民间借贷纠纷案

判决观点，李某某持有三方签订的债务转移协议书及靳某某出具了已收到李某某借款20万元的证明，已经形成较为完整的证据链，可以据此确认董某已成为李某某新的债务人，双方当事人已经形成借贷法律关系，董某自愿承担还款义务。董某辩称已向靳某某履行了足额给付购房款的义务，协议书是因重大误解而签订的，但其事后并未及时行使撤销权，协议书应属合法有效。靳某某并未提供证据证明其向顾某某给付款项与本案有关联，其可另行主张权利。民间借贷合同约定了还款期限，到期后借款人未偿还借款的，贷款人主张逾期利息，应当自合同到期之日的次日起，参照同期贷款基准利率或贷款基础利率向贷款人支付逾期利息。现李某某要求董某偿还借款及利息的诉讼请求，有事实及法律依据，法院予以支持，具体数额以法院认定为准。靳某某作为担保人在协议书上签字，应承担连带还款责任。判决：被告董某偿还原告李某某借款本金177,856元及逾期利息，被告靳某某对上述债务承担连带清偿责任。[2]

民间借贷案件中，部分债务按份式转移的，债务人按份承担还款责任。

【案例12-49】　郑某、罗某诉李某某民间借贷纠纷案

一审法院认为，李甲、王某某经担保人李某某介绍向罗某某借款，双方民间借贷关系合法有效。2015年5月9日《还款协议》系各方真实意思表示，其中关于600,000元债务转移给李某某承担的约定明确，债权人也予以认可，符合《合同法》第八十四条之规定，李某某由保证人转化为债务承担人，

---

〔1〕　参见国家法官学院案例开发研究中心编：《中国法院2019年度案例》（借款担保纠纷），中国法制出版社2019年版，第25页。江苏省苏州市中级人民法院（2017）苏05民终11079号民事判决书。

〔2〕　参见国家法官学院案例开发研究中心编：《中国法院2018年度案例》（借款担保纠纷），中国法制出版社2018年版，第5页。北京市丰台区人民法院（2015）丰民（商）初字第16291号民事判决书。

对转移部分债务承担清偿责任。郑某、罗某作为罗某某的法定继承人,理应享有诉权。关于债务金额的认定问题。借款人虽出具了1,000,000元借条,但应以实际给付的970,000元作为借款本金。结合还款协议载明结算债务总额包含利息的事实,可推定双方借款时预扣了30,000元利息,即实际约定有3%月利率。又根据结算总额1,400,000元中含息400,000元,可推算出实际计息13.33元/月。据此,参照《民间借贷规定》第二十六条、第二十八条、第二十九条之规定,债务总额应调整为1,228,660.2元,其中李某某承担债务为526,568.66元,并自逾期之日起按年利率6%计算资金占用期间利息。判决:李某某给付郑某、罗某526,568.66元及利息。二审法院同意一审法院裁判意见,判决:驳回上诉,维持原判。[1]

债务发生多次转移,事后债权人认可的,应视为债权人对该债务的追认和同意,债务转移成立并对债权人产生法律效力。

【案例12-50】 陈某某诉陆某某、徐某某民间借贷纠纷案

判决观点,根据本案当事人提供的证据分析,被告陆某某欠原告陈某某10万元借款属实,被告陆某某无力偿还,其于2012年4月6日转让其合伙份额给第三人容某某,转让款35万元,其中约定10万元转让款由第三人容某某直接向原告结算,原告在该转让协议书上以见证方签名,应视为原告同意被告陆某某将债务转移给容某某。根据《合同法》第八十四条的规定:"债务人将合同的义务全部或者部分转移给第三人的,应当经债权人同意。"原告在被告陆某某、第三人容某某签订的股权转让协议书上签名,足以说明其同意被告陆某某转让债务给容某某,故债务转移成立,被告陆某某对原告的债务已消失,原告继续向被告陆某某主张债权没有法律依据,应予驳回。被告陆某某将其合伙份额及欠原告的债务转让给容某某当日,容某某又将受让的全部份额及欠原告的债务转让给李某某,虽然原告没有在被告陆某某与容某某、容某某与李某某签订的债务承担协议书上签名,但原告在容某某与李某某于2012年4月6日(陆某某与容某某转让当日)签订的股权转让协议书上签名,表明原告也是同意容某某将其股权及受让13万元债务转让给李某某的,并且李某某当日立下了13万元的借据给原告,李某某当日又归还了3万元,之后又归还6万元,剩余4万元陈某某诉讼时已收回了全部债权。原告陈述认为李某某欠其13万元并非陆某某转移的13万元,而是向其借的现金,但其在收回李某某的还款收据中写明是收到李某某交付的股份金,原告

---

〔1〕 参见国家法官学院、最高人民法院司法案例研究院编:《中国法院2021年度案例》(民间借贷纠纷),中国法制出版社2021年版,第165页。湖北省荆州市中级人民法院(2019)鄂10民终105号民事判决书。

很难自圆其说。因此，李某某偿还给原告的13万元就是被告陆某某原欠原告的10万元借款本息。综上所述，原告的诉讼请求，证据不足，应不予支持。判决：驳回原告陈某某的诉讼请求。[1]

【案例12-51】　崔某某诉胡某某民间借贷纠纷案

二审法院认为，2012年7月25日，数码公司向法院提起诉讼，要求胡某某支付360万元股权转让款。该案审理中经双方协商，数码公司将本案系争100万元债务转移给胡某某承担，由此抵欠胡某某欠付数码公司360元股权转让款的一部分。该项债务转移有2012年7月18日数码公司、胡某某和案外人郑某、张某签订的《协议书》、胡某某出具的承诺书为证，并经（2012）徐民二（商）初字第1522号民事调解书予以确认。虽然在上述《协议书》、民事调解书中并未体现债务转移的确认，但根据2012年1月1日崔某某与胡某某、案外人张某签订《协议书》的表述，崔某某对此是认可的。此后在本案审理中，崔某某变更诉请要求胡某某承担100万元的还款责任，应当视为崔某某对该债务转移的追认。故还款主体应认定为胡某某。鉴于上述债务转移成立，可以视为数码公司对《协议书》内容予以追认，胡某某在债务转移后成为系争100万元款项的债务人，2012年1月1日《协议书》可认定有效。因《协议书》约定的投资，股权转让并未成立，故本案系争100万元款项性质仍为借款，还款人为胡某某。[2]

担保人同意债务转移的，应当继续承担担保责任。

【案例12-52】　范某某诉郑某、林某某、C公司民间借贷纠纷案

一审法院认为，涉案债务转移的条件是范某某和王某某将A公司的股权转让给郑某，由此郑某自愿承担林某某800万元的债务。为此，范某某提供的工商登记信息清楚地表明，股权已按照约定进行变更，所以涉案800万元债务转移的条件已经成就，此笔债务转移有效。综上，根据三方签订的《债务承担协议书》《股权质押合同》《补充协议》的约定，林某某、C公司以B公司100%股权对未偿还的借款本金及利息、违约金承担连带清偿责任。

最高人民法院认为，从本案查明的情况看，2013年5月3日，范某某与郑某、A公司就A公司所欠范某某5900万元的债务转移给郑某签订了《债务承担协议书》。2013年8月27日，范某某与郑某、C公司就案涉两笔债务问题又签订了《补充协议》。这两份协议为当事人真实的意思表示，未违反法

---

〔1〕 参见国家法官学院案例开发研究中心编：《中国法院2017年度案例》（民间借贷纠纷），中国法制出版社2017年版，第211～212页。广东省肇庆市德庆县人民法院（2013）肇德法民一初字第351号民事判决书。

〔2〕 上海市第一中级人民法院（2015）沪一中民四（商）终字第679号民事判决书。

律、行政法规的强制性规定,应为合法有效,当事人应当按照约定履行自己的义务。案涉《补充协议》第二条约定:“对案涉两笔债务的还款时间延期至2013年11月30日。”第四条约定:“如到期郑某还款金额超过2000万元,剩余债务偿还期限另行商议确定,如到期郑某还款低于2000万元,郑某将C公司20%股权质押给范某某。”从上述约定看,范某某与郑某就案涉两笔债务的偿还问题重新进行了约定。但《补充协议》签订后,郑某并未按照约定履行义务,构成违约。原审判决依据《补充协议》的约定,判令郑某偿还所欠范某某的债务具有合同依据。此外,从《补充协议》的约定看,该协议第四条有关“如到期郑某还款低于2000万元,郑某将C公司20%股权质押给范某某”的内容属于对郑某所欠范某某债务的担保,并没有改变当事人约定的债务偿还期限,且不论该权利质押设立与否,均不影响郑某应向范某某承担的还款义务。判决:驳回上诉,维持原判。[1]

当事人约定不明情形下债务转移、债务加入、指示付款的认定,需要根据符合合同目的的原则,确定争议条款的真实意思,探求当事人的真意。

【案例12－53】 董某诉李某、李某某、张某某债务转移合同纠纷案

二审法院认为,本案的争议焦点为:张某某对董某的债务是否转移给了李某。经过2015年4月1日董某、张某某、李某均在场出具的借条和借款说明分析,李某虽给董某出具“今借到董某现金壹仟壹佰万整”的借条,但实际上董某并未借给李某1100万元,在此情况下,如按李某所称其与董某之间只是单纯的借款关系,李某不但不起诉董某反而任由董某起诉他,不合常理。对于李某为何向董某出具借条,李某的说法自相矛盾,二审庭审时而称是向董某借款,时而称“张某某借董某的钱,所以等楼盘赚了钱我(李某)直接把钱打给董某”,第二种说法等于自认张某某将对董某的债务转移给李某。通过分析本案案情,借款说明上的内容亦不能理解为张某某指示李某还款,如是指示还款,在张某某出借给李某1100万元的条件未成就时,李某不可能直接给董某出具借条,更不必要载明其借到董某1100万元。针对李某的上诉理由,且结合其在二审庭审称其因工程建设需融资1100万元,李某无法对借款说明的内容以及借款说明为何作为借条的附件作出合理解释。相较之下,董某的说法更为可信,“这张借条说不明白事实情况,所以我又让张某某写了借款说明,备注了一下,让李某签了字”。至于张某某和李某之间1100万元债权的真实性问题,董某和张某某均主张李某在债务转移之前曾向张某某打有借条,但李某在2015年4月1日向董某出具借条之后从张某某处抽回了

---

〔1〕 最高人民法院(2014)民一终字第246号民事判决书。

借条。对此法院认为,张某某和李某之间的债权债务关系仅仅为张某某将对董某的债务转移给李某,这是一种对内的法律关系,李某不得以此关系对抗董某。债务转移是诺成合同,当事人一经签字即产生法律效力,李某、李某某对借条和借款说明的真实性并无异议,只是认为未实际履行。在张某某对李某实际享有1100万元债权的情况下,李某向董某承担还款责任后无权向张某某追偿;在张某某对李某并无实际享有1100万元债权的情况下,李某向董某承担还款责任后有权向张某某追偿,李某、李某某虽对1100万元的债权数额有异议,认为董某持有的借据仅为1033万元,但张某某、李某在债务转移时均认可了1100万元,故应予以认定。判决:驳回上诉,维持原判。[1]

出借人、借款人和第三人协商,由第三人以房屋抵偿借款人所欠的借款,实为出借人以取得房屋的形式获得还款,并不构成债务转移。

【案例12-54】 韦某山诉韩某民间借贷纠纷案

一审法院认为,对于韩某提出的部分债务转移给何某,不应再由韩某承担的抗辩意见,根据庭审查明,2017年3月,韦某山、韩某与何某三方商定,由何某以房屋抵偿何某所欠韦某山部分借款,上述行为实际为韩某偿还债务的一种方式,即韦某山以取得房屋的形式获得还款,并不构成债务转移,根据(2019)兵08民终848号民事判决,何某无权处分其交付韦某山的房屋,房屋也已交付实际买受人,即韦某山就当时商定的抵偿款项并未获得受偿,韩某还应承担清偿责任,故对韩某的该抗辩意见,不予采信。判决:韩某偿还韦某山借款55万元。二审法院同意一审法院裁判意见,判决:驳回上诉,维持原判。[2]

特殊社会关系案外人在场时,借款协议可视为债务的转移。

【案例12-55】 铁某诉李某民间借贷纠纷案

二审法院认为,二审中,史某出庭作证称,其认可共计向铁某借款45万元的事实,2014年其借用铁某钱之后至2016年3月,铁某向其追要,当时其没有钱偿还铁某,经铁某要求,史某通知李某到场给铁某出具了45万元的借条。虽然李某称没有达成债务转让的合意,涉案借条涉及新的借款,铁某未实际支付,但从铁某关于45万元借款包含以往交付史某30万元、6万元、5万元、4万元借款的陈述,结合李某认可史某的证言看,铁某所述与李其认可

---

〔1〕 参见最高人民法院中国应用法学研究所编:《人民法院案例选》2020年第1辑(总第143辑),人民法院出版社2020年版,第108~109页。安徽省高级人民法院(2018)皖民终380号民事判决书。

〔2〕 参见国家法官学院、最高人民法院司法案例研究院编:《中国法院2022年度案例》(民间借贷纠纷),中国法制出版社2022年版,第151页。新疆生产建设兵团第八师中级人民法院(2020)兵08民终841号民事判决书。

的史其陈述借款数额基本一致，再结合铁某持有45万元借条的事实，应当认定铁某完成了45万元的出借义务。2016年3月11日李某出具了借条，虽然其没有直接收到45万元款项，但基于史某与李某的母子关系，史某已经借了铁某款项而无力偿还，当日系史某通知李某到场，让李某向铁某出具45万元借条，系三人协商一致明确了新的债权债务关系，约定李某作为债务人归还45万元借款不违反法律规定。李某作为史某的儿子被史某通知到场，受史某指示出具借条，其知道或应当知道出具45万元借条的原因和意义。因此，李某与铁某之间形成了真实的民间借贷法律关系。结合李某认可史某所述出具本案45万元借条系因铁某向其追要借款未果的证言，可以看出2016年3月11日李某向铁某出具45万元借条系铁某追要借款主张权利的结果，视为借款逾期。李某未予偿还借款，自此应当按照法定逾期年利率6%支付逾期利息。判决：驳回上诉，维持原判。[1]

2. 债务加入

《民法典合同编通则解释》第五十一条规定："第三人加入债务并与债务人约定了追偿权，其履行债务后主张向债务人追偿的，人民法院应予支持；没有约定追偿权，第三人依照民法典关于不当得利等的规定，在其已经向债权人履行债务的范围内请求债务人向其履行的，人民法院应予支持，但是第三人知道或者应当知道加入债务会损害债务人利益的除外。

债务人就其对债权人享有的抗辩向加入债务的第三人主张的，人民法院应予支持。"

债务加入，即案外人参与到原债权债务关系之中，成为债务履行义务的主体。根据理论界对第三人债务加入概念的通说，结合司法实践经验，第三人债务加入的法律特征为：其一，原债权人与债务人的合同关系仍然存在，原债务人没有脱离原债务关系。其二，第三人与债权人订立代债务人还款的协议，债务人可以不参加协议的订立，协议内容不涉及是否免除债务人还款责任。其三，第三人与债务人一般具有关联关系。其四，债务为可转移债务，如果法律规定或当事人约定不得转让或具有人身专属性质的债务，当事人不能协议转让，第三人也不能加入。也就是说，债务加入除应符合一般合同生效要件外，债之内容还需具有可加入性，且加入前后内容需保持同一。

第三人债务加入方式主要有：其一，债权人、债务人与第三人订立三方协议确

---

〔1〕参见国家法官学院、最高人民法院司法案例研究院编：《中国法院2022年度案例》（民间借贷纠纷），中国法制出版社2022年版，第158～159页。河南省平顶山市中级人民法院（2020）豫04民终2773号民事判决书。

立第三人参与到原债权债务关系中。其二,债权人与第三人订立协议,第三人参与到原债权债务关系之中。其三,债务人与第三人订立协议,第三人参与到原债权债务关系之中。其四,第三人向债权人单方承诺参与到原债权债务关系之中,成为债务履行主体。实践中,对于第一种方式基于三方意思表示一致的认定及处理并无争议。对于第二种方式,因第三人加入系减轻债务人责任的受益行为,并未加重债务人的负担,在缺少债务人意思表示的情况下,一般仍认可构成有效债务加入。仅有第三人承诺的加入具有双重性,即可能会对债务人有益,亦有可能损害债权,对此应当以债权人作出明确意思表示为前提,且该明确意思表示应达到社会明确、明显,以一般人社会常识所能认定为标准。

债务加入意思表示是指行为人使加入债务成为债务履行主体的内心意思,以一定方式向外部表示的行为。其要素为,其一,目的意思。债务加入的目的是成为债务履行的主体,是否具有追偿权、是否具有抗辩权等此时在所不问,如自愿承担。其二,效果意思。这是指债务加入中对成为债务履行主体,履行债务内容的意思要求,如合同中载明的承诺还款。其三,表意行为。其是指第三人将其内在承担责任的意思表示以一定方式表示于外,并足以为外界所客观理解的行为,最典型最常见的“在借款人处签字盖章”“在还款协议上签字”等。债务加入意思表示是法律释义学中相当复杂的部分,亦是争议的焦点和审判难点所在。

【案例 12 – 56】 刘某某诉高某民间借贷纠纷案

二审法院认为,本案二审审理焦点为高某是否应当依据其出具的借条履行还款义务。刘某某上诉主张,高某介绍刘某某与盛世汇海公司签订理财合同,之后盛世汇海公司无法继续履行合同,在刘某某的要求下高某针对理财合同涉及的 10 万元债务出具借条,说明高某自愿承担该笔债务,且高某偿还了部分款项。高某主张 10 万元没有真实交付而拒绝还款。本院认为,高某认可借条出具的原因,因此应当认定高某出具借条并非向刘某某借款,而是同意对盛世汇海公司的债务承担给付义务,故高某关于借条载明款项没有真实交付而拒绝还款的主张,本院不予采信。高某另主张 2017 年 3 月 4 日支付的 33,000 元是高某出借给刘某某的借款,双方约定待刘某某以后追回理财款再归还给高某。对此,本院认为,高某未提交有效证据证明其与刘某某就该笔款项形成借贷合意,且该笔款项的交付时间与借条载明的还款时间相符,故本院认为,高某向刘某某支付的 33,000 元系高某履行借条项下的给付义务。综上,根据借条出具原因、借条内容、高某的还款情况,本院认为,高某系自愿偿还盛世汇海公司所欠 10 万元债务,并签署借条,该借条系双方意思表示,未违反法律、行政法规的强制性规定,合法有效,高某应当依约履行还款义务,一审法院认定有误,本院予以纠正。借条约定,高某应分别于 2017 年 3 月 4 日偿还 5 万元、2017 年 6 月 4 日前偿还 5 万元,高某于 2017 年 3 月

4日偿还33,000元后再未偿还任何款项，借条亦未约定逾期利息，在此情况下，刘某某主张高某以67,000元为本金，按照中国人民银行同期存款利率标准，从2017年6月5日起至实际付清之日止支付逾期利息并无不当，本院对于刘某某关于利息的主张亦予以支持。判决：撤销一审判决，高某支付刘某某67,000元及逾期利息。[1]

【案例12－57】 钟某某诉陈某某民间借贷纠纷案

二审法院认为，2006年11月8日，钟某某、陈某某、李某某三人在商议借款事宜时，钟某某虽然知道实际用款人是李某某，但明确出于对陈某某的信任，只愿意借给陈某某，由陈某某再转借给李某某，故当时三人之间出具了两张借条，形成了二种借贷关系，即钟某某借给陈某某，由陈某某向钟某某出具借条，陈某某再借给李某某，由李某某向陈某某出具借条，三方均明确知道钟某某这100万元债权的借款人及实际用款人。而在之后的履约过程中，因实际用款人李某某未按约还款，以致钟某某的债权没有按约实现。钟某某既多次向上诉人催收和上诉人一起向李某某催收，也直接向李某某催收过，李某某直接支付了10万元利息给钟某某，李某某的还款行为系第三人清偿，在此情形下，上诉人作为借款人应当与第三人承担连带清偿责任。2008年10月8日，李某某出具给钟某某的借条是基于2006年11月8日的那笔借款而出具的，不能与那两张借条割裂开来。被上诉人收执李某某的借条，但又没有将上诉人陈某某的借条退还给上诉人，说明被上诉人仅同意李某某作为第三人加入债的关系与原债务人陈某某共同偿还债务，被上诉人没有明确同意免除陈某某的清偿责任，李某某仅构成债务加入，不构成债务转移。综上，上诉人陈某某的上诉理由均不成立。原审判决认定事实清楚，适用法律正确，应当予以维持。判决：驳回上诉，维持原判。[2]

债务人承担债务的协议是其与保证人私下签订，但其后为主债权人所接受的，符合债务承担构成要件，应认定为债务加入。

【案例12－58】 嵇某某诉许某某、张某某等民间借贷纠纷案

二审法院认为，薛某某将个人保证债务私下转移给张某某、宋某某，事先并未征得债权人嵇某某的同意，薛某某尚未脱离案涉债务关系，仍需承担保证责任，薛某某与张某某、宋某某间的转移合意不能对抗嵇某某。但是因为嵇某某在一审期间未要求薛某某对诉争债务承担清偿责任，故对该新增加的

〔1〕 参见国家法官学院案例开发研究中心编：《中国法院2019年度案例》（民间借贷纠纷），中国法制出版社2019年版，第198页。北京市第一中级人民法院（2018）京01民终139号民事判决书。

〔2〕 参见国家法官学院案例开发研究中心编：《中国法院2019年度案例》（借款担保纠纷），中国法制出版社2019年版，第71页。湖南省衡阳市中级人民法院（2016）湘04民终字1621号民事判决书。

诉讼请求,本院不予理涉。张某某、宋某某出于受让建设工程的动机,不论受让债务性质如何,只要属于薛某某应当偿还,且为受让债务清单所列明的,即应负偿还义务。因此,嵇某某要求张某某、宋某某承担15万元还款责任,于法有据,应予支持。判决:维持一审判决第一项,改判第二项:被告张某某、宋某某对被告许某某的上诉还款义务承担连带清偿责任。[1]

债务承担为无因行为,承担人不得以承担债务的原因对抗债权人。

【案例12-59】　中房金控(北京)投资基金有限公司诉钱某某等借款合同纠纷案

一审法院认为,《补充协议》明确钱某某、苏州隆鼎创投签署《合同终止协议》,而该《合同终止协议》写明了苏州隆鼎创投与钱某某终止《人民币借款合同》的原因系钱某某多次违约,钱某某未能完成红筹重组,第三方瑞士信贷指定的会计师事务所撤场且瑞士信贷确定不对晶鼎化工进行私募投资。可见苏州隆鼎创投与钱某某没有隐瞒《合同终止协议》的故意,中房金控公司主张苏州隆鼎创投、钱某某就此向其隐瞒构成欺诈,缺乏事实依据。关于中房金控公司主张钱某某在协议签订过程中故意隐瞒其提供的作为还款来源的"沧州地下商业街"被超额查封且毫无剩余价值一项。《补充协议》第二条第一款约定:"在2014年7月30日前,丙方(中房金控公司)向甲方(苏州隆鼎创投)偿还部分借款本金人民币30,000,000元,并同意以其在沧州运河区新华中路沧州中防金宝地下商业街的房产销售收入优先偿还甲方(苏州隆鼎创投)。"中房金控公司主张该条应视为钱某某承诺将"沧州地下商业街"作为中房金控公司的还款来源。而从该条的文义可见,该条约定苏州隆鼎创投就该房产的销售收入有优先受偿权,该条应为就苏州隆鼎创投的权利约定。中房金控公司虽主张该房产系钱某某承诺转让给中房金控公司,但中房金控公司如何取得该房产及销售收入并未在《补充协议》中约定,《补充协议》亦未约定中房金控公司的还款需要以其取得"沧州地下商业街"为前提或者以此为限,而《补充协议》第四条第一款明确约定、中房金控公司与钱某某之间的任何其他协议或债权债务均与本协议无关,现中房金控公司以"沧州地下商业街"被查封等主张《补充协议》撤销,缺乏事实及法律依据,法院不予采信。根据《补充协议》约定,该协议主要内容为中房金控公司向苏州隆鼎创投表示愿意替钱某某偿还债务,钱某某、王某某作为保证人。《补充协议》中对于中房金控公司的承债条件并无约定,亦未约定中房金控公司承担

---

〔1〕 参见国家法官学院案例开发研究中心编:《中国法院2018年度案例》(民间借贷纠纷),中国法制出版社2018年版,第207页。江苏省盐城市中级人民法院(2016)苏09民终2050号民事判决书。

该债务的对价，《补充协议》实质为中房金控公司、钱某某、王某某就钱某某所负债务向苏州隆鼎创投进行的债务偿还约定。即使中房金控公司签订《补充协议》系基于其与钱某某之间的其他约定或承诺，但《补充协议》本身对此没有体现，现有证据也不足以证明苏州隆鼎创投知道或者应当知道中房金控公司的承债条件，更无证据证明苏州隆鼎创投就《补充协议》同意任何附加条件；且《补充协议》明确约定钱某某与中房金控公司之间的任何其他协议或债权债务均与《补充协议》无关，并约定《补充协议》生效后，中房金控公司不应以其与钱某某或第四方之间的任何其他协议或债权债务的无效、撤销或解除为由，拒绝履行本协议约定的还款义务。中房金控公司现主张本协议系受到欺诈而签订，缺乏事实及法律依据，法院无法采信。判决：驳回中房金控公司的诉讼请求。二审法院判决：驳回上诉，维持原判。〔1〕

非借款人代借款人出具借条的行为构成债务加入。

【案例 12－60】 张甲诉李某、范某某、张乙民间借贷纠纷案

判决观点，本案中，关于原告与哪个被告之间发生了借贷关系，法院认为原告与被告张乙之间发生了民间借贷关系，理由如下：第一，原告知晓其将款项出借给被告张乙使用；第二，原告直接将借款交付给被告张乙，被告张乙直接将利息支付给原告；第三，在被告张乙未偿还本息的情况下，原告曾向被告张乙索要借款。关于被告李某、范某某出具借条的行为如何认定的问题，法院认为被告李某、范某某出具借条应认定为债务加入。理由如下：第一，所谓债务加入就是第三人与债权人、债务人达成三方协议或第三人与债权人达成双方协议或第三人向债权人单方承诺由第三人履行债务人债务，但同时不免除债务人履行义务的债务承担方式；第二，在原告张甲、被告李某、范某某均清楚借款系被告张乙使用、同时原告向被告张乙索要借款，被告李某、范某某认为应由张乙偿还借款的情况下，被告李某、范某某应原告的要求在原告汇款后同意出具借条的行为，实际是被告李某、范某某与原告达成协议，由其履行债务人张乙的债务，同时不免除被告张乙履行债务的义务，所以被告李某、范某某系债务加入法律关系中的第三人。综上，法院认为被告张乙欠原告借款本金 100 万元及约定的利息应当偿还，现其拖延不还，于法相悖，应承担相应的法律责任。被告李某、范某某作为被告张乙的债务加入人，对被告张乙的债务应当承担相应的连带清偿责任。〔2〕

---

〔1〕 参见国家法官学院案例开发研究中心编：《中国法院 2018 年度案例》（借款担保纠纷），中国法制出版社 2018 年版，第 63～64 页。北京市高级人民法院（2016）京民终 233 号民事判决书。

〔2〕 参见国家法官学院案例开发研究中心编：《中国法院 2017 年度案例》（民间借贷纠纷），中国法制出版社 2017 年版，第 208 页。江苏省扬州市江都区人民法院（2015）扬江民初字第 00795 号民事判决书。

第三人出具还款承诺书行为应认定为债务加入。

【案例 12－61】　何某诉岳某某民间借贷纠纷案

一审法院认为,原告何某与被告岳某某达成还款计划且已实际履行,原告何某亦接受被告岳某某的还款行为,原告何某因被告岳某某的承诺而取得要求被告岳某某清偿债务的权利,根据民法的诚实信用原则,被告岳某某既然作出了还款承诺,则有按约履行的义务,故被告岳某某应当按照自己的承诺向原告何某归还剩余款项 16,700 元。原告何某与被告岳某某达成的还款协议未约定利息,被告亦不认可月息 2 分的利息,原告何某要求被告岳某某自 2011 年 3 月 1 日起按 60,000 元本金分段按月利率 2 分计算利息的诉讼请求,本院不予支持。判决:被告岳某某向原告何某归还借款 16,700 元。

二审法院认为,虽然原始借条系上诉人姐姐出具,但 2012 年 10 月 24 日,上诉人与被上诉人就上述借款达成还款协议,约定岳某甲欠何某某 18,000 元现金未还,从 2012 年 11 月起由上诉人还清余款 18,000 元,每月最低不少于 200 元,逢半年奖当月还 500 元,逢年终奖当月还 500 元,手边有钱了最好一次性还清。协议签订后,上诉人向被上诉人偿还了 1300 元借款,上诉人称该协议是在被上诉人的胁迫下所写,未提供充分证据予以证实。一审判决认定事实清楚,适用法律正确。判决:驳回上诉,维持原判。[1]

【案例 12－62】　王某某诉 A 公司、C 公司民间借贷纠纷案

二审法院认为,关于 B 公司应否对借款本金 329 万元及利息承担连带清偿责任的问题。C 公司于 2011 年 8 月 5 日向王某某出具承诺书,承诺对 A 公司的债务承担全部责任。对 C 公司在该承诺书中的意思表示,因是在债务履行期届满后作出的愿意承担还款责任的承诺,应认定为债务加入行为,C 公司应作为共同债务人与 A 公司共同承担借款本息的清偿责任。原审法院在未对 C 公司出具承诺书的行为性质是债务加入行为还是保证担保行为进行认定的情况下,就认定 C 公司承担连带保证责任,这表明原审法院将 C 公司作出承诺的行为认定为保证人愿意承担保证责任的行为,但由于 C 公司出具承诺书时三笔借款均已到期,且在该承诺书中 C 公司并无明确的愿意承担保证责任的意思表示,因此,原审法院认定 C 公司应承担连带保证责任不当。C 公司因其债务加入行为而在双方当事人之间形成了债权债务关系,C 公司应与 A 公司共同承担本案借款的清偿责任,C 公司认为其不应承担还款责任的上诉理由不能成立,上诉请求不予支持。判决:撤销一审判决;A 公司、C

---

〔1〕 参见国家法官学院案例开发研究中心编:《中国法院 2016 年度案例》(民间借贷纠纷),中国法制出版社 2016 年版,第 213～214 页。河南省安阳市中级人民法院(2014)安中民二终字第 845 号民事判决书。

公司向王某某偿还借款本金2,640,614.10元及利息489,146.27元。[1]

出具转账支票承诺还款的应认定为债务加入。

【案例12－63】 王某某诉辛某、石某、志恒公司民间借贷纠纷案

判决观点，原告王某某将30万元打入被告石某账户，后经原告催款，被告志恒公司出具转账支票承诺“还款”，因支票空头，被告辛某重新为原告出具借条一份，并约定还款期限为四个月，上述事实清楚，证据充分。根据以上事实及证据，被告辛某作为债务人，应依法承担还款责任；被告辛某、石某系夫妻关系，被告志恒公司由其法定代表人即被告石某出具转账支票承诺“还款”，原告以此主张被告志恒公司实际使用了涉案借款依据不足，但可以认定被告志恒公司对涉案借款知情，其承诺还款行为符合债务加入的规定，原告在被告辛某未履行还款义务的情况下，要求被告志恒公司承担共同还款责任，符合法律规定，法院予以支持。判决：(1)被告辛某、志恒公司归还原告王某某借款30万元；(2)被告辛某、志恒公司支付原告王某某逾期利息；(3)被告石某对上述第一、二项承担连带还款责任。[2]

中介人主动向出借人写借条的还款行为应认定为债务加入。

【案例12－64】 蔡某某诉张某某民间借贷纠纷案

判决观点，第一，从借款合意、款项交付、还款情况等可以看出，张某某与蔡某某之间不存在民间借贷关系。第二，没有证据表明张某某写借条时受到蔡某某的胁迫。首先，张某某向蔡某某出具借条的地点为咖啡馆，系公共场所，且两份借条上所有文字均由张某某亲笔书写。其次，该两份借条系张某某出于一定缘由出具，非毫无预兆。在蔡某某与亿通公司借款过程中，张某某的行为已超越了普通借款介绍人。陈某某隐匿避债后，张某某与蔡某某多次通过电话、短信、见面方式交涉还款事宜，自始至终都表示愿意承担责任。张某某写下两份借条可以认为是承担责任的具体表现。最后，即使蔡某某以向江苏银行反映情况、向有关部门举报为由要求张某某出具借条，其手段及目的均不违法，因而不构成胁迫。第三，张某某出具借条的行为应认定为债的加入。首先，蔡某某与亿通公司之间的民间借贷合同有效成立并生效。其次，蔡某某与亿通公司之间的债务关系为金钱债务，而金钱债务从性质上讲具有可转让性。再次，张某某作为具备完全民事行为能力的自然人，其与原债务人亿通公司为两个独立的主体。最后，张某某本人并无向蔡某某借款的

〔1〕 宁夏回族自治区高级人民法院(2013)宁民终字第32号民事判决书。

〔2〕 参见国家法官学院案例开发研究中心编:《中国法院2015年度案例》(民间借贷纠纷)，中国法制出版社2015年版，第159页。山东省淄博市临淄区人民法院(2013)临民初字第685号民事判决书。

意向及行为,结合亿通公司向蔡某某归还部分借款后余额正好为70万元的事实、亿通公司的法定代表人陈某某出逃后张某某与蔡某某曾就如何还款多次协商的事实,可以推断:张某某向蔡某某出具两份借条的实质为承诺亿通公司尚未归还的借款70万元由其承担及承担的具体方式、期限。因该承诺并未加重作为债务人的亿通公司的还款负担,故无须征得亿通公司的同意。第四,关于债务金额的确定。因蔡某某将利息2万元预先在本金中扣除,其实际交付亿通公司的借款金额为198万元。因蔡某某与亿通公司之间约定的借款利率超过国家的强制性规定,超出部分应为无效。虽张某某向蔡某某出具的两份借条载明借款金额合计70万元,但作为债务加入人,其应按照原债务人亿通公司实际结欠蔡某某的借款本金及利息承担还款责任,逾期利息应以586,069元为计算基础。判决:被告张某某归还蔡某某借款624,194元及利息。[1]

次债务人向债权人出具借据构成债务加入。

【案例12-65】　钊某某诉柴某某民间借贷纠纷案

一审法院认为,本案中,柴某某为钊某某出具借据,表明其认可蒋某某支付的80万元为钊某某出借给自己的借款。柴某某应按照借据约定的时间还款。柴某某未按时还款,应承担违约责任。判决:柴某某偿还钊某某借款80万元及利息。二审法院认为,关于钊某某对柴某某是否享有80万元债权。钊某某主张,因其所在公司已履行担保责任向高某某偿还完毕蒋某某所借的200万元款项,而蒋某某又授意将其向柴某某出借的用于偿还柴某某房屋贷款90万元中的80万元转为偿还其欠高某某的借款,故高某某将因此受偿280万元款项,而蒋某某一审中作证称其同意将其多还的80万元款项由柴某某还给钊某某,钊某某据此向柴某某主张80万元债权。根据本院查明的事实,蒋某某曾向柴某某给付90万元用于偿还柴某某名下的房屋贷款,蒋某某据此享有对柴某某的90万元债权,又因蒋某某向柴某某借款,经过折抵后柴某某仍欠蒋某某款项。钊某某认为涉案80万元系上述90万元款项扣除蒋某某欠柴某某的10万元得来,蒋某某亦在一审中作证称其同意柴某某将该80万元向钊某某进行偿还,此外,柴某某通过向钊某某出具借据的方式承诺履行还款义务,故钊某某就涉案债权的取得符合法律规定。现柴某某主张其系在钊某某的逼迫下出具本案借据,但并未提供证据予以证明,故本院对其主张不予采信。综上,本院认为,钊某某对柴某某享有80万元债权。判

[1] 参见国家法官学院案例开发研究中心编:《中国法院2016年度案例》(民间借贷纠纷),中国法制出版社2016年版,第225~226页。江苏省苏州市虎丘区人民法院(2013)虎民初字第1277号民事判决书。

决:驳回上诉,维持原判。[1]

在判断第三人承诺履行债务的意思表示系债务加入、债务转移还是保证时,在第三人与债务人之间债权债务关系出具借条的情况下,如果该借条未约定与债务人借期未履行作为履行条件且债权人未明确放弃向债务人主张债权,则第三人出具的借条行为可认定为债务加入。

【案例12-66】 刘某云诉刘某军民间借贷纠纷案

二审法院认为,本案中,双方当事人对于借款人系李某龙,借款通过刘某军转给李某龙等事实均无异议,刘某军在此情况下针对该笔债务先后两次向刘某云出具借条,可以说明刘某军具有加入该债务的意思表示,第三人向债权人表示愿意加入债务,债权人予以接受属于债务加入的有效形式,故本案刘某军向刘某云出具借条的行为在法律性质上实际构成债务加入,现刘某云向其主张借款,刘某军即应对50,000元债务承担偿还责任。判决:驳回上诉,维持原判。[2]

实践中,债务人与保证的区别是多发争议。

【案例12-67】 张某良诉张某双民间借贷纠纷再审案

最高人民法院认为,在债务加入与保证的本质区别在于债务承担人并非从债务人,而是共同债务人,与原债务人无主次之分,债权人为实现其债权,可以直接选择由债务承担人偿还债务,无须待债务人迟延履行,债务承担人即具有完全清偿债务的义务,其履行的法律效果及于债务人,而保证人则是在主债务迟延履行时方承担责任。如果第三人出具的承诺函或协议书明确使用"保证"或"债务加入"的措辞,原则上应依其表述进行相应的定性,除非存在足以支持偏立文义解释特别情事;但是在协议或承诺函的措辞明确但具有多种理解可能性、其他内容与措辞相互矛盾或者措辞并不明确、语义含混之时,就应当不拘泥于所使用的词句,而应加以合理裁判,例如,在协议或承诺函的其他内容、实际履行情况等于保证之特性不甚契合的情形,即便明确采用"保证"的表述,亦不得认定为保证。[3]

---

〔1〕 参见国家法官学院案例开发研究中心编:《中国法院2018年度案例》(民间借贷纠纷),中国法制出版社2018年版,第60页。北京市第二中级人民法院(2016)京02民终8326号民事判决书。

〔2〕 参见最高人民法院中国应用法学研究所编:《人民法院案例选》2021年第7辑(总第161辑),人民法院出版社2021年版,第154页。北京市第三中级人民法院(2020)京03民终496号民事判决书。

〔3〕 参见最高人民法院民法典贯彻实施工作领导小组编著:《中国民法典适用大全》(合同卷一),人民法院出版社2022年版,第803页。最高人民法院(2019)民再316号民事判决书。

【案例 12-68】 绥芬河龙江商联进出口有限公司与毛某敏民间借贷纠纷再审案

最高人民法院认为,通常而言,只有第三人明确与债务人共同承担债务意思表示,才可认定其构成债务加入。实践中,第三人可能会在出具的《责任确认书》中载明"本人对此笔债务承担第一责任"。这种"第一责任"的表述不能直接得出第三人有债务加入意思表示的结论。在符合保证相关要件的前提下,可将此种表述认定为第三人对此承担连带责任保证之履行顺位的确认。[1]

个案中,债务承担与履行承担的区分,应依据合同目的、合同内容等探究合同主体意思表示,在仍不可确定的情况下应推定为履行承担。

【案例 12-69】 李某诉汪某、穆某民间借贷纠纷案

二审法院认为,本案的争议焦点是汪某、穆某应唐某要求将50万元房款支付至李某账户的行为究竟是债的加入还是履行承担。关于连带清偿责任,李某主张汪某、穆某承担连带责任的请求权基础是债的加入,而汪某、穆某对此予以否认,认为其系代唐某履行,若其未履行,则根据借贷合同的相对性,违约责任仍旧应由唐某承担,其不应承担违约责任。李某与唐某签订有相应的借贷合同。汪某、穆某与唐某签订有房屋买卖合同。其中,《补充协议一》约定条款的字面意思仅是汪某及穆某应唐某的要求将房款支付至李某的账户,是对买卖合同履行方式的约定,并无债务承担的意思表示。结合《补充协议二》的约定,汪某及穆某明确表示其不承担李某与唐某之间的债务。即使认定《补充协议一》及《补充协议二》对债务承担约定不明,但根据合同的相对性原理,仍应推定为履行承担,即当事人约定由第三人向债权人履行债务的,第三人不履行债务或者履行债务不符合约定,债务人应当向债权人承担违约责任。李某主张债的加入,作为负担行为,应有当事人明确的意思表示,但李某并无证据证明其主张的法律关系成立。就本案证据而言,汪某、穆某系代唐某将款项支付给李某,属于履行承担,该违约责任仍旧由债务人承担,故一审法院要求汪某、穆某承担连带清偿责任,于法有悖。二审法院判决:维持一审判决第一项、第二项、第三项;撤销一审判决第四项;驳回被上诉人李某的其余诉讼请求。[2]

债务加入与债务转移及债务保证应在个案中区别认定。

---

〔1〕 参见最高人民法院民法典贯彻实施工作领导小组编著:《中国民法典适用大全》(合同卷一),人民法院出版社2022年版,第804页。最高人民法院(2020)民申763号民事裁定书。

〔2〕 参见最高人民法院中国应用法学研究所编:《人民法院案例选》2020年第4辑(总第146辑),人民法院出版社2020年版,第97页。上海市第一中级人民法院(2020)沪01民终5523号民事判决书。

【案例12－70】 任某云诉陆某杰、陆某军民间借贷纠纷案

二审法院认为，一审判决认定《债务确认书及保证书》确立的是保证关系。但合同法律关系是当事人通过约定设定的具体权利义务关系，应当考察其具体权利义务约定来确定真实的法律关系性质。案涉《债务确认书及保证书》名称所有“保证书”字样，但其载明内容为：“帮陆某杰还欠任某云45万元，两年内还清”。从其内容看，是陆某军直接帮陆某杰还债，并非为陆某杰的债务提供保证，“两年内还清”的表述与保证期间的一般表述也截然不同，难以认定其确立的是一种保证关系，陆某杰、陆某军主张是免责的债务承担，任某云的主张是债务加入。陆某杰、陆某军主张的免责债务承担，在性质上属于我国《民法典》规定的债务转移，根据我国《民法典》第五百五十一条第一款关于“债务人将债务的全部或者部分转移给第三人的，应当经债权人同意”的规定，债务转移应当同时具备三个条件：其一，债务转移是“债务人将”债务转移，必须是债务人的主动行为；其二，要有明确的“转移”意思表示，即必须明确债务由新债务人承担，而原债务人不再承担该债务；其三，该转移的意思必须经债权人同意。本案中，陆某杰、陆某军主张陆某军出具该《债务确认书及保证书》陆某杰并不知情，不属于陆某杰主动进行的债务转移行为，并且也没有明确载明陆某杰将不再承担该债务的偿还责任，任某云也未明确同意陆某杰将不再承担债务的偿还责任。综上，该《债务确认书及保证书》并不符合《民法典》中债务转移的构成要件，陆某杰、陆某军关于陆某杰因此免责的主张不能成立。根据我国《民法典》第五百五十二条关于“第三人与债务人约定加入债务并通知债权人，或者第三人向债权人表示愿意加入债务，债权人未在合理期限内明确拒绝的，债权人可以请求第三人在其愿意承担的债务范围内和债务人承担连带责任债务”的规定，虽然没有证据表明陆某军向任某云出具《债务确认书及保证书》有和陆某杰事先约定，但符合“第三人向债权人表示愿意加入债务，债权人未在合理期限内明确拒绝的”债务加入构成要件，任某云可以请求陆某军在其愿意承担的债务范围内承担连带债务，即任某云可以要求陆某军偿还，亦可以要求陆某杰偿还，也可以要求陆某杰和陆某军共同偿还。现任某云要求陆某军对诉争债务中的20万元承担共同还款责任于法不悖，应予支持。对此，一审判决认定有误，依法予以改判。〔1〕

在判断第三人承诺履行债务的意思表示系债务加入、债务转移还是保证时，

〔1〕 参见国家法官学院、最高人民法院司法案例研究院编：《中国法院2023年度案例》（民间借贷纠纷），中国法制出版社2023年版，第187～188页。福建省厦门市中级人民法院（2021）闽02民终605号民事判决书。

在第三人与债务人之间并无债权债务关系而仅为债务人向债权人出具借条的情况下，如果该借条未约定以债务人届期未履行作为履行条件且债权人未明确放弃向债务人主张债权，则第三人出具借条的行为可认定为债务加入。

【案例 12－71】　刘某云诉刘某军民间借贷纠纷案

二审法院认为，本案中，双方当事人对于借款人系李某龙，借款通过刘某军转给李某龙等事实均无异议，刘某军在此情况下针对该笔债务先后两次向刘某云出具借条，可以说明刘某军具有加入到该债务的意思表示，因第三人向债权人表示愿意加入债务，债权人已予以接受属于债务加入的有效形式，故本案刘某军向刘某云出具借条的行为在法律上法律性质上实际构成债务加入，现刘某云向其主张借款，刘某军即应对该 50,000 元债务承担偿还责任。[1]

（六）代物清偿处理

代物清偿协议，是指原债务已届清偿期而债务人履行原定给付出现困难，当事人合意约定由债务人对债权人承担他种给付的义务以代替原定给付。实务中债务人多以给付其他财产的方式代替原定金钱给付。债务人应当根据约定的他种给付内容而实行特定的行为，对于此种给付应当达到的程度，有法官认为不应对代物清偿协议的实践性作严苛的要求，只要综合考虑交易习惯、当事人意思表示和内部关系等因素在社会观念上达到现实交付与受领程度即可。[2] 以动产为内容的给付可以通过转移占有或占有改定等交付方式完成。双方约定的他种给付为不动产，应当以变更不动产登记为给付完成与否的依据。在代物清偿协议为实践性合同的前提下，出借人未实现受领他种给付时，则代物清偿协议并未成立，借款人未实际履行他种给付时，亦不能主张出借人受领迟延。出借人、借款人仍应依据原法律关系主张权利，承担义务。

【案例 12－72】　鲁某某诉侍某某等民间借贷纠纷案

判决观点，2016 年 3 月 30 日，两被告与原告对之前借款结算后，由两被告向原告出具借条，原、被告之间借贷关系成立。2016 年 8 月 13 日，被告侍某某与原告签订还款协议，约定以盐城上冈五套房屋及 30 万元抵偿原、被告之间借款，原、被告之间构成了代物清偿关系。本案争议焦点在于：第一，原

---

〔1〕 参见最高人民法院中国应用法学研究所编：《人民法院案例选》2021 年第 7 辑（总第 161 辑），人民法院出版社 2021 年版，第 154 页。北京市第三中级人民法院（2020）京 03 民终 496 号民事判决书。

〔2〕 参见卢文兵：《第三人代物清偿的司法认定和责任承担》，载《人民司法》2013 年第 18 期。

告是否现实地受领了原、被告约定的盐城上冈五套房屋，如原告已受领被告交付的五套房屋，则原、被告之间的债务因清偿而消灭，如原告未受领房屋，则两被告仍需向原告承担还款责任。首先，本案涉及的江苏省盐城市上冈镇锦冠佳苑小区五套房屋，根据侍某某所述，系小区开发商、承建方、分包商、次分包商层层以物抵债所得，但处分方式均为口头承诺，侍某某并无该五套房屋的权属凭证，无法证明其有相应处分权利；其次，侍某某交付给原告的两份房屋认购确认函，虽然落款处为江苏华悦建设集团有限公司，但未加盖其公司公章或负责人签字或捺印，亦无开发商建湖县华实房地产开发有限公司的盖章，因此两张房屋认购确认函的效力未经确认；最后，结合法院对本案涉及的锦冠佳苑小区五套房屋目前权属情况的查询及被告侍某某的相应陈述，可以确认原告并未实际取得相应房屋产权，代物清偿协议并未履行，且已无完全履行可能。综上，原告并未实际受领代物清偿协议中所约定的他种给付，原、被告之间债务未经清偿而消灭。第二，原告未受领代物清偿协议所约定的他种给付，原告能否向被告主张原定的金钱给付债务。对此，法院认为，原、被告之间代物清偿协议未能实际履行，且相关房屋被案外人处分，代物清偿协议已无履行可能，故被告仍需向原告承担还款协议中载明的原定金钱债务的还款责任。本案中，原、被告签订的还款协议中约定被告向原告借款金额为238万元，双方均确认被告已向原告交付30万元，并确认五套房屋对应的债务给付内容为208万元。判决：被告侍某某、马某某归还原告鲁某某借款208万元及利息。〔1〕

债务清偿期届满后，借贷双方达成以物抵债协议但未履行物权转移手续的，其清偿行为未成立。

【案例12－73】 廖某诉陈某民间借贷纠纷案

二审法院认为，陈某虽在承诺书中承诺将诉争房屋出卖给廖某，借款转化为购房款，但《存量房买卖合同》上只有陈某签名，未填写任何内容，廖某也一直未签名。从合同的履行情况看，双方之间存在的是借贷关系，廖某就诉争房屋主张的房屋买卖合同关系，因物权尚未转移，故不成立。现廖某要求陈某协助其办理房屋过户手续，依据不足，不予支持。判决：撤销原判，驳回廖某的诉讼请求。

最高人民法院民一庭意见，债务清偿期届满后当事人达成以物抵债协议，在尚未办理物权转移手续前，债务人反悔不履行抵债协议，债权人要求继续履行抵债协议或要求确认所抵之物的所有权归自己的，人民法院应驳回诉

〔1〕 参见陈昶主编：《2019年上海法院案例精选》，上海人民出版社2021年版，第89～90页。

讼请求。但经释明，当事人要求继续履行原债权债务合同的，人民法院应当继续审理。[1]

以物抵债合同生效可消灭债务。

【案例12－74】 何某诉某某公司民间借贷纠纷案

二审法院认为，本案二审审理争议的焦点是：两幢别墅是否已经抵偿借款本金；被上诉人何某是否就两幢别墅折价、拍卖、变卖的价款享有优先受偿的权利。

涉案《还款承诺书》约定，何某有权选择购买抵押的两幢别墅用以抵偿债务，某某公司有义务协助办理房产过户登记手续，将别墅登记在何某名下，待别墅登记在何某名下后，才能视为某某公司已归还借款；某某公司同意将别墅以每幢500万元的价格销售给何某，何某无须支付每幢500万元购房款。据此，何某与某某公司签订了两份《商品房买卖合同》，约定某某公司将其开发的两幢别墅出售给何某，该两份合同的第6条关于付款方式及期限明确约定"签约当日，付清全款，合同生效"。根据我国《合同法》第四十四条第一款之规定："依法成立的合同，自成立时生效。"上述《借款合同》、还款承诺书、《商品房买卖合同》的签订系各方当事人真实意思表示，并未违反法律法规的强制性规定，均为有效合同。

根据《商品房买卖合同》约定，何某自愿选择了以房抵债。虽然还款承诺书第二条约定"待别墅登记在何某名下后，视为某某公司已归还人民币500万元"，但《商品房买卖合同》第六条又约定"签约当日，付清全款，合同生效"，因还款承诺书签订在前，《商品房买卖合同》签订在后，故《商品房买卖合同》关于"付款方式及期限"的约定应是对前面约定的更改，是双方当事人最终的真实意思表示。《商品房买卖合同》与还款承诺书及《借款合同》是相互关联不可分割的。何某与某某公司签订《商品房买卖合同》是为了抵偿债务，两份《商品房买卖合同》签订后，应视为双方已经达成以房抵债意愿并完成了两幢别墅抵偿借款的行为，因两幢别墅已实际抵偿了借款本金，某某公司无须再支付借款本金1000万元。现何某认为《商品房买卖合同》无效是不诚信的行为，其理由不成立。

关于被上诉人何某是否就两幢别墅折价、拍卖、变卖的价款享有优先受偿的权利问题。因本院已经认定上诉人的两幢别墅已抵偿了被上诉人的借款本金，故已不存在何某就两幢别墅通过折价、拍卖、变卖而享有优先受偿权

---

〔1〕 参见最高人民法院民事审判第一庭编：《民事审判指导与参考》2014年第2辑(总第58辑)，人民法院出版社2014年版，第122～124页。

利的问题。

二审判决：撤销一审关于“何某有权以某某公司就两幢别墅的抵押财产折价、拍卖、变卖优先受偿”的判决；某某公司支付何某1000万元的利息；驳回何某的其他诉讼请求。[1]

当事人双方在签订借款合同时，签订房屋买卖合同以担保债务履行的，应当认定当事人之间系债权债务关系。但当事人在民间借贷债务履行期限届满后签订合同约定以房抵债的，性质上属于债务履行方式的变更，贷款人要求继续履行合同办理房屋过户登记手续的，应予支持。

【案例12－75】 汇德投资有限公司诉御嘉置地有限公司商品房销售合同纠纷案

二审法院认为，本案中投资公司与置地公司在民间借贷债务履行期限届满前签订的商品房买卖合同，实为基础借贷债权的担保，但双方在民间借贷债务履行期限届满后于2018年11月18日签订的《协议书》，是对债务进行了清算的基础上，约定不能偿还时以房抵债，性质上属于债务履行方式的变更，该约定并未违反法律、行政法规的强制性规定，当事人应遵照履行。现置地公司仍未清干债务，投资公司按照约定要求置地公司继续履行合同办理涉案房屋过户登记手续并交付涉案房屋的诉讼请求，理由充分，法院予以支持。判决：驳回上诉，维持原判。[2]

民间借贷关系的双方当事人在债务到期后对债权债务进行清算，经协商一致将对账确认的借款本息转化为购房款，并签订房屋买卖合同的，该房屋买卖合同并非为双方借款合同的担保，由此引起的争议应当按照房屋买卖合同纠纷案件处理，而非民间借贷纠纷。双方当事人所签订的房屋买卖合同实为以物抵债协议，其在法律性质上为诺成性合同而非要物契约，合同在双方当事人达成一致时成立。当事人的合同行为属于债的更改，而非新债清偿，房屋买卖合同生效后，原债权债务关系因获抵债而消灭。

【案例12－76】 李某某诉段某某等房屋买卖合同纠纷再审案

一审法院认为，段某某自李某某处借款150万元，偿还期限届满后，段某某未能清偿。后段某某与李某某达成协议，以段某某名下的涉案房屋作价150万元卖给李某某，段某某亦书写收条载明收到房款150万元，双方一致确认房款150万元即借款150万元。从上述过程看，段某某与李某某之间存

[1] 海南省高级人民法院(2015)琼民一终字第13号民事判决书。

[2] 参见最高人民法院中国应用法学研究所编：《人民法院案例选》2020年第10辑(总第152辑)，人民法院出版社2021年版，第139页。北京市第二中级人民法院(2019)京01民终13120号民事判决书。

在民间借贷关系,债务履行期限届满后,为抵偿债务,段某某与李某某签订房屋买卖合同,约定将涉案房屋过户给李某某,李某某并未实际向段某某支付购房款,该行为属于债务履行方式的变更。参照《北京市高级人民法院关于审理房屋买卖合同纠纷案件若干疑难问题的会议纪要》第二十五条第二款的处理意见,李某某要求继续履行房屋买卖合同并办理房屋过户登记手续的诉讼请求,法院予以支持。判决:李某某与段某某继续履行双方于2016年4月28日签订的北京市存量房买卖合同;段某某协助李某某办理房屋权属转移登记手续,将涉案房屋的所有权转移至李某某名下。再审法院认为段某某的再审申请理由不能成立,驳回段某某的再审申请。[1]

当事人达成的调解协议内容应以不损害案外人的权益为前提;法院确认调解协议内容时应当审查当事人的意见是否符合自愿原则;调解生效后,法院对已查封的房产执行时无须取得轮候查封人的同意。换言之,以按揭房抵偿借款不得损害案外人权益。

【案例12-77】　中大公司诉毛山公司、吴甲、陈某某、吴乙、吴丙民间借贷纠纷案

判决观点,本案审理过程中,因毛山公司是借款的实际使用人,中大公司申请撤销对顺福公司的起诉,法院裁定予以准许。经法院主持调解,当事人自愿达成协调协议:(1)本调解书生效后由被告吴甲、陈某某、吴乙、吴丙在不损害农行陵水支行利益的前提下,于2019年7月31日将吴甲、吴乙、吴丙、陈某某共有的绿城蓝湾小镇新月墅25号别墅抵债给原告中大公司;被告吴甲、吴乙、吴丙、陈某某配合原告中大公司办理过户手续;房产过户产生的税、费(以正式票据为准)由原告中大公司垫付,被告吴甲、毛山公司在给付原告中大公司剩余借款时一并给付原告中大公司。(2)被告吴甲、吴乙、吴丙、陈某某以上述房产折抵借款后,尚欠原告中大公司借款本息888.8843万元。(3)本调解书生效后,被告吴甲、毛山公司于2020年6月17日给付原告中大公司借款本息888.8843万元。如果未按本判决指定的期间履行给付金钱义务,应当依照《民事诉讼法》第二百五十三条的规定,加倍支付迟延履行期间的债务利息;陈某某、吴乙、吴丙不再承担上述房产折抵借款后的剩余借款本息。(4)双方就本案再无争议。调解书经各方当事人签收后,具有法律效力。调解书生效后,本案当事人经与农行陵水支行就诉争房屋达成协议,

---

〔1〕 参见《人民司法·案例》2019年32期(总第871期),第39~40页。北京市第三中级人民法院(2018)京03民申95号民事裁定书。

对本案房屋进行了产权过户登记。[1]

借款合同双方当事人经协商一致，终止借款合同关系，建立商品房买卖合同关系，但并非为借款合同的履行提供担保，也不是以物抵债。

【案例12－78】 汤某、刘某某等与新疆鄂尔多斯彦海房地产开发有限公司商品房买卖合同纠纷案

最高人民法院认为，本案争议的商品房买卖合同前，彦海公司与汤某等四人之间确实存在借款合同关系，且为履行借款合同，双方签订了相应的商品房预售合同，并办理了预购商品房预告登记。但双方系争商品房买卖合同是在彦海公司未偿还借款本息的情况下，经重新协商并对账，将借款合同关系转为商品房买卖合同关系，将借款本息转为已付购房款，并对房屋交付、尾款支付、违约责任等权利义务作出了约定。民事法律关系的产生、变更、消灭，除基于法律特别规定外，需要通过法律关系参与主体的意思表示一致形成。民事交易活动中，当事人意思表示发生变化并不鲜见，该意思表示的变化，除为法律特别规定所禁止外，均应予以准许。本案双方经协商一致终止借款合同关系，建立商品房买卖合同关系，并非为双方之间的借款合同履行提供担保，而是借款合同到期彦海公司难以清偿债务时，通过将彦海公司所有的商品房出售给汤某等四位债权人的方式，实现双方权利义务平衡的一种交易安排。该交易安排并未违反法律、行政法规的强制性规定，不属于《物权法》第一百八十六条规定禁止的情形，亦不适用《民间借贷规定》第二十四条规定。尊重当事人嗣后形成的变更关系性质的一致意思表示，是贯彻合同自由原则的题中应有之义。彦海公司所持本案商品房买卖合同无效的主张，不予采信。[2]

个案中，以房抵债是否成立由法官根据具体案情确认。

【案例12－79】 张某某、威海广信房地产开发有限责任公司等破产债权确认纠纷再审案

最高人民法院认为，第三人于某某在广信公司无力偿还其借款的情况下，双方达成以物抵债的合意并签订《顶房协议》，约定广信公司将涉房产抵顶给于某某，并对抵顶房产的面积与金额作出明确约定，于某某与张某某系朋友关系，且欠付张某某借款，其后张某某与广信公司签订涉案《商品房买卖

---

〔1〕 参见《人民司法·案例》2021年29期（总第940期），第53页。陕西省西安市新城区人民法院(2019)陕0102民初765号民事调解书。

〔2〕 参见最高人民法院中国应用法学研究所编：《人民法院案例选》2017年第4辑（总第110辑），人民法院出版社2017年版，第12页。最高人民法院指导案例72号。

合同(预售)》,虽然合同约定的付款方式为支付定金并采取一次性付款的方式,但于张某某并未按照合同约定的付款方式向广信公司支付购房款。综合本案事实,广信公司与于某某之间的借款行为,以房抵债行为,张某某与于某某之间的借款行为,以及张某某与广信公司的房屋买卖行为,相互关联,密不可分,其实质是实现以物抵债的交易目的。原审法院据此认定张某某不属于商品房消费者,驳回其要求办理不动产过户登记的诉讼请求,并无不当。[1]

---

〔1〕 最高人民法院(2020)民申2969号民事裁定书。